国家出版基金项目
NATIONAL PUBLICATION FOUNDATION

中国金银器

扬之水

中国金银器

㈠

图书在版编目（CIP）数据

中国金银器：共五卷 / 扬之水著. — 北京：生活书店出版有限公司，2022.8（2024.2 重印）
ISBN 978-7-80768-378-0

Ⅰ. ①中… Ⅱ. ①扬… Ⅲ. ①金银器（考古）— 研究 — 中国 Ⅳ. ① K876.434

中国版本图书馆 CIP 数据核字（2022）第 068007 号

国家出版基金
资助项目

中国金银器

著　　者　扬之水
责任编辑　苏　毅　杜英敏
装帧设计　李　猛
责任校对　刘会乔　李艳玲
责任印制　孙　明
出版发行　生活书店出版有限公司
（北京市东城区美术馆东街二十二号）
邮　　编　一〇〇〇一〇
经　　销　新华书店
制版印刷　北京雅昌艺术印刷有限公司
版　　次　二〇二二年八月北京第一版
二〇二四年二月北京第三次印刷
开　　本　八八九毫米×一九四毫米　三十二开
印　　张　六三点七五
字　　数　九〇〇千字　图四〇五二幅
印　　数　七〇〇一～九〇〇〇套
定　　价　八九〇元（共五卷）
印装查询：〇一〇-六四〇五二六一二；
邮购查询：〇一〇-八四〇一〇五四二

总目

目次

序

李旻

士人的世界中，金石与金银分处文明的两端——前者承载三代礼制，后者不见经传。为搜求金石，李清照自言首先舍弃金银珠饰：『首无明珠、翠羽之饰，室无涂金、刺绣之具。』落难时也奉夫命：『先弃辎重，次衣被，次书册卷轴，次古器，独所谓宗器者，可自负抱，与身俱存亡，勿忘之。』对比士人对金石的执着守护，世间对金银的态度始终重在当下——盛世推陈出新，追求时样，乱世则为保命之资，变卖求生，盛衰都不在意对古代器物的保存。因此，宋代以来金石谱录层出不穷，却鲜有古代金银器传世，更不曾出现过一部金银器史。

为金银立传需对古代文献与工艺技法了然于胸，又能用清隽的文字描述繁华奢靡，还要对市井生活的气息和颠沛流离的苦难有深切的同情。难为的事，扬之水自会去做。二十年来，作者走访各地文博考古机构，所观金银器数千件，结合文学和图像进行考据定名，探究设计理念与风格的演变轨迹——古人如何驾驭他们的想象力，在『创造』与『成规』、『辉煌』与『黯淡』之间交替前行，成就绵延四千年的金银匠作传统。繁华的落幕时常伴随着人口的离散、传承的断裂、器物的窖藏乃至销熔。社会逐渐复苏又推动匠人开创新的传统，工艺美术史与社会生活史因此始终交融。

考古揭示古人的做法，包括器物的制作流程与使用场景。名物探究古人的说法，在『物』与『文』之间架设桥梁。两者共同构成扬之水的研究方法。中国金银器的历史可以追溯到三代文明初兴的时代。从北端的游牧社会到南端的城市文明，贯通阿尔泰山脉、中亚绿洲、阿富汗、伊朗高原的『黄金轴线』是早期中国金银器造型与技术的主要来源。在希罗多德的笔下，黄金在欧亚草原上是王权的象征。斯基泰国王的重要职责之一就是守护上天赋予先王克拉科赛司的四件金器，传承千年如三代九鼎。草原流行的斗兽纹样来自西南亚文明中古老的狮噬牛造型——其杀伐外形之下，蕴含着天象、王权、季节轮转和生命周而复始等人类永恒的主题。

金饰与冶金术一起通过高地龙山社会与北亚牧民猎户间的交往进入河西走廊、河湟、岷洮等地。此后，青铜与玉器逐渐成为三代文明礼制的核心。在中原周边，三星堆与金沙的金面具、金璋，大河口的金璜、金瓒，也都用黄金来烘托或替代铜玉造型。西周的灭亡开启了金石与金银彼此交织的历史。关中的沦陷导致西周贵族宗庙中的大量青铜重器被掩埋或劫掠。金带饰、金虎、金甲、金权杖、金柄铁剑等戎族金器则通过与戎为邻的秦、晋、虢、芮等国进入东周社会，成为春秋贵族生活中的时尚，与青铜礼器地位的逐渐下降同步发生。

农牧社会间持续的互动使草原和中原匠作传统在东周时代逐渐合流。随着都市的繁荣和匠人的流动，中原作坊开始娴熟地生产具有北方技术和造型特征的金银器物，催生灿烂的战国秦汉金银器传统。匠人不但从仙道传统中引入云气纹，而且广泛使用源于北方的错金银装饰技艺，在佩饰、兵器、车马饰等方面尤为繁盛。在编钟、铜鼎上鎏金的做法使这些礼器变为豪奢的象征，与来自戎族的鎏金带扣、天马当卢并出于西汉王侯大墓中。自匈奴引入的斗兽纹带扣，已经化身由官方作坊制作的瑞兽龙纹金带扣，成为汉晋王朝赏赐周边政权的礼物，并出现以玉仿金的作品。同时，金银首饰开始出现于《陌上桑》这类主题的诗歌中，接绪诗经以来人与物之间互相衬托的传统。

两汉之后，来自中亚和草原的摇叶、步摇冠、带扣等造型，斗兽、格里芬、缠枝卷草等纹饰，金粟攒焊工艺等异域元素，在魏晋南北朝时代蓬勃发展。来自波斯文明的凸瓣纹银盒，自西汉时也已通过海陆贸易进入中国。银器是波斯文明重要的贸易物资，也是萨珊皇室笼络各地贵族的重要手段。通过中亚粟特商人的贸易网络，来自波斯的金银酒器在魏晋南北朝贵族社会中日益增多。同时，佛教的流传进一步拓宽金银在宗教领域的使用。三代青铜礼器传统则在这个时代悄然退场。南京仙鹤观东晋墓出土的鎏金小银鼎已成为墓主高悝炼汞烧铅以求长生的『神鼎』。

『蒲萄酒，金叵罗，吴姬十五细马驮』——唐诗中频繁出现金银器具，与人与酒异彩交映。来自寺塔地宫、贵族墓葬、窖藏等考古发现共同显示，本土制作的波斯与粟特风格金银器已经成为时代风尚。隋唐陶瓷对波斯金银器造型的模仿折射出民间社会对异域奢侈品的向往。文献中对设计人才的描述清楚地体现出波斯与粟特文明对时代风尚的影响。《隋书》传记中描述他们『巧思过人，颇习旧事，稽前王之采章，成一代之文物』。其中，出身粟特胡商家族的何稠，以其『巧思过人』仿制波斯锦袍、琉璃等舶来品，说明参考的样式多出自近世。何家村窖藏中唐人的复古造型鎏金银耳杯，也是用卷草纹、宝相花装饰。

从何家村到丁卯桥，重要唐代窖藏都以金银器为主，与西周陷落时遗留关中的大量青铜礼器窖藏显著不同。这些宝藏的遗弃，多为中晚唐战乱的产物，例如安史之乱、泾原兵变，以及田神功军队在平定刘展兵变时对扬州番商的劫掠。历次动荡都对当地社会世代经营的商业网络造成灾难性破坏。同时，金银窖藏的反复出现，器物纹样与造型的延续，又揭示金银匠作的复苏与传承。晚唐匠人也在吸收融汇波斯风貌的基础上尝试本土造型与纹饰。镇江丁卯桥出土的『力士』铭文金银宴会用具，已完全不见胡风。其中一套自铭『论语玉烛』银鎏金龟负筹筒，银筹上『四海之内皆为兄弟，任劝十分』铭文，尚存当日唐人诗酒行令时『醉翻衫袖抛小令，笑掷骰盘呼大采』的豪迈。在这个『今朝不醉明朝悔』的绚丽时代，法门寺地宫中的金银器成为唐朝皇家礼器的象征，三代古器却经历『风霜兵火，湮沦摩灭，散弃于山崖墟莽之间』。在韩愈等人心中，回归儒学道统已迫在眉睫。

爪哇黑石礁晚唐时代阿拉伯沉船上载有数万件装饰异域纹样的长沙窑瓷器和种类繁多的金银器，包括由唐代作坊仿制的波斯与粟特造型作品。这些金银器高超的技术水平与艺术成就显示至少在黄巢劫掠广州阿拉伯和波斯侨民之前，扬州、广州等重要商埠的金银匠作已经恢复到其巅峰状态。繁峙上浪涧村窖藏出土『高骈进』金花银酒海，是这位诗作『雅有奇藻』的晚唐名将进奉朝廷之物，大概出自黄巢攻陷长安后散失的府库金帛，从『酒满金船花满枝』的宫廷盛筵流落到胡汉杂居的滹沱河畔。这也正是『先勇而后怯』的高骈拥兵自重，坐视不救的结果。

唐朝灭亡后，唐代风格、造型与纹样在辽代金银器中得以延续，与草原风格的金银镶嵌兵器、饰物、马具等器具一起构成中古时代北方金银器传统。耶律羽之墓出土的高士图鎏金银杯，把粟特造型与竹林七贤合为一体带到契丹文明中。宝山二号辽墓杨贵妃《颂经图》和《寄锦图》壁画上，匠人用贴金的方法来表现唐人的华美妆容。在中原和南方，造型、装饰与消费等各方面则经历了中国金银器史上的『唐宋变革』。变革的迹象首先发生在国际贸易体系中——爪哇海域发现的井里汶、印坦两艘宋初东南亚沉船上面载有铜镜、南汉银锭、钱币等各种中国金属物资，以及少量东南亚金器与金饰，但是黑石号上整批唐风金银器的现象不复出现。黑石号上满载异域风格的长沙窑彩色陶瓷，在井里汶、印坦沉船上也为数十万越窑青瓷所取代。此后，海上贸易从唐代来华西亚商船主导，变成以宋代中国船只为主。从出口陶瓷的南海一号沉船到进口香料的泉州后渚沉船，宋元沉船上都不见波斯风格金银器的踪影。

唐宋之间国际金银器贸易的差别背后可能存在更深层面的社会变革。在丝路西端，尽管萨珊波斯帝国在七世纪中叶被阿拉伯人征服，萨珊政治文化一直延续到十世纪，在伊斯兰教影响下才发生根本性改变。完全伊斯兰化的伊朗社会在美学传统、社会结构与贸易网络方面都出现转变。在丝路东端，『唐宋变革』体现在金石与金银之间雅俗之别的分野，造型与装饰本土化美学的形成，以及金银器在宋代社会中的普遍使用。三代礼制传统沉寂数百年之后，韩愈等人提倡的『复古』思想在北宋终于绽放。宋人把目光从佛道与胡风盛行的隋唐，转向儒家仰慕的上古，来彰显对永恒秩序、法则和道德的追求。他们通过寻访、收藏、谱录三代彝器来辨析『经义之疑』，并根据其样式铸造仿古青铜器以图重续三代礼器传统。西周陷落时埋藏在关中的青铜礼器，也开始出现在宋人金石著作中。

在以三代金石为雅的宋人眼中，隋唐时代地位高贵的金银器跌落到凡俗的一端。然而，宋代社会金银器的使用却因为工商业的繁荣而更加普及。金银器从唐代官方作坊生产、为达官显贵所用的波斯风格奢侈品，变成造型装饰本土化、制作流通商品化的民间器皿。从酒楼歌馆的夜舞笙歌，到婚嫁、庆寿、送礼、设宴、焚香、插花等社会活动，造型丰富的金银器无所不在，映照宋人色彩缤纷的都市生活。

李清照重金石轻金银，她的词作却在追慕奢华的市井间广为传诵，也偶尔在金饰上落下神来之笔——『见客入来，袜刬金钗溜』。士人主导的宋代美学促使金银匠人从诗词与绘画的意境中汲取设计灵感，创造新的造型与纹样。汉唐文明中，金银器始终是『物在诗中』，宋代则又见『诗在物中』——以文学为蓝本设计器皿首饰，形成从容自在、意趣盎然的本土美学。如扬之水所说，这些金银器『很像宋诗的风貌，以日常化的叙事方式，采集身边的花草组成四时花信，拈取庭院佳胜制为山水小景，大到器皿，小至耳环』。如果唐代金银器的满花缠枝纹饰出自波斯美学，那么宋代器皿的梅梢月纹则体现宋人花鸟绘画对留白和韵味的追求。两宋金银匠作不但取意于花卉、瓜果、传说、诗词、绘画的造型与纹饰，而且融汇金石谱录中的商周铜器纹样，以迎合宋人对古意的推崇。

汴京沦陷之后，皇家与民间的金石收藏损失殆尽。然而，从国家祭典到书斋陈设，北宋建立的礼器传统为南宋社会所继承。考古发现宋代仿古青铜器窖藏，以浙江最为集中，成为南宋『中兴复古』的遗影。以三代礼制重建文明秩序的理想处处影响宋人的雅俗之别。汉魏时代曾为曹操等王侯将相所珍爱的错金银铁器，因其来自北方戎族，不受南宋古董商人待见：『减铁元本北地有，头巾环子与腰条。马鞍作子并刀靶，如今不作半分毫。』贵州播州土司杨价夫妇墓出土仿古纹象钮银注子、教子升天金杯盘、金银筯瓶等南宋金银器，显示宋人美学通过政治与经济交往进入素以北方风格为主的周边社会。

彭州西大街、金坛尧塘、黄石陈伯臻粮库等南宋晚期金银器窖藏，以及遂宁金鱼村瓷器窖藏多为宋蒙战争的遗留。其中，黄石西塞山南宋窖藏群规模最为壮观。西塞山东麓自晚明以来六次发现重逾百吨的大型南宋钱币窖藏、数百件银锭、成批金器，可能先后属于南宋军库与南宋将门吕文德家族。西塞山西麓也几度出土金银器、银锭、数以吨计的钱币窖藏等。其中，陈伯臻粮库出上银锭与银器窖藏中有咸淳七年『赏功、大使』铭文银卮，是朝廷赏赐抗蒙名将、京湖制置大使李庭芝之物，距离忽必烈兵锋至此仅有三年。吕文德、吕文焕兄弟和李庭芝都曾在襄阳与蒙军鏖战，当日从襄阳城到西塞山，沿江可见烽火未息，『风樯战舰在烟霭间』。

曾在金蒙、宋蒙战场对阵厮杀的世侯、宋将、土司等政治家族陆续为蒙元政权招抚，其考古遗存让我们洞悉宋人的美学传统如何在元代社会传承。代表由金入元汉军世侯的石家庄史天泽家族墓地、西安刘黑马家族墓地，代表入元宋将的安庆范文虎家族墓地和苏州吕师孟家族墓地，都出土过宋代风格金银器皿或首饰。

其中，范文虎夫妇合葬墓出土的贯耳铜壶造型玉瓶尚存宋人仿古遗风。杨价夫妇墓出土南宋金银器为贵州仅见，应与杨价率播州兵与宋军并肩作战，获朝廷追封『威灵英烈侯』的事迹有关。南宋灭亡之后，三代抗蒙的杨氏家族降元，并世袭土司直到万历播州之战。这些考古发现既揭示历史人物复杂的文化背景与政治角色，又呈现出他们所共享的文明传统。同时，元代晚期窖藏与墓葬出土的元代晚期八思巴文、梵文和阿拉伯文金银器指向蒙古和色目权贵留下的印记。来自波斯的西番莲卷草纹饰也重返中土，在元代晚期创烧的青花瓷上绽放，并为明清陶瓷所继承。湖南元代晚期金银器窖藏的集中发现，与内蒙古集宁路瓷器窖藏一样，都是元明之间战乱所留。

即使明代金银匠作传统从萧条中逐渐复苏，明中叶名臣王鏊在《震泽长语》中依然感叹民间社会富庶程度仍远逊宋人：『宋民间器物传至今者，皆极精巧。今人卤莽特甚，非特古今之性殊也。盖亦坐贫故耳。观宋人《梦华录》《武林旧事》，民间如此之奢，虽南渡犹然。近岁民间无隔宿之储，官府无经年之积，此其何故也？人皆曰本朝藩府太多，武职太冗，是固然矣。又有一焉，而人莫之及：古称天下之财不在官则在民，今民之膏血已竭，官之府库皆空，岂非皆归此辈乎？』明代诸藩王墓出土金银器显示『藩府』果然是能工巧匠追求『肖状精奇』的主要推手，其造型与工艺方面都堪称中国金银器史上巅峰。从明梁庄王墓出土金银首饰可见，从元代继承来的镶嵌宝石传统由于使用郑和下西洋带来的奇珍异宝而放出夺目的光彩。同样来自元代的金银累丝工艺在明代也日臻完善，为表现精致造型提供了理想的手段。在戏曲与小说激发之下，明代匠人推出各种以鸟兽鱼虫、神仙人物、亭台楼阁为造型，做工玲珑奇巧的珠宝首饰，望之层叠错落，鬓上若有铿锵之声。

工商业的发达和美洲白银的输入使晚明成为绽放『奢华之色』的白银帝国。如扬之水在《物色》中指出，《金瓶梅》作者把金银器当作点染市井人情世故的视觉语言。踵事增华的背影中，又有太平洋彼岸被销熔的历史和印加山神的血。承平日久的晚明盛世终为战乱打破。重庆长寿县火神街明代窖藏金银器和彭山『江口沉银』遗址为文献中频繁出现的劫难，提供了直观的考古场景。明之季年，『外见迫于辽东，内受困于张李』的崇祯密遣兵部尚书陈新甲与清军议和，其间文件意外泄露，群臣哗然，皇上震怒，大明失去最后的议和机会。陈新甲获刑后十年间，张献忠数克重庆，陈氏遗族为避战乱将府上金银器掩埋于火神街尚书宅内，直到三百多年后重现。其中一件夔形扁足鎏金铜鼎继承了宋人仿古彝器传统，成套的『寿』字鎏金银盘则推测为新甲之弟、定番州知州陈新第在贵州置办。顺治三年，张献忠军队撤离成都途中在彭山江口战败，江底散落掠自藩王府的金银封册、印章，来自民间富贵人家的戒指、耳环、发簪等大量金银首饰，以及大西国新铸金银锭、『西王赏功』金币、分封嫔妃金银册等铭文器物。这些金银制品来源覆盖大半明代江山，并多有仓皇间销熔或打砸的痕迹。其中夹杂许多纤细小巧的儿童饰物，背后或有不可言喻的人间悲剧。次年，孙可望率张献忠余部攻陷定番州，知州陈新第誓众坚守，城破殉难。中国金银器史上最后的黄金时代在这场席卷晚明社会的浩劫中终结。

明清鼎革之后，清代皇帝的器用观念流露出帝王为文明之集大成者的理想。乾隆以纯金铸造代表三代礼乐制度的编钟，彻底打破金石与金银之间的边界。在宫廷趣味的主导之下，清宫和民间作坊制作大量寓意吉祥福禄的金银器皿和珠宝首饰。同时，清代首饰在旗妆与汉妆之间始终保持着满汉之别，宋明金银匠作中的文人雅趣则已不复见。虽然清代文人重拾对金石学的兴趣，在考证与鉴藏中孜孜不倦，真正的经典却由时人书写。历经近三千年变革，经典发生之处已从《尚书》时代的西周庙堂扩展到小说流传的明清市井——曹雪芹笔下人物首饰、妆容与其言语、情感相互交融，让我们在古典传统之外，感受到这个文明动人的气息。

清末民初广东外销银器的一度繁荣之后，中国金银器史在廿世纪进入一个黯淡时代——古今几度治乱兴衰过后，『物』与『文』早已脱离，使人无从了解古代文献中金银器物与首饰的样貌。即使现代考古学的发端使我们对三代社会的了解远超宋人，今人对古代金银器的认知，特别是文学发达的宋元明时代金银器，研究近乎空白。考古类型学分析可以为器物提供时间的定格，但无法把它们还原到古典文学作品的场景中，让读者领会古人寻常生活中的兴味。

结合器物、诗文、图像三条线索，扬之水的名物研究通过对『物』的图文解读，重续古典传统中『文』与『物』与『史』之间断裂的脉络。名物学本是传习经典知识的产物，故而孔子说学《诗》让人『多识于鸟兽草木之名』。当古典世界逐渐远去，北宋金石学家通过研究古物与铭文来探索和重建理想中的三代文明秩序。同时，《诗》赋予人们『可以兴，可以观，可以群，可以怨』的情感力量则为文学接过。从汉代乐府，到唐诗、宋词、明清戏剧与小说，历代文学作品逐渐形成新的经典传统。扬之水名物研究的范围也由《诗经》顺流而下，扩大到唐宋诗文与《金瓶梅》《红楼梦》，为读者建立一个个文学想象的基点。

吕大临说金石学之旨趣在于『观其器，诵其言，形容仿佛，以追三代之遗风，如见其人矣』。三代之后，金银与文学之间的紧密联系，赋予古代金银器金石一般承载文明的独特品质，贯穿人间悲欢离合、雅俗贵贱。理解这个转折，方能洞悉作者倾廿年之力为金银立传的初衷——以士人之毅力，为古代诗歌、小说、戏剧书写《金石录》。扬之水金银器研究与宋人金石学之间的差别，只在古今对经典的不同定义。这部中国金银器研究巨作是一个文化史意义上的考古发掘——从尘封多年的出土金银器中发掘关于设计、制作、使用、传承的信息，进而考察它们的发展脉络。

书中构成叙事的器物图四千余，绚烂如宋人青绿山水长卷。文字保持着作者《读书》十年的风格，以非凡的见识为普通读者书写，穿越专业与史识之间的壁垒。在作者以时间与类别为经纬的叙事结构之外，读者又可根据出土地点、相关人物、组合关系以及历史背景重新缀连，从不同角度理解器物身后的故事与时代。如果读者按图索骥，可以发现扬之水的定名与描述，已频繁出现在各地文博机构的金银器展览中。

在这个由沈从文开启的研究传统中，扬之水通过融『物』入『文』入『史』的书写，赋予金银器生命的气息。它所承载的文化史意义，如西谚所谓：『堪值等重之黄金。』自古金银匠作多繁荣于盛世，窖藏的集中出现则常与离乱相连。铁山石颂中有『缣竹易销，金石难灭』之语。从尖山到巴米扬，金石亦非永固，但文明终会于断裂处重生。愿书中美器在此定格的一瞬，令人恒久可见这个文明金色的光泽。

壬寅正月疫中，于洛邑

凡例

一、本书是从名物研究的角度考校中国古代金银器，为器物定名以及揭示不同时代的名称变化，乃其第一义。征引古辞书、俗语文献、器物铭文，因尽量保留原文，不一律改作今之通行用字以及简体字，特别是涉及器物名称的特殊用字以及有古今之异者，如釦、毬、鋌、綵（器物名称的特殊用字）；栝（上古辞书）；垸、椀（器物自铭）；缻（碑刻）。以例类推，在此不一一列举。此外，铭刻中的人名亦不强行改作简体字。援引器物铭文，有拓片可见者，从拓片（依原字照录）；无，则迻录所引著述之录文。

一、（一）金汞合金制成金泥（金汞齐）涂饰金属器表，加热后水银蒸发而金附着于器表的工艺，汉代称涂金，后世多称鎏金、镏金（又俗作溜金）、镀金，在此不拘泥于称谓之统一。（二）金属嵌饰，古称错，今或称错嵌、嵌错。银器器表纹饰涂金，唐代称金花银或银金花（如法门寺地宫出土衣物账碑）。凡此种种，在此均不强行统一。（三）明代细金工艺之『摺丝』，摺，同褶，因此未使用不包含此意的简体字『折』。（四）『形』与『型』：金银器的攒造方法之一，是将两枚或几枚片材打制为需要的形状，然后攒聚，完成立体造型。本书所说将片材打制成形，然后扣合成型，即此意。（五）明清时代宫廷所用红宝石，经现代检测，多为尖晶石，二者视觉相似，古人自然难以区分。本书不讨论宝石品质，因此仍按照古人的认识，将红色的宝石称作红宝。

一、如导言所说，本书的器物名称，不采用考古学的专业术语，不以博物馆文物档案的命名原则为标准（如固定的称谓顺序），乃根据本人理解，依器物的纹饰与工艺并兼及所处时代时人之习称而命名。

一、出土器物的地名，因时间不同而有行政区划的改变，本书首取发掘与发现之报道所使用的名称（如定县〔昔〕与定州〔今〕，临河县〔昔〕与临河区〔今〕），不按照今名一一变改。

一、个别字依古义，例如『身分』不作『身份』。

一、图注与正文多在同一页，为互见关系，为避免繁琐，不强求一致。如正文：银莲花鹊尾炉，图注：带宝子的莲花鹊尾炉。正文：河北定州静志寺塔塔基地宫出土，图注：定州静志寺塔出土。正文：嘉兴王店李家坟李湘夫妇墓出土，图注：嘉兴明李湘夫妇墓出土。依此类推。书后所附《图片来源总览》为全书图片的完整信息。

导言

一　本书主旨

这是贯穿先秦至清代囊括器皿与首饰的一部中国古代金银器通论，也可以说带有通史的性质。

金银器史涉及多种门类，首先基本材料与相关数据来自考古发现以及考古学的分期断代，此外如矿产分布、采矿冶炼、生产机构、制作工艺并经济制度、政治制度，都是成就它的条件。不过以上每一项都是一个专门的学科，都各有专书详细讨论，本书便正是建立在这些成熟学科的研究基础之上，或者说是以这些研究成果为前提。那么这里不能不特别强调，这是一部站在工艺美术立场认识古代遗存的金银器史，不少通常认为必须涉及的相关议题，诸如前举矿藏、采冶、制作机构等等，前修今贤详细讨论过的问题，这里都尽量简化乃至从略，以避免过于枝蔓。本书的研究旨趣，不在金银器的科学技术发展史，而在与社会生活史密切相关的造型、纹饰、风格的演变史。也就是说，它不是穷尽式的历史资料汇编，也不是用考古学的方法对器物分型、分式以划分时代，而是以目验实物为前提，从名物学入手，通过定名，以器物描述的方法，来展示工艺美术史与社会生活史中的金银器。

中国古代金银器研究，是伴随现代考古学而生的一门新兴学科。传世文献展示的金银器史和出土文物呈现出来的金银器史，是不一样的。前者显示了数量颇多的名目和使用甚巨的数目，但提供具体形象的材料很少；考古发现的实物，就名目和数量而言，虽只是载籍的冰山之一角，却是以形象示人。对于工艺美术要讨论的核心问题，即造型与纹饰，它提供了最为直观的实例。

金和银，首先是财富，但同时又具备诸多优良的品质，尤以金为著。极好的延展性，可耐高温，易于切割、弯折、捶打、拉伸、铸造，方便加工为各种艺术品，打磨抛光之后更呈现色泽之美。即便在『艺术品』的概念尚未出现的时候，『美』，也是使用者和制作者的共同追求。金银器自然也是兼具富与丽的双重品质，——是财富，又是一种艺术形态，而通过销熔的办法又可使之反复改变样态以从时尚，因此人们并不存心教它传之久远。相对于可入鉴藏的书画、金石、玉器、瓷器之雅[1]，金银器可谓一

[1] 明顾起元《客座赘语》卷八『赏鉴』条曰：『赏鉴家以古法书名画真迹为第一，石刻次之，三代之鼎彝尊罍又次之，汉玉杯玦之类又次之，宋之玉器又次之，窑之柴、汝、官、哥、定及明之宣窑、成化窑又次之，永乐窑、嘉靖窑又次之。』

俗到骨。它以它的俗，传播时代风尚，而在社会生活中扮演被人贪恋和追逐的角色。与其他门类相比，金银器皿和金银首饰的制作工艺都算不得复杂，这里便格外显示出设计的重要。在古典时代，这种不断开掘构图元素的创意，该会为追慕时尚的人们带来特别的欢愉。

从造型设计的角度来看，工艺美术是共性多、个性少、最为贴近生活的艺术。无论哪一朝哪一代，祈福与怡情，都是纹样设计的两大主旨，当然不同时代表现的形式多有不同，亦即创造与选择的艺术形象不同，这也正是工艺美术史所要展示的一个主要内容。金银器是作为奢侈品的日用器具进入日常生活的，因此不能不讨论它的用途以及艺术与实用相结合而达到的完美程度。这里『史』的概念主要体现在名称还原以及用细节构筑的情节还原，是以贴近设计者和制作者装饰用心的感知，展示没有文字或鲜有文字却只是以成品来显示的设计史脉络，而不是贴着历史编年来勾画发展线索。小说家声称，『语言是我们的思维方式，是我们最基础、最直接的表达方式。语言也是一种建筑材料，许多意想不到的建筑物都是靠了语言一砖一瓦地搭建起来的』[1]。历史学家则曰，『我始终强调运用最基本的「语文学」的学术方法，对传到我手中需要研究的那个文本作尽可能全面和深入的历史化和语境化处理，进而对它们做出最准确的理解和解读』[2]。这两段话同样可以移用于作为艺术语汇的造型与纹饰。这一部金银器史，即是建立在艺术语汇发生与演变的观察和分析之上。在这里呈现的是两类语言，一是物，即用造型和纹饰表达自身的艺术语言；一是文，即人对物的命名，此中包括了对物之本身和物所承载的意念之理解。对这两类语言的解读，便是本书最基础、最直接的表达方式，力求因此而回到历史现场，复活古典的记忆。

如前所述，金银器是施展手工技艺的作品，或有造型之美，或有纹样之美，或二美兼具。它多半为实用之器，那么理想的效果便是有实用与装饰合一之美。与青铜器、漆器、瓷器相比，金银器制作的技术含量并不高，掌握基本方法之后，改进、提高的余地也很小。金细工艺的发展演进，关键在于品类的丰富以及与时尚紧密相关的造型和纹饰的设计之妙，技术的进步并非主导。

[1] 《小说生活：毕飞宇、张莉对话录》，页一四一，人民文学出版社二〇一九年。

[2] 沈卫荣《大元史与新清史：以元代和清代西藏和藏传佛教研究为中心》前言，页二，上海古籍出版社二〇一九年。

它不是兴盛衰亡的演进过程，而是以创意—程式—新的创意—新的程式为轴心。纹样设计首先取决于工匠的慧心，付诸熟练掌握传统技术的巧手，乃其第二义。纹样设计所涉及的图式演变，也包括两项主要内容：一是金银器本身设计与制作具有连续性的工艺传统，一是设计者和制作者共处的风俗与共享的文学所形成的文化生态。因此可以说，中国金银器史，很大程度上也是一部古代社会风俗史。

金银器里有『文学』。长沙窑器上的唐诗，磁州窑器上的宋词，还有宋元墓室以诗歌饰壁，不仅见出时代风气，而且显示了工匠的造诣。当日流行的诗词，供求双方都会是熟悉的。金银器的设计与制作，自然也有着诗词剧曲的浸润。仅举书里涉及的一例，即『掬水月在手，弄花香满衣』诗意图。诗句出自一首并不出名的唐诗，文字和诗意都很平浅，却因为诗中的这一联格外出色，由某种机缘自宋金元以至于明清以诗、词、曲、小说等各种形式广为传播，并进入装饰领域，作为瓷器纹样流行长久而不衰，同时也为金银器所用。这里讨论的不仅仅是物与名的对应，更是物与文化生态的对应。反过来看，则又有宋代金银器与宋词的对应，明代金银首饰与戏曲小说的对应。观察到金银器深入于文学的世界，会有一种不一样的感觉。名与物的对应，固然令人觉得踏实——对物的命名和解读有了依据——也对时代的生活氛围别有亲切的体味。

酒食器与首饰，是古代金银器的两大主干，也是本书讨论的主要内容。隋唐和辽宋的金银舍利容器颇有创制，因各设专节。宋以后，舍利瘗埋制度走向衰落，金银舍利容器自然也是同步，虽然仍有零星发现，但已不成规模，因此这一议题本书仅止于唐、辽、宋三朝。

与器皿相比，对金银首饰的深入探讨显得很少。同以往的金银器研究不同，本书给予首饰以重要地位，因为金银首饰不仅是财富与艺术的合一，也因为它所具有的展示性而成为生活时尚不可忽略的一个风向标。当日工艺品的流行题材差不多都出现在金银首饰上，虽方寸之地，却是一时代流行纹样之聚珍。

广义的金银器，凡金银制作的物品皆应包括在内，那么金

图一
郢爰
江苏盱眙南窑庄出土

图二—一
「周五郎记」金牌
湖北蕲春罗州城遗址窖藏

图二—二
「晋李四郎金」金牌
成都金牛区保和公社出土

图二—三
「天水桥东」金叶子
杭州博物馆藏

图三
永乐十四年金锭
湖北钟祥明梁庄王墓出土

图四
五岳真形图金厌胜钱
上海嘉定区明李先芳夫妇墓出土

图五
「黔宁王遗记」金牌
南京江宁将军山明沐启元墓出土

图六
契丹文「敕宜速」金牌
沈阳辽中茨榆坨公社出土

图七
金龙
苏州金庭镇林屋洞出土

图八
「永昌大元帅」金印
四川彭州江口古战场遗址出水

银货币，如金贝与包金贝、郢爰（图一）、金饼、裹蹄金、麟趾金、银铤、金铤、金牌、金叶子（图二—一～三）、金锭（图三）、银锭之类；包括厌胜、吉语、喜钱、冥钱等在内的『花钱』（图四），以及金册银册、金银牌（图五）、金银令牌（图六）、金银腰牌、投龙金简、银简和负简之金龙（图七），还有金银印玺（图八），也都属于金银器。不过，此类金银物用，与经济史、制度史的关系更为密切，且多与历史事件以及重要的史实相关，因而各成专学，但从工艺美术的角度看，可讨论的内容不多，本书便只是略举一二而已。此外，金银器纯属奢侈品，历朝历代尚俭戒奢，限制乃至禁断金银器制作是经常的举措，载入史籍者不少，实施效果却实在有限，即便进入舆服制度的各项规定也很难被严格遵守，此类话题本书也不拟讨论。又如前面所说传世文献所展示的金银器数量名目颇多，数目甚巨，但凡与本书议题非紧密相关者，亦不在征引之列。

一

二—三 二—二 二—一

六 三

四

八

一 五

背面 正面

七

二 纹样设计

中国古代工艺设计，包括两项主要内容，一为法式，一为样式。

关于法式，《墨子·法仪》中的一段话可见精义：『子墨子曰：天下从事者，不可以无法仪。无法仪而其事能成者，无有也。虽至士之为将相者，皆有法，虽至百工从事者，亦皆有法。百工为方以矩，为圆以规，直以绳，正以县。无巧工不巧工，皆以此五者为法。巧者能中之，不巧者虽不能中，放（仿）依以从事，犹逾已。故百工从事，皆有法所度。』所谓『以此五者为法』，据《营造法式》所引，『直以绳』句下有『衡以水』，与《考工记》同，是法为五也。这一节本是援百工之事以喻治国，却恰好道出百工之事的实情。在先秦时代，法仪乃礼仪与技术的结合，后来的『法式』即与此『法仪』相当，它被一直沿用下来，成为中国古代工艺制作的总纲。

法仪或曰法式一旦确立，百工依法从事，中规中矩，则不论巧拙，均可做出合格的产品。在『设计』一词付之阙如的古代工艺设计史中，法式就成了关键词，从而使工艺品的生产有组织、有秩序，容易达到标准化、通用化、程序化❶，又格外方便于功能的置换，使生产很容易形成规模。

在法式的基础上，产生了样式，发生了样式的传播和演变。《考工记》中的论述可以为据：『国有六职，百工与居一焉』；『坐而论道，谓之王公；作而行之，谓之士大夫；审曲面势，以饬五材，以辨民器，谓之百工』；『知者创物，巧者述之，守之世，谓之工』。如果从设计的角度来解读这段论述，那么『坐而论道』之王公，即法式的制定者；『作而行之』的士大夫，即法式的贯彻者；『审曲面势，以饬五材，以辨民器』，即因材施巧，制为合用之器的工匠。再从另一个层次说，所谓『知者创物』，即有智慧、有才干者创制新式。『巧者述之』，孙诒让《周礼正义》引《说文》『述，循也』，谓此处意思是『循故法而增修之』，即一面遵行旧式，一面用『增修』的办法使它符合新的需要。器物的造型与纹样在制作过程中不断完善、日趋完美之后，逐渐成为稳定的图式。『守

❶ 雷德侯《万物》：『对相似器物加以比较，能够发现青铜器设计者发挥创造性的余地是有限的。在他进入角色之前，器物的整体结构——形状、比例和大小——都已经确定了。只有在特殊场合，才要求工匠变更传统类型。一般情况下，只能在严密的框架中工作，而用以填充给定块面的方法就成为工匠们的兴趣所在。他的拿手好戏是变换现成的装饰母题。他将装饰母题当作模件，对其加以调整，使之适合需要填充的块面的具体形状和比例。』页五四，张总等译，生活·读书·新知三联书店二〇〇五年。

之世』亦即『世守之』，一代一代把它们继承、传播下来，这种人就『谓之工』，称为工匠。于是，『知者创物，巧者述之，守之世，谓之工』，一起构成了中国古代工艺设计发展史的基本框架。

关于样式，上古情形文献记载语焉不详，只能推想其时工艺品的制作或有图谱之类，虽然不能确定其具体形式。中古以后的情形便已多见于记载，古文献中与此相关的主要词汇为『起样』，『画样』，『位置小本』，『样』，等等。它是设计的形式，也是传播的依凭。金银器的设计与制作，亦不外于此。

本书开篇第一章的先秦，依传统历史纪年，便是夏、商、周三代，是跨越近一千五百年的一个时间概念。中国古代金银器发轫于四千年前，相当于夏代，以制作简单的饰品如耳环为主，主要集中在新疆、甘肃河西走廊和北方地区。只是这一来自欧亚文化的技术和艺术在初始阶段的数百年里，发展很缓慢，直到商周时代方逐渐出现流行的趋势，分布地区益广，且呈现若干地域特征，青铜器纹样以及范铸技术也开始运用于金银器制作。至春秋战国，而众声喧哗，进入一个高峰。在这一漫长的时段里，金银器的发生和发展可以粗略概括为『金』风东渐与戎入中原。前期以外来影响为多，后期则是外来艺术本土化的进程。试站在工匠的角度，『以意逆志』，此际的设计理念，应该是以新的材质为媒介创造出符合时代意识的时新叙述。工艺既不难，设计的精采便成关键。构思来源主要有二，一是近取本土，一是『远方图物』，在化他为己的创作过程中，完成外来艺术的本土化，说见第一章第五节。

两汉魏晋金银器最为流行的是云气纹，它是从好仙道、求长生的社会风气中生长出来的装饰趣味，起始于帝王，然后渐次扩展到整个社会，且融入日常生活，成为一种几乎无所不在的流行纹样。《淮南子·原道》曰：『风兴云蒸，事无不应。雷声雨降，并应无穷。鬼出电入，龙兴鸾集。钓旋毂转，周而复匝。』此语虽是论道，但充满汉代装饰领域的云气纹，也正是这般气象。从玉器和青铜器里走出来的线条，在灵异世界的想象中，随风弥散，与云舒卷，或似山之叠嶂，或似水之扬波，锻炼出千姿百态。勾描山水，图画瑞兽，为百怪留影，为神仙写貌。简捷，传神，力乃在是；灵动，俊健，韵乃贯之。第二章第一节因特举汉金银错铜杠箍为具有图谱意义的一个实例。

经南北朝至隋唐，云气纹为缠枝卷草所取代。它几乎充塞于各个装饰空间而形成特有的时代风格，乃至被接受唐文化的日人呼作『唐草』。『大秦之草』、『如意蔓』、海石榴，摩竭、狮子，多曲长杯、錾手杯，唐代的金银器设计以容纳百川的胸襟，把不同地域不同来源的造型与纹饰会聚在一起而形成自家风格。时值诗歌的黄金时代，创作极盛，接受亦广。前面提到长沙窑器以诗歌为饰，是唐诗深刻影响社会生活的一个显例。金银器自然也披拂着诗意的风。『溪边花满枝，百鸟带香飞』（吴融《溪边》），诗人捕捉到的画意，同样是金银器设计的构思来源之一。敦煌变文《百鸟名》也仿佛为金银器纹样挑选角色，布置画面。唐代花卉很少写实，最接近写实的牡丹、莲花、海石榴，也常常采用变体。宝相花与缠枝花，都是追求无限伸展，缠枝则更注重八面来风的效果，即便组织为规整的团窠，也依然以枝条的宛转、枝叶的偃仰欹侧带着无所不在的风。以二方连续为基础，在柔条蔓卷、密叶娇花的聚合中挥洒线条之魅，有时为主人，有时为宾客，或热闹喧阗，或清宁温婉，叫出来名字的是葡萄，是石榴，是牡丹，叫不出名字的便是千变万化的花和叶，带着生长的峥嵘，与奇禽瑞兽共舞，宛转于牵动目光的每一处。所谓『野草花叶细』，『绵绵相纠结』，正是它在银盏中的风采。虽然也有寄寓美意的祥瑞，不过唐代的花鸟虫鱼，毕竟没有像清代那样刻意用谐音组合几样互不相干的景物来担负人类的幸福，却是在工匠的巧手下自然舒展生命的灿烂，而与世人的享乐生活合拍。

唐代金银器的一片繁盛被辽代接过，嫁接了新的枝条。龙与凤，莲塘与水禽，双狮戏毬，摩竭戏珠，风翻莲叶和莲叶上的双鱼，或奔跑或卧息的鹿，缠枝卷草，迦陵频伽，歌舞伎乐，唐五代流行的纹样，俱为辽代所延续。龙纹的使用比唐代更为广泛。摩竭戏珠则发挥阐扬，创制出不少变体，器皿之外，尤其令耳环样式的设计见出新奇。此外还有人物故事并绘画的移植。可以认为，辽代金银器有着北方草原民族的特质，并且多有体现契丹风俗的用具，然而就装饰纹样而言汉风却是贯穿始终。

通常认为，唐代是中国古代金银器发展史中的高峰，检阅今天已经发现的宋代金银器，可以说两宋与唐五代，是双峰并峙。如果说唐代器皿打制最为精工，宋代则造型与纹样最为丰富，它是蓄势已久的焕发。也很像宋诗的风貌，以日常化的叙事方式，采集身边的花草组成四时花信，拈取庭院佳胜制为山水小景，大到器皿，小至耳环。工匠对于当日流行的诗词也是很熟悉的，宋代壁画墓以诗词为装饰形成风气，即是一证。两宋金银器造型与纹饰取意于花卉者，占了多数。此际十分发达且格外重视写生的花鸟画以及与绘画紧密相连的刺绣，便是纹样设计的粉本之一。纹样依然不乏线条的运用，而更多写生的意味，折枝花成为主流，最为突出的特色则是『象生』。或以象生为器皿，如葵花盏，或以象生为小件攒聚成饰品，如荔枝耳环。作为建筑则例的《营造法式》成书于北宋，其中汇总的画样名称使人认识到很多装饰领域所共用的图式，而有不少唐五代即已出现。

元代的情况，如尚刚所说，『蒙古族对工艺美术的影响虽然巨大，但这影响却往往要借助于抽象的生活形态、思想观念，较少见到哪种器形、哪种纹样直接传自蒙古族的工艺美术，并且，这影响还被岁月消磨得日渐衰微』❶。从今天能够掌握的实物资料看，元代金银器纹样多是两宋之延续。当然，相关考古材料的缺失，也限制了人们对元代宫廷金银器具体形象的认知。倒是这一时期的金银簪钗别具风采，纹样设计多从宋画中的写生小品取意，而以轻薄精巧纹样新异取胜，哪怕尺寸不小，分量也不会很重，因此更多的是体现工艺价值。与宋代相承，元代首饰制作的『团造』之工更见细巧，且常把纹饰分别打作一个个单独的小件，使图案更具有浮雕的效果。

前面说到唐代金银器皿制作成绩最著，那么金银器史中首饰的设计与制作则在明代臻于极致。从工艺美术的角度看，这一时代是家具发展的高峰，为雅韵与实用完美结合的最高典范，金银首饰则在俗的一端，开出娇花万朵。纹样之繁多、制作之精巧，遗存之丰富，都远逾以往的任何朝代。花草翎毛、祥禽瑞兽之外，又有螳螂、蜘蛛、鱼、虾、蛙、蟹，以『草虫』的名目跃上女子的云髻鬓角，炫巧斗妍。『肖状精奇』，便是评鉴标准之一。人物及人物故事，也是明代金银首饰取材的重要一项，戏曲小说的

❶ 尚刚《元代工艺美术史》，页二，辽宁教育出版社一九九九年。

发达自然是原因之一。明代绘画虽然是以写意山水引领士大夫的审美趣向，但传统的人物故事画依然为一般民众所欣赏。只是这时候的神仙故事，已经没有早期的好奇与兴味，曾经有过的一点批判现实的意义也完全失去，因为它本来就带着娱乐的特质，至此更成为生活中绵延不断的平安点缀。而八仙故事的成熟，使张果老、何仙姑等非但再不能度脱众生，反而被众生同化，并且用各自的法力向世俗献媚。神佛世界的世俗化为首饰设计开启思路，此中生长出来的装饰趣味也为清代所沿袭。

吉庆题材占得首席，完成于清。这是在明代基础上的发扬光大，而在这一时期运用到无以复加。从神仙故事剥取来的吉祥寓意成为造型艺术语汇的主流，且在程式化中不断固定它的符号意义。宫廷为皇帝、皇太后举办万寿庆典，原是重要的催生剂。此前金银器纹样中的诗情画意，至此几乎完全演变为『善颂善祷』。若干物事合在一起，以各物名称的谐音合成吉语，组织为图案，是清代金银器最常用到的设计意匠。正所谓『世人爱吉祥，画师工颂祷。谐声而取譬，隐语戛戛造。蝠鹿与蜂猴，戟磬及花鸟。附会必含媚，影射各逞巧』[1]。金银器本身的俗，与这种以穿凿会巧为美的俗正好相融无间。

金银器造型与纹样的中土化完成于宋代，从此形成独秀于世界之林的自家面貌而自行发展。虽然与域外并不隔膜甚至交流更广泛，但个例之外，受到的外来影响并不多。直到清代中晚期，才有首饰制作借鉴西洋的珠宝加工技术。清末广东工匠利用自身优势制作了大批外销银器。西洋造型，中国纹样，是外销银器的鲜明特色。中国古代金银器史，于是在仍然焕发着创造力的这一抹亮色中结束。

重新审视前面提出的中国古代设计发展史的基本框架，即『知者创物，巧者述之，守之世，谓之工』，此中也正贯穿着图式的创立、确立与承袭。这里想表达的是，某一类器皿仿另一类器皿的情况，只能就个案而言，整体来说，工匠共同追求是『时样』（若仿古风气之下，古式也是『时样』）。限于篇幅，书里无法将掌握的金银器之外其他门类的材料列举很多作为对比，因而只是在此特别强调，在这样的基本框架里，第一，工匠可以方便利用『知

[1] 蒋士铨《费生天彭画耄耋图赠百泉属题戏作》。

者』的创造，并在制作过程中不断改进和完善。第二，它为造型与纹样的发生、传播和演变奠定了基础，艺术表现的程式以图谱的形式广为传播而为工匠所掌握，这时候的所谓『设计』，便主要体现在各种程式化的艺术语汇之移植、组合与拼接。唐皎然《诗式》言诗歌创作之借鉴，有偷语、偷意、偷势三则，用来说金银器的设计制作也很合宜。从其他工艺品借取装饰题材、构图元素、造型语言，然后加入自己的创造，遂得『点』某材而成『金』。宋人论集句诗曰『融液众作而成一家之言，必有大气魄；陵暴万象而无一物不为吾用，必有大力量』（刘克庄《陈秘书集句诗》），成功的造型艺术又何尝不如是。艺术语汇的移植、组合与拼接，佳制自然也像浑然无迹如己作的集句诗。而『大气魄』与『大力量』，也必有来自时代的赐予。本书专章论及的朝代，清代之外均有关于纹样和纹样设计的讨论，行文中也时有对这一问题的关注，即意在扣合本书的主旨，并且尽可能通过纹饰的解读，揭示造型和纹样传播与演变的轨迹，因为这轨迹中承载着对设计者和设计史的一种最为贴近的叙述。

三　制作工艺

关于制作工艺，主要有来自三个方面的研究。一、科技检测；二、修复实践的技术总结；三、结合文献记述的实物观察。

研究一：科技检测

近年古代金银器制作方法的研究，运用了不少科技检测，因此可以得到更为准确的结果。关于先秦金银器，对若干实物的抽样检测和以马家塬墓地出土器物为检测标本的专项研究已取得初步成果，并得出若干有重要参考价值的结论，以此可以窥见先秦金银器制作之大概。经过检测和分析，作者认为，『马家塬墓地金制品以锻打为主要制作方式，少量铸造，还包括退火、钻孔、冲压、抛光、錾刻、掐丝、模压等技术手段』，『金制品的材质与先秦时期其他地区基本一致』。关于金银器的生产机构，『西安北郊战国工匠墓出土的陶模种类较多，既有装饰品、车具、礼器，又有武器，说明不同类别的金属器物可能在一起制造。马家塬墓地的金银制品，与铜、铁、铅、锡类金属材质的结合使用较为常见，如嵌金、银的铁车軎，用金箔包裹的铜车軎，用锡作焊料的银杯、用铅锡焊接在一起的外金内银与外银内金圆形马具等，说明制造这些器物的工匠对各种金属的性能都能很好地掌握。根据这些现象初步推测，金银的生产可能未形成完全独立的部门，而是依附于铜、铁或其他金属的生产机构』。❶先秦金银器的制作工艺，由该书图表〔六—一二〕『早期主要金银技术年代序列的比较』，可以一目了然。陈建立对早期金制品的检测分析，显示出先秦时期金制品的技术发展脉络，作者认为，『战国时期，与金相关的金属加工工艺应该有八种：锤鍱、包金、贴金、铸造、镶嵌、错金、鎏金和金珠』❷。那么可以说，古代金银器制作的几种基本方法，先秦时代即已经大体具备，并且之后也没有革命性的变化。

研究二：修复实践的技术总结

这是以实践经验来讲述具体操作，也是某种程度的复原研究。赵振茂《金银铜器的传统修复技术》一文有『赤金器的一般

❶ 黄维等《马家塬墓地金属制品技术研究》，页二六五、页二〇三，北京大学出版社二〇一三年。

❷ 陈建立《中国古代金属冶铸文明新探》，页四一〇，科学出版社二〇一四年。

制作方法』一节，以下即节略其说。——赤金器的一般制作方法可以概括为五个字，即打，炮，收，錾，轧。

（一）打。所谓『打』，便是打制金叶，亦即把金砖、金条、金元宝等加工成制作金器所要用的金叶。

（二）炮。『炮』即根据器形需要用炮锤把金叶锤鼓。具体做法是：首先在纸上画出金器的展开图。其次将金叶放在火上烧红后取出晾凉，用炮锤在铅砣上根据展开图炮锤。比如赤金碗，其腹部外鼓，即用炮锤将金叶锤鼓，一火一火锤炮，直至合乎要求。

（三）收。『收』即用乒锤在大铁棍上将已经炮锤为鼓腹的金叶收成所需要的器形。收金碗口沿的方法是：剪一条金丝（或银丝、铜丝）圈在金碗口沿下，将碗口上沿向外打使其包住金丝并呈裹圆状，接口收严，然后用大焊。大焊所用焊药的配制，是将等重的锡、铜、银放在一起加热熔化成为合金，然后粉碎为细小的颗粒，俗谓『六成焊药』。大焊的方法是在焊药中兑入硼砂，清水调和后将焊药溜在焊缝处，然后把器皿放在微火上慢慢烘烤。金器烧红，焊药便化开而成液态钻进焊缝，此际速将金器从火中夹出，晾凉后，用錾花锤收。圈足另焊。即将金叶剪作圈足状，下沿用錾花锤向里收，接缝处用大焊。然后用铁丝将它捆在金碗底部，大焊即可。

（四）錾。『錾』即在金器上面錾刻纹样。比如金碗腹部的加饰，其方法大致如下：一、在金碗腹部勾画出纹饰，然后涂一层漆皮汁使纹饰不至于在錾花过程中被摩擦掉。二、把錾花胶放在铁锅里加热，使之化开如稠粥，然后慢慢倒在碗里直到充满。三、一昼夜后錾花胶变硬，于是可以錾花。左手持沟錾，右手持錾花锤，沿着金器上预先勾画出来的纹饰，边锤边走錾。沟錾有各种不同的型号，可依纹样需要而取用。四、纹饰錾就，用火将錾花胶烤化倒出。

（五）轧。用轧子把金器轧亮，亦即抛光[1]。

关于鎏金、鎏银以及金银错嵌等传统技术，也都有来自修复实践的经验总结。比如鎏金，温廷宽说『火镀金法』云：火镀金法，即鎏金，大体分为五个步骤：一、做『金棍』；二、煞（或杀）金（溶解黄金的工作），制成黄金和水银的混合物，即金泥；三、

[1] 文章同时又详细介绍了鎏金、鎏银、金银错的操作方法。赵振茂《金银铜器的传统修复技术》，页六四～八三，《故宫博物院院刊》一九九四年第三期。

抹金（在铜制器物上涂抹金泥）；四、开金（蒸发金泥中的水银，使黄金紧贴器物表面）；五、压光（把镀金面的黄金压平，增加牢固和光亮）[1]。

器皿的制作，上述一、二两项研究已经大致包括。如以古人的说法作为接通古今的一个旁证，则可举《朴通事谚解·下》中一段关于打制银器的对话。——『张大，你打馈我一个立鳖儿，一个虾蟆鳖儿和蝎虎盏儿。』『如今银子如何？』『只是如常。元宝我有半锭了，再添上三五两银子时勾（够）也。鳖儿打的匾着些个，嘴儿、把儿且打下，我看着銲。你自这里打炉子，铁鎚、钳子、铁枕、锅儿、碎家事，和将沥青来，这里做生活。』[2]立鳖儿、虾蟆鳖儿和蝎虎盏儿，系酒注与酒盏。蝎虎盏儿自是酒盏，蝎虎造型与螭虎略相近，其式样或即教子升天杯之类，如江苏金坛湖溪元代窖藏中的一件银教子升天杯。立鳖儿与虾蟆鳖儿对举，那么后者的式样当如卧式的龟榼。立鳖儿有嘴儿、有把儿而形扁，虽然这里说的是银器，但就形制而言，与北京旧鼓楼大街元代窖藏中的景德镇窑元青花凤首扁壶应该是一致的[3]。所谓『银子如何』以及关于它的回答，乃涉及元代金银打造制度，即银匠

[1] 温廷宽《几种有关金属工艺的传统技术方法》，页六一～六三，《文物参考资料》一九五八年第三期。

[2] 盖即壁虎。宋罗愿《尔雅翼》卷二十六『虿』条，曰虿即蝎，『蜥易能食之，故蜥易一名蝎虎』。

[3] 扬之水《酒榼与酒鳖》，页一五五～一五九，《终朝采蓝——古名物寻微》，生活·读书·新知三联书店二〇〇八年。

和银铺不得使用自家金银打造器皿，故凡打造，均须顾客自携金银，见《元典章》所载至元十九年《整治钞法条画》❶。这里说到酒注的打制是分作三个部分，即嘴儿、把儿和器身，末了再焊接为一。炉子、锅儿，用作工件的过火；铁鎚、钳子、铁枕、碎家事，自是打造所需的器用和工具。

唐代金银器在地子上突显纹样主要有两种方法。一是银器上錾花，然后花纹涂金，即所谓『金花银器』。一是地子上满錾鱼子纹，用以反衬纹饰的光亮。金花银器的制作宋元依然延续，但不是主流。以鱼子地显花的做法则已经不很流行。这里一个很重要的原因大约在于，与唐代相比，宋元金银器皿要轻薄得多，——当然这是就已经发表的情况来看。质料轻薄，自宜于打造即今人所谓『锤鍱』，而特别可见浮雕效果。杯盏腹壁纹饰繁复者往往做成夹层，似乎也与这一工艺相关，如此，它既可显得器身厚重，也可掩去内壁过分明显的凸凹。

可以认为，打制、镞镂、錾刻、累丝、镶嵌、镀金、攒焊，作为金银器制作的基础工艺❷，千年之间并无大变，中外亦

❶《元典章》二〇《户部》卷之六《钞法》载至元十九年十月中书省奏准《整治钞法条画》，其一曰：『金银匠人开铺打造开张生活之家，凭诸人将到金银打造，于上凿记匠人姓名，不许自用金银打造发卖。若已有成造器皿，赴平准库货卖。如违，诸人告捉到官，依私倒金银例断罪，给赏。』

❷明田艺蘅《留青日札》卷二十三『金』条引《唐六典》十四种，都是指金箔的施用，即『金一为箔，无复再还元矣。《唐六典》有十四种：销金、拍金、镀金、织金、砑金、披金、泥金、镂金、撚金、戗金、圈金、贴金、嵌金、裹金』，其中多是用于织物。

图九 《金匠作坊》（局部）

无多差别❶。意大利画家亚历山大·费（Alessandro Fei，一五四三至一五九三）的《金匠作坊》一幅（图九），所绘情景以及制作工具，与今天看到用古法打制金银器的手工作坊差不多是一致的❷。

九

❶ 参见查尔斯·辛格等《技术史》（王前等译）第一卷第二十三章《精细金属加工》『金属板加工』一节叙述碗的制作（页四二七～四二九）。又同书第二十三章第六节《敲花、压花与雕刻术》谈古代西方的精细金属加工（页四三〇），上海科技教育出版社二〇〇四年。

❷ 它曾镶挂于美第奇大公弗朗切斯科一世佛罗伦萨旧宫的壁橱上，壁橱系由意大利艺术家乔尔乔·瓦萨里（Giorgio Vasari）及其弟子于一五七〇至一五七五年间制作。休·泰特《七千年珠宝史》（英文版），页二一，大英博物馆出版社，二〇〇六年。

图一〇
金鱼（公元前十五世纪）
柏林博物馆藏

图一一—一
金簪（公元前七世纪中叶后期）

图一一—二
金耳环（公元前七世纪末至前六世纪初）
佛罗伦萨国立考古博物馆藏

图一二—一
羚羊纹金手镯（一对）
阿富汗席巴尔甘二号大月氏墓出土

图一二—二
金镶绿松石对马衔摇叶吊坠
阿富汗席巴尔甘三号大月氏墓出土

图一二—三
金镶绿松石扣饰（一对之一）

图一二—四
金镶绿松石剑鞘
阿富汗席巴尔甘四号大月氏墓出土

研究三：结合文献记述的实物观察

这一项，便是本书的研究视角，主要讨论宋元以降制作手法比较多样的首饰。

中国古代金银首饰的普遍施用，与世界其他文明古国相比是很晚的，制作工艺的发达自然也远在其后。把金材加工成细丝，盘绕、焊接为各种图案，继而将细丝制为粟粒，然后组成纹样，这是两河流域即美索不达米亚公元前三千年即已掌握的技艺❶。金银饰品的佩戴和制作，也是古埃及艺术史华美的一章，古王朝时期（公元前二六八六至前二一八一）墓冢壁画和浮雕常见的主题便是珠宝制造，且表现出金饰品的制作过程❷。西亚的细金工艺影响及于希腊❸〔图一〇〕、伊特鲁利亚❹〔图一一—一～二〕、罗马，至于中亚而成继续向东传播的中转站。一九七八年在阿富汗北部席巴尔甘发现时代约当公元一世纪前后的黄金宝藏，正所谓『展现出一个崭新的视角，直通向欧亚大陆另一端的辽远世界』，『揭示了以往想象不到的文化交流』❺。分别出自大月氏贵族六座墓葬的巨量金银饰品〔图一二—一～四〕，集中了多种元素的造型与纹饰，

❶ 查尔斯·辛格等《技术史》谈古代西方的精细金属加工时说到，『早在公元前第三千年，近东地区的金匠就认识到可以通过在图案上添加金属丝或金属粒来装饰金属制品的表面，或者使金属丝线的图案保持宽松。他们能成功地由金属板制作成完美的金属丝，并且早就掌握了焊接技术，这使雕丝技术成为可能』（第一卷第二十三章第八节《金银丝细加工与粒化处理》，页四三九）。

❷ 海伦·斯特拉德威克《古埃及》（刘雪婷等译），页三八七，上海科学技术文献出版社二〇〇八年。

❸ 如公元前十五世纪早期爱奥尼亚希腊人打制的大金鱼（出土于易北河与奈斯河之间的Vettersfelde），今藏柏林博物馆。

❹ 如佛罗伦萨国立考古博物馆藏公元前七世纪中叶后期的金发簪、公元前七世纪末至前六世纪初的金耳环，《伊特鲁利亚人的文明》（上海博物馆编），页七三、页一二五，上海人民美术出版社二〇〇三年。

❺ 彼利埃·加蓬《黄金之丘》，《阿富汗：重新发现的珍宝——喀布尔国家博物馆藏品》（法文版），法国吉美博物馆二〇〇六年。

二一一

局部

一〇

二一二

二一四

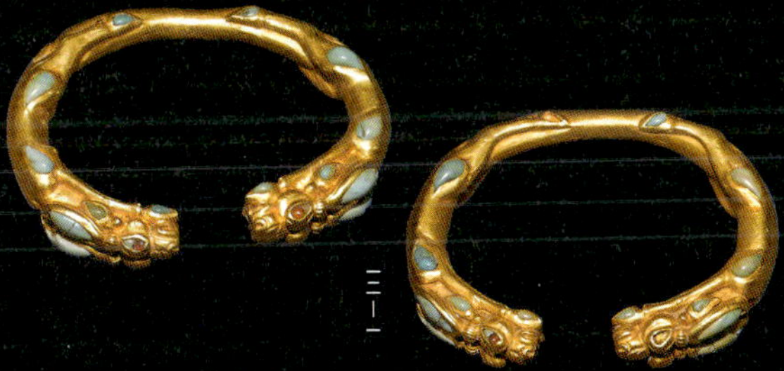

三一一

三一三

三一二

洵为金银首饰史中历史文化信息最为丰富的一批遗存。从中也可以看到中国古代金银首饰发展史的早期阶段中，制作工艺（也包括若干样式）的来源。

中土金银首饰的使用和制作，广泛流行是在两汉。域外早已成熟的工艺，诸如镞镂、打作、累丝、粟粒粘焊、宝石镶嵌，均不妨『拿来』，而在发展进程中融入既有的文化传统和技术传统，逐步形成自己的特色❶。

关于金银首饰的制作工艺，存世文献中并没有系统记载，今天只能从当日不登大雅之堂的民间日用类书中寻找线索，如分别成书于南宋和明初的三本《碎金》❷，其中即有不少与此相关的词汇，而三本《碎金》相较，这一部分内容不过条目顺序稍有变化，其他几乎相同，正显示着宋元明时期金银制作工艺的延续性。那么这里的讨论即以《碎金》南宋刻本为主要依据。

《碎金》第二十九《艺业篇》『工匠』一项，列有『镞镂』，『像生』。第三十《工具篇》『材料』一项，则有『雕錾』，『鈒镂』，『黏缀』。又第三十八《珍宝篇》『鑛璞』一项有『蓬砂』，『銲药』，『錎银』，

❶ 比如近年讨论比较多的金珠工艺，通过样本测试，『从多角度说明了汞齐法应用的可能』，如果这一推测能进一步证实，『则说明至少在唐代，金珠工艺已经本土化』。姚智辉《河南宝丰小店唐墓出土金饰的金珠工艺研究》，页九六，《文物》二〇二〇年第二期。

❷ 一、南宋张云翼编《重编详备碎金》，《天理图书馆善本丛书·汉籍之部》第六卷，天理大学出版社影印本，一九八一年；二、内阁大库洪武刊本《明本大字应用碎金》，百爵斋丛刊本（台北中研院藏《明本大字应用碎金》上下两卷与此相同）；三、永乐本《碎金》，国立北平故宫博物院文献馆影印本，一九三五年。末一种有余嘉锡跋语，乃就书中所载地名、官名详加考证，认为此本系永乐初年用洪武本略改者。

『錾凿、鈒镂、镀金、贴金、光洗、坯模、样度』。某些语汇虽未必专指金银打造，但金银制作必会用到则是可以推定的。

鈒镂，宋戴侗《六书故》第四《地理一》释『鈒』曰：『细镞金钡为文也。』同卷『镞』条：『錾之细也。』此所谓『钡』，指银❶。『镂』，单独言之，是以片材镂空作花的意思。上引书同卷释『镂』曰：『刻镂也，刻之穿透为镂。』南唐刘崇远《金华子杂编》卷下曰：『太原贵盛之中，自有「鈒镂」之号。』『鈒镂』的意思，便是李肇《国史补》卷上所云：太原王氏『呼为「鈒镂王家」，喻银质而金饰也』❷。唐代最为流行的所谓『金花银器』（器物铭文或称『银金花』），便是银器錾刻纹样之后，纹样鎏金，『银质而金饰』，正此之谓。宋元也称作『镂花』，如苏州虎丘云岩寺塔所出宋鎏金镂花包边楠木经箱底部墨书云『手工镂花』❸。现代细金工艺的『花活錾』，则即鈒镂，它也便是今人金银器研究中的所谓『錾刻』。

『像生』乃『象生』之俗写，如前所述，它是宋元金银器皿也是首饰制作的特色之一。『像生』在其他材质的工艺品制作中

❶ 同卷『钡』条曰：『白金也。』

❷ 或曰『若按李肇的记述揣摩，则「鈒镂」所指为鎏金的银器』（尚刚《隋唐五代工艺美术史》，页一七二，人民美术出版社二〇〇五年），似不然。

❸ 苏州博物馆《苏州博物馆藏虎丘云岩寺塔、瑞光寺塔文物》，页三三，文物出版社二〇〇六年。

已有悠久的历史，比如玉器、陶器等，虽然这一名称的流行要到宋代。可以算作首饰一类的佩饰辽代多有琥珀『像生』，比如辽陈国公主墓出土的一批。它也很被宋人看好。《百宝总珍集》卷五『香珀』条说香珀『或彫刻事件压口、像生花朵之属，今时好价例』。所谓『事件压口』，即事件儿上边系连各个小件的花题，常见的有倒垂莲以及下覆的荷叶。金银首饰也有『像生』花朵和事件压口，此外则用于构成一幅立体纹样的各个小件。与『镂鍱』亦即平面的花片不同，组织为立体纹样的象生是打造出来的半立体的装饰小件，如半个瓜、半个桃、半个石榴，又荷花之半、鸳鸯之半、蜜蜂之半，之后再分别粘缀或系缀到图案的相应位置，看去亦如浮雕一般。金瓜果如意簪、金满池娇荷叶簪、金蜂赶花耳环，都是很典型的例子。此外，穿结的办法宋元特别是元代金银首饰中也常常用到，如簪钗脚与簪钗首的系结，耳环脚与耳环的系结。很见巧思的设计是把用作系结的细丝由后穿向前，然后挽作与纹饰正好配搭的花式，比如瓜蔓，比如花须。第七章举出常德桃源宋墓出土金荔枝耳环一对〔图一四三—一〕，则是攒造

三一一

三一二

图三一一 金手镯

图三一二 金手镯的铜坯

蒙古哈拉和林出土

而成的象生。

蓬砂，即硼砂，是焊药的添加成分之一❶，它一方面起到助熔的作用，是很好的催化剂；一方面又可以使焊药流化得均匀❷。组织攒造之工的精细是宋元金银首饰制作的重要特点之一，这里列出的焊药、黏缀，自然是工艺中最常用到的名称。前举《碎金·艺业篇》『材料』一项有『黏缀』，则『蓬砂』『銲药』自是粘缀所用。『鉛银』，此指把银掐成丝，然后嵌入其他金属活中，元代最常见的是铁活，时称『减银』。『光洗』，当指抛光，自然也是金银制作的必要工序。『坯模』，一般用于批量生产，蒙古哈拉和林出土器物中有十四世纪的金手镯和制作手镯的铜坯❸〔图三一一～二〕。

❶ 方以智《物理小识》卷七『釬药』条云釬药乃『以硼砂合铜为之；若以胡桐汁合银，坚如石』。胡桐汁又名胡桐泪，即胡桐树脂。《汉书》卷九十六·上《西域传》曰『鄯善国多胡桐』，颜注胡桐泪『可以汗金银也，今工匠皆用之』。釬即銲，亦即焊。《广韵》：『釬金银令相著。』

❷ 柳淑兰《中国首饰》，页四一，轻工业出版社一九八九年。

❸ 《成吉思汗和他的遗产：蒙古人的世界帝国》（德文版），波恩，二〇〇五年。

关于工具，南宋刻本《碎金·工具篇》一项所列有『炉花夹，起草刀，镞刀』，『作床』。作床，与前引《朴通事谚解·下》关于打制银器对话中的『铁枕』应是一类。夹，钳子。起草刀的用途或即现代细金工艺中用到的『勾』法。《金银细金工艺和景泰蓝》云：『勾是錾刻的基础方法，即在素胎上用各种弯度的「勾錾」，勾勒出基本图样』[1]。镞刀，则镂空也，或即今之所谓『脱錾』，应是『镞镂』所用。前引《六书故》释镞，曰『錾之细也』，下云『亦通作凿』。

镶嵌之风未兴之时，金银首饰只是单色的，但它本身却有着精光闪耀之优长，充分利用金银的延展性，以轻薄之材打作浮雕式的立体画面，增加明暗对比，自然有极好的效果。打作工艺，自唐以来中土工匠即已熟练施用于金银器，至宋元而把它发挥尽致。可以说，本来意义的所谓『浮雕』，宋元金银首饰制作几乎是不用的，它只是以打作的运用之妙，——或正面加工之『采』，或背面加工之『台』，而使得纹饰显出浮雕的效果。传统的连珠纹也常常是打作而成，小到粟粒一般的纤细的边框装饰，大到双

[1] 唐克美等《金银细金工艺和景泰蓝》，页一〇二，大象出版社二〇〇四年。

一四—一

图一四—一
金累丝镶宝蝴蝶饰
山西灵丘曲回寺窖藏

图一四—二
金累丝镶宝幡胜
上海浦东区
元任仁发家族墓地出土

层空心式连珠，用打作的办法都可以极尽其妙。

累丝、金珠粘焊的工艺常常是与镶嵌配合使用，此在宋元金银首饰的制作中也是用到的，但与其他品类相比，数量不算很多。然而不多的发现中却很可见工艺之精〔图一四—一～二〕。

一四—二

至于《碎金》中列出的『镀金』一项，便是前面所说它是上古以来传统的鎏金，制作工艺不同于现代的『镀金』（即用电解法在器物表面镀一层薄金），而是把经过熔炼后形成的金汞合剂涂抹在银器之表，经炭火烘烤，汞遇热蒸发，金于是附着在银器表层。

总之，《碎金》中列出的像生、黏缀、鏉镂、雕錾、錾凿、鈒镂、镀金，是宋元金银首饰中最常使用的几项工艺，也因此形成它的样式和风格特色。元《新编事文类要启札青钱·续集》卷九《荐导术艺简札》说到『银匠厶人团造镂巧精细』，又本书第七章引陶裔故事说他『组织为副珈步摇花衮璎珞之饰，其功甚微妙』，二者不仅可以互证互诠，且元之承宋，由此亦得窥见消息。

与宋元相比，明代金银首饰制作的一个显著变化是表现手段更为丰富。传统技法中的打作，依然沿用。元代流行过来的镶嵌，尤为兴盛。前朝已有的累丝，更臻其妙。明陈铎散曲《雁儿落带过得胜令·银匠》句云：『铁锤儿不住敲，胶板儿终常抱。会分钑手艺精，惯厢嵌工夫到。』❶又蒲松龄《日用俗字·银匠章第十七》云：『惟有银工手不贫，手持鍣（小字旁注：音赧。鍣铁，打银具）铁打金银。枝叶拔丝入钢板，掠钩倾片上锤錾。耳坠响铃衬顂额，丁香排环坠耳轮。花缠明珠光照耀，金镶蝴蝶闹纷纭。簪顶牢箍石榴子，金篐摇动水波云。巧为官员錾银爵，喜逢美女打金盆。十锾金钗媚少女，千两银壶送大人。寿星更骑梅花鹿，天仙又送玉麒麟。……』❷关于金银器的制作，古代歌诗很少涉及，这两条描述详明的材料自然值得特别重视。后一条晚出，却是总括前朝，对照明代的情景，正是丝毫不差。打造、累丝、镶嵌，明代金银器制作的三项主要工艺，这里都一一说到。

❶《陈铎散曲》，上海古籍出版社一九八六年。

❷作于康熙四十三年，《蒲松龄集》第二册，页七五六，上海古籍出版社一九八六年。『手持鍣铁打金银』，『鍣』下小字注据手抄本（刘心健等《蒲松龄佚著〈七言杂文〉手抄本》，《文物》一九八三年第八期）。

图一五—一
龙凤穿花鬓钗
湖北蕲春横车镇明荆恭王墓出土

图一五—二
金镶宝蝶赶花银脚簪
江苏江阴青阳邹令人墓出土

一五—一

一五—二

『铁锤儿不住敲，胶板儿终常抱』，指打造工艺，——第一句，指打造胎型；第二句包括了打造纹样❶。『手持銽铁打金银』，『掠钩倾片上锤錾』，也是同样的意思。明《新刻增校切用正音乡谈杂字大全》『银具』一项列举的语词有大槌（又名镂槌）、小槌（又名快槌），大錾、小錾，银砧（又名银台），起花（又称鈒花），正可与此同看❷。传统的打造仍为明代所用，纹样风格有变，工艺则变化无多。此外宋元流行的攒造工艺明代依然，只是更为繁复（图一五—一～二）。

『会分鈒手艺精，惯厢嵌工夫到』，指錾刻与镶嵌，而金银首饰

❶ 董凤钰《传统錾刻工艺》：『錾刻时，必需（须）将加工对象固定于胶板上，方可进行操作。胶板一般是用松香、大白粉和植物油，按一定比例配制后敷在木板上，使用时将胶烤软，铜银等工件过火后即可贴附其上，冷却后方可进行錾刻，取下时只需加热便能脱开。』《中国文物报》二〇〇三年十月二十四日。

❷ 中国社会科学院历史研究所文化室《明代通俗日用类书集刊》第十五册，西南师范大学出版社等二〇一一年。

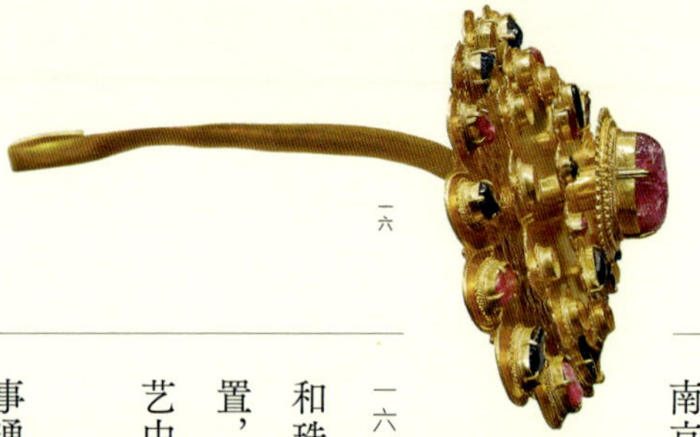

一六

图一六
金镶宝莲花顶簪
南京江宁将军山明沐斌夫人梅氏墓出土

的镶玉嵌宝，正是到了明代才大为兴盛。明《世事通考·铁器类》列出的各式工具中有『舞钻』，舞钻是用来打圆眼，也包括宝石眼。所谓『簪顶牢箝石榴子』，『金镶蝴蝶闹纷纭』，便都是具体式样的描绘。实例如第十章举出的几个例子（图六二～六三）。又如南京江宁将军山明沐斌夫人梅氏墓出土金镶宝莲花顶簪，造型为一朵重瓣莲花，系用金片卷成圆管把莲花举为三层，红、蓝两色宝石一一镶嵌花瓣，硕大的一颗嵌在当心以为花蕊。花团锦簇的效果，原是用了层叠镶嵌的办法营造出来（图一六）。金银和珠宝玉石的结合，重要的是烘托和映带，此际金银和珠宝俱为构图元素，要须根据这些元素不同的特性而安排位置，使得光和色在相互映衬之下显出和谐与生动。只是镶嵌工艺中始终没有对宝石的精细加工，多是依其自然形状而填嵌。

『枝叶拔丝入钢板』，言拔丝，当然它的下一步是累丝。《世事通考·首饰类》举出『吹焊』，也正是累丝所用到的方法。累丝把片材处理为花丝，而使首饰制作精细到最小的构成因素，金的柔韧之品质也在累丝工艺中发挥到极致，也因此成就为首饰制作精细的极致，实例如南昌青云谱京山学校出土金累丝蜂蝶赶花钿〔第九章，图一一六〕，江苏江阴长泾九房巷明墓出土金累丝楼阁人物簪〔图一七〕。

累丝一方面以对原材料的精加工使得首饰立体造型或繁复的构图用材大为俭省，另一方面也使金银本身变得柔和轻盈，精光内敛，更宜于在镶嵌工艺中衬托玉石之温润，宝石之明艳，如钟祥明梁庄王墓出土的金累丝镶宝嵌玉牡丹鸾鸟满冠、金累丝镶宝嵌玉牡丹鸾鸟掩鬓〔第九章，图一三〇—一～二〕。同时它也丰富了首饰造型和纹样的表现手法，比如平填和堆垒❶。且以金累丝葫芦耳环为例。葫芦上方的叶子乃平填，下方的葫芦其实是一大一小两个灯毬相叠，中空的灯毬以堆炭灰的办法堆垒成型，即先把

一七

图一七
金累丝楼阁人物簪
江苏江阴长泾九房巷明墓出土

❶ 杨小林《中国细金工艺与文物》，页五七，科学出版社二〇〇八年。

> 木炭碎磨成粉，加入白芨，用水调成糊，手捏成型，干燥后再绕码丝，继用小药筛匀筛焊药，加焊后内里炭粉做成的模型化成灰，于是留下表层的码丝轮廓，便是一枚玲珑灯毬。花瓣聚合处一一粘焊金粟粒成为花心，最后把各个小件攒焊在一起〔图一八〕。

可以说，累丝是金银器手工制作所能达到的精细之最，它把明代金银首饰的制作定型为技术化的风格，纤巧，秀丽，规整，精细至上。而明人对『奇巧』的欣赏，也多半是由洗练与圆熟的技艺所成就的趣味，金细工艺中的累丝，自是其中之一。

概而言之，打作、镶嵌、累丝，三种不同的工艺是明代金银首饰制作的三副笔墨，打作用锤錾表现浮雕的效果，累丝以钳镊见出玲珑，镶嵌则以玉石珠宝为图案设色敷彩。三副笔墨使得有限的空间里容纳了更多的表现因素，小到一件，大到一副。而一副头面设计与制作的要义是整体的典重华美，局部的秀巧纤丽，以平衡、对称中的变化显示和乐与谐美。又不仅插戴之后有着不同角度显示出来的精好，且一枝在手也禁得起反

一八

图一八
金累丝葫芦耳环
辽宁兴城钓鱼台镇明線氏族墓出土

图一九
牡丹双凤减金如意簪
江苏常熟练塘路北大队出土

复玩赏。

以不同材质的金属错嵌构成制器之纹饰，这一做法的历史很悠久，只是时代不同，工艺也不尽相同，今人通过技术检测，或可得诸般相异之微妙。明代文献则多以俗写之『减』❶，概言这一类装饰手法。明宋诩所著一部日用小百科，其《家规部》卷四『铁』下『减金』曰：『金错。』是铁器上嵌金银丝，乃就被嵌之物而言。同卷『金』下释『减银』曰：『以银丝嵌入光素之中。』又『银』下释『减金』曰：『以金丝嵌入光素之中。』此则就所嵌之物而言减金、减银。减银的实例，有出自浙江临海明王士琦墓的金事件连减银筒〔第九章，图二二六〕。常熟练塘路北大队出土明牡丹双凤减金如意簪一枝，如意头和簪脚的刻槽里嵌折枝牡丹三，俯仰起舞于牡丹之间的一对金凤嵌入簪脚的纹样刻槽，是减金的例子〔图一九〕。

清代首饰有满汉之别，首饰的制作，也是如此，

一九

局部

❶ 原应作『鋄』。杨慎《升庵集》卷六十二『鋄瓖』条：『鋄，音减』，『铁质金文曰鋄也』，『今名马鞍曰鋄银事件，当用此。』

图二〇
银点翠花簪
华盛顿赛克勒博物馆藏

二〇

即首饰楼『分为旗妆、汉妆两行，各不易侵越』[1]。工艺则有实作、錾作、包金作、镀金作、拔丝作、珐琅作[2]，又锤金作[3]、点翠作。而不论满妆、汉妆，首饰穿珠点翠的广泛施用是共同的工艺特色。点翠又或称作铺翠，即把翠鸟的毛羽细细平铺，均匀粘贴在金银器上，使之更加金碧耀眼，工艺上要求平整服帖，不露底（图二〇）。『翠鸟体长仅十六点五厘米，根据有翠羽部位，可分小毛（背毛，色泽最好，翠羽细软如一粒米，故叫软翠，因点翠时费工，一般都舍弃不用）、大条（翅膀上的飞羽毛，色彩好，有光泽）、线条（翅膀上的羽毛，色彩一般）、构堂（尾下复羽无光泽）、尾条（尾羽毛，除小毛外，色泽最好，但仅可采用八根）。一只翠鸟一般只能采用二十八根好翠羽（左右翅膀各采用大条十根、尾条八根），制作时需精工巧作且费时多，故点翠头面价格昂贵』[4]。京城所用，多自广东运来[5]。在中国外销画中可以见到钻珠和铺翠的情景[6]（图二一—一～二），虽然是十九世纪的广州，但这一类手工艺在百年乃至更长一点儿的时间段里，似乎没有太大的变化。

[1] 齐如山《北京三百六十行》，页六三，中国戏剧出版社一九九一年。

[2] 晚清待馀生《燕市积弊》『首饰楼』条：『打新首饰的铺子，叫作「首饰楼」』，『这行买卖儿，各有各的手艺：打胚（坯）儿为「实作」，錾花的叫「錾作」，甚么「包金作」、「镀金作」（有火镀、电镀的分别，电镀省金子冤人）、「拔丝作」、「珐琅作」』（页一二，北京古籍出版社一九九五年）。按这里所谓『冤人』，即哄骗人。

[3] 《北京三百六十行》『锤金作』：『用金片生锤成极薄之金叶，为首饰楼、油漆作、纸行等等必需之品，画工之泥金也须此物，亦算一种特别技术』（页三六）。

[4] 刘月美《中国京剧衣箱》，页五，上海辞书出版社二〇〇二年。

[5] 齐如山《北京三百六十行》『翠羽庄』条曰此系经营翠羽批发，即『由广东运来翠雀翎发与各点翠作使用』（页一四二）。

[6] 黄时鉴等《十九世纪中国市井风情——三百六十行》，页三四、页一五七，上海古籍出版社一九九九年。

图二一一 中国外销画《钻珠》

图二一二 中国外销画《点翠花》

两宋以降，金银器的使用普及于民间，錾刻工匠名号的做法也逐渐流行❶，建立信用，自然是目的之一。甘肃省博物馆藏一件元代黑釉鸡腿瓶，肩部一周刻着『金箔章家瓶』❷（图三），也是一种广告形式。明代金银首饰有铭者，多为属于皇家的银作局。清代民间银楼制作金银首饰，标记铺号名称则已成为通行做法，且字体规整，风格一致。

当日工匠的信誉究竟如何，今天似乎很难查证，而出现在歌诗剧曲小说中的工匠，却多非正面脚色，掺假、减料，司空见惯，想必在民间制作中常用。唐元稹《估客乐》有云：『估客无住着，有利身即行。出门求火伴，入户辞父兄。父兄相教示，求利莫求名。求名有所避，求利无不营。火伴相勒缚，卖假莫卖诚。交关少交假，交假本生轻。自兹相将去，誓死意不更。一解市头语，便无乡里情。鍮石打臂钏，糯米吹项瓔。归来村中卖，敲作金玉声。村中田舍娘，贵贱不敢争。所费百钱本，已得十倍赢。』元郑廷玉《金凤钗》杂剧第四折则说：『自家是个银匠，打生活别生巧样。有

图三 「金箔章家瓶」 甘肃省博物馆藏

❶ 参见历年出版的《中国考古学年鉴》（中国考古学会编，文物出版社出版）『新发表古代铭刻资料简目·金银器刻铭』一项载录的相关资料。

❷ 《甘肃省博物馆文物精品图集》（俄军主编），页二六五，三秦出版社二〇〇六年。

人送来的银，半停把红铜搀上。』明清小说更不乏这类描写，如《型世言》第六回《完令节冰心独抱 全姑丑冷韵千秋》，写汪涵宇『换了一两金子，走到一个银店里去，要打两个钱半重的戒指儿、七钱一枝玉兰头古折簪子。夹了样金，在那厢看打。不料夜间不睡得，打了一个吨，银匠看了，又是异乡人，便弄手脚，空心簪子，足足灌了一钱密陀僧。打完，连回残一称，道：「准准的，不缺一厘」』。又《醒世姻缘传》第七十回，写童银匠『使了内官监老陈公的本钱，在前门外打造乌银，别的银匠打造金银首饰之物，就是三七搀铜，四六搀铜，却也都好验看，惟这乌银生活』云云。前引明陈铎散曲《雁儿落带过得胜令·银匠》，前面说着打制，后面便说着打制过程中如何作弄些手段，即所谓『经一度煎销，旧分两全折耗；下一次油槽，足乘色改变了』；蒲松龄七言杂文说到银匠，也道『全凭加銲移轻重，又复搀铜乱假真。打作鏫钗三钱重，化来止剩银三分』。明代宫廷之作因此每每在铭文中注明成色分量，甚至连兑在焊药里的部分都要交代得分毫不差❶。金银如此，穿系珠花也可以做手脚。清朱素臣《翡翠园》第四出，

❶ 如江西南城明益端王墓中彭妃的一对金凤簪，簪脚铭曰『银作局永乐贰拾贰年拾月内成造，玖成色金贰两，外焊贰分』。江西省博物馆《江西南城明益王朱祐槟墓发掘报告》，页三五，《文物》一九七三年第三期。

写『三十八代家传，穿花点翠为活』的赵珠花『个个生意，全靠移手换脚。人家拿珠子来叫你穿，要拿细个换渠个粗个，黄个换渠个白个，粗糙换渠个光个，石角个换渠个浑圆个。只要穿得好，使别人看勿出，就赚子银子哉』。戏曲多有插科打诨的成分，歌诗小说则出之讽喻，但也并非全是虚语，似可作金银器史中的故事看，因录此作为一点补笔。

四 余论

书里举出的绝大多数实例，我都曾寓目，或自己拍照，或承典藏单位惠赐高清图片，因得以在电脑里从容端详，仔细揣摩。这里的器物描述，字字句句，亦如金银匠一般曾经『铁锤儿不住敲』，而『欲语羞雷同』，更是下笔之际常有的心态。本书没有采用考古学的专业术语，也不是博物馆文物档案所使用的周备的记述，而是致力于对『物』的解读，力求体味设计者和制作者眼中的实景，理解创制物品时候的思考和感觉，意在通过这样的叙述来展示『史』的轨迹。因此宏观的判断式论述并不多，但努力使每一个判断都有足够的细节为支撑。如此或有『见木不见林』之嫌，然而万木生长起来，林子的规模似也可见。

本书章节的设置不求一致，不论形式还是篇幅，而主要依据每一阶段金银器的发展情况以及实物资料掌握的多寡。如开篇所述，矿产、采冶、营造制度、工匠管理、官营与私营的比例，还有包含了很多历史信息的大量器物铭文，都应该是这部书的组成部分，但我所设定的目标，是从工艺美术的角度言他人所未及者，讨论比较充分而无自己之发明的问题尽量不去重复。寸有所长，尺有所短，我不过勉力发挥一己的短寸之长。希望全书只是一篇大赋，以自家手眼，用琐细的笔墨，铺写金银器史的辉煌和创造辉煌的匠心。

卷一

遠方圖物

先秦两汉魏晋南北朝

第一章

先秦

从世界范围来看，人类对黄金的利用大约始自公元前四千年左右，中国古代金银器制作的发生，已经是两千年之后，它早期阶段的发展，源自与欧亚草原文化的交流。如果站在华夏礼乐制度的立场去认识金银器在当时的地位和价值，那么可以说金银器始终不是核心传统，因为中国人选择了玉器和青铜器作为礼乐制度的物质依托，依照礼所规定的等级，用来象征权力和地位。就考古发现而言，与青铜器、玉器相比，金银器的数量是很少的，——古玉可以改制，但不会消失，金属器却是具有再生性，这当然也是原因之一。然而不断出土的实物依然展示了金银器的灿烂。青铜时代后期兴盛起来的金银器制作与使用，原是以礼乐制度之外的艺术语汇夸示地位，炫耀财富，也曾以自己独特的功用书写青铜时代的历史。

青铜器铸造，关涉中国早期冶金技术传统的形成，这一过程，随着近年一系列考古发现而愈益明晰，越来越多的证据指向世界冶铜和冶铁技术的起源地西亚，相关研究因此逐渐达成共识，即东西方交流在新石器时代已经开始[1]，西方冶金技术向东传播，

[1] 李旻《重返夏墟：社会记忆与经典的发生》：『龙山时代的政治实验在东亚、北亚、中亚三个文化互动圈交汇的框架内发生。』『龙山世界中三个互动圈的交汇，使结构完全不同的社会得以沟通。区域间互动网络的扩大导致地理知识、技术知识、宗教实践等诸多方面空前拓展。』『三个互动网络交汇区内复杂多样的地貌特征、文化传统和政治结构又促使各地社会作出不同的技术选择。』《考古学报》二〇一七年第三期。

并与传播地域自己的独立创造相结合，成就了中国早期冶金技术的传统，形成了特色鲜明的冶铸技术体系，而金银器制作也正与这一过程相生相长。

出土金银器的遗址和墓葬，每一处都不是孤立的存在，金银器也不是孤立的出土物，这些自然涉及金银器制作与冶金技术的共存状态，它的传播路线、流通机制以及与山川河流、地域文化的关系，这是考古学已经回答和正在回答的问题，也只有依赖考古成果，才能够大体写绘传世文献不足徵的这一宏阔图景。作为工艺美术研究，正是在这一图景下开始自己的思考。

第一节

发展概貌：『金』风东渐与戎入中原[1]

早期中国金银器的使用可以根据社会流动性的状态大致分为宫室器用与兵戎佩服两个传统。前者属于定居的农业文明，核

[1] 这一节主要采纳了老友李旻教授的意见，也是他对本章的重要贡献。

心内容在于『祀』。在以农牧经济为基础的西南亚青铜时代城市中这种区分并不显著，当地五千多年前的佩服、器用、雕像都会使用金银。以欧亚草原的牧业经济与冶金技术来自西南亚和黑海沿岸的缘故，西亚农耕社会与草原交界的地带依然如此，例如黑海北岸的梅考普和中亚的城市。进入草原腹地，畜牧渔猎社会流动性渐强，与西南亚城市文明的距离渐远，用于宫室的雕像与宴饮器具也逐渐消失，而在动态中闪烁的兵戎佩服成为表现社会差别的主要方式。早期中国文明中，佩服为玉器所主导，三代宫室重器为青铜铸造，来自欧亚草原的金银匠作技术，久在夹缝中寻找与中原美学传统的契合，历经三代，方逐渐覆盖佩服器用等各个物质文化领域，形成新的价值与艺术传统。

青铜时代，后世以长城内外界定的戎夏身分差别尚未固化，华夏戎狄国家犬牙交错，不断渗透与交流，金银器的使用、流通和制作正是在这一交融过程中开启了它的发展史。佩戴金饰的传统在距今约四千年前发端于与欧亚草原接壤的中国北方地带农牧渔猎社会，大抵与中国最初的青铜冶金技术同步，直到历史时期始终在长城内外的北方社会中延续。以祭祀为核心的宫室器用使用金银时间略晚，约当距今三千四五百年之际，率先以金箔面具的形式出现，渐次发展为青铜塑像表面贴饰金箔以昭显神圣的光泽。湖北商代盘龙城出土早商时期金箔与绿松石组合而成的面具，这种做法以及商文明在江淮设置的青铜作坊中精湛的铸造技术，可能是三星堆—金沙传统的技术来源之一，但无论如何，它在三星堆文明中达到巅峰。

西周末年关中陷落后，戎人与周秦势力之间频繁的往来促进了金器在华夏贵族中的使用与流通，这是春秋早期考古发现显示的历史迹象。由于流动性与交换活动，戎人与欧亚草原东部广义的斯基泰金银器传统存在密切的渊源关系，而后者又融合了高加索、西南亚、中亚等地的冶金传统。斯基泰金银器传统可以通过萨彦—阿尔泰山区的阿尔赞墓地（公元前九世纪至前五世纪）和巴泽雷克墓地（公元前四世纪至前三世纪）略窥其概，这些墓葬与战国时代马家塬戎人贵族墓地中发现的金银器在风格、造型、纹饰、工艺、组合方式诸方面都属于一个文化传统。

这种跨区域物质文化的一致性，可以用晋人魏绛『戎狄荐居，贵货易土』所强调的戎狄之流动性和成熟的贸易网络来解释❶。阿尔泰山脉富有金矿，因此成为金器流通网络和风格创新的枢纽。公元前七世纪晚期的阿尔赞二号墓群的五号墓出土九千多件陪葬品中包括五千七百件黄金制品，仅男性墓主的帽了上就缀有两千五百多件浇铸金豹，而女性墓主的帽子上也缀有大量同样造型的金叶❷。『北方的戎狄，就生活在这个黄金之国的南方』（李旻语）。

金银在华夏国家的普及过程中，春秋早期与戎为邻的芮、虢、秦、晋等占得先机。芮公、虢公是西周时代王畿内任职的王朝卿士。王畿沦陷，周王东迁，他们在关中东北角韩城、澄城、三门峡等地的封地变成抵近戎人的前线，作用与诸侯国相近。这些春秋早中期高级贵族墓葬出现的金器显示了与戎人之间的密切往来。

如果说芮与虢扼守的是戎据关中的东端，西周陷落后秦人则崛起于被戎人包围的西陲。出土大量金饰片的甘肃礼县大堡子山位于西汉水上游，为秦国早期都邑遗址。陕西宝鸡益门二号墓

❶《左传·襄公四年》魏绛言和戎五利之一，即『戎狄荐居，贵货易土，土可贾焉』。戎狄荐居，服虔注：『荐，草也，言狄人逐水草而居徙无常处。』贵货易土，即以货财为贵，以土地为轻。

❷张文玲《黄金草原：古代欧亚草原文化探微》，页一一八～一二〇，上海古籍出版社二〇一二年。

是一座小型的春秋晚期墓，却出土金器八十件（组）。可以说，秦、晋等与戎为邻的西部诸侯国推动了金银器在春秋国家贵族社会之中的传播。

战国时代，华夏与戎狄社会间的不断交往与融合更进一步扩展了华夏国家金银器的流行。甘肃天水张家川马家塬战国墓地是西部戎人物质文化传统的代表。马家塬墓地面积约两万余平方米，总体时代为战国晚期，族属当是生活在这一带的西戎诸族中的一支。已经发掘大小和等级不同的墓葬六十座以上，出土的大量金银器和金银错嵌器具有多重文化面貌[1]。与前述春秋早期阿尔赞二号墓群一样，在此集中体现了金银器制作的各项基础工艺。

位于太行山东麓的中山国贵族墓葬，随葬品中数量可观的金银器以及金银错嵌器，一面显示戎狄传统的延续，一面昭示了戎狄社会华夏化过程的印迹。河北易县燕下都遗址辛庄头三十号墓出土用于兵戎佩服的金饰八十余，可见华夏封国中北方物质文化的拓展。

与此同时，北方与欧亚草原社会依然保持着自身的传统。新

[1] 王辉《马家塬战国墓地综述》，页二七～三〇，载《西戎遗珍：马家塬战国墓地出土文物》（甘肃省文物考古研究所），文物出版社二〇一四年。

疆哈巴河东塔勒德墓地、乌鲁木齐阿拉沟墓地，内蒙古杭锦旗阿鲁柴登与准格尔旗西沟畔的匈奴属墓葬，都是金银饰品出土比较集中的实例。

战国时代各国贵族间金银器皿的使用与流通，也拓展了以青铜器为核心的宫室器用传统。不过与兵戎佩服相比，这一进程显得十分缓慢。

第二节

兵戎佩服

一 战国之前

这里的兵戎，特指作为仪仗的兵器和车马饰，是权力、地位和杀伐的象征。佩服，自然是指人体装饰品，也可以说是广义的首饰。此二者每每是结合在一起的。金银制品中，引导消费时尚的通常为首饰，相对于器用，首饰式样的更新往往更加迅速，只是中国青铜时代的金银首饰，尚未形成自己的独立品格。早期

图一
金耳饰
甘肃玉门火烧沟遗址出土

图二
金耳饰
北京平谷刘家河商墓出土

图三
金耳饰
北京延庆军都山春秋墓地出土

图四—一
铜耳饰
新疆伊犁尼勒克县
汤巴勒萨依墓地出土

图四—二
铜耳饰
天津蓟州区张家园墓地出土

金银饰品大多式样简单，工艺也不复杂，在连接天山、阿尔泰山、祁连山、阴山、燕山沿线的北方社会广泛分布。

分别出自甘肃玉门火烧沟四坝文化墓地❶、北京平谷刘家河商墓❷、延庆军都山春秋墓地的金耳饰❸，细金条弯作环，下端打作扁喇叭口或略如喇叭口〔图一～三〕。式样相类的包金铜耳饰以及铜耳饰也发现于新疆温泉县阿敦乔鲁遗址墓地、伊犁尼勒克县汤巴勒萨依墓地❹、天津蓟州区张家园墓地❺〔图四—一～二〕。比较俄罗斯奥伦堡地区库布科塔墓地出土属于安德罗诺沃文化（公

❶ 四坝文化是分布在河西走廊的早期青铜时代遗存，约当夏商时期。甘肃省文物局《甘肃文物菁华》，页一四九（『金耳环』，径零点三九～零点四一厘米，重四点八五克），文物出版社二〇〇六年。

❷ 重六点八克，含金量为百分之八十五，约当商代早期。北京市文物管理处《北京市平谷县发现商代墓葬》，页三，《文物》一九七七年第十一期。或认为墓主人是『孤竹国一位握有军权的国君级人物』（李健民《孤竹寻音：农耕与草原的交汇》，《中国社会科学报》二〇一八年三月二十日）。

❸ 北京市文物研究所《北京考古四十年》，页三七、页八三，北京燕山出版社一九九〇年。

❹ 阿敦乔鲁遗址与墓葬的年代集中在公元前十九世纪至前十七世纪，包金铜耳饰出土于四号墓，墓主人是三十岁左右的男性。见中国社会科学院考古研究所等《新疆温泉县阿敦乔鲁遗址与墓地》，页三一，图一〇，《考古》二〇一三年第七期；出土喇叭式耳环的汤巴勒萨依墓地属于安德罗诺沃文化系统。

❺ 时代为商末周初。

图五
金耳饰
俄罗斯奥伦堡地区库布科塔墓地出土

图六—一～二
金饰、银饰
甘肃玉门火烧沟遗址出土

图七—一～二
金挂饰
青海海东市化隆县下半主洼出土

图八
金饰
青海大通县上孙家寨
卡约文化十四号墓出土

图九—一
金贝

图九—二
金饰
青海大通县上孙家寨
卡约文化四五五号墓出土

图一〇—一
金饰
甘肃临潭陈旗磨沟齐家文化墓地出土

图一〇—二
金饰
陕西澄城刘家洼遗址出土

五

元前两千年）的金耳饰（图五），由跨越时空的若干相似性，可约略见出传播的痕迹❶。玉门火烧沟遗址出土的金饰和银饰，也是细金条弯作环形，而两端都做成扁喇叭口（图六—一～二），出土位置明确的一件，是在墓主人右耳处❷。殷周时期被称作『羌戎之地』的青海东部地区，发现不少卡约文化时期的金饰，如海东市化隆县下半主洼出土金挂饰（图七—一～二）。出自大通县上孙家寨十四号墓的一件环形金片，原是位于墓主人胸前❸（图八）。上孙家寨四五五号墓出土金贝和粗金丝绕作多环的饰品（图九—一～二）。后者也在不少地区出现，如甘肃临潭陈旗磨沟齐家文化墓地（图一〇—一）、北京延庆军都山春秋墓地（图一九）、陕西韩城梁带村芮桓公墓（图二五）、陕西澄城刘家洼遗址（图一〇—二），等等。金环或多或少，或大或小，地域和时代跨越都很大，今人对它的命名则很不一致，曰耳环，曰腕钏，或其他。既然很容易改变形态，那么随机加工为饰品，或者也是一种可能。

❶『夏家店上层文化（包括后来分出来的大陀头文化）中流行的喇叭口形耳环，渊源于安德罗诺沃文化』，『这种扁喇叭口耳环在北方长城地带的东部一直延续到西周早期，多有金质的，成为一种有代表性的传统装饰品』。林沄《中国北方长城地带游牧文化带的形成过程》，页一〇五，《燕京学报》新十四期（二〇〇二年）。又杨建华等《欧亚草原东部的金属之路：丝绸之路与匈奴联盟的孕育过程》对此论述道：『我们推测安德罗诺沃系统的这种耳环在最初的形成阶段，可能不存在固定的形制，其种类比较丰富，有管状口的，也有扁喇叭形口和圆喇叭形口的，由于相距较远，中国北方地区人群只是在这一时期借鉴了这种耳环的制作方法和形状，在当地生产制作了喇叭形耳环。』页九八，上海古籍出版社二〇一七年。

❷甘肃省文物考古研究所《甘肃玉门火烧沟四坝文化墓地发掘简报》，页七，《考古与文物》二〇二一年第五期。

❸青海卡约文化的时代，大约从商周开始，一直延续到汉代，这里所举的金饰大部属于卡约文化中期。王国道等《青海卡约文化出土的金器》，页四五～四七，《故宫博物院院刊》二〇〇三年第五期。

六—一
七—一
六—二
七—二
八
一〇—一
九—一
一〇—二
九—二

图一一—一
金饰
北京平谷刘家河商墓出土

图一一—二
金饰
天津蓟县张家园西周墓出土

图一二
金穿绿松石耳饰
山西石楼县桃花者村出土

图一三
金耳环
山西洪洞双昌出土

图一四—一
金耳饰
山西太谷白燕五号墓出土

图一四—二
金耳饰
山西太谷白燕十三号墓出土

图一五
金耳饰
陕西淳化县夕阳乡黑豆咀塬西周墓出土

图一六
金笄
北京平谷刘家河商墓出土

北京平谷刘家河商墓❶（图一一—一）、天津蓟县张家园西周墓出土金饰与前举出自火烧沟的金银饰式样相同而尺寸略大❷（图一一—二），刘家河出土者为一对，环直径十二点五厘米。张家园出土者为三对，分别发现于三座墓葬，未被扰乱的两座墓金饰乃置于墓主人头骨两侧，主人一为男性（一号墓），一为女性（三号墓）。三号墓出土的一对，环内径分别为四点七厘米和五点二厘米。从出土位置来看，当是耳环。造型相同的金饰也发现于辽西，辽宁喀左和尚沟墓地一号墓出土金饰一对，直径八点二～八点八厘米，重二十一克，时代为西周❸。

山西石楼县桃花者村出土金穿绿松石耳饰，为商代遗存❹（图一二）。弯月式的金片，从一角拔出粗丝，穿系绿松石。造型与之近似的金耳环也发现于时属晚商的山西洪洞双昌❺（图一三）、太原太谷白燕五号墓与十三号墓（图一四—一～二），又陕西淳化县夕阳乡黑豆咀塬西周早期墓❻（图一五），但都不穿系绿松石。

平谷刘家河商墓与金饰同出的又有金笄一件❼（图一六），目前为止金笄尚是这一时期的孤例。山西保德县林遮峪出土弓形金饰

---

❶ 其一重九十三点七克，其一重七十九点八克。约当商代早期。北京市文物管理处《北京市平谷县发现商代墓葬》，页二，《文物》一九七七年第十一期。

❷ 天津市历史博物馆考古部《天津蓟县张家园遗址第三次发掘》，页三二一～三二二，《考古》一九九三年第四期。类似者，又有迁安小山东庄西周墓出土的一对，其一重二十一克，其一重十五点五克，唐山市文物管理处《河北迁安县小山东庄西周时期墓葬》，页六一，图八，《考古》一九九七年第四期。

❸ 辽宁省文物考古研究所等《喀左和尚沟墓地》，页一一〇，图版贰：五，《辽海文物学刊》一九八九年第二期。

❹ 谢青山等《山西吕梁县石楼镇又发现铜器》，《文物》一九六〇年第七期。同式者，又见于陕西清涧县商墓，共六件，出土于人头骨两侧，高雪《陕西清涧县又发现商代青铜器》，页七六一，图三，《考古》一九八四年第八期。

❺ 朱华《山西洪洞县发现商代遗物》，页九一，图七，《文物》一九八九年第十二期。

❻ 淳化县文化馆《陕西淳化县出土的商周青铜器》，《考古与文物》一九八六年第五期。

❼ 长二十七点七厘米，重逾百克，为铸件。《北京市平谷县发现商代墓葬》，页三。

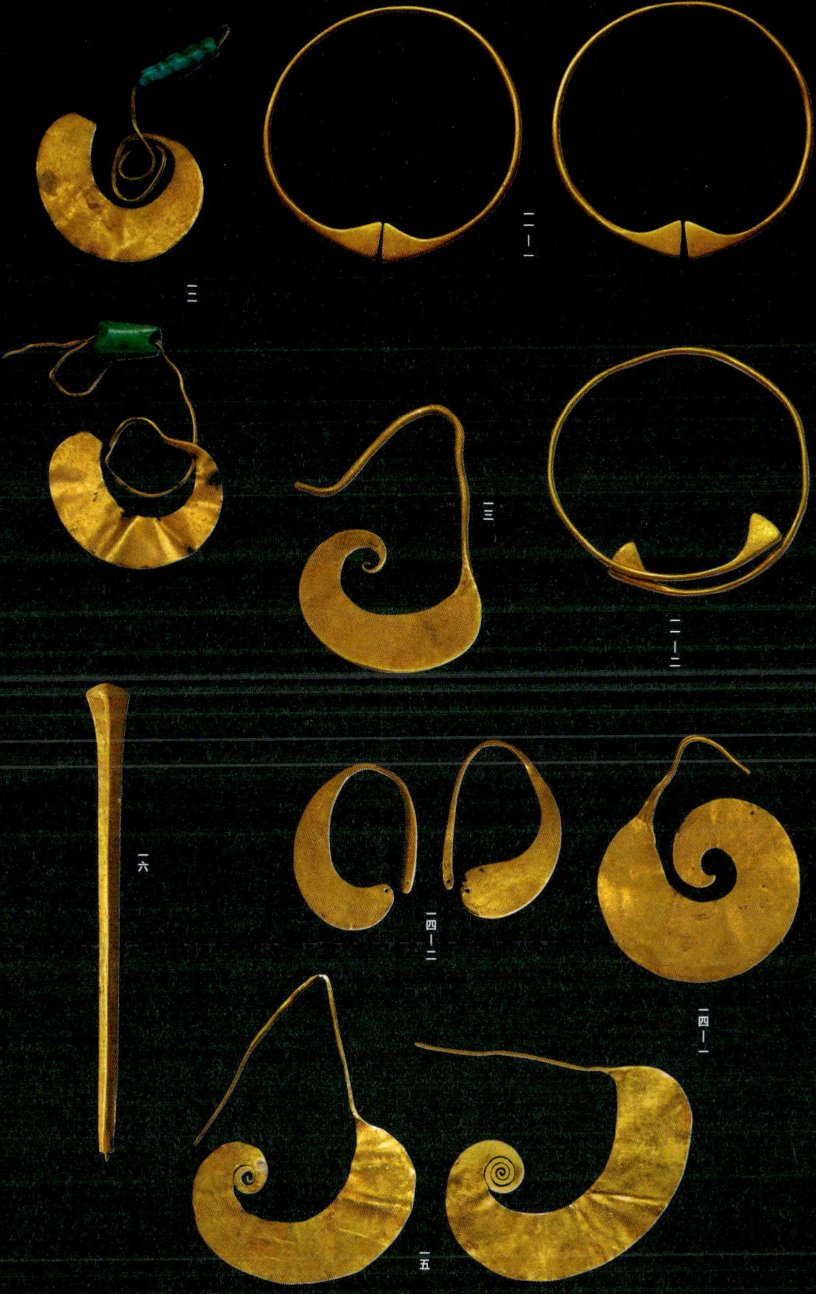
三
一二—一
一三
一二—二
一六
一四—二
一四—一
一五

图一七
金饰
山西保德县林遮峪出土

图一八
金饰

图一九—一
金饰一、二

图一九—二
金贝
北京延庆军都山春秋墓地出土

图二〇
金饰片
山西石楼县桃花者村出土

一对，饰片光素无纹，两个尖端各有一个小孔，出土时叠放在墓主人胸部❶〔图一七〕。北京延庆军都山春秋墓地出土与此近似的一枚金饰〔图一八〕，时属春秋战国，今或称它为金璜，同出还有金饰与金贝❷〔图一九—一～二〕。前举石楼桃花者村出土金穿绿松石耳环，同出尚有带状金饰片一枚，中间宽，向着两端渐收渐细，近端处各一个小孔，长五十七点六厘米，重一百五十五克〔图二〇〕，出土时位于墓主人头骨处，或推测此为额带❸。

以上似乎都可以统称之为人体装饰品，只是文献无徵，无法确切认知这些饰物当日的名称和用途。从工艺美术的角度来看，早期制品的艺术性都不高。对若干样品的检测，显示出主要制作工艺是打制❹。就时空分布特征而言，这些以农牧经济为主的北方沿线遗址位于欧亚草原与中原之间的过渡地带，因高度的社会流动性使兵戎佩服等随身器件成为冶金制品的主要门类。由于造型简单和文化交流频繁，很难在分布广泛的黄金饰物中区分出地域风格与技术特征的差别。当然，也正是这种流动性使得来自北方社会的金银器随同宝货逐渐进入殷商两周的宫室。

❶ 含金量百分之九十五，重二百一十五克。同出尚有残断的金丝六根。吴振录《保德县新发现的殷代青铜器》，页八四，《文物》一九七二年第四期。按山西石楼小蒜镇后兰家沟村出土与此式样相近的青铜饰，正面通体有嵌槽，中间外凸成方首，方首与两端弯角处各有一个圆孔，两端残存绿松石，宽一十四点八厘米。韩炳华等《晋西商代青铜器》，图二七四、二七五，科学出版社二〇一七年。

❷ 此属于东周时期的山戎文化，《北京考古四十年》，页八三。

❸ 丁乙《说颏和额带》，《考古》一九八四年第十期。

❹ 陈建立《中国古代金属冶铸文明新探》，页三八六～三九四，科学出版社二〇一四年。

一七

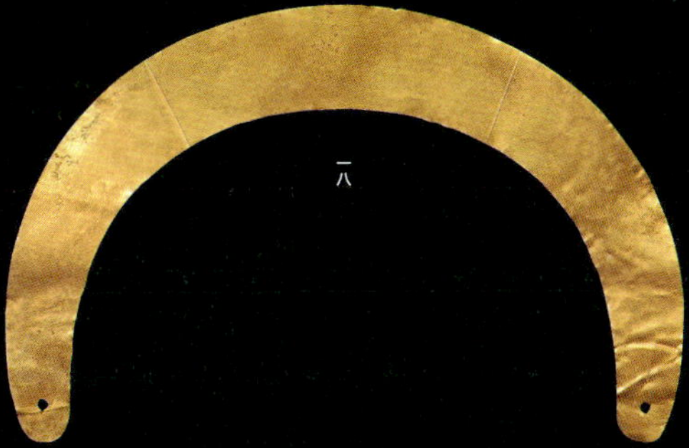

一八

一九—一

一九—二

二〇

二一

图二一
金饰片
江西靖安李洲坳东周墓出土

图二二—一~二
贴覆金箔的金属饰片
湖北宜昌当阳曹家岗五号楚墓出土

马车在重要的殷商遗址中出现。几乎与此同时，安阳殷墟及殷墟周边地区如河南辉县琉璃阁、河北藁城台西、山东益都苏埠屯、滕州前掌大，或出土金泡、包金铜泡，或出土贴饰金箔的青铜当卢，更有难以计数的金箔残片，多出自大中型墓葬及车马坑内[1]。郑州商代二里冈期上层殉狗坑里发现一件夔龙纹金箔残件[2]。郑州白家庄商代夯土墙附近的狗坑出土『赤金叶子制成的夔凤纹饰』[3]。金箔的制作，自然是缘于黄金非凡的延展性。至于金箔与金片的分别，似乎很难设定精确的界限，大致可把零点五毫米以下者归入金箔范畴[4]。

出自江西靖安李洲坳东周墓的金饰片直径三十厘米，厚约两毫米，其外一个双环式陶圈，装饰于主棺东侧外棺头部。墓葬时代为春秋晚期[5]（图二一）。分别出自湖北宜昌当阳曹家岗五号楚墓[6]、赵巷十二号楚墓的百余枚金箔，原贴覆于各种造型的金属饰件。金箔薄度在九至三十五微米之间，多数含金量九成以上，经测试，可知金箔表面抛光，细密的纹样乃以阴线勾勒主纹，而从金箔背面用『台』的办法在正面凸起阳线表现细节[7]（图二二），

---

[1] 朱凤瀚《古代中国青铜器》，页五五三~五五四，南开大学出版社一九九五年；安志敏等《中国早期黄金制品的考古学研究》，《考古学报》二〇〇八年第三期。

[2] 大概是薄的缘故，出土时已混成一团。河南省博物馆等《郑州商代城遗址发掘报告》，页一八，图六二一，《文物资料丛刊》第一辑，文物出版社一九七七年。

[3] 安金槐《郑州地区的古代遗存介绍》，页一九，《文物参考资料》一九五七年第八期。

[4] 安志敏等《中国早期黄金制品的考古学研究》，页二九七。

[5] 国家文物局《二〇〇七中国重要考古发现》，页五七，文物出版社二〇〇八年。

[6] 湖北省宜昌地区博物馆《当阳曹家岗五号楚墓》，页四七三~四七四，《考古学报》一九八八年第四期。墓葬年代为春秋晚期，由同出铜簋铭文『王孙雹』，推测墓主人为申包胥。

[7] 中国国家博物馆等《宜昌博物馆藏楚墓青铜饰片金箔的科学研究》，《中国文物报》二〇一七年十一月十日。

三一一

三一二

图二三—一 鹰首式金鞢
图二三—二 金镶玉鞢
图二四 兽首拱形金饰
图二五 金腕钏
图二六 金牛首衔环
图二七 兽面金饰
图二八—一 镂空龙纹金饰
图二八—二 金泡
图二九—一 金带饰
图二九—二 龙纹金环
图二九—三 镂空龙纹金环
图二九—四 龙纹方金环
图二九—五 方金环
韩城梁带村芮桓公墓出土

如此精微的制作，当非俗工可成。河南淅川下寺春秋楚墓二号墓出土金箔一百九十二枚，与曹家岗楚墓所出者近似，推测是漆木器或皮甲上的装饰物❶。

出土金饰四十八件的陕西韩城梁带村二十七号墓时代为春秋早期，随葬器物种类多，数量大，青铜礼器有七鼎八簋和成套的编钟与编磬，簋有『芮公』铭，可知主人为一代国君，今大体认定为芮桓公❷。所出金饰中不少是此前未曾发现过的品类和式样，而出土位置都很明确。鹰首式金鞢二，两枚式样相同，大小相异，其一重一百四十一点九三克〔图二三—一〕，其一重七十一点六克。又金镶玉鞢一枚，似由玉鞢改制而成，即把原来的两个玉孔以金填实再加铸横銴〔图二三—二〕。一对兽首拱形金饰分别出自墓主人左右两肩〔图二四〕。粗金丝绕作四重的金腕钏大小两对〔图二五〕，金牛首衔环六枚位于胸部〔图二六〕，兽面金饰四枚位于腹部〔图二七〕，镂空龙纹金饰以及金泡七枚出自胸腹部〔图二八—一～二〕。腰间的金饰一组当为带饰：三角形饰一对分别出自左右两侧，又龙纹方金环一枚、式样不同的龙纹金环各六枚、方金环大小各一枚〔图二九—一～五〕。

二三—一

二三—二

❶ 多为残片，总重七百四十九克。河南省文物研究所等《淅川下寺春秋楚墓》，页二〇三～二〇七，文物出版社一九九一年。二号墓的墓主人报告认为是楚令尹子庚，墓葬年代为公元前五五二年。

❷ 陕西省考古研究院等《陕西韩城梁带村遗址M27发掘简报》，《考古与文物》二〇〇七年第六期；张天恩等《梁带村芮国墓地的基本认识》，载陕西省考古研究院等《金玉华年：陕西韩城出土周代芮国文物精品》，上海书画出版社二〇一二年。

二七 二六 二四

二八—二 二八—一 二五

二九—二 二九—三 二九—一

二九—五 二九—四

图三〇—一
金镂空剑鞘

图三〇—二
玉剑

图三一
金肩饰
韩城梁带村芮桓公墓出土

图三二
金披肩（复原）
威尔士莫尔德精灵山地区出土

金镂空剑鞘，出土时位于主人腰部左侧，长十八点七、宽四厘米，重一百八十七点四四克。剑鞘由上至下平缓收分，底端出尖。正面图案以回旋的方式分作三个单元，每个单元里一对蟠龙，下方的两对龙尾相抵，然后腾身向上，于是龙首相并。上面的一对，龙体反身向上之后却是转过来侧首下瞰，以此成就上下呼应之势。背面下端一组网格纹，上方两根短平梁，近端处做出一个穿梁以为佩系〔图三〇—一〕。同墓出土玉剑一柄〔图三〇—二〕，合当插在剑鞘里。

出自墓主人右肩的金肩饰长十三、宽十一点三厘米，重四十六点七八克，上缘窄窄的立沿上做出细孔，下缘沿边一周愈细而密的穿孔，整体镂空为两头相向的一对龙〔图三一〕。数百颗玛瑙珠贯穿的七璜组玉佩垂系在胸腹间，显示墓主人对传统礼仪的尊崇，组玉佩中的七璜均为『古玉』也表明他对玉爱且收藏，但遍身金饰却是异样的装饰风格。而很是鲜见的『金披肩』，竟有远隔时空的相似物❶〔图三二〕。

❶ 莫尔德黄金披肩，根据碎片复原而成，重五百六十克，威尔士莫尔德精灵山地区出土，时代为公元前一九〇〇～前一六〇〇年。

三一

三〇—二

三〇—一

三二

图三三
金带饰
河南三门峡虢国墓地虢季墓出土

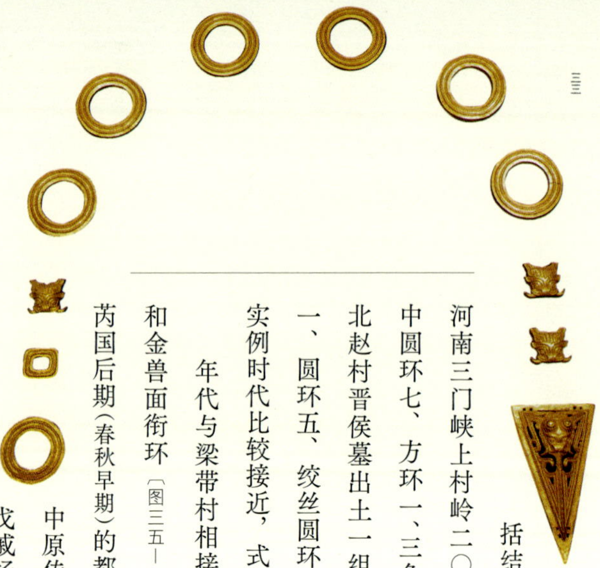

墓主人腰间的一组金饰，当是不具括结功能的带饰，与它相似者有稍早于此的河南三门峡上村岭二〇〇一号虢国墓出土金饰一组十二枚，其中圆环七、方环一、三角形饰一、兽面三❶（图三三）。又山西曲沃北赵村晋侯墓出土一组十五枚，同样有三角形饰一枚，又兽面一、圆环五、绞丝圆环六、方环与绞丝方环各一❷（图三四）。三组实例时代比较接近，式样和工艺相差无多，当有共同的来源。

年代与梁带村相接的陕西澄城刘家洼遗址出土金牛首衔环和金兽面衔环（图三五—一～二），与芮桓公墓出土者相类，遗址是芮国后期（春秋早期）的都城。作为权力、特别是杀伐之权的象征物，中原传统为斧钺，《诗·大雅·公刘》所以曰『干戈戚扬，爰方启行』，《商颂·长发》所以曰『武王载旆，有虔秉钺』。而陕西澄城刘家洼芮国遗址二号墓出土了一件权杖❸（图三六—一），金首铜镈，将及一米半长的木杖已朽坏，但铜镈内尚保留一截木芯，金首以蟠虺纹为饰。金首权杖，这是迄今为止发现的唯一一例。同墓随葬铜器中分别有『芮公』和『芮

❶ 出土于墓主人腰部，河南省文物考古研究所等《三门峡虢国墓》，页一二七，文物出版社一九九九年。

❷ 均由铸造而成，总重为四百五十九点三克。墓主人便是晋献侯。北京大学考古系等《天马—曲村遗址北赵晋侯墓地第二次发掘》，页一四，《文物》一九九四年第一期。

❸ 种建荣等《陕西澄城刘家洼芮国遗址》，页八六～八七，国家文物局《二〇一八中国重要考古发现》，文物出版社二〇一九年。按『权杖』是今人对考古发现的权杖式器物的命名，此称不见于已知的上古文献。

图三四
金带饰
山西曲沃北赵村
晋侯墓地八号墓出土

图三五—一
金牛首衔环

图三五—二
金兽面衔环

图三六—一
权杖金首
陕西澄城刘家洼遗址出土

三四

三五—一

三六—一

三五—二

图三六—二
金镈

图三六—三
金虎
陕西澄城刘家洼遗址出土

行人』铭，因推测墓主人当为春秋早中期的一代芮国国君❶。遗址出土器物中尚有一件金镈和出自一号墓的金虎饰片，也是同时期不多见的〔图三六—二～三〕。这些华夏贵族墓葬中少见的北方金器在芮国墓葬中频繁出现，即前节所述，它是王畿沦陷之后芮国据守关中盆地东北角地缘政治形势的写照。

前节说到，西周陷落后秦人崛起于被戎人包围的西陲。位于西汉水上游的甘肃礼县大堡子山，是秦国早期都邑遗址。二十世纪末叶遗址惨遭盗掘，近年陆续追回的金饰片大约近百件，均为春秋时期物❷。金饰片上打制的图案多取自青铜器，如鳞纹、勾云纹、夔龙纹、兽面纹，稍加变化，重新组织，便成为饰片不同造型的适合纹样〔图三七～图三九〕。因失去出土信息而无法确知用途，推测是用来装饰各种器服如马甲之类。饰片边缘处均有数量不等的小孔，颇有尺寸殊大者，特别是几枚鸷鸟形金饰片，其中一枚高四十五点八、宽二十六点一厘米，重八百六十克。又有盾形者，高二十二点二、宽十六点八厘米，重一百四十四点八六克；圭形者，高二十、宽十一厘米，重九十八点一六克❸。

❶ 种建荣《陕西澄城刘家洼遗址考古取得重要收获》，《中国文物报》二〇一九年一月二十五日。

❷ 韩伟《论甘肃礼县出土的秦金箔饰件》，《文物》一九九五年第六期。王辉《礼县大堡子山遗址的发现与发掘》：大堡子山遗址虽经严重盗掘和破坏，但通过详细的调查、勘探和局部发掘，仍获得不少信息，即西汉水上游『是早期秦人活动的主要区域，是秦人和秦文化的重要发祥地，在西汉水上游地区发现的三个早期秦人的主要活动中心和遗址的布局，反映了早期秦人在西汉水流域和西戎杂处、战争与和平交替的状况』。『可以进一步确认大堡子山遗址所葬墓主应为两代秦公』（国家文物局《秦韵：大堡子山出土文物精粹》，页一五九～一六〇，文物出版社二〇一五年）。

❸ 《秦韵：大堡子山出土文物精粹》，页九～五九，页一四五～一四七。

图三七—一 鸷鸟形金饰片

图三七—二 鸷鸟形金饰片

图三八 金饰片

图三九 金饰片

陕西礼县大堡子山遗址出土

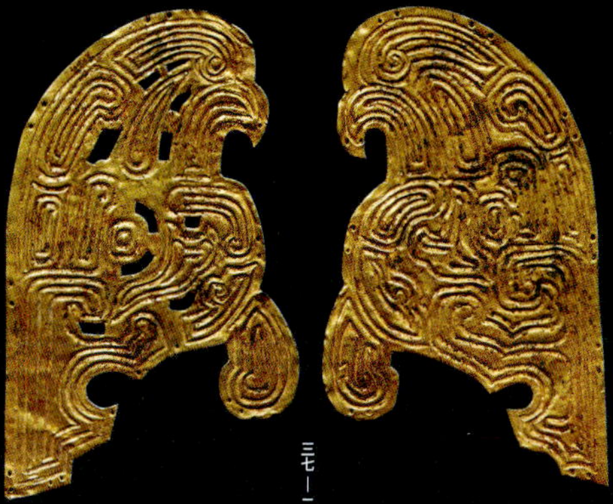

三七—二

三七—一

三九

三八

图四〇
龙纹金饰
陕西凤翔雍城遗址出土

图四一—一
兽面金泡

图四一—二
异兽形金饰
陕西凤翔马家庄出土

图四二
兽面方泡

图四三
水禽式金带钩
陕西宝鸡益门二号墓出土

陕西凤翔雍城遗址是秦国国君的陵园。出自遗址的一枚龙纹金扣饰系浇铸成型，平面为交错纠缠的九条蟠龙，前方高起的兽头为钩，背有桥形扣鼻〔图四〇〕。推测为马具❶。地处雍城中部偏南的马家庄一号建筑群遗址，两个祭祀坑出土金器二十九件❷〔图四一—一～二〕，总重三百余克，绝大部分为车马饰。年代约当春秋中期。

出土金器八十件（组）的宝鸡益门二号墓，时代为春秋晚期❸。关于墓主人的地位与族别，有几种不同意见，似乎至今尚未有定论。仅就出土器物的文化属性而言，归之于秦文化系统，大致可以成立❹。然而认为此墓『应是一西北戎王之墓』的意见❺，却更能解释随葬品中金器所以为多。

墓葬出土的金器不少属于马饰：大大小小背有桥形鼻的素面圆泡和兽面方泡〔图四二〕，一百三十枚金管组成的马络饰，又有金珠九百余。尺寸很小——长两厘米多、宽不足两厘米——的金带钩〔图四三〕，或是用于带间佩物。最引人注目的是金柄铁剑三柄，此外还有金环首铁刀十三件、金方首铁刀与金环首料背铁

❶ 长四点一厘米，重七十七克。杨伯达《中国金银玻璃珐琅器全集·金银器》第一卷，图一二八，河北美术出版社二〇〇四年。

❷ 中有『异兽饰三件，虎头，双卷角，偶蹄，有翼，卷尾』，『背面有铆钉两根』。其一身长一点三厘米，重二十五点九克。陕西省雍城考古队《凤翔马家庄一号建筑群遗址发掘简报》，页一三，图三〇，《文物》一九八五年第二期。

❸ 宝鸡市考古研究所《秦墓遗珍：宝鸡益门二号春秋墓》，科学出版社二〇一六年。

❹ 主要观点，见《秦墓遗珍：宝鸡益门二号春秋墓》一书附录的七篇文章。

❺ 陈平《试论宝鸡益门二号墓短剑及有关问题》，页一三五，《秦墓遗珍：宝鸡益门二号春秋墓》。

四一—一

四〇

四一—二

四二

四三

图四四—一
金柄铁剑（局部）

图四四—二
金柄铁剑
陕西宝鸡益门二号墓出土

图四五
金柄铜削
陕西凤翔上郭店村出土

图四六
金剑柄
大英博物馆藏

刃刀各两件。三件金柄铁剑形制相同，而金柄式样有别。其中一件，以两边对称交互盘结的蟠虺纹组成金柄格、首两端一小一大两个兽面，柄茎两侧外凸两两相对的五个方齿，蟠虺遍身满饰粟粒一般的鳞纹，料珠和琢作勾云样的绿松石错落其间。剑柄整体镂空，两面纹样相同，剑身有铁茎插入金柄内（图四四—一）。通长三十七点八、柄长十二点八厘米，重三百五十克。出土时剑身外部有织物包裹的痕迹，并有列为一行的七枚小金泡，当为剑鞘之饰。另外两件金剑柄设计意匠与它相似，不过均为纯金实心，就式样来说可以视作这一件的简化版（图四四—二）。异曲同工的制作尚有陕西凤翔上郭店村出土金柄铜削（图四五）。

由类似的实例，可见出它在春秋国家之中的扩散。大英博物馆藏一件金剑柄，长五点七五厘米，也是异常精细的镂空蟠虺纹，式样和做工都与益门二号墓出土者相近，只是未施镶嵌（图四六）。据称它的出土地是山西浑源的古墓，发现时还有长五厘米的残茎。李学勤讨论益门金柄铁剑时说道，『一九二三年在浑源李峪出有许多文物，大多数流散海外，其年代为春秋晚期至战国

四四—二

四四－一

四六

四五

早期。这件金剑首出自该地，是很可能的』。河南辉县琉璃阁春秋晚期墓出土的一柄与此相类。『浑源当时在晋国，辉县在卫国，均距秦国较远。特别是辉县位于中原，所出的剑类似秦物，而在工艺、形制上又有差异，不好说是从秦国传进的。因此，这类剑或许是列国一时风尚，非秦人所独有』❶。在更远的东方尚有稍早的实例，山东沂水刘家店子春秋墓一号墓出土一件金剑柄❷，墓葬年代为春秋中期。

二　战国时代

前节说到戎狄的渗透促进了金银在华夏国家的进一步流通与使用，换句话说，战国时代金银器的流行，同华夏和戎狄的进一步交往与融合密切相关。更重要的是，此际思想上的百家争鸣，政治上的群雄并起，同时掀动用物色营造新秩序的风潮，发展中的金银器借势成为彰显贵盛的『礼』外之『色』。车马、兵器乃至弋射、田猎，金银不仅妆点豪华，且宣示富有，展示实力。

先秦时代车的制作工艺复杂，技术要求高，《考工记》所谓

❶ 李学勤《益门村金、玉器纹饰研究》，页一七，《文物》一九九三年第十期。

❷ 山东省文物考古研究所等《山东沂水刘家店子春秋墓发掘简报》，《文物》一九八四年第九期。

『一器而工聚焉者，车为多』，因此是等级地位的象征。早期的装饰主要施展青铜工艺，也或贴饰金箔，战国则以金银错嵌乃至金制、银制为尚。在车战已经淡出战事的时代，富且贵，成为要义。《韩非子·备内》『舆人成舆，则欲人之富贵』，『人不贵则舆不售』，虽是用于拟喻的说辞，却也可见时风。金银饰车而臻于极致的实例，一见于甘肃天水张家川马家塬战国墓地，一见于河北平山中山国王墓。

作为西部戎人物质文化传统的代表，马家塬战国墓地出土的大量金银器和金银错嵌器具有多重文化面貌，铸造、打制、宝石镶嵌与金属错嵌以及金珠的制作与攒焊，也都在这里出现，可见金银器制作的几项基础工艺，已为工匠熟练掌握。

墓地出土的车保存状况比较好，多可以复原。舆板、车轮、车毂、车軎，又车衡与轭与辀，车之大大小小的部件，皆遍施各种式样的金饰与银饰。或剪凿刻镂，或以铁错嵌金银，又或二者结合，如以错嵌金银的铁条为框架，内置镂空银花片，再以包金铜泡固定为一面舆板。这里车围偏高者都不是战车❶，因此尽可

❶ 赵吴成《甘肃马家塬战国墓马车的复原：兼谈族属问题》（《文物》二〇一〇年第六期）说道，『战车车舆较高，乘车者可立、可蹲』（页八一），乃误解，实际情况恰好相反。《诗·秦风·小戎》曰『小戎俴收』，便是特言戎车车舆轻小。俴，即浅；收，谓车轸。

图四七
马家塬十四号墓随葬车（复原）

图四八—一
金龙头（衡末饰）

图四八—二
金轭首

图四八—三
金轭脚

河北平山中山国王墓车马坑出土

以金银点染得流光闪烁，明辉耀日〔图四七〕。《诗·大雅·韩奕》状写韩侯之车『簟茀错衡』『鞗革金厄』，《楚辞·大招》说车曰『琼毂错衡，英华假只』，如此英华照耀的车舆同样活跃在西戎的社会生活中，而以金银器以及金银错铁的大量使用带来新的艺术风尚❶。

河北平山中山国为北方少数民族白狄所建，结合古中山所属地域的考古发现，却可以看出白狄中山逐步华化的轨迹，即如田猎，已与『夏声』无别，——嚳墓出土的嚳壶铭文描写中山王室狩猎之状，便与《诗·小雅·车攻》中的情景十分相近。不过对金银的爱赏原是戎狄传统中的价值观，车马饰以金银既是时风，也是传统。

中山国王墓车马坑出土的二号车车衡两端各一个金龙头，衡上五个错金银铜轙，又是金轭脚、金轭首〔图四八—一～三〕，伞盖的铜盖斗也是错金银，车舆外面挂着银珠网，系以数千颗银珠穿缀而成❷。

前面说到郑州商代遗址的狗坑里发现一件夔龙和夔凤纹金

❶ 车战本来也是『戎狄』的传统，陕西长安县下泉村出土西周晚期器多友鼎，铭文记载厉王时猃狁入侵，大臣武公命多友率战车追击猃狁，多友俘获猃狁战车在一百二十七辆以上；陕西扶风下务子村出土师同鼎，铭文记载西周夷王和厉王之际周、戎间的一场战事，战斗的规模虽然不大，但却有战车（『车马五乘』）和辎重车（『大车廿』）的配合使用。

❷ 河北省文物研究所《嚳墓：战国中山国国王之墓》，页三〇七～三〇八，文物出版社一九九六年。二号车和四号车车栏处出土银珠共二千八百六十五粒，均为模铸，中贯一孔，泥芯尚存，大小不一，都在一厘米上下（页三二五）。本章所举中山国王墓出土器物，尺寸、重量及出土信息均据此著，以下不再出注。

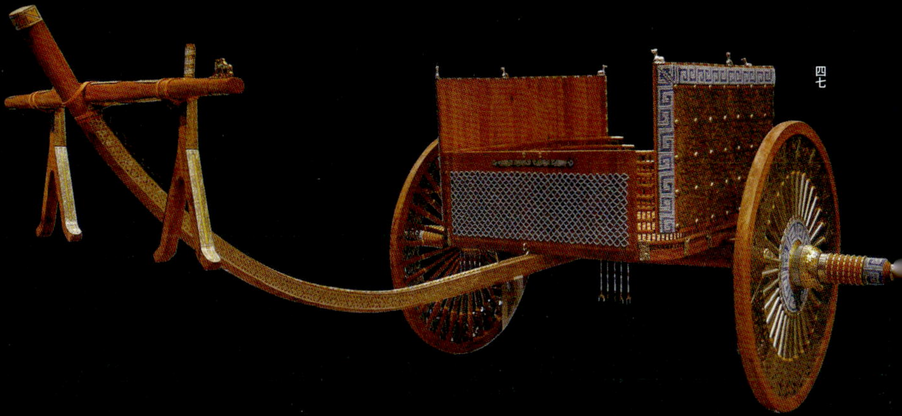

四七

四八—一

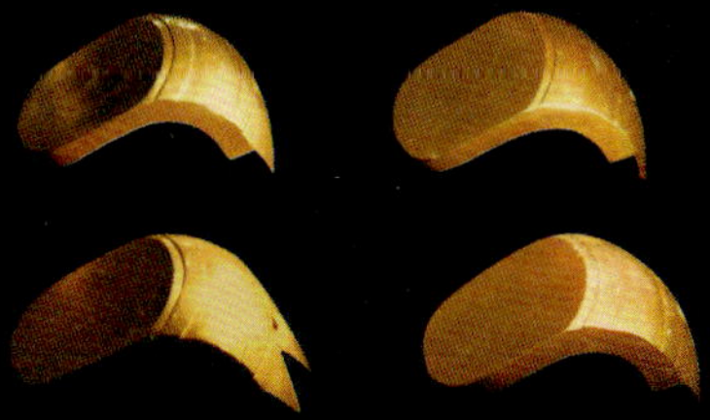

四八—三

四八—二

图四九—一
重鋂（一对）

图四九—二
重鋂出土位置
河北平山中山国王墓出土

箔残件，但未知用途。中山国王墓墓葬杂殉坑中有一对殉狗，同坑有马骨架、车马器和车的痕迹，可知这里埋葬的是田车与田犬。两只田犬的脖颈上各戴了金银项圈（图四九）。项圈系以长方形的金片和银片卷成扁管，一节一节交错成十八节盘旋围绕在革带上，项圈的一侧有一个钮鼻，一枚小小的铜环钩在上边。金管银管向外的一面特以一道浅凹把管平分为二，于是一枚管有了两枚的视觉效果，在项圈上便正好成为两行。《诗·齐风·卢令》咏畋猎，道是『卢令令，其人美且仁。／卢重环，其人美且鬈。／卢重鋂，其人美且偲』，毛传：『鋂，一环贯二也。』❶鋂即各式各样制作精巧的小铜管、小铜泡。铜泡以圆者为多，一面铸出花纹图案，一面有钮鼻，缀在皮革上，多用于马具，又或者做成田犬颈上的项圈。一枚铜环的上面缀了两行鋂，便是重鋂。这里铜泡易作金银管，但同样是重环重鋂的设计匠心。由这一对重环重鋂，自然更可以见出《卢令》的远韵，然而金银的使用却是闪射时代光芒的新鲜语汇。

湖北随州擂鼓墩发现的曾侯乙墓，时代为战国早期，墓主

❶ 旧释均据此而解作一个大环上穿了两个小环，不确。

四九—一

四九—二

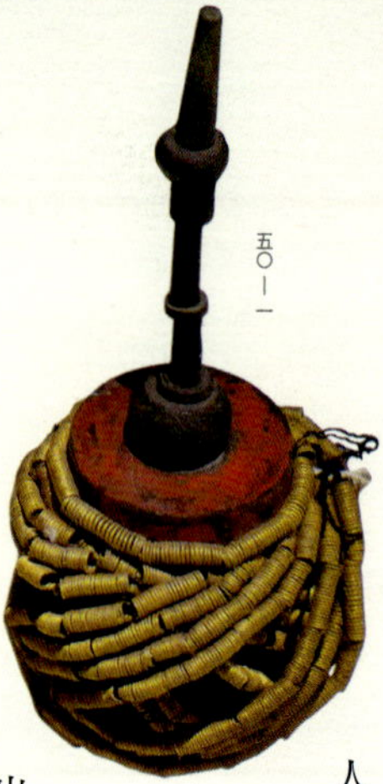

五〇—一

人是曾国国君，曾国便是《左传·桓公六年》『汉东之国，随为大』的随国。墓葬出土金箔、金带钩和此际罕见的金制器皿五件，此且留待后论。这里先举金银制作的弋射和畋猎用器。曾侯乙墓有出自东室的『纺锤形器』凡二十件，其中金弹簧者为两件。弹簧的含金量为百分之八十七，此外为银和铜以及铅、锡、铁等杂质，其一净重二百三十五点二克，其一二百三十九点七克❶（图五〇—一）。此『纺锤形器』当是弋射用的⿰角皮⿰角酋。出自东室的还有二十件圆锥形镞，则即弋射用器中的矰。弋射亦即缴射，便是以生丝系矢而射高飞着的鸟❷。陆机《文赋》形容文思天降之迅疾，曰『浮藻联翩，若翰鸟缨缴而坠层云之峻』，便是以此为喻。矰多见于战国楚墓，但出自北方的实例也有不少，河北平山中山王墓出土圆头铜镞百余件，平山县穆家庄战国墓出土一件狩猎宴乐图铜盖豆，盖面嵌错图案中也正有弋射场景（图五〇—二）。华盛顿弗利尔美术馆藏战国早期狩猎纹铜鉴弋射图中，矰下系缴，缴下连⿰角皮⿰角酋的情形，刻画更为清楚（图五〇—三）。弋射有

图五〇—一
⿰角皮⿰角酋
曾侯乙墓出土

图五〇—二
狩猎宴乐图铜盖豆纹饰展开图（局部）

五〇—二

❶ 湖北省博物馆《曾侯乙墓》，页四四九，文物出版社一九八九年。本章所举曾侯乙墓出土器物，尺寸、重量及出土信息均据此著，以下不再出注。

❷ 丛文俊《弋射考》，载《青果集——吉林大学考古专业成立二十周年考古论文集》，知识出版社一九九三年。谭白明《曾侯乙墓弋射用器初探——关于曾侯乙墓出土金属弹簧与『案座纺锤形器』的考释》，《文物》一九九三年第六期。

图五〇—三 **狩猎纹铜鉴**（局部）
华盛顿弗利尔美术馆藏

图五一 **贴金剑鞘蝉虎纹青铜剑**
重庆涪陵小田溪战国墓群出土

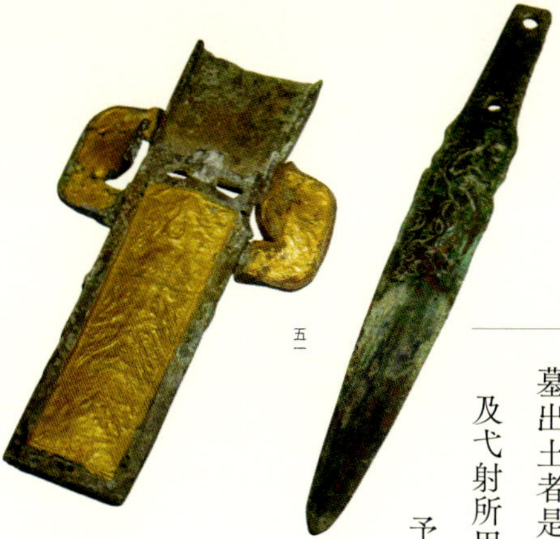
五一

着很古的来源，而东周时期已经把它算在『艺』的门类。《左传·昭公二十八年》，说贾大夫『取妻而美，三年不言不笑，御以如皋，射雉获之，其妻始笑而言。贾大夫曰：「才之不可以已。我不能射，女遂不言不笑。」』可知弋射是博得美女爱英雄的几不可少的才艺。用作弋射的矰常常镂刻花纹或以金银错为饰，如河南南阳春秋楚彭射墓和新蔡战国平夜君成墓出土几枚被称作『铜镞』或『异形镞』的矰❶。不过以金线制为觖觹的弹簧，曾侯乙墓出土者是目前发现的唯一实例。它与金银饰品、金银器皿以及弋射所用的矰都不同，即只是实用器具而没有造型与纹饰赋予的装饰性，在此只能说是挥『金』如土，表现的是一种资源占有，颇类于后此百余年楚怀王向张仪说『黄金、珠玑、犀象出于楚』所隐隐散射的傲然之气❷。

巴是周朝南土的封国，重庆涪陵小田溪战国墓出土错金编钟、错银铜壶等❸。一柄蝉虎纹青铜剑，剑鞘贴虎纹金箔，可见地方特色〔图五一〕。

五〇—三

❶ 南阳市文物考古研究所《河南南阳春秋楚彭射墓发掘简报》，页一七，图三〇、三一，《文物》二〇一一年第三期；河南省文物考古研究所等《河南新蔡平夜君成墓的发掘》，页九，图一二，《文物》二〇〇二年第八期。

❷ 见《战国策》卷十六《楚策三》『张仪之楚』。

❸ 四川省博物馆等《四川涪陵地区小田溪战国土坑墓清理简报》，《文物》一九七四年第五期。

图五二—一
一 金柄铁剑之柄
二 金柄铁剑之珌
燕下都辛庄头三十号墓出土

图五二—二
金柄铁剑之柄
燕下都辛庄头三十号墓出土

图五二—三
巴泽雷克文化中的格里芬
巴泽雷克墓地出土

河北易县燕下都遗址辛庄头三十号墓是随葬陶仿铜礼器包括七鼎六簋的一座大型墓，墓主人当为燕国贵族。墓葬出土金柄铁剑二，又金饰八十余件，纹样均呈浓郁的北方民族风格，金饰中的二十枚背面有用六国古文刻下的记重文字。两件金柄铁剑装饰意匠相同，纹样略有不同[1]。其一，金柄，金璏，金首，原有木剑鞘，已朽，但尚可复原。鞘口包镶的金片是相向搏击的双兽，双兽背后各一个卷角的羊首，剑鞘贴饰金片：涡纹圆饰、卷角卧兽、垂翅的鹰。末端包镶金珌。金珌一面光素，另一面上下和中间各以绹索纹为装饰框，内里镶嵌绿松石，中间一溜绿松石的两侧分别錾连体鸟头。剑柄的扁圆形剑首两面纹样相同，均为卷角的羊首，剑茎中间一道勾云，两侧为席纹〔图五二—一〕。另外一件也是金柄，金璏，金首，已朽的木剑鞘可大致复原。剑柄的剑首两面纹样一致，都是倒身相向的一对羊，剑茎铸作很写实的缠缑，剑格是背抵的一对羊头〔图五二—二〕。剑鞘纹样的垂翅鹰饰和连体鸟头，其实都是格里芬，造型与阿尔泰山巴泽雷克墓地出土者十分相似[2]〔图五二—三〕。

[1] 河北省文物研究所《燕下都》，页七〇七~七〇九，文物出版社一九九六年。本章所举辛庄头三十号墓出土器物，尺寸、重量及出土信息均据此著，以下不再一一出注。

[2] 年代约当公元前六世纪至前五世纪。

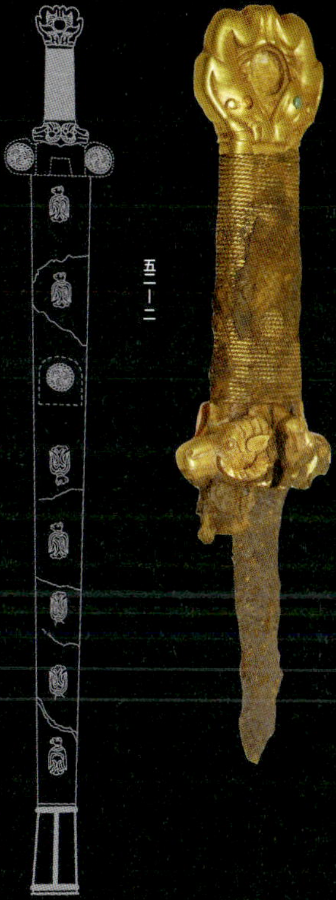

五二—二

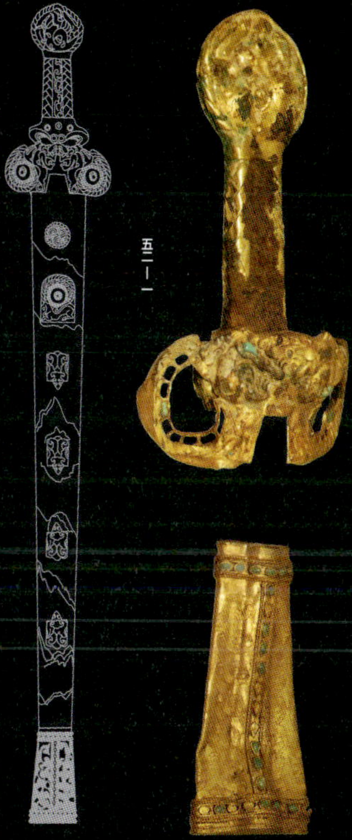

五二—一

五二—三

图五三—一~二
熊搏对羊纹金饰

图五四
牛首对马纹金饰

图五五
武士头像金饰

图五六~五七
金饰
燕下都辛庄头三十号墓出土

与金柄铁剑同出的金饰八十二件，除耳坠、带头之外，尚有各样饰件，造型或圆，或方，或状若水滴，纹样有熊搏对羊、牛首对马，或羊首鸟喙，又或武士头像。饰件背后多有桥形钮〔图五三—一~图五七〕。大约都是脱离了所附装饰物的饰件，如马具之类。

以上大略可以归作兵戎。佩服则品类与式样更为丰富，数量也更多，尤以耳饰、带饰、衣饰为著。

与早期相比，耳饰的样式战国时期稍稍多起来，且约略可见流行的趋势。宁夏固原杨郎乡出土战国时期金耳坠一对，金丝弯作圆环，下为三串带坠脚的金链❶〔图五八〕。出自准格尔旗西沟畔的金耳坠，则是金丝绕作三重环，下方有钮系坠：金丝层层相盘成为两个小喇叭，中间穿系绿松石〔图五九〕。新疆哈巴河东塔勒德墓地出土一对金耳环，金片卷作喇叭筒套在细金条做成的环子上，喇叭筒下方嵌绿松石❷〔图六〇〕。分别出自杭锦旗阿鲁柴登〔图六一〕、易县燕下都辛庄头三十号墓〔图六二〕、天水张家川马家塬墓地〔图六三〕、鄂尔多斯碾房渠窖藏〔图六四〕、新疆阜康白杨河墓地〔图六五〕同属战国晚期的几对金镶珠宝耳坠，显示了式样与

❶ 秦始皇帝陵博物院《萌芽·成长·融合：东周时期北方青铜文化臻萃》，页七三，三秦出版社二〇一二年。

❷ 墓地的时代最早可到春秋晚期，晚至西汉。新疆文物考古研究所《新疆哈巴河东塔勒德墓地发掘简报》，《文物》二〇一三年第三期。

五四

五三一～二

五五

五六

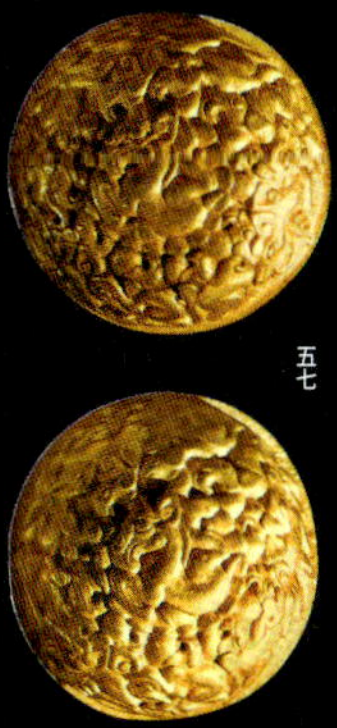

五七

图五八
金耳环（一对）
宁夏固原杨郎乡出土

图五九
金耳坠
内蒙古准格尔旗
西沟畔战国墓出土

图六〇
金耳环
新疆哈巴河
东塔勒德墓地出土

图六一
金镶珠宝耳坠
内蒙古杭锦旗
阿鲁柴登战国墓出土

图六二
金镶珠宝耳坠
燕下都辛庄头三十号墓出土

六一

五八

五九

六二

六〇

图六三
金镶珠宝耳坠
甘肃天水张家川马家塬墓地十四号墓出土

图六四
金镶珠宝耳坠
内蒙古鄂尔多斯碾房渠窖藏

图六五
金镶珠宝耳坠
新疆阜康白杨河墓地出土

六三

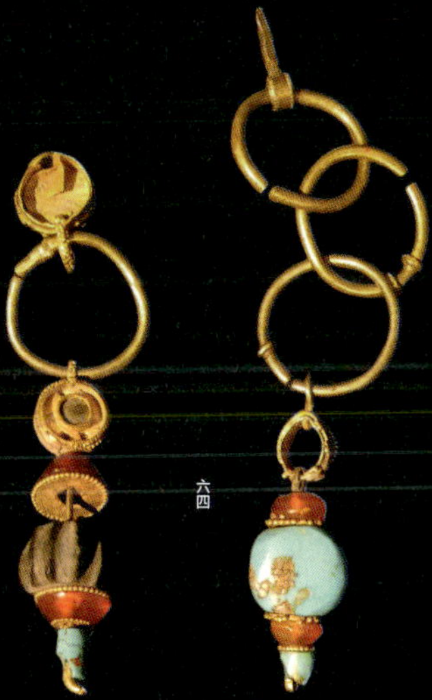

六四

六五

图六六—一
金镶绿松石耳坠
山东临淄商王墓地一号墓出土

图六六—二
金镶宝耳饰
新疆尼勒克吉林台墓地出土

图六七
萨尔玛特女祭司墓
出土金饰佩戴（复原）

制作工艺的某种一致，虽然地域和族属均不同。出自阿鲁柴登的一对金镶绿松石耳饰，耳饰上方以细金条盘两道金圈，金圈之一系坠：粘焊金粟粒的金管和金片上下抱合一颗绿松石，下方与金环相接，金环所接坠饰造型如铃，其下挂了三枚金摇叶。山东临淄商王墓地一号墓出土一对金镶绿松石耳坠，则是同类耳饰的豪华式。耳坠上方麻花丝结作金络，金络相交处点缀金粟粒攒焊的小花，下连麻花丝为边框的一周四个石碗，石碗内嵌绿松石，复接以金环金钩累累相垂的一串串金镶绿松石坠，绿松石上覆的金叶表面也分别点焊金粟粒。出土时绿松石坠的上方都穿着几颗珍珠[1]〔图六六—一〕。耳坠的样式与前举阜康白杨河墓地金镶珠宝耳坠相近，妆点金粟粒的方式则与前举阿鲁柴登出土金镶绿松石耳环以及尼勒克吉林台墓地出土的金镶宝耳饰一致，后者的时代为公元前五世纪至前三世纪〔图六六—二〕[2]。由哈萨克斯坦西部捷列克地区萨尔玛特女祭司墓出土的耳坠，见出此式耳坠可能的共同来源[3]〔图六七〕。

以金粟粒点缀图案或排布纹样，又镶宝戒指的戒面宝石雕

[1] 战国晚期，临淄永流乡商王村战国一号墓出土，发现于墓室西侧的一个漆奁内。据出土器物铭文，可知墓主人为『越陵大人』。临淄市博物馆等《临淄商王墓地》，页四五～四六，齐鲁书社一九九七年。同出尚有一件器口处铸出一周交错凸瓣纹的铜壶，而与伊朗安息王朝之物的工艺十分相似（孙机《仰观集·凸瓣纹银器与水波纹银器》，页二六五，文物出版社二〇一二年），则耳坠的设计也是借鉴了外来因素。

[2] 首都博物馆《美好中华：近二十年考古成果展》，页一五五，文物出版社二〇一七年。或认为墓地时代为汉晋，可备参酌。要之，这一做法不仅有着共同的来源，且时代跨度很大。

[3] 墓葬年代为公元前六世纪至前五世纪。二〇一二年发掘，二〇一三年由哈萨克斯坦 Ostrov Krym 研究所完成服饰复原。二〇〇七年在中国丝绸博物馆举办『古道新知：丝绸之路文化遗产保护科技成果展』展出。

六七

六六—一

六六—二

图六八—一
金镶宝戒指
新疆尼勒克吉林台墓地出土

图六八—二
金耳环
新疆哈巴河东塔勒德墓地出土

图六九—一
金项饰

图六九—二
金臂钏
甘肃张家川马家塬墓地十六号墓出土

图七〇—一
羊首纹金饰片

图七〇—二
金饰片
燕下都辛庄头三十号墓出土

刻神人，都是希腊金饰使用较多的方式。前举尼勒克吉林台墓地出土金镶宝耳饰，当初大约是从金冠两侧垂坠下来摇荡于耳畔。同出又有金镶宝戒指一枚，戒面宝石雕刻罗马神话中的丰饶女神〔图六八—一〕。新疆哈巴河东塔勒德墓地出土金耳环一枚，金条弯作环，绕环錾刻首尾相连的四只羊，下方是一个梯形的小台子，台边齿牙式装饰框内镶嵌绿松石，其他嵌物已失〔图六八—二〕。它也是来自西方的意匠。张家川马家塬墓地十六号墓的墓主人除耳坠之外，尚戴着金项饰、金臂钏〔图六九—一～二〕。不过项饰和腕饰此际还没有广泛流行。

前面提到易县辛庄头三十号墓出土金柄铁剑，此外尚有二十枚羊首纹或双羊首纹的金饰片，饰片上下及两侧边缘均有可供穿缀的小孔〔图七〇—一〕，左骏认为，它很可能是与同出的缨罩式金片构成组合而为冠饰，即鵔鸃冠上的饰物，缨罩式金片原与一枚小圆管套合，用于插雉尾〔图七〇—二〕，即所谓『贝带鵔鸃』❶。

造型取用动物的金饰多见于西域和匈奴遗址。前举出土金戒指的东塔勒德墓地发掘墓葬凡六十一座，出土金器约八百件，其

六八—一

六八—二

❶《淮南子·主术训》『赵武灵王贝带鵔鸃而朝』。左骏《金珰曜鵔鸃：看战国至汉羊纹金饰的一个新视角》，《大众考古》二〇一九年第十期。

六九－二

六九－一

七〇－一

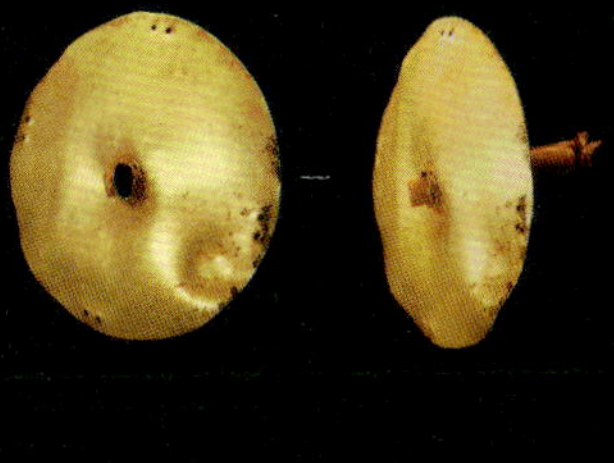

七〇－二

图七一—一
金箔狼

图七一—二
金箔鹿

图七一—三
金箔鹿头

图七一—四
金箔野猪

图七一—五
金箔雪豹
新疆哈巴河东塔勒德墓地出土

图七二—一
虎纹金牌饰

图七二—二～三
对虎纹金饰

图七三
虎纹金饰
乌鲁木齐阿拉沟墓地三十号墓出土

中多数为制成各种动物形象的金箔，如狼、鹿、野猪、雪豹〔图七一—一～五〕，原或包覆于木制品，即如巴泽雷克等墓地出土者。发掘者认为，金器的制作者『极有可能是当地工匠，艺术风格则与周边同时期考古学文化有较密切的关系』❶。

乌鲁木齐阿拉沟墓地三十号墓出土虎纹金牌饰八枚、对虎纹金饰四枚〔图七二—一～三〕，出土时背面发现黑灰，原初似附于木质或皮质物品。金牌饰虎的造型是草原风格的反转身躯式，在这里成为团窠的适合图案。此外整个墓地的四座墓内分别出土各式轻薄如纸的金箔，总计二百余，多散布在主人身体周围，因推测为衣饰。时代约当战国至西汉❷。又有『狮纹金饰片』一件〔图七三〕，高十一、长二十点五厘米，今通常把它名作『狮子形金牌饰』，然而细审同墓出土三类不同造型的金饰，猛兽颈背部皆有上卷的鬣毛，惟表现形式相异，而尾巴的样子又是相同的。似乎可以认为，金饰的纹样都是虎，工匠却是有意添加了来自他乡的狮子的一点特征以见新奇和神异。此外，成年虎一般喜独处，图案设计为对虎，自然也是为了追求装饰趣味。

❶ 于建军等《新疆哈巴河东塔勒德墓地初步研究》，《文物》二〇一三年第三期。文中并说道，欧亚草原早期文化中的金属器，特别是金器，『因其性能稳定，传播地域广阔，其造型纹饰极有可能延续使用几百年，甚至千年』。

❷ 墓主人系青年女性，同出共八枚，虎头向左者五，向右者三，直径五点五～六厘米，厚约一毫米，重十五点七二～二十一点二五克。同出又有对虎纹金箔四枚，每件长二十六、宽三点五厘米，重二十七点七五克。『狮纹金饰片』一件，高十一、长二十点五厘米。新疆社会科学院考古研究所《新疆阿拉沟竖穴木椁墓发掘简报》，页一九，《文物》一九八一年第一期。

七一—一

七一—二

七一—三

七一—五

七一—四

七三

七二—一

七二—二~三

图七四—一
金项圈

图七四—二
金珠

图七五
金镶宝虎鸟纹牌饰

图七六
金饰

图七七—一
羊形金饰

图七七—二
刺猬形金饰

图七八
银虎头饰

图七九
金饰
内蒙古杭锦旗阿鲁柴登战国墓出土

图八〇
金饰
吐鲁番交河故城沟西墓地一号墓出土

杭锦旗阿鲁柴登与准格尔旗西沟畔的匈奴属墓葬，都是金银饰品出土比较集中的实例❶。阿鲁柴登出土金饰二百余件，总重四千余克，如金项圈两件（图七四—一），共重八百九十克，金珠九十一件（图七四—二），共重七十一克，金镶宝虎鸟纹牌饰十二枚，每件重二十一克（图七五）。又鸟纹、虎纹、羊纹、刺猬纹等各种造型的金银饰件数十枚。或写实，或写意，或以变形的方式做成适合图案（图七六～图七八）。其中广为人知的是所谓『鹰形金冠饰』与『冠带饰』。不过出自阿鲁柴登的这一批金银器并非科学发掘，因此已经失去出土位置的信息，而『鹰形金冠饰』与『冠带饰』发现时并不在一处，实难确定二者的组合关系❷。『冠带饰』，大约属于项饰一类（图七九），不妨比较吐鲁番交河故城沟西墓地一号墓出土的一件❸（图八〇）。『金冠饰』或可称作金鹰饰，它以鹰的视角，人的感觉，表现草原的心跳。金饰上方的鹰乃金片打制身体，绿松石做成头和颈，头颈之间加一枚连珠纹勾边的金片，一根金丝从鹰的鼻孔插入，穿过颈项与腹下相连，另一根金丝横向穿系做成双眼。短短的尾羽另外制成，插入鹰身。鹰的脚下一

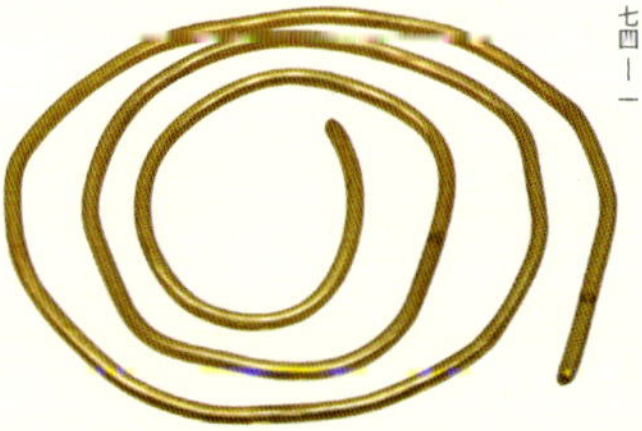

七四—一

❶ 田广金等《鄂尔多斯式青铜器》，文物出版社一九八六年。

❷ 田广金等《鄂尔多斯式青铜器·阿鲁柴登发现的金银器》记述发现经过云：『一九七二年冬，内蒙古自治区伊克昭盟杭锦旗阿门其日格公社桃红巴拉农民，于阿鲁柴登以南三公里的沙窝子发现了一批极其珍贵的金银器。一九七三年春，内蒙古文物工作队派李作智、田广金前往调查了解。根据现场发现的人骨和兽骨推断，这批遗物分别出土于两座古墓。』（页三四二）按另据知情人相告，今所谓『鹰形金冠饰』与『冠带饰』，两物的发现，相隔两三里地。

❸ 岳峰《新疆历史文明集粹》，页一一六，新疆美术摄影出版社二〇〇九年。

七五

七四—二

七七—一

七七—二

七六

七八

八〇

七九

图八一
金鹰饰
内蒙古杭锦旗阿鲁柴登战国墓出土

图八二
银项饰
鄂尔多斯准格尔旗瓦尔土沟出土

局部

个半球形座，其表打作四组狼噬羊图，四只狼头和四只盘羊的头都是两两相对（图八一）。对照鄂尔多斯准格尔旗瓦尔土沟出土银项饰之端的装饰纹样（图八二），可以看到同样题材在不同空间里的灵活处理。

品类不同、功用相异的各种带饰，在战国金银饰品中占了主要部分。括结革带之物是带钩，它固定在革带的一端，钩首便可直接钩入革带另一端的孔眼或与钩配合使用的环里。用于括结革带的带钩，至少不晚于西周晚期华夏族地区已经开始使用，目前所知，最早见于山东蓬莱村里集七号西周晚期—春秋早期墓，可见并非如旧说始于赵武灵王变服骑射❶，《左传·僖公二十四年》已有管仲射钩而为齐相的叙事，《史记·晋世家》也道『管仲射钩，桓公以霸』，考古发现中数量不少的春秋遗存，证明此际带钩已经十分流行❷，不过它的昌盛是在战国。

今统称『带钩』者在用途上原略有不同，即尺寸大者用于束带，尺寸小者用于佩物❸，佩物也多是系于革带。通常带钩的尺寸在十厘米左右，超长者，则造型纹饰也每成巧构。洛阳涧西区

❶ 相关考证，见孙机《中国古舆服论丛·中国古代的带具》，页二五八～二六〇，文物出版社二〇〇一年。

❷ 王仁湘《善自约束：古代带钩与带扣》，页七三，上海古籍出版社二〇一二年。

❸ 如剑带之钩，孙机《中国圣火·玉具剑与璏式佩剑法》，页三一，辽宁教育出版社一九九六年。

八二

图八三
双龙首包金银带钩
洛阳涧西区中州路战国墓出土

图八四
镶金凤银带钩
战国中山王墓出土

图八五—一
银鎏金嵌玉带钩
西安未央区尤家庄出土

图八五—二
银鎏金嵌玉镶琉璃珠带钩
河南辉县战国墓出土

中州路战国墓出土双龙首包金银带钩长十九点六、宽六点一厘米，纹样并不复杂，却是凭借尺寸之优势以大面积的金银交错呈现装饰效果〔图八三〕。出自平山中山王墓的镶金凤银带钩，长十八点六厘米，龙头为钩首，龙眼原有镶嵌，钩身铸镶的金凤与银兽连蜷盘绕，金凤细錾毛羽，可以想见当日金银相间的辉光炫耀〔图八四〕。西安未央区尤家庄出土战国晚期银鎏金嵌玉带钩长二十一厘米，钩头一个独角兽为带钩中腰露出一对獠牙的神兽衔住长颈，神兽上方又是一个钩喙长角的神鸟，两枚玉片分别镶嵌于兽和鸟身。带钩中腰下方圆钮上有『心』字铭，推测主人或是在秦为士的楚人❶〔图八五—一〕。

河南辉县战国墓地出土银鎏金嵌玉镶琉璃珠带钩，长十八点四厘米❷〔图八五—二〕，意匠与前件相似。白玉琢作雁首为钩头，下方兽首衔钩，末端也以兽首为收束，两侧各有鸟兽转腾，钩表三枚白玉玦，玉玦中心分别嵌一颗半球形的蜻蜓眼琉璃珠〔中间一枚脱落〕，兽角长伸搭扶在玉玦之缘，造型与用途的相互结合，用了极为自然的方式，或可视作早期的『爪镶』。出自马家

❶ 西安市文物保护考古所《西安北郊尤家庄二十号战国墓发掘简报》，页一五，《文物》二〇〇四年第一期。

❷ 中国国家博物馆《中华文明：〈古代中国陈列〉文物精萃》，页一二三，中国社会科学出版社二〇一〇年。

八三

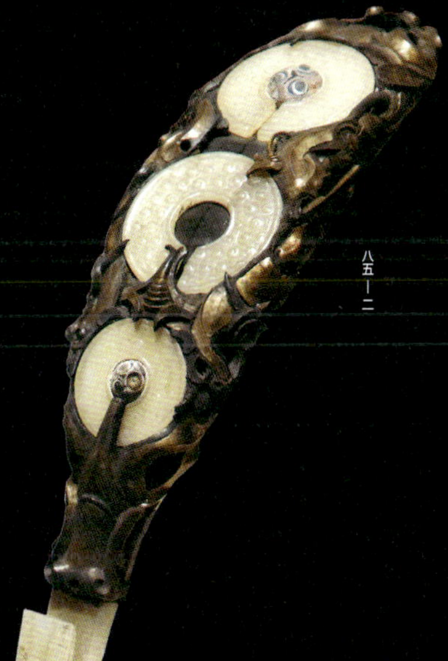

八五—二

八五—一

八四

图八六—一~二
金带钩之一、之二
马家塬墓地十四号墓出土

图八七
金带钩
马家塬墓地十六号墓出土

图八八
嵌银贝金带钩
洛阳西工区战国晚期墓出土

八六—一

塬墓地十四号墓的两枚金带钩，出土时分别握在墓主人的左右手，左手里的一枚钩身为兽头（图八六—一），右手里的一枚，回首的龙头做成前端的钩，龙鳞闪耀的长身盘旋在布列卷云的钩身，上下两端各露出一个虎头，虽然仍是龙虎相搏的主题，但好像淡化了杀伐之气（图八六—二）。出自十六号墓的一枚尺寸最大，长二十厘米，重二百二十八克。它的整体造型可以看作牌饰与带钩的结合。龙头钩首，钩颈的镂空画框里是反身相抵、两头相向的一对狼，钩身镂空造型如牌饰，原初镶嵌肉红石髓等宝石的边框内，安排构图相同而颠倒相向的两个图案。画面虽只是凝定在大角羊落入虎口的一瞬，但大角羊疾速奔逃，猛虎凌空攫拏腾起带着风的弧线，猎物遭到致命扑杀之际反转举蹄的痛苦挣扎，以表现力准确的几个细节而足以见出此前的一番目骇神惊（图八七）。

洛阳西工区战国晚期墓出土嵌银贝金带钩一枚，金带钩光素无纹，惟钩身之表嵌了四枚银贝❶（图八八）。墓葬位于推测为东

❶ 带钩背有银钮，长十六厘米。洛阳市文物工作队《洛阳市西工区C1M3943战国墓》，《文物》一九九九年第八期。

八六—二

八七

八八

图八九—一
包金海贝
山西侯马出土

图八九—二
战国铜人（局部）
波士顿美术馆藏

图九〇—一
金鸭带钩
宜昌当阳陈场砖瓦厂出土

图九〇—二
水禽式金带钩
曾侯乙墓出土

周天子墓的不远处，或为周王室的陪葬墓。作为货币的一种原始形态，贝在西周多用于赏锡，包金海贝、包金铜贝均在侯马出土〔图八九—一〕。它也是先秦时代很受青睐的装饰纹样❶。《诗·小雅·巷伯》『萋兮斐兮，成是贝锦』，此是贝为纹样的织锦。《小雅·菁菁者莪》『既见君子，锡我百朋』，此是贝为锡物。《鲁颂·閟公》『公徒三万，贝胄朱綅』，波士顿美术馆藏一件战国铜人铠甲颈下一列贝饰❷〔图八九—二〕，当即《诗》所云贝胄之属。前举装饰品中也有金贝饰，可见此风先秦时代流行不衰，或有富足强盛之取意。

前节提到宝鸡益门二号墓出土尺寸不大的金钩〔图四三〕。湖北宜昌当阳陈场砖瓦厂出土金鸭带钩，通长二点一厘米〔图九〇—一〕。曾侯乙墓出土水禽式金带钩四枚，形制相同，通长均为四点四厘米〔图九〇—二〕。这一类尺寸偏小者，或是用于带间佩物。

约当战国晚期，开始流行两枚一组的饰牌，其中一枚或在偏于一侧处做出一个外凸的圆环，又或做一个近乎椭圆的小孔，因可用一条窄带从另一侧穿过圆环或小孔，于是有了括结的

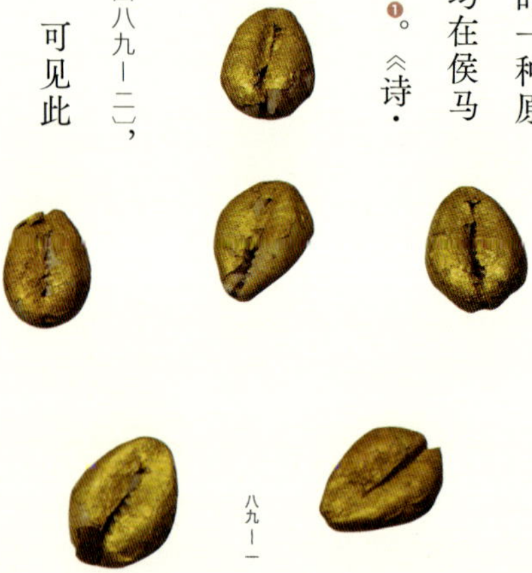
八九—一

❶ 如侯马白店铸铜遗址H15出土贝纹模（《侯马白店铸铜遗址》）；固原原州区杨郎乡出土战国铜车軎，軎身两道以贝纹为饰的凸棱（宁夏固原博物馆《固原历史文物》页六六，科学出版社二〇〇四年）。

❷ 高约三十厘米，传洛阳金村古墓出土，一九三一年卢芹斋售与波士顿美术馆。

九〇一一

九〇一二

图九一
豹噬野猪纹金带头（一副）

图九二
四狼噬牛纹金带头（一副）
杭锦旗阿鲁柴登战国墓出土

图九三
虎豕搏噬纹金带头（一副）
内蒙古准格尔旗西沟畔出土

图九四
金带头（一副）
燕下都辛庄头三十号墓出土

功能，当日或命之曰带头❶。如内蒙古杭锦旗阿鲁柴登发现的豹噬野猪纹金带头和四狼噬牛纹金带头〔图九一～图九二〕，又内蒙古准格尔旗西沟畔出土虎豕搏噬纹金带头两枚〔图九三〕，俱为战国匈奴遗存❷。狼噬牛纹金带头开有带孔的一枚，长十二点六厘米，重二百二十点六克，四只狼两两相对一齐撕咬已是匍匐在地的一头牛，一对尖利的牛角却是分别刺入两只狼的耳朵。河北易县辛庄头三十号墓出土金器中的一对『长方形饰』〔图九四〕，也是式样相类的金带头，更有小小一枚被称作『铃舌形器』者❸，应为穿针。带头图案采用对称式布局，外缘一周绹索纹，一端一个正面的牛头是图案中轴线，两边安排两两相对噬牛的怪兽和噬马的怪鸟。牛头处，两侧各一只鼓翼怪兽张口露齿作吞噬状，兽爪伸向牛头上方，又正好卡住马的脖颈，后方扑过来的独角怪鸟伸出兽爪，巨喙咬住马的脊背。带头长十点八、宽七点一、厚零点三厘米，重四十八克。背面有用作固定的一横一纵两个钮鼻。『铃舌形器』亦即穿针长三点二厘米。

带置固定扣舌者，名鐍。《说文》：『鐍，觼或从金、矞。』『觼，

❶ 相关考证，见孙机《中国古舆服论丛·中国古代的带具》，页二五八～二六〇。

❷《阿鲁柴登发现的金银器》《西沟畔战国墓》，均载田广金等《鄂尔多斯式青铜器》。

❸《燕下都》，页七一五（『长方形饰』）、七一一（『铃舌形器』）。按本章对图案的描述系依照亲眼所见，与报告的认识不同。

九一

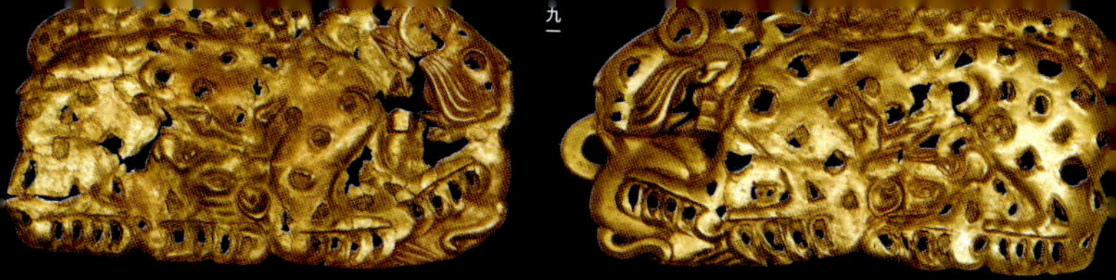

九二

九三

九四

九五

九七

图九五
包金卧羊纹带𫓯
准格尔旗西沟畔出土

图九六
虎噬兽纹金带𫓯
内蒙古鄂尔多斯碾房渠窖藏

图九七
虎噬鹿纹金带𫓯
鄂尔多斯青铜器博物馆藏

环之有舌者。』准格尔旗西沟畔匈奴墓地出土包金卧羊纹带𫓯〔图九五〕、鄂尔多斯碾房渠窖藏虎噬兽纹金带𫓯〔图九六〕、鄂尔多斯青铜器博物馆藏虎噬鹿纹金带𫓯〔图九七〕，均为战国时期物[1]。出自西沟畔者以突出的羊角用作带𫓯的扣舌，颇见巧思。

第三节

宫室器用

第一节提到湖北商代盘龙城出土早商时期的面具，它出自杨家湾十七号墓，是绿松石同金箔制作的双眉、眼睛、牙齿组合而成的兽面，——似应称作神面[2]，黄金在这里当被赋予了特殊的意义。

四川广汉三星堆与成都金沙村遗址出土的器物，是古蜀王国或以古蜀人为中心的族群之遗存，显示了四川盆地先秦时期极为兴盛的青铜文化。三星堆遗址的年代大致从龙山时代延续到晚商，衰落期约在公元前一千二百年前后，金沙村遗址的开始年代

[1] 《萌芽·成长·融合：东周时期北方青铜文化臻萃》，页一六六，页一八七，页一八一。

[2] 湖北省博物馆等《南土遗珍：商代盘龙城文物集萃》，页一一〇～一一一，湖北教育出版社二〇一六年。

图九八—一
金面罩
三星堆遗址一号祭祀坑出土

图九八—二
戴金面具的青铜人像

图九八—三
戴金面具的辫发青铜人像
三星堆遗址二号祭祀坑出土

正好与此相当，而从此一直延续到春秋晚期。两处遗址与青铜器同出的都有不少金银器，多为金片和金箔，如贴饰青铜人面的金面罩〔图九八—一～三〕，尺寸不足四厘米的金面具〔图九九〕，具有某种寓意的金神面〔图一〇〇〕，制成牙璋式样以及顶端有孔似鱼似叶的金箔❶〔图一〇一〕，如四鸟绕日金饰片，如金箔虎〔图一〇二〕、金箔蛙〔图一〇三〕、喇叭形金饰片〔图一〇四〕。具有象征意义的人鸟射鱼纹金杖出自三星堆一号祭祀坑，金沙村出土纹样相近的人鸟射鱼纹金带或曰金冠带。金杖系用金条打作宽逾七厘米的金皮，再包卷而成，出土时已压扁变形，金皮杖内尚存木质碳化物，推测原为一柄木芯金皮杖❷。金杖之表錾刻三组图案，近下端处的一组，是头戴冠、耳挂环的两个人面，此外两组图案相同，即一对钩喙利爪的大鸟，一对背向的鱼，鱼鸟之间是两枝羽箭〔图一〇五〕。金沙出土的金带构图元素也是鸟、鱼和箭，不过人面的表现形式不同〔图一〇六〕。或认为二者的纹样与古蜀王朝谱系中的『鱼凫』相关❸。黄金面具的使用和金杖与金带的纹饰，都表明黄金在古蜀王国有着独特的地位。

九八—一

❶ 四川省文物考古研究所《三星堆祭祀坑》，文物出版社一九九九年；三星堆博物馆等《从三星堆到金沙：来自古蜀王国的珍藏》，保利艺术博物馆二〇〇八年。

❷ 长一点四三米，直径二点三厘米，重四百六十三克（含部分碳化物），《三星堆祭祀坑》，页六〇。

❸ 孙华等《神秘的王国：对三星堆文明的初步理解和解释》，页三七六～三七九，巴蜀书社二〇〇三年。

九八－三

背面

九八－二

图九九
金面具

图一〇〇
金神面
成都金沙遗址出土

图一〇一—一
牙璋式金箔

图一〇一—二
金箔
三星堆遗址二号祭祀坑出土

图一〇二
金箔虎
三星堆遗址一号祭祀坑出土

九九

一〇〇

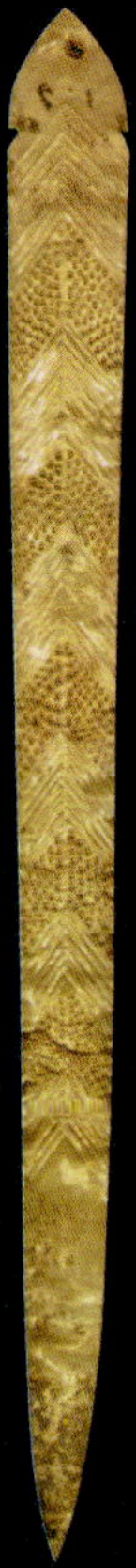
一〇一—二

一〇一—一

一〇二

图一〇三
金箔蛙

图一〇四
喇叭形金饰片
成都金沙遗址出土

图一〇五
人鸟射鱼纹金杖饰
三星堆一号祭祀坑出土

图一〇六
人鸟射鱼纹金带
成都金沙遗址出土

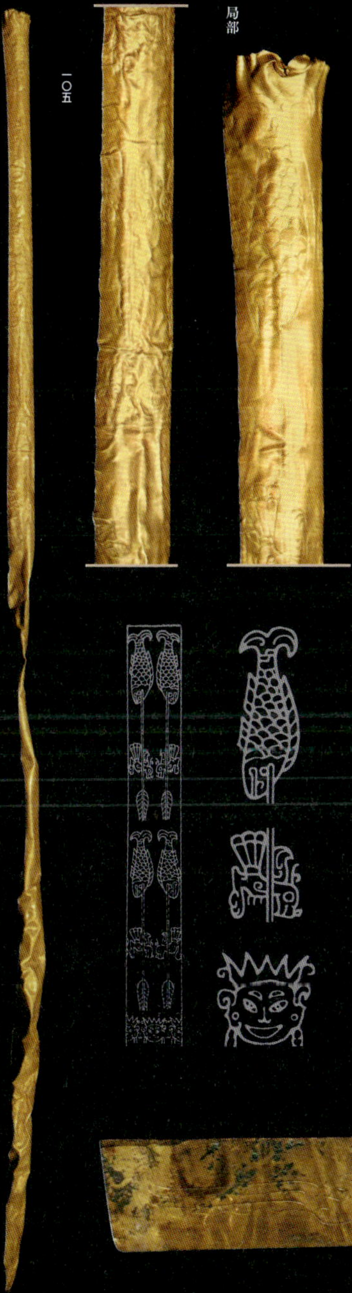

一〇五

局部

一〇三

一〇四

一〇六

图一〇七—一
金璜
山西翼城西周霸国墓地六〇二二号墓出土

图一〇七—二
『金柄形器』
山西翼城西周霸国墓地一〇一七号墓出土

一〇七—一

山西临汾翼城县大河口西周霸国墓地六〇二二号墓出土金璜一枚，是玉璜的仿制❶〔图一〇七—一〕。出自一〇一七号墓的『金柄形器』，也可能是仿制玉礼器，或认为是瓒❷〔图一〇七—二〕。湖北宜昌当阳曹家岗五号墓和赵巷十二号墓出土贴覆于金属的金箔，形如玉璧、玉琥〔图一〇八—一～二〕。这一类或可认为是进入了礼制的金器制作。

青铜时代的金银器皿，是在青铜器制作的笼罩之下发生和发展，尚不足以独立成军。浙江绍兴坡塘三〇六号东周墓出土玉耳金鉶，长径十四点二、短径十一点二厘米，高六厘米，重二百八十五克❸〔图一〇九〕。两侧各铆一个外凸的金榫，两个金榫分别嵌入造型如玦的卷云纹玉耳。传洛阳金村出土的『甘斿（游）』铭银匜，高三点七、口长十一厘米〔图一一〇〕，是目前所知时代最早的一件银制器皿❹。这一时期不多见的银像，也出自洛阳金村。其一高不及十厘米，科头露髻，跣足，短深衣，衣裾上有记述衡量的铭文。结合金村出土器物中有不少刻有『甘斿宰』铭（『甘斿』即『甘』地之离宫）❺，则银像很可能原初是离宫的陈设❻。

一〇七—二

❶ 深圳博物馆等《封邦建霸：山西翼城大河口墓地出土西周霸国文物珍品》，页二〇七，文物出版社二〇一六年。

❷ 李零《山纹考：说环带纹、波纹、波曲纹、波浪纹应正名为山纹》，《中国国家博物馆馆刊》二〇一九年第一期。

❸ 原置于漆盒内，金鉶里又放了一个泥质灰陶的小盉（高一点五、腹径二点七厘米）。同墓所出尚有小金饼二，小金片及金箔残片三枚，浙江省文物管理委员会等《绍兴三〇六号战国墓发掘简报》，页二〇，《文物》一九八四年第一期。按此墓的性质和时代论说不一，有徐墓说、越墓说，春秋说、战国说。

❹ 《中华文明：〈古代中国陈列〉文物精萃》，页二二四。

❺ 李学勤《东周与秦代文明》：『甘，周地，在汉代河南县以西，这里的离宫显然属于周王。』页二九，文物出版社一九九一年。

❻ 孙机《中国古舆服论丛·洛阳金村出土银着衣人像族属考辨》，页一五九。

图一〇八—一
玉璧形金箔
湖北宜昌当阳曹家岗五号墓出土

图一〇八—二
玉珑形金箔
湖北宜昌当阳赵巷十二号墓出土

图一〇九
玉耳金鉶
浙江绍兴三〇六号战国墓出土

图一一〇
银匜
传洛阳金村出土

一〇八—一

一〇八—二

一一〇

一〇九

图一二一—一
金杯
图一二一—二
金盏与镂空金匕
曾侯乙墓出土

一二一—一

曾侯乙墓出土的金杯、金盏与镂空金匕，自然是先秦金器中最为重要的遗存❶（图一二一—一～二）。不过与前举银器之例相同，金盏造型与纹饰也依然是青铜器的移植。楚系青铜器中造型与此相类者，有的自铭『盏』、『盏盂』，又『繁鼎』。或认为『楚文化区的盏—敦之地域专名与盂同类，这种器名因功用相同而连称』❷。此类形制的盂是盛食器，金盏功用或者也是相同的。山东临淄商王墓地出自时属战国晚期一号墓和二号墓的银器皿有银盘一，银匜三（图一二二—一～三），银耳杯二，又有银勺一（图一二三—一），银匕三（图一二三—二），银管一根，除镂空银匕一件出二号墓（图一二三—三），此外均出自墓主人为女性的一号墓。银器集中于东北部棺椁之间，与其他饮食器杂置。银耳杯之一耳部背面有铭『四十一年工右□一斤六两六朱寅』，其一两耳背面均有刻铭，一侧刻『四十年左工重一斤十二两十四朱　名曰三』，另一侧刻『工一』。发掘者认为，两件银耳杯均刻有秦国

一二一—二

❶ 不多的金器实例中，尚有出自陕西宝鸡凤翔县上郭店村的一件小金盆，时属春秋。『金盆的形制与秦陶盆形制相同，但体型很小』（高二点九、口径七点三～七点五厘米），秦始皇帝陵博物院《帝国之路·雍城崛起》，页一六八，陕西师范大学出版总社二〇一九年。

❷ 刘彬徽《楚系青铜器研究》，页一六一，湖北教育出版社一九九五年。

图一二二—一～三
银匜

图一二三—一～三
一 银勺
二 银匕
三 镂空银匕
山东临淄商王墓地出土

铭文，自年号到重量的书体均为秦人书体，有可能是秦国贿赂齐国重臣的礼品❶。

一二二—一～三

一二三—一

一二三—二

一二三—三

❶《临淄商王墓地》，页四五～四九，页一三七。

第四节

金银错嵌器

俞伟超说：『自两周之际冶铁术在中国发生后，青铜冶铸就日复一日地失去了从前所占生产技术中最先进的地位，青铜器的高贵性日渐下降。不过，铁器时代的来到，促使人们的各种生产技术得到全面提高。在青铜器的制作中，失蜡法、模印花纹或模印铭文、错嵌红铜或错嵌金银、鎏金银、细线刻镂等新工艺相继兴起，使得青铜工艺在春秋中后期曾出现一个新高峰。』[1]这个高峰则即华觉明所说的『转变期』，『传统的范铸技术已接近于其潜在能力的最大限度，新局面的开创有赖于新技术的兴起』[2]。青铜铸造转变期的新工艺之一是金属镶嵌，它兴起于春秋中晚期，战国时期达于极盛，侯马白店铸铜遗址H15出土备错嵌云纹模，时代为战国早中期，可见生产规模之一斑[3]。紧接着错嵌红铜，而迅速发展出金银错嵌[4]。出自洛阳金村古墓群的金银错嵌以及嵌珠、嵌玉、嵌琉璃者数十器，装饰繁丽，制作精工，多为

❶ 俞伟超《秦汉青铜器概论》，页三，载《中国美术分类全集·中国青铜器全集·一二·秦汉》，文物出版社一九九八年。

❷ 华觉明《中国古代金属技术：铜和铁造就的文明》，页一六四，大象出版社一九九九年。

❸ 山西省考古研究所《侯马白店铸铜遗址》，图版九二：一，科学出版社二〇一二年。

❹ 朱凤瀚《古代中国青铜器》，页五四七～五五三，南开大学出版社一九九五年。

一一四

图一一四 金银错嵌铜构件 传洛阳金村出土

周王室或臣属之物，可代表彼一时代的审美趣向❶〔图一一四〕。山西长治分水岭战国墓一二六号墓出土错金铜鈉❷〔图一一五—一〕，咸阳咸夫人冢出土错金银铜鼎❸〔图一一五—二〕，都显示了技艺的精湛。河南淮阳马鞍冢楚墓南冢的二号车马坑出土错金银铜辕首，纹饰精细宛畅，错嵌色彩斑斓〔图一一六〕。南冢是平面『中』字形墓葬，推测墓主人为楚王❹。河北平山战国中山王墓出土金银错铜器的数量和制作工艺尤为可观，如金银错四龙四凤方案，银错神兽以及各式金银错屏座、金银错车马器〔图一一七—一～四〕。出自张家川马家塬墓地的错金银镶绿松石带钩，则更有金碧争映的效果〔图一一八—一〕。河南新郑胡庄墓地与信阳长台关楚墓出土错金银嵌金玉铜带钩和铁带钩却是集众美于一身：钩首、钩身侧边和钩表的装饰框相间嵌错金银卷云，排布于钩表的方框内交错镶嵌金和玉，金则盘螭，玉则卷云，纹样和不同的材质交相呼应〔图一一八—二、三〕。错嵌的核心技术依然是青铜铸造，却是以金银嵌错的光耀陆离粲以成章带来视觉的新颖。

铁器嵌错金银的饰品，湖北江陵望山一号楚墓出土一件金

❶ 李学勤认为，金村墓葬『是周朝的墓葬，可能包括周王及附葬臣属』。『在中国古代，王室大墓的随葬品每每特别华丽，形制特殊，非其他墓葬所能比，这是因为王家的工匠有独特的工艺传统，也是王室地位的曲折反映』。《东周与秦代文明》，页二九～三〇。

❷ 年代属战国早期，为赵国墓葬。山西省考古研究所等《长治分水岭东周墓地》，页三〇一，文物出版社二〇一〇年。

❸ 时属战国。清华大学艺术博物馆等《与天久长：周秦汉唐文化与艺术》，页二三三，上海书画出版社二〇一九年。

❹ 河南省文物研究所等《河南淮阳马鞍冢楚墓发掘简报》，页一〇，《文物》一九八四年第十期。

图一一五—一
错金铜鉶
山西长治分水岭战国墓一二六号墓出土

图一一五—二
错金银铜鼎
咸阳咸夫人冢出土

图一一六
错金银铜辕首
淮阳马鞍冢楚墓出土

图一一七—一
错银双翼神兽
战国中山王墓出土

一一五—一

一一六

一一五—二

一一七—一

一一七—二

图一七—二
金银错虎噬鹿屏座

图一七—三
错金银牛屏座

图一七—四
错金银铜盖斗帽
战国中山王墓出土

图一八—一
错金银镶绿松石带钩
天水张家川马家塬墓地出土

图一八—二
错金银嵌金玉铜带钩
河南新郑胡庄墓地出土

图一八—三
错金银嵌金玉铁带钩
信阳长台关楚墓出土

一七—三

一八—一

一七—四

一八—二

一八—三

图一一九
金银错铁带钩
湖北江陵望山一号楚墓出土

一一九

银错铁巨型带钩可以称最，金丝和金片点缀的凤鸟翻飞在流云间见首不见尾，尾羽与流云纠错相纷，失去光彩的银片在金银相间中仍有流光潜映。时属战国中期❶（图一一九）。

甘肃天水张家川马家塬战国晚期墓地出土数量可观的一批金银错铁器，集中了此前出现的大部分品类、纹样以及装饰手段和制作工艺，是方便检阅先秦金银器制作和使用的重要实例❷（图一二〇～图一二二）。其中大量用于车舆栏围者，便是前引《诗·大雅·韩奕》言韩侯之车的所谓『簟茀』，亦即金文如毛公鼎中列举赏赐之物的『金簟弼』。彼『金』固指铜，金银错嵌之新风则将此『金』妆点得更加耀眼。关于制作工艺与技术来源，《马家塬墓地金属制品技术研究：兼论战国时期西北地区文化交流》一书有科技检测基础上的分析与研究❸，可以为据。与金银错铜工艺相比，金银错铁器逊于前者的精细，对比马家塬墓地十八号墓

❶ 带钩宽六点五、弧长四十六点二厘米。湖北省文物考古研究所《江陵望山沙冢楚墓》，页七八，文物出版社一九九六年。

❷ 甘肃省文物考古研究所《西戎遗珍：马家塬战国墓地出土文物》，文物出版社二〇一四年。

❸ 黄维等《马家塬墓地金属制品技术研究：兼论战国时期西北地区文化交流》，北京大学出版社二〇一三年。

局部

图一二〇—一 金银错铁车饰（车舆后门）
天水马家塬墓地十四号墓出土

图一二〇—二 银错铁车饰

图一二〇—三 金错铁车軎
天水马家塬墓地一号墓出土

图一二一 金银错铁饰件
天水张家川马家塬墓地出土

图一二二 金银错铁矛
天水马家塬墓地十六号墓出土

一二〇—二

一二〇—三

一二〇—一

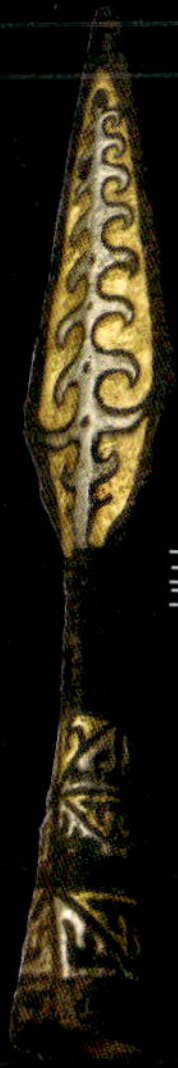
一二二

一二一

出土的错嵌铜敦，即可明显见出区别。此外一点也很值得注意，即金银错铁工艺流行时间很长，并且流行地域始终在西北，或者说最受北方民族的喜爱。它的源头或可追溯到春秋时代早期的阿尔泰山脉冶金工业，至此而『依然保存着来自黄金与陨铁时代的美学传统』[2]。

金银嵌饰，也用于传统的漆器，即以金银嵌饰来表现螺钿的装饰效果[3]。山东沂水刘家店子春秋墓出土一件嵌金漆勺，漆勺的木胎虽然已朽，但漆皮背面的木质文理尚清晰可辨，勺外壁以及勺柄嵌金贝和金箔凡六十五枚，金箔与漆地平齐，金贝凸出于器表。

---

[1] 李旻《夜中星陨如雨》，页四〇，《读书》二〇二一年第九期。

[2] 罗勋章《刘家店子春秋墓琐考》，页一一，《文物》一九八四年第九期。

第五节 纹样设计

一 近取本土

青铜时代，礼器的拥有是权力的标志，因此楚王问周之九鼎的大小轻重，成为觊觎政权的暗喻❶。而青铜器以它科技与艺术的完美结合，造型和纹饰的成熟与丰富，原也是引导艺术潮流的主要力量。动物造型，不论写实、变形抑或图案化，在青铜器制作中均已运用纯熟，各式肖形尊、各类器足的出色，更不待言。《考工记·梓人》中对动物的分类，由类别之异而论述对于装饰对象的合与不合，见出造型设计之际于物象选择的周密思考。其中讲述梓人为筍虡之要领，曰『天下之大兽五』，各有其形，各有其性，不同乐器的筍虡，便当因依乐器之发音而分别选择与之相宜的物象。比如磬之筍虡选取羽属，因为羽族气力不大而轻捷，声音清阳而传送很远，因此适合较轻的负载，那么用于磬虡是相宜的。如此，敲击悬磬之际，音声便好似由磬虡发出来❷。可见

❶《左传·宣公三年》：『楚子伐陆浑之戎，遂至于雒，观兵于周疆。定王使王孙满劳楚子，楚子问鼎之大小轻重焉。』杜预注：『示欲偪周取天下。』

❷『恒无力而轻，其声清阳而远闻，无力而轻，则于任轻宜，其声清阳而远闻，于磬宜。若是者以为磬虡，故击其所县而由其虡鸣。』闻人军《考工记译注》释此节云：羽族『常显出轻捷而力气不大的样子，声音清阳而远播。力气不大而轻捷，则适宜于较轻的负载，声音清阳而远播，与磬相宜。所以，这类动物作为磬虡的造型，敲击悬磬时，好像磬虡发出声音来似的』（页七五，上海古籍出版社一九九三年）。

图一二三—一
金银合金虎形饰片
湖北枣阳曾国墓地一号墓出土

图一二三—二
金虎
陕西凤翔周原出土

图一二四
双虎咬斗纹银扣饰
内蒙古伊金霍洛旗石灰沟出土

用于装饰的物象，选择合宜是如何至关紧要。这里体现出来的设计理念，已成为青铜器制作中的实践。

青铜时代的金银器制作，要在以新的材质为媒介创造出符合时代意识的时新叙述。工艺既不难，设计的精采便成关键。青铜器的艺术语汇自然是重要依托，不论借鉴、创新还是吸纳外来物象化他为己。

兽面纹可以说是直接截取青铜器的一个单位纹样。龙纹、夔龙纹、蟠虺纹，也大体如是，宝鸡益门出土金柄铁剑瑰丽华奂，纹饰则来自以结构复杂细密且有三维层次为特征的蟠虺纹，仍可视作青铜艺术的移植。宜昌当阳曹家岗五号墓出土蟠螭形金箔，造型以及遍身纹饰都来自青铜器〔图一二二〕。礼县大堡子山遗址出土鸷鸟形金饰片，羽毛是青铜器中的『窃曲纹』〔图三七〕。韩城梁带村芮桓公墓出土于主人胸腹部的一枚金饰〔图一八—一〕，造型也是得意于青铜器的夔龙纹。湖北枣阳曾国墓地一号墓出土金银合金虎形饰片❶〔图一二三—一〕，造型与商周玉器和青铜器中的虎纹相若。出自陕西凤翔周原的金虎与青铜器下端的虎形支脚式样一

❶ 苏荣誉《湖北枣阳曹门湾曾国墓地一号墓出土金属器科技价值》，《中国文物报》二〇一五年三月三十一日。文曰：『经初步分析，其材质为金银合金，银含量约占六分之一，并有微量的铜，这样的材质在先秦时期并不多见，但却习见于古代欧亚、北非和中亚地区。其厚度也不很均匀，在零点八毫米到零点四毫米之间，这是典型的冷锻加工的特征。』

一二三—一

一二三—二

一二四

致〔图一二三—二〕。

内蒙古伊金霍洛旗石灰沟出土双虎咬斗纹银扣饰，按照器具用途的需要，以二虎相斗完成近圆的造型，却是正面看过去会有一只虎的错觉，而又马上辨出是两个侧影，整体是对称的，又很有透视感。器长八点九、宽三点二厘米❶〔图一二四〕。前举河北易县辛庄头三十号墓出土金饰，其中圆形者一枚，缘边一周绹索纹，内里三只头尾相接的单峰骆驼，三个驼峰聚成一个中心，就从这中心处伸出三个狼头分别咬住骆驼的脖颈。团圞如月的造型，柔和圆融的图案排列，却在不

❶《萌芽·成长·融合：东周时期北方青铜文化臻萃》，页一七三。

图一二五
三狼三驼纹金饰
燕下都辛庄头三十号墓出土

图一二六—一
兽面金饰
天水张家川马家塬墓地出土

图一二六—二
金镶绿松石兽面
陕西澄城刘家洼遗址出土

一二五

易察觉的空白处隐伏杀机。原初骆驼的眼睛都镶嵌绿松石，今仅存一❶〔图一二五〕。此外如前举熊搏对羊纹金饰、牛首对马纹金饰〔见图五三～图五四〕，也都是以对称的布局合抱为图案轮廓，设计者似乎更在意于造型与纹样的装饰意趣，或可看作是对这一类流行题材原有的搏杀之意的化解。

张家川马家塬战国墓出土一枚兽面金饰，以画中有画的方式布成图案。两侧四螭交缠成为一对方耳，螭尾一对卷作鼻翼，另一对螭尾分别卷向眼睛上方成为双眉，中间纵向一螭耸身卷尾，螭首为嘴，卷尾点缀前额。双目原当嵌宝。分别看来，九螭低昂连卷各具姿态，合在一处，颠倒均为兽面❷〔图一二六—一〕。这一复杂的构图似乎是有渊源的，宝鸡益门二号春秋墓出土兽面金饰，即仿佛它的『简体版』，近乎写意的八条螭依凭绿松石逐一点睛方可识别〔图四二〕，然而两相比较，相近性却十分明显。稍早的例子还可以举出陕西澄城刘家洼遗址出土的金镶绿松石兽面〔图一二六—二〕。

❶《燕下都》，页七一五。报告称『一只驼耳内尚存绿松石』，『正中有三个相连的幼驼首纹样』，我的观察所得与此不同。

❷此饰或亦不妨颠倒过来看，这大约也是设计者期望达到的视觉效果。

二六—一

二六—二

图一二七—一
车轮金饰
张家川马家塬墓地三号墓出土

图一二七—二
车轮银饰

图一二七—三
金饰
张家川马家塬墓地十六号墓出土

图一二七—四
错银铁泡
张家川马家塬墓地一号墓出土

车饰纹样最有设计感，它需要设计者考虑到装饰对象的各种形态以适当安排造型，也要侔色揣称尽量选择贴合用途的物象，以臻于形态、物象、功用的完美结合。马家塬战国墓出土金银器中，造型、纹样以设计而见优胜者，当推车饰，已如前面所举。这里再特别来看车轮上面的装饰。车轮是旋转运动之物，驰行是它的功用，装饰纹样自要与此相合才好。三号墓地出土鹜鸟形车轮金饰与礼县大堡子山遗址出土鹜鸟形金饰片造型几乎相同，却是两两成组，而既可视作两两相对，也可视作两两相背。鸟身镂空卷云，镂空，自使其轻，卷云，则与鸟之特性相与呼应，在此，造型与纹饰也是你中有我我中有你，却又是切合车轮之用的艺术语汇〔图一二七—一〕。十六号墓出土银车饰，造型好似双头鸟，又仿佛是大堡子山鹜鸟形金饰片的反身相连，遍体镂空似卷云似飞鸟，以此营造疾速旋转的视觉效果，然而两边又是对称的，因此整个纹样依然有着平衡和稳定〔图一二七—二〕。此外，同墓出土的『卷云纹金饰』〔图一二七—三〕、一号墓出土的错银铁泡〔图一二七—四〕，也都是相近的设计理念，即用抽象的图案把动态的物象——火

二七一一

二七一四

二七一三

二七一二

之光焰、水之涡旋、鸟之疾飞——定格于一瞬。『烟交雾凝，若无毛质』（鲍照《舞鹤赋》），飞旋产生的视觉幻象，工匠早先于诗人的赋笔而付诸创作实践。在战国秦瓦当中也颇有这一类纹样[1]。这里似乎不存在某某模仿某某，而毋宁说，当日有着共用的图谱（无论以何种形式），不同门类的工匠可以按照自己的需要灵活运用。

二　远方图物

以欧亚草原风格的动物纹样或曰斯基泰样式为带饰以及各种饰牌图案，是战国金银器的一大特色，它原是从北方青铜文化中生长出来，而流行范围并不限于北方青铜文化地域。如开篇所述，东西方交流在新石器时代已经开始，青铜时代的金银器可以视作这种动态的蔓延和持续，只是此际华夏文明早已走向成熟，对于并不陌生的外来元素可以方便植入传统的造型艺术而见新异，此在青铜器纹饰已是如此，晋国新田时期具有草原文化因素的青铜器即不乏其例，如虎攫鹰、虎搏鹿、豹噬猪、熊食蜥、鹰践蛇[2]，金银器制作于此更是运用自如。

[1] 《中国国家博物馆馆藏文物研究丛书·瓦当卷》，页一一二、页一一四（均称作『葵纹瓦当』），上海古籍出版社二〇一九年。

[2] 李夏廷等《侯马陶范艺术概论》，载山西省考古研究所《侯马陶范艺术》，页一七，美国普林斯顿大学出版社一九九六年。

欧亚草原样式的实例，著名者如出自塔吉克南部『阿姆河宝藏』的一对金镯〔图一二八〕，俄罗斯库班地区出土银胎金片镜背饰〔图一二九〕，克列尔梅斯基古墓出土金豹饰牌〔图一三〇〕，高加索北部出土金鹿盾徽〔图一三一〕，第聂伯河地区出土金梳子〔图一三二〕，阿尔泰的巴泽雷克古墓出土各类饰件〔图一三三—一～三〕。再来看国内考古发现中的这一类金银饰，如新疆尼勒克吉林台墓地出土金鹿饰片❶〔图一三四〕、乌鲁木齐阿拉沟遗址三十号墓出土虎纹金牌饰〔图七二—一〕，宁夏固原三营乡出土神兽金牌饰、原州区中河乡征集金神兽牌饰❷〔图一三五—一～二〕，甘肃礼县大堡子山遗址出土格里芬噬虎金饰与四鸟纹金饰片❸〔图一三六—一～二〕，甘肃清水县刘坪出土虎噬羊金饰片❹〔图一三七〕，河北易县辛庄头三十号墓出土金柄铁剑〔图五二〕、羊首鸟喙形金饰❺〔图一三八〕，辽宁凌源三官甸子青铜短剑墓出土金虎饰和金鹿饰❻〔图一三九—一～二〕，等等。数量既夥，而又殊乡别趣，虽然很多是相同的母题，比如格里芬，比如野兽咬斗、鸟兽搏击，不同地域的工匠基于自身的文化背景各有不同的理解以及自己的发挥创造，使得形象塑造、布局安排

❶ 高八、长六点六厘米，约当公元前五至前三世纪。《美好中华：近二十年考古成果展》，页一五三。

❷ 前件宽六点九、高四点五厘米，重九十四点二克，后件宽六点二、高四点七厘米，边厚零点五厘米，重八十四点一克。宁夏固原博物馆《固原历史文物》，页五一、五二，科学出版社二〇〇四年。

❸ 前件高三点六、长五厘米，后件宽与长均为六厘米。《美好中华：近二十年考古成果展》，页一四九、一五二。

❹ 同式者共七件，李晓青《甘肃清水县刘坪近年发现的北方系青铜器及金饰片》，页一〇，《文物》二〇〇三年第七期。

❺ 河北省文物研究所《燕下都》，上册，页七一〇，文物出版社一九九六年。

❻ 战国时期物。辽宁省博物馆《辽宁凌源县三官甸青铜短剑墓》，页一三〇，《考古》一九八五年第二期。

一二八

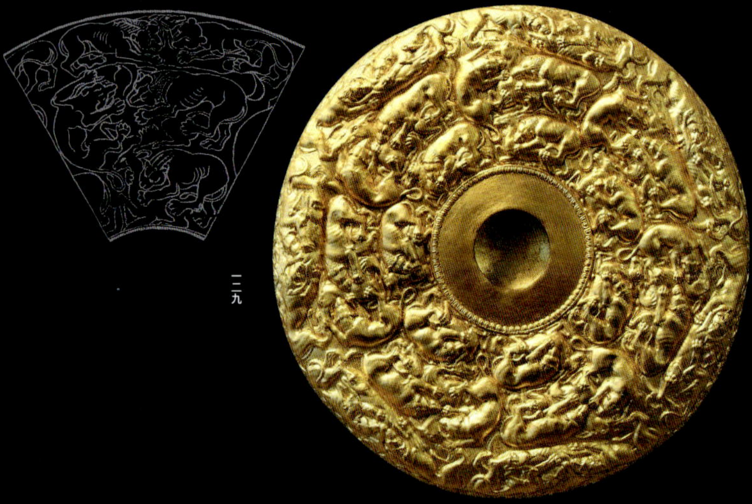

一二九

一三〇

图一二八
金镯（一对）
出自『阿姆河宝藏』

图一二九
银胎金片镜背饰
俄罗斯库班地区出土
（公元前六五〇～前六二〇年）

图一三〇
金豹饰牌
克列尔梅斯基古墓出土
（公元前六世纪早期）

图一三一
金鹿盾徽
高加索北部出土
（约公元前六〇〇年）

图一三二
金梳子
第聂伯河地区出土
（公元前五世纪）

一三一

一三二

图一三三—一
木雕饰件

图一三三—二
木雕饰件

图一三三—三
饰件
巴泽雷克古墓出土

图一三四
金鹿饰片
新疆尼勒克吉林台墓地出土

一三三—一

一三三—二

一三三—三

一三四

图一三五—一
金神兽牌饰
宁夏固原三营乡出土

图一三五—二
金神兽牌饰
宁夏原州区中河乡征集

图一三六—一
格里芬噬虎金饰

图一三六—二
四鸟纹金饰片
甘肃礼县大堡子山遗址出土

图一三七
虎噬羊金饰片
甘肃清水县刘坪出土

图一三八
羊首鸟喙形金饰
燕下都辛庄头三十号墓出土

图一三九—一
金虎饰

图一三九—二
金鹿饰
辽宁凌源三官甸子
青铜短剑墓出土

一三五—二

一三五—一

一三六—二

一三八

一三六—一

一三九—一

一三九—二

一三七

图一四〇
文身图案
巴泽雷克墓地出土

图一四一
金带饰
张家川马家塬十六号墓出土

图一四二
蟠龙金带钩
陕西凤翔县上郭店村出土

与表现风格各有不同，正是『千变万化，事各缪形，随色象类，曲得其情』。对于熟悉传统动物纹样的设计者来说，来自殊方异域的物象不过是为旧有图案丰富新的表现形式，大约很容易将之理解为『铸鼎象物』中的『远方图物』❶。

北方草原装饰艺术的『动物世界』，对青铜时代的中原工匠来说也并不陌生，如前所述，青铜器上的纹样早是『百兽率舞』。鸟喙兽身的格里芬，这一外来形象几乎成为异域物象的代表，带着神异与新奇而在不同地区传播和演变，中土工匠对它似乎很容易接受，并且有本领不断推新出奇。比如神兽或曰怪兽头顶连翩飞鸟式的卷角，又或把纹样元素提取出来，做成一排鸟头而形体相连。神兽也常常替换为写实的动物，如虎，如马，或其他，而卷角依然。比较切近的『样本』，可以举出巴泽雷克墓地出土的木雕车马饰件以及文身图案〔图一四〇〕。设计者大约特别注意到这一纹样的装饰性，它既略同于边饰可以稳

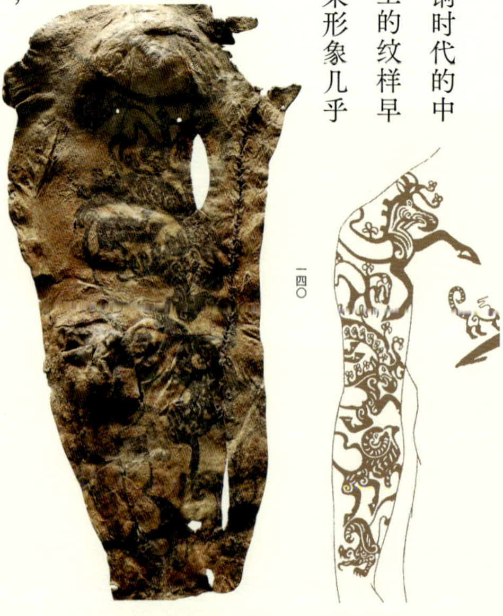

一四〇

❶《左传·宣公三年》『远方图物，贡金九牧』，杜预注：『图画山川奇异之物而献之。』

一四一

定图案，又与主图交融而使得画面更有运动感。不知工匠曾否有过原汁原味的粉本，但即便有这样一个模仿对象，训练有素的高手恐怕也未必甘心做一个忠实的模仿者。在化他为己的创作过程中，造型艺术的传统构图方式常常成为主导，乃至索性代以本土意象。如马家塬十六号墓出土纹样相同的金带饰九枚❶。饰牌之表修蛇一对，巨鸟一双，连蜷盘绕，交互咬缠，洞心骇目的搏击，做成颠倒对称的适合图案，鸟喙兽足的格里芬虽然保留了基本特征，却已是另一番面貌〔图一四一〕。而与陕西凤翔县上郭店村出土春秋时期的蟠龙金带钩对看〔图一四二〕，又可以见出不同来源的意匠在此之融合。

❶ 使用时是纵向排列。

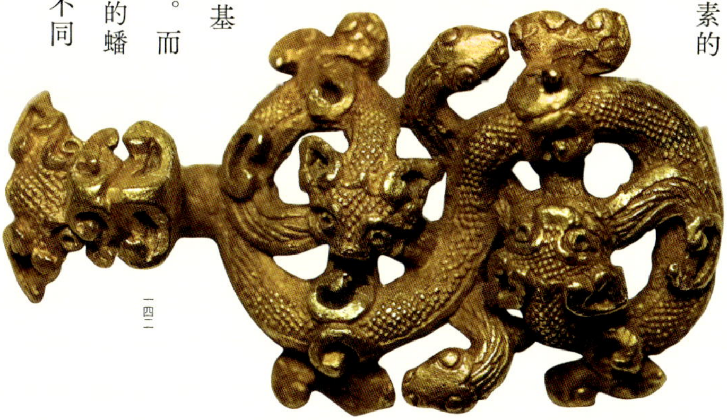

一四二

图一四三—一~三
一 银虎
二 银鹿
三 金神兽
陕西神木纳林高兔匈奴墓出土

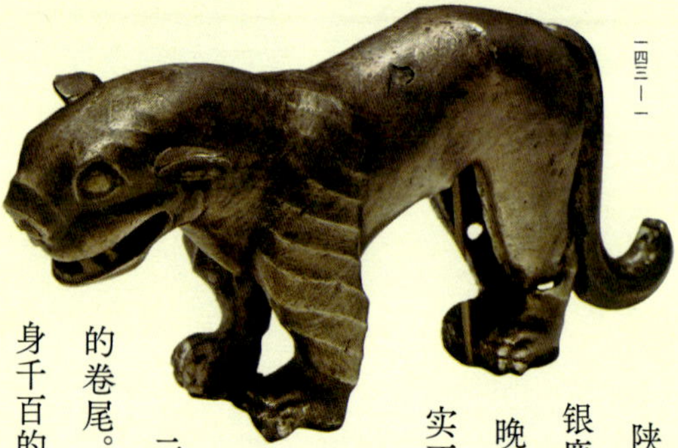

一四三—一

陕西神木纳林高兔匈奴墓出土一批金银器，中有银虎、银鹿，还有一件金兽❶（图一四三—一~三），时代约当战国晚期至西汉早期。通常这件金兽被称作『金怪兽』，其实不如名作『金神兽』。换一副『出神入幻』的眼光来看它，头顶夸张的巨角或可视作云气蟠空，四个鸟喙神兽见首不见尾，在云气回旋中幻化为一，旋即落在一个花台上，带下来的遍身云气又幻化出一个鸟喙兽头成为神兽的卷尾。也不妨反过来看，即它虽一身，却有化身千百的神通。当然这一形象来源于格里芬，但已然经历几番变化。仅就造型艺术而言，或者可以认为，欧亚草原风格的金银器制作，是凭借生活经验经营艺术，是生存方式的视觉化；中土工匠的同类制作则是外来艺术的本土化，是从艺术经验出发来塑造物象，营造审美意趣的新奇感。

战国时代『物勒工铭』的生产制度，使不少产品可以明确来源，见出在不同政权、不同地域以各种方式的流通。李夏廷

一四三—二

❶ 高十一点五、通长十一厘米，重二百五十克。戴应新等《陕西神木县出土匈奴文物》，页二四（称作『鹿形怪兽』），《文物》一九八三年第十二期。

一四三—三

一四四—一

一四四—二

早在整理考索晋国青铜器资料的时候即已提出，晋国铜器中常见与北方青铜艺术中所谓『野兽纹』相似者，『不禁使人想到「魏绛和戎」时采用的以货物换取戎狄土地的故事（《左传·襄公四年》）、智伯为戎狄铸大钟的故事（《吕氏春秋·劝勋》）、赵襄子以货物换取戎狄马匹的故事（《吕氏春秋·长攻》），这些事件均发生在新田时期，而与此大致同时期的晋式铜器也屡屡见于今长城和太行山一线原戎狄地区』，由此我们不妨设想，现代社会此地常为彼地加工定做某种工业产品，当时也可能有同样的做法❶。准格尔旗西沟畔匈奴墓出土的金带头、银节约以及易县燕下都遗址辛庄头三十号墓出土的金饰件，均有以六国古文计重的铭文❷，西沟畔银节约中且有『少府』、『寺工』铭❸。西安北郊北康村战国铸铜工匠『苍』墓出土一批动物纹饰牌的陶模具（图一四四—一～二），中有人

❶ 李夏廷等《侯马陶范艺术概论》，载山西省考古研究所《侯马陶范艺术》，页一七。雷德侯在《万物》中说道，『如今看来，侯马显然是一个具备工业化规模的批量生产中心』。『青铜工厂铸造各种风格和质量的产品』，『晋国统治者享用的无疑是最上乘的产品，大量生产的一般产品的买主则是身分较低的人』。『该铸造厂的产品不仅供当地消费，远在侯马之外的地点也出土有侯马铸造的青铜器，证明其产品有着广阔的市场。异域的风格特征，比如动物搏斗纹，面向的应是葆有自身艺术传统并从中熟悉了此类母题的顾客』（张总等译，页六三，生活·读书·新知三联书店二〇〇五年）。

❷ 出自三十号墓的金饰有铭者凡二十，如『十两十九朱』，『成人虎冢』，由铭文可知它的制作出自赵国官府。《燕下都》，页七一五；黄盛璋《新出战国金银器铭文研究（三题）》，《古文字研究》第十二辑，页三四五，中华书局一九八五年。

❸ 伊克昭盟文物工作站等《西沟畔战国墓》，载《鄂尔多斯式青铜器》，页三五二、三六四。

图一四四—一
双羊纹陶模具

图一四四—二
神兽纹陶模具
西安北郊北康村战国铸铜工匠墓出土

物纹牌饰、动物纹牌饰，马具、车器（衡、轴、軎、盖弓帽），弩机悬刀、鼎足、雁足灯座等等[1]，所包括的诸多金属制造类别，使人有理由推测他是一位『官府内专门制造官方用品的匠人』，也唤起大家对这一类问题的进一步思考。比如罗丰在《中原制造》一文中说道，『过去被视为北方标志物的动物纹样牌饰，其实有相当一部分是中原定居民族生产制造的，并且采用了传统的泥范工艺。这些制作者有明显的官方背景，这使得他们的制成品掌握在政府手中，随时配合各类官方需求流向北方民族。北方民族在与中原的交往过程中，除了输入像粮食、丝绸这些大宗物品外，文献中疏于载录的小型奢侈品如贵金属动物纹牌饰等，也在其中扮演了重要角色』[2]。那么换一个角度，也可以认为『中原制造』似乎在提示我们，战国时期金银器制作出现的新面貌，是因为具有青铜器制作经验的工匠中相当一部分人参与了制作。

如开篇所述，中国古代金银器的发轫，目前可以认为是在夏代，主要以兵戎佩服的面貌散见于各个地域。商代出现了贴饰金箔的面具，意味着时人为它赋予了特殊的意义以及与宫室器

[1] 随葬器物很丰富，除一般生活用具外，更有大量铸铜陶模具、工具及铜印章（『苍』），简报推测此为战国晚期秦墓，墓主人『苍』应是具有一定地位的铸铜工匠。陕西省考古研究所《西安北郊战国铸铜工匠墓发掘简报》，《文物》二〇〇三年第九期。

[2] 罗丰《中原制造：关于北方动物纹金属牌饰》，页六二，《文物》二〇一〇年第三期。

用传统的结合，但金银器毕竟未能成为礼乐制度的物质依托。『金』风东渐与戎入中原都是金银器制作发生和发展阶段的蓄势，直到为春秋时期兴起的金属工艺体系所吸纳，它方成为流行色。冶炼技术的迅猛发展，经济实力的快速壮大，与大小诸侯国的政治诉求互为因果。维系社会基本结构的血缘关系已向地缘转化，土地、资源、技术、财富，成为强盛的标志，各个政权争相以夺示资源占有的方式表现实力，呼应『争霸』的态势。战国时代，思想上百家争鸣，政治上群雄并起，这时候『礼』的权威性并没有丧失，却是在以『物色』营造新秩序的风潮下，很快被世俗化。庄严凝重的青铜礼器不再具有神圣的意味，追求错嵌工艺的光影斓斑遂成时尚，作为彰显贵盛的『礼』外之『色』，东周时代的金银器于是在不同地区、不同政权中由经济与政治的双重驱动而以不同的风格呈露『色相』，以此炫耀富有和权力。不妨说，这一时期的金银器制作正是以一系列政治变革为背景，而显示它的独特功用[1]。

[1] 如果站在青铜时代的主流立场看待金银器与青铜器的『争锋』，也可以认为，『礼』以一种特殊的方式被世俗化了：降低技术成本，简化制作工艺，虽然耀眼炫目，却不再威严重厚，这是另一种形式的『礼崩乐坏』。

第二章 两汉魏晋南北朝

图一 裹蹄金

图二 麟趾金

图三—一 金饼

图三—二 金板

南昌海昏侯墓出土

从历史记载来看，西汉是黄金用量最多的一个时代，虽然黄金在当时仍不能说是十足的货币❶，但黄金用量却很是惊人。朝廷可以用于赏赐，臣下可以用于赎罪，诸侯的助祭费每以黄金计算，即所谓酎金。对外贸易也用到黄金。

圆形的金饼是黄金铸币最为普通的样式。武帝太始二年始铸麟趾金和裹蹄金。《汉书》卷六《武帝纪》：太始二年三月诏曰：『有司议曰：往者朕郊见上帝，西登陇首，获白麟以馈宗庙，渥洼水出天马，泰山见黄金，宜改故名。今更黄金为麟趾裹蹏，以协瑞焉。』因以班赐诸侯王。可知改铸新样且锡以嘉名的意义，在于以协祥瑞。颜师古注：『今人往往于地中得马蹄金，金甚精好，而形制巧妙。』此所谓『今』，是唐代。近几十年考古发现中的金饼数量已逾百枚，但麟趾金和裹蹄金并不多。迄今所见规模最巨者，为南昌海昏侯刘贺墓中出土的一批：不同形制的黄金凡四百七十八件，总重量超过一百二十公斤。计金饼三百八十五，大小裹蹄金四十八（大者十七，小者三十一），麟趾金二十五，金板二十〔图一～三〕。其中一枚金饼墨书『南海海昏侯臣贺元康三年酎

❶ 彭信威《中国货币史》，页一〇三，上海人民出版社二〇〇七年。

二

一

三—一

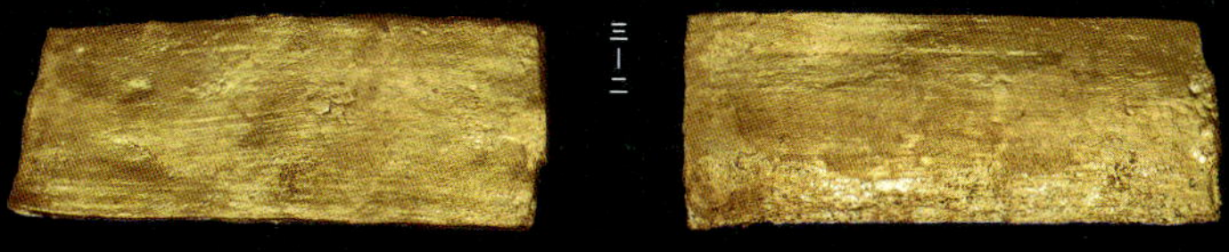

三—二

金一斤』❶。一如唐宋人所见，麟趾金与裹蹄金，『金甚精好，而形制巧妙』；『麟趾中空，四傍皆有文刻，极工巧』❷。虽然大量黄金随葬与刘贺的特殊身世相关❸，但王侯生前积聚黄金，死后或多用于随葬，他并不是唯一❹。史籍记载西汉黄金用量之巨，是可信的。

东汉以后，帝王以黄金为赏赐的记载远较西汉为少，或如彭信威《中国货币史》所言，这种减少，是『因为大家把黄金造成器饰，而且周转次数减低，所以黄金的货币性更加减退，只以用作宝藏手段为主』。又『因为金银流到私人手里去了，私人对黄金的使用、馈赠或储藏也许反而增加了，只是没有全面地反映在文献里』。《后汉书》卷七十二《董卓传》曰董卓被杀，『坞中珍藏有金二三万斤，银八九万斤，锦绮缋縠纨素奇玩，积如丘山』，是权贵豪富积聚金银的一个极端的例子。

虽然富有黄金，但金器的使用似乎没有成为风气。两汉魏晋时期的金银器制作，比较而言，仍可以说是鎏金和金银错嵌为多，纯金纯银为少，与战国时代的情况大体相同。当然这是从目

❶ 金饼、裹蹄金、麟趾金与金板，都是准备进献的酎金。耿庆刚《海昏侯墓『金板』小考》，《考古与文物》二〇一七年第三期。

❷ 沈括《梦溪笔谈》卷二十一《异事》：『襄、随之间，故春陵、白水地，发土多得金麟趾、裹蹏，麟趾中空，四傍皆有文刻，极工巧。』

❸ 《汉书》卷六十三曰『废贺归故国』，『故王家财物皆与贺』。不过诸王就国，朝廷大量赏赐，也是一贯的做法，后世依然如此，如曹植《鞞舞歌·圣皇篇》『诸王当就国，玺绶何累缕』，『何以为赠赐，倾府竭宝珍。文钱百亿万，采帛若烟云。乘舆服御物，锦罗与金银』。

❹ 《史记·梁孝王世家》：『孝王未死时，财以巨万计，不可胜数，及死，藏府余黄金尚四十余万斤，他财物称是。』《艺文类聚》卷八十三引《曹操别传》，曰曹操入砀，『发梁孝王冢，破棺，收金宝数万斤』。

前的考古发现来看。据洛阳寇店镇西朱村南曹魏大墓出土刻铭石牌，随葬物中有『半合淳金杯槃各一，柙自副』，『半合淳金槃椀各一，柙自副』，又『银乌丸釜灶一具』❶，可知贵要之家当不乏金银器皿。不过总体而言，高官富户日常生活用具的绝大部分是漆器，妆点漆器，便是金银的一大功用，如耳杯、奁盒加银釦，器具外壁贴饰金箔银箔，即《盐铁论·散不足》所谓『银口黄耳』『金错蜀杯』。银口便是器口施银釦，此『黄』指铜，但常常以银嵌错纹样。至于《拾遗记》所云光武皇后之弟郭况『累金数亿，家僮四百余人，以黄金为器，工冶之声，震于都鄙』❷，当属殊例。

南北朝时期，金银馔器的制作与使用已颇见于史籍。《魏书·食货志》：『自太祖定中原，世祖平方难，收获珍宝，府藏盈积，和平二年秋，诏中尚方作黄金合盘十二具，径二尺二寸，镂以白银，钿以玫瑰，其铭曰：「九州致贡，殊域来宾，乃作兹器，错用具珍。锻以紫金，镂以白银，范围拟载，吐燿含真。纤文丽质，若化若神。皇王御之，百福惟新。」』和平二年为文成帝朝，其时乃以前朝所获殊方异宝，由中尚方制为美器。紫金，此谓金质佳者。

❶ 史家珍等《流眄洛川：洛阳曹魏大墓出土石楬》，页一三四、页一三五、页八七，上海书画出版社二〇二一年。

❷《拾遗记》卷六：『郭况，光武皇后之弟也，累金数亿，家僮四百余人，以黄金为器，工冶之声，震于都鄙。时人谓「郭氏之室，不雨而雷」，言其铸锻之声盛也。庭中起高阁长庑，置衡石于其上，以称量珠玉也。阁下有藏金窟，列武士以卫之。错杂宝以饰台榭，悬明珠于四垂，昼视之如星，夜望之如月。』

既曰『镂以白银』，则金器系以银丝错嵌纹样，因有『纤文丽质』之妙。《南齐书》卷五十七《魏虏传》曰：北魏正殿设流苏帐，『前施金香炉，琉璃钵，金椀，盛杂食器』。这里所记当是北魏孝文帝太和年间事。南朝宫廷用器，也多有金银。《宋书》卷七十九《文五王传》曰『库藏赏赐已尽，皇太后、太妃剔取宫内金银器物以充用』。同书卷八十三《吴喜传》曰喜将被赐死之日，上（太宗）召入内殿，『赐以名馔，并金银御器』。《南齐书》卷三十八《萧颖胄传》曰：上（高宗）慕俭约，『欲铸坏太官元日上寿银酒鎗』，『颖胄曰：朝廷盛礼，莫过三元。此一器既是旧物，不足为侈』，『后预曲宴，银器满席。颖胄曰：陛下前欲坏酒鎗，恐宜移在此器也』。《梁书》卷三十九《羊侃传》曰侃宴羊斐，『宾客三百余人，器皆金玉杂宝』。见载于史籍的尚有『金澡鑵』（《南史》卷三十九《刘悛传》）、『银镂瓮』（《周书》卷一《文帝上》），又有『通用银镂金花寿福两重为脚』的『眠床』（《南史》卷五十五《鱼弘传》）。南朝刘义庆《幽明录》中的一则故事说道，『清河崔茂伯女结婚裴氏，克期未至，女暴亡。提一金罂，受二升许，径到裴床前，以罂赠裴』。清河崔氏是六朝望族，虽为志怪小说，但家有可容二升的金罂，当非想象之辞。

女子所用金银簪钗等饰品的流行，自东汉始。辛延年《羽林郎》『昔有霍家姝，姓冯名子都。依倚将军势，调笑酒家胡。胡姬年十五，春日独当垆。长裾连理带，广袖合欢襦。头上蓝田玉，耳后大秦珠。两鬟何窈窕，一世良所无。一鬟五百万，两鬟千万余』[1]。以下所述故事与《陌上桑》是同样的母题，不过把作为采桑美女的主人公易作胡姬。这里『一鬟五百万，两鬟千万余』，应指鬟上所饰珠宝。而在很长的历史时期里，中土文学作品中的胡人总是同宝货联系在一起。《羽林郎》的时代大约为东汉。这一时期的文献，『西域贾胡』一词，已经成为习用语[2]。不过金银首饰嵌珠嵌宝，在整个魏晋南北朝时期都没有成为时尚，尽管不少来自西域的物产早已融入日常生活，如『小妇多姿媚，红纱映削成。上客且安坐，胡床妾自擎』；而『樽中石榴酒，机上葡萄纹』，则是《古意诗》中的俊语[3]。两汉魏晋的金粟攒焊工艺已经十分成熟，或以它的源头原在域外之故而有『啾金鸟』的传说，即道

[1] 逯钦立《先秦汉魏晋南北朝诗》，上册，页一九八，中华书局一九八三年。

[2] 如《后汉书》卷三十四《梁冀传》，卷五十一《李恂传》，等等。

[3] 徐防《长安有狭斜行》，《先秦汉魏晋南北朝诗》，下册，页二〇六八；梁元帝萧绎《古意诗》，同前，页二〇五三。

来自方国贡献的嗽金鸟『常吐金屑如粟』，『宫人争以鸟吐之金用饰钗珮，谓之「辟寒金」，故宫人相嘲曰「不服辟寒金，那得帝王心」』❶。而对美人和美人之饰的爱怜，正是南北朝诗歌——并不止限于梁简文帝倡导的『宫体诗』——绮美的一章，且为金银首饰立此存照，虽然它曾被了『靡靡之音』的名声久为后世所诟病。如『花钗芙蓉髻，双鬟如浮云』，『縠衫两袖裂，花钗鬓边低』❷，『金碧既簪珥，绮縠复衣裳』，『莲花衔青雀，宝粟钿金虫』❸，等等。以美物写美人，如是之相互映衬，使它在当日必有着双重的媚丽，只是就今天所能目验者而言，金银钗簪要到唐代方真正焕发出有实物可见的缤纷之色。

第一节

有图谱意义的一个实例

汉武帝时麟趾金和褭蹄金都是为了祥瑞的意义而铸造，而这祥瑞原是同求仙联系在一起。两汉魏晋金银器造型与纹样，多

❶《拾遗记》卷七『魏』条下，此事系于魏明帝即位二年。

❷《读曲歌八十九首》，《先秦汉魏晋南北朝诗》，中册，页一三四〇、一三四一。

❸梁张率《日出东南隅行》，《先秦汉魏晋南北朝诗》，中册，页一七八一；梁吴均《和萧洗马子显古意诗六首》，同前，页一七四五。

与此相关。比如最为流行的云气纹，便是从好仙道、求长生的社会风气中生长出来的装饰趣味，它起始于帝王，然后渐次扩展到整个社会，成为世风，且融入日常生活，因此不仅为装饰领域提供了广阔的想象空间，更成为一种几乎无所不在的流行纹样。后人看来是山水，是自然之趣，时人却是把山水、自然都同神仙世界打并作一片。这里表现的未必是爱自然，而是对神仙的企慕，对长生不老的追求。云气，则即构成神仙世界的基本元素。或以『轻虚之艳象』自成画面，或在云气中布列走兽飞禽，或于云间走兽中添加猎者和羽人，云气因成布景，于是成就求仙意象。《史记·天官书》曰，『凡望云气，仰而望之，三四百里；平望，在桑榆上，千余二千里；登高而望之，下属地者三千里，云气有兽居上者，胜』。又道『若烟非烟，若云非云，郁郁纷纷，萧索轮囷，是谓卿云。卿云，喜气也』(卿云，《艺文类聚》卷九十八引《史记》作『庆云』)。《艺文类聚》卷九十八《祥瑞部》引孙氏《瑞应图》曰：『景云者，太平之应也。一曰庆云。非气非烟，五色氛氲，谓之庆云。』云气以及『云气有兽居上者』，瑞象也，可以说是当日之

图四
错金银铜杠箍
美秀博物馆藏

共识。用于装饰纹样，便是云气间绘以杂兽，而名作云虡纹或虡纹[1]。曹植《吹云赞》：『天地变化，是生神物。吹云吐润，浮气蓊郁。』此赞或疑有佚句，因此其真意向以为未可究诘，然而移用来状写汉代装饰领域里的云气纹，却很合宜。

如此，出自河北定县第一二二号汉墓的一件错金银铜杠箍，便是必要率先讨论的一个实例。可以说，这一集合式题材的杠箍图案，几乎囊括了汉代装饰领域如金银器、漆器、玉器、织绣、绘画里的基本构图元素。

杠箍乃车盖构件。车盖多为伞形，盖柄则分作上下两部分，通名杠。依礼，某些场合车盖需要取下，因此盖杠特制一个铜杠箍用于连接上下两部分，以便于应时拆卸。制作精细、保存完好且构图相近的错金银铜杠箍，今有三件。定县出土者是其一，此外一件出自古乐浪，东京艺术大学美术馆藏，一件为日本滋贺县美秀博物馆藏品〔图四〕。

定县汉墓出土的这一件，长二十六点五、径三点六厘米。全器分作四节，每节一个自足的画面，每个画面都以云气、山峦、

[1]《续汉书·礼仪志》曰：皇帝登遐，『东园匠、考工令奏东园祕器，表里洞赤，虡文画日、月、鸟、龟、龙、虎、连璧、偃月，牙桧梓宫如故事』。『诸侯王、公主、贵人皆樟棺，洞朱，云气画』。

四

五一

草木交织为缤纷的背景，既分隔空间，又意态相连〔图五一～一〇〕。第一节，上方蹑光踏云的天马飞奔在前，双鹿腾身跃起奔行在后，山谷间一只奋蹄的小鹿，云端一个羽人御风而行，熊在山间云气里戏耍，鸟雀翻飞于上下。下方一头缓步的大象，跽坐在背颈的是手持挝子的御者，背上骑者二人，一前一后飞着鸿雁，

图五一一
错金银铜杠箍纹样展开图
定县第一二二号汉墓出土

一只兔子从山巅疾奔而下，大象身后是斜飞的燕雀，山尖上的羽人在翼龙吐出的长舌下边屈身退步，似引似戏，龙爪下方，前有小龟，后有雉鸡，上方是一只悠闲的麋鹿。第二节，画面聚焦于马上的引弓射虎人，反身向后的射姿，是所谓『安息射』，咆哮的虎、张牙舞爪的熊、嬉戏的猴子、奔跑的野猪、观望战事的鸱枭、盘羊和鹿、猎犬和雉鸡，填满似山峦起伏似云气连绵的每一个空间。第三节以虎噬野猪构成叙事，第一、二节画面里出现的飞禽走兽依然在烟岚丛麓中鳞罗布列，或畏怖，或惊奔，或静待，脚色添了上方的一只狐狸，下方的一只仙鹤。仙鹤长颈回望处，一人骑着骆驼，骆驼四足高高细细如鹤胫，——本来写形传神在在准确，以此忽然生出意外之趣。第四节，画面中心是吐珠的凤鸟，走兽飞禽再次出场，仿佛狂欢，只有两只猛虎向着另外的方向奔走。凤鸟矫翅振羽铺开遍身灿烂，宝珠下方的云气间一个回望的羽人，众鸟飞旋在周围。

纹样中的羽人，便是仙人[1]。大象和骆驼，也是被有仙境色彩的物象[2]。杠箍为圆筒形，必要顾及各个面，因特以夸张的手

[1] 王充《论衡·无形篇》『图仙人之形，体生毛，臂变为翼，行于云，则年增矣，千岁不死』。当然作者随之批驳道『仙人之有翼，安足以验长寿乎』。

[2] 王煜《汉代大象与骆驼画像研究》，页九四~九五，《考古》二〇二〇年第三期。

图五—二
错金银铜杠箍

图五—三
错金银铜杠箍·骑象

图五—四
错金银铜杠箍·反身射虎
定县第一二二号汉墓出土

五—三

五—四

五—二

图五—五
错金银铜杠箍·鸮枭

图五—六
错金银铜杠箍·鸟、羊和鹿

图五—七
错金银铜杠箍·虎、鸟、羱羊

图五—八
错金银铜杠箍·虎、熊和鸟
定县第一二二号汉墓出土

五—五

五—六

五—七

五—八

五—九

五—一〇

图五—九
错金银铜杠箍·老虎和野猪

图五—一〇
错金银铜杠箍·鸣翔吐珠之凤
定县第一二二号汉墓出土

图六
错金银铜当卢（局部）
南昌海昏侯墓出土

法表现展翅的凤鸟如孔雀开屏，只是这里的凤鸟，多为今人认作孔雀。然而此际孔雀却很少在装饰领域展露形象，虽然皇家苑囿不乏它的身影❶。晋王嘉《拾遗记》卷十曰瀛洲『有鸟如凤，身绀翼丹，名曰「藏珠」，每鸣翔而吐珠累斛。仙人常以其珠饰仙裳，盖轻而耀于日月也』。此书虽后出，但这个故事或流传已久。扬州邗江西湖胡杨一号西汉墓出土针刻填朱凤纹漆勺，勺内翩然一只舞凤，凤口衔珠，长羽飞飏如孔雀❷，海昏侯刘贺墓出土错金银铜当卢纹饰中的衔珠凤鸟也是意态相同的造型（图六），大约都是在讲述同一个传说。而凤口含珠也正是两汉魏晋时期的流行纹样。

关于杠箍图案，或从动物画的角度入手，认为它表现的是『一种可爱的山林野趣，环境的寂静、鸟兽的自然生态之美，予人以「万物静观皆自得，四时佳兴与人同」的感受』。『车饰很可能是皇家手工业作坊的产品，因赏赐而在郡国地区发现，或是根据宫廷画家的粉

六

❶ 如扬雄《羽猎赋》『玄鸾孔雀』。
❷ 李则斌等《汉广陵国漆器》，图三六，文物出版社二〇〇四年。

本小样进行模仿创作的』❶。第二点令人深表赞同，即当日很可能有一个精要的小样作为共同的粉本，工匠在此基础上发挥创作，施展才能。美秀博物馆曾以提取三件杠箍构图元素的方式，列出一个形象比较图表，这一点因此可以看得更加清楚❷（图七）。第一点却很可能是后人的感受，而未必是这一纹样的创作动机。汉乐府中有一首《董逃行》，从中似可见出当日人们不论面对还是塑造『可爱的山林野趣』与『鸟兽的自然生态之美』时生出的感受：

吾欲上谒从高山，山头危险大难。遥望五岳端，黄金为阙，班璘，但见芝草叶落纷纷。一解／百鸟集，来如烟；山兽纷纶：

七

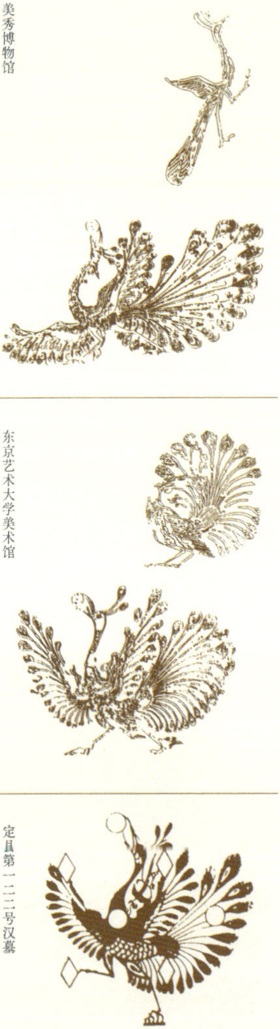

图七 杠箍图案比较

❶ 刘敦愿《美术考古与古代文明·西汉动物画中的杰作——定县金错狩猎纹铜车饰画像分析》，页二六六，人民美术出版社二〇〇七年。

❷ 《円筒形馬車金具に表された動物たち》，美秀博物馆一九九九年。

麟、辟邪；其端鹍鸡声鸣；但见山兽援戏相拘攀。二解／小复前行玉堂，未心怀流还。传教出门来：门外人何求？所言：欲从圣道求一得命延。三解／教敕凡吏受言，采取神药若木端，玉兔长跪捣药虾蟇丸。奉上陛下一玉柈，服此药可得神仙。四解／服尔神药，莫不欢喜。陛下长生老寿，四面肃肃稽首，天神拥护左右，陛下长与天相保守。五解[1]

此诗属宫廷宴乐之歌，作于汉武帝时，『武帝有求仙之兴，董逃者，古仙人也』。前两解是充满『鸟兽自然生态之美』的仙境，后三解则点明向仙人求长生不死之药的主题。由此也可见出好仙道、求长生，方为山水鸟兽纹样的核心。『上大山，见神人，食玉英，饮澧泉，驾交龙，乘浮云』[2]，这一类汉代博局镜中常见的铭文，也是同样的意思。汉晋时期的云气纹及云气动物纹锦每以织文揭明寓意，诸如『万事如意』『千秋万岁宜子孙』『安乐绣文大宜子孙』[3]，洛阳西工区纱厂路西汉大墓出土青铜壶，壶里盛着『仙药』，同出其他金属容器上贴饰制成各种奔兽样式的金箔，都是明确的物证[4]。苑囿，山林，是游畋弋射的人生快乐；

[1]《黄节注汉魏六朝诗六种》，页三三，人民文学出版社二〇〇八年。

[2] 上海博物馆《练形神冶　莹质良工：上海博物馆藏铜镜精品》，页一六四，上海书画出版社二〇〇五年。

[3] 赵丰《中国丝绸设计》（精选版），页三〇，浙江大学出版社二〇二〇年。

[4] 经过科学检测，铜壶里的液体为矾石水，即硝石和明矾石的水溶液，是古人所认为的一种仙药。潘付生等《河南洛阳西工区纱厂路发现西汉大墓》，《中国文物报》二〇二〇年二月七日。

神山，仙境，是长生不死的人生追求。至魏晋南北朝仍余音不绝如缕，如江淹《云山赞四首》之小序：『壁上有杂画，皆作山水好势，仙者五六，云气生焉。』所作四赞，皆为学仙求长生之意。如此再来看两汉魏晋金银器的造型与纹饰，包括饰品之丹灶、辟邪、龙、羽人以及羽人御龙，几乎尽在这一主题的笼罩之下。因此在这一意义上，可以说杠箍纹饰实在是有着图谱的性质。

第二节 器具

一 车马具，兵器

马车和马，仍是两汉时期重要的交通工具，出行，运输，畋猎，作战，马都不可或缺，或者说是支柱。西域良马大宛马、乌孙马以及苜蓿的输入，使得西汉养马业空前发达。『众庶街巷有马，阡陌之间成群，而乘字牝者傧而不得聚会』（《史记·平准书》）。武帝时，『北出萧关，从数万骑行猎新秦中（今河套及以南）』

图八
金当卢
西安秦始皇帝陵园铜车马陪葬坑出土

《汉书·食货志四》）。扬雄《长杨赋》『罗千乘于林莽，列万骑于山隅』。千乘万骑的景象，见于史籍，也见于诗赋。

为马配置金银饰，不仅是对马的爱宠，也彰显骑乘者的荣耀，便如张衡《东京赋》所咏『龙辀华轙，金鋄镂锡』，『鉤膺玉瓖』。贾谊《新书》卷四献击败匈奴之策曰『五饵』，即以声色犬马之饵，『牵其耳，牵其目，牵其口，牵其腹，四者已牵，又引其心』。饵之一所包含的内容，则即『银车五乘，大雕画之，驾四马，载绿盖，从数骑，御骖乘』。《西京杂记》卷二曰：『武帝时身毒国献连环羁，皆以白玉作之，玛瑙石为勒，白光琉璃为鞍。鞍在暗室中，常照十余丈，如昼日。自是长安始盛饰鞍马，竞加雕镂。』该书虽多小说家言，但所录并非全无依据。

盛饰车马，原是传统，饰以金银，饰以贝类，东周时代已经流行。陕西宝鸡益门二号春秋墓出土金络饰[1]，河北行唐故郡车马坑出土驾车之马则络贝为珂。西安秦始皇帝陵园出土铜车马上的金银马具，是秦代金银器遗存中最为集中的一批[2]〔图八〕。出

八

[1] 宝鸡市考古研究所《秦墓遗珍：宝鸡益门二号春秋墓》，页二七，科学出版社二〇一六年。

[2] 秦始皇帝陵博物院《秦始皇帝陵出土一号青铜马车》，页二四四～二五三，文物出版社二〇一二年。

图九—一
铜鎏金狩猎纹当卢
满城汉墓窦绾墓出土

图九—二
错金银云气纹铜当卢

图九—三
嵌宝银马饰
曲阜九龙山鲁王墓出土

自两汉王墓的车马器，为金，为银，鎏金鎏银，金银嵌错；当卢、络头，车軎、车轴饰，车盖的杠箍，无不金银熠耀。『黄金络马头』成为两汉歌诗中的套语，也正是以此为背景。纹样则以云气以及云气中的奇禽瑞兽为主，好像是自前节所举杠箍图案中切分的局部。总之，轻虚之云，舞空之凤，转腾之龙，无不以万变之逸韵，任形模之修短。河北满城汉墓出土属于王后窦绾的一枚鎏金铜当卢，长二十五点三厘米，背面是两纵一横的三个桥形钮❶。正面鎏银衬地，其上錾刻纹样，纹饰鎏金。图案两重，每重各以细线双钩装饰框，内重图案化的流云分隔出四个空间，三个空间里各有奔兽，右下方的一个则是反身控弦头戴尖顶帽的胡人猎手。外重下方一条宛曲的蟠龙，龙身带起的两道云气在上方合拢，云气间活跃着朱雀、野猪等飞禽走兽〔图九—一〕。山东曲阜九龙山鲁王墓出土错金银铜当卢一枚，长二十八厘米，全以错金银敷写漫舞之云气而见出千姿百态〔图九—二〕。又一件嵌宝银马饰，定型于飞鸟旋舞不止的一瞬，细审，鸟头却是钩喙兽耳，那么当是神兽，以飞鸟穿云，翔空而舞，如光如影，而浑然不见身形〔图九—三〕。

❶ 中国社会科学院考古研究所《满城汉墓发掘报告》，上册，页三一七，文物出版社一九八〇年。

九一二

九一一

九一三

图九—四
错金银铜当卢
南昌海昏侯墓出土

九—四

这一做法，已出现在更早的漆器纹样，如湖北云梦睡虎地十一号墓出土的漆樽。海昏侯墓出土三枚纹样相近的错金银铜当卢（图九—四～五），虬曲交缠的一对龙腾霄而上，在空中划出云气，云气间有猛虎，有游鱼，有衔珠的凤鸟。其中一件龙头上方的云气里一边是日，一边是月，日中有乌，月中有蟾蜍和兔，还有前面提到的与错金银杠箍纹样如出同一粉本的衔珠凤鸟，而与杠箍纹样的整体风格也是一致的。

九一五

图九一五
错金银铜当卢
南昌海昏侯墓出土

图一〇一一
银马珂

图一〇一二
鎏金铜马珂
南昌海昏侯墓出土

以金银妆点鞍马，大约汉代已开始流行。前引《西京杂记》曰武帝时『长安始盛饰鞍马，竞加雕镂，或一马之饰直百金，皆以南海白蜃为珂，紫金为华，以饰其上』。考古发现的汉代马珂即有不少，海昏侯墓出土银马珂和鎏金铜马珂，银马珂为云气间的大角羊亦即《尔雅·释兽》中的羱羊❶，鎏金铜马珂则以朱雀为饰〔图一〇一一～二〕。云南晋宁石寨山七号墓出土孔雀纹鎏金铜马珂〔图一〇一三〕，时代为西汉❷。武昌莲溪寺吴永安五年校尉彭卢墓出土一枚鎏金铜马珂，高四点九厘米，系以两枚铜片相叠，用

一〇一一

一〇一二

❶《尔雅·释兽》：『羱，如羊。』郭璞注：『羱羊似吴羊而大角，角椭，出西方。』相关考证，见苏奎《汉代羱羊纹马珂与文化交流》，《考古与文物》二〇二〇年第二期。

❷长十三点五厘米。中国国家博物馆等《云南文明之光：滇王国文物精品集》，页三七〇，中国社会科学出版社二〇〇三年。

图一〇—三
孔雀纹鎏金铜马珂
云南晋宁石寨山七号墓出土

图一〇—四
鎏金铜马珂
武昌莲溪寺吴永安五年校尉彭卢墓出土

一〇—三

一〇—四

铜钉在边缘铆合，正面镂刻莲花座上的立佛，莲座两边各一枝向上伸展的花蕾❶（图一〇—四）。这是南方出土鎏金佛像的早期实例。

马鞍之盛饰，有《盐铁论·散不足》举出的镂衢鞍。《初学记》卷二十二《武部·鞍》引《三辅决录》曰『平陵公孙奋富闻京师，梁冀知奋俭悋，以镂衢鞍遗奋，从贷五千万』。如此讲究的马鞍实物，就考古发现而言，以慕容鲜卑所据辽西地区为多，多为三燕即前燕、后燕、北燕时物。如辽宁北票喇嘛洞墓地铜鎏金马鞍桥包片（图一一），北票章吉营子乡西沟村出土前燕铜鎏金马鞍桥包片（图一二），北票南八家乡喇嘛洞墓地出土铜鎏金龙凤纹箭箙饰（图一三），北票喇嘛洞墓地出土铜鎏金寄生（图一四）。云气中的龙和凤，对龙与对凤，凤鸟与莲花，猎者和羽人，虽分属不同的

❶ 湖北省文物管理委员会《武昌莲溪寺东吴墓清理简报》，图版七：八，《考古》一九五九年第四期。

图一一
铜鎏金镂空龙纹
鞍桥包片
北票喇嘛洞墓地出土

图一二—一
铜鎏金镂空凤纹
鞍桥包片（前鞍桥）

图一二—二
铜鎏金镂空凤纹
鞍桥包片（后鞍桥）
北票章吉营子乡西沟村出土

铜鎏金镂空龙纹鞍桥包片局部

一一

一二—一

一二—二

图一三
铜鎏金镂空龙凤纹箭箙饰
北票南八家乡喇嘛洞墓地出土

图一四
铜鎏金寄生
北票喇嘛洞墓地出土

构件，但纹样风格与制作工艺大体相同，仍可见出两汉装饰艺术的遗风。鎏金镂空鞍桥包片，应即文献记载中的镂衢鞍。《初学记》卷二十二引宋刘义恭《谢金梁鞍启》：『赐臣供御金梁桥鞍，制作精巧，宜副龙驷。』此所谓『金』，或者也是鎏金。寄生则是马铠亦称具装或具装铠的一部分，竖在马鞍的后尻，它的作用大约是用来保护骑乘者的后背[1]。《南齐书》卷七记东昏侯萧宝卷被杀之前闭城自守时『于殿内骑马从凤庄门入徽明门，马被银莲叶具装铠，杂羽孔翠寄生』。

一三

一四

[1] 杨泓《中国古兵器论丛》（增订本），页四一～四三，文物出版社一九八五年。

一五

兵器多为实战用器，不过某些特殊装饰者，或是用为仪仗。淄博市临淄区大武乡西汉齐王墓五号随葬坑出土青铜戈，曲援，直内，长胡三穿，柲的顶端装置鸟形金龠，柲的底端装置金镈，当然柲已不存❶〔图一五〕。弩也是汉代大量使用的武器，作为实用器，错金银自是一种奢侈的做法，西安未央区范家寨出土西汉错金银弩机，郭〔机匣〕、望山、牙、键皆遍错金银云气和云气间的鸿雁〔图一六—一〕。江苏泗阳大青墩西汉泗水国墓出土错金银弩机也是如此，而纹样更为精细，山林中猛虎捕食野猪，奔跑的鹿，振羽的凤鸟，分别错嵌于弩机的大小构件，即便矢道，也还错嵌一前一后两只鸿雁，更有一支射向鸿雁的羽箭〔图一六—二〕。《南齐书》卷七记东昏侯萧宝卷置射雉场二百九十六处，『金银镂弩牙』，以作为骄奢之例，不过这实在并不是他的发明。

金镈

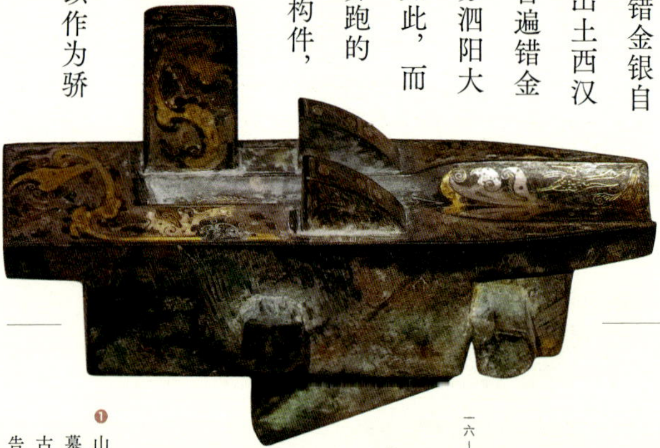

一六—一

图一五
金龠青铜戈、金镈
淄博市西汉齐王墓五号随葬坑出土

图一六—一
错金银弩机
西安未央区范家寨出土

图一六—二
错金银弩机
江苏泗阳大青墩西汉泗水国墓出土

❶ 山东省淄博市博物馆《西汉齐王墓随葬器物坑》，页二四五，《考古学报》一九八五年第二期。报告推测墓主人为第二代齐王刘襄。

一六一二

图一七
金神兽刀环
山东青州西辛战国—西汉墓出土

两汉金银器中的动物造型依然有着北方草原纹样的影响，鸟喙兽首的格里芬尤其流行，大约中土工匠始终视它为神兽。山东青州西辛战国末至西汉初年墓出土金神兽刀环一枚❶〔图一七〕，造型为变形的格里芬，微微张口的巨喙以极度夸张的形式弯作刀环的左半边，右半边是神兽鼓起的眼睛和紧贴头顶的耳朵，卷云一般的长角从耳朵下方伸出，身躯大半省略，惟精意做出弯向后方的前蹄。或认为这是跪姿，然而比照巴泽雷克墓葬出土的文身图案，即可悟得这是以极简的手法表现奔行。

神兽带有远方的想象，自有发挥创造的余裕，但也许对于中原工匠来说，总要赋予来自自家生活的寓意才会使它更有生命力，因此多以一种新的艺术语汇纳入好仙道求长生的叙事系统，而笼罩于当日广泛流行的主题之下。向着此际流行的天马意象的转换，便最为现成。以出自山东章丘洛庄汉墓九号陪葬坑的铜鎏金当卢为例，与上一章所举纳林高兔出土金神兽相比，整体造型固然不同，却不乏同源的构图元素。当卢纹样是转

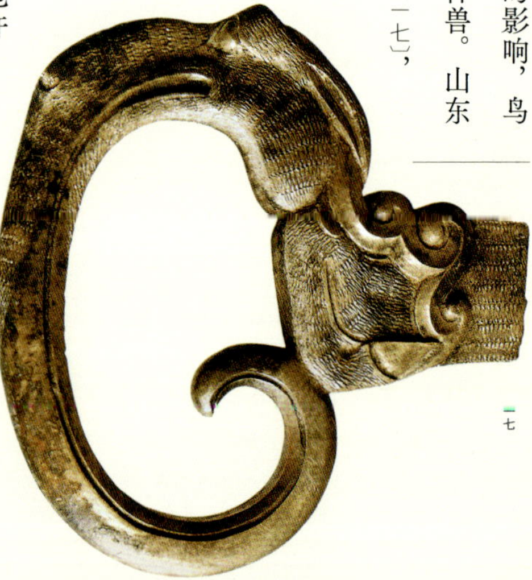
一七

❶ 山东省文物考古研究所《山东青州西辛战国墓发掘简报》，页二二（此称作『金环首』），《文物》二〇一四年第九期。

图一八一一
铜鎏金当卢
山东章丘洛庄汉墓九号陪葬坑出土

一八一

腾于云间的天马，天马额顶生出三个长角，其中一对向两边披垂，且折作两个弯弧，弯弧之间便是钩喙的兽头，单独的一只长角贴脊而下，在末端弯作钩喙兽首。天马的反转身躯，虽然仍属北方草原动物纹样的遗响，却是已经把它融入对天马的想象，因此原为两兽搏斗的奋力挣扎，在这里转换为腾身踏云的矫健。同出为相同的两件，高十六点五厘米，背有三个桥形钮用于穿系，上方两个纵向，下方一个横向❶〔图一八一一〕。分别出自河南永城芒砀山保安山二号墓与河南永城梁孝王后墓的铜鎏金当卢，也与这两件大致相同〔图一八一二～三〕。再看安徽巢湖市北山头一号墓出土漆盒图案❷〔图一九〕，更可见出装饰领域里设计意匠的融通。

❶ 同出有『吕大官印』『吕内史印』等封泥，发掘者推测墓主人可能是卒于公元前一八六年的吕国第一代王吕台。崔大庸《汉唐考古文论·章丘洛庄汉墓发掘成果及学术价值》，页一七五，山东大学出版社二〇〇九年。

❷ 安徽省文物考古研究所等《巢湖汉墓》，页一一三，文物出版社二〇〇七年。

图一八—二
铜鎏金当卢
河南永城芒砀山保安山二号墓出土

图一八—三
铜鎏金当卢
河南永城梁孝王后墓出土

图一九
神兽纹漆盒
巢湖市北山头一号墓出土

洛庄汉墓九号陪葬坑出土马具中数量不少的纯金节约造型也多取格里芬〔图二〇—一～二〕，头顶连体鸟头式的卷角似乎已成为工匠熟悉的图式，尽可以任意变化而总使这一鸟喙兽首的远方来客具有标志性，即便用了极简的形式〔图二〇—三〕。同出的数枚小金罩，或依势做成熊头和鸟喙兽首〔图二一—一～二〕，是很巧妙的设计。

一八—二

一八—三

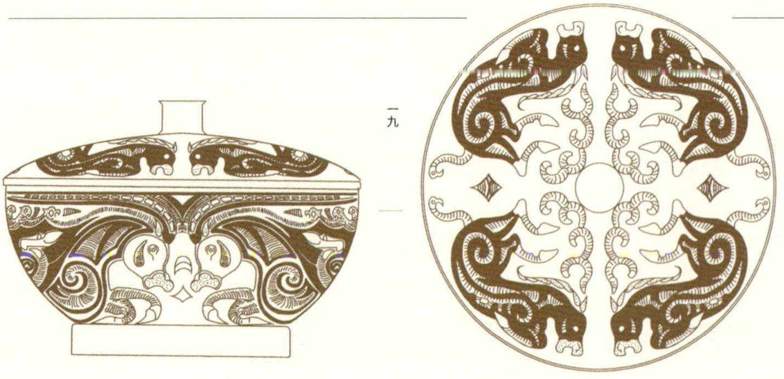

一九

图二〇—一 纯金节约之一

图二〇—二 纯金节约之二

图二〇—三 纯金节约之三

图二一—一 小金罩（熊头）

图二一—二 鎏金小铜罩（鸟喙兽首）

山东章丘洛庄汉墓九号陪葬坑出土

二〇—一

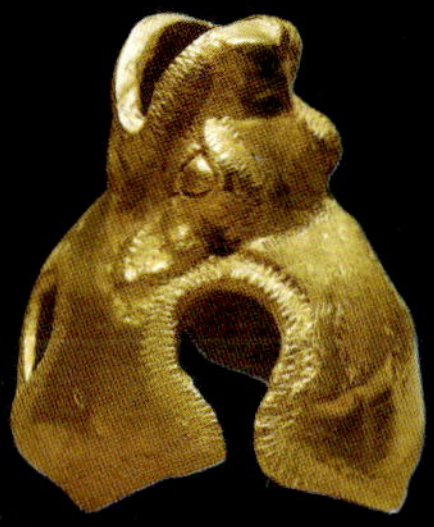

二一—一

二〇—二

二一—二

二〇—三

图二三一—一
银盘
广州西汉南越王墓出土

图二三一—二
银盆
河北获鹿县高庄村西汉墓出土

二三一—一

二 器皿

金银器皿包括的种类可以很多，但大的类别不外两种，即酒食器与生活用器，前节所举载籍中的记述，可略见其概。不过唐代以前金银酒食器的制作及使用尚未广泛流行，造型与纹饰也还远没有形成本土风格。

考古发现中虽然不乏银制的器皿，但汉代银器的使用仍然范围很小。广州西汉南越王墓出土银卮一，银匜一，银盘一。银盘平沿，折腹，圜底，口径二十点四、高四点五厘米。口沿正背两面均有铭，背面铭曰『六升畀（共）左今三斤二两乘舆』❶（图二三一—一）。河北获鹿高庄西汉常山宪王刘舜墓出土银盆三件，最大的一件口径三十一厘米，『出土时仍银光闪闪』，稍小的一件，口径二十六点六厘米，器腹有『五官』铭❷（图二三一—二），均可见抛光工艺之精，且打制极为规整。山东临淄大武齐王墓陪葬坑出土云气纹银盘三件，其中两件造型与尺寸完全相同，均为平底、折腹、宽沿，口径二十三点五、高五厘米。两器各有铭文，其一外底铭文『容五升大官南右般』云云，外

二三一—二

❶ 广州市文物管理委员会等《西汉南越王墓》，页一三三（银卮），页二五一（银匜），页二九八（银洗，按此应名作盘），文物出版社一九九一年。

❷ 石家庄文物保管所等《河北获鹿高庄出土西汉常山国文物》，页三三〇，《考古》一九九四年第四期；《中国文物精华·一九九二》，图一二四，文物出版社一九九二年。

图二三
云气纹银盘
山东临淄大武齐王墓陪葬坑出土

图二四
云气纹鎏金铜盆
青海湟中县鲁沙尔镇老幼堡村出土

腹刻『左工一斤六两』❶（图二三）。青海湟中县鲁沙尔镇老幼堡村出土铺首衔环云气纹鎏金铜盆（图二四），纹饰意匠也与此相近。

二三

二四

❶ 山东省淄博市博物馆《西汉齐王墓随葬器物坑》，页二五七～二五八，《考古学报》一九八五年第二期。按银盘纹样鎏金，当可视作唐代金花银器之先声。

器口施釦，是两汉魏晋时期流行的做法，或铜釦，或银釦，多用于漆奁、漆盒，漆耳杯等漆木器，又每每贴饰金箔银箔，如扬州西湖镇高南组西汉墓出土银釦金银箔贴饰云气纹鸟兽纹漆奁一组（图二五一—一～二）。山西朔州朔唯陶瓷有限公司东汉墓出土数十枚鸟兽人物金箔，金箔上面并有彩绘，原初应即器皿上面的贴饰（图二五一—三）。青海西宁南滩砖瓦厂出土魏晋时期的金釦蚌壳耳

二五一—一

二五一—二

图二五一—一～二
银釦金银箔贴饰云气纹鸟兽纹漆奁
扬州西湖镇高南组西汉墓出土

图二五一—三
鸟兽人物金箔
朔州朔唯陶瓷有限公司东汉墓出土

图二五二
金釦蚌壳耳杯
青海西宁南滩砖瓦厂出土

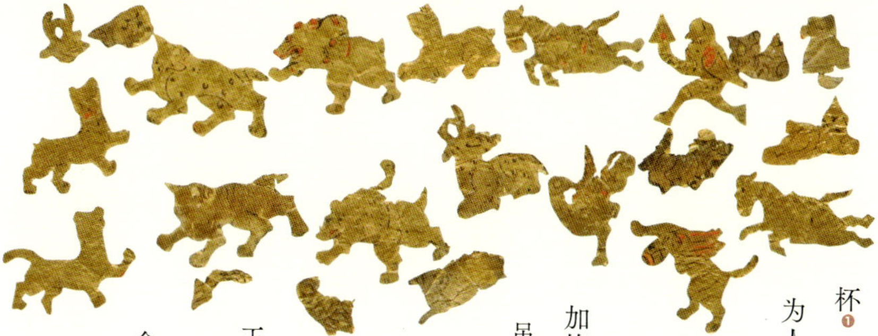

二五—三

杯❶〔图二六〕，却是不多见的一例，不过在此为人所珍的是贝，而以金为妆点。顺带说到，据史籍所载，金箔银箔也每每用于车饰。又齐明帝因衮衣用织成而嫌重，『乃采画为之，加饰金银簿』（《南齐书·舆服志》）。这虽然是比较特殊的一例，不过衣缘加饰金银簿却是北方草原民族喜用的装饰方法，也正有不少出土实物。

分别出自青州西辛战国—西汉墓、广州西汉南越王墓〔图二七〕、山东临淄大武齐王墓陪葬器物坑❷〔图二八〕、江苏盱眙县大云山江都王刘非墓〔图二九〕、安徽巢湖北山头一号墓的凸瓣纹银盒〔图三〇〕，则是求仙风气下的物事。几件银盒虽然细节处理或有不同，但造型与制作方法都很一致。器身本体的设计意匠原是来自波斯安息王朝，器盖上

二六

❶ 卢耀光等《青海西宁市发现一座北朝墓》，页五七〇，《考古》一九八九年第六期。同出有『凌江将军』章，简报定时代为十六国北朝时期。

❷ 盖内壁有『木南』铭，《西汉齐王墓随葬器物坑》，页二五八。

图二七
银盒与药丸
广州西汉南越王墓出土

图二八
银盒
山东临淄大武齐王墓陪葬器物坑出土

二八

二七

图二九
银盒
江苏盱眙大云山
江都王刘非墓出土

图三〇
银盒
安徽巢湖北山头一号墓出土

二九

三〇

的铜铸兽钮与器底添加的喇叭式圈足，则为中土工匠所配置。南越王墓出土者，原置于棺椁的足端，出土时内中尚存药丸，而与它相对放置于棺椁头端的是一件承盘高足玉杯，即承露盘，是所谓『承天露，和玉屑饮之，欲以求仙』❶，可据以推知来自殊方而经特别妆点的银器，当是用作盛放仙药❷。前面提到洛阳西工区纱厂路西汉大墓出土贮藏『仙药』的青铜壶，也可与此互证。

❶《西京赋》『立修茎之仙掌，承云表之清露，屑琼蕊以朝飧，必性命之可度』，李善注引《三辅故事》曰『武帝作铜露盘，承天露，和玉屑饮之，欲以求仙』。

❷孙机《仰观集·凸瓣纹银器与水波纹银器》，页二六五～二六七，文物出版社二〇一二年。文中论述道，『《大宛列传》称：「安息长老传闻条支有弱水、西王母。」《传》中的条支主要指今叙利亚一带，这时这里为安息所控制，《大宛列传》就说此国被「安息役属之」。依托这种说法，所谓西王母的长生药由某些故弄玄虚的「安息长老」与甘冒风险的商人自安息装盒外运，亦在情理之中。世上本无长生药，经营者故神其事，遂乞灵于过度包装，因此这些安息银盒倒应货真价实』。

图三一
银灌药器
河北满城汉墓出土

考古发现的西汉医疗器具多为铜制品，河北满城汉墓出土者有金银器，即金、银医针与一套银灌药器，后者以银匜和漏斗构成组合。银匜一侧有与器底相通的一个细长流，上有覆盘式的盖子，盖与器身以旁侧的活动钮环相连，通高三厘米，流长六点六厘米❶（图三一）。

青海大通上孙家寨乙三号卢水胡墓出土一件银壶，短颈，溜肩，口沿、肩腹以及近底处各有一周鎏金装饰带，肩腹处的装饰带上焊一个单环耳，通高十五点八、口径七、腹径十二厘米，年代为东汉末至三国时期❷（图三二）。与此相距不远的乙一号墓出土一枚『汉匈奴归义亲汉长』驼钮铜印，表明墓主是东汉时据有湟中之匈奴别部卢水胡的首领。关于它的产地，意见不一，或曰这是『公元三世纪时期安息制品』，或曰为『今叙利亚一带的罗马时期的制品』，又或称之为『中亚地区输入的器物』。孙机《大通银壶考》一文认为，在安息、叙利亚、中亚等地早于或与此同时的出土物中并未看到这种式样的壶，而『大通银壶从器形到纹饰中的诸因素都能在新疆产品中找到根据，有些是新疆的乡土工

三一

❶《满城汉墓发掘报告》，上册，页一一八～一一九（称作『银盒』）。

❷ 青海省文物考古研究所《上孙家寨汉晋墓》，页一六〇，文物出版社一九九三年。

图三二
银壶
青海大通上孙家寨乙三号卢水胡墓出土

图三三
银壶
伊犁昭苏波马墓地出土

局部

艺，有些花纹虽源于西方，但这时早已在新疆落地生根，本地匠师对之已熟稔于胸，所以它可能制作于新疆』，如果这一论点能够成立，『则大通银壶可以被视为迄今为止所知新疆制作的年代最早的银容器』❶。这种式样的壶，制作和使用的时间似乎不短，时代稍晚，有伊犁哈萨克自治州昭苏县波马墓地出土与此近似的银壶，只是一侧的环耳脱落❷〔图三三〕。

三二

三三

❶ 孙机《仰观集·大通银壶考》，页二三四，文物出版社二〇一二年。

❷ 安英新《新疆伊犁昭苏县古墓葬出土金银器等珍贵文物》，《文物》一九九九年第九期。

图三四—一 徽章植物纹鎏金银碗

图三四—二 人物动物纹银鎏金高足杯

图三四—三 人物葡萄藤纹铜鎏金高足杯 山西大同出土

图三五 银八曲长杯

图三六 铜鎏金嵌宝高足杯 大同南郊出土

三四—一

三四—二

三五

三四—三

三六

就考古发现来看，魏晋南北朝时代的金银酒器很少是本土制作，而以舶来品为主。所谓『作工奇妙，中土所无，皆从西域而来』，大约不仅仅是河间王元琛故事❶。如大同城南北魏遗址窖藏的银鎏金杯碗❷〔图三四～三六〕，锡林郭勒盟伊和淖尔北魏墓

❶《洛阳伽蓝记》卷四曰河间王琛『常会宗室，陈诸宝器，金瓶银瓮百余口，瓯檠盘盒称是。自余酒器，有水晶钵、玛瑙琉璃碗、赤玉卮数十枚。作工奇妙，中土所无，皆从西域而来』。

❷如徽章植物纹鎏金银碗、人物动物纹银鎏金高足杯、人物葡萄藤纹铜鎏金高足杯、银八曲长杯、铜鎏金嵌宝高足杯。见山西省考古研究所等《大同南郊北魏墓群发掘简报》，《文物》一九九二年第八期；《无产阶级文化大革命期间出土文物展览简介》中『大同南郊北魏遗址』一节，《文物》一九七二年第一期。器物来源的相关讨论，主要有孙培良《略谈大同市南郊出土的几件银器和铜器》，《文物》一九七七年第九期；李静杰《中国出土古希腊罗马器物辨析》，《艺术设计研究》二〇一九年第四期。

群一号墓出土银鎏金碗❶，如大同北魏封和突墓出土狩猎纹鎏金银盘❷〔图三七—一〕，大同市博物馆藏希腊罗马神话纹金盘〔图三七—二〕，靖远县北滩乡出土东罗马酒神纹鎏金银盘❸〔图三八〕，固原南郊北周李贤夫妇墓出土银鎏金胡瓶❹〔图三九〕，焉耆县老城村出土狮纹银盘和七鸵纹银盘❺〔图四〇—一～二〕，南朝时期遂溪遂城镇边湾村出土波斯萨珊银碗❻〔图四一〕，等等。这些舶来品出现的背景，在《洛阳伽蓝记》的记述中已揭出一二，如该书卷三：『东夷来附者，处扶桑馆，赐宅慕化里。西夷来附者，处崦嵫馆，赐宅慕义里。自葱岭已西，至于大秦，百国千城，莫不款附。商胡贩客，日奔塞下，所谓尽天地之区已。乐中国土风因而宅者，不可胜数。是以附化之民，万有余家。门巷修整，阊阖填列。青槐荫陌，绿柳垂庭。天下难得之货，咸悉在焉。』又《魏书》卷六十五《邢峦传》云『逮景明之初，承升平之业，四疆清晏，远迩来同，于是蕃贡继路，商贾交入，诸所献贸，倍多于常』。同书《食货志》中说道『自魏德既广，西域、东夷贡其珍物，充于王府』，『神龟、正光之际，府藏盈溢』。景明是北魏宣武帝时期，神龟、正光为

❶ 内蒙古自治区文物考古研究所《考古发掘见证古代草原丝绸之路：伊和淖尔墓群考古发掘纪实》，《中国文物报》二〇一五年六月十二日。

❷ 马玉基《大同市小站村花圪塔台北魏墓清理简报》，《文物》一九八三年第八期。

❸ 初师宾《甘肃靖远新出东罗马鎏金银盘略考》，《文物》一九九〇年第五期。

❹ 宁夏回族自治区固原博物馆等《原州古墓集成》，图七五，文物出版社一九九九年。

❺ 国家文物局《丝绸之路》，页一六六～一六七，文物出版社二〇一四年。

❻ 遂溪县博物馆《广东遂溪县发现南朝窖藏金银器》，《考古》一九八六年第三期。文中说道，『其物主到底是商人或是当时的俚僚民族的头领，现尚无史料可考证』。

图三七—一
狩猎纹鎏金银盘
大同封和突墓出土

图三七—二
希腊罗马神话纹金盘
大同市博物馆藏

图三八
东罗马酒神纹鎏金银盘
甘肃靖远县北滩乡出土

图三九
银鎏金胡瓶
宁夏固原南郊北周李贤夫妇墓出土

三七—一

三七—二

三九

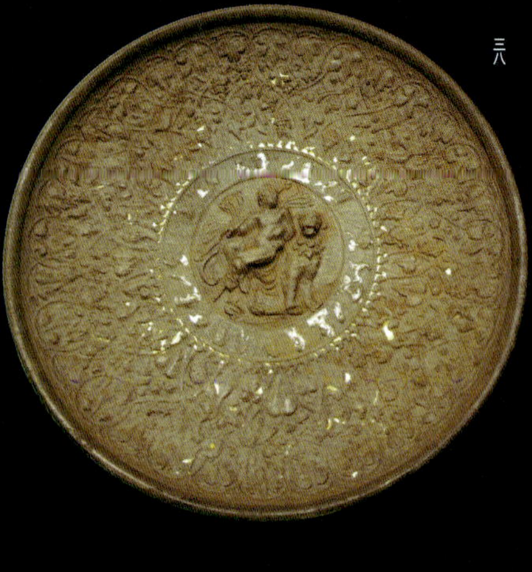
三八

图四〇—一~二
一 狮纹银盘
二 七鸵纹银盘
新疆焉耆县老城村出土

图四一
波斯萨珊银碗
广东遂溪遂城镇边湾村出土

四〇—一

四一

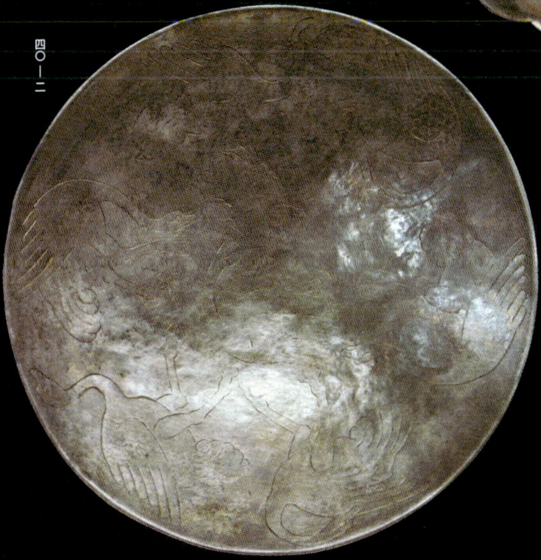

四〇—二

图四二一一
银耳杯
大同市博物馆藏

图四二一二
酒器一组
河北赞皇东魏李希宗夫妇墓出土

四二一一

孝明帝朝。不过除遂溪出土者外，这一类舶来品似鲜见于南方。

式样与漆耳杯相同的银耳杯，当是本土制作，如前举伊和淖尔北魏墓群一号墓出土的一件，大同市博物馆藏银耳杯与此相同，杯耳鎏金，另一耳脱失〔图四二一一〕。一件比较特殊的银器发现于河北赞皇东魏司空李希宗与妻崔氏合葬墓。墓葬出土酒器一组中有一只银盏，高三点八、口径九点二厘米，内底心两周连珠纹为边框，内里打作凸起的一朵宝妆莲花，由莲花入水漾起的三十二道水波曲曲弯弯漫向杯缘〔图四二一二〕。发现者云：这是『利用科学上的折光原理精心制作的』，『水入杯后，立即看到水面正中浮现出一朵莲花』❶。它是中土意象与异域工艺完美结合的制作。李希宗之父乃北魏定州刺史李宪，联姻的博陵崔氏为当时的名门望族。

三　其他

与先秦相同，两汉魏晋依然是席坐的时代。铺席为座，四隅要有押角之物方能保持席的平整，邹阳《酒赋》『安广坐，列

四二一二

❶ 石家庄地区文物局文物普查组《河北省石家庄地区的考古新发现》，《文物资料丛刊》第一辑，页一五三，文物出版社一九七七年；河北省文物研究所《河北考古重要发现：一九四九至二〇〇九》，页二三九，科学出版社二〇〇九年。

图四三—一~二
一 错金银嵌宝熊虎镇（一对）
二 错金银虎镇
江苏盱眙大云山江都王墓出土

图四三—三
错金银豹镇（一对）
河北满城汉墓出土

图四四
鎏金走虎嵌海螺铜镇
陕西历史博物馆藏

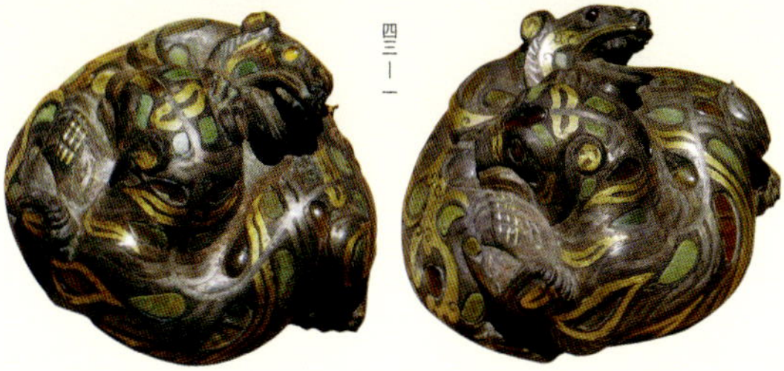
四三—一

雕屏，绡绮为席，犀璩为镇』，所云即此。席镇完整的一副当是四枚。镇席压角，自然要求镇有分量，因以铜镇为多，讲究者则鎏金或嵌错金银。造型多取用虎、豹、鹿、羊、熊之类〔图四三〕。又或取四人一组的俳优形象来增添幽默气氛。《洞冥记》说到『金床象〔席〕，虎珀镇』，金床之『金』，当是嵌饰，虎珀为镇，也必是金属为座，即如嵌贝铜镇。陕西历史博物馆藏鎏金走虎嵌海螺铜镇①〔图四四〕，竖起在鎏金铜座上的海螺，顶端加一个鎏金铜山尖，便成一座仙山，绕山三只虎，虎虎生风。通高八点五、底径八点七厘米。

四三—二

四三—三

① 南京博物院《金色中国：中国古代金器大展》，页一三九，译林出版社二〇一三年。

四四

图四五
八子铃
北京八宝山西晋华芳墓出土

用于帷帐、华盖以及建筑装饰的金银制品，尚有金铃银铃。梁萧绎《金楼子》卷一《箴戒篇》曰汉灵帝时耀兵平乐观，『上设九重华盖，盖皆安九子真金铃』，又曰齐武帝萧颐于内殿设帷帐，『帐之四角为金凤凰，衔九子铃』。《法苑珠林》卷三十一引南朝刘义庆《幽明录》刘晨阮肇故事，曰二女家『屋南壁及东壁下各有一大床，皆施绛罗帐，帐角悬铃，金银交错』。北京八宝山西晋幽州刺史王浚之妻华芳墓出土一枚银铃，银铃顶端一只背驮环钮的卧牛，其下打制出来八个人形，却是持器鼓吹或击掌节奏的八个伎乐，细窄的银条掐出伎乐的四肢、眉眼，包括手中的乐器，伎乐两足之间各一个小环，环缀嵌宝的小铃凡八枚。大铃、小铃，其表皆满布粟粒围出的石碗，自是用作嵌珠嵌宝，只是悉数脱落[1]（图四五）。小铃之于悬缀它的大铃，其『子』也，正如两汉魏晋习称的七子奁、九子奁，即大盒里边总装若干小盒而合为一器，小盒为七，名七子奁，小盒为九，名九子奁。一枚大铃悬缀若干小铃，便可依小铃之数而命作七子、八子乃至九子铃。华芳墓早年被盗，所存只是劫余，

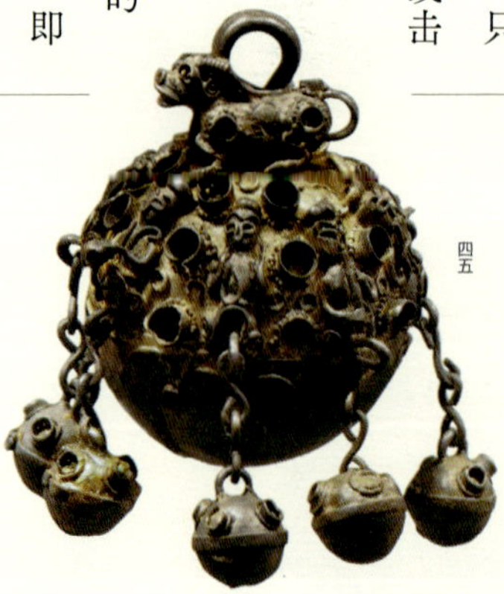
四五

[1] 孙机《三子钗与九子铃》一文已揭示其名，见《文物丛谈》，页一八六，文物出版社一九九一年。

图四六—一
银镂雕龙纹铺首
图四六—二
龙纹出廓璧（局部）
河北满城汉墓出土

四六—一

原初此铃或不止一枚。山东临沂洗砚池晋墓、湖北鄂城东晋墓都出土银九子铃❶，只是未如这一枚工艺繁复。

铺首即口衔门环的兽面，可用于建筑，也可用于器具。通常是铜制品，讲究者鎏金，因此每以『金铺』为称。河北满城中山靖王刘胜墓出土银镂雕龙纹铺首，在同类器具中则很少见❷（图四六—一）。铺首宽十四点九厘米，环长十二点九厘米，通长十九厘米，背部设有穿钉。虽为兽面衔环的形制，却不是通常的态度峥嵘。兽面很小，两只超长的兽角回旋盘绕为云气，云气间现出踏云腾霄的两条龙，半弯双首龙横穿兽口，下接云气间连蜷腾挪的双头螭，以是合作成环。此器的设计与制作，多方借鉴了同时代玉璜、玉环、玉璧的造型及纹样，——比如同墓出土的一枚出廓玉璧（图四六—二），因以玲珑剔透之形，而成腾骧奔轶之

四六—二

❶ 山东省文物考古研究所等《临沂洗砚池晋墓》，页一〇五，图一二八（左），文物出版社二〇一六年；南京大学历史系考古专业等《鄂城六朝墓》，图版九七：四五，科学出版社二〇〇七年。
❷ 《满城汉墓发掘报告》，上册，页三三～三四。

图四七
银鎏金力士御神兽铺首
河北满城汉墓出土

势，可称巧工。同出的另一对鎏金银铺首，通常称之为『鎏金银兽面铜铺首』，然而细审图案，实为力士御神兽。神兽造型依然有着格里芬的影子，即生着夸张的钩喙。用作主体纹样的兽面钩喙所衔铜环便是连体双头的钩喙神兽一对，此外尚有姿态不同的三对：兽面双眉眉尖向上伸展的两只角，为转头相顾的一对；双耳及耳垂，为反身倒挂的一对；力士头顶，又是两尾相抵的一对❶〔图四七〕。它可视作北魏铺首流行的力士御双龙之先声，当然后者又融入新的外来元素。

江苏盱眙县南窑庄出土金权与徐州市土山汉墓出土鎏金铜嵌宝砚盒，分别是迄今为止唯一的实例。金权长十七点八、通高十点二厘米，重九公斤，含金量百分之九十九❷。造型以豹为式，颈上三道项圈，头颈间一个提钮，体内中空，内壁刻有小

四七

❶ 全器通长十二点二、宽七点三厘米。力士与主体兽面鎏银，此外部分鎏金。

❷ 姚迁《江苏盱眙南窑庄楚汉文物窖藏》，页六，《文物》一九八二年第十一期。

图四八
金权
江苏盱眙县南窑庄出土

图四九
鎏金嵌宝兽形砚盒
徐州市土山汉墓出土

图五〇
鎏金带盖小银鼎
南京仙鹤观东晋六号墓出土

五〇

四八

篆『黄六』。整体铸造而成，遍身锤錾斑纹〔图四八〕。鎏金铜嵌宝砚盒取式于辟邪，通体鎏金，辟邪努目张口，长角贴体伸向背后，两侧生着双翼，以银嵌错卷云纹，遍身点缀红珊瑚、青金石、绿松石。背上有钮用于开启，内置石砚与砚子。长二十五、高十厘米，重三点八五公斤〔图四九〕。推测墓主人为东汉彭城王刘恭[1]。

南京仙鹤观东晋六号墓出土鎏金带盖小银鼎，口径二点三、通高二点七厘米，器表鎏金，大部脱落，盖顶柿蒂纹上置环钮，直口、鼓腹、圜底，肩两侧竖方耳，下方三个兽蹄足，腹间三个衔环铺首〔图五〇〕。外底线刻『第五』两个字，鼎里面残存少许细碎的云母片，距银鼎不远的漆盒内有丸状丹药。六号墓的墓主人推测是高崧父母高悝夫妇[2]。云母在当日是被看作仙药的，炼丹的金鼎、银鼎则目之为神鼎。《抱朴子·

四九

[1] 刘恭，东汉明帝之子，卒于元初四年（一一七）。《中国古青铜器选》，图九四之说明，文物出版社一九七六年。

[2] 南京市博物馆《江苏南京仙鹤观东晋墓》，《文物》二〇〇一年第三期；王志高等《南京仙鹤观东晋墓出土文物的初步认识》，页八七，同前。

图五一
一 金辟邪
二 金天禄
三 金龙首
四 金羊
东汉中山穆王刘畅墓出土

内篇·金丹》：『若取九转之丹内神鼎中，夏至之后爆之，鼎热，内朱儿一斤于盖下』，『须臾翕然俱起，煌煌煇煇，神光五色，即化为还丹』。又鲍照《代淮南王》诗『琉璃药椀牙作盘，金鼎玉匕合神丹』。则此银鼎当与服食丹药相关，而以神鼎与药置于墓葬，也有可能是延续东汉的做法，取镇墓与消灾祈福之意❶。

河北定州北陵头村东汉中山穆王刘畅墓出土数件金饰，表现出两汉金器工艺的小饰件制作之精，却也同样带着神仙色彩，与同出的金胜以及小金幡等同看，便更加明确❷〔图五一～五二〕。金天禄与金辟邪一对，用金片制作成型，再以金丝勾画肌理和羽翼，窄金片圈作滴珠式石碗，内嵌各色宝石，全部空白以粟粒填满。弯角和长尾都是分别用一根粗金丝弯就，复以细金丝密密缠绕。用为底座的薄金板錾刻流云。金

五一－二

五一－一

❶ 刘昭瑞《考古发现与早期道教研究·东汉镇墓文中所见到的『神药』及其用途》，页二九五～二九六，文物出版社二〇〇七年。

❷ 定县博物馆《河北定县四三号汉墓发掘简报》，《文物》一九七三年第十一期；河北省文物局《定州文物藏珍》，图二二三，岭南美术出版社二〇〇三年。金辟邪高三点三、长三点七厘米，重九点七克；金天禄高三点一、长三点九厘米，重八点四克。

图五二

一　金胜

二　金幡

东汉中山穆王刘畅墓出土

光耀目，绿润红嫣，盈寸大小，却有志气腾骧之骏健。金龙首与金羊群也与它异曲同工❶，或叱咤风云，或神气自适，各具意态，各见微曲。

五二—一

五二—二

五一—三

五一—四

❶ 羊群高一点三、长三点六厘米，重五克；金龙高一点二、长四点二厘米，重二点六克。

第三节

饰品

一 首饰之一：簪和钗

狭义的金银首饰亦即簪钗之类，直到两汉，它的使用方才普遍，女子的簪、钗、步摇、华胜、耳珰，是其要。南北朝时期金银首饰的样式，仍是以金钿、装饰简单的折股钗、圆环式指环、腕钏为主，而钗的使用量最大。《宋书》卷八《明帝纪》提到『以皇后六宫以下杂衣千领，金钗千枚，班赐北征将士』，可见其概。

钗的出现大约晚于簪，目前见到的早期实物已属春秋。《说文新附·金部》释钗曰『笄属』，而钗与笄的区别即在于它有两枝脚，《释名·释首饰》：『钗，叉也，象叉之形，因名之也。』《玉篇·金部》：钗，『妇人歧笄也』。《六书故》则说得更为明确：钗，『两股笄也』。与簪之用于挽发相对言，钗的主要作用是固发，犹今固发用的卡子。钗梁做成各种花样，即成有装饰作用的首饰。古代男子也挽发，但通常是用笄或曰簪，钗便好像是女子专属了。

图五三—一
金钗
安徽马鞍山三国吴朱然墓出土

图五三—二
金钗

图五三—三
银钗
湖北鄂城三国吴墓出土

图五四
金钗
南京江宁区江宁镇上湖窑场出土

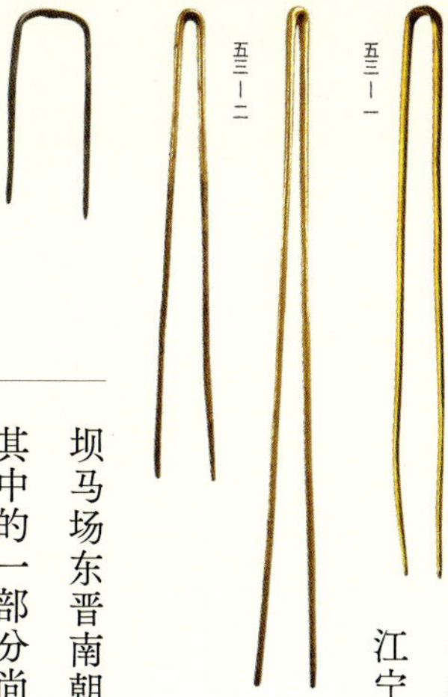
五三—一 五三—二 五三—三

五四

两汉魏晋南北朝时期金银钗簪中，普遍使用的一种是折股钗。基本样式是细圆的一根金丝或银丝弯过来，起拱处便为钗梁，折过来的两股即成钗脚。钗梁有窄有宽，有的或弯作两三个波曲，而几乎都是光素无纹。钗脚有短有长，长者在二十厘米上下，短者约略减其半，或者更短，长钗短钗常常一起出现，有时又是两两成对❶。安徽马鞍山三国吴朱然墓出土金钗❷〔图五三—一〕，湖北鄂城三国吴墓出土金钗和银钗〔图五三—二～三〕，南京江宁区江宁镇上湖窑场出土西晋金钗〔图五四〕，北京通州土桥出土晋代银钗〔图五五〕，又南京市东晋墓出土的数枝〔图五六〕，以及出自北京顺义临河时属北朝的金钗〔图五七〕，都可以为例。贵州平坝马场东晋南朝墓出土的金钗、银钗则集合了主要样式〔图五八〕，其中的一部分尚有比较明确的出土位置，可见插戴方式❸〔图五九〕。

❶ 如河南巩义新华小区东汉墓出土银钗四件，长短各两件，长者十七厘米，短者五厘米，郑州市文物考古研究所《河南巩义市新华小区汉墓发掘简报》，页四三，图九：三、一六，《华夏考古》二〇〇一年第四期；湖南衡阳道子坪东汉墓出银钗三枝，长十四点五至十九厘米不等，湖南省博物馆《湖南衡阳县道子坪东汉墓发掘简报》，页三六，图二，《文物》一九八一年第十二期；湖北鄂城鄂钢西山铁矿工地三国吴墓出土金钗三枝，银钗一枝，鄂城县博物馆《湖北鄂城四座吴墓发掘报告》，页二六五，图一二，《考古》一九八二年第三期；锦州北魏二号墓出土银钗六枝，宽梁者三，窄梁者三，均出在墓主人头部，长四至九厘米不等，刘谦《锦州北魏墓清理简报》，页四三一，图四：四～八，《考古》一九九〇年第五期。

❷ 金钗不见发掘简报，此系中华世纪坛举办『三国志文化主题特展』展品之一。据安徽省文物考古研究所《安徽马鞍山东吴朱然墓发掘简报》（《文物》一九八六年第三期），朱然妻妾与之合葬，那么金钗当为妻妾之物。

❸ 贵州省博物馆考古组《贵州平坝马场东晋南朝墓发掘简报》，页三五一，《考古》一九七三年第六期。

图五五
银钗
北京通州土桥出土

图五六—一
金钗

图五六—二
金钗
南京地区东晋墓出土

图五七
金钗
北京顺义临河出土

五五

五六—一

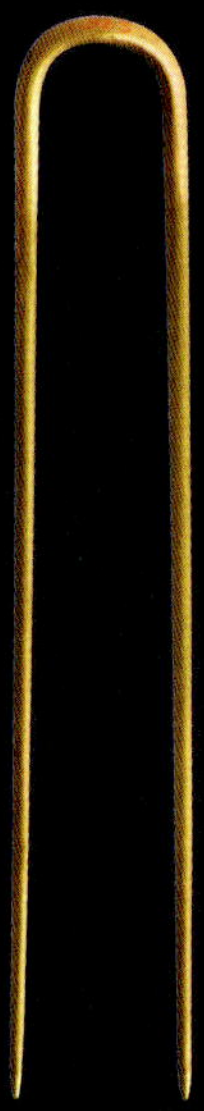
五七

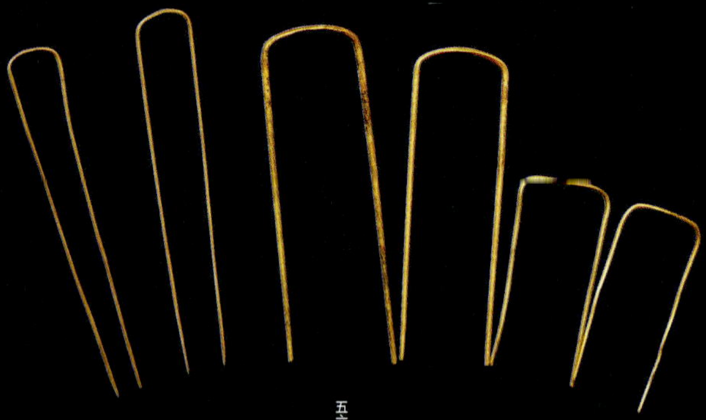
五六—二

图五八
金钗
贵州平坝马场东晋南朝墓出土

图五九
簪钗出土位置

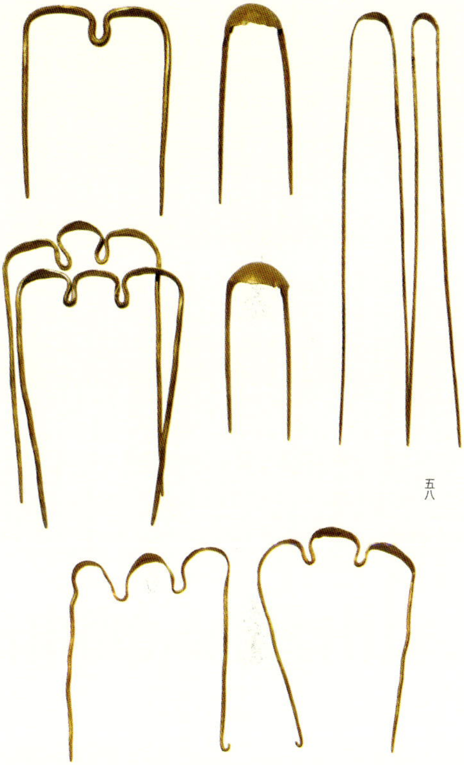
五八

也有两枝钗脚一短一长，又或在钗脚的尖端做出一个小弯钩，后者自然是为了钗可以插得牢❶。

六朝时期与钗并为女子首饰者，又有镊❷，如梁简文帝《戏赠丽人诗》『取花争间镊』，《采桑》『捉镜安花镊』；江洪《咏歌姬诗》『宝镊间珠花，分明靓妆点』❸。《太平御览·服用部》『镊（钗类）』下引孔伟《七别》曰『长袖随腕而遗耀，紫镊承鬓而骋

五九
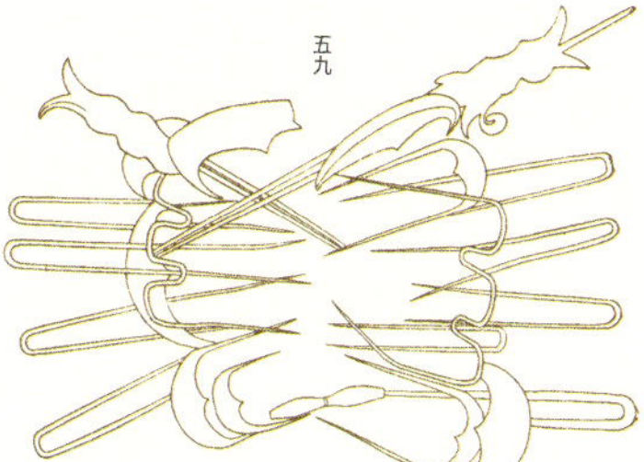

❶ 又如广州西郊晋墓出银钗六件，铜鎏金者一件，两股同长或不同长，同长者，其中一股尖端处有个小钩，钗长六点七至二十二厘米不等，见麦英豪《广州西郊晋墓清理报导》，页二八，图三：三～五，《文物参考资料》一九五五年第三期。

❷ 《太平御览·服用部》『镊』类两出，而分属梳妆和首饰两项，见于后者之镊，标题下小字注云：『钗类。』

❸ 逯钦立《先秦汉魏晋南北朝诗》，下册，页一九三九，页二〇七三，中华书局一九八三年。按『取花争间镊』，一作『宝镊』，似以『间镊』为是。

辉』。核以今所见到的实物，大约钗梁跨度大者为钗，钗梁细窄者为镊，细窄者钗脚可以并拢，遂与梳妆用具的镊子相近，『钗』与『镊』分别名之，或是以此之故，而后者梁上加饰，便又可名作宝镊与花镊。湖北鄂城六朝墓出土一枝银钗，细窄的钗梁顶端探出一节耳挖❶〔图六〇〕，是镊之外更添一项功能。

依照魏晋南北朝诗歌中用赋笔绘出的『美人图』，女子插戴的钗，尚有花钗、爵钗、羽钗、翡翠钗之类。如曹植《美女篇》『头上金爵钗，腰佩翠琅玕』，如本章开篇所引刘宋无名氏《读曲歌》『縠衫两袖裂，花钗鬓边低』，如南梁刘孝绰『翠钗挂已落，罗衣拂更香』（《淇上人戏荡子妇示行事诗》），等等，而神女玉钗化为白燕的故事也早有流传❷。那么钗梁当是妆点花卉、鸟雀，又或铺翠。然而从发现情况来看，钗仍以光素无纹者居多，在钗梁上做出各种装饰，这一时期的实物并不多见。苏州虎丘路新村土墩三国吴墓出土一枝金钗，双龙擎出的钗首一对粟粒攒焊的同心鸟〔图六一一〕。出自辽宁朝阳北票喇嘛洞三燕墓地的一枝金钗，钗梁上并

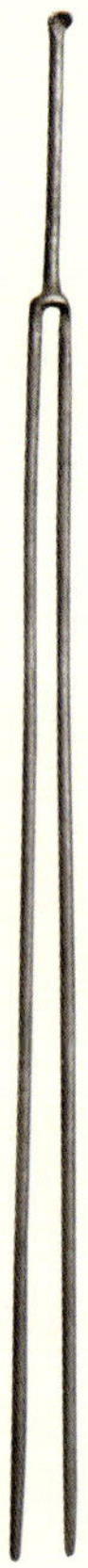

六〇

图六〇
银钗镊
湖北鄂城六朝墓出土

❶ 通长二十六点八厘米，钗长二十一点二厘米，耳挖长五点六厘米，南京大学历史系考古专业等《鄂城六朝墓》，页二五二，科学出版社二〇〇七年。

❷ 如《太平御览》卷七一八《服用部二十》『钗』条引《洞冥记》曰，汉武帝元鼎元年起招灵阁，『有神女留一玉钗与帝，帝以赐赵婕妤。至昭帝元凤中，宫人犹见此钗，共谋欲碎之。明旦视之匣，唯见白燕直升天去，故宫人作玉钗，因改名玉燕钗，言其吉祥』。

六一—二

图六一—一
金同心鸟钗
苏州虎丘路新村土墩三国吴墓出土

图六一—二
金钗
辽宁朝阳北票喇嘛洞三燕墓地出土

六一—一

穿两孔，孔间缀一只展翅的凤鸟❶（图六一—二）。陆机《日出东南隅行》『金雀垂藻翘』；东晋杨方《合欢诗》『齐彼同心鸟，譬此比目鱼』❷，诗之意象，两枝金钗或可助人想象，只是出自三燕墓地的金钗做工比较粗疏。

与钗相比，魏晋南北朝时期簪的实物很少。南京市东晋墓出土的数件，显示了此一时期的金簪式样之大要❸。其中仙鹤观东晋高崧夫妇墓出土者簪首以斧为象❹（图六二—一），象山东晋王建之夫妇墓出土簪首以钺为象❺（图六二—二），象山七号东晋墓出土者簪首象旗帜❻（图六二—三）。晋干宝《搜神记》曰：晋惠帝元康中，妇人之饰有五兵佩，『又以金银、象角、玳瑁之属为斧钺、戈戟而戴之以当笄』；『今妇人而以兵器为饰，又妖之大也』❼。此所谓『服妖』之说固不足信，却可见以兵器之象为簪首曾经流行一时。而就制作工艺来说，是很简单的。

❶ 喇嘛洞十号墓出土，辽宁省文物考古研究所《三燕文物精粹》，图一六，辽宁人民出版社二〇〇二年。

❷ 《先秦汉魏晋南北朝诗》，上册，页六五二；中册，页八六〇。

❸ 南京市博物馆《六朝风采》，图一三九～一四四，文物出版社二〇〇四年。

❹ 南京市博物馆《江苏南京仙鹤观东晋墓》，页三三，图一〇八，《文物》二〇〇一年第三期。

❺ 通长十九厘米，出自象山九号墓，墓葬年代为东晋太和六年（三七一）。南京市博物馆《南京象山八号、九号、十号墓发掘简报》，页一一，图二四中，《文物》二〇〇〇年第七期。

❻ 通长十二点八厘米，南京市博物馆《南京象山五号、六号、七号墓清理简报》，页三一，《文物》一九七二年第十一期。推测墓主人很可能是平南将军、荆州刺史王廙。

❼ 《新辑搜神记》（李剑国辑），页二二八，中华书局二〇〇七年。

六二—一
六二—二
六二—三
六三—一
六三—二

图六二—一
金簪
南京仙鹤观东晋高崧夫妇墓出土

图六二—二
金簪
南京市象山东晋王建之夫妇墓出土

图六二—三
金簪
南京象山七号东晋墓出土

图六三—一
银龙簪簪首
山东邹城郭里镇西晋刘宝墓出土

图六三—二
金龙首簪
南京仙鹤观东晋六号墓出土

流行样式中，制作比较精细的一类是龙纹簪钗。山东邹城郭里镇西晋刘宝墓出土一枝银龙簪，银龙长身、长角，口吐长舌而成竹节耳挖〔图六三—一〕。出自南京仙鹤观东晋高悝夫妇墓的一枝金簪设计构思与此近同，簪首起弯处做成长角后伸的龙首，继而弯折前伸，尽端亦为耳挖，长二十三点一厘米〔图六三—二〕。镇江丹徒县华山村南朝墓出土一枝银双龙钗，对折为两股，钗梁处成一小小的圆弧，两边各为长角弯向颈部的龙首，龙鳞历历分明，钗系实心作，因此很有分量。又一件出自丹徒县高资公社南朝墓，形制相同，分量稍轻[1]〔图六四—一～二〕。苏州虎丘路新村土墩三国吴墓出土三龙戏珠金钗一枝，龙头、龙身粘焊粟粒，嵌珠嵌宝的石碗也以金粟环绕，可以想见制成之日的流耀含英〔图六五〕。甘肃张掖高台地埂坡魏晋四号墓出土一枝金龙簪式样殊异，——龙身很小，龙首颇巨，扁平的簪柄含在龙口〔图六六—一〕。同出尚有金钏一对〔图六六—二〕，金花一枚〔图六六—三〕。金钏为单环，仍是汉代以来的传统样式。金花，便是下面要说到的步摇。

[1] 镇江博物馆《镇江出土金银器》，图九三、九六，文物出版社二〇一二年。以上所述，均为观摩实物所得。

图六四—一
龙首银钗（局部）
镇江丹徒县华山村南朝墓出土

图六四—二
龙头银钗
丹徒县高资公社南朝墓出土

图六五
三龙戏珠金钗
苏州虎丘路新村土墩
三国吴墓出土

六四—一

六四—二

六五

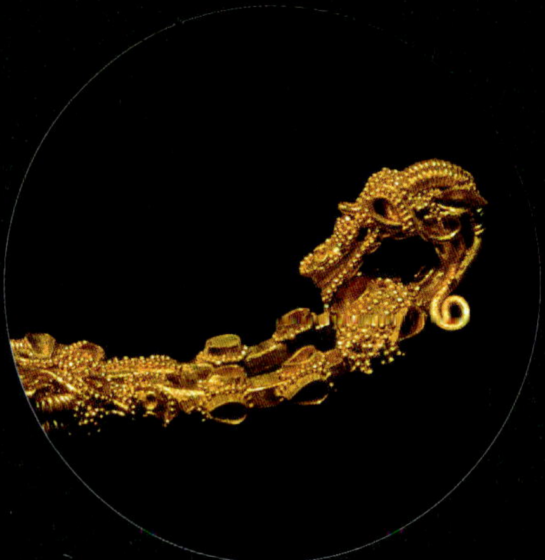

局部

图六六—一
金龙簪

图六六—二
金钏

图六六—三
金花

甘肃张掖高台地埂坡四号墓出土

六六—一

六六—二

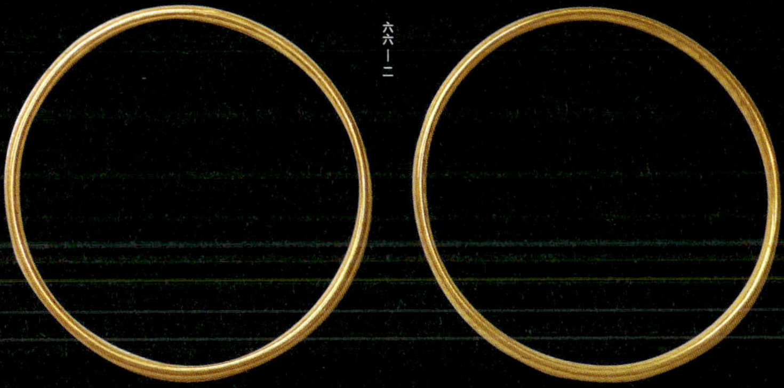

六六—三

六七

图六七
帛画（局部）
长沙马王堆一号西汉墓出土

二　首饰之二：步摇花与步摇冠

步摇的名称出现在汉代，虽然《古文苑》所收宋玉《讽赋》中有『主人之女，垂珠步摇』之句，不过该书晚出❶，此篇系于宋玉并不可靠。东汉刘熙《释名·释首饰》『步摇，上有垂珠，步则摇动也』。长沙马王堆一号西汉墓出土帛画所绘墓主人，头上插一枝花树一般的饰物，似即步摇之属〔图六七〕。出现在东晋顾恺之《女史箴图》（唐摹，今藏大英博物馆）和《列女仁智图》（宋摹，故宫藏）中的步摇，与它也很是相似。这一类步摇的插戴当有钗脚，即如同簪钗。《西京杂记》卷二曰赵飞燕为皇后，其妹赵昭仪所上贺礼中有『同心七宝钗、黄金步摇』，步摇与同心七宝钗并举，似乎性质相类。梁简文帝《答新渝侯和诗书》云诗中美人『九梁插花，步摇为古』，所谓『梁』，当指钗梁，是也将步摇归作钗属。金步摇或是用片材剪制而成。南朝沈满愿《咏步摇花》：『珠华萦翡翠，宝叶间金琼。剪荷不似制，为花如自生。低枝拂绣领，微步动瑶瑛。

❶ 相传为唐人旧藏本，北宋孙洙得于佛寺经龛中，所录诗文，均为史传与《文选》所不载。

图六八
步摇花
甘肃凉州红花村出土

但令云髻插，蛾眉本易成。』❶可知剪制出来的步摇花有花且有叶，乃系于细软而长的枝条。『但令云髻插』，则它当有插戴用的脚，她的《戏萧娘诗》『清晨插步摇』，又王枢《徐尚书座赋得阿怜诗》『飞燕啼妆罢，顾插步摇花』❷，也都是同样的意思。前面举出地梗坡魏晋四号墓出土的金花，是五枚叶片合抱的一束，五根花茎从中心宛转探出，穿起金箔制成的花朵，然后在花心里绕作环状。此环当是用于悬缀摇叶。稍早于此，有甘肃凉州红花村出土时当东汉晚期的一枝金花❸〔图六八〕，花枝披垂四片肥大的叶子，叶尖做出小圆环，环内原当缀物。八条细茎擎出花蕾三个，花朵四枚，一只口衔摇叶的小鸟停在当心一茎，鸟身用粟粒点缀，尾羽上面粟粒围护一个水滴式石碗，嵌饰已不存，尾巴尖上也有用于悬挂坠饰的小环。出自地梗坡的金花当与它同类，即均为步摇之属，也都是剪制而成的金叶间『金琼』，因不妨名作『步摇花』，只是以小鸟口衔的摇叶是圆形见出与中原和南方不同而别有所取。

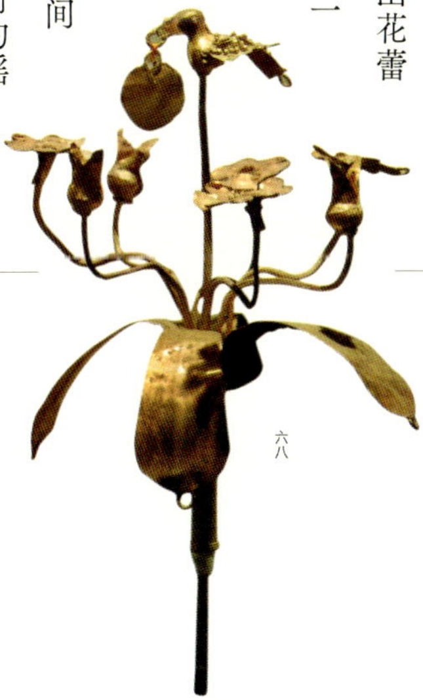
六八

❶《先秦汉魏晋南北朝诗》，下册，页二一三五。
❷《先秦汉魏晋南北朝诗》，下册，页二一一九。
❸甘肃省文物局《甘肃文物菁华》，页一五二，文物出版社二〇〇六年。

图六九
漆画屏风（局部）
北魏司马金龙墓出土

六九

自两汉至魏晋，步摇花的式样当有所变化且不止一种，或者还会有地域之别。前举两例，中原和南方的两晋遗存中迄未发现同式者，所见多为有可能用于步摇花的金花钿和金摇叶。步摇花的形制之一，大约即如北魏司马金龙墓出土漆画屏风中的女子插戴〔图六九〕，而屏风画原有不少取自南朝的绘画元素。作为步摇花构件的小金花和一端有细孔的心形金摇叶，出土于魏晋墓葬者数量不少❶〔图七〇—一～二〕。安徽当涂姑孰镇孙吴墓出土数枚金摇叶，以极细的金丝和极微的粟粒在摇叶上累作各种纹样❷。南京大学北园东晋墓出土大小三十二枚金摇叶，『均用薄仅零点三毫米左右的金片剪成，尖端有小孔，可以穿系』，『大的长一点六、宽一点三厘米，重零点二三至零点三克不等；小的长一点三、宽一厘米，重零点一二克左右』，又有『花瓣形金片十片，均作六瓣形，径一点七厘米，中有小孔，其薄如纸，重仅零点一八克，系模制而成』❸〔图七一〕。湖北鄂城时代为三国孙吴直至六朝的八座墓葬分别出土七十一枚，其中十枚出土位置在墓主人头部❹。南京郭家山东

❶ 如南京光华门外赵士岗东晋墓十号墓出土六枚金摇叶（长一点六、宽一点四厘米，今藏南京博物院），南京博物院《琅琊王：从东晋到北魏》，页七三，译林出版社二〇一八年；南京郭家山东晋一号墓出土金摇叶五十二枚，《六朝风采》，图一四七。又河南卫辉大司马墓地晋墓出土五枚，河南省文物局南水北调文物保护办公室等《河南卫辉大司马墓地晋墓（M18）发掘简报》，页一九，图六，《文物》二〇〇九年第一期。

❷ 叶润青等《安徽当涂『天子坟』孙吴墓发掘收获》，国家文物局《二〇一六年中国重要考古发现》，文物出版社二〇一七年。按从刊发的图像来看，摇叶中的一枚镂空人物，似为带头光的佛像。

❸ 南京大学历史系考古组《南京大学北园东晋墓》，页四三～四四，《文物》一九七三年第四期。

❹ 南京大学历史系考古专业等《鄂城六朝墓》，页二五六，图版九五、九七，科学出版社二〇〇七年。

图七〇—一
金摇叶
南京光华门外赵士岗东晋十号墓出土

图七〇—二
金摇叶
南京郭家山东晋一号墓出土

图七一
金花与摇叶
南京大学北园东晋墓出土

七〇—一

七〇—二

七一

图七二一一
金花
南京郭家山东晋一号墓出土

图七二一二
金花
镇江市畜牧场东晋隆安二年墓出土

图七二一三
金花与摇叶
杭州富阳区乌龟山东晋十号墓出土

晋一号墓出土金花二十四枚[1]〔图七二一一〕，镇江市畜牧场东晋隆安二年墓出土金花大小七枚[2]〔图七二一二〕，杭州富阳区乌龟山东晋十号墓出土金花与摇叶数枚〔图七二一三〕。当日花瓣、花心或嵌宝石，但出土时已无嵌物。当然金花和摇叶都不是步摇专用，原通用于其他，而金花尚可单独为饰，金花上面嵌宝，便名作金钿，也是魏晋南北朝流行的饰物，即如梁简文帝《七励》摹绘舞女妆容所云『金钿设翠，步摇藏花』。摇叶的使用就更为广泛。

步摇花的插戴当属女性，如前举诗文所咏。它由极轻极薄的金花钿与金摇叶组合而成，自有『步则摇动』的效果，却未必仍如古式而垂珠。梁刘遵《相逢狭路间》『所恐惟风入，疑伤步摇花』（《乐府诗集》卷三十四），即言步摇花随风而动且易伤损的特质。

悬缀摇叶的步摇花之外，尚有礼服中妆点更为繁复的步摇。《续汉书·舆服志》曰皇后入庙服，『假结，步摇，簪珥。步摇以黄金为山题，贯白珠为桂枝相缪，一爵九华，熊、虎、赤罴、天鹿、辟邪、南山丰大特六兽，《诗》所谓「副笄六珈」者，诸爵兽皆以翡翠为毛羽。金题，白珠珰，绕以翡翠为华云』。《晋书·舆服

[1] 直径一点七至九厘米不等，共重十一点七克。《六朝风采》，图一四六。

[2] 《镇江出土金银器》，图八七。

七二—一

七二—二

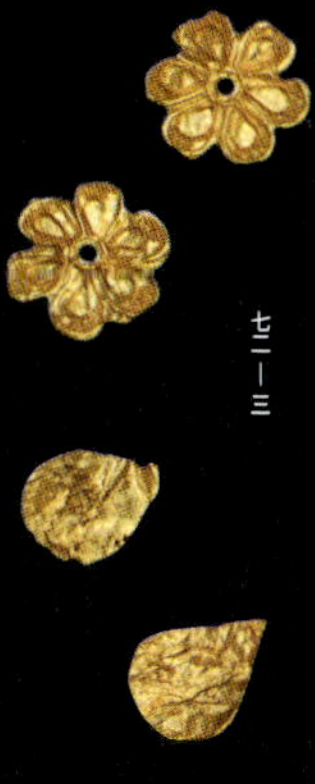

七二—三

图七三—一
金步摇冠
萨马尔泰女王墓出土

图七三—二
步摇冠复原

图七三—三
步摇冠饰物的插接

志》与此大致相同而字句略异，如『步摇，俗谓之珠松是也』，『八爵九华』。步摇而有山题，那么当是下有博山式基座，如此形制，自须附着于冠、帼或假髻方可成为首饰。述引《诗》之『副笄六珈』，『副』，指编发为髻。《鄘风·君子偕老》郑笺『珈之言加也。副既笄而加饰，如今步摇上饰』。『今』，东汉也。

《晋书》卷一〇八《慕容廆载记》提到步摇冠，曰慕容跋魏初率其部入居辽西，『时燕代多冠步摇冠』。孙机《步摇·步摇冠·摇叶饰片》一文最早指出它有来自域外的影响，并举出相关的实例是顿河下游新切尔卡斯克的萨马尔泰女王墓中出土的金冠〔图七三—一～三〕，年代为前二世纪❶。由俄罗斯学者对它的复原研究，可知金冠上方的装饰物原是六个动物和七株树，表现一个仪式场面，仪式中神兽走向生命之树。两侧各有两只口衔圆环的小鸟，冠口分作三段，各由两枚片材扣合而成，然后系连为一，上缘预设插孔固定神兽与生命树，下缘垂系一溜尖底瓶式的吊坠。现存的鹿和盘羊嘴边都衔一个小环，树上枝条之端做出的小环里垂挂錾出叶脉的

七三—三

❶ 孙机《步摇·步摇冠·摇叶饰片》，页二二六～二五一，《仰观集：古文物的欣赏与鉴别》，文物出版社二〇一二年。

七三一一

七三一二

图七四—一
金步摇冠

图七四—二
金步摇
阿富汗席巴尔甘大月氏墓出土

心形叶片❶。垂系圆形摇叶的金冠，有阿富汗北部席巴尔甘大月氏贵族墓地六号墓出土的一件，时代为一世纪❷。金冠上的五簇花树下方均有基座，惟置于中间的一簇基座式样与旁侧者有别，满缀摇叶和花朵的花树之端各有一对鸟，鸟嘴也衔着摇叶。花树和口圈的背后都焊接小金管，一根金钎子从上往下贯穿金管，花树便与口圈固定在一起。花树高十三厘米。金冠口圈两端有小环，其表密缀花朵和摇叶，通长四十五厘米〔图七四—一〕。花树基座，用《续汉书·舆服志》的说法，则即『山题』。以此为参照，可以从《舆服志》的文字里找到几点相合之处，然而从分解图来看，中间一树除外，分置于两侧的花树造型均取式于生命树。又有出自四号墓的一树穿系珍珠的金步摇〔图七四—二〕，原是与同墓所出金盘羊构成组合，即以中空的树干插入盘羊弯角间的一个小管里。因此它虽然同《续汉书·舆服志》中的文字描写仿佛相若，但造型与形制恐怕相去很远。当然步摇冠与摇叶之东传是毫无疑问的，考古发现的汉魏晋南北朝遗存中，即有数量不少的步摇冠构件，只是地域、族群乃至部落不同，式样以及摇叶的造型和系

❶ 伊琳娜·彼得罗芙娜·扎谢茨卡娅《霍赫拉奇墓葬：新切尔卡斯克藏品》（俄文版），国立艾尔米塔什出版社二〇一一年。

❷ 清华大学艺术博物馆《器服物佩好无疆：东西文明交汇的阿富汗国家宝藏》，页一二一，上海书画出版社二〇一九年。

七四—一

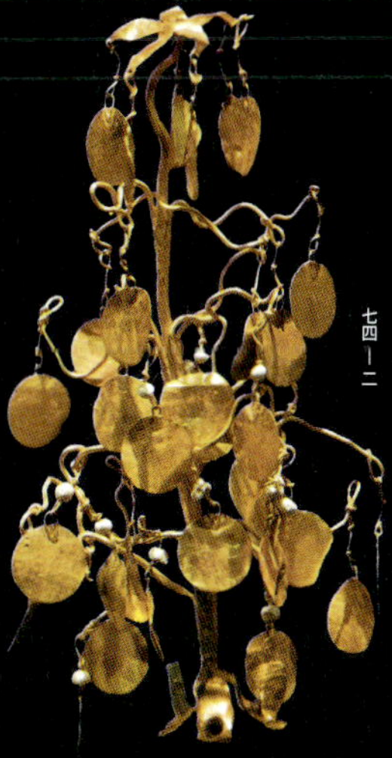

七四—二

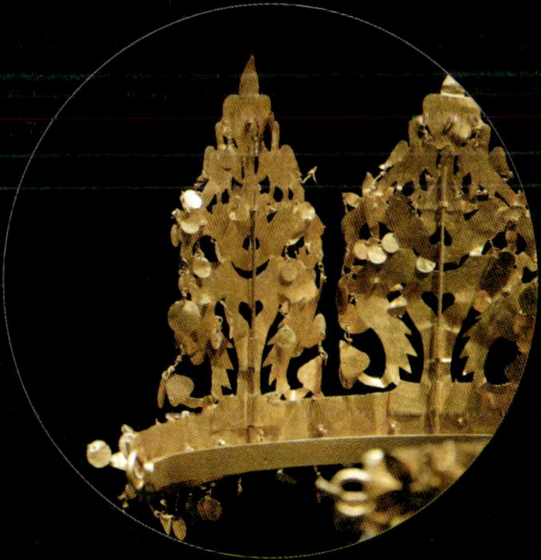

局部

图七五—一～三
金摇叶饰

图七五—四
金镶宝摇叶耳饰
和田博物馆藏

图七六
凤鸟形步摇冠饰
科尔沁左翼后旗毛力吐嘎查出土

缀方式也有异。

（一）和田博物馆藏金摇叶饰品一组四件❶（图七五—一～四），其中三枚很可能原初也是步摇冠上面的饰件，时代约当一世纪。两枚左右对称口衔摇叶枝的鸟喙兽首依然源出格里芬，不过把头顶的连体鸟头变化为戴着花冠的两对长颈鸟，另一枚则是又一种方式的变体：兽首张口露齿，头顶弯角，顺着身体弧线的一溜镂空草叶，似兽之鬣，似鸟之羽，带着挟风撩云之势。从它的造型来看，当日应该不止一枚。此外一枚金镶宝摇叶耳饰，或是悬系于冠而垂在耳畔，即如席巴尔甘大月氏墓出土首饰复原后的样子，它自然也当成对。

（二）内蒙古通辽市科尔沁左翼后旗拉哈乌素毛力吐嘎查出土一件东汉凤鸟步摇❷（图七六），凤身是由两枚金片打制成形然后扣合成型，尾羽和双翅都是另外打制出来并系缀摇叶，再插接于凤身，下方一枚金片作为底座。通高五点三厘米。从形制看，它应是冠顶之饰。

（三）包头市达茂旗西河子窖藏出土金步摇两对❸，步摇下端

❶ 上海博物馆《欧亚衢地：贵霜王朝的信仰与艺术》，上海书画出版社二〇一七年。

❷ 赵雅新《科左后旗毛力吐发现鲜卑金凤鸟冠饰》，《文物》一九九九年第七期。

❸ 时代为西晋。陆思贤等《达茂旗出土的古代北方民族金饰件》，页八二，《文物》一九八四年第一期。

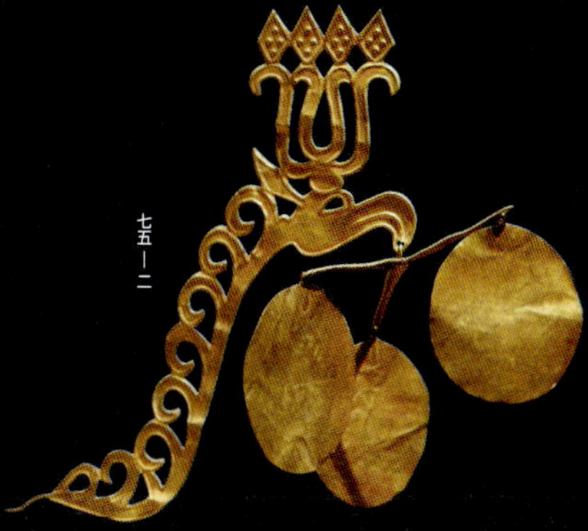

七五—二

七五—一

七五—四

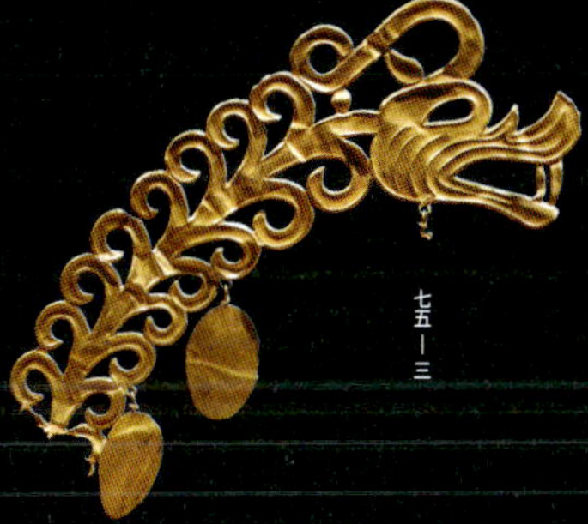

七五—三

七六

图七七—一 马头步摇之一

图七七—二 马头步摇之二

图七八—一 牛头步摇之一

图七八—二 牛头步摇之二

包头市达茂旗西河子窖藏

七七—二

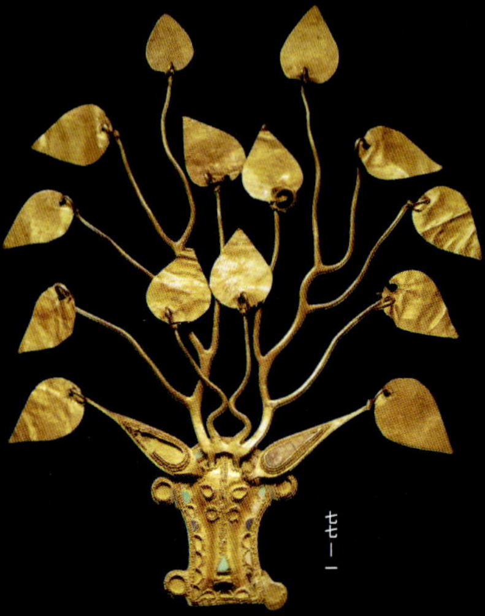

七七—一

七八—二

七八—一

为山题，一对山题是马头〔图七七—一～二〕，一对为牛头〔图七八—一～二〕。上方花树一般的枝条表面双钩金粟，金粟钩出的花叶内嵌宝，枝条之端的圆环里悬缀摇叶。

与此形制相类而风格不同的十余枝金步摇，发现于辽西地区的三燕墓地，多为前燕立国之前的墓葬❶。步摇之山题类似博山，或光素无纹，或镂空好似两对飞鸟，上为枝条伸展的高树，略如《续汉书·舆服志》所谓『桂枝相缪』，高树的每根枝条都绕出若干圆环，环内挂摇叶。也有简约的做法，便止于枝条之端绕环缀叶。摇叶虽然是心形，却是与前举出自中原和南方晋墓的心形摇叶不同，即摇叶的叶尖一律向下，正仿佛萨马尔泰金冠生命树上的摇叶之简化〔图七九—一～五〕。又有北票房身村出土缀摇叶金饰残件，或推测这一类摇叶所依附的条形金片为步摇冠的冠口❷〔图八〇—二〕，这一推论当可成立。不妨更举一例。吉林集安禹山墓区太王陵出土铜鎏金『带形饰』两件，器表均缀摇叶，其一长三十七点四、宽三点五厘米，其一长三十八、宽三点三厘米❸〔图八〇—二〕。对照韩国庆州校洞出土新罗时期的步摇冠❹〔图八〇—三〕，太王陵出土

❶《三燕文物精粹》，图一至六。

❷徐秉琨《步摇与慕容鲜卑》，收入《北燕冯素弗墓》（页二九三）。据陈大为《辽宁北票房身村晋墓发掘简报》（《考古》一九六〇年第一期）描述，『花蔓状金饰两件。长条形金片，上有钻孔，钻孔处系有圆形小金片多枚，共存四段，原物似属两件。可能是冠上的围饰，与前项金饰共用的。最长二十八、最短的二点一厘米』。所云『前项金饰』，即两件步摇。

❸吉林省文物考古研究所等《集安出土高句丽文物集粹》，页一〇四，科学出版社二〇一〇年。

❹冠高十二点八厘米，国立庆州博物馆编著《国立庆州博物馆》，页二九，通川文化社二〇一〇年。

图七九—一
金步摇
辽宁朝阳十二台砖厂东晋墓出土

图七九—二
金步摇
朝阳他拉皋镇西团山鲜卑墓出土

图七九—三
金步摇
辽宁北票喇嘛洞七号墓出土

图七九—四
金步摇
辽宁北票房身村二号墓出土

图七九—五
金步摇
辽宁朝阳甜草沟二号墓出土

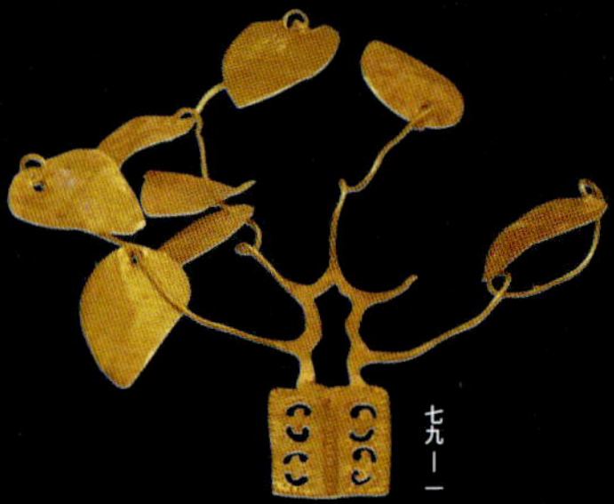

七九—一

七九—四

七九—二

七九—五

七九—三

图八〇—一
金步摇饰件
辽宁北票房身村东晋墓出土

图八〇—二
「带形饰」
吉林集安禹山墓区太王陵出土

图八〇—三
新罗时期的步摇冠
韩国庆州校洞出土

八〇—一

八〇—二

八〇—三

图八一—一
金步摇冠架

图八一—二
金蝉珰
北燕冯素弗墓出土

图八二
金步摇饰件
辽宁朝阳县十二台砖厂东晋墓出土

的『带形饰』，似即步摇冠的冠口。那么北票房身村出土金步摇若与『花蔓状金饰』构成组合，便正是一顶步摇冠。

更晚于此的实例，为北票西官营子北燕文成帝冯跋长弟冯素弗墓出土一件金步摇冠饰❶〔图八一—一〕，虽已非完品，但尚可得其大略，当然也只是样式之一。两根细窄的金条一长一短，十字交叉成为下方梁架，若平置，则尺寸短的一根一端是抬起来的，推测此或为冠的前面。梁架顶端一个合钵式扁球，上面又是一个小金碗，一枚细金管从金碗底心贯穿至梁架交叉处的背后，金管上下两端分别剪作三歧将三物固定。六树金丝制成的摇叶枝下端锤扁，以金钉自内向外一一铆在碗壁，金枝各个弯出三个小环，环里挂摇叶，六树原当有摇叶十八枚，今存十三。全器连枝高约二十五厘米。早于它的朝阳县十二台砖厂东晋墓出土金步摇残件，也是大致相同的结构方式〔图八二〕。出自冯素弗墓的又有一件金蝉珰，高七点一厘米〔图八一—二〕，《三燕文物精粹》中的一幅图版将蝉珰置于步摇冠架之前，

八一—一

❶ 辽宁省博物馆《北燕冯素弗墓》，页五九～六〇，文物出版社二〇一五年。

八一—二

是它的想象复原，而正有诗句可以为之写照，便是北周王褒《日出东南隅行》所云『银烛附蝉映鸡羽，黄金步摇动襜褕』❶，诗句原是用来状写有权有势的追求者，这里的『银烛』，指《拾遗记》卷五中说到的浮忻之国所贡兰金之泥，『金状混混若泥，如紫磨之色，百铸，其色变白，有光如银，即「银烛」是也』。王褒原出于世家大族琅琊王氏，自南梁入西魏，再入北周，现存作品大部分写于北朝时期。这一首未知写作时间，不过『银烛附蝉映鸡羽，黄金步摇动襜褕』当非南朝服饰，因为黄金步摇在南朝是女性插戴。虽然诗作与冯素弗的时代相去百余年，但即便不是眼前实景，却也是并不失真的历史记忆。而曾一度入西魏的陈朝诗人沈炯《长安少年行》中也有『步摇如飞燕』之句❷。

如《步摇·步摇冠·摇叶饰片》一文所讲述的传播路线，萨马尔泰即我国史书所称奄蔡。《史记·大宛列传》曰『奄蔡在康居西北可二千里，行国，与康居大同俗』，又曰康居『与月氏大同俗』，『那么月氏亦应与奄蔡「大同俗」，这样，吸收对方的文

八二

❶《先秦汉魏晋南北朝诗》，下册，页二三三五。

❷《先秦汉魏晋南北朝诗》，下册，页二四四三。

化自然较为顺利』。步摇冠和摇叶即由此一路东传，而依不同的水土蕃衍出不同的花木。以上所举，是其大要，或约略可见同源不同流之概。（一）（二）（三）组实例以数量而言，均不成规模，且失去出土信息，无法构成完整的历史叙事。相对来说，流行于三燕时期慕容鲜卑的步摇冠面貌比较清晰。它有来自异域的影响，但与原型却是相差很远。生命树的色彩在传播途中已经褪色，造型至此也完全改变。诗歌中留下的一二影像昭示它为男子所服，这一风习又或延续到北朝。入唐，此类步摇冠已迹近消泯。

步摇冠虽曾流行一时，并且传布到朝鲜半岛和日本，但并没有为汉民族普遍接受，只是取了冠上的摇叶移植到簪钗中[1]，便是前面举出的步摇花，并且专为女子所用。后世『步摇』之名则成簪钗样式之一种，即簪首或钗首饰物有『步则摇动』之意趣的一类，并且随簪钗风格的演变而不断翻新。

[1]《三国志》卷五十《吴书·妃嫔传》裴注引《江表传》曰：孙皓昼夜与左夫人房宴，『使尚方以金作华燧步摇假髻以千数，令宫人著以相扑，朝成夕败，辄出更作，工匠因缘偷盗，府藏为空』。此『金作华燧步摇假髻』，或是与金步摇冠相似之物。

图八三
玉胜
武氏祠画像石的祥瑞图

图八四—一
金叠胜
江苏邗江甘泉二号汉墓出土

图八四—二
金叠胜
南京雨花台区冯苇村后头山出土

八四—一

八四—二

三　首饰之三：金胜、金钿、金珰

簪钗之外，尚有一类金饰，名曰胜或华胜。华胜，即花胜。汉代开始流行，延续至两晋南北朝。《释名·释首饰》：『华胜，华象草木华也。胜，言人形容正等，一人著之则胜。蔽发前为饰也。』『形容正等』，犹后世谓人容貌端正。

胜的造型，乃中圆如鼓，上下各有一个梯形与圆鼓相对。山东嘉祥武氏祠画像石的祥瑞图中有此物，两胜之间有横杖相连，不过在这里是纵向而置。榜题曰『玉胜王者』❶（图八三），那么是王者的瑞应了。同于此式的金饰，也多有发现，如长沙五里牌东汉墓出土金胜❷，如江苏邗江甘泉二号汉墓出土金胜和金叠胜❸（图八四—一），南京雨花台区冯苇村后头山出土东晋金叠胜（图八四—二）。作为首饰的金胜、玉胜，最初它的簪戴大约专属女子。《山海经·西山经》云，『西王母其状如人』，『蓬发戴胜』；郭璞注：『胜，玉胜也。』《汉书·司马相如列传》录相如所作《大人赋》，句有『吾乃今日睹西王母，暠然白首戴胜而穴处兮』，颜师古注：『胜，妇人首饰也，汉代谓之华胜。』而胜的造型，实缘自

❶ 清冯云鹏等《金石索》，页一四七九，书目文献出版社一九九六年影印本。按冯氏于图下注云：『「王者」二字下无文字，系当日未刻，非墨渤也。』

❷ 湖南省博物馆《长沙五里牌古墓葬清理简报》，页二四，图八（『亚形饰』），《文物》一九六〇年第三期。

❸ 高二点一、宽一点五厘米，重四点七克，南京博物院《江苏邗江甘泉二号汉墓》，页六，《文物》一九八一年第十一期。

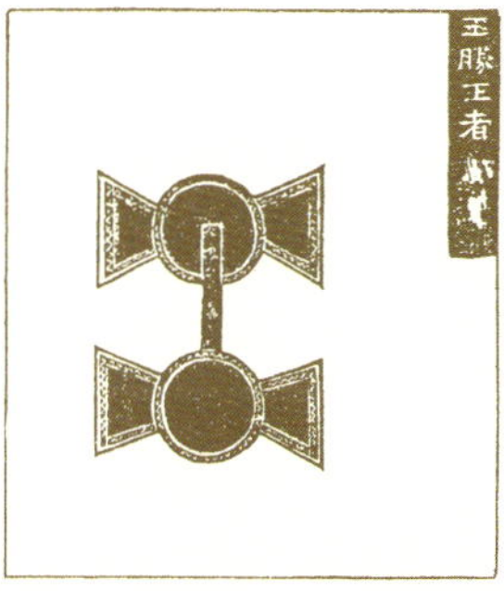

八三

图八五
织机上的胜
江苏泗洪出土东汉画像石

图八六—一
西王母图（局部）
河南偃师高龙乡辛村西南汉墓出土

图八六—二
西王母画像石（拓片）
成都市新都区新龙乡出土

织机。胜之繁体为勝，乃幐之假，又名摘，原是织机上面的一个构件，即缠卷经丝的一根木轴，安置在机架的顶端或后部，木轴两端有钮（图八五）。《山海经·海内北经》云『西王母梯几而戴胜杖』❶，注者多谓『胜杖』之『杖』为衍文，其实未必然。胜杖即此两端有钮、中间一根横木的『织胜』。『杖』者，当指横木而言，而胜杖、织胜，俱可简称为胜。《说文·木部》『幐，机持经者也』；《列女传·鲁季敬姜传》『舒而无穷者，摘也』；王逸《机妇赋》『胜复回转，克像乾形』，是均云此物❷。华胜之簪戴，东汉已进入舆服制度，《续汉书·舆服志》：太皇太后、皇太后入庙服，『簪以玳瑁为擿，长一尺，端为华胜』❸。『长一尺，端为华胜』，所取亦胜杖之式，正如各种图像中的西王母（图八六—一～二）。

作为祥瑞出现在汉画像以及其他装饰艺术中的胜，自是富含吉祥寓意，此意且绵延不断流衍于后世。《宋书》卷二十九《符瑞下》曰：『金胜，国平盗贼，四夷宾服，则出。晋穆帝永和元年二月，春谷民得金胜一枚，长五寸，状如织胜。明年，桓温平蜀。』《太平御览》卷七一九《服用部二一》『花胜』条引《晋中

❶ 袁珂《山海经校注》，页三〇六，上海古籍出版社一九八〇年。校注曰：『郝懿行云：「如淳注《汉书》司马相如《大人赋》引此经无杖字。」珂案：无杖字是也，《御览》卷七一〇引此经亦无杖字，《西次三经》与《大荒西经》亦俱止作「戴胜」，杖字实衍。』

❷ 《孙毓棠学术论文集·战国秦汉时代的纺织业》于此两句有详释，页二四八～二四九，中华书局一九九五年。

❸ 其下并云『上为凤皇爵，以翡翠为毛羽，下有白珠，垂黄金镊』。

八五

八六—一

八六—二

兴书》曰：花胜，『一名金称，《援神契》曰：神灵滋液，百珍宝用，有金胜。晋孝武时，阳谷氏得金胜一枚，长五寸，形如织胜』。河南邓县张村西南南朝画像砖墓墓门起券处绘兽面口中衔

图八七—一 河南邓县南朝画像砖墓券门壁画（摹本）

图八七—二 胜杖式金片 北燕冯素弗墓出土

图八七—三 兽面衔胜杖金饰 南京江宁上峰新区张府仓村出土

八七—一

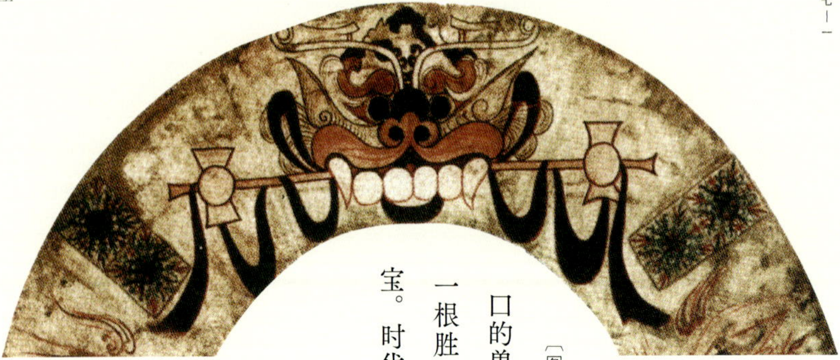

胜杖，应即作为瑞应之物的『织胜』❶〔图八七—一〕。北燕冯素弗墓出土两枚金饰片，造型即同胜杖〔图八七—二〕。不过完好的一枚长止六点四厘米，似非头饰。出自南京江宁上峰新区张府仓村的一枚金饰❷〔图八七—三〕，长不到三厘米，镂空作耸身张口的兽面，两侧各探出一爪撑挂在胜上，口里衔一根胜杖，纹饰之表铺焊粟粒，双目原初似当嵌宝。时代为六朝，正可与前举邓县壁画合看。

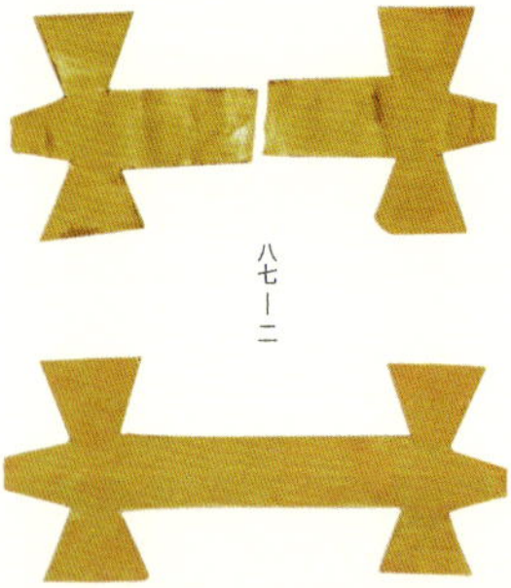

八七—二

八七—三

❶《中国出土壁画全集·五》，图九九。

❷成都金沙遗址博物馆等《金色记忆：中国出土十四世纪前金器特展》，页一八九，四川人民出版社二〇一九年。按图版说明云『主体部分似为蝉纹』，非也。

图八八—一
金华胜
河南卫辉大司马墓地西晋墓出土

图八八—二
金华胜
南京郭家山东晋一号墓出土

图八九—一
柿蒂八凤纹铜镜（拓片局部）
马鞍山市博物馆藏

河南卫辉大司马墓地西晋墓出土九胜相连环绕为圆形的组合式金华胜一枚，华胜中心尚存一颗绿松石[1]（图八八—一）。南京北郊郭家山东晋墓出土金华胜与此相似而简化了中间部分（图八八—二）。马鞍山市博物馆藏一面西晋柿蒂八凤纹铜镜，环绕圆钮的四出柿蒂内为神树、对凤和蟾蜍，两枚叶片之间各有两两相向、口中衔胜的一对凤鸟，近缘处十六个连弧半圆内满填仙禽瑞兽[2]（图八九—一）。织绣纹样中也有对鸟衔胜，如甘肃花海毕家滩出土绯绣袴片[3]。分别出自南京仙鹤观东晋高崧夫妇墓、南京栖霞山

八八—一

八八—二

八九—一

❶《河南卫辉大司马墓地晋墓（M18）发掘简报》，页一九，图八、图九。
❷ 马鞍山市文物管理所等《马鞍山文物聚珍》，页六一，文物出版社二〇〇六年。
❸ 王乐《中国古代丝绸设计素材图系·汉唐卷》，页三八，浙江大学出版社二〇一八年。

图八九—二 对凤衔胜金饰 南京仙鹤观东晋高崧墓出土

图八九—三 对凤衔胜金饰 南京雨花台区冯苇村后头山出土

图八九—四 对凤衔胜金饰 南京栖霞山甘家巷化肥厂工地二四号墓出土

图九〇—一 对凤衔胜金饰 镇江市阳彭山砖瓦厂东晋墓出土

图九〇—二 对凤衔胜金饰 镇江市李家大山六号东晋墓出土

图九〇—三 对凤衔胜金饰 杭州富阳区乌龟山东晋十号墓出土

八九—二

八九—三

八九—四

九〇—一

九〇—二

九〇—三

图九一
双鱼衔胜金饰（东晋）
江宁博物馆藏

甘家巷化肥厂工地二四号墓、南京雨花台区冯苇村后头山的对凤衔胜金饰，与铜镜图案中的对凤衔胜几乎完全相同〔图八九—二～四〕。同一类型的金饰，也见于镇江市阳彭山砖瓦厂东晋墓、镇江市李家大山六号东晋墓[1]、杭州富阳区乌龟山东晋十号墓〔图九〇—一～三〕。又有江宁博物馆藏一枚东晋时期的三角形金饰，金饰底端为双鱼衔胜，金胜上面立一对凤凰[2]〔图九一〕。

因为是瑞图的性质，华胜便又成为人日簪戴的节令物事。南朝梁宗懔《荆楚岁时记》：『正月七日为人日，以七种菜为羹，剪綵为人，或镂金箔为人以贴屏风，亦戴之头鬓。又造华胜以相遗。』隋杜公瞻注云：『人入新年，形容改从新也。华胜起于晋代，见贾充《李夫人典戒》，云像瑞图金胜之形，又取像西王母戴胜也。』所谓『人入新年，形容改从新』，胜之为瑞，嵌入此『新』，自是满盈喜意，所以贴屏风、簪头鬓，『又造华胜以相遗』也。

频频见于南北朝歌诗的美人之饰，尚有金钿。金钿常常与摇叶和对鸟衔胜金饰同出，因此很可能有组合关系。它可以是步摇花的构件，也不妨单独为饰。梁何逊《咏照镜诗》『羽钗若可间，

九一

[1]《镇江出土金银器》，图八二、八四。

[2] 长七厘米，宽四点六厘米，重九克，江宁博物馆等《东山撷芳：江宁博物馆暨东晋历史文化博物馆馆藏精粹》，页一八四，文物出版社二〇一三年。

金钿畏相逼』[1]，丘迟《敬酬柳仆射征怨》『耳中解明月，头上落金钿』[2]，陈后主《七夕宴乐修殿各赋六韵》『玉笛随弦上，金钿逐照回』[3]，房篆《金乐歌》『玉颜光粉色，罗袖拂金钿』[4]，又徐陵《玉台新咏集·序》所云『反插金钿』，等等，几乎处处可见金光点点，闪灼明灭。

钿有两读，一读田音，一读甸音。前者用为名词，乃指金花。《说文新附·金部》：『钿，金华也。』《集韵·先韵》：『钿，金华饰也。』《玉篇·金部》：『钿，金花也。』慧琳《一切经音义》卷十七『间钿』条释『钿』曰：『《桂苑珠丛》云：金花宝钿也。《文字集略》云：金钿，妇人首饰也。』后者，用为动词。慧琳《一切经音义》卷七十九『间钿』条曰：『《考声》云：以珍宝厕填也，装饰也。』希麟《续一切经音义》卷五『钿饰』条曰：『上堂练反。《字书》：宝瑟钿以饰器物也。从金，田声。又音田，花钿也。』所谓『以宝饰器』，多是指以珍宝装饰金银器。作为首饰的花钿，当是兼用两意，即填嵌宝石的金花。戴侗《六书故》第四《地理一》：钿，『金华为饰，田田然也』。『田田』一般用作形容

[1]《先秦汉魏晋南北朝诗》，中册，页一六九三。按一作『宝钗若何间，金钿长相逼』。

[2]《先秦汉魏晋南北朝诗》，中册，页一六〇三。

[3]《先秦汉魏晋南北朝诗》，下册，页二五八。

[4]《先秦汉魏晋南北朝诗》，下册，页二一四。

鲜碧、浓郁，而若对照金花实物，则解作盛密之貌，或者合宜。

装饰所用最为多见的是金粟攒焊而成的小金珠，这一工艺在西方有悠久的传统，有的或即来自异域，不过镂空多面体金珠与博荦——比如临淄西汉齐王墓陪葬坑出土铜错银镂空博荦——颇为相近，因此也或有出自中土工匠之手且包含了自创成分的仿制品❶（图九二—一）。长沙五里牌东汉墓❷、广西合浦县九只岭出土镂空金珠都是很精细的制作（图九二—二～三）。南方出土两汉时期的镂空金珠，或同珠玉宝石之类结作串饰，广州先烈路龙生岗汉墓、扬州西湖镇万科金色梦想工地出土水晶玛瑙金珠串（图九二—四～五），是这类金珠的组合方式之一。耐人寻味的是，前一例串饰中镂空多面体金珠之外，又有一颗金珠是胜的样式，即如前举祥瑞图中的玉胜。

金珠、金粟也用作衣饰。《汉书》卷六十八《霍光金日磾传》曰『太后被珠襦，盛服坐武帐中』。西汉南越王墓出土珠襦，原是覆在作为葬具的玉衣之上，系以小金珠与玻璃珠、玻璃贝相间❸。徐州北洞山汉墓出土女俑，衣襟镶珠、缀流苏❹。梁江洪《咏舞

❶《汉代物质文化资料图说》，页四二八。

❷《长沙五里牌古墓葬清理简报》，页四七。

❸《西汉南越王墓》，页二一三：玉衣上覆珠襦，由玻璃珠、玻璃贝、金花泡组成为菱形纹。金花泡『绞索形纹是用极窄小的薄金片作相对方向搓捻而成。小金珠是用金丝剪成小段高温吹熔凝聚而成』。

❹徐州博物馆等《徐州北洞山西汉楚王墓》，页六九，文物出版社二〇〇三年。或考证墓主是楚夷王刘郢客（葛明宇等《徐州北洞山西汉楚王墓墓主应为夷王刘郢客》，《中国文物报》二〇〇四年十一月十九日）。

图九二—一
铜错银镂空博茕
山东临淄大武齐王墓陪葬坑出土

图九二—二
金珠
长沙五里牌东汉墓出土

图九二—三
金珠（东汉）
广西合浦九只岭出土

九二—一

九二—二

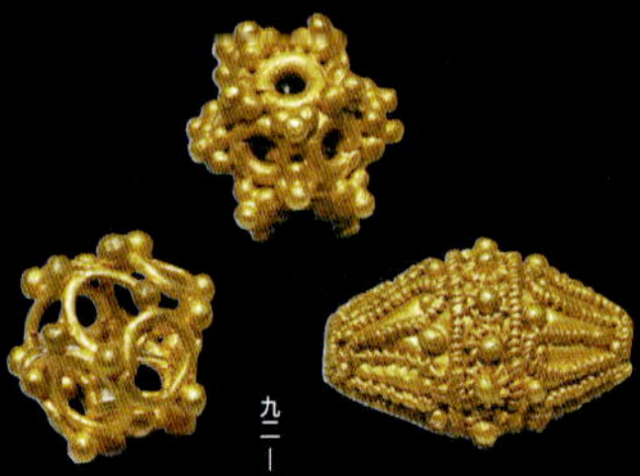

九二—三

图九二—四
水晶玛瑙金珠串
广州先烈路龙生岗汉墓出土

图九二—五
水晶玛瑙金珠串
扬州西湖镇
万科金色梦想工地出土

女诗》句云『映襟阗宝粟，缘肘挂珠丝』❶，新疆伊犁哈萨克自治州昭苏县波马古墓出土一方缀金珠刺绣织物残片❷。相距遥远，族属不同，自属偶然相合，但因此可知『映襟阗宝粟』原非想象之辞。

九二—四

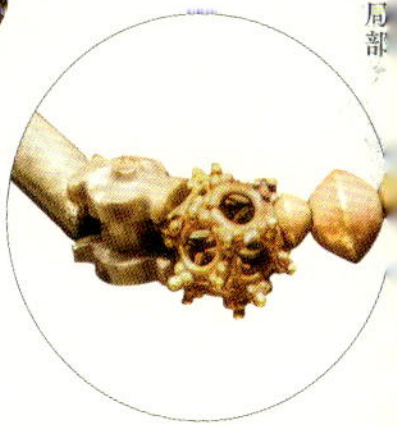
局部

九二—五

❶《先秦汉魏晋南北朝诗》，下册，页二〇七四。

❷ 安英新《新疆伊犁昭苏县古墓葬出土金银器等珍贵文物》，页一三。

图九三
影塑（摹本）
洛阳永宁寺遗址出土

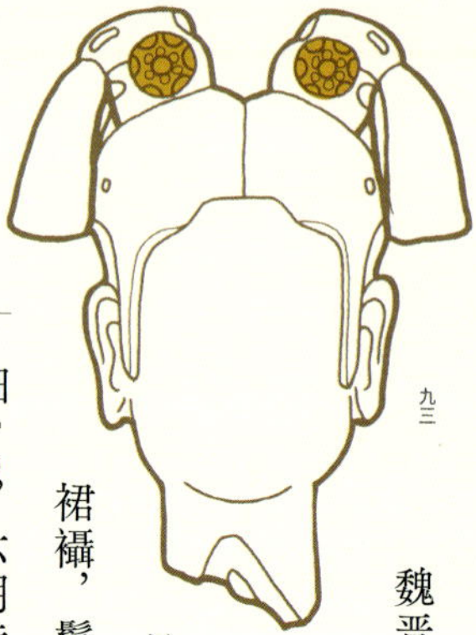

九三

魏晋南北朝时期，金粟攒焊多运用于金钿的制作。造型一般如梅花六出，金珠沿边勾勒为花朵的轮廓，如前面步摇一节所举。亦如前述，金钿可以是步摇花的构件，也可单独为饰，梁刘遵『履度开裙襵，鬟转匝花钿』❶，庾肩吾『萦鬟起照镜，谁忍插花钿』❷，六朝诗歌所咏花钿，便是这一类。既曰『插花钿』，则它的固定方式也当如簪钗一般，即装置用于插戴的脚。所谓『鬟转匝花钿』，可知花钿是周鬟插戴。北魏洛阳永宁寺遗址出土的影塑有两鬟插戴花钿的形象❸〔图九三〕。

上一章举出易县辛庄头三十号墓出土羊首纹金饰片及缨罩式金片〔第一章，图七〇〕，式样相近的金饰也多见于西汉，如河北满城汉墓〔图九四〕、广州南越王墓、徐州狮子山楚王墓。发现于盱眙大云山江都王墓的数枚，出土时均附着于漆纱冠，同出尚有贝带。上一章也提到，有学者推测这一类金饰亦为鵕鸃冠之饰，即所谓『冠鵕鸃，贝带』❹。

流行于魏晋南北朝的金饰，还有名作金珰的一类。它原为

❶《应令咏舞诗》，《先秦汉魏晋南北朝诗》，中册，页一八一〇。

❷《奉和湘东王应令诗二首·冬晓》，《先秦汉魏晋南北朝诗》，下册，页二〇〇〇。

❸中国社会科学院考古研究所《北魏洛阳永宁寺》，页五七，彩版一四：三，中国大百科全书出版社一九九六年。

❹《史记》卷一二五《佞幸传》：『孝惠时郎侍中皆冠鵕鸃，贝带，傅脂粉。』相关考证，见左骏《金珰曜鵕鸃：看战国至汉羊纹金饰的一个新视角》，《大众考古》二〇一九年第十期。作者并认为，后此之蝉纹金珰是它的延续。

图九四
羊首纹金饰片及缨罩式金片
河北满城汉墓出土

侧视

九四

图九五
金蝉珰
甘肃张掖高台地梗坡四号墓出土

图九六—一
金蝉珰
南京大学北园东晋墓出土

图九六—二
金蝉珰
南京仙鹤观东晋高悝夫妇墓出土

图九六—三
包金箔铜蝉珰
临沂洗砚池晋墓一号墓出土

图九七
金蝉珰
南京江宁上峰新区张府仓村出土

图九八
金蝉珰
北京顺义临河出土

皇帝之近臣或王室贵戚所服。《续汉书·舆服志》曰：武冠，侍中、中常侍『加黄金珰，附蝉为文，貂尾为饰』。《后汉书·朱穆传》『假貂珰之饰，处常伯之任』，李贤注：『珰以金为之，当冠前，附以金蝉也。』晋傅咸《赠何劭王济诗》『携手升玉阶，并坐侍丹帷。金珰缀惠文，煌煌发令姿』[1]。所谓『惠文』，指惠文冠。附蝉为文的黄金珰，也可简称蝉珰。洛阳寇店西朱村南曹魏大墓出土刻铭石牌有『翡翠白珠金校蝉二』，『翡翠金白珠挍小形多股蝉一具』[2]，似即此物。梁简文帝《答萧子云上飞白书屏风书》『岂待金珰，便睹蝉翼』，即以金珰的镂空蝉翼拟喻飞白书。金蝉珰在这一时期的墓葬多有出土，如甘肃张掖高台地梗坡魏晋四号墓（图九五）、北燕冯素弗墓（图八一—二），南京大学北园东晋墓、南京仙鹤观东晋高悝夫妇墓（图九六—一～二）、山东临沂洗砚池晋墓[3]（图九六—三），又南京江宁区上峰新区张府仓村出土六朝金珰一枚（图九七）、北京顺义临河出土北朝金珰一枚[4]（图九八），等等。而有不少是属之于女性，如敦煌前凉张天锡时期的张弘妻汜心容墓[5]，如前举高悝夫妇墓。出自洗砚池者，墓主人是尚未成年的女童。

[1] 《先秦汉魏晋南北朝诗》，上册，页六〇七。

[2] 史家珍等《流眄洛川：洛阳曹魏大墓出土石楬》，页一〇一，页一九〇，上海书画出版社二〇二一年。

[3] 一号墓出土金珰凡五件，均以铜片为底衬，外覆镂空金箔。《临沂洗砚池晋墓》，页四三。

[4] 《金色记忆：中国出土十四世纪前金器特展》，页一八八，页一八九。前例高二点一厘米，后例高五点二厘米。

[5] 敦煌文物研究所考古组《敦煌晋墓》，《考古》一九七四年第三期。

九六—一

九五

九六—三

九六—二

九八

九七

九九

图九九
菩萨像（局部）
山东博兴县张官村出土

舆服制度之外，金珰尚有别用。山东青州龙兴寺❶，又博兴县张官村出土北朝造像，菩萨头冠中央竟也加饰蝉珰❷〔图九九〕。而出土金蝉珰的北燕冯素弗墓尚发现满缀摇叶的金珰一枚，摇叶下面的图案为一佛二菩萨〔图一〇〇〕。此外又有江宁博物馆藏东晋时期的对鸟纹金珰❸〔图一〇一〕，分别出自南京大学北园东晋墓、湖北鄂城东晋墓❹、江苏吴中区甪直镇张陵山张镇墓的羽人御龙金珰❺〔图一〇二—一～三〕。几枚羽人御龙金珰造型、构图以及制作工艺都很相近：细窄的金条双钩纹样轮廓，羽人和云气填粟粒，以大小不同的金珠依样填出龙身。从所存石碗来看，原初应该都有镶嵌。羽人御龙的形象，早见于战国两汉玉佩饰、汉画像石、织绣纹样、铜镜纹饰以及开篇举出的错金银杠箍图案等。新疆民丰尼雅出土汉晋时期『安乐绣文大宜子孙』锦，单位纹样之一便是云端上的御龙者，由织文可见寓意❻〔图一〇二—四〕。金珰纹饰似与装饰领域的流行题材同源。羽人御龙也是魏晋游仙诗中的意象，如曹植《平陵东行》『阊阖开，天衢通，被我羽衣乘飞龙，

❶ 青州市博物馆《青州龙兴寺佛教造像艺术》，图一四八，山东美术出版社一九九九年。

❷ 时代为东魏，今藏山东博物馆。

❸ 高二点八厘米，重二点四克，《东山撷芳：江宁博物馆暨东晋历史文化博物馆馆藏精粹》，页一八三。

❹ 出自东晋前朝墓，南京大学历史系考古专业等《鄂城六朝墓》，彩版一三：一，科学出版社二〇〇七年。

❺ 墓葬年代为东晋太宁三年，南京博物院《琅琊王：从东晋到北魏》，页七一，译林出版社二〇一八年。

❻ 浙江省文化厅等《丝绸之路沙漠王子遗宝展》，页三一，中国丝绸博物馆二〇〇〇年。

图一〇〇 摇叶金珰
北燕冯素弗墓出土

图一〇一 对鸟纹金珰
江宁博物馆藏

图一〇二—一 羽人御龙金珰
南京大学北园东晋墓出土

图一〇二—二 羽人御龙金珰
湖北鄂城东晋墓出土

图一〇二—三 羽人御龙金珰
苏州吴中区甪直镇张陵山张镇墓出土

图一〇二—四 『安乐绣文大宜子孙』锦（局部）
新疆民丰尼雅出土

一〇二—四

一〇一

一〇〇

一〇二—一

一〇二—三

一〇二—二

图一〇三—一
琉璃耳珰
辽宁辽阳汉墓出土

图一〇三—二
玛瑙耳珰（东汉）
杭州萧山区菊花山四十三号墓出土

图一〇三—三
玛瑙耳珰（新莽）
杭州临安区潘山墓葬出土

图一〇四
东汉陶舞俑（局部）
成都六一一所东汉墓出土

图一〇五
金耳珰
长沙五里牌东汉墓出土

与仙期』。这一类样式的金珰又或许与道教文献中倡言的佩饰相关❶，它与同一时期墓葬出土的金铃、银铃大约性质相似。

四　耳饰及其他

耳饰，先秦时代在北方青铜文化范围内即已流行，如本书第一章所举，不过似乎至今尚难为之勾画起源与演变的清晰线索以及佩戴情况。

形象比较清楚的一种耳饰，为瑱，两汉以前，男女皆有佩戴。《说文·玉部》『珥，瑱也』，《淮南子·修务训》高诱注同。《韩非子·外储说右上》：『薛公相齐，齐威王夫人死，中有十孺子皆贵于王，薛公欲知王所欲立而请置一人以为夫人』，『于是为十玉珥而美其一而献之，王以赋十孺子。明日坐，视美珥之所在而劝王以为夫人』。玉珥，便是《诗·鄘风·君子偕老》中的『玉之瑱也』❷。《周礼·夏官·弁师》言诸侯『玉瑱』，张惠言曰：『瑱制无文，《春秋传》曰「币锦二两，缚一如瑱」，则其形必圆而长。』信阳长台关一号楚墓发现的一件木俑，耳垂有穿，穿中间插了一

❶ 陶弘景《真诰》卷五《甄命授第一》所谓『君曰：仙道有「玉珮金珰」，以登太极』。

❷ 《说文·玉部》：『珥，瑱也。』《诗》中屡有提及的『充耳』，亦此物。旧说瑱或充耳为冕冠两侧当耳处以为『塞听』之象征的悬饰亦即黈纩，却于《诗》《礼》无徵。所谓『以黄绵大如丸，悬冠两边，当耳』（《文选》卷三《东都赋》薛综注），其制起于后汉，很有可能是受到西域大月氏传来之步摇冠耳旁挂饰牌的影响。至于丧仪中所用的瑱，则别是一种葬玉，初与耳饰之瑱无关。先秦时代作为耳饰的瑱，佩戴方式当是贯耳，而不会是塞入耳孔之内。

一〇三—一　一〇三—二　一〇三—三

枝小小的竹签子❶。竹签即代表穿耳之瑱。降至两汉，耳饰多称珥，称珰，并成为女子特有的装饰，而佩戴方式依然古风，洛阳市烧沟村西西汉卜千秋墓壁画可以见到这样的形象❷。《诗》中之瑱，为玉制，汉代则以琉璃或玛瑙为多，最常见的是细腰式，一端大，一端略小，中间每每有孔〔图一〇三—一～三〕，或可以穿系坠饰❸，如成都六一一所东汉墓出土陶舞人的耳饰〔图一〇四〕。东汉王符《潜夫论·浮侈》篇中说道，当日京师贵戚，衣服、饮食皆过王制，从奴仆妾，皆服冰纨锦绣，犀象珠玉，可知伊人妆扮如许，乃时风使然。长沙五里牌东汉墓出土金耳珰一对❹，耳珰上下各用小金珠缀焊连珠纹，是金银制品中不多的实例〔图一〇五〕。

汉代以后，耳珰便不再普遍流行，虽然诗词中的美人常常明月为珰，如晋傅玄《有女篇》『头安金步摇，耳系明月珰』，先后入仕梁、陈的江总《梅花落》二首之一『妖姬堕马髻，未插江南珰』，又北魏高允《罗敷行》『脚著花文履，耳穿明月珠』❺。

一〇四

❶ 河南省文物研究所《信阳楚墓》，页五九，图三九：二，文物出版社一九八六年。

❷ 徐光冀等《中国出土壁画全集》，册五，图八，科学出版社二〇一二年。

❸ 原田淑人《東亞古文化論考·中国耳璫に関する二、三の問題》，页一九七，吉川弘文馆一九六二年；孙机《汉代物质文化资料图说》，页二八二，图六二—一四，上海古籍出版社二〇一一年。

❹ 《长沙五里牌古墓葬清理简报》，页四七：『细腰形佩管饰一对，每件长二点八厘米，共重十一点五克。』

❺ 《先秦汉魏晋南北朝诗》，上册，页五五七；下册，页二五六九（堕，或作坠，似以堕为安）；下册，页二二〇一。

一〇五

所谓『耳系明月珰』，所饰仍是穿耳之珰，此即前面提到的在耳珰细腰间或中心钻孔穿线别系坠饰者。

耳坠与耳环，多见于北方和西域，出自西域者，且待后论。辽宁西丰西岔沟墓地出土金纽丝穿玉石耳饰❶〔图一〇六〕，工艺并不复杂，却有华丽的效果。辽宁锦州义县保安寺和朝阳北票喇嘛洞三燕文化墓地分别出土各种样式的金摇叶耳坠数对❷〔图一〇七～一〇八〕，义县金耳坠当是从大月氏的风格样式演变而来。大同交通苑北魏墓群出土一对金珠摇叶垂链耳坠〔图一〇九〕，是金珠、摇叶、纽丝、嵌宝、垂链几种不同元素的组合。出自大同恒安街北魏墓的金镶宝耳坠一对❸〔图一一〇〕，纹样乃大月氏装饰品中流行的母题。作为主体的圆环是女神与一对摩竭鱼，环之一侧装饰三枚金花宝钿：花叶一、人面一、小鸟一，一侧系缀长长的金链，圆环内设置插接机括可便开阖，下方的一对小金环里各垂金花宝坠。宁夏固原原州区三营镇化平村北魏墓出土和大同博物馆藏金嵌宝耳环❹〔图一一一—一～二〕，式样相似，都是以密集型的镶宝

一〇六

图一〇六
金纽丝穿玉石耳饰
辽宁西丰西岔沟墓地出土

一〇七

图一〇七
金摇叶耳坠
锦州义县保安寺出土

❶ 孙守道《『匈奴西岔沟文化』古墓群的发现》，页三四，图十一，《文物》一九六〇年第八、九期合刊。

❷ 《三燕文物精粹》，图二〇～二四。

❸ 大同市考古研究所《山西大同恒安街北魏墓（11DHAM13）发掘简报》，《文物》二〇一五年第一期。

❹ 宁夏固原博物馆《固原历史文物》，页一一九，科学出版社二〇〇四年。

图一〇八
金摇叶耳坠
辽宁朝阳北票喇嘛洞墓地出土

图一〇九
金珠摇叶垂链耳坠
大同交通苑北魏墓群出土

图一一〇
金镶宝耳坠
大同恒安街北魏墓出土

图一一一—一
金嵌宝耳环
宁夏固原三营镇化平村北魏墓出土

图一一一—二
金镶宝耳环
大同博物馆藏

一〇九

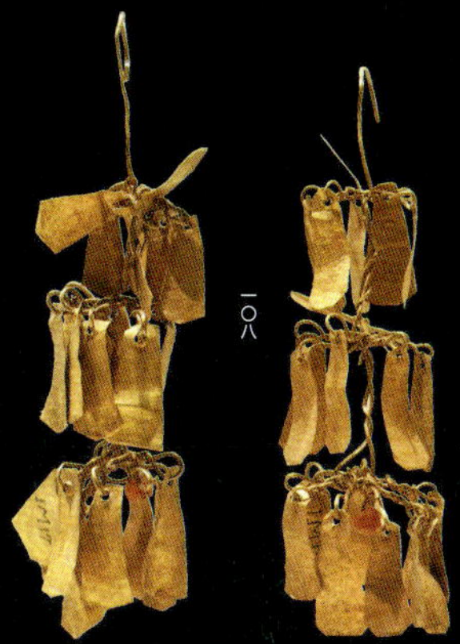

一〇八

一一〇

局部

一一一—二

一一一—一

图一一二
金镶珍珠耳环
西安未央区北周史君夫妇墓出土

图一一三
陶俑
成都市郫县宋家林出土

一一二

追求奢丽。此可称作珰鏮，慧琳《一切经音义》卷十四释『珰鏮』曰『耳鏮也。《考声》云：钱鏮，车轮也。案耳鏮似轮，西国国王及贵胜皆以金银妙宝作耳鏮，著穿耳之处犹如宝轮，以杂宝厕其间以为严饰』。西安未央区北周史君夫妇墓出土金镶珍珠耳环❶（图一一二），式样与同出石堂南壁门左侧的浮雕四臂神所戴耳环几乎相同❷。墓主人为『昭武九姓』的史国人，其妻为康国人。此式耳环可名珰环。慧琳《一切经音义》卷十九『珰环』条曰：珰，『耳饰珠也』；『《韵英》云：环，珮也。即耳鏮也，形如轮，亦耳中之宝饰也』。

金银戒指和手镯，两汉至魏晋南北朝最常见的样式，是光素无纹或刻齿以为纹饰的指环与钏，二者均为细窄的单环，不过有直径的小大之别而已。成都市郫县宋家林出土东汉陶俑，两手戴的三枚指环都是单环（图一一三）。长沙仰天湖贺龙体育馆十一号晋墓出土金指环为三旋式（图一一四—一）。出自南京江宁上坊三

一一三

❶ 西安市文物保护考古研究院《北周史君墓》，页四三，文物出版社二〇一四年。按报告将耳环倒置并依此解读：『上部残缺，中间穿坠珍珠一颗和两层联珠纹，下面呈环状。』

❷《北周史君墓》，页八五。

图一一四—一
金指环
长沙仰天湖贺龙体育馆十一号晋墓出土

图一一四—二
金指环
南京江宁上坊三国吴墓出土

图一一五
金佛像戒指
南昌火车站东晋六号墓出土

图一一六
金戒指
长沙第六中学出土

图一一七
镶金刚石戒指
南京象山七号墓出土

国吴墓的金指环环面饰龙纹〔图一一四—二〕。南昌火车站东晋六号墓出土金佛像戒指六枚，是鲜见的实例❶〔图一一五〕。几枚戒指的直径一点六至两厘米不等，戒面高一点二至一点六厘米不等，戒面坐佛身有背光，下方略似莲座，造型与两晋时期堆塑罐等器具上面贴塑的佛像大体一致。镶嵌宝石的戒指虽有不少发现❷〔图一一六〕，但元代以前这一类样式始终未能成为主流。南京象山七号墓出土镶金刚石戒指是迄今为止考古发现的唯一一例〔图一一七〕，墓主人很可能是平南将军、荆州刺史王廙❸。辽宁北票房身村二号墓出土金镶宝戒指，其时代为东

一一四—一

一一四—二

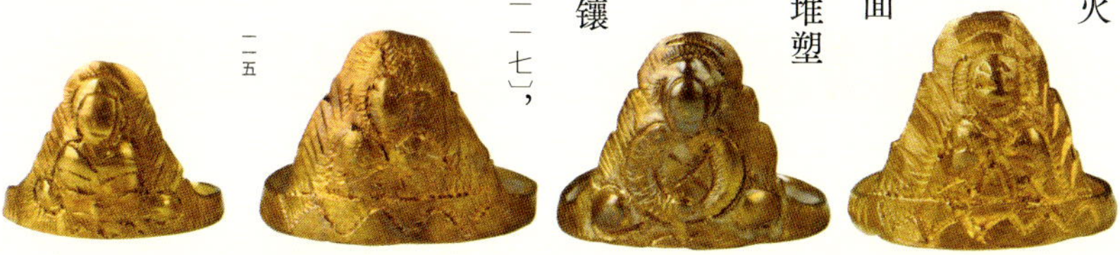
一一五

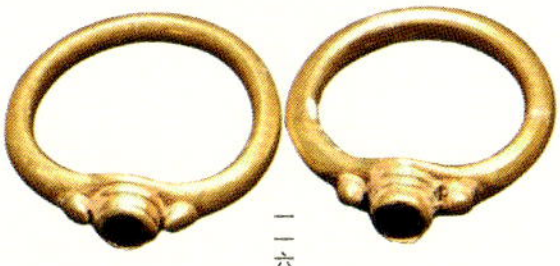
一一六

一一七

❶ 同出尚有银钗、银龙头耳挖簪、银钏等，江西省文物考古研究所等《南昌火车站东晋墓葬群发掘简报》，页三九，《文物》二〇〇一年第二期。

❷ 如长沙第六中学出土数枚汉代金戒指，但戒面嵌物已脱落；江苏句容县城东公社戴家边三国吴墓出土金戒指，金托内原当嵌宝，已失，《镇江出土金银器》，图七七。

❸ 南京市博物馆《南京象山五号、六号、七号墓清理简报》，《文物》一九七二年第十一期。

图一一八
金镶宝戒指
辽宁北票房身村二号墓出土

图一一九—一
立羊纹戒指
呼和浩特美岱北魏墓出土

图一一九—二
卧羊纹戒指
呼和浩特讨速养乡出土

图一二〇—一
金镶青金石戒指
宁夏固原北周李贤夫妇墓出土

图一二〇—二
萨珊银鎏金壶（局部）
卢浮宫藏

一一八

汉后期至魏晋，系慕容鲜卑早期遗存，指环为开口式，戒面中间三颗宝石尚存的一颗，原是用微雕小兽改制❶〔图一一八〕。呼和浩特美岱北魏墓出土立羊纹戒指❷、讨速养乡出土北魏卧羊纹戒指，出土地点不同，但纹样风格与制作工艺都很一致，均以粟粒环绕金片围出来的嵌宝石碗及纹样轮廓，指环皆为开口式〔图一一九—一～二〕。宁夏固原北周李贤夫妇墓出土金镶青金石戒指❸〔图一二〇—一〕，戒面图案是萨珊金银器中的典型形象〔图一二〇—二〕，当非出自中土工匠之手，而是来自域外。

一一九—一

一一九—二

一二〇—一

一二〇—二

❶ 左骏等《中国玉器通史·三国两晋南北朝卷》曾指出这一点（页三〇，海天出版社二〇一四年），验之实物，确如所说。

❷ 内蒙古自治区文物工作队《内蒙古出土文物选集》，页六一，文物出版社一九六三年。

❸ 直径一点四厘米，重十克。宁夏回族自治区固原博物馆等《原州古墓集成》，图七六，文物出版社一九九九年。

西汉时期金钏银钏尚不多见，东汉方始流行。分别出自成都东风灌溉渠东汉墓、辽阳玉皇庙、绍兴漓渚的汉代金钏三对〔图一二一—一～三〕，均光素无纹，形制简单。此后金钏的式样也没有太大变化，稍加装饰者，或缘边刻齿。湖北鄂州市西山铁矿一〇五号墓出土的金钏，时代为三国孙吴〔图一二二—一〕；分别出自南京梅家山、江宁区江宁镇上湖窑场的数件金钏，时代为西晋〔图一二二—二～三〕。长沙市省邮电器材公司、仰天湖贺龙体育场十一号墓出土金钏，亦为晋物〔图一二三—一～二〕。大同交通苑北魏墓群出土数件银钏〔图一二四〕。单环的钏，时人常以『环』为称。如曹植《美女篇》『攘袖见素手，皓腕约金环』；繁钦《定情诗》『何以致拳拳，绾臂双金环』。不论绾臂抑或约腕，金环都可以不止一枚，南京仙鹤观高悝夫妇墓出土金钏七枚❶。虽然用作随葬或与平日不同，不过『琼闺钏响闻』（谢朓《听妓》二首之一），『钏响逐弦鸣』（梁简文帝《赋乐器名得箜篌》）云云，止是两钏或几钏戴在一起才会碰触作响。与此同时出现的多环连续的钏，当与这种佩戴方式相关，时又名跳脱。繁钦《定情诗》『何以致契阔，绕

❶ 出土位置均在棺内中部。南京市博物馆《江苏南京仙鹤观东晋墓》，页一七，《文物》二〇〇一年第三期。

图一二一—一
金钏
成都东风灌溉渠东汉墓出土

图一二一—二
金钏
辽阳玉皇庙出土

图一二一—三
金钏
浙江绍兴漓渚出土

图一二二—一
金钏
鄂州市西山铁矿一〇五号墓出土

图一二二—二
金钏
南京梅家山出土

图一二二—三
金钏
南京江宁区上湖窑场出土

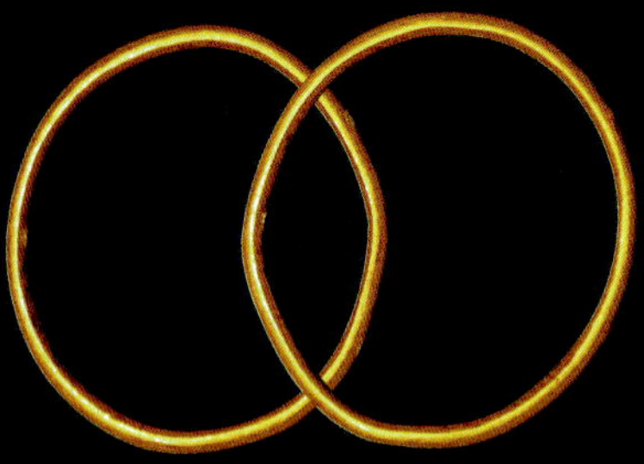
一二一—一

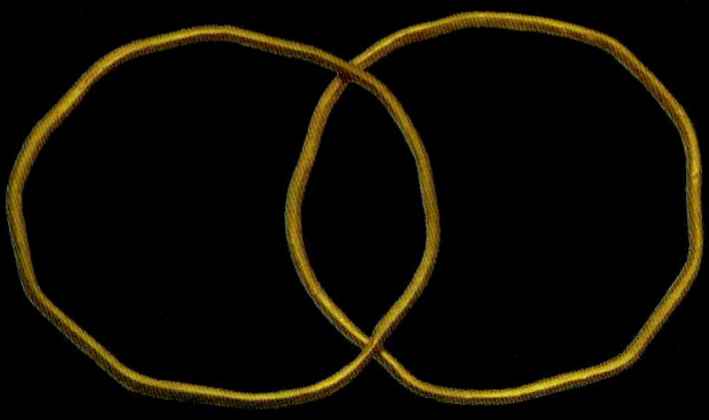
一二一—二

一二一—三

一二二—一

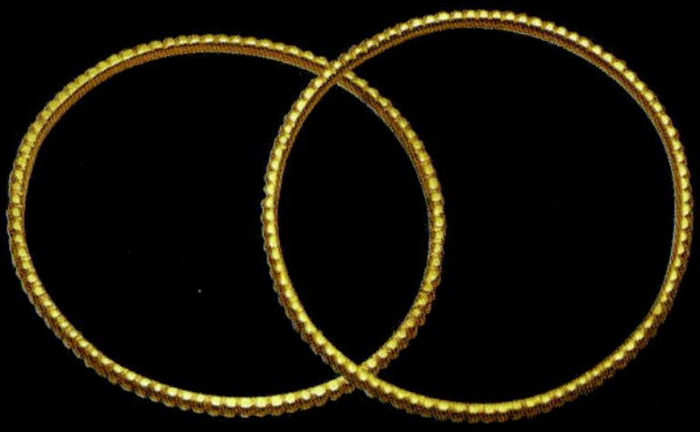
一二二—二

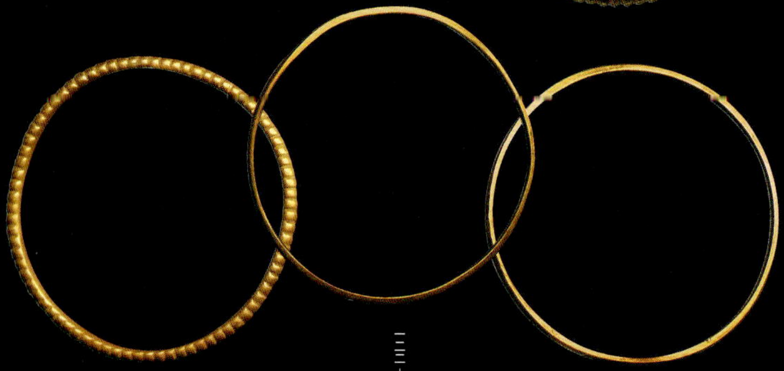
一二二—三

图一二三—一
金钏
长沙市省邮电器材公司出土

图一二三—二
金钏
长沙仰天湖贺龙体育场十一号墓出土

图一二四
银钏
大同交通苑北魏墓群出土

图一二五—一
金钏
南京雨花门大树城出土

图一二五—二
银钏
贵州平坝马场南朝墓出土

腕双跳脱』，当指此类❶。南京雨花门大树城出土双环连续可调式金钏，为东晋物（图一二五—一），贵州平坝马场南朝墓出土多环连续的可调式银钏（图一二五—二）。

一二三—二

一二三—一

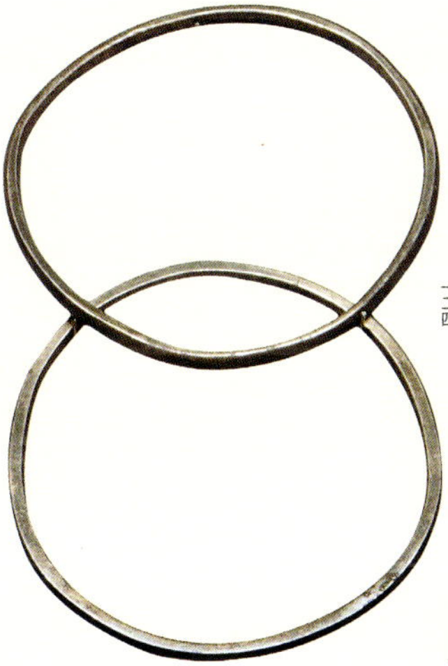
一二四

一二五—一

一二五—二

❶《太平广记》卷五十七《女仙二》中的《萼绿华》一则，曰萼绿华夜降羊权家，赠权『金、玉条脱各一枚，条脱似指环而大』。此系敷演《真诰》故事，《真诰》无后一句。

图一二六—一
金錾花项饰
辽宁朝阳柳城镇十二台砖厂出土

图一二六—二
金錾花镶玉石项饰
北票房身村出土

图一二七—一
金项饰
乌兰察布化德陈武沟墓地出土

图一二七—二
金项饰
呼和浩特市土默特左旗毕克齐镇水磨沟出土

片材打制而成的金银项饰不多见。辽西地区发现三燕时期的实物为弯月式，如朝阳县柳城镇十二台砖厂出土金錾花项饰〔图一二六—一〕，如北票房身村出土金錾花镶玉石项饰，弯月的两端均有细孔，或一个，或一对。北票房身村出土一枚金镶玉石项饰长十四厘米，上下各一溜乳钉纹，两边錾刻对飞的凤鸟，中间开出的嵌框内为青玉石片，背面以一方金片为衬，四角用金钉铆合❶〔图一二六—二〕。乌兰察布化德陈武沟墓地十号墓出土北魏金项饰❷〔图一二七—一〕，形若弯弧，其表四道弦纹，两端各有一个穿孔，中间起突仿如坠饰，式样竟与晋西商代出土青铜项饰遥相应和❸。呼和浩特土默特左旗毕克齐镇水磨沟出土造型相近的一件金饰，弯拱两边各錾兽纹，利齿长角形态好似鳄鱼，中心一个张口吐舌的兽面，两侧各探一爪〔图一二七—二〕，应该也是项饰。与之同出者，有年代相当于北魏时期的拜占庭金币，又有与隋李静训墓出土金杯式样相似的银杯，因推测入葬时间『可能为隋唐时代或稍早一些』❹。

❶ 辽宁省博物馆《古代辽宁》，页一四三，文物出版社二〇一七年。

❷ 出土于墓主人下颌骨下方。内蒙古自治区文物考古研究所等《化德县陈武沟鲜卑墓地发掘简报》，页五五，《草原文物》二〇一四年第一期。墓地的『文化属性应为拓跋鲜卑文化，其人群属性，可能来自北方匈奴部族』（页六一）。

❸ 即本书第一章页六二注释❶所举山西石楼小蒜镇后兰家沟出土『弓形饰』。

❹ 内蒙古文物工作队等《呼和浩特市附近出土的外国金银币》，《考古》一九七五年第三期。文曰：人骨架『头部有金饰片一件，长二十一、中宽四厘米，略成弯月形，重十二点二克』，『由出土的方位及形状看，可能原是缀连在冠顶上的饰物』（不过此非科学发掘，而是『事后去现场了解情况』所得）。因为没有发现葬具的痕迹，故推测『是一个商队的商人暴死于路而加以掩埋的』，『掩埋的时间，可能为隋唐时代或稍早一些』。

二六一一

二六一二

二七一一

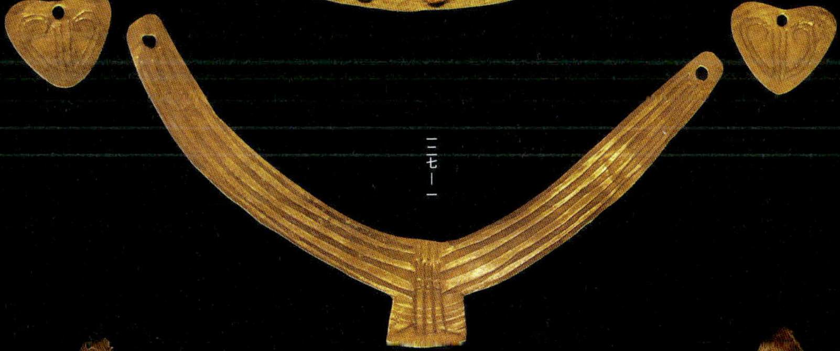

二七一二

图一二八
五兵佩
包头达茂旗西河子出土

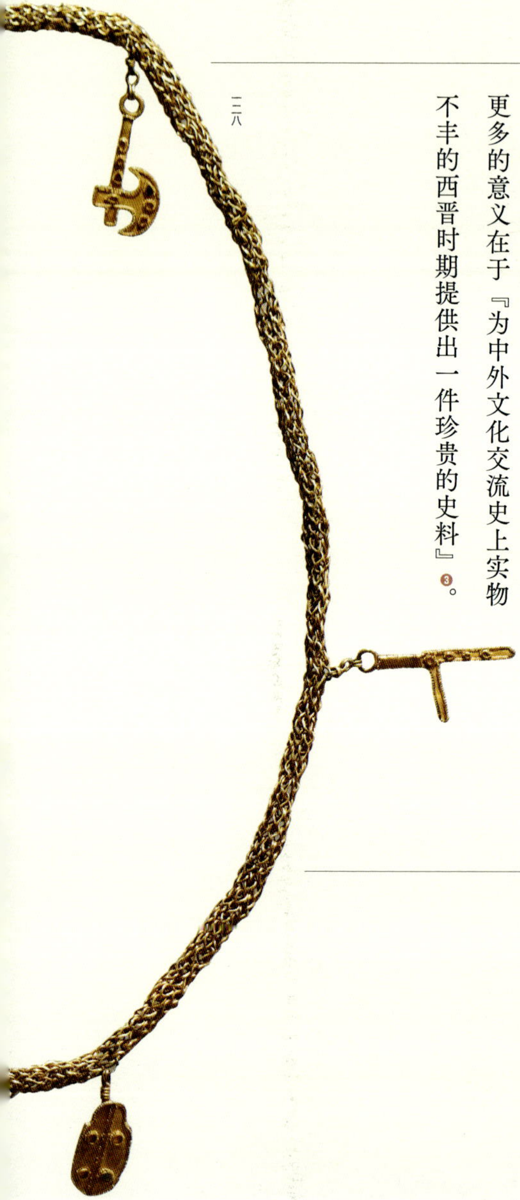

一二八

项饰中比较特殊的一例是包头达茂旗西河子出土的一件金链[1]（图一二八）。金丝编结的链饰通长一百二十八厘米，重二百一十二克。两端各一个金龙头，与前举刘畅墓出土金龙头相似，一对长角也用了金丝缠绕，龙口衔金环。金链上系缀一个斧子、一对盾牌，又形制不同的两个手戟和一对梳子。此即《宋书·五行志》中说到的『五兵佩』[2]。它是一件『混合了斯基泰、犍陀罗及中印度诸种工艺手法，并带有佛教艺术色彩的首饰』，而更多的意义在于『为中外文化交流史上实物不丰的西晋时期提供出一件珍贵的史料』[3]。

[1] 陆思贤等《达茂旗出土的古代北方民族金饰件》，《文物》一九八四年第一期。

[2] 《宋书·五行志》：『晋惠帝元康中，妇人之饰有五兵佩，又以金银玳瑁之属为斧、钺、戈、戟以当笄。』

[3] 孙机《仰观集：古文物的欣赏与鉴别·五兵佩》，页二六〇～二六一。

金粟攒焊的工艺，汉代已经运用纯熟，如前面举出的河北定州东汉中山穆王刘畅墓出土金龙、金天禄和金羊。合肥西郊乌龟墩汉墓出土

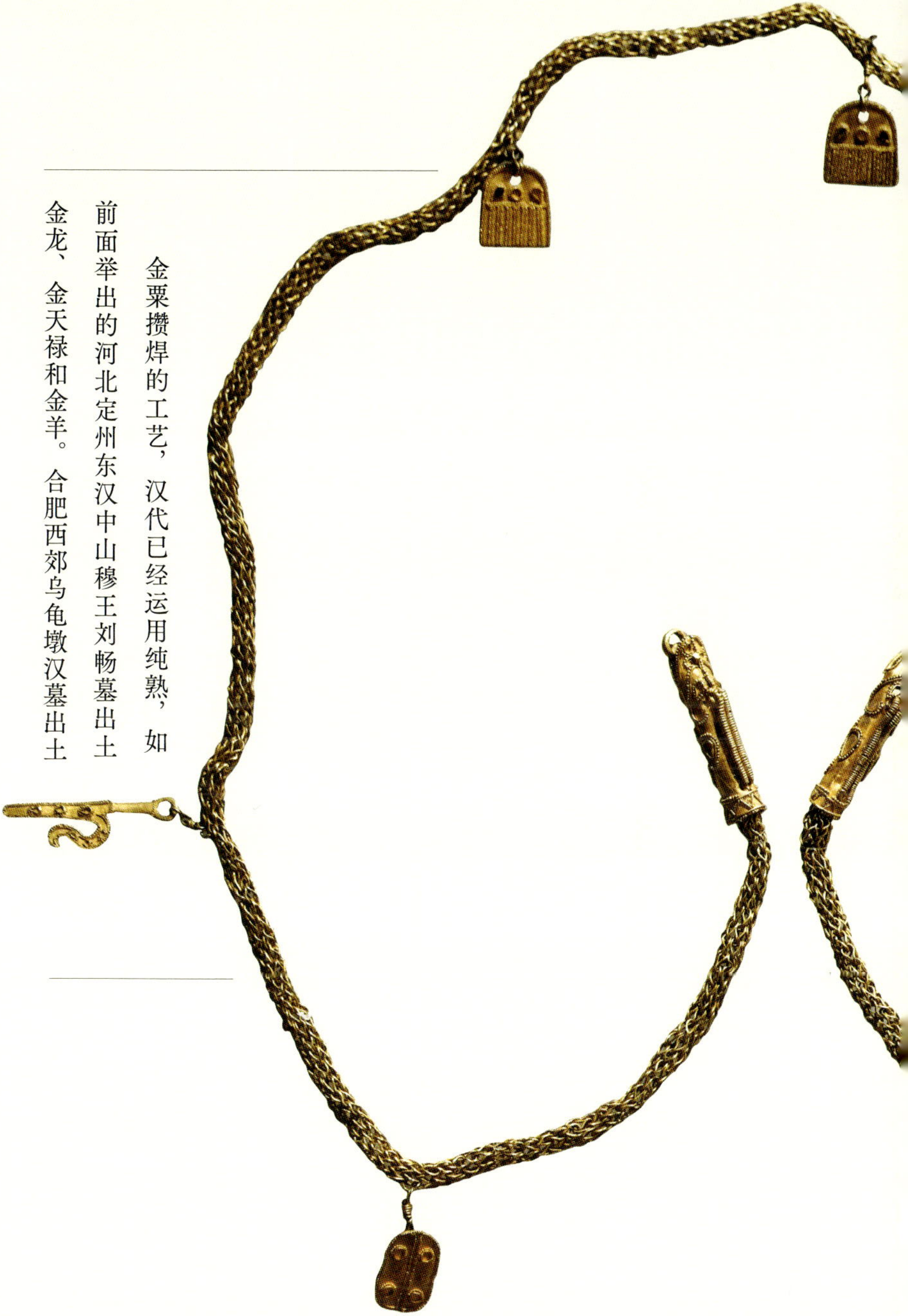

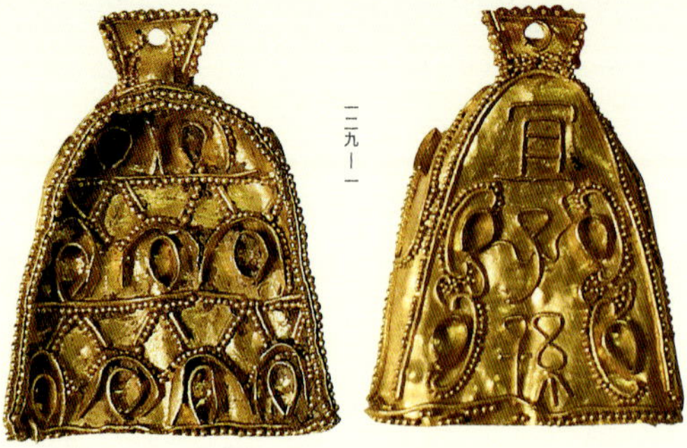

一二九—一

一二九—二

『宜子孙』金佩件一枚，约半个拇指大小，状若钟铃，顶端梯形钮上有个穿孔，正面用细金丝绕作两道云气纹，云气里抱着滴露，中央是『宜子孙』三个字。背面用细金丝横向分隔三道装饰带，每道装饰带的图案都仿若华绳垂宝铃，又像是金佩件自身的缩微版而化身为九，正背两面都用比粟粒还小三分的细金珠或勾边或填嵌使图案见出立体感。细窄的侧面是写意式的一弯云气，其间点缀三滴露水（图一二九—一）。江苏邗江甘泉二号汉墓出土『宜子』金灶❶，灶台上的釜中满盛粟粒，当表示炼就的金丹，那么它是取式于丹灶。中空，有上下贯通的孔，当可系佩（图一二九—二）。西安市未央区卢家口村出土『日利』金灶尺寸略大❷，灶台上满釜金丹之外，还竖起一个金丝绕成的烟囱，灶墙以粟粒和金丝妆点流云，拱形的灶门上方嵌一颗绿松石，灶底有铭曰『日利』（图一二九—三）。金灶为佩的设计构思，大约也不外求仙益寿之意❸。洛阳曹魏大墓出土石楬录有『翡翠金缕白珠挍百子千孙珮胜』❹，两汉这一类铭以吉语的小金饰，当即金缕

---

❶ 长一点五、高零点五厘米，重二点三克。据同墓所出铜雁足灯铭文，推测墓主人很可能是东汉广陵王刘荆。南京博物院《江苏邗江甘泉二号汉墓》，页六（称作『眉形饰』），《文物》一九八一年第十一期。

❷ 长三、宽一点七、高一点二厘米，重五点二克，西安市文物保护考古所《西安文物精华·金银器》，页一五，世界图书出版公司二〇一二年。

❸《史记·武帝本纪》，『李少君言于上曰：祠灶则致物，致物而丹沙可化为黄金，黄金成，以为饮食器则益寿，益寿而海中蓬莱仙者可见』。

❹《流眄洛川：洛阳曹魏大墓出土石楬》，页一九八。

图一二九—一
「宜子孙」金佩件
合肥西郊乌龟墩汉墓出土

图一二九—二
「宜子」金灶
江苏邗江甘泉二号汉墓出土

图一二九—三
「日利」金灶
西安市未央区卢家口村出土

图一三〇
佩饰一组
扬州市郊西湖胡场
西汉十四号墓出土

珮胜之属。扬州市郊西湖胡场西汉十四号墓出土佩饰一组二十八件❶，玉、玛瑙、琥珀、玳瑁等各式坠件之外，又有造型稍稍有别的两个小金壶，其表也是以粟粒组成连珠纹与细金丝一起用来构图〔图一三〇〕。金壶或意在表示仙药。

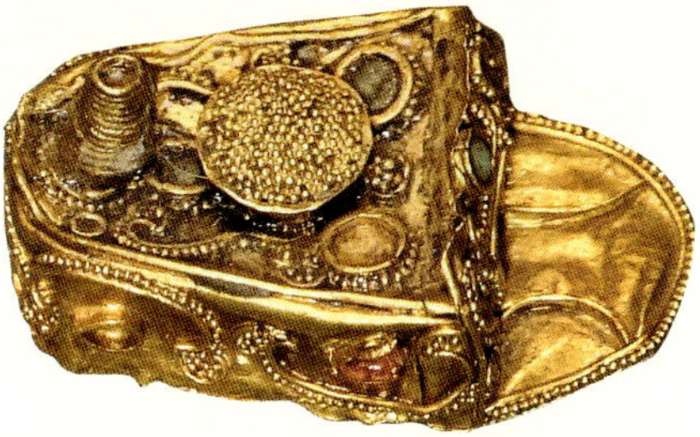

一二九—三

「日利」金灶灶口

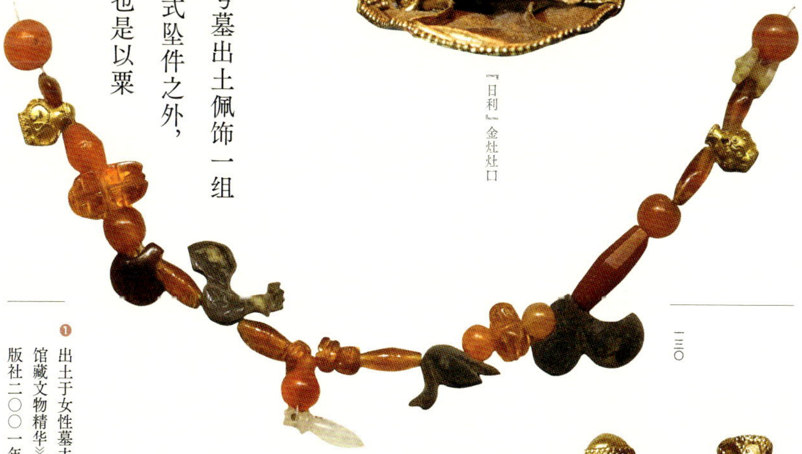

一三〇

局部

❶ 出土于女性墓主人胸部。徐良玉《扬州馆藏文物精华》，图一九，江苏古籍出版社二〇〇一年。

图一三一

金佩饰

鄂州三国吴墓出土

图一三二

金佩饰

长沙仰天湖贺龙体育馆十一号晋墓出土

魏晋南北朝时期的佩饰，以玉佩为主流。金银制品，多是很小的瑞兽仙禽如同心鸟（长不足两厘米，高不及一厘米），又或仙人，如分别出自鄂州三国吴墓〔图一三一〕、长沙仰天湖贺龙体育馆十一号晋墓〔图一三二〕、南京仙鹤观东晋高悝夫妇墓的数件。仰天湖金佩饰是一个合掌仙人。仙鹤观金佩饰中有尺寸不一的金辟邪〔图一三三—一〕，又有一枚金交颈鸟，大小不及手指肚，而喁喁相亲姿态宛然〔图一三三—二〕。南京郭家山东晋温峤墓出土金羊，高一厘米，长两厘米，重二点九克，周身排布九个石碗，不过嵌物均失[1]〔图一三四〕。出自镇江市阳彭山砖瓦厂东晋晚期墓的一枚金虎，长二点三、高一点三厘米，系实心做，虎身有一个穿孔[2]〔图一三五〕。虽体量仍然是小，但与同时代的同类饰物相比，却算是很大了。

前已提及两晋流行的金银佩饰还有一类是铃。南京仙鹤观东晋高悝夫妇墓出土金铃一，银铃一，同墓所出并有道教用具[3]。金铃和银铃俱出在墓主人身边，也是道家所佩之物。陶弘景《真诰》卷五《甄命授第一》：『君曰：太极有四真人，老君处其左，佩神虎之符，带流金之铃。』『仙道有「流金之铃」，以摄鬼神。』

[1] 《六朝风采》，页一八四。

[2] 刘建国《镇江东晋墓》，页二七，《文物资料丛刊·八》，文物出版社一九八三年。

[3] 南京市博物馆《江苏南京仙鹤观东晋墓》，页一八，图四四（金铃），页一七，图四二：二（银铃），《文物》二〇〇一年第二期。同期刊有王志高等《南京仙鹤观东晋墓出土文物的初步认识》。

图一三三—一～二
金佩饰
南京仙鹤观东晋高悝夫妇墓出土

图一三四
金佩饰
南京郭家山东晋温峤墓出土

图一三五
金虎形饰件
镇江市阳彭山砖瓦厂东晋墓出土

一三三—一

一三三—二

一三四

一三五

『仙道有「翠羽华衣金铃青带」。』同书卷一《运象篇第一》则曰紫薇夫人见降，与一神女俱来，『神女著云锦襹，上丹下青，文彩光鲜。腰中有绿绣带，带系十余小铃，铃青色、黄色更相参差』。又卷三《运象篇第三》录李夫人诗曰『冠轩焕崔嵬，珮铃带月珠』❶。《晋书·武十三王传》曰，『初，覃为清河世子，所佩金铃欻生隐起如麻粟，祖母陈太妃以为不祥，毁而卖之』，占者以为此乃覃见废不终之验，后覃果然被害。可见佩铃之风气，也可见铃被赋予的神异。

❶ 吉川忠夫等《真诰校注》（朱越利译），页三〇，页一一一，中国社会科学出版社二〇〇六年。

五　带具

男子所用金银饰品，以带具为多，即带钩、带头、带扣、带銙❶。用于括结革带的是带钩，战国时期已是式样繁多，两汉接绪战国风习，且仍有新制，正所谓『满堂之坐，视钩各异』（《淮南子·说林》）。江苏涟水三里墩西汉墓出土一枚金带钩，含金量约百分之九十四，长十二、宽四点八厘米，重二百五十七克❷〔图一三六〕。钩首为龙头，蜷曲在下方的龙身两侧各压住一条小虺，钩身中腰一个银角牛头，张口露齿咬住龙身，挣挫在龙爪之下。题材来源仍可追溯到北方草原动物纹样，却不但更换了脚色，且表现方式以及风格气韵也已完全不同。广州南越王墓出土玉龙金钩则是金玉合璧之巧构❸〔图一三七〕。玉龙耸身卷尾，回颈张口衔住背鳍，金钩一首一尾都铸作虎头，下方的虎头头顶铸一个『王』字，

一三六

一三七

图一三六 **金带钩** 江苏涟水三里墩西汉墓出土

图一三七 **玉龙金钩** 广州南越王墓出土

❶ 详细考证，见《汉代物质文化资料图说》，页二九〇～二九三。

❷ 南京博物院《江苏涟水三里墩西汉墓》，《考古》一九七三年第二期。〔重印补记〕承左骏兄相告，此墓今已定为战国墓。

❸ 金钩长五点九厘米，重百克，金钩扣玉龙通长十四点四厘米。《西汉南越王墓》，页一八五。

图一三八
银带钩
江苏盱眙大云山江都王刘非墓出土

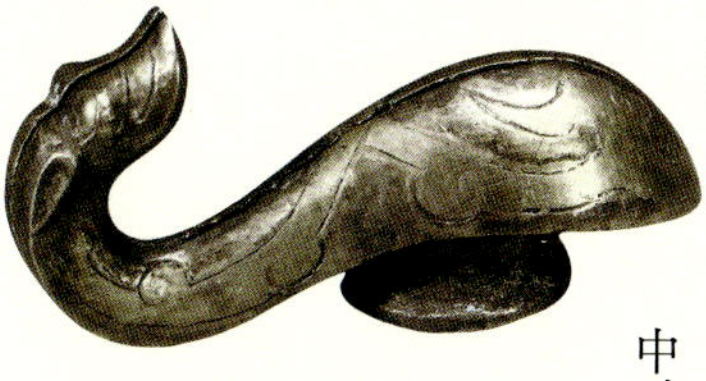
一三八

虎口开张处成为一个卡头，正好套合在玉龙尾部的折断处，借势以成龙虎争斗，断口两边分别做出三个小孔用以固定。带钩也或作吉语铭，常见者为『五月丙午日钩』，如吉林榆树县刘家乡出土东汉金银错铜带钩，背有错金铭文『丙午神钩君必高迁』。江苏盱眙大云山江都王刘非墓出土一枚银带钩则把铭文的含义融入形制。带钩长三点七厘米，钩头一个龙首，龙耳以下化入钩身错嵌的云气中，整体却是由一分为二的两个部分扣合而成，剖分为二的两个断面之内，分别铸出『长毋相忘』四个字，一为阳文，一为阴文，因得以扣合无间。一旦系结于革带，则无分离之虞❶〔图一三八〕。带钩铭文一方面契合此式带钩的设计构思，乃为物而铭，一方面却也不妨寄意于人，是为人而铭。

带钩用量很大，而以铜以及铜错金银者为多，黄金

银带钩打开

❶ 南京博物院《长毋相忘：读盱眙大云山江都王陵》，页三四九，译林出版社二〇一三年。

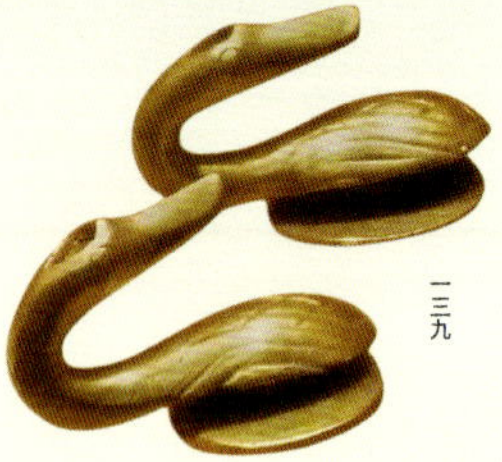

一三九

图一三九
西汉水禽形金钩
徐州北洞山楚王墓出土

图一四〇—一
金带头（一副）
徐州狮子山西汉楚王墓出土

图一四〇—二
金扣嵌贝带复原示意图

制品或非寻常可得，时人因以为得之能够带来好运，如晋干宝《搜神记》记述的『张氏传钩』故事❶。带钩上的吉语铭文自然更添如此意念。《梁书》卷十《夏侯详传》曰：『荆府城局参军吉士瞻役万人浚仗库防火池，得金革带钩，隐起雕镂甚精巧，篆文曰「锡尔金钩，既公且侯」。士瞻，详兄女壻也，女窃以与详，详喜佩之，期岁而贵矣。』出自仗库防火池的这一枚金带钩，未知是否古物，金钩铭文既已为之赋予吉祥美意，后又果然印证，且郑重载入史籍，似可表明当日流行的一种观念。

与先秦时期相同，带钩式的金银带具中有尺寸很小的一种，如徐州北洞山西汉楚王墓出土做成水禽样式的一对金钩❷（图一三九），此应为剑钩，原是用于束在腰间的剑带上面❸。此外一种用途，是衣上之襟钩❹。

带头如第一章所举，是长方形的两枚为一副，为匈奴人的一种带具，西汉初年进入中原。徐州狮子山西汉楚王墓出土一副贝带，两端各装置一枚金

❶『京兆长安有张氏者，昼独处室，有鸠自外入，止于对床。张氏恶之，披怀而祝曰：「鸠尔来，为我祸耶？飞上承尘；为我福耶？来入我怀。」鸠翻飞入怀，以手探之，则不知鸠之所在，而得一金带钩焉，遂宝之。自是之后，子孙昌盛，有为必偶，资财万倍。蜀客贾至长安中，闻之，乃厚赂内婢。婢窃钩以与蜀客。张氏既失钩，渐渐衰耗，而蜀客亦数罹穷厄，不为己利。或告之曰：「天命也，不可以力求。」于是赍钩以反张氏，张氏复昌。故关西称「张氏传钩」云。』《新辑搜神记》（李剑国辑），页九一～九二，中华书局二〇〇七年。

❷长三厘米，重二十八克。《古彭遗珍：徐州博物馆馆藏文物精选》，页二八一，国家图书馆出版社二〇一一年。

❸《汉代物质文化资料图说》，页二八八。

❹内蒙古乌兰察布盟凉城县毛庆沟墓地第八十一号墓出土一件带钩位于墓主人左肩部，『出土时还套在玛瑙环之内，显然是作钩挂衣衿用的』。内蒙古文物工作队《毛庆沟墓地》，页二六七，载田广金等《鄂尔多斯式青铜器》，文物出版社一九八六年。

带头，长十三点三、宽六厘米，分别重二百七十三点二克、二百七十七克，其中一枚是做出孔洞的，且附有小小的金穿针❶，原是为了便于括结之带的穿系❷〔图一四〇—一～二〕。带头以双熊噬马的场面占

一四〇—一

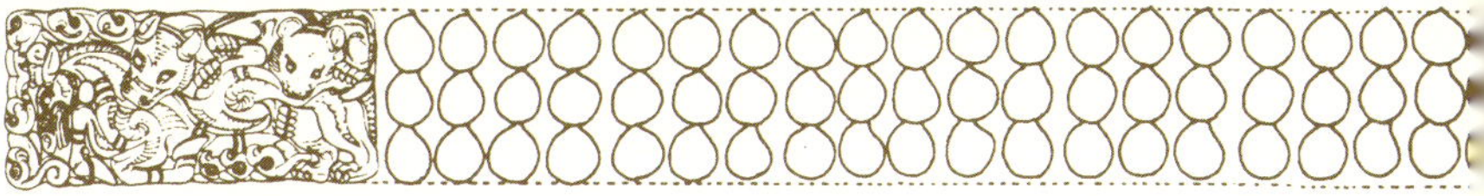

一四〇—二

❶ 穿针长三点三厘米，重五点八克，带头侧面分别錾刻『一斤一两十八铢』『一斤一两十四铢』。徐州博物馆《古彭遗珍：徐州博物馆馆藏文物精选》，页二七七，国家图书馆出版社二〇一一年。

❷ 孙机《中国古舆服论丛·增订本》，页二六〇，文物出版社二〇〇一年。

图一四〇—三
鎏金银带头（一副）
东京国立博物馆藏

图一四一
金带头（一副）
盱眙大云山江都王刘非墓出土

据主要空间，而以变形格里芬填满所有余白。东京国立博物馆藏一副鎏金银带头，与此构图几乎相同，马鎏银，双熊鎏金，但穿针已不存〔图一四〇—三〕。盱眙大云山江都王刘非墓出土金带头一副，长八点七、宽四点五厘米，系模铸成形。依然是沿用已久的绹索纹边框，上方居中处是大张巨口的龙头，龙爪拄地见出腾身跃起之力，长身牵云曳电回旋作两个圆环，好似自啮其尾，又仿佛呵气成云。圆环之内，一龟在龙头之前，回首惊顾，一龟在龙头之后，曲颈钩首从一对前足之间与同伴相望。背面两个半环钮。同出一枚金穿针，长二点八五厘米〔图一四一〕。广州南越王墓出土一副鎏金铜带头，造型与纹饰与它基本相同，惟尺寸略小❶。刘非墓的另外一副鎏金镶玉玉贝带与鎏金镶玉玛瑙贝带〔图一四二—一～二〕，纹样也是相近的意匠。转腾于瑞气中的云龙，边框中抵首于上方的双龙以及相望于下方的双凤，均以勾连交错、虬曲相摎之势组成适合图案。

带扣是从有固定扣舌的带鐍发展而来，区别在于带扣的扣舌是活动的。从使用方式来分，带扣有两种，一是单独的一枚，一

❶ 长八点一、宽四点三厘米。《西汉南越王墓》，页一六五。

一四〇—三

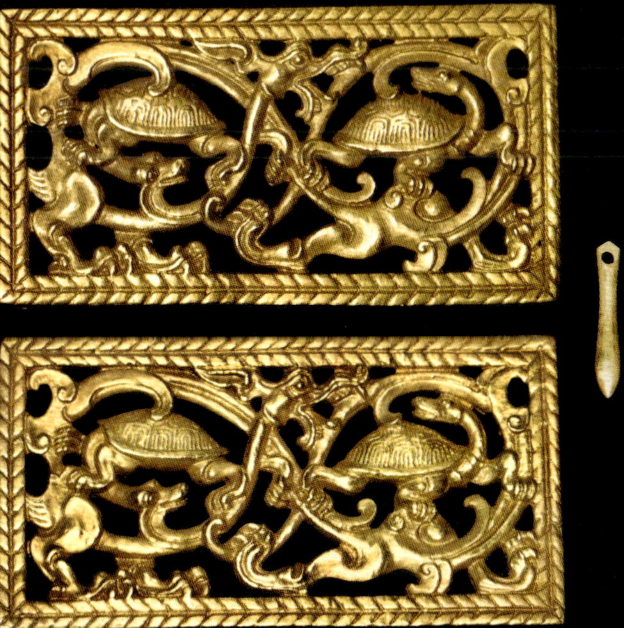

一四一

图一四二—一
鎏金镶玉玉贝带（一副）

图一四二—二
鎏金镶玉玛瑙贝带（一副）

江苏盱眙大云山
江都王刘非墓出土

一四二—一

一四二—二

图一四三—一
银带扣
云南晋宁石寨山七号墓出土

图一四三—二
金带扣
昆明官渡羊甫头采集

图一四四
八龙金带扣
焉耆博格达沁古城黑疙瘩墓地出土

一四三—一

一四三—二

是两两成对。前者如云南晋宁石寨山七号墓出土有翼虎纹银带扣、昆明官渡羊甫头采集龙虎纹金带扣，均为两汉物，尺寸也大体相近❶（图一四三—一～二）。分别出自辽宁大连营城子汉墓群七六号墓和新疆焉耆博格达沁古城黑疙瘩墓地的龙纹金带扣，时代约略相当，而都是工艺精湛的实例❷。焉耆出土的一枚长九点八厘米，重四十八点四五克，带扣之表由一条大龙的宛曲转腾、前后左右七条小龙的俯仰低昂见出瑞气蟠空。细金条勾勒轮廓，金粟粒晕染阴阳向背、远近浓淡。滴露式的石碗点缀其间，今有部分石碗尚存绿松石，小小的金扣舌保存完整（图一四四）。所谓『龙举而景云属』（《淮南子·天文》），可用来解读纹样的寓意。洛

一四四

❶ 中国国家博物馆等《云南文明之光：滇王国文物精品集》，页一六一、页一六九，中国社会科学出版社二〇〇三年。

❷ 大连市文物考古研究所等《辽宁大连市营城子汉墓群2003M76的发掘》，页六〇，《考古》二〇一九年第十期；韩翔《焉耆国都、焉耆都督府治所与焉耆镇城：博格达沁古城调查》，页九，《文物》一九八二年第四期。

『庚午』玉带扣背面铭文拓片

阳瀍河区汉墓出土雕龙玉带扣〔图一四五〕、出自安徽寿县寿春城汉墓被盗案追缴之龙纹金带扣❶〔图一四六〕、天水博物馆藏龙纹金带扣❷〔图一四七〕、朝鲜平壤石岩里九号乐浪墓出土龙纹金带扣❸〔图一四八〕，均与它异曲同工。出自寿春者除细节处理略有不同之外，相异尚在此为镂空作，因此别有金龙破空之致，又以一颗大宝石镶嵌在中心位置而有突出重心的效果，可惜宝石脱落。这一纹样似已成为图式而沿用下来，湖南安乡黄山镇西晋刘弘墓出土金带扣❹〔图一四九—一〕，造型、风格与构图元素与两汉差别无多，工艺却更为精细，粟粒密集是其一，此外又在龙身的不同部位凸起大小不同的金珠，像是绘画中的笔墨有浓淡❺。上海博物馆藏一枚『庚午』玉带扣与它近乎同用一个粉本，包括龙身琢出一个似仿金银镶嵌的石碗，背面上下边框有长铭『庚午御府造白玉衮带鲜卑头其年十二月丙辰就用工七百将臣范许奉车都尉臣程泾令奉车都尉关内侯臣张馀』〔图一四九—二〕。而『鲜卑头』之称先已出现在洛阳西朱村曹魏大墓出土的石牌❻，可

❶ 长九点二、宽七厘米。许建强等《安徽寿县寿春镇计生服务站东汉墓遗物及相关问题》，彩插一（按图版系倒置），《东南文化》二〇一四年第三期。文章推定墓主人为东汉时期的阜陵质王刘延。

❷ 刘复兴《汉代掐丝焊珠七龙纹金带扣》，《文物春秋》二〇一七年第六期。

❸ 町田章《古代東アジアの装飾墓》，卷前彩版，图三，同朋舍一九八七年。

❹ 安乡县文物管理所《湖南安乡西晋刘弘墓》，《文物》一九九三年第十一期。

❺ 或认为『这些大小相近、形制相似的器物时代主要集中在汉晋时期』，『分别出自汉代时期的东北、西北和西南边疆，说明应当有一个比较集中的设计、生产、分配中心』，『看来这种金质瑞兽纹带扣是汉晋中原王朝专门为边疆属国统治阶级所制作』，『并由中央政府赐给当时边疆地区的首领』。郭物《作为政治信物的汉晋瑞兽纹带扣》，页一六，《故宫博物院院刊》二〇二〇年第七期。

❻ 此枚石牌所记之物为『朱绶、文绶囊一，八十首朱绶，九采衮带金鲜卑头自副』。《洛阳曹魏大墓出土石牌铭文分类考释》，页一一，不过该文的引述断句不确，对『自』的释义则误。

一四六

一四五

一四八

一四七

一四九—二

一四九—一

图一五〇
鎏金飞马纹带扣（一对）
呼伦贝尔市
扎赉诺尔鲜卑墓出土

一五〇

知鲜卑头是魏晋时期此式带扣的名称之一❶。

以上都是属于一枚带扣单独使用的类型。成对使用的汉晋时期实例，可以举出呼伦贝尔市扎赉诺尔鲜卑墓出土鎏金飞马纹带扣❷（图一五〇），呼和浩特和林格尔县三道营乡另皮窑出土铁芯包金嵌宝野猪纹带饰六枚与呼和浩特市土默特左旗讨合气出土铁芯包金神兽纹带饰八枚❸（图一五一～图一五二）。飞马纹带扣很可能与一个历史传说有关，——《魏书》卷一《序纪》曰：圣武帝拓跋诘汾统领部落，『献帝命南移，山谷高深，九难八阻，于是欲止。有神兽，其形似马，其声类牛，先行导引，历年乃出』❹。带扣所表现的『飞马』，大约就是传说中的神兽。扎赉诺尔鲜卑墓群的时代为东汉，即拓跋鲜卑出山之后。

南北朝时期，装置活动扣舌的小带扣已广泛应用于腰带，腰带也成为前后等宽的一整条，并很快向鞢韄带过渡。由金银工艺施展装饰之华贵的大带扣便不再流行。

所谓『鞢韄』，也作鞊鞢，后多作蹀躞，是缀有垂饰的腰带，皮革为鞓，带身钉缀数枚带銙，带銙下端缀环，环内系结可以悬

❶ 亦称胥纰、犀毗、犀比、师比。《史记》卷五十《匈奴列传》：孝文前六年遗单于服物，有『黄金胥纰』，《集解》引班固与窦宪笺云『赐犀比金头带』。《汉书》卷九十四上《匈奴传》作『黄金犀毗』，颜师古注：『犀毗，胡带之钩也，亦曰鲜卑，亦谓师比，总一物也，语有轻重耳。』而『鲜卑』也指带钩，《楚辞·大招》『小腰秀颈，若鲜卑只』。那么应该理解为『凡属胡带用的括结具，无论带钩或后来的带扣，大约均可以称为鲜卑或犀毗』（孙机《仰观集·东周、汉、晋腰带用金银扣具》，页八三，文物出版社二〇一二年）。

❷ 其一长十点二厘米，其一长十点四厘米。内蒙古自治区文物工作队《内蒙古出土文物选集》，页三七、页三九，文物出版社一九六三年。飞马纹带扣，又有吉林榆树老河深出土同式者（吉林省文物考古研究所《榆树老河深》，页六四～六六，文物出版社一九八七年），不过老河深墓群不属于拓跋鲜卑，当为东部鲜卑。

❸ 两组实例均藏内蒙古博物院，时代定为北魏，孙机《中国古舆服论丛（增订本）·中国古代的带具》考证其时代应不迟于晋（页二七三～二七四），今从。

❹ 又见同书卷一一二《灵征志八·下》。

图一五一
铁芯包金嵌宝野猪纹带饰
呼和浩特和林格尔县
三道营乡另皮窑出土

图一五二
铁芯包金神兽纹带饰
呼和浩特土默特左旗
讨合气出土

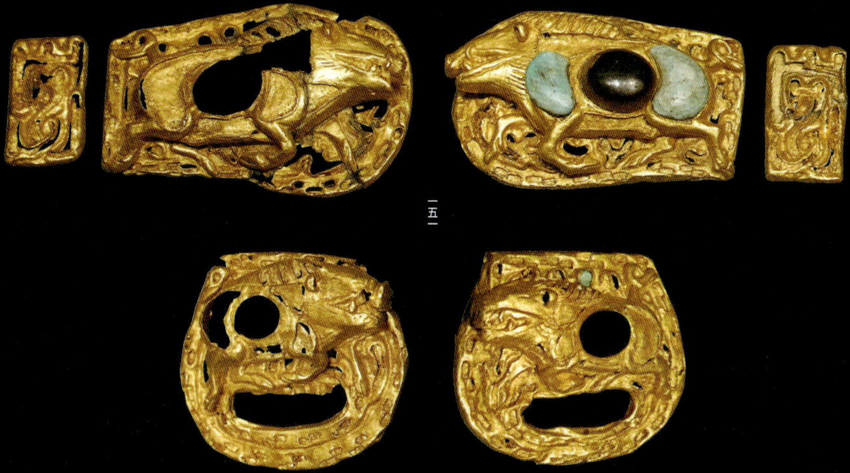

一五一

一五二

图一五三
铜鎏金鞊韘带带具（局部）
北票喇嘛洞二七五号墓出土

图一五四
铜鎏金鞊韘带带具（局部）
北票喇嘛洞一九六号墓出土

图一五五
带具
日本京都府谷冢古坟出土

挂杂物的带子。蹀躞带西晋以来开始出现，几乎与此同时它也成为金银制品的新宠。辽西地区三燕时期的遗存，以铜鎏金为多，并且常常融入中亚东传的摇叶，如辽宁北票喇嘛洞两晋时期慕容鲜卑贵族墓地二七五号墓出土铜鎏金带具一副九枚〔图一五三〕，一九六号墓出土铜鎏金带具一副二十二枚❶〔图一五四〕。前者仍为旧式，即用于系结的是带扣和带头，但带銙中有三枚下方缀着用于系物的环。带具纹样全部为镂空作，带扣是龙戏凤，带头以及其中三枚带銙都是二龙相嬉，不过姿态各不相同。出自一九六号墓者相对旧式而言可称新式，即不具带头，而有了一枚鉈尾，带扣之『扣』则由很短的扣舌变为很长的扣针，下方悬缀系物之环的带銙今存两枚，又有七枚是作为装饰的摇叶。带銙又或悬缀金铃，若以日本京都府谷冢古坟出土带具为比照❷〔图一五五〕，则北票房身村二号墓出土的大小金铃也很可能为带饰❸。出自大同交通苑北魏墓群的铜鎏金鞊韘带带具三枚，为带扣一，带銙二，形制与尺寸均与喇嘛洞出土者相近，带扣装饰龙纹，带銙却是羊头鸟翼凤尾的『万岁之禽』，带銙下端的系物之环，则

一五五

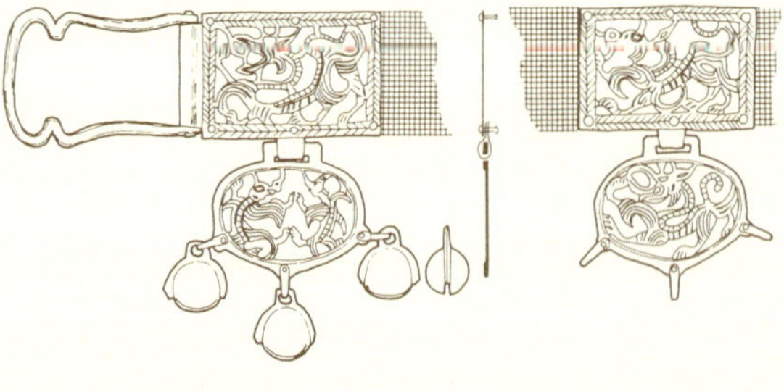

❶ 辽宁省文物考古研究所等《辽宁北票喇嘛洞墓地一九九八年发掘报告》，页二三一，《考古学报》二〇〇四年第二期。

❷ 町田章《古代東アジアの装飾墓·古代带金具考》，页五四。

❸ 孙机《步摇·步摇冠·摇叶饰片》，页二三六～二五一。

一五三

一五四

图一五六
铜鎏金鞊鞢带带具
大同交通苑北魏墓群出土

是钩喙、兽首、有翅膀的格里芬（图一五六）。

六 牌饰与饰片

牌饰是今人使用的一种泛称，即指不能清楚知晓准确用途的一类牌式饰件，背面多设钮，大约马具、带具之类居多。饰片略厚于箔，通常缘边有钉孔，则多半为衣物、器具之饰。

西安北郊龙首村出土镂空双驼纹金牌饰，为铸造成型，长六点九、宽四点二厘米，重八十一克❶（图一五七），背有两个桥形钮，或为带饰。素边框内一对骆驼口衔嫩条分立于小树两边唇吻相对，小树两株枝干交互合一又两向纷披，是连理树的意象。青海海北藏族自治州祁连县出土时属汉代的一枚狼噬牛金牌饰，长十五、

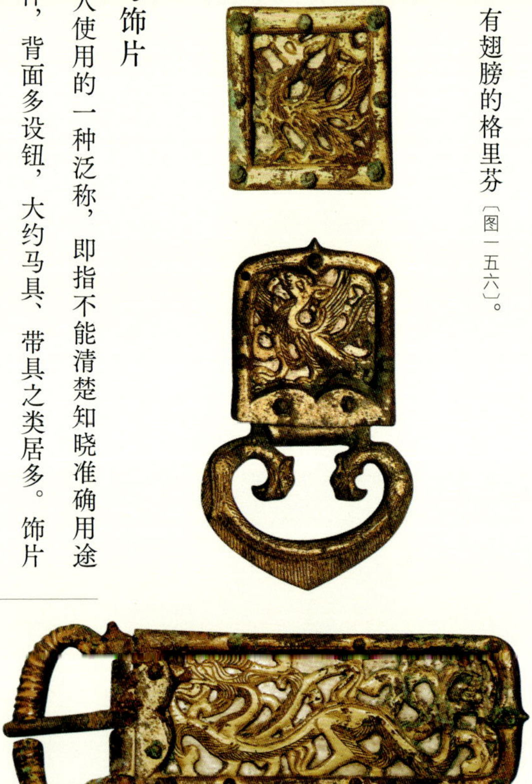

一五六

❶ 申秦雁《陕西历史博物馆珍藏金银器》，图一三九，陕西人民美术出版社二〇〇三年。

图一五七
双驼纹金牌饰
西安市北郊龙首村出土

图一五八
狼噬牛金牌饰
青海海北州祁连县出土

宽九点五厘米，背面两端各一个桥形钮[1]。山林中，牛在密叶掩护下奔逃，狼则从容穿过枝条，咬住牛的一条后腿。依然属于动物搏斗题材，却没有采用北方草原牌饰的典型表现方式，即反转后躯以见紧张激烈，相比之下，画面显得平静自然，虽然仍是杀伐场面〔图一五八〕。西安绕城高速马腾空墓葬十五号墓出土一枚

一五七

一五八

[1] 首都博物馆等《山宗·水源·路之冲：一带一路中的青海》，页一三九，文物出版社二〇一九年。

图一五九
金镶玛瑙绿松石牌饰
西安雁塔区马腾空十五号汉墓出土

金镶玛瑙绿松石牌饰，长二十、宽八厘米，金牌中间开一个长方孔，孔后衬以相互连缀的四枚缠丝玛瑙，玛瑙背后为皮革类物。金牌、玛瑙与皮革以金牌四角的四枚金铆钉固定为一。金牌左上角是向着画面之外飞驰的骑马武士，马尾处则为反向而行的控牛力士，右方是大张巨口的一条龙，长身弯向下方，下方正是一位御龙者。折向左面的龙尾处，又是张口舞爪作人立的一只熊。用于人之肩膊、腰带、靴子以及马蹄、龙角、牛蹄、熊耳等处的嵌饰有绿松石、贝壳和玉石等，不过有多处脱落〔图一五九〕。墓葬南距西汉宣帝杜陵约三公里，因此很可能与杜陵有直接关系，墓主人或是陪葬之显宦[1]。

一五九

[1] 王育龙等《西安新出土的汉代金牌饰》，《收藏家》二〇〇一年第十一期。

图一六〇—一
双鹿纹金牌饰
辽宁北票喇嘛洞鲜卑贵族墓地出土

图一六〇—二
三鹿纹金牌饰
锦州义县保安寺石椁墓出土

图一六〇—三
三鹿纹金牌饰
锦州北郊董家沟出土

图一六〇—四
三鹿纹金牌饰
乌兰察布市察右后旗井滩村出土

图一六一
鹿纹陶范
辽宁朝阳柳城镇袁台子村遗址出土

魏晋时期的鹿纹金牌饰多见于鲜卑遗存❶，辽宁北票喇嘛洞鲜卑贵族墓地出土双鹿纹金牌饰（图一六〇—一），分别出自锦州义县保安寺石椁墓、锦州北郊董家沟、内蒙古乌兰察布市察右后旗井滩村的金牌饰均为三鹿纹（图一六〇—二～四）。辽宁朝阳柳城镇袁台子村遗址出土的鹿纹陶范有双鹿也有三鹿（图一六一）。同样题材的鹿纹牌饰虽然纹样并不相同，不过都不以写实取胜而是追求装饰趣味，却很一致❷。

一六〇—一

一六〇—二

一六〇—三

一六〇—四

一六一

❶ 此前已有同样题材的铜牌饰，如乌兰察布察右后旗二兰虎沟匈奴墓出土三鹿纹和双鹿纹铜牌饰，见内蒙古自治区文物工作队《内蒙古出土文物选集》，页三四，文物出版社一九六三年，推测墓葬出土物『应与东汉时期的匈奴人有关』（页五）。

❷ 山西右玉善家堡墓地出土一枚魏晋时期的金牌饰残件，残存部分可见三鹿，原初当三只以上。吴承山《右玉文物精萃》，页八六（图版说明曰『中间为透雕的动物图案，动物不详』），内蒙古人民出版社二〇一六年。

图一六二
四兽纹金饰
凉城县小坝子滩金银器窖藏

东汉至北朝时期的牌饰，主要是北方草原民族的金银器遗存，以拓跋鲜卑为多，近年集中发现于内蒙古地区。内蒙古科尔沁左翼中旗六家子墓出土金银器五十余，如神兽金饰、双马金饰、卧马金挂饰。出自凉城县小坝子滩金银器窖藏的金银器凡十三件，有四兽纹金饰、四鸟纹金饰等。又科尔沁左翼中旗腰里毛都苏木北哈拉图达嘎查出土人面形金饰牌、瑞兽形金饰牌、力士搏兽纹金牌，乌兰察布市察右后旗井滩村出土子母马金饰。

凉城县小坝子滩金银器窖藏中有『晋鲜卑归义侯』金印一枚。又一件透雕四兽纹金饰，长十、宽七厘米，四只有翼兽两两相背又相叠，背面有『猗㐌金』三字（图一六二），猗㐌即神元帝力微孙猗㐌（桓帝）。公元三世纪末，拓跋禄官统率鲜卑时期，分国为三部，其中之一部由猗㐌统领，居代郡之参合陂（今内蒙古凉城县境内），小坝子滩窖藏所在地适与之相符，因可推知它是西晋时期拓跋鲜卑的遗存❶。另一件四鸟纹金饰也与它意匠相类，却是四只鸟颠倒错叠，上方一个力士，下方一个兽面，而整体造型又成一个兽面，长八点八、宽六点三厘米（图一六三）。一枚虎噬鹿金饰，

❶ 李逸友《内蒙古出土文物概述》，页六，载内蒙古自治区文物工作队《内蒙古出土文物选集》，文物出版社一九六三年。

一六二

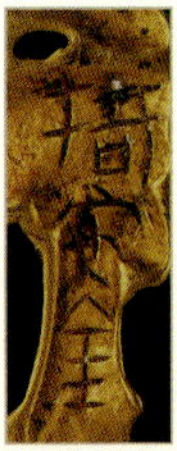
四兽纹金饰铭文

图一六三
四鸟纹金饰

图一六四
虎噬鹿金饰

图一六五
嵌宝小金熊
凉城县小坝子滩金银器窖藏

张口作吞噬状的猛虎下颌奔跑着一只鹿，虎身却又是两个狼头而共用一个身子，洵可谓物中有物，好似几个场景相叠，是激发观者想象力的一种叙述方式，也是北方草原金银器传统图式的继承和演变〔图一六四〕。金饰长九点四、宽四点八厘米。又嵌宝小金熊一枚，高四点一厘米，两侧边缘各有三个小孔〔图一六五〕，当是用于穿缀。

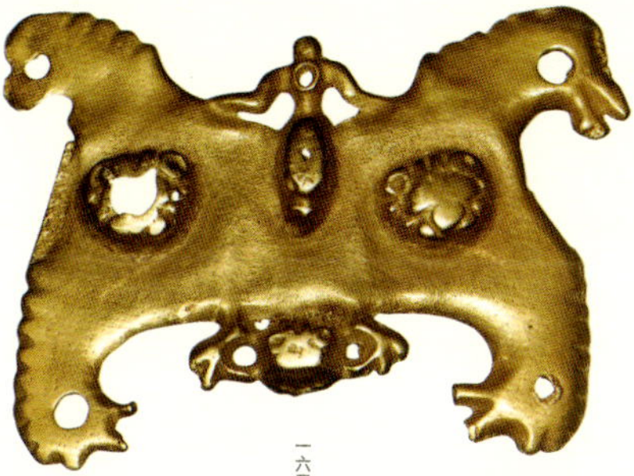

一六三

一六四

一六五

图一六六—一
瑞兽纹金饰牌

图一六六—二
马纹金挂饰
通辽市科尔沁左翼中旗六家子墓出土

六家子墓的时代大体在东汉晚期至西晋[1]。其中一枚瑞兽纹金饰或可视作小坝子滩透雕四兽纹金饰的母本〔图一六六—一〕。金卧马挂饰一副，就造型来说与前例很是相近，却是去掉了神话的成分而以写实的方式为骏马写真〔图一六六—二〕。

一六六—一

一六六—二

[1] 张柏忠《内蒙古科左中旗六家子鲜卑墓群》，《考古》一九八九年第五期。『墓群中出土的「位至三公」镜和金银钏、钗、顶针、指环等，多见于东汉晚期到西晋的墓群中』，『六家子墓群应该是东汉晚期到西晋的鲜卑人墓群，其个别墓葬的时代可能会早到东汉前期』（页四四三）。

图一六七
人面纹金饰

图一六八—一
力士搏兽金饰
通辽市科尔沁左翼中旗哈拉图达嘎查出土

哈拉图达嘎查出土的三件金饰：人面纹金饰一对〔图一六七〕，力士搏兽金饰一枚〔图一六八—一〕，时代约当东汉早期❶。力士搏兽金饰长十点六、宽六点二厘米，它的图式来源有本土也有外来，前者如满城汉墓铺首〔图四七〕，后者如阿富汗北部席巴尔甘大月氏墓出土的金饰〔图一六八—二〕，乃至追溯到希腊，如出自希腊东南沿岸埃伊纳岛的金坠饰❷〔图一六八—三〕，只是尚难寻觅传播的线索，未可遽断❸。

一六七

一六八—一

❶ 张景明《中国北方草原古代金银器》，页六二，文物出版社二〇〇五年。

❷ 时代约当公元前一八五〇至前一五五〇年，见苏珊·拉·尼斯《金子：一部社会史》（汪瑞译），北京大学出版社二〇一六年。

❸ 或曰这一形象『源于古代印欧人宗教中的双马神』，可备一说。林梅村《古道西风：考古新发现所见中西文化交流》，页七～一〇，生活·读书·新知三联书店二〇〇〇年。

图一六八—二
金饰
阿富汗北部席巴尔甘
大月氏墓出土

图一六八—三
金饰
希腊东南沿岸
埃伊纳岛出土

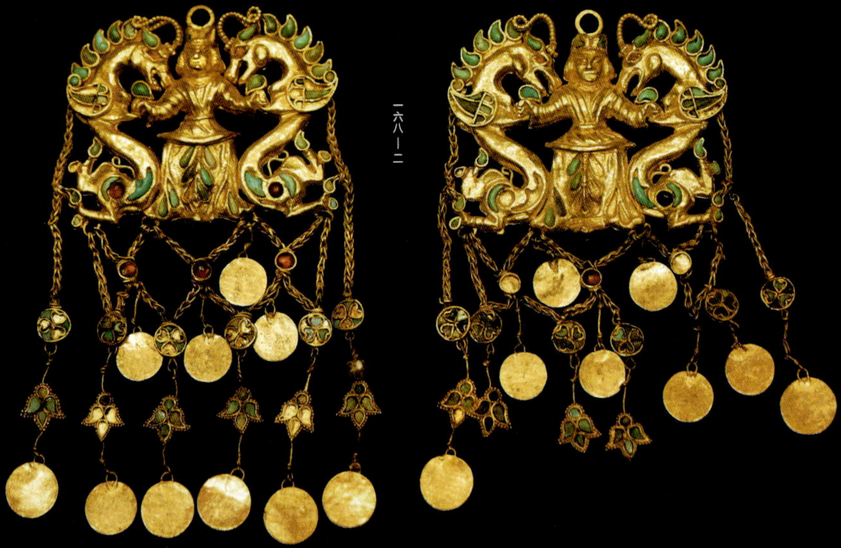

一六八—二

一六八—三

图一六九
『滇王之印』金印
云南晋宁石寨山六号墓出土

一六九

『滇王之印』金印印面

第四节

古滇国金银器

两汉时期古滇国金银器是自成面目独具风格的一批。云南晋宁石寨山滇国古墓群六号墓出土一枚蛇钮金印『滇王之印』〔图一六九〕，墓葬的主人和族属因此得以确定，并且可与《史记·西南夷列传》中的记载相互印证，即汉武帝元封二年发巴蜀兵临滇，滇王降，遂在滇国区域设益州郡，赐滇王王印，使之继续统领滇国民众❶。

云南铜锡资源丰富，采冶历史也很久❷，考古发现的古滇国青铜器制作，即足以令人称奇，与此相比，金银器的制作之精，倒好似『余事』。今发现数量比较多的一类金饰是剑鞘之包金亦即剑鞘之表所覆金壳，且颇有尺寸与纹样一致者。出自晋宁石寨山六号墓亦即滇王墓的剑鞘金饰，顶端一个牛头，中间三节纹饰如城堞，下方一段如花朵，如水痕。通长四十一点五厘米〔图一七〇—一〕。同墓出土的另一件纹样几乎相同而尺寸稍长❸，

❶ 汉赐滇王印明见记载，此印颁自汉室，其时代不会早于元封二年（前一〇九）。『滇王之印』原当世代相传，这一枚字体不够规整，或认为它是用来随葬的仿制品。

❷ 张增祺《云南冶金史》，云南美术出版社二〇〇〇年。

❸ 后例长五十点五、宽六点四厘米，重一百七十二克，时代均为西汉。本章所举滇国实例，尺寸数据分别采自《金色中国：中国古代金器大展》与《金色记忆：中国出土十四世纪前金器特展》。

图一七〇—一
剑鞘金饰
云南晋宁石寨山六号墓出土

图一七〇—二
剑鞘金饰
云南晋宁石寨山四号墓出土

图一七〇—三
剑鞘金饰
云南江川李家山出土

图一七一
青铜四牛鎏金骑士贮贝器（局部）
云南晋宁石寨山十号墓出土

图一七二
剑鞘金饰
云南晋宁石寨山六号墓出土

图一七三—一
剑鞘金饰
云南江川李家山出土

与此相近的尚有出自石寨山其他墓葬〔图一七〇—二〕，又江川李家山墓的剑鞘金饰〔图一七〇—三〕，然而每一件的细节处理包括纹饰凸起之浅深依然有别，可见不是同模，只是采用了同一图式。石寨山十号墓出土一件青铜四牛鎏金骑士贮贝器，器盖上面遍身鎏金的武士赤足骑马，腰间佩剑，剑鞘纹饰与实物便十分相似〔图一七一〕。石寨山六号墓出土一枚剑鞘金饰长二十五厘米，图案化的几何纹多来自青铜器，只是依照器形需要重新排布，颇有设计感〔图一七二〕。又有李家山出土的一件剑鞘金饰纹样独特❶〔图一七三—一〕，金片打作一溜五个舞人，都是脑后飘着束发长带，耳边戴了大环子，腰间束带，中有环扣，即如出土的实物。而中间别一枚超大环扣的腰带，也正是滇国服饰特色之一〔图一七三—二〕，奢华者则腰带用金。李家山出土一件金腰带长九十六点二、宽五点八至七厘米，重二百八十三点四克。腰带上缘和下缘各有一溜成对的小孔以缝缀于皮革，两端有扣眼可以调节松紧〔图一七三—三〕。

一七一

❶ 长四十六点八、宽二点五至四点二厘米。

一七〇—一

一七〇—二

一七〇—三

一七二

一七三—一

局部

图一七三—二
持伞铜俑
云南晋宁石寨山出土

图一七三—三
金腰带
云南江川李家山出土

一七三—二

一七三—三

图一七四
金饰片（一对）
云南江川李家山出土

古滇国金银饰品中尚有不少小件，缘边多设细孔，或为衣饰之类。晋宁石寨山六号墓与江川李家山均出土成对的金饰片，似龙非龙，似兽非兽，长都在十厘米左右，依据摆放位置，推测为衾褥饰物〔图一七四〕。此外如金簪、金钏〔图一七五—一～二〕、金臂甲〔图一七六〕、金珠❶〔图一七七〕，等等，此中尤以金珠的式样为别致，但依然可以从青铜器纹样中找到它的身影。总之，以滇国青铜器造型与纹饰的匠心独运，移用于金银器，自也别具风采。

一七四

❶ 金簪一对，长三十点七～三十一厘米；金钏六枚，直径七点五～八点三厘米，均为李家山出土。金臂甲，十八点五厘米，石寨山十三号墓出土。金珠，每颗长二点七厘米，石寨山十八号墓出土。

图一七五—一
金簪

图一七五—二
金钏
云南江川李家山出土

一七五—一

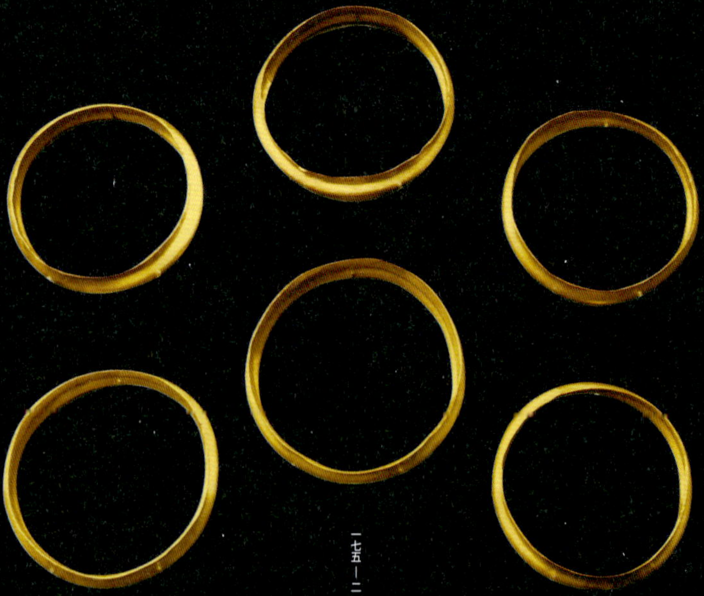

一七五—二

图一七六
金臂甲
云南晋宁石寨山十三号墓出土

图一七七
金珠
云南晋宁石寨山十八号墓出土

一七六

一七七

一七八

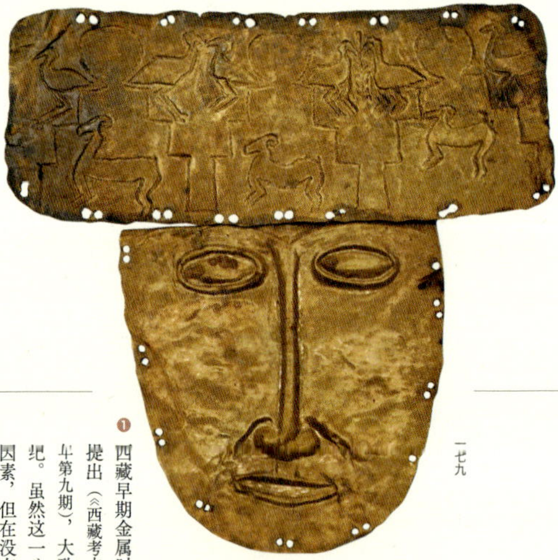

一七九

图一七八
金面具
西藏阿里地区噶尔县故如甲木墓地出土

图一七九
金面具
西藏阿里地区札达县曲踏墓地出土

第五节
西藏早期金属时代的金银器

西藏早期金属时代的金银器❶，也是经由现代考古方得以揭示大概。阿里地区札达县曲踏墓地与噶尔县故如甲木墓地分别出土黄金面具，时代约当公元一至二世纪❷（图一七八～图一七九）。出自故如甲木墓地的一件高四点五、厚零点一厘米，面施彩绘，缘边设孔。曲踏墓地出土者通高十四点二厘米，厚零点一毫米，『背后衬有多层丝织物，并残留有打结的系带』❸。面具之冠的图案是三座城堞，城堞之间有对鸟衔禾，下方为羊。寓意如何，似难知晓，不过《拾遗记》记述的神话传说或可提供一点思考的线索，该书卷十

❶ 西藏早期金属时代的概念，系由童恩正提出（《西藏考古综述》，《文物》一九八五年第九期），大致在公元前一千年至六世纪。虽然这一分期法尚存在很多不确定因素，但在没有更为准确的分期命名之前，仍然是可行的。

❷ 仝涛等《欧亚视野内的喜马拉雅黄金面具》，《考古》二〇一五年第二期。

❸ 《金色记忆：中国出土十四世纪前金器特展》，页二九九。

图一八〇
马纹金牌饰

图一八一
金片饰和小金管
西藏山南浪卡子查加沟古墓出土

一八〇

《炎帝神农》一节中说道『时有丹雀衔九穗禾，其坠地者，帝乃拾之，以植于田，食者老而不死』❶。

山南浪卡子查加沟古墓出土的一批金饰，约当于汉晋时期❷。马纹金牌饰长四点六、宽一点八厘米，虽然尺寸不大，然而马络头、马鞍、鞍下之韉、韉下之障泥，却是以简单的起伏而一一凸现。背有两个桥形钮〔图一八〇〕。又有金片饰和小金管各一枚，前者以乳钉纹勾勒图案，中间做出两个小孔，直径十点五厘米，厚零点五毫米，原为拱顶，出土时已变形。金管高六点五、直径一点六厘米，遍身打作乳钉纹，微粗的一端有一对小孔〔图一八一〕。或推测前者为盔饰，后者用于与盔饰缀连❸，不过在多却乡发现的一座墓葬，也出土类似的一件金饰〔厚零点一五厘米〕，并且墓主人头部出土一件金管，直径二至三厘米，长度约十三厘米，估计这件金管为束发之用，墓主人可能为女性，则查加沟出土金片饰和小金管究竟用途如何，尚未可确定❹。

一八一

❶ 或曰此为《山海经》所云三青鸟为西王母取食图，可备一说。周运中《文明的交互：丝绸之路上的古代动物交流》〔西北篇〕，页一六，《南方文物》二〇一八年第一期。

❷ 『可以初步推定西藏考古出土的这批黄金制品的年代，与北方草原游牧民族匈奴、鲜卑系统早期金银器应当是在大体相同的一个年代幅度以内，如将其大致比定为相当于中原王朝的汉、晋时期，当无大误。』霍巍等《考古发现与西藏文明史》第一卷《史前时代》，页二三七，科学出版社二〇一五年。

❸ 西藏自治区山南地区文物局《西藏浪卡子县查加沟古墓葬的清理》，页四六，《考古》二〇〇一年第六期。

❹ 夏格旺堆等《西藏考古工作四十年》，《中国藏学》二〇〇五年第三期。

图一八二
金镶绿松石耳环
吐鲁番交河故城
西一号墓地出土

图一八三
金镶宝戒指
昭苏县夏台墓地出土

一八二

第六节
西域出土金银器

西域有广狭二义，广义指玉门关外直至遥远的西方的广袤大陆，狭义则指今新疆地区。这里的西域取狭义。西域出土的饰品主要有两类，一是镶嵌宝石的耳环和戒指，一是缝缀于衣冠以及腰带、靴子的各种饰片和牌饰。主要集中在汉晋时期。

吐鲁番交河故城西一号墓地出土一枚金镶绿松石耳环，高二点四厘米，重二点三四克〔图一八二〕。整体造型好似牛头，但视作花叶也未尝不可。窄金条分别制成各个小件的边框，然后组合为一。背面接焊一个弯钩用作耳环脚，这是同时代比较少见的做法，但却在辽宋时期大为流行。昭苏夏台墓地出土金镶宝戒指，戒面以金粟粒勾勒边线，围绕石碗，又组合为几个三角形点缀空白，正中一颗大宝石，两侧原当各有一颗小宝石，已不存〔图一八三〕。

吐鲁番交河沟北出土金骆驼饰片〔图一八四〕，周遭有小孔可

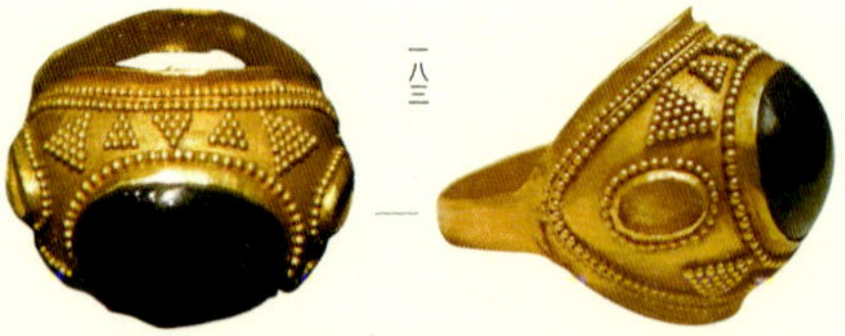
一八三

图一八四
金骆驼饰片
吐鲁番交河故城沟北一号台地出土

图一八五
金鹰饰

图一八六
双兽纹金饰

图一八七
金牦牛饰件
新疆乌苏四棵树墓地出土

一八四

供穿缀，背面存留不少铜锈，似为铜器嵌饰。交河沟北墓地为车师文化墓地。乌苏四棵树墓地出土金鹰饰片和镂空双兽纹金饰片〔图一八五～图一八六〕，后者一组四枚，高将及六厘米，宽不到五厘米，略呈弧曲的下端做出一溜三角缘。中间图案化的一棵树挺拔尖耸，两兽纵身奋爪相对攀援，又分别探出左前肢和右前肢作托举状。虽然也为图案式的对称构图，却是瞬间动态的一个优美定格。可以见出来自西亚的生命树的一点影子，但已是另外的创作。从形制来看，大约是衣物之类的边饰。又一枚金牦牛饰件高一点三、长二点五厘米[1]〔图一八七〕，以两枚片材分别打制扣合成型，牛身简单打制出来的几处凸凹起伏和数道纵线，便见出长毛覆体缓步前行之态，足下接焊一个四角设孔的底座。此与前面所举东汉中山穆王刘畅墓出土金羊饰构思相近，而彼以工细见精，此以简笔传神。吐鲁番交河故城沟北墓地出土怪兽噬虎纹金牌饰一枚，长八点四厘米，重五点五克。怪兽一身龙鳞，鹫首钩喙深啮虎的

一八五

[1] 乌苏市四棵树墓地出土西汉金鹰饰片，通长六点七、最宽处六点二厘米；金牦牛饰件，高一厘米，长两厘米。《美好中华：近二十年考古成果展》，页二〇六。

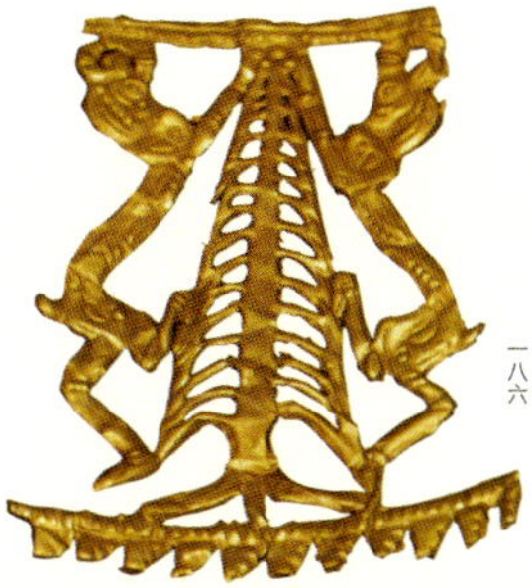
一八六

一八七

图一八八—一
怪兽噬虎纹金牌饰
吐鲁番交河故城沟北墓地

图一八八—二
毯子绣边纹样
蒙古诺彦乌拉六号墓出土

一八八—一

后颈，虎则威风扫地任其宰割〔图一八八—二〕。以之与第一章举出的甘肃礼县大堡子山遗址出土金牌饰相比，除尺寸一大一小之外，纹样几乎完全相同。有意思的是，蒙古诺彦乌拉六号墓出土毯子的绣边纹样之一为格里芬噬鹿，虽然怪兽扑食的动物不同，但格里芬的形象是一致的，并且身上竟也是错综排列的鳞纹〔图一八八—二〕。据六号墓出土汉代耳杯铭文，可以判定此墓的年代当在一世纪初，或认为墓主人是匈奴乌珠留单于❶。这种近乎同模的相似性，或者意味着当有流传甚广且沿用颇久的图谱——无论是何种形式——供不同门类的工匠采择❷。

一八八—二

出自伊犁昭苏波马古墓葬的一批金银器，因失去出土信息而无法准确断代，一般认为是西突厥遗存，下限在六

❶ С.И.鲁金科《匈奴文化与诺彦乌拉巨冢》（孙危等译），页二三，中华书局二〇一二年。

❷ 辽宁西丰西岔沟古墓群出土有『鹰虎搏斗铜饰板』，孙守道《匈奴西岔沟文化古墓群的发现》，页三三，图六，《文物》一九六〇年第八、九期合刊。按墓群出土器物一万三千余，内涵比较复杂，族属尚难确指，铜牌饰则有明显的匈奴文化色彩。

图一八九
金镶宝盖罐

图一九〇
金镶宝面具
伊犁昭苏波马古墓出土

一八九

一九〇

至七世纪前后，上限则可能很早❶。主要有金镶宝面具、金镶玛瑙虎柄杯、金镶宝环耳杯、金镶宝盖罐〔图一八九〕、银壶〔图三三〕、金镶宝包金剑鞘、金摇叶耳饰、金镶宝戒指等。金面具系由两枚片材分别打制成形，然后焊接铆合为一。眼睛、眉毛和嘴唇上方的胡髭各以小金条围作镶嵌框，内嵌红宝，连鬓胡须则又别以宽约一厘米的长金条贴饰于腮，一溜三十九个心形石碗里各嵌红宝。高十七、宽十六点五厘米，重二百四十五点五克〔图一九〇〕。

❶『新疆昭苏特克斯河流域地处伊犁河上游，汉代这里曾是乌孙故地，隋唐时期属西突厥。公元六世纪前后，特克斯流域地区是西突厥的重要居地和政治中心，西突厥的汉庭即在这一区域』；『推测这批文物的时代下限应为六至七世纪前后，当然，考虑到金银器制品的使用和传承等因素，其中部分器物的上限年代应当较早』。安英新《新疆伊犁昭苏县古墓葬出土金银器等珍贵文物》，页一四，《文物》一九九九年第九期。

图一九一
金镶宝包金剑鞘

图一九二
金镶玛瑙虎耳杯

图一九三
金镶宝环耳杯

图一九四—一
金摇叶耳饰

图一九四—二
金镶宝摇叶耳饰
伊犁昭苏波马古墓出土

金剑鞘残长二十一点四、宽五点八、厚一点三厘米，重六十六克。其表两侧以金粟粒双钩装饰框，再以金粟粒组成的各式图案布白，粟粒围就的石碗里嵌红宝（图一九一）。金镶玛瑙虎耳杯高六、口径八点八、底径七厘米，重七点二五克。遍身打作菱格纹，菱格内嵌玛瑙，外口沿做出一周嵌槽，内嵌宝石，已大部脱落。长身细腰的一只金虎四爪撑拄杯身，唇吻紧贴杯沿，虎身錾刻斑纹（图一九二）。南俄罗斯出土公元一世纪的银器有以虎或豹为器耳的做法❶。或认为『波马金杯上的虎柄很可能是仿照拜占庭银器上的虎豹手柄制作的』❷。又有一件金镶宝环耳杯，高五、口径八点五厘米。虽然嵌物近乎全部脱落，但痕迹均存，可清楚见出工艺，制作规整是它的主要特色（图一九三）。几件下缀摇叶的耳饰，则是大月氏的样式（图一九四—一～二）。其中一枚通长六点六厘米，重三克，上方是相对的两弯简笔式卷草，顶端一个小系，下方并排相连的三枚叶片，叶尖小系内缀摇叶，造型与和田博物馆藏金镶宝摇叶耳坠十分相似，后者的时代约当一世纪（见图七五—四）。可以说，突厥金银器的样式与风格，显示了它是不同时段、多方元

❶ 古代东方博物馆等《南ロシア騎馬民族の遺宝展》，页九八、页九九，朝日新聞社一九九一年。

❷ 林英《唐代拂林丛说》，页一六四，中华书局二〇〇六年。

一九一

一九二

一九三

一九四—一

一九四—二

素——与古代草原民族，与粟特，与契丹，与波斯和拜占庭——的聚汇与交融[1]。

两晋南北朝时期的金银器有南北之异，品种丰富，式样纷繁。中外交流，体现在物质层面，多是发生于上层社会，而这也正是金银器的主要拥有者。这一时期从金银器反映出来的不同文化的相遇与融合，前所未有，却也可以说后世不再，即便仍有全国范围内几个政权林立的时代。而正是以此为底色，推出了一个新的画面，——『异林花共色，别树鸟同声』[2]，金银器进入了它的发展高峰。

[1] 陈凌《突厥汗国与欧亚文化交流的考古学研究》，页一二八，上海古籍出版社二〇一三年。

[2]《洛阳伽蓝记》卷四《城西·法云寺》，曰『荆州秀才张裴，常为五言，有清拔之句云「异林花共色，别树鸟同声」』。

卷一终

中国金银器

扬之水

中国金银器

㈡

图书在版编目（CIP）数据

中国金银器：共五卷 / 扬之水著 .— 北京：生活书店出版有限公司，2022.8（2024.2 重印）
ISBN 978-7-80768-378-0

Ⅰ.①中… Ⅱ.①扬… Ⅲ.①金银器（考古）–研究–中国 Ⅳ.① K876.434

中国版本图书馆 CIP 数据核字 (2022) 第 068007 号

目次

卷二　别树鸟同声——隋唐五代辽

卷二

别樹烏同聲

隋唐·五代辽

第三章 隋唐五代器皿

经过很久的生长期，金银器终于进入盛年。如滕固所说，『中国艺术，在魏晋南北朝时，被外来思想与外来式样引诱了后，中国艺术的本体，得了一种极健全、极充实的进展力』[1]。站在高处看，忽略掉细节，只觉得四时花卉砰然开放，一霎时万紫千红。固然是『西风吹渭水』，惹动层层涟漪，不过『万国衣冠拜冕旒』毕竟是唐人的自信，与此前的发展历程相同，这时候对异域物象的兴趣也多半在于求新异，因此中土化是迅疾的，也是强劲的。

不必说，金矿、银矿的开发是更多了[2]，采掘与冶炼自然也颇具规模。官营之外，民间也多不畏艰辛的逐利之民。白居易《赠友》五首之二中说道，『银生楚山曲，金生鄱溪滨。南人弃农业，求之多苦辛。披砂复凿石，矻矻无冬春。手足尽皴胝，爱利不爱身。畬田既慵斫，稻田亦懒耘。相携作游手，皆道求金银』。楚山、鄱溪，当指宣、饶等州。《贞观政要·贪鄙》：『宣、饶二州诸山大有银坑，采之极是利益。』

从货币学家的角度看，『到了唐朝，国内统一和平，工商业发达，金银匠的社会地位，随着他们的经济力量而提高了，他们

[1] 《滕固艺术文集·中国美术小史》，上海人民美术出版社二〇〇三年。

[2] 相关考述，见夏湘蓉等《中国古代矿业开发史》第三章第四节《隋、唐——古代矿业的繁荣时期》，明文书局一九八九年。

由巡游的匠人慢慢发展，自立门面，变成金银铺。由许多的金银铺就成为一个金银行、金银市，唐代在苏州就有金银行，扬州谅必也有许多金银店，长安则有金市，这就是当时长安的兑换市场或生金银买卖市场。金银铺的业务，自然以打造器饰为主，同时大概兼营金银器饰和生金银的买卖，也有兼卖珠玉的，又因金银的买卖而产生金银鉴定的业务』❶。

金银器的生产机构，据《新唐书》卷四十八《百官三》，可知少府监中尚署下有『金银作坊院』，当是专门制作金银器的官营手工业作坊。唐宣宗大中八年创建文思院，专为皇室打造金银器物，原有的金银作坊院则继续为朝廷官署制作金银器❷。在一个很长的时期内，唐代金银器制造业多是为官营所垄断的，这时候私营金银器手工业在原料和工匠来源等方面都受到官府的种种限制，因此发展缓慢。安史之乱后，以宫廷作坊为代表的官营金银器作坊日趋衰落，由于金银采掘制度的变革、工匠制度的改革以及手工业与商业的结合，此前私营金银器手工业发展所面临的原料、工匠和销售三大障碍已逐渐破除，遂得以迅速发展，特别

❶ 彭信威《中国货币史》，页二八九，上海人民出版社二〇〇七年。《纂异记·刘景复》：吴泰伯庙在东阊门之西，每春秋季，市肆皆率其党合牢醴，祈福于三让王，多图善马綵舆女子以献之。非其月亦无虚日。乙丑春有金银行首糺合其徒，以绡画美人捧胡琴以从，其貌出于旧绘者，名美人为胜儿，盖户牖墙壁会前后所献者，无以匹也（《太平广记》卷二八〇引）。日僧圆仁《入唐求法巡礼记》提到他曾于开成年间在扬州卖沙金。又薛用弱《集异记·王四郎》：四郎『即于怀中出金，可五两许，色如鸡冠，因曰：此不可与常者等价也。到京但于金市访张蓬子付之，当得二百千』（《太平广记》卷三十五引）。

❷ 西安西郊未央区南二府庄西南出土一件银酒注，器底铭文七行六十一字：宣徽酒坊／咸通十三年六月廿日别敕造七升／地字号酒注壹枚重壹百两匠／臣杨存实等造／监造番头品官臣冯金泰／都知高品臣张景谦／使高品臣宋师贞。又陕西蓝田杨家沟出土凤衔绶带纹银盒，盒底铭曰：内园供奉合，咸通七年十一月十五日造，使臣田嗣莒，重一十五两五钱一字。『宣徽酒坊』银酒注与『内园供奉』银盒，应该都是少府中尚署所属金银作坊院制作的。卢兆荫《关于法门寺地宫金银器的若干问题》，页六四〇～六四一，《考古》一九九〇年第七期。

是在南方，这自然是缘自安史之乱后经济重心的南移❶。韦应物诗『江南铸器多铸银』，乃大历年间的景况❷。而中晚唐以降金银器制作的愈益兴盛发达，又与金银器进奉之风自天宝以后愈演愈烈密切相关，考古发现的情况与文献记载是一致的❸。

工匠技艺的教授，在宫廷作坊，依难易程度而课以不同的时限。《唐六典》卷二十二说少府监之职，为『掌百工伎巧之政令』，凡教诸杂作工，业金、银、铜、铁『铸鎢、凿镂、错镞所谓工夫者，限四年成；以外限三年成；平慢者，限二年成』。铸鎢、凿镂、错镞，这几项技艺难度最高，学成则各为工手❹。彼时民间也不少技艺在身的工匠而有不错的收入，此从笔记小说的零星记述中约略可见大概。一个流传很广的故事是唐尉迟枢《南楚新闻》所记薛昭纬《谢银工》诗『早知文字多辛苦，悔不当初学冶银』。诗之本事，是黄巢乱后，薛流离道途，『忽遇一旧识银工，邀昭纬食，甚丰，昭纬以诗谢之』，云云。《太平广记》卷一三四《干珍》(出《广古今五行记》)，曰『唐定州安嘉县人王珍，能金银作，曾与寺家造功德，得绢五百疋』。而在远离中原的琼山郡，也不

❶ 刘建国《试论唐代南方金银工艺的兴起》，页二四～二七，镇江市博物馆等《唐代金银器》，文物出版社一九八五年。

❷《信州录事参军常曾古鼎歌》，《韦应物集校注》(陶敏等)，页五九〇，上海古籍出版社一九九八年。

❸ 卢兆荫《从考古发现看唐代的金银『进奉』之风》，《考古》一九八三年第二期；韩保全《金银器与唐代进奉之风》，页二九～三一，镇江市博物馆等《唐代金银器》，文物出版社一九八五年。

❹ 铸鎢，当即铸写。天宝二载(七四三)鉴真东渡，随行有刻镂、铸写等工手(《唐大和上东征传校注》)。『铸写』，大约意同铸鍊，慧琳《一切经音义》卷十二『铸鍊』条引《考声》云『镕写也』，又《韵英》：『销鍊金也』，『或从火作炼也』。

乏以镕锻金银为业者（《太平广记》卷二六九《韦公幹》）。

唐代政治史与社会生活史中金银器的大量使用，于载籍昭昭可见[1]，颁赐与进奉，每常以数百两、数千两或数床（置物之矮案）为计量，品类和式样也颇为可观，考古发现中的实物与之相比，实不及万一。本章题目虽曰『隋唐五代』，不过今天能够见到的隋代实物其实很少，五代除吴越国之外其他不多。出土地点主要有陕西、内蒙古、山西、辽宁、甘肃、青海、江苏、浙江、四川、湖北，多集中在规模大小不等的窖藏和寺院塔基地宫，前者如西安南郊何家村金银器窖藏、江苏镇江丹徒丁卯桥银器窖藏、四川广元旺苍县嘉川镇蔬菜村银器窖藏，后者如陕西扶风法门寺塔基地宫。金银器的发现，就品类和数量而言，墓葬比窖藏和塔基地宫相对少一些。

[1] 详细论述，见尚刚《隋唐五代工艺美术史》中《金银器与时代生活》一节，人民美术出版社二〇〇五年。

第一节

装饰纹样之大要

两汉魏晋时期，活跃于装饰领域的是云气纹，经南北朝至隋唐，这一流行纹样渐为缠枝卷草所取代。它几乎充塞于各个装饰空间而形成特有的时代风格，乃至被接受唐文化的日人呼作『唐草』。

缠枝卷草以及同为流行纹样的莲花和摩竭，都有着异域元素与本土传统相融合的演变过程。卷草之一种，即为今人称作『忍冬纹』者[1]〔图一一～三〕，原系近世方始采用的名称，虽然目前已是约定俗成，然而这却不是中土固有的命名。这一纹样的源头可溯至巴比伦—亚述，递经传播演变，至科林斯柱头而成为典型样式[2]〔图二〕，而在中土装饰艺术中，最初便只是外来的『一种图案中产生的幻想叶子』[3]，却并非某种特定植物的写实。《艺文类聚》卷八十五《布帛部》『锦』条录《梁皇太子谢敕赉魏国所献锦等启》曰：『山羊之毳、东燕之席尚传；登高之文、北邺之

[1] 如西安南郊何家村窖藏中的鸳鸯莲瓣纹金碗，如弗利尔美术馆、白鹤美术馆藏金花银碗，碗壁相向合抱为莲瓣纹的卷叶。

[2] 这里举一个金银制品的例子，如出自意大利塔伦特姆的权杖，其上做出一个科林斯式柱头，约当公元前三世纪。

[3] 林徽因《敦煌边饰初步研究》，页一〇，载《中国敦煌历代装饰图案》（常沙娜编著），清华大学出版社二〇〇四年。

图一—一 鸳鸯莲瓣纹金碗
西安南郊何家村窖藏

图一—二 金花银碗
弗利尔美术馆藏

图一—三 金花银碗
白鹤美术馆藏

一—一

一—二

一—三

锦犹见。胡绫织大秦之草，戎布纺玄菟之花。』『大秦』原是两汉时代对罗马的称谓，而在拜占庭帝国取代罗马帝国之后，中土文献便改称『大秦』为『拂林』[1]。那么这里『大秦之草』的所谓『大秦』，便只是以此『极西』的古称来概指西方，正如以古郡名之『玄菟』来概指『极东』[2]。如此，把『大秦之草』理解为当日对

[1] 『大秦』最早见于《后汉书·西域传》和《魏略·西戎传》，『拂林』则初见于《前凉录》（《太平御览》卷七五八）。又，在汉译佛经中，『大秦』也或用来指称希腊人统治地区，如东晋失译《那先比丘经》所见『大秦』及其它》，页一一一，《欧亚学刊》第九辑，中华书局二〇〇九年）。（余太山《《那先比丘经》所见『大秦』及其它》）

[2] 玄菟为古郡名，汉武帝置，辖境相当于中国辽宁东部及朝鲜咸镜道一带。北魏以后废。

图二
权杖
出自意大利塔伦特姆

图三
科林斯柱头
阿富汗北部阿伊哈努姆出土

来白西方的各式草叶纹样包括所谓『忍冬』的统称，应无大误❶。而这一类纹样与中国原产的忍冬亦即金银花原本毫无关系❷，因此我们如果对它作客观陈述，毋宁舍『忍冬』这一似是而非的名称而仍概称为蔓草或卷草。卷草经由中亚❸（图三），进入新疆，并继续沿着佛教东传之路进入中原地区，至唐代而完全融入本土的装饰艺术。

缠枝的形成，『如意蔓』是来源之一。其名出自佛经，也称『如意树』❹，『天意树』❺，又或音译为『劫波树』，『劫波娑树』。慧琳《一切经音义》卷二十五：『天意树，诸天有树，随天意转，所求皆遂，故得名也。』失译《大乘

❶ 新疆尉犁县营盘墓地十一号墓出土时代约当魏晋的三枚蔓草纹锦残片，残片所存汉字可认出『草』，『右』，『降』。『右』即『佑』，为吉语中常用，那么『草』字在这里也很有可能是织锦图案中牵缠之蔓草的指称。残片原系一件绮袍的锦缘。新疆文物考古研究所《新疆尉犁县营盘墓地一九九五年发掘简报》，页三七，图六二：一～三，《文物》二〇〇二年第六期。按『降』字简报原未释读，此承孙机先生示教。

❷ 薄小莹《敦煌莫高窟六世纪末至九世纪中叶的装饰图案》一文谈到『所谓「忍冬纹」的流行』，认为『从图案形态上看，将这种特殊的、普遍流行的纹样归之为「忍冬」，看来是不妥的』，因此作者在讨论中称之为『叶纹』。载《敦煌吐鲁番艺术丛书·敦煌图案》，页八五，新疆美术摄影出版社等一九九二年。

❸ 如阿富汗北部阿伊哈努姆发现的科林斯柱头，这里当年曾是亚历山大时代的一座希腊化城市。

❹ 龙树《大智度论》卷七十九曰『人种众果树，不如一人种一如意树，能随人所愿，如意皆得』。《大正藏》卷二十五，页六一九。

❺ 南北朝慧影抄《大智度论疏》卷二十四：『如意树者，《大本经》名为天意树。』《续藏》第四十六卷，页九一一。

图四—一
银金花八棱卮杯
西安韩森寨电车二厂出土

图四—二
六出花口银盒
河北定州静志寺塔基地宫出土

四—一

悲分陀利经》卷四曰『众生随所乐衣，于如意树上取而著之』[1]。隋达摩笈多译《起世因本经》卷一曰，『复有劫波树』，『悉有种种叶花与果，从彼果边，自然而出种种杂衣，悬在树间』；『又有种种璎珞之树』，『悉有种种叶华与果。彼等诸果，随心而出种种璎珞，悬垂而住』[2]。它在印度早期佛教艺术中已经出现，也为犍陀罗美术所采用。随着佛教东传，『大秦之草』与『如意蔓』，不同来源的异域意匠与本土传统的二方连续图案相结合，经南北朝而隋唐，便已如杂花生树一般妖娆多姿，成为佛教艺术中施用最广泛、运用最灵活的艺术语汇。拆分出一个单位纹样，它可以是大空中的流云花雨；连缀为缠枝，则成边饰。组织为图形，可以是背光、头光，还可以造型为华盖，在需要画中有画的时候，又不妨用它来开光，光内又可以组合为花台，布置灵禽瑞兽，舞人乐伎和童子。而这些手法又无一不绚烂于日常生活的装饰领域，以此形成最见特色的唐代装饰纹样。时人或名此曰『连枝』，它每每在织绣中寄寓柔情[3]，移用于金银器，也同样带着诗韵〔图四—一～八〕。

[1] 《大正藏》第三卷，页二五八。
[2] 《大正藏》第一卷，页三六九。
[3] 如李德裕《鸳鸯篇》『夜夜学织连枝锦，织作鸳鸯人共怜』；白居易《绣妇叹》『连枝花样绣罗襦』；又牛峤《女冠子》『鸳鸯排宝帐，豆蔻绣连枝』。

四—二

图四—三 银鎏金香宝子盖面
陕西扶风法门寺地宫出土

图四—四 缠枝花鸟银盖碗

图四—五 凤凰花鸟纹银蛤蜊式盒
弗利尔美术馆藏

图四—六 银鎏金缠枝花卉鹦鹉纹云头式盒
陕西历史博物馆藏

图四—七 金花银蕉叶杯
大都会博物馆藏

图四—八 菱花口银盘
大英博物馆藏

四—三

四—四

四—五

四—六

四—七

四—八

图五—一
摩竭鱼
印度桑奇二塔栏楯浮雕

图五—二
恒河女神牙雕
贝格拉姆出土

五—一

摩竭鱼，即鲸鱼，佛经或称摩伽罗鱼。玄应《一切经音义》卷一曰，『摩伽罗鱼，亦云摩竭鱼，正言麽伽罗鱼，此云鲸鱼，谓鱼之王也』。慧琳《一切经音义》卷二十三：『摩竭鱼，此云大体也。谓即此方巨鳌鱼，其两目如日，张口如㟏谷，吞舟光出，濆流如潮，若欲水如壑，高下如山，大者可长二百里也。』出现在佛经中的摩竭鱼，多用于比喻贪欲，如马鸣《大庄严论经》卷二『然此多欲人，常生于欲想；贪利无有极，如摩竭鱼口』，如鸠摩罗什译《杂譬喻经》『昔有五百贾客，乘船入海欲求珍宝，值摩竭鱼出头张口欲食众生』，云云❶。不过摩竭鱼虽有恶行，却也颇有善业，即如鱼身化为船渡越商主之类，见《大唐西域记》卷八《摩揭陁国·上》❷。印度桑奇二塔浮雕中有摩竭张口吞食小鱼的形象〔图五—一〕，但它又会口衔莲花，而印度造型艺术中的药叉女与恒河女神也常常是足踏摩竭，如巴尔胡特栏楯雕刻，如贝格拉姆出土的印度牙雕〔图五—二〕。

五—二

❶《大正藏》第四卷，页二六七；《大正藏》第四卷，页五二九。

❷又《洛阳伽蓝记》卷五录宋云使西域行纪曰：至辛头大河（即印度斯河），『河西岸上有如来作摩竭大鱼从河而出，十二年中以肉济人处，起塔为记，石上犹有鱼鳞纹』。

图五—三
摩竭鱼
印度桑奇大塔栏楯浮雕

图六—一
金摩竭纹四曲长杯（局部）
西安市太乙路出土

图六—二
『高骈进』金花银酒海（内底心）
山西繁峙县金山铺乡上浪涧村窖藏

图六—三
越窑青瓷摩竭酒船
杭州吴山广场地铁建设工地出土

桑奇大塔浮雕中吹送出如意蔓的摩竭鱼，也当是善类〔图五—三〕。摩竭的形象随佛教而东传，然而在中土却很少出现于佛教艺术，却是多为生活用品的装饰所用。人们对它的接受，大约主要在图像，既未必对异域故事都有很清楚的了解，又或者由传闻而生出志怪小说，如《拾遗记》卷十曰瀛洲『东有渊洞，有鱼长千丈，色斑，鼻端有角，时鼓舞群戏，远望水间有五色云；就视，乃此鱼喷水为云，如庆云之丽，无以加也』。图像中，长鼻向上翻卷正是摩竭鱼的主要特征，当即『鼻端有角』之谓。『庆云』则是前面一章里说到的自汉以来的传统祥瑞，为『太平之应』。『喷水为云，如庆云之丽』，自然有着很好的寓意。作为流行纹样，它的形象便是出没于浪涛的精灵〔图六—一～二〕。用作酒器，更可意取双关。一则注酒之后得见摩竭在水中隐现，一则暗寓饮者酒量之大，所谓『饮如长鲸吸百川』是也。而『金鲸泻酒如飞泉』（温庭筠《堂堂曲》），则即肖形摩竭的金杯，虽然尚未发现如此式样的唐代金银器，瓷器却

五—三

六—一

六—二

六—三

不止一件❶〔图六—三〕，且不乏宋代实例〔第六章，图一九〕。在摩竭纹十分盛行的唐代，摩竭有的已添加双翅，此乃后世『飞鱼』之滥觞。

狮子也属外来，却是久已『定居』中土，山东青州出土的石狮子颈有铭曰『雒陽中東門外劉漢所作師子一雙』❷。南北朝时狮子不仅活跃于佛教艺术，且用于墓室装饰。大量施用于金银器，是在唐代。『其为状也，则筋骨纠缠，殊文异质，阔臆修尾，劲毫柔毳，钩爪锯牙，藏锋蓄锐，弭耳宛足，伺间借势。暨乎奋鬣舐唇，倏来忽往，瞋目电曜，发声雷响』，虞世南《狮子赋》原是为康国所献狮子画像❸，作为装饰纹样的狮子却也不妨移此为赞，而『服猜心与猛气，遂感德以依仁；同百兽之率舞，共六扰而来驯』，自然也可以视作纹样所包蕴的祥瑞之意。这里的『六扰』，指六畜。

在器皿上打制凸棱以形成纹路，如水波，如或平行或上下错落的各式花瓣，其渊源可追溯到亚述，而兴盛于古波斯阿契美尼德王朝，并逐渐传播广远，乃至千余年中不绝如缕❹。阿富汗北部席巴尔甘大月氏贵族墓地四号墓出土一件打作花瓣式凸棱的金

❶ 如越窑青瓷摩竭酒船，它曾在南宋官窑博物馆举办『发现杭州：新中国成立七十周年杭州地区考古成果展』展出，展品说明定其时代为『五代至北宋』，我以为可以定为五代。

❷ 今在山东博物馆展陈。

❸ 此赋作于贞观九年（六三五）四月。《四明》本题下有小字夹注：《旧唐书》：『康国献狮子，诏世南为之赋，编之东观。』《虞世南诗文集》（胡洪军等辑注），浙江古籍出版社二〇一二年。

❹ 孙机《凸瓣纹银器和水波纹银器》，页一四二～一四六，《中国圣火》，辽宁教育出版社一九九六年。

七

盘亦即金箧簾，时代为一世纪初〔图七〕❶。前面所举东魏李希宗夫妇墓出土银盏，便可视作西风东渐背景下的作品〔第二章，图四二〕。唐代此式金银器多借鉴于近邻粟特（粟特及粟特风的金银碗或即唐诗中的『金叵罗』）❷〔图八—一～二〕，而很快融入本土传统，不论造型、纹饰，抑或气韵风格，当然还有设计理念。原初略显生硬的花瓣纹，已用东方气韵浇灌为舒瓣绽放神气自适的莲花〔图八—三〕。

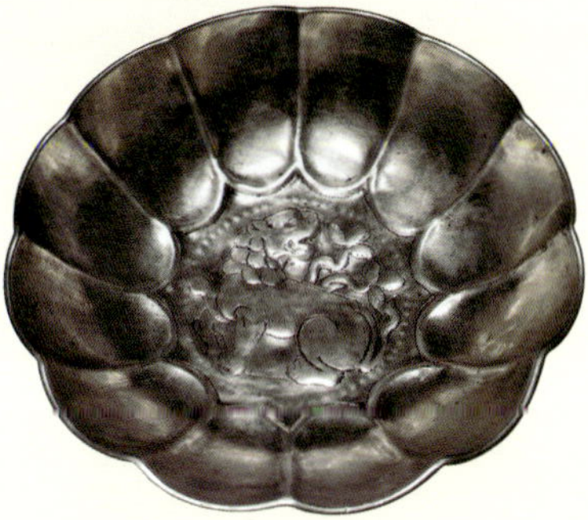

八—一

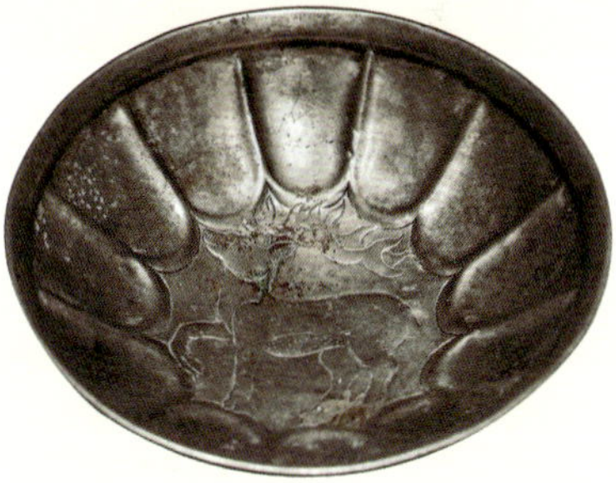

八—二

八—三

❶ 器身外缘刻有希腊文标明重量，出土时垫在墓主人头下，外裹丝绸。清华大学艺术博物馆《器服物佩好无疆：东西文明交汇的阿富汗国家宝藏》，页一一三，上海书画出版社二〇一九年。

❷ 西安沙坡村出土鹿纹银碗，口沿下所錾铭文一行为粟特文。西安市文物管理委员会《西安市东南郊沙坡村出土一批唐代银器》，页三〇～三二，《文物》一九六四年第六期；林梅村《中国境内出土带铭文的波斯和中亚银器》，页五五～五六，《文物》一九九七年第九期。

图七
金簏簾
席巴尔甘大月氏贵族墓地四号墓出土

图八—一
粟特银碗
弗利尔美术馆藏

图八—二
鹿纹银碗
西安沙坡村出土

图八—三
金花银碗
白鹤美术馆藏

以本土元素为根基发展出来且运用纯熟的装饰纹样，莲荷是一大类。莲花纹样在中土出现得很早，先秦时代莲花的造型艺术即已十分成熟，如河南新郑李家楼出土一对春秋中期器鹤莲方壶、山西太原出土莲盖方壶，又湖北枣阳九连墩战国一号墓出土彩绘龙凤纹莲花漆豆。数百年后佛教东传，随风吹来新的种籽，遂与本土传统嫁接，在佛教艺术中放出新花。此后不过经历一轮两轮更新换代，便迅疾完成了中土化。而佛教艺术之外，莲花作为日常生活中始终不断延续着的装饰纹样，其中的宗教含义其实是很微弱的。诗歌的百花苑里，莲荷早是蔚然成景，造型与纹样的素材自可随手采撷。与莲花相比，荷叶似乎是配角，但在诗人眼中绿叶却丝毫不输红花。梁元帝《采莲曲》『莲花乱脸色，荷叶杂衣香』，梁刘孝威『莲香隔蒲渡，荷叶满江鲜』。莲花开处，都有荷叶相伴。单独为荷叶写照，似乎更多俊句。梁江洪《咏荷》『碧叶喜翻风』，南齐谢朓《游东田》『鱼戏新荷动』，唐郑谷《莲叶》：『移舟水溅差差绿，倚槛风摇柄柄香。多谢浣纱人不折，雨中留得盖鸳鸯。』荷叶自然也同莲花一起进入装饰领域。荷叶仰可为杯，——『藕丝牵作缕，莲叶捧成杯』（隋殷英童《采莲曲》）；覆可为盖，——白居易『小舫宜携乐，新荷好盖杯』（《分司初到洛中偶题六韵兼戏呈冯尹》），唐代金银器中的器盖、器足、承盘，便每取风翻荷叶之势，卷起的荷叶边或涂金，以见风中水中的摇漾之趣。又或在荷叶上面添饰摩竭或游鱼〔图九〕。金银荷叶意欲模仿的自是水中新荷，却是以一枝一茎而擎出一池莲塘。

流行于各式建筑与各类织绣中的宝相花、团花，同样为金银器所采用。宝相花在碎花丛艳中恣意开放，只要有空间，便可以无限伸展。缠枝花叶缭绕而成的团花，内心或灵禽瑞兽，或只是水边林下的生灵，总是鸢飞鱼跃的生机，在适合纹样里留驻韵律〔图一〇—一～五〕。狩猎、歌舞、仕女，则更多取资于绘画。彼时绘画与工艺尚未截然分明，『画』的方式不拘一格。《历代名画记》卷十曰『时有宇文肃，善小画、金玉镌刻之样、禽兽葩叶之能』，可见绘画与工艺之相通。山林草坡、湖石花木，规整的鱼子地，一丝不苟的鎏金，更有绣针一般錾出的花叶之脉理、禽鸟之羽翼，金银器纹饰也每每有着工笔画的意趣。

九

图九
银盐台的荷叶盖
法门寺地宫出土

图一〇—一
鸳鸯莲瓣纹金碗（内底心）
西安南郊何家村窖藏

图一〇—二
卧鹿纹金花银盘（盘心）
内蒙古赤峰市喀喇沁旗哈达沟窖藏

图一〇—三
金花大银盆（局部）
陕西扶风法门寺地宫出土

图一〇—四
莲花鸳鸯纹
金花银碗（碗内壁）
长沙中南工业大学桃花岭唐墓出土

图一〇—五
金花银碗（内底心）
大同市博物馆藏

一〇—一

一〇—二

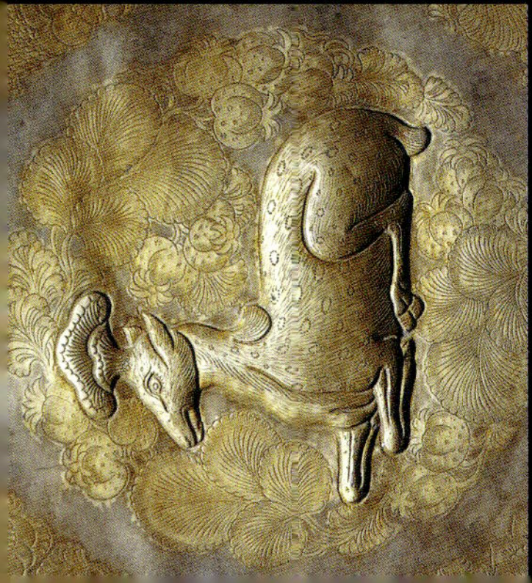

一〇—三

一〇—四

一〇—五

图一一
猞猁纹银盘
赤峰敖汉旗李家营子出土

图一二—一
金花银凤纹盘

图一二—二
金花银熊纹盘
西安南郊何家村窖藏

一一

一二—一

一二—二

狮子与鹿之外，以动物为主体纹样者，相对而言数量不多。内蒙古赤峰敖汉旗李家营子出土猞猁纹银盘❶〔图一一〕、西安沙坡村出土鹿纹银碗，都属于唐代前期，或认为是输入的粟特银器❷。何家村窖藏中一组被定为盛唐时期的银盘，尺寸大致相当，风格也大体一致，全器光素无纹，惟内底心装饰鎏金纹样〔图一二—一～五〕，或龟，或熊，或狐狸，或凤凰，龟纹盘和双狐纹盘的造型均取式于桃。

❶ 敖汉旗文化馆《敖汉旗李家营子出土的金银器》，页一一八，《考古》一九七八年第二期。下文举银长杯与银壶瓶，同此。

❷ 齐东方《唐代金银器研究》，页三〇六，中国社会科学出版社一九九九年。

图一二一三
金花银龟纹盘

图一二一四
金花银狐狸纹盘
西安南郊何家村窖藏

又有一件盘心纹样为兽首鸟身蹄足之物，今称它为『飞廉』，飞廉是传说中的风神。关于飞廉，似乎至今未见带有榜题可以确切认证的图像，而南北朝时期榜题『万岁』者，除了人面鸟身一种之外，另有一种是兽首鸟身，前已提到北魏铜鎏金带銙（第二章，图一五六八）。太原晋阳古城遗址出土东魏空心砖，其表有兽首鸟身蹄足之纹样，并模印吉语『富贵』『吉利』❶（图一三一一）。河南

一二一三

一二一四

❶ 山西博物院等《考古的故事：山西『十二五』考古成果展》，页一八三，山西人民出版社二〇一六年。

邓县学庄村南朝墓出土『千秋』『万岁』彩绘模印砖，右边题作『万岁』者，便是羊头鸟翼凤尾〔图一三一二〕。杭州余杭区小横山东晋南朝墓中的大部分画像砖墓均有对称分布的『千秋』和兽首鸟身蹄足之『万岁』❶。常州浦前戚家村南朝墓出土『万岁之鸟』画像砖，既有与『千秋之鸟』构成组合者，也有居于兽面、白虎之上者〔图一三一三〕。而唐代『飞廉』的形象与此类纹样相差无几，鸟爪易作蹄足，当是取了粟特银器纹样中的元素〔图一三一四〕。

一二一五

葛洪《抱朴子·对俗》列举长寿之物，中有『千岁之鸟，万岁之禽，皆人面而鸟身，寿亦如其名』，此当为『千秋』『万岁』所本❷，虽然兽首人身的『万岁』与此说不合，但既有榜题自名，自然可以确认。前引《抱朴子》，各种各样的长寿之物中尚有『千岁之龟，五色具焉』，『熊寿五百岁者，则能变化』，『狐狸豺狼，皆寿八百岁』，诸般长寿之物，正好都在何家村窖藏的这一组银

图一二一五
金花银『万岁』纹盘
西安南郊何家村窖藏

图一三一一
『大魏兴和二年造』空心砖
太原晋阳古城出土

一三一一

❶ 杭州市文物考古研究所等《余杭小横山东晋南朝墓》，页三三五，文物出版社二〇一三年。此外尚有湖北襄阳贾家冲南朝墓等。

❷ 王去非《隋墓出土的陶『千秋万岁』及其他》，页二七五，《考古》一九七九年第三期。

盘中用作装饰纹样，那么其中这一个兽首鸟身的形象，也当是寓意长寿的万岁之禽。

图一三一二
『千秋』『万岁』彩绘模印砖
河南邓县学庄村南朝墓出土

图一三一三
『万岁之鸟』画像砖
常州浦前戚家村南朝墓出土

图一三一四
粟特胡瓶
艾尔米塔什博物馆藏

一三一二

一三一三

一三一四

图一四一一
唐祥瑞生肖镜
许昌博物馆藏

又有寄寓美意的祥瑞。如花台上对望的或鸳鸯或鸿雁或鸭子，两相依偎而并举双翅的鸟雀，贴体并游的双鱼，并蒂的花朵或莲叶。比照许昌博物馆藏唐祥瑞生肖镜❶〔图一四一一〕，花台上对望的水禽，即为『同心鸟』；两相依偎而并举双翅者，则为『比翼鸟』；并蒂者，则『合欢』。贴体并游的双鱼，便是『比目鱼』❷〔图一四一二〕。《乐府诗集》卷四十八录晋诗《西曲歌·三洲歌三曲》（之二）『愿作比目鱼，随欢千里游』。『同心』『比翼』『合欢』，固有两情相系之意，同时亦为时人眼中的祥瑞。唐代流行纹样中的鸟衔花，千秋镜中的鸟衔绶带，也同样活跃在金银器。岑参《江行遇梅花之作》『愿得青鸟衔此花，西飞直送到吾家』，『此鸟衔花胡姬前，胡姬见花知我怜』❸，如此诗心也许并不独属于诗人。长绶带亦即长寿带，又或独立出来另外组织纹样，如同簪钗和瓷器〔第四章，图二六；第七章，图二七一〕。出自印尼勿里洞黑石号沉船的一件四曲花口金盘，

图一四一二
四曲花口荷叶双鱼纹金花银酒船（内底心）
陕西耀县柳林背阴村出土

❶ 许昌博物馆《许之昌：许昌历史文化陈列》，页二三五，中州古籍出版社二〇一七年。按祥瑞各有榜题。
❷《尔雅·释地》：『东方有比目鱼焉，不比不行，其名谓之鲽。』旧说此鱼止一目，须两鱼相并始能游行。
❸ 徐俊《敦煌诗集残卷辑考》，页七四八，中华书局二〇〇〇年。

图一五—一 四曲花口金盘

图一五—二 金委角方盘
黑石号沉船出水

一五—一

盘心以花叶组成的方胜里卧一枚长寿带〔图一五—一〕。同出的另一件金委角方盘，却是以挽着花枝花叶的四枚长寿带布置于四方，中心花叶起舞，舞出一个万字符〔图一五—二〕。金盘的设计构思很可能是来自铜镜纹样的启发，连同飞舞着的蝴蝶和蜜蜂。

鸿雁衔瑞草的图式，大约源自古老的雁衔芦的传说。《淮南子·修务训》曰『夫雁顺风，以爱气力，衔芦而翔，以备矰弋』，高诱注：『矰，矢。弋，缴。衔芦，所以令缴不得截其翼也。』矰缴猎雁的办法，即本书第一章提到的『弋射』。虽然后世渐渐不用，以至于矰缴也会写作『缯缴』，不过雁衔芦的传说却依然流行不衰。晋崔豹《古今注·鸟兽》曰『雁自河北渡江南，瘦瘠能高飞，不畏缯缴。江南沃饶，每至还河北，体肥不能高飞，恐为虞人所获，尝衔长芦可数寸，以防缯缴』。此说似乎颇解『雁情』，衔芦故事的情节也添加了曲折，于是它成为咏雁之作中常用的典故而继

一五—二

图一六一一
银鎏金香宝子（局部）
法门寺地宫出土

图一六一二
银鎏金菱花口长盘
大英博物馆藏

续流衍[1]。不过在唐代的装饰领域，鸿雁已是换了角色的喜剧形象，不仅纳入舆服制度，且与鸾鸟、鹦鹉、仙鹤、鸳鸯一起编入衔瑞禽鸟的仙班，飞舞于丝帛，盘旋于铜镜，又金盏、银盘，琵琶、阮，棋局、书案，乃至牙尺，钗簪。

鹦鹉能言，教人觉得异于凡鸟，南北朝时期不仅见于记述地方风物的笔记，更有不少被有神异色彩的传说。南朝刘敬叔《异苑》卷三中的鹦鹉救火、张华与白鹦鹉，都是传之久远的故事，佛经中也不少关于鹦鹉的纪事。鹦鹉进入装饰领域便很自然。它在唐代大为兴盛的原因之一，或许来自『时乐鸟』的命名。《酉阳杂俎·前集》卷十六记道，『玄宗时，有五色鹦鹉能言，上令左右试牵帝衣，鸟辄瞋目叱吒。岐府文学能延京，献《鹦鹉篇》以赞其事。张燕公有表贺，称为「时乐鸟」』[2]。张燕公即张说，他在贺表中说道，『《南海异物志》有时乐鸟，鸣皆太平，天下有道则见。臣验其图，丹首红臆，朱冠绿翼，与此鹦鹉无异，而心聪性辩，护主报恩，故非常品凡禽，实《瑞经》所谓「时乐鸟」也』。将鹦鹉与时乐鸟对应，便成『天下有道则见』，『鸣皆太平』的祥

[1] 如李白的一首《鸣雁行》：『胡雁鸣，辞燕山，昨发委羽朝度关。一一衔芦枝，南飞散落天地间，连行接翼往复还。客居烟波寄湘吴，凌霜触雪毛体枯，畏逢矰缴惊相呼。闻弦虚坠良可吁，君更弹射何为乎。』诗人为雁的悲剧作痛语，原是别有怀抱，『一一衔芦枝』，自是用典，大约不会是即目。至后世为此诗作注，衔芦便又添了新说。——清王琦注先引《淮南子》，再引崔豹《古今注》，更曰『一说代山高峻，鸟飞不越，惟有一缺门，雁往来向此缺中过，人号曰「雁门」。山出鹰，雁过，鹰多捉而食之，雁欲过皆相待，两两相随，口中衔芦一枝，然后过缺中。鹰见芦，惧之，不敢捉』，是直可作小说读也。以上种种，在贾祖璋《鸟与文学》说雁一篇中皆称为『奇怪的传说』，『照现在推想起来，雁类自江南还河北达塞外，适当营巢育雏的时节，所以衔芦拾草，是事实上所可有的现象，不过决不会用以避矰缴或助风力耳』。页一二八，上海书店一九八二年。

[2] 此则纪事又见于《唐书》（《太平御览》卷九二四引），《册府元龟》卷二四与卷八四〇，又《谭宾录》（《太平广记》卷四六〇引）等。

瑞，自然成为装饰领域的宠儿。或栖身于繁花密叶〔见图八五〕，或颠倒相向抱作团窠〔见图五九—六〕，或对衔瑞草将翱将翔〔见图八五—五〕，金银器中的鹦鹉也是百态千姿。

此外，尚有人物故事，如法门寺出土银鎏金香宝子装饰烂柯山故事❶〔图一六一—一〕，陕西耀县柳林背阴村出土银鎏金三足罐饰春秋人物故事❷、大英博物馆藏银鎏金菱花口长盘，内底錾刻许由洗耳故事〔图一六一—二〕。不过与其他相比，这一类题材还不很流行。

一六一—一

一六一—二

❶ 有关考证见倪亦斌《瓷器故事图画新证》，页一〇〇~一〇一，艺术世界杂志社二〇〇六年。不过作者曰一旁的观棋者『怀抱一根扁担』，非是。曾有机会在展厅近距离观摩实物并摄影，可见所谓『扁担』，原是衣襟，标识砍柴身分的当是别在腰间侧后露出在身体左边的斧子。

❷ 申秦雁《陕西历史博物馆珍藏金银器》，图七六，陕西人民美术出版社二〇〇三年。

后世收入《营造法式》中的不少纹样，此际已普遍施用，如方胜、毬文〔图一七—一〕、玛瑙地〔图一七—二〕，又化生、柘支，——今习称伎乐〔图一七—三〕、跨鹤持节的女贞〔图一七—四〕以及或捧果盘或擎花枝的飞仙。

一七—一

一七—二

一七—四

图一七—一
毬路鸿雁纹金花银笼子（局部）

图一七—二
捧真身菩萨（莲座下方局部）

图一七—三
银鎏金伎乐图香宝子
法门寺地宫出土

图一七—四
银金花茶罗子（局部）
法门寺地宫出土

总之，金银器的装饰纹样一面引领时尚，一面不断从时尚中撷取资源，丰富创意。诗歌固须『精于造语』，方成佳制，移之于工艺，也同样适合。金银合用，造成明与暗的对比，乃唐代金花银器之匠心。而鱼子地的运用，很有可能受到《考工记》『凡画缋之事，后素功』的启发，鱼子地的效果，也正如同唐张仲素《绘事后素赋》所云『间精微而不乱，蔚明丽之相得』，『发众状而逾出，映繁文而益彰』。可以说，诗歌、绘画，是金银器纹样设计的重要资源。取诗歌之神思，撷绘笔之气韵，得此纹饰之妙丽与飞扬。虽受制于器形与尺寸，却不妨逞飞动于谨严，寓自然于规矩。细叶葳蕤，杂花参差，钩带联络，曲折得宜，几乎所有的图案都被运用自如的线条造化为诗和舞，合着韵律，充满张力。

唐代金银器制作工艺，除了此前已有的模铸、铆焊、切削、抛光，鎏金、金银错、粟粒粘焊之外，更有锤鍱和錾镂。此虽非始自唐代，却是在唐代得以发挥尽致，而形成鲜明的时代特

一七—三

色，说见本书《导言》。金银镶嵌，此际采用最多的是『金筐宝钿』，它是从上一章提到的金钿、金花宝钿发展而来，不过前者每每轻薄细小，此际则将纤细的金丝易作细窄的金条，以之勾勒花框，花框边缘或再点缀粟粒，于是花叶、花瓣、花心成为『金筐』，『筐』内嵌宝，即所谓『金筐宝钿真珠装』，法门寺出土的七宝银盒即是与同出衣物账碑对应之器[1]。

若引录唐人的语言来讲述唐代金银器纹样与工艺之大略，不妨列举一早一晚两个例子。

（一）张鷟《朝野佥载》卷三：『洛阳昭成佛寺有安乐公主造百宝香炉，高三尺，开四门，绛桥勾栏，花草飞禽走兽，诸天妓乐，麒麟鸾凤，白鹤飞仙，丝来线去，鬼出神入，隐起鈒镂，窈窕便娟。真珠玛瑙，瑠璃琥珀，玻瓈珊瑚，砗磲琬琰，一切宝贝，用钱三万。府库之物，尽于是矣。』『绛桥』至『飞仙』一段，言纹样，我们今天在已发现的唐代金银器中都可以见到，如镇江甘露寺铁塔地宫出土作为舍利容器的银椁〔见图一〇六〕。以下至『便娟』，言金银细工，『丝来线去，鬼出神入，隐起鈒镂，窈窕便娟』，

[1] 衣物账碑，全称『监送真身使应从重真寺随真身供养道具及恩赐金银器物宝函等并新恩赐到金银宝器衣物等如后』，见陕西省考古研究院等《法门寺考古发掘报告》，彩版二〇三，文物出版社二〇〇七年。以下即简称衣物账碑。

唐代金银器的鲜明特色，在此概括得精要。敦煌本《维摩碎金》『纤毫之丱串枝柯，细旎之起突花样』，也是同样的意思。『隐起』『起突』，即打制；『鈒镂』『镂花』，指錾刻和镞镂。以下『真珠』至『宝贝』，俱言嵌饰。甘肃泾川县大云寺遗址出土唐延载元年（六九四）舍利金棺、陕西临潼庆山寺地宫（唐开元二十九年竣工）出土舍利金棺银椁，皆嵌饰诸般『宝贝』〔图一〇二、图一〇四〕。

（二）再看韩愈《寄崔二十六立之》。这首长诗的末了一节，言以自家双饮盏中的一只持以赠别：『我有双饮盏，其银得朱提。黄金涂物象，雕镌妙工倕。乃令千里鲸，么麽微螽斯。犹能争明月，摆掉出渺弥。野草花叶细，不辨蓍莱葹。绵绵相纠结，状似环城陴。四隅芙蓉树，擢艳皆猗猗。』诗中的这一节浅白如作平常语，而概括了中晚唐金银器的几个主要特点。第一，造型。既曰『盏』，则造型为圆口或花口，而非长杯亦即酒船。第二，装饰方法。唐人言『金涂』，每指通体鎏金，此曰『黄金涂物象』，则意谓起花处金涂，『雕镌妙工倕』，乃巧手打制纹样，那么这一件必是金花银盏。第三，纹样及纹样布局。㈠『乃令千里鲸，么麼微螽斯。犹能争明月，摆掉出渺弥』，是盏心为水波中的摩竭戏珠，而刻画微细。『争明月』，戏珠也。内蒙古赤峰喀喇沁旗哈达沟窖藏银金花大盘盘心图案〔图一八—一〕、白鹤美术馆藏银鎏金大盆盆心图案似之〔图一八—二〕。㈡其外是缠枝卷草抱合而成的团花，『野草花叶细，不辨贅菉葹。绵绵相纠结，状似环城陴』，所云是也。西安西北工业大学基建工地出土『李勉奉进』双鲤纹金花银盘内心纹样似之〔图一九〕。㈢其外复点缀四枚图案化的折枝，所谓『四隅芙蓉树，擢艳皆猗猗』，是也。『擢艳』，在这里可解

一八—一

一八—二

图一八—一 银金花大盘（盘心）
赤峰喀喇沁旗哈达沟窖藏

图一八—二 银鎏金大盆（盆心）
白鹤美术馆藏

作折花，折来新花，枝叶猗那娇媚。唐代装饰纹样中的折枝花，『枝』常常是卧在花叶之下而与花叶一起团成一个略近椭圆的图案，点缀于主图之外。前举喀喇沁旗哈达沟窖藏银金花大盘口沿纹样〔图二〇—一〕，又山西繁峙县金山铺乡上浪涧村窖藏『高骈进』金花银酒海内壁四隅〔图二〇—二〕、陕西耀县柳林背阴村出土金花银盖盖面四隅纹饰似之〔图二〇—三〕。

图一九
『李勉奉进』双鲤纹金花银盘
西安西北工业大学基建工地出土

图二〇—一
银金花大盘口沿纹样
赤峰喀喇沁旗哈达沟窖藏

图二〇—二
『高骈进』金花银酒海（局部）
繁峙金山铺乡上浪涧村窖藏

图二〇—三
金花银盖
耀县柳林背阴村出土

一九

二〇—一

二〇—二

二〇—三

第二节

风格演变概略

分期研究，用考古学的方法做器物的分型分式、纹样的排列对比，分析器形与纹饰的演变规律，这是学界做过的工作，并且已经卓有成就，自可参酌依据❶。依照《唐代金银器》的分期，可划分为四：第一期，初唐至高宗时期；第二期，武则天至玄宗时期；第三期，肃宗至宪宗时期；第四期，穆宗至哀帝时期。《唐代金银器研究》则大别为三：一、飞速发展时期，为八世纪中叶以前（唐高祖至玄宗开元前期）；二、成熟时期，为八世纪中叶至八世纪末（开元后期至宪宗以前）；三、普及和多样化时期，为九世纪（宪宗至唐末）。而就造型、纹饰与风格的发展大势而言，或可粗略分为两个阶段，即多被异域之风的前期与全面中土化的后期。至于前后期的分界，很难截然划分，可大略以『安史之乱』前后胡风之盛衰为别。

隋代金银器有明确纪年的标本，可以举出西安隋李静训墓

❶ 比如陆九皋等《唐代金银器》，文物出版社一九八五年；齐东方《唐代金银器研究》，中国社会科学出版社一九九九年；又尚刚《隋唐五代工艺美术史》中的金银器之部，人民美术出版社二〇〇五年。

图二二
金高足杯
西安隋李静训墓出土

图二三
金花银碗
定州静志寺塔基地宫出土

出土金高足杯〔图二二〕、河北定州静志寺塔基地宫出土金花银碗〔图二三〕。不过前者很可能是来自拜占庭[1]，后者则是同出隋大业二年铜鎏金錾花函铭『即建大塔，更作真金宝碗』之『真金宝碗』。平底，窄平沿，略呈五出花口，内壁两重本色与金涂相间的莲瓣，花心是一泓水波中的两只鸳鸯。虽錾刻不精，但纹样的设计构思却久为后世所用。

二二

二三

[1] 孙机《建国以来西方古器物在我国的发现与研究》，页七五，《文物》一九九九年第十期。

胡瓶、深腹高足杯、单柄鋬手杯以及器身打制凸棱者，通常被归属于前期[1]，如河北宽城大野鸡峪出土银胡瓶〔图二三三—一〕、西安沙坡村出土银高足杯、银环柄单耳杯〔图二三三—二～三〕，都是异域成分比较多的制品。出自敖汉旗李家营子装饰胡人头的银胡瓶，或认为是粟特地区的输入品[2]〔图二三三—四〕。

[1] 见《唐代金银器研究》『八世纪前半叶标准器物群』，页四二。

[2] 时代约当七世纪后半叶至八世纪中叶。《唐代金银器研究》，页三二九。

二三三—一

二三三—二

二三三—三

二三三—四

银胡瓶局部

图二三三—一 银胡瓶 宽城大野鸡峪出土

图二三三—二 银高足杯

图二三三—三 银环柄单耳杯 西安沙坡村出土

图二三三—四 银胡瓶 敖汉旗李家营子出土

图二四
金花银海兽水波纹碗
西安南郊何家村窖藏

二四

不过，如果说东魏李希宗墓出土水波纹银盏已经是中土化的开端，那么到了唐代，从『拿来』到化用的艺术语汇转换过程，几乎是瞬间。比如属于前期的何家村窖藏金花银海兽水波纹碗〔图二四〕，碗内壁通体本色，惟底心鎏金。鎏金处的潆洄浪起间一只海兽，两边各一只鸳鸯，既是隔海兽背身相对，又是擘水波相向而游，十四道水波式凸棱则像是漫向边缘的涟漪。外壁遍施鱼子地，依凸棱波浪之势而成的十四个装饰空间里，各样花枝——随形宛转，口衔绶带结的一个小鸟，荷叶上的一只鸳鸯，草坡一对山羊，花木中一对小鹿，又或追逐的狐狸，栖枝的戴胜，或者只是风中摇曳的花草。虽是依水波而布景，却不觉其水波，而只是苑囿，只是闲庭，参差错出，移步换景，各成小致。外底心是花蔓回环挽结的一朵宝相花[1]。源自异域意匠的水波式凸棱，在此几乎化用无痕。而更多的是水波变化为莲瓣，如同出的鸳鸯莲瓣纹金碗，如华盛顿弗利尔美术馆藏银鎏金莲瓣纹碗。前者碗壁打制出来的凸棱取式于莲花，每一枚花瓣均由对生的花叶两相抱合而构成，——这是由连理枝生发出来的构图，花瓣中再分别安排花台上的鹦鹉、林木间的奔兽。

再细审同属于前期的两件银杯，即分别出自西安何家村窖

金花银海兽水波纹碗底部

[1] 银杯高三点六、口径十一点二厘米，重一百五十二克。按本章所举何家村窖藏器物，尺寸、重量、铭文等数据，均据陕西历史博物馆等《花舞大唐春：何家村遗宝精粹》（文物出版社二〇〇三年），以下不再出注。

图二五
银鎏金仕女狩猎纹杯
西安南郊何家村窖藏

图二六
银鎏金仕女狩猎纹杯
西安未央区大明宫乡马旗寨出土

藏和未央区大明宫乡马旗寨的两件银鎏金仕女狩猎纹杯[1]〔图二五～二六〕。后例失圈足，但尺寸、式样均与前者相近，只是子女图的内容略有不同，——今通称的仕女图，唐代文献或称作子女图[2]，因此不妨同看。何家村银杯外壁一周仰莲，八个莲瓣托起的图案像是一具缩微的多曲屏风，莲瓣之间柳叶垂条把屏风分作八扇，子女画与狩猎图相间布置于其上。子女画中的一扇，是

二五

二六

[1] 银杯高四点二、直径九厘米，重一百八十三克。西安市文物保护考古所《西安文物精华·金银器》，页八三，世界图书出版公司二〇一二年。

[2] 如《安禄山事迹》，如《历代名画记》。

银鎏金仕女狩猎纹杯线图

端端正正对坐于筌蹄的两个美人，一个抱了曲项琵琶手持拨子弹奏，一个相对吹箫。又一扇是主仆二人，主人手里握着团扇，半背着身子的两个侍儿为伊捧物，直项琵琶上套着袋子。又一扇是美人坐在条凳上，看着手拈花叶的小儿扑蝴蝶，双鬟侍儿立在条凳后边。又一扇里的三个美人只是消遣悠闲，张开两臂展弄帔帛也是唐代绘画中常见的姿态。狩猎图更是有章可循，反身射虎，架鹰逐兔，被发持挝子的胡人骑猎者，由两汉而南北朝而隋唐，久已成为图式。鱼子地上的花叶和灌木悬浮在画面上下的空白处，教人体味宫苑与山林。口沿和圈足底边各一周连珠纹，与环柄外缘的半边连珠共同把外壁画面收拢。杯内心细錾水纹，粼粼波光中一只巨鼻象牙的变体摩羯，环绕它的是鯰鱼与莲叶，其外八个莲瓣交错錾刻两两相对的山峦和仙洞。压指板之表一个约略凸起的圆光，光内是鱼子地上的鹿和花。银杯造型规整，见出打制的功夫。物象细微传神，见出錾刻之精到。造型与纹样则显示着对外来元素和善的包容与吸纳。以莲瓣形式呈现的『凸瓣纹』至此已远离故乡，异域之风的狩猎纹则是信手可拈的图式，连珠

银鎏金仕女狩猎纹杯局部

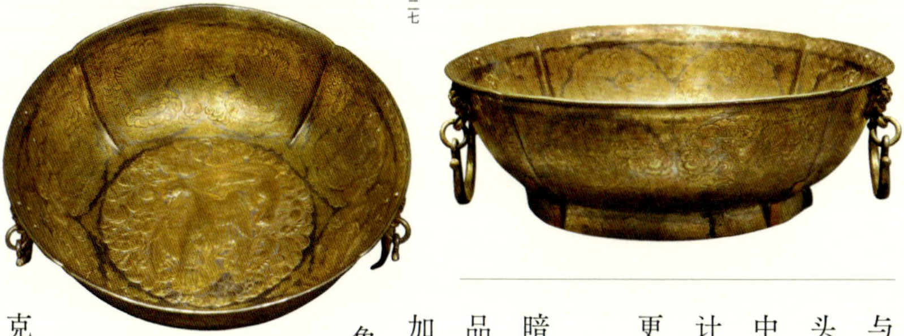

二七

与摩羯改变了造型语言，压指板也不再是两首背抵的一对胡人头。多源的异域意匠，不同时期、不同路线的东传，传播过程中所浸染的各种不同元素都已融会贯通为本土的艺术语汇，设计者并且把当日流行的表现盛世安养富足的子女图安排为纹样❶，更使它与时风相谐。

器身打制凸棱，就装饰功用而言，会使单一的材质见出明暗起伏而有层次感，查尔斯·辛格《技术史》把它纳入『压花制品』，曰『「压花」这个术语通常指用锤子和冲头对金属片进行加工而制作出的装饰性作品，器表应该曲折变幻，以便从不同角度捕捉光线』❷。此所谓『压花』，便是中土工匠习称的『打制』。不过这种做法唐代后期已经不很流行，而多是易作平面錾刻。前引张鷟说安乐公主百宝香炉錾刻之纹『丝来线去，鬼出神入，隐起钑镂，窈窕便娟』，是初唐之际已见神工，至中晚唐更将钑镂发展到极致。前举法门寺地宫出土银金花大盆，通高十四点五、口径四十六厘米，重六千二百六十五克❸〔图二七〕。银盆盆心一大朵团花，枝叶绵丽宛折，娇花偃侧与

❶ 关于子女画的讨论，见白适铭《盛世文化表象：盛唐时期『子女画』之出现及其美术史意义之解读》，即把它『作为图解盛唐政治、文化、社会、历史现况之重要视觉媒介』，由此揭示出画中所『呈现的政治文化性格』。《艺术史研究》第九辑，页四三，中山大学出版社二〇〇七年。

❷ 查尔斯·辛格《技术史》第二卷《地中海文明与中世纪》（潜伟等译），页三三四，上海科技教育出版社二〇〇四年。

❸ 陕西省考古研究院等《法门寺考古发掘报告》，页一三八，文物出版社二〇〇七年。本章所举法门寺出土物，尺寸、重量、铭文等数据，均据此著，以下不再出注。

图二七
银金花大盆
法门寺地宫出土

石榴相间，一对鸳鸯分别驻足于两个花心，一只鸳鸯似欲举翼犹未举翼，一只俯身顾盼仿若相唤。鎏金之外很少的留白以鱼子纹布地，见出明暗。盆壁四曲分别錾刻花台上对望的两只鸳鸯，又各以花叶回绕而成两朵团花，团花四隅铺排花叶，飞着如意云朵。依照前举许昌博物馆藏唐镜，这里的物象正是祥瑞中的同心鸟。

银金花大盆盆心

银金花大盆外壁

图二八
錾花金壶
咸阳西北医疗器械厂工地出土

盆心依样稍稍打制花鸟轮廓，因略呈起伏，盆壁内外则分别是平面上的浅錾，而内外纹样完全相同。鸟羽錾纹纤若游丝，好似细针密线的绣品，正所谓『丝来线去，鬼出神入』。银盆外壁两侧各铆接一对衔环兽首，兽首眉间刻一个『王』。盆底錾『浙西』二字。据《唐方镇年表》『浙西亦曰镇海军节度、浙西观察处置等使，兼润州刺史』，此银盆应是浙江西道润州（今江苏镇江市）的产品❶。

陕西咸阳西北医疗器械厂工地出土錾花金壶，属于唐代后期，是纹饰比较程式化的一例，不过仍有细节处理上的可圈可点〔图二八〕。金壶弯柄之表满錾方胜纹，起弯处独独錾一枚荷叶，荷叶上面卧一只小龟，引颈向上，龟口衔环，环系链索，链索另一端的圆环套在壶盖的莲苞钮下。龟游莲叶原也是当日的流行纹样，用在这里，却偏有点睛之妙，于是全器的层层纹饰——仰莲、卷草、水禽、缠枝莲花——以及器盖立墙锥点的水波，一齐提起精神。

二八

❶『可见至迟在中唐以后，浙西润州的金银器制造业已经相当发达了。地宫所出的这件银盆，很可能是懿宗或僖宗向浙西宣索来的。』卢兆荫《关于法门寺地宫金银器的若干问题》，页六四二，《考古》一九九〇年第七期。

尚刚认为，『唐代金银器的中国化主要是由装饰发动的，造型较多地联系着使用，装饰则基本侧重在欣赏』[1]。这是令人赞同的意见。而因使用影响于造型，最突出的例子莫如由长杯、多曲长杯演变为酒船。此将在下一节讨论。

第三节

酒食器

金银器的使用，在富贵之家几乎覆盖了生活用器的方方面面，乃至金莲花盆濯足[2]，系金铃于花梢以惊鸟雀，小金笼捉蟋蟀以置枕畔听虫鸣[3]，还有专用作随葬的明器。但无论如何，酒器总是其中最为重要的一类。

宽泛而言，酒器是应该包括食具在内的，也就是一席宴会需用之器，因不妨称作酒食器。那么它大致包含以下几类：㈠盛酒器；㈡饮酒器；㈢食器；㈣茶器。此外附带的一项，便是香具。且以唐代文献为据，勾稽当日酒器的一般样式。

[1] 《隋唐五代工艺美术史》，页一八一。

[2] 《北梦琐言》卷三：唐段相文昌，『富贵后，打金莲花盆，盛水濯足』。

[3] 以上两事，见《开元天宝遗事》『花上金铃』与『金笼蟋蟀』。

二九

图二九
金花银摩竭戏珠纹四曲盆
鄂尔多斯杭锦旗出土

图三〇
银提梁酒樽及银酒勺
广元旺苍银器窖藏

（一）敦煌文献《开蒙要训》（斯·七〇五）列举诸物名称，其中相连的一组器皿中多为筵席用器，即罇、壶、椀、盏、卮、盘、罍、叠、杓、箸、匙❶。

（二）敦煌文献《付什物数目抄录》（斯·四五二五）：付白山银楪子一双，银锄（筯）一双，银盛子一，大银椀一枚，盘盏一副。

（三）《安禄山事迹》卷上：天宝十载正月一日，是禄山生日，先日赐诸器物衣服，玄宗赐金花大银盆二，金花银双丝平二，金镀银盖碗二，金平脱酒海一并盖，金平脱杓一，小马脑盘二，金平脱大盏四，次盏四，金平脱大〔玛〕脑盘一。

（四）《太平广记》卷二三三『裴弘泰』条云，唐裴均之镇襄州，某日举宴，其侄弘泰晚至，均之因此不悦，『弘泰谢曰：「都不见各司报宴，非敢慢也。叔父舍罪，请在座银器尽斟酒满之，器随饮以赐弘泰，可乎？」合座壮之。均亦许焉。弘泰次第揭座上小爵，以至觥船，凡饮皆竭。随饮讫，即寘于怀，须臾盈满。筵中有银海，受一斗以上，其内酒亦满，弘泰以手捧而饮，饮讫，目吏人，将海覆地，以足踏之，卷抱而出』。

三〇

❶ 原件『罍』前有一『擎』字，则所谓『擎罍』，其意或如敦煌文书器物历中的『擎盘』，即器下有束腰式高足。

图三一—一
银鸬鹚勺
偃师杏园唐墓出土

图三一—二
银鸬鹚勺
弗利尔美术馆藏

图三二
长安县
南里王村唐墓壁画

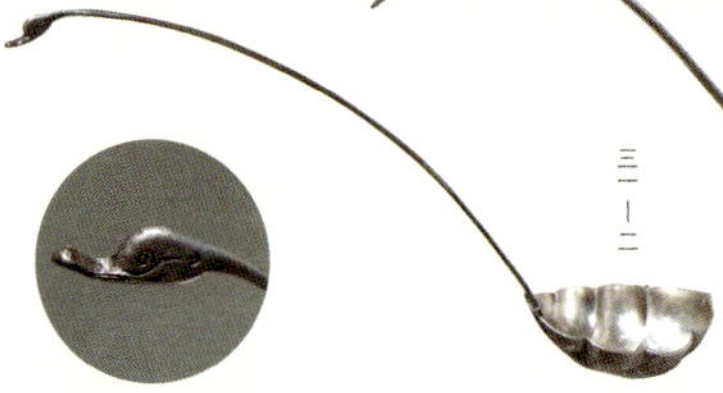
三一—二

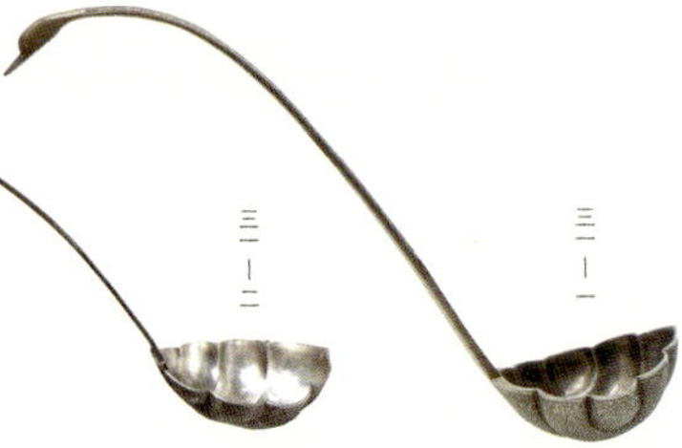
三一—一

唐代金银器的品类，差不多包括了一席宴会所需的各项器用。第一项，盛酒器，为罇、壶、瓶。罇或作樽，是筵席盛酒之器的古称亦即雅称，不同时代而樽的形制各有不同。唐代筵席上的盛酒之器多为盆，口径一般在三十厘米以上，内蒙古鄂尔多斯杭锦旗出土金花银摩竭戏珠纹四曲盆，高九点五、口径三十六厘米[1]〔图二九〕，可列入酒樽之属。例（三）玄宗赐安禄山『金平脱杓』，则是酒勺。樽中置勺，便可酌酒。敦煌文书托名『江州刺史刘长卿』的《高兴歌》『珊瑚杓，金叵罗，倾酒潆潆如龙涡』，即此。勺叶多做成花口，如四川广元旺苍县银器窖藏中与银提梁酒樽同出的一柄酒勺〔图三〇〕。勺柄之端又往往做成长嘴的鸬鹚，此乃两汉魏晋鸭头勺之遗意，如出土于河南偃师杏园唐墓和今藏华盛顿弗利尔美术馆的两柄，李白《襄阳歌》所谓『鸬鹚杓』即此〔图三一—一～二〕。陕西长安县南里王村唐墓墓室东壁的一幅宴饮图，绘食案前端矮床上设一具六出花口大盆，盆中置弯柄酒勺，正是樽与勺的使用情景[2]〔图三二〕。

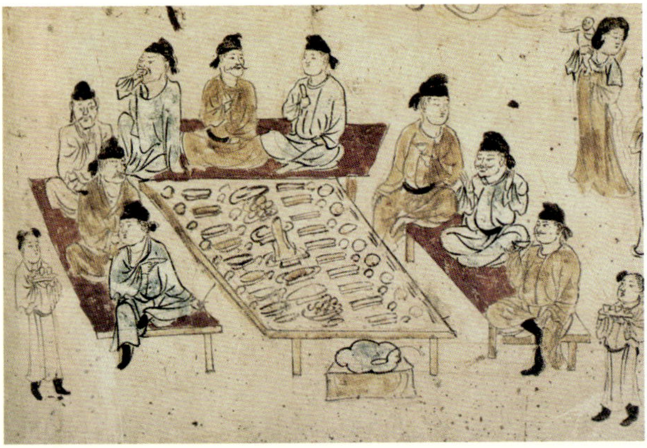
三二

[1] 南京博物院《金色中国：中国古代金器大展》，页一九〇，译林出版社二〇一三年。

[2] 《中国美术全集·绘画编·一二·墓室壁画》，图一二五，文物出版社一九八九年。

图三三
鎏金大银盆
白鹤美术馆藏

由玄宗赐安禄山『金花大银盆二』，可见银盆颇有大器。贞观年间唐太宗宴享铁勒诸部时所用大银盆可实百斛❶。前曾举出的白鹤美术馆藏鎏金大银盆〔图三三〕，内底心是莲瓣环绕的一泓海水，中央一只戏珠摩竭。器壁打作层叠错出的莲瓣，每个莲瓣

❶ 分别见于《册府元龟》卷一〇九、一七〇。

里都是对衔同心结绶带的鸿雁，上方花叶两向披垂，将一对鸿雁半拢，内外同纹。器高二十点五、口径六十八点四厘米，是目前所知唐代金银器中体量最大的一件。

当然银盆也可浴儿❶。若洗面，则为妆具❷。此外尚有『盂兰盆』，即盛放百味五果，送往佛寺供养之器。《唐六典》卷二十二《中尚署》云：七月十五日，『进盂兰盆』❸。杨炯《盂兰盆赋》：『陈法供，饰盂兰，壮神功之妙物，何造化之多端。青莲吐而非夏，頳果摇而不寒。铜铁银锡，璆琳琅玕，映以甘泉之玉树，冠以承露之金盘。』《旧唐书·杨炯传》述此赋写作缘起曰：『如意元年（六九二）七月望日，宫中出盂兰盆分送佛寺，则天御洛南门，与百僚观之，炯献《盂兰盆赋》。』洛阳晚唐赵逸公墓出土壁画，盆沿小团花，外腹大团花，四曲花口，以黑地显花，正是唐代金花银器的样式〔图三四〕。《金盆鹓鸽图》乃唐代花鸟画中的流行题材，画师或即从中取意。

三四

图三四
唐赵逸公墓出土壁画
洛阳古代艺术博物馆藏

❶ 即『洗三』，李德裕《次柳氏旧闻》：『代宗之诞三日，上幸东宫，赐之金盆，命以浴。』

❷ 王建《宫词》『归到院中重洗面，金盆水里泼红泥』。宋初孙光宪《北梦琐言》卷十八记后唐庄宗刘后贪悋事，曰危难之际，宰相请出内库之藏犒军，『后将出妆具银盆两口』。

❸ 唐释道世《法苑珠林》第六十九《祭祠篇·献佛部》：『问曰：七月十五日既开道俗造盆献供，未知得造宝盆种种杂珍献佛以不？答曰：并得。若依《小盆报恩经》，略无宝物。依《大盆净土经》即有故。十六国王闻佛说目连救母，脱三劫饿鬼之苦，生人道中，母子相见。时瓶沙王即敕藏臣为吾造盆。藏臣奉敕，即以五百金盆，五百银盆……，各各盛满百一味饮食，事事如法，将来献佛及僧。准此定得。』（周叔迦等校注，页一八二九，中华书局二〇〇三年）

盛酒又兼酌酒，则有壶和瓶，而唐宋时代『壶』『瓶』之称在很多情况下可以互换，又或者『壶瓶』合作一词❶。例（三）所谓『金花银双丝平』，疑即瓶，《酉阳杂俎·前集》卷一记御赐禄山之物有『金花狮子瓶』；元稹有诗追忆翰苑旧事，句云『冰井分珍果，金瓶贮御醪』❷，是均出自禁中。唐前期酌酒之器常见胡瓶和长颈瓶，不过金银制品很少。唐后期多为注子，时也名作『注瓶』，如敦煌文书中与『磁茶瓶』并举的『铜注瓶』❸。早期酒注与汤瓶的区别很小，而酒注原是从汤瓶中分化出来，长沙窑址出土的这两类器具造型几乎相同，因此有的酒注特别在器身标明『此是饮瓶不得别用』〔图三五—一～二〕。西安市西郊鱼化寨南二府庄出土的『宣徽酒坊』咸通十三年银酒注，便是此类。银酒注肩部两侧有对称的系耳，原初当有提梁〔图三六—一〕。四川广元旺苍县银器窖藏中的酒注，差可代表唐代酒注的几种主要样式〔图三六—二～五〕。其中银鎏金伎乐图壶亦即酒注一件，通高二十三厘米。喇叭式圈足，壶身下方打作以卷草抱合的三重仰莲，壶腹四个莲瓣式开光，两道弦

三五—一

三五—二

图三五—一 『陈家茶店』执壶
长沙铜官窑遗址管理处藏

图三五—二 『此是饮瓶不得别用』执壶
长沙博物馆藏

图三六—一 『宣徽酒坊』款银酒注
西安市西郊鱼化寨出土

图三六—二 银酒注

图三六—三 银酒注（脱柄）

图三六—四 银酒注（失流）
广元旺苍银器窖藏

❶ 如《册府元龟》卷一六八《帝王部·却贡献》：太和四年，『尚书左丞王起进亡兄播银壶瓶百枚』，『有诏只令受银瓶』云云。后之『银瓶』，即指前云『银壶瓶』。

❷《奉和浙西大夫李德裕述梦四十韵，大夫本题言赠于梦中诗赋以寄一二僚友，故今所和者亦止述翰苑旧游而已，次本韵》。

❸《辛未年（九一一）正月六日沙州净土寺沙弥善胜领得历》（伯·三六三八）。

三六—一

三六—二

三六—三

三六—四

纹勾边在外，一道连珠纹勾边在内，光内錾卷草和鱼子纹为地，从下方卷草纹中伸展出来微微凸起的一茎成为仅容一足的小舞台，伎乐跷起右足，略屈左足，轻轻倚在如意云朵上，吹笛子、击拍板、吹觱篥，另有一个持帛舞蹈。壶腹的四个莲瓣式开光，其外缘在肩部又形成四枚下覆的莲瓣，内中也是卷草和鱼子纹为地，莲瓣里一对双飞的鸿雁。短颈和弯柄都是鱼子地上錾卷草，口沿与流錾方胜。壶盖满錾缠枝卷草，上方覆一枚四出花叶，顶上铆一个莲苞钮。很有浮雕效果的四个伎乐人以及下方的三重仰莲都是打制而成，与器壁为一体。

此外尚有一种常见于唐人吟咏的盛酒之器，名作榼，它在白居易的诗里出现最多，如『春风小榼三升酒，寒食深炉一椀茶』（《自题新昌居止因招杨郎中小饮》），『金章未佩虽非贵，银榼常携亦不贫』（《自咏》），『贫无好物堪为信，双榼虽轻意不轻』（《寄

图三六—五
银鎏金伎乐图酒注
广元旺苍银器窖藏

三六—五

银鎏金伎乐图酒注局部

两银榼与裴侍郎因题两绝》之一），又《家园三绝》中的『何如家酿双鱼榼』，等等。榼可概指酒器，不过鱼榼通常为扁壶。唐代鱼榼并不鲜见，但这一类金银器却遗存不多。赤峰市喀喇沁旗哈达沟窖藏中的一件金花银双鱼榼❶〔图三七〕，是一对摩羯变身作贴体相对的双鱼，而保留了摩羯鱼长鼻翻卷的特征，大张的鱼口之间是一颗摩尼宝。两肩各有环，穿提梁，壶嘴有盖，盖顶一个宝珠钮。

❶ 喀喇沁旗文化馆《辽宁昭盟喀喇沁旗发现唐代鎏金银器》，图版五：一，《考古》一九七七年第五期。

三七

图三七 金花银双鱼榼
赤峰喀喇沁旗哈达沟窖藏

何家村窖藏中的一件金花银舞马衔杯纹壶也是酒具〔图三八〕。唐张说《舞马千秋万岁乐府词》：『圣皇至德与天齐，天马来仪自海西。腕足齐行拜两膝，繁骄不进蹈千蹄。髬髵奋鬣时蹲踏，鼓怒骧身忽上跻。更有衔杯终宴曲，垂头掉尾醉如泥。』『屈膝衔杯赴节，倾心献寿无疆』，是唐代舞马的表演，但把马教练出这样的演技，却不自唐代始。曹植《献文帝马表》：『臣于先武皇帝世，得大宛紫骍马一匹，形法应图，善持头尾，教令习拜，今辄已能。又能行与鼓节相应。谨以表奉献。』此器取式于皮囊壶，是与器具用途贴合的造型设计，唐人心目中的模仿对象当是作为酒器的鸱夷，——《史记·伍子胥列传》裴骃《集解》引应劭曰：『取马革为鸱夷。鸱夷，榼形。』榼在此指扁壶。

第二项的饮酒之器，为碗、盏、卮，但三者之间的区别似乎不很严格。如果以作为通名的酒杯为基准，按照早期文献作一番硬性划分，那么可以说，盏是杯之小者[1]，诗人为了『造语』，也或有『小盏』之谓[2]。卮则指一侧有环柄的酒杯[3]。作为酒器的碗，

三八

[1] 《方言》卷五：盏，『桮也』，郭璞注：『最小桮也。』钱绎《方言笺疏》：『《释乐》云「鐘小者谓之栈」，李巡注「栈，浅也」』；『小桮谓之盏，犹小鐘谓之栈。』

[2] 如白居易《北亭招客》『小盏吹醅尝冷酒』，便正好拈出『小盏』以与下句之『深炉』相对。

[3] 王振铎《论汉代饮食器中的卮和魁》，载所著《科技考古论丛》，第三六四～三七〇页，文物出版社一九八九年。

图三八
金花银舞马衔杯纹壶
西安南郊何家村窖藏

图三九—一
『美酒』盏

图三九—二
『美酒』盏
长沙铜官窑博物馆藏

图四〇
『瑠璃茶椀柘子一副』
法门寺地宫出土

三九—一

三九—二

与盏相比尺寸要大一些，当然在实际生活中名称的使用会很灵活❶。金酒碗，隋唐又常常称之为金叵罗，或作金颇罗。如李白《对酒》『蒲萄酒，金叵罗』；唐彦谦《送许户曹》『劝饮花前金叵罗』；前引《高兴歌》『珊瑚杓，金叵罗』。它应即《隋书·西域传》『曹国』条中提到的『金破罗』，而『破罗』一词乃是外来语的一个对音，因此与音对应的字并不固定。不过它源出伊朗语Padrōd，本是指碗、杯一类的容器似无问题❷。

至于酒碗与茶碗的区别，虽然看来并非十分显明，但细审其中的典型样式仍可见出二者的不同。以长沙窑为例，比较自铭『美酒』和『茶埦』的器具，可见茶碗通常为圆口、斜直壁❸，酒碗则四出花口、腹壁及近口沿处有弧曲〔图三九—一～二〕。又法门寺地宫出土的『瑠璃茶椀柘子一副』，『柘（托）子』所承之『茶椀』亦为斜直壁〔图四〇〕。『瑠璃茶椀柘子』，原是同出之衣物账碑中列举的名称。以此自

四〇

❶ 诗歌就更是如此。如白居易《独酌忆微之》，题下自注曰『时对所赠盏』，诗则云『惆怅银杯来处重』。又元稹《酬翰林白学士代书一百韵》『暗插轻筹箸，仍提小屈卮』，句下自注：『予有席箕草筹筯、小盏、酒胡之辈，当时尝在书囊，以供饮备。』

❷ 见里夫什茨为薛爱华著《康国金桃》（中译本作《唐代的外来文明》）俄译本第四五九～四六〇页所加注释的相关考订，蔡鸿生《唐代九姓胡与突厥文化》，第一二页，中华书局一九九八年。波士顿美术馆藏一件曾经荷伊收藏的唐代青瓷碗，碗外底铭作『瀫囉盆一合』，可为一证（H. C. Tseng & R. P. Dart, *Charles B. Hoyt Collection in the Museum of Fine Arts : Boston*, Vol. I, 1964）。按以出土实物为证，粟特或粟特风的酒器可与之对应，如本章前举银碗〔图八—一～二〕。

❸ 也有自铭『茶埦』『茶盏子』者，其腹壁微弧〔长沙窑编辑委员会《长沙窑·一》，第五八页，图一七七、一七八，湖南美术出版社二〇〇四年〕，不过向着底心的收分与酒碗相比仍可见区别，两件均为圆口。

铭用途的碗式作为参考反观唐代金银器，大致可以析出其中的酒碗之属。陕西耀县柳林背阴村出土金花银鸿雁纹四曲碗，『宣徽酒坊宇字号』款鸿雁纹银碗[1]，广元旺苍县银器窖藏金花银团窠鸿雁纹四曲花口碗，又黑石号沉船出水金花银双鱼纹四曲花口碗是晚唐金银酒碗的两种主要样式〔图四一一～四〕。王定保《唐摭言》卷十五记唐文宗赐酒王源中，酒椀置于两盘，『每盘贮十金椀，每椀容一升许，宣令并椀赐之。源中饮之无余，略无醉态』。金银酒碗容酒一升左右，大约是这时候的常量。

[1] 前者高七点一、口径十八点六厘米，重三百九十一克；后者高五点一、口径十四点一厘米，重三百一十二克。《陕西历史博物馆珍藏金银器》，图二三、二四。

四一一一

四一一二

四一一三

四一一四

图四一—一
金花银鸿雁纹四曲碗

图四一—二
『宣徽酒坊宇字号』鸿雁纹银碗
耀县柳林背阴村出土

图四一—三
金花银团窠鸿雁纹四曲花口碗
广元旺苍银器窖藏

图四一—四
金花银双鱼纹四曲花口碗
黑石号沉船出水

图四二
金花银平底碗（盂）
西安南郊何家村窖藏

下无圈足的平底碗，唐人或名作『盂』。《汉书》卷六十五《东方朔传》『置守宫盂下』，颜师古注：『盂，食器也，若盋而大，今之所谓盋盂也。』这里的『今』，自然是唐。『盋盂』即钵盂，乃敛口平底之器。汉代自铭为『盂』者器下原有矮足，如安徽阜阳西汉汝阴侯墓出土自铭『女阴侯盂』的漆盂❶，然而唐代对『盂』的认识却与两汉稍异，慧琳《一切经音义》卷一百『铜盂』条：『《方言》：无足椀谓之盂。』又卷八十九『盂盛酪』条：『《方言》：盌谓之盂。椀之大而无足者是。』法门寺地宫出土自铭『金钵盂』者正是敛口平底无足之器❷，那么把唐代金银器中的平底碗名作『盂』，应与当时人的称名大体一致。何家村窖藏中有两件金花银平底碗，其一高三点三、口径十点三厘米，重一百三十六克；其一高三、口径十厘米，重一百三十克❸〔图四二〕，可作为唐代银盂之例。盂的用途并不固定，可饭，可酒❹。大于酒碗而为饮器中尺寸之巨者，则有例（三）

四二

❶ 安徽省文物工作队《阜阳双古堆西汉汝阴侯墓发掘简报》，页一六，图七：一、二，《文物》一九七八年第八期。
❷ 《法门寺考古发掘报告》，图一三一，彩版一七三：二。
❸ 《陕西历史博物馆珍藏金银器》，图一一、图一二。
❹ 徐锴《说文解字系传·皿部》：『盂，饮器也。』

中的酒海。例（四）所谓『受一斗以上』，更是酒海中的大器。『金平脱酒海一并盖』，何家村出土金花银小簇花盖碗、金花银折枝花盖碗、金花银宝相花盖碗，似可当之。例一高十一点七、口径二十一厘米，例二高十一点九、口径二十一点八厘米，例三器身稍稍变形，通高八点四、盖径二十一点六厘米〔图四三—一～三〕，器与器盖都分别有墨书标明重量，如末一例盖内墨书『二斤一两并底』，器内底墨书『三斤二两并盖』❶。今人所谓『小簇花』，应该就是唐代绘画中的『丛艳』，即蓬勃怒生的一丛花叶。它在南唐徐熙笔下成就为『装堂花』『铺殿花』❷，但此前已广泛施用于装饰领域。

卮作为一种小型饮器，战国时代即已经活跃在生活中，比如著名的『画蛇添足』故事（《战国策·齐策》）。至于卮的得名，原

四三—一

四三—二

四三—三

金花银宝相花盖碗（酒海）内底墨书

图四三—一 金花银小簇花盖碗（酒海）
图四三—二 金花银折枝花盖碗（酒海）
图四三—三 金花银宝相花盖碗（酒海）盖面
西安南郊何家村窖藏

❶《陕西历史博物馆珍藏金银器》，图一九至二一。

❷『（徐）熙常于双缣幅素上画丛艳叠石，傍出药苗，杂以禽鸟蜂蝉之妙，乃供后主宫中挂设之具，谓之「铺殿花」，次曰「装堂花」』（《十国春秋》卷三十一）。

初是因为它乃屈木制成，郑玄注《礼记·玉藻》『杯圈』曰：『圈，屈木所为，谓卮匜之属。』『屈木所为』，便是将杨柳等木破作薄片，以揉屈的办法制成圈形木器，很多漆器的木胎，即是这般做法。圈木为器，最简单的造型自是圆筒式，这也是卮的基本样式。唐代金银器中的环耳杯可以说是粟特样式与传统造型的相互融合，如出自何家村窖藏的金筐宝钿装金卮〔图四四—一〕、八伎乐金卮〔图四四—二〕、八伎乐鎏金银卮〔图四四—三〕。卮耳或仍依汉代旧制，或在旧式上加添装饰意匠，比如依势做成一枚垂覆的叶片，又或把压指板扩展成一个小小的平台，平台上装饰各种纹样。固然它是胡风，即撷取了粟特银器的做法〔图四五—一〕，但外来元素与传统器型的嫁接，却完成得很自然。华盛顿弗利尔美术馆藏一件缠枝花鸟银卮，鱼子地上清劲而婉秀的缠枝葡萄间是飞鸟和奔兔，侧面铆接的一个花叶卮耳仍依汉式〔图四五—二〕。一般认为，中晚唐以后这一样式已不再流行，不过内蒙古通辽市科尔沁旗左翼吐尔基山辽墓出土环耳八棱金杯、赤峰市阿鲁科尔沁旗辽耶律羽之墓出土环耳七棱金杯、巴林右旗洪格尔苏木哈鲁辽墓出土银鎏金杯盘一副，金杯与坐

图四四—一 金筐宝钿装金卮

图四四—二 八伎乐金卮

图四四—三 八伎乐鎏金银卮
西安南郊何家村窖藏

图四五—一 粟特银杯

图四五—二 缠枝花鸟银卮
弗利尔美术馆藏

四四—一

四五—一

四四—二

四五—二

四四—三

图四六
金花银花鸟纹耳杯
西安南郊何家村窖藏

四六

在承盘上的镀金银杯，依然此式。而辽代金银器多有粟特银器的元素，这涉及辽代金银器设计和制作的来源与影响，留待另论。

尚有传统式样的耳杯。这时候选取耳杯的造型，很可以看作是复古，至少它不是唐代的流行样式。今所见有出自何家村窖藏的一对。耳杯内外及双耳均遍施鱼子地，外壁以细软的枝条、硕大的花朵，如此两对折枝分隔四座花台，花台上分别立着或一只或一对的鸳鸯和鸿雁，鸳鸯是倨傲的样子，鸿雁是警觉的神情。内底心是四弯折枝与四朵流云簇拥的宝相花。双耳各有花朵露出半面，两隅以角花妆点。其中一件高三点二、口径十点六~七点七厘米，重一百四十六克〔图四六〕。

双鱼纹金盏银盘盏心

图四七
双鱼纹金盏银盘（盘盏一副）
伊川鸦岭唐齐国太夫人墓出土

此外又有例（二）中举出的『盘盏一副』，此即造型与纹饰一致的一套酒盏与承盘。河南伊川鸦岭唐齐国太夫人墓出土双鱼纹金盏银盘，是『盘盏一副』之例〔图四七〕。盏为椭圆形四出花口，近缘錾一周莲瓣纹，盏心复以内向的莲瓣纹拢起一泓水波，波浪间打作一对戏珠游鱼。底有矮圈足，高零点七五厘米，盏高三点三厘米，短径八、长径十三点八厘米。盘象风中荷叶，盘缘打作规整而又柔和自然的弯弧以表现风起处叶边的微敛，宽折沿上细錾叶脉，波曲间打作四对并游的『比日鱼』。盘心用凸弦纹框起略呈浅凹的椭圆形托座，其上錾刻毬路纹。托座之外的装饰带做成鱼子地，錾刻相间的四对鸿雁和四朵流云。双鱼，云、雁以及装饰框均鎏金。盘高一点九、长径二十点一、短径十四点六厘米。其墓葬年代为长庆四年❶。唐代又称此盏与盘为子母，或又名盘为台。张鷟《朝野佥载》卷一：『龙朔年以来，百姓饮酒作令云：「子母相去离，连台拗倒。」子母者，盏与盘也；连台者，连盘拗倒盏也。』不同于后来宋元时代盘盏、台盏形制有显著之别，唐代作为『盘盏一副』的承盘中心或没

四七

❶ 同出共两副。洛阳市第二文物工作队《伊川鸦岭唐齐国太夫人墓》，页二七，图四：一、二，封二：一、二；《文物》一九九五年第十一期。按墓主人齐国太夫人濮阳吴氏是唐成德军节度使王承宗之母，卒于长庆四年（八二四）。

图四八—一
金花银摩竭戏珠莲叶纹承盘
广元旺苍银器窖藏

图四八—二
银鎏金莲花纹承盘
长沙中南工业大学桃花岭唐墓出土

图四八—三
银鎏金莲花双鱼纹承盘
繁峙县金山铺乡上浪涧村窖藏

有凸起的台子，又或凸起不高，略与口沿平齐。张鷟所处为初唐，这时候的所谓『台』，只是承托之意，因此『盘』『台』可以通用。广元旺苍窖藏金花银摩竭戏珠莲叶纹承盘，四枚撒扇一般的荷叶两两相对合作承盘的方胜式造型，莲叶上细细錾出叶脉，每个莲叶上面一对摩竭戏珠，莲叶之间的鱼子地上打作缠枝卷草成为顾盼相生的莲叶茎，盘心一朵莲花，花心鼓起一颗颗莲子。盘高一点八、长二十六、宽十九厘米（图四八—一）。原初当有造型一致的一只酒盏与它构成组合。长沙中南工业大学桃花岭唐墓出土银鎏金莲花纹承盘❶（图四八—二）、繁峙县金山铺乡上浪涧村窖藏银鎏金莲花双鱼纹承盘❷（图四八—三），也都是晚唐的实例。《北梦琐言》中提到的『泽金台盘』，应是此类。例（四）中的『觥船』，是饮酒之器

四八—一

四八—二

四八—三

❶ 长沙市博物馆《长沙市中南工业大学桃花岭唐墓发掘简报》，页二〇三，图八（图将此器倒置，称为『茶托』），《湖南省博物馆馆刊》（第十一辑），岳麓书社二〇一五年。
❷ 高四点五、口径十六点五厘米。

四九—一

四九—二

名称特殊的一种。『觥船』，又名『觥盏』。所谓『觥船』，不过是在行酒令的时候把酒船命之为『觥』，以为罚盏❶。而『觥』原是从先秦时代的兕觥即所谓『罚爵』发展而来，但一个很大的不同，在于唐代以酒令的发达而把先秦的罚失礼易作罚违『令』，即一面沿用了觥原有的『罚爵』之义，一面用各种酒令把『罚之亦所以为乐』变作酒席筵中最有兴味的游戏。其时觥盏的形制并不固定，最为常用的一种是酒船。

酒船的名称已出现于南北朝，它的近缘似即耳杯，或曰羽觞，而在曲水流觞中，耳杯即已蕴含了船的意象，不仅以造型，而且以饮酒方式❷。唐代酒船则又常和觥盏结合。例（四）所引裴弘泰故事，其中提到『觥船』与『座上小爵』，后者便是筵席上容量较小的酒杯。受一斗以上的酒海，通常是盛酒之器。所谓『觥船』，自然是指罚杯。刘禹锡有诗题作《浙西李大夫示述梦四十韵并浙东元相公酬和斐然继声》，句云『罚筹长竖纛，觥盏样如舠』，正好为此『觥船』作注。舠，船也。浙西李大夫，即李德裕。原唱句云『无聊然蜜炬，谁复劝金舠』，李氏自注：『余

❶《诗·周南·卷耳》『我姑酌彼兕觥』，《毛传》：『兕觥，角爵也。』《郑笺》：『觥，罚爵也。……旅醻必有醉而失礼者，罚之亦所以为乐。』兕是犀牛，这里代指犀牛角，即仿犀角样式制成的饮器。郑笺所谓『旅醻』，原是上古时代的一种饮酒仪式，即采用『接力』一般的方式递相酬饮，醉而失礼，便用兕觥作为罚酒之器饮失礼者，这一饮器即称作『罚爵』。

❷唐人《大业拾遗记》中有关于行酒船故事，船为八尺长的小舸子，上有两尺来高的木人，一个擎酒杯立在船头，旁边另有一个捧酒钵，又有两个中央荡桨，一个撑船在后。行酒船随岸而行，池边回曲处各坐宾客，船每到坐客的地方便停住，擎酒木人于船头伸手，『客取酒饮讫，还杯，木人受杯，回身向酒钵之人取杓斟酒满杯，船依式自行，每到坐客处，例皆如前法』（《太平广记》卷二二六）。此虽是用了特别的机巧，不过行酒之习如故。而唐人每把劝酒之器称作酒船，与曲水流觞及行酒船故事自然都很有关系。

图四九—一
银长杯
敖汉旗李家营子出土

图四九—二
金花银多曲长杯
白鹤美术馆藏

图四九—三
银多曲长杯
维多利亚与阿尔伯特博物馆藏

四九—三

自到此，绝无夜宴；酒器中大者呼为舠，宾僚顾形迹，未曾以此相劝。』『顾形迹』者，恐酒醉失态也，因舍酒船不用。那么以酒船为劝，自是不顾形迹，旨在一醉方休。由此可知，酒船特色有二，即相对而言容量为大，又其式如船。所谓『觥船』，不过是在行酒令的时候把酒船命为『觥』，用作罚盏❶。

其式象船，有不同的表现方法。第一种，南北朝至隋唐，造型来自西域多曲长杯的一类是合用的样式。如赤峰敖汉旗李家营子出土银长杯〔图四九—一〕，如分别收藏于白鹤美术馆和维多利亚阿尔伯特博物馆的多曲长杯〔图四九—二～三〕，末一例长杯内壁两端各錾一尾鱼，纹样鎏金，似见水意。大约最初它进入中土上层社会生活的时候，即因其式如船而『西体中用』成为筵席上专用来行令而饮的酒船。曾几何时，则连『体』也完全中土化，中晚唐金银器中属于此类的实物数量不少，可以视作多曲长杯的变化形式。西安市太乙路出土金摩羯纹四曲长杯，高三点五厘米，短径七点五、长

❶ 行酒令时『觥』的临时命名，还可以举《太平广记》卷二八二的《张生》故事。此记汴州张生与妻阔别而还，趱行至夜，不期走进妻子的梦境，但见『宾客五六人，方宴饮次』，而妻子也在坐中。一长须者持盃劝饮。——酒至白面年少，酒至紫衣者，酒至黑衣胡人，酒至绿衣少年，酒至紫衣胡人，以是依次而饮。酒至某人，长须者即请张妻歌以送酒，酒至张妻，则长须者以歌为之送酒。张妻勉强歌送一回，即不乐从请，于是『长须持一筹筯云：请置觥。有拒请歌者，饮一锺，歌旧词中笑语，准此罚』。酒令既下，张妻不得已，只好歌送至再，至三。『酒至紫衣胡人，复请歌，张妻连唱三四曲，声气不续，沉吟未唱间，长须抛觥云：「不合推辞，乃酌一鍾。」张妻涕泣而饮』。『酒至紫衣胡人，复请歌云：「须有艳意。」张妻低头未唱间，长须又抛一觥』，云云。『须有艳意』，即要带出风月的意思来，故张妻颇费沉吟。『涕泣而饮』，是屡歌已难，又何堪大杯罚酒。故事中的『觥』，即专用作罚酒的酒杯，长须者取出筹筯曰『请置觥』，则他俨然兼立法与执法的律，觥二录事于一身，也因此所置之觥便有了『法律』的效用，在此临时情况下，它也很可能是取用坐中的饮器之一而以『觥』命之。

图五〇—一
金摩羯纹四曲长杯（酒船）
西安市太乙路出土

图五〇—二
四曲花口荷叶双鱼纹金花银酒船
耀县柳林背阴村出土

图五〇—三
四曲花口双鱼戏珠金花银酒船
西安博物院藏

图五〇—四
四曲花口鸿雁游鱼纹荷叶式银鎏金酒船
三门峡市第二面粉厂出土

图五〇—五
四曲花口摩羯纹金花银酒船
呼和浩特和林格尔县出土

图五〇—六
多曲花口摩羯戏珠纹银酒船
长兴下莘桥窖藏

图五〇—七
鸿雁衔瑞纹金酒船

图五〇—八
鸿雁衔瑞纹金花银酒船
黑石号沉船出水

径十三点一厘米，便是唐代后期金银酒船的样式之一〔图五〇—一〕。前引敦煌变文《双恩记》『镂花之叠摞何穷』，下句便是『起突之舡连莫数』，此舡，即酒船，起突，即如这一件四曲长杯内底心凸起之纹饰。又有陕西耀县柳林背阴村出土四曲花口荷叶双鱼纹金花银酒船〔图五〇—二〕，西安博物院藏四曲花口双鱼戏珠金花银酒船〔图五〇—三〕，三门峡市第二面粉厂出土四曲花口鸿雁游鱼纹荷叶式银鎏金酒船〔图五〇—四〕，呼和浩特和林格尔县出土四曲花口摩羯纹金花银酒船〔图五〇—五〕，浙江长兴下莘桥窖藏多曲花口摩羯戏珠纹银酒船〔图五〇—六〕，发现于印尼勿里洞岛的黑石号沉船出水金银酒船〔图五〇—七～八〕。背阴村酒船高五点二、长十五点五厘米，内底心饰一枚鎏金荷叶，被风吹卷的叶边向着叶心四合，中间并卧露着银质本色的贴体并游之双鱼，便是时人眼中的『比目鱼』。三门峡酒船高三点五、长径十四点七厘米，形肖一枚风翻荷叶，荷叶翻折处一双鸿雁衔枝，内底心一对水中戏莲蓬的游鱼，此即长江以南淡水中常见的胡子鲶，长须和长长的背鳍是其特色。前举西安博物院藏金花银酒船内底心的双鱼也是它。

五〇—一

五〇一二

五〇一三

五〇一四

五〇一五

五〇一六

五〇一七

五〇一八

图五一—一
银酒船之一

图五一—二
银酒船之二
广元旺苍银器窖藏

图五一—三
银酒船
麻阳旧县银器窖藏

第二种，杯为船形而式样仿生，如摩竭式酒船，它应是由来通式酒杯演变而来。目前发现的五代及辽物，多为瓷器。

此外尚有形式比较简略的一种，如分别出自广元旺苍银器窖藏和湖南麻阳旧县银器窖藏几种样式的银酒船〔图五一—一～三〕。后者的时代约当晚唐五代❶，通高七点三厘米，短径八、长径十一点七厘米。器为船形而纹饰取意于风荷，器内錾刻纤细的虚线做成荷叶脉理以及水风吹卷的效果，可以视作前举西安博物院藏四曲花口双鱼戏珠金花银酒船的简化版。

❶ 怀化地区博物馆等《湖南麻阳县发现唐代窖藏银器》，页五二～五六，《文博》一九九三年第一期。按窖藏中的个别器物已与宋式相近，又其中一件花口盏，圈足有铭曰『谢』，这也是宋以前不很常见的做法。

五一—一

五一—二

五一—三

第三项食器，为樏和盛了，盘和碟，箸与匙。

樏，或曰樏子，即饭席中放置果菜的有隔之盘❶，或有盖为盒，也称作盒盘，余嘉锡《世说新语笺疏》于《雅量》中的『举樏掷其面』下考证甚详❷。樏子在魏晋南北朝时代最为流行。南昌永外正街晋吴应墓出土一件漆樏，器底题作『吴氏槅』。此所谓『槅』，并非器名，而是『核』之假借，系指果品，正可见用途❸。这一时期的出土实物以陶瓷器和漆木器为主，或方或圆，器心有隔，隔之多少不一，器口以子母口为常。有隔，一器可置果菜多味。子母口，加盖可为盒盘，又多器可叠置为一，樏因此也常以『沓』为计量单位❹。唐代依然沿用，敦煌文书器物历中即常见其名。如『花樏子』『黑樏子』，『小樏子』『黑木樏子』❺，等等。樏或又俗写作『壘』，敦煌文书中多见❻，又圆仁《入唐求法巡礼行记》卷四提到诸寺为唐武宗驾幸营办床席毡毯，『铺设碗、壘、台、槃、椅子等』，也是一例。实物中制作最精的一批则出自扶风法门寺地宫，为五器一叠、两叠十枚银金花壘子❼。其器单件通高三点八、口径十点三厘米，

❶《倭名类聚抄》卷六引蒋鲂《切韵》云：『樏，樏子，有隔之器也。』狩谷棭斋《笺注》：『按《广韵》云「樏似盘中有隔也」，与此义同。又按：樏，其器有隔，故谓之累，言其多也。后从木作樏。』《笺注倭名类聚抄》，页三一九，全国书房一九四三年。

❷余氏《笺疏》：『《类聚》八十二引《杜兰香别传》曰「香降，张硕赍瓦榼酒七子樏。樏多菜而无他味，亦有世间常菜，并有非时菜」云云。七子樏，盖樏中有七隔，以盛肴馔，即今之食盒，一名攒盒者是也。《书钞》一百四十二引祖台之《志怪》云：「建康小吏曹著见庐山夫人，为设酒馔，下七子盒盘，盘内无俗闲常看敉。」所谓七子盒盘，亦即樏也。』页三五二，中华书局一九八三年。

❸孙机《汉代物质文化资料图说》（增订本），页三八一，上海古籍出版社二〇〇八年。

❹《太平御览》卷七五九引《东宫旧事》曰：『漆三十五子方樏二沓，盖二枚。』又《世说新语·任诞》记襄阳罗友事曰，『在益州语儿云：「我有五百人食器。」家中大惊，其由来清，而忽有此物，定是二百五十沓乌樏』。则乌樏二百五十沓，即单件五百枚，乃两两叠置也。

❺《辛未年（九一一）正月六日沙州净土寺沙弥善胜领得历》（伯·三六三八）；《后晋天福七年某寺交割常住什物点检历》（斯·一六四二）。

银金花叠子（分置）

五二

图五二
银金花叠子
法门寺地宫出土

重二百五十克。直口，浅腹，平底，器心分作四隔，上有子母口可以相叠，下为壶门式座，即所谓『牙床脚』❶，六个开光之间錾卷草纹并鎏金〔图五二〕。其形制与此前之樏子无别，不过材质与做工精好而已。法门寺地宫中的衣物账碑在『银金花供养器物共卌件、枚、只、对』下列举『叠子一十枚、波（破）罗子一十枚、叠子一十枚』，所谓『叠子一十枚』，便正是这十件银金花樏子。

五三

❻ 如伯·三九七二列漆器名曰：『盘子七十枚，叠子七十枚，叠子八十枚，椀五十枚，晟子五枚，团盘二枚。』这里的『晟』也是食器之『盛』的俗写。此一组漆器具自是筵席用器。

❼ 《法门寺考古发掘报告》，彩版四八、四九（称作『鎏金壶门座银波罗子』）。

❶ 日《东大寺献物帐》：『木画紫檀棊局一具。牙界花形眼，牙床脚，局两边着环，局内藏纳棊子龟形器，纳金银龟甲龛。』将这一节文字与正仓院所藏木画紫檀棊局实物对照来读，则『牙床脚』者，棋局的壶门座也。

图五三
金花银双凤衔枝纹菱花盒
镇江丁卯桥窖藏

图五四—一
银金花五曲碟
法门寺地宫出土

图五四—二
六出花口金花银碟
西安曲江池村出土

五四—一

五四—二

例（二）之『盛子』，即盒，时写作『合』❶。与酒器列在一处的盛子，通常是筵席上用作贮放果品的果盒。方者以漆盒为多，圆者或为金银器。镇江丁卯桥银器窖藏中的金花银双凤衔枝纹菱花盒可以为例❷〔图五三〕。盛子每与牙盘、碟子、酒樽组合为筵席用具❸。

碟与盘的分别，除前者小、后者大之外，尚有无足、有足，矮足、高足的不同。碟通常无足，有足者因此便要特地表明，如『平脱着足叠子』，见《酉阳杂俎》所记御赐安禄山物。法门寺地宫出土银金花五曲碟十枚，平底，高一点三厘米，口径十一点三厘米❹〔图五四—一〕。此即前引衣物账碑所谓『银金花供养器物』中的『叠子一十枚』。西安曲江池村出土六出花口金花银碟一枚，器心金花好似折枝，其实并无折痕，仍是没有起讫的一弯枝条团圞如花，只是未曾完全合拢〔图五四—二〕。与它同出并且尺寸完全一致的另

❶ 盛子，或又写作『榼』或『晟子』。如敦煌文书《后周显德五年某寺法律尼戒性等交割常住什物点检历状》（斯·一七七六）：『花榼子壹，无盖。』

❷ 盒高二十五点五、口径三十一厘米，重二千二百五十克，外底有铭曰『力士』『伍拾肆两壹钱贰字』。镇江博物馆《镇江出土金银器》，页一三，文物出版社二〇一二年。

❸ 如敦煌文书《某寺上座为设日临近转贴》（伯·二七六九）：今月廿五日僧家设，次着当寺沙弥愿林等，『设日临近，各着牙盘壹面，兼樽、榼、楪子』，『于廿五日卯时在城东园头齐集』，即其例。而晚唐至北宋不仅敦煌僧尼在各种社会活动中普遍饮酒，据日僧成寻《参天台山记》中的记述，其他地区也多如是。

❹《法门寺考古发掘报告》，彩版五〇、五一。

图五五—一
金花银狮纹
六曲三足盘
西安唐大明宫东苑遗址出土

图五五—二
金花银鹿纹
菱花口三足盘
宽城大野鸡峪村出土

一件圆口金花银碟，器心鎏金六出团花里一弯折枝❶。就用途而言，碟多用作盛放干果，每置于宾客近前。盘多用作置放各式果品面点，常常是席面陈设，即唐人所云『饾饤』。敦煌文书《俗务要名林》（斯·六一七）之『聚会部』首先举出的两个名称便是『铺设』与『饾饤』❷；同名之又一本，其中也有列在一起的『筵席，饤饾，盘馔』（伯·三六四四），均指此类。殷尧藩《帝京一首》『迎春别赐瑶池宴，捧进金盘五色桃』；王建《宫词百首》『一样金盘五千面，红酥点出牡丹花』❸，也同此情景。

盘之特色鲜明者有两种样式，第一种，为西安市东郊八府庄唐大明宫东苑遗址出土的金花银狮纹六曲三足盘，盘高六点七、口径四十厘米（图五五—一）；大者尚有唐人所云『二尺盘』❹（图五五—二）。第二种，为丁卯桥窖藏中的金花银双凤戏珠纹菱花口长盘❺（图五六—一）、西安博物院藏金花银人物故事图菱花口长盘❻（图五六—二）、广元旺苍窖藏菱花口素面长盘（图五六—三）。此类多见于唐后期。三足盘或多足盘也称作牙盘❼，其用途在唐代的绘画中也表现得很明确，如唐昭

❶ 高一厘米，口径十五点五厘米。西安博物院《金辉玉德：西安博物院藏金银玉器精萃》，页一八四，文物出版社二〇一三年。

❷ 『饾』，原作『餖』，其下用反切注音云：『丁豆反』，可知即『饾』字。饾飣亦作飣餖，慧琳《一切经音义》卷五六『杂饤』条云『江南呼饤食为饤餖』，『餖音豆也』。

❸ 《万首唐人绝句》作『五十面』。或疑五千面是五十面之讹，不过从文献记载的皇家用器来看，五千面并不算过分夸张。

❹ 河北宽城大野鸡峪村出土的金花银鹿纹菱花三足盘，通高十、盘径五十厘米。与它式样相同而尺寸更大的一件为日本正仓院藏鹿纹菱花口三足金花银盘，通高十三点二、盘径六十一点五厘米。盘里侧铭文二，其一：『宇字号二尺盘一面重一百五两四钱半。』其一：『东大寺花盘重大六斤八两。』后铭为输入东瀛后的补刻，前铭系出自唐王朝，唐大尺平均值为三十厘米。

❺ 盘高四点八、长径二十一厘米。丹徒文教局等《江苏丹徒丁卯桥出土唐代银器窖藏》，图版五：三；图三三，《文物》一九八二年第十一期。

❻ 长径二十一厘米，重二百四十一点五克。《西安文物精华·金银器》，页五五。

五—一

五—二

图五六—一
金花银双凤戏珠纹
菱花口长盘
镇江丁卯桥窖藏

图五六—二
金花银人物故事图
菱花口长盘
西安博物院藏

图五六—三
菱花口素面长盘
广元旺苍窖藏

图五七
唐昭陵房陵
公主墓壁画（摹本）

五七

陵房陵公主墓前室东壁北侧的一幅侍女图，图中一位身着石榴裙的侍女手持多足盘，浅浅的盘心里放着两色瓜果，从人与物的大致比例来看，盘径当在五十厘米左右[1]〔图五七〕。圈足盘的使用，前举长安县

五六—一

五六—二

五六—三

[7] 关于牙盘的考证，见扬之水《敦煌文书什物历器物丛考》，《传统中国研究集刊》第三辑，上海人民出版社二〇〇七年。

[1] 张鸿修《中国唐墓壁画集》，图五三，岭南美术出版社一九九五年。

五八—一

图五八—一 花口长柄银酒勺

图五八—二 摩竭戏珠纹银匙（局部）

图五八—三 双鱼纹银匙（局部）

长兴下莘桥窖藏

南里王村唐墓壁画宴饮图中可以看到，——食案的中间一列陈设着果品诸物，置物之盘即此类，虽画笔草草，而其意可见。

作为食器的匙常常与箸同出，而与酒勺不同。酒勺前面已经提到，即勺叶为圆形，又或做成花口，匙叶则趋于长圆，如丁卯桥窖藏中的银酒勺六柄、银匙十件〔图五九—三、图五九—一二〕。长兴下莘桥银器窖藏有花口长柄银酒勺二〔图五八—一〕，银匙二十三柄。中有五柄匙叶以莲瓣缘边，内里錾摩竭戏珠，纹样鎏金〔图五八—二〕。又有一柄匙叶錾双鱼，也是前举金花银酒船中出现的胡子鲶〔图五八—三〕。浙江东阳中兴寺塔出土银鎏金匙一柄、箸一双，匙柄背面錾铭『辛酉建隆贰年玖月廿伍日募衆缘捨匙筯一副入真身舍利寳塔永充供養』[1]，铭文之纪年，乃吴越国建隆二年（九六一）。《朝野佥载》卷三云武则天试鼎师之异能，『令以银缸盛酱一斗，鼎师以匙抄之，须臾即竭』，可见匙的用法。

此外的茶具，自然也为筵席所须。不仅在诗词歌赋以及传世绘画、墓室壁画与雕刻中常见这样的场景，实物的出土也往往是茶具与酒器共存。不过金银茶具除了银茶托之外，其他都不多见。

[1] 东阳市博物馆《天心光明：东阳市中兴寺塔出土文物》，页一三〇，文物出版社二〇一九年。

五八—三

五八—二

附带尚有香具一项，而它本来似与宴会无关，然而在喧腾的筵席中却常有名香喷吐轻烟。王建『香薰罗幕暖成烟，火照中庭烛满筵。整顿舞衣呈玉腕，动摇歌扇露金钿』（《田侍中宴席》）；施肩吾『兰缸如昼晓不眠，玉堂（一作炉）夜起沉香烟。青娥一行十二仙，欲笑不笑桃花然』（《夜宴曲》）；又白居易『炉烟凝麝气，酒色注鹅黄』（《江南喜逢萧九彻因话长安旧游戏赠五十韵》），等等，均可见席间的暖香一缕。在以金银为酒器的欢宴中，便总会有金银香具点缀豪华。镇江丁卯桥唐代银器窖藏中，与『力士银酒器』同出的有金花银炉一具，即是一例[1]。关于香具的讨论，见下一节。

晚唐金银酒器的标本：镇江丁卯桥窖藏

丁卯桥发现的唐代银器窖藏，出土器物共九百五十余件，其中银钗占得七百六十枚，首饰之外，其他银器中有『力士』铭者均为筵席用具，亦即宽泛意义上的酒器，发现者因此将之命作『力士银酒器』[2]。也可以说，这是目前所知规模最大、器类最为完备的一席唐代宴会用具，其时代约当晚唐。以此为例，可见金银器进入社会生活之后的使用情况之一般。

[1] 酒器之齐整与讲究者似皆如此，而不限于金银，如杭州临安水邱氏墓出土的瓷酒器十七件，同出即有与丁卯桥银熏炉式样相仿的瓷炉一具。

[2] 丹徒文教局等《江苏丹徒丁卯桥出土唐代银器窖藏》，《文物》一九八二年第十一期；陆九皋等《丹徒丁卯桥出土唐代银器试析》，同上。

图五九—一

银酒瓮

镇江丁卯桥窖藏

银酒瓮一件为贮酒之器。通高五十五、口径二十六厘米，重逾十公斤。盖与器以链环相衔，器外底铭曰『酒瓮壹口并盖鏁子等共重贰佰陆拾肆两柒钱』〔图五九—一〕。『鏁子』在这里应指衔盖之链。白居易《咏家酝十韵》『瓮揭闻时香酷烈，瓶封贮后味甘辛』；柳宗元《龙城录》『魏徵善治酒』条曰『魏左相能治酒，又名曰醽渌翠涛，常以大金罂内贮盛，十年饮不败』，丁卯桥银酒瓮便相当于白诗所云封贮之瓶和《龙城录》中魏徵的贮酒之罂。

银盆三件均为酒樽。其中银素面樽二，银摩竭纹五曲樽一。后者高七点三、口径三十四点五厘米。器心錾刻摩竭戏珠纹乃沿用唐代前期纹样，不过用作衬景的却是一池莲花、莲叶和游鱼。器壁錾鸳鸯、鸿雁和飞鸟，口沿錾缠枝海石榴间狻猊等瑞兽〔图五九—二〕。银勺六件为酒勺〔图五九—三〕。银执壶两件即注瓶〔图五九—四〕。银素面五曲碗八件为酒碗〔图五九—五〕。金花银鹦鹉衔枝纹五曲碗一件，高十一点五、口径二十一点三厘米，是为酒海〔图五九—六〕。金花银双凤戏珠纹

五九—一

图五九—二 银摩羯纹五曲樽
图五九—三 银酒勺
图五九—四 银执壶
图五九—五 银素面五曲碗
镇江丁卯桥窖藏

五九—三

五九—二

五九—四

五九—五

图五九—六
金花银鹦鹉衔枝纹五曲碗（酒海）
图五九—七
银素面四曲长盘
图五九—八
银五出花口碟
镇江丁卯桥窖藏

菱花口长盘一〔图五六—一〕，银素面四曲长盘一〔图五九—七〕，为席面铺设饾饤之用。银五出花口碟六，果碟也〔图五九—八〕；

五九—六

五九—七

五九—八

金花银双凤衔枝纹菱花盒二、银盒残底二，果盒也〔图五三，图五九—九～一〇〕。食器之属者，银匙十〔图五九—一一〕，银箸十八。银托于十件为茶具，以备宴间茶饮〔图五九—一二〕。又金花银炉一件为筵席熏香之用〔图五九—一三〕。同样有『力士』铭文而尺寸较小的银盒十九件用途不易确定，它可以容茶，可以容药，也可容香料❶〔图五九—一四～一五〕。何家村窖藏有银盒盛药之例；出自长沙窑的瓷盒有自铭用途曰『大茶合』者❷。

❶ 其中金花银鹦鹉纹圆盒四，通高八点五、腹径十一厘米；银素面圆盒十五，通高八点三、腹径十一厘米。

❷ 盒高三点五厘米，直径九点七厘米，华菱石渚博物馆藏，《长沙窑·二》，图一八八。

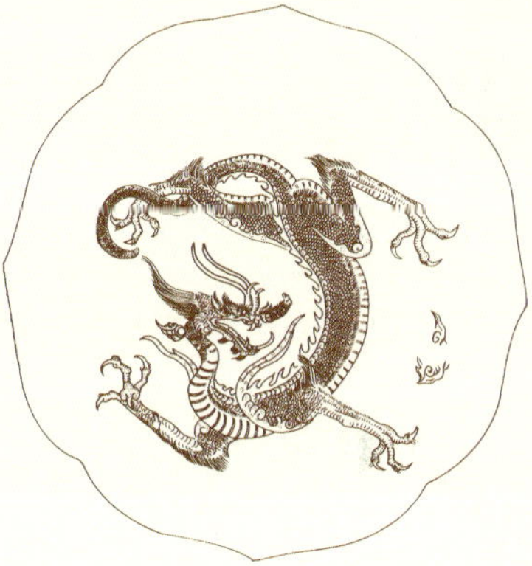

五九—九

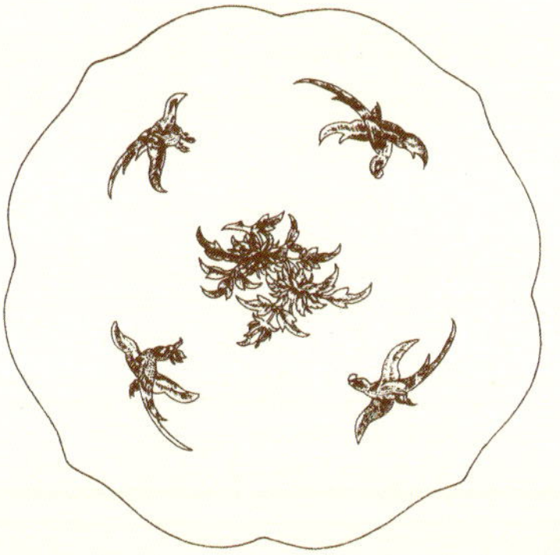

五九—一〇

五九—一一

图五九—九 龙纹银盒残底

图五九—一〇 鹦鹉纹银盒残底

图五九—一一 银匙 镇江丁卯桥窖藏

图五九—一二 银茶托

图五九—一三 金花银炉

图五九—一四 金花银鹦鹉纹盒

图五九—一五 闹蛾纹银盒 镇江丁卯桥窖藏

五九—一四

五九—一二

五九—一三

五九—一五

为他处所不见的是酒令用具一组，——自铭『论语玉烛』的银鎏金龟负筹筒，亦即玉烛五十枝连笼台一具〔图六〇—一〕。玉烛，令筹；筹筒，即笼台。花蕊夫人《宫词》『玉烛抽看记饮巡』，宋章渊《稿简赘笔》说酒令：唐人酒戏极多，『又有劝酒玉烛，酌酒之分数为劝』❶。它也称笼筹。朱湾《奉使设宴戏掷笼筹》『一朝权入手，看取令行时』，即此物。又银鎏金纛一枝〔图六〇—二〕，银鎏金令旗八枝。令旗之一顶端有矛，此外七枝做成竹节形，其一上端接焊竹叶〔图六〇—三〕。纛，即刘禹锡诗所云『罚筹长竖纛』。令旗亦名枪筹。元稹《酬窦校书二十韵》『尘土抛书卷，枪筹弄酒权』，前节引《高兴歌》说饮酒『千车鹿脯作资财，百只枪筹是家产。无劳四家犯章呈，不明不快酒满盛』，皆言此物。如此一组，乃唐代酒令之一的『令筹』用具，即以筹宣令，以筹司饮❷。唐皇甫松《醉乡日月》所述筹令

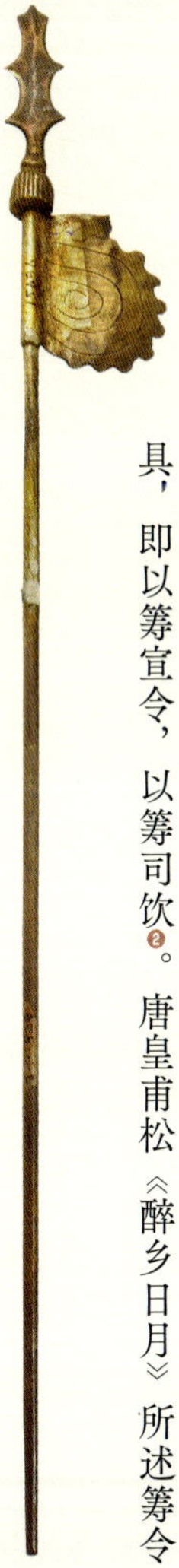
六〇—二

六〇—一

银鎏金龟负『论语玉烛』笼台局部

❶《说郛》涵芬楼本卷四十四。按宛委山堂本作《稿简赘笔》。
❷王昆吾《唐代酒令艺术：关于敦煌舞谱、早期文人词及其文化背景的研究》，页九～一一，知识出版社一九九五年。

图六〇—一
银鎏金龟负
『论语玉烛』筮台

图六〇—二
银鎏金纛
镇江丁卯桥窖藏

图六〇—三
银鎏金令旗
镇江丁卯桥窖藏

规则，正是它的使用说明。该书《明府》一节说道：『盖二十人为饮而一人为明府，所以观其斟酌之道。每一明府管骰子一双，酒杓一只。』《律录事》：『凡筮台，以白金为之，其中实以二十筹、二十旗、二十纛（别本作『其中实以一十枚，旗一，纛一』）。夫旗所以指巡也；纛所以指饮也；筹所以指犯也。』又《觥录事》：『有犯者，辄设其旗于前曰：某犯觥（法，先旗而后纛），犯者「诺」而收执之，拱曰：知罪。明府餉其觥而斟焉。犯者右引觥左执旗附于胸，律录事顾伶曰：命曲破送之。饮讫无坠酒，稽首以旗、觥归于觥主曰：不敢滴沥。复觥于位。后犯者捉以纛，叠犯者旗纛俱舞。』❶

❶《说郛》涵芬楼本卷五十八。

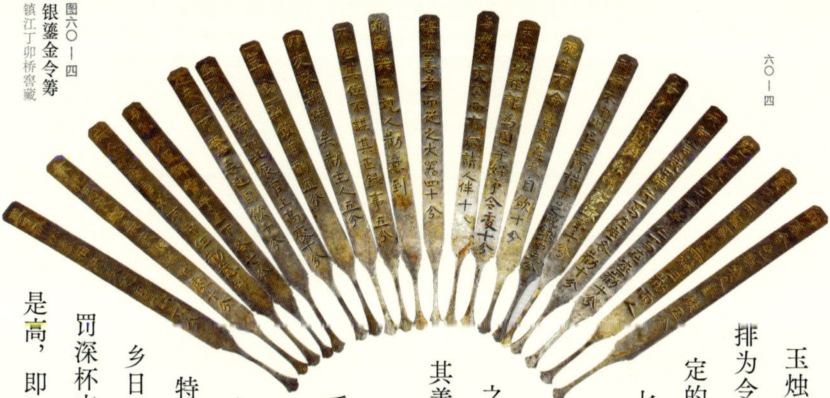

图六〇—四
银鎏金令筹
镇江丁卯桥窖藏

玉烛亦即令筹五十枝，用了『误读』的办法把《论语》编排为令筹，饮与不饮、劝与被劝、饮多饮少，均依令筹所规定的『饮、劝、处、放』四种情况而行事，而分别以五分、七分、十分、四十分为依令饮酒之章程〔图六〇—四〕。分数即酒量单位，十分为满杯，四十分为满斟四杯。如『一箪食一瓢饮，自酌五分』，『君子之居何漏（陋）之有，自饮七分』，『四海之内皆为兄弟，任劝十分』，『择其善者而从之，大器四十分』。

又银素面盏一件，通高十四点八、口径十四点五厘米，重三百五十七克。盏身中腰打作凸棱一周，凸棱以上做成五曲式，以下为圆，圜底作收，下接高圈足。圈足内同样刻『力士』二字〔图六〇—五〕。银盏的形制颇为独特，从这一席酒器的品类来看，可以认为，它便是《醉乡日月》所说令筹中用于罚酒的觥。杜甫《乐游园歌》有『百罚深杯亦不辞』之句❶，深，可以是曲折，如鹦鹉杯；也可以是高，即如此盏。

❶ 按诗题下原注云：『晦日贺兰杨长史筵醉中作。』『百罚』，一作『百刻』，或以为『刻』是『罚』非，其实不然。『百罚深杯』正是扣题之句。

图六〇—五
银素面盏（觥盏）
镇江丁卯桥窖藏

丁卯桥窖藏中的酒器涵盖了晚唐金银酒器的主要类型，而无论造型与纹饰都已洗尽胡风。呈现在我们面前的虽然只是一批器物，但由器物的名称和样式却得以见出逝去了的无数盛宴，它也是无数次出现在诗人笔下的情景，如白居易『就花枝，移酒海，今朝不醉明朝悔。且算欢娱逐日来，任他容鬓随年改。醉翻衫袖抛小令，笑掷骰盘呼大采』（《就花枝》）；『客迎携酒榼，僧待置茶瓯。小宴闲谈笑，初筵雅献酬。稍催朱蜡炬，徐动碧牙筹。圆盏飞莲子，长裾曳石榴』（《想东游五十韵》）；又『密坐随欢促，华樽逐胜移。香飘歌袂动，翠落舞钗遗。筹插红螺椀，觥飞白玉卮』（《代书诗一百韵寄微之》）；等等。就花枝移酒海，抛盏，飞觥，掷骰呼采插筹，酒宴行令的种种细节，都是唐代饮酒风俗中最见特色的内容，由丁卯桥窖藏中的一组酒令用具，特别是与酒筹配合使用的『觥盏』，可以把这一切展现得更加分明。此后的五代金银器制作似乎再不见突出变化，直到宋，才以造型、纹饰、工艺及风格与气韵的全面推演而开出一个新局面。

六〇—五

第四节
香器

中土香事原有着久远的传统，一是礼制中的祭祀之用，《诗·大雅·生民》『取萧祭脂』，毛传：『取萧合黍稷，臭达墙屋，既奠而后爇萧，合馨香也。』郑笺：『至其时，取萧草与祭牲之脂，爇之于行神之位。』二是日常生活中的焚香，即焚于室内，以祛秽气；熏衣与被，以取芳馨。

魏晋南北朝时期随佛教东传的香事之种种，不过是融入本土固有的习俗，而非创立新制。隋唐香事的要用，大而言之，仍不外两端，即释道供养与平居焚香。而香具的品类与形制，均远逾前朝。金属制作的香炉，唐代之前，以铜以及铜鎏金或错金银者为多，金银制品似乎鲜见。从目前考古发现的情况来看，唐代金银香炉以及香器，以陕西扶风法门寺地宫出土的一批最为集中，差可代表唐代金银香器的主要类型与样式。

一、豆式炉，即立于地宫前室门外的衣物账碑登录之『银

图六一
银香炉
图六二
银金花香炉
法门寺地宫出土

银金花香炉炉盖

香炉一重廿四两』，系不空第三代弟子遍觉大师智慧轮所施。素面银炉炉身内置一个可以提挈的炉碗，炉碗坐在炉身里熨帖无隙，稍稍外翻的窄平沿又正好与炉身上缘扣合，平沿上一个望柱式提钮〔图六一〕。

二、莲花炉，此即衣物账碑中登录的『银香炉一副并椀子』❶，便是久被认作『鎏金银羹碗子』的一件。香炉以一枚下覆的荷叶为炉座，一朵仰莲为炉身，内置炉碗，覆钵式炉盖飘几朵镂孔流云以散发香烟，盖顶一个莲苞钮〔图六二〕。通高九点八厘米，重二百一十三点五克。它是咸通十四年真身舍利自法门寺地宫取出运往长安之后，懿宗所赐银金花供养器之一。

三、多足炉。三足炉或五足炉，似乎多用于佛前供养，它也常见于同时代的佛教艺术，法门寺出土的银金花朵带环子五足炉发现于地宫后室靠中部的位置，香炉两旁是一对银金花人物图香宝子〔图六三—一～三〕。香炉炉底铭文云『咸通十年文思院造八寸银金花香爐一具并盘及朵带鐶子全共重三百八十兩』，

六一

六二

❶ 董淑燕《唐宋时期的香具与佛事》，页一二，载《香远益清：唐宋香具览粹》，中国书店二〇一五年。

银金花朵带环子五足炉炉盖局部

图六三—一
银金花朵带环子五足炉
图六三—二~三
银金花人物图香宝子（一对）
法门寺地宫出土

而衣物账碑记有『香爐一副并臺盖朵带共重三百八十兩，香寶子二枚共重卌五兩』。可知香炉与香宝子一对乃香具一组。地宫中佛指舍利八重宝函中的银鎏金宝函与纯金宝函纹饰也恰好刻画着香炉两边的一对宝子〔图九八—一〕，与地宫出土的实物若合符契。

五足炉炉身与炉盖分制，盖顶以一周起翘的莲瓣纹做成出烟孔。侧视，盖顶便是半开的一个莲蕾；俯看，却又是瑞草交缠中一朵绽放的莲花。瑞草回环处留出的五个空间各有莲花一茎，花心一只卧龟，回颈嘘气，缭绕成两向纷披的瑞草。炉身铆接五个兽蹄足，足间各缀朵带，盖沿与炉壁也分别以瑞草烘托主题。通高一十九点五、内径二十四点八厘米，重逾六点四公斤。承炉之台是个五足盘，装饰与香炉相与呼应，台心一对口衔缠枝琪花的孔雀，扶旋猗那，动容转曲，成就一大朵团花。高二十一、直径四十三厘米，重逾八点九公斤。

四、高座炉。此式香炉借鉴了家具中牙床座的做法，为使

六三—三

六三—一

六三—二

图六四—一
『张宗礼进』银香炉

图六四—二
『杨复恭』大银香炉
法门寺地宫出土

『杨复恭』大银香炉之『承铁』

器座有通透感，每每下开壶门。出自法门寺地宫的金花银壶门座铺首衔环炉，炉底錾文『五十两臣张宗礼进』（图六四—一）。炉身造型如微呈五曲的浅腹盆，炉座则如倒覆的深腹盆，下方五个开光，其间是卷草纹鱼子地上的鎏金鸿雁。通高二十三点五厘米，重逾一点三公斤。衣物账碑登录之『香炉一枚，重卅二两，元无盖』，即此物。所云『元无盖』，当是点检器物时已失盖，故重止卅二两，则张宗礼进献时为五十两原应连盖计重。又高圈足银香炉一件（图六四—二），出土时炉盖贴着签封，墨书标其名为『大银香炉……臣杨复恭』云云，此即衣物账碑所录『银白成香炉并承铁』。炉盖与炉身分制，盖取象于覆钵式塔，顶端做成一朵莲苞，上方的镂孔花瓣以及镂空鱼鳞式网用来出香。炉壁系内外两层铆合，内层分作六片与炉底铆接，外层即成圈足座，下开四个壶门，复与圈足相接，颇类于家具中带托泥的牙床座。炉底除与腹壁铆接外，其下又铆焊十字交叉的两根铜条用作承托，衣物账碑所谓『承铁』，即此。

六四—二

六四—一

六五—一

图六五—一
银金花香龟
法门寺地宫出土

图六五—二
银香龟
繁峙金山铺乡上浪涧村窖藏

银炉的铆钉顶端均饰银花帽。通高五十六厘米，炉身高二十五点二、口径二十点七、腹深十六点五厘米，重逾三点九公斤。银炉与『银白成香合』皆为供奉官杨复恭施，杨系晚唐宦官，事迹见载于《新唐书》。

几件香炉都把莲花作为装饰纹样，炉盖、炉座饰莲纹，盖钮做成莲花苞，出烟孔也凿成莲瓣式的小洞眼。唐诗云『炉香穿盖散』❶，像是极为平常的一句，却原来用于发散香气的炉盖每每极见巧思。

五、肖形炉。肖形即『象生』，或作『像生』。唐杜光庭《道教灵验记》卷十三《玉霄宫钟验》曰水部员外郎柳韬『以白金香鸭香龟数事送于玉霄』，这里的香鸭、香龟似为银制，因为下文言道『又有香鸭器皿，计其所直多矣』以及『取香鸭、香龟、金龙道具实于囊中』。今能见到的香鸭，多宋物，银香龟则可举出法门寺地宫出土和繁峙县金山铺乡上浪涧村窖藏各一件〔图六五—一～二〕。两件都是肖形的做法，取龟的呼吸吐纳之势，龟甲为盖，口鼻喷吐香烟。前者高十三、长二十八点三厘米，重八百二十

六五—二

❶白居易《新昌新居书事四十韵因寄元郎中张博士》。

点五克；后者则是龟甲与头颈连做为盖，高十八点五、长十七点二厘米[1]。《史记·龟策列传》：『江傍家人常畜龟饮食之，以为能导引致气，有益于助衰养老。』《淮南子·诠言训》曰『龟三千岁』，许慎注：『龟吐故纳新，故寿三千岁。』香龟的设计，当是从这一类流传已久的古说借意。前举银金花朵带环子五足炉，炉盖上五个瑞草结中各一只莲花心里的卧龟回颈嘘气，也是同源的构思。

贮放香料之器，有香盒与香宝子。香盒，古人多写作香合。李贺《春怀引》『钿合碧寒龙脑冻』，意即龙脑放在以花钿为饰的香盒里。不过香盒的式样并无特别，与贮放他物的盒子是可以通用的。前已提到的香宝子，则是专用于贮香。宝子常见的有两类，一是圆筒式器身，下有仰莲座，上有荷叶盖，盖有捉手，如法门寺地宫出土的两对〔见图一七—三，图六三—二～三〕。一是器身与盖各如一个半球，上下扣合为圆球式高足盒，如山西寿阳县贾家庄村北齐库狄回洛墓出土的铜鎏金香宝子。这一类宝子当是取意于覆钵式塔，有的盖顶捉手即做成塔刹的样子，如洛阳龙门神会墓出土的一件。宝子与香盒在使用上稍有些分别，即香盒常常是单独

[1] 李有成《繁峙县发现唐代窖藏银器》，《文物季刊》一九九六年第一期。

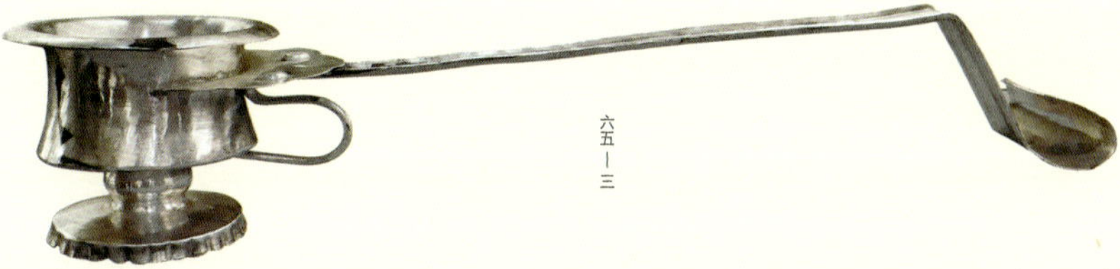

六五—三

的一具，宝子则多半成对，便是一左一右设在香炉的两边。

行香之器，则为柄香炉。柄香炉的远源在异域[1]。南北朝时它多见于中原地区的石窟寺及北朝造像碑，最早的一例目前所知见于甘肃永靖炳灵寺石窟第一六九窟十六国时期的西秦壁画[2]。南朝作品中也偶见此器，如江苏丹阳胡桥宝山吴家村南朝墓出土的一方羽人戏龙画像砖，羽人手中所持即鹊尾柄香炉，当然这是属于道教艺术中借用的一例。为了炉身和炉柄的平衡且宜于放置，鹊尾式柄又或向下弯折，而在与炉座平行的弯折处加一个狮子镇。此类香炉或称作『手炉』，以铜制品为多。法门寺地宫出土一件如意柄素面银手炉，长四十四厘米，重四百一十五点五克。柄下铭文曰『咸通十三年文思院造银白成手炉一枚并香宝子共重十二两五钱，打造都知臣武敬容、判官高品臣刘虔诣、副使高品臣高师厚、使臣弘懿』[3]〔图六五—三〕。

焚香拨灰，特别是平灰，要用到香匙，香匙的特殊之处是匙叶为平展的圆形，且匙叶与柄之间有一个弯折，法门寺地宫出土的一柄，匙柄的弯折处当系因挤压而变形〔图六六〕。同出又有

六六

[1] 林梅村等《鹊尾炉源流考》，《文物》二〇一七年第十期。

[2] 甘肃省文物工作队等《中国石窟·永靖炳灵寺》，图三八，文物出版社一九八九年。

[3] 《法门寺考古发掘报告》，页一八八。

图六五—三
『咸通十三年文思院造银白成手炉』

图六六
银香匙

图六七
银香案

图六八—一
银金花大香囊

图六八—二
银金花香囊

法门寺地宫出土

六八—二

一具尺寸不大的银香案〔图六七〕，式样类似带托泥的翘头案，高十点五、长十五点五、宽九点五厘米，重五百零六点五克。两事均登录于衣物账碑，便是懿宗所赐『银金花供养器物共卌件枚只对』一项里列出的『香案子一枚，香匙一枚』。

此外尚有香囊。出自法门寺地宫的一大一小两枚香囊，其一直径十二点八厘米〔图六八—一〕，其一直径五点八厘米〔图六八—二〕，外壳镂空做成花叶，鎏金圆光点缀于花叶丛中，扣合后以屈戌锁闭，内心用轴心线相互垂直的内外两层持平环支承一个小香盂，以圆环转轴的彼此制约和香盂本身的重心影响，使香盂随炉展转而总能保持平衡。此物在同出的衣物账碑中记作『香囊二枚，重十五两三分』。慧琳《一切经音义》卷六：『香囊者，烧香圆器也，巧智机关，转而不倾，令内常平。』又卷七：『香囊者，烧香器物也，以铜铁金银玲瓏圆作，内有香囊，机关巧智，虽外纵横圆转而内常平，能使不倾，妃后贵人之所用之也。』元稹有题作《香毬》的一首小诗，所咏正是此物：『顺俗惟团转，居中莫动摇。爱君心不恻，犹讶火长烧。』

六七

六八—一

短短二十字，香毬的结构已是描写分明。香囊之称也见于唐诗，元稹另一首《友封体》句云『雨送浮凉夏簟清，小楼腰褥怕单轻。微风暗度香囊转，胧月斜穿隔子明』；又白居易《青毡帐二十韵》『铁檠移灯背，银囊带火悬。深藏晓兰焰，暗贮宿香烟』，香囊、银囊，自是一物。据诗意看来，它是悬于卧中。香毬的扣合处有卡轴亦即屈戌作为固定，李商隐诗『锁香金屈戌』（《魏侯第东北楼堂郢叔言别聊用书所见成篇》），最是形容得微细而巧。

第五节

日常杂用之器

酒器、香器之外，温酒、碾茶、煎药、炊煮，日常杂用之器，也尽可用金银彰显贵富。《新唐书》卷一九六《武攸绪传》提到朝廷赐物有『金银铛鬲』。《安禄山事迹》卷上，曰天宝九载安禄山献俘入京，玄宗命入新宅并赐诸物，中有『银丝织成筹筐、

银金花大香囊打开

图六九—一 狮纹金铛
图六九—二 银铛
西安南郊何家村窖藏

银织笊篱各一』。《太平广记》卷二三七《同昌公主》一则说道：咸通九年，『同昌公主出降，宅于广化里，锡钱五百万贯。更罄内府珍宝以实其宅。而房栊户牖，无不以众宝饰之。更以金银为井栏药臼、食柜水槽，铛釜盆瓮之属，缕金为笊篱箕筐』。

铛是从汉代的鐎斗演变而来，为温酒之器。《乐府诗集》卷四十八《西曲歌·三洲歌三曲》之三：『湘东醽醁酒，广州龙头铛。玉樽金镂椀，与郎双杯行。』铫则用来煎茶，煎药，——药，常常是指丹药，阴铿《游始兴道馆诗》『坛边逢药铫，洞里阅仙书』，即是。当然温酒也无妨借用，如白居易《村居寄张殷衡》『药铫夜倾残酒暖』。而铛也或可烹茶，如《新唐书》卷一三四《韦坚传》列举运至辇下的各地土贡，中有『豫章力士瓷饮器、茗铛、釜』。至于形制之别，则铛有三足，口有流或无流，铫则有柄有流而无足。韩愈诸人《石鼎联句诗》『或讶短尾铫，又似无足铛』，意即铛本来有足，铫本是长柄。何家村窖藏中有金铛、银铛各一，造型大体相同〔图六九—一～二〕。金铛高三点五、口径九点二、柄长二点九厘米，重二百六十八克。内底心花瓣环绕的装饰框里一对

六九—二

六九—一

狮子，外壁九道水波式凸棱，水波间或是奔狮，或是卷草，又或鸿雁衔绶和鸳鸯。圜底，三个兽蹄足。大同博物馆藏一件狮纹银铛，造型与纹饰都与它相近〔图六九—三〕。出自何家村窖藏的一件金铫，无足有流，内底三行墨书『旧泾用／十七两／暖药』〔图七〇〕，乃明确用途。或考证『泾』即泾王李梃，故金铫大约是泾王府用物，泾王卒后收归皇家内库❶。洛阳伊川鸦岭乡唐齐国太夫人墓出土长柄银铫〔图七一—一〕，同出尚有银提梁釜〔图七一—二〕，两器都有宝珠钮的盖子。浙江临安晚唐水丘氏墓出土的银铫尺寸殊小❷〔图七二〕，或是明器。

六九—三

图六九—三
狮纹银铛
大同市博物馆藏

七〇

图七〇
『暖药』金铫
西安南郊何家村窖藏

七一—一

图七一—一
长柄银铫

七一—二

图七一—二
银提梁釜
伊川鸦岭乡唐齐国太夫人墓出土

❶ 申秦燕说，《花舞大唐春》图三五素面金铫说明。

❷ 高两厘米，口径不足五厘米。钱宽夫人水丘氏，钱镠之母，卒于唐昭宗天复元年（九〇一）。浙江省文物考古研究所等《晚唐钱宽夫妇墓》，页七九，文物出版社二〇一二年。

七二

图七二
银铫（明器）
临安晚唐水丘氏墓出土

图七三—一
文思院造银金花茶碾子

图七三—二
银金花碾轮
法门寺地宫出土

出自法门寺地宫的几件茶器，都是僖宗所施❶。中有银金花鸿雁流云纹茶碾子并银金花碾轮一副〔图七三—一～二〕，碾底錾铭『咸通十年文思院造银金花茶碾子一枚并盖，共重廿九两。匠臣邵元、审作官臣李师存、判官高品臣吴弘悫、使臣能顺』。茶碾盖表是四朵流云中的一对鸿雁，碾槽边框上缘锥点玛瑙地，两侧壶门间是腾身于云朵的飞马。碾轮边缘錾文『碢轴重一十三两』，中心一朵鎏金团花，外飞四朵如意云，碾轴从花心穿过。又银金花仙人驾鹤壶门座茶罗子一具，壶门式座，上承茶罗和屉，罗分两层，中夹罗网，屉有拉手，顶有盖子，宽面立墙是云间持节驾鹤的仙人，窄面是上下旋舞的一对云中鹤，盖顶颠倒相向的两个飞仙一手捧花，一手拈枝叶〔图七四〕。器底铭曰『咸通十年文思院造银金花茶罗子一副全，共重卅七两，匠臣邵元、审作官臣李师存、判官高品臣吴弘悫、使臣能顺』。

七三—二

七三—一

❶《法门寺考古发掘报告》，页一三一。

银盐台一具，也为茶事所需。台盘是花瓣平展的一朵莲花，中心下凹錾出莲子，上有莲瓣环绕的一枚荷叶为盖，叶顶心一朵小花挺出宛折的莲茎，上面一个莲苞钮，莲苞中空，有屈戌可以开闭，锥点叶脉的荷叶上打作四尾摩竭鱼。银条盘曲而成的三足支架与台盘底部焊接，支架中腰探出细银条上的一对摩竭和两颗摩尼宝（图九、图七五）。足有铭曰：『咸通九年文思院造银金涂盐台一只，并盖重一十二两四钱，判官臣吴弘悫、使臣能顺。』又『四字号』『小药焊』。通高二十七点九厘米，重五百七十六克。

七四

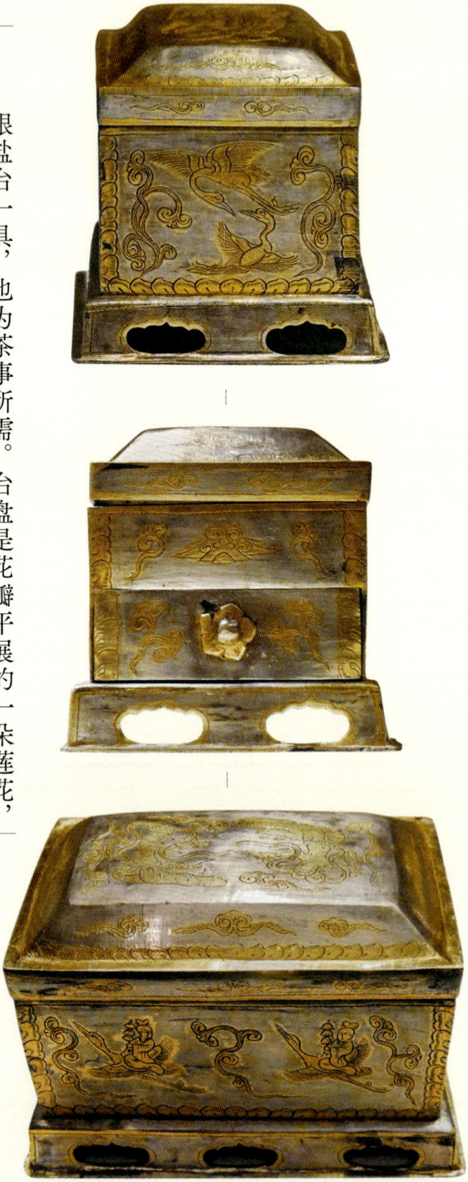

图七四
文思院造银金花茶罗子
法门寺地宫出土

同出尚有金银丝结条笼子，或可用来盛放茶饼。银双丝结作灯笼孔分别做成笼与笼盖，笼盖口沿及笼身的上下两端包银边，笼盖顶心是金丝编就的莲花托塔，周边四朵金丝花，其外又是金丝绕成的两道如意云，笼身也是如此妆点，下方四个龙头与银片做成的蹄足相接，银片底端一分为四，每股各做成一个涡卷，便是足跟。盖以一道银链作提系。笼以银丝编的辫子纹衬底，上覆金丝编的缠枝卷草为提梁〔图七六〕。通高十五、长十四点五、宽十点五厘米，重三百五十五克。当然盛茶只是此类结条笼子的用途之一，它还可以有其他功用，比如放置鲜果。白居易《与沈杨

七五

七六

图七五
银盐台

图七六
金银丝结条笼子
法门寺地宫出土

金银丝结条笼子盖面

七七—一

七七—二

图七七—一
『左策使宅茶库』银鎏金茶托
西安唐长安城平康坊遗址出土

图七七—二
银茶托
广元旺苍银器窖藏

二舍人阁老同食敕赐樱桃玩物感恩因成十四韵》句云『清晓趋丹禁，红樱降紫宸』，『圆转盘倾玉，鲜明笼透银』，韩偓《恩赐樱桃分寄朝士》『未许莺偷出汉宫，上林初进半金笼』，以金笼银笼映现果实之鲜明，正是令人爱喜的视觉效果。又有银结条灯笼，配以荷叶灯盏，正所谓『运巧而灵丝缀藻，标奇而霞蕊雕华』，作为『人事』，持送者也要在书简中揭明其妙❶。

茶盏一般不用金银，不过茶托或有银制品。前举出自丁卯桥窖藏者是其例。茶托的式样变化不多，西安唐长安城平康坊遗址出土的银鎏金茶托也是花口、喇叭式圈足，不过圈足不高，足内铭曰『左策使宅茶库』〔图七七—一〕。广元旺苍窖藏中的银茶托可算同类样式〔图七七—二〕。

用来炼丹和煎药的金银器具，出自何家村窖藏，主要有银石榴罐四〔图七八—一～二〕，银双耳锅和银提梁锅四〔图七八—三～四〕，

❶ 崔致远《幽州李可举太保五首》，其中一事为『银结条灯笼一枚（承灯盏白盛荷叶一、漆木匣盛，金铜锁钥并全）』。下文形容物状道『前件灯笼砚台等，铸铄成功，披砂润色，运巧而灵丝缀藻，标奇而霞蕊雕华』。《桂苑笔耕集校注》（新罗）崔致远撰，党银平校注，页二九五，中华书局二〇〇七年。

图七八—一 银石榴罐
图七八—二 银石榴罐
图七八—三 银双耳锅
图七八—四 银提梁锅
西安南郊何家村窖藏

七八—二

七八—一

七八—三

七八—四

八〇

图七九
银笊篱
西安北郊南余寨出土

图八〇
银柳斗
广元旺苍银器窖藏

又前举墨书『旧泾用／十七两／暖药』的金铫一具。银石榴罐类如简单的蒸馏器，可用来蒸馏水银[1]。

又有笊篱一事，前引《安禄山事迹》与同昌公主故事提到『银织笊篱』与缕金笊篱。西安市北郊南余寨出土一枚银漏勺〔图七九〕，即此物。笊篱柄有铭文曰『光启宫乾符三年正月改造白成鏤鈄壹枚重貳兩叁錢叁』。《太平广记》卷二三四《尚食令》（出《卢氏杂说》）曰尚食局造䭔子手入冯给事宅中造䭔子，『坐饮茶一瓯，便起出厅，脱衫靴带。小帽子，青半肩（明抄本作臂），三幅袴，花襜袜肚，锦臂鞲』。『袜肚中取出银盒一枚，银篦子、银笊篱各一。候油煎熟，于盒中取䭔子蹥，以手于烂面中团之，五指间各有面透出，以篦子刮却，便置䭔子于铛中。候熟，以笊篱漉出』。戏剧般的场景里，银炊具的使用成为生动的细节。当然炊具用银，若非皇宫贵胄之家执爨，未必可办。至于『银丝织成筹筐』，今所见唐代银器中的『柳斗』〔图八〇〕，或属此类。

用于贮物的器皿，曰罐，曰瓶，曰罂，似乎并无一定。大大小小，或肩有提梁，或底有三足，式样不一。出自何家村窖藏

[1] 耿鉴庭《西安南郊唐代窖藏里的医药文物》，页五六～六〇，《文物》一九七二年第六期。又，这一组器具的使用方法考证，见沈睿文《安禄山服散考》，页一七七～一八九，上海古籍出版社二〇一五年。

七九

图八一
金花银花鸟纹提梁罐
西安南郊何家村窖藏

图八二
三足小银罂
西安唐李倕墓出土

的两件均为贮药。金花银花鸟纹提梁罐，矮颈，鼓腹，喇叭式圈足，器与盖遍施鱼子地，团花鹦鹉安排在提梁两边的器壁，穿系提梁的双耳下方，各一个团花鸳鸯。鹦鹉意在写实，鸳鸯却像是先錾出两向欹侧的花、被风吹卷的叶，再添一个鸟头，于是花朵变作双翼，叶片成为身体，仿佛戏笔成俊。器盖上的缠枝卷草生着葡萄、石榴和无意写实的花朵，盖心一朵宝相花，提梁之表錾一溜儿方胜〔图八一〕。盖内墨书『紫英五十两』『白英十二两』，通高二十四点一厘米，重一点八七九公斤。尺寸偏小者，或用作盛放口脂面药。西安唐李倕墓出土三足银罂大小略如小儿拳，鱼子地上打制花鸟。下方有花木间相与呼唤的鸭子，上方有同向飞着的鸟雀和鸳鸯。盖面一周八丛花叶，花叶上面四只舞蝶。顶上一个宝珠钮〔图八二〕。如果当年小银罂内果然是『膏凝雪莹，含液腾芳』（刘禹锡《谢历日面脂口脂表》），那么真是冬天里的一点春色了。

唐代称『瓶』者，指代范围很广，乃至茶酒器中的汤瓶和

八一

八二

八三

饮瓶亦即注子也可以包括在内。丁卯桥窖藏中的一个银鎏金婴戏纹小瓶，腹下有三足焊痕，发现时三足均失〔图八三〕。近底处一周仰莲，瓶腹三个草叶结开光，光内分别是三小儿扮戏，三小儿乐舞，两小儿斗草，残高七、腹径六点六厘米。临安晚唐水丘氏墓出土银鎏金盖罐纹样以及布局都与它相似。银罐造型略呈椭圆，上窄下宽自肩而下的四道凸棱直贯到底，底端焊接四个空心矮足，上方是宝妆覆莲，下方仰莲，凸棱为界，四个开光，稍宽的两个侧面，光内各一幅乐舞图。其一，中间小小一方莲花舞茵，伎乐人举足独立，从飞扬的帔帛可见转腾之势，两侧各一人击鼓，上方左边一个击拍板，右边一个吹箫，下方右边一个拨弹曲项琵琶，左边一个扬袖舞蹈。远景小山朵云与草色相接，草地上酒樽、托盏、高足盘，还有一个鼓腹、曲柄、长流带盖、高圈足的长颈瓶。另外一幅因磨损而稍漫漶，不过仍看得出内容大致相同，惟一二细节略有别。稍窄的两个侧面均为缠枝卷草间的一对舞狮。光外四隅是缠枝卷草和鸿雁。盖与器以合页相连，

八四

图八三
银鎏金婴戏纹小瓶
镇江丁卯桥窖藏

图八四
银鎏金盖罐
临安晚唐水丘氏墓出土

合页下方錾一只闹蛾，盖顶团龙〔图八四〕。通高十四点二厘米[1]。

各种式样、各类用途的盒子也在唐代金银器中占据了重要的一席。果盒、药盒、香盒、粉盒、胭脂盒、面药盒、口脂盒[2]，大小方圆，如花，如花叶，如蝶，如剑环，又或瓜式、龟式、蛤蜊式。纹饰则更加丰富多样，鸳鸯、鸿雁、鹦鹉、小鸭、团花，又有狮子、犀牛、猴子、鹿，等等，鸟兽则每在缠枝花卉中衔瑞牵风〔图八五—一～一二〕。其他金银器皿中常用作组合的图案，独立出来移用于造型各异的小盒子，便成为一幅特写，而织绣也好似信手可拈的粉本。出自印尼勿里洞黑石号沉船的一枚银盒，盖面图案即仿佛法门寺出土金花大银盆的一个单元纹样〔见图二七〕，不是像后者那样素地上细针密线錾纹如绣品，却是鱼子地上錾纹如白描。陈子昂《鸳鸯篇》『飞飞鸳鸯鸟，举翼相蔽亏。俱来绿潭里，共向白云涯。音容相眷恋，羽翮两逶迤』，银盒图案便恰如一幅诗意图，更难得以锤錾写生把『音容相眷恋』刻画逼肖〔图八五—一二〕。龟背纹盒子则很可能取自流行的织锦纹样〔图八五—一三〕。西安市出土一枚菱花式金花银盒，器身宽宽的口沿向内翻折，卷草纹上四对鎏金小鸭。

[1] 《晚唐钱宽夫妇墓》，页六九，文物出版社二〇一二年。

[2] 递送礼品也是金盒银盒的要用之一。如崔致远代高骈作书致幽州李可举，言明银接头红牙匙筯、犀托子、犀楪子等赠物分置于大中小三具金花银合之内。见《桂苑笔耕集》卷十。

图八五—一
折枝花卉狮鹿纹银盒
洛阳东郊十里铺村东明小区出土

图八五—二
金花银蜜蜂鸿雁纹蝶式盒

图八五—三
金花银狮鹿纹剑环式盒

图八五—四
金花银缠枝对鸟纹花叶式盒

图八五—五
金花银鹦鹉衔枝纹蝶式盒
黑石号沉船出水

八五—一

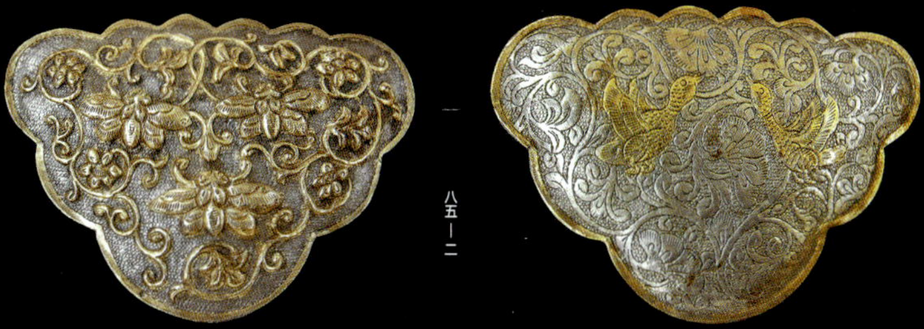

八五—二

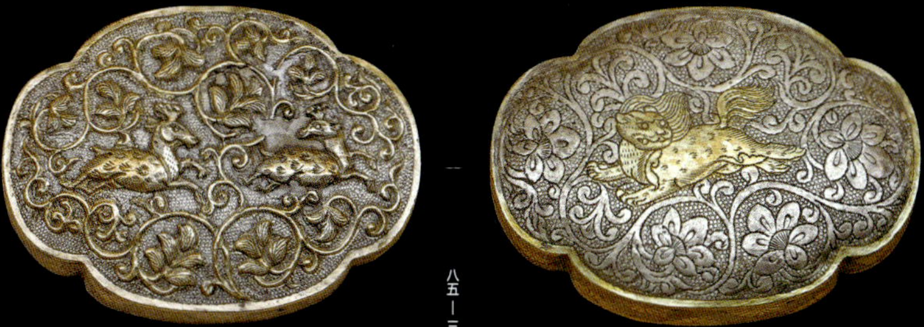

八五—三

八五—五

八五—四

图八五—六 银鎏金鸳鸯纹盒
西安市文物保护考古研究院藏

图八五—七 宝相花纹蛤蜊式银盒
河南博物院藏

图八五—八 金花银鸳鸯纹蛤蜊式盒
西安东郊国棉五厂六五号墓出土

图八五—九 金花银瓜形盒
弗利尔美术馆藏

图八五—一〇 银鎏金树下双猴纹盒
西安博物院藏

图八五—一一 银鎏金犀牛纹盒
白鹤美术馆藏

图八五—一二 花鸟鸳鸯纹银盒
黑石号沉船出水

图八五—一三 龟背纹银盒
巩义天玺尚城出土

八五—六

八五—一〇

八五—七

八五—一一

八五—八

八五—一二

八五—九

八五—一三

图八六
菱花式金花银盒
西安出土

图八七
金花银石榴花纹盒
西安南郊何家村窖藏

八六

口沿内翻，自是为了密闭，那么当是用来盛放胭脂一类〔图八六〕。

何家村窖藏中的一件金花银石榴花纹盒，高六点六、口径十一点八厘米，盖内墨书『溪州井砂卅七两，十两，兼盛黄粉』。盒内原置井砂。全器之表满布鱼子地，它的繁花似锦即始于盖面中央花心处的一朵小花，由此层层绽开，成一小朵宝相花，其外八个石榴花和一重错出的宝妆花瓣，于是成就一大朵宝相花。周环八个花叶团窠，团窠内心飞着口衔花枝的鸿雁〔图八七〕。如此布局的繁花依次推向立墙，推向盒底，铺满全器，蔚作花海无尽。所谓『花的皪兮如锦，草连绵兮似织』（杨炯《庭菊赋》），唐人赋咏秋菊之句可用来为它品题，而银盒的纹样设计也的确与织锦相近。仿佛唐代工匠有布画图案的一个共同要诀：团结、圆满，为单位纹样；舒展、开放，为整体格局。

法门寺地宫出土双狮纹金花银盒，菱花式造型，盖面上缘一周莲瓣，双钩连珠纹做成葵花

八七

图八八
双狮纹金花银盒
法门寺地宫出土

八八

式开光，光外四角各一枝并蒂菊，光内四弯缠枝花叶，枝头花朵与并蒂菊交错绽放，中间两道如意流云斜分空间为两半，一只狮子转头飞奔在前，一只狮子挽住花叶追逐在后，鎏金显花之外的鱼子地以同心圆的方式层层排列，齐齐整整，历历可数。盖与盒的立墙则是鱼子地上的缠枝卷草（图八八）。盒盖内底墨书『内库』，圈足外底錾文『进奉延庆节金花陆寸方合壹具，重贰拾两，江南西道都团练观察处置等使臣李□进』。通高十一点二、长径十七点三、短径十六点八厘米，重七百九十九克。『李』与『进』之间缺字，卢兆荫考证此当为『李骘进』，据李骘《题惠山寺诗序》文末结衔，知他任『江南西道都团练观察处置等使』是在咸通九年至十一年之间，则银盒进奉懿宗当亦在此期间，应是在洪州当地打造❶。

出自杭州雷峰塔地宫的五代吴越国『万岁千秋』银鎏金铺首衔环盒，高十三点七、口径二十点七厘米，重八百二十三克❷。盒盖与盒

❶《题惠山寺诗序》末署『咸通十年二月一日，江南西道都团练观察处置等使中散大夫检校左散骑常侍使持节都督洪州诸军事兼洪州刺史御史中丞上柱国赐紫金鱼袋李骘题记』。西安南郊又曾出土洪州刺史、江南西道观察处置都团练守捉及莫徭等使李勉进奉的银盘，也应是洪州当地的产品。卢兆荫《关于法门寺地宫金银器的若干问题》，页六四一～六四二。

❷浙江省文物考古研究所《雷峰塔遗址》，页一二六，文物出版社二〇〇五年。

图八九
『万岁千秋』
银鎏金铺首衔环盒
杭州雷峰塔地宫出土

图九〇
金花银鸿雁纹穿心盒
白鹤美术馆藏

九〇 一

身立墙遍錾缠枝石榴，盖面缘边一周如意云，缠枝枝条弯卷处的四朵石榴花上分别安排『万』『岁』『千』『秋』四个双钩出来的吉语，中央是口衔缠枝石榴而旋舞的一对凤凰。盒身两侧各有铺首衔环〔图八九〕。尺寸大，造型规整，錾纹纤细而圆转精切，虽是程式化的纹样，却仍能以明秀工致取胜。

又有一种中心有孔的圆环式小盒，是盒子中的式样独特者。如一枚金花银鸿雁纹盒，通高二点一、直径四点二厘米，子母口，可扣紧，盖与盒的中间部分均下凹，扣合之际正好插接〔图九〇〕。它在后世名作穿心盒，而唐代似乎尚无此名，不过唐人传奇中提到的一种正是如此形制。蒋防《霍小玉传》说道，一日李生自外归，妻子卢氏方鼓琴于床，『忽见自门抛一斑犀钿花合子，方圆一寸余，中有轻绢，作同心结，坠于卢氏怀中』。合子，即盒子，它的『中

八九 一

九一

图九一
金盒
西安长安县天子峪国清寺塔基出土

有轻绢，作同心结』，原是未曾开启时所见，那么轻绢自然不是盒中物，『中有』之『中』，该是穿盒而过的意思，如此，正是一个穿心盒。

唐代金银器中纯金者不多，盒类则更少。西安长安县天子峪国清寺塔基出土一枚小金盒，高一点七、口径一点九厘米，圜面、圜底，子母口扣合严密，系打制成型❶〔图九一〕。

与圆盒和各种异形盒子相比，近乎方正的盝顶盒在金银器中比较少见，而多用于舍利容器。这一类式样的日用之具，或以漆器为主。何家村窖藏中的一具银盝顶盒〔图九二〕，通高十厘米，边长十二厘米，重一点五公斤。正面中央有锁鼻，时人或称『了鸟』，固定器身与器盖的合页以一钩一环相联络，开启盒子的时候盖子便不会脱落。只是器身图案中的一个鸭头被合页构件掩住，是设计上的一个失误。器底之外，银盒的各面纹饰遍满，虽然是图案化的风景，几乎所有的构图元素都有图式，如用作边饰的缠枝卷草，主图里的缠枝莲花，花木两边对舞的凤凰，但不俗的搭配，依然使它以一种既繁密又清丽的韵致而风格别具。正面一幅

❶ 南京博物院《金色中国：中国古代金器大展》，页一八八，译林出版社二〇一三年。

九二

图九二
银盝顶盒
西安南郊何家村窖藏

是莲花台上对衔花枝的孔雀，两个边角的山峰小小的，却很有崚嶒之势，以见孔雀原是腾起在云霄，脚边飞着云朵和小鸟，高处飘浮流云、花草和翻飞的鸟雀，似乎应和着天外的轻风。背面一幅，高踞在莲座上一对口衔芝草的小鸭像是临池照水，然而图案不曾表现水，而只是花草无尽，还有成对的鸭子，飞着的小鸟和蝴蝶。

银盝顶盒背面图案

银盝顶盒侧面图案

图九三—一
鎏金银锁
西安南郊何家村窖藏

图九三—二
鎏金银锁
白鹤美术馆藏

下方占据两隅的山石花木好似盆景。侧面一幅山峰低小，云天阔大，众鸟朝凤，如同仙境。另一侧画面中间是挺然秀出的石榴花，上方鸳鸯鼓翼，周围花草起舞，两边各一个小儿捉飞鸟，趁猧子，《敦煌变文集·父母恩重经讲经文》『五五相随骑竹马，三三结伴趁猧儿』，『捉蝴蝶，趁猧子，弄土拥泥向街里』❶，未尝不是纹样设计者写真的依据。

贮藏珍秘或用于递送礼品的匣盒，通常加金银锁钥。东汉应劭《风俗通义》云：『钥施悬鱼，〔鱼〕翳伏渊源〔深渊〕，欲令楗闭如此。』锁钥因此每每做成鱼的式样。造型既比较固定，便只是在鎏金纹饰上做足功夫〔图九三—一～二〕。

日用之器又有唾盂，贵盛者每每有人手捧金银唾盂随侍，敦煌文书中的张永《白雀歌》『白衣童子携白绂，宫官执持银唾盂』，即此。西安灞桥区新筑乡枣园村出土金花银唾盂，四出花式盘口，

九三—一

九三—二

❶ 王重民等《敦煌变文集》，页六八四，人民文学出版社一九八四年。

细颈与膨大的器身相连，盘口与器腹均以四道浅凹分隔装饰带，分别錾刻团花式花叶，小口外环一周宝妆莲瓣，纹饰皆鎏金。高九点八、盘口直径十四点六厘米，重三百九十二克❶〔图九四—一〕。杭州临安板桥出土五代金花银唾盂，高十三点六、盘口直径二十三点八、底径九点七厘米，重六百一十八点五克，器腹錾四

九四—一

九四—二

图九四—一
金花银唾盂
西安灞桥区新筑乡枣园村出土

图九四—二
金花银唾盂
杭州临安板桥出土

❶ 同出尚有乾符六年（八七九）银铤，《西安文物精华·金银器》，页八三。

图九五
金狮子
郧县李泰墓出土

组团花式缠枝牡丹，浅碗式大盘口以缠枝卷草围作四个团窠，内里一对云间飞鹤〔图九四—二〕。

湖北郧县城关马檀山唐李泰墓出土一件金狮子，通长七点五厘米，重一百五十八点五九克。长身细腰，前肢匍匐，后肢撑拄〔图九五〕，姿势颇有些奇怪，其实此物很可能原初是一个器柄，正如前面所举伊犁昭苏波马古墓出土的金镶玛瑙虎耳杯〔第二章，图一九二〕。

九五

第六节

舍利容器及其他

舍利容器属于佛教文化之舍利瘗埋制度中的一项，已有专书详细讨论❶，这里仅从金银器制作的角度择要举例。

金银舍利容器的样式，主要有塔、函、盒、钵、瓶，以及银椁金棺之组合。出自定州静志寺塔基地宫的隋鎏金錾花银塔，是日前所知时代最早的舍利银塔，此即地宫出土《唐定州静志寺重葬真身记》所云大中三年（八四九）十月发旧基得石函，『内金函，函中有七宝缭绕，银塔内有瑠璃瓶二』中的『银塔』❷。塔高十六点二厘米，胎很薄，部件系分别打制，攒焊而成。矮圈足，仰莲座，上承亭阁式六方塔，坡顶细錾瓦垄，出檐处的小孔里系环缀风筝亦即铁马，顶端宝珠塔刹。两扇塔门各有三排浮沤钉，上方一对门簪，铺首插锁钥一副。塔门之侧的两面，鱼子地，毬路纹，几朵流云托起手舞帔帛举足翩跹的飞天。此外四面以缠枝花叶和鱼鳞旗脚相间〔图九六—一〕。地宫出土另一件唐宣宗大中

❶ 冉万里《中国舍利瘗埋制度研究》，文物出版社二〇一三年。

❷ 浙江省博物馆等《心放俗外：定州静志、净众佛塔地宫文物》，页六九，中国书店二〇一四年。

图九六—一
隋鎏金錾花银塔
图九六—二
唐錾花刻字银塔
定州静志寺塔基地宫出土

十一年錾花刻字银塔，则为同出宋太平兴国二年（九七七）石志载录此前一年亦即开宝七年开启唐代地宫，『于地宫内石函中得银塔子一』的银塔子。银塔通高十三点九厘米，六角攒尖顶，其表錾六茎折枝莲花，塔檐上方的六个莲苞钮固定塔顶和塔身，不过今仅存一。塔身打出六棱柱，柱间各面分别是鱼子地上的莲花、卷草、如意云朵和花枝，柱棱两侧錾铭，末署日期为『大中十一年四月八日』❶（图九六—二）。

九六—一

隋鎏金錾花银塔局部

九六—二

❶《心放俗外：定州静志、净众佛塔地宫文物》，页七三～七四。

出自杭州雷峰塔天宫的吴越国纯银阿育王塔，高三十五点六厘米，重逾一点二七公斤[1]。系由分别打制成型的基座、塔身、山花蕉叶和塔刹组合而成。塔座四面，每面各以菩提树和禅定佛相间。塔身四面，每面拱门内各一个佛本生故事：萨埵太子舍身饲虎、月光王施宝首、尸毗王割肉贸鸽、快目王舍眼。四角各一只金翅鸟。上方山花蕉叶正面十六幅佛传故事，背面佛像。五重相轮的塔刹，顶端摩尼宝〔图九七—一〕。塔内供奉金舍利瓶〔图九七—二〕。本生和佛传的内容安排，大约唐代已成定制。《唐大和上东征传》曰天宝二载鉴真在明州鄮山阿育王寺所见阿育王塔，『一面萨埵王子变，一面舍眼变，一面出脑变，一面救鸽变』，那么雷峰塔所出者必是依据流传已久的粉本，打造精工则显示了吴越国金银器制作的水平。

九七—一

九七—二

图九七—一　纯银阿育王塔
图九七—二　纯银阿育王塔内的金舍利瓶
杭州雷峰塔天宫出土

法门寺出土佛指舍利八重宝函，核心容器是一座小金塔，

[1]《雷峰塔遗址》，页一二四。

其外为金筐宝钿真珠装珷玞石函、金筐宝钿真珠装金函、六臂观音盝顶金函、银鎏金如来说法盝顶函、素面盝顶银函、银鎏金四天王盝顶函、檀香木黑漆函，同出衣物账碑均有明确纪录。六臂如意轮观音盝顶金函，衣物账碑记作『真金鈒花函』，为八重宝函的第四重。盖顶莲瓣围起的装饰框内是鱼子地上的一对舞凤，两条对角线的端头分别是花朵和花叶，枝条映带回环复在中心相连，被双凤带起的风旋作涡卷。四披是卷草中对飞的鸳鸯，立墙是对飞的四只鸿雁。函身正面四株菩提树间一尊莲花座上的六臂如意轮观音，面前香案上一字排开一具五足炉和一对香宝子。两边各四身菩萨，其中两身捧盘供养。函身另外三面为坐佛〔图九八—二〕。四天王盝顶银金花宝函，衣物账碑记作『银金花鈒作函』，为八重宝函的第七重。盖面双龙四披对狮皆作戏珠。盖面缘边一周流云般的缠枝卷草，二龙旋身张口，长尾绕足，一爪拏云，一爪抢珠。四披卷草间的双狮前后追逐，俱为怒容，好似唤雨挟风。立墙各飞着一对迦陵频伽。函身四面分别是四大天王，天王旁侧各有榜题：北方大圣毗沙门天王，东方提头赖吒天王，南方毗

图九八—一
六臂如意轮观音盝顶纯金宝函

图九八—二
四天王盝顶银金花宝函
法门寺地宫出土

图九九—一
『都管七个国』六出花口银盒
西安交通大学出土

『都管七个国』六出花口银盒局部

娑博叉天王，西方毗娄勒叉天王〔图九八—二〕。尊像自有释典可循❶，函身辅纹的设计，却仿佛自流行纹样中『选秀』：对凤、双龙，鸳鸯、鸿雁，缠枝卷草，如同安乐公主的百宝香炉，花草飞禽，窈窕便娟，佛国世界的世俗情味便以如此匠心而臻于『唯美』。王维《绣如意轮像赞并序》『选伎惟浩，底功加敬，针锋线缕，日就月将，五彩相宜，千光欲发』，宝函虽非绣品，但以『细旎之起突花样』而使得金分五色，同样有千光欲发之妙好。

出自西安市碑林区西安交通大学的『都管七个国』六出花口银盒〔图九九—一〕，高五、直径七点五厘米。盖面以花瓣分区成七个人物图，每图各有榜题，中心一人骑象，后有侍者张伞盖，前有一人托盘于顶，榜题『昆仑王国』。其外六个花瓣分别题作『婆罗门国』『土蕃国』『疏勒国』『高丽国』『白柘□国』『乌蛮国』。盖与器身立墙分别錾文，合看则为『子时半夜，丑时鸡鸣，寅时平旦，卯时日出，辰时食时，巳时禺中，午时正中，未时日昳，申时晡时，酉时日入，戌时黄昏，亥时人定』。内置一个银鎏金团花鹦鹉剑环式盒〔图九九—二〕，此盒里面又是一个龟背

❶《观自在如意轮菩萨瑜伽》：第一手思惟，愍念有情故。第二手持意宝，能满众生愿。第三手持念珠，为度傍生苦。左按光明山，成就无倾动。第二持莲手，能净诸非法。第三手持轮，能转无上法。纯金宝函上面的如意轮观音造像，与此完全相同。

九九—一

『都管七个国』
六出花口银盒

九九—二

九九—三

一〇〇

纹银盒，盒内玛瑙珠一，水晶珠二❶〔图九九—三〕。冉万里把它归入舍利容器，可从❷。浙江东阳中兴寺塔出土五代吴越国金舍利盒，直径两厘米，子母口，遍身满錾鱼子地，盖面打作花草间的一只鸳鸯，盒底一大朵宝相花❸〔图一〇〇〕。

图九九—二
『都管七个国』内置中盒

图九九—三
『都管七个国』内置小盒

图一〇〇
金舍利盒
东阳中兴寺塔出土

❶《西安文物精华·金银器》，页八一。

❷《中国舍利瘗埋制度研究》，页一六六。又，梁晓强《都管七个国六瓣银盒辩证》一文详考此器纹饰与铭文，认为此是佛教用物，《曲靖师范学院学报》第二十九卷第五期（二〇一〇年九月）。

❸同出尚有银盒与铜盒各一，当与金盒构成组合。浙江省博物馆《佛影灵奇：十六国至五代佛教金铜造像》，图三四七，文物出版社二〇一八年。

图一〇一—一 錾花带盖银舍利瓶 定州静志寺塔基地宫出土

图一〇一—二 银瓶

图一〇一—三 錾花金钵 西安慈门寺塔基地宫出土

定州静志寺塔基地宫出土一个錾花小银瓶为唐物〔图一〇一—一〕，便是同出北宋太平兴国二年（九七七）石志所记开宝九年（九七六）『于塔身内取得银棺子一所，小银瓶子一所，内有舍利九粒』中的『小银瓶子』，瓶高六点八、腹径三点二厘米。此虽曰『瓶』，却是盒的形制，即腹间开设子母口，原是由此启闭，顶端宝珠钮，长颈下方的覆莲与瓶腹铆合。西安慈门寺塔基地宫出土錾花金钵和银瓶〔图一〇一—二～三〕，分别为唐智藏禅师舍利装具的第四重与第三重。银瓶形制与前例相同，通高六点五、腹径三点五厘米。

一〇一—一

一〇一—二

一〇一—三

金棺银椁的使用，是舍利瘗埋制度中国化的一个重要标志。从目前的考古发现来看，是始于武则天时期，最早一例即甘肃泾川贾家庄大云寺遗址出土延载元年（六九四）金棺银椁❶。前高后低的银椁置于一个铜鎏金盝顶函内，银椁内置金棺〔图一〇二一—一～三〕，金棺内是一个放置舍利的琉璃瓶。金棺银椁各置于栏杆座，金棺外壁遍身饰以金筐宝钿和明珠，银椁鱼子地上满錾缠枝卷草。

❶ 甘肃省文物工作队《甘肃省泾川县出土的唐代舍利石函》，《文物》一九六六年第三期。

一〇二一—一

一〇二一—二

一〇二一—三

图一〇二一—一 金棺
图一〇二一—二 银椁
图一〇二一—三 鎏金铜函
泾川大云寺遗址出土

一〇三一

图一〇三一—一
金棺
太山龙泉寺塔基地宫出土

太原晋阳古城太山龙泉寺武周时期的塔基地宫出土一组舍利容器，为石函、鎏金铜饰木椁、木胎鎏金铜椁、木胎银椁和金棺，金棺里面两个套叠在一起的罗囊，内重罗囊放置舍利❶。金棺后档錾佛足，此外通体光素〔图一〇三一—一〕。鎏金铜椁和银椁下方均承以嵌珠嵌宝的须弥座，台座四面是宝珠望柱的缠枝卷草纹雕栏。铜椁、银椁的造型与纹样布置都相同，但细节处理各有不同。银椁前档中间设门，其外满布缠枝卷草，门楣上方一只朱雀，束莲门框，门扇涂红，珠宝做出浮沤钉三排，一只仙鹤跷足立在门前，两侧各一个躬身拱手的供养人，圆领袍，戴幞头。后档以镂空缠枝卷草为地子，上方玄武，中间一双佛足，佛足掌上法轮，下方一尾鱼，足跟一弯月牙。银椁两侧木胎上分别贴饰云母样的薄片❷，上覆粗枝大叶的镂空卷草，左侧青龙，右侧白虎，青龙、白虎口衔瑞草，背负仙人，如在云中追风逐电。骑虎仙人头挽双髻，身穿长裙，裙腰齐胸，一手挽缰，一手持麈尾。御龙仙人束高髻，系抱腰，右手控缰，左手持麈尾。棺盖之表前后各有一对铺首衔环，又各嵌一行珠宝〔图一〇三一—二〕。铜椁前档门上朱雀，门前二

❶ 金棺长九厘米；银椁高十、长十五厘米；铜椁高二十二点八、长二十七厘米。龙真等《太原晋阳古城太山龙泉寺唐塔基遗址发掘》，页一二九，国家文物局《二〇〇八中国重要考古发现》，文物出版社二〇〇九年。承太原市文物考古研究所惠允，得以两番前往观摩，以下叙述即为所见。

❷ 考古所的同志说，经检测，此物为玻璃。

图一〇三一二
木胎银椁

弟子，后档门上玄武，中间佛足〔图一〇三一三〕。鎏金铜饰木椁已残破，椁身木板以及鎏金铜饰散落在石函，经修复，可知与铜椁和银椁的纹样布置大体相同，即前后左右钉缀四神，前档门两侧为一对力士〔图一〇三一四〕。

一〇三一三

一〇三一四

图一〇三一三
木胎鎏金铜椁

图一〇三一四
鎏金铜饰木椁（局部）
太山龙泉寺塔基地宫出土

图一〇四—一 金棺
图一〇四—二 银椁
临潼庆山寺塔基地宫出土

陕西临潼庆山寺塔基地宫出土银椁金棺是置于石宝帐内，金棺内置琉璃瓶，瓶内舍利，时代为开元二十九年（七四二）。金棺之庄严也类同于前举大云寺遗址所出者，只是这一具的宝钿之『金筐』脱落不少〔图一〇四—一〕。银椁一具置于牙床座，下承一个铜鎏金须弥座，须弥座的叠涩上遍施珍珠和珠花，银椁盖缘一周是玉石为坠的珠网，盖顶以琉璃珠玉等七宝庄严，外壁两侧分别贴饰弟子举哀图〔图一〇四—二〕。

一〇四—一

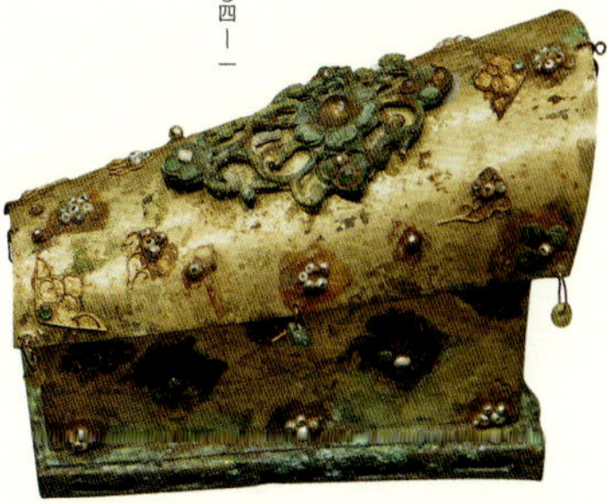

银椁椁顶

一〇四—二

定州静志寺塔基地宫出土唐錾花银棺，是前引石志所记开宝九年『于塔身内取得银棺了一所』的实物之对应。壶门座上的银棺高八点一、长十点一厘米，盖顶是鱼子地上一束两向旋舞复又抱合的缠枝卷草，弟子举哀图布置在银棺两侧，棺头一对狮子，口中各衔一茎瑞草，两茎相合升起在上方托出一个香炉，棺尾是缠枝卷草中的一双佛足〔图一○五〕。

图一○五
银棺
定州静志寺塔基地宫出土

一○五

图一〇六－一 长干寺舍利银椁

图一〇六－二 长干寺舍利金棺

甘露寺铁塔塔基出土

内里另外放置舍利容器的金棺银椁，仍属舍利的外重容器。用作核心容器，则为出自镇江甘露寺铁塔塔基的两例，其一置放长干寺舍利，其一置放禅众寺舍利❶。长干寺舍利银椁，原置于石函内，头高四点九、尾高三点九厘米，盖长十一点五、底长九点六厘米，重二百二十三点九克。前档錾门扉，两边和上方錾卷草，顶端祥云托日，两侧分别是鱼子地上连绵回环的缠枝花卉，共命鸟鸟身、凤尾、菩萨面，手捧花盘，穿行花海。椁顶鱼子地上飞花万朵，云海腾涌，两身飞仙只手擎盘，将翱将翔，随风俯仰，曳云扬芬〔图一〇六－一〕。椁内一个金棺，纹样与银椁大体一致而稍有变化，两侧一对迦陵频伽，盖顶云间三只舞鹤〔图一〇六－二〕。头高二点八、尾高二点一厘米，盖长六点四、底长五点一厘米，重五十四克。其内又是一个光素无纹的小金棺，棺内置舍利十一粒。

❶江苏省文物工作队等《江苏镇江甘露寺铁塔塔基发掘记》，页三〇七～三〇九，《考古》一九六一年第六期。

一〇六—一

一〇六—二

银椁椁顶

金棺棺顶

图一〇六—三
禅众寺舍利银椁
甘露寺铁塔塔基出土

禅众寺舍利银椁，通高十二点四厘米，底长九点七、宽八厘米，重四百零六点七克。椁头錾两扇版门，焊一对门环，挂一副鱼钥。两侧分别是草色花光中的迦陵频伽，一个合掌，一个捧花盘，依然鸟身凤尾，却是花髻半辫，貌如娇娃。椁后鸿雁扶摇入云，椁顶长空舞鹤〔图一〇六—三〕。椁内置金棺，纹饰与长干寺舍利第二重金棺大同小异，而下有须弥座，金棺内置舍利。银椁金棺均为李德裕所施，时在浙西观察使任上。据同出李德裕撰重瘗长干寺阿育王塔舍利记，施金棺银椁重瘗长干寺舍利，是在长庆四年；重瘗禅众寺舍利，则为大和三年，乃为穆宗皇帝祈冥福[1]。李德裕一生三镇浙西，此为第一次，著名的《奏银妆具状》，就写在长庆四年，敬宗即位，『诏浙西造银盝子妆具二十事进内』，李德裕奏云，『金银不出当州，皆须外处回市』，『昨又奉宣旨，令进妆具二十件，计用银一万三千两，金一百三十两。……今差人于淮南收买，旋到旋造』。与宣索盝子动辄银两上万相比，李德裕所施银椁金棺不过费银数十两，金则区区数两，然而与制作银盝子相同，原料皆出外处，或者也是取自淮南，而纹饰妍美，制作精工，自当征用当地亦即润州的能工巧匠。

粟末靺鞨建立的渤海国是隶属于唐朝的地方政权，典章制度皆依仿唐朝，佛教也在这里流行。黑龙江宁安市渤海上京龙泉府遗址内城外出土舍利容器一组，系石函二、铁函一、铜函一、漆函一、银函二[2]。最外层的一重石函，实为竖穴式地宫[3]。最内一重银函为莲苞式，内有盛放舍利的琉璃瓶。其外一重银函四面

[1] 李德裕重瘗禅众寺舍利题记：『有唐大和三年己酉岁正月二十四日乙巳，于上元县禅众寺旧塔基下获舍利石函，以其年二月十五日乙丑重瘗藏于丹徒县甘露寺东塔下，金棺一，银椁一，锦绣襆九重，皆余之施也。余长庆壬寅岁，穆宗皇帝擢自宪台，廉于泽国，星霜八稔，祗事三朝，永怀旧恩，殁齿难报。创甘露宝刹，重瘗舍利，所以资穆皇之冥福也。浙江西道观察等使银青光禄大夫检校礼部尚书兼润州刺史御史大夫李德裕记。』《江苏镇江甘露寺铁塔基发掘记》，页三一五。

[2] 宁安市文物管理所《黑龙江省宁安县出土的舍利函》，页一九七～一九九，《文物资料丛刊·二》，文物出版社一九七八年。

[3] 冉万里《中国舍利瘗埋制度研究》，页二四三。

为四天王像，盖顶是祥云相拥的交杵纹。漆函毁损比较严重，但残器中仍可见出精细的银平脱缠枝卷草纹。又有龙泉府遗址宫城外西侧出土的一组，为铜函二、银函一、金函一。金函高四点二、长八点三厘米，银函高五、长九点二厘米，均光素无纹[1]〔图一〇七〕。这里顺便举出龙泉府遗址出土的一身纯金佛造像〔图一〇八〕，高仅五厘米，但制作甚精，是渤海国时期的珍贵遗存。

一〇七

一〇八

图一〇七 铜、银、金舍利函

图一〇八 纯金佛造像
宁安市渤海上京龙泉府遗址出土

[1] 首都博物馆等《白山·黑水·海东青：纪念金中都建都八百六十周年特展》，页一四一，文物出版社二〇一三年。

图一〇九—一
两股十二环金锡杖
法门寺地宫出土

图一〇九—二
四股十二环铜鎏金锡杖
临潼庆山寺地宫出土

一〇九—一

一〇九—二

锡杖原是释子外出乞食的一种形仪，唐义净《南海寄归内法传》卷四：『言锡杖者，梵云喫弃罗，即是鸣声之义，古人译为锡者，意取锡锡作声。』其式原本简质，即顶端一个铁卷，其上安大环套小环，数目或六或八，质地或铜或铁，中间木杆，高与肩齐，下安铁纂。金银锡杖，则添加了显示威仪的成分。法门寺地宫出土迎真身银金花四轮十二环锡杖，是等级至高的一件[1]。又一件两股十二环金锡杖，桃形轮杖首，顶端仰莲座托宝珠，杖端轮心是莲花座上的坐佛，通长二十七点六厘米〔图一〇九—一〕。临潼庆山寺塔基地宫出土的一件为四股十二环，顶端一个宝珠，杖首一座方塔，杖身八棱，铜质鎏金〔图一〇九—二〕。

[1] 从杖头至轮顶，以莲花座、金刚杵、摩尼珠叠复托举，而每事各有寓意，中空的杖身通体为缠枝卷草鱼子地，其上錾缘觉僧十三身。通长一百九十六厘米，杖杆径二点二厘米，重二点三九公斤。轮间有铭，曰『文思院准咸通十四年三月二十三日敕令，造迎真身银金花十二环锡杖一枚，并金共重六十两，内金重二两、五十八两银。打造匠臣安淑郧，判官赐紫金鱼袋臣王全护，副使小供奉臣虔诣，使左监卫门将军臣弘懿』。《法门寺考古发掘报告》，页一九二。

按照释典的说法，两股六环是迦叶佛制，四股十二环是释迦佛制。

又有金银制作的象生花树，此多为佛前供养物。义净《南海寄归内法传》卷一『或作如意树以施僧，或造金莲华以上佛』，所云即是。陕西临潼庆山寺地宫出土两枝铜茎金莲花〔图一一〇〕，便是插在释迦如来舍利宝帐之前。

菩萨像的制作，其时也颇有巧工。《太平广记》卷一三四引《纪闻》曰，桃林令韩光祚赴任至县，『召金工，为妾铸金为观世音菩萨像』。不过这里的『金』，或当指铜。王定保《唐摭言》卷三『讌名』所列宴饮名称中有『看佛牙』，下云：『每人二千以上。佛牙楼，宝寿、定水、庄严皆有之。宝寿量成佛牙，用水精函子盛，银菩萨捧之。然得一僧跪捧菩萨，多是僧录或首座方得

一一〇

一一一

图一一〇
铜茎金莲花
临潼庆山寺地宫出土

图一一一
鎏金银捧真身菩萨
法门寺地宫出土

鎏金银捧真身菩萨·发愿文金匾

捧之矣。』这一身捧水晶函子的银菩萨，必是圆雕。而就目前的发现来看，唐代金银器制品中很少圆雕式人物，出自法门寺地宫的鎏金银捧真身菩萨，是难得的一例。莲花台上的菩萨弯弯的眉，细细的眼，浓发高髻，发缕涂蓝，头顶珍珠沿边的坐佛宝冠，腕系珠串，臂戴宝钏，璎珞绕身，双手捧定上置懿宗皇帝发愿文的银鎏金荷叶盘[1]，形仪端丽，气度宽舒，尽以锤錾见工夫〔图一一一〕。高三十八点五厘米，重一千九百二十六点七克。『伏愿圣寿万春，圣枝万叶，八荒来服，四海无波』，原是用豪华堆叠起来的祝愿。唐代佛事中的金银器制作多有与皇室相关者，主事、监造、制作，每每阵容可观。出自法门寺的金银器，也可以说是『咸通时代物情奢，欢杀金张许史家』之风俗图中征服视觉的一叶[2]。

鎏金银捧真身菩萨局部

[1] 金匾錾文十一行六十五字：『奉为睿文英武明德至仁大圣广孝皇帝，敬造捧真身菩萨永为供养。伏愿圣寿万春，圣枝万叶，八荒来服，四海无波。咸通十二年辛卯岁十一月十四日皇帝延庆日记。』

[2] 韦庄《咸通》：『咸通时代物情奢，欢杀金张许史家。破产竞留天上乐，铸山争买洞中花。诸郎宴罢银灯合，仙子游回璧月斜。人意似知今日事，急催弦管送年华。』

图一一二
武则天投龙金简
河南登封嵩山出土

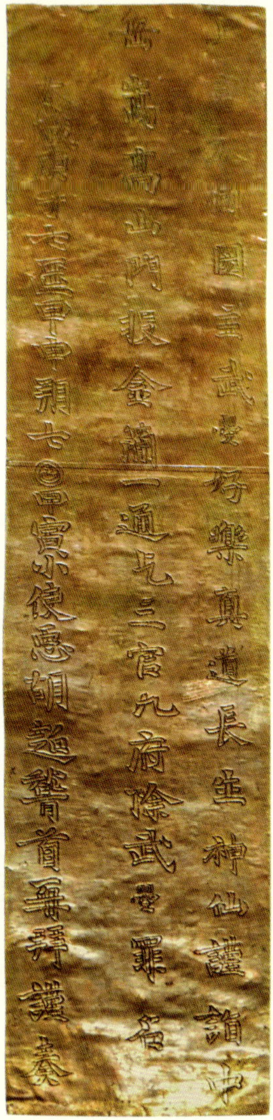

三三

道教投龙致祭仪式中用到的金银器具，有金简、银简。刘昭瑞《从考古材料看道教投龙仪——兼论投龙仪的起源》一文中说道，反映唐宋以来帝王投龙活动的文字与实物材料，以内容论可分为两类：一是历代帝王都秘而不宣、唯用以告神的投龙『告文』，一是主持或奉旨代行帝王投龙仪式的道士或官吏所撰『投龙记』。前者则即錾刻于金简或银简的文字。嵩山发现武则天金简一枚〔图一一二〕，出自太湖和西湖等处五代吴越国钱氏的银简数枚，便都是錾有告文的投龙简。按照南朝刘宋陆修静《太上洞玄灵宝众简文》中所述投龙仪，简文依程式拟定之后，『朱书银木简上，以青纸裹简，青丝缠之，金龙负简以投三河之渊，初用金钮九

图一一三
小金龙
西安南郊何家村窖藏

一一三

只，连筒沉之，后投不须，三过都止』。青丝缠之，金钮副之，都是以告文之不可宣示而如此封缄。告文每每言道『金龙驿传』，便是陆修静所云『金龙负简』，亦即把金龙作为送简到岳渎水府的使者❶。皮日休《投龙潭》诗『时有慕道者，作彼投龙术。端严持碧简，斋戒挥紫笔。兼以金蜿蜒，投之光焌律』，所咏即此。何家村窖藏中有盈寸大小的纯金龙十二条，据云发现时的情景是，『打开鎏金鹦鹉纹提梁银罐的盖子，其内有水，几团金箔飘（漂）于水上，十二条小金龙井然有序地站立在上面，红、绿、蓝等宝石也全部在水中』❷。因推测此是用于投龙仪的『负简』金龙。不是浪涛中的振鳞奋鬣，却是细弯的身子细长的腿，很见出步履轻盈，好似无须擘浪，自能分水〔图一一三〕，诗人所谓『金蜿蜒』，差可为之写照。

❶ 收入作者《考古发现与早期道教研究》，文物出版社二〇〇七年。以上所述多依此文。

❷ 申秦雁《重见天日的遗宝》，页二，载《花舞大唐春》。

第七节

金银釦与金银平脱

金银釦与金银平脱，也是金银器制作的一部分。釦器，即用金或银嵌于器皿口沿，早期多施于漆器，隋唐扩展了使用范围，漆器之外，尚有瓷器、玉石器。如隋李静训墓出土金釦玉杯〔图一一四—一〕，长沙中南工业大学桃花岭唐墓出土银釦玛瑙盏〔图一一四—二〕，浙江临安唐天复元年水丘氏墓出土金釦白瓷酒台子，与它构成一副的『新官』款白瓷杯则圈足加釦〔图一一四—三〕。

图一一四—一
金釦玉杯
西安隋李静训墓出土

图一一四—二
银釦玛瑙盏
长沙中南工业大学桃花岭唐墓出土

图一一四—三
金釦白瓷杯与酒台子
临安唐水丘氏墓出土

一一四—一

一一四—二

一一四—三

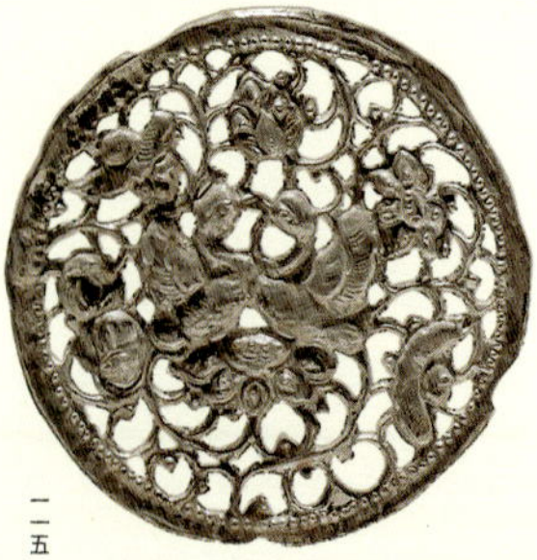
一一五

图一一五
满池娇纹银饰片
杭州雷峰塔地宫出土

图一一六
银平脱双鹿纹漆盒
西安南郊曲江池乡出土

图一一七
鸿雁衔绶金饰片
西安东郊韩森寨出土

一一六

金银平脱，便是金箔或银箔镂切为各式花片粘在所饰器物的表面，上漆若干道，至漆地与之齐平，然后细磨，使花片露出。两汉以金箔饰器，唐代的金银平脱以及用作贴饰的做成各式花鸟纹样的金银片，便都是本书《总论》里讨论过的『镂鍱』之属，如唐惠陵亦即李宪夫妇合葬墓出土漆器上面脱落的各种银饰片[1]；前蜀王建墓出土置放哀册和谥册的册匣，上面用小银钉钉着银皮以及做成双凤、双鹤、双孔雀图案的各式银片[2]；又雷峰塔地宫所出粘贴于佛像背后的一枚满池娇纹银饰片〔图一一五〕。西安南郊曲江池乡出土银平脱双鹿纹漆盒，是比较简单的一种〔图一一六〕。西安东郊韩森寨出土鸿雁衔绶金饰片〔图一一七〕，长六点二、宽二点七厘米，大约是金银平脱器上的饰件。洛阳北郊唐颍川陈氏墓出土银平脱漆盒则格外繁丽，虽挤压变形，但盒盖内外、盒内底以及外壁四面的七幅图案尚大体保存[3]〔图一一八〕。柔条萦回的缠枝花卉，对舞的凤凰，双飞的鹦鹉，纤丽精细的线条挥洒出鸟语花香，创造它的不是笔墨，不是针线，却是坚硬的锤錾[4]。

[1] 陕西省考古研究所《唐李宪墓发掘报告》，页一一二，彩版九：一～五，科学出版社二〇〇五年。

[2] 冯汉骥《前蜀王建墓发掘报告》，页四八～五〇，文物出版社一九六四年。

[3] 洛阳市文物工作队《洛阳北郊唐颍川陈氏墓发掘简报》，《文物》一九九九年第二期。

[4] 制作金箔的工具甚至很沉重，《天工开物》卷中《五金》之『黄金』一节说造金箔法，『凡造金箔，既成薄片后，包入乌金纸内，竭力挥椎打成』，其下自注：『打金椎，短柄，约重八斤。』虽是明代情形，但这一传统工艺变化很小。

一一七

二八

二九—一

图一一八
银平脱漆盒残片
洛阳北郊唐颍川陈氏墓出土

图一一九—一
金银平脱镜
西安东郊韩森寨出土

金银平脱镜局部

漆器的金银平脱移用于青铜，便是金银平脱镜。金片银片制成纹样粘贴于镜背，然后反复髹漆直至盖没纹样，复待漆干至适宜的程度，再反复研磨，至纹样现出而与镜背浑然一体。西安东郊韩森寨出土金银平脱镜，径二十二点七厘米，圆钮外一周银莲叶和银莲花，莲叶翻卷的背面细錾叶脉，此外镂空，以见叶之向背。其外是四只口衔垂花璎珞的金仙鹤，间以银菊花。银辉闪烁，金光灿然，交相映发为水边天际之丽景〔图一一九—一〕。上海博物馆藏银平脱花鸟狩猎纹镜〔图一一九—二〕，直径二十点四厘米，用于布置图案的银饰片花攒绮簇，镰镂分外精细。镜钮两边分别是口衔花枝的孔雀和凤凰，下方山石玲珑，卉木滋荣。高枝上立着仙鹤，树石间两只鸿雁，石畔一对鹿，策马追逐奔兽的猎人在镜钮上方，花枝一般的流云引出骑鹤仙人。又有金背镜、银背镜❶。如西安灞桥区马家沟唐太州司马阎识微夫妇墓出土瑞兽葡萄纹金背镜❷〔图一二〇—一〕，京都泉屋古物馆藏舞凤狮子纹鎏金银背镜〔图一二〇—二〕。贞观年间，吏部侍郎高季辅铨选允惬，唐太宗因特赐金背镜一面，以表其清鉴，是著名的故事❸。

❶ 关于它的制作工艺，一说镜背的金壳银壳是在模子内打制为薄片，然后压印纹样，再贴于光素无纹之镜背；一说是以金片银片贴附于镜背，然后打制纹样。西安东郊西北国棉五厂墓地出土一面银鎏金嵌背花鸟纹镜，从镜背嵌饰破损处，可见铜镜之背光素无纹。

❷ 墓葬年代为武德四年（六二一），西安市文物保护考古研究院《西安马家沟唐太州司马阎识微夫妇墓发掘简报》，《文物》二〇一四年第十期。

❸ 见杜佑《通典》卷十五《选举三》，又《旧唐书》卷七十八《高季辅传》等。

图二一九—二
银平脱花鸟狩猎纹镜
上海博物馆藏

图二二〇—一
瑞兽葡萄纹金背镜
唐太州司马阎识微夫妇墓出土

图二二〇—二
舞凤狮子纹鎏金银背镜
京都泉屋古物馆藏

二一九—二

三〇一一

三〇一二

第八节
吐蕃金银器

与中原建立唐朝的同时，西南地区的吐蕃人在青藏高原建立了吐蕃政权，它出色的金银器制作也差可与唐朝比肩。《旧唐书》卷一九六上《吐蕃传上》，曰其地『多金银铜锡』，可见资源之蕴藏。政权雄踞西北之际，正所谓『西戎之地，吐蕃是强。蚕食邻国，鹰扬汉疆』，因此有条件广泛借鉴和吸收不同地域、不同族群的文化，丰富自己的艺术语汇，金银器制作也形成了鲜明的风格。前引《旧唐书》曰太宗伐辽东还，遣禄东赞来贺，献金鹅，『其鹅黄金铸成，其高七尺，中可实酒三斛』。贞观十四年十月，吐蕃赞普向唐室请婚，『遣其相禄东赞献金五千两及珍玩数百』（《资治通鉴》卷一九五）。开元十七年吐蕃重臣名悉猎随皇甫惟明入朝，所奉礼物有『金胡瓶一、金盘一、金椀一、马脑盃一』，其时金城公主『又别进金鹅、盘盏、杂器物等』。开元二十四年正月，『吐蕃遣使贡方物金银器玩数百事，皆形制奇异』（《旧唐书》

卷一九六上）。《册府元龟》卷九七〇《外臣部·朝贡第三》曰：高宗显庆二年十二月，『吐蕃赞普遣使献金城，城上有狮子、象、驼、马、原羝等，并有人骑；并献金瓮、金颇罗等』。同书卷九七二《朝贡第五》，曰穆宗长庆四年十月，『吐蕃贡犛牛等，又献铸成银犀牛、羊、鹿各一』❶。从中可以看到吐蕃金银器不凡的制作工艺。近年的考古发现，更把西藏地区金银器制作的历史追溯得久远。如上一章所举阿里地区札达县曲踏墓地与噶尔县故如甲木墓地分别出土黄金面具，又浪卡子县查加沟古墓葬出土金饰十七件。吐蕃时期的金银器制作自是源远流长。

今供奉于拉萨大昭寺吐蕃时期的金花银壶〔图一二二〕，是罕见的一件大型酒器：通高九十厘米，壶身最宽处直径逾半米。银壶鼓腹长颈，顶端壶口下方做出一个羊首，圆管小流衔在唇间，壶腹下方三个画面中的人物，貌若胡人，衣则吐蕃。其一为醉酒图，粉本或来自醉拂菻图，此外

图一二二
金花银壶（复制品）
拉萨大昭寺藏

❶ 文献记载的吐蕃金银器，齐东方《唐代金银器研究》（中国社会科学出版社一九九九年）、霍巍《吐蕃系统金银器研究》（《考古学报》二〇〇九年第一期）均曾以制表的方式展示大概。

一二二

图一二二
金胡瓶
芝加哥普利兹克基金会藏

图一二三—一
嵌绿松石凤鸟纹金胡瓶

图一二三—二
嵌绿松石孔雀纹金瓶

图一二三—三
嵌绿松石兽面鸭纹金盘
阿勒萨尼藏

图一二三—四
嵌绿松石对鸭纹金带銙
青海都兰热水墓群出土

两个是腰系鞶囊，手持拨子反弹琵琶的伎乐图。今一般认为银壶的时代约当七世纪[1]。禄东赞所献金鹅『黄金铸成，其高七尺，中可实酒三斛』，大约与此相差不远。

芝加哥普利兹克基金会藏金胡瓶，长颈和喇叭式圈足均打作八棱，以连珠为棱线分隔装饰带，长颈是立在卷草下方的鸳鸯，胸臆和翅膀嵌绿松石。圈足下边是两两成对的卧狮与卧鹿。瓶腹中间部分四个开光，似飞花似流云的如意结缘边，光内立着凤凰；瓶腹下方四个开光，光内是奔行的翼马〔图一二二〕。阿勒萨尼藏嵌绿松石凤鸟纹金胡瓶、嵌绿松石孔雀纹金瓶与嵌绿松石兽面鸭纹金盘，也很见风格〔图一二三—一～三〕，特别是绿松石的镶嵌方法，由出自青海都兰热水墓群的嵌绿松石金带銙可见制作方式的一致[2]〔图一二三—四〕。其中的金瓶却是原初已有纹样，便是鱼子地上錾花鸟，之后又在鸟纹的位置上以金粟粒勾边，内里拼嵌绿松石，而并不在意原先錾刻的鸟纹依然有部分呈露。瓶高十七点七、口径

[1] 也有意见提出它是吐蕃后期的制作。周扬《西藏拉萨大昭寺藏鎏金银壶再探讨》认为，『银壶应当为吐蕃后期由吐蕃本地生产。它结合了当时来自中亚、西亚、吐蕃本土及中原唐朝等文化因素，反映出吐蕃后期金银器制作及风格』〔页八五〕。《考古与文物》二〇二〇年第二期。

[2] 都兰热水墓群二〇一八年被盗，之后考古部门开始历时三年的考古发掘，其中一座大墓编号为二〇一八血渭一号墓，出土金银器千余件〔组〕。根据发掘出土的『外甥阿夏〔柴〕王』印章，可判定墓主为阿夏王，即《吐谷浑〔阿柴〕纪年》残卷内所记之『莫贺吐浑可汗』，其母后即吐蕃在六八九年下嫁吐谷浑王的公主墀邦。见热水联合考古队《青海都兰热水墓群二〇一八血渭一号墓专家论证会纪要》，《中国文物报》二〇二一年二月十九日。按本书写作之际，发掘简报与考古报告均未面世，这里讨论的器物俱为观展所见都兰热水墓群出土器物。

二三三一一

二三三一二

二三三一三

二三三一四

图二二四—一
金錾手杯
青海都兰热水墓群出土

图二二四—二
银鎏金嵌绿松石四曲花口錾手杯
乌兰泉沟吐蕃时期壁画墓出土

图二二五
银鎏金錾手杯
普利兹克藏

图二二六
环耳带盖金杯
肃南西水大长岭唐墓出土

八、腹径十点二厘米❶。热水墓群出土金錾手杯高四点三、口径九点五、厚零点一五厘米，通体光素无纹〔图二二四—一〕。青海乌兰县泉沟吐蕃时期壁画墓出土银鎏金嵌绿松石四曲花口錾手杯❷〔图二二四—二〕，更接近粟特样式，而镶嵌绿松石以及镶嵌工艺则属于吐蕃式❸。普利兹克藏银鎏金錾手杯则造型也近似粟特，内心纹样却颇有唐风〔图二二五〕。杯为夹层，高四点五、口径十一点六厘米。上下左右往复折还的缠枝将杯内壁分作四个装饰空间，每个空间一朵莲花，花心上站一只张着翅膀的鸳鸯，内底心三鱼同向嬉水形成一个涡旋，而在中心处聚首。纹样均为细线錾刻，惟三鱼鎏金。杯外壁四个菱花式开光，光内打作狮子和神兽各二。錾手压指板上方打作奔兽。

甘肃肃南西水大长岭唐墓出土一批金银器❹，也当是吐蕃系属。中有环耳带盖金杯一件，通高十七点五、口径六点五厘米，重七百零九克。折肩，鼓腹，腹间环耳上方压指板上錾一枚朵花，花心嵌一颗绿松石。盖与杯身以合页相连，盖钮是仰莲座上的一朵半开莲花，花心嵌物已失〔图二二六〕。又银鎏金六龙纹夹层

❶《丝绸之路上的文化交流：吐蕃时期艺术珍品展》，页三一，敦煌研究院二〇一九年。

❷中国社会科学院考古研究所、青海省海西蒙古族藏族自治州民族博物馆等《青藏高原首次发现吐蕃时期壁画墓》，《中国文物报》二〇二〇年一月十七日。

❸当然这一工艺原有着古老的渊源，甘肃张家川马家塬战国墓地第十八号大墓出土佩饰中的两枚饰件，即为早期实例之一（于二〇二三年春清华大学艺术博物馆举办『异彩纷呈：古代东西文明交流中的玻璃艺术展』所见）。

❹施爱民《肃南西水大长岭唐墓清理简报》，页一四～一九，《陇右文博》二〇〇四年第一期。

二三四—一

二三四—二

二三五

二三六

一二七—一

杯一件，高十点二、口径九厘米，重二百三十五克。下方一周仰莲，上方宽宽一道装饰带满錾玛瑙地，腹间以凸棱分隔六区，每区内似花瓣似海浪的地子上跃起一条行龙。底端原有托座，已无存〔图一二七—一〕。环耳金杯是突厥式金银器[1]，流行时间很长，在深受突厥文化影响的辽代仍多见，如内蒙古自治区通辽市科尔沁左翼后旗吐尔基山辽墓出土金錾花折肩罐，如赤峰博物馆藏银金花折肩罐[2]。夹层杯的纹样与中原地区很相近，比较西安市灞桥区红旗乡郭家滩出土金龙〔图一二七—二〕，临安晚唐水丘氏墓出土鎏金银豆下腹装饰带的錾刻玛瑙地〔图一二七—三〕，可以见得分明。

图一二七—一
银鎏金六龙纹夹层杯
肃南西水大长岭唐墓出土

图一二七—二
金龙
西安灞桥区红旗乡郭家滩出土

图一二七—三
鎏金银豆
临安晚唐水丘氏墓出土

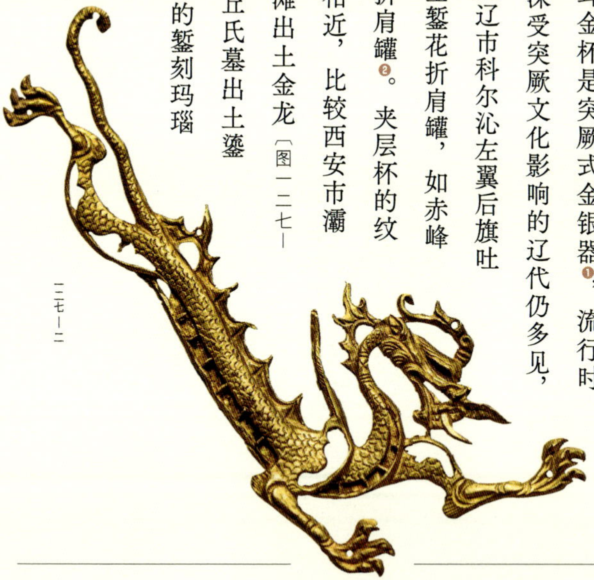

一二七—二

一二七—三

[1] 孙机《中国圣火·近年内蒙古出土的突厥与突厥式金银器》，页二六〇～二六四，辽宁教育出版社一九九六年。

[2] 此曰杯，彼曰罐，皆今学界约定俗成的一般称谓。

图一二八
银鎏金马具一副
普利兹克藏

银鎏金马具一副·杏叶

马具、箭筒自然也少不得金银妆点。《敦煌本吐蕃历史文书·历代赞普传记》载录禄东赞献歌云，『纯金是金子里头最好者，无论何时是琼瓦精华所在』，『在山谷里跑马，马不会把金鞍摔碎』。又墀都松（器弩悉弄）赞普歌云『在黄金箭筒里，有一支绿松石之箭，不射它，杀不死鹿，射出了它，筒子就空了』❶。这里的『黄金』，应该就是另一首歌里的『纯金』，不过所谓『黄金箭筒』，当是用金片贴饰。『金鞍』也是如此。普利兹克藏银鎏金马具一副凡八十一件，分别为辔头、攀胸、鞦带以及前后鞍桥上面的装饰，还有用于悬缀的杏叶（图一二八）。都兰热水墓群出土后鞍桥金饰片一，雁翅板金饰片一对，又金镶绿松石节约、金杏叶、金缨罩、镶绿松石的金铃。鞍桥饰片中间是一个待放的莲苞，两边各一只踏云奔行口吐长舌的狮子，流云间马而鹿角生着双翼的神兽紧紧相随（图一二九—一），与前举普利兹克藏银鎏金錾手杯外壁的纹饰安排很相似。雁翅板上是奔跑的山羊（图一二九—二）。金节约把三向伸展的部件和中央的连

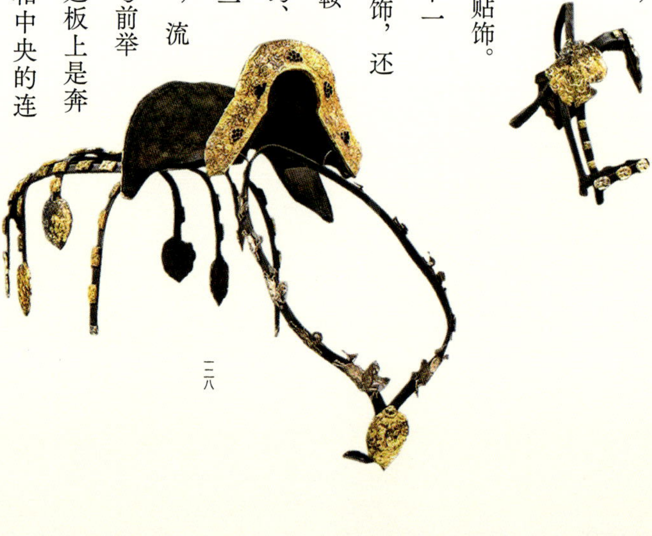
一二八

❶《王尧藏学文集》卷一，页二三七、二三八，中国藏学出版社二〇一二年。

二二九—一

二二九—二

二二九—五

二二九—四

二二九—三

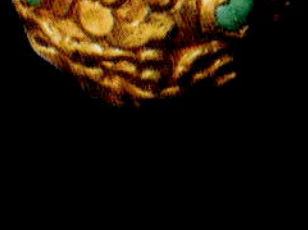
二二九—六

图一二九—一
后鞍桥金饰片
图一二九—二
雁翅板金饰片
图一二九—三
金节约
图一二九—四
金杏叶
图一二九—五
金缨罩
图一二九—六
金铃铛
图一三〇
金鞘饰
都兰热水墓群出土

一三〇

接点各个依势做成卷草和花朵，花心和卷草间点缀绿松石，整个器件便成一个美丽的图案，是实用与装饰的完美结合〔图一二九—三〕。金杏叶以卷草勾边，中间倒垂的一朵花好似铃铛、好似缨罩〔图一二九—四～六〕。纹样最为奇特的是出自都兰热水墓群的一枚金鞘饰。一端是人身鸟翼并鸟爪的持来通者，缠头飞起飘带，紧身袍露出上半截，右手拈翅膀尖，左手举杯待饮，长长的尾羽连续弯卷四番然后收束为鱼尾〔图一三〇〕。通长十九点五、厚零点零三厘米。它的设计构思来源非一，并且时空跨越很大。手持来通的形象，有阿富汗席巴尔甘大月氏墓地六号墓出土两副以希腊神话为题材的金扣饰，时代约为一世纪初〔图一三一—一〕。又有大英博物馆藏制作于五世纪前后的一件萨珊银碗〔图一三一—二〕。金鞘饰纹样的主角，则撷取了希腊神话中海神特里同的造型元素，——西安唐墓出土的三彩特里同造型的角杯〔图一三二〕，可证这一形象的东传[1]，但却非如三彩角杯的『胡人』，而是

[1] 葛承雍《从爱琴海到唐长安：新发现唐三彩希腊海神特里同造型角杯研究》《文物》二〇二三年第八期。

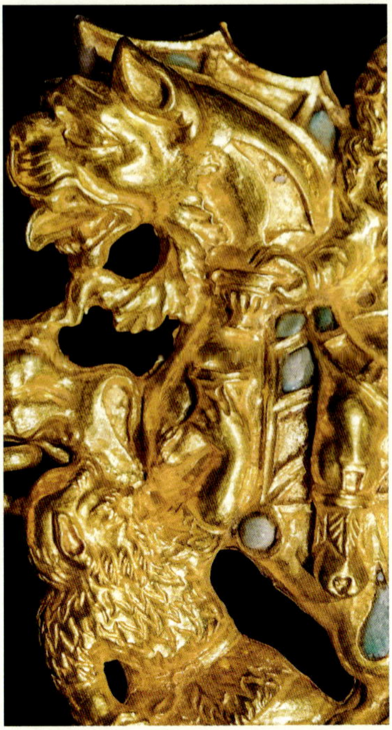

一三一—一

一三一—二

一三三

吐蕃妆束的『自家人』，那么设计者当是脱离开原有的故事，只是借助形象来象征神灵。前面说到吐蕃以它所处地域和政权的强势，有条件广泛借鉴和吸收不同地域、不同族群的文化，丰富自己的艺术语汇，所谓『吐蕃遣使贡方物金银器玩数百事，皆形制奇异』，大约这是其中一类。

饮器、带饰、马具之外，更有数量不少的金银饰片。吐蕃金银器多大件，周缘设有钉孔的金银饰片也有不少尺寸甚巨。大约尺寸小者用于贴饰刀鞘、箭囊或曰胡禄，尺寸大者则用于贴附

图一三一—一
金扣饰（局部）
席巴尔甘大月氏墓地六号墓出土

图一三一—二
萨珊银碗碗心
大英博物馆藏

图一三二
三彩特里同像角杯
西安唐墓出土

图一三三
银鎏金镂花饰片
都兰热水血渭一号大墓一号殉马坑出土

图一三四
金凤凰
西安灞桥区红旗乡郭家滩出土

一三三

木器或装饰『金帐』。唐穆宗长庆元年唐蕃会盟，刘元鼎赴吐蕃，时赞普建帐于野，帐即名曰金帐，『其中缘饰多以金为蛟螭虎豹之状，至甚精巧』，赞普可黎可足『以朝霞缠头，坐佩金剑』❶。都兰热水血渭一号大墓一号殉马坑出土贴附于木器的银鎏金镂花饰片❷〔图一三三〕，其中的凤凰，形象与西安市灞桥区红旗乡郭家滩出土金凤凰十分相近〔图一三四〕。出自热水墓群的镂空象纹金饰片，高八点五、长九、厚零点零四厘米〔图一三五〕。芝加哥普利兹克藏银鎏金饰片六枚，凤鸟一对之外，余为迦陵频伽〔图一三六—一～三〕。其中一枚是立在莲花台上拨奏琵琶，头戴花冠，耳挂环子，胸前长垂璎珞，腕戴宝钏，臂上搭着帔帛。

❶《册府元龟》卷九八一《外臣部·盟誓》，册十二，页一一五三二。

❷或谓此乃舍利容器（许新国《西陲之地东西方文明·都兰热水血渭吐蕃大墓殉马坑出土舍利容器推定及相关问题》，北京燕山出版社二〇〇六年），不过此说推测成分居多，似难信据。

一三四

高三十五、长四十五厘米。此外三枚除乐器不同，其他大致相近。吐蕃占领时期的敦煌壁画也多有迦陵频伽的形象，莫高窟第三六〇窟窟顶藻井中心便是一个弹琵琶的迦陵频伽。第十二窟藻井的一周装饰带则是迦陵频伽与凤衔花枝纹相间。不过面如宫娃的迦陵频伽在银鎏金饰片却是换作吐蕃人的面孔。

一三五

一三六—一

图一三五
镂空象纹金饰片
都兰热水墓群出土

图一三六—一
银鎏金凤鸟纹饰片

图一三六—二~三
银鎏金迦陵频伽纹饰片
普利兹克藏

二三六—二

二三六—三

图一三七—一
人像金饰片之一

图一三七—二
人像金饰片之二
青海藏医药博物馆藏

图一三八
人物纹金饰片

一三七—一

一三七—二

以写实的手法表现人物以及生活场景，是吐蕃金银器的特色之一。青海藏医药博物馆藏人像金饰片，即为很见写实工夫的制作〔图一三七—一～二〕。出自都兰热水墓群的人物纹金饰片，高九点八、宽六点四、厚零点零三厘米，虽然受损变形，但仍可见出种种细节：盘膝坐龙纹榻者足蹬靴，身穿左衽交领袍，右手隐在团花锦边的长袖里，左手起拈腰间带〔图一三八〕。又一

一三八

图一三九
贴金锡盘（局部）
都兰热水墓群出土

一三九

枚贴金锡盘〔图一三九〕，今残存四分之一，残半径二十四点八厘米，大致可辨纹饰分作四重：中心是花朵团窠里的人像，其外为宴饮场景，再向外一重，则有牵马的人、奔行的狮子和骑射者，更外一重以及盘缘分别是构图不同的卷草纹。

另有一枚骑射人金饰片，高九点八、长十三点五、厚零点零四厘米，周边做出钉孔，引弓搭箭的骑士头戴冠，耳垂环，头冠下垂着两条粗大的发辫，身穿翻领窄袖袍，脚蹬长靿靴，腰系蹀躞带，带上系着小刀，胡禄里插着羽箭，诸般细节，一丝不苟，如同一幅写真〔图一四〇〕。

前举乌兰泉沟吐蕃时期壁画墓出土珍珠冕旒银鎏金冠，带有浓厚的中原色彩，是这一地区首次发现的完整的实物，原置于椁室外面所设暗格的木箱里，足见珍重❶〔图一四一〕。冠以丝织物为里（已朽），上覆组合为冠体的金片，金片下端平齐，上缘做成虹桥式的七个波曲，前后金片打作花枝丛中一对抗身奋爪的翼龙，花朵嵌绿松石，旁侧的金片分别是立在花心上面矫翅载舞的凤凰，背面护颈的一枚下方一蓬倒垂的花枝，上面一对舞爪相向的狮子，前

一四〇

图一四〇
骑射人金饰片
都兰热水墓群出土

❶ 中国社会科学院考古研究所、青海省海西蒙古族藏族自治州民族博物馆等《青藏高原首次发现吐蕃时期壁画墓》，《中国文物报》二〇二〇年一月十七日。

图一四一
珍珠冕旒银鎏金冠
乌兰泉沟吐蕃时期壁画墓出土

一四一

方冠檐缀珠旒。墓葬时代约当八世纪，发掘者推测墓主人很可能与吐蕃时期当地的王室关系密切，而有很高的统治地位。

王尧《唐帝国统治下的西域与吐蕃王国》一文中说道，随着七世纪初年的崛起，『吐蕃人在荒野中严酷生活锤炼出来的潜在巨大精力突然迸发出来，导向了政治——军事扩展，这场扩展波及青藏高原的广大地域，延续了两个半世纪』[1]。这种迸发反映到装饰领域，便显示了一种劲悍的风格。卷草与缠枝卷草，莲花与卷云，雁和鸭，鸳鸯和凤凰，狮子与鹿，唐朝装饰领域中的母题几乎都为吐蕃金银器所用，不过风格一变。它带着早期样式亦即卷草纹初传中土的历史记忆，而以自家雄健、劲悍的特质形成新的气韵。也有交

[1] 《王尧藏学文集》卷一，页四八〇。按文末注云此篇系与穆舜英合写。

颈的双鸟，也有花台上的鸳鸯，也还有缠枝莲花，而双鸟有憨朴之风，鸳鸯有凌厉之气，壮硕的缠枝莲挟着粗犷的力韵〔图一四二一—一～三〕。孔雀神仪俊拔，口衔瑞草的神兽追风逐电，花心上的有翼兽作跃起之势，犀牛竟也奋蹄腾踔〔图一四三—一～四〕。固有的单体纹样，此际以新的组合方式聚集在一起。卷草或作为单位纹样点缀主图，或用作边饰完成造型，比如带銙，比如马具

一四二一—一

一四二一—二

一四二一—三

图一四二一—一
银瓶
普利兹克藏

图一四二一—二
银鎏金鸳鸯纹饰片
瑞士阿贝格基金会纺织品研究中心藏

图一四二一—三
金饰片
甘肃省博物馆藏

图一四三—一 银鎏金孔雀纹饰片
瑞士阿贝格基金会纺织品研究中心藏

图一四三—二 银饰片之一

图一四三—三 银饰片之二

图一四三—四 银饰片之三
青海藏医药博物馆藏

一四三—一

一四三—三

一四三—二

一四三—四

图一四四—一

图一四四—二

图一四四—一 金带銙
图一四四—二 金饰片
甘肃省博物馆藏

之杏叶，又团窠之边框。更可以成就姿态各异的花朵。卷草的式样也不拘一格，或左右回旋随风翻卷，或两两相对好似如意〔图一四四—二〕，如果是对对相连，则既若花苞，又像束禾〔图一四四—二〕。至于吐蕃金银器的镶嵌，取用最多的便是绿松石。金镶宝，在吐蕃格言中或用作美好的比喻，敦煌吐蕃文献《松巴（苏毗或孙波）母亲的语录》『母贤子聪明，犹如金器镶宝玉』❶。

如霍巍所说，『我们从吐蕃金银器当中既可以清楚地感受到其与唐、粟特、波斯等多种文化因素的相互影响和交融的痕迹；另一方面，我们也能观察到吐蕃在不断兼并并扩张的过程中，通过与我国北方、西北草原游牧民族发生密切的交往，在继承其文化传统的基础上加以汲取和创造，也逐渐形成自身具有鲜明特色的金银器系统』❷。

❶ 张云等《西藏通史·吐蕃卷》引，页五八三，中国藏学出版社二〇一六年。
❷ 霍巍《吐蕃系统金银器研究》，页一二五，《考古学报》二〇〇九年第一期。

第四章
隋唐五代饰品

金银簪钗的繁盛期，是从唐代开始的。——隋朝时间短，尚未及酝酿出具有时代特色的样式便已匆匆落幕，因此在金银首饰发展史中，它只是一个过场。

检阅金银首饰，不论设计意匠还是插戴方式以及对它的欣赏，都不能完全脱离开诗，而在诗人的沉吟中，也总能约略窥见一种恒常的对生活之美的经营，比如温庭筠的名作《菩萨蛮》十四首，其一云：『水精帘里颇黎枕，暖香惹梦鸳鸯锦。江上柳如烟，雁飞残月天。／藕丝秋色浅，人胜参差剪。双鬓隔香红，玉钗头上风。』『玉钗头上风』自是词里点睛的好句，钗而可以有如此之『风』，正是唐五代时候钗的特色。

第一节 钗与簪

折股钗

隋唐五代重美发，喜高髻，传统的对弯式折股钗最便挽发，

图一一一
金钗
天水隋唐屏风石棺床墓出土

图一一二
金钗
郧县唐李泰墓出土

自然使用最多，式样也与魏晋六朝时期差别不大。钗梁有宽有窄，钗脚有短有长，多为成对。钗之长者三十多厘米，短者十几至二十余厘米不等。甘肃天水隋唐屏风石棺床墓出土金钗一枝，长十四厘米，重三十九点七克，含金量百分之九十七以上❶〔图一一一〕，属于短者。湖北郧县唐李泰墓出土长短金钗数对❷〔图一一二〕。

一一一

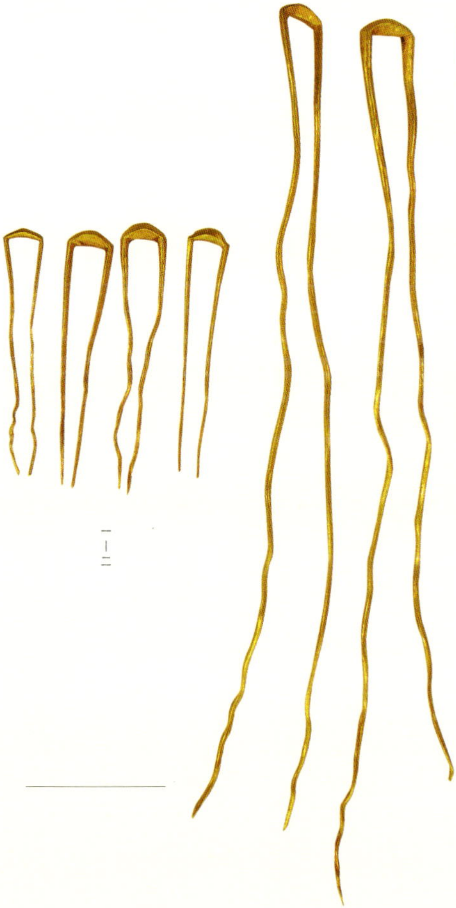

一一二

❶ 天水市博物馆《天水市发现隋唐屏风石棺床墓》，页五三，《考古》一九九二年第一期。

❷ 濮王李泰为唐太宗第三子，被黜后谪居郧乡，卒于高宗永徽三年，就地葬于郧乡马檀山。全锦云《试论郧县唐李泰家族墓地》，页八〇，《江汉考古》一九八六年第三期。

图二一一~二
银钗
镇江丁卯桥窖藏

图二一一三
金钗
临安晚唐水丘氏墓出土

图三一一
水晶钗梁
西安隋李静训墓出土

图三一二
玉钗梁
定州静志寺塔基出土

图三一三
银镶水晶、玛瑙钗（局部）
扬州唐井出土

浙江长兴下莘桥银器窖藏有素面银钗二十五枚，长在三十三厘米左右[1]。出自镇江丁卯桥银器窖藏的银钗七百六十枚，钗上或錾刻各式各样的草叶纹、花卉纹[2]〔图二一一~二〕。杭州临安晚唐钱宽夫人水丘氏墓出土金钗十一枝，一枝宽梁短钗之外，十枝长钗均两两成对[3]〔图二一一三〕。水丘氏即五代吴越国王钱镠之母。

折股钗又或以玉作钗梁，金银作钗脚。宁夏固原南郊乡唐史索岩夫妇墓出土一件白玉钗梁，长三厘米，钗梁下边的短脚上各有一道凹槽[4]，那么其下当另外安有钗脚。西安隋李静训墓出土水晶钗梁一对、河北定州静志寺塔基出土玉钗梁数十枚，形制都十分相似〔图三一一~二〕。扬州市蓝田大厦二期工地唐井出土四十余件簪钗类饰物，中有银嵌玛瑙钗一，银嵌水晶钗一〔图三一三〕。后者钗脚之端一对摩竭鱼，齐齐张口衔住水晶钗梁。水晶，古昔多写作水精。唐人咏水精钗曰『月姊殷勤留不住，碧空遗下水精钗』[5]；『脉脉两条秋水色，农夫贱卖古城旁。何年偶堕青丝发，问价应齐白玉珰』[6]。女仙情事之婉喻，『何年偶堕』之遥想，唐诗中的两般情味，用来为此唐井遗存题赞，也很合宜。

[1] 毛波《长兴下莘桥出土的唐代银器及相关问题》，页一六，图一九，《东方博物》第四十四辑（二〇一二年）。

[2] 丹徒县文教局等《江苏丹徒丁卯桥出土唐代银器窖藏》，页二二，图一九，《文物》一九八二年第十一期；镇江博物馆《镇江出土金银器》，图一〇一，文物出版社二〇一二年。

[3] 浙江省文物考古研究所等《晚唐钱宽夫妇墓》，彩版四〇至四一，文物出版社二〇一二年。

[4] 墓葬年代为唐麟德元年。宁夏回族自治区固原博物馆等《原州古墓集成》，图一一五，文物出版社一九九九年。

[5] 司空图《游仙二首》（之二），《全唐诗》，册一九，页七二七四，中华书局一九六〇年。按首联作『刘郎相约事难谐，雨散云飞自此乖』。

[6] 李郢《题水精钗》，陈尚君《全唐诗补编》，上册，页四二六，中华书局一九九二年。

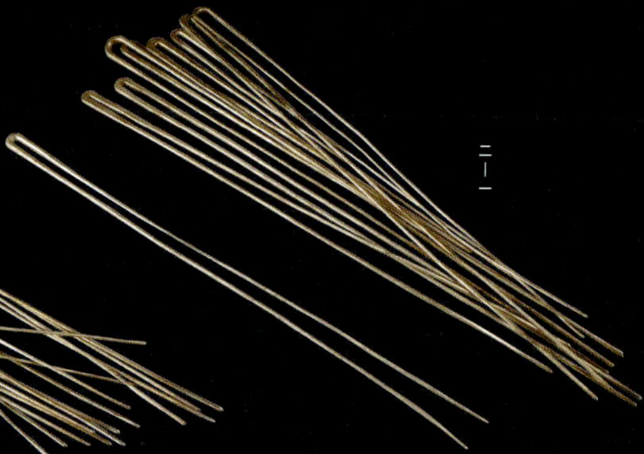
二—一

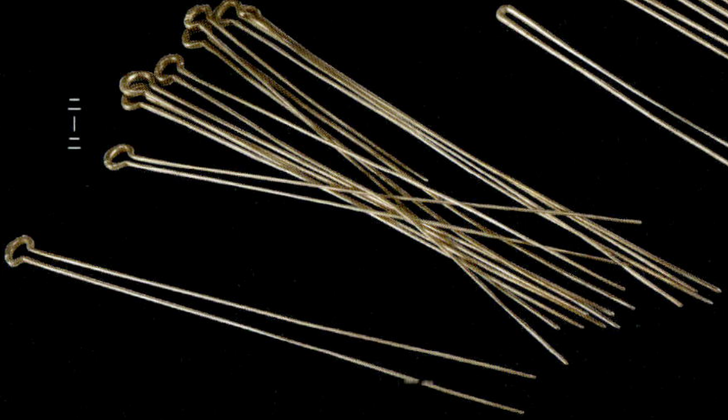
二—二

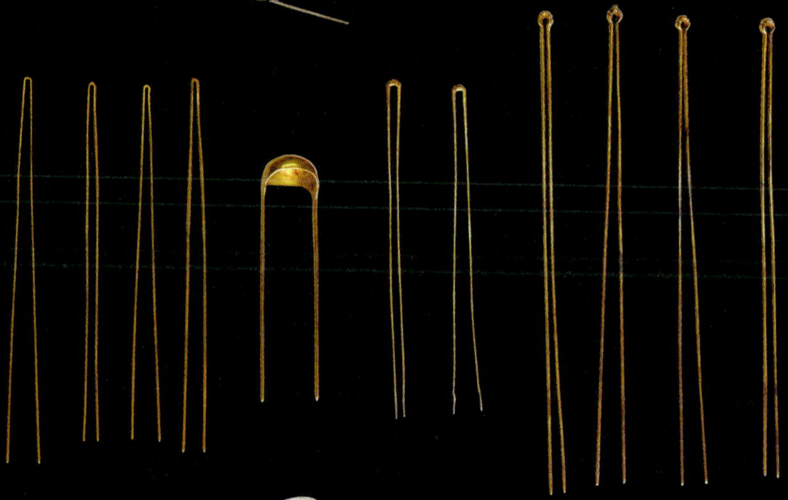
二—三

三—一

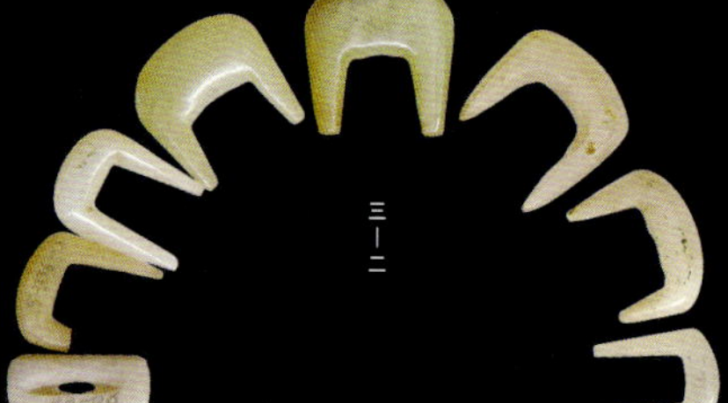
三—二

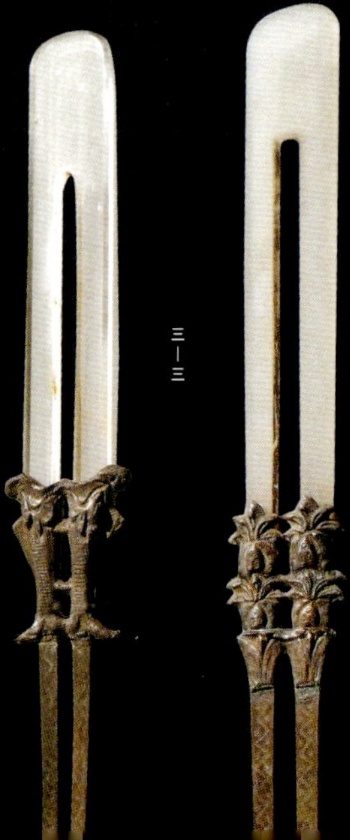
三—三

折股钗的插戴方式之一，是左右各一枝对插双鬟❶〔图四—一〕。此外『头上金钗十二行』，作为两汉以来的插戴方式，唐代依然沿用，如敦煌莫高窟第九窟壁画（晚唐）中的供养人❷〔图四—二〕。反观水丘氏墓出土金钗，又出自浙江德清乾元南街的金钗与长兴下莘桥银器窖藏中的银钗，均有钗梁拱起如花瓣者〔图四—三〕，壁画与实物，一北一南，钗的式样竟是一致的，它的使用之广泛，自不待言。

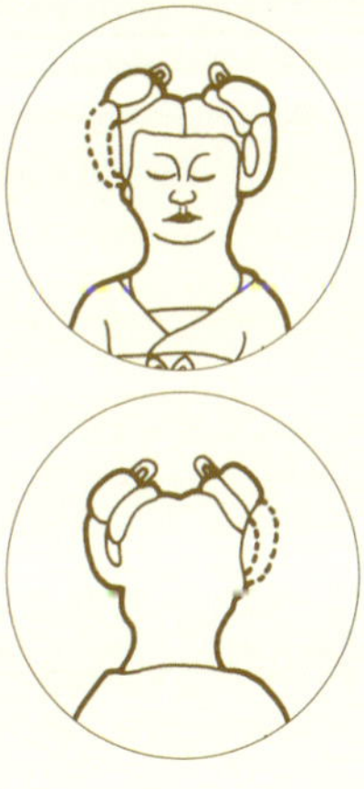

四—一

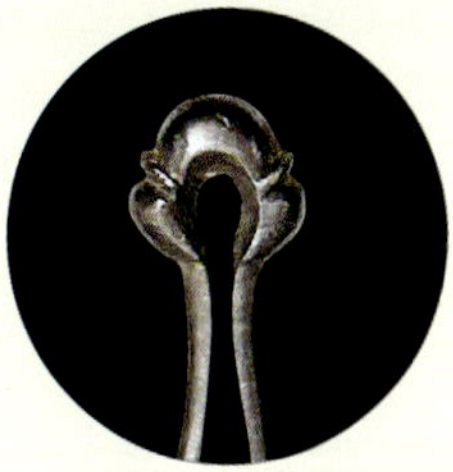

银钗局部

四—二

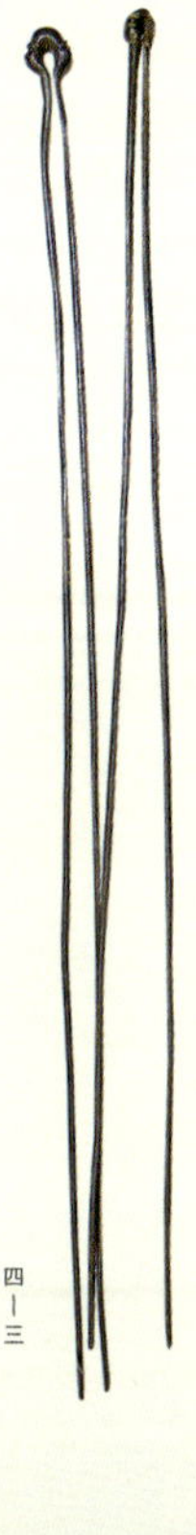

四—三

一 钿头钗与钿花钗

最具唐代特色的新创之钗，有两大类，其一钿头钗，其一

图四—一
钗的插戴
武汉东湖岳家嘴隋墓出土陶塑

图四—二
敦煌莫高窟第九窟壁画（晚唐）

图四—三
银钗
长兴下莘桥银器窖藏

❶ 武汉市文物管理处《武汉市东湖岳家嘴隋墓发掘简报》，页七九六，图五，《考古》一九八三年第九期。

❷ 敦煌研究院《敦煌壁画线描百图》，图六八（史苇湘摹），上海古籍出版社二〇〇四年。

图五——
钿头钗子
安陆唐吴王妃杨氏墓出土

图五——二
钿头钗子
偃师杏园唐墓出土

花钗。就制作工艺而言，钿头钗是金粟与宝石的结合。制为平面镂空纹样的花钗一类，则以金材、银材之镞镂见胜。

钿头钗之名，见后唐马缟《中华古今注》卷中『钗子』条，即所谓隋炀帝时『宫人插钿头钗子』。它的式样也有两类。一是在钗梁顶端装缀金钿，湖北安陆县唐吴王妃杨氏墓出土的一对金钗，通长十九点三厘米，钗首是一朵宝相花，层层花瓣上一个个嵌宝的小圆托，出土时有的圆托里原物尚存。钗首背面一个扁管，钗脚顶端的一个小榫即插入其中[1]（图五——一）。杨氏大约亡在贞观年间。河南偃师杏园唐开元十七年袁氏夫人墓出土一件银钗，钗长七点五厘米，钗脚的一枝套缀一枚金花，金花上原也镶嵌珠宝之类，不过已脱落无存[2]（图五——二）。敦煌曲子词《虞美人》『金钗头上缀芳菲，海棠花一枝。刚被蝴蝶绕人飞』[3]，正道出它插

五——

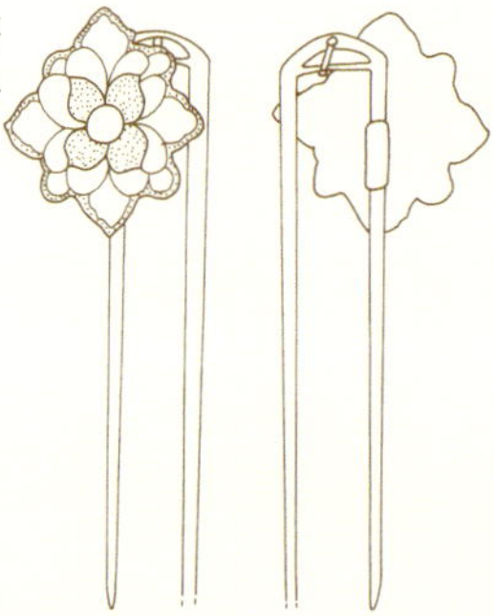
五——二

[1] 孝感地区博物馆等《安陆王子山唐吴王妃杨氏墓》，图版五：一，《文物》一九八五年第二期。同出墓志云『大唐吴国妃杨氏之志』，吴王李恪，太子第三子，吴国妃即吴王李恪之妃。本章所举此墓出土物，尺寸、数量及相关出土信息均据此文，以下不再一一出注。

[2] 中国社会科学院考古研究所《偃师杏园唐墓》，页六二，图五四：四，科学出版社二〇〇一年。

[3] 任半塘《敦煌歌辞总编》，页六一〇，上海古籍出版社一九八七年。按此首原出伯·三九九四号。中华书局版《全唐五代词》校订为『金钗钗上缀芳菲』（下册，页九二九）。

图六—一
钿头钗子之一

图六—二
钿头钗子之二

图六—三
钿头钗子之三（局部）
安陆唐吴王妃杨氏墓出土

图六—四
龙女
敦煌莫高窟三六窟五代壁画

六—一
六—二

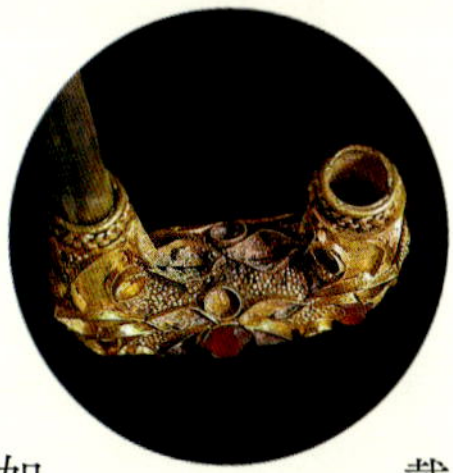
六—三

戴于云髻的娇艳。式样之二，便是两枝钗脚上安置可以拆卸的活动钗梁，如唐吴王妃杨氏墓出土的四件金钗。钗脚一对，套接其上的钗梁用金丝盘绕成花纹和嵌宝的金托，不过出土时镶嵌物已大部脱落〔图六—一～三〕。此式钗子的插戴，可以采取『头上金钗十二行』的方式用在含有礼仪性质的盛妆，也不妨如绘画中的形象用作『挑鬟』❶〔图六—四〕，而常常是歌舞伎乐的妆扮。沈佺期《李员外秦援宅观妓》『玉钗翠羽饰，罗袖郁金香。拂黛随时广，挑鬟出意长』；元稹《春六十韵》『挑鬟玉钗髻，刺绣宝装拢』；段成式《柔卿解籍戏呈飞卿三首》『出意挑鬟一尺长，金为钿鸟簇钗梁』❷，自初唐到晚唐，诗人对此不乏吟咏。相比于金钗银钗，玉钗究竟为少，在歌舞声中闪动光彩者，仍推『金为钿鸟簇钗梁』的钿头钗子。

六—四

❶《中国壁画全集·敦煌·九》，图三四、三五，辽宁美术出版社一九九〇年。
❷《全唐诗》，册四，页一〇四八；册一二，页四五三八；册一七，页六七六九。

图七一一~二
金镶绿松石钿花钗
宝丰小店唐墓出土

钿花钗或可视作钿头钗的增益，当然也可以反过来说后者是前者的简化。钗梁下方的两股之间增添装饰带亦即填嵌宝钿金花，便成钿花钗，如河南宝丰小店唐墓出土的两枝金钗❶〔图七一一~二〕。金钗钗梁以金珠铺地，上面设了大大小小或圆形或滴珠式的十三个石碗，内嵌绿松石。下方以金丝掐出七朵金花的轮廓，轮廓内缘密排金珠，七朵金花以一朵为间隔花瓣镶嵌绿松石。其下复以金箔为衬，金珠铺地，用窄金条掐作花叶和鸳鸯，内嵌绿松石。两边钗股各以连珠为节，分别装饰掐丝花叶二十五组。它集掐丝、金珠、镶嵌工艺于一身，制作之精细是唐代首饰中不多见的❷，墓葬年代为开元时期。

七一一~二

❶ 钗长二十点七厘米，钗脚双股间距一厘米。郑州大学历史学院等《河南宝丰小店唐墓发掘简报》，页一三，图七、图八〔『金钗』〕，《文物》二〇二〇年第二期。

❷ 宝鸡陈仓区香泉镇出土一件与此相类，但制作之精稍逊。童宇等《错彩镂金：陕西珍藏中国古代金银器》，页二一，香港中文大学文物馆二〇一七年。

三 花钗与凤钗

钿头钗子尚可算作对弯式折股钗的变体，花钗便完全是唐代新风。虽然『花钗』的名称早见于南北朝歌诗，不过直到唐代方『花』开烂漫，各逞其丽。

花钗以银制为多，最为流行的一类是两枝修长的钗脚，顶端以花萼结作一束，然后秀出一树花枝一般的钗首，细薄的金片银片，镂空做成剪纸式图案化的缠枝花草，花叶间对飞着鸟，多半是或衔枝或衔绶或衔花结的鸿雁、鸳鸯、鸾鹊、凤凰和翩翩的蜂蝶。它的设计构思当是从立春日剪制綵花树而来。这一风习始自南北朝，而为唐五代所延续。南朝梁萧子云《咏剪綵花诗》二首之一：『叶舒非渐大，花发是初开。无论人讶似，蜂见也争来。』[1] 鲍泉《咏剪綵花诗》：『花生剪刀里，从来讶逼真。风动虽难落，蜂飞欲向人。不知今日后，谁能逆作春。』[2] 既曰剪，而不云扎和缚，那么当是平面镂空做出各种花样。唐代剪綵花出自宫禁者制作多用绢帛。《酉阳杂俎·前集》卷一：『立春日，赐侍臣綵花树。』所云『剪綵』以及『綵花树』之綵，虽与彩通，但

[1] 逯钦立《先秦汉魏晋南北朝诗》，下册，页一八八四，中华书局一九八三年。按同册页二〇九六有朱超《咏剪綵花诗》『浅深依树色，舒卷听人裁。假令春已度，终住手中开』，与萧子云诗二首之二近同。又南宋蒲积中编《古今岁时杂咏》卷三收此二首，作者作刘孝威。

[2] 《先秦汉魏晋南北朝诗》，下册，页二〇二六。

图八—一
银鎏金花钗钗首
扬州唐井出土

图八—二
银花钗钗首
徐州博物馆藏

八—一

綵的原义，主要是指织物或织物有彩❶。苏颋《立春日侍宴内出剪綵花应制》，所谓『剪刀因裂素，妆粉为开红』，崔日用《奉和立春游苑迎春应制》『剪绮裁红妙春色』，宋之问《剪綵》『绮罗纤手制，桃李向春开』，则剪綵花之用材，为素、为绮、为罗也。又李远《立春日》『钗斜穿綵燕，罗薄剪春虫』，此春虫，乃游蜂粉蝶之类。更有《剪綵》一首：『剪綵赠相亲，银钗缀凤真。双双衔绶鸟，两两度桥人。叶逐金刀出，花随玉指新。愿君千万岁，无岁不逢春。』❷是剪綵花意象之取用，以花树蜂蝶和对飞的衔瑞鸟雀为盛，且以千秋万岁为愿心。既成风习，制作必多，熟谙此艺者，自然不会很少，于是剪綵花的题材，也广播于唐代的各种装饰工艺，比如妆镜、衣裙，更有琢玉镂金的簪钗首饰。出自扬州市蓝田人厦二期工地唐井的银鎏金花钗一对，钗首花树上方是相与顾盼的一对凤鸟〔图八—一〕。徐州博物馆藏银花钗，钗首花枝上的凤凰口衔一枚花结〔图八—二〕。

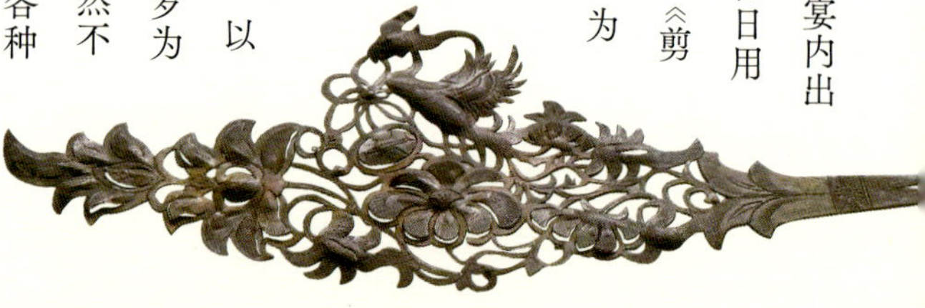

八—二

❶《集韵·海韵》：『綵，缯也。』《广韵·海韵》：『綵，绫綵。』慧琳《一切经音义》卷八十七『纹綵』条注引《考声》曰：『綵，缯帛有色者也。』

❷《全唐诗》，册一五，页五九三〇，中华书局一九六〇年。

出自西安长安区紫薇花园墓地的银鎏金花钗，钗首枝头翩然一只雀鸟，一枚花结掩映在花树里〔图八—三〕。浙江长兴下莘桥银器窖藏中的银鎏金花钗，钗首花间三只凤凰，转首顾望的一对分别衔着花结，花结下系着灯毬〔图八—四〕。又有一枝把花结和灯毬连作一串而均以镂空作，虽钗首上部残损，但仍可见出灯毬与祥禽相依迎风之势〔图八—五〕。陕西历史博物馆藏银鎏金花钗一对，钗首以莲花、莲叶和慈姑叶合成一幅莲塘小景，两枚镂空莲叶上面却各有一尾卷鼻的摩竭鱼，前面的回首相望，后面的昂首应答，惊涛骇浪中物在此成为园池清景中的点缀〔图八—六〕。河南巩义市天玺尚城出土银钗也取了花钗的造型，不过钗脚顶端花萼里生长出来的是几缕祥云，云中一对迦陵频伽，一个吹觱篥，一个击拍板〔图八—七〕。

八—三

图八—三
银鎏金花钗
西安长安区紫薇花园墓地出土

图八—四
银鎏金花钗之一

图八—五
银鎏金花钗之二
长兴下莘桥窖藏

图八—六
银鎏金花钗（一对）
陕西历史博物馆藏

图八—七
银花钗
巩义市天玺尚城出土

八一四

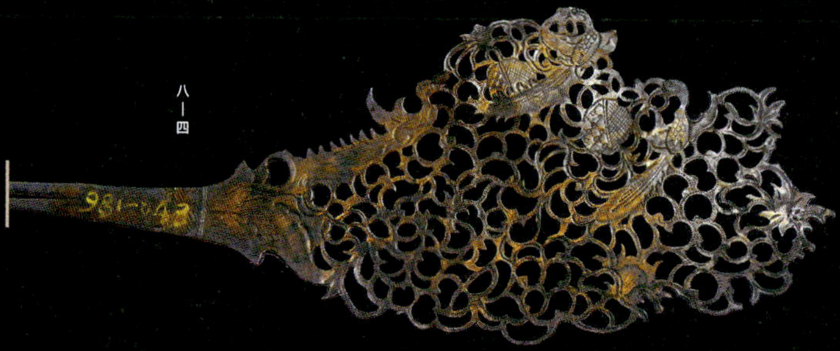

八一五

八一六

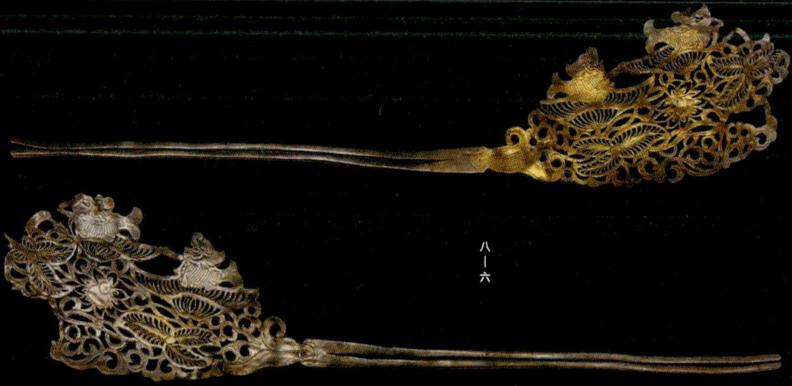

八一七

从实物的发现来看，花钗的使用几乎遍及南北。在此基础上踵事增华，便是把钗首花叶由一增作二成为并头的花叶一对，如陕西历史博物馆藏银鎏金并头花钗〔图九一一〕。各式花钗既可以高插在云髻之端，也不妨低低戴在发髻之后〔图九一二～三〕。

花钗又或做成金镶玉、银镶玉，用作镶嵌的镂空玉片亦如剪纸一般，即所谓『钗斜只镂冰』（李商隐《楚宫》）。杭州临安五代吴越国康陵出土一件银鎏金镶玉钗首❶〔图九一三〕，银鎏金花萼为座，只有两毫米厚的一枚花叶式玉片嵌入其内，玉片碾作缠枝卷草间的一只凤凰，凤口衔绶，绶带迎风，带起一片飞舞的轻盈。

九一一

九一二

九一三

❶ 杭州市文物考古研究所等《五代吴越国康陵》，彩版一二四（称作『玉凤凰花片组合饰件』），文物出版社二〇一四年。

图九一一 银鎏金并头花钗 陕西历史博物馆藏

图九一二 侍女木俑 邗江蔡庄杨吴寻阳公主墓出土

图九一三 《簪花仕女图》（局部） 辽宁省博物馆藏

图一〇
银鎏金镶玉钗首
临安吴越国康陵出土

一〇

金凤簪钗是首饰中最引人注目的一类，它在唐代已经具见光彩。唐张鷟《朝野佥载》卷三：『杨盈川姪女曰容华，幼善属文，尝为《新妆诗》，好事者多传之。诗曰：「宿鸟惊眠罢，房栊乘晓开。凤钗金作缕，鸾镜玉为台。妆似临池出，人疑向月来。自怜终不见，欲去复徘徊。」』杨盈川即初唐四杰之一的杨炯。容华这一首诗的好，原本在意韵，『凤钗金作缕』一句，却是简笔为『新妆』点睛。唐代图像中多有插戴凤凰簪钗的佳人，如贞顺皇后亦即武惠妃墓石椁线刻画中的女子❶〔图一一一一〕，只是与图像一致的实物，发现很少。出自河南宝丰小店唐墓的一件金镶绿松石凤钗❷〔图一一一二〕，与线刻画中的形象颇为相近，有些变形的凤首下方存一个小环，似用于悬缀璎珞。从造型来看，也当是正面插戴，而凤鸟的双足便是钗脚。制作工艺与前举金镶绿松石钿花钗大体相同。

一一一一

图一一一一 唐武惠妃墓石椁线刻画

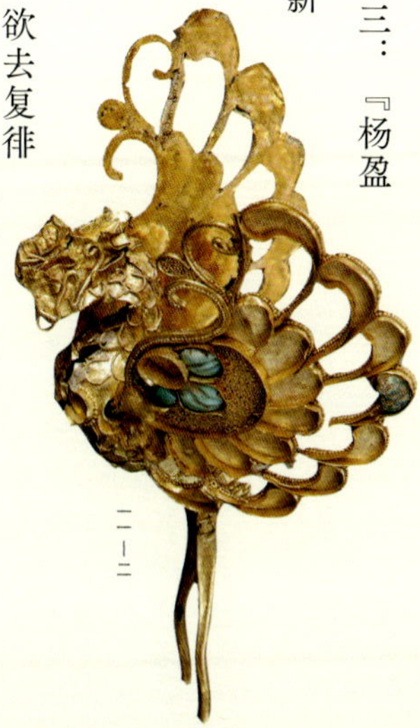

一一一二

图一一一二 金镶绿松石凤钗
宝丰小店唐墓出土

❶ 程旭等《唐贞顺皇后敬陵石椁》，页九三，图三九，《文物》二〇一二年第五期。

❷ 《河南宝丰小店唐墓发掘简报》，页一二（『金凤鸟饰』）。

图一二一—一
唐永泰公主墓石椁线刻画（拓片）
图一二一—二
银鎏金花钗之一
图一二一—三
银鎏金花钗之二
长兴下莘桥窖藏

一二一—一

四 步摇及其他

步摇的名称自两汉一直延续下来，不过它最初是指悬系摇叶的花枝式簪钗。南北朝以后花枝悬坠摇叶的做法已经不很流行，步摇的样式也有所变化，且不止一种。古式之外，悬系坠饰的簪钗又成步摇的一个新样，如陕西乾陵永泰公主墓〔图一二一—一〕、懿德太子李重润墓、章怀太子李贤墓石椁线刻画❶。花钗下系坠饰，便是唐代步摇的式样之一。浙江长兴县下莘桥窖藏中的两对银鎏金花钗，其一钗首镂空做成缠枝石榴，花叶上方三只口衔石榴结的凤鸟，花枝下悬缀一个菱角一般的小花结〔图一二一—二〕。另外一对钗首为枝叶镂空的缠枝牡丹，花朵上面栖一对衔枝雀鸟，花枝下面以银环悬缀一枚小银鱼〔图一二一—三〕。

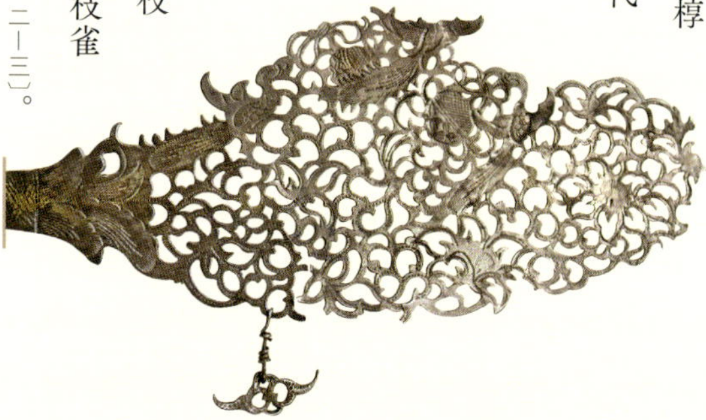

一二一—二

一二一—三

❶ 樊英峰等《线条艺术的遗产：唐乾陵陪葬墓石椁线刻画》，页一六九，文物出版社二〇一三年；《中华文明——〈古代中国陈列〉文物精萃》，页五七二，中国社会科学出版社二〇一〇年。墓葬年代均为神龙二年。

图一三
银步摇钗首
定州静志寺塔基地宫出土

图一四
银步摇
定州静志寺塔基地宫出土

图一五
银穿琥珀双蝶钗
合肥西郊南唐墓出土

定州静志寺塔基地宫出土一枝银步摇，钗首双鱼口衔一幅花果图，顶端一只蜜蜂，两侧镂花处穿着小环以系坠饰，只是仅存摇叶一枚，余皆脱落〔图一三〕。『不语低鬟幽思远，玉钗斜坠双鱼。几回偷看寄来书。离情别恨，相隔欲何如』❶，本是词人为女子写心的歌诗，却也因此为钗留影，教人想见这一装饰方法中当日为人所灌注的一种意蕴。

沿袭传统之古式的步摇，制作也有了变化，即常常把细银丝或细铜丝做成螺旋式的枝条亦即『螺丝』，然后于顶端缚花叶、缀珠玉或系连各样物事，插戴之际，行则摇颤。出自定州静志寺塔基地宫的一枝银步摇，钗首一只蝴蝶、一对衔花双鱼，均用『螺丝』连缀于钗脚〔图一四〕。合肥西郊南唐墓出土银穿琥珀双蝶钗，上方的一只蝴蝶以『螺丝』穿系，也是同样的设计构思〔图一五〕。

❶ 李珣《临江仙》。按其先为波斯人，后入蜀中，其妹为前蜀王衍昭仪。曾昭岷等《全唐五代词》，上册，页五九九，中华书局一九九九年。

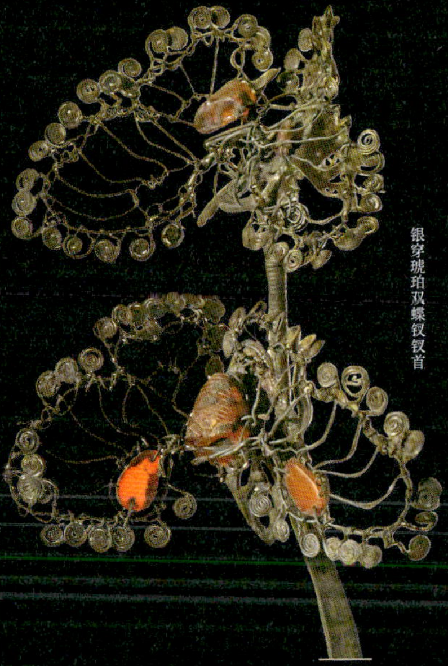

银穿琥珀双蝶钗钗首

一四

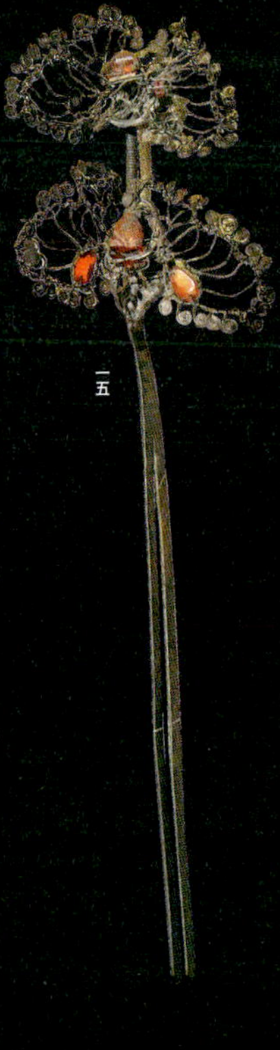

一五

银步摇钗首

一六—二

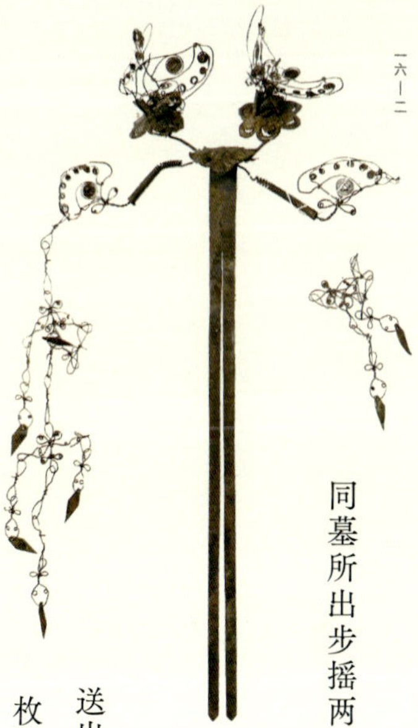

同墓所出步摇两枝❶〔图一六—一～二〕。步摇之一为银镶玉，钗脚上方收束处做成顶着一朵桃花的花萼，花萼中含编绕出三个圆环的银丝，然后叶分两枝，即分别以『螺丝』送出造型相同的两个花萼，内里各个插入两枚银镂空花叶，碾琢出一朵桃花的花叶片也一起插入，花叶下缘的镂空处系坠子，坠子的造型各不相同，两两成对。其一，顶端银丝结作灯毬，下系覆莲穿起的三串坠饰，——以银丝编绕成珠子和宝石的模样，意在表现璎珞；方胜式银片用作坠脚；其一以倒垂莲做成花题，下方系坠子。《簪花仕女图》中的佳人插戴，正如此式〔图一六—三〕。步摇之二，钗首花开两枝，花心上各停一只振起双翅的采花蝶，花枝下又各有『螺丝』伸出的两只蝴蝶，蝴蝶的翅膀尖下挂坠饰，细细小小离披纷垂。蝴蝶以及蝶翅鳞片形成的花斑，都是以银丝为笔，用线条白描，费材无多，而意足神完。『翠钗金作股，钗上蝶双舞』（温庭筠《菩萨蛮》），乃此之谓也。

❶ 石谷风《合肥西郊南唐墓清理简报》，页六八，图九、一二，《文物参考资料》一九五八年第三期。

图一六—一
银镶玉花叶步摇

图一六—二
银花蝶步摇
合肥西郊南唐墓出土

图一六—三
《簪花仕女图》（局部）
辽宁省博物馆藏

一六—三

一一六一

一七一一

图一七一一 鱼衔朵云银钗钗首 长兴下莘桥窖藏

图一七一二 摩竭纹银钗 西安未央区三桥镇出土

图一八一一~四 银鎏金拨子式花钗 陕西鄠县出土

鱼作坠件之外，尚有鱼钗。如吴融《和韩致光侍郎〈无题〉三首十四韵》『篦凤金雕翼，钗鱼玉镂鳞』❶；如阎选《虞美人》『小鱼衔玉鬓钗横』❷。钗鱼故事见南朝刘义庆《幽明录》❸，不过唐五代诗词所云钗鱼多半未用此意，而只是着意形容女子之饰。前举长兴县下莘桥晚唐银器窖藏，中有一枝银钗钗首錾刻一尾口衔如意云朵的小鱼〔图一七一一〕。虽然不是玉制，但其式与诗词所咏正是同类。西安未央区三桥镇出土摩竭纹银钗钗脚残断，钗首是并蒂莲叶托起的摩竭戏珠〔图一七一二〕，与前面举出的陕西历史博物馆藏银鎏金花钗构思相近〔图八一六〕。

钗首造型又或取自弹奏弦乐器如琵琶之类的拨子，如陕西鄠县出土四枝银鎏金拨子式花钗〔图一八一一~四〕，钗脚之端亦如花钗一般以花萼束起，钗首外缘灵芝纹勾边，内里镂空花卉纹地子上各有一个嬉戏的小儿，或手挥毬杖，或逗引一只锦鸡。今分藏两地，原或成对。将花钗与何家村银盒小儿嬉戏图〔第三章，图九一二〕对看，由构图及小儿意态的相近，可会得二者共享的图像

一七一二

❶《全唐诗》，册二〇，页七八六八。

❷《全唐五代词》，下册，页五七二。

❸《太平御览》卷七一八『钗』条引《幽明录》『寻阳参军梦一妇人前跪，自称先葬近水，沦没，诚能见救，虽不能富贵，可令君薄免祸。参军答曰：何以为志？妇人曰：君见渚边上有鱼钗，即我也』云云。

一八—一

一八—二

一八—三

一八—四

资源。白鹤美术馆藏银鎏金花钗，可视作拨子式钗的变体〔图一九—一〕。又一种钗首造型略如菱形之半的花钗，仿若鸭脚树叶，如西安长安区紫薇花园墓地出土一枝银鎏金花钗，钗首镂空做出银枝叶，上下五朵鎏金莲花，花朵之间一对鎏金凤凰❶〔图一九—二〕。

钗头又或悬系节令时物，便是春日里装饰在鬓边的春幡胜。温庭筠《咏春幡》：『闲庭见早梅，花影为谁裁。碧烟随刃落，蝉鬓觉春来。代郡嘶金勒，梵声悲镜台。玉钗风不定，香步独徘徊。』❷和凝《宫词》『金钗斜戴宜春胜，万岁千秋绕鬓红』❸；牛峤《菩萨蛮》『玉钗风动春幡急』❹；敦煌曲子词『宫里玉钗长一尺，人人头上戴春幡』❺，

一九—一

图一九—一
银鎏金花钗
白鹤美术馆藏

一九—二

图一九—二
银鎏金花钗
西安长安区紫薇花园墓地出土

❶ 此外尚有多例，如河北曲阳县唐末五代时的义武军节度使王处直墓出土一件金钗，钗脚同钗首垂直相交，钗首做出一对嬉戏于水波中的鸳鸯（河北省文物研究所等《五代王处直墓》，图版九：一，文物出版社一九九八年）。又广州皇帝岗晚唐墓葬出土银钗首、洛阳龙康小区晚唐墓葬出土银鎏金钗首（广州市文物管理委员会《广州皇帝岗唐木椁墓清理简报》，页六六九，图五：八，《考古》一九五九年第十二期；洛阳市文物工作队《洛阳龙康小区唐墓（C7M2151）发掘简报》，页三五，封二：三、四，《文物》二〇〇七年第四期）。

❷ 刘学锴《温庭筠全集校注》，页二四五。按注云『此诗所写春幡，既有悬挂于树梢者，亦有簪之于妇女首饰上者』，然而细绎诗意，是通篇所咏俱为缀于簪钗之春幡也。

❸ 《全唐诗》，册二一，页八三九八。

❹ 曾昭岷等《全唐五代词》，页五一〇，中华书局一九九九年。

❺ 《水鼓子》其三十四，《全唐五代词》，下册，页一一三三。

图二〇一一 人胜残件（局部）
正仓院藏

图二〇一二 金花银胜

图二一 春幡
定州静志寺塔基地宫出土

二〇一一

所咏俱为此物。定州静志寺塔基地宫出土一枚金花银胜，悬系于银钩的方形银片边长九厘米，造型以及镂空的地纹均与正仓院藏人胜残件贴饰于四角的方胜相同〔图二〇一一〕，两个方胜交错相叠处的四个角，上下各一只『金鸡』，左右各一只『玉燕』。方胜中心一只牛，乃一一与新春里的节物相合❶〔图二〇一二〕。同出又有剪纸一般的银鎏金镂花小春幡一枚〔图二一〕，长约十几厘米，顶端以镂空花结为云题，其上一枚水晶花片为提系，银幡底端镂作流苏，且錾出细线以见垂穗。正中是用于錾字的鎏金牌子或曰牌记，两边镂作龙牙蕙草，鎏金牌记的外缘一周小连珠，连珠框里錾着『宜春大吉』。

二一

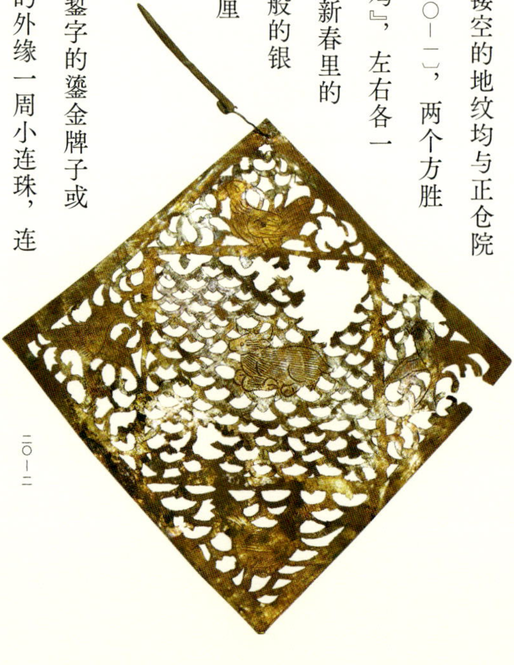
二〇一二

❶ 三样物事之解读从廉萍说。

图二二
步摇花
西安隋李静训墓出土

另有一个特殊的例子，便是西安隋李静训墓出土一枚悬系春幡的步摇花[1]（图二二）。钗首以一枚金片为托，其上焊接五个圆管，数枝银鎏金六瓣花集作五束，分别插在各个圆管内蔚作一片半月形的花丛，花心多缀珠为蕊，又有嵌宝和嵌玉各一枚点缀其间。每一枝花茎在接近底端的地方都弯作螺旋状，是为了生出颤动的效果。花丛之上一根银丝高高挑出一只采花蝶，金丝穿珠编作身子，累丝做成翅膀和头，两颗珠子点睛，金丝弯成一对触须。蝴蝶下方，五颗珍珠为系，悬缀一枚宽而长的银幡。此外尚有细而窄的银幡三枚系在花枝上，由脱落的残件来看，细窄之银幡原初当为四枚。用作钗托的金片以连珠纹勾边，边框内錾刻花叶，中间焊一个扁管，钗脚三枝相连，上方挺出一股插入扁管，不过均已残断。李静训九岁夭折，她的外祖母是隋文帝长女、周宣帝皇后杨丽华，母为周宣帝之女宇文娥英，皇家贵胄，随葬物自是不同凡品，这一枝步摇花便如同聚珍。悬系银春幡也是用着步摇花每有坠饰的传统做法，或因下葬之期为十二月，距新春不远之故[2]。它的式样以及精细的制作工艺，至今仍是隋唐考古发现中的孤例。

[1] 中国社会科学院考古研究所《唐长安城郊隋唐墓》，页一八，文物出版社一九八〇年。按报告称作『发饰』，出土时已散乱，后经修复，今藏中国国家博物馆。

[2] 当然这是推测。安陆唐吴王妃墓出土饰件中有类似之物（见本章，图三三—二），但已散落，因尚难明确用途。

五　簪

两汉至魏晋南北朝，金银制作的簪多半装饰很简单。传说汉武帝过李夫人，『就取玉簪搔头，自此后宫人搔头皆用玉』（《西京杂记》卷二），玉簪因有搔头之名，当然也推广及于金簪银簪而成为簪的昵称。唐李贤墓壁画中有用长簪搔头的女子❶（图二三一一），唐敬陵贞顺皇后（武惠妃）墓石椁线刻画中花树下的佳人手拈搔头，

❶ 陕西省博物馆等《唐李贤墓壁画》，图四十，文物出版社一九七四年。

二三一一

二三一二

图二三—一 唐李贤墓前室西壁壁画

图二三—二 唐武惠妃墓石椁线刻画

图二三—三 錾花银簪 宜兴安坝唐墓出土

搔头之端停了一只蝴蝶❶〔图二三—二〕。生活中大约并不缺少如此诗意的瞬间，偏巧扑入诗人之眼，于是成为春景中活色生香的细节，——『新妆宜面下朱楼，深锁春光一院愁。行到中庭数花朵，蜻蜓飞上玉搔头』❷。金银制作的搔头或在簪首錾花为饰，如江苏宜兴安坝唐墓出土一枝錾花银簪❸〔图二三—三〕。银簪通长二十六点八厘米，装饰部分打作鱼子地，下方一弯缠枝石榴，上方一个足穿靴、手擎缠枝石榴的小儿，下边一只横向跑来的猧子。纹样的设计，与上一章所举何家村窖藏中的银盒图案以及前举陕西鄠县出土银鎏金拨子式花钗相同，即都是取自当日的流行题材。它也是唐人笔下经常出现的画面，如新疆阿斯塔那唐墓出土屏风画。

二三—三

花钗钗首的造型同样可以用于簪首，比如出自定州静志寺塔基地宫的一枝摩竭衔鱼银簪〔图二四〕。又比如鸭脚树叶式。西安市莲湖区出土银簪一枝，花头两侧錾刻相向抱合的花叶，中心

❶ 程旭等《唐贞顺皇后敬陵石椁》，页九一，图三六，《文物》二〇一二年第五期。

❷ 刘禹锡《和乐天春词》。

❸ 镇江市博物馆《江苏镇江唐墓》，页一三七，图九：二，《考古》一九八五年第二期。

二四

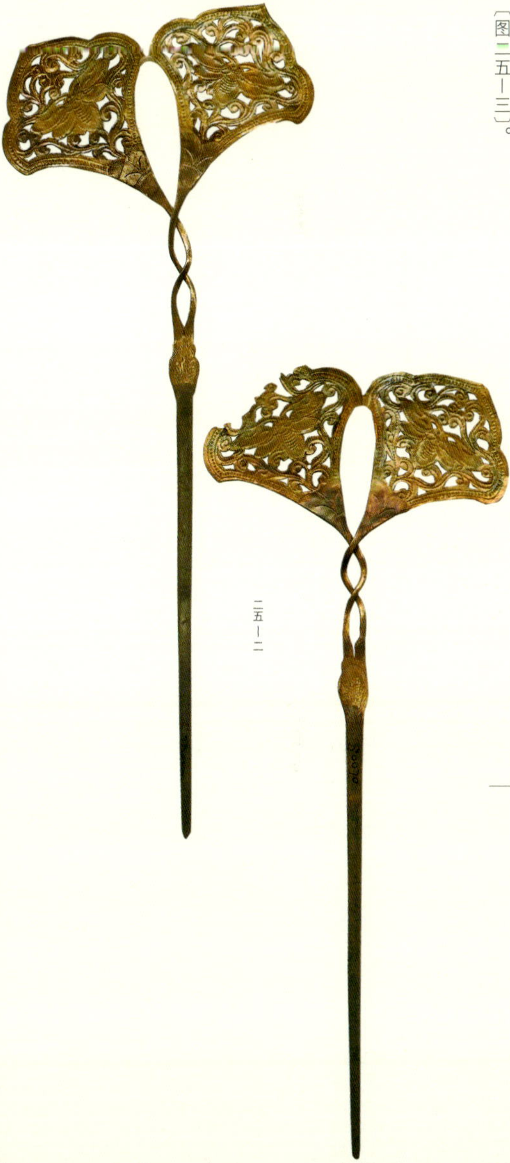

二五—二

图二四
摩竭衔鱼银簪簪首
定州静志寺塔基地宫出土

图二五—一
银鎏金并头花簪簪首
西安长安区紫薇花园墓地出土

图二五—二
银鎏金并头花簪
洛阳龙康小区唐墓出土

图二五—三
银鎏金簪簪首
费城艺术博物馆藏

图案是鱼子地上的一只舞凤❶。如同花钗钗首成对的做法，花叶簪也有并头成双的式样，出自西安长安区紫薇花园墓地的银鎏金并头花簪，簪首镂空花叶铺地，上錾一只鸿雁〔图二五—一〕。洛阳龙康小区出土鎏金银簪一对，簪首花叶缘边錾连珠，镂空的卷草纹中一只闹蛾，通长二十四点五厘米❷〔图二五—二〕。费城艺术博物馆藏一枝银鎏金簪，簪首花头成双，图案是鱼子地上的折枝花〔图二五—三〕。

❶ 西安市文物保护考古所《西安文物精华·金银器》，图一〇六，世界图书出版西安有限公司二〇一二年。

❷ 洛阳市文物工作队《洛阳龙康小区唐墓（C7M2151）发掘简报》，页三三，《文物》二〇〇七年第四期。

二五一一

二五一二

二五一三

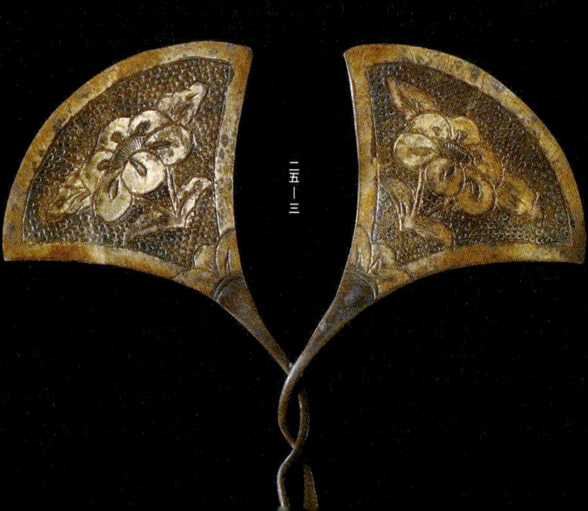

绶带及鸟衔绶带都是唐代的流行纹样，『刻以为龙，铸以成鹊』的千秋镜中，图案每布置为『鹊飞如向月，龙蟠似映池』，向着月宫的一对飞鹊口衔挽出一个同心结的绶带。借了『绶』的音和义，此带因有名作『长寿带』。张说《奉和圣制赐王公千秋镜应制》句云『宝镜颁神节，凝规写圣情。千秋题作字，长寿带为名』。『千秋题作字』，指有着『千』『秋』字样的幡胜；『长寿带为名』，其句下自注曰：『以长绶为带，取长寿之义。』长绶带便是鸟雀所衔。它也作为吉祥纹样广泛施用于铜镜和铜镜之外的各类用品[1]，乃至绶带也或独立出来成为装饰纹样，如洛阳龙康小区唐墓出土的一对银鎏金寿带簪[2]〔图二六〕。

制作精细且式样别致的两枝金簪，出自湖北安陆唐吴王妃杨氏墓。金簪尺寸与做工都很相近，一枝通长十七厘米，一枝通长十八厘米，不妨视为一对。簪首以金丝在花框内掐作花鸟图案，其中一枝为花朵间对衔璎珞的两只鹦鹉〔图二七〕，也如花钗一般是剪纸式的效果，而彼为镞镂，此为掐丝，因此更为纤细，花框外缘又悬缀数枚金花金叶。

[1] 相关讨论，见扬之水《人胜·剪綵花·春幡》，《南方文物》二〇一二年第三期。

[2] 通长二十五厘米，《洛阳龙康小区唐墓（C7M2151）发掘简报》，页三三。

图二六
银鎏金寿带簪
洛阳龙康小区唐墓出土

图二七
鹦鹉衔璎珞金花簪
安陆唐吴王妃杨氏墓出土

二七

二六

银鎏金寿带簪簪首

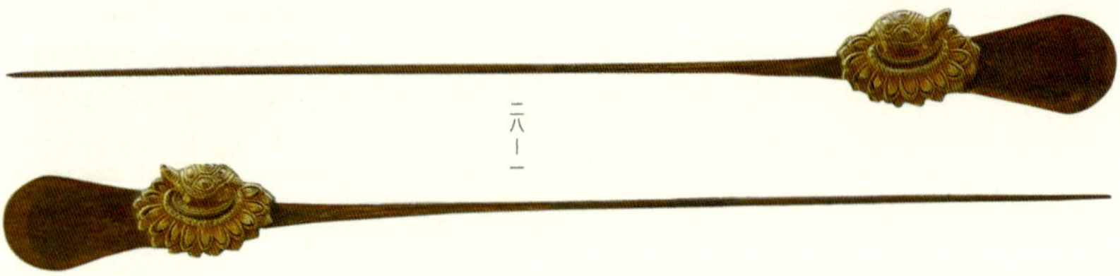

二八—一

唐代金银簪钗的纹样以平面打制和錾刻为多，偶或制为立体的形象，如日本白鹤美术馆藏一对龟卧莲花簪〔图二八—一〕，如西安市灞桥区出土一枝银鎏金花雀簪❶〔图二八—二〕。后者簪首分作两束花枝，枝上缀了一对展翅的孔雀。唐袁郊《柳枝词咏篙水溅妓衣》『玉搔头袅凤双飞』，前蜀牛峤《菩萨蛮》『绿云鬓上飞金雀』❷，唐五代歌诗中的物象，此类样式的簪钗或可当之。

簪本用来挽发，若斜插鬓边，则特为俏丽。『红衫向后结，金簪临鬓斜』❸，是六朝诗人摹绘的美人图。唐章怀太子墓石椁线刻画中的女子，便是与此相承的唐代

二八—二

❶《西安文物精华·金银器》，图一一二。

❷《全唐五代词》，页五一一。

❸梁刘孝威《郡县遇见人织率尔寄妇》，《玉台新咏》卷八。

风韵❶（图二九—一）。盛妆之下，搔头总是两对三对斜斜簪于两鬓，冯延巳《谒金门》『斗鸭阑干独倚，碧玉搔头斜坠』❷，则即五代词人写绘的一帧小影。唐五代直至宋初的敦煌绘画中它也常常是工匠用心描绘的形象，如敦煌莫高窟第六一窟壁画❸（图二九—二），如巴黎吉美博物馆藏《被帽地藏菩萨十王图》所绘女供养人❹（图二九—三），前例为五代，后例为北宋太平兴国八年。

❶《线条艺术的遗产：唐乾陵陪葬墓石椁线刻画》，页一〇三。

❷《全唐五代词》，上册，页六七六。按『坠』与『缀』在唐人诗词中常常混用，此句即以作『缀』解为宜。《敦煌歌辞总编》于此有考，见该书页二一九～二二〇。

❸敦煌研究院《敦煌壁画线描百图》，图二二，上海古籍出版社二〇〇四年。

❹秋山光和《西域美术·吉美博物馆藏伯希和收集品·II》（日文版），图二一—六三—三，讲谈社一九九四年。

图二八—一
银鎏金龟卧莲花簪
白鹤美术馆藏

图二八—二
银鎏金花雀簪
西安灞桥区出土

图二九—一
唐章怀太子墓石椁线刻画

图二九—二
敦煌莫高窟
第六一窟壁画摹本（五代）

图二九—三
《被帽地藏菩萨十王图》（局部）
巴黎吉美博物馆藏

二九—一

二九—二

二九—三

图三〇—一~二
唐节愍太子墓壁画之一、之二

第二节

宝髻、花钿与花冠

发黑而浓密，不必借助假髻，此即美人之为美，《诗》所谓『鬒发如云，不屑髢也』（《鄘风·君子偕老》）。唐代依然。唐传奇《虬髯客传》摹画红拂女之明艳只用了一个细节，便是『以发长委地，立梳床前』。以美发高髻焕发荣光，更有李贺《美人梳头歌》为之设色敷彩，——『双鸾开镜秋水光，解鬟临镜立象床。一编香丝云撒地，玉钗落处无声腻。纤手却盘老鸦色，翠滑宝钗簪不得』。『云撒地』，发长也；『老鸦色』，发黑也。曰『腻』，曰『滑』，乃油亮而有光泽也。由唐墓壁画、石刻、雕塑中的女子形象以及晚唐段成式《髻鬟品》所列女子各式发髻的名称，都可见出高髻云鬟争胜竞美的时代风尚，唐人歌诗所以曰『春天暖日会妃嫔，各各梳头出样新』❶。若真发不足，则以假髻为饰。宋人乐史作《杨太真外传》，曰贵妃『尝以假髻为首饰，而好服黄裙。天宝末，京师童谣曰：义髻抛河里，黄裙逐水流』。此即事后解释历史事

❶ 敦煌曲子词《水鼓子》其二十二，《全唐五代词》，下册，页一一三〇。

三〇—一

三〇—二

件常常用到的『服妖』说，而所谓『服妖』，总是曾经风靡一时之『服』，假髻自然也是如此。敦煌文书《俗务要名林·女服部》（伯·五〇〇一号）也列有『假髻』，释云：『假髻，上音贾，下音即（既）。髲，头髲，皮义反。』髲即《诗》所谓『髢』，亦即假发。不论真发假发，高髻上面每有各式妆点，或金银，或珠翠，所谓『宝髻』，大约缘此得名。唐玄宗《好时光》『宝髻偏宜宫样，莲脸嫩，体红香』❶；章孝标赠歌人诗『宝髻巧梳金翡翠』❷。又韦庄《怨王孙》以词笔勾描锦城蚕市风光，道是『满街珠翠。千万红妆。玉蝉金雀，宝髻花簇鸣珰』❸。陕西富平县宫里乡南陵村唐节愍太子墓第二过洞东壁壁画中的侍女，高髻上面金饰烂然，珠络缭绕〔图三〇—一～二〕。山西万荣

❶《全唐五代词》，页六。

❷题作《于李使君筵赠歌人刘小小得『娘』字》，据云诗成『当时名公无不赏俊』（何光远《鉴诫录》卷八《屈名儒》）。

❸《全唐五代词》，页一七二。

县皇甫村唐薛儆墓石椁线刻画中的女子头顶耸出高髻，其上花饰密丽[1]〔图三〇—三~四〕。新疆吐鲁番哈拉和卓墓地出土高髻上面闪动描金花饰的泥塑彩绘女子头像〔图三〇—五〕，而各类图像里高髻上所绘花饰，与唐墓出土金花饰都很相似，如出自西安灞桥区红旗乡郭家滩村的一组〔图三一〕。

三〇—三

三〇—四

作为首饰的『金钿』和『宝钿』，早已见于六朝诗歌，唐五代依然流行，而多为传统的『宝钿』添加『花筐』，前引温庭筠《归国谣》『钿筐交胜金粟』[2]，张泌《思越人》『斗

三〇—五

图三〇—三~四
唐薛儆墓石椁线刻画拓片

图三〇—五
泥塑彩绘仕女头像
吐鲁番哈拉和卓墓地出土

图三一
金花饰
西安灞桥区红旗乡郭家滩村出土

[1] 山西省考古研究所《唐代薛儆墓发掘报告》，图版五九、六五，科学出版社二〇〇〇年。
[2] 《全唐五代词》，上册，页一〇八。

图三二一—一
金花钿
唐金乡县主墓出土

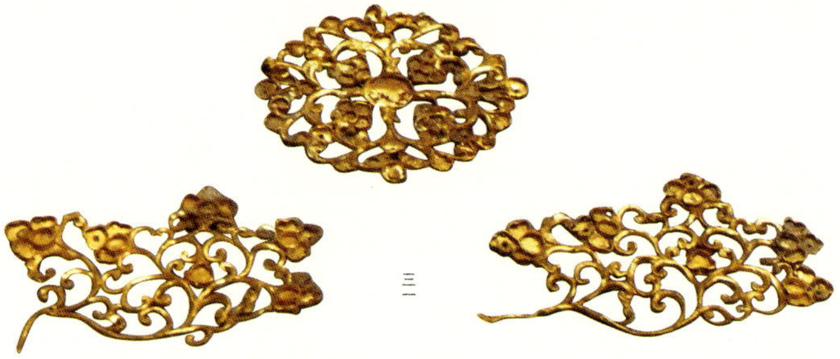

二

钿花筐』❶，皆是也。所谓『钿筐』『花筐』，实即以金粟勾勒边框，内里以金材掐作花朵图案，复以宝石填嵌花朵，西安东郊唐金乡县主墓❷〔图三二一—一〕、河南偃师杏园唐李景由墓出土的花钿，都是很有代表性的样式。李景由墓出土花钿是放在一件银平脱漆奁匣里❸。唐郑遨诗讽淫靡之风云『美人梳洗时，满头间珠翠。岂知两片云，戴却数乡税』（《富贵曲》），可见鬓边匣中宝钿所从来。点缀发髻的花钿可以单独为饰，由唐武惠妃墓石椁线刻画〔图三二一—二〕、敦煌莫高窟第一三〇窟（盛唐）都督夫人太原王氏礼佛图，均可见花钿的插戴❹〔图三二一—三〕。杜牧『草妒佳人钿朵色』（《长安杂题长句六首》之五），是花钿也称钿朵，且每以翠绿色的宝石填嵌，如金乡县主墓出土的数枚。钿朵也可以合制为簪或钗，即如前节举出的实例；又或装饰梳背、带銙，且待后面讨论。

❶《全唐五代词》，页五二三。
❷墓葬年代为开元十二年。西安市文物保护考古所等《唐金乡县主墓》，图版一二一，文物出版社二〇〇二年。
❸墓葬年代为开元二十六年。《偃师杏园唐墓》，页一二九，彩版四：二。
❹敦煌研究院等《敦煌壁画临本选集》，图三二，上海人民美术出版社一九八九年。

三二一—一

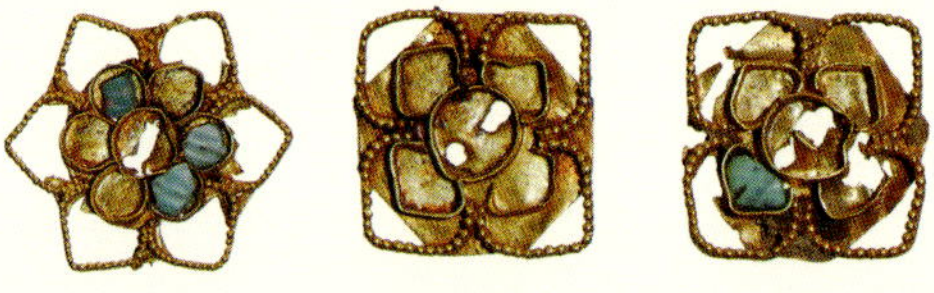

女子戴冠，唐以前并不盛行，虽然头顶莲花冠的北魏皇后曾经出现在龙门石窟雕刻的礼佛图中，不过究竟不成为风气。戴冠的唐五代女子大致有两类，其一女冠，其一女乐，所戴多为碧罗莲冠。如《云谣集杂曲子·柳青娘》『碧罗冠子结初成，肉红衫子石榴裙』；和凝《宫词》『碧罗冠子簇香莲』。今藏台

三一—二

三一—三

图三一—二
唐武惠妃墓出土石椁线刻画

图三一—三
敦煌莫高窟第一三〇窟壁画（段文杰摹）

北故宫博物院传唐人《宫乐图》（当为宋人摹本），绘宫廷生活一角，其中擫筝者所戴即碧罗冠。睿宗之女金仙公主和玉真公主出家为道士，是著名的例子，玉真公主玉叶冠，竟也讲究得成为传闻[1]。苏鹗《杜阳杂编》提到『轻金之冠』[2]，徐夤有诗咏银结条冠子[3]，所述均为宫廷故事。后者依然是莲冠，而蝉翼轻轻，琼缕千条，自然精细且轻。只是迄今未见与此相合的实物。从已知的考古发现来看，唐代金银冠是不多的。陕西咸阳国际机场唐贺若氏墓发现一件『金花冠』，有金圈、冠架以及式样缤纷的金花、银花、金镶宝钿及珠玉之饰上百枚[4]〔图三三一一〕，但构成冠体的丝织物均已不存。吴王妃杨氏墓出土与此相近的金箔花、金花钿等数十枚[5]〔图三三一二〕，或者性质相类。西安理工大学新校区唐李倕墓出土一组冠饰，『冠饰内衬的织物及其他有机物早已腐朽无存，仅存金、铜、铁及绿松石和珍珠等物，通高约三十九厘米』[6]。冠饰的造型与前举图像和实物，——如薛儆墓侍女，如郭家滩出土金花饰，多很相近，却是更为繁丽〔图三三一三～四〕。按照出土位置复原出来的『冠饰』，是今所见到的唐代图像中不曾出现的样式。

[1] 北宋钱易所谓『玉真公主玉叶冠，时人莫计其价』（《南部新书·丙》），即此。

[2] 《杜阳杂编》卷中云敬宗宝历二年，浙东国贡舞女二人，一曰飞燕，二曰轻凤，其衣骈罗之衣，戴轻金之冠，『轻金冠以金丝结之为鸾鹤状，仍饰以五彩细珠，玲珑相续，可高一尺，秤之无二三分（一作钱）』。

[3] 徐夤《银结条冠子》：『日下征良匠，宫中赠阿娇。瑞莲开二朵，琼缕织千条。蝉翼轻轻结，花纹细细挑。舞时红袖举，纤影透龙绡。』

[4] 『金花冠系用金圈、金花钿、金花叶、金花蕊、玉片、珍珠、各色宝石、绿松石珠等连缀而成。花冠上的丝绸编织等物已全部腐烂，金圈发现时仍戴在墓主人的头骨上，其余都散落在头部周围。』墓葬年代为武德四年（六二一）。贺若氏之夫为独孤罗，是北周、隋、唐三代的皇亲国戚。负安志《陕西长安县南里王村与咸阳飞机场出土大量隋唐珍贵文物》，页五一，《考古与文物》一九九三年第六期。

[5] 金箔花八十枚，花钿十一枚，均出自棺床，『可能为笄、钗等头饰上所坠』，《安陆王子山唐吴王妃杨氏墓》，页八九。

[6] 陕西省考古研究院《唐李倕墓发掘简报》，页二〇，《考古与文物》（接五二〇页）

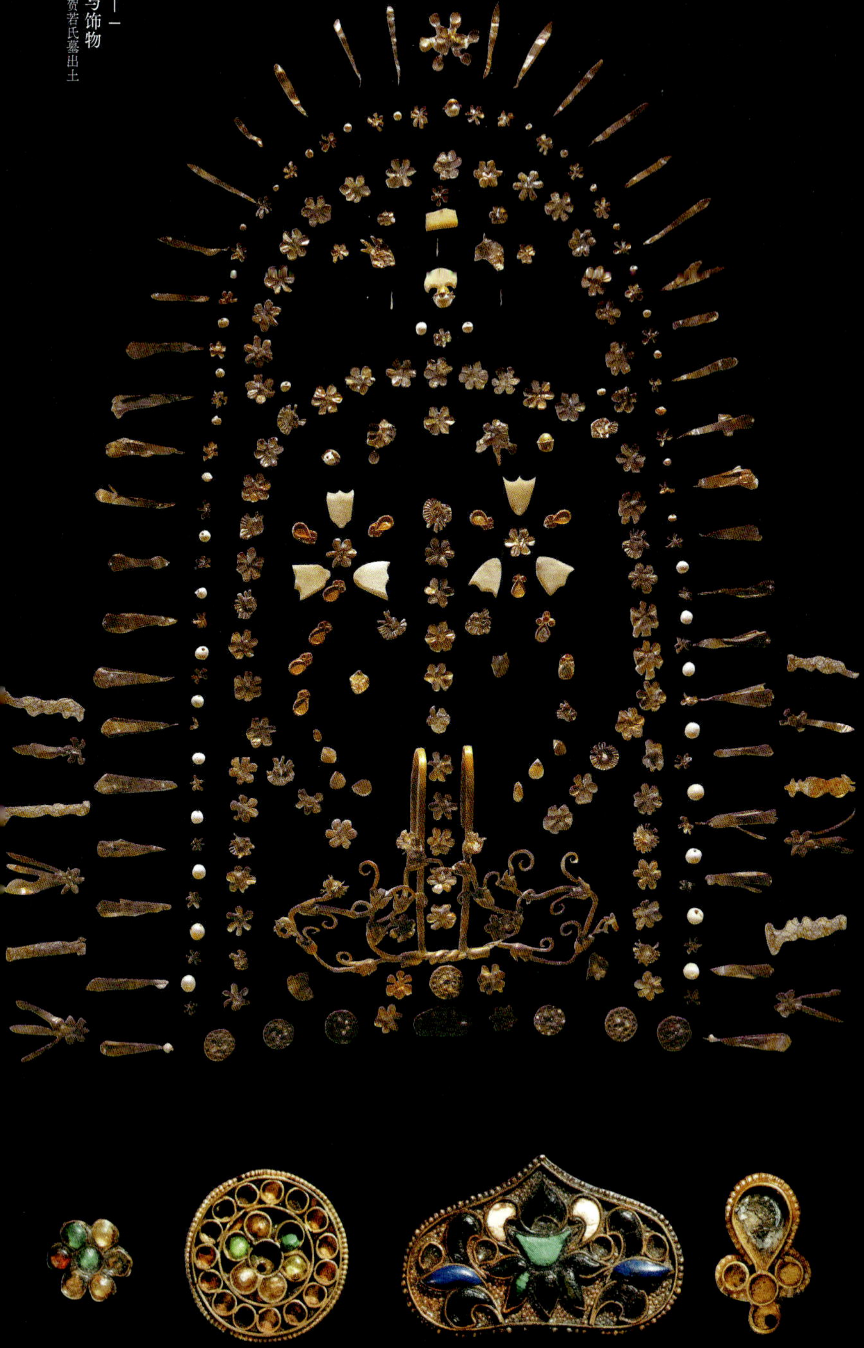

图三三一 冠架与饰物
咸阳唐贺若氏墓出土

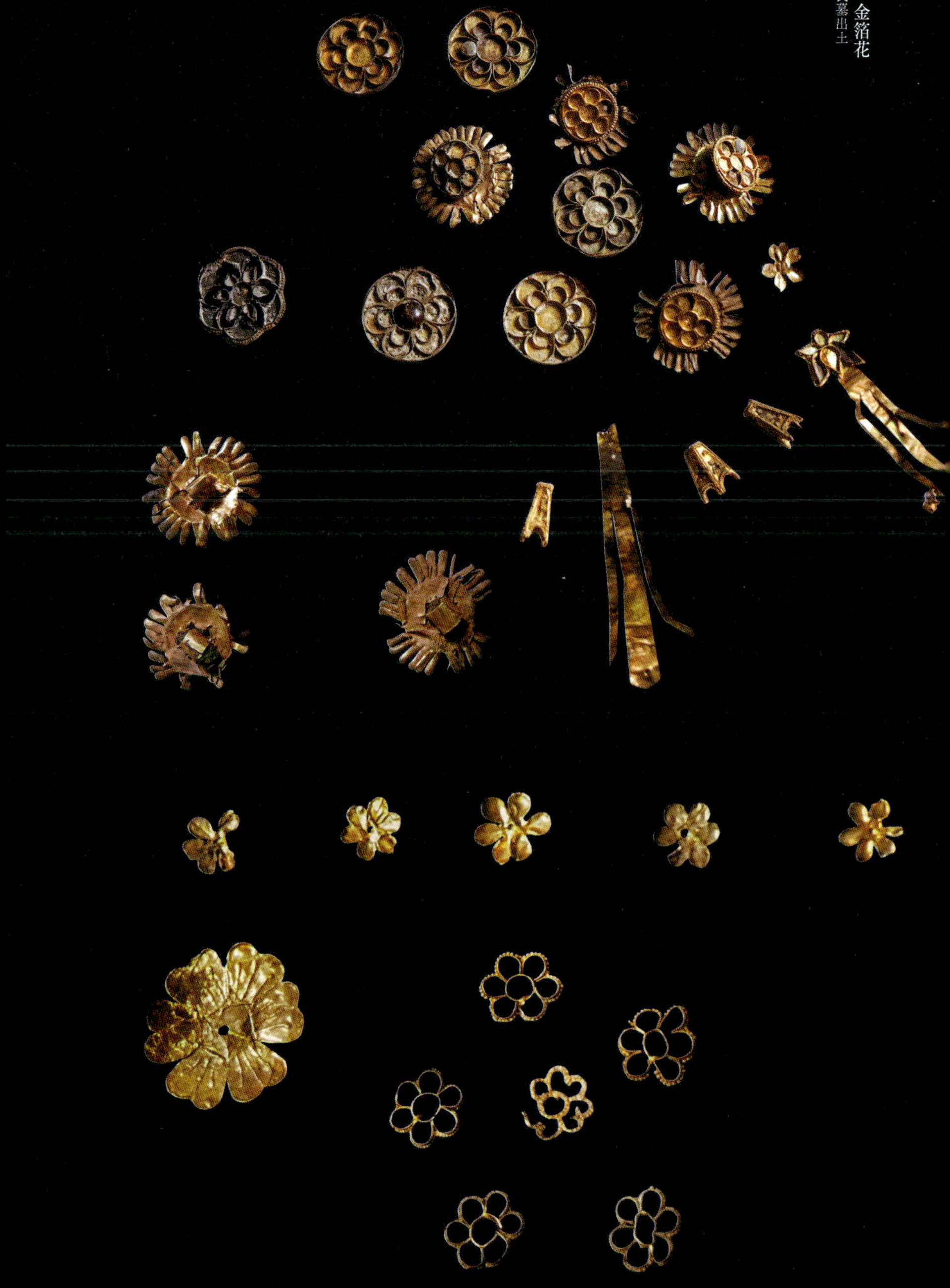

图三三—二
花钿、坠件、金箔花
安陆唐吴王妃杨氏墓出土

图三三一三
冠饰之一
图三三一四
冠饰之二
西安唐李倕墓出土

三三一三

三三一四

隋唐舆服制度中的礼服标准，规定『皇后首饰花十二树』，『自皇后已下，小花并如大花之数，并两博鬓也』（《隋书》卷十二《礼仪七》）。《旧唐书》卷四十五《舆服志》与《新唐书》卷二十四《车服志》中的说法与此大同小异。《车服志》提到命妇之服，道『两博鬓饰以宝钿』；花钗礼衣，『两博鬓以金银杂宝饰之』。礼书都没有言及冠，不过两博鬓似乎是要附着于冠的。陕西潼关税村隋

二〇一五年第六期。李倕卒于开元廿四年（七三六），为皇室宗亲，其夫侯莫陈氏亦应为北魏贵族后裔。

代壁画墓出土一具石椁，石椁外壁线刻画中坐在辂里的女主人便是花冠博鬓[1]。而冠的主要饰件，也不外花钗和宝钿。扬州西湖镇隋炀帝萧后墓出土一顶花树冠，虽因朽烂过甚很多细节不能十分清楚，不过两扇博鬓尚存其貌，且在X光片中可以见出装饰纹样[2]。萧后卒于唐贞观二十一年，诏以皇后礼合葬于炀帝陵，则此冠是唐物。此外有西安唐阎识微夫妇墓出土阎妻裴氏的已经散落之冠，大小不一、材质不同的各种饰件三百余，其中的博鬓式样与萧后冠大致相同。夫妇合葬的年代为神龙二年（七〇六）[3]。

五代至北宋初年，女子戴冠的风气似已渐渐流行于民间，敦煌画品中，戴冠女子的形象不止一例。今藏巴黎吉美博物馆的彩色绢画《金刚界五佛》，画面下部绘着七身供养人像，戴冠的两位女子，其一榜题『施主亡过母李氏』，其一榜题『亡过女負泰』。李氏戴着的是一顶金冠，冠上装饰莲瓣纹，其间并点缀翠饰，后面三道梁，高高撑住金冠束起的云鬓。此幅绢画原出敦煌藏经洞，一般认为是十世纪后半的作品[4]。

[1] 陕西省考古研究院《潼关税村隋代壁画墓》，附图六，文物出版社二〇一三年。墓葬年代为隋中期偏晚，墓主人很可能是杨隋皇族（页一三七～一三八）。

[2] 杨军昌等《江苏扬州市曹庄 M2 隋炀帝萧后冠实验室考古简报》，页六六～七四，《考古》二〇一七年第十一期。

[3] 西安市文物保护研究院《西安马家沟唐太州司马阎识微夫妇墓发掘简报》，《文物》二〇一四年第十期。

[4] 秋山光和《西域美术・吉美博物馆藏伯希和收集品》，图四六—五，讲谈社一九九四年。

第三节

梳篦、耳饰及其他

唐代梳篦的质地比较多样，玉石、琉璃、玳瑁、蚌壳之外，也多有铜和金银制品。通常为起拱或高或矮的半月式梳背，下端或与梳齿连做，有的尺寸很小，因每每插梳满头。

梳齿插于发，梳背露于外，这一部分自然成为装饰的重点。唐代因常在梳背上面嵌以金银玉石制成的花钿，元稹『玉梳钿朵香胶解』（《六年春遣怀八首》之四）[1]，即云以钿朵饰梳背。敦煌文书《杂集时要用字·花钗部》（斯·三二二七号背）有『钿掌，月掌，牙梳花』，是为唐代梳背的不同名称。所谓『钿掌』，便是以花钿为饰的梳篦。半月式，为唐代梳背特色，当然这也是从战国以来的传统式样演变而成。金篦宝钿原是唐代金银簪钗以及金银器皿共同使用的装饰手法，施用于半月式梳背，即因其形而名之曰钿掌，也因此而代指饰以花钿或金钿的梳篦。白居易『梳掌金篦蹙』[2]，温庭筠『宝梳金钿筐』[3]，所咏俱是。西安何家村唐代金

[1] 《全唐诗》，册一二，页四五一三。

[2] 《和梦游春诗一百韵》。谢思炜《白居易诗集校注》释此句曰『金篦，一种簪饰』（册三，页一一三七，中华书局二〇〇六年），不确。

[3] 《鸿胪寺有开元中锡宴堂楼台池沼雅为胜绝荒凉遗址仅有存者偶成四十韵》。刘学锴《温庭筠全集校注》注此句云『筐，犹盒。句似谓华贵的梳子置于用金镶嵌的盒中』（页八二一，中华书局二〇〇七年），非也。

图三四
金梳背
西安南郊何家村窖藏

图三五—一
鸳鸯纹金梳背

图三五—二
鸿雁纹金梳背
大都会博物馆藏

图三六
鸳鸯纹金梳背
西安雁塔区曲江乡三兆村出土

银器窖藏出土金梳背以粗金丝挥洒出缠枝花叶，金粟在边框内蹙聚为果实与花〔图三四〕，又恰好同『梳掌金筐蹙』相互发明。今藏大都会博物馆的两枚造型与工艺也很相近，不过精细远逊〔图三五—一～二〕。西安市雁塔区曲江乡三兆村出土鸳鸯纹金梳背宽六点七三、高一点七厘米，粟粒纹的地子上铺散着花朵和花瓣，一对鸳鸯在花朵两边对望〔图三六〕。

三四

三五—一

三五—二

三六

图三七
敦煌莫高窟第一四四窟东壁壁画（段文杰摹）

图三八
金梳
长沙桃花岭唐墓出土

图三九
银鎏金鸾凤梳背
三门峡市区唐墓出土

图四〇
伎乐飞仙纹金梳
扬州市区三元路出土

从纹样来看，与大都会博物馆藏鸳鸯纹金梳背仿佛是一对，而它该是倒插在发髻上的，——双梳对插的形象，也多见于唐代绘画❶〔图三七〕。长沙市桃花岭出土荷花纹金梳一对，尺寸尤小，两枚均高三点一厘米，其一宽四点六厘米，其一宽四点五厘米❷〔图三八〕。元稹《恨妆成》所云『满头行小梳』，便是这一类。金梳银梳也或同花簪钗一般镂空作，如河南三门峡市区唐墓出土的一枚银鎏金鸾凤梳背❸〔图三九〕。半月式梳背高七点五厘米，宽十四点五厘米，镂空花叶缘边，毬路纹铺地，上边一对鎏金鸾凤。扬州市区三元路西首建设银行工地出土伎乐飞仙纹金梳，则是梳背与齿连作之例❹〔图四〇〕。金梳通高十二点五、宽十四点五厘米。飞仙纹样的来源不是佛教，而是由道教中发展而来的吉祥题材。金梳的纹样构成因素以及造型，都颇借鉴于唐代的铜镜，主题纹样的飞仙之外，

三八

三七

❶ 如敦煌莫高窟第一四四窟东壁壁画所绘（中唐），谭蝉雪《敦煌石窟全集·服饰画卷》，图一六四，商务印书馆（香港）有限公司二〇〇五年。

❷ 长沙市博物馆《长沙市中南工业大学桃花岭唐墓发掘简报》，页二〇一，《湖南省博物馆馆刊》（第十一辑），岳麓书社二〇一五年。

❸ 三门峡市文物考古研究所《三门峡文物精粹》，图一六〇，北京燕山出版社二〇〇四年。

❹ 徐良玉等《扬州发现一批唐代金首饰》，页六八，《文物》一九八六年第五期。

三九

四〇

也包括缘边的缠枝花朵与蜂蝶[1]〔图四一一～二〕，却独以镞镂之工而极尽映丽婉妙。

四一一一

四一一二

图四一一一
飞仙镜
西安市唐墓出土

图四一一二
月宫镜拓本
故宫博物院藏

两汉之后耳饰在汉族聚居地区似已不很流行，所谓『穿耳』，便多属于中土之南的异域妆束[2]。图像中有一个对比明显的实例，即唐昭陵长乐公主墓壁画中的一幅侍女图，画面里侍女四人，汉装者三，耳均无饰，惟其中螺发者穿耳贯环[3]〔图四二〕，此或即常

[1] 《华夏之路》（中国历史博物馆编），图一二三，朝华出版社一九九七年；何林《故宫藏镜》，图九三，紫禁城出版社二〇〇八年。

[2] 如《南史·夷貊传上》曰林邑国男女『穿耳贯小环』，『自林邑、扶南以南诸国皆然也』。《旧唐书·南蛮传》曰婆利国在林邑东南海中洲上，其人皆『穿耳附珰』。又广胜寺藏《唐太宗御制赞碑》，句有『儒门弟子应难识，穿耳胡僧笑点头』（柴泽俊等《洪洞广胜寺》，页三七七，文物出版社二〇〇六年）。

[3] 昭陵博物馆《昭陵唐墓壁画》，页三七，文物出版社二〇〇六年。

图四二
唐昭陵长乐公主墓壁画

图四三
隋金镶宝兽面纹耳环
白鹤美术馆藏

四二

为唐代贵胄显宦所役使的昆仑奴[1]。当然隋唐耳饰也并未绝迹，如白鹤美术馆藏一对隋金镶宝兽面纹耳环，一只摩竭蜷身成环，摩竭张口处的下方是一个金镶宝兽面，上方为合掌人像〔图四三〕。耳环式样很可以见出与前面所举北魏耳坠的相似而又有变化〔第二章，图一一〇〕。咸阳国际机场

四三

[1] 唐张籍《昆仑儿》『金环欲落曾穿耳，螺髻长拳不裹头』。关于昆仑奴的考证，见孙机《唐俑中的昆仑和僧祇》，《中国圣火：中国古文物与东西文化交流中的若干问题》，辽宁教育出版社一九九六年。

唐贺若氏墓出土金镶宝耳环一对〔图四四〕，前举出土金梳的扬州市区三元路西首建设银行工地，同出又有金镶宝璎珞耳坠〔图四五—一〕，其中耳坠两对造型取式于灯毬，灯毬下方悬系六串璎珞流苏。此外被称作『马蹄形金挂饰』或『串宝石金耳坠』者❶〔图四五—二〕，当是从早期的摇叶耳饰〔见第二章，图一九四〕演变而来，不过摇叶易为璎珞。

❶《扬州发现一批唐代金首饰》，页六八（『马蹄形金挂饰』）；汪勃《扬州城与海上丝绸之路》，页二七（『串宝石金耳坠』），《大众考古》二〇一八年第十一期。

四四

四五—一

四五—二

图四四
金镶宝耳环
咸阳唐贺若氏墓出土

图四五—一
金镶宝璎珞耳坠

图四五—二
金镶宝璎珞耳饰
扬州市区三元路出土

四六—一

四六—二

唐代项饰以珠串璎珞为主，图像所见多是如此❶〔图四六—一～二〕。刘禹锡《贾客词》『妻约雕金钏，女垂贯珠缨』；元稹讽估客造假，亦云『鍮石打臂钏，糯米吹项璎』❷。金银制作的项饰却是不多。西安隋李静训墓出土金镶珠宝项链，从工艺与样式来看，当非出自中土工匠之手，是很特殊的一例❸〔图四七—一〕。浙江淳安朱塔唐代银器窖藏中的一挂银项链❹，似乎是这一时期的孤品。项链制作全部采用『连环法』，为双层单路式，而以俭省的办法

四七—一

图四六—一
彩绘舞俑
长武县唐墓出土

图四六—二
敦煌莫高窟第一〇八窟东壁壁画（五代）

图四七—一
金镶珠宝项链
西安隋李静训墓出土

❶ 如陕西长武县唐墓出土彩绘舞俑，如敦煌莫高窟第一〇八窟（五代）壁画中的供养人（《敦煌石窟全集·服饰画卷》，图二二七）。

❷ 《估客乐》，《乐府诗集》卷四十八。

❸ 熊存瑞《隋李静训墓出土金项链、金手镯的产地问题》，页七七～七八，《文物》一九七八年第十期。

❹ 浙江省博物馆《浙江淳安县朱塔发现唐代窖藏银器》，页九七九，《考古》一九八四年第十一期。

图四七—二
银项链
淳安朱塔唐代银器窖藏

图四七—三
铜鎏金龙首银项链
西安未央区西安中学出土

图四七—四
犍陀罗石雕思惟菩萨
（二至三世纪）
艾尔米塔什博物馆藏

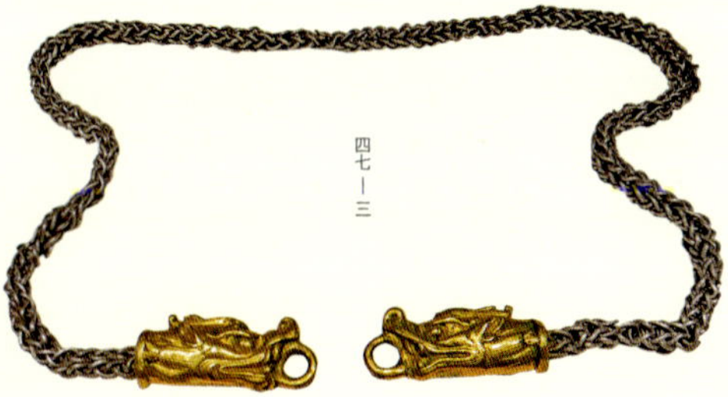
四七—三

四七—二

造成多重垂饰的效果，即一根单链，下结五股，一股为单之外，其余四股又各个下结两股，于是造就垂饰九重〔图四七—二〕。前举敦煌壁画盛装女子珠缨之间的项饰仿佛此类。西安未央区西安中学出土铜鎏金龙首银项链一挂〔图四七—三〕，则显示着另一种佩系方式，即一对龙首结系在胸前，如犍陀罗时期的石雕菩萨像〔图四七—四〕。出自长兴下

四七—四

图四七—五 **银项圈** 长兴下莘桥窖藏

图四八 **金指环**（一对之一） 合肥隋开皇三年墓出土

图四九—一 **金镶宝指环** 扬州市区三元路出土

图四九—二 《炽盛光佛并五星神图》（局部） 大英博物馆藏

四七—五

莘桥银器窖藏的银项圈以两股相叠，外边一重光素无纹，内里一重在鱼子地上錾花叶与飞鸟，缘边錾连珠纹，收窄的两端分别缠绕细银条，结处成环〔图四七—五〕。手饰依然是指环，合肥隋开皇三年墓出土金指环一对，光素无纹，式样至简〔图四八〕。戒面嵌宝者，有前举扬州三元路与金梳、金耳坠同出的两枚〔图四九—一〕。从目前的发现来看，实例很少，它出现于图像，也多属释道人物，如大英博物馆藏敦煌绢本《炽盛光佛并五星神图》中的金星❶〔图四九—二〕。

四八

四九—一

四九—二

❶ 韦陀《西域美术·大英博物馆斯坦因收集品·II》（日文版），图二七，讲谈社一九八二年。

腕饰类可算作唐代新样者，为中间宽、然后向着两端收窄乃至收尖，展开来形如柳叶的一种，两端收束处每每卷作一个小环，也有的结环处再分别做出一截缠丝。西安何家村唐代窖藏出土素面金钏、江苏丹徒丁卯桥晚唐窖藏出土银钏（图五〇—一～二），便是典型样式。装饰简单的一类，缘边与中腰打作弦纹或连珠纹，进之，则钏面施以纹样。洛阳龙康小区唐墓出土一对鸳鸯纹银鎏金钏[1]。四川绵竹出土缠枝牡丹纹金钏（图五一—一）。扬州邗江黄珏毕庄出土朵花纹金钏（图五一—二）。

五〇—一

五〇—二

五一—一

五一—二

图五〇—一 **金臂钏** 西安南郊何家村窖藏

图五〇—二 **银钏** 镇江丁卯桥窖藏

图五一—一 **缠枝牡丹纹金钏** 四川绵竹出土

图五一—二 **朵花纹金钏** 邗江黄珏毕庄出土

[1]《洛阳龙康小区唐墓（C7M2151）发掘简报》，封二：一、页三三，图四。

图五一—三
金钏
山西平鲁出土

图五一—四
长寿带花鸟纹金钏

图五一—五
金钏残件
黑石号沉船出水

出自山西平鲁的金钏四枚，或花鸟，或朵花，或素面上仅施连珠纹〔图五一—三〕。印尼勿里洞黑石号沉船中也有唐代金钏和金钏残件❶〔图五一—四～五〕。前引《贾客词》『妻约雕金钏』，又毛熙震《后庭花》『越罗小袖新香蒨。薄笼金钏。倚栏无语摇轻扇』❷，所咏大抵都是这一类。《簪花仕女图》里手拈花枝身穿方胜纹罗衣的女子，玉腕即戴着如此式样的金钏一对〔图五一—六〕。

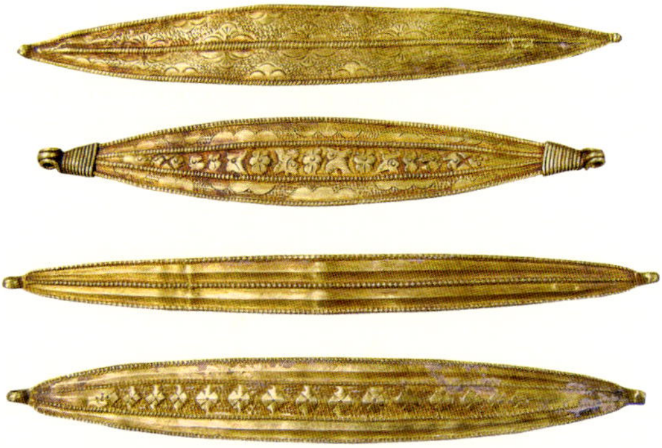
五一—三

五一—四

五一—五

❶ 沉船中发现刻有『宝历二年七月十六日』的长沙窑碗，宝历是唐敬宗的年号，为公元八二六年。

❷ 《全唐五代词》，页五九二。

五一—六

图五一—六
《簪花仕女图》（局部）
辽宁省博物馆藏

图五二—一
金臂钏

图五二—二
十二生肖金臂钏
广汉雒城镇树林路基建工地出土

图五二—三
十二生肖金臂钏展开（局部）
德阳什邡血防站出土

图五三—一
金镶宝珠手镯
西安隋李静训墓出土

图五三—二
金镶玉臂环
西安南郊何家村窖藏

此前已经出现的可调式多环连续的钏，唐代稍稍流行，如四川广汉雒城镇树林路基建工地出土的一件〔图五二—一〕。其表又或錾刻纹样，如与前件同出以及德阳什邡血防站出土的十二生肖纹金臂钏❶〔图五二—二～三〕。两件都是鱼子地上錾刻缠枝卷草间的十二生肖，只是纹样细节略有不同。它也是《簪花仕女图》中的佳人之饰，又恰同牛峤《女冠子》中的一番描画——『金钗芍药花。额黄侵腻发。臂钏透红纱』。

隋唐时代也出现了制作极精的金镶宝、金镶玉手镯，当日称臂环或臂钏。慧琳《一切经音义》卷十九『环钏』条曰：环，『臂钏也，或以象牙作环，而以七宝钿之，或用金银作如环之象』，『钏，小环也，皆臂腕之宝饰也』，应指这一类，即如西安隋李静训墓和西安何家村唐代窖藏所出者〔图五三—一～二〕。前者开口处一端以活轴衔钩，一端以活轴衔花朵式小环，乃用于启闭，小环花瓣嵌宝，小钩嵌珠。后者系三节白玉以三个兽面金合页相衔而成，用作开阖的一个合页，中设活销，此外两个辖以小金栓而成活轴。同出一共两对，存置其物的是一个银罐，器盖墨

五二—一

五二—二

❶ 成都金沙遗址博物馆等《金色记忆：中国出土十四世纪前金器特展》，页二二六、二二七（称作『十二生肖金媵圈』），四川人民出版社二〇一九年。

五二—二

五二—三

五三—一

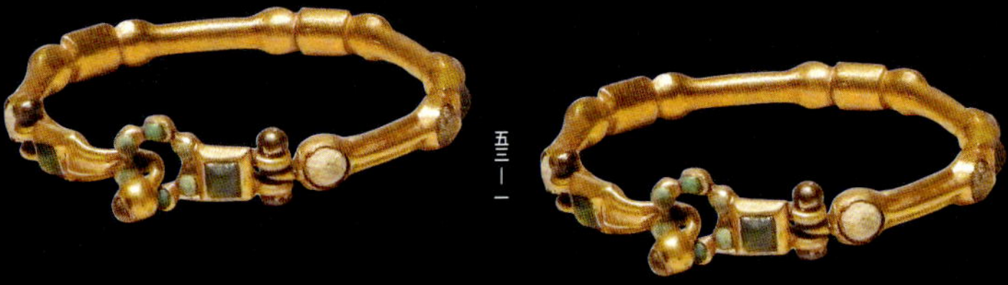

五三—二

书『玉辟（臂）环四』❶，是标明其称。沈括《梦溪笔谈》卷十九《器用》曰：『人有发六朝陵寝，得古物甚多，予曾见一玉臂钗，两头施转关，可以屈伸，合之令圆，仅于无缝，为九龙绕之，功侔鬼神。』据此形容，所谓『玉臂钗』，自是玉臂环，作者在金陵所见当是这一类唐物，如此『功侔鬼神』者，唐代难得，宋代也很少。

与此前相同，腰裾佩饰，隋唐也是以玉佩为主。西安唐李倕墓出土腰间佩饰一副两挂，却是以数枚造型不同的金筐宝钿和各式坠件所组成。金筐宝钿的造型，为四出花、宝相花、连枝花，花朵下方设环悬坠。连枝花的柔条或双双内卷，或两两外翻。其中两枚，内卷者萦抱为如意，中间低垂嵌宝的花朵；外翻者一左一右秀作花台，其上小鸭一对口衔珠璎。对称式构图的居中处安排贯通上下的嵌宝花朵，下方花朵以金粟粒铺地〔图五四—一〕。同出的另一组佩件，通过实验室考古的方法复原为『裙腰佩饰』，即珍珠结为方胜式珠网，一个方胜里一枚金片为衬的四出花〔图五四—二〕。杜甫《丽人行》中的『珠压腰衱稳称身』，大约就是这一类。

男子用到的金银饰品似乎不多。随身佩带之物有金装刀子

❶ 陕西历史博物馆等《花舞大唐春：何家村遗宝精粹》，页二一四，文物出版社二〇〇三年。

图五四—一
金筐宝钿佩

图五四—二
裙腰佩饰
唐李倕墓出土

金箧宝钿佩局部

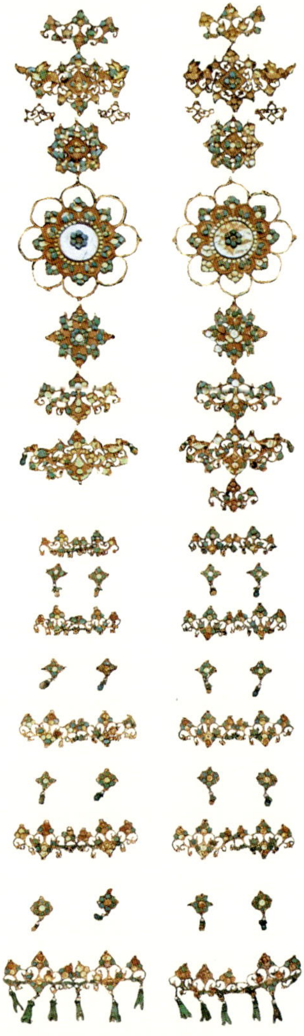

五四—一

五四—二

和银装刀子，小刀乃系于鞊鞢带，使用不分男女〔图五五〕。辽宁朝阳重型机械厂唐墓出土一枚小银刀形制很简单，刀柄上方绕以细银条，在端处结为小环，自是为了佩系〔图五六—一〕。出自安陆吴王妃杨氏墓的一柄小金刀，通长八点九厘米，柄端卷云式刀环，下方刀柄以一周绳索纹框边，细金条绕作交缠复又开合的连枝花草，交缠处设计为来自异域的赫拉克勒斯结〔图五六—二〕。此在唐代金银器纹样中尚不多见。

五六—一

五六—二

五五

图五五
唐永泰公主墓出土石椁线刻画（局部）

图五六—一
小银刀
朝阳重型机械厂唐墓出土

图五六—二
小金刀
安陆唐吴王妃杨氏墓出土

图五七—一
狩猎纹鞊鞢带
锡林郭勒盟苏尼特右旗出土

五七—一

所谓『鞊鞢带』，即垂系各种小工具亦即『鞊鞢七事』的革带，鞊鞢带的带扣、带銙、铊尾、护眼每用金银，带銙下方设长方孔以衔垂系七事的小带，如内蒙古锡林郭勒盟苏尼特右旗出土的鞊鞢带❶〔图五七—一〕。带銙纹样上的骑猎者或是引弓追杀，或是反身射虎。铊尾一枚，奔马上的猎者倾身下探将弓扯满，射向雄狮，极见骁勇。同出有两柄金鞘佩刀〔图五七—二～三〕。甘肃肃南西水大长岭唐墓出土金装刀子残件〔图五八—一〕，原初也当是系于鞊鞢带，同出即有不少鞊鞢带上的各类金饰件〔图五八—二〕。

❶ 丁学芸《布图木吉金带饰及其研究》，《内蒙古文物考古文集》第二辑，中国大百科全书出版社一九九七年。作者认为它是唐代中晚期『中国北方游牧民族的文物』，『具体地说，我认为是回纥（回鹘）文物似更恰当』。

狩猎纹鞊鞢带局部

五七—三

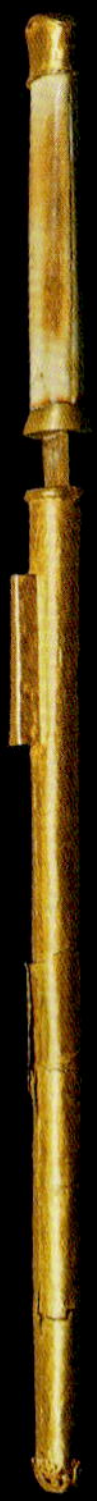

五七—二

图五七—二
金鞘佩刀一

图五七—三
金鞘佩刀二
锡林郭勒盟苏尼特右旗出土

图五八—一
金装刀子（残件）

图五八—二
金饰件
肃南西水大长岭唐墓出土

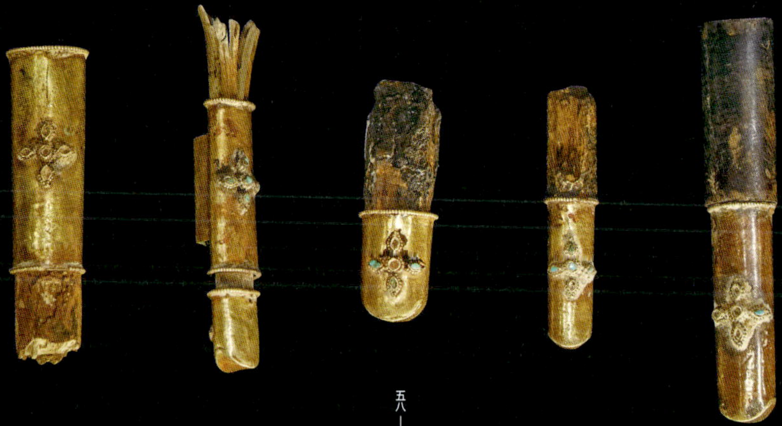

五八—一

五八—二

图五九
玉梁珠宝钿带
唐窦皦墓出土

图六〇
银鎏金腰带一副
杭州雷峰塔地宫出土

舆服制度中规定的皇太子服有乘马之服一项，其中列出『起梁珠宝钿带』一事❶。群臣之服中的『起梁带』制度，乃依品级之异而有别，即『三品以上，玉梁宝钿；五品以上，金梁宝钿；六品以下，金饰隐起而已』。陕西长安县南里王村唐窦皦墓出土一副玉带，正是玉梁珠宝钿带的完整实物❷〔图五九〕。带銙白玉为梁，下衬铜板，用三五个小金钉上下固定，金粟地上小金条围出花朵和枝叶轮廓，花瓣嵌珠，花心嵌宝，花叶依形填嵌彩色宝石和珍珠。杭州雷峰塔地宫出土五代吴越国银鎏金腰带一副，带鞓上有方銙四，半圆式銙七，铊尾一，带銙都是珍珠地上一只举翅欲飞的鹦鹉，惟铊尾鹦鹉是一对。带銙周边起棱后复向下翻折，背面并焊接银钉以与带鞓固定，下方有长方形孔亦即『古眼』，乃鞢韄带之遗意〔图六〇〕。带扣之背浅刻『弟子陈承裕敬舍身上腰带入宝塔内』十五字铭❸。

六〇

❶《新唐书》卷二十四《车服志》。
❷《陕西长安县南里王村与咸阳飞机场出土大量隋唐珍贵文物》，页四九。
❸浙江省文物考古研究所《雷峰塔遗址》，页一三四，文物出版社二〇〇五年。

至于近臣冠饰金蝉，唐代仍有其制。魏徵《奉和正日临朝应诏》『锵洋鸣玉佩，灼烁耀金蝉』。《新唐书·百官志》：显庆二年，分散骑常侍为左右，『皆金蝉珥貂』。陕西蒲城唐惠庄太子墓壁画与陕西历史博物馆藏唐代金蝉珰[1]〔图六一—一~二〕，为图像与实物相互契合的一例。

六一—一

六一—二

图六一—一
唐惠庄太子墓壁画

图六一—二
金蝉珰
陕西历史博物馆藏

[1]《陕西新出土唐墓壁画》，图一三一；《陕西历史博物馆新入藏文物精萃》，图一三一，三秦出版社二〇一一年。按后一例图版说明作『镂空金蝉』，且此『为迄今仅见的唐代蝉形艺术精品』。

马具中的饰品，主要有鞍具以及络头（或曰辔头）之表装置的饰件并攀胸和后鞦上面悬缀的珂。金饰之辔头，常以金羁为称，不言『黄金』，单言『金』，则可以指铜或铜鎏金。『白马黄金羁』是唐诗人喜用之物象，虽然典出梁朝吴均，却也是唐代马具的写照，当然它为贵盛者所用。李白《留别广陵诸公》『黄金络马头』；王维《雪中忆李楫》『何处躞蹀黄金羁』；钱起《送河南陆少府》『银章朱绶映金羁』；又韩愈谏张建封筑场击毬，有诗题作《汴泗交流赠张仆射》，道『毬惊杖奋合且离，红牛缨绂黄金羁』。金羁有视觉之美，金珂却是视觉之外更有音声之美。李元纮《绿墀怨》『征马噪金珂，嫖姚向北河』，贯休《蜀王入大慈寺听讲》『玉节金珂响似雷』，所咏俱是。《新唐书》卷一二七《张嘉贞传》曰，『嘉祐，嘉贞弟，有干略，方嘉贞为相时，任右金吾卫将军，昆弟每上朝，轩盖驺导盈闾巷，时号所居坊曰「鸣珂里」』。唐人又或称珂为杏叶，为银花。如王勃《春思赋》『杏叶装金辔』，如白居易谢李绅赠白马，曰『翩翩白马称金羁，领缀银花尾曳丝』（《公垂尚书以白马见寄光洁稳善以诗谢之》）。『领缀银花』，即攀胸上面悬缀的银杏叶。分别收藏于甘肃省博物馆和华池县博物馆的一对狩猎纹杏叶[1]，系铜铸鎏金，高七点六、宽六点三厘米，传华池县出土，上端有环以为系挂，缘边是翻卷的阔叶，上方一骑反身射雁，下方一骑挺矛刺向扑过来的雄狮，两骑之间惊鹿狂奔〔图六二〕。唐代杏叶造型有来自萨珊的影响[2]，这一对杏叶则连纹饰也取意于彼方。甘肃省博物馆藏一枚吐蕃时期的金杏叶，主图是一朵含苞欲放的倒垂莲，莲瓣镶嵌两颗绿松石，见出鲜明的吐蕃特色〔图六三〕。

六二

六三

图六二
铜鎏金狩猎纹杏叶

图六三
金杏叶
甘肃省博物馆藏

[1] 甘肃省文物局《甘肃文物菁华》，页三一〇，文物出版社二〇〇六年。
[2] 孙机《古舆服论丛·唐代的马具与马饰》，页一〇三，文物出版社二〇〇一年。

第五章 辽代

唐五代金银器只有鲜花著锦，没有迟暮衰败。倏忽结束，随即掀开新的一页，进入了另一个朝代。一片繁盛被辽代接过，嫁接了新的枝条。

作为东胡鲜卑族系的契丹族，建立国家之前，经历了漫长的发展过程。中土传世文献中关于契丹族的确实记载，始于北魏登国四年（三八九）[1]，其时八个部落各自独立活动。至唐代初年，八部方始组成部落联盟，联盟长由大贺氏选充。贞观年间，大贺氏联盟依附于唐。唐在契丹住地设松漠都督府，加号大贺氏联盟长为松漠都督，以营州都督控制松漠。此后契丹在突厥与唐之间依违不定，直到天宝四载（七四五）回纥可汗推翻突厥，建立回纥汗国，契丹遂处于回纥汗国的统治之下约一百年。开成五年（八四〇），回纥汗国灭亡，唐也成衰落之势，于是契丹得以迅速扩张，九一六年，耶律阿保机建立契丹国。——这一段为人熟知的历史本无须在此重复，只是因为它涉及辽代金银器的特质与风格，即契丹立国之前成长壮大的过程，与唐、与突厥、与回纥都有着密不可分的联系，金银器制作也会有来自这几方面的影

[1] 见《魏书》卷一百《契丹传》。按刘凤翥《大辽遗珍：辽代文物展·序言》（学苑出版社二〇一二年）中说道，见于史乘的确切年代为公元三七八年，见金富轼《三国史记》卷十八，小兽林王八年条。

响。立国之后疆域继续在争战中扩大，即如《辽史·地理志一》所云：『太祖以迭剌部之众代遥辇式，起临潢，建皇都；东并渤海，得城邑之居百有三。太宗立晋，有幽、涿、檀、蓟、顺、营、平、蔚、朔、云、应、新、妫、儒、武、寰十六州，于是割古幽、并、营之境而跨有之。东朝高丽，西臣夏国，南子石晋而兄弟赵宋，吴越、南唐航海输贡。』『总京五，府六，州、军、城百五十有六，县二百有九，部族五十有二，属国六十。东至于海，西至金山，暨于流沙，北至胪朐河，南至白沟，幅员万里。』疆土广大，资源也不匮乏。《辽史·食货志下》：『坑冶，则自太祖始并室韦，其地产铜、铁、金、银，其人善作铜、铁器。……太祖征幽、蓟，师还，次山麓，得银、铁矿，命置冶。圣宗太平间，于潢河北阴山及辽河之源，各得金、银矿，兴冶采炼，自此以迄天祚，国家皆赖其利。』又同书《地理志三》曰中京道之泽州『本汉土垠县地，太祖俘蔚州民，立寨居之，采炼陷河银冶』❶。又同书卷一一六《国语解》『山金司』条，曰『以阴山产金，置冶采炼，故以名司』。澶渊结盟后，得自宋朝的岁币，也扩充了辽朝的经济实力❷。作

❶《辽史》卷一一六《国语解》曰『陷河冶，地名，本汉土垠县，有银矿，太祖募民立寨以专采炼，故名陷河冶』。

❷自澶渊结盟至宋徽宗宣和三年宋廷因与金合攻燕京而停付岁币止，大约一百二十年间，辽得宋银达三千一百五十万两，绢达一千九百七十万疋。陈述《契丹社会经济史稿》，页一四八，生活·读书·新知三联书店一九七八年。

为一个傲然雄踞于北方的王朝——从渤海到阿尔泰山，北达贝加尔湖，南与中原政权接壤——与各方交往的便利，对不同文化的吸纳，也为金银器的设计注入活力。

辽代金银器是近年学界涉及比较多的话题，相关的著述与图录数量也不算太少，显示着由考古新发现所带来的研究成果[1]。从目前的出土情况来看，可以认为，辽代金银器有着北方草原民族的特质，然而汉风却是贯穿始终。与五代的关系自不必言，入辽的后唐庄宗德妃伊氏墓，葬制与出土金银器来自不同风俗的情况正是极好的实例[2]。自澶渊之盟迄燕云之役，辽宋约和凡一百一十八年，益以开宝迄太平兴国间之和平，综凡一百二十四年。全部聘使计约一千六百余人。《续资治通鉴长编》及《辽史》所载者约一千一百五十人，以其他文籍补苴者尚有一百四十余人[3]。以如此频繁的往来，民族之间、不同文化之间，自难长久保持畛域分明，何况辽国疆域内有以南京、东京两个都城为首，包括其他城市及主要州县所兴盛的贸易往来[4]。更何况还有辽代前期政治体制之汉化的努力[5]，辽主中亦不乏欣赏与推广汉文化者，比

[1] 《辽代金银器》（朱天舒，文物出版社一九九八年）、《契丹王朝：内蒙古辽代文物精华》（中国历史博物馆等编辑，中国藏学出版社二〇〇二年）、《赤峰金银器》（于建设主编，远方出版社二〇〇六年）、《探寻逝去的王朝：辽耶律羽之墓》（盖之庸，内蒙古大学出版社二〇〇四年），等等。以辽代金银器出土比较集中的赤峰地区为例，重要者有如下几批：一、宝山一号墓，时代为天赞二年。二、耶律羽之墓，时代为会同四年。三、水泉辽墓，辽早期。四、辽驸马赠卫国王娑姑墓，应历九年。五、沙子沟辽墓，辽早期。六、花根塔拉辽墓，辽早期至中早期。七、哈鲁辽墓，辽中期偏早。八、二八地辽墓，辽早期或辽中期偏早。九、和布特哈达辽墓，辽中期。十、英凤沟辽墓，辽中期。十一、解放营子辽墓，辽中期至道宗初年。十二、庆州辽塔，辽中晚期。十三、友爱窖藏，辽晚期。《赤峰金银器》，页三～五。

[2] 赤峰市博物馆等《内蒙古巴林左旗盘羊沟辽代墓葬》，《考古》二〇一六年第三期。

[3] 傅乐焕《辽史丛考·宋辽聘使表稿》，页二三二，中华书局一九八四年。

[4] 岛田正郎《大契丹国：辽代社会史研究》（何天明译），页一八五，内蒙古人民出版社二〇〇七年。

[5] 林鹄《南望：辽前期政治史》，生活·读书·新知三联书店二〇一八年。

如辽圣宗亲以契丹大字译白居易《讽谏集》[1]。宋人文集乃至篇章也以印行的方式在辽传播甚广[2]。辽代金银器中的汉风，这些都是它的大背景。

马具、带具和丧葬用器中的各种装饰用具，是辽代金银器中最具特色的部分。而器皿一类，早期多是由唐五代而来，晚期则与北宋相近。各种节日里，辽宋之间互赠礼物中的金银制品可以见出汉与契丹的趣向之别，——辽之馈赠以马具、弓箭、装备等为主，宋之馈赠则以金银酒食茶器为大宗[3]。辽代早期金银器显示了一个很高的起点，主要原因之一即在于它是建立在俘掠人口的基础上，其制作很可能是出自汉族工匠，——胡峤《陷虏记》曰上京『有绫锦诸工作，宦者、翰林、伎术、教坊、角觝、秀才、僧尼道士等皆中国人，而并、汾、幽、蓟之人尤多』。契丹贵胄对此类器物似乎也是一种对『他者』之物的忻慕，因为器物的造型、纹饰以及用途多非本族传统[4]。

[1]《契丹国志》卷七《圣宗天辅皇帝》。所谓《讽谏集》，或即《白氏长庆集》中的『讽谕诗』四卷。又《诗话总龟》卷十七引宋李颀《古今诗话》：『雄州安抚都监称宣事云：虏中好乐天诗。闻虏有诗云「乐天诗集是吾师」。』

[2]苏辙《北使还论北边事札子五道·论北朝所见于朝廷不便事》（《栾城集》卷四十二）：『本朝民间开版印行文字，臣等窃料北界无所不有。臣等初至燕京，副留守邢希古相接送，令引接殿侍元辛传语臣辙云：「令兄内翰（谓臣兄轼）《眉山集》已到多时，内翰何不印行文集，亦使流传至此？」及至中京，度支使郑颛押宴，为臣辙言：先臣洵所为文字中事迹，颇能尽其委曲。及至帐前，馆伴王师儒谓臣辙：「闻常服茯苓，欲乞其方。」盖臣辙尝作《服茯苓赋》，必此赋亦已到北界故也。臣等因此料本朝印本文字，多已流传在彼。』『访闻此等文字贩入虏中，其利十倍。』

[3]见宋叶隆礼《契丹国志》卷二十一《南北朝馈献礼物》一节。

[4]如在食器使用中的蕃汉之分，——路振《乘轺录》记使辽时『宴于副留守之第，……驸马都尉兰陵郡王萧宁侑宴，文木器盛虏食』；《续资治通鉴长编》卷五十九曰孙仅使辽，『具蕃汉食味，汉食贮以金器，蕃食贮以木器』。

第一节

纹饰、造型之大概

龙与凤，莲塘与水禽，双狮戏毬，摩竭戏珠，风翻莲叶和莲叶上的双鱼，或奔跑或卧息的鹿，缠枝卷草，迦陵频伽，歌舞伎乐，唐五代流行的纹样，俱为辽代所延续。鱼子地依然很规整，不过『鱼子』稍稍变大，因此今人或称之为『珍珠地』。龙纹的使用比唐代更为广泛。摩竭戏珠则愈加发扬光大，并且创制出不少变体，器皿之外，尤其令耳环样式的设计见出新奇。

此外还有人物故事并绘画的移植，如商山四皓，竹林七贤，二十四孝。绘画的移植，很可以见出工匠的素养和技艺。内蒙古通辽市科左后旗吐尔基山辽墓是辽早期的一座贵族墓葬，墓主人为女性[1]，随葬品中一件银鎏金嵌宝包镶漆奁匣，内置『李家供奉』铭鹦鹉衔花枝铜镜一枚，匣盖内里錾一幅宴饮图。画面中心是水中的一个小岛，两边各有雕栏围护，栏外水波粼粼，近水鸳鸯嬉戏，远水鸿雁翻飞，更远处则一带云山飘渺。小岛上面巧布

[1] 内蒙古文物考古研究所《内蒙古通辽市吐尔基山辽代墓葬》，页五三，《考古》二〇〇四年第七期。

图一 银鎏金嵌宝包镶漆奁匣（盖内）
吐尔基山辽墓出土

芭蕉湖石，湖石间的落英缤纷处对设毡毯，上首毡毯当心处的绣墩上坐着男女主人，身后环立侍女，其中一人持拂子，一人掌扇，扇面是一对鸳鸯。下首宝相花的毡毯上是一队方在演奏的伎乐，所奏者乃以下承牙床的羯鼓为中心，配以拍板和笛〔图一〕。而羯鼓正是唐代备受重视的器乐，玄宗所谓『八音之领袖，诸乐不可方也』（《新唐书·礼乐志》）。如同赤峰市宝山二号辽墓壁画《寄锦图》与《颂经图》[1]，画面中的人物服饰均与唐代相近，而宝山辽墓壁画的题诗中乃至赫然有着『征辽』之句，此自可证唐文化于辽影响甚深，但也可能作品源出唐朝旧样[2]。

不妨再解读同出的一件金花银提梁壶。壶腹两面开光中各装饰一幅人物故事图〔图二〕，两图均有榜题，其中一幅题作『四浩先生』，另一幅榜题也是四个字，不过第二字稍欠清晰，不同版本的图录此幅之图

[1] 吴玉贵《内蒙古赤峰宝山辽壁画墓『颂经图』略考》，《文物》一九九九年第二期；吴玉贵《内蒙古赤峰宝山辽壁画墓『寄锦图』考》，《文物》二〇〇一年第三期。

[2] 孙机《辽代绘画》，页一五，载《契丹王朝：内蒙古辽代文物精华》，中国藏学出版社二〇〇二年。

版说明概作『弘□先生』[1]。细审其字，原来是个『牙』字。于是可以明白榜题四字乃是『弘牙先生』，实即『洪崖先生』，正如另一幅中的『四皓』写作『四浩』。

『弘牙先生』之幅，开光内的鱼子地上草丛簇簇，山石三五，其间一行五人。策鞭缓辔骑驴者一，前后从者四，乃分别奉物：持羽扇，负琴，背酒葫芦，肩扇。根据榜题，可以容易识得图中的骑驴者便是主人公『弘牙』亦即洪崖。宋张淏《云谷杂记》有『二洪崖先生』一则，略云：『洪崖先生有二，其一，三皇时伶伦，得仙者，号洪崖。』『其一，唐有张氲，亦号洪崖先生。按本传及《豫章职方乘》云，氲晋州神山县人，隐姑射山。开元七年召至长安，见玄宗于湛露殿。十六年洪州大疫，氲至，施药，病者立愈。州以上闻，玄宗意其为氲。驿召之，果氲也。常服乌方帽，红蕉衣，黑犀带，跨白驴，从者负六角扇、垂云笠、铁如意，往来市间，人莫知其年岁。今人好图其像者，即此是也。』[2]是

图二
金花银提梁壶
吐尔基山辽墓出土

[1]《文明之旅：中国北方草原古代文明揽胜》，页九二，内蒙古博物院二〇〇九年；（台北）故宫博物院、内蒙古博物院《黄金望族：大辽文物展》，页七二，时艺多媒体传播股份有限公司二〇一〇年；深圳博物馆、内蒙古博物院《契丹风韵：内蒙古辽代文物珍品展》，页四七～四九，文物出版社二〇一一年。

[2]《说郛》涵芬楼本卷三十。

弘牙先生榜题

弘牙先生

四浩先生

洪崖先生之一，为黄帝时候的乐官；洪崖先生之二，为玄宗时候的张氲[1]。而『今人好图其像者』，实此张氲，所谓『今』，自然是作者所处时代。以洪崖先生为题的画作，唐代似已出现。《铁网珊瑚》卷十一著录阎立本《洪崖仙图》，图有东坡跋语，曰：『洪崖先生，不知何许人也，姓张，名蕴，字藏真。风神秀逸，志趣闲雅，仙书秘典，九经诸史，无所不通。开元中已千岁矣，盖古

[1] 《新唐书·艺文志》神仙类著录张说《洪崖先生传》一卷，注云：张氲先生，唐初人。

之高仙。明皇仰其神异，累诏不赴。多游终南、泰华，或往青城、王屋，与东罗二大师为侣。每述金丹华池之事，易形炼丹之术，人莫究其微妙焉。先生戴乌帽，衣红蕉葛衫，乌犀带，短勒靴。仆五人，名状各怪，曰橘、术、栗、葛、拙。有白驴曰雪精，日行千里。复有随身之用白藤笠、六角扇、木如意、筇竹杖，长盈壶、常满杯自然流酌。每跨驴，领仆游于市廛，酒酣笑傲自若。明皇诏图其像，庶朝夕得瞻观之。』末署『元祐四年东坡苏轼书』。图今不传，然而宋人既『好图其像』，则当日同类画作必是常见。吐尔基山辽墓出土银壶的取材应即来自绘画以及口传的故事而非文本，构图因素的更易和削减，部分原因或在于材质和工艺，但主要特征依然是保留的。『有白驴曰雪精』，银壶图案中洪崖先生之坐骑是也。『白藤笠、六角扇、木如意、筇竹杖，长盈壶、常满杯』，图案则以六角扇和酒葫芦略传其神。『仆五人，名状各怪』，图案中的肩扇之侏儒是其『怪』也，惟『仆五人』，易作四。

四皓故事，却是很早就进入装饰领域，如江西南昌火车站东晋墓出土彩绘人物故事图漆盘[1]，如河南邓县学庄村南朝墓出

[1] 孙机《翠盖》一文考订漆盘图案为四皓图，见《中国文物报》二〇〇一年三月十八日。

图三—一
金花银盏
辽驸马赠卫国王墓出土

图三—二
片治肯特古城粟特壁画

土彩绘模印砖，彩绘砖榜题曰『南山四皓』。东晋漆盘中尚出现往商山礼请四皓为辅佐的惠太子，但在装饰领域的图像传递过程中，似乎逐渐略去故事中的政治背景，以后便成为神仙故事了[1]。作为银壶图案的『四皓先生』与『洪崖先生』，取意亦当如此。而纹样设计者，对中原地区的传统题材应该是十分熟悉的。『四皓先生』中坐具之鹿皮荐、下有壶门座的棋局、仙人所戴莲花冠，由此诸般细节的处理，更可见出这一点。前已提到，吐尔基山墓葬的时代属于辽前期。

同属辽前期的酒器尚有几件造型比较特殊。

一、赤峰大营子辽驸马赠卫国王墓出土金花银盏[2]〔图三—一〕。盏高四点五、口径九点八厘米，杯心花瓣与连珠合成的装饰框内錾蟠龙戏珠，杯足束腰，上方锥点卷草，底边环以鎏金花瓣。银盏造型来自异域意匠，撒马尔罕的片治肯特古城粟特壁画中有手持此式酒杯的饮宴场面〔图三—二〕，但全器的装饰却是唐五代至辽的流行纹样。

三—一

三—二

[1] 贯休《四皓图》：『何人图四皓，如语话唠唠。双鬓雪相似，是谁年最高。溪苔连豹褥，仙酒污云袍。想得亡秦日，伊余亦合逃。』

[2] 前热河省博物馆筹备组《赤峰县大营子辽墓发掘报告》，页一一，《考古学报》一九五六年第三期。

图四—一
金錾花七棱錾耳杯之一

图四—二
金錾花七棱錾耳杯之二
辽耶律羽之墓出土

图五—一
金錾花八棱錾耳杯之一

图五—二
金錾花八棱錾耳杯之二
吐尔基山辽墓出土

二、金錾花七棱錾耳杯与金錾花八棱錾耳杯，即酒卮。前者出自内蒙古阿鲁科尔沁旗辽会同四年耶律羽之墓[1]，后者出自吐尔基山辽墓，均为一对。七棱杯高六点四厘米，口径七点三厘米〔图四—一~二〕。杯身用连珠纹分隔为七棱并做出七个开光，光外上方为对鸟衔花，下方缠枝卷草，光内的鱼子地上分别錾刻七位高士：持卷，著书，弄琴，抚腹，执麈尾，又饮酒者二。八棱杯高五点九、口径六点一厘米〔图五—一~二〕。八个开光八幅图，每个图好似独立成幅，又若情景相连，飞鸟、高树虽然分别为人和动物布景，但也不妨视作一所苑囿里的不同场景。飞鸟下方是唐代风格的子女图，佳人二三，或戏婴，或理妆，或闲步。高树下，则羚羊，双鹿，鹿群，或一大一小仿佛母子的大象。杯之一，一侧环耳上方嵌一颗绿松石，两边是分头口衔杯沿而两尾相抵的一对鱼。另一件环柄上方嵌饰俱无，当是脱落。金杯为栗特样式，今发现唐代与此相类的金银酒卮，均为八棱，杯侧的錾耳多为『屈指』式，如西安南郊何家村窖藏中的两件〔第三章，图四四—二~三〕，如印尼勿里洞黑石号沉船中的一件〔图六〕。艾尔米塔什博物馆藏

[1] 盖之庸《探寻逝去的王朝：辽耶律羽之墓》，内蒙古大学出版社二〇〇四年。本章所举耶律羽之墓出土物，尺寸、数量等均据此著，以下不再一一出注。

四—一

四—二

五—一

五—二

金錾花八棱錾耳杯局部

一件出土于克拉斯诺亚尔斯克叶尼塞河中游河畔墓地的银錾花八棱錾耳杯，高六点五厘米，杯侧錾耳仅有压指板而无下面的环耳。其时代约当九世纪[1]〔图七〕。就造型来说，耶律羽之墓出土金杯与艾尔米塔什博物馆藏银杯更为接近，惟以七棱为异。而它的异于通常之八棱，似乎是特地为着安排开光内的七位高士。此高士，应即竹林七贤。两件金杯的纹饰均为汉风，虽然吐尔基山的金杯图案不论飞鸟、动物还是人物都颇显稚拙。有意思的是，这一件

六

七

图六
金八棱錾耳杯
黑石号沉船出水

图七
银錾花八棱錾耳杯
艾尔米塔什博物馆藏

[1] 杯有回鹘文铭，大意为：闪光的杯子在手上，我寻找到了无限的幸福。东京国立博物馆等《シルクロードの遺宝》，图一五七，日本经济新闻社一九八五年。

图八
银鋈金双鱼柄匙（局部）
辽陈国公主墓出土

八

金杯环柄上方的压指板做成两尾相抵的一对鱼，而不是典型粟特样式的背首相抵之胡人头。这一构思并非凭空而来，却是巧用古说。《尔雅·释鱼》：『鱼枕谓之丁，鱼肠谓之乙，鱼尾谓之丙。』意即鱼枕、鱼肠、鱼尾，样子分别像是篆书中的『丁』字、『乙』字和『丙』字[1]。《尔雅》虽列入儒家经典，但它实际上是百科性质，若干意思平浅的古说当为人所熟悉，『鱼尾谓之丙』似非僻典，以某种机缘进入装饰领域，遂成雅俗共赏的创意，——谐其音，借其形，把器柄做成鱼尾的样子，而由此衍伸，或是两尾相抵的一对鱼，或是双鱼，也就很自然了。并且这不是孤例，内蒙古奈曼旗辽陈国公主墓出土银鋈金双鱼柄匙一对，长柄竹节式，其端做成并体相依的一对鱼[2]〔图八〕。此在后世更是广为所用。如分别出自辽阳三道壕六十号墓和辽阳北园六号墓的金代铜匙，柄端为鱼尾。苏州虎丘山北元吕师孟墓出土银匙，竹节柄，其端做成鱼尾。类似的实例尚有不少。

三、金錾花折肩罐，分别出自辽耶律羽之墓和吐尔基山辽墓。前者高十四点八、口径七点六厘米，颈、腹各有四个开光，

[1] 郝懿行《尔雅义疏》曰：『此皆似篆书字，因以名焉。』

[2] 内蒙古自治区文物考古研究所等《辽陈国公主墓》，页四四，文物出版社一九九三年。本章所举陈国公主墓出土物，尺寸、数量及相关出土信息，均据此著，以下不再一一出注。

图九—一
金錾花折肩罐
辽耶律羽之墓出土

图九—二
金錾花折肩罐
吐尔基山辽墓出土

九—一

开光内分别錾刻郭巨埋儿、王祥卧冰、杨香扼虎、孝孙原穀谏父、蔡顺拾葚奉亲、蔡顺闻雷泣墓等孝子图，开光之间满布花卉纹〔图九—一〕。后者高十六点四、口径七点八厘米，一侧有环柄，环柄上方一个卷草纹压指板。器身花叶回环盘绕出来的装饰空间里，交错安排口衔瑞草的凤凰和上下呼应的两对合欢枝〔图九—二〕。

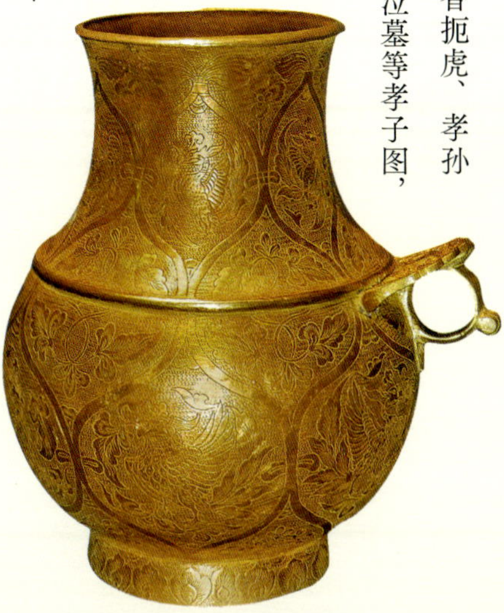

九—二

折肩罐的造型原是仿自突厥器皿❶，在前举片治肯特出土粟特壁画中也有持此类器具饮酒的形象〔图九—三〕，辽代则成为一种流行样式，不仅金银器，还有陶瓷器。赤峰博物馆藏银金花折肩罐，高十一、口径五点五厘米，器身錾刻鎏金鸳鸯。赤峰市内出土银折肩罐，高九点九、口径五点四厘米，器身錾刻缠枝花❷。出自赤峰克什克腾旗二八地一号墓的银折肩罐，高十一、口径六厘米，器底有汉字『大郎君』铭❸。可以说，辽对突厥器

❶ 孙机《中国圣火·近年内蒙古出土的突厥与突厥式金银器》，页二六四，辽宁教育出版社一九九六年。

❷ 刘冰《赤峰博物馆文物典藏》，页九三～九四，远方出版社二〇〇七年。

❸ 其年代为辽中期偏早。《赤峰金银器》，页一二八。

皿的模仿，仅仅是造型而已，装饰纹样则已『改换门庭』，所被汉风以至于深入到传统的意识形态。而折肩罐，应即契丹酒器中的『匹裂』，说见后文。

九—三

图九—三 片治肯特古城粟特壁画

图一〇
金花银鹿纹鸡冠壶
赤峰市郊城子公社出土

图一一—一
银提梁壶
辽驸马赠卫国王墓出土

图一一—二
滴水湖辽墓壁画（摹本）

图一二
摩竭戏珠纹银盘
凌源小喇嘛沟辽墓出土

图一三
银鎏金錾耳杯
花根塔拉辽墓出土

最有契丹特色的金银酒器是皮囊式鸡冠壶，如发现于赤峰市郊城子公社的一件金花银鹿纹鸡冠壶❶，不过器腹的方胜式开光，做成风翻荷叶的壶盖，仍是从唐五代纹样中借意，显示了它的设计元素不是单一的〔图一〇〕。赤峰人营子辽驸马赠卫国王墓出土银提梁壶，提梁中腰挂银链，一侧又是一截短链系在宝珠钮的壶盖上。壶腹中间一道弦纹，弦纹上下满布花网式的鳞纹。壶高十点二厘米，银链长四十一厘米〔图一一—一〕。银壶当为水器，长链是为着挂在炉火上的支架加热。巴林左旗查干哈达苏木阿鲁召嘎查滴水湖辽墓壁画的出行归来图里，侍从之一左手提着一个长链提梁壶的链子，右手捏着从颈后绕到右肩的壶链下端〔图一一—二〕，虽然壁画里的壶没有口流，不过用途应该是一致的。辽宁凌源小喇嘛沟辽墓一号墓出土一件摩竭戏珠纹亚腰式长盘，造型取式于银锭，或可算作辽代新样❷〔图一二〕。出自赤峰阿鲁科尔沁旗扎嘎斯台苏木花根塔拉辽墓的银鎏金錾耳杯，造型接近唐代，纹饰虽然也染唐风，却以细节处理之异而韵致不同〔图一三〕。

一〇

❶ 上窄下宽，通高二十六点五厘米。项春松《赤峰发现的契丹鎏金银器》，页九五，《文物》一九八五年第二期。同出有双鱼榼两件。

❷ 高二点四、盘口长二十三点四厘米。一号墓的时代为辽圣宗时期，推测『凌源小喇嘛沟墓地可能与横帐解里家族有关，或许就是其后代』。辽宁省文物考古研究所《凌源小喇嘛沟辽墓》，页二六、一三三，文物出版社二〇一五年。本章所举小喇嘛沟墓地出土物，尺寸、数量及相关出土信息，均据此著，以下不再一一出注。

二一二

二一一

三

一

三

一四一一

图一四一一
环耳金杯
阜新县扎兰营子乡汪四营子村出土

图一四一二
大同东风里辽墓壁画

图一四一三
克力代乡喇嘛沟辽墓壁画（局部）

辽宁阜新市阜新县扎兰营子乡汪四营子村出土环耳金杯，内底心錾折枝牡丹，外壁口沿下锥点一周卷草，一侧有龙纹环柄〔图一四一一〕，式样似乎下启金元。山西大同东风里辽壁画墓绘女侍手持环耳杯〔图一四一二〕，可见它的使用；敖汉旗克力代乡喇嘛沟辽墓墓室壁画备猎图中，侍者腰间革带上挂着略同此式的一个环耳杯〔图一四一三〕，可见它之用于携行。

一四一二

一四一三

环耳金杯内底心

图一五
「左相公」铭银酒樽
辽耶律羽之墓出土

第二节 器皿

一 酒食器

出自耶律羽之墓的金酒器，是比较典型的一组。宜于和它比较的实例，便是第三章举出的江苏镇江丹徒丁卯桥晚唐银器窖藏。所出银器为酒樽、注瓶，酒盏、酒海，果碟、果盘、果盒，匙和箸。耶律羽之墓出土金银器皿的类型和样式都与它很接近。以下即举其类目[1]，并兼及与之同属的辽代器物：

（一）酒樽

『左相公』铭银五曲酒樽一，高七点二、口径三十四厘米。器底有『左相公』三字铭〔图一五〕。

（二）酒盏

金五曲圆口盏和花口盏各一。圆口盏口径七点七、高三厘米。盏外壁五曲内分别錾刻莲花上对衔花枝的一对小鸭，盏内心锥点涟漪，錾一对游鱼，圈足外缘底端装饰一周莲瓣纹〔图一六—一〕。

[1] 尺寸数据采自《赤峰金银器》《契丹王朝：内蒙古辽代文物精华》《探寻逝去的王朝：辽耶律羽之墓》，器物名称以及纹样解读，率由己见。

一五

一六—一

一六—二

花口盏口径七点三、高四点九厘米。盏外壁五曲内各有开光，光内錾刻鸿雁和卷草，五个开光的下方为一周宝妆莲瓣，圈足外的莲叶如水风吹起，盏内心的一枚莲叶半开半合，叶心一对游鱼〔图一六—二〕。又金花银酒海一对。其一高六点六、口径二十厘米，其一高六点五、口径二十三点三厘米。两器内心均錾刻摩竭纹而姿态相对，形象不同，花纹鎏金〔图一七—一～二〕。

一七—一

一七—二

图一六—一
金五曲圆口盏
图一六—二
金五曲花口盏
图一七—一～二
金花银酒海
辽耶律羽之墓出土

图一八 银鎏金菱花口果盒

图一九—一 银鎏金双凤衔花纹果盘

图一九—二 银鎏金缠枝卷草纹果盘

辽耶律羽之墓出土

（三）果盒、果盘与唾盂

银鎏金菱花口果盒一，口径十四点六厘米，通高八点九厘米。盖表菱花开光内以鱼子纹为地，打作缠枝花卉纹中一对追逐腾跃的狮子，光外为鸳鸯蝴蝶，边缘一周莲瓣。立墙装饰缠枝花卉纹中奔行的鹿、羊和狮子〔图一八〕。又银鎏金果盘二，其一高三点五、口径十五点九厘米，盘心鱼子地上錾刻双凤衔花〔图一九—一〕。其一高三点三、口径十八点四厘米，盘心錾刻缠枝卷草〔图一九—二〕。

一九—一

一九—二

一八

又金花银唾盂二，其一口径十八厘米，高十四厘米。器腹錾刻四组鎏金团花：鱼子纹为地，上錾连理枝，枝上对生的花朵绽开如花台，一对小鸭花台上相向而立，连理枝头一对肥大的叶子披垂下覆，与下方的花枝合抱为团花。盘面也是鱼子地上的四组鎏金团花〔图二〇一一〕。其一口径十五点四厘米，高十二厘米。器腹同样是四组鎏金团花，而为花树下的一对鸳鸯〔图二〇一二〕。同墓出土的花树鸳鸯纹绫，似乎是它的粉本。

耶律羽之墓所出酒樽、酒盏、酒海，果盘、果盒以及银鎏金匙一柄，多与丁卯桥窖藏器皿相类，细节如五曲花口碗，又果盒的造型乃至立墙的纹饰都很相似。酒海则与何家村窖藏中的两件颇为接近，惟无盖。赤峰市阿鲁科尔沁旗宝山一号辽墓西侧室西壁侍从图中，有手捧『盖碗』实即酒海的侍者，时代为天赞二年❶〔图二一一一〕。同于此式的酒海，见于吐尔基山辽墓〔图二一一二〕，全器高二十、口径二十点五厘米，盖如倒覆的浅腹盏，捉手便如圈足，内心錾一枚风翻荷叶，荷叶上并卧双鱼，亦即第三章所举唐镜

二一一一

❶ 孙建华《内蒙古辽代壁画》，页二七，文物出版社二〇〇九年。

图二〇一一
金花银唾盂一

图二〇一二
金花银唾盂二
辽耶律羽之墓出土

图二一一一
宝山一号辽墓壁画（摹本）

图二一一二
金花银盖碗（酒海）
吐尔基山辽墓出土

二〇—一

二〇—二

一

三—二

中的比目鱼，盖面与器身錾式样相同的五丛花枝，与何家村窖藏酒海近同〔第三章，图四三—一〕。与丁卯桥窖藏酒海造型、纹饰一致的金花银酒海发现于赤峰市克什克腾旗二八地一号墓，器高六点六、口径二十厘米，五曲花口，内壁五曲各錾鎏金团花，内心一对鎏金鹦鹉。下有圈足，已失。时代为辽中期偏早❶〔图三二—一〕。乌兰察布市丰镇永善庄出土一件金花银酒海〔图三二—二〕，口径二十二点五、高七厘米，造型与纹饰皆为唐代风韵。酒海即酒盏中的大器。北宋韩琦《使回戏成》：『礼烦偏苦元正拜，户大

三二—一

三二—二

图三二—一
金花银酒海
克什克腾旗二八地一号墓出土

图三二—二
金花银酒海
丰镇永善庄出土

❶ 刘冰《赤峰博物馆文物典藏》，页九一～九二，远方出版社二〇〇七年。

图二三—一
盘龙纹花口银碟一

图二三—二
盘龙纹花口银碟二
朝阳北塔天宫出土

图二三—三
素面花口银碟
易县大北城窖藏

犹轻永寿杯。』自注：『永寿，虏主生辰节名。其日以大白酌南使。』❶『户』，指酒量。『大白』，古为罚爵之名，但这时候只是用作敬酒的大杯之意，以类别论，则酒海之属。

尺寸不大的花口碟，或是用作盛放干果，如辽宁朝阳北塔天宫出土尺寸与形制大体相同的花口银碟一组八件：平底，器腹为花瓣式，器心錾刻蟠龙，高二点二、口径十点九至十一点四厘米❷（图二三—一～二）。如河北易县大北城窖藏中的数十件素面花口银碟（图二三—三）。后者未錾花，惟以花朵式造型彰显装饰效果。

❶ 北京大学古文献研究所《全宋诗》，册六，页三九九四，北京大学出版社一九九二年。

❷ 出土时碟里盛着珍珠、水晶、琥珀等。辽宁省文物考古研究所等《朝阳北塔》，页七七，图版五六：一，文物出版社二〇〇七年。

二三—一

二三—二

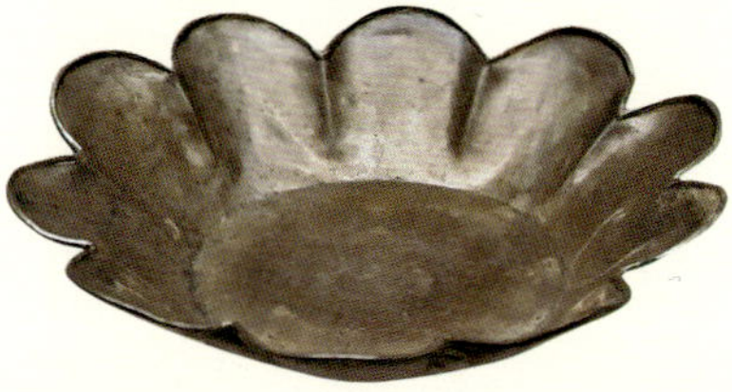
二三—三

图二四—一 金花银摩竭戏珠纹长盘

吐尔基山辽墓出土

图二四—二 辽代木板画

二四—一

二四—二

图二五—一
银荷叶长盘
易县大北城窖藏

图二五—二
羊山一号辽墓壁画

丁卯桥窖藏中的银金花双凤戏珠纹菱花口长盘一〔第三章，图五六—一〕，银素面四曲长盘一，均为果盘，系用作席面铺设饾饤。吐尔基山辽墓出土一件金花银摩竭戏珠纹菱花口长盘，与丁卯桥窖藏菱花口长盘的造型、盘沿装饰以及盘心构图大体一致，惟前者易凤凰为摩竭〔图二四—一〕。出自辽墓的一幅木板画中❶，此式器具是用作承托酒具〔图二四—二〕。易县大北城窖藏的一件银荷叶长盘〔图二五—一〕，在敖汉旗四家子镇闫杖子村北羊山一号辽墓壁画也有类似的样式〔图二五—二〕。

二五—一

二五—二

❶ 尹承《北宋佚名〈景德四图·契丹使朝聘图〉考释》一文引述（《故宫博物院院刊》二〇一五年第三期，页三二）。原文称作辽墓壁画，不过细审此图，当是木板画。

二六—一

图二六—一 银长盘 巴林右旗友爱村窖藏

图二六—二 绿釉长盘 西山根辽墓出土

辽代金银器中尚有一种尺寸更大且盘心装饰与前举实例不同的长盘，如巴林右旗白音汉苏木友爱村窖藏中的一件银盘，盘高一点八、长三十一厘米，最宽处十八厘米。宽沿，平底，盘心三枚圆形图案，两边为铺展开来的莲花，中心为涟漪水草间回环嬉游的双鱼❶〔图二六—一〕。与此造型纹样相类的也有不少陶瓷器，如赤峰市松山区初头朗乡西山根辽墓出土绿釉长盘〔图二六—二〕。

这一类样式的长盘，造型类似《乘轺录》中说到宴席所用的『广五寸、长尺余』之玉台，不同只是下无四足。唐代称之为『马头盘』❷，或以此作为祭祀用器，如敦煌文书《释奠文》所举『马头盘四，叠子十，叠子十』，『马头盘八，叠子廿，叠子廿』❸。所谓『叠子』，便是碟子。『叠子』即楪子，亦即楄盘。唐代的碟子和楪子，尺寸约略相当，一般直径十或十一二厘米，如陕西扶风法门寺地宫出土之器〔第三章，图五四—二〕。辽代也大抵如是。如前举出自朝阳北塔天宫和易县大北城窖藏的银碟。至于马头盘的形制，在日本最早的一部饮

二六—二

❶ 巴右文等《内蒙昭乌达盟巴林右旗发现辽代银器窖藏》，页四八，图一〇（『海棠形錾花银盘』），《文物》一九八〇年第五期。

❷ 如《新唐书》卷二二二日袁滋使南诏，册封异牟寻为南诏王，异牟寻享使者，『出银平脱马头盘二，谓滋曰：此天宝时先君以鸿胪少卿宿卫，皇帝所赐也』。

❸ S.1725V2，郝春文《英藏敦煌社会历史文献释录》第七卷，页五四〇，社会科学文献出版社二〇一〇年。

食专著《厨事类记》中可得究竟，虽然时代已晚，并且改变了用途[1]。原来它的典型样式是中间阔、两端稍狭、略呈椭圆的长盘，因以俯视时外轮廓肖似一个正面的马头而得名。依《释奠文》所列，马头盘应是在祭祀仪式中用于放置疊子和疊子，用途略同于食案。前举辽代长盘，不论银与陶瓷，均在盘心安排三个圆形图案，正是用来表示承托器具的位置，而这也是先秦已有的传统做法[2]。前面举出的巴林右旗友爱村窖藏银盘，盘长三十一厘米，依盘心图案所示放置三个直径十厘米左右的碟子或檏子，恰好合宜。

第三章举出丁卯桥晚唐窖藏中一件用作罚酒的『觥盏』形制比较特殊，而式样、尺寸乃至重量都很相近的银盏，也出现在内蒙古巴林左旗盘羊沟辽墓〔图二七〕。银盏高十二点三、口径十四点四厘米，重三百克有余。墓主人为后唐德妃伊氏，卒于会同五年[3]。

二七

图二七
银盏
盘羊沟辽墓出土

[1] 《厨事类记》为平安后期镰仓时代记载日本宫廷饮食状况的著作。见高启安《『马头盘』的形状、功用及其东传日本：从敦煌到日本》，页五一八，图一，载《转型期的敦煌语言文学：纪念周绍良先生仙逝三周年学术研讨会论文集》，甘肃人民出版社二〇一〇年。

[2] 相关考证，见扬之水《关于棜、禁、案的定名》，《中国历史文物》二〇〇七年第四期。

[3] 赤峰市博物馆等《内蒙古巴林左旗盘羊沟辽代墓葬》，《考古》二〇一六年第三期。本章所举此墓出土物，尺寸、铭文以及相关出土信息均据此文，以下不再一一出注。

晚唐五代属于馔席用器的酒勺、饭匙、食箸，盏托、铫子以及唾盂，也为辽代所沿用。盘羊沟辽墓出土花口银勺一柄〔图二八—一〕，凌源小喇嘛沟辽墓出土花叶柄银匙一对〔图二八—二〕，又有前面举出的陈国公主墓出土银鎏金双鱼柄匙一对。银勺用于酌酒，可称酒勺，用法如河北宣化辽墓五号墓所绘〔图三三—二〕，而与唐代无别。银匙用于进食，或可称作饭匙。沈阳康平张家窑林场辽代墓群四号墓出土竹节纹银箸〔图二八—三〕。盏托和铫子是茶器。盏托分别见于盘羊沟德妃伊氏墓、辽驸马赠卫国王墓与陈国公主墓，形制大体相近，而造型有别〔图二九—一～三〕。出自辽驸马墓的一件，托盘、托碗和圈足分别錾刻四个同心结。同出的一件银铫子银柄銎内尚存一截木柄，可知德妃伊氏墓出土的银铫子原初也当有木柄〔图三〇—一～二〕。赤峰松山区城子乡洞山窖藏中有唐诗中的『双鱼榼』〔图三一〕，而与赤峰喀喇沁旗哈达沟窖藏中今定为唐代的一件银金花双鱼榼相较〔第三章，图三七〕，差别很小。

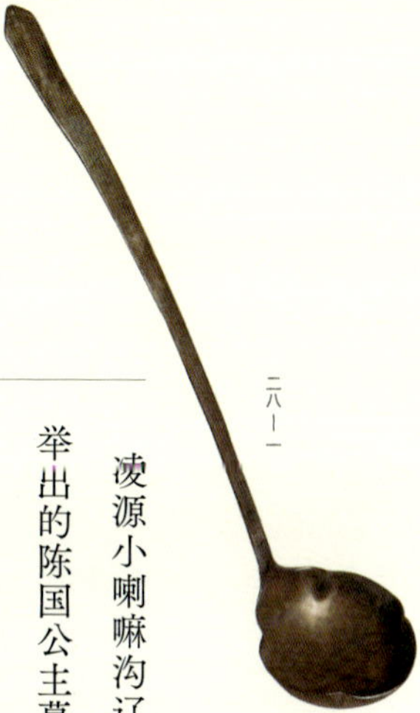
二八—一

二八—二

二八—三

图二八—一 花口银酒勺 盘羊沟辽墓出土

图二八—二 花叶柄银匙 凌源小喇嘛沟辽墓出土

图二八—三 竹节纹银箸 张家窑林场辽代墓群四号墓出土

图二九—一
银盏托
盘羊沟辽墓出土

图二九—二
银盏托
辽驸马赠卫国王墓出土

图二九—三
银盏托
辽陈国公主墓出土

图三〇—一
银铫子
盘羊沟辽墓出土

图三〇—二
银铫子
辽驸马赠卫国王墓出土

图三一
金花银双鱼榼
赤峰松山区城子乡洞山窖藏

二九—一

二九—二

二九—三

三一

三〇—一

三〇—二

图三二—一
宝山一号辽墓壁画（摹本）

图三二—二
宣化辽墓五号墓壁画

图三二—三
宣化下八里Ⅱ区辽墓二号墓壁画

图三二—四
大同东风里辽墓壁画

图三三
木板画之一、之二
巴林右旗都希苏木友爱村墓葬出土

三二—一

酒器的使用，在辽代绘画中常常表现得很清楚，如赤峰阿鲁科尔沁旗宝山一号辽墓墓室回廊北壁壁画，绘食案上六盘、三碗、四曲花口盏一对❶〔图三二—一〕；河北宣化辽墓五号墓后室东南壁壁画，酒桌上面一个里边浮着酒勺的花口酒樽，桌旁一人捧盘，盘置四曲花口酒盏，另一人一手持温碗，一手持酒注，方向盏中注酒❷〔图三二—二〕。宣化下八里Ⅱ区辽墓二号墓墓室西壁壁画，酒桌上面放置注子一副，桌边的侍者左手持盘，盘中一个四曲花口盏❸〔图三二—三〕。大同东风里辽壁画墓有男仆手持注子〔图三二—四〕。又赤峰市巴林右旗都希苏木友爱村辽墓出土两幅彩绘木板画，其一绘男仆奉注子一副，其一绘女侍奉台盏一副。木板原嵌于墓室内壁❹〔图三三〕。前引辽墓出土木板画，一桌酒具中有长盘承托的折肩罐，又有柳斗杯，酒注，式样不同的三个酒盏，长杯，凤首壶，长颈瓶，皆以长盘相承。

画迹中的器具虽不能明确质地，但前面举出的辽代金银器多可与之互证。此外尚有多例。巴林左旗盘羊沟德妃伊氏墓出土

三二—四

❶《内蒙古辽代壁画》，页四〇。

❷河北省文物研究所《宣化辽墓：一九七四年至一九九三年考古发掘报告》，彩版七四，文物出版社二〇〇一年。

❸张家口市宣化区文物保管所《宣化下八里Ⅱ区辽壁画墓考古发掘报告》，彩版六一：二，文物出版社二〇〇八年。

❹《文明之旅：中国北方草原古代文明揽胜》，页一一四。

三二—二

三二—三

三三

三四—一

三四—二

三四—三

银酒注❶〔图三四—一〕，与木板画中的酒注式样相近。巴林左旗博物馆藏错金铜注子一副，酒注造型也是如此〔图三四—二〕。易县大北城窖藏中的一件银酒注长颈、折肩，盖钮是花台上的一个小狮子〔图三四—三〕。同出一件花口银碗，当即与之构成组合为注子一副。易县大北城窖藏有银花口盏〔图三五—一～二〕。时属辽代晚期的巴林右旗友爱村窖藏有银莲花盏、银莲瓣纹盏、银柳斗杯和银錾牡丹花纹八棱注子一副❷〔图三六—一～四〕。莲花盏类于宋代流行的象生花式盏，盏心打作一朵宝相花，内壁錾出弧曲的脉理，以取注酒后有光影闪动之效。赤峰市博物馆藏金花银盘盏一副，盏

图三四—一 银酒注 盘羊沟辽墓出土

图三四—二 错金铜注子一副 巴林左旗博物馆藏

图三四—三 银酒注 易县大北城窖藏

❶ 足外底铭曰『德妃宅』。

❷ 《内蒙昭乌达盟巴林右旗发现辽代银器窖藏》，页四八～四九。

图三五—一 银花口盏之一

图三五—二 银花口盏之二

易县大北城窖藏

图三六—一 银莲花盏

图三六—二 银莲瓣纹盏

图三六—三 银柳斗杯

图三六—四 银錾牡丹花纹八棱注子一副

巴林右旗友爱村窖藏

三五—二

三五—一

三六—一

三六—四

三六—二

三六—三

与盘均为五曲花口，两器内心各錾一朵鎏金莲花（图三七），这是宋代盘盏的主要样式，而与前举两幅宣化辽墓壁画所绘相同，壁画年代为辽晚期。

友爱村辽墓木板画女侍所奉台盏，金银器中的酒台子则有几种不同式样。式样之一，出自盘羊沟德妃伊氏墓的银鎏金酒台子，上置一个银鎏金錾耳杯，全器光素无纹（图三八—一）。式样之二，巴林右旗洪格尔苏木哈鲁辽墓出土银鎏金酒台子高三点一、口径十六点八厘米，五曲花口宽折沿，盘壁下凹颇深，盘心凸起莲花造型的承杯之台差与盘沿平齐，台面錾刻摩竭纹，莲花台下水波游鱼环绕，折沿是鱼子地上的缠枝卷草。杯高六点四、口径七点二厘米，造型为八方式，一侧有环柄，其上之压指板失，杯身八面分别錾刻戏弄图（图三八—二）。墓葬时代为辽早期偏晚。沈阳康平张家窑林场辽代墓群四号墓出土五出花口银酒台一件，原初也当有一个五出花口银盏与它构成组合，即如三号墓出土的五出花口银台盏一副（图三八—三～四）。式样之三，辽宁彰武朝阳沟二号辽墓出土

三七

图三七 金花银盘盏（一副） 赤峰市博物馆藏

图三八—一 银鎏金台盏（一副） 巴林左旗盘羊沟墓出土

图三八—二 银鎏金杯盘（一副） 巴林右旗哈鲁辽墓出土

图三八—三 五出花口银酒台 张家窑林场辽代墓群四号墓出土

图三八—四 五出花口银台盏（一副） 张家窑林场辽代墓群三号墓出土

三八一二

三八一一

三八一四

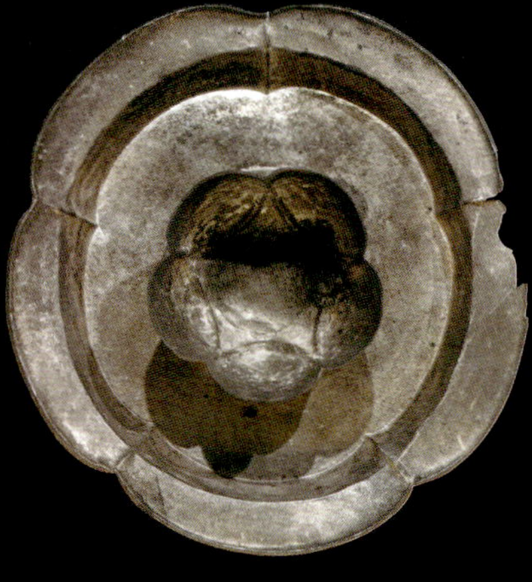

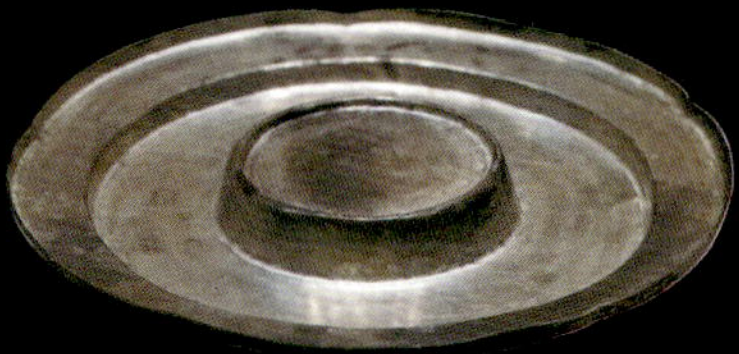

三八一三

三九—一

银鎏金酒台子，墓葬时代约当穆宗应历年间❶〔图三九—一〕。它与巴林右旗出土者纹饰相近而造型有异：口沿向下翻折至圈足底，覆莲为台，台心叶边内敛的风卷荷叶上一对游鱼，覆莲台下一环群鱼出没的细浪。同此造型的酒台子也有图像与之对应。北京西郊辽韩佚墓出土越窑饮酒图酒注，图中饮者四人，两两相对，中间两个果盘，下方一个插着长柄勺的酒樽，酒樽上方两个口沿下翻的酒台子，台面承托的酒盏已为对坐的二人取来捧在手里，画面上方一组二人之间简省了一具，或是为了构图的对称与平衡〔图三九—二〕。墓葬年代为辽统和十三年（九九五）。

关于使用情景，由路振《乘轺录》述大中祥符元年使辽，辽圣宗于武功殿宴享汉使，可知大概。该书道：时『呼汉使坐西南隅。将进虏主酒，坐者皆拜，惟汉丞相不起。俄而（秦王）隆庆先进酒，酌以玉罐，玉盏双置，玉台广五寸，长尺

三九—二

越窑饮酒图酒注纹样局部

❶ 李宇峰等《彰武朝阳沟辽代墓地》，页八九，辽宁省文物考古研究所《辽宁考古文集》，辽宁民族出版社二〇〇三年。

图三九—一
银鎏金酒台子
彰武朝阳沟二号辽墓出土

图三九—二
越窑饮酒图酒注
北京西郊辽韩佚墓出土

余，有四足，瓘、盏皆有屈指。虏主坐前先置银盘，盘有三足如几状，中有金罍。进酒者升，以瓘、盏授二胡竖执之，以置罍侧，进酒者以虚台退，拜于阶下。讫，二胡竖复执瓘、盏以退，倾余酒于罍中，拜者复自阶下执玉台以上，取瓘、盏而下，拜讫，复位。次则楚王进酒如前仪。次则耶律英进酒如前仪。其汉服官进酒，赞拜以汉人；胡服官，则以胡人。坐者皆饮，凡三爵而退』❶。

此为宫廷宴会，自然用器讲究，故台盏多以玉，不过就形制而言，金银与玉是大体一致的。对于叙事中提到的各种用器，在理解上不宜胶着于字义，因为路振是以自己所熟悉的古礼来解读自己并不熟悉的辽朝所用汉与契丹杂糅之礼，亦即汉使眼中的『虽名用汉仪，其实多参夷法』❷。末云『三爵而退』，也是以古礼来阐发『今』礼❸。

『瓘』，本为玉名，即祼圭❹。但在这里，它应是『灌』亦即『祼』的借用，而又用来代指宴席礼仪中的酌酒之器。依《周礼》，王会大宾客用祼礼❺，即用圭柄之瓒酌郁鬯以献宾客，故称作祼或灌。而路振所见『玉瓘』，大约只是用作酌酒的有流之器，所

❶ 贾敬颜《五代宋金元人边疆行记十三种疏证稿》，页六一～六三，中华书局二〇〇四年。按文句之标点，依我的理解有所改动。

❷ 苏颂《后使辽诗》之《广平宴会》一首云：『胡中宫室本穹庐，暂对皇华辟广除。编曲垣墙都草创，张旃帷幄类鹑居。朝仪强效鹓行列，享礼犹存体荐余。玉帛系心真上策，方知三表术非疏。』题下自注云：『礼意极厚。虽名用汉仪，其实多参夷法。』按据《后使辽诗》自注，知苏颂系熙宁十年八月自国史院被命假龙图阁直学士，给事中充大辽生辰国信使。十月三日进发，明年正月二十八日还阙。《全宋诗》，册一〇，页六四二二。

❸ 《诗·小雅·宾之初筵》『三爵不识，矧敢多又』；《礼记·玉藻》『君子之饮酒也，受一爵而色洒如也，二爵而言言斯，礼而三爵，而油油以退』。

❹ 《左传·昭公十七年》：『若我用瓘、斝、玉瓒，郑必不火。』杜预注：『瓘，圭也。』

❺ 《周礼·春官·典瑞》『祼圭有瓒，以肆先王，以祼宾客』，郑玄注：『爵行曰祼。』又《秋官·大行人》『王礼壹祼而酢』，郑玄注引郑司农云：『祼，读为灌。』所云皆王会宾客用祼之礼。

云『瓘、盏皆有屈指』，那么就是一侧有环耳。

『金罍』，当然也是路振以自己的知识背景而为器皿命名。以意逆志，他首先会想到《诗·周南·卷耳》『我姑酌彼金罍』。实际上在宴享使者的筵席中不会有此古器。且将吕大临《考古图》卷四所收庐江李氏藏『足迹罍』与前面举出的金折肩罐相对看，便知以宋人对礼器的认识而与眼中实物对应，『罍』之名最是自然不过。如此可以推知，置于三足银盘中的『金罍』，便是金折肩罐。

然而所谓『折肩罐』，乃今人对此类器物的统称。如果回到当日场景，在契丹酒器中持『物』找『名』，——此『罍』，应即『北语』之『匹裂』。沈括《梦溪笔谈》卷二十五《杂志二》云刁约使契丹，戏为北语诗❶，句有『饯行三匹裂』，注云：『匹裂，似小木罂，以色绫木为之，如黄漆。』所谓『色绫木』，段成式《酉阳杂俎·续集》卷十《支植下》：『台山有色绫木，理如绫文。』可知匹裂便是契丹所习用的有天然木纹理的饮器❷，其式如罂，与罍的造型亦差相仿佛。既登宫廷享宴，以金银易文木，自在情理之中。

❶ 原文作『戏为四句诗』，《契丹国志》卷二四曰『刁约使契丹，为北语诗』云云。

❷ 此器又或用来盛物。《续资治通鉴长编》卷六十一述及承天节契丹所献礼物，有『蜜晒山果十楝棂椀，蜜渍山果十楝棂疋列（标点本将「疋列」下属，非）』，此疋列即匹裂。

二 其他

盘羊沟辽后唐庄宗德妃伊氏墓出土银钵盂、银唾盂、银鎏金摩竭纹厮锣各一件，如此三事，当是构成组合的清洁用器一副[1]。厮锣，或作㸷锣、钞锣、沙锣[2]。《大辽燕京涿州范阳县白带山石经云居寺释迦佛舍利塔记》记叙建塔、刻经始末，又胪举供具，中有『㸷锣、盂子』，时代为天庆七年（一一一七）[3]。这里未特别标明质地，那么当为铜器。厮锣其物，程大昌《演繁露》卷一、赵彦卫《云麓漫钞》卷九于此均有考校。程说谓厮锣即盆，只是『中国古固有盆矣，皆瓦为之』，后世以黄、白二金锻铸为盆而名作斯罗，乃缘自它初始系由新罗来，因新罗一名斯罗，『而其国多铜，则厮者，斯声之讹者也』[4]。赵说曰『今人呼洗为沙锣，又曰厮锣。国朝赐契丹、西夏使人，皆用此语』，而考其语源是来自军中。且不论它的命名由来，总之厮锣或曰沙锣、钞锣以及其他同音异写，原都是为了别于瓦盆而特指金属盆。宋徽宗诏赐蔡京的金银从物，中有『厮锣一面，唾盂、钵盂一副（盖全）』[5]。由德妃墓同出的这三件银器，可知如此三事的组合辽代已经出现。

---

[1] 简报（前引《内蒙古巴林左旗盘羊沟辽代墓葬》）没有把如此三事作为组合，所云『鎏金摩羯团花纹银洗』应即厮锣。

[2] 唐代有银沙罗（见姚汝能《安禄山事迹》），亦此类。

[3] 云居寺文物管理处《云居寺贞石录》，页七八，北京燕山出版社二〇〇八年。

[4] 宋代高丽铜之有名，也可见《百宝总珍集》卷六『手磬』条冠于说明文字之前的口诀：『手磬不论大与小，要好除非高丽铜。』

[5] 《宋会要辑稿·礼六二》（刘琳等校点），册四，页二一四二，上海古籍出版社二〇一四年。

图四〇—一
五曲蟠龙纹银盒
盘羊沟辽墓出土

图四〇—二
金花银盒一

图四〇—三
金花银盒二
吐尔基山辽墓出土

尺寸偏大的金盒、银盒，用途非一，可以用作果盒，也可以是奁盒或曰妆盒。从发现情况来看，辽代金银器皿中的盒类，式样不算丰富，但制作皆精。巴林左旗盘羊沟辽墓出土五曲蟠龙纹银盒通高十五点八、口径二十一至二十一点六厘米，重近八百一十克。盖面锥点玛瑙地，其上打制蟠龙，坡面以锥点缠枝卷草为地子，五曲里各打一只鸳鸯，盒身下腹的五曲各錾折枝山茶〔图四〇—一〕。吐尔基山辽墓出土金花银盒二，其一通高十六厘米，子母口，盖口径二十三点五、盒口径二十三点一厘米。器盖与器身俱以鱼子纹布地，盖面一个莲瓣为缘饰的菱花开光，光内戏毬双狮鼓怒奋鬣，盘涡激转，外环的缠枝花叶却是细软纤柔，旖旎从风，坡面以及盖与器身的立墙都是两向纷披图案化的折枝花，器腹下方收分处锥点玛瑙地，外撇的圈足做成细錾脉理的风翻荷叶〔图四〇—二〕。另一件为十曲花口，通高十一点二、盖口径十九、盒口径十八点四厘米。盖面圆形开光同样缘以莲瓣，光内水波纹地子上打作戏珠蟠龙，坡面十曲内各一只练鹊，立墙为折枝花，器身立墙是飞凤和奔行的狮子〔图四〇—三〕。陈国公主墓出土

图〇—一

图〇—二

图〇—三

金花银奁通高二十一、口径二十五点四厘米〔图四一一—一〕，内置银粉盒和银胭脂盒，出土时粉盒里残存白色粉末，胭脂盒里有已经变成黑褐色的胭脂。同墓出土银盖罐一对〔图四一一—二〕，其中一个原置于银奁，应是油缸。奁盖外壁与器身錾飞凤与折枝花，圈足底端环以连珠纹，盖面连珠纹缘边，内里打制一周莲瓣，主图蟠龙戏珠与吐尔基山银盒以及前举辽驸马墓出土高足杯盏心纹样几乎相同，后此三十年的巴林右旗辽庆州释迦佛舍利塔出土云龙纹绣巾中的团窠纹样也与此无别〔图四二一—一〕，龙返身回环的长足探出利爪钩住龙尾，更是共同的特色。出自凌源小喇嘛沟辽墓的一枚小小的银鎏金泡饰在构图上也不例外❶〔图四二一—二〕。前举吐尔基山辽墓内置『李家供奉』鹦鹉衔花枝铜镜的银鎏金嵌宝包镶漆匣，亦为奁匣。盖表中心一大朵莲花，花心嵌龙纹玉片，花外卷草纹地子上嵌玉花、玉鱼，又以金花错落其间，各色宝石嵌作花蕊。外缘一周连珠纹。图案里所有的纹样都以粟粒纹勾边，愈见得金玉交

❶ 泡饰高二点六、底径六点四厘米。

四一一—二

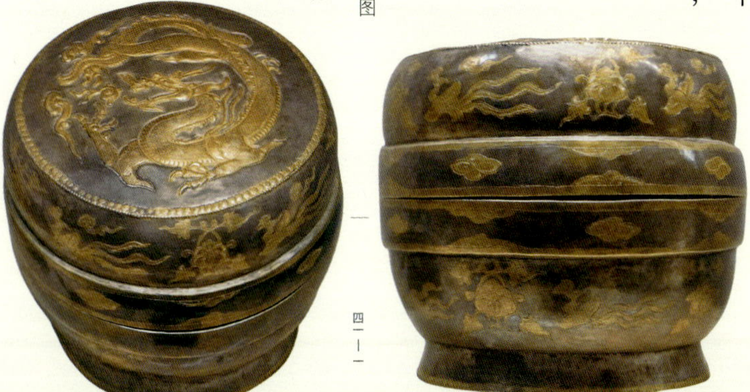

四一一—一

四二一—二

图四一一—一 蟠龙戏珠纹金花银奁盒

图四一一—二 银盖罐
辽陈国公主墓出土

图四二一—一 云龙纹绣巾（局部）
辽庆州释迦佛舍利塔出土

图四二一—二 银鎏金蟠龙戏珠泡饰
凌源小喇嘛沟辽墓出土

图四三
银鎏金嵌宝包镶漆奁匣及内底
吐尔基山辽墓出土

辉如同一方七宝池。奁匣内底也如同盖里，即贴了一层金箔，中间一个圆孔为着用手指从底部顶出铜镜，却借势把圆孔变成璧之『好』，璧之『肉』便是『谷文』地子上的缠枝花草。整个纹样是一枚风翻莲叶，玛瑙地上四只飞鱼，飞鱼和莲叶边都鎏金。盖里和内底金箔贴嵌极为平整（图四三）。

四二—一

四三

图四四
鸳鸯纹金盒
山西博物院藏

四四

另有一个稍显特殊的实例，即山西博物院藏传辽墓出土的鸳鸯纹金盒（图四四），盒高六点七、口径八点九厘米，子母口扣合，圈足錾作一周风翻莲瓣，器盖与器身的立墙打作鱼子地上的缠枝花草，盖面却是与法门寺地宫出土金花大银盆盆心纹样如出一手（第三章，图二七）。或推测它本是唐物而为辽人所得，因珍爱而随葬❶，可备一说。

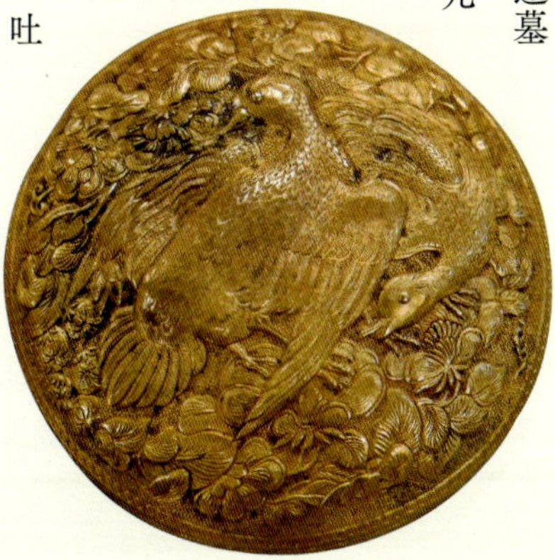

鸳鸯纹金盒盖面

金银平脱与金银釦，也是辽代金银器制作工艺中的两项。吐尔基山辽墓出土银平脱飞雁式漆盒，长十五点八厘米，盒盖上下缘、盒身的子口以及上下缘并圈足均包银片，盖面是同心结绶带两边各挽一枝鎏金花朵（图四五—一）。同出的另一件造型仿若莲瓣，盖面金银平脱丛菊和流云（图四五—二）。法库叶茂台七号辽墓出上银釦玻璃盘❷（图四六—一），出土时上置两个玛瑙杯。正如路振《乘轺录》所说筵席『盏、斝皆颇璃，黄金釦器』。大营子辽驸马赠卫国王墓出土『官』字款金釦花口白瓷盘（图四六—二），敖汉旗南塔乡白塔子一号墓出土银釦影青瓷钵（图四六—三），多伦小

❶ 大阪市立美术馆《大唐王朝女性の美》，页一〇一（金盒图版说明），中日新闻社二〇〇四年。
❷ 辽宁省博物馆等《法库叶茂台辽墓记略》，《文物》一九七五年第十二期。

图四五—一
银平脱飞雁式漆盒

图四五—二
银平脱花瓣式漆盒
吐尔基山辽墓出土

图四六—一
银釦玻璃盘
法库叶茂台七号墓出土

图四六—二
「官」字款金釦花口白瓷盘
辽驸马赠卫国王墓出土

图四六—三
银釦影青瓷钵
敖汉旗南塔乡白塔子一号墓出土

四五—一

四五—二

四六—一

四六—二

四六—三

图四七—一
银釦青瓷注子
图四七—二
鎏金银釦青瓷盏托
图四七—三
青瓷器盖
多伦小王力沟萧贵妃墓出土

图四八—一
银提砚
图四八—二
银笔筒
图四八—三
银洗
图四八—四
银盘
敖汉旗新地乡英风沟七号墓出土

四七—一

王力沟萧贵妃墓出土银釦青瓷注子与鎏金银釦青瓷盏托〔图四七—一～二〕。同出又有一件青瓷器盖，乃破损之后用银锔的办法修复〔图四七—三〕，后世有称『马黄掬子』者❶，而这是难得的以银锔锔补瓷器的早期实例。

墓葬年代为辽统和十一年（九九三）。

出自敖汉旗新地乡英风沟七号墓的带柄银砚、银双连笔筒、银盘和银洗〔图四八—一～四〕，发现时置于墓室供桌，笔筒和银砚均有积墨，银盘上承银洗。银砚造型是唐宋都很流行的风字砚，前缘底端焊砚足，足中部穿三孔，中间一孔稍大，由此穿系银链与笔筒相连，砚池与柄相接处做出一个孔与柄相通❷。宋何薳《春渚纪闻》卷九《记砚》有『乌铜提研』一则，道：『乌铜提研，余于钱唐得之。制作非近世所为，柄容墨浆，可半升许。亦为章序臣易去。关子东见之，而铭之曰：「铸金为瓻，提携颠倒。时措之宜，发于隐奥。寒暑燥湿，

四七—二

四七—三

❶ 明杂剧无名氏《薛苞认母》第二折，卜儿曰：『不是您娘唤的钉铰匠来，见一件家活上，有三十个马黄掬子。』（《孤本元明杂剧》第二册）。

❷ 邵国田《敖汉旗英风沟七号辽墓出土银质文具考》，《内蒙古文物考古》二〇〇三年第二期。

四八—二

四八—一

四八—四

四八—三

图四九—一
金花银砚盒
辽耶律羽之墓出土

图四九—二
陶砚
陕西历史博物馆藏

四九—一

不改其操。君子宝之，庶几允蹈。」』此带柄银砚，当即何蓬所见到的『提研』之类❶，柄内一旦贮墨，则柄便不可用于提携，而是手提砚池，故曰『提携颠倒』。

耶律羽之墓出土的一方也是风字砚，配以金花银砚盒（图四九—一）。砚盒依石砚之势而成上宽下窄的造型，盖表下方是砌出池壁及池沿花砖的一泓银波，几茎莲荷袅袅出水，一条升龙穿叶衔花从波间腾起，莲花之上榜题『万岁台』，两边是作为远景的云山旭日，盒身立墙为鱼子地上的缠枝卷草，下有十三个牙床脚。那么是砚盒又兼了砚床之用。床即承物小台的称谓之一，如唐王建《宫词》『延英引对碧衣郎，红砚宣毫各别床』。陕西历史博物馆藏一件唐墓出土的陶砚，系砚与砚床连做（图四九—二）；河北宣化辽墓壁画里书桌上绘有风字砚，下承带束腰的须弥座式砚床。『万岁台』，便是自名为台，『万岁』则一面揭明纹样寓意：升龙出水，如日之初升，如日之恒明；一面作吉语之用，即如上一章举出的杭州雷峰塔地宫出土五代吴越国『万岁千秋』银鎏金铺首衔环盒。

金花银砚盒盒盖

四九—二

❶ 廉萍《名物丛考四则：提砚·罗双双·笏囊·金笼放鸽》，《东方博物》第七十九辑。

辽代金银制作的香器，发现不多。赤峰宁城埋王沟辽墓出土一柄银莲花鹊尾炉，炉以俯偃的一枚莲叶作底，叶脉上打出折枝花和飞鱼，亭亭秀出的一茎莲花作炉，待放的一枝花蕾是盛放香料的宝子，三枝结为一束，成为香炉的手柄，柄上锥点卷草，錾刻折枝花和如意云〔图五〇〕。式样与河北宣化下八里二号辽墓壁画中的香炉一般无二。

圣宗年间的一批金银祭器

制作于辽圣宗太平四年（一〇二四）至八年间的金银祭器，工艺精湛，铭文内容丰富，是辽代金银器中重要的一批，万分遗憾的是全部被盗卖往国外。金银器中有铭文者十七件，韩伟《辽代太平年间金银器錾文考释》一文对此有详细述论[1]。作器人为张俭、萧术哲（《辽史》卷八十、卷九十一分别有传），金银祭器当是奉辽圣宗之命制作并供奉文忠王府及承天皇太后殿前。文忠王耶律隆运即韩德让，承天皇太后便是景宗皇后萧氏。其中一件双鸳鸯纹金碗铭曰『太平丙寅又进文忠王府大殿供奉祈百福皿九拾柒』，由此编号，即可推知当年的制作数量之多。

图五〇
带宝子的莲花鹊尾炉
赤峰宁城埋王沟辽墓出土

[1] 连载于《（台北）故宫文物月刊》第十一卷第九期、第十期。

五〇

第二节 饰品

马具、带具和丧葬用器中的各种装饰用具，是辽代金银器最具特色的部分。

陈国公主墓出土包银柏木马鞍，是辽代的典型样式，即前桥直立，后桥向后倾斜，前桥、后桥各有露出鞍座的两翼亦即雁翅板。鞍饰便是以银片包镶前后桥与前后雁翅板，后桥的雁翅板则每每做出孔洞并置兽面护眼，内里穿系鞘饰，如赤峰阿鲁科尔沁旗宝山一号墓壁画所绘鞍马图，陈国公主墓壁画也有相似的场景[1]〔图五一一一〕，而同墓所出另一副银镶玉鞦带便正与画笔相合。后鞍桥一对雁翅板上的四个兽面各个口含银镶玉鞘，上端银兽面口含的银短带与银鞦带相衔，鞦带近端处各垂一根银镶玉跋尘〔图五一一二〕。所谓『跋尘』，最初只是鞦带用带扣连接时下垂的一短截，至唐末演变而成马具中的醒目之饰[2]。晚唐诗人司空图《乐府》：『宝马跋尘光，双驰照路旁。喧传报戚里，明日幸长杨。』

五一一一

[1] 《内蒙古辽代壁画》，页八八。

[2] 孙机《中国古舆服论丛·唐代的马具和马饰》，页一〇四～一〇六。关于鞘和跋尘，作者解释道：『鞍后每侧还系有若干条装饰性的带子，名鞘。』『单根的鞘带和跋尘的区别是：鞘位于马的雕、腹之间，位置靠前；跋尘位于尻下股上，位置靠后。』

图五一一一 辽陈国公主墓壁画（摹本）

图五一一二 银镶玉鞦带 辽陈国公主墓出土

五一二

图五二—一
双凤纹金花银鞍饰
敖汉旗新地乡英凤沟七号墓出土

图五二—二
金花银鞍饰
朝阳西五家子吐须沟辽墓出土

五二—一

此诗借汉代题目，说眼前风物，而『宝马』之盛饰，独举『跋尘光』以概之，可见它的视觉效果。前举两幅鞍马图，也都绘出跋尘。

龙或双龙戏珠、凤或双凤戏珠是辽代金银器中的流行纹样，也每每用于鞍饰，如分别出自赤峰敖汉旗英凤沟七号辽墓和朝阳西五家子吐须沟辽墓的金花银鞍饰〔图五二—一～二〕。后者装饰前鞍桥者是孔雀戏珠，装饰后鞍桥者是双凤戏珠。赤峰大营子辽驸马赠卫国王墓出土铜鎏金龙戏珠马具一副，辔头、攀胸、后鞦俱全，且有杏叶和铃铛，是同出八副马具中最为完整的一副❶。丁字形节约的三向交会处做成膨起的圆形，中央盘龙戏珠，三龙在外作争抢之势。背面用六个铜钉接焊于铜板，中夹皮革。其他各样饰件均为姿态不同的行龙〔图五三—一〕。同出银鎏金马具纹样尚有鹿衔瑞草〔图五三—二〕，又素面银鞍饰两副〔图五三—三〕，银鎏金龙戏珠鞍饰一副〔图五三—四〕。《续资治通鉴长编》卷六十一真宗景德二年纪事，言承天节契丹所献礼物有『涂金银龙凤鞍勒』，便是这一类。这里的『鞍勒』，当概指完整的一副马具。

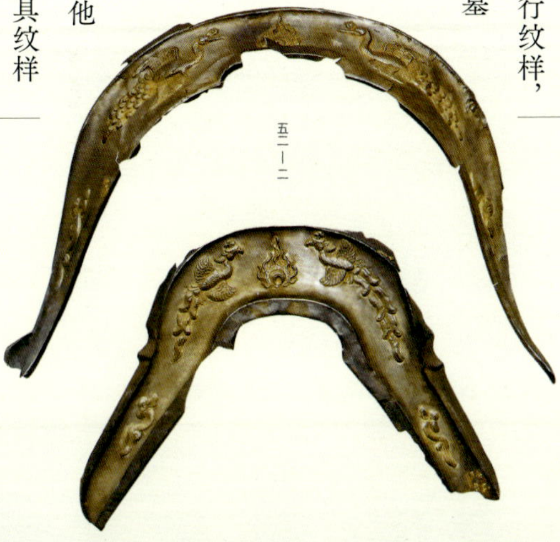

五二—二

❶《赤峰县大营子辽墓发掘报告》，页一一。

图五三—一 铜鎏金龙戏珠马具饰

图五三—二 银鎏金鹿衔瑞草马具饰

辽驸马赠卫国王墓出土

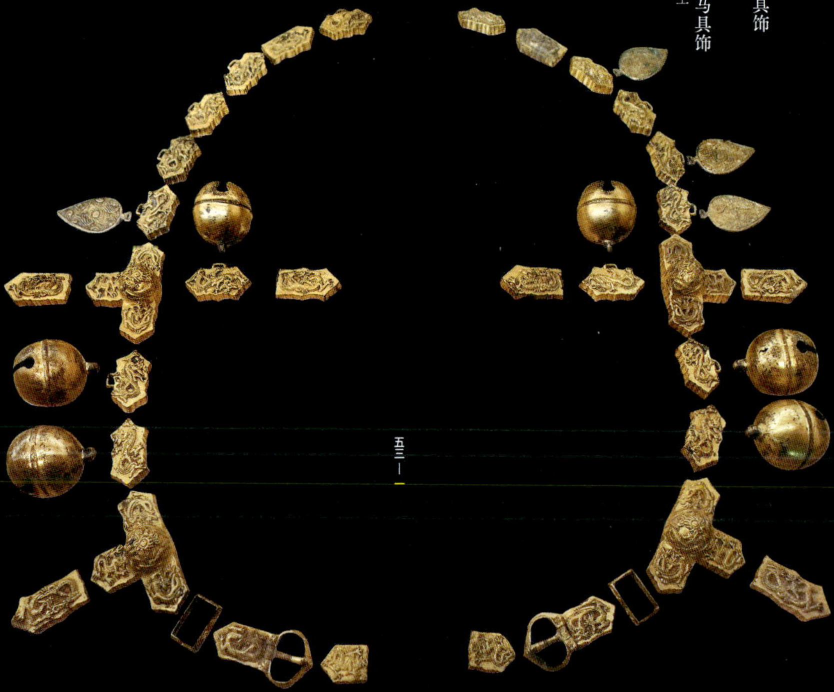

五三—一

五三—二

铜鎏金龙戏珠马具饰局部

五三—三

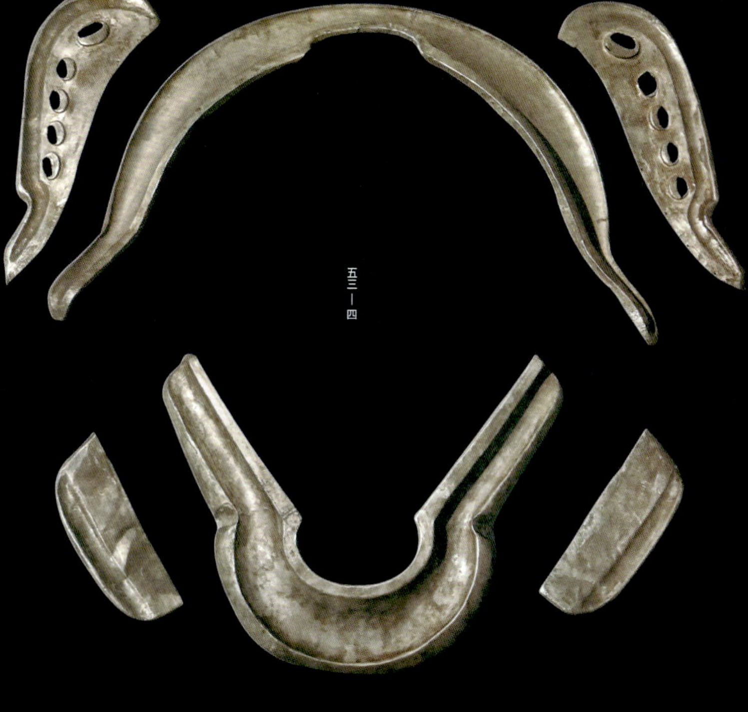

五三—四

图五三—三
素面银鞍饰
图五三—四
银鎏金龙戏珠鞍饰
图五四
错金银马辔头
辽驸马赠卫国王墓出土

出自辽驸马赠卫国王墓的另一副错金银马辔头，工艺比较特殊，即以金丝银丝嵌铁为纹，似流云，似水波，似有神兽出没其内，而在铁色中流光闪烁〔图五四〕。同出尚有一个错银铁矛。它便是本书第一章举马家塬战国墓地出土金银错铁器时提到的『减铁』。彼处曾引宋佚名《百宝总珍集》卷六『减铁』条所冠口诀『减铁元本北地有，头巾环子与腰条。马鞍作子并刀靶，如今不作半分毫』，其下尚有解说，道是：『减铁北地造作漏尘碎草、蚩虎、牙鱼之属，如突镂作生活，多用渗金结裹，腰条皮束带之类老旧官员多爱，今时作军官者多有。』之后的元代依然如此，《朴通事谚解·上》云鞍桥的『雁翅板上钉着金丝减铁事件』。又元孔齐《至正直记》卷四『减

五四

银鎏金鹿穿花纹缨罩局部

图五五—一
银鎏金鹿穿花纹缨罩
辽驸马赠卫国王墓出土

图五五—二
银鎏金飞鸟纹缨罩
彰武朝阳沟二号墓出土

铁为佩』条：『近世尚减铁为佩带刀靶之饰，而余干及钱唐、松江竞市之，非美玩也。此乃女真遗制，惟刀靶及鞍辔或施之可也，若置之佩带，既重且易生绣衣，非美玩之所刻。』所谓『女真遗制』，自然是不对的，却也可见『减铁元本北地有』，此风之绵延长久，考古发现的实例也正与此相合[1]。驸马萧沙姑，即《契丹国志》所载萧屈列，乃辽太祖耶律阿保机之婿，所尚公主为辽太祖之女质古，也称奥哥公主[2]。辽驸马赠卫国王墓志盖刻有小字九行记载随葬衣物，曰：『衣服廿七对，银器十一事，鞍一十三面，白马一匹，骢马一匹，骠尾黑大马一十匹，小马廿一匹，牛三十五头，羊三百五十口。』可见鞍马在契丹的分量之重。而所谓『契丹样』的鞍辔，五代时期已被视为『美好』，且为天下效法[3]。如此享有美誉的鞍辔，金银饰之巧工自然是其要。

金银马具饰中又有缨罩。出自辽驸马赠卫国王墓银鎏金鹿穿花纹缨罩和阜新彰武朝阳沟二号辽墓的银鎏金飞鸟纹缨罩均为覆钵式。前者高五点九、径十八点八厘米，平顶上錾一大朵莲花，器身一周打作缠枝花中的奔鹿〔图五五—一～二〕。

[1] 如北京市丰台区唐史思明墓出土嵌金铁马镫一副，而史思明是突厥杂种胡人。器藏首都博物馆。

[2] 金毓黻《辽国驸马赠卫国王墓志铭考证》，《考古学报》一九五六年第三期。

[3] 《册府元龟》卷一六〇《帝王部》录后汉许敬迁奏语曰：『臣伏见天下鞍辔器械并取契丹样，以为美好。安有中国之人，反效戎虏之俗？』

五五—一

五五—二

图五六—一～三
银鎏金对鹿纹箭箙饰
图五六—四
箭箙复原示意图
图五七
银鎏金摩羯纹臂鞲
图五八—一
银鎏金双面人头铃
彰武朝阳沟二号辽墓出土
图五八—二
银鎏金双面人头铃
辽驸马赠卫国王墓出土

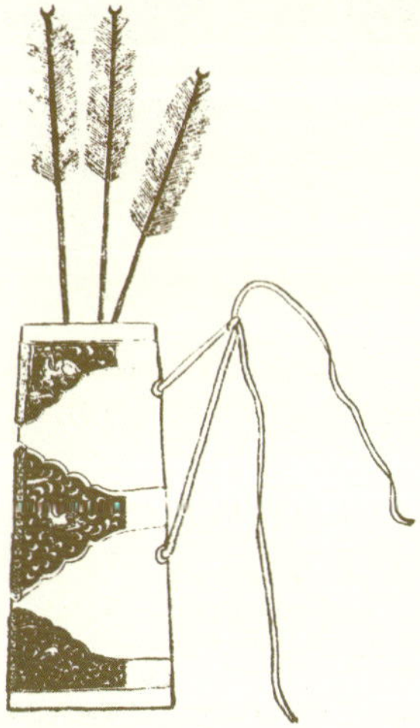
五六—四

骑射、出猎等诸般用具中尚有箭箙（箭囊）、铃铛、臂鞲之类。李贺《追赋画江潭苑四首》句有『鞦垂妆钿粟，箭箙钉文牙』。『鞦垂妆钿粟』，应指跋尘；『箭箙钉文牙』则言箭箙之饰。臂鞲，即臂衣，多用于架鹰时护臂。张耒《同文唱和诗·赠天启友弟》『臂鞲时架角鹰苍』，所云即是。辽宁阜新彰武朝阳沟二号辽墓出土银鎏金对鹿纹箭箙饰（图五六—一～三）、银鎏金摩羯纹臂鞲（图五七）、银鎏金双面人头铃（图五八—一），是比较有代表性的一批。银鎏金双面人头铃为一对，其一残破。银铃乃覆钵式六面体，顶端做成一个两面人，耳垂挂着一对大环，头顶发髻正中有个圆孔，据云『中间穿孔的银铃蕊出土时已与银铃分离』[1]。与此式样相同之物也发现于辽驸马赠卫国王墓[2]（图五八—二）。

鞊鞢带，即革带，带下系挂若干细短的小带子，名鞊鞢，或作黏鞢。鞊鞢用以佩物，如囊，如觿，如刀子。列入舆服制

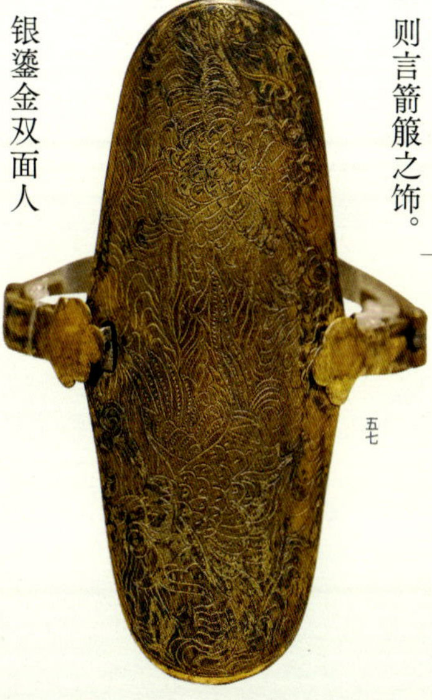
五七

[1] 李宇峰等《彰武朝阳沟辽代墓地》，页八九，辽宁省文物考古研究所《辽宁考古文集》，辽宁民族出版社二〇〇三年。

[2] 《赤峰县大营子辽墓发掘报告》，页一五，出土时与盔共存，报告因推测它『可能是盔上饰物』。

五六—一

五六—二

五六—三

五八—二

五八—一

图五九—一~二
唐永泰公主墓石椁线刻画
图六〇—一
金銙银鞊韘带
图六〇—二
琥珀柄银刀
图六〇—三
玉柄刺鹅锥
辽陈国公主墓出土

度者，则名『鞊韘七事』，为武官五品以上所服。鞊韘带通行于唐，男女皆然，本书第四章已经提到。唐懿德太子墓和永泰公主墓石椁线刻画中的男装女侍亦即『袍袴宫人』，腰间多系鞊韘带，鞊韘系香囊〔图五九—一〕，又有小刀子一柄乃至两柄，或斜插腰带〔图五九—二〕，或系挂于鞊韘〔见第四章，图五五〕。线刻画把鞊韘上面的饰件也描摹得很清楚。不过至中晚唐，革带多已不系鞊韘，而只是带銙上留出古眼[1]，但在吐蕃与回鹘却依然盛行不衰，它也成为契丹风尚。出自陈国公主墓的一条金銙银鞊韘带，原系在驸马腰间。带扣、带銙、带饰均为金，带鞓与系缀的鞊韘均为银。金銙兽面口含鞊韘十一，其中两根穿系对凤纹鎏金银囊〔图六〇—一〕。又琥珀柄银刀一〔图六〇—二〕、玉柄刺鹅锥一〔图六〇—三〕，俱有鎏金银鞘，出土时分别系在鞊韘带的左右两侧。琥珀银刀通长三十点四厘米，鞘长三十二厘

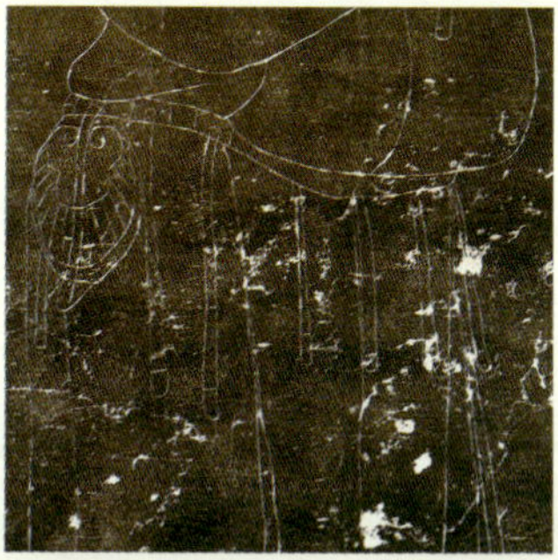
五九—一

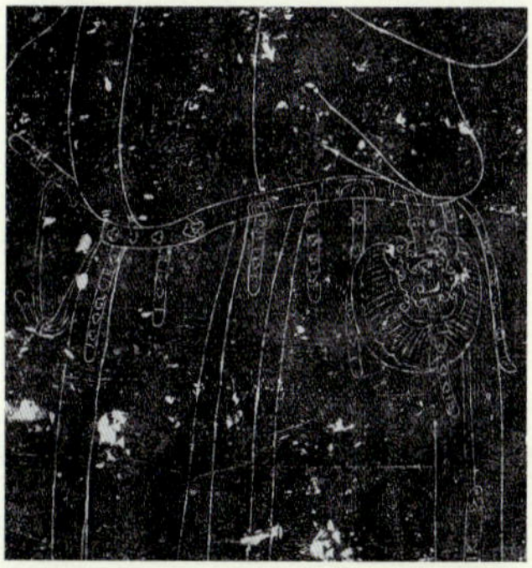
五九—二

[1] 孙机《中国古舆服论丛·中国古代的带具》，页二七四，文物出版社二〇〇二年。

六〇—一

米，玉柄银刀通长二十六点八厘米，银鎏金刀鞘长二十四点八厘米。银刀厚脊单面刃，末端制为锥形插入刀柄。刀鞘均为片材打制卷曲成型，合缝处焊牢，上设银链与环，以为佩系。这一类窄刀身、其端尖细的小刀，宋人称作篦刀子[1]。篦刀子最初以河间所造为精，刀柄则为水晶或玉制。庄绰《鸡肋编》卷上：『河间善造篦刀子，以水精美玉为靶，鈒镂如丝发。』刺鹅锥，

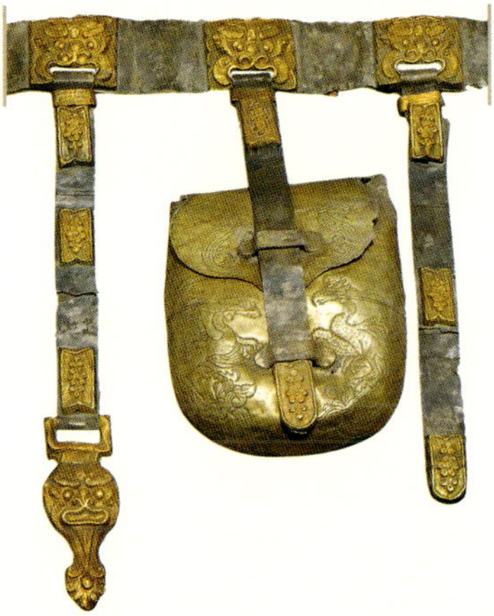

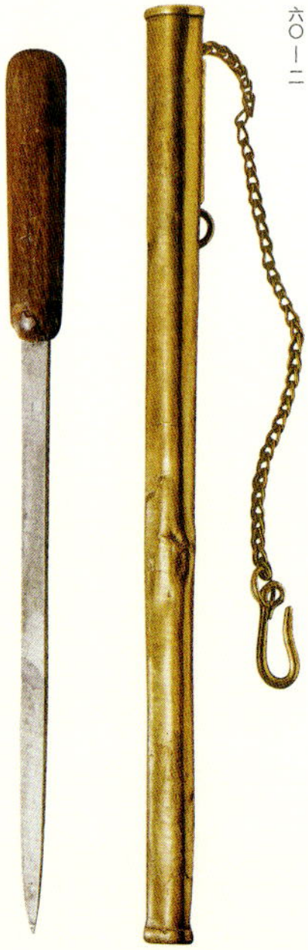

六〇—二

六〇—三

[1] 篦，当是从锟字借意。锟指广长而薄末端收细的簪子，如寒山《诗三百三首》其三十五『金锟挑笋芽』。

银鎏金伎乐图带銙·击鼓

银鎏金伎乐图带銙·弹琵琶

银鎏金伎乐图带銙·吹笛

也称杀鹅杀鸭锥。《续资治通鉴长编》卷八十一，真宗大中祥符六年，晁迥等为契丹国主生辰使，使还，『言始至长泊，泊多野鹅鸭，辽主射猎，领帐下骑击扁鼓绕泊惊鹅鸭飞起，乃纵海东青击之，或亲射焉。辽人皆佩金玉锥，号杀鹅杀鸭锥。每初获，即拔毛插之，以鼓为坐，遂纵饮，最以此为乐』。出自赤峰地区的两件辽代彩绘木雕像，其一牵犬，其一臂架海东青，一枚刺鹅锥别在腰间，正是纳钵情景〔图六一〕。

同时又有不系粘韘，或只是带銙做出古眼的革带，如吐尔基山辽墓出土银鎏金伎乐图带具〔图六二〕，如凌源小喇嘛沟辽墓出土银鎏金独角兽纹带具〔图六三〕。前者带銙十二枚，鉈尾一方，带扣与带卡各一。坐在莲花毯上的伎乐吹笙、吹排箫者各一，击拍板、吹觱篥、奏琵琶、击鼓、吹笛者各二，鉈尾则是莲花毯上的舞人。河北

六一

银鎏金伎乐图鉈尾·舞蹈

银鎏金独角兽纹鉈尾

图六一
彩绘木雕像
赤峰地区征集

图六二
银鎏金伎乐图带具
吐尔基山辽墓出土

图六三
银鎏金独角兽纹带具
凌源小喇嘛沟辽墓出土

六二

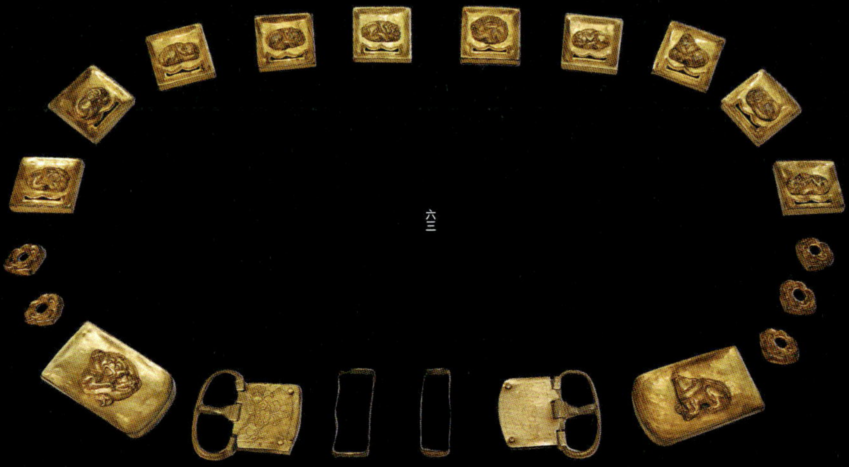

六三

图六四
银鎏金菩萨献香花带具
易县大北城窖藏

易县大北城窖藏银鎏金菩萨献香花带具二十枚〔图六四〕，方銙十，圆桃銙八，铊尾二，与带銙构成组合的带扣和带卡各两枚。带銙装饰面设在立墙中间稍稍偏上的部位，双钩出来的装饰框外以毬路纹缘边，鱼子地上錾莲花、草叶，又犀角、象牙、金锭、银铤、宝珠、古禄钱等杂宝。方銙上五个菩萨，头顶束高髻，下方覆披巾，衣袖和裤脚都是外翻荷叶边，个个俯首低眉，一人打着曲柄伞，伞两边各飘一朵流云，四人捧盘，盘上一个莲苞，惟方銙中的一枚菩萨手里捧的是香盒。铊尾也是大致相同的纹样，不过增至九人，左侧山石边的一个手持一柄鹤扇。带扣则是鱼子地上打作一弯折枝牡丹，与扣针相对的侧边錾一溜龙牙蕙草。方銙与铊尾图案中的人物凸起如圆雕，好像正从画面里走出来[1]。原来它的制作方法有些特别，即在打制地纹的时候预留出插入人物的孔眼，人物另外以片材打制成形，从孔眼穿出，复在背面翻边，然后焊牢。圆桃銙则只是片材一枚，人物便从背面打制而成。带銙背面的银条原用于固定带板，今银条之端仍是固定带板之后砸扁的样子，推知窖藏之际带銙是依次从带板上卸下来的。

[1] 苏州吴中陆墓御窑宋墓出土银鎏铜带具三件，为北宋物（陈曾路《吴中博物馆导览》，页一七〇，江苏凤凰文艺出版社二〇二〇年），带扣及铊尾的构图与人物风格，二者相近，似均属祝寿题材。

用作佩饰者，又有香囊、针筒与小盒。陈国公主墓出土一件镂花金香囊，长十三点四、宽七点八厘米，镂作缠枝卷草的金片两枚以金丝缀合为囊，上覆一枚镂花金片为盖，也以金丝连缀，囊与盖各有金丝小钩用以扣合〔图六五—一〕。又一枚银錾花针筒，通长十一点七、直径一点二厘米，鱼子地上满錾缠枝卷草〔图六五—二〕。一枚八出花口金盒与之同出，高一点七、直径五点五厘米。器与盖以子母口两相扣合，外壁上下各有小钮，两两相对，上方系链连一个活销，盖面是小憩在溪岸的一对鸭子，盒底是伫立沙汀的一对鹭鸶，图案都是连珠纹缘边，立墙锥点卷草纹〔图六五—三〕。巴林右旗和布特哈达辽墓出土带链璎珞花枝纹金盒一枚〔图六六〕，长四点二、宽三点三厘米，虽精细稍逊于陈国公主墓所出者，却亦非俗工。

六五—一

六六

六五—二

图六五—一 镂花金香囊
图六五—二 银錾花针筒
图六五—三 沙洲水禽纹金盒
辽陈国公主墓出土
图六六 璎珞花枝纹金盒
巴林右旗和布特哈达辽墓出土

六五一三

金银饰品中，又有扞腰，或作鞊腰或捍腰。《续资治通鉴长编》卷九十七真宗天禧五年纪事，曰宋绶等使辽还朝，上契丹风俗，言及衣服之制，其中说道『以貂鼠或鹅项、鸭头为扞腰』❶，是扞腰为毛皮所制。扞腰最初大约为北方民族所服❷，又或以锦绣为饰，如后唐同光二年，庄宗万寿节，楚武穆王马殷进献贺礼，中有『龙凤鹥金鞊腰』。不过考古发现中的辽代扞腰都是金银饰，并且多为女性所用。

以出土位置明确的实例为证，可知扞腰的主要形制有两类。一是扞腰的装饰部分系在腰后，略如带銙数枚相连，整体约半米左右，不同于带銙的是中间稍高，两边依次递减，或背衬以丝带，或尽端处的两枚侧边做出长穿缀以

❶《辽史》卷五十六《仪卫志二》曰皇帝田猎服，『幅巾，擐甲戎装，以貂鼠或鹅项、鸭头为扞腰』。同书卷一一六《国语解》曰：『扞腰即扗腰，以鹅项、鸭头为之。』

❷《说文·革部》：『鞈，防汗也。』南唐徐锴《说文解字系传》释曰：『犹今胡人扞腰也。』

图六七—一
海水龙纹金扞腰
辽陈国公主墓出土

六七—一

丝带，总之是以丝带绕腰而系，在胸前打结。出自陈国公主墓的扞腰由八枚金銙合成，每枚金銙均宽六点二厘米，中间两枚最高（十二点四厘米），循序向两侧递减（十点六厘米）❶。八枚金銙主题相同，细部稍有变化。铺天盖地的海涛，峰峦小小，错布上下左右，巨龙腾跃于山海之间〔图六七—二〕。背面接焊内穿银丝的银构件，出土时系在公主后腰，而丝带已朽。多伦县小王力沟辽圣宗贵妃萧氏墓出土银鎏

❶《辽陈国公主墓》称作『金銙丝带』（页七八）。

图六七—二
银鎏金镶玉扞腰
多伦小王力沟萧氏墓出土

六七—二

金镶玉扞腰，銙有七枚，式样与纹饰同陈国公主墓出土者相似，尽端的两枚侧边皆有长穿，原当穿系丝带，丝带也已残朽❶〔图六七—二〕。出自法库叶茂台辽墓的一副贴鎏金银箔嵌琥珀银扞腰，是主人所服绣花棉袍袍带的背饰❷，扞腰长近一米，宽二十多厘米，下为罗衬，上覆银片，银片两端有长穿与棉袍长带相连，其上贴饰以连珠纹勾边的一整片鎏金银箔，虽有破损，但图案大致完整：一溜儿五个莲花座，莲座上面是连珠纹勾勒的舟形背光，内里银托上嵌琥珀，琥珀上下各有一个小孔，其中一个小孔尚存一颗扁圆形的蓝琉璃珠。背光上方为悬垂流苏的宝盖，三重覆莲层层收分结作宝盖顶。五个单位图案之间粼粼水波如铺地蔓草，水波里点缀向上伸展的花

❶ 内蒙古文物考古研究所等《内蒙古多伦县小王力沟辽代墓葬》，页七四，图四九，《考古》二〇一六年第十期。

❷ 辽宁省博物馆等《法库叶茂台辽墓记略》：『鎏金镶琥珀宝塔鸾凤纹银捍腰』，『后附罗衬，围于后腰。其面部锤錾出五个塔式建筑，刹如伞顶，檐有流苏，底为莲座，塔身镶琥珀，地錾鸾凤纹。此器两端有扣，连在棉袍的长带上，带系于胸前，两端分垂于膝下』。《文物》一九七五年第十二期。按今藏辽宁省博物馆，承馆方惠允观摩，以下所述即为亲见。

枝花叶和嬉游的小鸭。莲座、花瓣、流苏、小鸭毛羽等处更细施毛雕（图六七—三）。

六七—三

图六七—三
贴鎏金银箔嵌琥珀银扞腰（局部）
法库叶茂台辽墓出土

图六八—一
银鎏金龙纹扞腰
建平张家营子乡辽墓出土

图六八—二
银鎏金扞腰
凌源小喇嘛沟一号墓出土

六八—一

形制之二，扞腰一片式如展开的菩萨冠装饰在腰间，如沈阳康平张家窑林场辽墓群三号墓出土银鎏金双凤纹扞腰❶。出自辽宁建平张家营子乡辽墓的银鎏金龙纹扞腰，直径二十点一、最高处十八点七厘米，上缘一溜起弯如波浪，中央的一弯出尖拱，其表鱼子地上浅錾卷草，中间打作祥云托起的摩尼宝，两边坐龙张口吐舌，威风凛凛作护宝状〔图六八—一〕。凌源小喇嘛沟一号墓出土银鎏金扞腰〔图六八—二〕，高十点五至十八点五、底边通长六十四厘米，左右两端各以铜铆钉固定一个桥形铜扣环，内缘做出数组成对的细孔，当是用于钉缀背衬。器表打作一幅以一大朵莲花为主的池塘小景。细錾水波纹为地，侧向舒展的莲叶，俯身照水的莲花，从柔条中宛转而出的慈姑叶，在粼粼波光中摇曳出满池生意。

❶ 林栋等《辽宁沈阳康平张家窑林场辽墓群》，国家文物局《二〇一七中国重要考古发现》，页一六五，文物出版社二〇一八年。

六八一二

头冠、耳环、戒指、佩饰，都是辽代金银首饰中很有特色的部分。宋绶言契丹风俗，谓『蕃官戴毡冠，上以金华为饰，或加珠玉翠毛，盖汉魏时辽人步摇冠之遗象也』，『又有纱冠，制如乌纱帽，无檐，不擫双耳，额前缀金花，上结紫带，带末缀珠』（《续资治通鉴长编》卷九十七）。与扞腰的情况相同，考古发现的契丹之冠，均为金银制品，大约原初内里有衬，但已不存。出自辽宁建平县二十家子镇牛圈子村辽墓的一顶铜鎏金龙纹冠，高二十五点五、口径二一厘米，内里有一个十字交叉的冠撑（图六九—一）。建平县喀喇沁镇朱家窝铺辽墓出土玛瑙包金凤冠，通高二十二厘米，却是九枚包金玛瑙十字交叉构成冠体，冠顶云朵上一只立凤。未知原初是否还有其他构件❶（图六九—二）。陈国公主墓出土的两顶银鎏金凤冠，则显示了冠式的男女之别。公主的一顶银鎏金高翅

六九—一

六九—二

图六九—一
铜鎏金龙纹冠
建平县二十家子镇牛圈子村辽墓出土

图六九—二
玛瑙包金凤冠
建平县喀喇沁镇朱家窝铺辽墓出土

❶ 两例均出自被盗墓，今展陈于建平博物馆。

凤冠，直径十九点五厘米，冠体高二十六、立翅高三十厘米，系以片材分别打制冠体、两翅、口圈，然后以银丝缀合成型。两侧高翅各一只凤凰在如花如云的绶带结中扶摇而上，银边锥点卷草纹。冠体是口衔绶带结的一对立凤，上方一颗摩尼宝，冠顶镂空莲花座上坐着道教尊神，莲瓣式背光以灵芝环绕。口圈光素无纹〔图七〇—一〕。驸马的一顶银鎏金冠〔图七〇—二〕尺寸与公主

七〇—一

七〇—二

图七〇—一 银鎏金高翅凤冠（公主）
图七〇—二 银鎏金冠（驸马）
辽陈国公主墓出土

图七一一一 铜鎏金冠（女）

图七一一二 铜鎏金冠（男）

阿鲁科尔沁旗扎斯台苏木吐古他拉辽墓出土

的凤冠大致相同，高三十一点八、直径十九点五厘米，但结构更为繁复。层层叠叠合缀为银冠的如意头饰片凡十六，用于系缀其表的各式小件如摩尼宝、团花、团凤凡二十四。饰片中间部分的镂空地纹有两种，分别为毬路纹和鱼鳞旗脚，其外都是缠枝卷草。正面饰片舞鹤下方一个头戴莲花冠的道人，垂髯策杖，脚下只仰头吐纳的乌龟，饰片上方钉缀一颗摩尼宝。口圈是鱼子地上的缠枝卷草。赤峰阿鲁科尔沁旗扎斯台苏木吐古他拉辽墓出土铜鎏金冠两顶〔图七一一一～二〕，凌源小喇嘛沟辽墓一号墓出土

银鎏金冠（驸马）局部

七一一

七一二

七一一

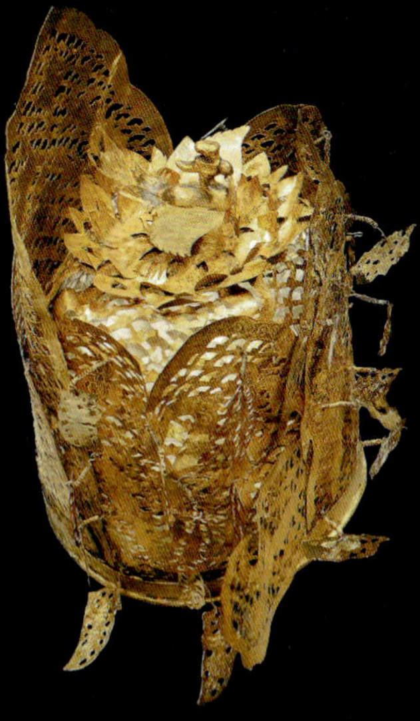

七一二

图七二—一
银鎏金冠（女）
图七二—二
银鎏金冠（男）
图七三
银鎏金对凤纹冠饰
凌源小喇嘛沟一号墓出土

银鎏金冠两顶〔图七二—一～二〕，均与陈国公主墓所出者形制相类，出自小喇嘛沟的男式凤冠冠顶莲花座上一只立凤，凤口衔摇叶，前方镂作双鹤的花片上一个捧桃道人，十数枚镂空花片组成的冠体更以『螺丝』悬缀二十七个舞凤纹摇叶。宋绶所谓『汉魏时辽人步摇冠之遗象』，或即指此。凌源小喇嘛沟一号墓出土银鎏金对凤纹冠饰，通高十二点五、横梁宽十五点三厘米。下方为一道连弧式弯梁，两端各一个凤首，弯梁中间颠倒相向的两朵如意云，其上一对如意云朵托起摩尼宝，两边如意云端各一只足踏云头抵首相对的凤凰，散开的凤尾划作弧线，与张开的翅膀一起完成团窠式造型〔图七三〕。

耳环的佩戴不分男女，巴林左旗白音乌拉苏木白音罕山出土男女侍者石像，均戴着耳环，是未加任何装饰的一种。不过耳环

图七四
金面具
张家窑林场
辽代墓群四号墓出土

图七五
金耳环
敖汉旗沙子沟墓葬出土

图七六—一
摩竭衔花金耳环
吐尔基山辽墓出土

式样又不是一律男女无别。科右中旗代钦塔拉辽墓男主人戴弯拱式耳环，女主人戴摩竭耳环[1]。前举沈阳康平张家窑林场辽代墓群四号墓出土一件男性金面具，面具双耳穿孔各戴一只弯拱式耳环[2]〔图七四〕，也是一证。

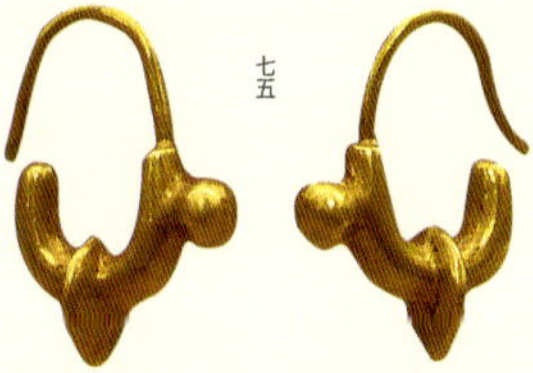

七五

弯拱式，是辽代耳环的基本样式。稍稍加饰，则弯拱中腰下凸若滴露，又弯拱之一端凸起如珠，如敖汉旗沙子沟墓葬出土的一对〔图七五〕。当然可以由此追溯其源，在时空远隔之处找到异域元素，但也许把它视作独创更合情理。唐代流行并为辽代接续的摩竭，原是工匠熟悉的纹样，从造型来说，正是合宜与便捷。摩竭衔花，便成最为流行的一种，如吐尔基山辽墓出土的一对〔图七六—一〕。唐代金银器纹样中多有莲塘中的摩竭鱼，此或耳环设计构思的来源之一。出自耶律羽之墓的金镶绿松石摩竭耳环，系以两枚片材打制成形然后扣合为一，焊缝打磨平

七六—一

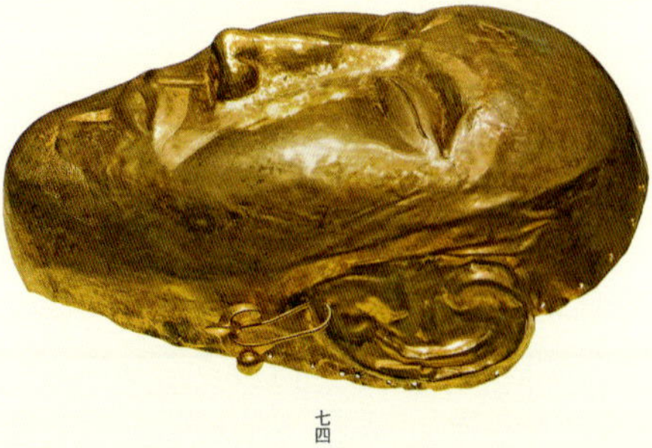

七四

❶ 兴安盟文物工作站《科右中旗代钦塔拉辽墓清理简报》，页四五，《内蒙古文物考古文集》第二辑，中国大百科全书出版社一九九七年。

❷ 关于墓主人，发掘者推测是萧氏后族成员，墓葬年代约当十一世纪中晚期。林栋《漫夜黎明　金颜永昼：沈阳康平辽代契丹贵族墓出土黄金面具的前世今生》，《中国文物报》二〇一九年六月二十一日。

图七六—二
摩竭衔花金耳环

图七七—一
金摩竭耳环
辽耶律羽之墓出土

图七七—二
金摩竭耳环
敖汉旗沙子沟墓葬出土

图七七—三
金摩竭耳环
建平朱碌科辽墓出土

图七七—四
金镶宝包嵌墨玉耳环
吐尔基山辽墓出土

七七—一

七六—二

七七—二

整复又錾花。眼睛、鼻孔、翅膀、尾巴的镂空处原初均当嵌宝。摩竭因反躬之势而长角贴脊，鼻子上翻，獠牙外露，颌下却是贴附小小一朵花萼，花心探出长茎〔图七六—二〕。由辽宁凌源小喇嘛沟一号墓出土的一对同式耳环，——摩竭下颌探出一根长茎，茎穿一大颗花萼为托且可以转动的金珠❶，有理由推测前者金茎上面原初也当穿珠。耶律羽之墓出土的另一对以及出自敖汉旗沙子沟辽墓的金摩竭耳环一对，摩竭颔下的金茎上面均无珠〔图七七—一～二〕，可以推知也是同样情况。辽宁建平朱碌科辽墓出土的一对与出自小喇嘛沟者属于同一样式，但颔下的金珠不是另外穿系，而是与耳环连为一体〔图七七—三〕。如此再来看弯拱式而其一端凸起如珠的耳环，可知它是摩竭衔花或摩竭颔珠的简略形式。然而形式简略，制作却依然华美，比如吐尔基山辽墓出土金镶宝包嵌墨玉耳环〔图七七—四〕。摩竭颔珠

❶ 报告称其造型为『鱼龙戏珠』，并描述道：『颔下衔一颗宝珠，表面饰桃形叶纹，用一枚铆钉与龙首相接，可自由转动』（《凌源小喇嘛沟辽墓》，页一三）。

七七—三

七七—四

七八

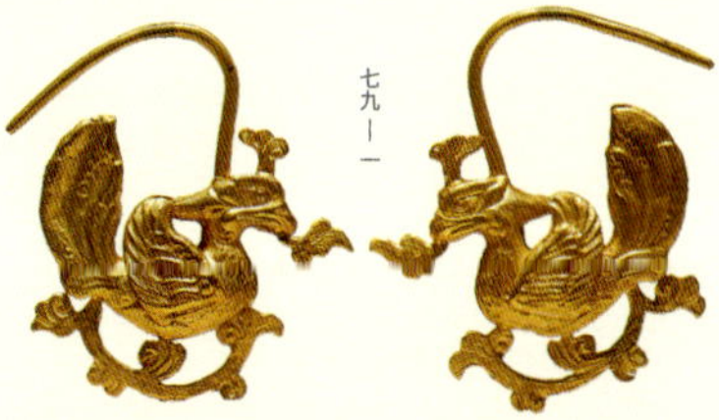
七九—一

图七八
金穿琥珀珍珠耳坠
辽陈国公主墓出土

图七九—一
金凤衔瑞草耳环
建平张家营子辽墓出土

图七九—二
金蝶赶花耳环
朝阳北塔天宫出土

的设计大约来自《庄子·列御寇》『千金之珠，必在九重之渊而骊龙颔下』之典，因视摩羯如飞龙。这一类式样的耳环也同鞍辔一般被视作『美好』乃至影响及于北宋，使得朝廷发下禁令，曰簪钗耳环之类『毋得为牙鱼、飞鱼、奇巧飞动若龙形者』❶，奇巧飞动若龙形的『飞鱼』，当即摩羯，而明代盛行的『飞鱼』，此乃其滥觞。

除此之外，辽代金银耳环的式样还有不少。陈国公主墓出土金穿琥珀珍珠耳坠❷，系以金丝贯穿一串琥珀制作的摩羯鱼小船，船与珍珠相间，上有船篷和旗帜，撑船者姿态各异〔图七八〕，虽然是以构思之巧和琥珀的碾琢见胜，尚未见金工，却已开启金银耳饰百花争艳的序幕。辽宁建平张家营子辽墓出土金凤衔瑞草耳环一对〔图七九—一〕，朝阳北塔天宫出土金蝶赶花耳环一对〔图七九—二〕，巴林右旗和布特哈达辽墓出土迦陵频伽金耳环一对〔图八〇—一〕，后

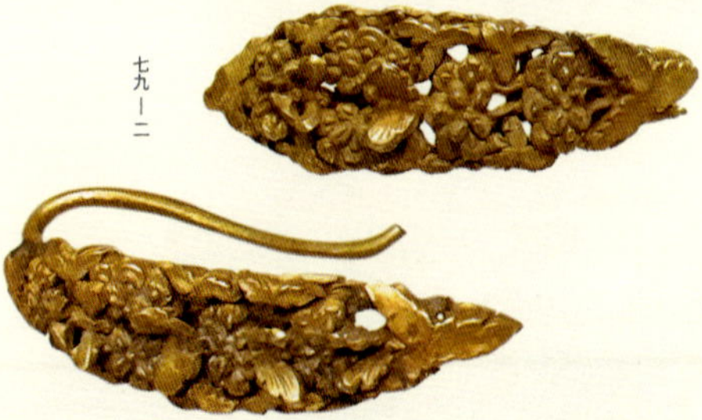
七九—二

❶《宋史》卷一五三《舆服五》景祐三年诏。
❷《契丹王朝：内蒙古辽代文物精华》，页一三三。

者云朵上的迦陵频伽人面，鸟身，凤尾，头顶高冠，手捧莲花。保存完好的一只，云朵下方系缀三挂摇叶。敦煌西千佛洞第十六窟壁画绘回鹘王妃供养像，王妃便是戴着金镶珠宝迦陵频伽耳环一对〔图八〇—二〕。辽宁新民巴图营子辽墓出土一枚金耳环大约是重午的节令时物：六角攒尖顶的一个龙舟，摇桨者之外，还有两人手臂拢着一茎硕大的艾叶❶〔图八一〕。河北易县大北城窖藏中的

❶ 今藏辽宁省博物馆，展品说明称作『龙舟形金簪』，不过从形制以及辽代金银首饰的类型来看，此物应为耳环。

八〇—一

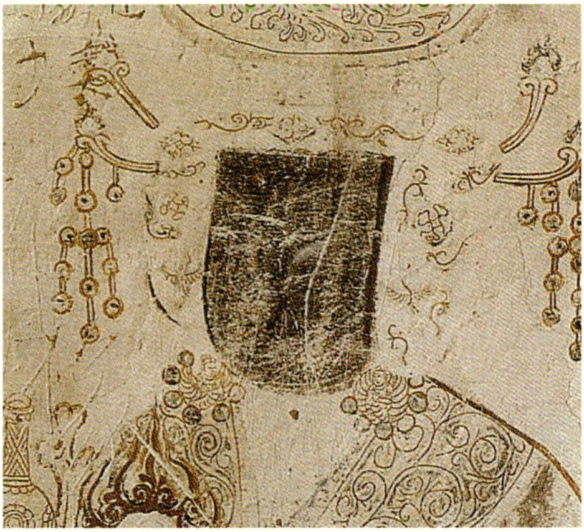
八〇—二

八一

图八〇—一 迦陵频伽金耳环 巴林右旗和布特哈达辽墓出土

图八〇—二 敦煌西千佛洞第十六窟回鹘王妃供养像

图八一 金龙舟耳环 新民巴图营子辽墓

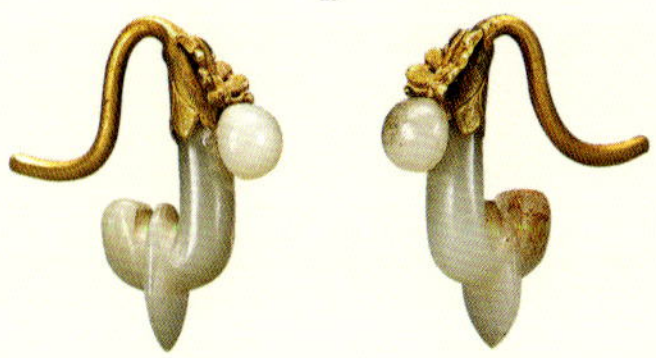

八二

图八二 金穿玉摩竭戏珠纹耳环

图八三 银穿玉伞盖耳环

图八四 金葫芦花叶耳环

图八五—一 金荔枝耳环

图八五—二 双荷叶金耳环

图八六 金包青金石慈姑叶式耳环

易县大北城窖藏

几对耳环式样都很别致。金穿玉摩竭戏珠耳环一对，白玉琢出『简化版』的摩竭戏珠，上方的金穿耳部分是一束花叶上的一只蜻蜓〔图八二〕。银穿玉伞盖耳环一对，伞顶莲苞，下为覆莲，缘边碾琢一周沥水〔图八三〕。一对金葫芦花叶耳环是象生的做法，随轻风而微动的叶子，绽放的花朵和花朵下垂着的小葫芦分别制作，然后攒聚成型〔图八四〕。又有金荔枝耳环一对〔图八五—一〕、双荷叶金耳环一对〔图八五—二〕，都是铸造而成。一对金包青金石慈姑叶式耳环，包镶所用金片是镂空作的花叶，耳环造型则取自莲塘小

八三

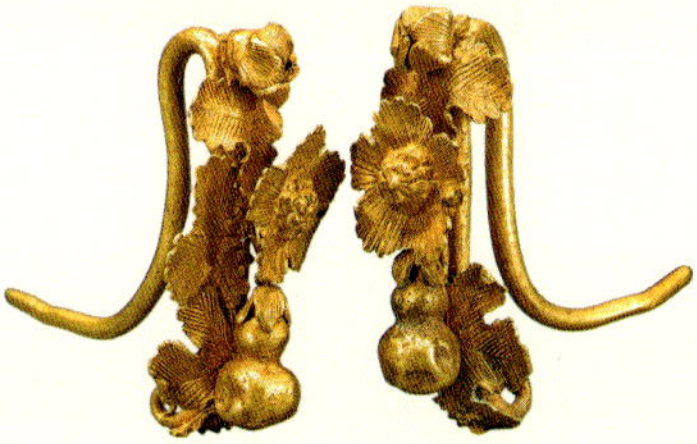

八四

八五—一

八五—二

八六

景中的慈姑叶〔图八六〕。

金银臂钏的式样，辽与唐代大致相同，即由中间宽的部分向着两端渐收渐细，如陈国公主墓出土缠枝花卉纹金钏一副〔图八七〕，如分别出自辽宁建平朱碌科辽墓和沈阳康平张家窑林场辽墓群三号墓的金花钏〔图八八—一～二〕。耶律羽之墓出土的双龙首錾花金钏一副、陈国公主墓出土的双龙首金钏一副〔图八九～九〇〕，则是辽代新样，并且影响及于宋元，至明清仍不衰。

金银戒指戒面多为盾形，戒面錾花，又或花朵凸起，花心

图八七
缠枝花卉纹金钏（一副）
辽陈国公主墓出土

图八八—一
金花钏
建平朱碌科辽墓出土

图八八—二
金花钏
辽墓群三号墓出土
张家窑林场

图八九
双龙首錾花金钏（一副）
辽耶律羽之墓出土

图九〇
双龙首金钏（一副）
辽陈国公主墓出土

八七

八八—一

八八—二

八九

九〇

图九一
金戒指
辽耶律羽之墓出土

图九二
花凤纹金戒指
巴林右旗哈鲁辽墓出土

图九三
金镶水晶绿松石戒指（一对）
吐尔基山辽墓出土

九一

嵌宝，如耶律羽之墓出土的五枚〔图九一〕。巴林右旗哈鲁辽墓出土一枚金戒指，盾形戒面以缠枝卷草缘边，中间花朵上一只舞凤〔图九二〕。出自吐尔基山辽墓的一对金镶水晶绿松石戒指，构思新巧。满錾缠枝卷草的金托上嵌一片薄薄的水晶，中央一个背镶绿松石的金蟾蜍，金托纹饰在水晶下流光潜映，蟾蜍便也如在水月镜花之中〔图九三〕。

辽代金银首饰中簪钗很少，簪钗之类当为汉族女子所用。唐五代满头插小梳的习俗，也是辽代汉族女子的妆容，如河北蔚县杨庄窠辽壁画墓所绘女主人〔图九四〕。前面数次提到的河北易县大北城窖藏，中有簪钗与梳篦数十件，多数造型和纹饰都是北宋气韵❶，如钗梁錾花或为缠丝纹的金钗、银钗〔图九五—一~三〕。金龙头簪一枝，簪首龙头口衔宝珠，龙鬣飞卷，龙身细细满布鳞甲，虽与龙头比例悬殊，却是以两番夸张的弯折助成

❶大北城位于易县县城东南约十公里处，金银器、玉器以及琥珀、水晶等制品四百余件放在一个小底大口的绿釉瓮里。金银器中有百余枚金叶子和十八枚北宋银锭，银锭铭文年代最晚者为北宋政和六年。同出尚有一枚『翦』字印章。

九三

九二

图九四
蔚县杨庄窠
辽壁画墓中的女主人

图九五—一
金钗一

图九五—二
金钗二

图九五—三
银钗
易县大北城窖藏

九四

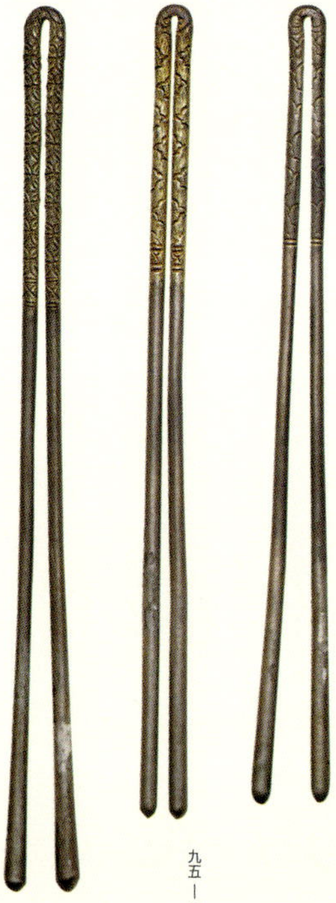

九五—三

九五—二

九五—一

九六

九七—一

九七—二

九八

图九六
金龙头簪

图九七—一
银脚金凤簪
易县大北城窖藏

图九七—二
银脚金凤钗
赤峰市博物馆藏

图九八
满池娇纹金梳子

图九九
缠枝莲纹金梳子

图一〇〇
毬路纹鎏金背银梳子
易县大北城窖藏

金龙破浪穿云之势〔图九六〕。银脚金凤簪一枝可与赤峰市博物馆藏一枝对看，二者题材相同，风姿一致，但细节处理仍有诸多不同〔图九七—一～二〕。满池娇纹金梳子一枚，虹桥式梳背两面都是鱼子地上的缠枝莲，莲花上的鸳鸯一对布置在中间，两边双鸳和水禽，下方对称排布莲花、莲蕾和慈姑叶。梳脊以缠枝卷草缭绕为五个团窠，每个团窠里一个孩儿，三人起舞在花心，两个孩儿在莲花上侧卧而眠，两边分别是水禽和慈姑叶。梳背下缘内折打作仰覆莲瓣，与梳齿连做〔图九八〕。缠枝莲纹金梳子一枚，梳脊和两面梳背均打作鱼子地上含娇吐润的缠枝莲花，花瓣和花叶细錾脉理仿佛画笔，花心点蕊〔图九九〕。毬路纹鎏金背银梳子，梳脊和梳背展开来是毬路纹，弯折过来，便成花瓣里的折枝花。梳齿分制，插焊于梳背〔图一〇〇〕。

九九

一〇〇

辽代用于丧葬的金银饰，以网衣和面具为殊异。宋文惟简《虏廷事实》说女真风俗，其中言及契丹葬俗之异，道『其富贵之家，人有亡者，以刃破腹，取其肠胃涤之，实之以香药、盐、矾，五綵缝之。又以尖苇筒刺于皮肤，沥其膏血且尽，以金银为面具，铜丝络其手足』[1]。此所谓『五綵』，当指丝线。陈永志认为，『这是契丹族固有的「死不墓」习俗与汉文化中的「停尸、守灵、重孝」的习俗相结合的产物』[2]。所谓『死不墓』，即《北史·契丹传》中所记：『父母死而悲哭者，以为不壮，但以其尸置于山树之上，经三年后，乃收其骨而焚之，因酌酒而祝曰：冬月时，向阳食，若我射猎时，使我多得猪鹿。』这是契丹在民族共同体形成初期，盛行的一种『树葬』与『火葬』的复合葬俗。契丹立国之后，以固有的葬俗融合中原汉文化的若干礼仪，形成了新的仪制。金属面具与网衣，便是为着掩逝者之容，全逝者之体，以存其如生之美。网衣以陈国公主墓出土者保存最为完好。公主身被之银丝网衣，系以直径零点五毫米的银丝依人体部位，即头、臂、手、胸、背、腹、腿各个部分，按照与人体相应的尺寸分别编就，然后束

[1] 《说郛》涵芬楼本卷八。

[2] 《金属面具、金属网络与祖州石室》，载中国历史博物馆等《契丹王朝：内蒙古辽代文物精华》，中国藏学出版社二〇〇二年。

图一〇一 银丝网衣

图一〇二—一 金花银枕

图一〇二—二 金花银靴（公主）

辽陈国公主墓出土

妆于内衣之外。《辽史》卷五十二《礼志五》『公主下嫁仪』中说道，公主下嫁之际，『拟送终之具，至覆尸仪物咸在』，出自陈国公主墓的银丝网衣或即下嫁时朝廷所赠〔图一〇一〕。同为葬具的还有金花银枕和金花银靴〔图一〇二—一～二〕。

金属面具的使用，范围很广。本书第二章已举出西藏自治区噶尔县故如甲木墓地与阿里地区札达县曲踏墓地出土黄金面具、

一〇二—一

一〇二—二

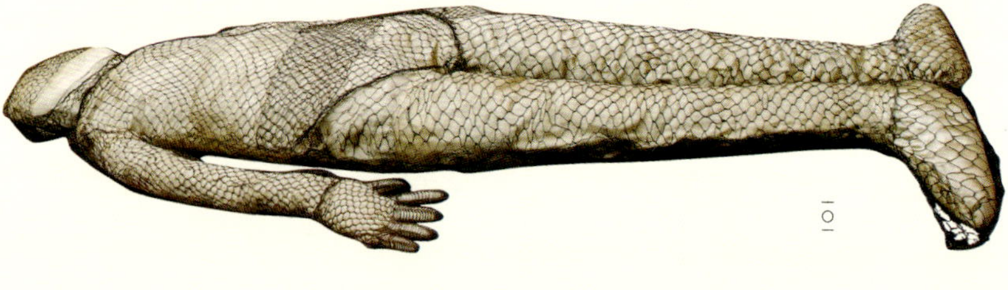
一〇一

新疆伊犁昭苏波马出土镶嵌宝石的黄金面具。辽代使用金属面具的习俗起源，目前对此尚未有明确的认识。从金银器制作的角度来说，它是很见写实工夫的一项工艺。凡面具，均依逝者容貌打制成型且做出相应的弧度，脸型不同，五官各异，可见出性别乃至表情，边缘每设若干细孔以连缀网衣。面具通常为银制或银鎏金〔图一〇三—一～二〕，陈国公主墓出土的两个却都是纯金，属于驸马的金面具，厚零点六毫米，缘边一周以二十六个小穿孔连缀银丝网，共重二百九十三点五克〔图一〇四—一〕。前举沈阳康平张家窑林场辽代墓群四号墓出土金面具也是纯金〔图七四、图一〇四—二〕，墓葬时代稍晚于陈国公主墓。

一〇四—一

一〇三—一

一〇三—二

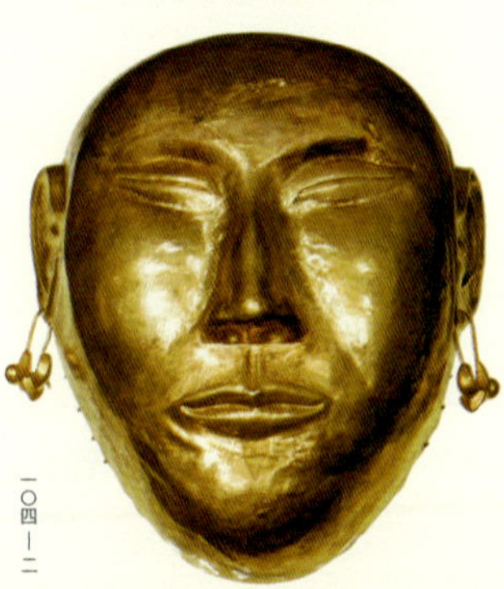
一〇四—二

图一〇三—一
银鎏金面具（女）

图一〇三—二
银鎏金面具（男）
凌源小喇嘛沟辽墓出土

图一〇四—一
金面具（驸马）
辽陈国公主墓出土

图一〇四—二
金面具
康平张家窑林场
辽代墓群出土

图一〇五
银鎏金法舍利塔
巴林右旗辽庆州白塔天宫出土

第四节
舍利容器及其他

辽代崇尚佛教，也是盛行舍利瘗埋的时代，且多为皇室贵族所主导，因多制作精好的金银舍利容器。

辽重熙十六年动工的巴林右旗庆州白塔，是一项皇家工程，即建塔碑所称『南阎浮大契丹国章圣皇太后特建释迦佛舍利塔』。章圣皇太后即兴宗之母、圣宗之钦哀皇后。造塔之际，在天宫放置柏木雕制的法舍利塔共一百零八座，另有一件为银鎏金法舍利塔[1]〔图一〇五〕。银塔通高四十、底径十点五厘米。以零点三毫米厚的片材分别打制各种构件，即重台式覆莲塔座、六面塔身、与覆钵相连的塔檐、三盖三珠的塔刹，然后用铆、焊、插接的方式组合成型。由第一重华盖的下方牵出六根刹链，与塔檐六条垂脊的前端相连，华盖、刹链和塔檐都垂着风铃。塔身正面錾塔门，两侧分别是帝后礼佛图。塔座前边嵌置一身鎏金药师佛，左手托钵，右手策杖。塔顶之端一只立凤，口衔珠幡，正如柏木塔各个

[1] 据建塔铭文及同出银板铭文，知塔内放置九十九本经咒，象征九万九千佛舍利塔及九万九千八大宝塔，故称法舍利塔。德新《内蒙古巴林右旗庆州白塔发现辽代佛教文物》，页九，《文物》一九九四年第十二期。

一〇五

图一〇六
银板陀罗尼咒（局部）
巴林右旗辽庆州白塔天宫出土

图一〇七
木胎银棺
朝阳北塔天宫出土

一〇六

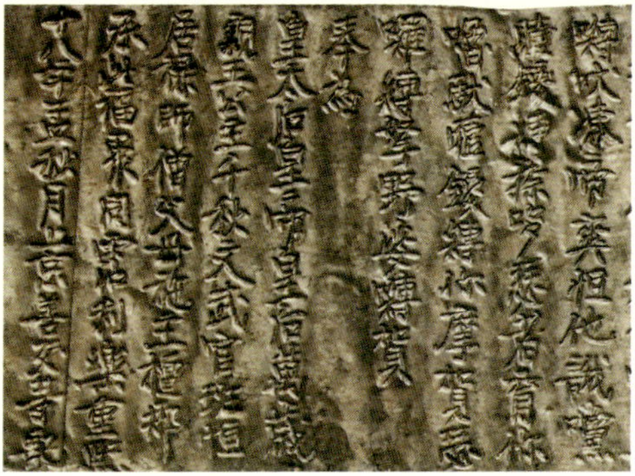

垂系锦幡或罗幡。塔内密藏银板陀罗尼咒，卷尾发愿文署『重熙十八年孟秋月』〔图一〇六〕。

发现于辽宁朝阳北塔天宫的木胎银棺，原置于七宝塔中，内置金舍利塔。木胎因曾遭雷击火烧而毁，仅存用于包嵌木棺四面的四枚银片，银片边缘尚有银钉〔图一〇七〕。应覆于正面的一枚錾刻涅槃图：娑罗双树下是行将入灭的佛陀，佛陀身后悲哭的是六个弟子，脚边为身先入灭的须跋陀罗，头前一人为最后的供养者纯陀，榻床前面有哭翻的大象和狮子，画面前端是赶来举哀的四夷国主，画面另一端为护法天王。银棺此外三面为法、报、化三身佛，又说法图和护法天王像。放置银棺的金舍利塔高十一厘米，金片制成。塔基三重，仰莲托起四方塔身，四周雕栏回护，华板、望柱俱全。塔刹莲花宝珠以珍珠环绕，四条珠链沿垂脊披散下来，与回环塔檐的珠链相连〔图一〇八-一〕。塔内藏一个金盏玛瑙舍利罐。舍利罐通高四点五厘米，盖表纹样与前节举出的银鎏金盏托意匠相同，中心一枚

一〇七

木胎银棺侧面

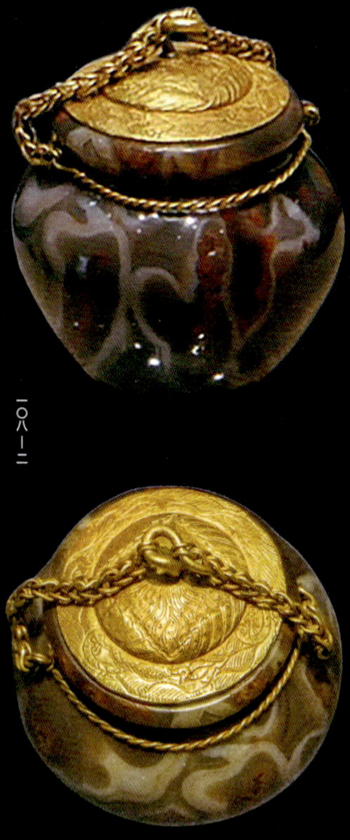

一〇八一二

一〇八一

图一〇八—一 金舍利塔
图一〇八—二 金盖玛瑙舍利罐
图一〇九—一 经塔
图一〇九—二 经塔第二重银筒
图一〇九—三 经塔第三重金筒
朝阳北塔天宫出土

錾出叶脉的卷边荷叶，环以水波，小鸭、小鱼嬉游其间〔图一〇八—二〕。经塔一座，原在棺前供养，通高三十九厘米。下为铜炉盆，上覆银盖，盖上铆接仰莲银座，内置金莲托，塔身为四重金银片制成的圆筒套装而成，内藏银经卷。金片打作八角塔顶，是一朵半敷的八瓣莲花，上覆珠串，顶端一颗大珠。塔身的第一重金筒錾大日如来坐像和刻着塔名的八大灵塔〔图一〇九—一〕。第二重银筒錾三身菩萨〔图一〇九—二〕。第三重金筒为一佛八菩萨：中大日，结智拳印；上虚空藏，持宝；下除盖障，持伞盖；右上慈氏，持军持；右中观音，持莲；右下地藏，持钵；右上普贤，持剑；右中金刚手，持杵；右下文殊，持青莲。并三行题记：『重熙十二年四月八日午时葬，像法只八年，提点上京僧录宣演大师赐紫沙门蕴珪记。』〔图一〇九—三〕

一〇九—三

一〇九—二

一〇九—一

图一一〇—一
银鎏金六角塔
图一一〇—二
银经卷（局部）
朝阳北塔天宫出土

天宫里的银鎏金六角塔一座，也是舍利塔〔图一一〇—一～二〕。通高六十点三厘米，六角空心柱式塔身置于基座，塔檐三重依次套入，檐角上立伞盖（第一、第二层塔檐伞盖未修复），下缀风铃，银丝网幔自第一重塔檐垂覆下来。仰覆莲座、覆钵、宝珠、伞盖、月轮组成塔刹，伞盖之缘刹链三条披垂。塔身第一层六面各錾一身坐佛，合为释迦牟尼与密宗五方如来，第二层錾刻梵文种子字，第三层錾六字真言。塔内藏铜鎏金舍利瓶、题记铜板、银经卷等。题记铜板两面刻字，一面为『重熙十二年四月八日与舍利同时葬此银塔并摧碎小佛顶陀罗尼各一本』，另一面是『守司户参军轩辕亨书，梵字依法成造，匠人张从道，鈒字扈全，金甄守则』。从整个银塔的制作来看，不仅『梵字依法成造』，造像亦当遵从仪轨，鈒字自然也很要一番功力。同出的银经卷，制作人和施主与此相同❶。

一一〇—一

❶ 银经卷为大、中、小三式，均卷成筒，银丝系缚。大者三片合成，全长一百零四、宽十四点五厘米，錾《佛说金刚大摧碎陀罗尼》与《佛顶尊胜陀罗尼》，末署『施守张从道』。中者长十二点三、宽八点二厘米，为《慈氏菩萨真言》和《大尊真言》。小者长六点七、宽二点七厘米，錾字三行：『重熙十一年四月四日轩辕亨书小佛顶慈氏真言施主甄守则。』《朝阳北塔——考古发掘与维修工程报告》，页六九，文物出版社二〇〇七年。

银鎏金六角塔局部

图一一一—一
金塔

图一一一—二
金链白玉竹节式盒

图一一一—三
银塔
阜新红帽子辽塔地宫出土

一一一—二

发现于阜新红帽子辽塔的一座金塔，高二十五点五厘米。以金片分段做成须弥座、塔身、塔檐、刹顶部分，再套合而成。塔身用一枚金片卷成圆筒，正面錾一个拱门，此外满布文字，即以偈语、造塔愿文与法舍利真言绕塔身一周〔图一一一—一〕。发现时内有金链白玉竹节式盒〔图一一一—二〕，里边盛着舍利子，金塔装在银塔内，三件共为一组舍利容器。银塔通高四十六点三厘米❶〔图一一一—三〕。时代约当辽代中晚期。

河北蔚县南安寺塔基地宫出土辽天庆元年（一一一一）金、银舍利塔各一座〔图一一二—一～二〕，又银鎏金金刚杵、银鎏金舍利瓶❷。银塔基座八个小龛内分别打作八个兽头，上为仰莲托座，塔身两层之间出挑平坐，顶层檐下的华带牌上錾『舍利塔』三

一一一—三

一一一—一

❶ 赵振生《阜新县红帽子乡辽塔地宫清理记》，《阜新师专学报》一九九二年第二期；辽宁省博物馆《古代辽宁》，文物出版社二〇一七年。

❷ 塔基出土文物系被盗后追缴，今藏蔚县博物馆。

图一一二一一
银舍利塔

图一一二一二
金舍利塔
蔚县南安寺塔基地宫出土

图一一三
银菩提树
朝阳北塔天宫出土

一一二一二

一一二一一

个字。塔顶银鎏金塔刹，每层塔檐檐角兽头下方缀风铃。

银菩提树，则为舍利供养，如大安八年《觉花岛海云寺空通山悟寂院塔记》所云，地宫内，『于水晶塔左右，有银菩提树两株』❶。出自朝阳北塔天宫的银菩提树，以外包银片的银柱为树干插于台座，银丝拧作树枝，十六枚叶丛分别用银片打制成形，然后拢作树冠，通高二十一点六厘米〔图一一三〕。

一一三

❶《觉花岛海云寺空通山悟寂院塔记》：『于地宫内安置八角石藏于上。并镌诸杂陀罗尼造塔功德经九圣八明王八塔各名，及偈一百二十圣贤五佛七佛名号。石藏中间容空五尺，于内安置水晶塔一坐。阶石匣内次铁匣，次铜匣，次银匣。于银匣内金瓶银瓶各一支。于金瓶内杂色舍利数百粒，于银瓶内感应舍利一颗。……于水晶塔左右，有银菩提树两株，石像数尊，诸杂供具遍盈藏内。』阎凤梧等《全辽金文》，页七七三～七七四，山西古籍出版社二〇〇二年。

辽宁朝阳市南塔附近出土银罗汉像数枚，不过手指肚大小，却是以打制之工而见出造型能力。击钹〔图二一四—一〕、击磬〔图二一四—二〕、拊掌、捧钵，又或一手挽巾，一手持香盒，姿态不同，神情各异，乃至衣服的式样和质感也历历可见。

发现于朝阳北塔天宫的七宝塔一座，整体破损严重，不过珠玉金银等各种饰件尚存，金银饰如中心嵌珠、下缀铃杵的金法轮〔图二一五〕，银板贴金的月和日〔图二一六〕，又一束银丝编制的饰件，虽已变形，但仍可大致认出它是以细银丝做成的弹簧式『螺丝』，上方为云题，云题以细银条勾勒轮廓，里外双重『螺丝』勾边，内里编作莲花、桃花和飞向莲花的蜻蜓。下方悬系用『螺丝』仿制的璎珞〔图二一七〕。宋代步摇有同样的做法〔第七章，图五〇—一〕。

二一四—二

二一四—一

二一五

图二一四—一 银罗汉像（击钹）

图二一四—二 银罗汉像（击磬）
朝阳南塔附近出土

图二一五 金法轮

图二一六 银板贴金的日

图二一七 银丝饰件
朝阳北塔天宫出土

一一六

一一七

卷二终

中国金银器

扬之水

中国金银器

㈢

图书在版编目（CIP）数据

中国金银器：共五卷 / 扬之水著. — 北京：生活书店出版有限公司, 2022.8（2024.2 重印）
ISBN 978-7-80768-378-0

Ⅰ. ①中… Ⅱ. ①扬… Ⅲ. ①金银器（考古）—研究—中国 Ⅳ. ① K876.434

中国版本图书馆 CIP 数据核字 (2022) 第 068007 号

目次

卷三

自一家春色——两宋金元

卷三

自一家春色

两宋金元

第六章
两宋金元器皿

通常认为，唐代是中国古代金银器发展史中的高峰，检阅今天已经发现的宋代金银器，可以说两宋与唐五代，是双峰并峙。唐代极盛时期的制作，法度整练，气韵健朗，气象宏壮，两宋与之相比，或有不及。然而就造型与纹样而言，却可以说这一时期器型更加多样，装饰手段更为丰富，普及带来的数量增多以及商品化程度的提高，都是此中的推力。

宋代宫廷所需金银器用，多由文思院打造[1]，打造成器，须经看验，再进呈交纳[2]。文思院的工匠系招募有家业及一定财力者，南宋时还要『临安府元籍定有物力金银铺户二名委保』[3]。禁中金器制作所用应该都是上色金，包括赏赐近臣之物[4]。元代情况，也多见于传世文献，尚刚《元代工艺美术史》中的『《元史·百官志》所载官府工艺美术作坊及主管机构登记表』，条举各类文献中的相关内容，简明扼要，可一目了然[5]。不过就目前发现的宋元遗存来看，出自官作者很少，而多属民间制作。这时候的民间金银制作业不仅愈益发达，且产品流布四方，贸易渠道很是通畅。上世纪八十年代新疆吐鲁番柏孜克里克千佛洞遗址曾发现

[1]《宋会要辑稿·职官二七》（刘琳等校点）『文思院』：『《四朝志》及《会要》：太平兴国三年置，掌造金银犀玉工巧之物，金綵绘素装钿之饰，以供舆辇、册宝、法物及凡器服之用，隶少府监。』册六，页三七三七，上海古籍出版社二〇一四年。

[2]《宋会要辑稿·职官二九》『文思院』：真宗咸平三年三月，诏：『文思院打造内中金银器物，并送内东门司看验，交纳三司。所造金银，令左藏库别将一两赴三司封记为样。每料内凿一只年月、工匠、秤子姓名、色号，赴三司定样，进呈交纳。其支赐金银、腰束带、器物，类定金分厘秤比。所管工匠，委监官点检，趁逐功课，不得辄借影占，违者许人陈告。』册六，页三七八一。

[3]《宋会要辑稿·职官二九》『文思院』：孝宗淳熙九年，将作监条具措置文思院革弊事项，其中一项道：『文思院上界打造金银器皿，自来止凭作家和雇百姓作匠，承揽掌管金银等，拘辖人匠造作，以致作弊。今乞将合用打作作头等，令本院召募有家业及五百贯以上人充。仍召临安府元籍定有物力金银铺户二名委保。如有作过人，令保人均赔。』册六，页三七八五。

图一 某行铺招贴
发现于柏孜克里克千佛洞遗址

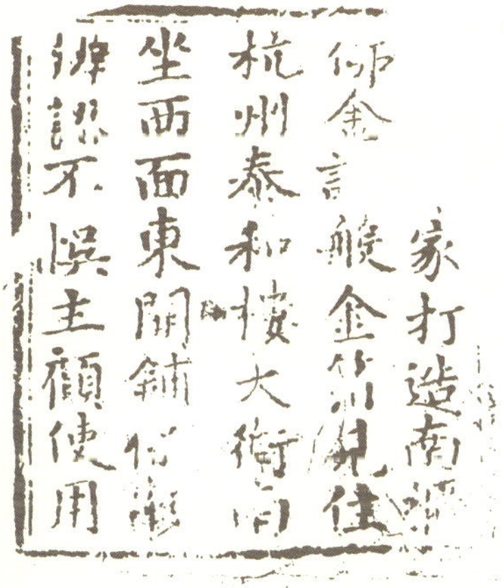

时属元代的杭州泰和楼大街某行铺招贴。招贴原是金箔的包装纸，上钤一方墨色印记，印记文字五行，行八字：『□□□家打造南柜／佛金〔诸〕般金箔见住／杭州泰和楼大街南／坐西面东开铺□□／辨认不误主顾使用』❶〔图一〕。用作妆銮佛像的金箔竟至从南方的西湖远输北方的大漠，此类商品流通的情况由此可见一斑。金银器每以『时样』而为供求双方所追逐，式样的传播和流布更因此常常跨地域也跨时代。元《新编事文类要启札青钱》卷九《委置文物小简》『委置银器』条列其程式曰：『闻城市厶匠团造银器甚精，今纳去银子若干两，烦令制盃盘十副，得时样为佳。』其答式曰：『委造盃盘银子若干两，已呼厶匠交去，令依时样制造，厶日可毕，望遣价取纳。』价，此指仆人。

❹《宋会要辑稿·礼六二》，真宗景德三年九月，『诏：三司请给左藏次色金造带，以备赐近臣。国家宠待俊髦，务存优异，惜费敦俭，岂在于斯？自今并以上色金造』。册四，页二一二九。

❺尚刚《元代工艺美术史》，辽宁教育出版社一九九九年。另可参考胡小鹏《中国手工业经济通史·宋元卷》，福建人民出版社二〇〇四年。

❶柳洪亮《新出吐鲁番文书及其研究》，页二一九，新疆人民出版社一九九七年。按共出土四件，内容大致相同，见冯培红等《从杭州到吐鲁番：元代商业广告的南北流传》，《丝绸之路与杭州研究论文集》，杭州出版社二〇一八年。

『时样』的设计来源之一，是从其他工艺品中借鉴。当然在很多情况下借鉴是相互的。与唐代，尤其是唐初不同，彼时金银器作为容器在生活中大量使用以显豪奢，还是一种受了外来影响的新风，而从目前的发现来看，金银器多出官作，民间的制作尚未十分普遍，宋元金银器则以出自民间作坊为多。婚嫁，庆寿，送礼，设宴，乃至开在京城里的酒店，金银器，特别是银器的使用已有了一定程度的普遍性。或认为唐代曾经有过一种近乎单向的模仿，例如瓷器式样仿金银器，而宋元时代这种追摹已经很少见。这时候金银器的纹样设计，或取材于传说故事，或得自绘画，又有仿古一类；再或选取瓷器、玉器中比较成熟的传统图案，而在此基础上复以巧思出新。其实，与其说某某器仿某某器，不如说同时代的装饰艺术有着彼此共享的文化资源，不同行业的工匠乃各逞其技，争奇斗巧。

宋元金银器皿的发现，多集中于窖藏。如四川彭州金银器窖藏[1]、德阳孝泉镇清真寺银器窖藏[2]，福建邵武故县金银器窖藏[3]，江苏溧阳平桥银器窖藏[4]，杭州临安原高虹中小学寺庙遗址银器

[1] 成都市文物考古研究所等《四川彭州宋代金银器窖藏》，科学出版社二〇〇三年。本章所举彭州窖藏器物，尺寸、重量、铭文均据此著，以下不再一一出注。

[2] 沈仲常《四川德阳出土的宋代银器简介》，《文物》一九六一年第十一期。本章所举德阳清真寺窖藏器物，尺寸、数量、铭文均据此文，以下不再一一出注。

[3] 王振镛等《邵武故县发现一批宋代银器》，《福建文博》一九八二年第一期。本章所举故县窖藏器物，尺寸、数量及相关信息，均据此文，以下不再出注。

[4] 镇江博物馆《镇江出土金银器》，文物出版社二〇一二年。本章所举溧阳平桥窖藏器物，尺寸、重量均据此著，以下不再出注。

窖藏，合肥市小南门孔庙旧基元代窖藏[1]，江苏金坛湖溪元代窖藏[2]，湖南临澧柏枝乡南宋银器窖藏、新合元代银器窖藏、涟源桥头河镇石洞村元代银器窖藏[3]。墓葬则有南京江浦南宋张同之夫妇墓[4]，贵州遵义播州土司杨价夫妇墓，浙江衢州南宋史绳祖墓[5]，福州茶园山南宋许峻墓、无锡元钱裕墓[6]、苏州元吕师孟墓[7]。

[1] 吴兴汉《介绍安徽合肥发现的元代金银器皿》，《文物参考资料》一九五七年第二期。本章所举合肥孔庙窖藏器物，尺寸、铭文均据此文，以下不再出注。

[2] 肖梦龙《江苏金坛元代青花云龙罐窖藏》，《文物》一九八〇年第一期。

[3] 《湖南宋元窖藏金银器发现与研究》（扬之水、陈建明主编），文物出版社二〇〇九年。本章所举湖南宋元窖藏出土物，尺寸、重量均据此书；器物名称的考订，取自收入此书的《湖南宋元窖藏金银器丛考》（扬之水），以下不再出注。

[4] 南京市博物馆《江浦黄悦岭南宋张同之夫妇墓》，《文物》一九七三年第四期。本章所举张同之墓出土器物，尺寸、数量及相关信息，均据此文，以下不再出注。

[5] 衢州市文管会《浙江衢州市南宋墓出土器物》，《考古》一九八三年第十一期。本章所举史绳祖墓出土器物，尺寸、数量及相关信息，均据此文，以下不再一一出注。

[6] 无锡市博物馆《江苏无锡市元墓中出土一批文物》，《文物》一九六四年第十二期。本章所举钱裕墓出土物，尺寸、数量等相关出土信息均据此文，以下不再出注。

[7] 江苏省文物管理委员会《江苏吴县元墓清理简报》，页一九～二四，《文物》一九五九年第十一期。关于器物名称的考订，见扬之水《吕师孟夫妇墓出土金银器细读》，《南方文物》二〇一四年第二期。

第一节

两宋器皿

这一节题目虽仅标举『两宋』，不过叙述中也包含了西夏。因本书以检阅实物为要，而考古发现的这一时期的金银器遗存，西夏为少，两宋居多，那么也就依此而展开述论。

两宋金银器皿的使用，由宫廷而民间，数量之巨，远逾于前。皇室嫁娶，宫中诞育，册封诸吉且无论，宰相生日[1]，大臣去凹[2]，学士草制润笔[3]，都不离金银。朝廷赐与寺观之物也多有金银器[4]。南宋与金的往来朝聘以及宋廷维系与周边各个政权的朝贡关系，更是少不得巨量金银器的支撑。带具、马具、酒食器、盥洗用具，金银器作为赏赐与礼品，动辄百两、数百两、千两乃至万两[5]。在『朝』，常作为赏赐；在『野』，则几为嫁妆所必需。此与考古发现的情况正好互证[6]。

平居时候的一般用器，上自九重，下至中等以上之家都是金银为主。王君玉《国老谈苑》卷二：『苏易简在翰林，太宗

[1] 蔡絛《铁围山丛谈》卷二：『国朝礼大臣故事，亦与唐五季相踵。宰相遇诞日，必差官具口宣押赐礼物。其中有涂金镌花银盆四，此盛礼也。独文潞公自庆历八年入拜，厥后至绍圣岁丁丑，凡五十年，所谓间镀鈒花银盆固在。遇其庆诞，必罗列百数于座右，以侈君赐。当时衣冠传以为盛事。』文潞公即文彦博。

[2] 朱彧《萍洲可谈》卷一，故事：宰相薨，驾幸浇奠，褰帷视尸，则所陈尚方金器尽赐其家，不举帷则收去。宰相吴充，元丰间薨于私第，上幸焉，夫人李氏徒跣下堂，叩头曰：『吴充贫，二子官六品，乞依两制例持丧，仍支俸。』诏许之。然仓卒白事，不及褰帷。驾兴，诸司敛器皿而去，计其值，与二子特支俸颇相当，因谓官物有定分，不可妄得如此。

[3] 周必大《玉堂杂记》卷下记翰林学士草后妃、太子、宰相麻之故事曰，『既至便殿，上服帽带，谕以除授之意，御前列金器如砚匣、压尺、笔格、糊板、水滴之属几二百两。既书除目，随以赐之。隆兴初，犹用此例。乾道以后止设常笔砚而已，退则有旨「打造不及」例赐牌子金百两。立后、升储倍之』。

[4] 范成大《吴船录》记其行旅经峨眉，至白水普贤寺，寺有太宗、真宗、仁宗三朝所赐诸物，中有金银鉼钵、奁炉、匙筯、果罍等。

一日召对，赐酒，甚欢。上谓易简曰：君臣千载遇。易简应声答曰：忠孝一生心。上悦，以所御金器尽席悉赐之。』南宋人论宁宗，说他『三十一年敬仁勤俭如一日，天文示变，斋心露祷，禁中酒器，以锡代银』❶，那么日常所用原都是银器。仕宦之家宴客，也以金银器皿为常，或有不备者，便会被人视作非常。《国老谈苑》卷一：『太祖以范质寝疾，数幸其家。其后，虑烦在朝大臣，止令内夫人问讯。质家迎奉，器皿不具。内夫人奏知，太祖即令翰林司送果子床、酒器凡十副以赐之。复幸其第，因谓质曰：卿为宰相，何自苦如此？质奏曰：臣向在中书，门无私谒，所与饮酌，皆贫贱时亲戚，安用器皿。因循不置，非力不及也。猥蒙厚赐，有涉近名。望陛下察之。』所云『果子床』，当为茶床之属，乃轻型便携的小型食案。曰『器皿』而不特别表出质地，通常是指金银器。欧阳修《归田录》卷一记鲁宗道『家贫无器皿』，因每待客于近旁『百物具备』亦即银器齐全的酒肆，也说明馔席金银器，至少是银器的使用，已被视作必须。

都市风光，自然也少不得金银器点染盛丽。《东京梦华录》

❺ 如此情形，多载录于史籍，如《宋会要辑稿》中的《蕃夷》之部所录，由黄纯艳《宋代朝贡体系研究》所列绍兴二十六年宋朝回赐占城、交趾物品表与绍兴二十六年宋朝回赐三佛齐物品表（页四〇二～四〇五，商务印书馆二〇一四年），也可见一斑。

❻ 彭州宋代金银器窖藏中的一件银酒台子圈足外壁铭曰『史氏妆奁』（按《四川彭州宋代金银器窖藏》称此器为『圆形茶托』，非）。又金坛元代金银器窖藏中的银碗有铭曰『时宅行嫁』（肖梦龙《江苏金坛元代青花云龙罐窖藏》，页六〇，《文物》一九八〇年第一期）。

❶ 罗大经《鹤林玉露·甲编》卷三。

卷八列数六月里巷陌杂卖的时鲜和冷饮，曰生意兴隆之家，『悉用金银』。日本入宋僧人成寻在《参天台五台山记》中记述见闻，言都市、官府之外，寺院茶饭用具也多为银器，可见时风侵染至出家人亦以此相尚。南渡后，东京繁华重现于本来就是『市列珠玑，户盈罗绮，竞豪奢』的临安，《梦粱录》卷十六『酒肆』一节称『杭都如康、沈、施厨等酒楼店，及荐桥丰禾坊王家酒店、闇门外郑厨分茶酒肆，俱用全桌银器皿沽卖，更有碗头店一二处，亦有银台碗沽卖』。周密《武林旧事》卷六『酒楼』条举和乐楼、和丰楼等十余家官酒库名称之后，道『已上并官库，属户部点检所，每库设官妓数十人，各有金银酒器千两，以供饮客之用』❶。官库、官酒库，即官营酒楼。又同卷『歌馆』条称『近世目击者，惟唐安安最号富盛，凡酒器、沙锣、冰盆、火箱、妆合之类，悉以金银为之』。这里说到的『沙锣』，是盥洗用器，此待后面讨论。

『行在』之外的城镇，繁华不减临安，比如浙东永嘉。叶适《温州开元寺千佛阁记》曰『今之为生者，土以寸辟，稻以参种，水蹙而岸附，垅削而平处，一州之壤日以狭矣。异木别草争植于

❶ 又周密《齐东野语》卷十七『奇对』一节举一对子曰：妙法法因因果寺，金轮金刚（钱塘寺名）；中和和丰丰乐楼，银杓银瓮（钱塘酒楼）。

阛，隆栋深宇角胜于家，毳衣卉服交货于市，四民之用日以侈矣』。此记作于嘉定元年❶。又《橘枝词三首记永嘉风土》之二：『琥珀银红未是醇，私酤官卖各生春。只消一盏能和气，切莫多盃自害身。』❷长江以南各地城镇也不例外。张孝祥《二郎神·七夕》咏潭州佳节景象云『南国。都会繁盛，依然似昔。聚翠羽明珠三市满，楼观涌、参差金碧。乞巧处、家家追乐事，争要做、丰年七夕』❸。再如长江边『城郭千万家，营垒相依凭』的鄂州❹，范成大《吴船录》记淳熙四年途经鄂渚，泊鹦鹉洲前南市堤下，『南市在城外，沿江数万家，廛闬甚盛，列肆如栉。酒垆楼栏尤壮丽，外郡未见其比。盖川、广、荆、襄、淮、浙贸迁之会，货物之至者无不售，且不问多少，一日可尽，其盛壮如此』。稍早于此，有陆游《入蜀记》记乾道六年自山阴往夔州赴任，登鄂州名胜南楼，道『鄂州楼观为多，而此独得江山之要会，山谷所谓「江东湖北行画图，鄂州南楼天下无」是也。下阚南湖，荷叶弥望。中为桥，曰广平。其上皆列肆，两旁有水阁极佳，但以卖酒，不可往』。刘过《酒楼》一诗所咏当是南宋都市酒楼之常态：『夜上青楼去，如迷洞府深。

❶ 永嘉之繁盛当然不是自南宋始，北宋杨蟠《永嘉》诗曰：『一片繁华海上头，从来唤作小杭州。水如棋局分街陌，山似屏帏绕画楼。是处有花迎我笑，何时无月逐人游。西湖宴赏争标日，多少珠帘不下钩。』北京大学古文献研究所《全宋诗》，册八，页五〇五〇，北京大学出版社一九九二年。

❷ 《叶适集》（刘公纯等点校），页一五八，页一二五，中华书局一九八三年。

❸ 词作于乾道三年作者知潭州初到任时，《张孝祥集编年校注》（辛更儒校注），页一三四〇，中华书局二〇一六年。

❹ 此联见刘过《九日鄂渚登高楚观分韵得能字》。《龙洲集》卷三。

图二一一
酒楼图
山西繁峙岩山寺壁画

图二一二
酒筵图（摹本）
大同市金代徐龟墓墓室西壁

妓歌千调曲，客杂五方音。藕白玲珑玉，柑黄磊落金。酣歌恣萧散，无复越中吟。』[1]所谓『妓歌千调曲』，也正是宋代饮酒习俗之要。

两宋金银器，尤其是金银酒食器，与花、与歌、与酒关系最为密切。其时士大夫以及乡绅富户商贾几乎家蓄声伎，少则几人，多则几十甚至数百[2]。『一曲新词酒一杯』，并不独见于宰相家，以歌送酒，实在是宴席之常[3]，金银酒器也会以歌词为饰，如出自浙江仙居的一件银夹层盏，内盏盏心錾《点绛唇》一首[4]。酒宴因此成为宋金寺院壁画、墓葬壁画以及装饰艺术等热衷表现的题材，如山西繁峙岩山寺壁画佛传故事中的一幅市井酒楼图[5]〔图二一一〕、大同市金代徐龟墓墓室西壁的酒筵图[6]〔图二一二〕。出自甘肃天水的一组北宋彩绘砖雕，中有一方为食案，又有奉食、奉酒、奉果盒以及奏乐者，合在一起，也是一幅酒筵图〔图三一一～九〕。南宋戴复古有《洞仙歌》一阕，道是：『卖花担上，菊蕊金初破。说着重阳怎虚过。看画城簇簇，酒肆歌楼，奈没个巧处，安排着我。／家乡煞远哩，抵死思量，枉把眉头万千锁。一笑且开怀，小阁团栾，旋簇着、几般蔬果。把三杯两盏记时光，问有甚曲儿，

[1] 《龙洲集》卷七。

[2] 词学名著《碧鸡漫志》便是因常有置酒听歌之欢而成就，作者自序曰：『乙丑（绍兴十五年）冬，予客寄成都之碧鸡坊妙胜院，自夏涉秋，与王和先、张齐望所居甚近，皆有声妓，日置酒相乐，予亦往来两家不厌也。』作者王灼除短暂入幕外，一生未仕。

[3] 宋词的传播，也大半依凭这一广阔的空间，王兆鹏《宋代文学传播探原》于此有专章论述（武汉大学出版社二〇一三年）。

[4] 石超《错彩镂金：浙江出土金银器》，页二三三，浙江人民美术出版社二〇一六年。此作唐圭璋《全宋词》附于姜夔名下，曰『见洪正治刊本白石诗词集（按关于此本夏承焘有考，见《姜白石词编年辑校·版本考》，上海古籍出版社一九八一年），不知应是何人作』（页二一八八）。

[5] 壁画绘制者为『御前承应画匠』王逵、王尊等，成于金大定七年。

[6] 墓葬年代为金海陵王正隆六年，见大同市博物馆《山西大同市金代徐龟墓》，页五一～五七，图版壹，《考古》二〇〇四年第九期。

二一一

二一二

图三—一 彩绘砖雕·食桌
图三—二 彩绘砖雕·奉注子
图三—三 彩绘砖雕·擎酒台
图三—四 彩绘砖雕·奉食

三—一

三—四

三—三

三—二

图三一五 彩绘砖雕·奉果盒

图三一六 彩绘砖雕·奉巾

图三一七 彩绘砖雕·拍板

图三一八 彩绘砖雕·击方响

图三一九 彩绘砖雕·击羯鼓

甘肃天水出土

三一六

三一五

三一九

三一八

三一七

好唱一个。』[1]其情其景，与岩山寺壁画中的市井酒楼图实在凑合得紧。而从考古发现来看，与南宋同时的金朝，特别是汉族聚居地区，不论出土器物抑或寺观、墓葬壁画，都反映出宴饮习俗以及金银器的使用，与南宋几乎无别。

一 酒食器的类型、名称与用途

金银器中品类最丰富的一项，为酒食器，宋人或曰『馔器』[2]，换句话说，便是筵席上的各种用具。以宋本为底本刊刻的《新编对相四言》中有椀、楪、壶、盏、托、匙、筯，合子、果合、锡镟、铜铫[3]，是其大概。南宋人编纂的一部日用词汇小百科《碎金》中『酒器』一项所列名目更为详细，这里当然不是专指金银制品，但金银器自是包括在内，即樽、榼，樏（原小字注：垒子）、果合、泛供，劝盏、劝盘、台盏，散盏，注子、偏提，盂、杓，酒经、急需，酒罂、马盂，屈卮、觥、觞、大白，见该书《家生篇》第二一三[4]。所举名称虽然不少，不过实际上很有几种是一器多名，即器有古称或曰雅称，也有俗称，并且还有泛称。

[1] 唐圭璋《全宋词》，册四，页二三〇六，中华书局一九六五年。

[2] 《冷斋夜话》卷十：『王荆公居钟山，特与金华俞秀老过故人家饮。饮罢，少坐水亭，顾水际沙间有馔器数件，皆黄白物，意吏卒窃之，故使人问司之者。乃小儿适聚于此食枣栗，食尽弃之而去。』

[3] 美国哥伦比亚大学史带东亚图书馆藏，上海书店出版社二〇一五年影印。此书被认为是明代刊本，不过其中保留了很多宋元名物。

[4] 《重编详备碎金》（南宋张云翼编），《天理图书馆善本丛书·汉籍之部》第六卷，天理大学出版社一九八一年影印本。

《碎金》中的酒经、酒罂，均为贮酒器。酒罂又或称作酒瓮、酒坛。酒经，宋人诗歌中每呼作长瓶。列在这里的榼，也是指盛酒器，陆游《醉中歌》『长瓶巨榼罗盃盂』❶，即此。如果不使用酒注，长瓶自也不妨直接倾酒入杯。苏轼《蜜酒歌》『三日开瓮香满城，快泻银瓶不须拨』。拨，此指滤酒。瓮酒入银瓶，此瓶即可用来斟酒。杨万里《惠泉酒熟》『抱瓮输竹渠，挈瓶注银盃』❷，其情似之。天津博物馆藏一幅宋人《月下把杯图》，画面右上题作『相逢幸遇佳时节，月下花前且把盃』。右下方露出大半身的长桌上放着高饤和酒尊，尊里插着酒勺。桌子下边一对酒坛，一个荷叶盖的大瓮，或是清泉一器。主仆五人，主人执手把盃，一个童子捧长瓶，一个童子捧果盘，又一个童子捧巾〔图四〕。可见长瓶的使用情形。近年考古发现中常与酒具同出的有银长瓶，高度多在二十厘米上下，如分别出自南京江浦南宋张同之墓和浙江衢州南宋史绳祖墓的两件〔图五—一～二〕，如四川德阳孝泉镇清真寺窖藏中的两件❸〔图六—一～二〕、彭州金银器窖藏中的十件❹〔图七—一～三〕。张同之墓出土银长瓶遍身打作龙牙蕙草，沙地錾錾出地

❶ 钱仲联《剑南诗稿校注》，页九二，上海古籍出版社一九八五年。按以下所引放翁诗，均据此书。

❷ 辛更儒《杨万里集笺校》，页五七一，中华书局二〇〇七年。按本章引诚斋诗，凡未另外注明者，均据此书。

❸ 其一底有『东阳可久』铭，其一底有铭三行：『南阳』『周家十分煎银』『勤号』。

❹《四川彭州宋代金银器窖藏》称作『梅瓶』（页一三～一七）。

图四
《月下把杯图》及局部
天津博物馆藏

图五—一
龙牙蕙草纹银长瓶
南京江浦南宋张同之墓出土

图五—二
素面银长瓶
浙江衢州南宋史绳祖墓出土

图六—一
素面银长瓶（失盖）

图六—二
如意云头纹银长瓶
四川德阳孝泉镇清真寺窖藏

四

五—一

六—二

六—一

五—二

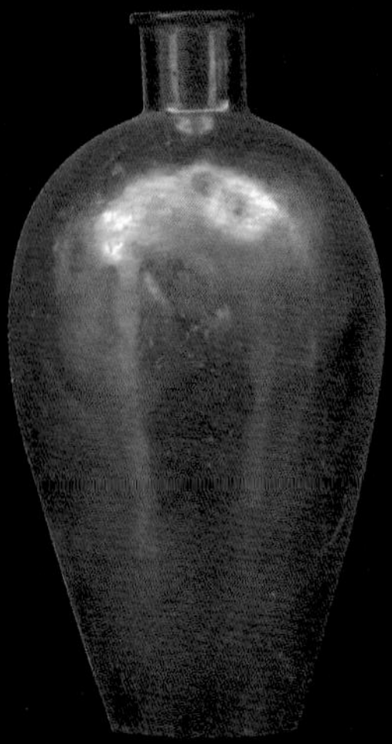

七—一

七—二

七—三

图七—一
素面银长瓶

图七—二
云鹤纹银长瓶

图七—三
三卷如意云头纹银长瓶
四川彭州金银器窖藏

纹更见出纹饰的灿然光亮，盖顶錾一枚『延寿带』。完整的银长瓶，应该都是有盖子的[1]。

樽，或作尊，本来属于泛称，但如果是某个场合里斟酒器用的特指，那么它是与长瓶相较腹圆而矮者。陆游《携瘿尊醉梅花下》『拥肿轮囷元媚妩』，是酒人爱它大肚能容，『拥肿轮囷』，腹圆也。此外一种古老的式样是盆式尊。瓮酒启封，倒入盆式尊，再用酒杓分酌于酒杯，这种方式自两汉一直流行到唐五代。唐李匡文《资暇集》卷下『注子偏提』条说道，『元和初，酌酒犹用樽杓，所以丞相高公有「斟酌」之誉，虽数十人，一樽一杓，挹酒而散，了无遗滴』。此为宋以前的传统酌酒方式。两宋的时候斟酒已是多用酒注，此际以盆式尊为酌酒器，原是为了以此古典趣味而别见超迈脱俗。考古发现中的南宋金银器窖藏，如福建邵武故县窖藏、江西星子县陆家山窖藏、江苏溧阳平桥窖藏，与酒器同出的均有银或金花银盆，口径在十五至二十厘米之间，此类器皿或即酒尊之属〔图八—一～三〕。盆式酒尊的内底心常饰以涟漪水藻中并游的鎏金双鱼，北宋词人笔下即有它的剪影，如张先《醉垂

[1] 洛阳邙山宋代壁画墓出土银长瓶一，『银杯』一，所谓『银杯』，应即长瓶的盖子。洛阳市第二文物工作队《洛阳邙山宋代壁画墓》，页四八，《文物》一九九二年第十二期。

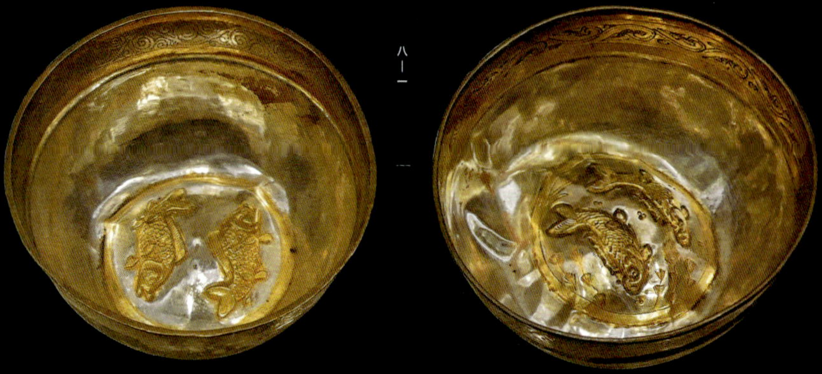
八—一

八—三

八—二

图八—一
金花银盆
福建邵武故县窖藏

图八—二
银盆
江西星子县陆家山窖藏

图八—三
金花银盆
江苏溧阳平桥窖藏

图九—一
银注子一副
四川彭州金银器窖藏

图九—二
泸县宋墓石刻
泸县博物馆藏

九—一

鞭·钱塘送祖择之》『酒面滟金鱼，吴娃唱，吴潮上』❶。而盆式尊，时人又或称作『酒盆』，如张孝祥《渔家傲》一首，题作『红白莲不可并栽，用酒盆种之，遂皆有花』❷。那么用于以勺挹酒分酌又兼了合酒的盆式尊❸，也可名作酒盆。

两宋斟酒之器以酒注为主，偏提则是注子的别名，方以智《通雅》卷三十三《器用》：『偏提，酌酒注子也。』酒注的造型，初始当是得自汤瓶，《资暇集》所谓『若茗瓶而小异』，适可见其渊源。而它如果不是以注碗一副的组合形式出现，与汤瓶的分别其实并不明显。酒注与温碗合作一副的使用，也是到了宋代方才流行。其时呼作『注子一副』，便是包括温碗在内的，如四川彭州南宋金银器窖藏中自铭『注子一副重叁拾壹两』的银注子❹（图九—一）。泸县出土的一方宋墓石刻，侍女手里抱持的便是同此式样的一副❺（图九—二）。温碗的功用是温酒，宋人称之为『煖

九—二

❶『酒面滟金鱼』句，《张先集编年校注》释作『杯中之酒盈溢浮动如金鱼泛光』（页三八，浙江古籍出版社一九九六年），似未确。
❷《全宋词》，册三，页一七一七。
❸关于合酒，见扬之水《四时花信，展尽黄金缕：两宋金银器类型、名称与造型、纹饰的诗意解读》，页三七～三八，载《中兴纪胜：南宋风物观止学术研讨会论文集》，中国书店二〇一七年。
❹铭文錾于温碗足内。
❺四川省文物考古研究所等《泸县宋墓》，彩版五三，文物出版社二〇〇四年。

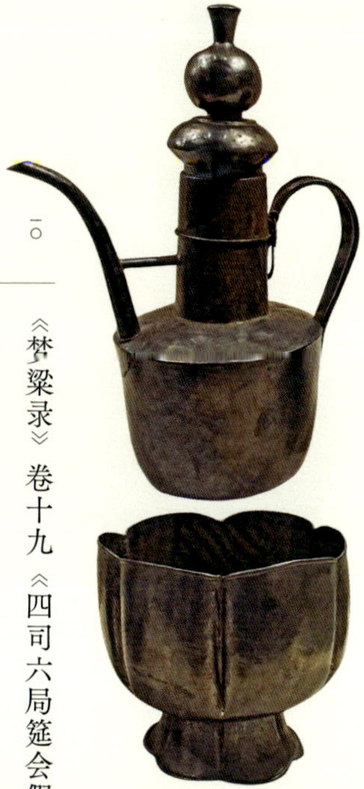

一〇

图一〇
银注子一副
四川德阳孝泉镇清真寺窖藏

图一一
银鎏金团窠对鸟纹注子一副
福州茶园山许峻墓出土

盪』。如《都城纪胜》『四司六局』一节记曰『茶酒司专掌宾客茶汤，煖盪筛酒，请坐咨席，开盏歇坐，揭席迎送，应干节次』。又《梦粱录》卷十九《四司六局筵会假赁》曰『民庶家俱用茶酒司掌管筵席合用金银酒茶器具』，及『煖盪斟酒』等事。四川德阳孝泉镇清真寺窖藏中的银注子一副，注子直颈、折肩、弯柄、长流，温碗依注腹的造型而打制，为留出注水的空间，体量自然要大一些〔图一〇〕。此可视作注子的基本样式。出自福州茶园山许峻墓的银鎏金团窠式对鸟纹注子一副是另一种常见的样式❶〔图一一〕，注身造型如胆瓶，长流更长，弯柄更弯，更显秀气。团窠式对鸟纹则是自唐代至宋元装饰领域里的流行纹样❷。彭州金银器窖藏中有银注子九副，为样式最集中的一批。至于高宗绍兴二十六年交趾进奉贺昇平物中的『五十五两数妆宝金酒注一副』❸，便是豪华型了。

筵席中的饮酒之器，《碎金》所举劝盏、台盏、散盏、盂、

❶ 福建省博物馆《福州茶园山南宋许峻墓》，页二五，图五（『鎏金高圈足银杯』）、图八（『鎏金银执壶』），《文物》一九九五年第十期。目验两器的造型、纹样与尺寸，可以认为是注子一副，温碗当然也不是『银杯』。

❷ 扬之水《奢华之色：宋元明金银器研究》卷三，页八八，中华书局二〇一一年。

❸ 《宋会要辑稿·蕃夷七》（刘琳等校点），册十六，页九九六六，上海古籍出版社二〇一四年。

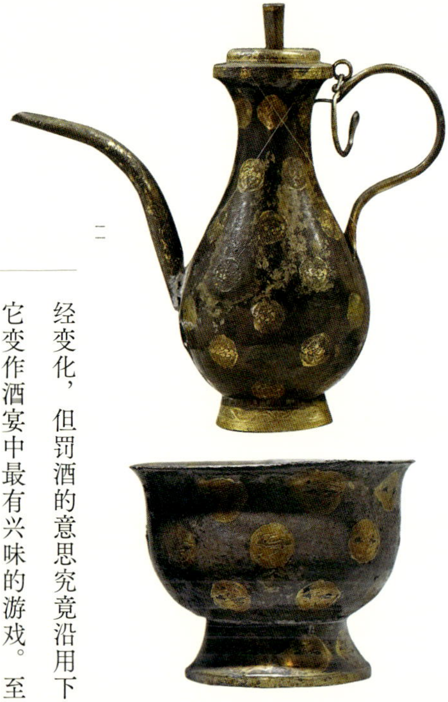

二

屈卮、觥、觞、大白，差不多都已包括在内。

觞和觥均可以视作酒杯的泛称，不过觥的含义更多一重曲折。本书第三章提到，觥之初义是罚爵，虽然式样和罚酒的形式迭经变化，但罚酒的意思究竟沿用下来，因以唐代酒令的发达而把它变作酒宴中最有兴味的游戏。至于宋代，觥才多半是饮酒或劝酒之器的泛指。《鹤林玉露·丙编》卷四『蔡攸辞酒』条曰：『蔡攸尝赐饮禁中，徽宗频以巨觥宣劝之。攸恳辞不任杯杓，将至颠踣。』所谓『巨觥』，便是劝酒用的大杯。此大杯，也不妨称作『大白』，因为『大白』原初也是罚爵之名。苏轼《西江月·坐客见和复次韵》『翠袖争浮大白』，宋《傅干注坡词》即举汉故事以释义❶。只是在实际生活中，觥和大白的罚爵之义已经很少用到❷。

『台盏』与『散盏』的分别，在于前者是一副，后者是单只。

❶ 注云：『《汉书》：引满举白者，罚爵之名也。饮不尽者，即以此爵罚之。魏文侯尝与大夫饮酒，令曰：不釂者浮以大白。于是公乘不仁举大白以浮君也。』釂，饮酒尽也。

❷ 当然酒筵设罚杯的做法也偶或使用，如《国老谈苑》卷一记陶穀事云：『浙帅开宴，置金鍾以为罚爵。穀后因卧病，浙帅使人问其所欲，穀以金鍾为请，浙帅以十副赠之。』陶穀系由五代后周入宋。而罚爵之义也还为人所用，如陈造《客以诗为东园饮不果次其韵二首》『会须把酒杏花前，祇唤茶瓯充罚爵』，《全宋诗》，册四五，页二八〇八三。

图一二—一
银台盏一副
德阳孝泉镇清真寺窖藏

图一二—二
银台盏一副
杭州临安原高虹中小学出土

图一三—一
银盏

图一三—二
银盘
浙江桐乡骑塘龙吟金家木桥窖藏

图一四—一
金六方盏

图一四—二
金六方盘
安徽休宁南宋朱晞颜墓出土

杯盏下有承盘，便合为台盏一副。金银台盏宋代以前已经出现，如第三章和第五章所举，不过宋代使用更为普遍。承盘式样大致有三种。其一，承盘内心凸起一个高高的小圆台，此即名作酒台子，如分别出自四川德阳孝泉镇清真寺窖藏和杭州临安原高虹中小学寺庙遗址窖藏中的银台盏〔图一二—一～二〕。其一，盘内心只是凸起一个小圆环，环心錾刻折枝花或其他纹样。它与酒盏合为一副，便称作盘盏。如浙江桐乡骑塘龙吟金家木桥窖藏中的银盘盏一副〔图一三—一～二〕。其一，盘心并不另外制作容纳杯盏的标识，而只是以造型和纹样与杯盏的一致或呼应来显示二者的组合关系，如安徽休宁南宋朱晞颜墓出土金盘盏一副〔图一四—一～二〕。而『台盏』之名有的时候也是这一类有承饮具的统称，即可以把『盘盏』也包括在内。

与构成组合的『一副』相对言，单独的酒盏，便是『散盏』。四川南江县玉泉乡欧家河窖藏出土同式九件银花口盏，银盏口部压印『輔家記』，又錾刻长铭一周曰『兩司庫管銀打造到清酒都務散盞壹百隻，共重壹百玖拾貳兩陸錢半，嘉定二年十一月十五

一二—一

一二—二

一三一一

一三一二

一四一一

一四一二

一五

一六—一

一六—二

一七

日，银匠輔顯之、李三一，監管逯定范世昌』❶〔图一五〕。器有自铭，我们自可睹物而知名了。

至于杯、盏之别，则大致可以说，有柄者曰杯、卮、屈卮；无柄者，曰盏。前者可以兰溪市宋墓出土金屈卮与黄石陈伯臻粮库窖藏银卮为例〔图一六〕；后者可以邵武窖藏金盏为例❷〔图一七〕。不过杯与盏其实常常混称，区分并不严格，诗词中尤其如此。而所谓『劝盏』，应该也是包括了『劝杯』的，劝盏、劝杯之义便适如其名，即劝饮之器，它原是由罚盏演变而来，虽然此际已是以敬酒的成分为多，但依然同罚盏一样，通常是酒筵中式样殊异

图一五
『散盏』铭银花口盏
四川南江县玉泉乡欧家河窖藏

图一六—一
金屈卮
浙江兰溪市灵洞乡宋墓出土

图一六—二
『赏功大使』银卮
湖北黄石陈伯臻粮库基地窖藏

图一七
金盏
福建邵武故县窖藏

❶《中国金银玻璃珐琅器全集·金银器》第二卷，图二四三，河北美术出版社二〇〇四年。

❷前例见兰溪市博物馆《浙江兰溪市南宋墓》，图版八：一，《考古》一九九一年第七期。按《梦粱录》卷三『四月，皇帝初九日圣节』记度宗生日的各种盛况，云『御宴酒盏皆屈卮，如菜碗样，有把手，殿上纯金，殿下纯银』，应即此式。后例外壁有『咸淳七年正月』铭，知此为赏赐时为京湖制置大使李庭芝物。黄石市博物馆《湖北黄石陈伯臻出土窖藏南宋银铤》，《中国钱币》一九九五年第三期。

图一八—一
金釦银酒盂
图一八—二
银盘
南京江浦南宋张同之墓出土

的饮酒器❶。可以说，宋元时代席间一套完整的酒具，除坐客人各一具的酒杯之外，用作劝酒且兼玩赏劝杯，是不可少的。

杯盏之外尚有酒盂，《碎金》『酒器』一项列举的盂，即特指酒盂。如钵一般平底无足而器口不内敛，便是盂的基本式样。宋代日用之器有酒盂、汤盂和熟水盂子，还有与唾盂合为一副配合使用的钵盂。酒盂也不妨与承盘构成组合，如南京江浦黄悦岭南宋张同之夫妇墓出土的一副〔图一八—一～二〕。

唐式酒船的几种类型宋代都已经不很流行，多曲长杯之意匠经过唐代的一番中土化，至此则更融入各种象生花式盏，异域痕迹几乎无存。摩竭式酒船，有广西南丹县小场乡附城村虎形山北宋银器窖藏所出一件银鎏金酒船❷〔图一九〕。器高十四点八、长三十四厘米，造型取象于船而做成摩竭式，船舱、船尾、船篷，

一八—一

一八—二

❶ 关于劝盏的考述，见《罚觥与劝盏》（扬之水《奢华之色：宋元明金银器研究》卷三，中华书局二〇一一年）。

❷ 韦壮凡《广西文物珍品》，图二四九，广西美术出版社二〇〇二年。

图一九
银鎏金摩竭式酒船
广西南丹县北宋银器窖藏

图二〇
金釦琉璃盏
浙江金华陶朱路村舒公墓出土

一九

借形借势处俱见巧思。制作方法是各个部件分别打造成形，然后铆接成型。此就容量来说，近于一升及一升以上的酒海。窖藏同出尚有装饰主题与风格大体一致的银鎏金高足盘、高足杯，又银盏等，合以摩竭式酒船，并为酒器一组。饮酒行令意在劝饮以尽欢，因与唐代觥盏相似，劝杯形制的不同寻常，有时正是为了不便饮用，以使罚酒成为酒筵中的娱乐。此件酒船体量既大又饮用为难，便是体现了劝杯这一方面的特性。

与此前相同，各种金银釦器也同金银杯盏一样引人注目，时称『稜作』❶。戴侗《六书故》第四《地理一》『釦』条称之为『金饰器口也』。此所谓『金』，指金属。浙江金华陶朱路村舒公墓出土金釦琉璃盏〔图二〇〕，安徽来安县相官公社出土金釦玛瑙碗〔图二一〕，做工之精，材质之美，愈于纯金纯银之器。陶瓷杯盏加金银釦，第五章曾举出内蒙古多伦小王力沟萧贵妃墓出土的实例，它也是两宋风气。江少虞《宋朝事实类苑》卷九《名臣事迹》『魏咸熙』一则曰，魏咸熙性宽厚，任太仆少卿，累典藩郡，『归朝大治酒具，宾友集馔，陈越中银釦陶器，僮仆数人共举食案而前，相嘲诮，

❶《宋会要辑稿·职官二九》『少府监·文思院』，册六，页三七八一。

二〇

图二
金釦玛瑙碗
安徽来安县宋墓出土

足跌，尽碎之，坐客皆失色，咸熙殊不变容，但令易它器，别具蔬果，亦不加笞责』。『越中银釦陶器』，当是加了银釦的青瓷器，作为『大治酒具』中的一项，且因毁损而令一席失色，可见它的为时人所重。

席面不可或缺之物尚有干鲜果品以及蜜煎等，蜜煎，大致同于今之蜜饯，《碎金》中的果合、劝盘当是用来盛放此类。果合，即果盒。果盒里面装上几个小小的隔板，便成攒盒亦即槅子。槅子，也称果罍，又作槅子。杨万里《三月三日上忠襄坟，因之行散，得十绝句》：『女唱儿歌去踏青，阿婆笑语伴渠行。只亏郎罢优轻杀，槅子双担挈酒瓶。』又《岁之二日欲游翟园，以寒风而止》句云『南烹北果手自饤，漆槅银瓶色相映』，是踏青游园的食担上均少不得有此一事，并且各色果品总是与酒相伴。前引陆游《醉中歌》上曰『长瓶巨榼罗盃盂』，下曰『珍盘饾饤百味俱』也。《梦粱录》卷十九《四司六局筵会假赁》之厨司，『掌筵席生熟看食、粄饤、合食』，『精巧簇花龙凤劝盘等事』。又果子局，『掌装簇饤盘看果、时新水果、南北京果……像生花果、劝酒品

三

件』。『合食』，即盒食，便是『果合』。看食、粄饤、蜜煎等放在盘或碟子里，遂曰看盘，劝盘，果菜碟。《武林旧事》卷八『皇后归谒家庙（用咸淳全后例）』一节，记述仪注之大要曰：次日『早泛索』亦即早餐点心，皇后有『茶果十合』，『小楪儿五件』。『赐筵』，皇后是：绣高饤十、时果十楪、脯腊十楪、细京果十楪、细蜜煎十楪、看菜（一本作果）十楪。亲属则为京果四十垒，脯腊三百楪，时果干果共五百楪。所谓『绣高饤』，其品类同书卷九『高宗幸张府节次略』一节列出八种[1]，蜜煎、脯腊、时新果子等也都各有细目。金银盘碟的用途，大略在此。『玉果金柈』固然是宫廷用器之平常，但『堆饤金柈』却也每为士人的平居生活增添兴味[2]。

盘与碟的分别，大约在于尺寸，即前者大，后者小，本书第三章已经说到。戴侗《六书故》第二十八《工事四》『盘』条释文曰：『器大而浅曰盘。』当然此所谓『大』和『浅』，都是相比较而言。果菜碟多在十五厘米以下，造型或圆口平底，或花口平底，或许因为它的小，且与盘相比更为平浅，宋人常以『片』作为计数单位[3]，出自江阴夏港青山窑厂的一件银葵花口果

[1] 即一行八果垒：香圆、真柑、石榴、枨子、鹅梨、乳梨、榠樝、花木瓜。

[2] 『玉果金柈』，见杨万里《雪中讲堂赐酒》；『堆饤金柈』，见《初秋戏作山居杂兴俳体十二解》之十。

[3] 如《丁晋公谈录》曰：真宗朝，『因宴，有一亲事官失却金楪子一片』。又《东京梦华录》卷四『会仙酒楼』条曰：『凡酒店中，不问何人，止两人对坐饮酒，亦须用注碗一副，盘盏两副，果菜楪各五片，水菜椀三五只，即银近百两矣。』

图二二
银果菜碟
江阴夏港青山窑厂出土

图二三
银果菜碟
江苏溧阳平桥窖藏

二二

菜碟，高一点二、口径十二点八厘米，平浅的造型便正合于以『一片』为计〔图二二〕。溧阳平桥窖藏有錾花小银碟一组九枚，器高一点二、口径八点四厘米，内心分别錾刻折枝花〔图二三〕。而盘与碟本身也还各有大小深浅和长短方圆等造型之别。《宋会要辑稿·蕃夷七》记述高宗绍兴二十六年交趾进奉方物中有『金大果子楪』；孝宗淳熙五年正月六日三佛齐国进表，诸般贡物中有『浅盘八，方盘三，圆盘三十八，长盘一』，『大小楪四，大小蜀葵楪二，小圆楪一』❶。浅、方、圆、长以

二三

❶《宋会要辑稿》，册十六，页九九六六，页九九七一。

二四一一

二四一二

图二四一一
银鎏金海兽纹委角方盘
江阴利港汤家丹出土

图二四一二
银海眼纹委角方盘
成都地区出土

及蜀葵样，又委角方盘❶〔图二四一一～二〕，都是两宋盘碟也是金银盘碟常见的样式。

筵席食器则有碗、匙和筯。所谓『一杯一瓯一椀并匕箸』❷，是最基本的餐具，不必说，匕箸是用于取食饭羹。舒岳祥《闺怨》『贮雪成酥饤玉盘，劝郎抄取一匙餐』❸，亲切近人之日常，正宜闺中人寄寓自家的『一春心事』。上海青龙镇遗址隆平寺塔地宫

❶ 例一今藏江阴博物馆，例二今藏成都博物馆。后者据知情人士说系出自窖藏，同出两件，展厅的展板照片显示其中一件背面贴着宋版书。

❷ 洪迈《夷坚三志·己》卷九《傅梦泉》一则曰建昌傅梦泉为衡州教授，衡阳有向氏花圃，海棠甚盛。方花时，傅折简邀诸生六十人往赏之。『人自携一杯一瓯一椀并匕箸。既毕集，布席花间列坐，以大瓮贮酒，大桶盛饭羹，斋仆舁至前，随意酌取』。

❸ 《全宋诗》，册六五，页四一〇二〇。

图二五—一
银鎏金双鱼戏珠纹漆木柄匙
上海青龙镇遗址隆平寺塔地宫出土

图二五—二
银鎏金龙纹筯瓶
浙江东阳金交椅山宋墓出土

图二五—三
金筯瓶及插在瓶里的匙筯
播州土司杨价夫妇墓出土

出土银鎏金双鱼戏珠纹漆木柄匙，鎏金双鱼也是前举唐代金花银酒船和银匙上面出现的胡子鲶〔图二五—一〕。讲究之家，布席的时候匙筯当插入金瓶或银瓶以备宾客取用。元孔齐《至正直记》卷一『止筯』条曰：『宋季大族设席，几案间必用筯瓶、查斗，或银或漆木为之，以筯置瓶中。』福州茶园山南宋许峻墓出土银筯瓶一副，瓶里插着银筯一双，银匙一柄❶。浙江东阳金交椅山宋墓与金银盘盏以及银匙、银筯同出的有银鎏金龙纹筯瓶❷〔图二五—二〕。贵州遵义播州土司杨价夫妇墓男女主人的随葬品中，分别有金、银筯瓶，金瓶插着金匙与筯，银瓶插着银匙与筯❸〔图二五—三〕。

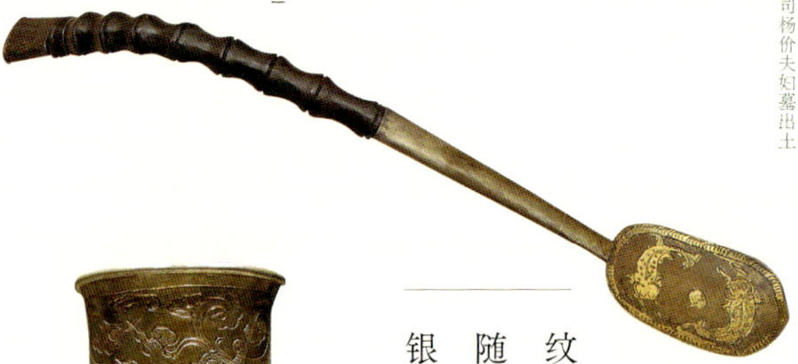

二五—一

二五—二

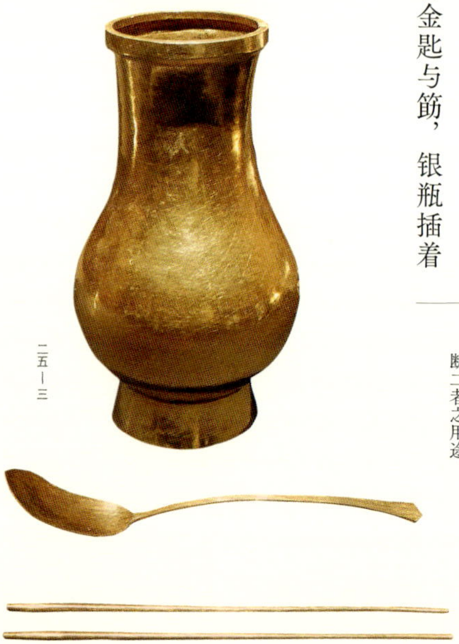

二五—三

❶ 福建省博物馆《福州茶园山南宋许峻墓》，页二五（此称作银壶），《文物》一九九五年第十期。

❷ 器高十三点八厘米，吕海萍《东阳金交椅山宋墓出土文物》，页七（此称之为『银鎏金云龙纹瓶』）；银匙两柄（其一残），完者长二十五厘米；银箸两双，长二十三点六厘米，《东方博物》第三十九辑（二〇一一年）。

❸ 此系二〇一四年在贵州省文物考古研究所观摩所见。按香具中也有匙筯瓶，本书第三章说到香匙的特殊之处是匙叶为圆形，且匙叶与柄之间有一个弯折，馔器中的匙，匙叶造型为长圆。以是可判断二者之用途。

二六—一

二六—二

图二六—一
银汤瓶
图二六—二
银铫子
四川德阳孝泉镇清真寺窖藏

此外还有茶具，如汤瓶、铫子、托盏、茶匙，也是酒筵所必须。宋人有『长沙茶具精妙甲天下』之说，大约产品颇有式样和工艺上的独特之处，长沙工匠制作的银茶具北宋即享誉四方而为士大夫所珍，以至于工价竟『等所用白金之数』❶。南宋理宗朝，出自长沙的金茶具且特蒙『上』赏❷，以『内院之工所不能为也』。当然这很可能是因为上用之器的过分程式化❸，它遂以地方特色而见出新异。不过如此『精妙甲天下』的长沙茶具今已不得见，可以举出的是德阳孝泉镇清真寺窖藏中的银汤瓶、银铫子、银托盏❹〔图二六—一～三〕，福州茶园山许峻墓出土银鎏金梅梢月纹茶盏〔图二七〕，分别出自黄石陈伯臻粮库基地窖藏和播州土司杨价夫妇墓的银盏托〔图二八—一～二〕。除了茶匙多为银制外，茶盏、汤瓶通常以瓷器为主，盏托以漆器为主，铫子则以石制为常见。德阳窖藏有银盂并银勺一柄〔图二九〕，《梦粱录》卷十六『茶肆』一节说

❶ 周煇《清波杂志》卷四『茶器』条：『长沙匠者造茶器极精致，工直之厚，等所用白金之数，士大夫家多有之，置几案间，但知以侈靡相夸，初不常用也。』

❷ 周密《癸辛杂识·前集》『长沙茶具』条：『长沙茶具精妙甲天下，每副用白金三百星或五百星，凡茶之具悉备，外则以大缕银合贮之。赵南仲丞相帅潭日，尝以黄金千两为之，以进上方。穆陵大喜，盖内院之工所不能为也。』白金即银；赵南仲即赵葵，知潭州为淳祐年间事，潭州治所在长沙；穆陵，宋理宗也。

❸ 《宋会要辑稿》：真宗咸平三年，诏：文思院凡所打造供内用的金银器物，并送看验；所造金银『今左藏库别将一两赴三司封记为样，每料内凿一只年月、工匠、秤子、姓名、色号，赴三司定样，进呈交纳』（《职官》二九之一）；日后的制作，则『须依元初式样大小如法尽料制造』（《食货》五二之三八）。可见所谓『官样』一旦定型，工匠发挥创造才能的空间便很小了。

❹ 将这一件银瓜棱壶认作汤瓶，并非因为它是汤瓶的典型样式——酒注也有此式，如辽墓壁画所绘。又黄庭坚《谢杨景山送惠酒器》（一作《谢杨景仁承事送惠酒器》）『杨君喜我梨花盏，却念初无注酒魁。耀矮金壶肯持送，挼莎残菊更传盃』，此所谓『酒魁』乃用典，当指有

图二六—三
银托盏一副
四川德阳孝泉镇清真寺窖藏

图二七
银鎏金梅梢月纹茶盏
福州茶园山许峻墓出土

图二八—一
银盏托
湖北黄石陈伯臻粮库基地窖藏

图二八—二
银盏托
播州土司杨价夫妇墓出土

图二九
银盂与银勺
四川德阳孝泉镇清真寺窖藏

二六—三

二七

二八—一

二八—二

二九

图三〇
山西繁峙岩山寺壁画·卖饮子

三〇

到，杭城茶肆『四时卖奇茶异汤，冬月添卖七宝擂茶、馓子、葱茶，或卖盐豉汤，暑天添卖雪泡梅花酒，或缩脾饮暑药之属。向绍兴年间，卖梅花酒之肆，以鼓乐吹梅花引曲破卖之，用银盂杓盏子，亦如酒肆论一角二角』。窖藏中的银盂并勺，或即用于分酌这一类饮料。前举岩山寺壁画中的市井酒楼图，酒楼外面闹市里一个

柄有流的斟酒器，而与酒注造型通常高瘦相对言，这一样式视作『矲矮』亦未为不可——而是出于对窖藏器物的综合分析，如前面所举，窖藏中与酒盏构成组合的有长瓶和注子，那么与托盏构成组合的理应是铫子和汤瓶。

发卖饮子的货郎儿，地下歇着一挑高肩担子，货郎担的一端是一尊、一盂和倒扣着的两只盏，货郎儿右手持勺，左手持盏，正向手牵孩儿的一位妇人递过去〔图三〇〕。担子上面和手里用着的器具，当与『银盂杓盏子』之类同属。

除了饮食器具，筵席中又每以好香和时令花卉点缀清雅，杨万里《昌英知县叔作岁，赋瓶里梅花，时坐上九人七首》之二云『胆样银瓶玉样梅，北枝折得未全开。为怜落莫空山里，唤入诗人几案来』，正是酒筵一景。如此自然要有香器和花器。用作插花的『胆样银瓶』，其造型与同时代的瓷瓶、铜瓶大体相同，实例多属于南宋。四川彭州金银器窖藏中的一批〔图三一——一~三〕，瓶均光素无纹饰。湖南临澧柏枝乡南宋银器窖藏中有『刘阁造』

图三一——一~三
银胆瓶
四川彭州金银器窖藏

三一——一

三一——二

三一——三

图三三一
银胆瓶
湖南临澧柏枝乡南宋银器窖藏

银胆瓶一对〔图三三一〕。彭州与德阳金银器窖藏中均有香器。

二　酒食器的造型与纹饰

（一）花卉瓜果

宋人爱花，说来只是一个时代风俗，而且算不得怎样特别，因为爱花并非自宋人始，而各个时代都有浸润了诗意的爱花方式。不过宋人爱花却是融入和渗透于社会生活乃至日常生活，从宫廷到贵胄到平常人家，以此影响及于各个方面。卖花，买花，种花，赏花，咏花，送花，寄托心志，传递友情，纷纭的花事中，有雅韵清致，也有各种商机，装饰领域自然也深为此风所染。前节说到以歌送酒为宋代宴饮之常，而两宋酒事又每与花事相连，即席歌唱的送酒『新词』涉及花事者自然也最多，因此酒器的造型与纹饰取意于花卉者，差不多占了第一。此际十分发达且格外重视写生的花鸟画以及与绘画紧密相连的刺绣，便是纹样设计的粉本之一。《宣和画谱》卷十五《花鸟叙论》中说道：五行之精，粹于天地之间，『葩华秀茂，见于百卉众木者，不可胜计。其自形

三三一

自色，虽造物未尝庸心，而粉饰大化，文明天下，亦所以观众目，协和气焉』。绣谱与画谱自然是相通的，不论画谱抑或绣谱，它为金银器皿的设计者所取用都是顺理成章，金银焕烂的杯盘碗盏遂使得琼筵瑶席也如同一座百花苑。『妆样巧将花草竞，相并，要教人意胜于春』，原是词人为酒筵中的歌伎画像，今吾人移用此句审视两宋金银酒器的造型与纹饰，仿佛可见铺展于诗意和匠心之间的制器图谱，也正可与当日时尚中的供求双方相与会心。

酒器中的要件是杯盏，此中又以劝盏最要式样新巧。设计上独出机杼的一类即象生花式盏，——可以认为它是由写生花卉而催生，最常取用的象生花，为菊花，为黄蜀葵，为莲花、芙蓉、水仙，为梅花、栀子和菱花。

菊花

宋人对菊花的喜爱，范成大《菊谱》开篇的一段话说得最明白：『山林好事者，或以菊比君子。其说以谓岁华晼晚，草木变衰，乃独烨然秀发，傲睨风露，此幽人逸士之操，虽寂寥荒寒，而味道之腴，不改其乐者也。神农书以菊为养性上药，能轻身

图三三
金菊花盏
四川彭州金银器窖藏

图三四
银菊花盏
四川德阳孝泉镇清真寺窖藏

图三五
银鎏金菊花盘盏一副
福建邵武故县窖藏

图三六
铜鎏金菊卮
陕西历史博物馆藏

延年，南阳人饮其潭水，皆寿百岁。使夫人者有为于当年，医国庇民，亦犹是而已。菊于君子之道，诚有臭味哉。』『南阳人』，见《后汉书·胡广传》注引盛弘之《荆州记》：『菊水出穰县，芳菊被涯，水极甘香。谷中皆饮此水，上寿百二十，七八十者犹以为夭。』这也是宋人祝寿词中最常用到的菊花故事❶。诚如《菊谱》所说，『爱者既多，种者日广』，南宋临安花市因有菊花结作佛塔、制为花屏之盛。彼时『平地拔起金浮屠，瑞光千尺照碧虚。乃是结成菊花塔，蜜蜂作僧僧作蝶。菊花障了更玲珑，生采翡翠铺屏风。……君不见内前四时有花卖，和宁门外花如海』，以至于爱花也爱酒的诗人『抱瓶醉卧锦绣堆』❷。象生花式盏取用菊花，自有『烨然秀发，傲睨风露』之美，用于祝寿，也是满溢喜瑞。四川彭州窖藏有『绍熙改元舜字号』金菊花盏一件〔图三三〕，德阳孝泉镇清真寺窖藏有银菊花盏三件〔图三四〕。福建邵武故县窖藏则是银鎏金菊花盘盏一副〔图三五〕。陕西

三三

❶ 当然也有借此来做反面文章者，如刘克庄《建阳马揖菊谱》：『菊之名著于《周官》，咏于《诗》《骚》，植物中可方兰桂，人中惟灵均、渊明似之。后汉胡广，贵寿偶然尔，乃托菊水以自神。粪土之评，万古不磨。乌乎，非广之辱，菊之辱也。至忠献韩公，始有晚香之句，脍炙人口。近时番禺崔公辞相印不拜，自号菊坡，俱为本朝佳话。呜呼，非二公之荣，菊之荣也。』

❷ 杨万里《经和宁门外卖花市见菊》；《买菊》。

历史博物馆藏一件宋代铜鎏金菊卮，口径五厘米，高四点二厘米[1]，造型取自半开的一朵菊花，袅袅一弯折枝菊做成杯柄，绕腹一周山水小卷：松间月下傍岸听风，柳津花渡泛舟遣兴，坦坦幽人，振振君子，与菊花之韵相映成趣〔图三六〕。

三四

三五

三六

[1] 南京博物院《金色中国：中国古代金器大展》，页二〇五（『鎏金人物山水纹铜杯』），译林出版社二〇一三年。

葵花

宋人所谓『葵花』，原是锦葵科的蜀葵、黄蜀葵之类。洛阳邙山宋代壁画墓出土一对银葵花盘，盘心装饰反向而开的两株折枝黄蜀葵，盘沿有铭曰『行宫公用葵花盘式面共重捌两』[1]〔图三七—一〕，可为确证。蜀葵为中土原产，可以说是传统观赏花木，宋代特为酒人所喜者，是锦葵科中的黄蜀葵，亦名黄葵、秋葵，更有名曰侧金盏。《证类本草》卷二十七『黄蜀葵花』条引寇宗奭《衍义》曰：『黄蜀葵花，与蜀葵别种，非为蜀葵中黄者也。叶心下有紫檀色。』黄蜀葵花开鹅黄色，花心晕作紫红，即古人所艳称的『檀心』，雄蕊花丝结合若筒而探出很长。宋人常用一副写实笔墨在花卉小品中把葵花表现得风神俱佳，如分别收藏于四川省博物馆和上海博物馆的南宋册页《秋葵图》，如吉林省博物院藏南宋杨婕妤《百花图》中的黄蜀葵〔图三七—二〕。晏殊《菩萨蛮》：『秋花最是黄葵好，天然嫩态迎秋早。染得道家衣，淡妆梳洗时。/晓来清露滴，一一金盃侧。插向绿云鬓，便随王母仙。』同调

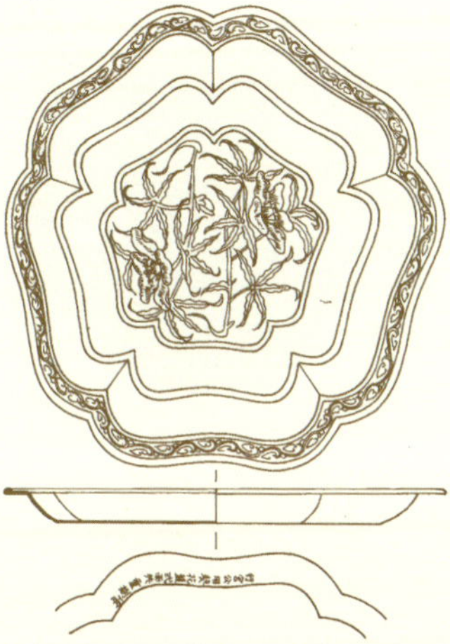

三七—一

图三七—一 银葵花盘 洛阳邙山宋代壁画墓出土

[1] 洛阳市第二文物工作队《洛阳邙山宋代壁画墓》，页四七，图二七：一，《文物》一九九二年第十二期。

图三七—二

《百花图·蜀葵》

吉林省博物院藏

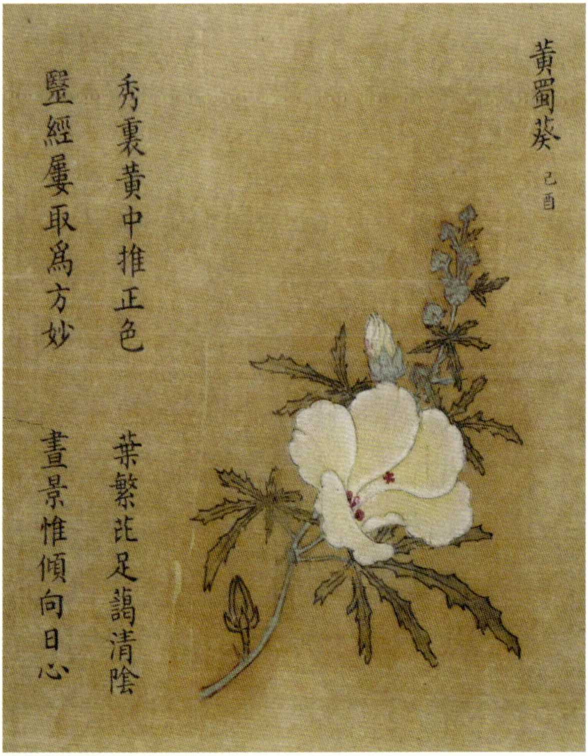

三七—二

咏黄蜀葵又有『人人尽道黄葵淡，依家解说黄葵艳』，『摘承金盏酒，劝我千长寿』；『高梧叶下秋光晚，珍丛化出黄金盏』❶。苏轼题赵昌黄葵图句云『低昂黄金杯，照耀初日光，檀心自成

❶《全宋词》，页一〇五。

图三八—一
银鎏金葵花盏
四川彭州金银器窖藏

图三八—二
金葵花盏
安徽休宁南宋朱晞颜墓出土

晕，翠叶森有芒』❶，潘柽『一树黄葵金盏侧，劝人相对醉春风』❷，都是以酒盏乃至酒事拟喻黄蜀葵，而绘画与诗词中的葵花，当是此际酒器造型的粉本之一。出自彭州窖藏的银鎏金葵花盏为一对，尺寸与重量两件微有不同。器肖黄蜀葵之形，盏心錾刻的花中花和中心凸起的花蕊均鎏金，盏口以及花瓣之间分别用缠枝石榴、缠枝莲花、缠枝菊花等做出装饰带〔图三八—一〕。盏心的花中花应即表现秋葵之『檀心』❸，花蕊高耸也正是秋葵的特征之一。安徽休宁南宋朱晞颜墓出土一件金葵花盏，高四点八、口径十一厘米。造型取式黄葵花，盏口以及花瓣之间又分别用折枝黄葵做出装饰带，盏心一朵花中花，中心花蕊特立，圈足底缘錾刻一周毬路纹〔图三八—二〕。出自江苏金坛水北卫东连的金葵花盏两件，造型与纹样相同，惟其中一只尺寸稍小，花瓣六曲，每一曲各錾一种折枝花：牡丹、栀子、芙蓉、桃花、山茶、菊花，嫩枝摇风，群芳吐艳，借得金葵一朵，展就四

❶《王伯勲所藏赵昌花四首·黄葵》。

❷ 宋陈景沂编《全芳备祖·前集》卷十四，农业出版社一九八二年影印本。

❸ 周密《武林旧事》卷七：淳熙五年二月初一日，『上过德寿宫起居，太上留坐冷泉堂』，饮酒赏乐，太上『宣索黄玉紫心葵花大盏』，亲自宣劝。此『紫心』当是巧用黄玉之俏色而成，亦是形肖秋葵之『檀心』。

时花信〔图三九—一～二〕。重庆南川区人民医院出土金盏造型为葵花，内壁缘边及花瓣之间是沙地上的缠枝牡丹，内底心錾团窠式并蒂莲〔图三九—三〕。哈尔滨市新香坊金代墓地出土银鎏金葵花盏与朱晞颜墓出土金盏相似，不过盏心的花中花上省却了高耸的花蕊[1]〔图四〇〕。

[1] 黑龙江省博物馆《哈尔滨新香坊墓地出土的金代文物》，图版二：三，《北方文物》二〇〇七年第三期。

图三九—一
金葵花盏之一

图三九—二
金葵花盏之二
江苏金坛水北卫东连出土

图三九—三
金葵花盏
重庆南川区人民医院出土

图四〇
银鎏金葵花盏
哈尔滨市新香坊金墓出土

三九—一

三九—二

三九—三

四〇

水仙

水仙中花开单瓣的一种，宋代俗称『金盏银台』，杨万里《千叶水仙花》诗前小序曰『世以水仙为金盏银台，盖单叶者，其中真有一酒盏，深黄而金色』。这里的『单叶』，系指花瓣而言，即植物学中的所谓『花被』。单瓣水仙花开白色，花被六裂平展如承盘，中心托起鹅黄色的副花冠好似酒盏一般〔图四一一一〕。宋人咏水仙，以金盏银台为之传神，便最是现成。洪适《水仙》『龙宫陈酒器，金盏白银台』❶，舒岳祥《赋水仙花》『似倚兰舟并桂楫，差称金盏共银台』❷，赵长卿《惜奴娇·赋水仙花》『最是殷勤，捧出金盏银台笑拚了』，辛弃疾《贺新郎·赋水仙》『弦断招魂无人赋，但金杯的皪银台润』❸，都是相同的拟喻。常州沪宁高速芳茂山服务区南宋墓出土一副金盏银台，即银鎏金水仙花台盏，盏内底一丛水仙，花朵恰如此盏，盏外底錾铭『周五二郎』。〔图四一一二〕。安徽六安县嵩寮岩花石咀一号墓出土银水仙花台盏一副❹〔图四一一三〕，承盘造型同样为六瓣花，中心是一个略略凸承盘打作六瓣花，每一个花瓣里一枝水仙，台面也是同样一枝

图四一一一
水仙花

图四一一二
银鎏金水仙花台盏一副
常州沪宁高速芳茂山服务区南宋墓出土

图四一一三
银水仙花台盏一副
安徽六安花石咀一号墓出土

图四二
金水仙花台盏一副
遵义播州土司杨价夫妇墓出土

四一一一

❶《全宋诗》，册三七，页二三四九五。

❷《全宋诗》，册六五，页四〇九九一。

❸《全宋词》，册三，页一八八一，页一八七三。按此式酒器至明代近乎绝迹，却是作为赋咏水仙之典而为诗人所沿用，如朱有燉〔北南吕·金字经〕《咏水仙花》『黄蕊呈金盏，素英展玉台』〔《朱有燉集》（赵晓红整理），页四九四，齐鲁书社二〇一四年〕。

❹安徽六安县文物工作组《安徽六安县花石咀古墓清理简报》，图版七：三（说明作『银杯与仰莲银托子』），《考古》一九八六年第十期。按器藏皖西博物馆，今定墓葬时代为元，不过出土器具多有宋物，比如这一副银台盏。

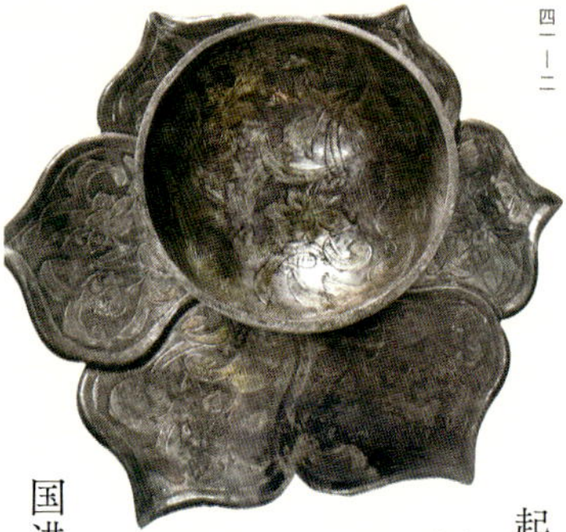

四一—二

起的浅台，高三厘米，最小径十五厘米；银盏圆口，高四点五、口径八点七厘米。作为台盏一副，盏与承盘的造型和纹饰通常总是相互呼应的，这一副却是以台、盏的不同造型而合成一朵水仙花。与此意匠相同者，又有播州土司杨价墓出土的一副金台盏，不过出土时金盏上面加了一个金盖子❶〔图四二〕。前引《宋会要辑稿·蕃夷七》记孝宗淳熙五年三佛齐国进表，诸般贡物中又有『渗金劝盃连盖一副』，则讲究的饮器也或配有盖子。

四一—三

四二

❶ 贵州省文物考古研究所等《贵州遵义市新蒲播州杨氏土司墓地》，页九七，图二六（图版说明作『金杯、盏托』），《考古》二〇一五年第七期。

荷花

按照早期的认识，人们眼中的一枝出水新荷，全身各个名件都各有称谓：其茎名茄，其叶名荷，花曰芙蕖，根名藕，实名莲，若再细分，则莲指莲房，莲子当名的[1]。至于宋代，一般情境下已很少如此细致的区分。

荷花荷叶也是兴起人意的花卉，夏日池塘，新绿照人，嫩红照眼，折一茎带露的荷叶拗作『碧筩』，以此荷香送酒，这早是前朝风流[2]。取式于荷叶荷花制为象生杯盏，自可为酒筵飞觞添助清欢。

『金荷』是屡见于两宋诗词中的物象，如李弥逊《感皇恩·端礼节使生日》『一时分付与，金荷劝』；无名氏《水调歌头》『湖山风月，且与吟笑侧金荷』[3]；又陆游『金荷浅酌闲传酒，银叶无烟静炷香』[4]。金荷可以指荷叶杯，也可以指荷花杯盏，只是荷叶金杯至今尚未发现实物，但却有象生荷花盏可见，如溧阳平桥窖藏中式样不同的三只。其中两只尺寸与分量都很相近，应是一组。式样不同，似在于品种有别。其一单瓣，内里细线錾出

[1] 陆玑《毛诗草木鸟兽虫鱼疏》卷上『有蒲与荷』条。

[2] 《酉阳杂俎·前集》卷七：『历城北有使君林，魏正始中，郑公慤（当作懿）三伏之际，每率宾僚避暑于此。取大莲叶置砚格上，盛酒三升，以簪刺叶，令与柄通，屈茎上轮菌如象鼻，传吸之，名为碧筩杯。历下敩之，言酒味杂莲气，香冷胜于冰。』

[3] 《全宋词》，册二，页一〇六〇；册五，页三七九四。

[4] 《久旱忽大雨凉甚小饮醉眠觉而有作》。

图四三—一
象生花式银鎏金盏·荷花
图四三—二
象生花式银鎏金盏·千叶莲
图四四
银鎏金荷花盏
江苏溧阳平桥窖藏

花瓣肌理和纤纤花蕊，花心七个水涡纹仿若涓涓清露，见出它是新花初放，尚未打籽〔图四三—一〕。其一重瓣层叠，花瓣之缘錾出因风内卷的样子而倍显娇柔，内心却不是花蕊也不是莲蓬，而是一簇簇小花〔图四三—二〕。这里表现的该是千叶莲或曰重台莲，即所谓『一花既开，从莲房内又生花，不结子』❶。此外一只荷花盏却是圆口，盏壁打作荷花瓣，内心是花蕊托起的莲蓬〔图四四〕。这一件尺寸、重量特别是风格，与其他两件差别比较大，当不是同一组。它虽然也可以概称『荷花盏』，但认真说来，还不能算作『荷花象生』。

❶ 明王象晋《群芳谱》。又李时珍《本草纲目》卷三十三：『其花白者香，红者艳，千叶者不结实。』宋《全芳备祖》卷十一《荷花》一节引《华山记》曰『华山顶有池，池中生千叶莲，服之通仙』。

四三—一

四三—二

四四

图四五—一
银鎏金荷塘纹盘盏一副
衢州博物馆藏

四五—一

莲花用作金银酒器的装饰纹样，自然就更多。衢州博物馆藏宋银鎏金莲塘纹盘盏一副，通高六厘米，盘长十八厘米，宽十四点五厘米；盏长九点八厘米，宽四点六厘米。盘内底作为承盘标志的圆心里錾刻相向而开的两朵折枝花，圆心之外的一周錾刻细密的水花以为涟漪，涟漪上面浮出八朵莲花和漾起的一圈圈水泡。盘上面坐一个与它纹样一致的椭圆形银鎏金夹层盏〔图四五—一〕。

台盏或盘盏一副，是盏与承盘的组合，施展设计才能的空间自然更大一些。杭州临安原高虹中小学寺庙遗址窖藏中的一件银酒台子，宝妆莲花的覆莲台座，宽平沿上一周莲花、莲叶、莲蓬、慈姑叶，取意仍在莲塘风物，虽然环绕覆莲座的水波翻卷如海浪。台心一对闹蛾，亦即孟家蝉〔图四五—二〕。双莲或曰并头莲、并蒂莲，则是瑞象❶，常用于织绣图案，

❶ 秦观《集瑞图序》。

刘克庄咏双莲一首句云『花如云锦翻新样，叶似宫袍染御香』❶，是也。金银器便多以它为盘心、盏心的錾刻纹样，因势赋形将之图案化，其实每每是花开两枝而颠倒相并〔图四六〕，却也有将心萦系『双花双叶又双枝』的娇盼温柔❷。

❶ 题作《小圃有双莲、夏芙蓉之喜，文字祥也，各赋一诗，为宗族亲朋联名得隽之谶》。

❷ 宋无名氏《九张机》：『九张机。双花双叶又双枝。薄情自古多离别，从头到底，将心萦系，穿过一条丝。』宋曾慥辑《乐府雅词》卷上。

四五—二

四六

图四五—二
银酒台子
杭州临安原高虹中小学出土

图四六
鸾雀穿花银承盘
湖南临澧柏枝乡窖藏

梅花

宋人爱花，梅花当居第一，不过它却是『独向百花梦外，自一家春色』[1]。象生花、折枝花之外，装饰领域里『自一家春色』的流行纹样莫过于梅梢月。诗词咏梅虽多水边月影孤寒清胜之境，如南宋高翥《冬日即事》『杖藜独立梅梢月，成就清寒到十分』[2]，然而饰以梅梢月的酒器，却不妨以它的妹秀清逸为筵席劝饮别添诗韵。前面提到南京江浦黄悦岭南宋张同之墓出土的梅梢月纹盘盂一副（见图一八），承盘和酒盂均以梅花为式。盘底在浅浅錾出水波纹的地子上打造水边横斜的一树新枝，梅枝之外留白，惟以轻云新月点缀其间。盘高一点九、口径十四点六厘米。银盂口沿加金釦，内心打造梅花一朵，壁间的五个花瓣内各錾折枝梅花。盂高三点九厘米，口径九点五厘米。福建邵武故县窖藏中的一副银鎏金盘盏也是同一类型（图四七）。『湿云不渡溪桥冷，蛾寒初破霜钩影。溪下水声长，一枝和月香』[3]，诗人咏梅的清词丽句适可为此器品题；『梅花能劝，花长好、愿公更健』[4]，梅边的谱曲，却又可作十分梅盏的送酒歌。

四七—一

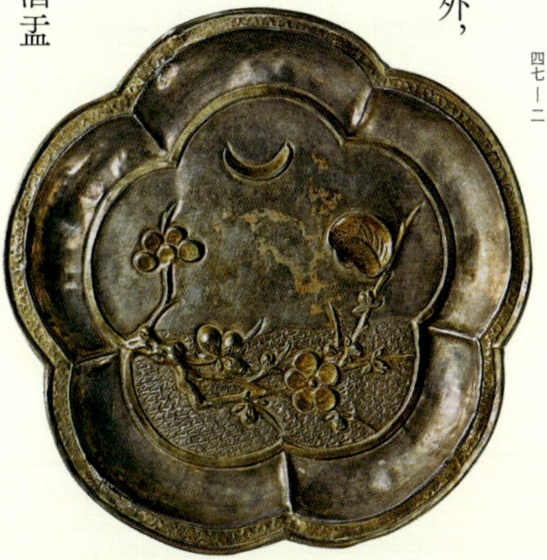

四七—二

图四七—一 银鎏金梅梢月纹盘盏一副·盏

图四七—二 银鎏金梅梢月纹盘盏一副·盘

福建邵武故县窖藏

[1] 黄载《孤鸾·四明后圃，石峰之下，小池之上有梅花》，宋赵闻礼编《阳春白雪》卷六。

[2] 《全宋诗》，册五五，页三四一二八。

[3] 朱淑真《菩萨蛮·咏梅》，《朱淑真集注》（宋魏仲恭辑，郑元佐注），页二五五，中华书局二〇〇八年。

[4] 姜夔《玉梅令》。词系为范成大宅南之圃范村中梅而作。

图四八
象生花式银鎏金盏·菱花
江苏溧阳平桥窖藏

菱花

诗人咏菱，都是说菱角，连带而及采菱女、采菱歌、采菱船，于是绘出可闻其声的水乡风情。独独拈出菱角花来，却是不多。范成大《初秋闲记园池草木五首》之二中有两样是水生植物，而都与酒有关：『菱葩可范伯雅，蓼节偏宜麹生。』『菱葩』一句自注曰：『菱葩为酒杯，样最佳。』伯雅，即酒爵之大者，也可代指酒杯❶。溧阳平桥窖藏中有花开四瓣的菱花象生盏一件，内壁八个弧曲分别錾刻菱花折枝〔图四八〕。

御仙花

御仙花名气很大，声名缘自它属于金带銙中的上等。欧阳修《归田录》卷二：『太宗尝曰：「玉不离石，犀不离角，可贵者惟金也。」乃创为金銙之制以赐群臣，方团毬路以赐两府，御仙花以赐学士以上。』由宋人咏《御仙花》诗，可见金带之赐的一番荣耀：『不逐凡花逞艳娇，移根上苑独清高。君王曾选装金带，修锡持荷耀紫袍。』❷但被宋人如此命名的自然界植物究

四八

❶ 宋吴淑《事类赋注》卷十七《饮食部·酒》赋云『三雅既闻于刘表』，注：『《典论》曰：刘表有酒爵三，大曰伯雅，次曰仲雅，小曰季雅。』

❷ 杨巽斋《御仙花》，见《全芳备祖·前集》卷二十七。

竟何等模样，似乎至今难以确指。不过以南宋御仙花纹金带銙为比照〔第七章，图二四七-三〕，倒是可以认出前举浙江桐乡骑塘龙吟金家木桥窖藏银盘盏一副，是以御仙花为装饰主题〔图一三〕。银盘中间一个装饰框，框心錾一茎折枝牡丹，框外打作一周抱蕊缠枝的御仙花，细银条做成花蔓，与一个个花朵相牵系。银盏为夹层，外盏纹样与承盘相同，而以花朵的颠倒上下来表现缠枝，内盏满錾折枝花，惟因锈蚀而斑驳。

芙蓉

芙蓉是荷花的别名，本名芙蓉者，乃锦葵科，与水芙蓉相对，它也称作木芙蓉，范成大《桂海虞衡志》称作『添色芙蓉花』，因金秋开放，故又名曰『拒霜花』。花开后色由浅红转深红，迎霜带露，别具一种娇艳。苏轼《和陈述古拒霜花》『千林扫作一番黄，只有芙蓉独自芳』，王安石《木芙蓉》『水边无数木芙蓉，露染胭脂色未浓』，南宋姚勉《芙蓉》『水芙蓉了木芙蓉，湖上花无一日空』。由台北故宫博物院藏宋代刺绣《黄筌画芙蓉螃蟹图》可以会得宋人对它的种种赞语。取芙蓉花为形，也成为宋元酒器中的一种流行样式，如四川洪雅县五星大队出土金芙蓉花盏❶〔图四九—一〕。彭州窖藏中有银芙蓉花承盘一对，盘系打造成型，式如一枚银芙蓉，盘心凸起三枚花瓣合抱的花蕊，由花心向外铺展的两重花瓣用虚线细錾脉理〔图四九—二〕。通常会有一只同它造型一致、纹饰相同的银盏，以合作一副，四川蓬安县南燕乡龙滩子村南宋窖藏中的银芙蓉花盘盏一副，便是一个保存完整的实例❷〔图五〇〕。

四九—一

四九—二

五〇

图四九—一
金芙蓉花盏
四川洪雅县五星大队出土

图四九—二
银芙蓉花盘
四川彭州金银器窖藏

图五〇
银芙蓉花盘盏一副
四川蓬安县南燕乡龙滩子村南宋窖藏

❶ 高四点八厘米，口径九厘米。

❷《中国金银玻璃珐琅器全集·金银器》第二卷，图二四二〔说明作『银芙蓉花形盏托』〕，河北美术出版社二〇〇四年。

五一—一

五一—二

五一—三

图五一—一
象生花式银鎏金盏·栀子花

图五一—二
象生花式银鎏金盏·葵花

图五一—三
象生花式银鎏金盏·梅花

江苏溧阳平桥窖藏

『十花』

几件花色不同却尺寸相当、风格一致的象生花式盏组合为一套，即为『十花盏』。宋徽宗《宣和宫词》：『十花金盏劝仙娥，乘兴追欢酒量过。烛影四围深夜里，分明红玉醉颜酡。』『十花金盏』之『十』，可以是实指，也可以是概指，范成大《菊谱》录有『十样菊』，说它『一本开花，形模各异，或多叶，或单叶，或大，或小，或如金铃。往往有六七色，以成数通名之曰十样』❶。十

❶ 宋人关于『十样』的用法，北宋吴则礼《同王子和过张氏小园》一首也是一例。诗曰：『永夏追凉得午阴，扶藜仍有小丛林。应怜老子腰脚健，可是禅房花木深。卷帘高竹与佳色，隐几黄鹂供好音。更遣惊人十样锦，并浇宿昔江湖心。』『十样锦』句，自注云：『张氏有定州变窑茶瓯，名十样锦。』此『变窑』，或指『窑变』，『十样锦』，似指以釉色幻异之不同而合成的茶瓯一套。

花，自然也可以是六七色为一组而以成数通名之曰『十花』。前已多番举出出自溧阳平桥乡窖藏中的各式象生花银盏，现在不妨合起来看，于是可见花式盏七只，其中一只不属于『象生』之外〔图四四〕，当是一组六只〔图四三—一～二，图四八，五一—一～三〕。六盏大小、轻重约略相等，相异只在造型和装饰纹样，即盏口分别做成梅花、秋葵、菱花、栀子、莲和千叶莲花，盏心和内壁的每一曲都各依盏口花式不同而分别装饰相应的图案。邵武故县窖藏也有一组八只象生花式银盏，不过式样与溧阳不同，即八只银盏均为菱花口，却是盏心分别打作各不相同的折枝花：牡丹、山茶、菊花、海棠、长春、蜀葵、栀子、桃花，花表鎏金〔图五二〕。临安原高虹中小学寺庙遗址窖藏中的九只银盏，均为葵花式，高矮大小相近，盏心分别錾刻蜀葵、黄蜀葵、海棠、芙蓉，又錾长春花者二，錾一把莲者二〔图五三〕。折枝花，宋人又或称作『耍花儿』，也是织绣中的流行纹样。宋尤名氏《九张机》句有『三张机。中心有朵耍花儿。娇红嫩绿春明媚，君须早折，一枝浓艳，莫待过芳菲』❶。

❶《乐府雅词》卷上。

图五二一一 银鎏金花式盏（牡丹）
图五二一二 银鎏金花式盏（山茶）
图五二一三 银鎏金花式盏（菊花）
图五二一四 银鎏金花式盏（海棠）
图五二一五 银鎏金花式盏（长春）
图五二一六 银鎏金花式盏（蜀葵）
图五二一七 银鎏金花式盏（栀子）
图五二一八 银鎏金花式盏（桃花）
福建邵武故县窖藏

五二一一

五二一二

五二一三

五二一四

五二一五

五二一六

五二一七

五二一八

图五三—一 花式银盏（海棠）

图五三—二 花式银盏（蜀葵）

图五三—三 花式银盏（黄蜀葵）

图五三—四 花式银盏（长春）

图五三—五 花式银盏（芙蓉）

图五三—六 花式银盏（一把莲）

杭州临安原高虹中小学出土

五三—一

五三—二

五三—三

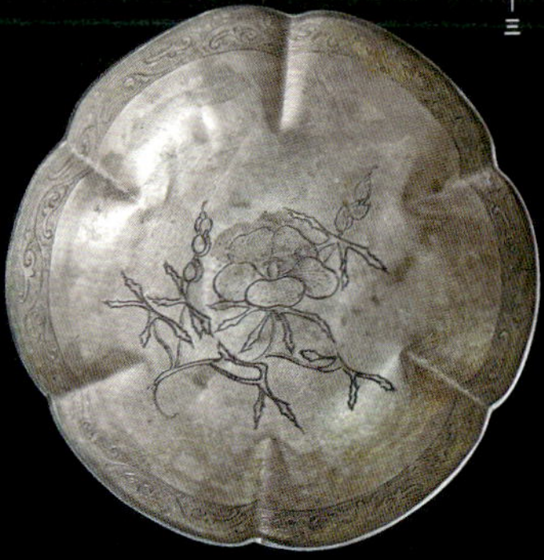

五三—四

五三—五

五三—六

蕉叶

『蕉叶』是唐代已经出现的样式，如纽约大都会博物馆藏一件金花银蕉叶杯，叶脉是鱼子地上的缠枝花，回卷的缠枝间飞着鸟〔见第三章，图四—七〕。它在宋代也同『梨花』一样流行。宋庞元英《文昌杂录》：『太师潞公西归，开封推官赵君锡作小诗二十篇，纪恩宠以送行，其尤为人传诵者，如「乐人都用教坊家，席上群公换口夸。内里宣来蕉叶盏，御前赐出缕金花」。』太师潞公，即文彦博。又《宋会要》记道：绍兴三年二月三日，『诏文思院打造蕉叶酒器一副赐岳飞，其金仰户部支给』❶。这里说到的蕉叶盏和蕉叶酒器，乃出自禁中，不过它却并非皇家专属。张先《天仙子·观舞》『金蕉并为舞时空』❷，王之道《虞美人·和孔纯老送郑深道守严州》『一尊聊罄金蕉叶』❸，高登《好事近·再和饯别》『尊前相顾惜参商，引十分蕉叶』❹，葛立方《虞美人·泛梅》『璚蕤泛，蕉叫盃宽』❺，或歌舞送酒，或离席珍重相劝，酒筵中蕉叶每每是宠儿。李之仪『暖归白傅金蕉叶，寒逼温郎玉镜台』（《次韵雪》），一盏蕉叶杯在诗人眼中又由实景而凑成韵语。南京市中华门外北

❶《宋会要辑稿》，册四，《礼六二·赉赐》，页二一四五。
❷《全宋词》，册一，页七三。
❸《全宋词》，册二，页一一六〇。
❹《全宋词》，册二，页一二九四。
❺《全宋词》，册二，页一三四一。

图五四—一
银釦水晶蕉叶杯
南京北宋长干寺真身塔地宫出土

图五四—二
银蕉叶杯
南京江浦南宋张同之墓出土

五四—二

五四—一

宋长干寺真身塔地宫出土一件银釦水晶蕉叶杯❶〔图五四—一〕，『内里宣来蕉叶盏』，由此可推知其式。词人张孝祥之子张同之墓出土一枚银蕉叶杯〔图五四—二〕，短茎作柄，打作精细的蕉叶浅浅弯成弧形以略足『杯』意，而实在容酒有限，相对于前一例的『蕉叶盃宽』，此却是陆元光《回仙录》中说到的『蕉叶最小』❷。

瓜果

桃、石榴、荔枝和瓜每凑在一起组成图案。桃固然最是寿筵中的宠物，但石榴、荔枝和瓜之类此际尚无后世的利用谐音以为吉语的俗趣❸。杨万里《尝桃》：『金桃两钉照银杯，一是栽来一买来。香味比尝无两样，人情毕竟爱亲栽。』❹这里的意思很家常，银酒杯旁果盘里的桃子便只是为了尝鲜。前引《月下把杯图》果盘里放着的便是桃子〔见图四〕。瓜则是夏日果盘中的丝丝清凉，刘子翚《致中惠瓜》『瓜畴暑雨乱花飞，美实蠲烦喜及时。薛井筠笼香发越，金刀玉手翠离披』；『珍重故人分小意，临风宛若对冰姿』❺。若非特指，宋人言瓜，均指甜瓜，大同市金代徐龟墓墓室西壁酒

❶ 高四点一、长十八点七厘米，南京市考古研究所《南京大报恩寺遗址塔基与地宫发掘简报》，页四〇，《文物》二〇一五年第五期。

❷ 既有『蕉叶盃宽』之说，『蕉叶最小』，自然不是通例。苏轼《题子明诗后》曰子明『旧能饮酒，至二十蕉叶，乃稍醉』，『吾少年望见酒盏而醉，今亦能三蕉叶矣』。黄庭坚《跋》云『东坡自云饮三蕉叶，亦是醉中语，余往与东坡饮一人家，不能一大觥，醉眠矣』。

❸《全芳备祖·后集》卷一《果部·荔枝》录刘攽诗曰：『锦筵火齐堆金盘，五月甘浆破齿寒。南国已随朱夏热，北人犹指画图看。烟岚不续丹樱献，玉座空悲羯鼓残。相见任夸双蒂美，多情莫唱水晶丸。』关于石榴的赞诵则有『深着红蓝染暑裳，琢成纹玳敌秋霜。半含笑里清冰齿，忽绽吟边古锦囊。雾縠作房珠作骨，水晶为醴玉为浆』（杨万里《石榴》，《全芳备祖·后集》卷六《果部·石榴》）。

❹《全芳备祖·后集》卷五《果部·桃》。

❺《全宋诗》，册三四，页二一四二九（《全芳备祖·后集》卷八《果部·瓜》录此）。又《致中惠瓜因成二绝句》之二：『蔗浆溜溜香浮玉，苏水沉沉色弄金。那似甘瓜能破渴，一盘霜雪沍清襟。』页二一四三一。

图五五
银鎏金枝梗桃杯
江苏溧阳平桥窖藏

五五

筵图中的果盘里就有两个甜瓜〔见图二一二〕。与瓜同登夏日高饤的还有荔枝，而此际它已不具『一骑红尘妃子笑』的珍异色彩，苏颂《本草图经》『荔枝子』条曰：荔枝『生岭南及巴中，今泉、福、漳、嘉、蜀、渝、涪州、兴化军及二广州郡皆有之』，『百果流布之盛，皆不及此』。南宋都城所在，获取就更为便捷。

最富喜瑞之气的象生杯盏，是桃杯和瓜杯。《武林旧事》卷七：淳熙三年十月二十二日，今上皇帝会庆圣节，『太上以白玉桃杯赐上御酒云：学取老爹，年纪早早还京』。今上，即孝宗；太上，高宗也。孝宗诞辰为会庆节。又同书卷九云，绍兴二十一年十月，高宗幸清河郡王第，张俊进奉宝器若干，中有『玉枝梗瓜盃一，玉瓜盃一』。而诗人笔下的奉觞情景，则是新花鲜果与人宜的 幅祝寿图。晁补之《梁州令·永嘉郡君生日》句云『东君故遣春来缓，似会人深愿。蟠桃新镂双盏，相期似此春长远』❶。永嘉郡君，补之之妻，户部侍郎杜纯之女。这一年诗人为妻子写下的贺寿词凡五阕，五阕合看，可知寿筵是在早

❶《晁氏琴趣外篇》（刘乃昌等校注），页一八二，上海古籍出版社一九九一年。

图五六
银鎏金枝梗瓜杯
福州茶园山许峻墓出土

图五七
金瓜杯
四川彭州金银器窖藏

五六

春二月，设于作者乡居之南园，对花畅饮，满斟『金锺』。『金锺』里的一双，便是『蟠桃新镂』。此是北宋故事。而南宋吴文英《烛影摇红·寿嗣荣王》『笑从王母摘仙桃，琼醴双金盏』，情景依然。溧阳平桥窖藏中的一只银鎏金枝梗桃杯，是一剖为半的蟠桃象生，用作杯柄的折枝錾出树脉的纹理，桃叶鲜嫩，轻轻软软扶在杯沿，杯心打作『寿比蟠桃』四字吉语，字表鎏金〔图五五〕。福建泰宁南宋银器窖藏有式样相类的一只，杯心打作『寿比仙桃』。窖藏中尚有另一只桃杯铭曰『福如东海』❶，那么刚好是『蟠桃新镂双盏』。福州茶园山许峻墓出土一件银鎏金枝梗瓜杯❷〔图五六〕，彭州窖藏中有金瓜杯一对〔图五七〕。

前节提到，筵席中尚有放置高饤和时令鲜果的器具，前者或置于高足盘，多作为摆设，时有『高饤』，『看果』之称❸，后者每置于平浅的矮足盘。果盘装饰纹样的选用也或与席间常见的果品颇有关联。溧阳平桥银器窖藏中的一件银盘，腹深一点四、口径十六点五厘米，盘心打造出仿若浮雕的瓜、桃和

❶ 李建军《福建泰宁窖藏银器》，页六九，《文物》二〇〇〇年第七期。文曰：『据了解，一起出土的还有「福如东海」桃杯一件，但遗失无法追回。』

❷ 《福州茶园山南宋许峻墓》，页二八（称作『鎏金银发冠』）。

❸ 张师正《倦游杂录》：『木馒头，京师亦有之，谓之无花果。状类小梨，中空。既熟，色微红，味颇甘酸，食之大发瘴，岭南犹多，州郡待客，多取为茶床高饤，故云：公筵多饤木馒头。』又《梦粱录》卷三：四月，度宗初九日圣节，『翰林司排办供御茶床，上珠花看果』。

五七

石榴，又以荔枝点缀其间（图五八—一）。与它尺寸、纹样十分相近的一例，有前举福建泰宁窖藏中的一件（图五八—二）。而两处窖藏酒器的类型和式样也多很相似，可见时风。

五八—一

五八—二

图五八—一 **银鎏金果盘** 江苏溧阳平桥窖藏

图五八—二 **银鎏金果盘** 福建泰宁窖藏

宋代花鸟画一面为各式金银象生花盏提供了造型粉本，一面也为用于平面装饰的錾刻纹样提供了参考图式。譬若果菜碟，内底心即每每錾刻精细的花鸟图案。湖南临澧柏枝乡窖藏中有錾花银碟一组十枚，口径在十五至十六厘米之间。器心各錾团窠式折枝花：牡丹，芍药，菊花，莲花，一把莲，茶花，木芙蓉，木槿，栀子，菱花〔图五九—一～一〇〕。分别出自江西星子县陆家山窖藏和四川绵阳魏城公社窖藏的六枚银果菜碟，造型均为花口折沿。星子县窖藏中的三枚，高稍逾一厘米，口径十四厘米有余，折沿上边是锥点缠枝卷草，内底心錾刻莲塘鸳鸯者一，莲塘仙鹤者一，又一枚是练鹊聚八仙〔图六〇—一～三〕。虽是图案化的花丛锦阵，却以线条之流利飞动而绘出荷花荷叶水底天的丽景鲜媚。出自绵阳窖藏的三枚，银碟折沿上边是一周俯仰相向的缠枝花卉：荷叶、荷花、莲蓬、慈姑叶，内底心双钩的六出花画框里分别錾刻景色不同的池塘小景〔图六一—一～三〕。春洲细草，岸柳拂水，写意式的简笔，而可闻暖浮晴色中的禽语绵蛮。参照宋画名称以及宋人题画诗[1]，或可依次名作：蓼汀浴凫图、柳溪春水图、荷塘嬉禽图。

[1] 如舒岳祥《题赵大年小景》：『三株五株依岸柳，一只两只钓鱼船。水天鹁鸭斜飞去，细草平沙兴渺然。』《题周梅所藏小景画卷》：『小鸭鸦乌烟柳坡，鸡鹊属玉满晴莎。惠崇不作大年死，惆怅江湖春水多。』《全宋诗》，册六五，页四一〇二一。

图五九—一　银錾牡丹花果菜碟

图五九—二　银錾芍药花果菜碟

图五九—三　银錾菊花果菜碟

图五九—四　银錾莲花果菜碟

图五九—五　银錾一把莲果菜碟

五九—二

五九—一

五九—三

五九—五

五九—四

图五九—六　银錾山茶花果菜碟
图五九—七　银錾木芙蓉果菜碟
图五九—八　银錾木槿花果菜碟
图五九—九　银錾栀子花果菜碟
图五九—一〇　银錾菱花果菜碟
湖南临澧柏枝乡窖藏

五九—六

五九—七

五九—八

五九—九

五九—一〇

图六〇—一 银錾莲塘鸳鸯果菜碟

图六〇—二 银錾莲塘仙鹤果菜碟

图六〇—三 银錾练鹊聚八仙果菜碟

江西星子县陆家山窖藏

六〇—一

六〇—二

六〇—三

图六一—一 银果菜碟（蓼汀浴凫图）

图六一—二 银果菜碟（柳溪春水图）

图六一—三 银果菜碟（荷塘嬉禽图）

四川绵阳魏城公社窖藏

六一—二

六一—一

六一—三

图六二
龟游莲叶玉饰
北京丰台区乌古论窝论墓出土

图六三
龟游莲叶玉饰
上海博物馆藏

六二

（二）龟游莲叶

龟与鹤与鹿，是宋人寿词中最常用到的意象。向子諲《浣溪沙·老妻生日》『叶上灵龟来瑞世，林间白鹤舞胎仙』[1]；刘过《上益公十绝为寿》中有三首分别题作《宝龟》《玄鹤》《寿鹿》。《宝龟》一首有『巢成荷上窥仙景』之句[2]，此即『叶上灵龟来瑞世』也，而龟游莲叶原是自唐以来即广泛流行的传统纹样，久被视作储福纳吉的祥瑞图，又是风行于宋代的祝寿之瑞象。《宣和睿览册》中绘有『巢莲之龟』，所谓『龟游绿藻，鹤舞青松』[3]，也是寿词中常见的语汇，它因此大量用于宋金时期的各种装饰工艺。北京市丰台区王佐乡金代乌古论窝论墓出土一对龟游莲叶玉饰〔图六二〕，上海博物馆藏宋代龟游莲叶玉饰一枚，后者是布满莲花莲叶和慈姑叶的一个莲塘小景，水面一只翔舞之鹤，覆莲上边一只口衔灵芝的龟〔图六三〕。作为早已程式化的祥瑞纹样，龟游莲叶或是自成单元的独立装饰，或与其他纹样相辅相成，而不论为主为辅，设计者总能撷自然之生趣而做成和朗之淑景，以见出所谓『万物皆天地之委和，而瑞物者又至和之所委也』[4]。溧阳平

六三

[1]《全宋词》，册二，页九六〇。
[2]《全宋诗》，册五一，页三一八五五。
[3]无名氏《八声甘州·寿国太夫人》，《全宋词》，册五，页三七六一。
[4]秦观《集瑞图序》。

图六四
龟游莲叶鱼藻纹银盘
江苏溧阳平桥窖藏

图六五—一
龟游莲叶纹银盏
杭州临安原高虹中小学出土

图六五—二
龟游莲叶纹银盏
四川彭州金银器窖藏

桥窖藏中的一件龟游莲叶鱼藻纹银盘，平底，宽沿，腹深一厘米，口径十七厘米。浅腹壁上一周莲瓣，莲心里一泓清波，小的浮萍和莲花回漾于涟漪，鲤鱼四尾逐花嬉游。中心铺展脉理清晰的一枚大莲叶，叶心一只卧龟〔图六四〕。出自临安原高虹中小学寺庙遗址窖藏的龟游莲叶银盏则好似盘心纹样的移植，而把银盏做成葵花式〔图六五—一〕。彭州宋代金银器窖藏中有相同式样的十件龟游莲叶银盏❶，盏心装饰的设计用心与前例相同，莲叶却是以微呈断续的细线双钩，錾为二十六道向圆心聚拢的叶脉〔图六五—二〕。以龟游莲叶作为盏心纹样，注酒之后当

六四

六五—一

六五—二

❶ 银盏通高四点八、口径九点四厘米，九件均有铭曰『张家十分』，一件残。

图六六
银瓜棱盒
上海宝山南宋谭思通夫妇墓出土

六六

有水波滉漾的效果。诗云『酒凸觥心泛滟光』（杜牧《羊栏浦夜陪宴会》）、『十分潋滟金樽凸』（苏轼《有美堂暴雨》），便正可视作此类饮器之赞。苏诗原写雨泻池塘，而以此拟喻，南宋叶廷珪《海录碎事》却是摘此一句入卷六《饮食器用部·酒门》，拟题作『金樽凸』。

当然龟与鹤与鹿，原是宋代流行的寿星图之构成元素❶。『白鹤云间翔舞，绿龟叶上游戏』❷，也是祝寿词中的套语。出自上海宝山月浦南塘村南宋谭思通夫妇墓的一件银瓜棱盒❸（图六六），直径十五厘米，通高六点五厘米，重一百八十四克，银盒盖和底各有不同的纹饰。盖面图案残损，不过仍存大概：山石翠竹之畔，古松瑞霭之间，坐着身后有头光的一位仙人，前面一个草叶为衣裙的捧宝盘童子，后边一童子拱手侍立。盒底錾刻水边斜展枝干的一株梅花，竹丛点缀在溪岸两边，水畔一只卧鹿，回首向天，口吐祥云，云间现出一个『福』字。盖面与盒底的两幅图案合起来，

❶《夷坚志·丙志》卷十四《锡盆冰花》一则曰：『外舅清河公，绍兴六年，以中书门下省检正官兼都督府咨议军事往淮西抚谕张少保军，留家于建康。十二月十五日生辰，家人取常用大锡盆洗涤，倾浊水未尽，盆内凝结成冰，如雕镂者。细视之，一寿星坐磐石上，长松覆之，一龟一鹤分立左右，宛如世所图画然。』关于两宋寿星图的详细考证，见廉萍《宋代出土文物中『寿星图』的辨识》，《中国国家博物馆馆刊》二〇二〇年第八期。

❷向子諲《西江月》（老妻生日，因取芗林中所产异物，作是词以侑觞），《全宋词》，册二，页九五九。

❸何继英《上海唐宋元墓》，页六六，科学出版社二〇一四年。按此云盖面图案为『水月观音坐像』。特别要指出的是，记录在这里的谭思通墓出土器物，误收了一批清代物。

便是福寿禄之颂。魏了翁《临江仙·张静甫之母夫人生日》句云『为君图寿母』，其下自注『去年曾以寿母图为献』。寿母图中的主人公似即王母，王母在宋人祝寿词中原也是常常担任脚色，如无名氏《瑞鹤仙·寿夫人》『幸王母、人间得见』❶。银盒图案或即采自『寿母图』。

（三）教子升天

作为装饰纹样，『教子升天』最初大约是用于玉杯。清姜绍书《韵石斋笔谈》卷上有一则纪事，题作『宣和玉盃记』。关于玉盃样式，《记》曰：『宋宣和御府所藏玉盃三，其一内外莹洁，绝无纤瑕，盃口耸出螭头，小螭乘云而起，夭矫如生，名教子升天，真神物也。二名八面玲珑。三则单螭作把，外多花纹，钩碾精工，莹白过于教子，而神彩稍逊。』纪事中的玉杯虽已不存，但同此类型者仍有传世之珍，如故宫博物院藏一件宋代玉杯〔图六七〕❷。玉杯有赭色浸斑，花口，杯身以花瓣为界做出六个开光，开光里的水波间各现姿态不同的六螭，其外的四角则以翩然转腾的变形小螭作为呼应。玉杯外壁的一侧镂雕一螭，螭爪攀在杯沿，

❶ 前例，《全宋词》，册二，页二三七六；后例，同书册五，页三七六二。
❷ 杨伯达《中国玉器全集》第五卷，图一〇七，河北美术出版社一九九三年。按图版说明称作『白玉夔龙柄葵花式盌』。

六七

图六七
白玉教子升天杯
故宫博物院藏

图六八
教子升天银盏
四川彭州金银器窖藏

长尾用力撑拄杯壁，耸身蓄势，正是将要跃起的一刻。宣和玉杯之一的单螭把杯，所谓『外多花纹，钩碾精工』，此杯庶几近之。《说文·虫部》：『螭，若龙而黄，北方谓之地蝼，从虫，离声。或云无角曰螭。』《吕氏春秋·举难》『螭食乎清而游乎浊』；注云：『螭，龙之别也。』可知螭本龙的别种，不过龙有角，螭则否。但从历代装饰纹样来看，螭与龙的区别似在面目，而不在角的有无。定型之后的龙纹，长角耸立，怒目睚眦，须鬣奋张，威风凛凛之态是其形象之一般。螭的有角无角，则无一定之规，即便有角，却也是不很醒目的一对贴在头顶，鹅蛋脸，大眼睛，重眼圈，嘴角弯弯开在下颏，且无鬣无须，与龙相比，螭的风神态度竟可以用着『温顺』二字。此外龙和螭的爪，区别也是明显的。在实际运用中，龙纹常常为礼制所限，并且有时会很严格，螭则不然，而它的蜿蜒蟠曲夭矫腾挪本来与龙无别，自然为工匠提供了更为自由的驰骋巧思和施展才艺的创作空间。

以教子升天为纹饰的金银盘盏，贵州遵义杨价墓、湖南临澧柏枝乡窖藏、四川彭州窖藏均有其例。出自彭州的是银夹层盏

六八

图六九—一
教子升天银杯盘一副
湖南临澧柏枝乡窖藏

一对〔图六八〕。临澧柏枝乡窖藏则为银杯盘一副。银杯高七点八、口径九点二厘米，系双层结构。外杯腹部錾刻回旋翻滚的海浪，其间打作一对尾端相接环绕杯身的螭虎，它腾身跃起的部分却是用另外两枚银片打造成形，扣合之后成为杯耳，不过已失其一。内杯口沿錾刻一周水波纹，杯心錾折枝牡丹。承杯之盘高一厘米，直径十六点八厘米，盘心用作承杯的浅圆台与杯心对应，也是錾刻反向而开的一对折枝牡丹。盘心外缘錾刻纤细的水波与卷云，水云间打作两首相向而舞的双螭，窄折沿上錾一周绹纹。与银杯在一起的有一个极轻极薄的瓜蒂钮银盖〔图六九—一〕。杨价墓教子升天金杯盘一副，出自女棺。杯与盘俱制作极精。杯系夹层，外层以水波纹为地子，两螭绕杯腾跃于上，螭首分别探出杯口以成杯柄。螭身原是另外打制成型然后焊接于杯壁，螭头再以片材打制成形焊于杯颈，浓眉大眼，一对圆圆的耳朵细錾螺旋纹，超长的独角向后披垂，神态生动如两螭对望。杯口一周香印纹。圈足系接焊，上方錾了一周如意云，下方为鱼鳞旗脚。金盘同

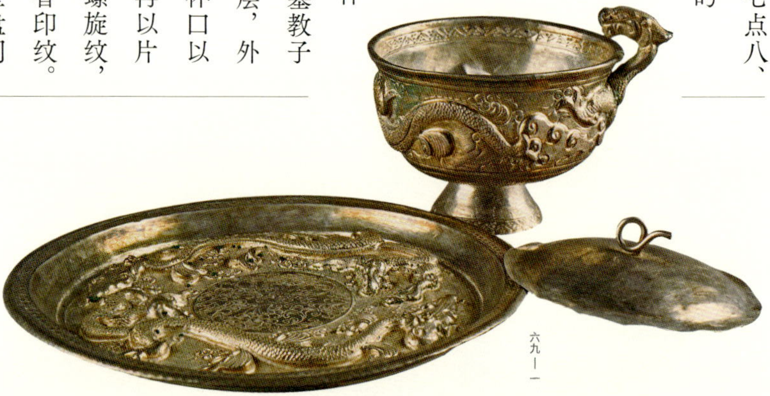

六九—一

样以海浪纹为地子，盘心浪高接天化作云气，双螭盘旋于水波间，螭尾宛转于浪尖如缠枝卷草，螭口互衔螭尾作嬉戏状。螭首眉心处一个博山，上錾一个王字（图六九—二）。

六九—二

图六九—二
教子升天金杯盘一副
遵义播州土司杨价夫妇墓出土

以龙首或兽首衔杯为把手的做法，早见于上古铜器，宋吕大临《考古图》即曾著录多件，宋人对这样的造型自然是熟悉的。传统因素之外，两宋绘画中的《教子升天图》或者也是启发设计思想的来源之一。好古成为时尚自宋始，时尚背景下的工艺品制作却是融会古今，古为今用。教子升天玉杯染得画风而使玉作的取材别见新巧，撷取古意而与时风相融，其造型因此活泼而又有端重的气韵。宋代工艺品制作中，它可以说是特别成功的一例，因此又不仅宋元金银杯盏以它为式，其他各种质地的追仿之作也有不少，风气且一直延续到明清。

（四）鸾凤

翔鸾舞凤也是宋代装饰纹样中的流行式，所谓『翔鸾妆样，粲花衫绣』[1]，妆点佳人最宜。金银制品则多用于簪钗、奁匣、果盒。彭州窖藏中的凤首盖钮注子一副，是酒器中不多的一例。酒注原有长流，已残。它的整体造型或可视作来源于凤首瓶，不过新创的成分其实更多。腹部錾作锦绣花丛：桃花、山茶、栀子、石榴、莲花，双凤对舞于花间。颈部同样繁花似锦：石榴、菊花和花头

[1] 李祁《青玉案》，《乐府雅词》卷下。

图七〇
凤首盖钮注子一副
四川彭州金银器窖藏

图七一
团凤纹花式银盏
杭州临安原高虹中小学出土

七〇

硕大的一枝聚八仙，一只穿花凤见尾不见首，却是飞身跃向上方成为盖钮。温碗纹样自然是同酒注一致，但花朵和双凤身姿又有不同。酒注的弯柄之表和温碗的圈足下端均打作四时花卉〔图七〇〕。注子通高三十一厘米，重三百六十九克。

临安原高虹中小学寺庙遗址窖藏的一件花式银盏，盏心錾刻团凤纹，对凤之间一茎折枝花〔图七一〕。孝泉镇窖藏中的一件

七一

图七二一—一
『凤穴』银茶盏
四川德阳孝泉镇清真寺窖藏

图七二一—二
金托盏一副
巴彦淖尔盟临河高油房西夏古城址出土

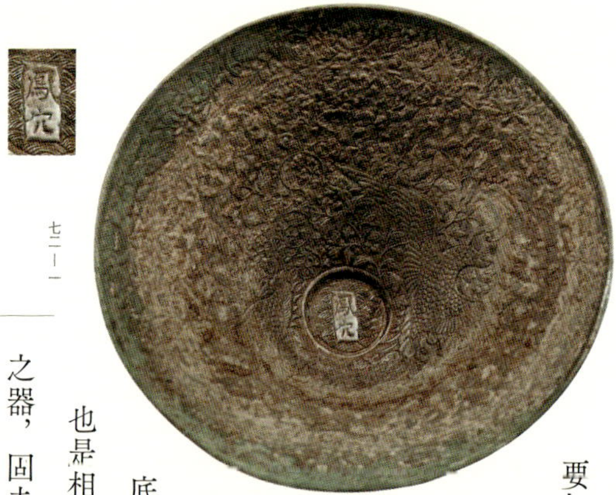
七二一—一

七二一—二

银盏比较特殊：内壁满饰錾刻精细的穿花凤凰一对，内底心打出錾了水波纹的一个浅凹，水波中间一个小小的牌记，上有『凤穴』二字〔图七二一—一〕。『凤穴』固有杜诗之典，即所谓『一毛生凤穴』，与此同时又不免教人想到宋代北苑御用珍品中的『龙团』和『凤团』，那么这里的设计意匠，大约即在于暗喻点珍稀之凤团必要如此考究的茶盏才是佳配，或者反过来说，茶盏之秀逸，原是为了『引凤』，以使茶器与茶臻于双美。而内蒙古巴彦淖尔盟临河高油房西夏古城址出土金托盏一副[1]，茶盏内壁錾折枝蜀葵、折枝牡丹和一把莲，内底心双钩的圆框内錾刻团凤，或者竟也是相似的设计构思〔图七二一—二〕。点茶舍瓷盏而代之以金银之器，固未必适宜，却不妨以此来彰显粹美与珍重。以当日流行的团凤纹妆点茶盏，适与『凤团』暗合，自又别添意趣。

[1] 陆思贤等《内蒙古临河县高油房出土的西夏金器》，页六五（分别名作『莲花形金盏托』与『凤凰纹金碗』），《文物》一九八七年第十一期。

（五）仿古纹及其他

仿先秦礼器或曰仿古式造型，以金银花瓶取用为多，饮器中的仿古式常常是夹层杯盏，这是宋代发展出来的新器型，岳珂《桯史》卷八『紫宸廊食』条『爵以银而厚其唇为之』，应即此类。杯或盏制为夹层，自是『厚其唇』的方法之一，如此可以显得质重而古雅，虽然它并没有如同先秦礼器一样的厚重。所谓『爵』，在此当是仿古式酒杯的概指，即如胡仔《苕溪渔隐丛话·后集》卷三一八引陆元光《回仙录》胪举座中酒器的『锺鼎』。仿古造型多取簋式，亦即宋人之所谓『彝』。溧阳平桥窖藏中有银鎏金仿古纹杯盘一副〔图七三〕，银杯为夹层，仿簋式外杯绕腹一周打作乳钉纹，便是赵九成《续考古图》卷一『父乙虎彝』一则所云『方文圆乳』，口沿及圈足的回纹，则即吕大临《考古图》卷五『单爵』一则所云『篆饰』。

窖藏中的另一副银鎏金四曲花口盘盏，纹样却是仿古与时尚的混融。盏同样为夹层，造型取用与盘一致的四曲花口，内盏盏心錾刻狮子戏毬。外盏以一周莲瓣纹托底，四曲的卷云纹

七三

图七三
银鎏金仿古纹杯盘一副
江苏溧阳平桥窖藏

地子上分别打造五个乳钉，其外一周毬路纹与盏心的狮子戏毬内外呼应。银盘盘心作为承盘标识的装饰框内錾一对折枝牡丹，框外卷云纹的地子上打作双狮戏毬，纹样部分均鎏金〔图七四〕。

图七四
银鎏金四曲花口盘盏一副
江苏溧阳平桥窖藏

七四

福建泰宁宋代银器窖藏中的银鎏金八方盘盏一副，承盘纹样与它相似[1]〔图七五〕。狮子所戏之毬，宋人名作转官毬，德安南宋咸淳十年墓出土银鎏金转官毬帔坠，便是以它作为主题纹饰〔第七章，图二一二〕。而泰宁窖藏八方盘盘心錾出的一个如意结，应即由延寿带发展而来的百事吉结子，前举安徽休宁南宋朱晞颜墓出土金八方盘盏，盘内錾刻的纹样也是此物〔图一四—二〕。

[1]《福建泰宁窖藏银器》，页六六，图三、图四。

七五

图七五
银鎏金八方盘盏一副
福建泰宁窖藏

图七六—一
仿古纹象钮银注子一副
四川彭州金银器窖藏

七六—一

彭州窖藏中的两副注子，同样是汲古而涵今。其中一副，酒注通高近二十二厘米，重六百八十五克；温碗高十三厘米，重三百二十克。酒注弯柄、长流，圆筒式盖，盖钮是莲花台上的一只大象。器腹以弦纹分隔出来的一周装饰带打作双龙穿环戏珠，夸张的长尾蜿蜒在身后变形为卷草。上下分别是方向相反的仿古式蝉纹，上方的八个蝉纹下半都是头顶一个『王』字的兽面。腹侧接焊张口吐舌露出利齿的一个龙头，龙口含流〔图七六—二〕。温碗造型与它一致，龙尾之间间以圆篆纹，原有双耳，已失。从纹样来推测，大约是一对双龙。蝉纹、圆篆纹都是吕大临《考古图》中纪录的纹饰，银匠或有所取却又不拘一格融入自家知见的古意，而成就为『今』，——终究还是『时样』。出自遵义杨价墓的银酒注造型和纹饰与此十分相似，却是蝉纹内装饰折枝花，便更加时尚❶〔图七六—二〕。

七六—二

江西星子县陆家山窖藏的一件银盏，纹样也是仿古式蝉纹的变体，今人或称它『云头纹』❷〔图七六—三〕。

七六—三

浙江衢州南宋史绳祖墓出土一件银夹层盏，装饰纹样似乎不从流俗：外杯上下两道凸棱分隔出来的装饰带内打制八卦纹，内盏錾刻金、木、水、火、土五行图。银盏口径八点七、高六厘米〔图七七〕。墓志云史绳祖精易学，晚年著有《周易古经传断》❸，据此可以推知银盏的设计或与主人的趣味相关。不过八卦纹酒盏却也是见于酒器纹样的，见下文〔图七九—四〕。

七七

图七六—二
仿古纹象钮银注子
遵义播州土司杨价夫妇墓出土

图七六—三
仿古式蝉纹银盏
江西星子县陆家山窖藏

图七七
八卦纹银夹层盏
浙江衢州南宋史绳祖墓出土

❶《贵州遵义市新蒲播州杨氏土司墓地》，页九七，图二八（『银执壶』）。

❷江西省博物馆等《赣水流韵　辉耀千载：江西古代文物精品》，页一九一，文物出版社二〇一四年。盏高六厘米，口径八点八厘米。

❸衢州市文管会《浙江衢州市南宋墓出土器物》，页一〇一一，《考古》一九八三年第十一期。按墓志录文『断』字原未释出，此据王宣艳《中兴纪胜：南宋风物观止》，页二六九，中国书店二〇一五年。

图七八
金花银台盏一副
浙江义乌柳青乡游览亭村窖藏

金花银台盏一副·『陈官人宅用』款

（六）人物故事

工艺品的图案设计取材于神仙传说和历史故事，这种做法宋代开始多起来，当然此前在金银器中已经不止一例，如本书第三章举出的法门寺出土鎏金银香宝子装饰烂柯山故事，陕西耀县柳林背阴村出土鎏金银三足罐饰春秋人物故事，第四章辽耶律羽之墓出土鎏金银折肩罐上安排孝子图。两宋金银器以人物图为饰者，前已举出陕西历史博物馆藏金菊卮一件，浙江义乌柳青乡游览亭村宋代窖藏『陈官人宅用』金花银台盏八副，则是风仪峻整的一组。又邵武故县窖藏有银鎏金魁星盘盏一副也是精好之例。

义乌银器窖藏中的八副台盏，酒盏与酒台子均为葵口，口沿各錾缠枝卷草。承盘高五点五厘米，酒盏口径十一点六、高三点八厘米，圈足外侧铭曰『陈官人宅用』〔图七八〕。

酒盏盏心各錾一幅人物图，八幅图案凡八人。第一人，披

七九—一

七九—二

七九—三

七九—四

七九—五

七九—六

七九—七

七九—八

图七九—一
盏心图案一

图七九—二
盏心图案二

图七九—三
盏心图案三

图七九—四
盏心图案四

图七九—五
盏心图案五

图七九—六
盏心图案六（摹本）

图七九—七
盏心图案七

图七九—八
盏心图案八

浙江义乌柳青乡游览亭村窖藏

衣坦腹，背倚酒坛，旁边一具酒樽，樽中横一柄酒勺。其侧有平底花口果盘一，盘中鹅梨两枚。画面一角用树石点景〔图七九—一〕。第二人倚瓮吹箫。瓮中有勺，瓮下有木架为托。果盘式样与前件同，惟旁置酒注，其侧一只酒盏。画面上方一只飞鹤，旁侧几朵流云〔图七九—二〕。第三人赤膊坦腹，斜倚于长颈瓜棱式酒瓮之侧，手中酒盏倒扣，旁有酒樽和勺。画面上方点缀树石〔图七九—三〕。第四人双手拄地，单衫半袒，倚酒瓮而坐，酒瓮上有荷叶盖，肩部饰璎珞纹。前方一只八卦纹酒盏，一具酒樽，樽中有勺〔图七九—四〕。第五人手臂搭扶于酒瓮之肩而醉眠，酒盏倾翻在一侧〔图七九—五〕。第六幅，酒人科头赤膊坦腹，右凭栅足几，后倚一个大酒瓮，酒瓮肩部装饰一周覆莲纹，酒樽与盏俱翻倒〔图七九—六〕。第七幅，酒人坐在茶花湖石之畔，背靠以矮架相承的一个卷草纹大酒瓮，左手提着瓜棱瓶的口沿，右手持勺而饮，酒盏远远撇到一旁〔图七九—七〕。第八人后置酒瓮，前设矮几，几上一册摊开来的书，几旁一个长颈耸肩瓶，里边插着一大捧荷花〔图七九—八〕。口沿与盏心纹饰均鎏金。

八〇

图八〇
越窑青釉酒台子
故宫博物院藏

虽然人物为八，但仍然可以认为竹林七贤图是盏心图案取材的来源之一。人物图中的坐具，所绘均仿若鹿皮之类，与江苏地区三座南朝墓出土的竹林七贤砖画❶，又上海博物馆藏孙位《高逸图》中持麈尾者地衣之上敷设的坐具相同。邓粲《晋纪》：『嵇康曾锻于长林之下，钟会造焉。康坐以鹿皮，嶷然正容，不与之酬对。』又清胡敬《西清札记》著录刘贯道《竹林七贤图》曰『一执如意凝视，俱敷文簟，展鹿皮，藉地趺坐』。可知鹿皮坐具是这一题材的画作中始终延续的细节之一。其实就构图来说三者也约略相似。《高逸图》被认为原是《竹林七贤图》残卷，即所存为山涛、王戎、刘伶、阮籍❷。时代稍后于此，有本书举出的辽耶律羽之墓出土金錾花七棱杯〔第五章，图四一一～二〕，虽与早期的竹林七贤图并不完全相同，但渊源与相承关系是清楚的。又故宫博物院藏一件五代越窑青釉酒台子，盘与承台之间刻划水波纹，承台则成浮在涟漪上面的一朵莲花，花心亦即台面刻划一幅饮酒图，酒人持盏，披衣席坐，一边是插着酒勺的酒樽，一边是一个荷叶盖罐，上下则以简笔点出远山和鹿皮坐荐❸〔图八〇〕。又

❶ 南京博物院《试谈『竹林七贤及荣启期』砖印壁画问题》，页一八～二三，《文物》一九八〇年第二期。

❷ 承名世《论孙位〈高逸图〉的故实及其与顾恺之画风的关系》，页一五～二三，《文物》一九六五年第八期。

❸ 王健华《十八孤品》，页三二一，《紫禁城》二〇〇六年第一期。按图版说明原作『五代越窑秘色瓷青釉饮茶图盏托』，并描绘台面之图曰：『线划的人物圆脸大肚，头束发髻，宽衣围身，右腿屈膝，左脚盘起，端坐在山中，右手执茶盏于胸前，右后侧放一水罐，露出半截水舀，左后有茶炉一个。』对此器的定名与解读皆非。

图八一
银鎏金魁星盘盏一副
邵武故县窖藏

乌银盏人物图的布局以及图式的构成要素，与前举诸例相比多有近似之处，包括细节如坐具的处理，酒盏之第一幅与故宫藏越窑酒台子尤其相似。酒人的衣著与风神态度以竹林七贤图为模范也很显然，惟将主题易作饮酒。北宋吴淑《事类赋注》卷十七《饮食部》『酒』类一项撷录故事多取自中古士人，似可昭示彼一时代的一种审美趋向。那么此二者，——传统的竹林七贤图与时代好尚，正是这一组图案构思及设计的共同来源。

银鎏金魁星盘盏一副出自福建邵武故县窖藏〔图八一〕，银盏造型为八角，系夹层，高五点五厘米，口长九点三、宽七点五厘米，内层盏杯心錾刻一首《踏莎行》，词云：『足蹑云梯，手攀仙桂，姓名高挂登科记。马前喝到（道）状元来，金鞍玉勒成行对。/宴罢琼林，醉游花市，此时方显平生至（志）。修书速报凤楼人，这回好个风流婿。』盏身外壁六个开光布置为六个连续的画面，以为《踏莎行》词意。相对两个长边的开光里，分别表现主题中的两番意思，即一边是『宴罢琼林，醉游花市』，一边为垂柳依傍的宅第一座，两扇大门开启，高高的台阶向上铺展，尽端

八一

银鎏金魁星盘盏一副·盏心

一溜垂幔，以见『凤楼』之意。女主人闻讯，已在阶前伫候。窄边各有三个相对的小开光，一边是『足蹑云梯，手攀仙桂，姓名高挂登科记』的图解，即桂树一株，士子踏一朵祥云正在攀枝折桂，桂树旁边一座殿阁，便是蟾宫，门首大书『登科记』三字❶。一边是马前喝道与垂柳下侍儿接报的连续画面。

银鎏金魁星盘盏一副·盏外壁纹样

银鎏金魁星盘盏一副·盘

❶ 宋人讲述的一则故事颇与这里的情境相合，——《扬州茅舍女子》：『扬州士人，失其姓名。建炎二年春，因天气融和，纵步出城西隅，遥望百步间有虹晕烨然，如赤环自地吐出。其中圆影，莹若水晶，老木槎枒，斜生晕里，下有茅舍机杼之音。试徐行入观，潇洒佳胜，了非尘境』，『白皙女子四五辈』，『交梭组织白锦』。『逼而视之，锦纹重花交叶之内，有成字数行：第一行之首曰李易，稍空，次又一人姓名，复稍空，又一人焉，如此以十数。乃拱手问之曰：「织此何为？」一人毅然而对曰：「登科记也，到中秋时候当知之。」余无一语』。士人辞退，待出得虹晕，回头注目，荡无所睹。『至八月，始唱名放榜，第一人曰李易，其下甲乙之次无一差，易正扬人也。于是悟首春所届，盖蟾宫云』（《夷坚志·支志庚》卷九）。

构图与它相似者有江西新建县出土的一件银菱花口承盘〔图八二〕。盘心打作用来承盏的一个菱花形凸棱框，框内錾刻一首与邵武银盏相同的《踏莎行》。框外安排图案。两侧垂柳三株，花开正茂的一株桂树撑满画面上方。树前通衢之上一行五人，前行一人捧喜报，后面两人打旗，一面旗上大书『天下状元』，状元骑马执鞭，末一人随行于马后张伞盖。垂柳之侧一带楼居，楼上女子凭窗眺望，亦所谓『修书速报凤楼人』，『马前喝道状元来』。

邵武银盏盏心和新建银盘盘心的刻词见于明洪楩编宋人小说《清平山堂话本》中的《简帖和尚》，其入话部分讲咸阳宇文绶与娘子王氏的『错封书』故事，曰宇文绶『做了只曲儿，唤做《踏莎行》』，即是这一阕，惟字句稍有不同。此词当日在民间应颇为流行，南戏《张协状元》第二十出以及《荆钗记》第十五出、《拜月亭》第三十九出的下场

八二

图八二
银魁星盘
江西新建县出土

诗，便都是它的摘句，道是『马前喝道状元来，这回好个风流婿』[1]。状元游街在诗词里也是热门话题，如北宋张先《少年游慢》『花探都门晓，马跃芳衢阔。宴罢东风，鞭梢一行飞雪』[2]。南宋姚勉《女筵乐语》『马前喝道状元归，旧婿重新此事奇』[3]。选取这一题材为装饰纹样，自是讨人欢喜，用作酒器便更为合宜。

邵武银盘长十七点五、宽十三点四厘米，式样与盏相谐。如此一组两件自是酒器中的盘盏一副。盘心以打造工艺装饰人物故事图，故事情节即系在画面中心的一方小小莲池，池中腾起祥云数朵，云起处一尾游鱼，云端上一条舞龙。图案左下四角亭边几丛竹，云端飞下栖竹凤。上方轩内一人捧书读。亭子旁边轻烟袅袅的一个三层台似是丹炉，——如果以元代方士画的偃月炉亦即太乙神炉为对照的话[4]。右下角的『携琴访友』乃南宋绘画中常见的图式，在这里借寓方外羽客，点缀风雅。此盘的独具匠心之处在于把通常承盘中心的装饰框巧妙化作图案故事中的一个重要情节，即生出鱼龙变化的莲池。

图案设计构思之一或为邗子故事，见刘向《列仙传》卷下《邗

---

[1] 在当日的社会生活中，『状元游街』也已有了固定的形式。南宋《西湖老人繁盛录》记状元游街情景曰，『丽正门喝出状元来三人，第一名状元，第二名榜眼，第三名探花郎』，『各有黄旗百面相从，戴羞帽，执丝鞭，骑马游街』。按宋俗一甲三名，均称状元。

[2] 《全宋词》，册一，页七九。

[3] 《全宋诗》，册六四，页四〇五二四。

[4] 赵匡华等《中国科学技术史·化学卷》，页四〇五，科学出版社一九九八年。

子传》[1]。它也收在《太平御览》，见卷九〇五《兽部·狗下》，惟字句多有不同，如邗子作列子，又简省人物，不过鱼龙变化却是不曾忽略的情节。之后的不断流传，这一情节在人人欲求『姓名高挂登科记』的时代里，似乎是被提取出来赋予了新的意义，或者说从中生发出另外的主题，即同鲤鱼跃龙门的传说联系在一起，而成为登科的象征[2]。如此，邵武银盘把它取来布置为图案，便正好成为银盏所饰状元游街图的呼应。陕西历史博物馆藏一件与此纹样近同的银盘，而庭院中的两楹屋宇檐下分别悬挂『书堂』与『道院』的匾额。或据明蒋一葵《尧山堂外记》所录罗隐《过梁震居留题》一诗，将它名作『荆台隐士图银盘』[3]，不过罗隐卒于后梁开平年间，梁震至后唐时始在荆南握重权，则此诗出自罗隐似无可能，那么银盘讲述的自然也不是梁震亦即荆台隐士的故事。『道院迎仙客，书堂隐相儒。庭栽栖凤竹，池养化鱼龙』，或为宋人诗[4]，似乎颇流传于民间，金代磁州窑枕也以此诗为枕面装饰[5]。如童宇所论，银盘图案与此诗大致相合。不过不论图像还是文字，作为装饰纹样，取意应都在于『鱼化龙』。

[1] 《邗子传》云：『邗子者，自言蜀人也，好放犬子。时有犬走入山穴，邗子随入十余宿，行度数百里，上出山头，上有台殿宫府，青松树森然，仙吏侍卫甚严。见故妇主洗鱼，与邗子符一函并药，便使还与成都令桥君。桥君发函，有鱼子也。著池中养之，一年皆为龙形。复送符还山上。犬色更赤，有长翰，常随邗子往来百余年，遂留止山上，时下来护其宗族。蜀人立祠于穴口，常有鼓吹传呼声。西南数千里共奉祠焉。』

[2] 如房子靖《秋闱锁试赠赵茂实》『较文已辨珉兼玉，揭榜应知鱼化龙』（《全宋诗》，册六二，页三八八九五）。

[3] 童宇《银鎏金荆台隐士盘故事小考》，页四七～四九，《收藏家》二〇一七年第十二期。

[4] 姚勉《郡守宴状元乐语》即引此诗第一句。汤华泉《唐宋文学文献研究丛稿·关于『神童诗』》，页四三九，安徽大学出版社二〇〇八年。

[5] 王兴《磁州窑诗词》，页七三，天津古籍出版社二〇〇四年。

就图案而言，鱼化龙的寓意并不止于举状元，宋廷封赠草制也援用此意。宋徽宗《宣和宫词》『翰苑花深夜漏稀，奉承亲笔草麻归。鸾笺几幅鱼龙化，近掖重陞一品妃』[1]，所咏即是。鱼化龙金盘与状元游街金盏组合为一副，含义便很明确了。周密《癸辛杂识·后集》『光斋』条云：『太学先达归斋，各有光斋之礼，各刻十斋牌之上。宰执则送真金碗一只，状元则送镀金魁星杯柈一副。』魁星是司文章之神，本名奎星，为天宫星座之一，《孝经援神契》称『奎主文章』，宋均注曰『奎星屈曲相钩，似文字之画』[2]，科举取士，列在第一者称之为『魁』或『魁首』。宋人或书『魁』字装轴悬挂[3]。明清时代的吉祥图案中有魁星点斗，最常见的一种是神像为鬼，提笔举足反顾点斗，即把魁字图像化。不过这种纹样宋代尚未流行。而邵武盘盏以鱼化龙和状元游街为表现内容，适与『魁星』之意相合，那么这正是银鎏金魁星盘盏一副。

（七）婴戏图

宋诗中提到一种颇具巧思的酒器，——南宋方一夔《以白瓷为酒器，中作覆杯状，复有小石人出没其中，戏作以识其事》：

---

[1] 《全宋诗》，册二六，页一七〇五四。

[2] 《初学记》卷二十一引。

[3] 如姚勉《题魁字轴》『锦装玉轴垂高堂』。《全宋诗》，册六四，页四〇五一六。

八三

图八三
婴戏图杯盘一副
安徽六安花石咀二号墓出土

『彼美白瓷盏，规模来定州。先生文字饮，独酌无献酬。咄哉石女儿，不作蛾眉羞。怜我老寂寞，赤手屡拍浮。子顽不乞火，我醉不惊鸥。无情两相适，付与逍遥游。』[1]白瓷盏的形制已尽在诗题中说出，诗便只道其意趣。由诗中所咏可知，盏心的小石人是可以活动的，酒盏一旦斟满，覆杯座中的女孩儿便会晃漾于滟潋之中，所谓『赤手屡拍浮』，自是添助了诗人的想象，此际只觉可喜而无狎心，所以曰『无情两相适』也，寂寞的独酌因此而不再寂寞。瓷器中不乏与诗意大致相合的实例[2]，出土于安徽六安花石咀二号墓的一件鎏金银杯也与之意匠相类[3]。杯有承盘，正是当日流行的酒器组合的一种形式，即所谓『杯盘一副』。银杯为夹层，口径八点五厘米，内杯口沿装饰卷草纹，中心錾花朵，花朵上坐一个抱毬的孩儿。外杯打作四季花卉，两侧莲花上各一个女童，便是杯的双耳。承盘口径十八点三厘米，口沿錾刻卷草纹，盘心錾牡丹，其外打作攀枝孩儿（图八三）。杯盘通高七厘米。就纹饰而言，它也可以视作婴戏图的移植。

[1]《全宋诗》，册六七，页四二二四六。

[2] 扬之水《两宋茶事·『碗』的定名及其他》，页九五~九六，人民美术出版社二〇一五年。

[3] 安徽六安县文物工作组《安徽六安县花石咀古墓清理简报》，图版七：七（说明作『银杯与托盘』），《考古》一九八六年第十期。构思类同的实例尚有不少，如江西萍乡分别出自两个宋代窖藏的三件金杯。罗娜等《江西萍乡宋代窖藏金银器初探》，页二八八~二九〇，《南方文物》二〇一九年第四期。

三 日常杂用之器

（一）厮锣、唾盂、钵盂及其他

两宋金银器中，尚有一大类是帝后、皇室以及重臣显宦出行时候的随行用器。此大类中的各种用物又可大致别作两小类：一是茶汤熟水用器，一是盥洗清洁用器。

茶汤熟水用器，可以政和六年徽宗诏赐蔡京出入金银从物为例，其中属于茶汤器具者有金镀银燎笼一副，汤茶合子二具（各匙子全），大汤瓶二只，中汤瓶二只，汤茶托子一十只，好茶汤瓶一只，熟水榼子一只，撮铫一只，汤茶盘各二十只[1]。燎笼，与绍兴十五年高宗赐秦桧金银器中的『装钉头笼茶燎子』[2]，应是同样物事，即提携燎子或曰茶燎子的编笼。燎子原是用于烧汤烹茶的炭炉，或又作镣子。宋刻《碎金·家生篇》『铁器』一项列有『撮铫』，『汤鉼、火镣』，作为皇家赐物的各式汤瓶以及撮铫，则为金银器。

汤与熟水都是甘香药材制成的饮料，不同在于汤是预先以几种药草研磨合制为剂，待用时取出以沸水冲点，便类如当日的

[1] 《宋会要辑稿·礼六二》，册四，页二一四二。

[2] 《宋会要辑稿·礼六二》，绍兴十五年十月三日，上遣中使赐太师、尚书左仆射、同中书门下平章事秦桧御书阁牌，曰『一德格天之阁』。就第赐御筵，仍赐金镀银钞锣、唾盂、照匣、手巾筒子、罐子、装钉头笼茶燎子、熟水榼子各一，金镀银汤瓶二，云云。册四，页二一五〇。

点茶，故宋人每曰『点汤』。熟水则是先取某一种香草或药材加入沸水，密封制成饮品，如紫苏熟水，豆蔻熟水，沉香熟水，用时再加温[1]。程珌《鹧鸪天·汤词》『何人采得扶桑椹，捣就蓝桥碧绀霜』，史浩《南歌子·熟水》『藻涧蟾光动，松风蟹眼鸣。浓熏沉麝入金瓶。泻出温温一盏、涤烦膺』[2]，各道其要领也。金银从物中的熟水榼子，应即盛放熟水的容器，用诗人的话说，则即『浓熏沉麝入金瓶』。可以设想熟水是由榼子倾入铫子，镣子上加热之后，再泻入熟水盂子，即所谓『温温一盏』。魏泰《东轩笔录》卷十一：『仁宗尝春日步苑中，屡回顾，皆莫测圣意。及还宫中，顾嫔御曰：「渴甚，可速进熟水。」嫔御进水，且曰：「大家何不外面取水而致久渴耶？」仁宗曰：「吾屡顾不见镣子，苟问之，即有抵罪者，故忍渴而归。」左右皆稽颡动容，呼万岁者久之。圣性仁恕如此。』这一段颂圣的纪事中，仁宗所云『吾屡顾不见镣子』，是一个很关键的细节，其实是省略的说法，即省略了熟水榼子、铫子和盂子。仁宗漫步宫苑，例当有此诸般茶汤熟水用器随侍。司镣炉者，其时俗谓之茶酒司[3]。那么仁宗忍

[1] 见元《居家必用事类全集·己集》中的汤方和造熟水法。

[2] 《全宋词》，册四，页二二九〇；册二，页一二八四。

[3] 《东轩笔录》卷一：『艺祖、太宗及节度使武行德共乘小艇，游于城下，艇中惟有一卒司镣炉，世谓之茶酒司。』

渴而不责问者，即恐茶酒司抵罪也。皇太后驾出护卫亦有『御燎子、茶床』❶。执政大臣以及翰林学士也是如此，南宋周必大《玉堂杂记》卷下曰：翰林学士『禁门内许以茶镣担子自随，与执政等』。故宫博物院藏宋人《春游晚归图》，骑在马上的主人腰金、佩鱼，坐骑金络头、绣鞍鞯，马后一众仆从负大帽，肩茶床，扛交椅，又手提编笼者一。末一个荷担者，担子的一端挑了燃着炭火的镣子，炭火上坐着两个汤瓶，应该就是『茶镣担子』〔图八四—一〕。辽宁省博物馆藏一幅元《竹林大士出山图》，所绘随行器具实即比照王者，其中一个挑担者，担子的一端是编笼里莲花座上的风炉和汤瓶，另一端却是编笼一对，其中一个里边网着

八四—一

图八四—一
《春游晚归图》（局部）
故宫博物院藏

❶《宋会要辑稿·舆服一》，册四，页二二七三。

图八四—二

《竹林大士出山图》（局部）

辽宁省博物馆藏

八四—二

长瓶，另一个则是莲花托上坐一个坛子❶（图八四—二），大约是用于烹茶的好山泉。笼络风炉与汤瓶的编笼如果是金银制品，那么这里便可以称『金镀银燎笼一副』了。

上引《春游晚归图》中有手提编笼者，编笼中物，为『厮锣一面，唾盂、钵盂一副』，厮锣一面乃侧置，钵盂放在唾盂上边，贴着厮锣的底，于是而有提携之便。如此三事的组合，辽代已经出现，便是本书第五章举出的辽后唐庄宗德妃伊氏墓出土银钵盂、银唾盂、银鎏金摩竭纹厮锣各一件。宋代金制、银制的厮罗、唾盂、钵盂一副则是官宦出行时的随侍用器之一。朝鲜李朝官修《高丽史》纪录遣使进奉宋廷诸物中有金厮锣❷，绍兴二十六年交趾进奉贺昇平物有『一百二十两数金盘龙沙锣二面』❸，音近字不同，都是金盆银盆之异称❹，亦即为了别于瓦盆而特指金属盆，《东京梦华录》将『银铜沙罗』与『好盆器』并举，正是见出区别。

❶ 上海博物馆等《世貌风情：中国古代人物画精品集》，页二五六，上海古籍出版社二〇〇八年。按所绘为越南陈朝仁宗陈昑（一二五八～一三〇八）舍位出家故事。刘中玉考证此为明初交阯人绘制，见《中越文化视域下的〈竹林大士出山图〉》（《艺术史研究》第二十二辑）。

❷ 《高丽史》卷九日文宗二十六年（一〇七二），『金悌还自宋，帝附敕五道』，其四是详细列出收到的进奉诸物，中有『金厮锣一只，重一百五十两』。《高丽史》标点校勘本），页二四二，西南师范大学出版社等二〇一四年。按此即神宗熙宁四年事，《宋会要辑稿·蕃夷七》亦载高丽国遣使金悌奉表进物（册十六，页九九五六），但未列物品详目。

❸ 《宋会要辑稿·蕃夷七》，册十六，页九九六六。

❹ 狩谷棭斋《笺注倭名类聚抄》卷四《器皿部·金器》『钞锣』条：『《唐韵》云：钞锣，铜器也。』笺注考证其语源引述甚详，文长不录，末引清姜宸英《湛园札记》云：钞锣，吾乡名铜面盆为钞锣（全国书房版，一九四三年）。按姜宸英乃慈溪人。至于质地为金银者，自属豪华用器。

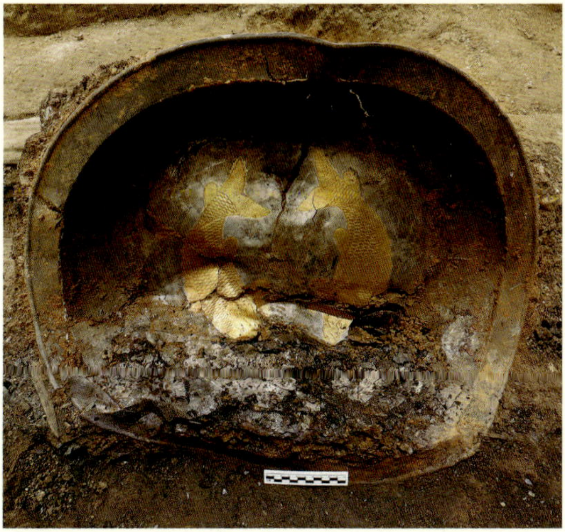

八五

图八五
银鎏金双鱼盆
遵义播州土司杨价夫妇墓出土

金银从物以及作为礼品的厮锣以银制为多❶，重量每在百两以上，如宋金和议后，宋廷赐金国贺正、贺生辰使人『一百两金花金钞锣唾盂子一副』❷，可以推知尺寸不小。『盘龙』自然是指纹样，只是目前的考古发现中以光素者为多。遵义播州土司杨价夫妇墓出土银鎏金双鱼盆一面，口径逾六十厘米❸（图八五），应即『厮锣』，且为厮锣中的佳制。

与厮锣一面构成一组盥洗用器的『唾盂、钵盂一副』，则用于清洁口腔，钵盂漱口，唾盂承接漱口水❹。河南荥阳槐西村宋墓墓室北壁下部右侧壁画中的奉物女侍，其一所奉似即唾盂、钵盂一副❺（图八六—二）。故宫博物院藏李嵩《骷髅幻戏图》，骷髅身边一副担子，担子两端各一个编制的提匣，提匣梁上斜拴着席一卷，葫芦一个，又执壶一、盒二。另一端有雨伞一柄，包袱三个，提梁上又拴了一个提笼，清楚透见提笼里

❶ 如宋徽宗诏赐蔡京的金银从物，中有『厮锣一面，唾盂、钵盂一副，盖全』。《宋会要辑稿·礼六二》，册四，页二一四二。

❷ 《宋会要辑稿·礼六二》曰：绍兴十三年十二月二十七日，『金国遣完颜晔、马谔等来贺。是年和议方定，始令有司立每年金国贺正、贺生辰使人锡类格目。到阙，使一百两金花（钞）〔金〕钞锣唾盂子一副，副使八十两金花银钞锣唾盂子一副』。册四，页二一四九。

❸ 周必素等《贵州遵义新蒲杨氏土司墓群考古取得新收获：发现南宋播州『土司』杨价夫妇墓》，《中国文物报》二〇一四年八月二十二日。

❹ 这种清理口腔的方式，一直沿用下来。《红楼梦》第三回云黛玉初入荣府，在贾母处晚饭，『寂然饭毕，各有丫鬟用小茶盘捧上茶来』，黛玉『接了茶，早见人又捧过漱盂来，黛玉也照样漱了口』。

❺ 徐光冀《中国出土壁画全集》第五卷，页一八五，科学出版社二〇一二年。

图八六—一
河南荥阳槐西村宋墓壁画

图八六—二
《骷髅幻戏图》（局部）
故宫博物院藏

八六—一

八六—二

是侧置的盆亦即厮锣一面，又唾盂、钵盂一副[1]〔图八六—二〕。美国大都会博物馆藏《胡笳十八拍》中『第十四拍』的画面，车舆前面的导从之一乃手奉唾盂、钵盂一副。这两个画例都与《春游晚归图》所绘相同，便是钵盂『盖全』。蓝田吕氏家族墓园吕大圭与前妻张夫人合葬墓出土一件鎏金『铜盘』，鎏金铜钵盂与鎏

[1] 江苏镇江五洲山宋墓随葬品中也正有如此齐整的一副：铜唾盂，高七点一厘米，口径十五厘米；铜钵盂带盖（简报称作『盒』），高六厘米，口径六点六厘米；铜盆，高六厘米，口径二十三厘米。镇江博物馆《江苏镇江五洲山宋墓发掘简报》，页五六，图六至八，《文物》二〇一五年第五期。

图八七—一
银钵盂与银唾盂
浙江东阳金交椅山宋墓出土

图八七—二
银钵盂与银唾盂
江西德安桃源山南宋墓出土

金铜唾盂各一，均置于盘内❶。这一组合，自是厮锣、唾盂、钵盂一副❷。所谓『铜盘』，厮锣也。浙江东阳金交椅山宋墓出土银盂一，银唾盂一，前者口径九点七厘米，后者口径十七点二厘米，均光素无纹，底部各有铭曰『樊二郎』。两器当是配合使用的唾盂、钵盂一副（图八七—一）。又有江西德安桃源山南宋咸淳十年墓发现于妆盒中的银唾盂、钵盂一副（图八七—二），却是尺寸偏小，虽然功用相同，即钵盂盛清水，唾盂收浊水❸，但此属闺房用物，同于嫁娶之日迎亲执事中的『沙罗洗漱』（《梦粱录》卷二十），与出行从物之厮锣、唾盂、钵盂一副的意义稍有别。

八七—一

八七—二

❶ 铜盘高六点四、口径二十九点一厘米。唾盂盘沿直径二十点六、口径八点三厘米，钵盂高四点七、口径十三点九厘米。唾盂，发掘报告称之为渣斗，云铜盘『内置茶具渣斗，表明盘应属茶事敛具』。陕西考古研究院等《蓝田吕氏家族墓园》，页五一〇，文物出版社二〇一九年。按照报告所述，原置于『盘』（应为盆，亦即厮锣）内的『茶具渣斗』（页五一〇述其形制），实即与厮锣构成组合的唾盂、钵盂一副。

❷ 据湖南省文物鉴定中心郑波介绍，长沙博物馆拟征集的几件银器中有如此三件：其一银盆，铭曰『相公位银洗鑼壹面，重叁拾叁兩，景定五年十一月，重銷上庫等子』。其一唾盂，铭曰『赵府戌位唾盂壹副并盖共肆拾兩重』。其一为带盖钵盂（郑文称『团花纹银盖罐』）。唾盂所云『壹副并盖』，即指与此带盖钵盂构成一副。郑波《试析长沙博物馆拟征集的几件南宋银器的艺术风格》，页四七七，《湖南省博物馆馆刊》第十四辑，岳麓书社二〇一八年。按作者对这几件器物的考订，不确。此外，银器中的一件束发冠亦非南宋所有，而是明代物。

❸ 理妆用此，可参阅花蕊夫人宫词：『六宫一例罗冠子，新样交镌白玉花。欲试淡妆兼道服，面前宜与唾盂家。』

图八八
银丝盒
浙江衢州南宋史绳祖墓出土

图八九—一
银錾花粉盒

图八九—二
银素面粉盒

图八九—三
银荷叶盖罐
福州茶园山端平二年墓出土

八八

八九—一

文献记载中尚有金丝盒、银丝盒，或用来盛放珍爱之物[1]。浙江衢州南宋史绳祖墓出土银丝盒一枚，高二点五、直径七点五厘米[2]〔图八八〕。双层结构，内层以片材打制，外层用银丝编结。盖面铺展一大朵略如栀子的六瓣花，余白以及盒盖与盒身的立墙均编作灯笼孔。银丝盒里放了一个化生儿金佩饰〔见第七章，图二二三〕。

（二）妆具

妆具中的金银器之属，一般是妆匣、镜匣，粉盒，妆盘，油缸，水盂，而以银及银鎏金者为多，金器是很少的。福州茶园山端平二年墓出土的一组，可以为例：银荷叶盖罐一，银錾花粉盒一，银素面粉盒一，均置于漆奁之中。银錾花粉盒高三点三、口径六点二厘米，内置一枚粉扑〔图八九—一〕；银素面粉盒高三点八、口径六厘米〔图八九—二〕。银荷叶盖罐高五点五、口径四厘米，出土时罐内有白色粉块〔图八九—三〕。又有一枚菱花口

八九—二

八九—三

[1] 如金人《大金吊伐录》所载『遣李棁持宝货物折充金银书』中提到『今有府库累世所藏珠玉犀象宝器等并金银丝合等物，悉令知枢密院事李棁持去』。《大金吊伐录校补》（金少英校补），页一七三，中华书局二〇〇一年。又周煇《清波杂志》卷六曰，『显仁上仙，遣使告哀北虏，并致遗留礼物』，中有『银丝合十面，各实以玻璃、玉器、香药』。显仁，徽宗韦贤妃，高宗生母。《清波杂志校注》（刘永翔校注），页二六九，中华书局一九九四年。

[2] 衢州市文管会《浙江衢州市南宋墓出土器物》，页一〇〇六，《考古》一九八三年第十一期。

图八九—四
菱花口银碟
福州茶园山端平二年墓出土

图九〇
青釉小碟
南京建筑工地出土

图九一
菱花口银胭脂碟
江西德安南宋咸淳十年周氏墓出土

银碟，高一厘米，最大口径八点二厘米❶〔图八九—四〕。

小小一枚菱花口银碟，应即胭脂碟。南京市区建筑工地出土一件唐代青釉小碟，高一点八、口径八点五厘米，背面墨书：朱家胭脂输卖，主故使用方知，每个十文❷〔图九〇〕，正把自家用途表述得清楚。出自江西德安南宋咸淳十年周氏墓中的一枚银菱花口碟高两厘米，口径七厘米，其尺寸大小与唐青釉胭脂碟相差无几，出土时碟里放了一方浸了胭脂的丝罗，上面还有纤纤玉指拈起它的使用痕迹，内底心錾铭曰『莫四郎记』〔图九一〕。

八九—四

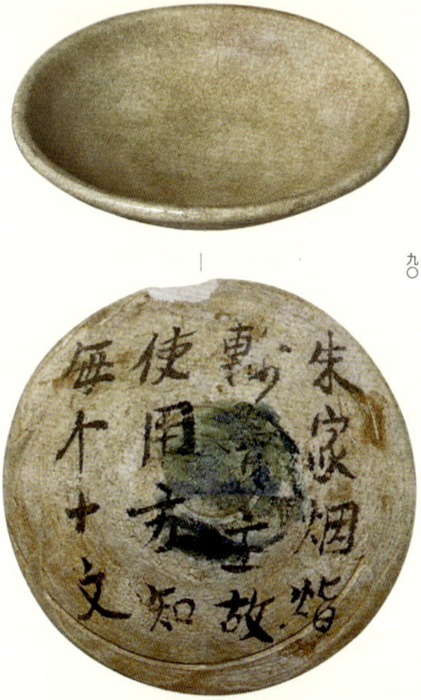

九〇

九一

❶ 福州市文物管理局《福州文物集粹》，图九〇，福建人民出版社一九九九年。

❷ 南京市文化局等《南京文物精华·器物编》，页一三〇，上海人民美术出版社二〇〇〇年。

图九二一—一
银荷叶盖罐（油缸）
浙江湖州三天门南宋墓出土

图九二一—二
银盖罐（油缸）
安徽六安花石咀古墓二号墓出土

图九二一—三
银荷叶盖柳斗罐（油缸）
苏州吴中箕村林场出土

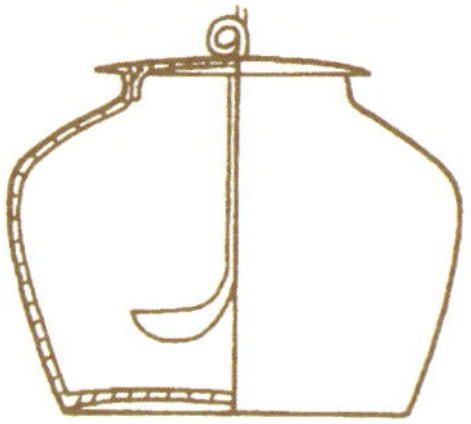

九二一—一

茶园山端平二年墓中一件直筒式的素面银粉盒，或即《西湖老人繁盛录》『诸行市』中列举的『蛤粉桶』。而一件银荷叶盖罐出土时内有白色粉块，似乎也是同样用途。不过宋元时代这一类尺寸偏小且每与粉盒、胭脂碟同出的银盖罐，通常是用来盛放头油，因此盖内常常下连一个小勺❶。如浙江湖州三天门南宋墓❷（图九二一—二）、安徽六安花石咀古墓二号墓❸（图九二一—二）。出自六安的一件通高五厘米，小口，鼓腹，周身錾刻萱草、芙蓉、秋葵、栀子等花样，其上扣合平顶覆钵式盖，一柄小勺原焊接在盖内中心。南宋刻本《碎金·家生篇》『妆奁』一项列举的物品，有『油甀』一事。甀，通缸，则即油缸。这一类银盖罐便是油缸之属。梳妆用油，可别作两种，即面油与头油。明本《碎金》『梳洗』条所列『面油，省头木犀油』，即

九二一—二

九二一—三

❶ 相关考证，见扬之水《古诗文名物新证》，页二三〇～二三一，紫禁城出版社二〇〇四年。
❷ 湖州市博物馆《浙江湖州三天门宋墓》，页四三，《东南文化》二〇〇〇年第九期。
❸ 安徽六安县文物工作组《安徽六安县花石咀古墓清理简报》，页九一九，图版八：六，《考古》一九八六年第十期。

此。面油是膏油，无须用勺舀取，那么油缸所盛应是头油。它也见于两宋绘画，如王诜《绣栊晓镜图》，又旧题苏汉臣《妆靓仕女图》。大约为表明用途，油缸又或取式于通常用作水器的柳斗罐，如出自苏州吴中篁村林场的一件❶〔图九二—三〕。

出自茶园山端平二年墓的银錾花粉盒内置粉扑，盖面錾刻缠枝莲花。前举江西德安咸淳十年周氏墓所出又有一对银粉盒，盒盖打作三卷如意云头纹，盒底錾一对折枝莲花，折枝之间錾铭曰『建康李二郎』，高四厘米，口径七点五厘米，一个里面放着丝绵粉扑〔图九三—一〕，另一个满盛着白粉，又置小小一枚鱼尾柄铜荷叶匙〔图九三—二〕。妆具中尺寸更小的银盒，当为口脂盒或胭脂盒。陕西蓝田吕氏家族墓园二十五号墓出土一对八出花口小银盒，修复完整的一枚通高二点五厘米，腹径四点一厘米，盖面开光内是鱼子地上的折枝牡丹，盒身与盖的立沿锥点一周卷云纹〔图九四—一〕。南京江浦南宋张同之夫妇墓出土一枚银盒，为同之继室章氏之物，子母口，高三厘米，直径五点二、口径四点八厘米。器身与盖都打作龙牙蕙草〔图九四—二〕。

图九三—一
银粉盒之一

图九三—二
银粉盒之二
江西德安南宋咸淳十年周氏墓出土

图九四—一
八出花口小银盒及盖面纹样
陕西蓝田吕氏家族墓园二十五号墓出土

图九四—二
龙牙蕙草纹银盒
南宋张同之夫妇墓出土

银粉盒之二盒底铭文

❶ 通高五点二、腹径四点七厘米。又陕西蓝田吕氏家族墓园二十五号墓出土一个小银罐，通高二点七、腹径四点一厘米，出土时旁置一柄小勺（勺叶已失），《蓝田吕氏家族墓园》称之为『鱼篓形小圆盒』（陕西省考古研究院等《蓝田吕氏家族墓园》，第三册，页七四〇，文物出版社二〇一八年），并认为它是『异形胭脂盒』，小勺则用于挑取胭脂（第四册，页一一五一）。不确。

九三—一

九三—二

九四—二

九四—一

置放妆具的奁盒、奁匣（扁者称匣）与镜盒、镜匣，以漆器为多，同时也有不少银器。德安周氏墓出土六出花口银奁一具，通高九、直径十一点五厘米。奁分三层，均以子母口扣合，下面一层一个粉盒，中间一层是纸制的梳篦、刀、刷，还有一个银盘，铜镜一面放在第一层，第一层的中心设了一个小孔，是为着取镜的方便（图九五）。德阳孝泉镇清真寺窖藏中的银鎏金奁匣高二点五、口径十二点五厘米，盖面开光内錾双凤戏牡丹，其外一周缠枝莲花（图九六—一）。出自福州茶园山许峻墓的银鎏金双凤纹葵口奁盒通高五点九、口径十三点七厘米，盖面沙地上打作团窠双凤，外环一周缠枝桃花，盒身与盒盖口沿处的立墙錾龙牙蕙草，纹饰均鎏金。盒内一个浅盘式的屉，内底心也有一个小孔，上置铜镜（图九六—二）。前举六安出土银錾花油缸，油缸原置于八棱錾花银奁之内。银奁口径二十点七、高二十五点五厘米，器分三层（中间一层最高），纵分十六格，每格分别錾刻山茶、菊花、芙蓉、水仙等折枝花。油缸之外，奁内尚有两个錾花银盒（蛤粉桶），一个银荷叶盖柳斗罐（油缸），又錾花银盂一，錾花银罐一，银胭脂碟一（图九七）。

图九五
银奁
江西德安南宋咸淳十年周氏墓出土

图九六—一
银鎏金双凤戏牡丹纹奁匣
四川德阳孝泉镇清真寺窖藏

图九六—二
银鎏金双凤纹葵口奁盒
福州茶园山许峻墓出土

图九七—一
八棱錾花银奁

图九七—二
錾花银盒一（蛤粉桶）

图九七—三
錾花银盒二（蛤粉桶）

图九七—四
银荷叶盖柳斗罐（油缸）

图九七—五
錾花银盂

图九七—六
錾花银罐与银胭脂碟
安徽六安花石咀古墓二号墓出土

九五

九六—一

九六—二

九七—一

九七—二

九七—三

九七—四

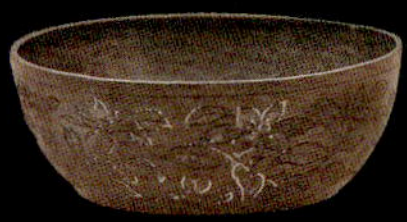
九七—五

九七—六

此墓入葬年代为元，但出土器物似以宋物为多，比如元代已不流行的孟家蝉〔见第七章，图二二四—二〕。

大英博物馆藏一枚宋代银鎏金人物图奁盒〔下失盒身〕，银盒盖面以菱花式开光为画框，雕栏山石布置出庭园景致，中间是坐在一张鹤膝桌前略略欠身的主人公，侍儿六人捧物环立。右手一方三女鬟，捧漱盂者一，捧奁盒者一，另一人抱了一个蒙袱的琵琶。左手一方，一人捧盆，一人手持包袱。又有站在桌子前方的一位，手擎尺寸将及半人高的一面大圆镜。原来点明画面主题的细节，正在此处。它把读图者的目光引向与圆镜相对的主人公，只见伊人右手分明提了一枝笔，铺展在方桌的绢素上已现出半身像的一个轮廓〔图九八〕。不必说，这是一幅对镜写真图。只是排场如此奢丽，显然不是寻常的闺中行乐。画中人娟娟楚楚，髻鬟高耸，帔帛绕身，一身妆束类于唐宋画家笔下的『宫妆』，可知不是写绘时尚，而当别有故事。因不妨拈出花蕊夫人《宫词》一首：『春天睡起晓妆成，随侍君王触处行。画得自家梳洗样，相凭女伴把来呈。』怀抱琵

九八

图九八
银鎏金人物图奁盒
大英博物馆藏

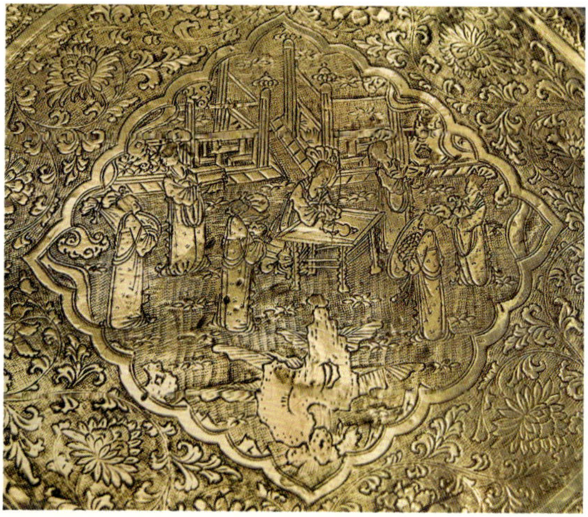

银鎏金人物图奁盒盖面（局部）

琶的女侍，也可援引王建《宫词》：『内人相续报花开，准拟君王便看来。缝着五弦琴绣袋，宜春院里按歌回。』顺着这一思路，还可以想到这一枚妆盒本身又何尝不是呼应着诗中意象，便是那『晓妆』和『梳洗』。器用与装饰，在此正是相得益彰。那么此图似可名作『宫苑美人写真图』。固然不必胶着于某一诗某一事，却也不妨设想当日图案的设计者是由描绘禁苑生活的《宫词》取意。作为装饰纹样，它多半缘自『外人』对于『内人』浮华生活的诗意想象，同得自传闻的《宫词》作者以一枝赋笔摹写娇艳富丽是相似的。

图九九—一
银炉（莲花出香）
宁波天封塔地宫出土

图九九—二
银炉（莲花出香）
四川彭州金银器窖藏

四　香器

焚香以求雅韵，即把它作为一种生活方式，大约自唐代始，至于宋人，而把香事的日常化、诗意化推向极致。香炉的集大成，便成于两宋，传统式样也多在此际完成它最后的演变。不过从目前的发现来看，宋元时期的香具是以瓷器为主，金银器则很少，却多半制作很精。这里仅略举其概。

宁波天封塔地宫出土一件银炉❶，通高十七点五厘米，炉座、炉身、炉盖，三事分制。炉座下方膨起为足，镂一周如意，錾一周覆莲，又是毬路纹一周为环带，中腰装饰带纵分六格，铺首衔环与镂空花叶相间，都是两侧各一弯龙牙蕙草。口沿一周錾流云飞鹤。炉身式如浅腹碗，向外翻出平展的六出花式宽沿，宽沿上六个开光，光内是纵蹄奔行的瑞兽，光外是折枝菊花。覆钵式炉盖，也是纵分六区，每区一个开光，光内布置婴戏图：击鼓、蹴鞠、舞蹈、击拍板、扑蝶、击掌而舞。光外鱼子地上錾刻折

九九—一

❶ 林士民《浙江宁波天封塔地宫发掘简报》，页一四（称作『单孔式熏炉』），《文物》一九九一年第六期。

银炉炉盖局部

银炉炉身

枝花。炉盖顶端做成『花中花』，即花心内高耸带着花朵的出烟管（图九九—一）。这一类样式的香炉，宋人或称作莲花出香❶。出自四川彭州宋代金银器窖藏的一件银炉与它构思相近，通高逾半米，下边高高一道弧形圈足，中间宽平沿的托盘，托盘上承覆莲形的炉盖，其周环錾花处趁势做出花叶形的出烟孔，盖顶一个莲花钮，花心耸出柱形蕊，蕊心十四个花形小孔，自然也是为着散发香烟（图九九—二）。

九九—二

❶ 又或有『香奁』之称，彭州窖藏中的一件『银熏炉承盘』（按即炉身）自铭曰『香奁一座重柒拾两』，不过盖与座皆无存，未知整体式样如何。《四川彭州宋代金银器窖藏》，页一七五。

南京大报恩寺遗址北宋长干寺真身塔地宫出土一枚银鎏金香囊，通高十二点八、口径十二点六厘米[1]，造型近圆，由式样相同的两部分扣合而成，都是五个拱形开光，光内卷草纹地子上分别錾鸾鸟和瑞兽，光外镂空作缠枝卷草，上下中央各铺展一朵宝相花，花心各设圆环式捉手（图一〇〇—一）。它或是墨书题记中的『香囊』，地宫时代为北宋大中祥符四年（一〇一一）。不过这一类式样的香具，也称作香毬，唐代便是两种称呼并用，宋代则香毬的名称使用更多，排场中的各色执事也每有『香毬』[2]。四川德阳孝泉镇清真寺窖藏出土一个银炉盖，与这一件式样相似，其端一个圆孔，原初也应设环（图一〇〇—二）。宁波天封塔地宫出土一具带座银香毬[3]，通高十点二厘米，香毬直径四点三厘米。六角式炉座两重叠置，底端一重须弥座式，上方一个平坐栏杆式，座下均有六个如意足。座心

一〇〇—一

一〇〇—二

一〇〇—三

图一〇〇—一
银鎏金香囊
南京北宋长干寺塔地宫出土

图一〇〇—二
银炉盖
四川德阳孝泉镇清真寺窖藏

图一〇〇—三
带座银香毬
宁波天封塔地宫出土

[1] 南京市考古研究所《南京大报恩寺遗址塔基与地宫发掘简报》，页三八，《文物》二〇一五年第五期。
[2] 参见《许政扬文存·宋元小说戏曲语释》『香毬』条（页七一），中华书局一九八四年。
[3] 《浙江宁波天封塔地宫发掘简报》，页一五（称作『镂孔式熏炉』）。

图一〇一—一
银香毬
四川彭州金银器窖藏

图一〇一—二
越窑青釉炉
浙江黄岩灵石寺塔出土

图一〇一—三
景德镇窑青白釉炉
陕西蓝田北宋吕氏家族墓地出土

图一〇二
银鎏金莲花鹊尾炉
南京北宋长干寺塔地宫出土

一〇一—一

一〇一—二

一〇一—三

一个直径近一厘米的圆柱擎出香毬。香毬下方錾刻折枝花，上盖錾作龙牙蕙草〔图一〇〇—三〕。彭州窖藏中一件被称作『盒式银熏炉』的香器❶，其实亦为香毬，而器身遍饰以花卉填满空间的毬纹，正是用心巧妙的自报家门〔图一〇一—一〕。瓷器中也颇有同此式样者，如浙江黄岩灵石寺塔出土北宋咸平元年（九九八）越窑青釉炉〔图一〇一—二〕，如陕西蓝田北宋吕氏家族墓地出土景德镇窑青白釉炉〔图一〇一—三〕，当然纹饰未及银炉之密丽，而都是宋人眼中的香毬。

传统式样的莲花鹊尾炉，迄今所见最为精好的一例，是前举南京北宋长干寺塔地宫出土的一件〔图一〇二〕。炉柄的前端结束出『一把莲』，下覆的一枚大荷叶为炉座，一茎莲花弯向

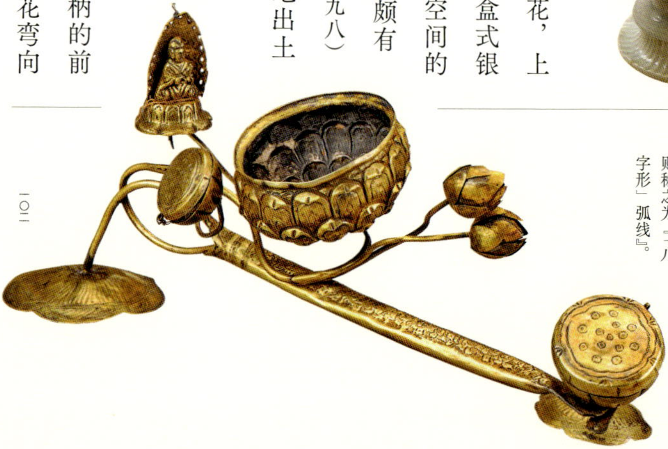
一〇二

❶ 通高二十六点八、口径十九点九厘米，重六百五十八克。彭州市博物馆《彭州文物撷珍》，页九二，四川人民出版社二〇一四年。图版说明曰『盒式熏炉为首次出土』，毬纹，则称之为『「八字形」弧线』。

图一〇三
錾花银香盒
南京北宋长干寺塔地宫出土

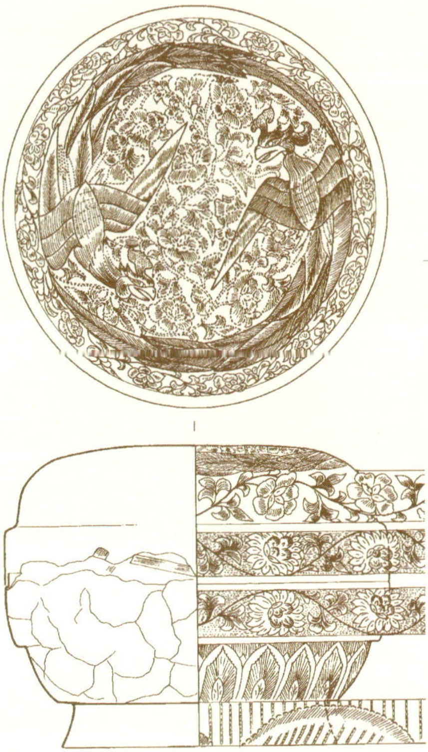

中间为炉身，炉身下方挑出一个莲花座，上有坐佛，身后一屏莲花瓣式背光，背光上面錾刻缠枝卷草。莲花炉下花枝旁逸：一对花苞，一个小碗一般的莲蓬，莲子为其表而成莲蓬的盖。炉柄末段把通常的鹊尾做成一枚下覆的小荷叶，更以一个带盖莲蓬为镇。两个相互呼应的莲蓬，便是有着实用功能的香宝子。

出自长干寺塔地宫的又有银香盒。其中一枚錾花银香盒通高十点三、盖口径十三点八、盒底径九点八厘米。香盒盒身以一枚图案化的凤翻荷叶托起一周仰莲，上方环以缠枝菊花，盖面是飞旋在山茶花中的一对凤凰，外缘又是一圈碧草瑶花。出土时盒里盛满了乳香〔图一〇三〕。同出的另一枚银鎏金团凤纹香盒，

一〇三

图一〇四
银鎏金团凤纹香盒
南京北宋长干寺塔地宫出土

图一〇五～一〇七
团凤纹银盒
定州静志寺塔地宫出土

内里也是满盛乳香〔图一〇四〕。与唐代专用于盛放香料的香宝子不同，宋代香盒大约没有以一种特殊的形制而与日用之器相别，但这一类样式的银盒似乎多被派作香盒，定州静志寺塔地宫出土的几件北宋团凤纹银盒❶〔图一〇五～一〇七〕，或者也是香盒之属，末一例银盒盖沿和立墙錾施主的发愿文。

一〇四

一〇五

一〇六

一〇七

❶ 浙江省博物馆等《心放俗外：定州静志、净众佛塔地宫文物》，页九四～九六，中国书店二〇一四年。本章所举两塔地宫出土物，凡未另外注明者，尺寸、重量均据此书，以下不再一一出注。

一〇八

图一〇八
木贴金涅槃像
上海青龙镇隆平寺塔地宫出土

五　舍利容器

宋代舍利崇拜依然兴盛，并且它是同译经和伴随译经而以朝廷为主导的中印佛教交流联系在一起，而瘗藏舍利的举措不少都有皇家背景❶，乃至帝王躬亲其事。宋代士人也不乏崇信三宝行此以祈福祐者。苏轼即以苏辙得自寺僧所赠的三颗舍利施入济南长清真相院塔地宫，并舍金一两、银六两以为奉安舍利的金棺银椁❷。当然舍利瘗埋更多的是民间行为，因此也促进了佛教的平民化、世俗化。涅槃、举哀、焚棺成为金棺银椁普遍取用的纹样，又或以小型涅槃像置于其内❸〔图一〇八〕，又制作缩微佛殿安放造像，总之，表现形式更加具象化，佛教艺术中的金银器制作也因此生出新的特色。

与此前相同，金银舍利容器的主要品类为金瓶银瓶，金棺银椁，银塔、鎏金银塔，还有银殿。日僧成寻记熙宁五年他在开封礼拜启圣禅院佛牙堂所见云：届时『敕使自开封，有敕封。简之，内有七宝塔，高八尺许，塔内有纯金楼阁，阁内有纯金筥，方一尺许，以锦绫色色缝物绢等十重裹之，筥内有纯金小厨子，云云，

❶ 据杨曾文《从宋代佛舍利崇奉看兖州兴隆塔舍利的出土》一文列表统计，以北宋前期为例，自太祖乾德三年，经太宗、真宗，至仁宗宝元二年的七十四年间，印度及西域僧人或使者携舍利来朝、中国赴印求法携舍利还归者，即有四十五批，所献舍利，朝廷或有建塔安奉之举。《兖州佛教历史文化研讨会论文集》，科学出版社二〇一一年。

❷ 刻石与施舍物今存，见韩明祥《苏轼撰书〈齐州长清县真相院释迦舍利塔铭并引〉刻石》，《文物》一九八三年第六期。

❸ 如上海青龙镇隆平寺塔地宫出土木贴金涅槃像，卧佛顶髻和白毫处分别镶嵌大小珍珠，银棺底部铺一层感应舍利，涅槃像置于其上。上海博物馆《千年古港：上海青龙镇遗址考古精粹》，页一二七，上海书画出版社二〇一七年。

图一〇九
金舍利瓶
山东兖州兴隆塔地宫出土

以赤锦三重裹之。四面立白琉璃，内见彻银莲花座，上置佛牙』[1]，可见当日舍利供养之大概。纯金筥，应即金函，宋人或称之曰匣。纯金小厨子，似即金棺。考古发现的寺塔地宫之舍利安放，也大致如此。

（二）舍利瓶

宋代舍利瓶以琉璃器和瓷器为多，金银器相对少。出自山东兖州兴隆塔地宫的金舍利瓶，通高十二点六五厘米，瓜棱式，又仿净瓶的式样在长颈处加装一个圆片，瓶盖中空，盖顶是莲花座上的化生童子[2]〔图一〇九〕。浙江瑞安北宋慧光塔出土一件金舍利瓶，外罩鎏金银龛，下方六角形托座，底端六个如意足，托座上方圆盘里的金舍利瓶与盘焊接在一起，覆钵式鎏金银龛开一个尖拱门，此外又有三个剑环式开光，光内錾凤凰与花，光外錾折枝，龛顶打作莲花一大朵。通高十点三厘米[3]〔图一一〇〕。舍利瓶外壁錾铭两行，曰『冲汉舍瓶』『道清舍金』。盘缘铭曰：『弟子胡用□勾当僧庆恩可观景祐二年乙亥岁十二月日造。』同出另

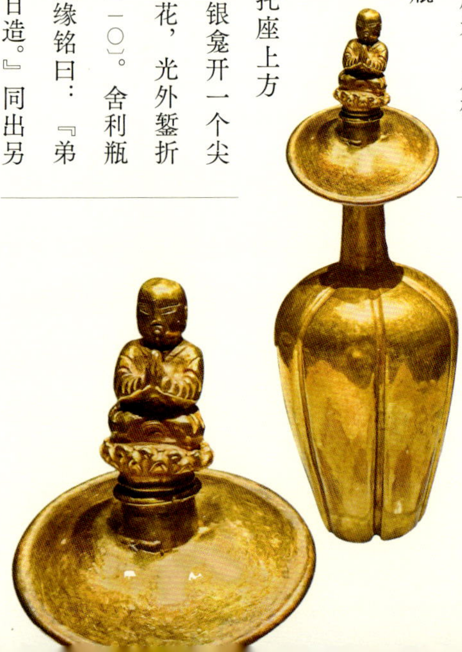
一〇九

[1] 成寻《参天台五台山记》（白化文等校点），页一二三，花山文艺出版社二〇〇八年。
[2] 山东省博物馆等《兖州兴隆塔北宋地宫发掘简报》，页四九，《文物》二〇〇九年第十一期。
[3] 浙江省博物馆《浙江瑞安北宋慧光塔出土文物》，页五二，《文物》一九七三年第一期。

一件金舍利瓶，通高七点八厘米，重六十三克。瓶身与瓶颈分别打制成形，然后接焊，荷叶为盖，荷茎绕作捉手。腹开三个圆光，光内是高高低低的出水莲花和莲蓬，光外鱼子地上满錾卷草〔图一一一〕。据同出的《建塔助缘施主名位》墨书写本，后件金舍利瓶与鎏金银盂、鎏金银请舍利筯，均为北宋庆历年间法明院比丘利和劝缘制造❶。『请舍利筯』，顶端仿塔刹之式以仰覆莲花托宝瓶，通长十四点七厘米〔图一一二—一〕，当是用来夹取和贮存舍利，只是这里仅存一支。舍利瓶一般口径很小，『请舍利』之际，用筯自然合宜，并且尤见虔敬。不过很多舍利十分细小，实在难以用筯来夹取。如此，必有其他工具。内蒙古巴林右旗辽庆州城遗址出土一柄『千年万载』铭小银匙，通长九厘米〔图一一二—二〕，系与舍利银瓶放在一起，或推测它是用来『请舍利』❷。又有出自南京长干寺遗址的一件被称作『香匙』的银鎏金器具，高一点九、长十一厘米❸，平底，一侧做出管状流，其余

图一一〇
银鎏金罩金舍利瓶

图一一一
金舍利瓶
浙江瑞安北宋慧光塔出土

❶《建塔助缘施主名位》记道：『法明院释迦遗教比丘利和劝慕众缘制造盛舍利金瓶一所并盂子、请舍利筯等共三事。』《浙江省博物馆典藏大系·东土佛光》，页一一二，浙江古籍出版社二〇〇八年。

❷首都博物馆《大辽五京：内蒙古出土文物暨辽南京建城一〇八〇年展》，页二七〇，文物出版社二〇一八年。

❸《南京大报恩寺遗址塔基与地宫发掘简报》，页三八。这一节所举长干寺出土舍利容器，尺寸、重量、铭文均据此文，以下不再一一出注。

图一二二—一 鎏金银请舍利筯
浙江瑞安北宋慧光塔出土

图一二二—二 『千年万载』铭小银匙
巴林右旗辽庆州城遗址出土

图一二二—三 鎏金银盂
南京长干寺遗址出土

三面口沿各有如意耳，与流相对的耳上錾折枝牡丹，此外两耳錾折枝花叶。内底一个手持放光宝葫芦的仙人，脚前一只小鹿与之回首对望。上方几朵流云，两边几枝花叶（图一二二—三）。以此器的形制论，当非匙属。这一类平底容器，当日习称盂子。此盂有耳，便于持；有流，便于注。不妨设想，以小匙『请舍利』入盂，持盂将舍利自长流『请』入舍利瓶，应该是合乎情理的。首都博物馆藏辽天庆七年（一一一七）石经寺释迦舍利塔记碑，记文说到功德主在建造砖塔之际，『特命良工造银塔一座，高一尺五寸，金释迦卧如来，银钵、盂子、匙、筯，金净瓶内有舍利，在石匣中』，以下别举其余供具[1]，而石匣中的诸般物事，即盂子和匙、筯，当与『请舍利』的举措相关。

一二二—一

一二二—二

一二二—三

[1] 云居寺文物管理处《云居寺贞石录》，页七九，北京燕山出版社二〇〇八年。

（二）银匣

镇江甘露寺铁塔地宫出土北宋錾花银匣，高十、宽八、长十点九厘米，重二百一十七点七克[1]。子母口，上覆盝顶式盖，盖内墨书三行：『临川王安礼元丰元年四月七日记。』银匣正面菱花式开光的圆光内是莲花座上的释迦牟尼像。两侧也各设菱花开光，光内分别錾刻大致相同的礼佛图。一面是祥云雾霭中的云托日，一面是云托月。下方月台上，中间一人云肩羽袖，双手捧笏，两边女侍各奉供养物随主人款款而行（图一一三）[2]。银匣背面铭文十行，道是『大宋嘉祐初，太学医生刘永徒携佛骨自西来，欲率润之巨姓建琉璃宝塔以葬，不幸大缘未就而刘生卒，天锡求而得之，今郡人焦氏施铁塔埋李卫公所藏舍利，因率就葬塔下。时元丰元年戊午四月初八日。许天锡谨记』。述始末原由甚明。王安礼即王安石弟，其时正在润州太守任上。

一一三

图一一三
錾花银匣
镇江甘露寺铁塔地宫出土

[1] 江苏省文物工作队镇江分队等《江苏镇江甘露寺铁塔塔基发掘记》，页三〇九～三一〇，《考古》一九六一年第六期。

[2] 或认为此应是帝释天、梵天礼佛图（冉万里《中国舍利瘗埋制度研究》，页三〇〇，文物出版社二〇一三年），可备一说。

鎏花银匣局部

鎏花银匣局部

图二一四
银椁
山东济宁汶上县宝相寺塔地宫出土

银椁正面

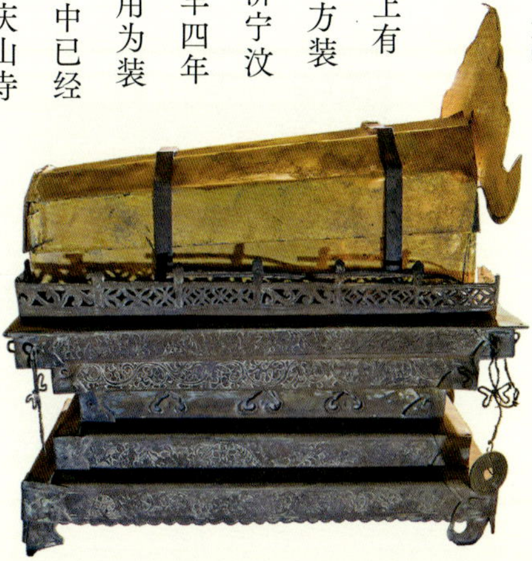
二一四

（三）金棺银椁

上承唐五代，金棺银椁同样为宋代金银舍利容器的主要形式。造型仍是前高后低，银椁下方通常设置上有钩栏的椁床。棺椁前挡或錾版门，应是取意于佛殿。上方装置如意式棺头，仿佛是加意美化的佛龛龛楣，如山东济宁汶上县宝相寺塔地宫出土的银椁〔图二一四〕，制作时间为元丰四年（一〇八一）❶。金棺银椁两侧多将涅槃图与弟子举哀图并用为装饰纹样。此在唐代寺塔地宫壁画及舍利石函中已经出现，如定州静志寺塔基地宫壁画，如临潼庆山寺塔基地宫出土舍利石函亦即『释迦舍利宝帐』各面的线刻画。这两个题材在宋代却是金银舍利容器与石函并用，乃至内里的金棺银椁与外重的石函共同构成一组连续的画面以完成叙事，如兖州兴隆塔地宫出土的银椁与石函。

河北定州静志寺塔基出土北宋太平兴国二年石志记述当年五月廿二日葬三处舍利于地宫内，其

❶ 同出石匣题记曰：『郓州中都县郭内赵世昌，先于熙宁六年二月二十三日躬诣京师，于嘉王宫亲事官孙政处，求得佛牙一肢、舍利数百颗。今以自备及有施主将到者，以金为棺，以银为椁，以石为匣，非不勤意也。是以葬于当县宝相寺太子灵踪之塔。时大宋元丰四年二月二十八日刻记于此。纠首赵世昌，妻王氏，前妻李氏，男进士中，妻程氏，女大娘出适进士张玮，次女三娘，孙男希伟。同修塔僧永实，住持院主僧永坚，副功德主僧云太，都管勾赠紫衣僧知柔。』金棺银椁并石匣今展陈于中都博物馆。

图一一五一一
银棺
图一一五一二
金棺之一
图一一五一三
金棺之二
图一一五一四
金棺之三
河北定州静志寺塔基出土

中说道『新施到银棺子一，小金棺子三』，验诸实物，所记不差❶。银棺一个，高八点一、长十点一厘米〔图一一五一一〕。金棺三个，略有大、中、小之别，但尺寸相差不多。银棺和金棺的式样及纹样布局大体相近，均为牙床式棺床，前挡錾两扇版门，后挡为佛足，金棺棺盖满錾缠枝牡丹。金棺与银棺的两个侧面都是弟子举哀图，不过场景不一。金棺之一，长六点四、宽二点八厘米〔图一一五一二〕；金棺之二，长七点五、宽三点五厘米〔图一一五一三〕；金棺之三，长七点六、宽三点六厘米〔图一一五一四〕。

❶《心放俗外：定州静志、净众佛塔地宫文物》，页八六。

一一五一一

一一五一二

一一五一三

一一五一四

南京长干寺遗址出土金棺一，鎏金银椁一，棺、椁两端原初皆以银丝束缚，金棺置于银椁内。两器设计构思相同，即均取式于殿堂。银椁的盝顶罩盖仿若大殿的坡顶，器身錾门，便与罩盖合成一座三开间的大殿。罩盖两端分别打作重檐斗栱，上有祥云缭绕，下即器身版门。门上一对拄剑武士，两肩火焰合成圆光，那么当是天王。罩盖顶面为缠枝莲，坡面是两向飞舞的孔雀和折枝花，侧边为手捧果盘穿飞在折枝花间的迦陵频伽。『殿堂』前后各錾三个门，中间版门，两边拱门。版门上有直棂窗，门扇一对天王。拱门各有莲花台上的伎乐，一面是吹笛、奏排箫，另一面是吹笙、击拍板。下方承以须弥座，仰莲为上枭和下枭，束腰一周八个如意式开光，内镂花叶，外环折枝花。叠涩三重，分别饰以仰莲、缠枝和曲水。通高二十厘米，底座长十八点四、

图一一六
鎏金银椁
南京长干寺遗址出土

图二一七
金棺
南京长干寺遗址出土

宽十点四厘米〔图二一六〕。金棺物象稍简省，纹样略事变化，比如器身两边各为三个拱门，罩盖两端是缠枝卷草中飞着鹦鹉。通高七点八厘米〔图二一七〕。

二一七

图二一八
银椁
河南邓州福胜寺塔出土

银椁前挡

金棺银椁的前挡取式于佛殿，河南邓州福胜寺塔地宫出土者表现形式最为明确。由同出的石刻《地宫记》，可知此塔始建于北宋天圣十年[1]。银椁一具，下方承以铜椁床，椁长四十、宽二十、高三十四厘米，椁床底座已残失，椁床上面一周栏杆，两边的栏杆华板是镂空卷草，中间为方胜，方胜里錾折枝牡丹。银椁前挡设一个银材打制的门楼，乃一对方形檐柱承托的仿木结构的屋顶，瓦垄、瓦当、滴水、檐板俱全，门楼之下一个华带牌，原当悬挂于门楼檐下，华带牌上錾铭两行，即『诸法从因生，如来说是因，彼法从缘灭，大沙门所说』。前挡錾版门及浮沤钉，又门簪、门砧，后挡

[1] 河南省古代建筑保护研究所等《河南邓州市福胜寺塔地宫》，页四七，《文物》一九九一年第六期。

图一一九
金棺
河南邓州福胜寺塔出土

同样錾版门，上方錾出殿顶。椁盖满錾毬路纹〔图一一八〕。金棺原置于银椁内，长十九厘米，前宽十一、后宽九厘米，前高十三、后高七厘米，重六百二十克。前挡錾一对天王，其上打出一个四阿式殿顶，天盖地式的棺盖扣合于前挡处做出尖拱龛楣。后挡錾铭六行：『维摩院僧赵过，观音院僧惠应，龙山院僧仪朋、张谷，打造人赵素。』盖顶錾一对飞凤，周边锥点流云。两侧棺板分别是涅槃图和文殊骑狮子，后方边缘处錾铭曰『辛未年三月造』〔图一一九〕。

一一九

金棺后挡铭文

金棺涅槃图局部

从文献记载来看，涅槃像东晋即已出现在江南佛寺[1]，隋唐的寺院壁画，涅槃图即颇有名笔，隋如杨契丹，唐如吴道子、卢楞伽，且若干名迹宋代尚存，如凤翔开元寺大殿后壁吴道子所绘涅槃像[2]。定州净众寺塔基地宫壁画中的涅槃图人物众多，神态生动，而笔意与神采兼有之，可见民间画笔亦不俗。宋人用于金棺银椁的涅槃图自不乏粉本来源，其时也当有不少熟悉这一类题材的银匠。情节的基本构成与场景的人物设置大体相近：十大弟子环绕在佛陀身边，弟子中着重刻画有表现特征的典型形象，并加入了涅槃经中颇具特色的情节，诸如先身入灭的须跋，悲哀和跌倒的执金刚神[3]，昏倒的阿难，谏言的阿那律，最后赶来的大迦叶，又从忉利天宫乘云而至的摩耶夫人。或繁或简，而细节处理多有不同，且并不局限于某一部经典，却是糅合诸涅槃经而创制[4]。世俗化过程中的不断添加以至于生出若干在涅槃经中寻找不到的内容，则可以认为，涅槃经是在不断润色的口口相传之中存续下来[5]，而图式来源也是多重的。

前举邓州福胜寺塔地宫出土金棺上的涅槃图情节比较简

---

[1] 《世说新语·言语》：『庾公尝入佛图，见卧佛，曰：此子疲于津梁。于时以为名言。』庾公，即庾亮。又顾和携外孙张玄之与孙子顾敷至寺中，时张年九岁，顾年七岁，『见佛般泥洹像，弟子有泣者，有不泣者，和以问二孙。玄谓：被亲故泣，不被亲故不泣。敷曰：不然，当由忘情故不泣，不能忘情故泣』。

[2] 苏轼《记所见开元寺吴道子画佛灭度，以答子由》一诗述涅槃图之绘笔云，『道成一旦就空灭，奔会四海悲人天。翔禽哀响动林谷，兽鬼踯躅泪迸泉。庞眉深目彼谁子，绕床弹指性自圆』。诗系嘉祐八年（一〇六三）春作于凤翔。大抵作于同时的《凤翔八观·王维吴道子画》也述及此图，道『亭亭双林间，彩晕扶桑暾。中有至人谈寂灭，悟者悲涕迷者手自扪。蛮君鬼伯千万万，相排竞进头如鼋』。张志烈等《苏轼全集校注》，第一册，页二九二，页三一七，河北人民出版社二〇一〇年。

[3] 执金刚神，似不见于涅槃经，但《大唐西域记》卷六《拘尸那揭罗国》『执金刚躃地处』一节记道：『执金刚神密迹力士见佛灭度，悲恸唱言：「如来舍我入大涅槃，无归依，无覆护！」毒箭深入，愁火炽盛，舍金刚杵，闷绝躃地。久而又起，悲哀恋慕，互相谓曰：「生死大海，谁作舟楫？无明长夜，谁为灯炬？」』

单：佛陀右卧于床，身边六个悲泣的弟子。出自兖州兴隆塔地宫的鎏金银棺，是纹样最为繁复的一例。它原是为供奉于阗国僧法藏自西天取得的『世尊金顶骨真身舍利』而制。法藏开宝三年以于阗白玉三百九十斤，又细马三匹进奉，因得帘前赐紫及光正大师号。之后法藏相继往峨眉山、五台山、泗州等地巡回供奉舍利，以『在兖州住寄岁久，恋皇帝化风，不归本处』，然而起塔奉安佛舍利，则是他始终的心愿。本人未能实现，乃托付小师怀秀，怀秀依然未能完成，遂付与当寺大悲院主讲经僧法语，终于在嘉祐八年（一〇六三）建塔于寺[1]。鎏金银棺以片材打制而成，其表鎏金[2]〔图一二〇—一～二〕。四周原有钩栏，龟背纹华板，望柱顶端为化生童子，但大部已破损〔图一二〇—三〕。银棺略呈梯形，前高后低，前宽后窄，通长四十三厘米，棺头处高二十九、棺尾处高十二点二厘米。棺两侧均为涅槃图，内容布局一致，人物设置稍有变化。左侧一幅，卧于矮榻的佛陀是向右侧身的『狮子卧』，右侧的一幅，佛陀却是向左侧身的『爱欲卧』。似可认为这是设计者为了两个画面构图之对称，并且如此安排之下，两幅图里，

[4] 参见宫治昭《涅槃和弥勒的图像学》中列出的诸经关于涅槃的描写（页四六五），文物出版社二〇〇九年。

[5] 宫治昭《涅槃和弥勒的图像学》，页一一五。

[1] 见同出地宫纪事碑。肖贵田等《兖州兴隆寺沿革及相关问题》，页七五～七六，《文物》二〇〇九年第十一期。文章说道，由兴隆塔地宫纪事碑所列功德主名单，可知嘉祐八年的建塔经费可能仅是来源于本寺财产、僧众化缘和一般信众施捐。

[2] 承蒙杨波、肖贵田、董涛诸位师友相助，得以亲睹实物，以下叙述俱为观摩所得。

图二二〇—一～二
鎏金银棺
图二二〇—三
鎏金银棺围栏残件
山东兖州兴隆塔地宫出土

二二〇—一

二二〇—二

三〇—三

佛陀的头向是一致的，亦即佛足均在棺尾方向。左侧之幅，佛陀身后一排六人或合十悲哭，或捶胸嚎啕，或以手拭泪，是六个弟子。头前一人为最后的供养者纯陀，又一人左手托钵，右手前伸竖起二指，是以钵中之水洒向阿难，当是唤醒和劝止阿难的阿那律，他的手指处便是哭昏倒地的阿难。阿那律上方一人右手持磬槌，左手是莲花托上的圆磬，为最后赶到的迦叶。又执金刚神亦即金刚力士二，其一手持金刚杵，其一坐地举拳，金刚杵脱手横卧其侧若不胜悲痛。榻边抚足而泣者是佛母摩耶夫人。画面前方为普贤骑象，画面后方是四头六臂、颈系骷髅、两臂托日月的阿修罗。整个画面皆打作鱼子地，上方余白处满布缠枝花卉和两朵祥云，此外均为金铤、银锭、象牙、犀角、宝珠、螺、贝等杂宝〔图一二〇—四〕。右侧之幅，前方为文殊骑狮。阿难上方的二人为异域装束，应是表现前来举哀的四夷国主〔图一二〇—五〕。银棺前挡仿若尖拱券门，下方版门两扇，锥点卷草纹的地子上各有浮沤钉十二排，一对衔环铺首，环内贯锁。门两侧各一身合掌立在莲花座上的供养菩萨。上方如意式棺头顶端一佛二菩萨，火焰背光上

图二二〇—四
鎏金银棺涅槃图（局部一）

图二二〇—五
鎏金银棺涅槃图（局部二）
山东兖州兴隆塔地宫出土

二二〇—四

二二〇—五

方稍残，圆形身光的内里一圈錾毬路纹，外环一圈锥点卷草，莲座下方六个龙头，三龙左向，三龙右向，各个口中含珠，两边莲花座上是手捧果盘的供养菩萨。其下又是两只翼龙对捧宝珠，余白遍錾折枝花，上缘一侧略有残损，另一侧向后翻折，但仍可见上面的纹样是迦陵频伽。式如云朵的垂饰如同建筑构件的『雕云垂鱼』，底端升起一枝莲花，花心立着合掌菩萨，两侧对称的云朵中分别錾出日和月〔图一二〇—六〕。银棺后挡是山石座上的菩萨，两侧为护法天王，头光上方是牡丹对凤，山石座的两边各一身供养菩萨，一个盘里盛宝珠，一个盘里盛花朵。或认为前挡是表现佛陀入灭前于拘尸那罗城跋提河畔娑罗双树间为众弟子、诸天神最后说法；后挡是表现即将下生成佛的弥勒菩萨[1]。盝顶式棺盖，顶面四个菱花式开光，两边光内为颠倒飞舞的一对迦陵频伽，中间两个，一为团龙图〔图一二〇—七〕，一为三教会棋图〔图一二〇—八〕。两坡各有六个菱花式开光，光内均为一佛二菩萨，余白点缀宝珠、犀角和金铤〔图一二〇—九〕。为了法藏的愿心，为了几代僧众的努力，把银棺之庄严成就为佛教艺术与当代流行纹样的荟萃，当是设计

[1] 刘建华《山东兖州兴隆塔地宫出土佛舍利葬具雕刻图像分析与解读》，页一三二～一三三，载《兖州佛教历史文化研讨会论文集》，科学出版社二〇一一年。作者并认为，把同出的石函与鎏金银棺的内容结合起来，『我们会惊奇地发现这是一幅完整的涅槃像：佛即将进入涅槃前—诸天众神闻讯赶来劝阻—佛临终说法—佛临涅槃—佛已经涅槃—弥勒即将下生成佛』。

图一二〇—六
鎏金银棺前挡

图一二〇—七
鎏金银棺图案·团龙

图一二〇—八
鎏金银棺图案·三教会棋图

图一二〇—九
鎏金银棺图案·一佛二菩萨
山东兖州兴隆塔地宫出土

二三〇—六

二三〇—八

二三〇—七

二三〇—九

图一二一
涅槃像
江苏句容崇明大圣寺塔出土

一二一

者与制作者的匠心。

江苏句容崇明大圣寺塔建于北宋元祐八年（一〇九三），金棺银椁出土时内棺有一尊涅槃像〔图一二一〕。金棺素面无纹〔图一二二〕，底座铭曰：『当县女弟子江氏八娘同男王南佐舍金棺贮佛骨舍利安葬塔宫，愿生生安富，乞似龙女献珠脱体成正觉。大宋元祐癸酉刘滋舍手工。打造匠人袁安奕。』[1]所谓『龙女献珠脱体成正觉』，见《法华经》卷四《提婆达多品》[2]，乃开示顿悟法门。银椁上有盝顶盖，下与须弥座式椁床连做，一侧为涅槃图，一侧为焚棺图，涅槃图中的佛陀也是左卧，九个弟子榻边悲泣，一端是驾云赶来的迦叶，另一端是乘云而至的摩耶夫人。椁盖錾刻婴戏图，八个童子吹笛、击钹、击拍板，又或持荷舞蹈〔图一二三〕。

（四）舍利塔、殿

金银舍利容器中，以塔的制作最见打制、攒造之工。金银塔式舍利容器，目前所知最早的实例，为隋代定州工匠所制，发现于隋代初建、晚唐改造、北宋沿用的定州静志寺塔地宫[3]。五代吴越国王钱俶仿效印度阿育王造八万四千宝塔，至北宋，阿育

[1] 浙江省博物馆《佛影灵奇：十六国至五代佛教金铜造像》，页四四五，文物出版社二〇一八年。

[2] 略云：八岁的龙女（娑竭龙王女）忽然现于法华会上，并头面礼敬、以偈赞佛。舍利弗问龙女：『女身垢秽，非是法器，云何能得无上菩提？』龙女即以其身之宝珠献佛，而后问舍利弗及智积菩萨：『我以此珠献佛，佛纳此珠疾否？』智积、舍利弗皆言『甚疾』，龙女道：『我之成佛尚疾于此。』于是顷刻之间变成男子，具菩萨行，即往南方世界，坐莲花台，成等正觉。

[3] 黎毓馨《隋代初建、晚唐改造、北宋沿用的定州静志寺塔地宫》：『隋代定州工匠，依托当地繁盛的佛教文化、发达的金工技术，开风气之先，制造出目前最早的塔形舍利容器。』载《心放俗外：定州静志、净众佛塔地宫文物》。

二二二

图二二二
金棺

图二二三
银椁
江苏句容崇明大圣寺塔出土

图二二四
铅贴金阿育王塔
上海青龙镇隆平寺塔地宫出土

王塔的样式与纹饰早已十分成熟，金银制品的设计，自有通行的粉本为参照，而妆点华贵、攒造精细，则非其他材质可比。杭州雷峰塔地宫出土五代吴越国纯银阿育王塔，即为难得的佳制。上海青龙镇遗址隆平寺塔地宫出土北宋铅贴金阿育王塔，通高二十五厘米，底座长九点五厘米。铅塔系分片铸造，然后焊接成型，纹样透雕，外贴金箔❶〔图二二四〕。

二二四

二二三

❶ 经检测，含铅量在百分之九十以上。《千年古港：上海青龙镇遗址考古精粹》，图二七说明。

靡丽侈富者，自推南京长干寺遗址出土七宝阿育王塔。据最外一重石函北壁所刻《金陵长干寺真身塔藏舍利石函记》，此系讲律演化大师可政，得宋真宗支持，即『寻奉纶言，赐崇寺塔』，遂聚工营造。寺宇建成，乃以『感应舍利十颗，并佛顶真骨洎诸圣舍利，内用金棺，周以银椁，并七宝造成阿育王塔』，安置于铁函，于大中祥符四年瘗藏长干寺真身塔下[1]。七宝阿育王塔通高一百一十七厘米，塔座边长四十五厘米。塔身下方与基座固定在一起，上方与塔盖以子母口扣合，檀香木为胎，其表覆银皮，通体鎏金，嵌宝处四百五十二，所嵌有水晶、玻璃、玛瑙、青金石等，多嵌作

图一二五—一
七宝阿育王塔
南京长干寺遗址出土

[1]《南京大报恩寺遗址塔基与地宫发掘简报》，页一八～一九。

图一二五—二 七宝阿育王塔木胎

图一二五—三 七宝阿育王塔刹柱

南京长干寺遗址出土

一二五—二

一二五—三

花朵和各式缠枝花的花心，又瑞兽额头的摩尼宝，此外则沿边和包角处。各个部件分别依形打制，包嵌后再以鎏金银钉固定〔图一二五—一～二〕。中空的塔座内安置供养物。塔身中央立刹柱，刹柱底部套叠两个圆环，圆环上面打作金刚杵、迦陵频伽和天王，刹柱下方錾刻施舍人题记〔图一二五—三〕，上方从大到小五个相轮，顶端耸出宝瓶和宝珠。四个山花蕉叶亦中空，内容供养物。山花蕉叶的内侧式若拱门，其中一对，起拱处高悬璎珞伞盖，下方火焰圆光中是莲花上的坐佛，其下两侧为天王，下面方框内为施舍人题记〔图一二五—四〕。四天王分别擎杵、持剑、持斧、托塔，那么应是东方提头赖吒天王、西方毗楼博叉天王、南方毗琉璃天王、

二五一—五

二五一—四

二五一—六

图一二五—四
七宝阿育王塔山花蕉叶内侧

图一二五—五
七宝阿育王塔山花蕉叶外侧

图一二五—六
七宝阿育王塔塔身

图一二五—七
七宝阿育王塔基座
南京长干寺遗址出土

北方毗沙门天王。另外一对是莲瓣式背光中的立佛，两侧为供养菩萨，下方为题记。外侧面是诞生等十九个佛传故事〔图一二五—五〕。塔身四面四个拐角均为莲花台上一身二用（在角为一、在面为二）的大鹏金翅鸟，绣羽低垂，造型如凤凰，四面四个拱门式开光，光内分别是本生故事，即萨埵太子饲虎〔图一二五—六〕、大光明王施首、尸毗王救鸽命、须大拏王变相。拱门两角各有二人合掌礼佛，上方是莲花上的坐佛，此外的空间满饰缠枝卷草和摩尼宝，好相端严，璀璨照耀。塔身上下各有两道连珠纹勾边的装饰带，装饰带内两端两朵嵌宝流云，中间是嵌宝三股金刚杵。基座与塔盖下方均为坐佛〔图一二五—七〕，后者两身坐佛之间是供养人题记，题记中央一个嵌宝兽面，上方为四字吉语——原是从发愿文的程式化用语中提取出来——四面分别是：『皇帝万岁』『重臣千秋』『大下民安』『风调雨顺』。

两宋金银舍利塔的制作，很有写实风格，乃至可以视作建造大塔的小样。南宋洪迈《夷坚三志·己》卷七所记《真如院塔》的故事很有意思：『嘉兴城南真如院塔，起于嘉祐七年壬寅。南

一二五—七

法师者募缘兴建，烧造五色琉璃瓦以为庄严。宣和三年辛丑，遭方腊之乱，焚于烈焰，仅存故址。五年辛卯，寺僧整葺，掘凿其下，丁地窨中得银塔一座。凡七层，高五尺，重千两，相轮栏楯，无不周备，刻画佛像，极为精巧，而无所镌记。至淳熙十年癸卯正月三日夜，主者智炬梦一僧紫衣暖帽宛若大圣之像，指示塔基曰：「此地久废，可为兴复。」既寤，启心募化，至庆元三年丁巳，历十五岁而成。制范悉仿银塔不少异。冬十月，相轮合尖，以佛牙、银佛藏于地中为镇。』得银塔一座的『地窨』与藏佛牙和银佛的『地中』，当指佛塔地宫。此虽小说家言，并略有神异的成分，但素材必是采自实有之事。考古发现的舍利瘗埋情况，竟有不少与之相合，且验诸出土实物，如此精工之作，并不在少数。

出自定州静志寺塔基的银鎏金錾花舍利塔，高二十六点三厘米，重三百六十克❶〔图一二六—一〕。六角亭阁式，底座是唐五代至辽宋盛行不衰的风翻荷叶，不过这里风翻的卷边格外夸张，为求稳固当是原因之一。卷叶锥点叶脉，荷叶上五个开光，光内是鎏金水禽。上方仰莲托起六角平坐，毬路纹华板、宝珠望柱的一

❶ 河北省文物局《定州文物珍藏》，图一四，岭南美术出版社二〇〇三年。以下两例，尺寸、重量亦据此书。

图一二六—一
银鎏金錾花舍利塔之一

图一二六—二
银鎏金錾花舍利塔之二

定州静志寺塔基出土

周栏杆。塔身正面两扇门，门扇三排浮沤钉，门环里挂着锁，此外五面錾刻一佛二菩萨二天王。塔檐上方饰宝珠，下方悬风铃。刹顶宝珠受花下垂刹链与塔檐宝珠相连。塔门下方錾刻发愿文『善心寺尼愿以此功德普及于一切我等与众生皆共成佛道』，并佛弟子张氏等十三人姓氏。同出的北宋太平兴国二年石志记述当年五月廿二日葬三处舍利于地宫内，『又新施到银棺子一，小金棺子三，银塔子二』，此即银塔之一。银塔之二，高二十六厘米，重三百二十一克。底为喇叭式圈足，坡面錾水禽并刻僧尼和信士十三人姓氏及『愿以此功德普霑诸有情同归解脱道齐到涅槃城』。上承仰莲座，塔身六面，正面门前两侧雕栏各有一身银片打制的挂剑天王，门侧两面为直棂窗。六角攒尖顶，出檐处錾铭『银共重一十两七钱，金一钱』〔图一二六—二〕。

定州净众院塔基地宫出土银鎏金錾花塔，高三十五点五厘米，重五百一十克。六角亭阁式，下承须弥座，须弥座的束腰部分前

一二六—一

一二六—二

后各焊一条银片打制的行龙。塔身二层，第一层出挑平坐，正面为塔门，其余各面錾刻僧人像。第二层下接腰檐，上起回廊，拱门两边各有一龙，门内坐佛一身。另有两枚银片打制的『善心寺』和『舍利塔』铭牌，表明此塔是善心寺为净众院建塔而舍入地宫的舍利宝塔〔图一二六—三〕。

一二六—三

浙江瑞安北宋慧光塔出土银鎏金四面七层玲珑塔，通高三十四点八厘米。须弥座，束腰四个如意式开光，光内镂花叶。第一层钩栏回护，塔身正面及两侧錾护法天王，背面錾施主题记。以上每层四面分别镞镂坐佛，仰莲、相轮、宝珠为塔刹，每层檐角悬风铃〔图一二七—一〕。镂银涂金，攒造精妙，前引《夷坚志》所云发现于地宫的七层银塔『相轮栏楯，无不周备，刻画佛像，极为精巧』，这一座玲珑塔似可当之。出自宁波天封塔地宫的银六角七层玲珑塔，制作于南宋绍兴十四年（一一四四），通高二十八厘米，雕栏望柱，相轮塔刹俱全，仿真的手法也如同建筑小样❶〔图一二七—二〕。

❶ 塔身第一层錾有发愿文，言明造塔日期为绍兴十四年三月二十一日。《浙江宁波天封塔地宫发掘简报》，页七。

图一二六—三
银鎏金錾花舍利塔
定州净众寺塔基出土

图一二七—一
银鎏金塔
浙江瑞安北宋慧光塔出土

图一二七—二
银塔

图一二八
『浑银地宫』
宁波天封塔地宫出土

一二七—一

一二七—二

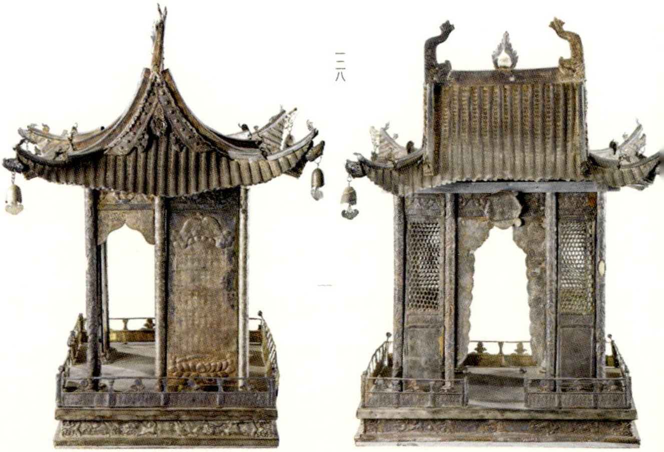

一二八

金棺银椁的装饰纹样常常取意于佛殿，而舍利容器也或直接做成缩微仿真的佛殿，如宁波天封塔地宫与银塔同出的一座『浑银地宫殿』〔图一二八〕，并且内里也如佛殿一般布置佛像、供养器等❶。

❶《浙江宁波天封塔地宫发掘简报》，页四～七。

银殿的样式颇类于《营造法式》卷三十二中的『九脊牙脚小帐』。单檐歇山顶，面阔三间，进深两间，通高四十九点六、通面阔三十四、进深二十四点七厘米。屋檐下悬着华带牌，上錾两行六个字：天封塔地宫殿。抬梁式与穿斗式的混合构架，檐柱和角柱上的柱头枋系硬木制成，承托屋面重量。当心间的前后檐柱上架平梁，中开卯孔，上立蜀柱，蜀柱上端以榫头嵌入脊槫上的卯孔内。立柱凡八根，杉木为芯，外包龙纹或莲荷纹银片。覆莲式柱础，中间一个圆孔，底有方榫的立柱由此穿过，然后嵌入台基板的卯孔。四周柱头枋与阑额之间做出斗栱，为一斗三升式，栱眼壁绘折枝花。九脊顶的正脊两端各一个飞鱼鸱吻，中间一颗摩尼宝。垂脊有鬼面瓦，戗脊有戗兽。搏风版间的悬鱼是雕云双莲。檐牙龙头套兽口衔风铃。台基是涂了桐油和石灰的木板，其外包银，周环雕栏，毬路纹华板，祥云托月的云拱，莲花望柱。格扇门龟背纹隔心。东西两壁錾牌记，各有铭文七行。

造塔是功德，制作奉安舍利的金银容器如瓶、棺、塔、殿也是功德，功德主的名姓必要一一表出。表出的形式有多种。南京长干寺遗址出土七宝阿育王塔每一组图案的打制都有不同的出资人，在相应的图案中设计一个合宜的空间，使题记与纹样融为一体〔图一二九〕。或做成牌记的样子，即下为莲花托座，上为倒垂莲叶，中

一二九

图一二九
七宝阿育王塔铭文之一、之二
南京长干寺遗址出土

间錾铭。银牌记不妨单独成件，又或以这种形式錾刻于施舍物，两种做法天封塔地宫都有实例〔图一二八、一三〇—一〕。安徽青阳南宋佛塔地宫出土绍兴二十五年银牌记和金牌子，分别记述了造塔时间和施主名姓〔图一三〇—二～三〕。也有的借用道教斋醮用物如往名山洞府投简所用金龙银龙。宜兴法藏寺地宫出土五枚银龙，尺寸相当，身长都在十二厘米，银龙均由两枚片材分别打制，然后扣合成型，龙身另外焊接火焰一般的两翼，努目奋睛，口吐长舌，舌尖回旋处悬缀银牌亦即施舍人题记〔图一三一—一～二〕，五

一三〇—一

一三〇—二

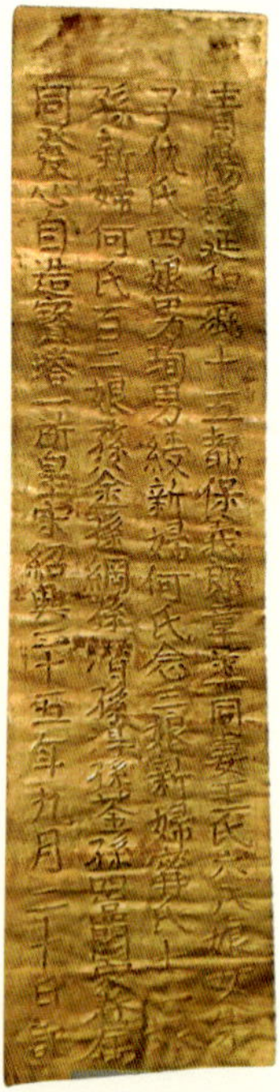

一三〇—三

图一三〇—一
银牌记
宁波天封塔地宫出土

图一三〇—二
银牌记

图一三〇—三
金牌子
安徽青阳南宋佛塔地宫出土

图一三一—一
银龙之一
（衔『庄十二娘舍银一两』银牌）

图一三一—二
银龙之二
（衔『沈思明舍乞保男显僧』银牌）

宜兴法藏寺地宫出土

龙所衔五枚银牌分别铭曰：庄十二娘舍银一两、崔大成舍龙一条、沈思明舍乞保男显僧、费氏舍龙一条保男女三人、张大忠舍银子一两[1]。

捐资打造的材料费、手工费，七宝阿育王塔上的铭文纪录最为详细。塔盖平顶围绕塔刹有四个剑环式开光，其中两个满錾铭文，详细记述施主名姓、捐资数目、打造之名目并银钱用度之状。其中述及『买银八十七两三钱，计钱八十四贯二百四十文足陌。打造银塔手工钱二十二贯七百五十文足，〔镶〕珠宝手工三百八十五文足，五贯文足买檀香并手工作塔身，共用钱一百一十二贯三百七十五

一三一—一

一三一—二

[1] 许夕华《法相光明：江苏宜兴法藏寺北宋地宫文物》，页一三八～一四五，中国书店二〇一五年。

文足陌』。又『共渡过金二两八钱半』，『徐俗舍檀香七斤同作塔身，户承福舍水晴五十个，演化大师将到大圣七宝念珠并水晴珠宝，并装在塔上，钟旺舍水晴』。宋代通用省陌（百）制，官方规定以七十七钱为一百，亦即以七百七十钱为一千（贯、缗），『天下承用，公私出纳皆然』（《容斋三笔》卷四），因此贯、缗、千所表示的只是名义上的一千钱。因通用省陌制，在叙述政府收支、皇家赐予等等之钱数时，都不必说明是省陌，但在规定货物价格或民户赋税等等时，为了明确起见，常须说明是省陌还是足钱，省陌用『省』字表示，足钱用『足』字表示[1]。宝塔铭文用这样的形式，当为表明诚敬。这里提供的重要信息，一是用银及当日之银价，一是制作工费。银价与传世文献所载当日银价的每两千钱相差无多[2]。至于工价，买檀香并手工作塔身，五贯文；镶珠宝手工三百八十五文足；打造银塔手工钱二十二贯七百五十文足，显见得银塔的打制，技术含量最高，工费最昂。大中祥符元年，十文钱在秋收丰产地区可买粮一斗有余[3]。北宋前期，十贯钱可使一户略得温饱[4]。同时代的金银器打制之工费，依此可推知大概。

[1] 李伟国《宋代财政和文献考论·宋代文献计钱方式例析》，页七六，上海古籍出版社二〇〇七年。

[2] 参见程民生《宋代物价研究》，人民出版社二〇〇八年。

[3] 李焘《续资治通鉴长编》卷七十，大中祥符元年九月记事：『是月，京东西、河北、河东、江、淮、两浙、荆湖、福建、广南路皆大稔，米斗钱七、八。』

[4] 王闢之《渑水燕谈录》卷三《奇节》一项记曹州于令仪事，曰令仪『晚年家颇丰富，一夕，盗入其家，诸子擒之，乃邻舍子也。令仪曰：汝素寡悔，何苦而为盗邪？曰：迫于贫耳。问其所欲，曰：得十千足以衣食。如其欲与之』，『盗大感愧，卒为良民』。

宋代金银器的设计与制作，从造型到纹饰，都已经完全中土化，这也是金银舍利容器的演变趋向。不必说，佛教题材的世俗化是明显的，表现内容自然也不是与某一部佛经严格对应，粉本来源更非一途，乃至加入了工匠的发挥和创造。当代生活经验便是工匠的创意来源之一。金棺银椁的纹样设计取意于殿堂，或即与同时代的墓室壁画构思相通。出自兖州兴隆塔地宫的石函，其中一面线刻僧人启门，它与墓室壁画的妇人启门当是同源。早期涅槃图中天人和信众奏乐起舞供养赞叹的景象，在南京长干寺遗址出土银椁图案中表现为莲花台上的伎乐；出自句容崇明大圣寺塔的银椁，则在盖面錾刻奏乐舞蹈的孩儿，自是取用于其时流行的婴戏图。金银塔、殿和舍利容器的设计又多从当日的建筑形式撷取造型资源，如塔刹、须弥座，屋脊、版门、钩栏、雕云垂鱼，即便用作辅纹的图案，诸如折枝、毬路、方胜、缠枝卷草，也与建筑中的小木作不无关联。而这些图样均纳入《营造法式》。《营造法式》初成于哲宗元祐六年（一〇九一），至徽宗朝，又诏李诫重新编修，于崇宁二年（一一〇三）刊行。虽然它成书并不早，但作者编写的工作方法是『考究经史群书，并勒人匠逐一讲说』，『考阅旧章，稽参众智』，因此梁思成在《营造法式注释》序中言道，『李诫编写《营造法式》，是在他自己实践经验的基础上，参阅古代文献和旧有的规章制度，依靠并集中了工匠的智慧和经验而写成的』[1]。李诫既曾『勒人匠逐一讲说』，则工匠讲说的这一部分必是流行于当时。书里记述的装饰纹样，虽然今天见到的刊本图样因辗转摹绘已不免失真走形，但大致轮廓尚在，从中可见不少纹样唐五代即已出现，辽和北宋共同沿用，至此书纂就而汇总成式。

发现于寺塔地宫的金银舍利容器，或自身有铭记述供养人名姓及器具制作年月，或同出有石函、石碑记述舍利供养事迹，因此地域与时代都很明确。根据目前的发现，金银舍利容器的制作以北宋为多，而器皿与首饰的发现，却是南宋为多。作为金银器史的一部分，两宋舍利容器集中体现的打制与攒造的技艺，同样是这一时代金银首饰的特色，二者自然是相通的。那么从金银器研究的角度来看，这一批资料更有一重实物标本的意义，所包含的文化信息也更为丰富，如七宝阿育王塔那样详细记述捐资和造价情况的铭文，则尤可珍视。

[1] 《梁思成全集》第七卷，页八，中国建筑工业出版社二〇〇一年。

图一三二一一
金无量寿佛坐像

图一三二一二
鎏金铜金刚杵
大理崇圣寺塔出土

一三二一一

第二节

大理国金银器

南诏之后段氏建立的大理国，是近乎与两宋相始终的一个地方政权，它与宋王朝的臣属关系很稳定，也有不少经济和文化的交流。大理国金银器制作很有自己独特的创造，亦不乏与中原相通者。大理崇圣寺主塔塔顶出土银鎏金交颈鸳鸯纹盒一枚❶，高一点二、直径四厘米，六瓣花式，盒盖与盒底分别打作不同的纹样，盖面规整的鱼子地上一对交颈鸳鸯立在花台，鸳鸯各个口衔嫩枝，一朵宝相花铺满盒底。塔顶文物多属十一至十二世纪初大理国时期❷，不过这一枚金盒却很有唐风，或许是南诏遗存。

大理国崇信佛教，存世金银器多为佛教艺术品，大部出自崇圣寺塔主塔塔顶，亦即塔刹中心柱基座内，如金无量寿佛坐像〔图一三二一一〕、金阿閦佛坐像，又鎏金铜塔、鎏银铜塔，鎏金铜金刚杵〔图一三二一二〕。鎏金铜金刚杵双头五股，长二十一厘米，重六百一一克，两端杵首分别为四爪合抱，柄部莲花座上各伸出

❶ 云南省文物工作队《大理崇圣寺三塔主塔的实测和清理》，页二五九，《考古学报》一九八一年第二期。

❷ 邱宣充《南诏大理的塔藏文物》一文中说道，据同出的绢质朱书发愿文和一件铁板文书，可知『千寻塔塔顶所藏文物，大多数应属大理国时所藏入。当然并不排斥有早期的文物一并存放在幢内，例如出土的魏晋时期铜镜和唐代的货币等』。云南省文物管理委员会《南诏大理文物》，页一二九，文物出版社一九九二年。

一三二一二

四个衔爪龙头。原与金『佛』字、银荷叶式座托、银镯用绢包在一起，置于木质经幢内。又有一个小小的莲苞式木龛，内藏造像三尊·释迦如来金像、三头六臂手擎日月的阿修罗银像、挂着骷髅珠的乌枢沙摩明王银像〔图一三二一—三〕。

造型为南诏和大理国时期所独有的造像，是阿嵯耶观音。这一形象早见于《南诏图传》❶，图中并绘出铸像的情景。在《宋时大理国描工张胜温画梵像》里，阿嵯耶观音又被称为『真身观世音菩萨』和『建国观世音菩萨』。出自崇圣寺塔的银背光金阿嵯耶观音立像高二十八厘米，重一千一百一十五克〔图一三二二〕。观音头挽高髻，丝络缠束，高髻面前坐化佛，耳饰垂肩，臂挽宝钏，腕戴珠镯，上身惟以珠串、项圈和宝带为饰，腰系贴体长裙如『曹衣出水』，面含慈悲，形仪新楚。莲瓣式火焰背光和摩尼式火焰头光各有两弯镂空朵花，最内一重是抱合的莲瓣。观音足下所设长榫当是用于插接下方的莲座，即如《南诏图传》所绘。

置于木质经幢内的银鎏金镶珠金翅鸟，也是名品之一。利爪踏在莲花上的金翅鸟双目含威，头顶羽毛好似冲冠怒发，振起双

一三二一—三

图一三二一—三 造像三尊 大理崇圣寺塔出土

❶ 又称《南诏中兴画卷》或《南诏中兴国史画卷》，原作绘于南诏国舜化贞中兴二年（八九八），现存于世的《南诏图传》是公元十二世纪至十三世纪的摹本，藏日本京都有邻馆。

图一三三
银背光金阿嵯耶观音

图一三四
银鎏金镶珠金翅鸟
大理崇圣寺塔出土

一三三

翅恰待飞翩陵高，五个穿系水晶珠的镂空作摩尼宝相连为一扇背屏，插入鸟身成为高高竖起的尾羽，细施毛雕的鸟身尚存三个石碗，当日必也嵌珠〔图一三四〕。金翅鸟音译迦楼罗，佛教八部众之一，以龙为食。《菩萨处胎经》卷七：『金翅鸟王，身长八千由旬，左右翅各长四千由旬，大海纵横三百三十六万里，金翅鸟以翅斫水取龙，水未合顷衔龙飞出。』崇圣寺三塔原初曾『各铸金为顶，顶有金鹏，世传龙性敬塔而畏鹏，大理旧为龙泽，故以此镇之』[1]，实测及清理崇圣寺主塔时也在塔顶发现了金翅鸟的残迹[2]。藏于塔顶内的银鎏金镶珠金翅鸟大约与置于塔顶者同样具有厌龙的意义，却是以造型设计完美且制作精好而成为大理国金银器的珍贵遗存。

一三四

[1] 徐嘉瑞《大理古代文化史》（云南人民出版社二〇〇三年）引王昶说。

[2] 『塔顶的四角，另有二根固定的铁棍，长零点五米左右，其外包有铁皮，铸成爪形，可能是原来装饰的金翅鸟残迹』。《大理崇圣寺三塔主塔的实测和清理》，页二五〇。

第三节

金元器皿

这一节题目标举『金元』，其实有所偏重，因为目前所知金代金银器的考古发现是不多的，虽然史书不乏记载，如《许亢宗行程录》记宋徽宗宣和七年使金，贺阿骨打之弟吴乞买登位，曰『虏主所坐若今之讲坐者』，『前施朱漆银装镀金几案，果楪以玉，酒器以金』。楼钥《北行日录》记乾道六年使金时所见宴席排场曰『卓前设青玉花六朵，看果用金壘子高叠七层，皆梨瓜之属』❶。元代，外国人游历中国时的一瞥，也留下类似的印象。如《鲁不鲁乞东游记》第十九章《拔都的斡耳朵；他们是怎样受到他接待的》说道，拔都大帐幕的进口处，『放着一条长凳，长凳上面放着忽迷思和用金银制造并饰以宝石的大高脚杯』❷。而『全体中国人都重视金银器皿』，则是穆斯林旅行家伊本·白图泰眼中的元朝景象❸。

所谓『元朝』，今有两个时间概念，一是始自公元一二〇六年成吉思汗建国，称『大蒙古国』或『大朝』，直至一三六八年

❶ 金代金银舍利容器也有可称精好的制作，如河北固安金宝严寺塔基地宫出土者，不过如冉万里所说，金代瘗埋舍利所使用的舍利容器没有超越宋辽时期（《中国古代舍利瘗埋制度研究》页四四一，文物出版社二〇一三年）。

❷ 《出使蒙古记》（道森编，吕浦译），页一四五，中国社会科学出版社一九八三年。

❸ 他在元顺帝至正六年（一三四六）游历泉州、广州、杭州及元大都等地，见《伊本·白图泰游记》（马金鹏译）『中国人的一些情况』一节，宁夏人民出版社一九八五年。

元朝灭亡，一是自一二七一年大蒙古国第五代大汗忽必烈确定『大元』为国号，止于一三六八年。而国内考古发现的元代金银器，多集中在后者，如无锡元钱裕墓、苏州元吕师孟墓，合肥市小南门孔庙旧基元代窖藏、湖南临澧新合窖藏、湖南涟源桥头河镇石洞村窖藏等。本节的叙述便以这一部分为要。

一 酒食器

元代酒食器的基本组合，是盘盏、劝盏、玉壶春瓶、果菜碟。劝盏与劝杯的主要样式，如酒船、十花盏、瓜杯、教子升天盏、龟游莲叶纹盏，宋代即已出现，而为元代所承继，并又发展出新样高足杯。此外则有单耳环柄杯、马盂和马杓。宋孟珙《蒙鞑备录》『燕聚舞乐』一节曰『鞑人之俗，主人执盘盏以劝客，客饮若少留涓滴，则主人者更不接盏，见人饮尽，乃喜』[1]，是盘盏的使用情景之一。

（一）台盏与盘盏

元代金银盘盏的发现远多于台盏。承托杯盏之盘若单称，则

---

[1] 《说郛》（涵芬楼本卷五十四）。又《黑鞑事略》说饮事，曰『凡初酌，甲必自饮，然后饮乙。乙将饮，则先与甲、丙、丁呷，谓之口到。甲不饮，则转以饮丙。丙饮讫，勺而酬乙，乙又未饮，而饮丁，丁如丙礼。乙才饮讫，勺而酬甲，甲又序勺以饮丙、丁，谓之换盏。本以防毒，后习以为常』。《黑鞑事略校注》（许全胜校注），页三四，兰州大学出版社二〇一四年。

一三五—一

一三五—二

图一三五—一
银鎏金菊花盏

图一三五—二
银鎏金芙蓉花盏
安徽宁国县人民政府大院基建工地金银器窖藏

可呼作盃盘，又或盏台、盏托[1]。表明名称与用途的标志，则即盘心略略突起且与盘之造型相同的小浅台。构成一副的杯与盘，造型与纹样或相一致，或彼此呼应。元代盘盏的形制、纹饰与宋代相比，区别不算太大。就造型来说，宋代的异形盘盏如八方、椭圆等比较多，元代似以圆形为主。梅梢月纹之外，牡丹、菊花〔图一三五—一〕、芙蓉〔图一三五—二〕、蜀葵，都是象生花式盘盏最常取用的造型。这也是宋代即已流行的做法，元承宋式而又加以变化，即元代的『象生』或更多一点装饰意味。

菊花盏的造型艺术应与绘画作品密切相关，故宫博物院藏南宋册页《丛菊飞蝶图》便好像是它的粉本〔图一三六—一〕。元代菊花盏沿用此式，画作中的蝴蝶且拈来添助意趣，于是成为元明流行的装饰纹样蝶赶菊、蜂赶菊。湖南临澧新合窖藏中的『廖卿』款金菊花盏即与彭州金银器窖藏中的『绍熙改元舜字号』金菊花盏同型，而盏壁菊瓣为双重，尺寸略小，材质则轻薄

一三六—一

[1] 见《新刻增校切用正音乡谈杂字大全》，中国社会科学院历史研究所文化室《明代通俗日用类书集刊》第十五册，西南师范大学出版社等二〇一一年。此虽明末刻本，但盃盘、盏台、盏托，原是习用已久的名称。

图一三六—一
《丛菊飞蝶图》
故宫博物院藏

图一三六—二
「廖卿」款金菊花盏
湖南临澧新合元代窖藏

图一三六—三
银蜂赶菊纹菊花盏
湖南涟源桥头河镇石洞村元代窖藏

得多，通高四点五、口径八厘米，重六十二点九克〔图一三六—二〕。湖南涟源桥头河镇石洞村窖藏中的一件银蜂赶菊纹菊花盏制作工艺更见精细，盏壁菊花为三重，外缘一周又加饰折枝花，盏心是细瓣舒展捧出的一簇花蕊，蕊心一对采花蜂。盏高六点二、口径十一点六厘米，重八十克〔图一三六—三〕。《事林广记·庚集》卷九《绮语门》在『菊花』名下举其『绮语』，曰『傲霜』，曰『寿客』。『寿客』之称正是所谓『口彩』，祝寿风气之下，菊花盏特别为人所喜，此或即原因之一。

宋代流行的夹层盏也为元代所用。出自安徽宁国县人民政府大院基建工地金银器窖藏的银鎏金伎乐童子夹层盏为元代物，造型六出花式，外壁八曲分别打作伎乐童子，内盏鎏金，盏心錾高松下坦腹而坐的酒人，方有小童奉盘盏而至〔图一三七—一〕。比较宋代的同类器具〔图一三七—二〕，可见做法是很相近的。

出自北京月坛地区的一件金代金盘，高一点四、直径二十二点五厘米，重三百一十三克〔图一三八〕。盘心凸起一个承托杯盏的矮台，约略下凹的台面所錾纹样类于格扇门上的方格眼（名见

一三六—三

一三六—二

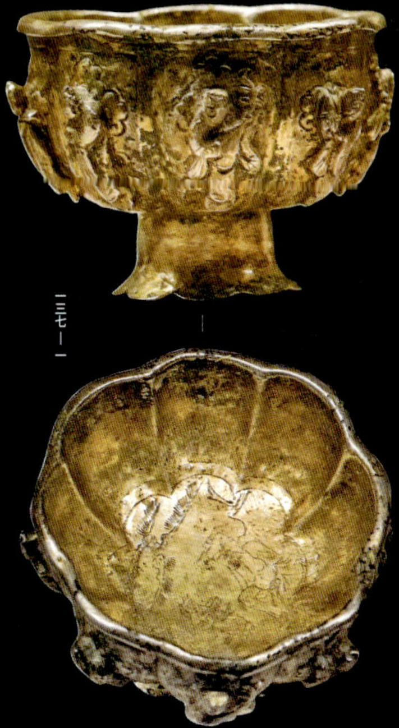

二三七—一

二三七—二

二三八

图一三七一一
银鎏金伎乐童子夹层盏
安徽宁国县人民政府大院基建工地金银器窖藏

图一三七一二
银鎏金四季花卉夹层盏
南京市博物总馆藏

图一三八
缠枝桃纹金盘
北京月坛地区出土

图一三九
银牡丹花盘
湖南衡南南涧村元代窖藏

《营造法式》〉，外缘錾一周毬路纹，顾盼回环的缠枝桃一宽一窄分布于盘内与盘沿。从造型来看，可知它是承托杯盏的承盘。湖南衡南县南涧村元代银器窖藏中的一件银牡丹花盘高一点五、口径十六厘米。造型取意于重台牡丹，盘心打作花蕊，然后依次向外推出以弦纹分隔的四圈装饰带，内圈是向着花心翻卷合抱的一重花瓣而成凸起的浅台，其外打作一周缠枝牡丹，再外一圈为重瓣纹，外环是做成花口的小折沿，其上打作一周折枝花。外底楷书『乙卯罗明叔置』。银盘好似以锤、錾代笔写绘的工笔牡丹，盘心花蕊尤其刻画精细，中心三个波卷便是用作表现雄蕊花丝顶端的花药，是力求肖似的写实风格，不过依据盘的造型而表现为俯视的效果〔图一三九〕。中心的浅台自然也是用作承托杯盏，只是今不存。同出尚有与它可成一对的银菊花承盘，与盘配套之盏也已无存。两件承盘的设计构思相同，惟将牡丹易作菊花，而在花蕊中打作一对相向而飞的小蜜蜂。同它意匠相似者，有澧县珍珠村窖藏

一三九

一四〇

图一四〇
银錾蝶赶菊纹盘
湖南澧县珍珠村元代窖藏

图一四一
『陈荣卿造』金菊花盘
株洲市博物馆提供

中的一件银錾蝶赶菊纹盘，不过纹饰与工艺稍稍有异，即盘心不打作花蕊，而只是錾刻一只采花蝴蝶以示意，外环打作花瓣一周，花心之外錾刻缠枝菊花，花枝间点缀蝴蝶与花鸭；花鸭，即《营造法式》卷三十三《彩画作制度图样上》中列举的『华鸭』。其外复打造菊花瓣以为浅盘壁，近缘处装饰一周折枝花做成小折沿。盘高两厘米，口径十六点八厘米〔图一四〇〕。又湖南株洲市博物馆藏一件『辛卯陈荣卿造』金承盘，造型与珍珠村窖藏银承盘相同而花心之外打作折枝菊花，花心錾刻两只舞凤，舞凤之间依然一对采花蝶〔图一四一〕。元代『辛卯』有二，一为至元二十八年（一二九一），一为至正十一年（一三五一），今推定它为后者。就制作工艺来说，这是最为工致的一例。

银錾蝶赶菊纹盘局部

湖南涟源桥头河镇石洞村元代银器窖藏中的银芙蓉花

一四一

图一四二—一
银芙蓉花盘
湖南涟源桥头河镇石洞村元代窖藏

图一四二—二
银鎏金芙蓉花盘盏一副
无锡元钱裕墓出土

图一四三
银鎏金莲塘纹盘
湖南澧县珍珠村元代窖藏

盘口径十七点五厘米，重一百零四点七克，盘系打造成型，式如一枚银芙蓉，盘心凸起三枚花瓣合抱的花蕊，由花心向外铺展的两重花瓣用虚线细錾脉理，纹样和做工与四川彭州宋代金银器窖藏中的银盘几乎完全相同〔图一四二—一〕。无锡元钱裕墓出土的银鎏金芙蓉花盘盏一副，也是两宋的流行样式〔图一四二—二〕。墓主人生于宋淳祐七年（一二四七），卒于元延祐七年（一三二〇）。又有湖南澧县珍珠村元代金银器窖藏中的一件银鎏金莲塘纹盘，盘高一点二、口径十六点五厘米，与衢州博物馆藏银鎏金莲塘纹盘相比〔见图四五—一〕，只是造型不同，即圆与椭圆之别〔图一四三〕。而它原为承盘也无疑义，虽然失盏。

一四二—一

一四二—二

一四三

图一四四
四合如意式金盘盏一副
元吕师孟墓出土

四合如意式金盘盏一副
盏『闻宣造』款

最为人称道的一个实例，是苏州虎丘山北元吕师孟夫妇墓出土『闻宣造』如意纹金盘。据发掘简报，金盘原有一大一小形制相同的两个，不过验诸实物，可知大者为承盘，小者为金盘所承之盏，那么是盘盏一副〔图一四四〕。吕师孟墓出土盘与盏造型均为四合如意，这是以后明清恪外流行的纹样，不过此际它的设计意匠当是同时代装饰图案的化用。北京龙潭湖元斡脱赤墓出土景德镇窑青白釉玉壶春瓶一件，瓶身用连珠勾出四个如意，『寿山福海』四个字交错其间[1]〔图一四五〕。河北保定市永华南路小学出土一件海水龙纹青花长瓶，长瓶肩部四个开光，两两为对，开光内分别是麒麟和凤凰，空白处满布缠枝莲花〔第七章，图九九—一二〕。将金盘与瓷瓶同看，可见金盘的造型适同于瓷瓶肩部纹样的俯视展开图，四个如意中的图案

一四四

[1] 北京市文物研究所《元铁可父子墓和张弘纲墓》，页一〇〇，《考古学报》一九八六年第一期。按斡脱赤为铁可之父。

布置以及缠枝花的样式，金盘与青花瓶也是意趣相同。金盘之好，特在于利用材质的优势，以打制之工完其形，以錾刻之工丽其饰，当然更是以设计之巧使得此器功能与艺术合一而达于至美。盏台的功用为承托酒盏，自以不使酒盏滑落为要，盘心的浅台原是因此而设，此盘除浅台之外且有如意四合，便更见稳妥。如意打制为起伏的轮廓，金盘的遍身花枝于是益发流光照灼。与它合为一副的金盏虽然是同样的造型与纹样，却好像被金盘的出色而『喧宾夺主』了。

（二）卮杯、酒盂与劝杯

杯与盏的分别，前已不止一次提到。依古训，盏是杯之小者[1]，然而大与小的界限也并没有明确的划分。为了表述的方便，这里姑且把有耳之饮器名为杯，无耳者名作盏。平底为盂。杯有单耳、双耳之别，单耳为卮，也可统称为杯。

湖南攸县丫江桥元代窖藏蜂赶菊纹单耳银杯以三重菊瓣拢作杯身，杯心打作规整的花蕊，蕊心两只对飞的小蜜蜂，一株花开三朵的折枝菊花在一侧做成杯耳，杯高三点二、口径七点七厘

图一四五 景德镇窑青白釉玉壶春瓶（局部）
北京龙潭湖元斡脱赤墓出土

[1]《方言》卷五：盏，『桮也』，郭璞注：『最小桮也。』

一四六—一

米，重四十七点五克〔图一四六—一〕。它是卮杯的踵事增华，时人或名作『菊卮』。元吕止庵小令〔仙吕〕《后庭花》『一声金缕词，十分金菊卮。金刃分甘蔗，金盘荐荔枝。不须辞，太平无事，正宜沉醉时』❶，足教人会得它在酒宴上的溢彩流光。

菊卮其实可以视作由卮杯发展出来的一类，做出各种花式的单耳金杯银杯，都可以包括在内。与蜂赶菊纹银菊卮同出的另一件银卮，灵芝单耳，杯内打作一朵宝妆莲，外口沿锥点一周卷云纹〔图一四六—二〕。出自株洲堂市乡元代窖藏的一件银鎏金单耳菊花杯，杯身以菊花为式，杯心錾一株折枝西番莲，一朵灵芝用两枚银片打造成形扣合为一，接焊在杯侧〔图一四七〕。赤峰敖汉旗新窝铺出土灵芝单耳银杯也是同类，不过装饰比较简单〔图一四八〕。杯耳式样最为特殊的一件卮杯，是湖南益阳八字哨窖藏中的『陈云飞造』银鎏金双鸾纹单耳杯。杯高四点一厘米，口径七点三厘米，重四十点七克。杯耳的制作方法与前面举出的几例相同，即以两枚银片分别把摩竭打造成形，然后扣合成型焊接于杯侧。杯内心錾刻对舞的双鸾，外口沿錾一周锥点连成的卷云

图一四六—一
蜂赶菊纹单耳银杯
湖南攸县丫江桥元代窖藏

图一四六—二
宝妆莲花纹灵芝单耳银杯
湖南攸县丫江桥元代窖藏

图一四七
银鎏金灵芝单耳菊花杯
株洲堂市乡元代窖藏

图一四八
灵芝单耳银杯
赤峰敖汉旗新窝铺出土

❶ 隋树森《全元散曲》，页一一二二，中华书局一九六四年。

一四六—二

一四七

一四八

一四九

纹，装饰部分皆鎏金（图一四九）。宋人词曰『戋底一盘金凤，满泛酒光浮动』❶，可知斟酒满盏之后光影流动而予以酒人的欣悦。

又有与宋代式样相近的曲柄单耳的屈卮，如合肥市小南门孔庙旧基元代窖藏中的金屈卮、银屈卮（图一五〇—一～二）。金屈卮并有同样是四曲花口的金盘与之组合为一副，均有铭曰『章仲英造』。同出尚有金盂和银盂。金盂、银盂都是光素无纹，略无装饰（图一五一—一～二）。内蒙古包头市达茂旗出土一件金花银盂，内底心錾一丛牡丹花，外口沿錾一周如意云，纹样鎏金（图一五二—一）。出自江苏江阴青阳南陈村的银盂高六点三、口径十六点五厘米，尺寸超大，近似唐代的酒海，内底心打作一大朵宝妆莲花，花心饰梵文字（图一五二—二）。

如前面所说，作为席间完整的一套酒具，敬酒且兼玩赏的劝杯，不可或缺。每用作劝杯的桃杯与瓜杯便都是祝寿风气下发展

图一四九
「陈云飞造」银鎏金双鸾纹摩羯单耳杯
益阳八字哨元代窖藏

❶ 朱敦儒《如梦令》，《全宋词》，册二，页八六八。

图一五〇—一
金屈卮盘一副
图一五〇—二
银屈卮
图一五一—一
金盂
图一五一—二
银盂
合肥市小南门孔庙旧基元代窖藏
图一五二—一
金花银盂
包头市达茂旗出土
图一五二—二
银盂
江苏江阴青阳南陈村出土

一五〇—一

一五〇—二

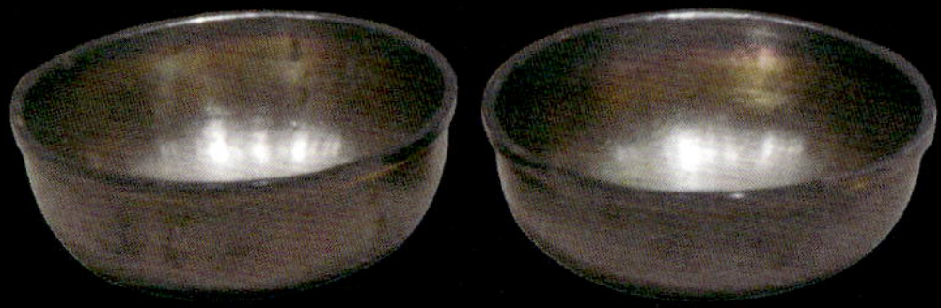

一五一—二

一五一—一

一五二—二

一五二—一

一五三—一

图一五三—一
玉枝梗桃杯
无锡元钱裕墓出土

图一五三—二
玉枝梗瓜杯
西藏博物馆藏

起来的流行样式，乃用于上寿酒，亦即寿筵上的敬酒。玉桃杯有出土于无锡市钱裕墓的一件〔图一五三—一〕，西藏博物馆藏一件元代玉瓜杯❶，依宋人的形容可以名作『玉枝梗瓜盃』〔图一五三—二〕。元代瓜杯或有足，似是为了变化形式，因为同出也正有圜底者。

元代金银瓜杯一面继承宋式，一面又有变化，显示出不同的风格。出自湖南元代金银器窖藏的几件金银瓜杯，可以代表这一时期的主要样式。

（一）临澧新合元代窖藏中的银枝梗瓜杯〔图一五四—一〕。杯长十二厘米，宽八厘米，系打造而成的半剖之瓜，瓜脐、瓜蒂、瓜棱也都是『象生』做法，几片展开的瓜叶从瓜蒂上伸出搭在杯缘的一边，瓜藤随势弯下来做成瓜杯的把手。

（二）与银枝梗瓜杯同出的金瓜飐单耳瓜杯〔图一五四—二〕。杯高三点五、口径七厘米，杯身打作瓜棱，内底打造一个瓜形的凸棱框，框内打作『寿』字。大瓜的一侧结出一个带着枝叶的小瓜以为杯柄，杯底底端另外焊接与杯底装饰框形状一致的矮圈足。

（三）益阳八字哨元代银器窖藏银鎏金梵文绶带结单耳瓜杯

一五三—二

❶ 西藏博物馆编《西藏博物馆藏元明清玉器精品》，图四，文物出版社二〇〇五年。

图一五四—一
银枝梗瓜杯

图一五四—二
金瓜瓞单耳瓜杯
湖南临澧新合元代窖藏

图一五五—一
银鎏金梵文绶带结单耳瓜杯
湖南益阳八字哨元代窖藏

一五四—一

一五四—二

〔图一五五—一〕。这是最见元代特色的一种类型，且流行地域不分南北。杯象半剖之瓜而底心近平，杯身及内底装饰与新合金杯同，惟凸棱框内里所饰为梵文真言字『吽』。杯之一侧是做成绶带结的錾手，下以环耳为撑。装饰部分皆鎏金。与此意匠相同者，有湖南华容县洪山头镇明镜村元代窖藏中的一件银鎏金梵文绶带结单耳瓜杯，内蒙古乌兰察布市察右前旗元集宁路出土银杯[1]，大同市博物馆藏元代银杯，河北沽源『梳妆楼』元代墓葬出土的

[1]《道出物外——中国北方草原丝绸之路》，图四六，香港大学美术博物馆二〇〇七年。按图版说明曰『这杯上的梵文与印度佛教有关，应是从印度传入的舶来品』。误也。

一五五—一

一件铜杯❶。内蒙古博物院藏一对银瓜杯，杯身如半剖之瓜，内底心的瓜形装饰框里，中央一朵瓜花，两边各一只蝴蝶，四向各一个瓜瓞，瓜叶和瓜实做成杯侧的半月式单耳〔图一五五—二〕。杯耳的设计稍嫌繁复，整体造型也不及八字哨窖藏瓜杯的和美清佳。

一五五—二

图一五五—二
银单耳瓜杯一对
内蒙古博物院藏

宋元以来至明清日益兴盛的祝寿习俗，是文史两界均曾关注的论题❷。而就工艺品制作来说，这一风气的推动作用同样大可重视。寿筵中，金银器的使用必不可少，即便无力置办，亦有租赁一途，宋代于此即已形成一套十分成熟的服务❸。如前所述，金银器中的瓜杯与桃杯多为祝寿用器，而《诗·大雅·绵》曾以『绵绵瓜瓞』之句来象征周的繁荣昌盛，瓜于是有了吉祥的寓意，宋洪适《临江仙·寿周材》『瓜瓞绵绵储庆远』❶，便是通常的祝寿吉语。宋代工艺品制作乃以传统题材为纹样构思的重要来源，桃和瓜都是最具古典趣味的艺术语汇，无论造型还是纹饰，均具有鲜明的标志性，因此在庆寿风尚的背景下，由宋至元，乃至明清，它始终是金银器制作中流行不

❶ 国家文物局《二〇〇二中国重要考古发现》，页一四九，文物出版社二〇〇三年。

❷ 前者以魏了翁为例，揭出宋代寿词流行的成因，如张文利《鹤山寿词考述》，页一三七～一四〇，《文学遗产》二〇〇六年第五期；后者看到了庆寿习俗对社会经济的影响，如邱仲麟《诞日称觞——明清社会的庆寿文化》，载蒲慕州主编《生活与文化》，页四五一～四九四，中国大百科全书出版社二〇〇五年。

❸ 见吴自牧《梦粱录》卷一九『四司六局筵会假赁』条。

❹ 《全宋词》，册二，页一三七八。

衰的装饰题材。

宋代流行的纹饰『教子升天』和『龟游莲叶』，也为元代所沿用。出自江苏金坛湖溪元代窖藏的银教子升天杯，通高三点九、口径六点八厘米，下有圈足，杯外壁别饰一个打造并接焊成型的螭虎，长身绕杯，攀沿耸首❶。《朴通事谚解》所谓『螭虎盏儿』，即此。湖南临澧新合元代窖藏中的银龟游莲叶纹双层盏口径八点三、高六厘米，系内外双层结构❷〔图一五六〕。外层腹部錾刻流云地子，流云上打作有浮雕效果的灵芝与展翅的仙鹤。内盏盏心錾刻叶脉纤细的荷叶，叶心垫起一枚小小的银圆片，圆片上面浮搁一个只有龟的头尾和四肢的架子，圆片两侧复焊接起用两个支架高高撑起的龟背，最后再套上一个直径比圆垫片略大一点的小银圈，龟的头尾和四肢因此可以自由摇摆，一旦盏中酒满，便恍

一五六

图一五六

龟游莲叶纹银盏

湖南临澧新合元代窖藏

银盏盏心

❶ 盏口外沿有『范婆桥西徐二郎花银』戳记。肖梦龙《江苏金坛元代青花云龙罐窖藏》，图版六：二（此称蟠螭银盏），《文物》一九八〇年第一期。

❷ 外盏底心有铭『大定□马□造』。

若莲叶被风，龟遂可动可摇。

（三）高脚杯

金高脚杯虽然早见于隋李静训墓，唐代金银器窖藏也有银高脚杯之例，不过直到两宋它始终没有成为流行式样。金元时代金银高脚杯的出现，可以认为是从北方地区开始的。金代的例子，有北京西城区月坛地区出土的金錾海石榴花高脚杯，金杯通高十五点五、口径九点三厘米，重二百四十克[1]。杯身修长，上下两端即口、足处分别錾刻相互呼应的卷草纹，杯腹三个开光，光内各錾一朵海石榴花。纹样之外，又用沙地錾錾出地纹以见明暗〔图一五七〕。内蒙古包头市达茂旗明水村出土金錾折枝茶花纹高脚杯通高十四点五、口径十一点四厘米，重一百九十一克[2]，纹饰的布置与金代之例相同而纹样不同，即开光内錾刻折枝茶花〔图一五八—二〕。出自锡林郭勒盟镶黄旗的一件高足金杯，

一五七

图一五七
金錾海石榴花高脚杯
北京西城区月坛地区出土

一五八—一

二

图一五八—一
金錾折枝茶花高脚杯
内蒙古包头市达茂旗明水村出土

[1] 北京市文物研究所《北京出土文物》，图四一七，北京燕山出版社二〇〇五年。

[2] 赵丰等《黄金·丝绸·青花瓷：马可·波罗时代的时尚艺术》，页二六，艺纱堂／服饰工作队二〇〇五年。

图一五八—二
金錾出水莲荷高脚杯
内蒙古锡林郭勒盟镶黄旗出土

图一五九
银錾四季花卉纹高脚杯
湖南益阳八字哨元代窖藏

图一六〇
『邓万四郎』款金高脚杯
无锡元钱裕墓出土

杯身开光内沙地子上錾一枝出水莲荷，口沿一周缠枝莲〔图一五八—二〕。

元代南方地区出土的高脚杯与北方相比体量稍小，如益阳八字哨元代银器窖藏中的一件银杯。杯高七点三、口径七点六厘米，菱花式开光内分别錾刻折枝莲、菊和牡丹，杯内心錾刻两枝反向而开的西番莲和海石榴花〔图一五九〕。元钱裕墓出土『邓万四郎』金高脚杯比益阳银杯尺寸略大，口径与高度相同均为八点六厘米，内口沿和圈足下缘各錾缠枝卷草，杯心錾一个颈戴项圈的童子，手擎一茎荷叶，盛开的花朵和蓬勃的枝叶散开来成为绕身的花环〔图一六〇〕。

一五八—二

一五九

一六〇

金元时代属于北方样式的金银高足杯都很少用打造工艺安排纹样，而多以在杯身三个开光里錾刻花卉图案的办法作为装饰。今所见出自南方者，则有造型取其式，形制、纹样却别作设计的例子。如湖南临澧新合元代金银器窖藏中的一件银鎏金仿古纹高足杯。杯为夹层，外杯下腹及圈足打作蝉纹，腹身为仿古式云雷纹和波曲纹，即宋人所谓『圆篆』（见吕大临《考古图》卷二『圆篆甗』），通高六点五、口径五点二厘米，尺寸比前面举出的例子都要小〔图一六一〕。

（四）仿古式杯盏

仿古式金银夹层杯盏是宋代发展出来的新器型，而为元代所继承。纹饰之外，它在造型上也或追仿古式。出自湖南澧县珍珠村元代金银器窖藏中的银仿古纹簋式夹层杯〔图一六二〕，造型与前举溧阳平桥南宋窖藏中的银鎏金仿簋式夹层杯相同，即仿先秦礼器中的铜簋。杯身打作乳钉纹，便是宋人所说的『方文圆乳』（赵九成《续考古图》卷一『父乙虎彝』），外杯下腹装饰一周内錾祥云的莲瓣纹，杯耳和圈足均系另外打制然后接焊。通高七厘米，

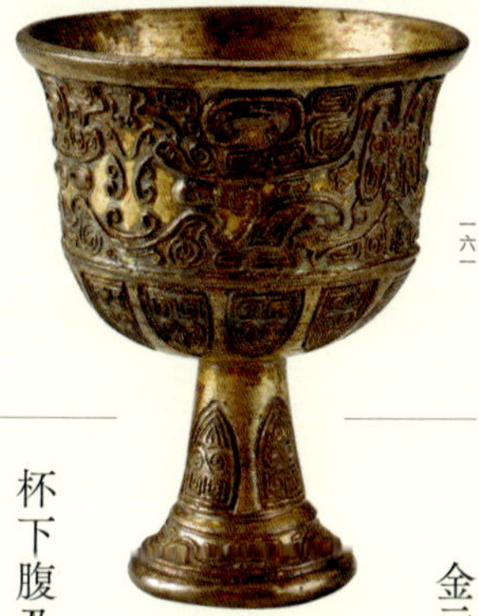

一六一

图一六一 银鎏金仿古纹高足杯
湖南临澧新合元代窖藏

一六二

图一六二 银仿古纹簋式夹层杯
湖南澧县珍珠村元代窖藏

银乳钉纹簋式夹层盏

口径九厘米，重一百二十八点五克。

宋元金银器的仿古，其实多为古今融汇，不论造型还是纹样。比如出自湖南津市涔澹农场元代金银器窖藏中的两件金宝妆莲瓣纹八方杯。就整体造型来看，它是仿簋式与八方式的合一。而八方杯盏或曰八角杯盏，可以说是从唐代被异域之风的八棱杯演变而来，至于两宋，它的造型与纹样便已完全中土化。金杯结构为双层套合，出土时内外两重未曾固定在一起。其中一件，内杯高三点二厘米，外杯口径八点四、高六厘米。外杯以八方式而成八个开光，光内打作八枚莲瓣，莲瓣内分别打造摩竭纹与灵芝纹，杯两侧一对兽头耳，圜底焊接喇叭形圈足〔图一六三—一〕。另一件与此为一对〔图一六三—二〕，惟双耳脱落。

（五）酒船

元代酒船的设计与制作，已近似于玩赏重于实用的工艺品，并因此使它更适宜用作劝酒之器。朱碧山制银槎杯自是最著声名，而湖南澧县澧南乡出土银船盘盏一副〔图一六四〕，也是独具特色。用作承盏的银盘椭圆形，长二十厘米，内里打作翻卷的海浪，浪

一六三—一

一六三—二

图一六三—一 金宝妆莲瓣纹八方杯之一

图一六三—二 金宝妆莲瓣纹八方杯之二（局部）

湖南津市元代金银器窖藏

一六四

尖上托起轻巧的莲瓣小舟一叶，舟中端坐一老翁。元王士点、商企翁编《秘书监志》卷三『公用银器』条有『镀金船台盏一付』，马致远《青衫泪》杂剧说道『一副儿酒船台』，都是酒盏与酒台子的固定组合；那么银酒船与承盘的组合，便是『银船盘盏一副』。船者，酒船也。设计构思原是别有来源。故宫博物院藏一件南宋《莲舟仙渡图》册页，图绘一叶莲舟中手持书卷的仙人，草叶上衣与下裳，坦腹赤足，浮荡于渺渺波涛之间〔图一六五—一〕。此图曾经《石渠宝笈续编》著录，乾隆诗咏《钟师绍〈莲舟仙渡〉》云『大海晶汤汤，云来望渺茫。别时忘彼岸，渡处藉斯航。适意烟波趣，通身芰荷香』，似即此幅，只是『钟师绍』的认定不可靠。而莲舟中持书卧读的仙人却是有迹可寻。胡仔《苕溪渔隐丛话·前集》卷五十三『韩子苍』条云：『李伯时画太一真人，卧一大莲叶中，手执书卷仰读，萧然有物外思。韩子苍有诗题其上

一六五—一

图一六四
银船盘盏一副
湖南澧县澧南乡出土

图一六五—一
《莲舟仙渡图》（局部）
故宫博物院藏

图一六五—二
太乙真人莲叶舟玉带銙
天津博物馆藏

云：「太一真人莲叶舟，脱巾露发寒飕飕。轻风为帆浪为楫，卧看玉宇浮中流。中流荡漾翠绡舞，稳如龙骧万斛举。不是峰头千丈花，世间那得叶如许。龙眠画手老入神，尺素幻出真天人。恍然坐我水仙府，苍烟万顷波粼粼。……」子苍此诗语意妙绝，真能咏尽此画也。』韩子苍乃北宋诗人韩驹，李伯时即北宋画家李公麟，伯时其字也，他又自号龙眠居士。以『太一真人莲叶舟』为题材的画作当不止一幅，元好问有《〈太一莲舟图〉三首为济源奉先老师赋》，其一云：『泠泠风外到仙臞，琢玉羊欣定不如。六合空明一莲叶，更须遮眼要文书。』句下自注云：『仙人在莲叶卧看书。』此与龙眠的『太一真人莲叶舟』构图相同，『仙人在莲叶卧看书』，也是诸作共有的细节，故宫博物院藏《莲舟仙渡图》亦如是。可作为参照的例证，又有天津博物馆藏一方宋玉带銙，带銙图案便正是『仙人在莲叶卧看书』的太乙真人图〔图一六五—二〕。澧南乡银酒船的造型便仿佛以宋人画作为图样，——莲舟为盏点明主题；承盘打作浮舟的波涛万顷以足画意，它有造型的疏朗简洁，又有细部处理的微至。『轻风为帆浪为楫，卧看

一六五—二

玉宇浮中流』，来自名画的题材自使酒人于此小小一片辽阔中会得神仙的自在之趣，而得饮酒与赏玩相兼之妙。

与前例同时，手持书卷的仙人又出现在另一件作品中，即闻名古今的朱碧山银槎。郑珉中《朱碧山龙槎记》曾详细考订它的身世，也包括了传世的另外几件朱制银槎杯的种种故事[1]，文中说道：『朱碧山生平作了多少件槎杯，已经没有办法知道，就现在可以查清楚的有五件：三件作于至正乙酉（一三四五），一件作于至正辛丑（一三六一），一件作于至正壬寅（一三六二）。壬寅年款的只见文献记载，辛丑年款的除记载之外，还有一幅图画，乙酉年款的三件，是被保存了下来的。根据实物和图来看，朱碧山制的银槎大抵可以分为两类，而每件都各有差异。一类是人坐在槎上手持一书，一类是坐在槎中手持支机石。人在槎上的银杯题着「百杯狂李白，一醉老刘伶。为得酒中趣，方留世上名」，及「贮玉液兮自畅，泛银汉兮凌虚」的诗句。人坐槎中的银杯题着「欲造银河隔上阑，时人浪说贯银湾。如何不觅天孙锦，只带支机片石还」，及「岳寿无疆」四字。』此后一九七二年江苏吴县

[1]《故宫博物院院刊》一九六〇年第二期。

发现一件银槎杯，槎杯的后面有『元至正乙酉朱碧山造』阴文铭款，郑珉中《关于朱碧山银槎的辨伪问题》也提到它[1]，可以补充的是，清谭吉璁《鸳鸯湖棹歌和韵·丙辰》诗注云『里中项氏有朱碧山所制金槎，凿张骞于上，以七宝嵌之，兵后，失之矣』[2]。『和韵』者，和朱彝尊《鸳鸯湖棹歌》之韵。丙辰，乃康熙十五年。由此可知银槎杯之外，朱碧山制作的又有镶嵌七宝的金槎杯，不过早已下落不明。

张骞乘槎的造型设计，原是糅合了来源不同的史实和传说，即《史记》与《汉书》的张骞出使大夏而穷河源，又西晋张华《博物志》海岛居人由海渚达天河得遇织女，后又添助得获支机石一枚的情节，以是成为一个自在仙的形象。南北朝以来直到明清，它便始终活跃在诗文中而成为传承久远的意象[3]，虽然在不同的诗境里有着不同的寄意，但从容遨游天地间的基本内涵儿乎是不变的。作为装饰图案也是如此，如温州市山前街建筑工地出土的一件北宋青釉仙人乘槎图执壶[4]〔图一六六〕。槎杯的创作构思，自然也是撷取其中的神仙意趣。

一六六

图一六六
青釉仙人乘槎图执壶（柄残）
温州市山前街建筑工地出土

[1]《故宫博物院院刊》一九八四年第三期。
[2] 王利器等《历代竹枝词》，页六四一，陕西人民出版社二〇〇三年。
[3] 陈慧霞《明末清初雕犀角人物乘槎的时代意涵》对此有详细论述，（台北）《故宫学术季刊》第二十五卷第二期。
[4] 伍显军《宋代瓯窑青瓷的新发现与研究》，页二一，图三，《东方博物》第三十五辑，浙江大学出版社二〇一〇年。

图一六七——
朱碧山银槎杯
故宫博物院藏

不过存世银槎杯中的乘槎者，手中持物却有两种。人在槎中手握支机石的一种，有诗『如何不觅天孙锦，只带支机片石还』，又元谢宗可《仙槎》『归来带得支机石，谁识人间博望侯』❶，那么此为张骞是不错的。而人在槎中手持书卷的一种则尚有另外的解释。王士禛《香祖笔记》卷十二：『昔在京师从宋荔裳（琬）所见元朱碧山所制银槎，乃太乙仙人，一时多为赋诗，以为张骞事，非是。』太乙仙人即太一真人，如此，朱碧山槎杯坐者『手执书卷仰读』的一种，当是受了『太一真人莲叶舟』的启发，而把支机石换作书卷，因使槎中人变换脚色，即由张骞而易作太乙真人。王士禛在这里没有说明他的判断依据，但依凭前例举出的关于『太一真人莲叶舟』的画作和题画诗，当可支持这样的认识。

故宫博物院所藏银槎，系铸后施雕，人的头、手、云履等

❶ 顾嗣立《元诗选·初集》，页一五〇七，中华书局一九八七年。

图一六七—二
『朱碧山』款银槎杯
吴中博物馆藏

均系铸后接焊，而接焊处浑然无迹。其杯口下刻『贮玉液兮自畅，泛银汉兮凌虚；杜本题』。槎腹刻『百杯狂李白，一醉老刘伶。知得酒中趣，方留世上名』。槎尾有『至正乙酉渭塘朱碧山造于东吴长春堂中子孙保之』楷书款❶〔图一六七—二〕，可见这是作者的得意之作。今与传世的几件相比看，——比如前面提到出自吴县的一件〔图一六七—二〕，大至整体造型，小至人物的身姿眉宇及风神态度，均显示出它是诸作中的翘楚。由银槎上面的题诗又可明白其用途是饮酒。几件银槎杯曾辗转流传于明清两代若干名人之手，并多有名重当时的诗人为之题咏。清厉鹗《樊榭山房集》卷七《朱碧山银槎歌为秋玉赋》，亦其事之一。而诗所谓『银槎酌客客作歌』，也正说明银槎的用途如酒船之为劝杯而敬酒。槎杯可以说是朱碧山的创造，不过它却不是空无依傍，而是有着明确的构思来源。作为工匠，不妨按照自己的理解，以具体的形象来阐扬士人所倡导的审美趣向，而工匠的发挥与创造，正酝酿了这一趣向的无限生机。澧南乡太

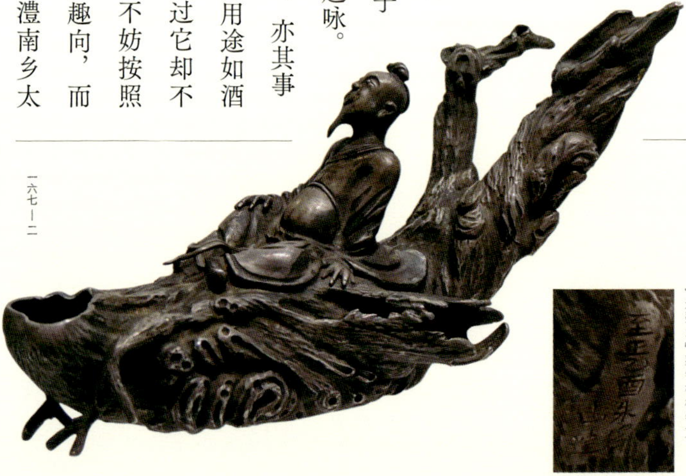
一六七—二

『朱碧山』款银槎杯铭文

❶ 李中岳等《中国历代艺术·工艺美术编》，图二八七，文物出版社一九九四年。

一真人莲叶杯和朱碧山槎杯都是这样的例子，槎杯乘槎的张骞与太一真人互换，也是同样的原因。《南村辍耕录》卷三十『银工』条曰：『浙西银工之精于手艺表表有声者，屈指不多数也：朱碧山，嘉兴魏塘；谢君余，平江；谢君和，同上；唐俊卿，松江。』工匠而进入士人的视野，则其工近艺也。

明代，澧县样式的太一真人莲叶杯与朱碧山式槎杯依然有制作，《天水冰山录》『盃爵』项下有『金素太乙莲叶盃三个（共重一十一两四钱七分）』，『金素张骞乘槎大盃一个（重一十一两一钱二分）』，可为一证[1]。

（六）果盒与果盘

果盒每与饮酒之具构成组合，盒内置各式细巧茶食，常是宴饮所备。《梦粱录》卷六《除夜》一节曰：是日，『内司意思局进呈精巧消夜果子合，合内簇诸般细果、时果、蜜煎、糖煎及市食，如十般糖、澄沙团、韵果、蜜姜豉、皁儿糕、蜜酥、小蚫螺酥、市糕、五色萁豆、炒槌栗、银杏等品』。今称果盒者，便是当日的果子合。哈尔滨阿城区出土一件金代银鎏金果盒，盖面即

[1] 今所见有济南市博物馆藏明青玉太一真人莲舟。

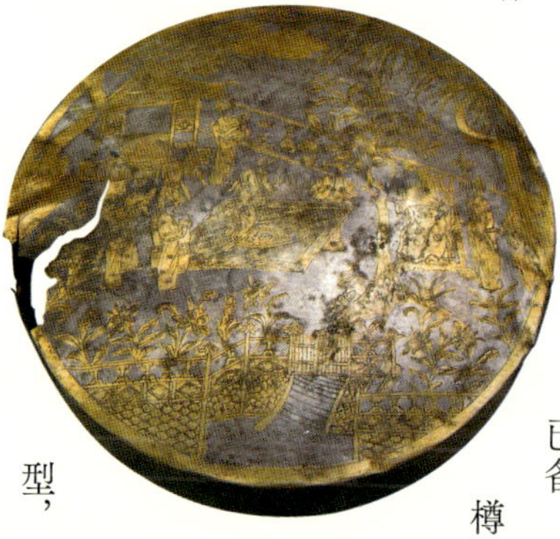

图一六八
银鎏金果盒
哈尔滨阿城区出土

以一幅宴饮图为饰，好似自表用途一般。同出又有一件银执壶，从造型来看，当是与温碗组合为一副的酒注。银盒分作上下两层，中间一个金花银浅盘为屉，盘心是鎏金的一把莲。银盒下层立墙四个菱花式开光，间以折枝菊花和山茶，光内錾刻山水人物。盖面宴饮图的下方是池塘一角，水边雕栏几曲，傍栏数丛萱草发花正旺，椿树下边是坐在交椅上的主人，方竹簟上一个团花圆毯，女伎屈身抛袖，飞起的飘带见出旋舞之一瞬。左侧乐班击鼓者一，吹箫、吹笛、吹笙、击拍板者各一。主人身后筵席已备，玉壶春瓶的左边酒盏一，盆式酒樽一，其旁一个带盖酒瓮，边上一个香炉。玉壶春瓶之右摆着果盘，盘里三五个大桃〔图一六八〕。饮酒作乐之况以及筵席用器，以此一一见得分明。

果盒以及果盒的菱花式造型，都很流行于宋金元时期，元代实

银鎏金果盒盒盖图案局部

图一六九—一
银鎏金果盒
江阴申港张家店元墓出土

图一六九—二
银果盒
合肥市小南门孔庙旧基元代窖藏

图一七〇
银鎏金菱花式果盒
吕师孟夫妇墓出土

一六九—一

一六九—二

一七〇

例，即可举出江苏江阴申港张家店元墓出土福禄寿三星银鎏金果盒❶〔图一六九—一〕，合肥市小南门孔庙旧基元代窖藏中的银果盒〔图一六九—二〕。吕师孟夫妇墓出土『闻宣造』银鎏金菱花式果盒，与前举『闻宣造』四合如意金盘工出一人之手，那么同时打造自然也极有可能。盒以一个浅盘分作上下两层，只是出土时盖已不存，今所存下层部分高十点二、腹径二十五点五厘米，盒身分布鎏金折枝小簇花，浅盘中心则是一大窠鎏金鸾凤〔图一七〇〕。

❶ 通高十三点七、口径二十点八厘米，下有不及一厘米高的矮圈足。江阴博物馆《江阴文物精华》（馆藏版），页一三二，文物出版社二〇〇九年。

图一七一
錾花金盘
北京月坛地区出土

图一七二—一
银錾缠枝海石榴花纹盘
湖南涟源桥头河镇石洞村元代窖藏

北京月坛地区出土金代的两件金盘，从造型和尺寸来看，应该都是果盘。其一为素面圆盘，直径十六点九厘米，重一百七十点八克。其一为十二出的花口盘，盘心双弦纹勾勒的圆光内錾牡丹连理，外环花结，花结外缘锥点卷草，向外翻折的窄盘沿錾缠枝卷草。高一点七、直径十九厘米，重二百四十克[1]〔图一七二〕。

开篇说到以鱼子地显花的做法宋元已经不很流行，湖南涟源桥头河镇石洞村窖藏中的一件银盘以规整的鱼子地凸显线条流畅的缠枝海石榴花，是不多的一例〔图一七二—一〕。

一七一

錾花金盘局部

一七二—一

[1] 北京市文物局《北京文物精粹大系·金银器卷》，图二九、图三〇，北京出版社二〇〇四年。

同出另一件银盘以人物故事图为饰，并且风景人物錾刻极精细，也不太常见，可惜银盘残损近乎三之一，所幸故事情节的主要部分尚得保留。画面占据了整个银盘内心：近景为山石古松，松枝掩映着一带篱笆院墙，院子里隐隐一座茅屋。院门洞开处立一位女子，若与向前施礼的士人相问答〔图一七二—二〕。此即著名的蓝桥遇仙故事，原是唐人裴铏所作《传奇》中的一则。故事说秀

一七二—二

图一七二—二
银錾蓝桥遇仙记故事图果盘
湖南涟源桥头河镇石洞村元代窖藏

才裴航于湘水舟中遇一绝色女子，因以小诗传递情愫。女子答诗曰：『一饮琼浆百感生，玄霜捣尽见云英。蓝桥便是神仙窟，何必崎岖上玉清。』诗中的『蓝桥』『云英』，乃今之所谓『关键词』也，只是裴生一时尚不能会得此中玄机。以后裴航促装往京师，途经一地名蓝桥驿，方值口渴难耐，适见茅屋三四间，老妪在焉。生因施礼求浆，于是得遇前番舟中女子赠诗中提到的云英。其后再历周折，终遂良缘，夫妻二人同登仙籍。裴航故事自问世后即被不断复述，笔记、小说之外，宋元已有据此改编的戏剧[1]。又马致远〔南吕〕《四块玉·蓝桥驿》：『玉杵闲。玄霜尽。何敢蓝望行云。裴航自有神仙分。原是个窃玉人。做了个赏月人。成就了折桂人。』[2]此故事深为人们爱赏，大约即因它一举占得两项好处，其一情缘，其一仙缘，正是鱼与熊掌兼得已。银盘取它作为装饰图案，自然很合宜。画面表现的是裴生蓝桥驿求浆的情节，而这正是解开舟中女子所留诗谜的一个要紧关目。以后的明代版画、清代漆器，都有与此几乎完全相同的图案。

唐明皇游月宫，也是流传很广的故事，历来有不同的版本，

[1] 宋皇都风月主人《绿窗新话》卷一、宋罗烨《新编醉翁谈录·辛集》卷一『裴航遇云英于蓝桥』，均是此篇节文；又宋官本杂剧有《裴航相遇乐》，见《武林旧事》卷一〇，元有庾吉甫杂剧《裴航遇云英》，见《录鬼簿》卷上。

[2] 《全元散曲》，页二三五。

如旧题柳宗元《龙城录》，如唐郑棨《开天传信记》，又唐卢肇《逸史》，宋王灼《碧鸡漫志》。或曰与罗公远同游，或曰与申天师、鸿都客同游，又或同游者为叶法善，亦作梦游。它也是元代散曲杂剧常用的典故，铜镜图案或也从此取材。江苏金坛湖溪元代窖藏中的唐明皇游月宫银盘，高一厘米，口径约十七厘米，重近一百零三克，外腹有『徐宅造匠』款❶〔图一七三一一〕。纹样布置略近于《龙城录》，——『上皇与申天师、道士鸿都客，八月望日夜，因天师作术，三人同在云上游月中』，『在玉光中飞浮宫殿，往来无定』，『天师引上皇起，跃身如在烟雾中，下视王城崔峨，但闻清香霭郁，下若万里琉璃之田，其间见有仙人道士，乘云驾鹤往来若游戏』。工匠所得大约是口耳相传的文本，未必尽合于文字记载，何况还会添加自己的创造。又有从寿星图发展而来的八仙祝寿。出自安徽宁国县人民政府大院基建工地金银器窖藏的一件银盘，为元代物，纹样正是两宋寿星图的踵事增华。银盘造型是一朵八出花，内里左侧一株古松，枝干弯向上方，松枝结作三顶华盖，一只仙鹤盘旋在侧。松旁的山石座上坐着寿星，座下

❶ 肖梦龙《江苏金坛元代青花云龙罐窖藏》，页六〇，《文物》一九八〇年第一期。按此云明皇游月宫是唐明皇与杨贵妃故事，不确。实为明皇游月宫而闻仙乐，遂度《霓裳羽衣曲》。

伸出一个平台，台上石几设一个冲耳炉，袅袅炉烟盘出一个寿字。石座下方的卧鹿与松树祥云间的仙鹤遥相对望。祝寿的八仙两两成对从云端沿着竹丛走下来，下方錾出浪花数朵。持物者勉强可识蓝采和击拍板，徐神翁吹铁笛，韩湘子提花篮，何仙姑肩笊篱，李铁拐持葫芦，此外为吕洞宾、张果老、钟离权〔图一七三—二〕。

图一七三—一
唐明皇游月宫银盘
江苏金坛湖溪元代窖藏

图一七三—二
八仙祝寿图银盘
安徽宁国县人民政府大院基建工地金银器窖藏

一七三—一

一七三—二

（七）茶匙

自从陆羽和他的《茶经》开创了饮茶的清雅一派，便为士人传承下来。清雅派的饮茶讲究『品』，即要努力保持茶的清之本色，虽然加工为茶饼茶的本色差不多已经失了一半。其实这一种饮茶更多看重的是意境。相对于新起的清雅一派，茶中加料的饮茶习俗便是传统了，而传统的一派势力始终很强。王桢《农书·百谷谱集十》举出饮茶方式之三种，即茗茶，末茶，蜡茶，分述其详之后，又说到：『茶之用芼，核桃、松实、脂麻、杏仁、栗任用，虽失正味，亦供咀嚼。』芼在先秦时代原指杂入羹中的各种野蔬，这里是借用。元代甚至还有『捣蒜烹茶』的做法，见关汉卿《裴度还带》杂剧。话本小说《快嘴李翠莲记》中关于茶事的细节描写也很有趣，道翠莲『走到厨下，刷洗锅儿，煎滚了茶，复到房中，打点各样果子，泡了一盏茶，托至堂前』，一面口中说着，『此茶唤作阿婆茶，名实虽村趣味佳。两个初煨黄栗子，半抄新炒白芝麻，江南橄榄连皮核，塞北胡桃去壳柤』。《快嘴李翠莲记》大约是元代作品

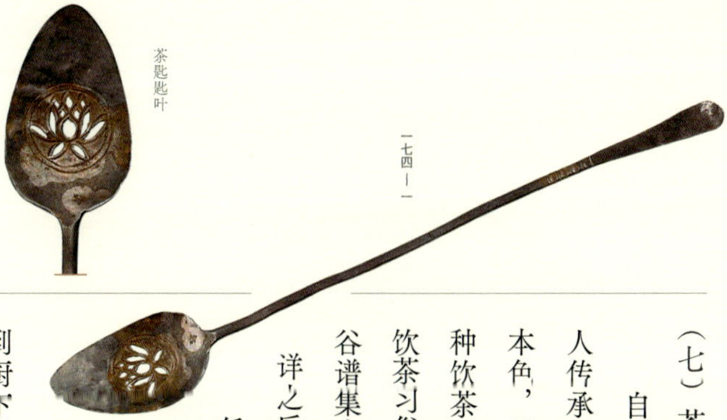

图一七四—一
银镂空莲花纹茶匙
株洲攸县凉江乡元代窖藏

图一七四—二
银镂空莲花纹荷叶茶匙
湖南涟源桥头河镇石洞村元代窖藏

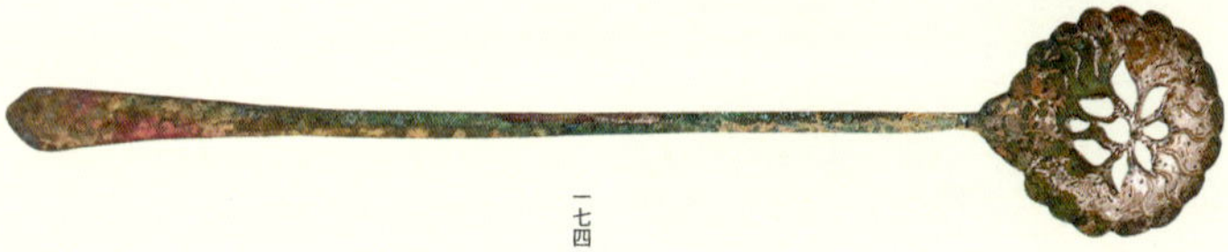

图一七五—一
银镂空莲花纹荷叶茶匙
福建邵武故县窖藏

图一七五—二
银鎏金镂花茶匙
江苏金坛尧塘西榭村窖藏

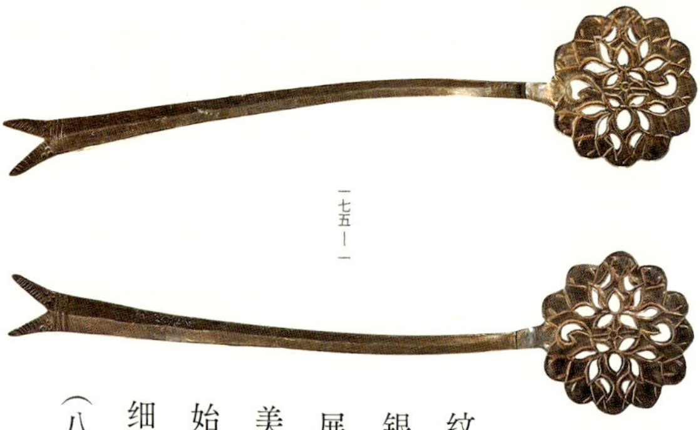

一七五—一

而又经明人增益，这里反映的也正是元明习俗。出自株洲攸县凉江乡元代窖藏的茶匙一组九柄，其匙叶前窄后宽，中心镂空做出一朵荷花；匙柄中腰偏后亦即约当于手持的部位做出一段规整的竹节纹，通长十五厘米左右，每柄重四克上下〔图一七四—一〕。又涟源桥头河镇石洞村元代银器窖藏中的三柄轻薄尤愈，——匙叶做成一枚錾刻出纤细脉理的荷叶，叶心一朵镂空的荷花，重仅三克多〔图一七四—二〕。而同样形制的茶匙宋代已经出现，如福建邵武故县窖藏中的银镂空莲花纹荷叶茶匙〔图一七五—一〕，如江苏金坛尧塘西榭村窖藏中的银鎏金镂花茶匙〔图一七五—二〕。这一种样式本来是由功用发展出来的装饰用心。荷叶茶匙虽银制，造型设计和制作的谐美却使得它精细秀巧而又有出尘之清。其实饮茶法的雅和俗始终是并行的，并且各有发展，也各有自己的精致，茶匙之细事，即可为一证。

（八）元代通行的酒器组合

与宋代流行的盘盏与注碗的组合稍有不同，元代与盘盏

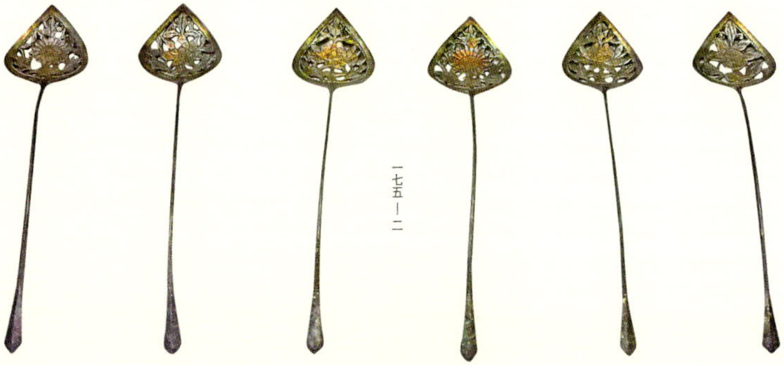

一七五—二

一七六

一七七—一

图一七六
陕西蒲城洞耳村元墓壁画

图一七七—一
山西阳泉东村元墓壁画

同出的多为玉壶春瓶，而河南登封王上金墓、焦作老万庄金墓壁画，又克里夫兰艺术博物馆藏宋佚名《道子墨宝·地狱变相图》中，均已有显示了这种组合的图像[1]。此在元代图像就更是普遍，如内蒙古赤峰三眼井元墓壁画、陕西蒲城洞耳村元墓壁画〔图一七六〕，如山西阳泉东村元墓、屯留康庄工业园区元墓中的饮宴图[2]〔图一七七—一～二〕，又山西洪洞水神庙壁画里的相关场景〔图一七八〕。蒲城元墓中有壁画题记，因知入葬日期为『大朝国至元六年』，亦即蒙古时期元世祖至元六年（一二六九），墓主是张按答不花与李云线夫妇[3]。

[1] 郑州市文物考古研究所《郑州宋金壁画墓》，图二三〇，科学出版社二〇〇五年；河南省博物馆等《河南焦作金墓发掘简报》，图版二：一，《文物》一九七九年第八期；浙江大学中国古代书画研究中心《宋画全集》，第六卷第二册，页一六八（图版说明定此画作时期为南宋），浙江大学出版社二〇〇八年。

[2] 均藏山西博物院，后例出自二号墓，时代为至元十三年（一二七六）。

[3] 项春松等《内蒙昭盟赤峰三眼井元代壁画墓》，图版六：二，《文物》一九八二年第一期；陕西省考古研究所《陕西蒲城洞耳村元代壁画墓》，页二一，《考古与文物》二〇〇〇年第一期。

图一七七－二
山西屯留康庄工业园区元墓壁画

图一七八－一～二
山西洪洞水神庙壁画

一七七－二

一七八－二

一七八－一

图一七九
「庚辰歲萃仲誌」银玉壶春瓶
湖南涟源桥头河镇石洞村元代窖藏

「庚辰歲萃仲誌」银玉壶春瓶铭文

前已言及，宋代酒瓶多为贮酒之器，便是《碎金》所列『酒经』。酒经，或作『酒京』，又或呼作『长瓶』[1]，『经瓶』[2]，『京瓶』。而由贮酒向着斟酒的变化以及两种用途的共存，在南宋笔记中已微见端倪[3]。作为斟酒之器的玉壶春瓶，元代称作壶瓶。它的使用见《事林广记》卷十一《仪礼类》『把官员盏』条，其述常行之礼云：『令祗候人将到酒果或肴馔，酒以壶瓶盛之，须盪令热，一人持酒瓶居左，一人持果盘居右，并立主人之后，主人捧台盏于前，以盏令倾酒，自先尝看冷暖，却倾些小在盘，再令斟满，则跪而献进，持瓶执果者并跪，把盏者云：「小人没甚孝顺官人根底，拿一盏淡酒，望官人休怪。」』《事林广记》是一部日用百科全书式的民间类书，原为南宋陈元靓编，不过宋季原本今已不可见，现存的元、明刊本均经删改和增广，因此其中有不少内容反映了元代的社会生活。这一则说到的礼节与蒲城元墓壁画中的场面虽不是在在相符，却也相差不远。壁画中侍者手捧的玉壶春瓶便是《事林广记》之所谓『壶瓶』。图中把盏『跪而献进』者，身分相当于《事林广记》

一七九

[1] 如欧阳修『遂令我每饮君家，不觉长瓶卧墙曲』（《会饮圣俞家有作兼呈原父景仁圣从》）；王安石『人与长瓶卧芳草，风将急管度青枝』（《清明》）；杨万里『酒兵半已卧长瓶』（《昌英知县叔作岁赋瓶里梅花时坐上九人七首》）。

[2] 说见赵令畤《侯鲭录》卷三。

[3] 袁文《瓮牖闲评》卷六『今人盛酒大瓶谓之京瓶』云云；赵云卫《云麓漫钞》卷三『今人呼劝酒瓶为酒京』云云。所谓『劝酒』，自是斟酒。

图一八〇—一~二
银玉壶春瓶
合肥市小南门孔庙旧基元代窖藏

图一八〇—三
银玉壶春瓶
鄂尔多斯准格尔旗黑岱沟出土

图一八〇—四
银玉壶春瓶
宜昌当阳赵家湖出土

一八〇—二

一八〇—一

此节中的敬酒之『主人』；向把盏者手中接酒的一位，身分相当于《事林广记》中的所谓『官员』，便是墓主人。壁画表现的如果是墓士人曾经的生活场景，那么这里便是与之相交者向身为官员的张按答不花敬酒，而行礼如仪。

出自涟源桥头河镇石洞村元代窖藏的『庚辰岁萃仲誌』银玉壶春瓶，高三十四、口径七点四厘米，重五百九十二点五克〔图一七九〕。元代庚辰年有二，一为元世祖至元十七年，一为元顺帝至元六年。今推定此庚辰为后至元，即公元一三四〇年，则窖藏年代约当元晚期。它与前面所举合肥小南门内原孔庙大成殿西庑左近发现的一处金银器窖藏时代相同，不过彼为公用性质，此则家用之器，而都是窖藏金银酒器中很可以见出元代特色的例子。孔庙窖藏中的玉壶春瓶有设盖与不设盖两种〔图一八〇—一~二〕。同类器物，还可以举出分别出自鄂尔多斯准格尔旗黑岱沟和宜昌当阳赵家湖的两件〔图一八〇—三~四〕。

一八〇—四

一八〇—三

『庚辰年萃仲置』银马盂铭文

图一八一—一
『庚辰年萃仲置』银马盂
涟源桥头河镇石洞村元代窖藏

图一八一—二
银马盂
合肥市小南门孔庙旧基元代窖藏

图一八一—三
银马盂
无锡元钱裕墓出土

图一八一—四
银马盂
内蒙古博物院藏

除前文提到的银蜂赶菊纹盏、银芙蓉花承盘、银錾缠枝海石榴纹盘、银錾蓝桥遇仙故事纹盘，涟源窖藏银器尚有梅花盏，菊花盏，梅梢月纹花口盘，又一件『庚辰年萃仲置』银器，器高五点七、最大口径十六点七、底径十一厘米。素面，平底，无足。横长的一侧有流，流下焊接环柄，底有『庚辰年萃仲置』六字铭〔图一八一—一〕。合肥市小南门孔庙旧基元代窖藏、无锡元钱裕墓以及内蒙古博物院藏品中都有同样的银器〔图一八一—二~四〕。这一类样式的器具，今文物考古界通常称之为『匜』。『匜』为酒器，仍可以前举蒲城壁画墓中的图像为例。墓中处于中心位置，亦即题记下、屏风前的一幅夫妇对坐图，绘屏风一侧一张长方桌，桌的一边为插着牡丹的花瓶，另一边则酒具一组：盘与盏，又瓶一，匜一〔图一八二—一〕。前举阳泉东村元墓北壁夫妇对坐图里女主人身后方桌上的摆设，酒樽、酒勺、玉壶春瓶与盘盏一副之外，也有一件匜〔图一八二—二〕。屯留元墓壁画中，分别捧持玉壶春瓶和盘盏的侍女身后酒桌子上放着荷叶盖罐、酒樽与酒勺、果盘、倒扣的酒盏，另一件则是匜〔图一八二—三〕。考古发现中最常见的元

一八一—一

一八一—三

一八一—二

一八一—四

图一八二一一　陕西蒲城洞耳村元墓壁画

图一八二一二　山西阳泉东村元墓壁画

图一八二一三　山西屯留康庄工业园区元墓壁画

一八二一一

一八二一二

一八二一三

代酒器组合，当然也是酒席筵中的主要用具。再看叶子奇《草木子》卷三对筵席摆设的一番描述，——『筵席则排桌，五蔬、五果、五按酒。置壶瓶、台盏、马盂于别桌，于两楹之间』。这里所述为常规陈设，亦即元代酒筵的一般情景。以下述把盏之仪，与前例所引《事林广记》大抵相同。把壁画所绘与此所谓『置壶瓶、台盏、马盂于别桌』相对看，则玉壶春瓶对应壶瓶；盘盏与台盏为一类，二者也差可对应；以此推得『匜』之对应的名称为马盂，似无疑问。若以上分析无误，则可据以得出结论，即酒器中的所谓『匜』，元代乃称作『马盂』。如此，也可知《碎金》『酒器』条中『盂、杓』之外的『马盂』，便是此『匜』。

匜本来是上古礼器中的盥洗用器，以后则进入日常生活而长期沿用，因此各种质地的制品始终没有从生活中消失，虽然式样间有变化，比如将把手变作环耳。元代的匜，把位置在与流相对之处的环耳又改在了流的下面，以成小巧的环柄，因使它造型趋于浑圆，特有携行之便，且一器而兼多用，即可挹又可饮。不过作为古称的『匜』，却似乎早已不是日常生活中的语言，而称

『匜』为『马盂』，并不始于元代。《三国志》卷五十九《吴主五子传》提到孙权长子孙登曾『失盛水金马盂』。唐及辽金，马盂则多是作为军事装备而依然用为水器[1]。两宋亦如是。南宋张杲《医说》卷五『误吞水蛭』条述其事云，『夏夜出师，中途渴躁，命候兵持马盂挹涧水，甫入口，似有物焉』（事又见《夷坚志补》卷十八《吴少师》）。可见军中马盂挹与饮相兼的情景。与此同时它又扩展用途为酒器之一种。南宋王质有《栗里华阳窝辞·栗里杯觞及壶罇》，辞前小序述其种类，中有『柘木马盂、马瓢、长颈葫芦、扁腹葫芦』[2]；《梦粱录》卷十三『诸色杂卖』一项云酒市有『马盂、屈卮』，是均与酒器并列。马盂之称仿佛不很古雅，但它却非俗器，宋高宗有草书『马盂手札』，见《宝真斋法书赞》卷二，可见作为日常用具，它也是登于大雅之堂的。

作为酒器的马盂，其用途也是挹饮相兼，亦即有『盂』的饮之用，也有『杓』的挹之用。而它的有流又可以兼作斟。明曹昭《格古要论》卷七『古无器皿』条是常为人所称引的一段话，即『古人用汤瓶、酒注，不用壶瓶及有嘴折盂、茶锺、台盘，此皆胡人

[1] 若金银马盂，自属高档用品，而须特赏。如《金史》卷四十四《兵志》『凡镇防军，每年试射，射若有出众，上等赏银四两，特异众者赏十两银马盂』。

[2] 《全宋诗》，册四六，页二八八六九。

图一八三—一
银马杓
湖南涟源桥头河镇石洞村元代窖藏

所用者。中国人用者，始于元朝』。或认为这里的『有嘴折盂』，『可能即带流的「匜」』❶，这一推测是可以成立的。明郎瑛《七修类稿》卷二十一『酒钱元俗』条引《草木子》关于置壶瓶、马盂一节，「马盂」下自注云：『马盂，想即今之折盂。』『折』在此应读作『遮』，是倒的意思。南宋袁说友《遂宁府库古铜物》诗『遂州古名邦，有物岁月深。一一铜作器，得之古墓阴。灯罂间管柱，匜耳擎杯斟』云云❷，所谓『匜耳擎杯斟』，乃想象着古物的今用，而古物之『匜』正是用作斟酒❸。总之，匜是上古之器在后世沿用极为长久的一种，在漫长的历史时期中，其用途、样式自不免时有变化，并且古称之外又或伴随着俗称，所谓『马盂』者，即是也。元代，它与壶瓶、台盏构成一种酒器组合，此际马盂的用途是可挹、可斟、可饮的。

涟源窖藏中尚有一件银勺，勺柄为龙首衔环，即龙首前探弯颈为柄，龙口复衔一枚活环，勺高二点七、口径七点六厘米（图一八三—二）。与此相类的银勺也见于山西灵丘曲回寺元代金银器窖藏、敖汉旗敖吉乡新丘元代银器窖藏❹。出自新丘者为一对，器

❶ 谢明良《陶瓷手记：陶瓷史思索和操作的轨迹·关于玉壶春瓶》，页三七，石头出版股份有限公司二〇〇八年。

❷ 《全宋诗》，册四八，页二九八九三。

❸ 当然『马盂』之名仍算是俗称，『匜』作为古称或雅称是一直保留下来的，人们对它的认识也始终很清楚。而在明代，『匜』之称似乎又使用多起来，不论作为水器抑或作为酒器。如明陆嘘云编纂的日用小百科《世事通考》，其《瓷器类》所列诸物中有『匜』，注云：『音移，盛水器也。』《天水冰山录》《盃爵》类则列有『金匜盃四个』，『金素大匜盃一个』，『金素匜盃七个』，这里的各式『匜盃』无疑是酒器。而『卮匜』也是明人之酒器称谓的常用语。周祈《名义考》卷十二『卮匜』条：『应劭曰：卮，饮酒礼器，古以角作，受四升。师古曰：饮酒圜器也。汉高纪「奉玉卮为太上皇寿」。《说文》：匜，似羹魁，柄中有道，可以注水。《左传》「奉匜沃盥」。一为酒器，一为洗手器，今概称酒器，曰卮匜，失之矣。』（按其所引文献有误，已径改）此系明代学者论俗语之非，而可见『卮匜』之称在当日的流行。

❹ 李白军《曲回寺金银器考释》，图一二，《文物世界》二〇〇四年第四期；邵国田《敖汉文物精华》，页二〇三，内蒙古文化出版社二〇〇四年。

高二点九厘米，口径七点七厘米，系四出花口，内底心錾一株折枝茶花，外口沿錾刻卷云纹，一侧为龙首衔环柄，龙角虬曲，一长一短相叠而披垂，其中长角一只搭在银勺口沿〔图一八三—二〕。又艾尔米塔什博物馆藏蒙元时期的龙柄金勺和银勺，也是大致相同的式样。柄均有环，当是为了携行之便〔图一八四—一～二〕。几件银勺的特别之处在于龙首衔环柄的造型与样式。以时序来说，艾尔米塔什博物馆藏品时代更早，前三例或是依仿它的样式而制，惟细部处理稍作变化，而尺寸皆趋于小。

一八三—二

一八四—一

一八四—二

图一八三—二
银马杓
敖汉旗新丘元代银器窖藏

图一八四—一
金马杓

图一八四—二
银马杓
艾尔米塔什博物馆藏

马杓的名称多见于宋元文献，原是与马盂使用情况略有相似，即挹饮相兼的一种饮器。吴自牧《梦粱录》卷十六『酒肆』一节道杭城酒店有门前『挂草葫芦、银马杓、银大碗』为招牌者。洪迈《夷坚志·丙志》卷十七『沈见鬼』条云，绍兴年间，有三道流归天台，其中二人『颇鏊絜，随身赍干糒及马杓之属』，可知马杓也宜于行旅。《朴通事谚解·中》说到郊天用器，所举各项中有『椀楪，匙筯，杩杓』。喀喇汀王朝时期的《突厥语大词典》中也有『马勺』一词[1]。马杓或也可以看作是带柄的马盂。这一类长柄大勺的携带方式，由包头市征集的一组四件元代铜人可以见得很真切，——铜人腰间均挂一个式样与出土实物相类的大勺（图一八五）。

作为金银酒器的马杓，制作自然更为讲究，样式也有了很大变化。元人汤式所作散曲有《赠玉马杓》一题。此『玉马杓』

一八五

图一八五
元代铜人
包头市征集

一八六

图一八六
山西平定西关村
金代壁画墓马厩图（局部）

[1] 麻赫穆德·喀什噶里《突厥语大词典》（汉文本，何锐等译），第一卷，页三七八，民族出版社二〇〇二年。按此成书于十一世纪七十年代，为喀喇汗王朝的鼎盛时期。

原是妓名，作者乃巧用双关借物咏人，玉马杓的样式与用途也因此可略见大概，即所谓『雀尾样其实欠，鸬鹚名空自慊』；『泼新醅分开绿蚁，掬清波荡碎银蟾』；『好向他万花丛里为头儿占。休教人百味厨中信手儿拈。恁时节添不上风流洗不了瑕玷。倾城的貌甜，连城的价添。稳情取翫瓢戏的西施望风儿闪』云云[1]。『休教人百味厨中信手儿拈』，则它不是平常厨具中的马杓[2]，自然也不是墓葬壁画中喂马用的马杓（图一八六）。『雀尾』，亦作鹊尾，是指一种长柄的雀尾香炉。马杓有柄，故元人喜以此炉作喻，如王逢『巾幂鹊尾黄金杓』[3]。『鸬鹚』句，用李白《襄阳歌》『鸬鹚杓，鹦鹉杯，百年三万六千日，一日须倾三百杯』句意，而如此用法已见于宋人，南宋冯时行《就得胜寨遣人入巫山买酒》『马杓胜鹦鹉』[4]，其例也。『西施』句却是借用『西子嫁鸱夷』的字面义以说酒器[5]。抛开繁丽的辞藻，可知玉马杓正好像鸬鹚杓一样可用来酌酒，又仿佛鹦鹉杯可用作饮器；杓有柄好似雀尾炉，然而杓柄却未如雀尾炉那样长。

依据曲中的这一番形容，不难找见与之大致相符的实物。

---

1. 《全元散曲》，页一五一八。
2. 厨具中的马杓乃寻常用具，元杂剧中常见，如《秋胡戏妻》：『媳妇儿，你只待敦葫芦摔马杓哩。』又《桃花女》：『坐着门桯，披着头稍，将小名儿唤，马杓儿敲。』
3. 《奉陪神保大王宴朱将军第闻弹白翎雀引》，《元诗选·初集》，页二二二一。
4. 《全宋诗》，册三四，页二一六二六。
5. 《汉书》卷九十二《陈遵传》：『鸱夷滑稽，腹如大壶，尽日盛酒，人复借酤。』又金人靖天民有诗题《西子放瓢图》（薛瑞兆等《全金诗》，册三，页七二，南开大学出版社一九九五年），瓢亦可作酒器，故用以代鸱夷也。

图一八七 『青玉龙柄长方折角杯』 故宫博物院藏

《中国玉器全集》收录一件故宫博物院藏『青玉龙柄长方折角杯』，并定其年代为宋[1]。把玉杯与艾尔米塔什博物馆藏金勺相对看，二者龙首柄造型和样式的一致可以一目了然，尤其是作为显著特征之一的长角虬曲搭在勺沿。唯一的不同是龙口大张而含珠，但衔环之孔依然如式，并且显得十分自然〔图一八七〕。那么这里存在两种可能：一、环失。二、龙口所衔之环本来有着功能意义，即为了携行的方便。如果此器是中原工匠依仿北方样式而制，则或许是一种有意的改变。总之可以认为，所谓『青玉龙柄长方折角杯』，与金勺原是同类器物，换句话说，就设计模式而言二者同源。那么可以进一步推论，即元人眼中的玉马杓当为此属。

勺的使用，在《马可波罗行纪》中可略得仿佛，——『大汗所坐殿内，有一处置一精金大瓮，内足容酒一桶。大瓮之四角各列一小瓮，满盛精贵之香料。注大瓮之酒于小瓮，然后用精金大杓取酒。其杓之大，盛酒足供十人之饮。取酒后，以此大杓连同带柄之金盏二置于二人间，使各人得用盏于杓中取酒』。所谓『带柄之金盏』，应即元代流行的一侧有压指板以及上有压指板、下

[1] 杨伯达《中国玉器全集》第五卷，图一〇九，河北美术出版社一九九七年。又宋代耀州窑遗址出土一件『月白釉瓷龙首八方杯』，与故宫玉杯颇为相似，但龙首造型不同。见陕西省考古研究所等《宋代耀州窑址》，彩版一五：二，文物出版社一九九八年。

图一八八—一
银鎏金盏
额尔齐斯河畔出土

图一八八—二
金盏
内蒙古兴和县五股泉乡五甲地村出土

一八八—一

接环耳的金盏，前者如发现于托波尔省额尔齐斯河畔的蒙元时期的银鎏金盏〔图一八八—一〕，后者如内蒙古兴和县五股泉乡五甲地村出土的元代金盏〔图一八八—二〕。而『精金大杓』，便是常与金银酒盏、酒杯同出的龙首衔环柄勺，亦即马杓。惟大汗所用者体量殊大，以至于『盛酒足供十人之饮』❶。而这一风俗似早已通行南北，前引冯诗『马杓胜鹦鹉』是南宋情景，元杨维桢《吴下竹枝歌》『银马杓中劝郎酒，看郎色似赤瑛盘』，则元末江南景象也。

元代从西域传来蒸馏酒，时名阿剌吉或哈剌吉，忽思慧《饮膳正要》卷三所云『用好酒蒸熬取露成阿剌吉』，即此，因又称它为『酒露』。虽然『酒露』在元代后期即已传播于民间，但出现在南北宴席上的仍以黄酒为多。前引《事林广记》『酒以壶瓶盛之，须盪令热』，可知此酒不是『酒露』，只是元代通常不以酒注与温碗组合为注子一副，器中酒冷，可以炉火随时烫

一八八—二

❶ 关于马杓的容量，宋秦九韶《数学九章》卷一曾有涉及，原是以盗米案设问，其中提到『马杓满容（米）一升九合』，『漆椀容一升二合』。似可参考。不过这里是作为厨具的马杓。

热，元明多省称为『盪』。如元李直夫《虎头牌》杂剧第四折『快与我杀羊盪酒来』；《水浒传》第二回：『庄客托出一桶盘，四样菜蔬，一盘牛肉，铺放桌上，先盪酒来筛下。』酒肆如此，若郊游踏青，绿茵为席赏花饮酒，随行担子上不必说也是要有食有酒，那么盪酒的一个小小火炉自也少不得。不过盪酒通常不会把盛酒器直接放在炉火上加热，而是置于注了汤亦即热水的容器，则与炉火直接接触的原是汤器，以是加热过程中方才对酒毫无损伤。山西阳泉东村元墓西北壁壁画绘厅堂里前有女仆奉酒，中有伎乐演奏，窗边一个外翻马蹄的三足几上放置仰莲托的火盆，火盆上坐了水盆[1]，僮仆持瓶正待置于汤中温酒〔图一八九〕，便是这

一八九

图一八九 山西阳泉东村元墓壁画

[1] 此类温器，元代称镟锅（多见元杂剧），又或汤罐（元赵叔英《汤罐》『花发柳塘春烫酒，雪深茅屋夜烹茶』）。

图一九〇—一
银酒铫
无锡元钱裕墓出土

图一九〇—二
银酒铫
新安海底沉船遗物

一九〇—一

等情景。只是如此操作似稍嫌繁琐，为着便捷，温酒之器中遂有一种水火合为一器的『水火炉』。虽然今天能够见到的水火炉实物是明代物，但已发现不少『火炉』上面的『水器』，即上部制如烹茶用的提梁铫子，下连一个高筒式足的器皿，宋物如浙江诸暨桃花岭南宋墓❶、浙江东阳金交椅山宋墓❷，又江苏武进村前乡南宋墓出土诸器，后者为锡明器❸。元代则有无锡钱裕墓，又韩国新安海底沉船中的银器❹（图一九〇—一～二）。出现在南宋至元代的这一类高筒式足银器或铜器，当是温酒用的铫子，明代或称之为高脚壶、酒插，它与烹茶不同，即不是底部直接受火，而是把高筒式足放在热水即所谓『汤』中加温，使用方法便类如四川崇州万家镇明代瓷器窖藏中的一副锡提梁壶，说见第八章。

一九〇—二

❶ 宋美英《诸暨桃花岭南宋纪年墓研究》，页一七，图一二，《东方博物》第三十三辑（二〇〇九年）。
❷ 吕海萍《东阳金交椅山宋墓出土文物》，页九，图八，《东方博物》第三十九辑（二〇一一年）。
❸ 陈晶等《江苏武进村前南宋墓清理纪要》，页二五四，图一六（称作『带流提桶』），《考古》一九八六年第三期。
❹《新安沉船里的金属工艺》（韩文版），图九七，文化财厅，国立海洋遗物展示馆特别展，二〇〇七年。按同出尚有铜高脚注子，见图九六。

一、妆具及其他

元代金银梳妆用具，张士诚母曹氏墓中出土者，是颇为齐整的一套❶〔图一九一一〕，时属元代末年。银托盘上银奁一具，银奁通高二十四点三厘米，上中下三层，以子母口扣合，周身及盖面錾刻山茶、菊花、芙蓉等折枝花。上层置一把银剪刀，又银柄棕刷大小各一，银掠一，银镜一面。中层四个银盒，其一内有粉迹；其一残存胭脂；其一内置粉扑。又大小银碟各一，器盖下连小勺的银盖罐一个。下层银梳、银篦各一，银剪刀、银盖罐各一，又银针等。承托银奁的托盘，应即妆盘。妆盘的名称，见于南宋刻本《碎金·家生篇》的『妆奁』一项之下。唐张碧《美人梳头》『玉容惊觉浓睡醒，圆蟾挂出妆台表。金盘解下丛鬟碎，三尺巫云绾朝翠』❷，妆盘便是唐人诗中的『金盘』之属，梳妆时用作盛放小件用具。银碟两件，则即胭脂碟。一大一小两个银罐，小的一个，盖下连着一柄小勺，便是油缸。略大的一

❶ 苏州市文物保管委员会《苏州吴张士诚母曹氏墓清理简报》，页二九四～二九五，《考古》一九六五年第六期。

❷《全唐诗》，册一四，页五三三九，中华书局一九六〇年。

❶《全元散曲》，页四二。

❷ 逯钦立《先秦汉魏晋南北朝诗》，下册，页二〇九五，中华书局一九八三年。

图一九一一 银奁

图一九一—二
银奁内的妆具
元末张士诚母曹氏墓出土

个，或是盛放用于梳鬓的清水。《碎金·服饰篇》『梳洗』条列有『补鬓』。元王和卿〔仙吕·一半儿〕《题情》句有『鸦翅般水鬓似刀裁，小颗颗芙蓉花额儿窄，待不梳妆怕娘左猜』❶。与唐代女子虚拢两鬓如蝉翼不同，此际风尚是长长的水鬓贴在面颊两边。妆具中的刷，两汉已见，《北堂书钞》卷一三六引晋张敞《东宫旧事》云『太子纳妃有漆画猪发犀刷大小三枚』，即此。曹氏墓中的大小两件银柄棕刷，也是此类。尺寸稍大者，扁平的长柄两面分别錾刻折枝花和缠枝卷草。刷之一原用作理发，嵇康《养生论》所谓『劲刷理鬓』是也。又梁朱超《咏镜诗》『安钗钏独响，刷鬓袖俱移』❷，乃言女子梳妆，情景尤切。刷之二便是用作刷梳。明人纂辑的《三才图会》，『器用部』也列有大小二刷，大者称作『梳帚』，云用作『去梳垢』，小者称作『刡』，云『刡以掠发』，其使用历史可谓久长。

一九一—二

图一九二
镜与镜架
元末张士诚母曹氏墓出土

同出又有一个可开可阖的银镜架〔图一九二〕。整个背板为镂空作，顶端树一枝菊花，下方是双凤戏牡丹，牡丹花上一对蜜蜂。中心部分为团龙，团龙四角各一朵如意云，两侧折枝牡丹。前方支架上一个斜撑，开光内是玉兔衔灵芝，下方一个用作撑开前后支架的银板，开光内是花枝对鸟。镜架的各个端头都是一枚如意

镜架

镜架局部

一九二

云朵，云朵上一个宝珠。所谓『凤凰小架悬夜月』❶，此镜似之。

元吕师孟夫妇墓随葬品中也有妆具。其中一件银盖罐❷，系取柿子为形，顶上一个弯柄的小盖便是柿蒂，柿蒂下边连一个小勺，连盖高四点五厘米，亦为油缸之属〔图一九三〕。株洲攸县凉江乡元代窖藏中的一对小银碟，菱花口，浅弧腹，平底，折沿，盘心分别錾刻朝向互为呼应的折枝牡丹与折枝菊花，折沿均饰卷草纹，最大口径八点六厘米，当为胭脂碟〔图一九四—一〕。与之同出的还有一件银粉盒〔图一九四—二〕。

❶ 萨都剌《题四时宫人图四首》之一。

❷ 江苏省文物管理委员会《江苏吴县元墓清理简报》，页一九（简报称作『银水盂』），《文物》一九五九年第十一期。

一九三

一九四—一

一九四—二

图一九三 柿子形银盖罐 吕师孟夫妇墓出土

图一九四—一 银妆盘

图一九四—二 银粉盒 株洲攸县凉江乡元代窖藏

一九五

一九六

益阳八字哨元代窖藏如意云纹银盒一件，与前节所举德安咸淳十年周氏墓出土的一对银粉盒式样相近，但尺寸稍大，高六点二、直径十点五厘米，底部打作矮圈足，外底心有『清河』款〔图一九五〕。如意云纹是宋元漆器剔犀工艺中的基本纹样，在各种器皿中出现最多。一般认为漆器纹样是借鉴了同时代的银器，剔犀中的如意云纹也是如此。不过在敦煌唐五代绘画中已经出现了以如意云纹满饰器壁的瓶、钵、盘等，如今藏大英博物馆的五代绢画《法华经·普门品》变相图中佛前香案上面作为供养具的花盘[1]〔图一九六〕。虽然仅就图像来看不好断定它的质地，但如果结合当地的生活用器而说它是木器，应不致大误。剔犀最早的实例乃见于西域[2]，雕花木器的制作传统也正可以追溯到这一地区，上古以来最常使用的图案便是各种旋纹，——或旋卷如水涡，或变换排列组合的方式以构成不同的图案，如新疆且末扎衮鲁克墓地出土的纺轮、饰牌、盒子等雕花木器，其时代

[1] 韦陀《西域美术·英国博物馆斯坦因收集品·Ⅱ》，图二一—五，讲谈社一九八二年。

[2] 王世襄《髹饰录解说》『剔犀』条曰：最早的剔犀实例英人迦纳认为是一九〇六年斯坦因在米兰堡发现的唐代（八世纪）皮质甲片。据斯坦因的描述，甲片可能用骆驼皮制成，两面髹漆，有的多至七层，以朱黑两色漆为主，花纹有同心圆、椭圆和近似逗号以及倒S形等几何花纹，是用刮擦的方法透过了不同的漆层取得的（按斯坦因的这段文字今见巫新华等译《西域考古图记》第一卷，页二七七，广西师范大学出版社一九九九年；与这里引述者略有不同。皮甲片图见该书第四卷，图五〇）。『因此我们有理由认为，唐漆甲是剔犀尚未定型，而近似锥毗的一种做法』。《髹饰录解说：中国传统漆工艺研究》（修订版），页一三一～一三二，文物出版社一九八三年。

图一九五
银如意纹盒
益阳八字哨元代窖藏

图一九六
法华经·普门品变相图（局部）
大英博物馆藏

距今约两千八百年。而新疆各地不同时期的出土物中都有数量不少的雕花木器，由此很可以见出形制与纹饰的继承与延续[1]。图像中的例子也有不少，比如克孜尔第五八窟后甬道正壁八王分舍利图中的一件舍利盒，盒腹所饰便是规整的如意纹[2]。此壁画时代约当七世纪。前举敦煌出土绢画中的花盘纹样自然也有着来自西域的影响。麻赫默德·喀什噶里《突厥语大词典》第二卷『上漆』词条下举例句曰：『木碗上漆了，即为了在木碗上雕花而涂漆了。』又第三卷『漆』条下举例句曰『漆大木碗了，即为了雕刻大木碗而给它上漆了』。意为涂漆之后再雕刻，这种漆木碗的制作方法正透露着它的类如剔犀的消息，虽然它的涂漆很可能未如剔犀工艺成熟时代那样多至数十道乃至数百道。而雕花木器与剔犀，就剔刻来说颇有相通之处，当然前者工艺相对简单，后者工艺要繁复得多。根据这样一个大致的线索，推测剔犀工艺，包括它的代表性纹样原是同西域的雕花木器密切相关，当是可以成立的。那么不妨认为，银器装饰中的如意云纹是仿自剔犀工艺，而不是相反。

[1] 这一传统并且一直延续下来，新疆博物馆展出维吾尔族近代生活用品中的雕花木碗，图案即与上古几乎无别。

[2] 此为克孜尔石窟考察所亲见，只是在我见到的各种图录中均未收。

前节说到，两宋金银器中的清洁用器，每以厮锣、钵盂、唾盂构成固定组合，它也是官员出行仪仗的组成部分，又或成为朝廷赐物。元代此风相沿，厮锣则多呼作『银盆』，钵盂或易作水罐。如元石德玉《秋胡戏妻》杂剧第二折『两行公人排列齐，水罐银盆摆的直』；元无名氏《渔樵记》杂剧第三折『那骨朵衙仗，水礶银盆，茶褐罗伞下，五明马上，端然坐着个相公』。河南焦作元靳德茂墓出土仪仗陶俑，分别有提水罐与提盆者，正所谓『水罐银盆』〔图一九七—一～二〕。如此组合的三件物事，原本也是日常生活用器。无锡元钱裕墓出土银器中，有『盆』二、『碗』二、『渣斗』二[1]，按照宋人的说法，应即厮锣、钵盂、唾盂两副〔图一九八〕。墓主人乃由宋入元，据同出墓志，可知钱裕是并无官职的乡绅。

一九七—二

一九七—一

[1] 盆二，弧腹，平底，口沿外折，其一高五点二、口径二十九点三厘米，其一高四点九、口径二十八点五厘米。碗二，直口，平底，口径九点五、高四厘米。渣斗二，底有铭曰『陈铺造□』，通高十点三厘米。无锡市博物馆《江苏无锡市元墓中出土一批文物》，页五三，《文物》一九六四年第十二期。

图一九七—一
陶俑·提水罐

图一九七—二
陶俑·提水盆
河南焦作元靳德茂墓出土

图一九八—一
银盆（厮锣）之一

图一九八—二
银钵盂

图一九八—三
银唾盂
无锡元钱裕墓出土

一九八—一

一九八—二

一九八—三

第四节 余论

欧阳修有作于熙宁四年的《采桑子》十一阕，系咏颍州风物，道是『天容水色西湖好，云物俱鲜。鸥鹭闲眠。应惯寻常听管弦』（八）；『画船载酒西湖好，急管繁弦。玉盏催传，稳泛平波任醉眠』（三）；『画船撑入花深处，香泛金卮。烟雨微微，一片笙歌醉里归』（七）。虽是北宋风景，却不妨概括两宋之歌酒风流。当然『中兴复古』之音也始终缭绕于南宋的政治旋律，然而时盛时衰，或显或隐，却未如『急管繁弦』『香泛金卮』是恒常。如此之诗心词魂每每系诸『文物』，便是蕴含了各种文化信息的物质遗存，金银器自是这『文物』中分外耀眼的部分。彭州、德阳、溧阳、邵武等窖藏金银器，可据以复原当日一个中小规模的宴集。南京张同之夫妇墓❶、衢州史绳祖夫妇墓、福州许峻夫妇墓出土物，可据以绘制南宋『才子佳人』家居生活的一角图景。德安周氏墓显示了大家闺秀日常用器之灿然。由遵义杨价夫妇墓出土物则可

❶ 与同之合葬的章氏乃其继室，据同出《宋故夫人章氏祔葬埋铭》，章氏高祖为章惇，父冲，『见任中散大夫，提举建宁府武夷山冲佑观』，母亲叶氏，『赠令人，左丞石林先生之女』，『夫人生于外氏，而中散亦筑居弁山，故为吴兴人』。石林先生，即叶梦得，累官中书舍人、翰林学士、吏部尚书、龙图阁直学士，章氏是他的外孙女。同之的随葬品以书房清物为主，章氏则是茶酒器，且银器居多。计有卷草纹银瓶一，银蕉叶盏一，梅梢月纹银盘盂一副（本书已举出）。银盆一、银唾盂一、银钵二（银钵之一，当与银盆和银唾盂组合为厮锣、钵盂、唾盂一副）。银盏、银高足杯、银箸、银匙、银盘、银盖罐、直口平底银盖盒各一。卷草纹银盒一（本书已举出）。又银釦定窑白瓷盏三件。『夫人生于外氏』，而外祖父乃朝中大老，随葬品或不乏妆奁中物。彭州宋代金银器窖藏中即有『史氏妆奁』款银花口盘盏一副。要之，章氏随葬的瓶、盏、盘、盂数事，不仅是南宋酒器中常见的组合，而且是其中的精品。

见称雄西南的播州土司豪奢与江南同步。总之，金银器的制作与使用，是南宋社会富庶繁华之一面的重要标志之一，它的造型与纹饰得意于时尚又引领着时尚，以此在很是商业化而又时时浸润诗思的时尚消费中散射魅力。

宋室南渡，用金帛和屈辱换来一隅偏安，虽然付出的代价很是惨痛❶，并且安乐富足既不平衡，又时断时续，但与政治史并行交错的南宋日常生活史依然别有它的鲜丽，且始终得以文化之盛而为他者所仿效，因此就目前所见者而言，金银器的地域性并不特别显著。

宋、辽、金时期，南北政权之间物品的交流很是频繁。《建炎以来朝野杂记·甲集》卷三：『自和戎后，虏人正旦餽上金酒器六事，法碗一，盏四，盘一，色绫罗纱縠三百段，马六匹。生辰，珠一袋，金带一条，衣七对，箱一，各色绫罗五百段，马十匹。而戎主生辰、正旦，朝廷皆遣金茶器千两，银酒器万两，锦绮千匹云。』上层如此，民间亦然。庄绰《鸡肋编》卷上：『建炎之后，江浙、湖湘、闽广，西北流寓之人遍满。』则风俗及爱

❶《齐东野语》卷十二『淳绍岁币』条一段很长的叙事，读之教人感慨万端，仅节录数语如下：『绍兴岁币，银二十万两，绢二十万疋。……又贴耗银二千四百余两，每岁例增添银二百余两，并淮东漕司管认。……艰苦不可具道也。……若正旦、生朝遣使，每次礼物金器一千两，银器一万两，彩段一千匹。……若外遣泛使，则其礼物等又皆倍之。又有起发副使土物之费。又有朝辞回程宣赐等费。……时聘使往来，旁午于道。凡过盱眙，例游第一山，酌玻璃泉，题诗石壁，以记岁月，遂成故事，镌刻题名几满。绍熙癸丑，国信使郑汝谐一诗云：忍耻包羞事北庭，奚奴得意管逢迎。燕山有石无人勒，却向都梁记姓名。可谓知言矣。噫，开边之用固无穷，而和戎之费亦不易，余因详书之。』

赏的南北交通正是显而易见，更何况『流寓之人』中自然不会没有工匠，因此金银酒器的地域之别并不十分明显。而呈现异域特色的金银器皿几乎都发现于十三至十四世纪的四大汗国，如艾尔米塔什博物馆收藏的一批金银器〔图一九九〕。元代金银器中虽然也有若干与之形似者，但除却其中的银鎏金錾花高足杯之外，几乎都谈不到神似，因为已经不同程度中土化。当然在此必须补充说明的是，我们今天看到的元代金银器以出自南方者为多，不论数量还是品种，而这并不能代表当日的实际情况。或许今后会有新的发现使我们改变目前的认识。

一九九—一

一九九—二

一九九—三

一九九—四

图一九九—一
双龙耳金碗
出自别尔哥萨莱古城遗址

图一九九—二
银鎏金高足杯
出自斯维尔德洛夫州北部

图一九九—三
银鎏金錾花高足杯
出自托波尔省额尔齐斯河

图一九九—四
银高足杯
出自库班白河镇附近山岗

宋元金银器中土化强势的成因，可以参考傅乐成《唐型文化与宋型文化》综论中的一节，——『大体说来，唐代文化以接受外来文化为主，其文化精神及动态是复杂而进取的。唐代后期的儒学复兴运动，只是始开风气，在当时并没有多大作用。到宋，各派思想主流如佛、道、儒诸家，已趋融合，渐成一统之局，遂有民族本位文化的理学的产生，其文化精神及动态亦转趋单纯与收敛。南宋时，道统的思想既立，民族本位文化益形强固，其排拒外来文化的成见，也日益加深。宋代对外交通，甚为发达，但其各项学术，都不脱中国本位文化的范围；对外来文化的吸收，几达停滞状态。这是中国本位文化建立后的最显著的现象，也是宋型文化与唐型文化最大的不同点。

『蒙古灭宋，建立元帝国。元的制度，一部分袭取汉制，一部分则保持蒙古旧法。但蒙古人吸取汉化的态度，并不积极；汉化的程度，也不深厚。仁宗时，开始以科举考试笼络汉人，这可看出科举制度在中国已奠定不可动摇的基础。但元室忌视汉人，未能善用这种制度，以致无法使汉人与之充分合作。其政治的腐败落伍，也与此大有关系。蒙古人的文化，尚未完全脱离游牧民族的本色。元时中国本位文化仍具深厚的潜力，因此元室虽不积极提倡汉化，但蒙古本身的文化对汉人可谓毫无影响。到明室建立，汉官威仪，随即恢复，异族的统治痕迹，几无可寻。』[1]

这一番论述并不圆满，如所谓『毫无影响』『几无可寻』，皆未确，但论其趋势大略如此，是不错的。总之，金银器走过唐代的辉煌，也走过了融汇异域因素而形成自己风格的发展历程，两宋则是造型与纹样不断演变并逐渐定型亦即中土化的时代，是金银器制作中承上启下的一个最为重要的阶段。元承两宋，而在继承与创新的基础上使宋代形成的风格与样式进一步稳定下来，而为明清所继承。

[1] 《汉唐史论集》，页三八〇，联经出版事业公司一九七七年。

附：代表宋元筵席用器基本样式的两组实例

两宋时代筵席用器的主要类型与样式，以彭州窖藏中物为例，可见大略。这里即按照本书的定名与归类，整理如下[1]：

一 台盏

甲、『齐』字款银台盏七副：『齐』字款银錾石榴花结盏七，『齐』字款银酒台子七[2]〔插图一～二〕；『史氏妆奁』款银花盘盏两副[3]〔插图三〕；『董』字款银艾叶式酒台子一（失盏）[4]〔插图四〕。

乙、银台盏五十六：『袁家十分』，『国器』，『东海逝娘置』等款银盏五十六；『董』，『史氏妆奁』款等银酒台子五十六[5]。

丙、『董』字款银芙蓉花承盘一对[6]〔失盏，图四九—二〕。

[1] 据《四川彭州宋代金银器窖藏》（以下简称《窖藏》），又中国国家博物馆等《宋韵：四川窖藏文物辑粹》，中国社会科学出版社二〇〇六年。

[2] 《窖藏》，页三九～四二『石榴花结纹碗』，彩版一五；页一五九『卷草纹圆形茶托』，彩版四五。

[3] 《窖藏》，页六九『莲花形盏』，彩版二一；页一六六『莲花形茶托』，彩版四六：二。《宋韵》，页一二四『莲花形银盘盏』。

[4] 《窖藏》，页一六五『树叶形茶托』，彩版四六：一。《宋韵》，页一二四『树叶形银托盘』。

[5] 《窖藏》，页四三『杯』五十六件，彩版一三：二；页一四一『圆形茶托』，彩版四四：一。《宋韵》，页一三四『银酒台』。

[6] 《窖藏》，页九二～九三『花口盘』，彩版二七。

二　散盏

『福德』款银盏一对〔插图五〕，『德星亭』款银盏一对[1]。

三　劝盏

『绍熙改元舜字号』款金菊花盏一〔图三三〕，『先父』款菊花盏一[2]，金梨花盏一[3]〔插图六〕，『齐』字款金瓜杯一对〔图五七〕，『吉』字款金盏一[4]〔插图七〕，『□宅』款金花口盂一[5]〔插图八〕。『张家十分』款银龟游莲叶盏十〔图六五—二〕，银莲花纹盏四[6]〔插图九〕，银錾绶带结八方盏六[7]，银教子升天夹层盏一对〔图六八〕，银葵花盏一对〔图三八—二〕，银菱花口盏一对[8]〔插图一〇〕。

四　长瓶

『袁家十分』款银瓶一对，银瓶四（其一有款曰『公家十分』），『董』字款银如意云纹瓶一对，『周家十分』款银云鹤纹瓶一对[9]〔图七一—一～三〕。

五　果盘

『陈家十分』款银盘十〔插图一一〕，『公平用』等款银花口盘十〔插图一二〕，『王家十分』款银錾狮子戏毬纹盘四，『贵盛』款银錾蝶

---

[1]《窖藏》，页三八『大弧腹银碗』，『小弧腹银碗』；彩版一二：二、彩版一三：一。

[2]《窖藏》，页四『菊花碗』；彩版二。

[3]《窖藏》，页三～四『五曲盏』，彩版三。按梨花盏颇见于宋人题咏，如黄庭坚《谢杨景山送惠酒器》『杨君喜我梨花盏，却念初无注酒魁』；毛滂《陪曹使君饮郭别乘舍夜归奉寄》『金波滟滟梨花玉』，句下自注：『是夜饮器。』又欧阳修《玉楼春》：『芙蓉斗晕燕支浅。留著晚花开小宴。画船红日晚风清，柳色溪光晴照暖。／美人争劝梨花盏。舞困玉腰裙缕慢。莫交银烛促归期，已祝斜阳休更晚。』

[4]《窖藏》，页七『圈足杯』，彩版五：一。

[5]《窖藏》，页七『葵口圜底杯』，彩版五：二。

[6]《窖藏》，页六一『莲花纹杯』，彩版一八。

[7]《窖藏》，页五九～六一，彩版一七『绶带纹八角形杯』。

[8]《窖藏》，页六九『菱形盏』，彩版二三：一。

[9]《窖藏》，页一三～一七『素面梅瓶』，『如意云头纹梅瓶』，『鸟纹梅瓶』，彩版八至九。

插图一、二 『齐』字款银台盏一副
插图三 『史氏妆奁』款银花盘盏一副
插图四 银艾叶式酒台子
插图五 『福德』款银盏

赶花纹葵口盘四〔插图一三〕，『董』字款银菊瓣纹盘〔插图一四〕，银錾仿古纹三足盘❶〔插图一五〕。

六 注子

银注子九副❷〔图九—一、七六—一〕。

七 唾盂

银唾盂二❸〔插图一六〕。

八 茶盏、盏托

银茶盏七，银盏托二十三❹〔插图一七～一八〕。

九 熏炉

银熏炉十一❺〔图九九—二〕。

❶《窖藏》，页七四～七九『素面圆盘』，彩版二二：二；页八〇～八八『十曲圆弧盘』，彩版二五；页七八～八〇『狮纹圆盘』，彩版二三；页八〇『六曲葵口盘』，彩版二六：一；页八八『多曲盘』，彩版二六：二；页七四『三足圆盘』，彩版二四。

❷《窖藏》，页九三～一二四『执壶与温碗』，图版二八至四一。

❸《窖藏》，页一八六～一八七，彩版五四。

❹《窖藏》，页三六『斗笠碗』，彩版一二：一；页一二六～一四〇『葵形茶托』，彩版四三。

❺《窖藏》，页一六七～一八六，彩版四七至五三。

台盏

一

二

三

四

散盏

五

插图六　金梨花盏
插图七　『吉』字款金盏
插图八　『□宅』款金花口盂
插图九　银莲花纹盏
插图一〇　银菱花口盏
插图一一　银盘
插图一二　银花口盘
插图一三　银錾蝶赶花纹葵口盘
插图一四　银菊瓣纹盘
插图一五　银仿古纹三足盘
插图一六　银唾盂
插图一七　银茶盏
插图一八　银盏托

劝盏

六

七

八

九

一〇

果盘

一一

一二

一三

一四

一五

唾盂

一六

茶盏

一七

盏托

一八

插图一九
安徽合肥小南门元代金银器窖藏

一九

代表元代筵席用器基本样式的一组实例为合肥市小南门内原孔庙大成殿西庑元代金银器窖藏[1]〔插图一九〕。今依本书的定名与归类，整理如下：

一 酒杯与酒盏

『章仲英造』金四曲花口卮杯一对，银四曲花口卮杯一对，银卮杯一对，『章仲英造』金盏一对，银盏一对。

二 果盘、果菜碟、水菜碗

『章仲英造』金四曲花口盘一对，银四曲花口

[1] 吴兴汉《介绍安徽合肥发现的元代金银器皿》，页五三，《文物参考资料》一九五七年第二期。

盘一对，『章仲英造』金盘一对（其中一件无铭文），银盘七；金碟一对；『庐州丁铺』银碗四。

三　马盂、壶瓶、酒樽与勺

银马盂六，『章仲英造』银玉壶春瓶五（其一铭曰『九成艮〔银〕造重拾肆两』），银带盖玉壶春瓶四（其一铭曰『至顺癸酉』），铜酒樽一、银勺一。

四　果盒与箸

银錾双凤穿花纹果盒一，银箸五十五副。

总计一百零二件。根据金银器上面所刻『至顺癸酉』（插图二〇一一）『庐州丁铺』『章仲英造』（插图二〇一二）等铭文，可知这批器物是元文宗至顺四年庐州丁铺的匠师章仲英所制。而它与《碎金》『酒器』一项胪列的名称多可对应。

二〇一一

二〇一二

插图二〇一一　铭文一

插图二〇一二　铭文二

第七章

两宋金元饰品

金银首饰，两宋时代的使用已经很普遍，造型与纹饰也十分丰富。从样式说，是完成了由唐式向宋式的转变，并且多为元代所沿用。不过就首饰的名称而言，仍与唐代相似，即通名多，专名少。南宋刻本《碎金》『钗钏』一项列举的名称不过『挟鬓、看钗、裹钗、金钗』[1]。皇室嫁娶，金银器的使用每以数千两乃至万两计，而见于载籍的首饰名目依然是不多的，虽然从出土实物来看，金银首饰的式样已是蔚然大观。后世文献中载录的品类，其实有不少在宋代即已出现——当然也可以认为，不少样式和名称是在广泛使用之后很长时间方纳入典籍——如花筒、竹节、桥梁、如意[2]，如压鬓双头钗、云头连三钗（《明史》卷六十七《舆服三》），等等。

[1] 《天理图书馆善本丛书·汉籍之部》第六卷，天理大学出版部一九八一年影印本。

[2] 内阁大库洪武刊本《明本大字应用碎金》（百爵斋丛刊本）。

第一节

装饰纹样之大要

这一时期金银首饰的纹样构成，除传统的龙凤和螭虎之外，所取用的多是清新俊丽并且很是生活化的物象，如瓜瓞、石榴、荔枝、桃实，牡丹、莲花、桃花、菊花，蜜蜂、蝴蝶、孔雀、鸳鸯，等等，以此来表现一种丰盈谐美的情致。其实这些素材的运用并不始于宋元，而在唐代和辽代的艺术品中即已常见，比如唐镜中的蝴蝶、蜜蜂，比如辽镜中的花卉和瓜瓞。宋元时代则以新的造型把它重新组织为各种图式，且以灵活自然的运用而成为流畅的艺术语汇，因使它不过小作变化即成一种新样。当然工艺不同，也使得取材相同而风格样式完全不同。比如以花鸟为装饰的簪钗，唐代多用镞镂，即在一枚银片上镂空做出平面式图案，如第四章举出的花钗，宋元时代却是以打造为主，辅以镞镂，而做出有浮雕效果的立体式图案。累丝镶嵌，这一时期也较此前使用为多[1]。

[1] 元杂剧《瘸李岳诗酒翫江亭》第一折，牛员外道『为这几件头面儿不打紧，我半年前里倒下金子，雇人匠累丝厢嵌，何等的用心哩也』。隋树森《元曲选外编》（三），页八八四，中华书局一九八七年。只是考古发现中宋元时期累丝厢嵌的整副头面很少，常见者为耳饰。

图一
一把莲砖雕（莲荷华）
山西晋城郝匠金墓出土

图二
飞仙
四川泸县石桥镇新屋嘴村二号墓墓室石刻

与此前相同，宋元金银首饰的样式与同时代的其他工艺品也是互为借鉴，绘画，雕塑，漆器，玉器，陶瓷，还有铜镜，等等，都可以看到纹样的一致。最常见的一种是折枝花卉，亦即宋人所说的写生花，李诫《营造法式》卷十二《雕作制度》『雕插写生华』条：『雕插写生华之制，有五品：一曰牡丹华，二曰芍药华，三曰黄葵华，四曰芙蓉华，五曰莲荷华。以上并施之于栱眼壁之内。凡雕插写生华，先约栱眼壁之高广，量宜分布画样，随其舒卷，雕成华叶，于宝山之上，以华盆安插之。』『写生华』，写生花也。黄葵花，即秋葵。这里举出建筑常用的装饰图案，在约略同时的墓室砖雕与石刻中可以见到不少实际应用的例子，比如山西平阳、晋城等地金墓建筑砖雕，四川安岳、泸县等地的宋墓石刻（图一）。写生花移用于金银器皿，便是本书第六章所举象生花式盏，如葵花盏、菊花盏、莲花盏。金银首饰纹样中出现最多的几种『象生』，与建筑装饰中的写生花大抵相同，甚至在图式安排和制作方法上都有相通之处。方寸之间，依造型而分花布叶，随其舒卷，簪钗耳环的纹样安排，处处可见这样的匠心。又《营造法式》

三—一

图三—一
玉飞仙
辽宁朝阳北塔天宫出土

图三—二
金飞仙
山西灵丘曲回寺遗址元代窖藏

卷三十三《彩画制度图样上》中的飞仙，同样见于墓室装饰〔图二〕，工艺品中也有相同的题材以及相似的造型，如唐宋铜镜，如内蒙古翁牛特旗解放营子辽墓出土的青白玉飞仙，如辽宁喀左白塔子辽墓和朝阳北塔天宫发现的白玉飞仙❶〔图三—一〕。首饰则有山西灵丘曲回寺遗址元代窖藏中的金飞仙❷〔图三—二〕。可见这一种图式中所反映出来的不同朝代工艺品制作的影响与借鉴。

金银首饰的取材，于绘画、织绣、漆器、玉雕的借鉴似乎最多，当然也颇有相互借鉴的成分。元周德清《赠小玉带》『却是红如鹤顶，赤若鸡冠，白似羊脂。是望月犀牛独自，是穿花鸾凤雄雌，是兔儿灵芝，是螭虎是翎毛是鹭鸶，是海青拏天鹅不是』❸。曲儿里历数玉带的各种纹样，也多为金银首饰所用，如穿花鸾凤、兔儿灵芝，如螭虎、翎毛、鹭鸶。又金银首饰中常见的鸳鸯、水禽、粉蝶、游蜂，由诗人对这一类纹饰的题咏，也可见出它是宋元织绣中的『时样』。南宋曹勋《遗所思》『思君无所遗，宝带双鸳鸯。鸳鸯不相失，锦翼游方塘。副之玳瑁簪，同心复

❶ 卢兆荫《中国玉器全集·四》，图一三三、一三四，河北美术出版社一九九三年；辽宁省文物考古研究所《朝阳北塔：考古发掘与维修工程报告》，图版五二：一，文物出版社二〇〇七年。

❷ 据云窖藏原是拖雷之女独木干公主施舍曲回寺之物。李白军《曲回寺金银器考释》，页八，《文物世界》二〇〇四年第四期。

❸ 《全元散曲》，页一三四六。

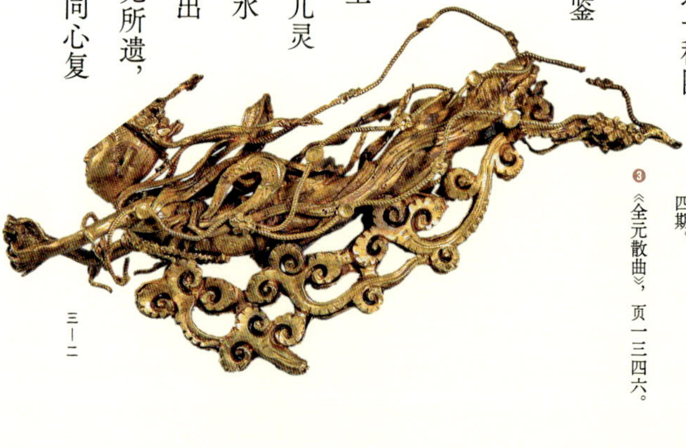

三—二

同房。上有金莲花，茎叶相扶将。下有并根藕，藕丝百尺长』[1]。元张昱《织锦词》『蝶使蜂媒无定栖，万蕊千花动衣袖』[2]，元无名氏『一对粉蝶儿花丛上偏相趁。一对鸳鸯儿水面上相交颈』[3]，又元曾瑞咏鏖腰亦即抹胸『缝成倒凤颠鸾翼。穿花鸂鶒偏斜落。出水鸳鸯颠倒飞。浑绣得繁华异』[4]，是流行纹样中原寄寓着丝丝缕缕的儿女情长。在传世与出土的宋元遗存中，多有与此相合的实物可见，而正与题材和风格均相一致的各式金银首饰共同构成时代风流繁华中最贴近人心的一幅幅画面。

如元《新编事文类要启札青钱·续集》卷九所云，时人对银匠的要求是『团造镂巧精细』[5]，而南宋刻本《碎金·艺业篇》列出的也有『精巧』『巧判』等[6]，二者的语汇正是一致，则此不妨说是宋元时代的行业标准了。除此之外的另一个重要标准便是样式，宋元时代常用的词有样制、样范、时样，当然这些用语并不专指金银器。《百宝总珍集》卷一『古玉』条：『如青玉坚古者，但看样制、并花样制、并花样碾造仁相者好。』『碾造仁相』是宋元时候经常用到的对玉器制作的评价。其时金银器制作不外也是

[1] 北京大学古文献研究所《全宋诗》，册三三，页二一〇六四，北京大学出版社一九九八年。

[2] 顾嗣立《元诗选·初集》，页二〇六一，中华书局一九八七年。

[3] 〔正宫〕《塞鸿秋》，《全元散曲》，页一六六二。

[4] 〔般涉调〕《哨遍·鏖腰》，《全元散曲》，页五一四。

[5] 《新编事文类要启札青钱》，古典研究会影印德山毛利家藏本，一九六一年。

[6] 『巧判』一词曾出现在敦煌文献《俗务要名林》中，是列在《女工部》（斯·六一七号）。

样制、花样制及花样之打造三项，而样制与花样制也可统称为『时样』，由前面引述的《新编事文类要启札青钱》书信往来式已可见出当日供求双方对时样的追求。《新编居家必用事类全集·戊集》『银』条也说到『今时宅眷，多喜时样生活，勤去更改』。金银首饰以其材料的特殊性，自然更方便于旧式改新。

说到图式安排和制作方法上的相通，不能不关注与设计相关的所谓『画样』，即前引《营造法式》所云『凡雕插写生华，先约栱眼壁之高广，量宜分布画样，随其舒卷，雕成华叶』。建筑如此，其他工艺也是如此。比如礼器制作，《玉海》卷六十九『绍兴礼器』条曰，南宋绍兴十五年，『王晋锡言：大礼飨庙礼器已对御府《博古图》画样制其尊罍等五百九十六件，合讨论制造』。又如车舆制作，《大金集礼》卷二十九『皇后车服』条曰：『大定十九年检定皇后车服制，二十二年奉都省处分，彩画样本付有司。』当然这都是皇家工程的例子，但制器须本画样，民间制作也不会例外。

借用绘画六法中的『随类赋彩』，首饰的纹样设计该是『随类赋形』。然而宋元银匠没有留下关于设计的文献，我们只能从成品去逆推设计过程和工匠应该具备的素养与技能。可以设想，第一他会对法式烂熟于心，第二他有对时尚的敏感，第三当有画艺的娴熟，此外他还须掌握成本核算，以便合理用材。宋刘道醇《宋朝名画评》卷三『陶裔』条记其故事云：『陶裔，京兆鄠人。幼颖悟，多巧思，隶后苑造作所为匠者，组织为副珈步摇花夌璎珞之饰，其功甚微妙，及结花钿为羽仙仪状，太宗甚赏之，且曰：「以此意移于丹青，安知无后世名。」裔感上有言，潜志营学，遂祗候于图画院。精于写生，日有增。至召入画御座屏扆，极有精神，两岁方毕。又画大殿十二幅屏，多作祝寿之意。迁待诏。裔之笔法与黄筌相近，故时人语曰：「西蜀黄筌，东京陶裔。」』这一段纪事中的几个细节与我们讨论的问题都很有关系。所谓『副珈步摇』，此指簪钗。副珈是『副笄六珈』之省，语出《诗·鄘风·君子偕老》，原指作为礼服之一部的各种首饰。『结花钿为羽仙仪状』，由前举曲回寺金飞仙簪可以想象其式。而他的『精于写生』固然是『潜志营学』的结果，但设计并制作首饰的经历也未尝不是一个重要的因素。工艺与绘画的相通，这实在是一个很有意思的例证。以此推想宋元金银首饰的设计，则它也当同于建筑装饰，同于礼器、车舆的制作，即先有设计草图亦即画样，画样的作者当有类似于陶甆的素养与技能，由是而接通首饰纹样设计与绘画、雕塑及其他各项工艺的关系，于是方可以『随类赋形』，不断推出为人所喜的『时样』，亦即『样制』与『花样制』，便是我们常说的造型与纹饰。

目前发现和已经发表的宋元金银首饰，多是出自民间工匠之手。一个很大的用项是嫁女，也许还应该加上在此之前的作为成年礼的笄礼。《新编事文类要启札青钱·后集》卷二《喜庆馈送简札》『送贺女笄』条，其答式曰：『弱女及笄，随宜总发，乃蒙亲谊，特有首饰宠贶，岂敢自外，谨用祗领。』即其事。金银首饰用作嫁娶，当然不自宋元始，不过以金银器使用的普遍远过于前，而使得它在宋元时代变得尤其重要。《新编事文类要启札青钱·续集》卷九《荐导术艺简札》『荐导银匠』条列其程式曰：『银匠厶人团造镂巧精细，似闻宅上营办嫁染，敢以一缄遣来执役。』其答式有两种，一是接纳，一是婉拒，后者其式曰：『荐至厶匠，虽荷不鄙，但寒家遗女，初无黄白打造，虚辱其来耳。』黄白打造，金银器制作也。由此一往一来的书信程式，可以约略窥得情景之一般。所谓『寒家』云云，原是作为书信示范而教授的一种辞令。至少可以说，金银首饰的成批打制是集中在嫁女时节。如果是一家一户的集中购求，常常会雇请银匠到家里来专务打造。也因此出自同一银匠的一时打造，多半簪钗成双头面成副，——头面一副之数少则十几，多则二十以上[1]，且一眼看去便可认得分明。元郑廷玉《宋上皇御断金凤钗》杂剧因此可以为断案故事设计一个系在一组金凤钗上的关键线索。宋元金银首饰中最常用到的装饰题材，如牡丹凤凰，二龙戏珠，瓜瓞、荔枝、石榴、桃实，蜂采花、蝶赶菊，满池娇，都带着吉祥喜庆的色彩，似乎也在昭示着它的用途。如果说首饰的集诗情画意于一身，乃在于此中包孕着唯美的追求，那么一个更为实际的动因，便在于它要以明朗而丰富的艺术语汇传达出生命之春里的祈愿和祝福。

宋元金银首饰出土比较集中者，为窖藏。四川彭州南宋金银器窖藏，中有不同式样的金钗十九枝，金簪一枝[2]；浙江永嘉南

---

[1] 元杂剧《癞李岳诗酒翫江亭》有一段牛员外的插科打诨，道：『我无甚么与大姐，金银玉头面三副，每一副二十八件，每一件儿重五十四两，怕大姐爱逛时都戴在头上，压破头可不干我事。』每一件儿重五十四两，固其谑也，但每一副二十八件，应不是虚。

[2] 成都市文物考古研究所等《四川彭州宋代金银器窖藏》，科学出版社二〇〇三年。

[1] 金柏东等《浙江永嘉发现宋代窖藏银器》，《文物》一九八四年第五期。本章所举永嘉窖藏器物，尺寸、重量、铭文等数据，均据此文，以下不再出注。

[2] 王振镛等《邵武故县发现一批宋代银器》，《福建文博》一九八二年第一期。本章所举故县窖藏器物，尺寸、重量、铭文等数据，均据此文，以下不再出注。

[3] 蕲春县李时珍墓文物保管所《湖北蕲春县罗州城村发现宋代金首饰》，页一〇五一～一〇五二，《考古》一九八七年第十一期；首饰定名与描述，见扬之水《双鬓风鬟莲花：蕲春罗州城遗址南宋金器窖藏观摩记》，《南方文物》二〇一五年第二期。本章所举此窖藏器物，尺寸、重量、铭文等数据，均据前项，以下不再出注。

宋银器窖藏银及银鎏金首饰五十余件[1]，福建邵武故县南宋金银器窖藏金银首饰数十件[2]，湖北蕲春罗州城南宋金器窖藏金首饰近三十件[3]，济南市卫巷遗址宋金窖藏金银饰品十数件[4]。安徽宁国县人民政府大院基建工地金银器窖藏有宋代饰品若干件[5]。又有出土金银首饰数十件的江苏江阴山观窖藏，从钗簪样式来看，其中既有典型的宋式，也有典型的元式，则窖藏时代的下限当为元[6]。湖南株洲攸县丫江桥、凉江乡、桃水镇、堂市乡等元代金银器窖藏，分别有金银簪钗、耳环等首饰十数乃至数十件不等。数量最多、种类最丰富的一处为湖南临澧新合元代金银器窖藏，不同品类的金银首饰至百余件[7]。不过所存同一类型者式样不止一种，相同式样者多不止一件，窖藏中尚有似为原料银的银饼七枚，总重将近五公斤，则窖藏主人或有可能是银器作坊的经营者。与窖藏相比，宋元墓葬出土金银首饰一般数量不很多，当是主人平日所用者。如南京幕府山宋墓[8]，浙江湖州三天门宋墓[9]，浙江东阳金交椅山宋墓[10]，湖南临湘陆城南宋一号墓[11]；湖北黄陂县周家田元墓[12]，湖南沅陵元黄氏墓[13]，苏州元张士诚母曹氏墓[14]。北方出土金

[4] 济南市考古研究所《济南老城区卫巷遗址出土的宋代金银器窖藏》，《中国国家博物馆馆刊》二〇一六年第六期。本章所举此窖藏器物，尺寸、重量、铭文等数据，均据此文，以下不再出注。

[5] 未见关于窖藏出土情况的详细报道，本章所举图例为观展（南京市博物馆举办『又绿江南：南京都市圈八成文物联展』）所得。

[6] 二〇一一年秋江苏省组织的巡展『奢华的艺术：江阴市博物馆藏金银器展』中曾展出山观窖藏金银首饰二十余件，展品说明定其时代为南宋。

[7] 湖南省博物馆《湖南宋元窖藏金银器发现与研究》（扬之水、陈建明主编），图八五至一〇五，文物出版社二〇〇九年。本章所举湖南宋元窖藏器物，尺寸、重量、铭文等数据，均据此著；器物定名，见扬之水《湖南宋元窖藏金银器丛考》，载该书下编。以下不再出注。

[8] 南京市博物馆《南京幕府山宋墓清理简报》，《文物》一九八二年第三期。本章所举此墓出土器物，尺寸、重量、铭文等数据，均据此文，以下不再出注。

[9] 湖州市博物馆《浙江湖州三天门宋墓》，《东南文化》二〇〇〇年第九期。本章所举此墓出土器物，尺寸、重量、铭文等数据，均据此文，以下不再出注。

银首饰样式比较丰富的墓葬，有哈尔滨新香坊金代墓地[1]，河北石家庄元史天泽家族墓地[2]，西安市长安区元刘黑马家族墓地[3]。后两例均为汉军世侯家族。从这些发现的情况来看，金银首饰的地域性并不明显。南方大量出土的连二连三式花头簪钗、桥梁式簪钗及步摇等，均见于北方墓葬壁画中的女子妆束。螭虎钗、瓜头簪以及与它同一类型的荔枝簪，也常见于北方地区。此外还有下面将说到的各式簪钗的不少实例。

[10] 吕海萍《东阳金交椅山宋墓出土文物》，《东方博物》第三十九辑（二〇一一年）。本章所举此墓出土器物，尺寸、重量、铭文等数据，均据此文，以下不再出注。

[11] 湖南省博物馆《湖南临湘陆城宋元墓清理简报》，《考古》一九八八年第一期。本章所举此墓出土器物，尺寸、重量、铭文等数据，均据此文，以下不再一一出注。

[12] 武汉市博物馆《黄陂县周家田元墓》，《文物》一九八九年第五期。本章所举此墓出土器物，尺寸、重量、铭文等数据，均据此文，以下不再出注。

[13] 墓葬年代为元大德九年（一三〇五）。熊传新《沅陵县双桥元代夫妇合葬墓》，《中国考古学年鉴·一九八六》，页一七二，文物出版社一九八八年。

[14] 此墓为元代末年割据姑苏的吴王张士诚父母合葬墓，曹氏卒于元至正二十五年（一三六五），其父由泰州迁来合葬。苏州市文物保管委员会《苏州吴张士诚母曹氏墓清理简报》，《考古》一九六五年第六期。本章所举此墓出土器物，尺寸、重量、铭文等数据，均据此文，以下不再出注。

[1] 黑龙江省博物馆《哈尔滨新香坊墓地出土的金代文物》，《北方文物》二〇〇七年第三期。本章所举此墓出土器物，尺寸、重量、铭文等数据，均据此文，以下不再出注。

[2] 河北省文物研究所《石家庄后太保村史氏家族墓发掘报告》，《河北省考古文集》，东方出版社一九九八年。按出土金银首饰最多的是四号墓，墓主人为史杠（史天泽四子）夫妻合葬墓，入葬年代为元延祐三年（一三一六）。本章所举此墓出土器物，尺寸、重量、铭文等数据，均据此文，以下不再出注。

[3] 陕西省考古研究院《元代刘黑马家族墓发掘报告》，文物出版社二〇一八年。出土金银首饰比较集中的墓葬为十九号墓，系四人合葬，『根据出土物及棺痕推测东侧棺墓主为男性，其余为女性』（页一一六）。本章所举此墓出土器物，尺寸、重量、铭文等数据，均据此书，以下不再出注。

图四—一
银钗
江西彭泽易氏夫人墓出土

图四—二
银钗
福建邵武故县窖藏

第二节

钗与簪

一 折股钗：缠丝、竹节、錽花

折股钗依然是两宋也包括金元最为通行的样式，南宋刻本《碎金》『钗钏』一项列出的『挟鬓』，似指此类。钗梁或光素无纹，或打出铺号、制作者，又或成色、重量等。如出自江西彭泽易氏夫人墓❶〔图四—一〕、福建邵武故县南宋窖藏的银钗〔图四—二〕，如济南市

四—一

四—二

❶ 长二十四厘米，重三十克，江西省博物馆《江西宋代纪年墓与纪年青白瓷·彭泽县北宋元祐五年墓》，页七六，文物出版社二〇一六年。

卫巷遗址宋金窖藏中的金钗〔图四—三〕。后者长二十点二厘米，重三十八点一二克，金钗两个钗脚的上下分别錾铭曰『吴二郎造』，钗梁顶端錾一朵菊花，下接两溜毬路纹。

宋钗的典型样式是在钗梁装饰弦纹，又或竹节、竹叶和花卉，反映了宋元时代首饰类型与样式的《明本大字应用碎金》（以下简称洪武本《碎金》），于『钗钏』一项列有缠丝钗、竹节钗、鈒花钗，实物中装饰弦纹、竹节、竹叶和花卉者，适可分别与之对应。如分别出自江苏江阴夏港宋墓[1]、湖北蕲春罗州城南宋窖藏中的金缠丝钗〔图五—一～二〕，如福建邵武故县南宋窖藏所出银竹节钗〔图五—三〕、江苏丹徒县码船山大队出土金竹叶钗[2]〔图六〕，江西安

[1] 高振卫等《江苏江阴夏港宋墓清理简报》，页六六，图一三，《文物》二〇〇一年第六期；后例钗有铭文『马一郎记』。

[2] 镇江博物馆《镇江出土金银器》，图一一二，文物出版社二〇一二年。

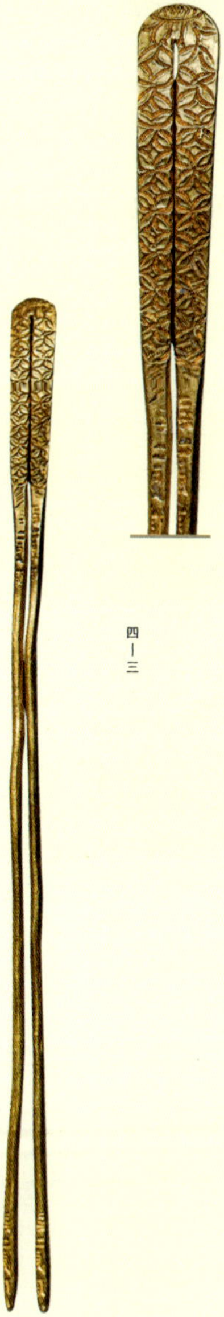

四—三

图四—三
金折股钗
济南市卫巷遗址窖藏

图五—一
金缠丝钗
江苏江阴夏港宋墓出土

图五—二
『马一郎记』金缠丝钗
湖北蕲春罗州城窖藏

图五—三
银竹节钗
福建邵武故县窖藏

图六
金竹叶钗
江苏丹徒县码船山大队出土

五—一

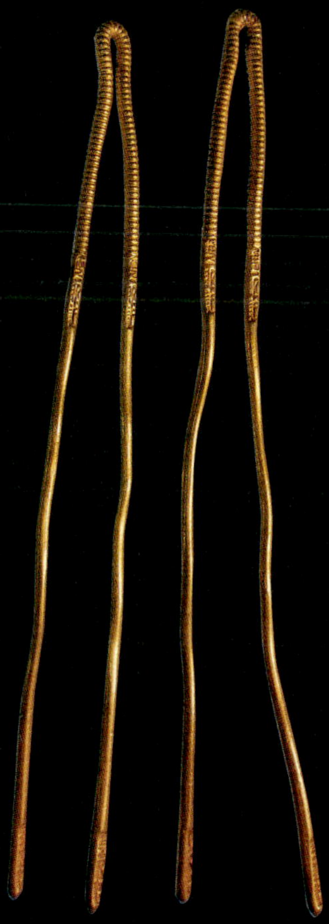

五—二

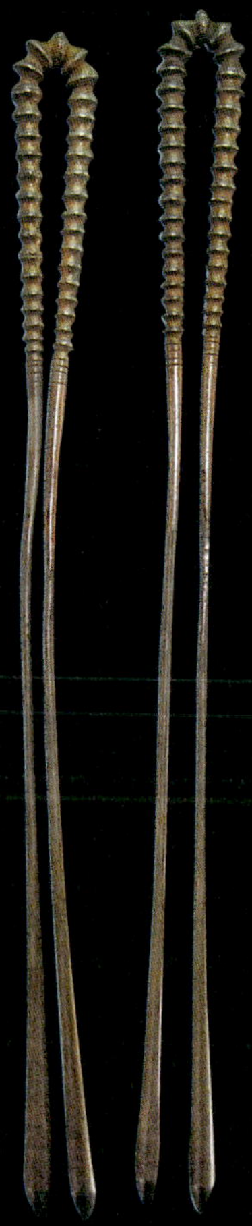

五—三

六

图七
金鈒花钗
江西安义石鼻南宋李硕人墓出土

图八
竹节钗（右）与缠丝钗（左）
四川彭州金银器窖藏

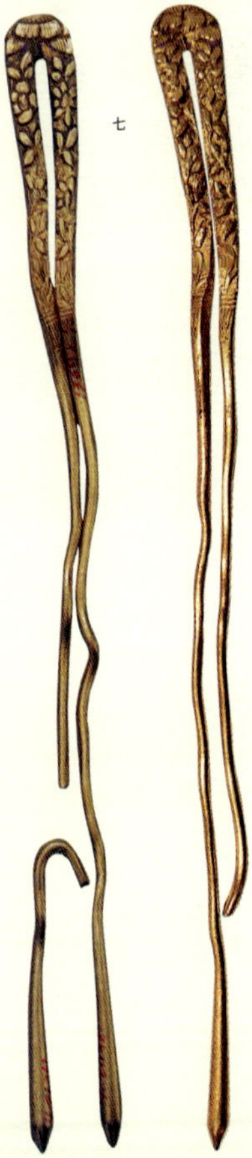
七

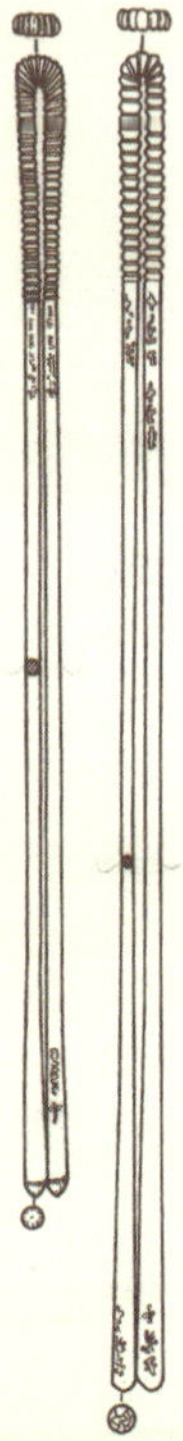
八

义石鼻南宋李硕人墓所出金鈒花钗❶〔图七〕。出自丹徒的金钗两个钗脚下端均有铭文，即『王乍（作）工夫』。宋代缠丝钗同竹节钗的区别不是很明显，前者节间距稍窄，后者节间距稍宽而已，以四川彭州金银器窖藏两枝金钗为例❷〔图八〕，可以见出一个大致的分别。

折股钗的纹样多半不复杂，而以实心作的缘故，分量总是重一些。彭泽易氏夫人墓出土银钗重三十克；丹徒出土金竹叶钗长一七点二厘米，重三十六克；江阴夏港宋墓所出金缠丝钗长十八点六厘米，重三十八点五五克。

❶ 墓葬年代为南宋淳祐九年（一二四九）。《江西宋代纪年墓与纪年青白瓷·安义县南宋淳祐九年墓》，页二四九，图五（『金发钗』）。

❷ 《四川彭州宋代金银器窖藏》，页一一二，图一二：一、二。

元代竹节钗一面沿用宋式，一面又有新创，即竹节和间距都表现得很夸张，于是变形为粗壮〔图九—一～二〕，出土于苏州元张士诚母曹氏墓的一对金竹节钗〔图一〇—一〕，可视为元代典型样

图九—一
金竹节钗
湖南沅陵元黄氏夫妇墓出土

图九—二
金竹节钗
赤峰敖汉旗克力代太吉合窖出土

图一〇—一
金竹节钗
苏州张士诚母曹氏墓出土

九—二

九—一

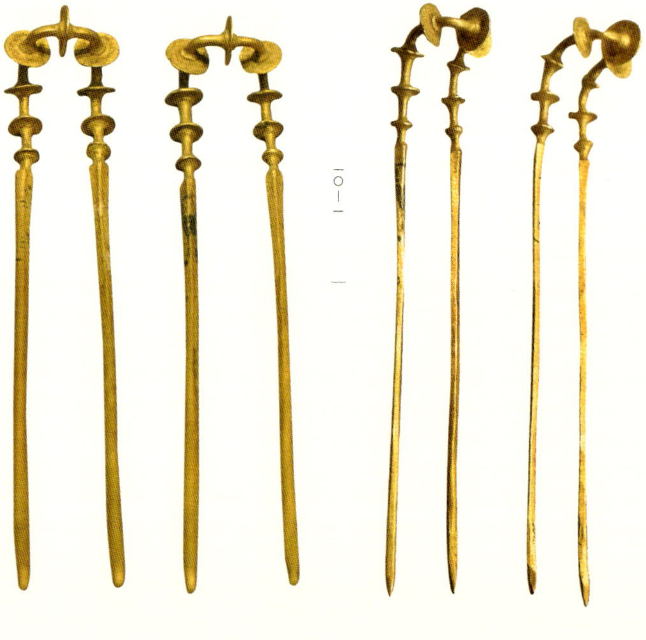
一〇—一

一〇—二

一一

式。江阴山观窖藏中的一枝，也当是元代物〔图一〇—二〕。湖南临澧新合元代窖藏中宋式金缠丝钗为一对〔图一一〕，又有金竹节钗二十余枝，则为元式〔图一二—一〕。湖北宜昌赵家湖出土金竹节钗八枝❶、银竹节钗两枝，也是相同的式样〔图一二—二〕。

一二—一

图一〇—二 **银鎏金竹节钗**
江苏江阴山观窖藏

图一一 **金缠丝钗**

图一二—一 **金竹节钗**
湖南临澧新合元代金银器窖藏

图一二—二 **金竹节钗**
湖北宜昌河洛赵家湖出土

❶ 其中两对的两个钗脚上方分别錾铭，曰『赤色』，曰『足金』。

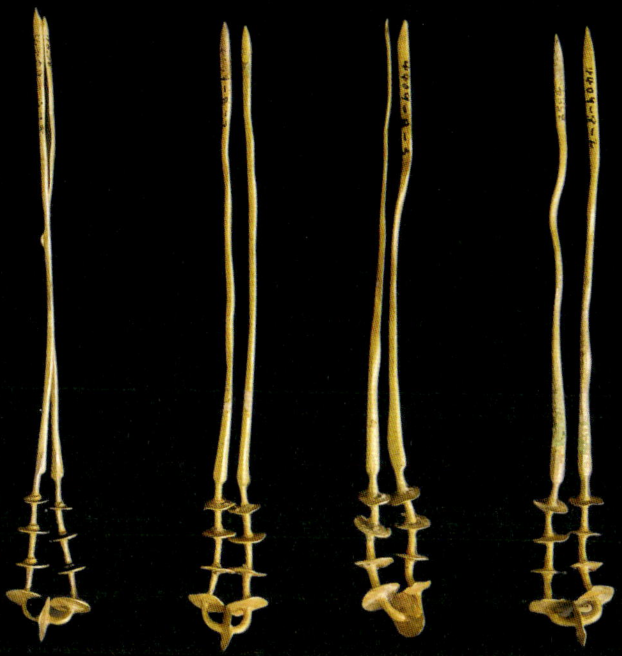

二—三

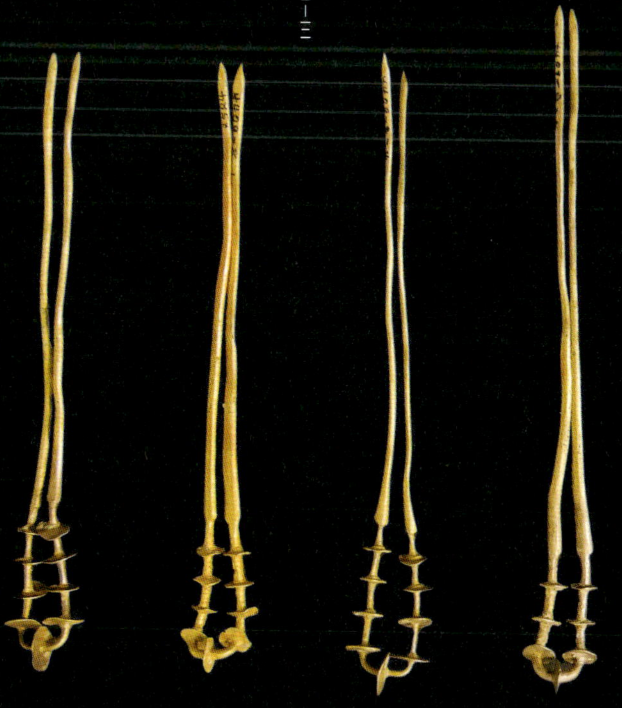

折股钗的功用之一是『挟鬓』。此外为挽发，或称『关头』。使用的时候往往要使它形成一个弧度，横贯于发髻；或一枝在侧，一枝在前，双挽于顶；又或者前面一枚梳子把头发拢紧，侧面一枝折股钗挽髻。河南登封唐庄宋代壁画墓壁画、山西平阳金墓砖雕、郑州登封王上村金墓壁画，分别表现了如此不同的情形[1]〔图一三一一～三〕。至于头上挽着三个小髻的女孩儿，便如《冬日婴戏图》所绘〔图一三一四〕，而挽髻的金钗，正是三枝缠丝钗。

一三一一

一三一二

一三一三

一三一四

图一三一一
河南登封唐庄
宋代壁画墓壁画

图一三一二
山西平阳曲沃苏村
金墓砖雕

图一三一三
郑州登封王上村
金墓壁画

图一三一四
《冬日婴戏图》（摹本）
台北故宫博物院藏

[1] 高赞岭《河南登封唐庄宋代壁画墓》，页一五三，《二〇一一中国重要考古发现》（国家文物局主编），文物出版社二〇一二年；山西省考古研究所《平阳金墓砖雕》，图一〇一，山西人民出版社一九九九年；郑州市文物考古研究所《郑州宋金壁画墓》，图二二九，科学出版社二〇〇五年。

二　花头钗簪：并连式、桥梁式

花头钗是两宋金银簪钗中的流行样式，使用最为广泛。也可以说，它原是一种类型的泛指，细分的话，尚可以从中析出若干不同的样式。其名称见于宋元话本，——《宋四公大闹禁魂张》中说道，赵正入进一家馒头店，『就脊背上取将包裹下来，一包金银钗子，也有花头的，也有连二连三的，也有素的，都是沿路上觅得的』。所谓『花头』，即钗梁做出各种各样的装饰；所谓『连二连三』，即若干对花头或花筒并连于钗梁。以宋本为底本刊刻的《新编对相四言》中，与『钗』字对应的图，便是五花并连的一枝花头钗❶〔图一四〕，可见它是引领时尚的一个基本造型，以此为基础而生发出许多变体，遂又成新样。皇室嫁女，妆奁物中的『钗朵』，大约也略同此类。钗首花头的安排可多可少，或如『钗』图所绘是并连的一溜五朵，或如小说家言，钗梁花朵以『连二连三』为式。花头又或多至十数个，那么钗梁便成一道弯弧，而名作『桥梁』，其称见于明初刊本《碎金》。花朵的取用，以牡丹、菊花为多。又有不少五出花朵，以宋人对梅的无比赏爱，似可认

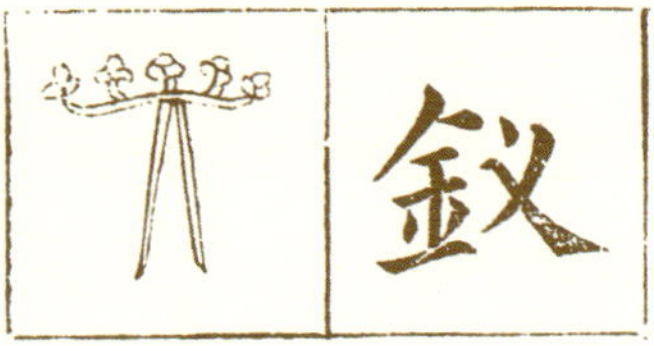

图一四
《新编对相四言》中的钗

❶ 美国哥伦比亚大学史带东亚图书馆藏，上海书店出版社二〇一五年影印。此书被认为是明代刊本，不过其中保留了很多宋元名物，这一幅钗图，正是宋钗的典型式样，又有一幅『镮』图，则是元代耳环的典型式样。

作梅花。苏轼《岐亭道上见梅花，戏赠季常》『行当更向钗头见』❶，正是拈取时风，化作谐谑，或不妨把它视作花头钗之赞。花头的样式也并无一定，每由银匠各逞巧思，令它千娇百媚。江阴山观窖藏中的花头簪，有并头者，也有连二连三式，亦即并连三朵、五朵乃至七朵者。花头的式样，或是花叶捧出的一朵牡丹，或为菊花与荔枝，或每个花球各打作式样相同枝叶相拥的一簇花朵，又或繁花簇锦聚作宝相〔图一五一一～四〕。金坛尧塘西榭村银器窖

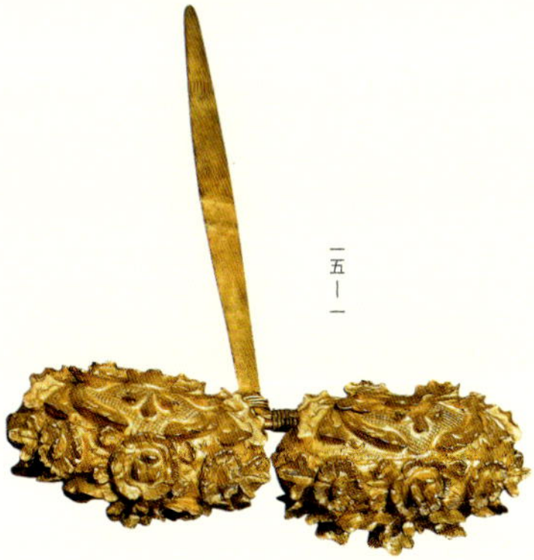

一五一一

一五一二

图一五一一
银鎏金并头花簪

图一五一二
银鎏金并连花头簪
江苏江阴山观窖藏

❶ 季常，即陈慥。诗系元丰四年作于黄州。末句『行当更向钗头见，病起乌云正作堆』，方回《瀛奎律髓》曰『尾句盖谓季常侍儿病起新妆，行当于钗头见此花，欲其出以侑樽也』。《苏轼全集校注》（张志烈等校注），第四册，页二二四〇，河北人民出版社二〇一〇年。

图一五—三
银鎏金并连花头簪

图一五—四
银鎏金花头桥梁式簪
江苏江阴山观窖藏

图一六
银并连花头簪
金坛尧塘南宋银器窖藏

藏中的银并连花头簪也是同样类型〔图一六〕。而江阴山观窖藏中的几枝银鎏金花头簪，又正好是由简到繁的一个序列，——打作半圆形的花球置于钗首，两花并头者最简，继而或三、或五，又或簪首弯梁上一溜七朵式若虹桥而俗称『桥梁』。

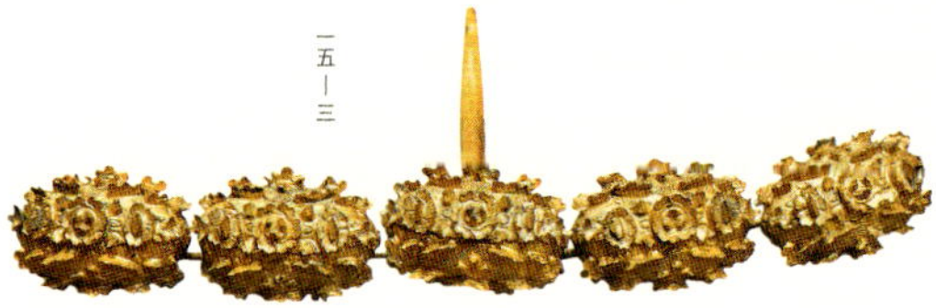
一五—三

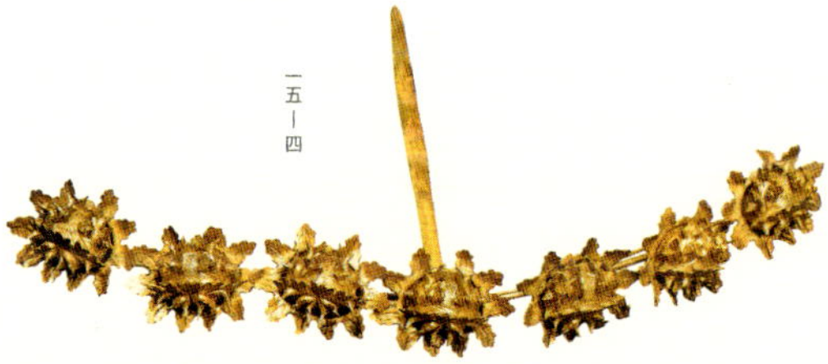
一五—四

一六

钗簪以桥梁为式，便又是并头式的延展，自然更有花样翻新的空间。江阴博物馆藏一枝金花头桥梁簪，簪首以一根银条为梁，五个花头焊接在弯梁上，花头的前后立面造型略如展开之折叠扇，金簪五个花头的顶面各有两重菱形开光，两重之间纵横鏨镂小孔若纱罗，光外的四角鏨镂折枝桃花，光内分别鏨镂穿花鸾凤〔图一七一一〕。出自浙江长兴泗安镇银器窖藏的一枝银簪也是同一类型〔图一七一二〕。又有式样相同的金银簪钗在开光里布置人物

一七一一

一七一二

图一七一一
金花头桥梁簪
江阴博物馆藏

图一七一二
银花头桥梁簪
浙江长兴泗安镇银器窖藏

故事，如安徽宁国县人民政府大院基建工地金银器窖藏中一枝宋代金花头桥梁簪〔图一八—一〕，如金坛尧塘西榭村窖藏中的银鎏金花头桥梁钗〔图一八—二〕。又或仅取若干花头钗的钗梁做成一枝桥梁钗上并连的花头，如江西省博物馆藏出自吉安的金钗残件

一八—一

一八—二

图一八—一
金花头桥梁簪
安徽宁国县人民政府大院基建工地金银器窖藏

图一八—二
银鎏金花头桥梁钗
金坛尧塘西榭村窖藏

一九—一

〔图一九—一〕。若取来德清博物馆藏一枝金花头钗与它对看，可见前者只是单位纹样的增益〔图一九—二〕。

并连式、桥梁式钗簪看似繁复，其实不过是将独立成枝的若干钗簪——比如各式花筒——聚合为一。

花筒是簪钗经常取用的造型，如蕲春罗州城窖藏中的金花筒簪两枝❶〔图二〇〕。并头花筒钗的式样之一，为钗首安排花筒一对。即在两枚金银片材上分别打作各式花卉，然后各卷作喇叭筒，继而将两个圆喇叭筒于合口处对接，另外再以两枚金银片材打制花样，做成扣在两个花筒上的花帽，花筒的底端向下收束为钗脚，如安义石鼻南宋李硕人墓出土金钗五枝❷〔图二一—一〕，如安徽芜湖小桃园出土的金钗一对〔图二一—二〕。两枝花筒簪贴合相并，顶端以一个花帽扣合，便成一枝并头花筒钗，罗州城窖藏也有其例，

二〇

一九—二

图一九—一
金桥梁式花头钗（残）
江西吉安县出土

图一九—二
金花头钗（局部）
德清博物馆藏

图二〇
金花筒簪
蕲春罗州城窖藏

❶ 簪脚有铭曰『王七郎铺记』。

❷ 五枝共重四十三点二克，《江西宋代纪年墓与纪年青白瓷》，页二四七（『空心金发钗』）。

图二二—一
金花筒钗
江西安义石鼻李硕人墓出土

图二二—二
金并头花筒钗一对
安徽芜湖小桃园出土

图二三—一
金花筒钗
蕲春罗州城窖藏出土

图二三—二
金裹银花筒钗
德阳孝泉镇清真寺窖藏

只是出土时花帽已经脱落〔图二二—一〕。四川德阳孝泉镇清真寺窖藏中的一枝金裹银花筒钗，两枝银簪为里，外套两个镂空金花筒，顶端再覆金花帽，是又一种式样〔图二三—二〕。花筒造型也不止一式，圆形之外，尚有四棱或六棱，顶端的花帽或为镂空花片。金坛昌源商城宋代窖藏中的一枝银鎏金并头花筒簪，花筒之一，周身遍饰折枝灵芝；花筒又一，打作两组穿花凤，花间还飞着蛱蝶。

二二—一

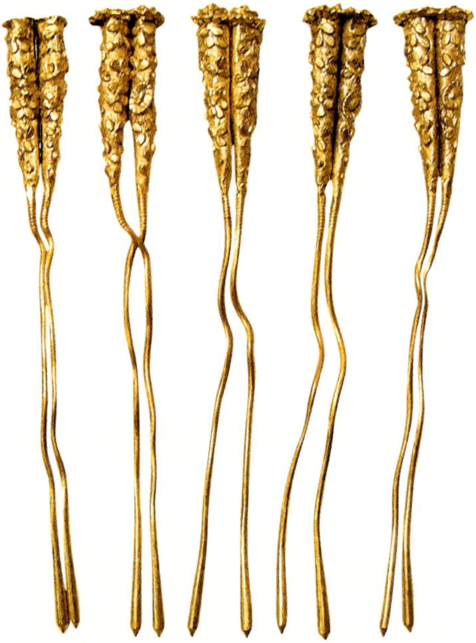

二三—二

二三—一

二二—二

图二三
银鎏金并头花筒簪
金坛昌源商城宋代窖藏

图二四
金镂空花筒簪
南京幕府山宋墓出土

顶端一个四出花的镂空花帽，一只凤凰度叶穿花流风回舞。两个花筒在下方收细处并拢成为簪脚〔图二三〕。花筒自然也可以做成镂空的，而更以镞镂之工见长，比如南京幕府山宋墓出土的一枝金簪。它在一枚金片上镞镂、打造六道用连珠纹双钩出来的缠枝卷草，两边以连珠纹组成的双线勾勒纹样边框，然后合作锥形筒。另以一枚金片打作六朵灵芝环绕的盘龙扣合在簪顶。簪脚铭曰『梁四郎□团造』〔图二四〕。王桢《农书·农器图谱集之七》所列各事中有『通簪』一项，或可见出此类镂空簪子的功用❶。

二三

二四

❶ 他说：通簪，『贯发虚簪也，一名气筒。以鹿角梢尖作之（如无鹿角，以竹木代之，或大翎筒亦可），长可三寸余，筒之周围横穿小窍数处，使俱相通，故曰通簪。田夫田妇暑日之下折腰俯首，气腾汗出，其发髻蒸郁，得贯此簪一二以通风气，自然爽快。夫物虽微末，而有利人之效，甚可爱也』。下并系诗，句云『汗随低首沛如淋，散髻斜横得此簪。冰箸玲珑清吹入，月痕依约墨云深』。配图与两宋镂空花筒簪式样近同。鹿角竹木制作的通簪与金银制品自然相去悬殊，劳人草草和燕燕居息者也是完全不同的两种生活，不过簪子的用法或不无相通之处。

图二五—一
金连二连三式花筒钗
湖南临湘陆城宋墓出土

图二五—二
金连二连三式花筒钗
安徽芜湖小桃园出土

图二五—三
金桥梁式花筒钗
南京太平门外王家湾宋墓出土

式样之二，便是并头花筒钗的扩展，即三五花筒相连成为钗梁上的一排以为连二连三式，如湖南临湘陆城南宋墓出土的一枝〔图二五—一〕。出自安徽芜湖小桃园的金钗则花筒光素，惟七对花筒的顶端各扣一个花帽〔图二五—二〕。江阴长泾镇梁武堰小学宋墓出土一枝『北周铺造』银鎏金钗，虹桥式的钗梁并列花筒三十三对[1]。出自南京太平门外王家湾宋墓的一枝钗梁上并列花筒十三对[2]〔图二五—三〕。竹叶钗与竹节钗也或做成并连式以及桥梁式，

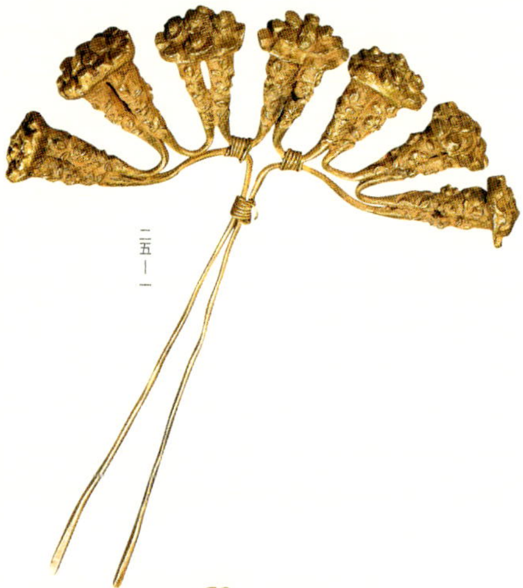
二五—一

二五—二

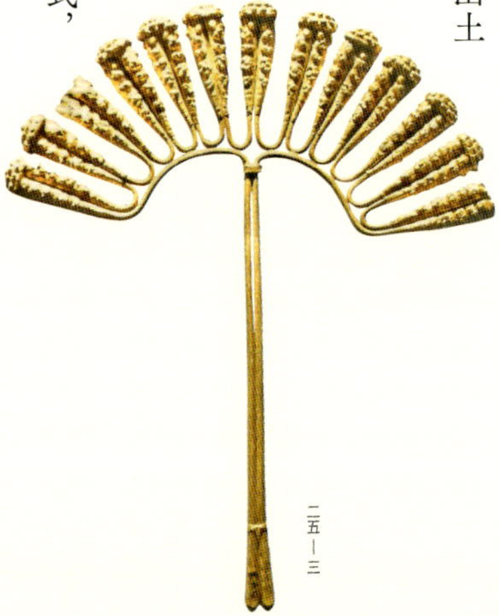
二五—三

[1] 刁文伟等《江苏江阴长泾镇宋墓》，页四〇，图五，《文物》二〇〇四年第八期。
[2] 金琦《南京太平门外王家湾发现北宋墓》，页一〇一（『银发插』），《考古》一九六一年第二期。按此钗今藏南京市博物总馆，展品说明作『十三股金花头钗』，目验实物，亦觉为金质。

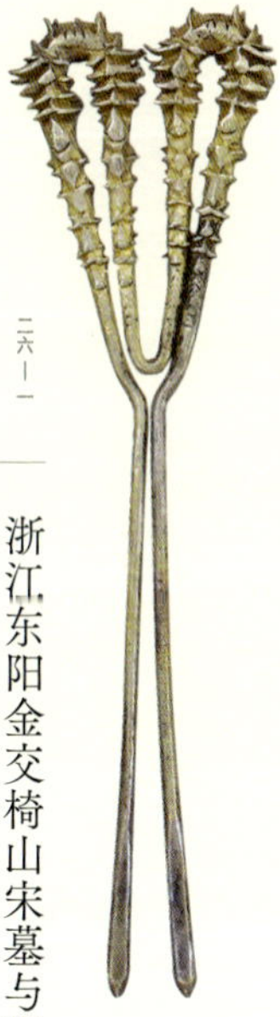

二六—一

如江西德安南宋周氏墓出土并连式竹叶钗〔图二六—一〕，如分别出自浙江东阳金交椅山宋墓与湖南张家界元代金银器窖藏的桥梁式竹叶钗和竹节钗〔图二六—二～三〕。只是它为实心作而成为桥梁式的一排，便更有沉甸甸的分量。出自张家界中的一枝通长十五点一厘米，重五十五点八克。

花筒钗的三种式样自然也都可以做成簪。江阴山观窖藏中的一枝银鎏金并头花筒簪，并头的一对花筒分为两歧，而两个花筒造型各异，一个四棱形，一个瓜棱形，花筒及顶端扣合的花帽虽然同是花丛中的鸟雀，但布局和姿态各不相同。通长二十五点三厘米，重三十一点六二克〔图二七〕。

并头式钗簪，不妨视作独枝的增益，花筒、竹节之外，尚可以发展出更多新样。浙江永嘉南宋窖藏中的并头簪即有几种不同的样式。其中银鎏金并头楼阁簪造型最为别致，细审它的纹样结构，原来是取楼阁之象而加以夸饰和变

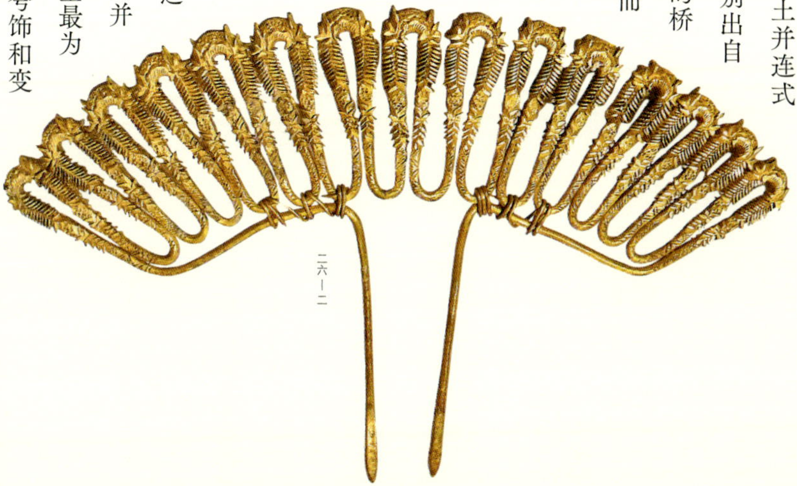

二六—二

图二六—一
银鎏金并连式竹叶钗
江西德安周氏墓出土

图二六—二
金桥梁式竹叶钗
浙江东阳金交椅山宋墓出土

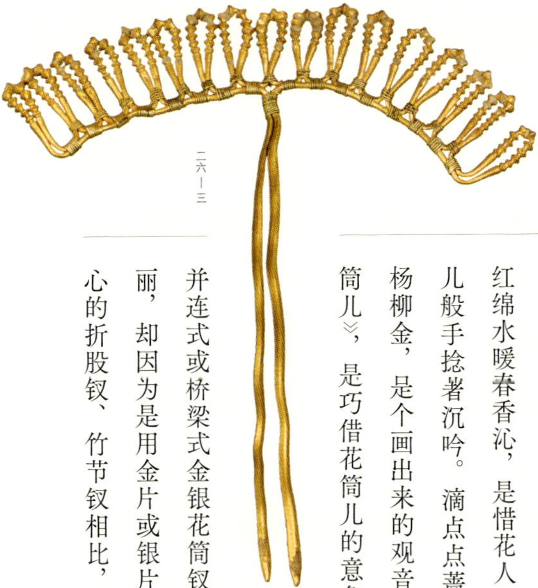

图二六—三
金桥梁式竹节钗
湖南张家界元代金银器窖藏

图二七
银鎏金并头花筒簪
江苏江阴山观窖藏

图二八
银鎏金并头式楼阁簪
浙江永嘉银器窖藏

形，楼阁之端仍覆以数层花朵〔图二八〕，所谓『以花丝楼阁插鬓』，偶然见称于笔记小说的节令簪戴❶，或许就是这一类。

『花筒』之名原是列在明永乐本《碎金·服饰篇》『首饰·南』所举各种钗的名称之下❷。元乔吉小令有〔双调·水仙子〕一首：『玲珑高插楚云岑，轻巧全胜碧玉簪，红绵水暖春香沁，是惜花人一寸心。净瓶儿般手捻著沉吟。滴点点蔷薇露，袅丝丝杨柳金，是个画出来的观音。』❸此曲题作《花筒儿》，是巧借花筒儿的意象为花筒钗子写意，正可揭出此类钗式的设计匠心。

并连式或桥梁式金银花筒钗簪虽然看起来很繁丽，却因为是用金片或银片卷折而成，故与实心的折股钗、竹节钗相比，分量反而是轻。比

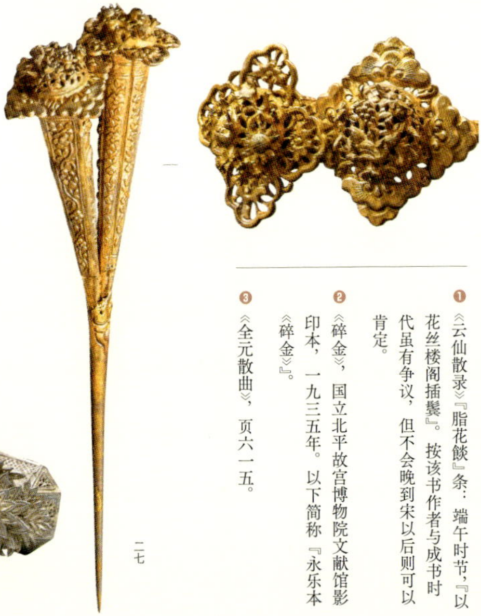

❶《云仙散录》『脂花餤』条：端午时节，『以花丝楼阁插鬓』。按该书作者与成书时代虽有争议，但不会晚到宋以后则可以肯定。

❷《碎金》，国立北平故宫博物院文献馆影印本，一九三五年。以下简称『永乐本《碎金》』。

❸《全元散曲》，页六一五。

二九—一

二九—二

如湖南临澧新合元代窖藏中的一枝金竹节钗通长十五厘米，重二十五点五克，而同出一枝十一枚并头花筒桥梁式金钗，其重也不过三十一克。有打制得极轻薄的一类便更讨巧，湖南澧县珍珠村元代窖藏中的几枝并连式金花筒钗，每枝重量尚不足十克。

若为以上几式钗簪逆推一个理想化的发展序列，那么可以是：光素无纹的折股钗，而缠丝，而竹叶、竹节，而鈒花；独枝的花头钗簪，而花筒，而并头，而桥梁；继而各种样式以不同的形式交错混一。至于桥梁钗的设计构思，则很可能来自『头上金钗十二行』的插戴方式，钗脚依然两枝，钗首却是展开的一排，可谓『以一当十』。由郑州登封高村宋墓壁画❶〔图二九—一〕、山西高平开化寺宋代壁画中女子的插戴，也略可见意〔图二九—二〕。

宋元时代尚有一种簪首式样简单而簪脚纤细，又或做成尖锥形的小簪子，对照永乐本《碎金》列出的各种名称，它应属于

图二九—一 郑州登封高村宋墓壁画

图二九—二 山西高平开化寺宋代壁画

❶《郑州宋金壁画墓》，图一〇七。

图三〇—一 银花头顶挑针 浙江永嘉银器窖藏

图三〇—二 银鎏金花头挑针

图三〇—三 银鎏金花头挑针 江苏江阴山观窖藏

『顶针、挑针』之类。浙江永嘉窖藏、江苏江阴山观窖藏中均有数枝〔图三〇—一～三〕。后例中的一枝，簪首系镂空作，莲花莲叶环绕为莲塘小小，水中一只张着翅膀的鸳鸯，簪首直径不过二点五厘米，重止四点三五克，通长十三点四厘米。江西德安桃源山

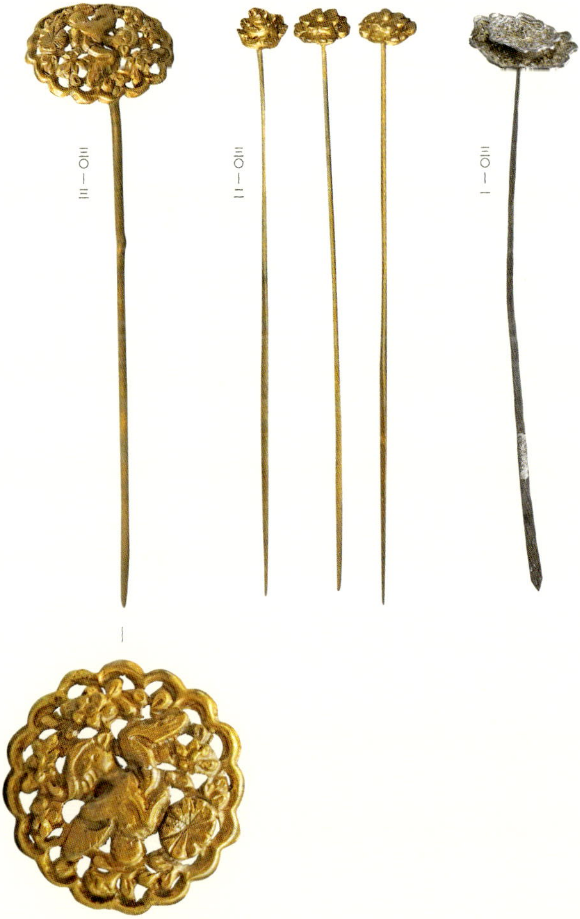

图三一—一
银鎏金环耳瓜棱瓶顶锥脚簪
江西德安桃源山南宋周氏墓出土

图三一—二
金环耳瓜棱瓶顶锥脚簪
湖南沅陵元黄氏墓出土

图三一—三
金环耳瓜棱瓶顶锥脚簪
湖北宜昌赵家湖出土

图三一—四
银胆瓶顶锥脚簪
湖南临澧柏枝乡南宋窖藏

南宋周氏墓出土一枝银鎏金环耳瓜棱瓶顶锥脚簪〔图三一—一〕，出自湖南沅陵元黄氏夫妇墓的一枝金簪与它样式几乎完全相同〔图三一—二〕，两枝均为尖锥式簪脚，前者长十三厘米，后者长十四点五厘米，簪首打作一只瓜棱式小瓶，小瓶两肩各焊接一个小系，系下衔环，簪脚插到空心小瓶的底端。出自湖北宜昌赵家湖的一枝金簪簪顶小瓶造型与前者相同，不过小瓶下方的簪脚又打作几组方胜，每个方胜里一树花叶❶〔图三一—三〕。湖南临澧柏枝乡南宋银器窖藏中有与此三例同式的一枝银花瓶顶锥脚簪，惟花瓶做成胆瓶式〔图三一—四〕。又有出自株洲堂市乡元代窖藏的一枝银鎏

❶ 下有铭曰『八分金贰钱（钱作俗写）元祖府张家记』。

图三二一—一
银鎏金莲花鸳鸯顶锥脚簪
湖南株洲堂市乡元代窖藏

图三二一—二
金瓜果纹顶锥脚簪
湖南华容县城关油厂元墓出土

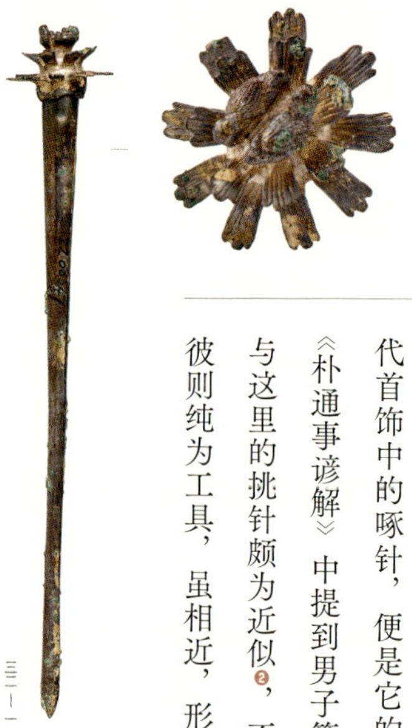

金锥脚簪，扣在簪顶的是一朵莲花，花心依偎一对鸳鸯〔图三二一—一〕。做工平常，式样却是可爱。湖南华容县城关油厂元墓出土一枝金瓜果纹顶锥脚簪，制作方法与花筒钗约略相同，即也是用片材打造纹样，然后卷作锥形筒，不过更细更长，顶端箍一枚扁环，环表打作五果：荔枝、柿子、桃、石榴、瓜。通长十五厘米，重六克❶〔图三二一—二〕。

挑针、顶针的所谓『针』，系就簪脚样态而命名，『挑』和『顶』，则指用途和插戴位置。这一类装饰相对简单的小簪子是头面中的轻巧实用者，簪戴之外，梳妆的时候也兼作分发、挑发。明代首饰中的啄针，便是它的延续。此外尚有《朴通事谚解》中提到男子篦头时用着的挑针，与这里的挑针颇为近似❷，不过此是女子首饰，彼则纯为工具，虽相近，形制却有不同。

❶ 墓葬出土有保存完好的『中统元宝交钞』、『至元通行宝钞』。刘美玉《华容县出土元代金银器》，《湖南省博物馆馆刊》第四期（二〇〇七年）。

❷《朴通事谚解·上》：先将那稀篦子篦了，『将那挑针挑起来』，用那密的篦子好生篦着，将风屑去的爽利着。其下注曰：挑针，用牛角作广篦，篦一端作刷子者，多发者发厚难梳，故先梳之发，以此篦插置上头，更梳下发。今俗犹然。按此所谓『今』，明初也。

三 宋式簪举略

（一）拨子式与织梭式

钗首造型取自弹奏弦乐器如琵琶之类的拨子，是唐代样式之一〔第四章，图一八—一～二〕，两宋犹见，不过多用于簪，如彭州南宋窖藏中的一枝。金簪通长十九点二厘米，簪首在连珠纹的装饰框内錾出沙地，然后打作缠枝花草〔图三三〕。出自浙江鄞县横溪的一枝金簪式样与此相同，不过通体光素，簪首铭曰『十分金』[1]。

织梭式簪是由拨子式演变出来的另一种新样，流行地区似以江南为主。造型取式于织梭，正如两汉魏晋时的金胜取式于织机构件。出自南京幕府山宋墓的麒麟凤凰纹梭式金簪一枝，簪脚趋于尖，簪头趋于宽圆，簪首一端打作奔行而回首的麒麟，一端打作俯首而低翔的凤凰，披垂的凤尾仿佛流云托起麒麟的后足，空白处满饰灵芝卷草。长十七点五厘米，最宽处二点三厘米〔图三四〕。金坛昌源商城宋代窖藏中的银鎏金双凤戏牡丹簪一枝，簪

图三三
拨子式金簪
四川彭州金银器窖藏

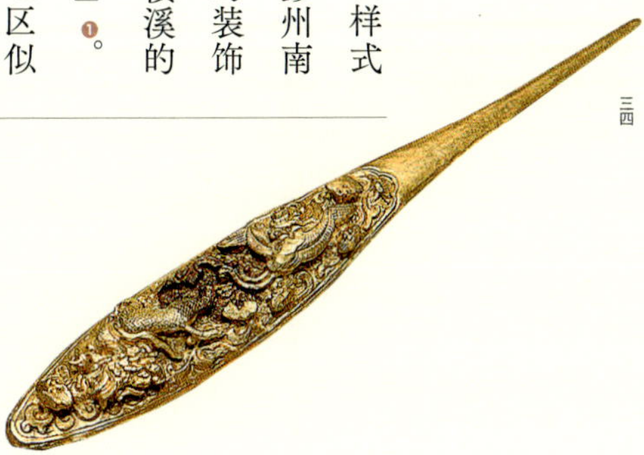

图三四
金麒麟凤凰簪
南京幕府山宋墓出土

[1] 石超《错彩镂金：浙江出土金银器》，页一〇一，浙江人民美术出版社二〇一六年。

三五—一

三五—二

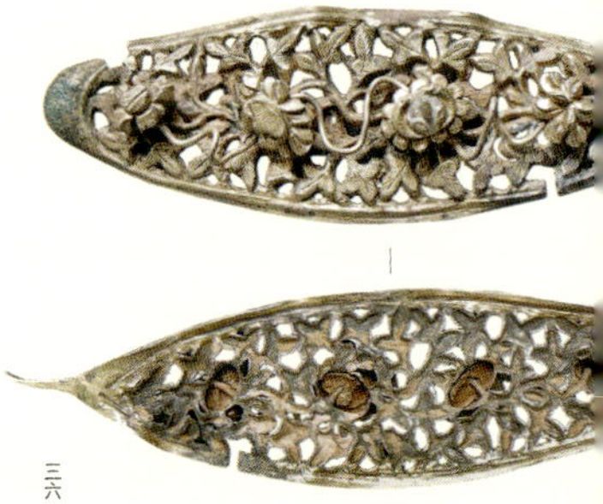

三六

首中央六茎花叶簇拥一大朵牡丹，凤凰一对婉娈于两边，两侧边缘处点缀几峰山石，全部是用了打制工艺而见出浮雕效果，簪长二十二点三厘米〔图三五—一〕。杭州临安杨岭宋墓出土银鎏金凤穿牡丹簪〔图三五—二〕。金华博物馆藏造型相同的一枝银簪，簪首纹样镂作缠枝牡丹，密叶扶花，转盼偃侧，惜簪脚残断〔图三六〕。又有永嘉窖藏中的一枝可称精好，虽然只是用了一枚片材而分外轻薄。簪首是镂空作的蛟龙戏珠，簪首以缭绕的枝叶与梅花、牡丹、菊花、山茶蔚作一片花海，努目奋鬣的一尾蛟龙在花海中穿枝度叶，颔下是花丛里的一颗大宝珠。它是永嘉窖藏银器里最富

图三五—一
银鎏金双凤戏牡丹簪
金坛昌源商城宋代窖藏

图三五—二
银鎏金凤穿牡丹簪
杭州临安杨岭宋墓出土

图三六
银镂空缠枝牡丹簪簪首
金华博物馆藏

三七—一　三七—二　三七—三

画意的一件，依形布势，经营位置，以少胜多，且一鳞一爪，一花一叶，俱见锤錾之工，又以镂空作而别有夭矫轻俊之致〔图三七—一〕。安徽宁国县人民政府大院基建工地金银器窖藏中的两枝银鎏金织梭式簪为宋物，与此题材相同而做工略有不同〔图三七—二～三〕。出自浙江龙游的一枝银鎏金簪，簪首的基础造型也类于织梭，惟外缘加饰一周镂空宝妆莲瓣。中心纹样也是镂空作：古松下坐着的长髯者手持羽扇，背后上方有头光，羽扇一侧立着的小童肩一柄筇竹杖，与他相对的侍者手托一大盘鲜桃，画面右端竹林前边的幅巾者略略欠身而展卷，其侧一只鹿，画面左端的长髯者手持拂尘[1]〔图三八〕。依然是寿星图的图式而有所增益，或可认为是向福禄寿三星图过渡的一种样式[2]。这一类造型的金簪银簪流行于两宋，以后便不多见了。

图三七—一
银蛟龙戏珠簪
浙江永嘉银器窖藏

图三七—二
银鎏金龙戏珠簪

图三七—三
银鎏金穿花戏珠龙簪
宁国县人民政府大院基建工地金银器窖藏

图三八
银鎏金寿星图簪
浙江龙游出土

三八

[1] 《错彩镂金：浙江出土金银器》，页八七（图版说明作『镂空人物纹鎏金银搔头式银簪』）。

[2] 廉萍《宋代出土文物中『寿星图』的辨识》，《中国国家博物馆馆刊》二〇二〇年第八期。

（二）花钿式及其他

花钿式钗簪，也是从传统孕育出来的宋式新样之一。作为首饰的花钿原是一类独立的饰件，魏晋南北朝即已出现。它多是制成花形，金粟沿边勾勒为花的轮廓，内里嵌绿松石〔第二章，图七二—一～二〕。钿与钗的结合则成为唐式钗的一类主要样式〔第四章，图五—一〕。宋代在此基础上的新创，便是若干花钿相连而成为十几厘米长的一道弯弧，如永嘉窖藏中的银簪〔图三九—一～二〕，『金筐』『金粟』在此演变为簪首的连珠纹边框，牡丹、菊花，花叶、边框，均系打造而成。一根银条通贯于簪首之背成为横梁，垂直后伸的扁平簪脚接焊于横梁中央。湖北黄石河口镇凤凰山南宋吕氏墓出土金花钿钗一枝，简省了边框〔图三九—三〕，开启了明代花钿钗的设计思路。从形制来看，它应是用作正面插戴，即如宋人《搜山图》中女子的妆扮〔图四〇〕。

三九—一

三九—二

三九—三

四〇

图三九—一～二
银花钿簪
浙江永嘉银器窖藏

图三九—三
金花钿钗
湖北黄石河口镇凤凰山南宋吕氏墓出土

图四〇
《搜山图》（局部）
故宫博物院藏

以镞镂和攒聚见精致，又有江阴夏港宋墓出土一枝金莲花簪〔图四一〕。簪脚为芯，外套圆管，花瓣九重，层层套叠于圆管。每重都打作铺展开来而中心有孔的一朵九瓣花，花瓣中间再打出小花一朵，小花的两边各镂出三个月牙孔以为花叶，花瓣边缘打作连珠纹。簪脚顶端高高擎出一个莲蓬来，莲蓬中心又插了一节圆管，里面探出作为固定之用的顶端分叉的银条，银条与圆管的空隙之间插了一枝小花。更有伸出枝条的莲叶、慈姑叶分别插在九重花瓣之间。下方簪脚露出的部分是一节镂作缠枝花草的装饰套❶。不论样式与做工，它都是宋代金簪银簪中不多见的一例。

四一

图四一
金莲花簪
江阴夏港宋墓出土

❶ 簪通长三十六点一厘米，重六十六点九克。江阴博物馆《江阴文物精华》，页一一七，文物出版社二〇〇九年。

图四二
心字金钗
安徽潜山县余井宋墓出土

出自安徽潜山县余井宋墓的一枝金簪，则是别一番巧思。簪首造型如同一只展翅蝴蝶，两个翅膀却是以片材分别制成，便是镞镂为缠枝花叶托起的一个心字，然后用窄金片挽合在一起，因此可开可敛：打开来，是两个心字；合拢来，则即心心相印〔图四二〕。顺带说到，『心』字是两宋流行的一类装饰纹样，如心字帔坠❶，心字耳环〔图一五五〕，心字幡胜〔图二六五〕。又有当日五羊城中成为品牌的吴氏心字香，即所谓『心字龙涎饶济楚』（张元幹《青玉案》）。还有衣衫绣样，欧阳修《好女儿令》『一身绣出，两同心字，浅浅金黄』，晏几道《临江仙》『记得小蘋初见，两重心字罗衣』，所咏俱是。

❶ 心字玉帔坠，浙江新昌南宋乾道五年季氏墓出土，今藏新昌博物馆。

四二

四三—一

四四—一

四三—二

浙江东阳白云街道杨大坞村金交椅山宋墓出土一枝金簪也很别致，簪首造型是状若拈物的一只手，手腕戴着缠钏〔图四三—一〕。恰有南京长干寺遗址北宋地宫出土的一枚花钱，正面为『景德元宝』，背面磨光，线刻轻拈莲蕾的一只菩萨手，腕上也戴着钏〔图四三—二〕。花钱当是信众施入地宫的供养物。金簪与花钱虽无直接联系，纹样却可相通，那么簪首造型似可视作恰待拈花的菩萨手。

前举花筒钗有金裹银的套合式做法〔图一二—二〕，它也施用于簪。浙江龙游寺底袁宋墓出土一枝包金玉簪〔图四四—一〕。浙江衢州南宋史绳祖墓出土金簪长十五点五厘米，重十五克[1]，窄长的簪

[1] 衢州市文管会《浙江衢州市南宋墓出土器物》，页一〇〇六，《考古》一九八三年第十一期。

图四三—一
菩萨手金簪
浙江东阳金交椅山宋墓出土

图四三—二
拈花菩萨手金花钱
南京长干寺遗址出土

图四四—一
包金玉簪
浙江龙游寺底袁宋墓出土

图四四—二
金簪
浙江衢州南宋史绳祖墓出土

图四五—一
金钳镯
浙江绍兴东湖镇梧桐村南宋墓出土

图四五—二
银云月簪
浙江德清银子山出土

图四五—三
银鎏金云月簪
浙江浦江白马镇高丬窖藏

四五—一

四四—二

脚錾出锥点连成的卷云纹，簪首制为双层，即以一个装饰缠枝卷草纹的金套叠合在上面，金套的顶端做出起翘的如意式头〔图四四—二〕。

宋人提到的首饰纹样尚有名作『云月』者❶，作为装饰图案它也用于金镯，例见绍兴东湖镇梧桐村南宋墓〔图四五—一〕❷。云月簪的造型很像是从当时瓷器、金银器的流行纹样梅梢月中截取的一分月色，下边一朵祥云，云端托起一轮明月，如分别出自浙江德清银子山与浦江白马镇高丬窖藏中的银簪和银鎏金簪〔图四五—二～三〕。

四五—二

四五—三

❶ 陆游《老学庵笔记》卷二：『靖康初，京师织帛及妇人首饰衣服，皆备四时。如节物则春幡、灯毬、竞渡、艾虎、云月之类。』四川广汉发现的南宋窖藏玉器中，有一件云月形的玉饰，高一点八、宽三点五厘米，是朵云托着一枚圆月，云月之间有两个小穿。邱登成等《四川广汉南宋窖藏玉器》，载《中国隋唐至清代玉器学术研讨会论文集》，页二五，图七，上海古籍出版社二〇〇二年。

❷ 金镯月铭『人月』，或取自宋人咏上元之词意『人月圆时』，见北宋王诜《人月圆》词（一说作者为北宋李持正），借了造型，完『人月圆』之意。

（三）凤钗与凤簪

与此前相同，宋代凤钗依然是小说歌赋中传递感觉与情意的象征。宋蔡伸《浣溪沙》：『窗外桃花烂漫开。年时曾伴玉人来。一枝斜插凤皇钗。／今日重来人事改，花前无语独徘徊。凄凉怀抱可怜哉。』❶小词自是『人面桃花』之别唱，而玉人姿容凭了『一枝斜插凤皇钗』便足以传神。插戴凤钗的形象，可见前面举出的《搜山图》〔图四〇〕，宋人《招凉仕女图》〔图四六—一〕，又郑州市登封王上村壁画墓壁画（墓葬时代为宋金时期），画笔虽略去凤钗细部，但钗首之凤和探出发髻之外的两只钗脚却描绘得清楚❷〔图四六—二〕。江苏

四六—一

四六—二

图四六—一
《招凉仕女图》（局部）
台北故宫博物院藏

图四六—二
郑州市登封王上村壁画墓壁画（摹本）

❶ 唐圭璋《全宋词》，册二，页一〇一二，中华书局一九六五年。

❷ 郑州市文物工作队《登封王上壁画墓发掘简报》，《文物》一九九四年第十期封面。

图四七—一

金凤簪首

江苏涟水妙通塔地宫出土

图四七—二

金凤簪

上海宝山区月浦镇谭伯龙夫妇墓出土

四七—一

涟水妙通塔地宫出土一件金簪首，为北宋物❶〔图四七—一〕。今存之部长四点七厘米，重八点三克。金簪造型极力突出颈羽偾张的凤首，凤颈弯折过来顺势成为管状的凤身，两侧接一对小小的翅膀，推测凤身之内当是另外安置一柄银簪脚，——山东栖霞慕家店宋墓出土玉凤铜龙银脚簪❷，可为一证。簪首式样与《搜山图》以及《招凉仕女图》中用作固冠的一枝凤簪也十分相似，当然金簪更有着画笔未及处各个细部的刻划微至。上海宝山区月浦镇南宋谭伯龙夫妇墓出土金凤首簪〔图四七—二〕，也是以颈羽飞飏见出精神，小金珠点

四七—二

❶ 淮安市博物馆等《江苏涟水妙通塔宋代地宫》，封面，《文物》二〇〇八年第八期。按简报称之为『金钗』。涟水妙通塔是为瘗藏证因大师舍利而建，证因骨灰安葬于北宋治平四年，金凤簪或即此时施舍于内以为供养。

❷ 栖霞县文化馆《山东栖霞慕家店宋墓》，页一七五，图一，《文物资料丛刊·十》，文物出版社一九八七年。

图四七—三
金凤首簪
上海宝山区月浦镇谭思通夫妇墓出土

图四八—一
金凤钗
陕西临潼金代窖藏

图四八—二
金凤钗
济南卫巷遗址宋金窖藏

出凤眼，凤冠则是一朵牡丹花，而不论花朵还是凤羽，都是掐丝为纹样，其表粘焊细密齐整的金粟粒。簪首背后焊一个圆管，圆管内插簪脚，簪脚上方沙地上打作一溜三朵桃花，通长十七点二厘米，重十七克，簪脚有『陈铺』铭。月浦镇南宋谭思通夫妇墓出土金凤首簪一枝〔图四七—三〕，簪脚纹样和装置方式与这一件相近，簪首则是以片材打制成形然后扣合为一，下方焊一圆管与簪脚插接，凤首头顶一朵重台牡丹花，通长十七点五厘米，重二十三克[1]。陕西临潼金代窖藏中的一枝金凤钗通长二十二点二厘米，钗首是一朵祥云托起来的飞凤，凤嘴里衔着金花结[2]〔图四八—一〕。出自济南卫巷遗址宋金窖藏的金凤钗尺寸不大，却是实心作，簪首金凤头顶花冠，俯看是錾出来的一朵牡丹，凤眼与凤口之间镂出月牙形的一个弯孔，下方凤口微张，好像略略送出细舌的样子，满錾龙麟的三道弯是写意一般的凤身，两边飞旋的飘带又是凤尾的写意之笔〔图四八—二〕。

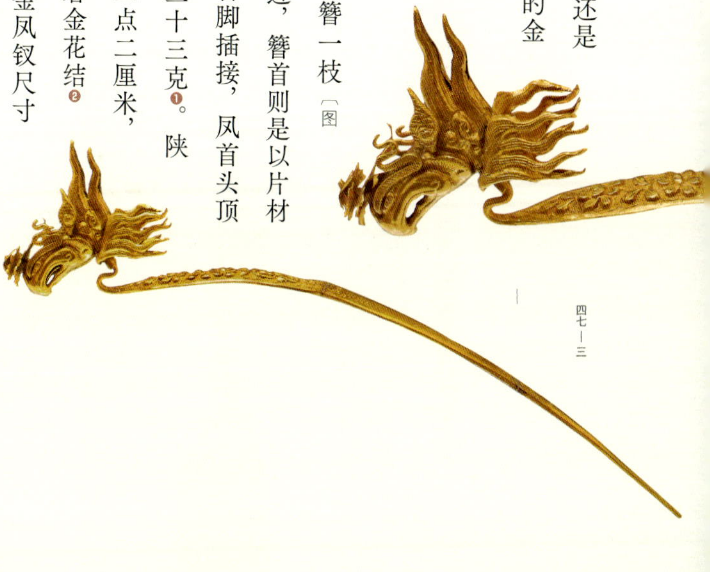

四七—三

[1] 上海博物馆《申城寻踪：上海考古大展·城镇之路》，页五五，页四五，上海书画出版社二〇一四年。

[2] 赵康民等《关于陕西临潼出土的金代税银的几个问题》，页七五，图二，《文物》一九七五年第八期。

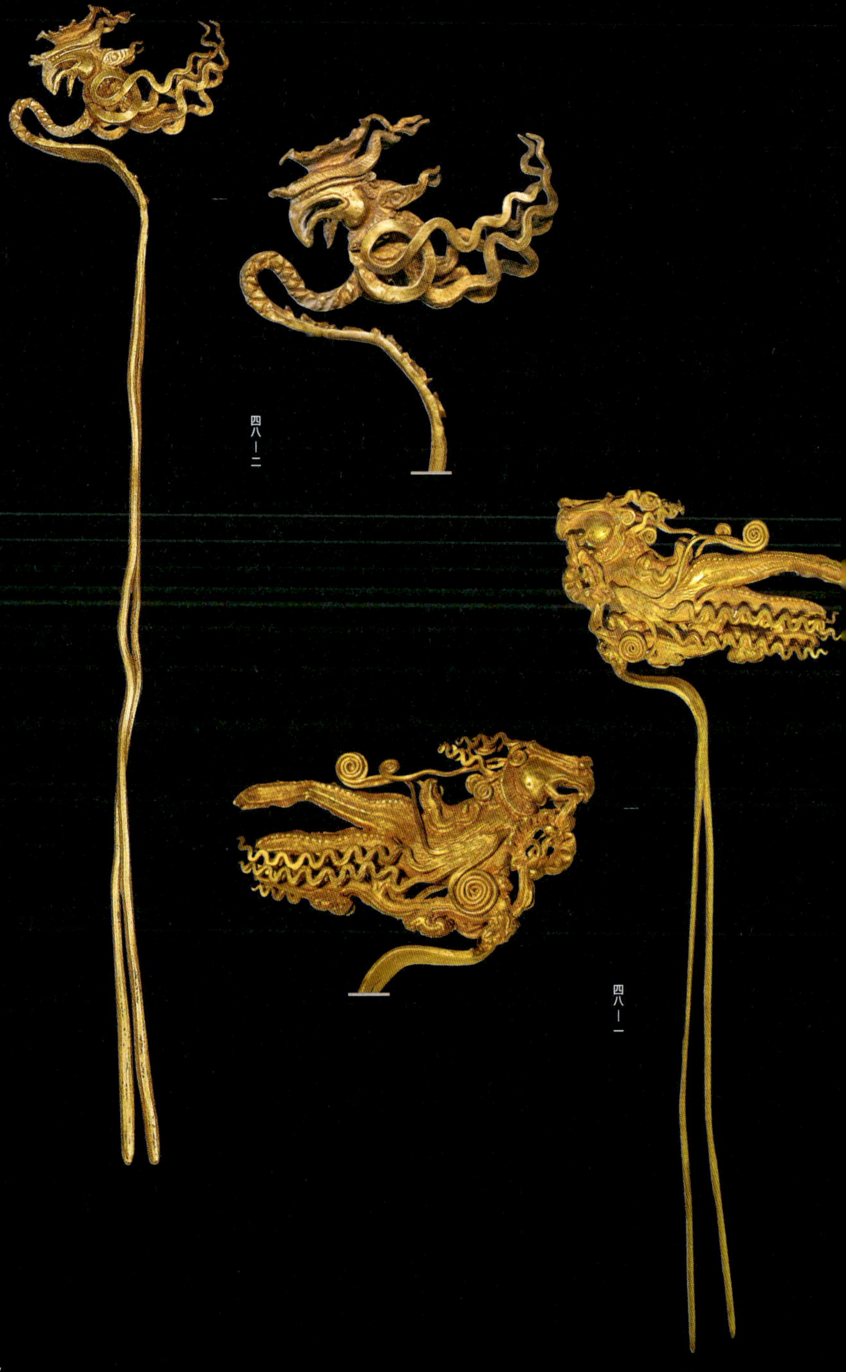

四八—二

四八—一

图四九—一
凤衔瓜果金钗
蕲春罗州城窖藏

图四九—二
宋墓石刻
合江博物馆藏

此外一种是钗首造型如弯月，如湖北蕲春罗州城遗址南宋金器窖藏中的凤衔瓜果金钗一枝。钗头龙首推送出一只舞凤，凤口衔了一长串花果枝，枝条顺风飘向龙口，成为托起凤凰的一朵云。鲜桃、石榴、荔枝、甜瓜和橘子，依次缀满柔条。金龙呼吸吐纳，金凤凭高蹋云，播撒的总要是世间丰足〔图四九—一〕。钗脚铭曰『十赤金』，固然是标明成色，却也像是特地要与纹样寓意并美。合江博物馆藏宋墓石刻一方，端坐在屏风前的妇人发冠上正横贯如此一枝〔图四九—二〕。

四九—一

四九—二

图五〇—一
银步摇
安徽南陵北宋墓出土

图五〇—二
金步摇
湖南临湘陆城南宋一号墓出土

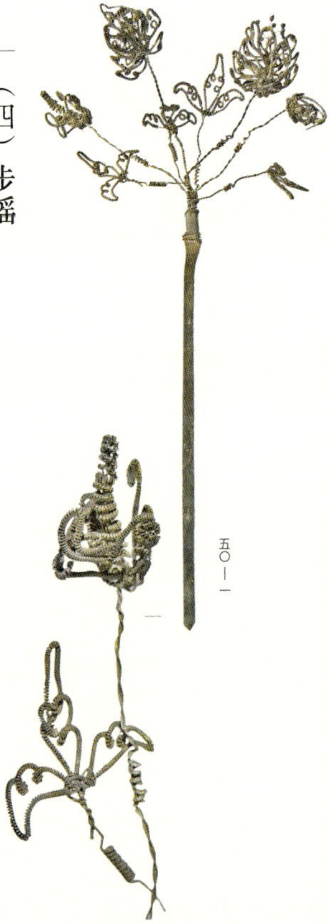

五〇—一

（四）步摇

步摇作为簪钗的形制之一，在长久的使用中，也成为首饰设计发挥巧思的生长点。行步而摇的效果，簪钗悬系坠饰是其一。钗簪之首做成摇颤的花枝——比如以『螺丝』编结物象——则又是一类，而后者的运用更为多样，这是由工艺而生出的艺术趣味，如安徽南陵北宋墓出土银步摇[1]，如湖南临湘陆城南宋一号墓出土金步摇[2]〔图五〇—一～二〕。前例制作的特别之处在于花朵、花叶和枝干全部是用纤细的『螺丝』掐成，一朵莲花，一朵牡丹，旁斜一枝高耸雄蕊的蜀葵，只是蜀葵的花瓣有些变形。

五〇—二

[1] 安徽省文物考古研究所等《安徽南陵铁拐宋墓发掘简报》，页四五，图二五，《文物》二〇一六年第十二期。

[2] 湖南省博物馆《湖南临湘陆城宋元墓清理简报》，页六四，《考古》一九八八年第一期。按此描述为水仙花状金簪。

悬系坠饰的一类，钗首造型通常略如弯月即同前面举出的金凤钗，如出自江西永新北宋刘沆墓的银镶水晶步摇❶〔图五一—一〕，如四川阆中市双龙镇宋墓出土一对金步摇❷。这一种形制的步摇，造型与纹饰似遥承唐五代花钗，不过制作工艺和气韵风格已然不同。出自阆中宋墓者，钗首为纹样相同的两枚金片扣合而成，两道连珠纹勾出卷草式边框，内里装饰芙蓉、牡丹和菊花。边框上缘别饰荷叶和瓜果，下缘做出两相扣合的六个小系，系下悬垂一溜六枚带着叶子的小桃。钗脚另外打制，然后与钗首套接〔图五一—二〕。此式步摇的插戴，见于宋人《明皇击球图》〔图五二—一〕，又郑州登封城南庄宋墓壁画❸〔图五二—二〕，惟画师所绘都是侧面形象，因此只见得画笔所及处的一枝，推测另一边也该有一枝与它成为一对。在日本大阪市立美术馆藏宋人绘《送子天王图》中，便可见此式步摇的插戴是一边两枝❹〔图五二—三〕。

图五一—一
银镶水晶步摇
江西永新北宋刘沆墓出土

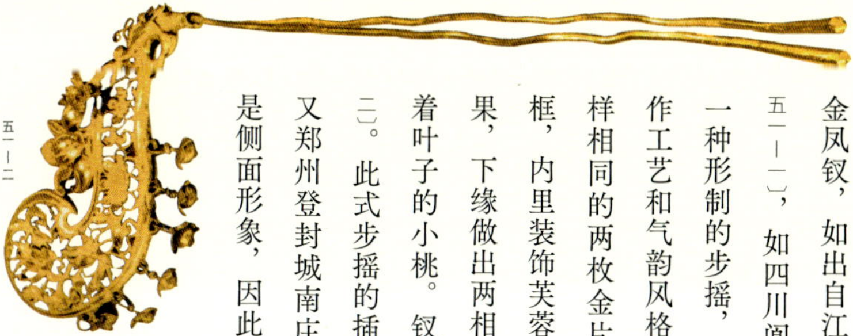

图五一—二
金步摇
四川阆中市双龙镇宋墓出土

图五二—一
《明皇击球图》（局部）
辽宁省博物馆藏

图五二—二
登封城南庄宋墓壁画

图五二—三
《送子天王图》（局部）
大阪市立美术馆藏

图五三 山西稷山马村金墓砖雕

（五）冠与固冠之簪

女子著冠，两宋已蔚为风气。冠有银制，也或漆纱为之，而加以『金银珠翠采色装花』（王栐《燕翼诒谋录》卷五）。冠子的命名，或以质地，或以样式，名目不一。除列入舆服制度的后妃、命妇之龙凤花钗冠、花钗冠外，又有白角团冠、缕金云月冠、亸肩冠，等等。出于词笔者，尤见妍丽。如李之仪『避暑佳人不著妆，水晶冠子薄罗裳』[1]；蔡伸『翡翠蒙金衫子，镂尘如意冠儿』，『浅褐衫儿寿带藤，碾花如意枕冠轻』[2]；张孝祥『短襟衫子新来棹，四直冠儿内样新』[3]；李清照『铺翠冠儿，捻金雪柳，簇带争济楚』。所谓『四直』『如意』，也见于洪武本《碎金·服饰篇》『冠梳』项下。核以两宋图像，与诗歌所云种种的对应虽然难以一一确指，但式样之丰却是一致，而由绘笔又可见出冠子的尺寸之巨。如故宫藏《女孝经图》，前举台北故宫博物院藏《招凉仕女图》，又山西稷山县马村金墓砖雕中头戴团冠的女子[4]（图五三）。安徽舒城宋墓出土一件银团冠，两侧高起为冠山，中间凹下为山口，正是宋代图像中最常见到的式样。与银冠

1 用作包镶水晶的银片外缘原悬系一溜小坠，出土时尚存得一枚菱形残件。江西省文物管理委员会《江西永新北宋刘沆墓发掘报告》，图版五：一，《考古》一九六四年第十一期（图版说明称作『水晶饰』）。

2 杨伯达《中国金银玻璃珐琅器全集·金银器》第二卷，图二五二（金钗），河北美术出版社二〇〇四年。

3 《郑州宋金壁画墓》，图一五七。

4 浙江大学中国古代书画研究中心《宋画全集》，第七卷第二册，图六〇，浙江大学出版社二〇〇八年。

1 调寄《鹧鸪天》，《全宋词》，册二，页三四五。

2 例一调寄《西江月》，例二调寄《浣溪沙》，《全宋词》，册二，页一〇三〇；页一〇一二。

3 调寄《鹧鸪天》，《全宋词》，册三，页一六九六。

4 《平阳金墓砖雕》，图一一八。

图五四—一
金裹头银脚簪一对
江阴夏港北宋孙四娘子墓出土

图五四—二
金簪
安徽南陵北宋墓出土

图五四—三
金簪
江西鄱阳宋熊本妻墓出土

图五五—一
金裹头银脚簪
常州北环工地宋墓出土

图五五—二
金裹头银脚簪
江苏江阴西郊文武大队出土

同出又有一枝『包金银发笄』，简报述其形制云『银质圆球及插杆，球面包金，并雕菊花纹，球径一点四厘米，长二十六点五厘米』[1]。与舒城金裹头银簪相类的圆首长脚簪，尚有不少出自南方墓葬，如江阴夏港北宋孙四娘子墓[2]（图五四—一）、安徽南陵北宋墓（图五四—二）、江西永新北宋刘沆墓、江西鄱阳宋熊本妻施氏墓[3]（图五四—三）、常州北环工地宋墓（图五五—一），又江苏江阴西郊文武大队出土的一枝（图五五—二）。出自熊本妻墓的一枝通体为金

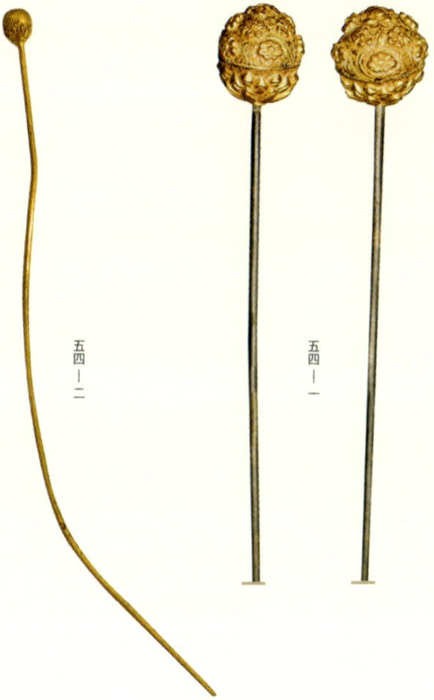

五四—一

五四—二

五四—三

五五—一

五五—二

[1] 舒城县文物管理所《安徽舒城县三里村宋墓的清理》，页四九，《考古》二〇〇五年第一期。

[2] 通长十七点五厘米，苏州博物馆等《江阴北宋『瑞昌县君』孙四娘子墓》，页三四（『插花二枝』），《文物》一九八二年第十二期。按孙四娘子为礼部郎中、直史馆孙冕之女，葛宫之妻。至和二年葛宫任尚书职方郎中时，孙四娘子受封『瑞昌县君』（相关考证见朱瑞熙《关于江阴北宋墓的墓主孙四娘子》，《文物》一九八四年第九期）。

[3] 《江西宋代纪年墓与纪年青白瓷》，页一〇五（『龙纹金簪』）。墓主人卒于大观三年（一一〇九）。

图五五—三
金簪首
镇江市南郊北宋黄氏墓出土

图五六
河南登封唐庄宋代壁画墓壁画

五五—三

五六

材，此外三枝制作工艺相同，即簪首用片材做成直径约两厘米的金球，金球下方打作仰莲托座，托座上面的主纹，出自常州者为祥云飞凤间以杂宝，出自永新者为缠枝牡丹，而均于金球底端留出一个圆孔与银脚相接。常州金簪通长十八点二厘米，金裹头重十四点六克，与金裹头相接的银簪脚光素无纹，重十二克。又镇江市南郊黄鹤山水泥制杆厂北宋黄氏墓出土一枚金簪首❶〔图五五—三〕，原来也应是一枝金裹头银脚簪，不过失了簪脚❷。几枝圆首长脚簪虽然未与冠子同出，而它的主要功用在于固冠，由同时代的绘画或雕塑可以看得很清楚，如郑州登封黑山沟壁画墓壁画，又白沙宋墓二号墓墓室壁画中的女子❸。出土的实例，簪脚之长通常将及宋代的一尺，甚或一尺以上。那么由图像可知，它是插入冠子之后又向前探出很长。江西鄱阳施氏墓出土的金簪，长三十点五厘米，重三十八点六克，簪脚的装饰部分则只占全长的三分之一强，而这一部分正是要探出冠子之外的。当然此类长簪也可以用来妆点云髻，这时候它的使用也同于固冠，即如河南登封唐庄宋代壁画墓中的女子〔图五六〕。

两宋最高等级的盛妆自属之于皇室，清宫旧藏南薰殿图像

❶《镇江出土金银器》，图一〇九。

❷ 又有西安长安区郭杜镇宋墓出土一件所谓『金圆珠形饰』（西安市文物保护考古所《西安长安区郭杜镇清理的三座宋代李唐王朝后裔家族墓》，封三：三，《文物》二〇〇八年第六期），形制与此完全相同，自然也是一枝银脚簪的簪首。

❸《郑州宋金壁画墓》，图一一九；宿白《白沙宋墓》，图版八：二，文物出版社一九五七年。

中的宋仁宗后像绘出皇后所戴下缀博鬓的龙凤花钗冠〔图五七—一〕。徽宗后像与钦宗后像，凤冠上面的珠花龙凤间是飞翔而下的伎乐，凤冠口沿处一排高冠广袖的捧笏者，旁有侍女，持节者三、擎羽扇者三、持打扇者二〔图五七—二～三〕。《金史》卷四十三《舆服志》所谓『皇后冠服，花株冠，用盛子一，青罗表，青绢衬金红罗托里，用九龙四凤，前面大龙衔穗毬一朵，前后有花株各十有二，及鸂鶒、孔雀、云鹤、王母仙人队、浮动插瓣』云云，花株冠的装饰，与图像所绘徽、钦二后之冠颇多相似。山西稷山县青龙寺腰殿元代壁画『往古后妃宫女众』里的娥皇和女英，头戴花冠，

五七—一

五七—二

五七—三

图五七—一 宋仁宗皇后像（局部）
图五七—二 宋徽宗皇后像（局部）
图五七—三 宋钦宗皇后像（局部）
清宫旧藏

图五八
山西稷山县青龙寺
腰殿元代壁画

图五九
金太祖陵皇后金丝冠撑（盛子）
北京房山区金陵遗址出土

花冠四表攒簇青罗，冠之当心则装饰祥云，云朵间立着仙人队〔图五八〕。此或可视作宋金皇后之冠在造型和题材上的融合。北京房山区金太祖陵出土一顶金丝冠撑，高十厘米，直径十四厘米[1]〔图五九〕，应即《舆服志》所云花株冠所用之『盛子』，同出尚有一对玉饰件。台北故宫博物院藏南宋陈居中《文姬归汉图》中的蔡文姬，便是以金代女子妆束为蓝本：花珠冠，冠侧玉饰，乃至衣裙纹样，与黑龙江阿城金齐国王完颜晏夫妇墓出土服饰几乎完全相同[2]〔图二三八〕。只是除了贵州遵义杨价夫妇墓出土前置金凤、两侧施以博鬓的银冠外[3]，与图像一致的宋金时代『龙凤花钗冠』，尚未曾发现。

五八

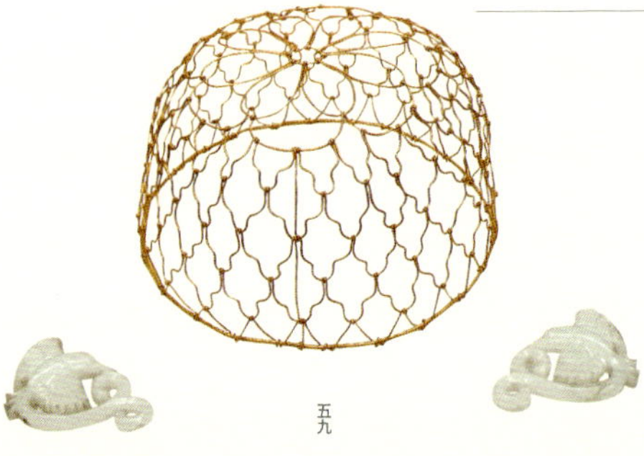
五九

[1] 北京市文物研究所《北京金代皇陵》，页七九，彩版一四：二，文物出版社二〇〇六年。
[2] 赵评春等《金代丝织艺术：古代金锦与丝织专题考释》，图三、图八〇，科学出版社二〇〇一年。
[3] 此为观摩所见，详细资料尚待发表。

四 元式簪钗举略

元代金银首饰的类型与样式，由两宋继承而来者，即如前述竹节、花筒以及并连式、桥梁式花头簪钗。元式新样，举其要者，为螭虎钗，荔枝簪、瓜头簪、满池娇荷叶簪。

（一）螭虎钗

螭虎钗是元代广为流行的新样之一。作为一大类型，它又可细分为几种不同的样式，各式的制作工艺并不完全相同，并且也很有繁简精粗之别，但构成基础类型的要素以及总体构图总是一致的，即花朵在上，身作扭结的双螭或双龙口衔花叶在下，虽然有些省俭的做法如同『写意』，——不过把钗股扭结之后略事雕錾而并不细做。

金银螭虎钗出土比较集中的地区是湖南：临澧新合窖藏有金螭虎钗十一枝，其中八枝成对；又有分别出土于澧县双龙乡花庙村和攸县丫江桥河源村的六枝，其中四枝成对；涟源市桥头河镇石洞村元代窖藏有银螭虎钗六枝，其中两枝成对；沅陵元黄氏墓出土银螭虎钗一对。可以说繁简精粗各式俱备，差不多包括了

图六〇
金螭虎钗
株洲攸县丫江桥元代窖藏

元代螭虎钗的主要形态。

螭虎钗的标准样式，可举丫江桥窖藏中的一对金钗为例。金钗通长十六点二厘米，重二十九点五克，钗梁打作一丛牡丹花叶以为底衬，钗脚盘旋扭结做成海浪、灵芝和一对耸身向上的螭虎，再把一朵牡丹和几片花叶焊接于做成花叶底衬的钗梁〔图六〇〕。

式样之二，澧县双龙乡花庙村出土一对金钗可以为例，即钗梁一面是牡丹，一面是莲花，钗脚则一面为两溜儿祥云，一面为一对螭虎，螭虎的长身蜷曲处各带起一朵灵芝。两面纹样不同，却是互为呼应〔图六一〕。其一通长十四点四厘米，重十八点五克。

六〇

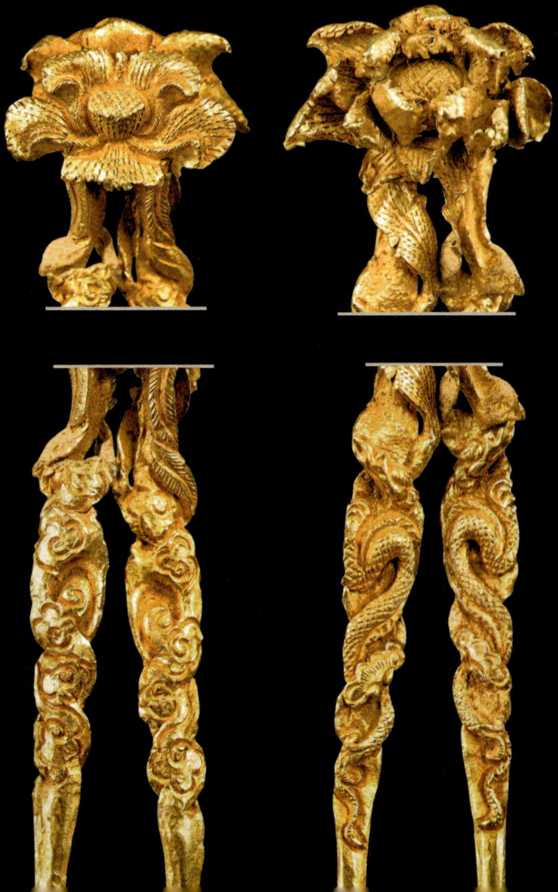

六一

图六一
金螭虎钗
湖南澧县双龙乡花庙村出土

图六二～三
金螭虎钗
湖南临澧新合元代窖藏

图六四
银摩羯衔花钗
湖南沅陵元黄氏墓出土

式样之三，图案集中于钗首而分作上下两片，上为打作出一枚灵芝、一对螭虎和一朵牡丹的饰片，下为底衬，底衬的下半部即打制为钗脚，然后再把上下两片焊接在一起，临澧新合窖藏中的一对金螭虎钗是其例〔图六二〕。

式样之四，便是各种『写意』式的省略做法，如新合窖藏中的另外两枝金钗〔图六三〕。以图案言，这几例都是双龙衔牡丹，不过用了或繁或简的不同形式；而按图式类型来说，则应算作螭虎钗的一种。此外，沅陵元黄氏夫妇墓出土与螭虎钗构图相同的一对银钗，钗梁下面并首衔花的是一对摩羯鱼，也不妨把它看作是螭虎钗类型中的一种变化形式〔图六四〕。

六二

六三

六四

六五—一

图六五—一
铜鎏金虎形带钩
山西朔州市开发北路西汉墓出土

图六五—二
螭虎穿花玉佩
西安东郊田家湾村出土

图六五—三
绿地螭虎穿云纹锦
黑龙江阿城金齐国王墓出土

螭虎钗的分量多在二十克以下，且每每成对。所谓『螭虎』，原是俗称，如此命名大约缘自它的样态，比照山西朔州市开发北路西汉墓出土一枚铜鎏金虎形带钩[1]（图六五—一），即可见它与传统造型的虎是颇有几分相近的。宋李元膺《菩萨蛮》『笑里问高低，盘云辫玉螭』[2]，元张昱《无题二首》之二『咫尺香闺步懒移，搔头谁理玉蟠螭』[3]，所咏当是同类纹样的玉簪。宋代『教子升天杯』中作为主题纹饰的螭已是螭纹的成熟样式，西安东郊田家湾村出土元螭虎穿花纹玉佩也可以认为是螭虎钗纹样的近缘，玉佩中螭虎衔花叶的姿容几乎就是螭虎钗子上半部的基本造型（图六五—二）。从黑龙江阿城金齐国王墓出土的绿地螭虎穿云纹锦来看，钗的设计意匠与它的关系也很紧密[4]（图六五—三），不仅构成基础纹样的主要元素相同，并且祥云和螭虎的造型乃至螭虎的鸾鸟式长尾也都显示着二者图式的一致。可见螭虎钗的纹样设计原是从时尚中提取构图元素。

螭虎钗的名称见于永乐本《碎金·服饰篇》，原是列在『首饰』一节的『北』条下，不过这也许只是表明它的起源，此式其

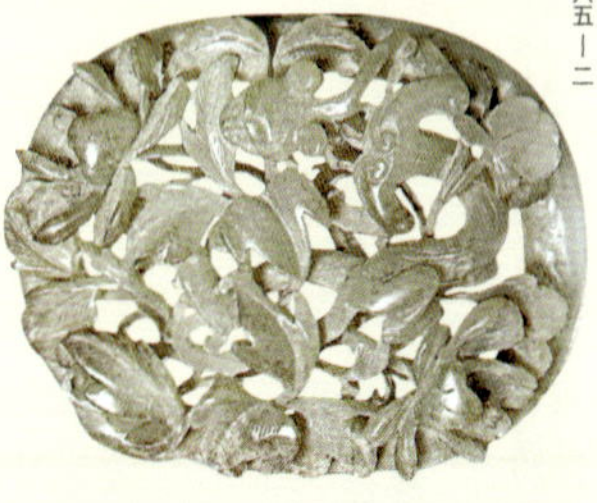

六五—二

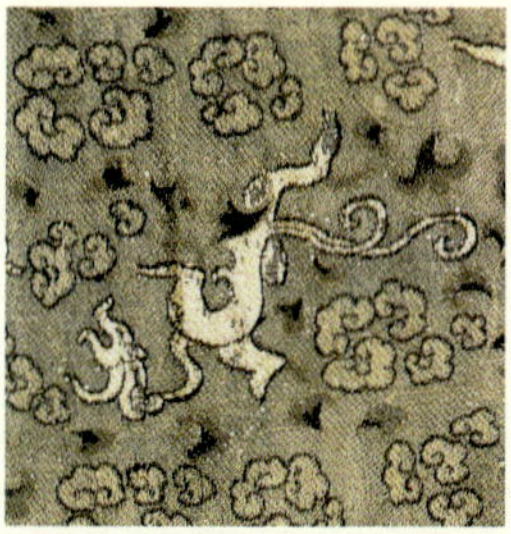

六五—三

[1] 朔州崇福寺文物保管所《朔州崇福寺藏品精选》，页六七，文物出版社二〇〇九年。
[2] 《全宋词》，册一，页四四八。
[3] 顾嗣立《元诗选·初集》，页二〇八八，中华书局一九八七年。

图六六—一
金螭虎钗
湖北宜昌当阳赵家湖出土

图六六—二
金螭虎簪
上海电视大学松江分校金器窖藏

实通行于南北，湖南之外，湖北武汉黄陂周家田元墓、宜昌当阳赵家湖〔图六六—一〕、上海电视大学松江分校金器窖藏❶〔图六六—二〕、石家庄史氏家族墓地、西安市长安区刘黑马家族墓、内蒙古锡盟察右中旗广益隆、敖汉旗克力代乡太吉合窑及四家子镇南大城〔图六七—一～二〕、甘肃漳县徐家坪元汪世显家族墓，又内蒙古博物院、大同市博物馆等地藏品〔图六七—三～五〕，或金或银的螭虎钗南北地区都有发现。

六六—一

六六—二

❹《金代服饰：金齐国王墓出土服饰研究》，彩版一三八。按图版说明原作『忍冬云纹夔龙纹锦』。

❶簪脚有铭『王贰□□□造』，何继英《上海市松江区发现的南宋窖藏金饰件》，页四八，图一（称为『双龙戏牡丹金发簪』），《上海文博》二〇〇四年第一期。按这里定其时代为南宋，十几年前，承上海博物馆惠允，得以亲睹实物，认为部分金饰元代风格比较明显，而有几件已接近明代样式。这一件属于前者。

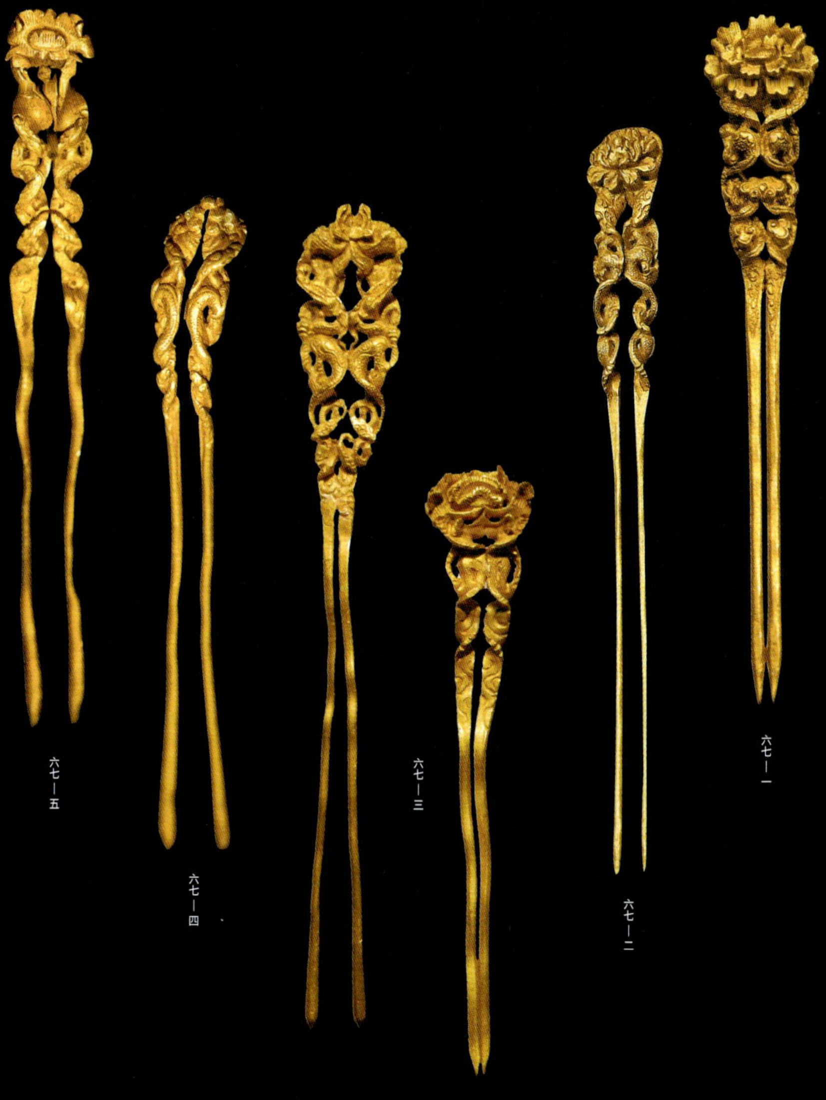
六七—一
六七—二
六七—三
六七—四
六七—五

图六七—一～二

金螭虎钗

赤峰敖汉旗克力代太吉合窑出土

图六七—三

金螭虎钗

内蒙古博物院藏

图六七—四～五

金螭虎钗

大同博物馆藏

图六八

银鎏金瓜头簪

浙江浦江白马镇高爿窑藏

（二）荔枝簪与瓜头簪

簪，元代又称作鈚，或作錍和鎞❶。鈚原指一种广长而薄的箭镞，大约以簪脚的样子与它很有点相似，因移来用作簪的名称。永乐本《碎金·服饰篇》『首饰·北』一项列举簪的名称曰：『云月、荔枝、如意、瓜头鈚。』这一类簪子的造型与纹样构图多有画意，——瓜与荔枝都是宋代院画花卉蔬果小品中的常见题材。

荔枝簪和瓜头簪宋代已经出现（图六八、二六四），元代则大为盛行。北宋时荔枝纹样多用于金带銙，而荔枝簪钗的设计构思原当另有来源。蔡襄《荔枝谱》名品有『双髻小荔枝』，曰：『每朵数十，皆并蒂双头。』又有『钗头颗』，『红而小，可间妇人女子簪翘之侧，故特贵之』。《全芳备祖·果部》卷一『荔支』项下蒐录时人隽句云『天与蹙罗装宝髻』（黄山谷），『相见任夸双蒂美，多情莫唱水晶丸』（刘贡父）❷，是荔枝簪的意匠乃酝酿于宋人的生活细节与歌诗赋笔。

元代金银荔枝簪通常是用一枚片材打作浮雕一般的图案，一对打作『蹙罗』之状的『象生』荔枝安排

六八

❶ 见《南村辍耕录》卷十一『金鎞剌肉』一则。又，参见本书卷二页六一一注❶。

❷ 前句摘自黄庭坚《次韵任道〈食荔支有感〉三首》之三；后句摘自刘攽《戏答惠荔子》。

在中央，正所谓『并蒂双头』，周围有花，有叶，又或者用一枚叶子搭在两颗荔枝中间，如湖南临澧合口镇出土的一件〔图六九—一〕。『蹙罗』，荔枝之红衣也，为荔枝写形，便成着力突出的主要特征。出自株洲攸县槚山乡止步前村的一件银鎏金荔枝簪，簪首双果欹侧相依，枝条随风舒卷，尤见银匠锤錾下所存粉本的写生之趣〔图六九—二〕。从簪首背面的簪脚装置来看，可以推知所失是一柄银簪脚。临澧新合窖藏中的一枝金簪簪首缘边均匀安排四枚小荔枝，纹样布置显得更加图案化，簪脚的装置与前例不同，但也是元式簪子经常使用的一种〔图七〇〕。

六九—一

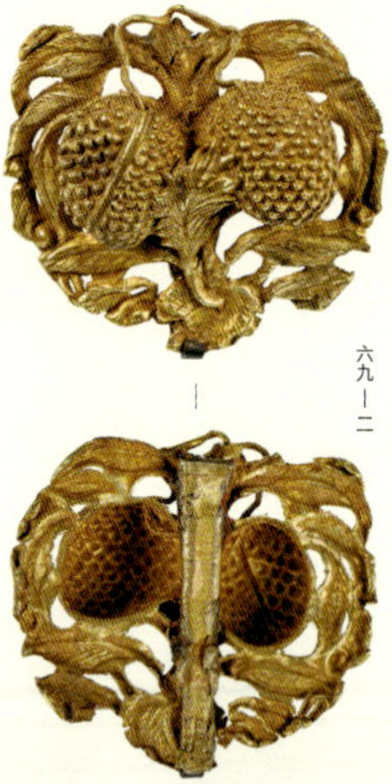

六九—二

七〇

图六九—一
金并头荔枝簪首
湖南临澧合口镇出土

图六九—二
银鎏金荔枝簪首
株洲攸县槚山乡止步前村出土

图七〇
金并头荔枝簪
湖南临澧新合元代窖藏

图七一
金并头荔枝簪
江苏江阴山观窖藏

图七二—一
金累丝并头荔枝桃实簪

图七二—二
金并头荔枝簪首
石家庄元史天泽家族墓出土

江阴山观窖藏中的一枝亦为元代物，却是特别着墨于花叶的繁丽〔图七一〕。元康端《西湖竹枝词》『合欢钗头双荔支，同心结得能几时』❶，恰道得纹样寄寓的两情相悦之意。河北石家庄元史天泽家族墓出土一枝金累丝并头荔枝桃实簪，簪首以金片为底衬，纹样的边框累丝作，上方桃叶和桃花，下方桃实与桃叶，中间一对荔枝，荔枝以及花叶边框的上缘均粘焊粟粒，簪脚錾连枝石榴〔图七二—一〕。另一件金荔枝簪首，并蒂双头之上更有一只小鸟〔图七二—二〕，则温柔乡里又添得鸟鸣嘤嘤。

❶ 顾嗣立《元诗选·癸集》，上册，页八一六，中华书局二〇〇一年。

七一

七二—一

七二—二

元代瓜头簪子，就样式而言，大致有三类。第一类，簪首造型如瓜，瓜花一朵开在中央，此外半个大瓜，头顶小花的一对瓜瓞，如掌的一枚老叶，两向披垂的一对嫩叶，又一对卷曲的瓜须，各个对称布置在上下左右。瓜棱的凸起处以曲曲弯弯的虚线细錾筋脉，下凹处以锥点纹加强明暗对比。虽非工笔设色，却以锤錾之工刻画细微，很有院画小品的写生之趣。

第二类，构图与第一类相同，却是『象生』的做法。即用镞镂和打造工艺把瓜与花与叶做成半立体的样子，一茎瓜蔓也是『象牛』，——金丝一根自后向前穿过来，一面由此完成簪首与簪脚的固定，一面高高探出，且变细变尖，成为随风飘起的瓜须。湖南临澧新合元代窖藏中的几枝金瓜头簪，可以为以上两类之例〔图七三—一～二〕。

七三—一

七三—二

图七三—一～二
金瓜头簪
湖南临澧新合元代窖藏

图七三—三
金瓜头簪
湖南石门县新铺乡出土

图七四
金瓜头簪
乌兰察布市察右前旗土城子出土

图七五
金并头荔枝瓜实簪
湖南临澧新合元代窖藏

七三—三

第三类，簪首采用团窠式构图，瓜叶与花与蔓与瓜瓞穿插安排做成环抱的装饰带，中间一对瓜实成为主图，两瓜之间一片铺展开来的老叶，整个图案看起来便不分上下左右。出自湖南石门县新铺乡的一件金瓜头簪可以为例，惟簪脚已失〔图七三—三〕。内蒙古乌兰察布市察右前旗土城子出土一枝金瓜头簪，与临澧新合的式样之一近同，惟錾刻不求精细〔图七四〕。赤峰敖汉旗四家子镇南大城出土金瓜头银脚簪一枝❶，三朵瓜花安排在簪首的主要位置，瓜实一枚为花所簇拥而位于图案之端，簪脚的装置方法则与临澧新合窖藏中的一枝金瓜头银脚簪相同。此外瓜实与荔枝并连，也是一种构图〔图七五〕。又有出自湖南株洲堂市乡元代窖藏的一

七四

七五

❶《道出物外：中国北方草原丝绸之路》，图四二，香港大学美术博物馆二〇〇七年，图版说明称作『牡丹纹金簪』；于建设《赤峰金银器》，页一九〇，图版说明称作『石榴纹金首银簪』（远方出版社二〇〇六年）。

图七六
银鎏金荔枝瓜实并头簪
株洲堂市乡元代窖藏

枝银荔枝瓜实并头簪〔图七六〕，是稍加组合，又成一式，其实是瓜头簪与荔枝簪的合一。

瓜是雅俗，也是南北共赏的题材。所谓『瓜』，自古以来是指甘瓜、果瓜，亦即甜瓜，虽然在辽墓壁画里已经出现了放在果盘上面的西瓜，但它是描绘生活场景，作为装饰题材，甘瓜几乎是一枝独秀的。瓜也有不少很好的意思，《诗·大雅·绵》的起兴之句『瓜瓞绵绵』自然历史最悠久。晋宗懔《荆楚岁时记》述七月七日事曰：是夕，人家妇女『或以金银鍮石为针，陈瓜果于庭中以乞巧，有喜子网于瓜上，则以为符应』。作为节令风物，这一番寓意亦自讨喜。它花开金黄，叶生如掌，长蔓逶迤，结实又是天然的好样范，也宜入画图。宋吴淑《事类赋注》卷二十七《果部》『瓜』条曰『伊甘瓜之珍果，熟朱夏之芳时。布密叶之繁茂，引长蔓之逶迤』；『香浮七夕』，『主于织女』。正道着它的诸般好处。『香浮七夕』，即

七六

图七七—一～二
瓜瓞纹镜
辽宁省博物馆藏

七七—一

七七—二

前引《荆楚岁时记》中的七夕故事。『织女』，指织女星。《史记·天官书》云『织女，天女孙也』，〈正义〉说它『主果蓏丝帛珍宝』。故宫博物院藏一件金代绿釉《咏瓜》诗文枕，枕面《咏瓜》诗云：『绿叶追风长，黄花向日开。香因风里得，甜向苦中来。』❶瓜之教人喜爱，这二十字赞也赞得极是。瓜又是宋代院画写生小品中的常见题材，如《草虫瓜实》《螽斯绵瓞》《秋瓜图》等等。不过这时候取用的尚不是吉祥寓意，而只是它的田园趣味。作为器具上面的装饰纹样，瓜在辽代已用于铜镜〔图七七—一～二〕。两宋祝寿风气大兴，金玉酒器因取瓜为劝杯造型，以寓『瓜瓞绵绵』之意，如本书第六章所举。金银簪子取以为簪首纹样，始自宋元，延续至明，其构图似乎很受了绘画的影响。而瓜所具有的种种意味和风趣，大约都已凝聚此中。

❶ 故宫博物院古陶瓷研究中心《故宫博物院藏中国古代窑址标本·河北卷》，页一二一，紫禁城出版社二〇〇六年。按《河南通志》卷七十记金马丹阳故事曰：『相传丹阳遇童子食瓜自蒂，怪而问之，答曰：「香从鼻里出，甜向苦中来。」豁然惊悟，遂于此修道成真。』

（三）如意簪

如意簪，应是指簪首顶端打一个弯、其弯如耳挖的一种长条形簪子。簪首顶端的弯，此前或被认作耳挖，但所谓的『耳挖』却常常是在簪首顶端做成并头的一对，则它显然不可用作挖耳，其实即便顶端是一个单独的『耳挖勺』，其下繁缛的装饰也使得它难以手持而不便实用，那么依永乐本《碎金》列举的簪类名称对应为『如意』，便很妥当。『如意』之称也很可能本是由挖耳来，即原是对它用途的一种形容，只是两个耳挖做成并头的一对，便止于取其吉祥的意思了。

前面举出的宋式簪中已有『如意』类型〔图四四—二〕。元代如意簪常常是成对的，纹样多取瓜果花卉，它带着花卉小品的画意，也有着织染刺绣，特别是宋代流行的各式刺绣领抹纹样的影响和渗透。如意簪最简单的一种，止须一枚金片或银片即可完成制作。若金簪，便是金片顶端做成耳挖式的如意头，其下的装饰部分打作纹样，然后平滑下收，做成簪脚〔图七八—一〕。此外又有并头式。制作方法是取一枚金片作底，约略中分，上半部剪出两歧，做成

图七八—一
金花朵纹如意簪

图七八—二
金瓜果如意簪
湖南临澧新合元代窖藏

图七九
金瓜果如意簪
湖南津市涔澹农场青龙嘴窖藏

七八—一

一对如意头，下半部剪作尖叶形的扁平簪脚。然后另取两枚长条形金片为饰片，一片打作一串花朵，一片打作石榴、瓜、荔枝与花朵相间。最后把两枚饰片与衬底的一枚焊接为一，如湖南临澧新合窖藏中的一对〔图七八—二〕。这种做法用材稍多。还有一种是分别打造花果以及与花果相连的枝叶，每个小件都做出相对的两个孔，然后用细丝依次从花果的小孔中牵出，再挽出螺旋，最后整体焊接在底片上，如湖南津市涔澹农场青龙嘴窖藏中的一枝〔图七九〕。簪首原为一对如意头，不过稍稍残断。

同一类型之下，自然还要追求造型的新异。出自株洲攸县丫江桥元代窖藏的一枝金

七八—二

七九

图八〇
金海水蛟龙纹如意簪
株洲攸县丫江桥元代窖藏

八〇

海水蛟龙纹如意簪〔图八〇〕，系以一枚金片作底而分作簪首和簪脚两个部分，簪首之部的顶端为一对如意头，两翼錾凿腾起水花的两溜海浪，然后分别折上去做成主题纹样的衬景。另以两枚金片打作一对蛟龙的两个侧面，合拢为一之后焊接在底片上，蛟龙的长尾之端各顶一颗火珠，其一把火珠尾卷向中心。玄应《一切经音义》卷十九：蛟龙，『梵言宫毗罗，其状鱼身如蛇，尾有珠』，可为这一式样作注❶。而出自临澧合口镇的一枝金如意簪，则是瓜果与行龙的合一〔图八一〕。又有石家庄元史天泽家族墓出土金累丝嵌绿松石簪一枝，也很像是如意簪的变体〔图八二〕，明代的鬏钗或与此式簪有着继承关系。

❶ 关于蛟龙，尚有他说，如《山海经》卷五云睨水多蛟，郭璞注：『似蛇而四脚，小头细颈，（颈）有白瘿，大者十数围，卵如一二石瓮，能吞人。』但似为后世的装饰纹样所不取。

图八一
金花果行龙纹如意簪
湖南临澧合口镇出土

图八二
金累丝嵌绿松石簪
石家庄元史天泽家族墓出土

八一

八二

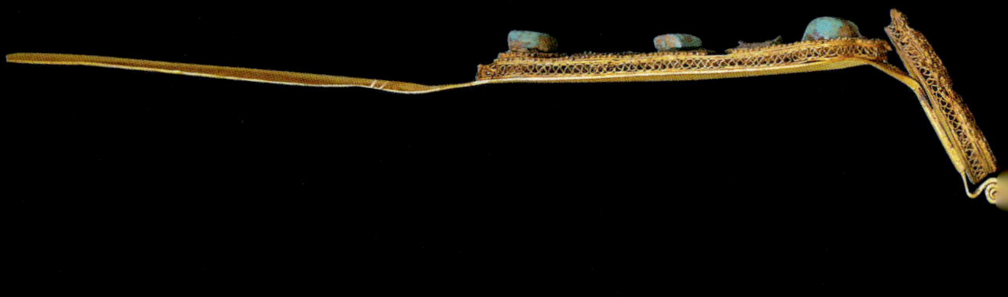

（四）荷叶簪

荷叶簪是元簪的典型式样之一，武汉周家田元墓、河北涿州元代壁画墓[1]、西安市长安区元刘黑马家族墓，又湖南临澧新合元代窖藏、益阳八字哨元代窖藏，均有出土。式样有繁有简，有平面打作，有立体攒焊，有金，有银，有铜，也有金穿玉，不过都是以一枚荷叶为依托，而这种做法，宋代已经出现了。南宋诗人舒岳祥有《金线草》一首，句云『盈盈蜂蝶菩提叶，袅袅蜻蜓菡萏枝』，其下自注：『旧时都下花工作翠花，名菩提叶，缀以蛾蝉之属；作小荷叶，名满池娇，则缀以蜻蜓、茄叶之类浮动其上。』[2]这一小物事制作的起源，可见《清异录》卷三中的一节纪事，其『涂金折枝蜻蜓』条曰：『后唐宫人或网获蜻蜓，爱其翠薄，遂以描金笔涂翅，作小折枝花子，金线笼贮养之。尔后上元卖花者取象为之，售于游女。』[3]流行于元代的满池娇荷叶簪，则是南宋『袅袅蜻蜓菡萏枝』的延续与发展，只是荷叶托起的不是蜻蜓之类，而尽为荷塘中物，真正是『满池娇』了。出自临澧新合窖藏的一枝金簪，簪首是一枚舒展开来的荷叶，上面打作连珠

❶ 河北省文物研究所等《河北涿州元代壁画墓》，页五四，图三一，《文物》二〇〇四年第三期。

❷ 北京大学古文献研究所《全宋诗》，册六五，页四一〇〇〇，北京大学出版社一九九八年。

❸ 《说郛》宛委山堂本弓一二〇。

图八三
金满池娇荷叶簪
湖南临澧新合元代窖藏

图八四
银满池娇荷叶簪
湖南益阳八字哨元代窖藏

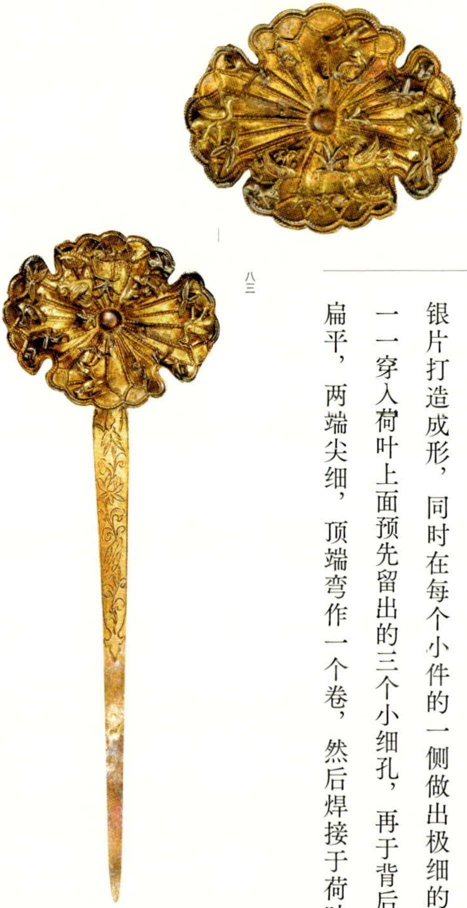

八三

纹式的细脉。用小薄片打造成形的两只戏水鸳鸯，一对鹭鸶，一尾游鱼，一只龟，一只蛙，又纷披的水藻，慈姑叶，随风翻卷而下覆的荷叶，分别以其下部短金丝做成的小撑焊接在荷叶上，而成一幅池塘小景。扁平的一枝簪脚焊接在荷叶背，簪脚錾刻折枝莲花〔图八三〕。益阳八字哨窖藏的一枝银簪，形制与它大致相同。荷叶内心的一枝莲花，莲花旁边的一对鸳鸯，也都是别以小银片打造成形，同时在每个小件的一侧做出极细的小撑，然后一一穿入荷叶上面预先留出的三个小细孔，再于背后点焊。簪脚扁平，两端尖细，顶端弯作一个卷，然后焊接于荷叶背〔图八四〕。

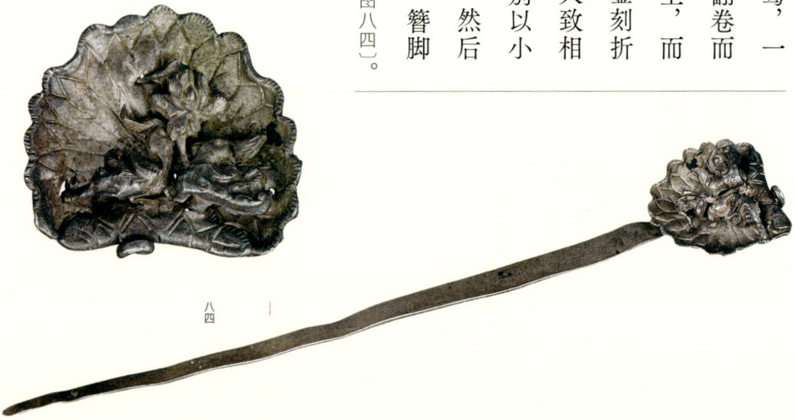

八四

所谓『缀以蜻蜓、茄叶之类浮动其上』，就制作方法而言，与宋代花工所制满池娇翠花是相同的。出土于元刘黑马家族墓地的金满池娇荷叶簪一枝，却是省略了池塘诸物，惟以荷叶托起的一对鸳鸯表现一池娇媚。簪首做成大约两厘米大小的一枚荷叶，焊接在荷叶上方的一对鸳鸯系用金片打出半边身子，左边的一只回首顾望，簪脚上半段錾刻纵向的莲花和莲叶，其端弯折过来贴焊在簪首荷叶之背（图八五）。武汉周家田元墓出土金穿玉荷叶簪也是同样的构图（图八六），所谓『翠荷叶锦鸳鸯』[1]，乃诗人即目之秋景，而被花匠撷来为佳人『添妆』。

八五

八六

图八五
金满池娇荷叶簪簪首
元刘黑马家族墓地出土

图八六
金穿玉荷叶簪
周家田元墓出土

[1] 张可久〔越调·寨儿令〕《秋日宫词》，《全元散曲》，页八七九。

八七

图八七
银鎏金满池娇纹簪簪首
湖南攸县桃水镇褚家桥元代窖藏

以满池娇为题材的另一种式样是把纹样图案化，如出自湖南攸县桃水镇褚家桥元代窖藏的一枝银鎏金满池娇纹簪〔图八七〕。簪首依然是一幅荷塘小景，两道连珠纹勾出的花叶形边框里，用中心的一枚风卷荷叶，又边缘处的两枝慈姑叶和叶边涌起的小水泡点明主题，荷叶的上下左右是一对并蒂莲和飞起的一对水禽。簪通长十六点四厘米，重十二点七克。

荷叶簪与其他样式的簪钗稍有不同，它撷得绘画的写生意趣而更努力于做成一个立体的画面，即在打造成形的各个小件的侧缘做出小撑，正面看去仿佛圆雕，而从工艺上说却并不复杂，不过是以打造为基本方法，即便仿绘画笔意的轻风卷起的荷叶边也是用了同样的工艺见出效果。桃水镇的一枝作为式样之二，也以打造见功夫，不过更在于打造与錾刻的精细以及二者相得益彰之谐美，并且以此使得纹样的几个基本要素在规整适形的图案里，依然活泼灵动充满生意。

八八

图八八
金凤簪簪首

图八九
金摩竭托凤簪簪首
湖南临澧新合元代窖藏

（五）凤钗与凤簪及其他

永乐本《碎金·服饰篇》『首饰·北』项下列出的一个名称是『凤钗』，其实这里该是包括了凤簪的。凤凰作为主题纹样，原也是簪钗共用。『云鬟巧簪金凤头』，『裙系鸳鸯锦，钗插凤凰金』，『黄金凤，高插翠盘龙』❶，歌诗中的金色晃漾处，正是南北佳丽的时世妆。

就目前的发现情况来看，元代金凤钗簪的数量远多于宋。以造型与制作方法而言，可别为四，两种类型为立体，两种类型为平面。

样式一，原是辽金已有的构图，即祥云上端立一只舞凤，凤凰长颈上的披羽总是飞扬起来显得很夸张，而使整个造型见出动势。金凤通常是用两枚片材分别打造成形，然后扣合到一处，有时翅膀也是分制，之后再粘缀、插合，湖南临澧新合窖藏中的十一件金凤簪及簪首可以为例〔图八八〕。其中惟有一对凤凰脚下不是踏一朵祥云，而是由摩竭鱼把它托起来鼓风相送〔图八九〕。沅陵元黄氏夫妇墓出土一枝金摩竭托玉凤簪与此式样相同，摩竭

八九

❶ 王仲诚〔中吕·粉蝶儿〕，《全元散曲》，页一一四〇；王和卿小令〔仙吕·醉中天〕《咏俊妓》，同前，页四一；无名氏〔正宫·醉太平〕《美妓》，同前，页一六六五。

图九〇—一
金摩竭托玉凤簪
湖南沅陵元黄氏夫妇墓出土

图九〇—二
金穿玉凤簪簪首
石家庄元史天泽家族墓出土

图九一—一
金凤簪残件
湖南常德桃源县文物管理所藏

九〇—一

九〇—二

九一—一

头上做出两只像龙一样的长角，正好用来与凤首系连，因此也更有着造型与工艺的相与相谐〔图九〇—一〕。石家庄元史天泽家族墓出土金穿玉凤簪簪脚之端托起玉凤者，造型与此相若，所欲表现的似乎也是摩竭，不过碾琢未精，粗具其形而已〔图九〇—二〕。

样式二，是立体与平面造型的结合，即把凤凰的尾羽和双翼铺展开来做成托起凤身的平台，而平面造型的这一部分止须以一枚银片打造纹样，然后用另外两枚银片打造成形合作凤身焊接在凤凰的两翼之间，再把簪脚接在底部。由出自湖南常德桃源的一枚残件可以见出此类凤簪的结构，而它正是凤簪平面造型部分的完整构件〔图九一—一〕。浙江桐庐百江镇罗山乐明村墓葬出土同

图九一—二

金凤钗

浙江桐庐百江镇罗山乐明村墓葬出土

图九二

银凤衔花结簪

湖南石门雁池乡元代窖藏

此造型的金凤钗一对为南宋物，钗首凤凰的双足焊接丁金箍，然后套合在一枝银鎏金缠丝钗的钗首，似属于旧物改制〔图九一—二〕。湖南石门雁池乡元代窖藏中的三枝衔花结银凤簪，也是这一类样式的实例❶〔图九二〕。银簪凤口均衔一挂缀饰，仿若其时传唱的『鸾钗插花枝蹀躞，凤翅悬珠翠玲珑』❷，此虽无珠翠之贵，但簇新的时候，玲珑之致或不稍逊。其中一件总束缀饰的云题是一朵莲花，花瓣尖的三个小孔下缀着三溜花结，这一造型当由唐以来的鸾、雁衔绶而来。另一枝凤口所衔即为绣毬花结，花结下边缀双鱼。

样式三，是与以上两类不同的平面造型，依然是用打造的办法，完成造型之后再细施毛雕，不过两枚金片只有一枚作装饰，另外的一枚用作衬底，如临澧新合窖藏中的一枝金凤钗〔图九三—二〕。饰片上面打造成形的凤凰舒展开翅膀和尾羽使钗首趋于圆形，长颈弯向一侧衔住左侧的翅膀，与

九二

❶ 与银凤簪同出的有一件『至正十三年』银盘。《湖南宋元窖藏金银器发现与研究》，图三九〇～三九二。

❷ 于伯渊〔仙吕·点绛唇〕，《全元散曲》，页三一三。

图九三—一
金凤钗
湖南临澧新合元代窖藏

图九三—二
银鎏金凤簪首
湖南株洲堂市乡元代窖藏

图九四
银平脱镜箱纹样（局部）
正仓院藏

抬起的右脚配合得自然而又显出妩媚，脚下的几朵祥云也顺势成为边缘的装饰。衬底的一枚金片不作装饰，只是镞镂出与饰片一致的纹样轮廓，一枝钗脚至下半段方分作两股，上面的一节打作扁平的片状，与衬片焊接在一起。钗连脚长十四厘米，重十五克。出自湖南株洲堂市乡元代窖藏的一枝银鎏金凤簪首与这一枝金凤钗相似，却是凤尾做成一弯折枝牡丹而与张开的凤翅相连勾出半个圆弧〔图九三—二〕。如此意匠的构图，唐代装饰纹样就已经采用，如日本正仓院藏银平脱镜箱盖面图案❶〔图九四〕。二者当然没有直接关联，不过在设计一事失载的情况下，图式之间以虚线相连的若干个点，多少有助于设计过程的追索与复原。

九三—一
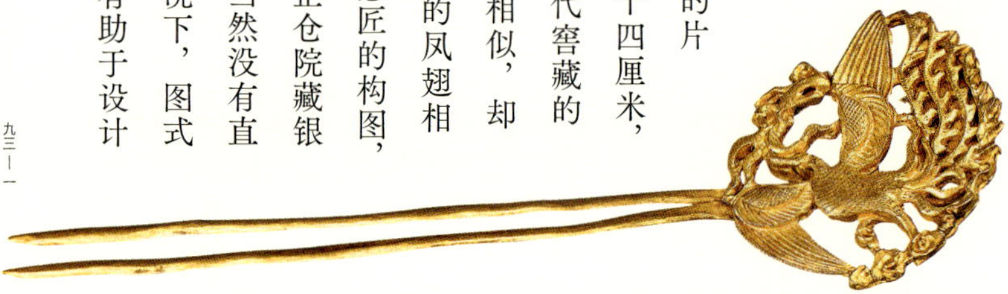

九三—二

九四

❶《正仓院展》（第六十四回），页一二〇，奈良博物馆二〇一二年。

可以代表样式之四的一例，为出自湖南攸县丫江桥元代窖藏的一枝金桃花山茶双鸾纹银脚簪〔图九五〕。簪首同样是用两枚片材合成，不过衬片只是实地子，不再鏃镂与饰片一致的纹样轮廓。饰片以双鸾的一俯一仰抱合为团窠式造型，一边是折枝山茶，一边是折枝桃花，以是把空间填满。衬片背面焊接一个扁管，一枝银簪脚插在里边。簪连脚长十六点七厘米，重十一点六克。它的纹样制作浅深高低处理得极有层次，因此见出明暗，看去竟像是高浮雕，尤其见出打造的功夫。如将此簪与同时代的漆器相对看，——比如日本兴临院藏一件元代剔红山茶双鸟纹盘❶〔图九六〕，

❶《海外遗珍·漆器》，图五五，台北故宫博物院一九八七年。

九五

图九五
金桃花山茶双鸾纹银脚簪
株洲攸县丫江桥元代窖藏

图九六
元剔红山茶双鸟纹盘
日本兴临院藏

图九七
团凤纹带柄镜（局部）
湖北鄂钢弹簧钢板厂出土

又不仅可见二者纹样相类，甚至金簪所呈现的浮雕式效果与剔红漆盘也是近似的，虽然本是完全不同的两种工艺。凤簪团窠式造型的来源似可追溯到辽，如内蒙古奈曼旗辽陈国公主墓出土驸马所戴鎏金银冠上面系坠的凤鸟纹银饰片〔第五章，图七〇—二〕。宋金时代的各种工艺品也常见这样的构图，如北京金代皇陵出土太祖皇后石椁上面的团凤纹[1]，如各地出土的宋代团凤纹带柄镜〔图九七〕。而双凤合抱式团窠，元人又或以『倒凤颠鸾』为形容而赋予它两情谐好之寓意[2]。

九六

同样为平面造型，出自临澧新合窖藏的一枝金麒麟凤凰簪制作工艺又有不同，即簪首只用了一枚做成花叶形的金片镞镂打造装饰纹样。两道连珠纹勾出的边框里，下方一只麒麟踩着云朵右奔而回首，上方一只凤凰穿过流云左飞而下顾，凤凰的尾羽披垂下来划作轻柔的圆弧，正好把图案抱拢。簪脚系用三根金丝从背后穿到前面的边

九七

[1] 北京市文物研究所《北京金代皇陵》，页七八，图四二，文物出版社二〇〇六年。
[2] 如元好问《赠答张教授仲文》『倒凤颠鸾金粟尺，裁断琼绡三万匹』。金粟尺，典出杜甫『越罗蜀锦金粟尺』。

缘处与簪首固定。金簪连脚长十五厘米，重十七点四克〔图九八〕。这一图式的成熟形态早已见于宋代，如前举南京幕府山宋墓出土的一枝金麒麟凤凰簪〔图三四〕。两相比较，可见新合金簪与它的图案构成几乎完全相同，惟以簪子的造型见出时代特色。类似的纹样也在宋元时代的艺术领域多处现身。宋《明皇击毬图》中唐明皇下首的背身击球者，圆领袍上的纹样是与此构图几乎相同的麒麟凤凰〔图九九—一〕。它又是流行的刺绣纹饰，元人述及皮靴上面的绣样云『凤麒麟钩绊着缝』❶，正是形容得亲切。凤簪的花叶式造型，却是取自元青花器皿最常

九八

图九八
金麒麟凤凰纹簪
湖南临澧新合元代窖藏

金麒麟凤凰纹簪簪首

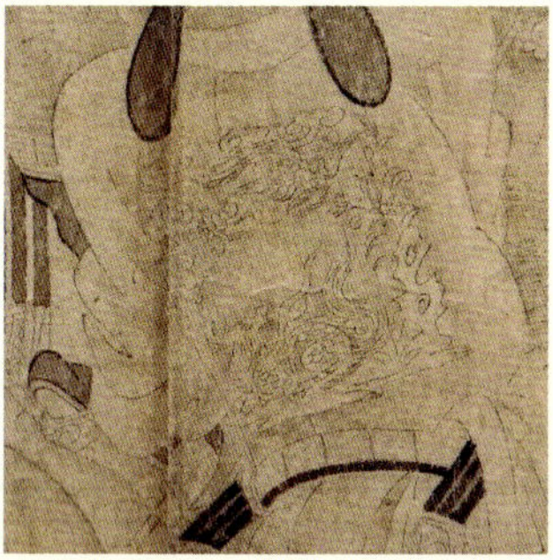

九九—一

图九九—一
《明皇击毬图》（局部）
辽宁省博物馆藏

❶ 高安道〔般涉调·哨遍〕《皮匠说谎》，《全元散曲》，页一一一三。

九九—二

图九九—二
海水龙纹青花长瓶肩部开光
保定市永华南路小学出土

图一〇〇—一
金并头鸾鸟簪
湖南石门新铺乡出土

图一〇〇—二
金双凤簪
山西灵丘曲回寺遗址元代金器窖藏

使用的开光样式，对照保定市永华南路小学出土元海水龙纹青花长瓶〔图九九—二〕，很可见小小一枝金簪所聚拢的时代风尚。

鸾凤簪钗中的别样，为双凤并头，诗人所以用了『双凤头金钗』『金丝络条双凤头』为歌者写容❶。湖南石门新铺乡出土一枝金簪，簪首系以朵云为台，一对鸾鸟依偎其上〔图一〇〇—一〕。山西灵丘曲回寺遗址元代金器窖藏中的一件金簪首，为双凤衔花偕立于如意云端，与前者工艺相近而制作为精，造型也更具风神，所谓『交股钗梟双头凤翅』❷，一个『梟』字，适表其神韵〔图一〇〇—二〕。

一〇〇—一

一〇〇—二

❶ 无名氏〔双调·阿纳忽〕『双凤头金钗。一虎口罗鞋。天然海棠颜色。宜唱那阿纳忽修来』。《全元散曲》，页一七六六；熊进德《西湖竹枝词》：『金丝络条双凤头，小叶尖眉未着愁。大姑昨夜苕溪过，新歌学得唱湖州。』雷梦水等《中华竹枝词》（三），页一六六三，北京古籍出版社一九九七年。

❷ 汤式〔南吕·一枝花〕《赠教坊殊丽》『缕金环嵌八颗蠙珠。交股钗梟双头凤翅』，《全元散曲》，页一五〇四。

元代金银簪钗的纹样设计多从宋代绘画中的写生小品取意，而以轻薄精巧纹样新异取胜，即便尺寸不小，分量也不很重，因此更多的是体现工艺价值。与宋代相比，元代首饰制作的『团造』之工更见细巧，且常把纹饰分别打作一个个单独的小件，使图案更具有浮雕的效果。不妨再举出自湖南元代金银器窖藏中的几个例子。

例之一，临澧新合窖藏中的庭园小景图金簪一枝〔图一〇一〕。它的制作工序，大体是先在作底的一枚金片上镞镂、打造披垂的萱草，又承托萱草的一个鼓钉纹如意头式四足花盆，其外再另行包接一枚金片，便是打造而成的有宝珠式望柱头的一带雕栏，继而把分别錾凿成束的两朵花斜斜插接在花叶间，花叶上面复焊一只打造成形的小蜜蜂。花心里抱着花蕊，叶片錾刻出叶脉。簪脚则用细金丝与簪首系结，——金丝从背面穿入花叶间的镂空处，然后在正面挽出两个旋。簪长十二点五厘米，重仅六点七克。庭园小景的纹样构思也应与绘事有密切关系。内蒙古林西县毡铺乡哈什土北沟出土辽代彩绘木板画中即有笔致精细的一幅

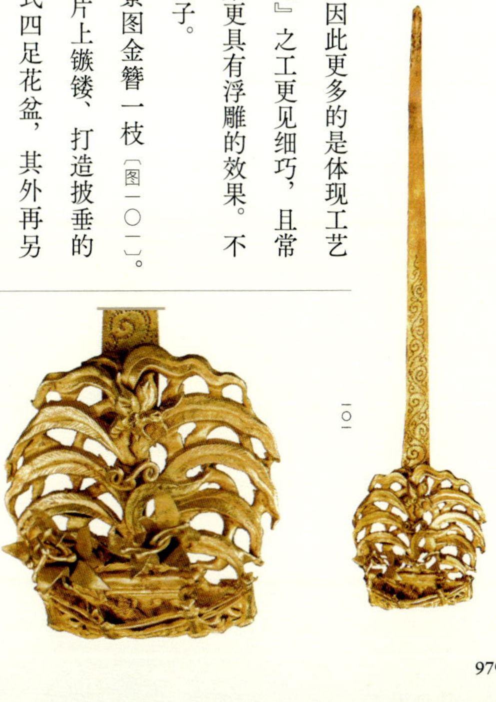

一〇一

图一〇一
庭园小景图金簪
湖南临澧新合元代窖藏

图一〇二一—一
辽代彩绘木板画
内蒙古林西县出土

图一〇二一—二
三彩听琴图枕（局部）
河南济源市勋掌村出土

图一〇二三
春游醉归图银钗
湖南涟源桥头河镇石洞村元代窖藏

一〇二一—一

山石牡丹图。图绘湖石前一带做出宝珠式望柱头的雕栏，牡丹芭蕉倚石而生，舒枝展叶，芭蕉丛上飞着一对蝴蝶〔图一〇二一—一〕。相似的构图又见于河南济源勋掌村镇安寺出土的北宋三彩听琴图枕，虽是配景，但湖石、雕栏、芭蕉、牡丹，图式的基本要素是齐全的〔图一〇二一—二〕。新合金簪把图画移植为首饰纹样，综合运用各项工艺而组织为方寸之间的立体画面，诚所谓『团造镂巧精细』，也可以说这正是元代金银首饰工艺的特色之一。

例之二，涟源桥头河镇石洞村元代窖藏中的春游醉归图银钗一枝〔图一〇二三〕。银钗的钗首直径不过三厘米，盈寸之间却是一幅刻画细微的立体画。戴幞头的士子挽缰骑驴布置于画面前景，一树桃花和驴蹄下的一丛草点出早

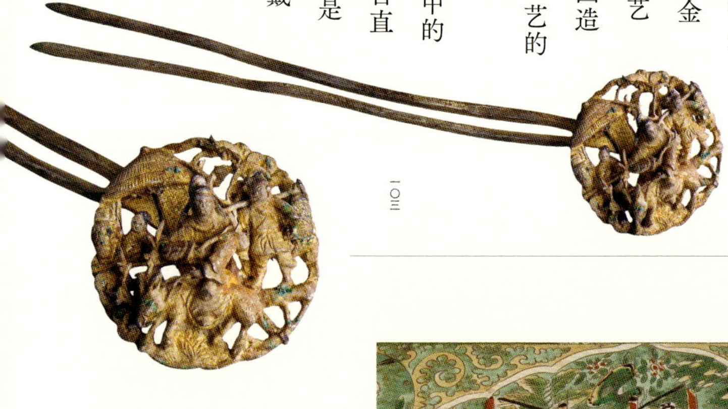

一〇二三

一〇二一—二

春景色。身后一座小桥，仆人挑担踏桥而随行，担子的一端是编纹历历的游春行具，另一端是一个玉壶春瓶。后景则是一间茅草覆顶的小小酒家，棂格窗前挑着酒望子，门边垂帷半卷，铺面开敞处置案，案上一个酒瓶，小口带盖，耸肩削腹，上面装饰如意纹，店主人正在凭案候客。银钗钗首系以一枚银片用錾镂和打造的办法做出形若浮雕的图案，惟一个酒望、一副担子是用了另外的两枚小银片打造成形，酒望接焊在屋檐前面（后失），担子浮搁在荷担者的肩膀。最后于钗首背面再焊一柄银钗脚。钗连脚长十四点五厘米，重二十七点二克。

细审钗首图案，很容易想到元曲中有与此番景象和意境都很一致的描述。如无名氏〔仙吕〕《那吒令过鹊踏枝寄生草》：『青芽芽柳条。接绿茸茸芳草』；『笑吟吟闲行乐。一步步扇面儿堪描』，『曲弯弯穿出芳径。慢腾腾行过画桥。急飐飐酒旗儿斜刺在茅檐外挑』；『吉蹬蹬马蹄儿踏遍红尘道』❶。用元人的语言来为银钗品题，实在最好不过，于此我们更可会得此间所蕴含的活泼泼的生气。

❶《全元散曲》，页一六七六。

图一〇四

《花坞醉归图》（局部）

上海博物馆藏

银钗的纹样设计或许不乏开启思路的粉本。不妨再来看一幅传世绘画，即上海博物馆藏宋人册页《花坞醉归图》。图绘山边水畔花木掩映下的两间茅舍，竹篱旁边酒望高挑。对岸山间的桃花烂漫处伸出一架跨水的木桥，老仆挑担，醉归者骑驴，戴幞头，为小童扶持而行〔图一〇四〕。《花坞醉归图》的流传经过似乎不是很清楚，不过明初谢晋有《题〈花坞醉归图〉二首》，诗云『香熟家家酒，花明处处春。年来为多病，愁见醉归人』，『幽鸟唤提壶，桃花映酒炉。田家春社散，野老醉相扶』（《兰庭集》卷上）。诗中的形容与上海博物馆的藏品很是相合，虽然未必是同一幅，而题材相同，画笔下的景物当不致相差太多。把曾被称作『行旅图』的银钗与《花坞醉归图》放在一处，虽小大不同，但场景、构图与构图的几个要素，乃至细节刻画之种种，二者的相似和一致却是一目了然。如此，以『春游醉归图银钗』为此钗命名，应该贴切。

一〇四

图一〇五
榴枝对鸟图银簪
湖南攸县凉江乡元代窖藏

图一〇六
绣羽鸣春图金簪
湖南张家界元代窖藏

一〇五

例之三，攸县凉江乡元代银器窖藏中的榴枝对鸟图银簪与张家界元代金银器窖藏绣羽鸣春图金簪〔图一〇五、一〇六〕。榴枝对鸟图银簪一共两枝，为纹样完全相同的一对。其图式可与故宫博物院藏南宋册页《榴枝黄鸟图》对看〔图一〇七—一〕。簪首虽是图案化的画面，而写生小品生气犹在。一对小鸟原是另外打造成形然后再焊接到榴枝上面。张家界金簪簪首是立在花台上的一只长尾鸟，鸟身系用两枚金片打造成形然后合在一起，鸟足与折作花台的金片焊接，金簪脚接于花台的底部。故宫博物院藏一帧宋人《绣羽鸣春图》册页，两相对照，册页仿佛便是金簪的画样〔图一〇七—二〕。所谓『绣羽』，乃是练鹊，今名寿带鸟。『练鹊锦袍仙使，有青娥传梦，月转参移』❶，由宋词所咏可见其意。

一〇六

❶ 吴文英《汉宫春·寿梅津》，《全宋词》，册四，页二九二五。

图一〇七—一 《榴枝黄鸟图》（局部）

图一〇七—二 《绣羽鸣春图》（局部） 故宫博物院藏

图一〇八 金掬水月在手图银脚簪 株洲攸县丫江桥元代窖藏

一〇七—一

一〇七—二

例之四，为出自株洲攸县丫江桥元代窖藏的一枝金银脚簪〔图一〇八〕。金簪簪首绕图一周是枝叶纷披的朵朵菊花，花丛间一个山石座，座上一个金盆。略略俯身的一位女子云肩，帔帛，腕

一〇八

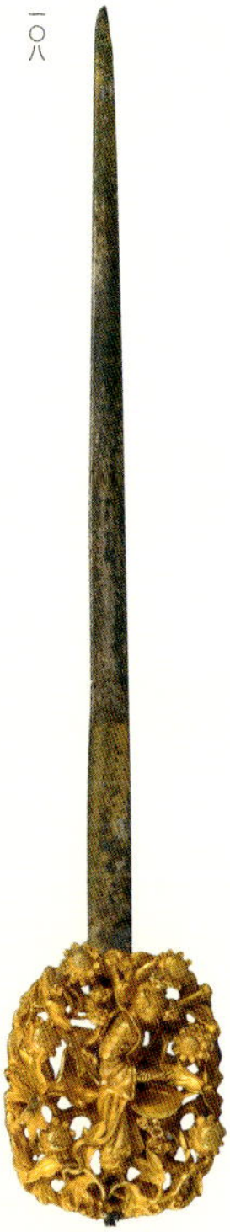

戴缠钏，双手伸向金盆。这是在方寸大小的一枚金片上用镞镂和打造的办法做出有凹凸效果的图案，若干小件以另外的小金片打造成形，再焊接到图案中的相应位置，如金盆，如缭绕着的菊花细梗，如仕女的上半身。末于金簪首的背面再焊一根银簪脚。簪通长十七厘米，重二十一点七五克。以台北故宫博物院藏《浣月图》（旧传为五代之作，以画风论，似在两宋之间）为参照，丫江桥金簪的取材当是得自其时流传的『掬水月在手』诗意图[1]，女子金盆掬月的身姿，甚至手腕上的金缠钏竟也是相同的。受造型和尺寸大小的限制，金簪图案只能截取图画的一角场景，却是它的核心情节，或者说是图式的关键要素，即映月之盆和掬月佳人。图案用遍开的菊花布景，当也是意在点明时令而表现闺中玩月的情景。

（六）步摇

元代步摇实例似乎发现不多，分别出自湖南株洲攸县丫江桥元代窖藏和益阳八字哨元代窖藏的金步摇、银步摇属于同一类型，都可以归作古典样式。金步摇一枝，依然是传统的基本构件，即花树和草虫、飞鸟，不过是用了宋元时代的『象生』做法，环

[1] 关于『掬水月在手』诗与图像之传播，见扬之水《『掬水月在手』：从诗歌到图画》，《中国典籍与文化论丛》第十一辑（二〇〇八年）。

图一〇九一一
金步摇
株洲攸县丫江桥元代窖藏

图一〇九一二
银步摇（局部）
湖南益阳八字哨元代窖藏

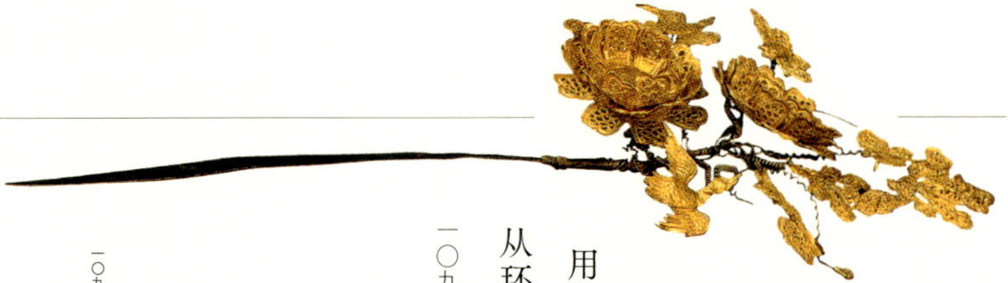

一〇九一一

绕着折枝牡丹的一对蝴蝶、两只鸿雁以薄金片一一錾凿打造成形，然后用打着螺旋的细金丝在背后连缀为一体，总成一束后再套接一柄银簪脚。如此繁花似锦的一树，因为材料的轻薄，其重仅止十二点七克〔图一〇九一一〕。益阳八字哨银步摇与它形制相同，也是枝条四展的一束，有鸟，有琼花和花苞，又配着几茎慈姑叶。用作穿系的银丝末端束紧之后再绕成一个环，簪脚的顶端从环里穿过然后把它裹住，只是簪脚的下半部已经残断〔图一〇九一二〕。

一〇九一二

（七）冠

就实物与图像而言，元代女子戴冠的风气已不似两宋之盛。安徽安庆市棋盘山元范文虎夫妇墓出土金冠一顶，湖南华容县城关油厂元墓出土银冠一顶，元张士诚母曹氏墓出土一顶铺翠金梁冠，是不多见的几个实例。范文虎原为南宋殿前副都指挥使知安庆府，后降元，其妻陈氏卒于元大德九年[1]。金冠造型如同两相抱合的长杯，下方留出冠口，上方横一枚花叶以缀系两边，花叶与金冠之表遍錾龙牙蕙草，草牙间点缀下凹的半圆，圆心一对细孔，当日必当嵌珠或嵌宝〔图一一〇〕。出自华容者，冠顶做出两个相对的如意纹，中间是双钩的『福寿』二字，周回錾刻折枝花卉[2]〔图一一一〕。曹氏墓的金梁冠冠高十二厘米，横长二十四厘米，细金条为九梁，两侧绕作卷云，里用竹丝结作网络式冠撑，外以藤条和竹条编就冠口，冠覆细绢，绢上铺翠，今尚存得若干翠缕。冠前又缀了六枚滴珠式玉片，上面分别碾琢

图一一〇
錾花嵌宝金冠
元范文虎夫妇墓出土

一

二

图一一一
银折枝四季花卉如意冠
湖南华容县城关油厂元墓出土

[1] 白冠西《安庆市棋盘山发现的元墓介绍》，页五六，《文物参考资料》一九五七年第五期。

[2] 刘美玉《华容县出土元代金银器》，《湖南省博物馆馆刊》第四期（二〇〇七年）。

图一二二
铺翠金梁冠
元张士诚母曹氏墓出土

纹样，左起，依次为虎、鼠、鹿、麒麟、牛、鼠❶（图一二二）。宋人所谓『如意冠儿』『铺翠冠儿』，元人咏吴越佳丽道『冠儿上剩铺广翠』❷，由此三件或可窥其大概。

一二二

❶ 据《苏州吴张士诚母曹氏墓清理简报》，同墓出土之冠为两顶，分别戴于男女墓主人头上，而『两冠的式样和制法相同』，女冠为金，男冠为铜。但简报未刊布男冠图像。承友人示以实物照片，知男冠冠体有铜梁二十三，式样实与女冠不同。

❷ 《全元散曲》，页一八一六。

第二节

梳篦

宋元时代虽有纯用金银打制的梳篦，但数量不是很多，更多的是梳背与梳篦质地不同而分别制作，然后套合在一处，即用金银饰片包裹梳背。与唐代金银梳背多为半月式不同，宋元金银梳背多为虹桥式，或两面包镶，或包镶正面的一半，或只是包镶梳子的背脊。梳齿插在头发内，金银梳背便隆起在外成为耀眼的装饰。元孟汉卿《张孔目智勘魔合罗》杂剧云『他有那关头的蠟钗子，压鬓的骨头梳』❶，关头，即挽发；鬓，额角、鬓边，为四鬓。赤峰市元宝山沙子梁元墓墓室北壁有一幅夫妇对坐图，女主人身后的侍女红头须系双髻，两边额角各一对小梳，便是『压鬓』的插戴方式之一〔图一一三〕。梳子的质地，宋元时代经常提到的有骨、角，玳瑁，枣木、黄杨木，又或者是玉。元贾仲名《荆楚臣重对玉梳记》即以一枚玉梳的分而又合作为贯穿始终的一条线索，末了男主角说道『下官当初与玉香分别时，分开玉梳为记，

一一三

❶ 蠟钗子之蠟，当作镴，此指锡，《集韵》：『镴，锡也。』又或指白铅，元无名氏〔中吕·满庭芳〕『锡镴钗环』（《全元散曲》，页一六九〇），即是。

图一一三 赤峰市元宝山沙子梁元墓壁画

一二四一一

图一二四一一
鸳鸯戏莲纹金梳背
四川广汉雒城镇树林路基建工地出土

今日令银匠用金镶就，依旧完好』，玉梳的所谓『金裹琼沿』，便是凭的银匠一番工夫了。

从目前发表的材料来看，宋元梳篦的发现以南方为多，而所见每每只是用于包镶的金银梳背。元人有以〔中吕·粉蝶儿〕一支咏南北两佳丽，道是『一个带玉钗，一个插犀梳』；『一个白罗帕兜映遮尘笠，一个乌云髻斜簪压鬓梳』❶；前者乃『生长在皇都』，后者则『妾本钱塘住』。在元人的观念里，似乎插梳是南方女子妆束的特征之一，而这是宋代即已形成的。其实这时候南北特征已经不很明显，北方发现的墓室壁画即有女子插梳的形象，如前面举出的图例。

式样之一，梳背为虹桥式装饰带，而与梳篦部分仍为一体，是犹存前朝遗风，如四川广汉雒城镇树林路基建工地出土的金梳子。它以一枚片材打作而成，虹桥式梳背打两道连珠纹勾边，内里镂空作一对戏莲的鸳鸯〔图一二四一一〕。出自江西彭泽易氏夫人墓的双狮戏毬纹银梳也是以片材打制，连珠纹边框把梳背分作三重装饰带，内里一层錾出锥点组成的一弯莲瓣纹，中心有铭曰

❶《全元散曲》，页一八一五。

图一一四—二
双狮戏毬纹银梳
江西彭泽易氏夫人墓出土

图一一五
玉梳
南京江宁建中宋墓出土

『周小四记』。其外一层打作一溜接圆式二方连续小团花，空白处錾出很浅的鱼子纹。主体纹样打作卷草纹间的双狮戏毬，对弯的两端各一对瓜实。外缘一道宽沿光素无纹，却另把一枚银片打出边饰图案用来裹沿，惟裹沿部分残脱近半。虹桥式梳背的下方与梳齿连做〔图一一四—二〕。本书前面举出河北易县大北城窖藏中的几枚金银梳子，式样和工艺都与此近同〔第五章，图九八～一〇〇〕。梳背与梳齿连做的金银梳桦在宋代似乎已非时尚，不过南北方宋墓出土的木梳、玉梳等尚有其式，如太原小井峪宋墓出土两枚缠枝牡丹纹雕花木梳，墓葬时代为北宋末期❶，南京江宁镇建中村宋墓出土雕镂牡丹花纹玉梳，墓葬年代为南宋〔图一一五〕。唐代『钿掌』式梳篦此际虽已鲜见，但它也偶或现身在北宋佳人的盈盈笑语中，——『凤髻金泥带，龙纹玉掌梳，走来窗下笑相扶，爱道画眉深浅入时无』❷。

式样之二，是金银梳背只用作包镶梳脊，即先在金片上的装饰之部打作纹样，然后包镶于梳脊，做成适形的虹桥式包背；两端各修出一个梯形包角，分别包合于虹桥两边，与原梳的梳

双狮戏毬纹银梳局部

❶ 代尊德《太原小井峪宋墓第二次发掘记》，图版八：五，《考古》一九六三年第五期。
❷ 欧阳修（或作北宋僧仲殊）《南歌子》，《全宋词》，页一四〇。

二—四二

脊扣紧。这是宋元时代比较常见的一种做法。如分别出土于江西永新县嘉祐五年刘沆墓一大两小三枚银鎏金缠枝花卉纹梳背❶〔图一一六〕，南昌市齐城岗宋墓、镇江市回龙山宋墓、丹徒县蒋乔宋墓竹节纹金梳背和朵花纹金梳背〔图一一七—一～三〕，又株洲攸县凉江乡元代窖藏中的一枚银鎏金牡丹双凤纹梳背〔图一一八〕。刘沆墓三枚梳背中尺寸大的一枚，弧宽十七点五厘米，弧高十一厘米，主体纹样为缠枝卷草，弯拱处一面是两个颈戴项圈对舞的孩儿，一面是两只对飞的小鸟。弯拱两边以填充松针式花叶的『鱼鳞旗脚』为辅纹〔图一一六—一〕❷。小者弧宽十三厘米，高六厘米，包背间尚存一段木梳〔图一一六—二〕。另一枚残断。

一一六—一

一一六—二

图一一六—一
银鎏金缠枝花卉纹梳背之一
（局部）

图一一六—二
银鎏金缠枝花卉纹梳背之二
江西永新县刘沆夫妇墓出土

❶《江西永新北宋刘沆墓发掘报告》，图版五：八。

❷ 名见《营造法式》卷三十三《彩画作制度图样上》。它作为金银首饰中的辅纹，从北宋到南宋始终流行不衰，如浙江建德宋墓所出金钳镯与金指镯，又湖州三天门宋墓出土金指镯、宁波天封塔地宫出土银钳镯、浙江永嘉银器窖藏中的银钳镯，等等，虽然出于不同工匠之手又有若干细节处理的不同。或可认为此即《营造法式》所举『鱼鳞旗脚』纹的各种变体。元代似不再流行。

图二一七—一
竹节纹金梳背
南昌市齐城岗宋墓出土

图二一七—二
金梳脊
镇江市回龙山宋墓出土

图二一七—三
金梳脊
丹徒县蒋乔宋墓出土

图二一八
银鎏金牡丹双凤纹梳背
株洲攸县凉江乡元代窖藏

同一类型而制作简略者，则包背不作装饰纹样，惟以金片包镶而已，如江苏武进礼河宋墓出土的金包背黄杨木梳[1]。

又有包嵌方法相同而用作包嵌的梳背是镂空作，因此特以镞镂精细见工夫者，如江西安义石鼻宋李硕人墓出土毬路纹金梳背、出自江西新余的一枚金镂花梳背、湖南临澧新合元代窖藏二龙戏珠纹金梳背。前例是纹样相同的一对，梳背两端依然打作包角，一溜毬路纹安排在中间，左右以两两相对的卷草组成连

[1] 陈丽华《常州博物馆五十周年典藏丛书：漆木·金银器》，页一五，文物出版社二〇〇八年。

二一七—一

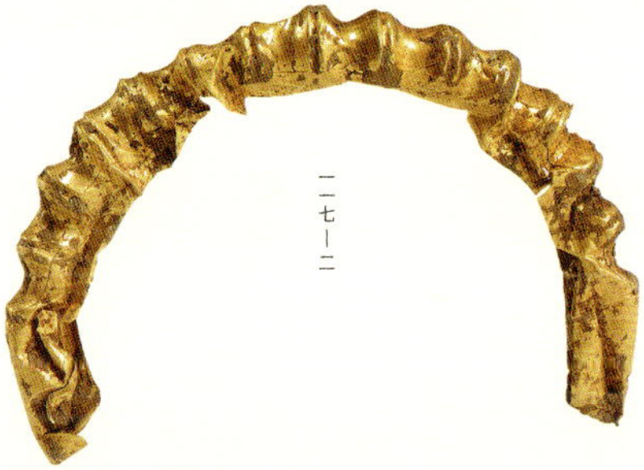
二一七—二

二一七—三

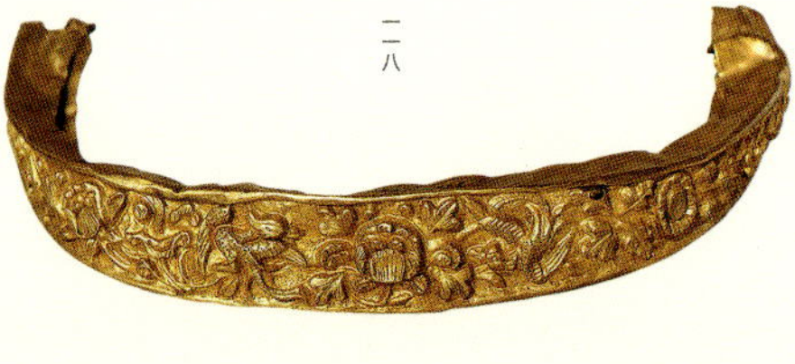
二一八

图一一九—一～二
金镂空毬路纹梳背
江西安义宋李硕人墓出土

续图案。通长十八厘米，宽一点五厘米，重四点五克〔图一一九—一～二〕。整个梳背是轻软而有弹性的，因此展开时为平直的一条，包镶时则为贴着梳脊的一弯。出自新余的金镂花梳背镂作散点式二方连续图案，连包角长十七点五厘米，宽一点二厘米，重五克〔图一二〇〕。临澧新合窖藏金梳背通长十七点五厘米，重七点二克。它也是富有弹性而可顺势弯作拱形，两端收拢做出抱合的两个角，系为包镶梳脊而制。梳背的四个边框装饰如意云，中心是云朵环抱着的一颗火珠，火珠两边一对戏珠的游龙〔图一二一〕。二

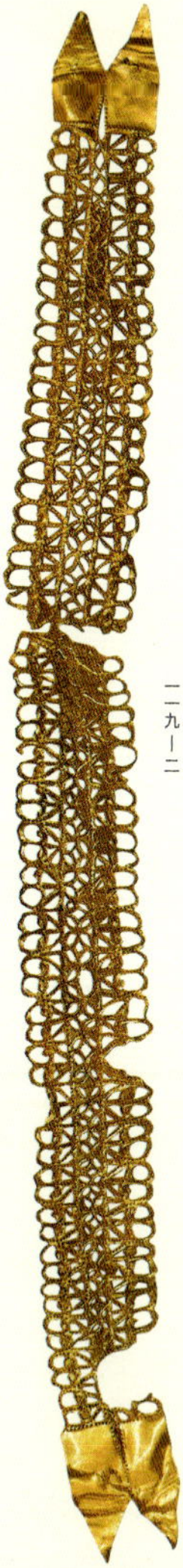
一一九—二

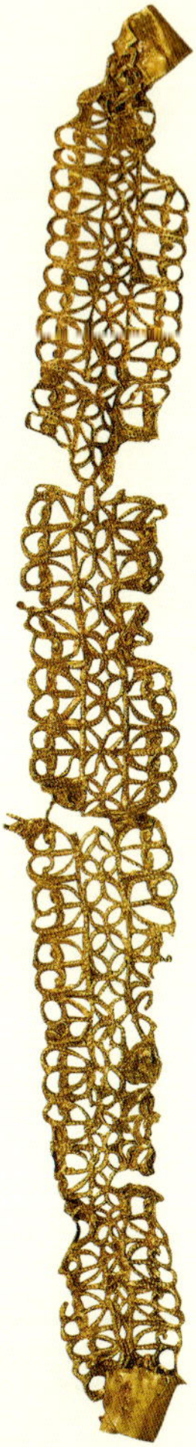
一一九—一

图一二〇
金镂花梳背
江西新余出土

图一二一
金二龙戏珠纹梳背
湖南临澧新合元代窖藏

龙戏珠是宋元工艺品中的常见图式，金银器制作也常取用。它出现在唐代金银器中的时候，多为摩竭戏珠，至宋元，摩竭已逐渐改造为龙形。二龙所戏为外包火焰光之珠，此即摩尼或云振多摩尼。智顗说《观无量寿佛经疏》：『摩尼者，如意珠也。』希麟《续一切经音义》卷六『振多摩尼』条：『此译云「如意宝珠」也。』它在佛经中有很好的意思。《大智度论》卷三十五：『如菩萨先世为国王太子，见阎浮提人贫穷，欲求如意珠，入于大海至龙王宫。……龙即与珠，是如意珠，能雨一由旬。』可知戏珠纹被用作装饰题材最初是取其如意丰足的含义。

一二一

一二〇

图一二二
镶珠黄杨木梳
常州武进村前乡南宋墓出土

图一二三
金镂毬路纹珠梳背
江西南昌县出土

两宋木梳常有梳脊镶珠的做法，如常州武进村前乡南宋墓出土一枚镶珠黄杨木梳〔图一二二〕。南宋刻本《碎金》及永乐本《碎金·服饰篇》『冠梳』一项列举的『珠梳』，当指此类。宋人绘画中也多有插戴珠梳的女子形象，如台北故宫博物院藏李嵩《货郎图》，故宫藏《搜山图》《蕉阴击毬图》，等等。金银梳背仿此，而梳背外缘的金珠是打造而成，因此不过一溜半圆，看去却如金珠一般，如江西南昌县出土金镂毬路纹珠梳背〔图一二三〕、株洲堂市乡元代窖藏折枝花纹银梳背、沅陵元黄氏夫妇墓出土双鸾纹金包背玳瑁梳，都是大体相同的设计构思。堂市乡银梳背弧长八点五厘米，重二点二克，梳背的背面做出五个卡头以用作包镶。另有一枚与它纹样、尺寸、形制均相同，为一对〔图一二四-一～二〕。与前一种包镶法不同，——彼宜梳篦的侧面插戴，此则适合梳篦的立式插戴。黄氏夫妇墓出土的玳瑁梳很薄，两边近缘处有几根梳齿已残断。弯拱式的金梳背上下打作两溜半圆以象金珠，装饰带的中间打作

一二二

一二三

一朵牡丹花，花两边一对蜜蜂，一双对飞的鸾鸟。金梳背拱形的两端先已做成两个三角，把图案上缘的金珠式半圆扣合于梳脊，再把拱形之端的两个三角反折过去，金梳背与玳瑁梳便嵌合无间〔图一二五〕。从纹样来看，它是用作倒插的。

图一二四—一～二
银折枝花纹梳背一对
湖南株洲堂市乡元代窖藏

图一二五
金牡丹凤凰纹包背玳瑁梳
湖南沅陵元黄氏墓出土

一二四—一

一二四—二

一二五

前式梳背的踵事增华，便是在梳背弯拱的外缘系缀金花珠网。出自湖南临湘陆城一号宋墓的一枚，梳背弯梁两端的梯形包角一个张开，一个内合，正展示了当日包镶梳背的情形。其弯梁内缘打作一溜花牙子，弯梁的装饰框内一对舞鸾，中心是对飞的两只小蜜蜂。外缘一溜缀网的小环，约百十朵宝相花错落相连结成纤丽玲珑的一面花网，花网末端系连铎铃式坠脚[1]〔图一二六—一〕。又有出自江西新余的一枚重十三克，系以薄金片打造为宽一厘米、弧长九厘米的一道弯梁以成梳背的主体，四缘打作连珠纹的装饰框，框内镞镂缠枝卷草。下缘做出十七个如意头，如意之端各衔一个小金环，环下系三朵宝相花和一只蝴蝶，蝴蝶下连铎铃式坠脚，每个小件又分别以小金环四向纵横钩结，结作花网〔图一二六—二〕。梳背倒插于发，花网自然披垂如帘。永乐本《碎金·服饰篇》『首饰·南』之部列有『帘梳』，《明史》卷六十七《舆服三》『品官命妇冠服』一项列有『珠帘梳』『小珠帘梳』，似即此类宋式梳的延续。而明之『围髻』『围发云髻儿』，也与这一类梳背意匠相通。

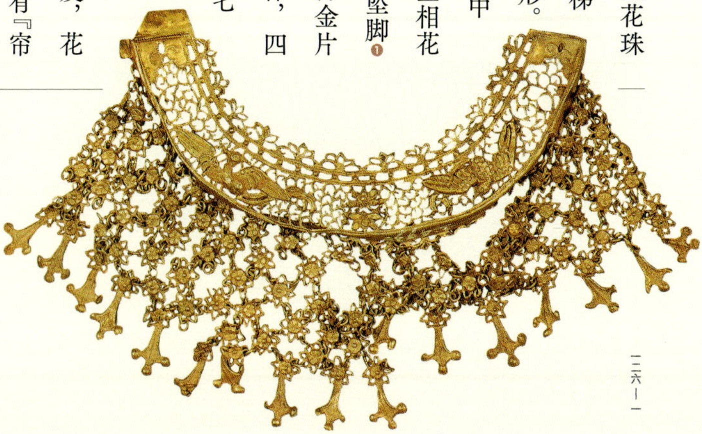

一二六—一

图一二六—一
金帘梳
湖南临湘陆城一号宋墓出土

[1] 《湖南临湘陆城宋元墓清理简报》，图版八：九。按简报称作『金凤冠』（页六五）、『金冠饰』（图版说明）。

图一二六—二
金帘梳
江西新余出土

图一二六—三
《五道转轮王》（局部）
奈良国立博物馆藏

图一二七
牟益《捣衣图》（局部）
台北故宫博物院藏

一二六—二

帘梳尺寸不大，可插戴于额前上方或额角鬓边，也不妨三两枚同时插戴点缀云髻，如日本奈良国立博物馆藏南宋陆信忠《五道转轮工》〔图一二六—三〕，又《佛涅槃图》中的女子。至于梳篦的插戴，可以是一枚，也可以是一对，宋牟益《捣衣图》绘出发髻叠插梳子的佳人〔图一二七〕，其时更有词人赞道『垒金梳子双双耍』❶，『凤尾鬒香再叠梳』❷。金梳银梳自是这长为画意诗情所浸润的日常生活中流动的光和影。

一二六—三

一二七

❶ 吕胜己《鹧鸪天》，《全宋词》，册三，页一七六三。

❷ 利登《鹧鸪天》，《全宋词》，册四，页二九八六。

第四节

耳环

一　宋金西夏耳环

就汉族聚居区域来说，女子戴耳环成为时尚，或可认为始于宋代。早期的月牙儿式造型大约很有着辽代的影响，比如辽代最常见的摩竭及各式鱼形耳环，即第五章里列举的实例。《宋史》卷一五三《舆服五》曰景祐三年诏云，『凡命妇许以金为首饰，及为小儿铃鋜、钗篸、钏缠、珥环之属，仍毋得为牙鱼、飞鱼、奇巧飞动若龙形者』。所禁二类，似即辽代耳环流行的几种造型。既明令『毋得』，可知曾是风行。分别出自镇江市宝盖山和江西彭泽北宋易氏夫人墓的两对金耳环，虽然其一光素无纹，其一装饰花叶纹，但轮廓却仿佛辽代耳环之造型〔图一二八—一～二〕，正是一个很有意思的旁证。

宋代耳环式样最简单的一种，北宋刘沆夫妇墓出土的一件可以为例，它用一根金材打制而成，一端为细弯的耳环脚，一端

一二八—一

一二八—二

图一二八—一
金耳环
镇江市宝盖山出土

图一二八—二
金耳环
江西彭泽北宋易氏夫人墓

图一二九—一
金耳环
江西永新北宋刘沆夫妇墓出土

图一二九—二
金耳环
济南七家村宋代墓群出土

图一三〇—一
金耳环
常州北环工地宋墓出土

图一三〇—二
金耳环
济南长清崮山宋墓出土

为曲线柔美的一牙新月，重四点九克〔图一二九—一〕。耳环若施以纹样，便多取用花卉瓜果。济南七家村宋代墓群出土一对弯月式金耳环，弯月上面錾刻花叶〔图一二九—二〕。另有一类造型依然如弯月，不过一般不做成实心。出自常州北环工地宋墓的一对金耳环以片材成就弯月式造型，其表打作一溜朵花〔图一三〇—一〕。济南长清崮山宋墓出土金耳环也是类似的做法〔图一三〇—二〕。浙江建德大洋镇下王村宋墓出土一对金菊花耳环❶，由打作一对菊花和一枚花叶的金片抱合成型，花瓣部分錾刻细线以为脉理，然后把菊花

❶ 北京大学中国考古学研究中心等《浙江建德市大洋镇下王村宋墓发掘简报》，封二：五，《考古与文物》二〇〇八年第四期。物的解读，见同期扬之水《南方宋墓出土金银首饰的类型与样式》，页八三。

一二九—一

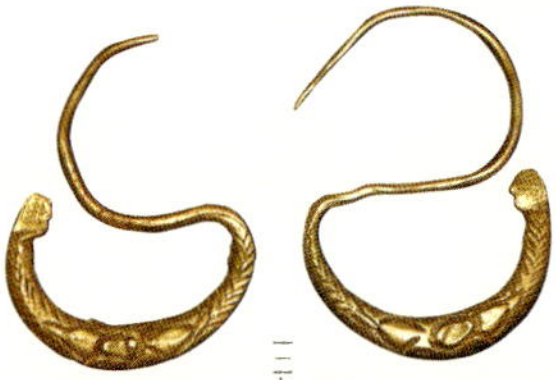
一二九—二

一三〇—一

一三〇—二

对折，再与实心的耳环脚相接〔图一三二—一〕。同样类型的金耳环尚有不少，如衢州上方砖室墓出土金菊花耳环〔图一三二—二〕，如分别出自安徽来安和芜湖小桃园的金瓜果耳环〔图一三二—三～四〕。常德三湘酒厂出土金一把莲耳环，也是相近的设计构思，不过以弯月式造型顺势而成流行纹样中的『一把莲』，——一枝半开的莲花，一枝莲蓬，一弯莲叶，下面用花结总束为一把。它原是用两枚金片分别打造成形，然后扣合为一，耳环脚的一端分作两歧从金片之间穿入，复于当中打结以为固定〔图一三三〕。德清武康银子山出土银鎏金玲珑荷叶耳

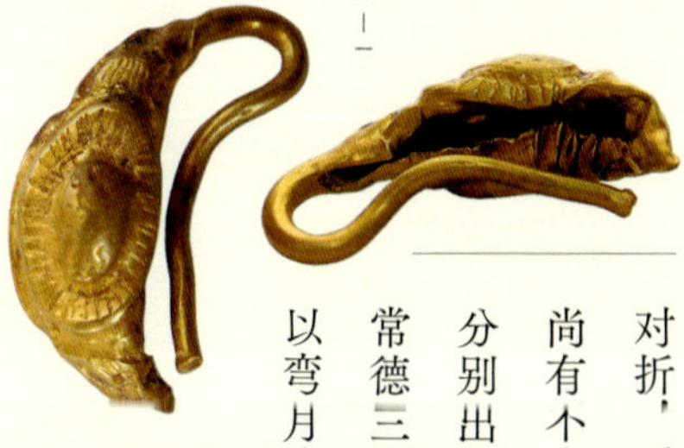

一三二—一

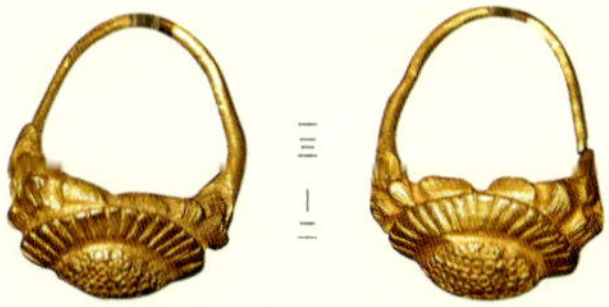

一三二—二

一三二—三

一三二—四

一三三

图一三二—一 金菊花耳环 浙江建德大洋镇下王村宋墓出土
图一三二—二 金菊花耳环 衢州上方砖室墓出土
图一三二—三 金瓜果耳环 安徽来安出土
图一三二—四 金瓜果耳环 安徽芜湖小桃园出土
图一三三 金一把莲耳环 常德三湘酒厂出土

图一三三—一
银鎏金玲珑荷叶耳环
浙江德清武康银子山出土

图一三三—二
金梅花耳环
湖州三天门南宋墓出土

图一三四
金花鸟耳环
安徽芜湖小桃园出土

图一三五
银鎏金折枝花果耳环
江苏江阴山观窖藏

一三三—二

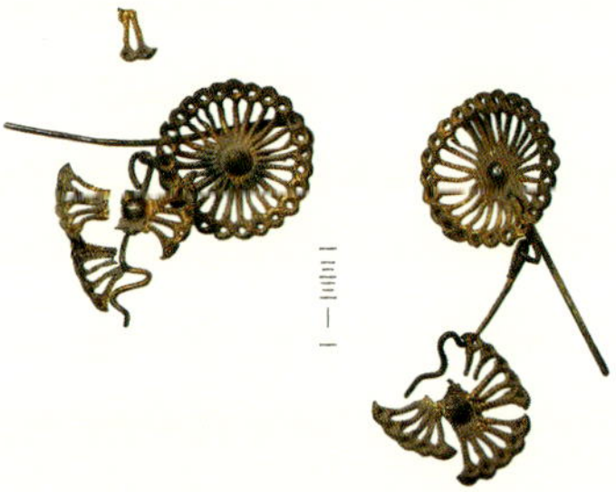

一三三—一

环一对，耳环造型是图案式的一枚荷叶，却是如剪纸一般镂空作叶脉，背后耳环脚接焊荷叶的一端弯了一个小环，小环里又缀了式样相同的荷叶一枚。从荷叶坠儿与耳环的系连来看，坠儿的下面似乎还当穿系饰件〔图一三三—一〕。湖州三天门南宋墓出土金梅花耳环与它意趣相似〔图一三三—二〕。出自安徽芜湖小桃园的金花鸟耳环与江苏江阴山观窖藏中的银鎏金折枝花果耳环，都是以片材打作连枝带叶的一束〔图一三四、一三五〕。洛阳邙山宋代壁画墓出土金累丝蝶赶菊耳环一对是图案化的造型，麻花丝围作边框，上缘点缀粟粒，内填卷草纹〔图一三六—一〕。出自杭州临安杨岭宋墓的蝶赶花金耳环，也是用材不多，制作精细，且又撷取画意而颇有写生之趣，——如折叠片材做成蝴蝶在花朵上振翅的样子〔图一三六—二〕，成为闪烁在鬓边的庭园小景。

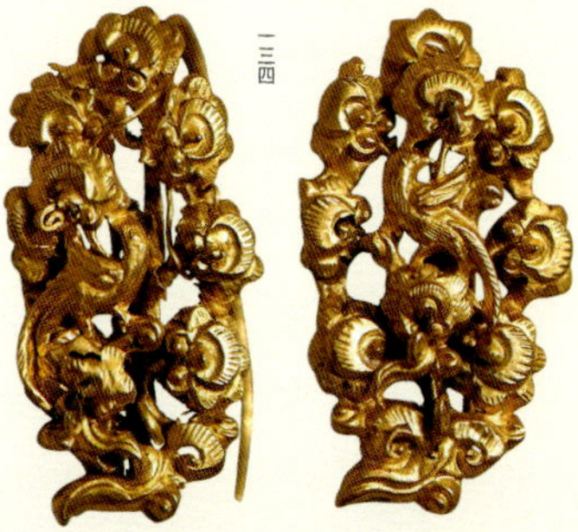

一三四

一三五

一三六一一

一三六一二

图一三六—一
金累丝蝶赶菊耳环
洛阳邙山宋代壁画墓出土

图一三六—二
蝶赶花金耳环
杭州临安杨岭宋墓出土

图一三七
金石榴耳环
江西南城县齐城岗宋墓出土

图一三八—一
银鎏金紫茄式耳环
江西高安县宋墓出土

一三七

瓜果式耳环造型每每为仿生，即宋人所谓『象生』或作『像生』，如石榴、荔枝、甜瓜、茄子等。江西南城县齐城岗宋墓出土金石榴耳环，以打作上顶花朵、两旁披垂枝叶的一颗石榴果为主体，再以另外打制的一朵凸起之花接焊于石榴上方，耳环脚一端弯折后直接焊在背面，耳环重约一克〔图一三七〕。宋祁《学舍石榴》『烟滋黛叶千条困，露裂星房百子均』，杨万里《石榴》『雾縠作房珠作骨，水晶为醴玉为浆』，都是两宋诗人咏石榴的隽句，收在宋陈景沂编纂的《群芳备祖》，当为时人所熟悉。西安长安区郭杜镇宋代李唐王朝后裔家族墓出土金镶水晶紫茄耳环，上为金茄蒂和金丝卷成的细蔓，金蒂下覆一颗水晶茄❶。与此相似者，又有江西婺源临河村宋汪路妻张氏墓出土的一件，只是金茄蒂与水晶茄子的连接处松动了❷。出自江西高安宋墓的银鎏金紫茄式耳环为一对，共重四点四克。两枚金片分别做成紫茄形，中间部分錾镂出用连珠纹勾勒的缠枝卷草，外缘打作一溜九个半圆，然后将两枚金片扣合，另外做出的茄蒂与耳环脚焊接，再与紫茄接焊为一〔图一三八—一〕。湖州三天

❶《西安长安区郭杜镇清理的三座宋代李唐王朝后裔家族墓》，封三：二（图版说明作『金镶水晶饰』）。

❷詹祥生《婺源博物馆藏品集粹》，图五六，文物出版社二〇〇七年。又临川宋墓出土一件所谓『带金钩水晶珠』也应是同类耳环，见陈定荣等《江西临川县宋墓》，页三三〇，图一：二·中（作者形容它『形若葡萄，上有四叶金花蒂饰，蒂柄呈弯钩状，下吊一水晶珠』），《考古》一九八八年第四期。

一三八—一

门宋墓出土造型相似的一件，惟制作工艺相异。它用金粟盘出顶端长长的茄蒂，茄身一面是金粟勾出轮廓的重瓣花朵，一面是嵌宝的托座，外以金粟盘成的卷丝围绕，茄子的边缘接焊九粒金珠，长二点四厘米，重二点三一克[1]〔图一三八—二〕。宋《证类本草》卷二十九引寇宗奭《本草衍义》云：『茄子，新罗国出一种，淡光微紫色，蒂长，味甘，今其子已遍中国蔬圃中。』耳环造型所仿应即这一类为时人所喜的紫茄，所谓『蒂长』的特征，三天门宋墓耳环尤其肖形。同墓所出又有金穿水晶瓜实耳环〔图一三九〕、金叠胜耳环〔图一四〇〕、金梅花带坠耳环，

一三八—二

一三九

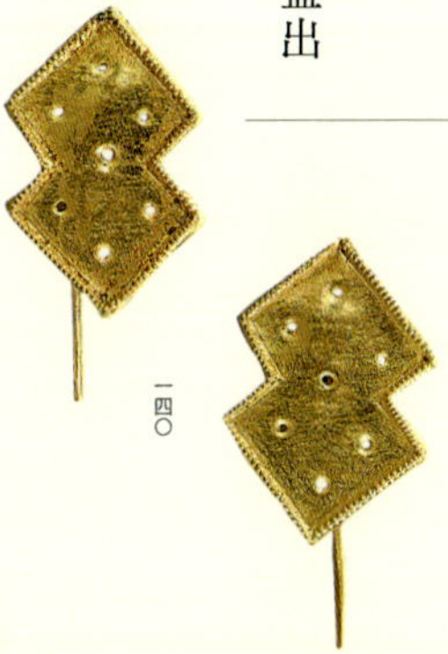

一四〇

图一三八—二
金紫茄式耳环
图一三九
金穿水晶瓜实耳环
图一四〇
金叠胜耳环
湖州三天门南宋墓出土

[1] 《浙江湖州三天门宋墓》，页四二，图一：一〇（称『茄形饰件』）。

均以精细秀巧见胜。湖北蕲春罗州城南宋窖藏中的金蜂赶花耳环，难得又从诸般流行纹样中翻出新意，即把花朵下边摇荡的耳环坠儿做成一只赶花的金蜂儿象生，却是用片材打制而成〔图一四一〕。织绣纹样中有蜂赶梅，如洪迈《容斋随笔》卷十三『二朱诗词』条引朱翌咏摺叠扇词句云『宫纱蜂赶梅』。秦观的《迎春乐》则更为流艳巧侧：『菖蒲叶叶知多少，惟有个、蜂儿妙。雨晴红粉齐开了。露一点、娇黄小。／早是被、晓风力暴。更春共、斜阳俱老。怎得香香深处，作个蜂儿抱。』『露一点、娇黄小』，恰是

一四一

图一四一
金蜂赶花耳环
湖北蕲春罗州城南宋窖藏

赶花蜂儿的一幅写真，歌席酒会中的艳词，或也汇入时风而催生新样。出之以锤錾的『一点娇黄』，娉婷粉粘，纤芥俱妙，似借得歌词的传神和绘笔的工细。两只耳环各重一点九克。由前举诸例，也可以看到这一类型的短脚耳环，插戴之后，耳环脚的尖端是弯向下方的，故宫博物院藏宋人《杂剧图》中女伶耳环的插戴便是如此〔图一四二〕。

打作之外再行攒造，如此『象生』，便更为讨喜，如分别出自常德桃源三阳港镇株木桥村万家嘴宋砖室墓〔图一四三—一〕、芜

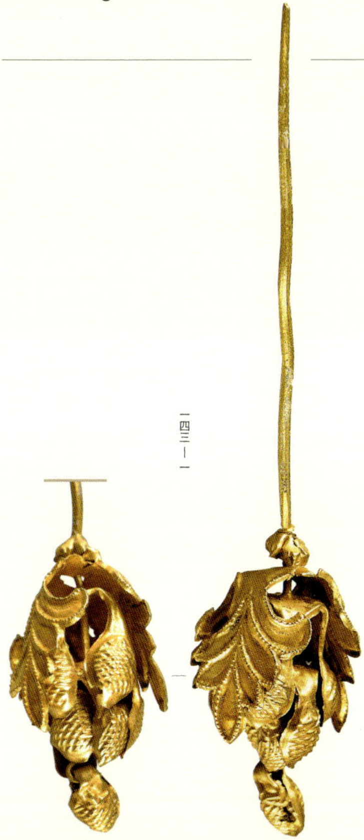

一四三—一

一四二

图一四二
宋人《杂剧图》（局部摹本）
故宫博物院藏

图一四三—一
金荔枝耳环
常德桃源三阳港镇宋墓出土

图一四三—二
金荔枝耳环
芜湖市黄家山一号墓出土

图一四三—三
金荔枝耳环
浙江大学宋墓出土

图一四三—四
金荔枝耳环
蕲春罗州城南宋窖藏

一四三—二

一四三—三

一四三—四

湖市黄家山一号墓〔图一四三—二〕、浙江大学宋墓〔图一四三—三〕、蕲春罗州城南宋窖藏的金荔枝耳环〔图一四三—四〕。虽细节处理各有不同，不过制作方法大体相通，即以耳环脚为主干，串连起分别打作成形的翠叶和荔枝，荔枝或成串或一对。以出自桃源者为例，它的制作大致分为如下几步：一、取一枚金片，于中心凿刻一孔，然后把四角錾凿打造为花叶，继而将四角花叶向下折，做成一个花叶盖。二、再取两枚金片，均于一端凿孔，一端打造为相叠累垂的荔枝，然后把有荔枝图案的一端成九十度角向下折过来。三、另取一枚长方形的小金片，中间部分做成细腰形，两端打造为纹饰相同的一枚荔枝，继而对折，使之拢为相抱的一颗。四、再用金片做成中央有细孔的一朵小花。五、取一根金丝，把预先做好的一枚小花、一枚花叶下覆的盖子、两枚折好的荔枝果，又相抱的一小颗，依次穿入，穿好最末一颗缀果之后，用金丝的末端挽出一个旋，金丝的顶端便可弯折成为耳环的脚，再把花叶盖和上方的小花焊接起来，一面使金丝固定，一面正好掩住用作穿系金丝的孔。金荔枝耳环的造型，也许会有绘画中的小品作为粉本或参考图式，对照上海博物馆藏南宋册页《荔枝图》〔图一四四〕，或可遥同当日工匠相与会心。无名氏《南乡子·咏双荔支》：『深结花工知。赐与衣裳尽是绯。曾向玉盘深处见，隈随。两个心肠一片儿。／从小便相依。酒伴歌筵不暂离。只恐被人分擘破，东西。怎得团圆似旧时。』❶双关语传出的旖旎情思，好教人得知鬓边隈随的一对儿竟也是两同心的呈瑞。周密《云烟过眼录》卷下

图一四四

《荔枝图》（局部）

上海博物馆藏

❶《全宋词》，册五，页三六五八。

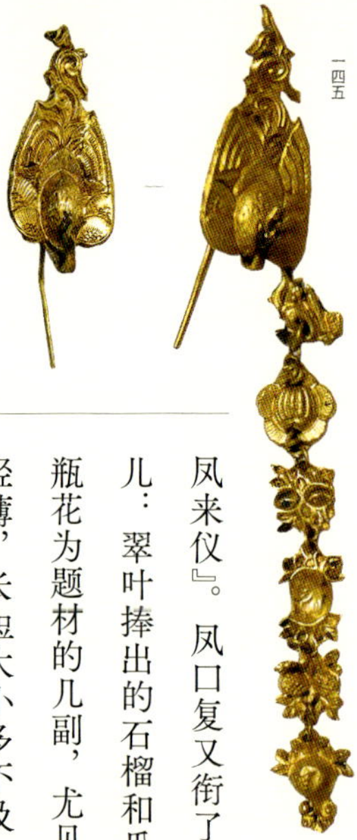

图一四五
金凤耳环
蕲春罗州城南宋窖藏

『赵子昂孟頫乙未自燕回出所收书画古物』一项录有白玉双荔枝女环一对，说它『可长三寸，并脚通碾，皆白玉也，甚精。此必女直后妃故物』。金、玉荔枝耳环的题材与造型大约是相近的，则它也是金人喜欢的耳环式样。

前面几番举出的蕲春罗州城遗址窖藏，所出耳饰都特别见出巧思。一副金凤耳环，便像是『钗头凤』的缩微和移植。它的制作用材极俭（重止三点五克），工艺也不复杂，不过一枚金片为主体，制成鼓起的一双翅膀和卷扬的尾羽，背面另取金材打作凤身，一端弯到正面成为凤首，一端折向后方做成耳环脚，凤身细施毛雕。图案化的造型，却是凭了锤錾之工成就体态翩然的『有凤来仪』。凤口复又衔了一串分别用一个个小环穿起来的瓜果坠儿：翠叶捧出的石榴和瓜，成双的荔枝和桃子❶（图一四五）。而以瓶花为题材的几副，尤见精巧。耳环均成色佳好，不过质料都很轻薄，长短大小多不及一指。比如瓶莲鸳鸯金耳环一副，各重三点三克。花瓶造型取了宝瓶的样式，即以丝帛结颈而长带飘垂，

❶ 按两串金坠儿出土时是单独的两件，在蕲春县博物馆一同观摩实物之际，王宣艳君提出金坠儿应是耳环凤口所衔，今因将之拼对在一起。

瓶身四道弦纹分隔装饰带，上部是用锥点装饰出来的三道缠枝卷草，下部打出一周仰莲，瓶颈飘垂下来的长带分别在仰莲的两边向外卷作圆环，圆环里各一个鱼坠。花瓶的圈足下边又悬了一个小环，环里一朵并蒂莲，并蒂莲下系一个比翼鸳鸯坠，鸳鸯脚下缀流苏，花瓶里疏蕊纤枝，是夏日莲塘的一角清景〔图一四六〕。又有盆莲小景儿金耳环一副，各重三点五克。耳环不计金脚通长不过六厘米左右，却是莲塘景致众多意象的荟萃。占据中间位置的方盆里耸出一柄莲花，莲叶和慈姑叶两厢簇拥，莲花心内探出一根金丝，其端一只须翅毕现的小蜻蜓轻轻落在慈姑叶上。一枚龟游莲叶贴在方盆外面，莲叶的上缘一双唇吻相对的鸳鸯，莲叶下方的一对金环各一个鱼坠〔图一四七〕。作为耳环纹样，这里盆莲之外的诸般小景也都各有名目。莲花、莲叶、慈姑叶和蜻蜓，是南宋流行纹样满池娇中的构

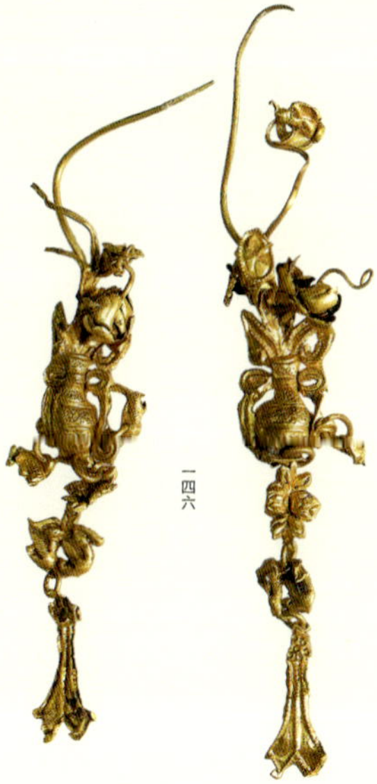

一四六

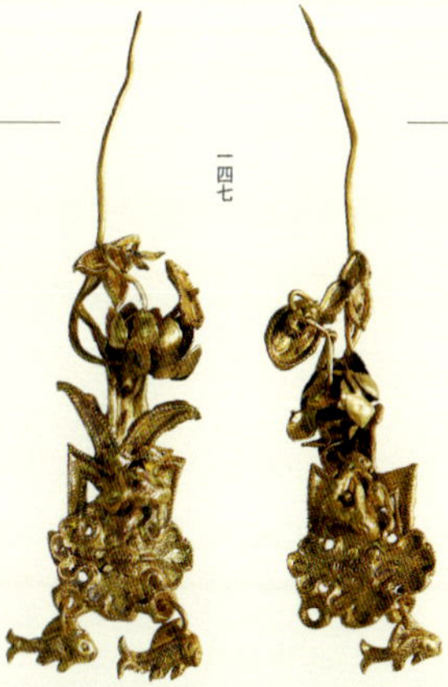

一四七

图一四六
瓶莲鸳鸯金耳环

图一四七
盆莲小景儿金耳环
蕲春罗州城遗址窖藏

图一四八
金累丝瓶莲耳环
蕲春罗州城遗址窖藏

图元素，即如前引舒岳祥《金线草》『袅袅蜻蜓菡萏枝』以及句下自注：『旧时都下花工……作小荷叶，名满池娇，则缀以蜻蜓、茄叶之类浮动其上』。龟游莲叶，则即第五章说到的它是唐以来即广泛流行的传统纹样，久被视作储福纳吉的祥瑞图，又是风行于宋代的祝寿之瑞象。妙手与诗心攒造出来的耳环，正是汇聚时尚的一叶金饰小品，鲜灵，工巧，几分入世的俗气愈使它讨人欢心。一副金累丝瓶莲耳环，则特以攒焊工艺之精而见胜，它把金材剪作若干细窄的长条，然后用此数枚攒焊出一个四棱花瓶，瓶身四面分别装饰三卷如意头，花瓶两侧各缀一对双环耳，再以素金片做成花瓶的底足。花瓶里插一束金条攒焊的并蒂莲和两枝桃花。组成花瓶和花朵的边框均满布粟粒一般的连珠纹〔图一四八〕。双环耳的四棱瓶，原是当日引领风雅的仿古式花瓶，可见其意匠不俗。耳环构图繁丽精微，而以剔透玲珑别逞秀逸，一副总重止三克。

耳环纹样中又有飞仙和化生，二者原是宋代各种装饰工艺中普遍使用的题材。北宋李诫《营造法式》卷十二《雕作制

一四八

度》『混作』条列有八品，『飞仙』即为第二品，注云『嫔伽、共命鸟之类同』；卷十四《彩画作制度》『五彩遍装』条下所述与此大体相同。赤峰市巴林右旗巴彦尔登苏木和布特哈达出土有辽代迦陵频伽金耳坠〔第五章，图八〇—一一〕，中原地区金银耳环中的飞仙，却是与化生相似的形象。

『化生』之名源出释典[1]，它的形象在中土也出现得很早，不过并不十分拘泥于经义，而常常是作为一种意象，灵活布置在各种形式的艺术品中。如河北邯郸磁县东魏茹茹公主墓出土一枚金嵌珠宝饰件，化生童子与捧盘飞仙、莲花台上的鹦鹉一起簇拥在一茎莲花之畔[2]。唐代装饰纹样中，『化生』已是《孩儿诗》所云『垂额绿荷圆』的世间相[3]，如唐代铜镜中莲花枝上手持莲蕾头顶莲叶帽的小儿[4]。两宋『化生』则定型为持花或攀枝的童子，且泰半脱离释典中的特定意义，而成为一种运用极普遍的装饰艺术。前引《营造法式·雕作制度》所举八品中的第三品便是『化生』，注云『以上并手执乐器或芝草、华果、缾盘、器物之属』。山西金墓里仿真建筑的雕作装饰中，多见或者持花或者攀枝的小儿形

[1] 日人吉村怜对此曾有详论，见所著《天人诞生图研究：东亚佛教美术史论文集》，中国文联出版社二〇〇二年。

[2] 邯郸市文物研究所《邯郸古代雕塑精粹》，图一九，文物出版社二〇〇七年。

[3] 唐路德延作，见宋计有功《唐诗纪事》卷六十三『路德延』条（《全唐诗》作《小儿诗》）。

[4] 郭玉海《故宫藏镜》，图一〇一，紫禁城出版社一九九六年。

一四九

图一四九
荷叶童子金耳环
镇江丹徒县蒋乔宋墓出土

图一五〇
伎乐童子金耳环
浙江龙游县高仙塘宋墓出土

象[1]，也近乎七夕时节的磨喝乐，——《东京梦华录》记述七夕风俗，道『小儿须买新荷叶执之，盖效颦磨喝乐』。宋无名氏《九张机》咏织锦纹样曰『合欢树上枝连理，双头花下，两同心处，一对化生儿』[2]。这里的化生儿便同于宜子之祥，织梭下的图案里，因此更缠绕了柔情蜜意。许一个愿心，结一场俗缘，化生儿于是戴在耳边、系于腰间矣。

镇江丹徒县蒋乔宋墓出土荷叶童子金耳环一对[3]〔图一四九〕，站在荷叶上的一个小儿，下穿格子裤，头顶荷叶帽，细金丝弯成波浪的披帛垂在两边，手中捧着花叶下覆的一个花盘，盘心有细孔，当日或系珠宝。此即近于《营造法式》中说到的捧盘化生。同出尚有水晶动物坠饰一对，体量比耳环大得多，恐怕并非耳环原初的缀物。又有出自浙江龙游高仙塘南宋末年墓葬的一对金耳环〔图一五〇〕，站在三重莲花座上的伎乐童子，一手擎花枝，一手持排箫，张口作吹奏状。腰间一朵大花，中心的花蕊处原当嵌珠或嵌宝。一根细金条留出三之二用作耳环脚，此外的三之一把耳环的

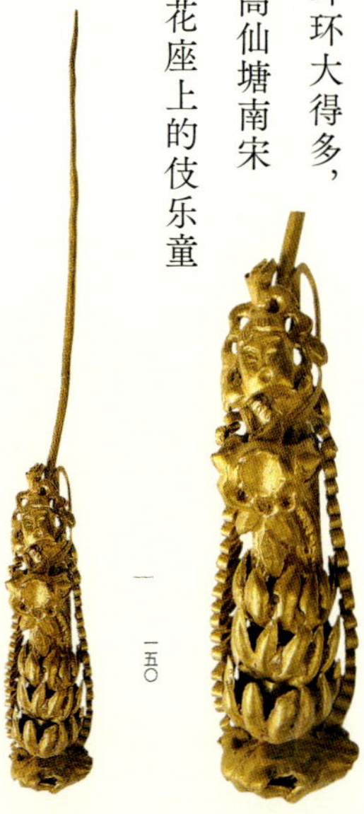

一五〇

[1] 《平阳金墓砖雕》，图一九八、二二〇。
[2] 《全宋词》，册五，页三六四九。
[3] 《镇江出土金银器》，图一一三，图版说明作『水晶坠仕女形金耳环』。

一五一

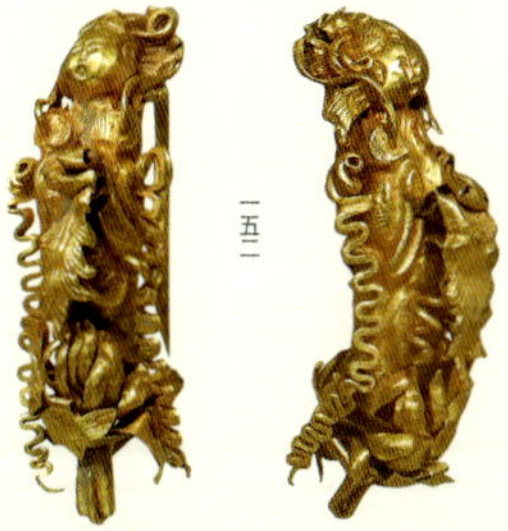

一五二

各个装饰部分，即童子、三重莲花和花叶通贯起来，然后在底端打一个卷，与莲花座穿在一起的四枚叶片向下弯折，这一部分便被掩住了。两边用窄金片折作波曲状的披帛，上与背撑接焊，下与托座相连，如此，它既为装饰，同时又有着固定的作用。分别出自江苏金坛涑渎黄庄八组与济南卫巷遗址宋金窖藏中的捧盘女仙金耳环两对〔图一五一、一五二〕，均与此意匠相近，花叶下覆成底座，上面是双重莲台，花冠高耸的女仙手里捧一个花叶盘，身前衣带飘卷，一条披帛飞扬在后，再曲曲弯弯从身边披垂下来。可作对比的更有内蒙古临河市高油坊出土一对西夏时期的金耳环，

图一五一
仙人捧盘金耳环
金坛涑渎黄庄八组

图一五二
捧盘女仙金耳环
济南卫巷遗址宋金窖藏

图一五三—一
金伎乐耳环
内蒙古临河市高油坊出土

图一五三—二
缂丝绿度母唐卡（局部）
黑水城出土

图一五四
金耳饰
大理崇圣寺塔出土

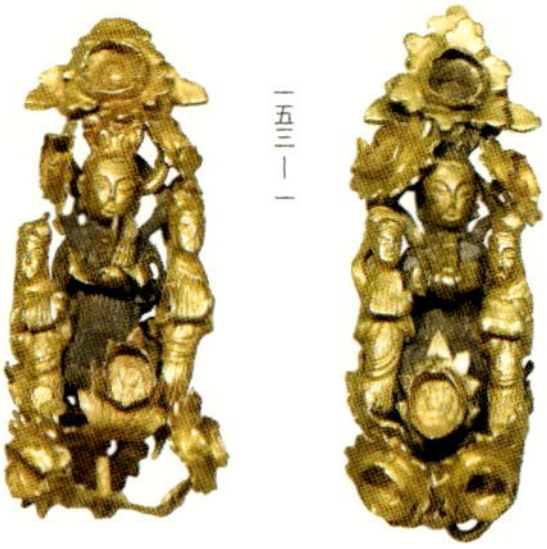

一五三—一

就造型与装饰来说，这是最为富丽的一例〔图一五三—一〕。而它的创作构思很可能得意于同时代其他门类的装饰艺术，如艾尔米塔什博物馆藏出自黑水城的一件缂丝绿度母唐卡〔图一五三—二〕。

上一章曾举出大理国金银器，出自大理崇圣寺塔塔刹中心柱基座内的金银制品尚有一对耳饰[1]，连珠纹为外缘，麻花丝编作绳索纹做成一重装饰带，再一重以金丝掐作一周如意云，内心的连珠环里掐作一簇花朵〔图一五四〕。

前面说到『心』字是两宋流行的一类装饰纹样，周邦彦《蝶恋花》词句云『云压宝钗撩不起，黄金心字双垂耳』，可知心字也是耳环的式样之一，安徽南陵北宋墓正出土这样的一对[2]。金耳环系以片材打制成形后扣合而成，心字上面用锥点纹錾出卷草，心字下方又另

一五三—二

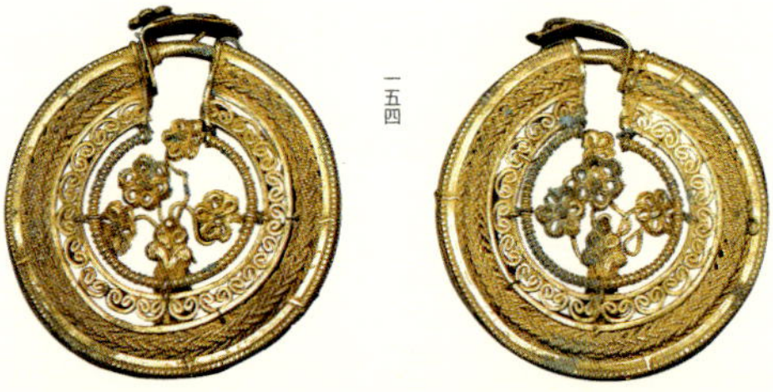

一五四

[1] 云南省文物工作队《大理崇圣寺三塔主塔的实测和清理》，页二五九（『金丝扁圆形扣饰』），《考古学报》一九八一年第二期。

[2] 《安徽南陵铁拐宋墓发掘简报》，页四六，图二八（称作『金耳坠』）。

外打制一弯龙牙蕙草的边框〔图一五五〕。

金代金银耳环的发现，与两宋相比数量不是很多。金代五国城之一的奥里米城故址征集到一枚金花叶耳环[1]〔图一五六〕，哈尔滨新香坊金墓出土金菊花耳环一对、金穿玉荷叶莲苞耳环一对[2]〔图一五七—一～二〕，黑龙江阿城金齐国王墓出土一对金镶珠慈姑叶式耳环[3]〔图一五八〕，黑龙江绥滨中兴古城金代墓葬出土金镶宝耳环一对[4]。

一五五

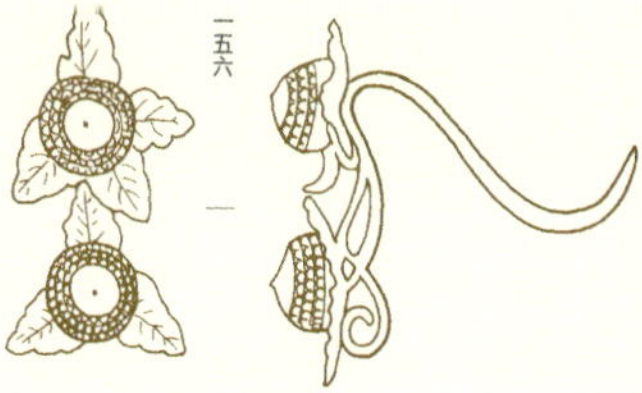
一五六

一五七—一

一五七—二

一五八

图一五五 金心字耳环
安徽南陵北宋墓出土

图一五六 金花叶耳环
黑龙江绥滨奥里米城故址征集

图一五七—一 金菊花耳环

图一五七—二 金穿玉荷叶莲苞耳环
哈尔滨新香坊金墓出土

图一五八 金累丝镶珠慈姑叶式耳环
金齐国王墓出土

[1] 黑龙江省文物考古工作队《松花江下游奥里米古城及其周围的金代墓葬》，页五八，图六：八，《文物》一九七七年第四期。

[2] 黑龙江省博物馆《哈尔滨新香坊墓地出土的金代文物》，页四九，图版一：一，《北方文物》二〇〇七年第三期。

[3] 赵评春等《金代服饰：金齐国王墓出土服饰研究》，页三八，彩版一八〇（此称之为『金珰珥』），文物出版社一九九八年。此出于齐国王妃耳畔，左右各一。

[4] 黑龙江省文物考古工作队《黑龙江畔绥滨中兴古城和金代墓葬》，页四四，图八，《文物》一九七七年第四期。

图一五九—一
金累丝镶宝耳环

图一五九—二
金蜂赶牡丹耳环
山西灵丘曲回寺窖藏

图一六〇
金累丝镶绿松石耳环
西安市长安区刘黑马家族墓出土

图一六一
金累丝镶宝花叶式耳环
湖南临澧新合元代窖藏

一五九—一

一五九—二

二　元代耳环

宋代花卉耳环造型多很秀巧，元代则风格健硕，如山西灵丘曲回寺窖藏中的金累丝镶宝耳环与金蜂赶牡丹耳环❶〔图一五九〕。不过后一类样式元代已经不很流行，而别创一种花叶式，也有俊俏之好。西安市长安区刘黑马家族墓出土金累丝嵌绿松石花叶耳环一对，花叶填嵌以及点缀轮廓的金粟制作精细非常，绿松石的琢磨平滑规整〔图一六〇〕。临澧新合元代窖藏中一对金累丝镶宝花叶式耳环〔图一六一〕，纹样并不复杂，但花叶的累丝边框上端围以麻花丝，其上又是一周均匀的粟粒，立墙填花丝，做工的讲究略同前例，惜嵌物均失。

此外一种造型为慈姑叶，前已举出金代的一例。湖南沅陵元黄氏夫妇墓出土金穿玉慈姑叶耳环一对

一六〇

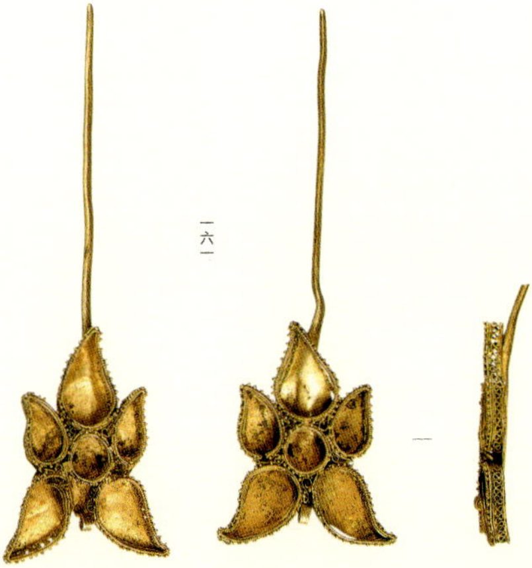

一六一

❶ 李白军《曲回寺金银器考释》，页六，图六（称作『簪』），《文物世界》二〇〇四年第四期。

图一六二
金穿玉慈姑叶耳环
湖南沅陵元黄氏墓出土

〔图一六二〕。慈姑（Sagittaria sagittifolia L.），又名水萍，水慈姑，是泽泻科中的一种多年生水生草本植物，宋时名曰慈菰或茈菰，又有俗名曰剪刀草❶。《本草纲目》果部卷三十三『慈姑』条特别阐释了它得名的原由，曰『慈姑，一根岁生十二子，如慈姑之乳诸子，故以名之，作「茨菰」者非矣』。大约这是采自民间的一种流传很久的俗说。辽金元时代，慈姑叶不仅成为池塘小景中几乎不可缺少的意象，而且独立出来，成为单独的纹样，如巴林左旗哈达英格乡石房子村辽祖州遗址出土的一枚玉慈姑叶❷，以它为造型的耳环，自然也是时样，如前面所举辽代金包青金石慈姑叶式耳环一对〔第五章，图八六〕。

元熊梦祥《析津志》『风俗』条说到女子妆束，曰『环多是大塔形葫芦环，或是天生葫芦，或四珠，或天生茄儿，或一珠』。永乐本《碎金·服饰篇》『首饰』一节列出的耳环名称有属之于南的『天茄』和属之于北的『葫芦』。则所谓『天茄』便是『天生茄儿』，也就是宋代已经流行的紫茄耳环，只是元代样式和做法完全不同。元代此式耳环的制作，通常是取上小下大形状与

一六二

❶ 见苏颂《本草图经》（成书于北宋）。南宋罗愿《尔雅翼》卷六『凫茨』条也提到它，而称『茈菰』，说此菰『一茎收十二实，岁有闰，则十三实』。

❷ 玉叶长三点二厘米，最宽处两厘米，背有穿孔。唐彩兰《辽上京文物撷英》，页一三三，远方出版社二〇〇五年。按图版说明作『白玉三叶花饰』。

茄子相肖的一大颗宝石，纵穿一个通孔，上端覆以金花金叶，花叶上边每有一个嵌宝的小金托，或嵌珠或嵌宝；一根与耳环脚相接的金丝从绿松石的通孔中穿过，然后在底端盘绕成花蔓，一面稳稳托住绿松石，一面形成与整个装饰图案的呼应。临澧新合元代窖藏的金镶宝绿松石耳环，便是很有代表性的实例。窖藏中同式耳环共七件，其中两对保存完好，另外三件失绿松石，却正好可以见出它的结构及会得它的制作过程〔图一六三—一～二〕。式样几

图一六三—一
金镶绿松石耳环

图一六三—二
金镶绿松石耳环（残）
湖南临澧新合元代窖藏

一六三—一

一六三—二

图一六三—三
银鎏金镶绿松石耳环
浙江海宁智标塔出土

图一六四—一
金累丝镶绿松石耳环
石家庄元史天泽家族墓出土

图一六四—二
金镶绿松石耳环
济南郎茂山路元代家族墓群出土

图一六四—三
金镶绿松石耳环
出自山东菏泽元代沉船

一六三—三

一六四—三

一六四—二

一六四—一

乎相同的金镶宝或银镶宝绿松石耳环也见于浙江海宁智标塔地宫❶（图一六三—三）、石家庄元史天泽家族墓（图一六四—一）、西安市长安区刘黑马家族墓、济南郎茂山路元代家族墓群（图一六四—二）、山东菏泽发现的元代沉船❷（图一六四—三），等等，可知它的流行其实是不分南北的。

绿松石，元代称作『碧钿子』或『甸子』，出湖北者，名『襄阳甸子』❸。元代以前，金银首饰嵌宝并不是常见的做法，新朝统治者带来对所谓『回回石头』的喜爱，此风方盛。不过细致的加工仍然谈不到，托座与宝石的扣合因此多半不很紧密，也因

❶ 浙江省文物考古研究所等《海宁智标塔》，页一一六，图一一五（称绿松石银耳坠），科学出版社二〇〇六年。

❷ 《山东菏泽元代沉船》，页一七五（称镶嵌绿松石金耳坠），国家文物局《二〇一〇中国重要考古发现》，文物出版社二〇一一年。

❸ 『碧钿子』，见《事林广记·至元译语》『珍宝门』。陶宗仪《南村辍耕录》卷七『回回石头』一项所列『甸子』有三种，所谓『荆州石』者，云即『襄阳甸子』。麻赫默德·喀什噶里《突厥语大词典》『绿松石』解释道，『这个词在诗歌里是这样用的：绿松石，蓝色天，撒白玉，星万点，天秤座，比骈骈，黑夜尽，又白天。这样描写天空：真主创造了绿松石色的天空，用像戒指上镶嵌的白玉石一般的星星装饰了它，排列了天秤座（突厥人称为喀拉库什），昼夜互相交替』。第一册，页三五〇，民族出版社二〇〇二年。

图一六五—一 榆林窟第二窟西壁南侧壁画

图一六五—二 赤峰市元宝山沙子梁元墓壁画

此极易脱落。天茄耳环利用宝石的天然形状稍事琢磨，以穿系的办法用来固定，样式显得很自然，由是成为『时样』之一种而广为通行。『一珠』成为耳环式样，也同宝石的使用相关，但似乎多取用玉或珍珠，又或琉璃。插戴此式耳环的形象，在清宫旧藏十五幅元代皇后像中占得五幅，它也见于榆林窟第二窟西壁南侧所绘西夏供养人❶（图一六五—一），又赤峰市元宝山沙子梁元墓壁画（图一六五—二）。考古发现的实物，有上海松江区华阳镇明杨四山家族墓出土的一件银镶琉璃一珠耳环（图一六六），墓葬年代为明前期❷。韩国釜山地区也曾出土同此样式的一珠耳环，耳环脚的质地是青铜，为高丽朝鲜时期之物❸。

《析津志》所举耳环式样又有『天生葫芦』，它也见于元代皇后画像，质地似为珍珠或玉。《新编对相四言》中与『鐶』相对应的图，便正是这一典型式样（图一六七—一）。金银葫芦耳环则是金银制作的『象生』，有实心和空心两种做法，后者，便是用薄金片或薄银片做成打造出瓜棱的一大一小两个半圆，扣合到一处即成一个小葫芦，然后用金针或银针把它穿起来，底端

图一六六 银镶琉璃一珠耳环 上海松江区华阳镇明杨四山家族墓出土

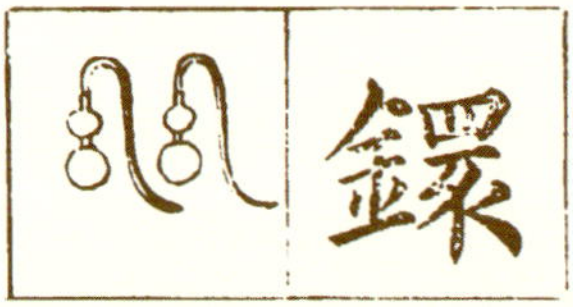

图一六七—一 《新编对相四言》中的鐶

❶ 此为石窟考察所见。

❷ 何继英《上海明墓》，彩版九：三（称银嵌琉璃耳坠），文物出版社二〇〇九年。

❸ 《千日间的现场记录：二〇〇八年至二〇一一年的发掘调查成果》（韩文版），页九一，釜山博物馆二〇一一年。

探出的部分挽个小结若葫芦藤，顶端探出的部分便成耳环脚〔图一六十一二～三〕。如此做出的耳环分量极轻，——临澧新合元代窖藏金葫芦耳环重五克，湖南攸县凉江乡元代窖藏银葫芦耳环，重仅一点五克。前举《碎金》列出的名称把它归在北方首饰一类，或许只是表明它是创制于北方的样式，流行则不限南北。

兀式耳环中比较有特色的两类是璎珞纹耳环以及由此发展出来的牌环。如果追溯造型来源，菩萨妆中的璎珞及耳饰可以视为它设计构思的来源之一，如大英博物馆藏吐蕃时期的一件敦煌绢画《金刚手菩萨》❶〔图一六八—一〕。这种样式的璎珞也见于佛教用器，如北京密云冶仙塔出土辽『杜家』铭璎珞纹绿釉净瓶〔图一六八—二〕。金银璎珞纹耳环正不妨视作璎珞『象生』。此式耳环

一六七—二

一六七—三

图一六七—二
金葫芦耳环
湖南临澧新合元代窖藏

图一六七—三
银葫芦耳环
湖南攸县凉江乡元代窖藏

图一六八—一
金刚手菩萨（局部）
敦煌绢画

图一六八—二
辽『杜家』铭璎珞纹绿釉净瓶（局部）
北京密云冶仙塔出土

一六八—一

一六八—二

❶ 韦陀《西域美术·英国博物馆斯坦因收集品·Ⅰ》（日文版），图四八，讲谈社一九八二年。

图一六九
银鎏金璎珞纹耳环
浦江白马镇高爿窖藏

图一七〇
金璎珞纹耳环
湖南临澧合口镇出土

图一七一—一
金宝式耳环
安庆元范文虎夫妇墓出土

的出现不自元代始，今知有南宋的实例〔图一六九〕，不过至元代方大为流行。出自临澧合口镇澧水河畔的一对，是同类耳环中式样最简单的一种：滴珠式造型，中涵连珠环绕的一颗滴珠，系连和固定耳环脚的金丝从背面穿过来，在滴珠的出尖处盘作两个卷〔图一七〇〕，耳环连脚长六点三厘米，重一点九克。可以把它视作此式耳环的基础纹样。安庆元范文虎夫妇墓出土一对金耳环也是相同的造型，纹饰则是摩尼宝珠〔图一七一—一〕，式样正如《新

一六九

一七一—一

一七〇

一七一—二

编对相四言》中的『宝』图，也同于同墓出土金银杂宝饰件中的银『宝』和金『宝』〔图一七一—二〕。临澧新合窖藏同式耳环凡七件，六件成对，纹样三种，由简到繁〔图一七二—一～三〕。其中璎珞纹金耳环长九厘米，重四点五克，为式样相同的一对。另一对则由基础纹样增益一枚覆在顶端的荷叶，两侧添一对荷花和一对慈姑叶，如此，一组连珠便好似水之意象，因成一幅莲塘小景。第三对，构图与前例同式，不过连珠之上留出了更多的空间用以装饰一树桃枝，又两侧桃实各一，顶端另有桃叶托起的桃实三枚，桃枝上、桃实下，是一只回首的黄鸟。有意思的是，大维德基金会

一七二—一

一七二—二

一七二—三

图一七一—二
金宝
安庆元范文虎夫妇墓出土

图一七二—一
璎珞纹金耳环

图一七二—二
金莲塘小景纹耳环

图一七二—三
金桃枝黄鸟纹耳环
湖南临澧新合元代窖藏

图一七三
元露胎桃枝黄鸟盘
大维德基金会藏

藏一件元露胎桃纹盘，盘心纹饰也正是三组桃枝黄鸟，造型和风格与耳环纹样十分相近（图一七三）。而这一图式很可能是从宋人绘画中的翎毛小品取意，台北故宫博物院藏宋人册页《荔枝黄鸟图》，似可昭示金耳环与青瓷盘共同的来源之一。就图案中的桃花与桃实而言，该是化用《诗·周南·桃夭》之意而成吉祥祝福，——『桃之夭夭，灼灼其华。之子于归，宜其室家』，是『桃之有华，正婚姻之时也』（朱熹《诗集传》）。

武汉周家田元墓出土属于韩氏娘子的一对耳环，与新合耳环大抵同式，而制作工艺不同。耳环长约八厘米，重十点三克[1]。一枚薄金片为底衬，其上一重为装饰。表层的中心部分做一个滴珠形的石碗，内嵌一颗绿松石。环此一周为十一个用拱丝填出边框的连珠式石碗，惟内里嵌物均失。上半部用小金条围出主要纹样的边框：顶端一枚下覆的荷叶，其下一个石碗，两边各一朵对开的荷花，荷花下面一对慈姑叶，叶下用卷草纹与下半部的图案顺势相接。纹样轮廓内一一平填小卷草，边框与石碗的上缘焊粟金珠。耳环脚接焊于底衬，其端则绕到表面托起底部打一个小卷

[1] 武汉市博物馆《黄陂县周家田元墓》，《文物》一九八九年第五期。简报原称嵌物为翡翠，但细审原物，当为绿松石。页八四，图九（称作『金鬟饰』），

一七三

图一七四—一
金累丝莲塘小景纹耳环
武汉周家田元墓出土

图一七四—二
金累丝莲塘小景纹耳环
湖北宜昌赵家湖出土

图一七五
板屋绘画（局部）
甘肃漳县汪世显家族墓出土

一七四—一

一七四—二

〔图一七四—一〕。宜昌赵家湖出土一枚金累丝耳环，纹样以及耳环脚的装置均与此相同〔图一七四—二〕。甘肃漳县元汪世显家族墓地出土一件板屋模型，板屋上面所绘妇人即戴看这一类造型的耳环〔图一七五〕。

瓜果花木是宋代耳环喜欢取用的题材，如前面举出的实例。元代又由此发展出新的形式，即把耳环的纹样部分做成缩微的花鸟草虫图，出自临澧新合窖藏的蝴蝶桃花荔枝图金耳环一对、蝶赶菊桃花荔枝图金耳环一对，又金累丝蝶赶菊耳环一件，都是颇有画意的例子，且工艺各不相同。前者系以一枚金片衬底，复以一枚窄金条做成四周的立墙，扣合在上的饰片镞镂、打造为剔透

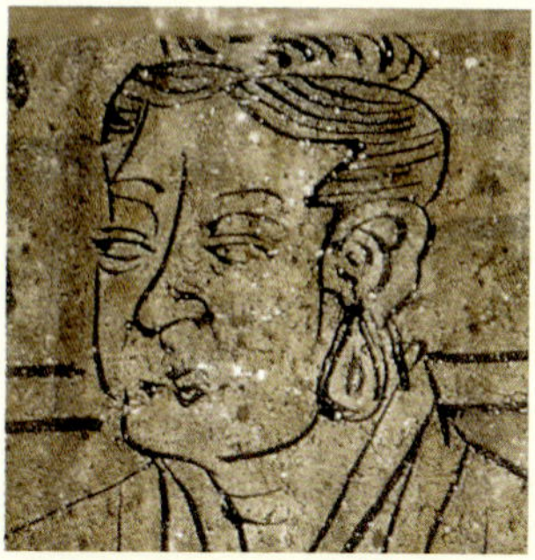

一七五

一七六—一

图一七六—一
金蝴蝶桃花荔枝图耳环
图一七六—二
金蝶赶菊桃花荔枝图耳环
湖南临澧新合元代窖藏

的纹样：用连珠纹组成的细线双钩出来的蝴蝶、桃花、桃实、桃叶，又填饰空间的缠枝卷草，还有下凹的一个圆座，座上扣一个打作荔枝形象的半圆。耳环脚纵贯底衬而以一端抵住下边的桃嘴儿盘作一个旋，焊接于底片。两只耳环的图案安排相互呼应。其一通长八点六厘米，重七克；其一通长八点二厘米，重七点四克〔图一七六—一〕。蝶赶菊桃花荔枝图耳环则只用一枚金片鏃镂、打造而成。占据纹样中心的是一捧花叶托出的一朵桃花、一颗荔枝和一大朵秋菊，落在花心边缘的一只采花蝶轻轻踏翻了几枚菊花瓣，本是图案化的构图因此添得活泼轻灵之趣。用作固定耳环脚的细金丝从背面穿过来做成宛转在花丛中的须蔓，与纷披的花叶蔚成锦绣葱茏。其一通长十点五厘米，重六点二克；其一环脚稍残，通长七点五厘米，重五点五克〔图一七六—二〕。金累丝蝶赶花耳环，先用金片做出大边丝以围出整个图案的边墙，然后再掐出图案中粉蝶、桃花、荔枝等各个花式的边框亦即拱丝边，继用撮好的花丝在边墙及纹样边

一七六—二

框内填拱丝，用卷草纹填出地子，复于墙、框上缘焊金珠。另外打造一个半圆，其表也粘缀金珠以成荔枝之形。最后用焊粉攒焊，即把以上用各种方法制成的纹样攒聚在一起〔图一七六—三〕。

构图和造型与画幅相肖者，更有牌环，其称见于永乐本《碎金》。它的造型即如一枚长方形的小牌子❶，或金，或银，质极轻薄，——多半只有几克重，而以打造之功在上面布置图画，一只耳环脚接在背后，或如瓜头簪子的做法，用细丝从后边的图案镂空处穿到前面，然后做成一对或两对盘绕的花蔓，耳环脚的一端通常要在耳环的底部打出一个卷，即如前举诸例。牌环的装饰题材，实多从两宋绘画中的写生小品取意，而这也是当日工艺品设计制作的时尚，牌环则尤以轻薄精巧取胜，如临澧新合窖藏中的一对灵芝瑞兔图金牌环〔图一七七—一〕。瑞兔早是入画的题材，台北故宫博物院藏北宋崔白《双喜图》自是名品，辽宁法库县叶茂台辽墓出土绢画《竹雀双兔图》也是一例。金耳环的构图正是元代各种装饰广为采用的图式，如株洲攸县丫江

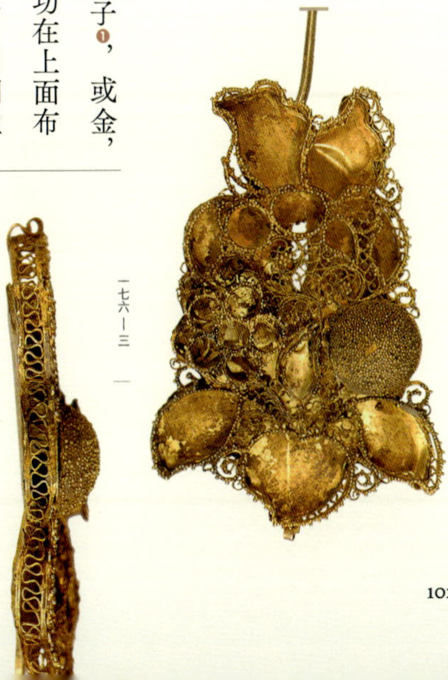

一七六—三

❶ 造型略呈长方的耳环金代即已出现，其例见于黑龙江绥滨县奥里米金代墓葬，方明达等《绥滨县奥里米辽金墓葬抢救性发掘》，图版三、四，《北方文物》一九九九年第二期。按简报称之为『金头饰』。

图一七六—三
金累丝蝶赶花耳环
湖南临澧新合元代窖藏

图一七七—一
金灵芝瑞兔牌环
湖南临澧新合元代窖藏

图一七七—二
银事件儿·荷包
株洲攸县丫江桥元代窖藏

图一七七—三
刺绣罗衫纹样
元集宁路出土

桥元代窖藏一副银事件儿中的荷包纹样〔图一七七—二〕，如苏州元张士诚母曹氏墓出土银镜架一枚支板上面的图案〔第六章，图一九二〕，又内蒙古元集宁路故城遗址出土刺绣满池娇纹罗夹衫中的一个小配景❶〔图一七七—三〕，但它们的设计构思仿佛都借鉴于《双喜图》，牌环纹样不过把图中的一株秋树、两只山喜鹊易作灵芝瑞草。而兔子驻足的草坡、回首的姿态，乃至抬起的一只前足，都与《双喜图》图式一致。虽然绘画的笔触之细腻为金耳环所不及，但于『传写物态，蔚有生意』〔《宣和画谱》卷十七说徐熙〕，却并不逊色。耳环通长八点五厘米，宽二点五厘米，重四点三克，两只相同。

❶ 赵丰《织绣珍品》，页二二四，艺纱堂／服饰工作队一九九九年。

一七七—一

一七七—二

一七七—三

一七八—一

图一七八—一 三彩剔花牡丹孔雀纹枕
广东省博物馆藏

图一七八—二 花鸟妆花罗（局部）
达茂旗明水墓地出土

图一七九—一 银鎏金牡丹山石孔雀图牌环
江西德安出土

此外常见的一种图式为牡丹山石孔雀图，它也是宋金元时代绘画和织绣等工艺品纹饰中的流行题材，如北京丰台区金乌古伦窝伦墓出土玉奁匣盖面的牡丹山石孔雀图❶，郑州登封王上金代壁画墓中的花树山石孔雀图❷，广东省博物馆藏金代三彩剔花牡丹孔雀纹枕〔图一七八—一〕，如内蒙古达茂旗明水墓地出土花鸟妆花罗中的单位纹样❸〔图一七八—二〕，又《事林广记》一幅插图里的山石孔雀图屏风。

江西德安出土银鎏金牡丹山石孔雀图牌环一枚〔图一七九—一〕，它以长方式造型构成图框，一带山石间的一只孔雀占据画面中心位置，孔雀左脚跷起将欲登石，填满其余空间的一大丛牡丹妆点出庭园景致。耳环图案中的孔雀形象，或与宋邓椿《画继》卷十所载宋徽宗的『格物』故事有关，——『宣和殿前植荔枝，既结实，喜动天颜。偶孔雀在其下，亟召画院众史令图之。各极其思，华彩烂然，但孔雀欲升藤墩，先举右脚。上曰：未也。众史愕然莫测。后数日，再呼问之，不知所对。则降旨曰：孔雀升高，必先举左。众史骇服』（元汤垕《画鉴》亦载孔雀升墩事，而情节有异）。巧得很，耳环中的山石

一七八—二

一七九—一

❶ 北京市文物局《北京文物精粹大系·玉器卷》，图一一二，北京出版社二〇〇二年。

❷ 《郑州宋金壁画墓》，图二三七。

❸ 《织绣珍品》，页一六三。

微呈起伏之势，山石之间的孔雀正是左脚跷起，似亦『升墩』之意，而它与山西侯马金墓中两幅砖雕牡丹孔雀屏心❶，又前举金代三彩剔花牡丹孔雀纹枕的造型与构图都是一致的。这里表现出来的细节处理的准确，恐怕不会尽属巧合，那么该是有一个来自绘画作品的颇存『格物之精』的共同粉本。并且耳环并非孤例，出自益阳八字哨元代窖藏的一枚银牌环，与德安牌环的构图便几乎相同（图一七九—二）。同类图式的牌环湖南元代窖藏中尚有不少，如桃源文物管理处藏一对金牌环（图一七九—三），如临澧新合窖藏中一对金穿玉山石孔雀耳环（图一七九—四），——牡丹、山石、孔雀，构成图式的三要素一样不少。虽碾琢未可称精细，但物象神韵俱在，也别有它的可爱。

图一七九—二
银牡丹孔雀牌环
湖南益阳八字哨元代窖藏

一七九—二

图一七九—三
金牡丹山石孔雀图牌环
桃源文物管理处藏

一七九—三

图一七九—四
金穿玉山石孔雀耳环（局部）
湖南临澧新合元代窖藏

一七九—四

❶《平阳金墓砖雕》，图五三、五六。

第五节 『三金』：手镯、戒指、帔坠

戒指和手镯的佩戴成为时尚，是在宋代。南宋刻本《碎金·服饰篇》『钗钏』一项列出『指鋜、钳鋜、缠钏』。此际戒指和手镯又与霞帔坠子合起来，即金钏、金鋜、金帔坠，而成为聘礼中的『三金』，说见吴自牧《梦粱录》卷二十『嫁娶』条：『且论聘礼，富贵之家当备三金送之，则金钏、金鋜、金帔坠者是也。若铺席宅舍或无金器，以银镀代之。』常州武进村前乡南宋五号墓出土缠钏式金指镯一，银鎏金霞帔坠子三，金钳镯一对[1]（图一八〇—一～三），浙江湖州三天门南宋墓出土金钳镯四，金指镯三，金霞帔坠子一，是『三金』俱备的两个例子（图一八一—一～五）。后者所出三枚金指镯的内里均有『相』字铭[2]。

一八〇—一

一八〇—二

一八〇—三

图一八〇—一 金钳镯
图一八〇—二 缠钏式金指镯
图一八〇—三 银鎏金帔坠
常州武进村前乡南宋五号墓出土

[1] 陈晶等《江苏武进村前南宋墓清理纪要》，页二五二，图五（分别称作金跳脱指环、鎏金桃形佩饰、金钏），《考古》一九八六年第三期。简报推测墓主是官至副相的毗陵公薛极或其亲属。

[2] 同出又有『相宅□』残金片，而浙江兰溪南宋墓出土的银杯和银瓶，底部俱有『相宅沈四郎』长方形标识（兰溪市博物馆《浙江兰溪南宋墓》，页六七〇～六七二，《考古》一九九一年第七期）。二者如果为一事，那么这该是同出一家很有信誉的金银铺。

图一八一—一
金钳镯

图一八一—二
金指镯

图一八一—三
金錾花指镯

图一八一—四
金镶绿松石戒指

图一八一—五
龙牙蕙草纹金帔坠
浙江湖州三天门南宋墓出土

一八一—一

一八一—四

一八一—三

一八一—二

一八一—五

一　金钏

『三金』中的『金钏』，大致可以包括两种，一是单环的手镯，一是多环连续的所谓『缠臂金』，此即前文所引南宋刻本《碎金》列举的『钳鋜』和『缠钏』。鋜即镯，宋代文献多写作鋜。腕饰一类，早期称作跳脱、条脱、钏、腕钏，而名称与形制的对应并不十分固定。此际式样不同的『钳鋜』和『缠钏』乃各有其名，因把腕饰之属的两类主要样式区分得很明确。虽然，词曲里仍多以『钏』为称，『窄袖轻罗，暗露双金钏』[1]，欧阳永叔小词中语，若在临安百市铺作里，便是『钳镯一对』了。

宋人所谓『缠钏』，与前面所举实例形制相同〔第二章，图一二五；第四章，图五二〕，只是考古发现中宋以前的实物究竟不多。它的大为流行，是在宋元明时代，而形制无多变化。缠钏有环少环多、缠丝或细或粗以及装饰或简或繁之别，但共同的做法是在镯头用粗丝缠作活环与下层的连环套接，因可以它的左右滑动来调节松紧。福州茶园山南宋许峻墓出土的七件『银条脱』即是此类[2]。江西安义石鼻南宋李硕人墓出土金缠钏两边镯头分别打作折枝花

[1] 调寄《蝶恋花》，《全宋词》，页一二七。

[2] 福建省博物馆《福州茶园山南宋许峻墓》，页二九，图一九，《文物》一九九五年第十期。

图一八二—一
金缠钏
江西安义李硕人墓出土

图一八二—二
银缠钏
湖南临澧新合元代窖藏

图一八二—三
金缠钏
出自南宋沉船『南海Ⅰ号』

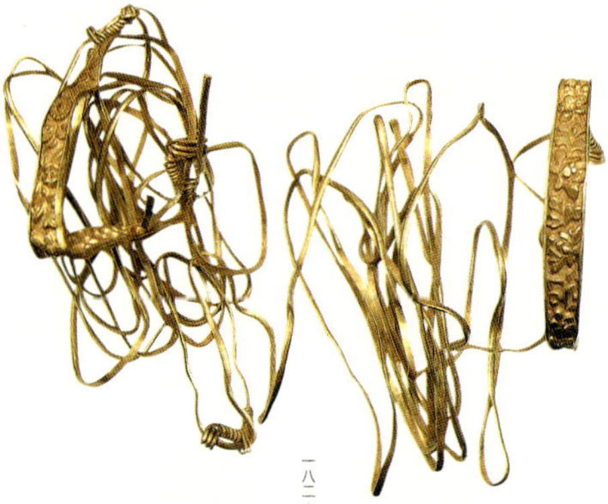
一八二—一

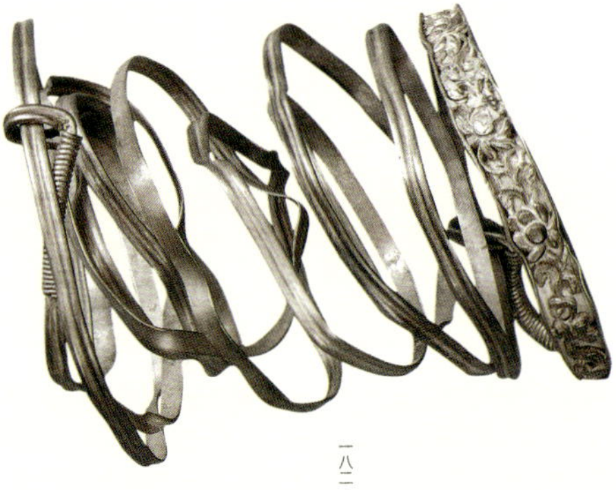
一八二—二

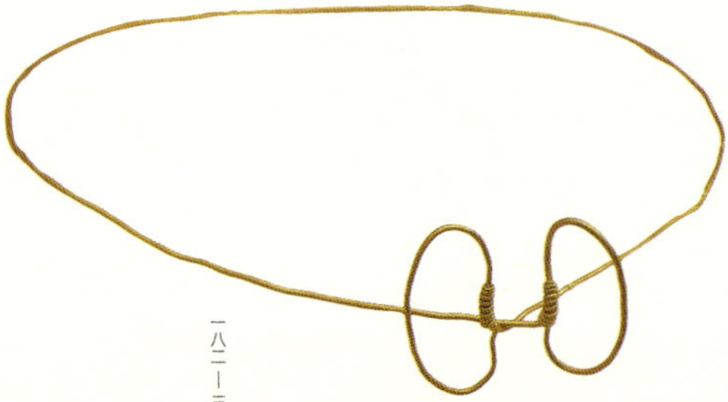
一八二—三

卉[1]〔图一八二—一〕，湖南临澧新合元代窖藏中的一对银缠钏两端镯头为荷花、莲蓬、慈姑叶等组成的莲塘小景〔图一八二—二〕，两例都是宋元流行的主要样式。发现于广东阳江海域南宋沉船南海Ⅰ号中的一件金缠钏〔图一八二—三〕，出水后被拉直，而称作『金线』[2]，不过因此倒可以见出缠钏的长度和绕制之前的样态。此外一种是把缠丝制为扁窄的片材，通体光素无纹，如杭州博物馆藏南宋

[1] 一对共重三百七十五克，《江西宋代纪年墓与纪年青白瓷》，页二四七（『九曲金臂钏』）。

[2] 阳江日报社等《海上敦煌：探秘『南海Ⅰ号』》，页八二，南方日报出版社二〇一〇年。按图版说明称作『金线状物』。

『白清甫造』银缠钏一对（图一八三—一）。又或边缘打作弦纹，如沅陵元黄氏夫妇墓出土一对金缠钏（图一八三—二）。金代这一类手饰发现不多，哈尔滨阿城区金上京会宁府遗址出土一枚金钏，或可视作缠钏的极简式（图一八四）。

钳镯为开口式，这是唐代即已定型的传统样式，即做成中间宽，然后向开口处的两端收窄乃至收细的一枚扁片，近端处或

一八三—一

一八三—二

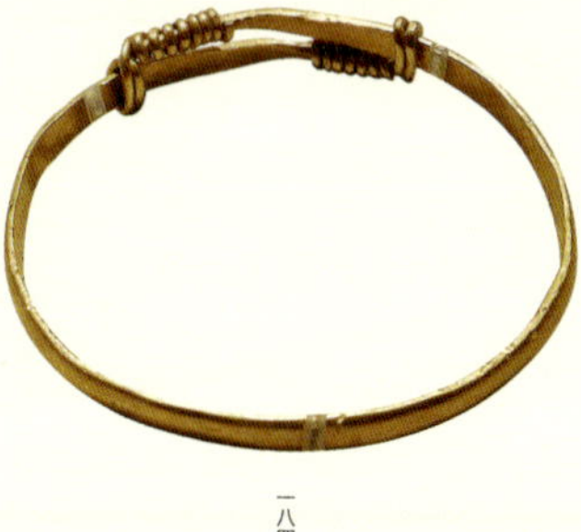

一八四

图一八三—一 『白清甫造』银缠钏 杭州博物馆藏

图一八三—二 金缠钏 湖南沅陵元黄氏夫妇墓出土

图一八四 金钏 哈尔滨阿城区金上京会宁府遗址

图一八五
银钳镯
江西彭泽易氏夫人墓出土

图一八六—一
银钳镯
湖南临澧柏枝乡南宋窖藏

一八五

细丝缠绕或外翻打卷以为收束，并且成为简单的装饰，如前面举出的例子〔第四章，图五〇〕。辽陈国公主墓出土双龙纹和缠枝花卉纹金钏各一对，其式样似已开启宋风〔第五章，图八七、九〇〕。

两宋钳镯的式样大致可以别作两种类型，即一为宽式，一为窄式。宽式通常在镯面打作两道或两道以上的弦纹，窄式则否。江西彭泽易氏夫人墓出土一对银钳镯，中间的一道弦纹把镯面两分，一半錾刻缠枝瓜果，一半光素无纹，收细的两端做出螺旋纹以仿缠绕之意。镯内里有『官』字铭❶〔图一八五〕。临澧柏枝乡南宋窖藏有与它式样相似的五件银镯，不过是展开放置，其中四件镌有工匠姓名〔图一八六—一〕。前举常州武进村前乡南宋墓出土金钳镯打

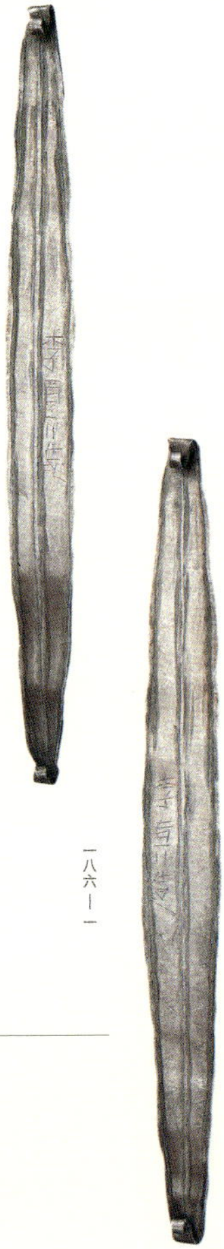

一八六—一

❶ 彭适凡等《江西发现几座北宋纪年墓》，页二九，图版四：七，《文物》一九八〇年第五期。

一八六—二

作三道凹线分隔镯面，芜湖小桃园出土一对金钳镯也是同样做法〔图一八六—二〕，似乎都为着显出多重的效果。以上均可视作宽式。安吉灵芝塔天宫出土北宋银鎏金錾花钳镯〔图一八七〕、前举绍兴市梧桐村南宋墓出土云月纹金钳镯〔图四五—一〕、湖州菁山南宋墓所出七件银鎏金钳镯❶，可以算作窄式一类，其镯面向着两端没有明显的收分。

此外尚有一种纽丝式，如江苏江阴夏岗青山窑厂出土的一副〔图一八八〕。

钳镯也或于镯面装饰纹样。出自福建邵武故县南宋窖藏中的银鎏金钳镯，镯面装饰四季花卉纹〔图一八九〕。浙江建德大洋镇下王村宋墓出土金钳镯两对，钳镯两端均有相同的两行铭文，曰『小西门北吴五郎造』。其中一对为四季花卉纹，镯面以浅凹线为界分作上下两重装饰带：一重的主花为牡丹，以此为中心，两边依次打作桃花、菊花、山茶；一重依然以牡丹为中心，不过两边的辅花与另一重交错排列〔图一九〇—一〕。另一对装饰龙牙蕙草〔图一九〇—二〕，浙江东阳宋墓有与它式样几

图一八六—二
金钳镯
安徽芜湖小桃园出土

图一八七
银鎏金錾花钳镯
安吉灵芝塔天宫出土

图一八八
金纽丝镯
江阴夏岗青山窑厂出土

图一八九
银鎏金四季花卉纹钳镯
福建邵武故县南宋金银器窖藏

图一九〇—一
四季花卉纹金钳镯

图一九〇—二
龙牙蕙草纹金钳镯
浙江建德大洋镇下王村宋墓出土

一八七

❶ 湖州市博物馆《浙江湖州青山宋墓》，彩版四：三，《东南文化》二〇〇七年第四期。

一八八

一九〇—一

一八九

一九〇—二

一九一

乎相同的一对〔图一九一〕。罗州城窖藏中的一副金钳镯为中腰不作分隔的窄式，是展开放置的样子。一只在沙地子上打作缠枝芙蓉，一只打作栀子花，两边的细窄处，均打作鱼鳞旗脚，末端以几道弦纹作收〔图一九二〕。出自广东阳江南海Ⅰ号沉船中的金钳镯也是这一类〔图一九三—一〕，惟其中一只在两端接口处设活销，不是当日的普遍做法〔图一九三—二〕。宋人词曰『约腕金环重，宜装饰』，又道『枣花金钏约柔荑』（秦观《促拍满路花》、《江城子》），是玉臂约金镯，百花烂然为时尚也。元代也有形制与纹样相似之例，如长沙火把山元墓出土一副金钳镯，镯面两重装饰带分别打作龙牙蕙草和杂宝〔图一九四〕。

图一九一
龙牙蕙草纹金钳镯一对
东阳金交椅山宋墓出土

图一九二
缠枝花卉纹金钳镯
蕲春罗州城遗址窖藏

图一九三—一
四季花卉纹金钳镯之一

图一九三—二
四季花卉纹金钳镯之二
出自广东阳江南海Ⅰ号沉船

图一九四
龙牙蕙草杂宝纹金钳镯
长沙火把山元墓出土

一九二

一九三—二

一九三—一

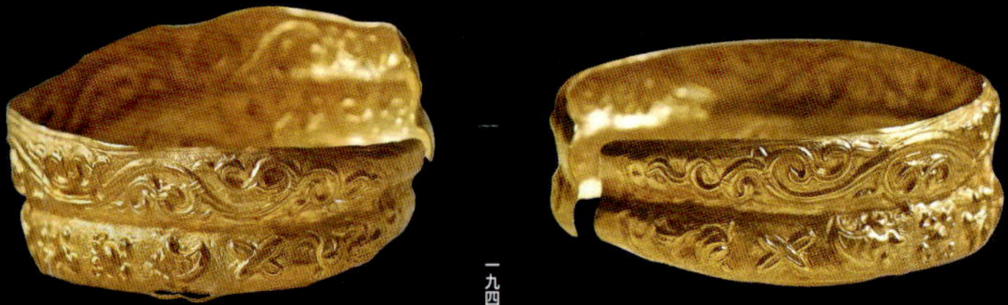

一九四

入元，宋式钳镯已非时尚，而宋代已经出现的连珠镯〔图一九五—一～二〕，元代广泛流行。连珠镯之称，见于永乐本《碎金》。它有空心和实心两种做法。前者打造成形，是省料的一种；后者模铸成型，自有沉甸甸的分量。不论哪一种，连珠镯钳口处的两端均装饰一对口中衔珠或不衔珠的龙头，都是取二龙戏珠之意。苏州元张士诚母曹氏墓出土金龙首连珠镯〔图一九六〕，为前者之例；江苏金坛湖溪元代窖藏一副银双龙首连珠镯❶，为后者之例。湖南临澧新合窖藏有金连珠镯四副，银连珠镯九副，其中四副成对。空心的一副金镯直径六点二厘米，重二十七点二五克〔图一九七—一〕；实心的一副直径七

一九五—一

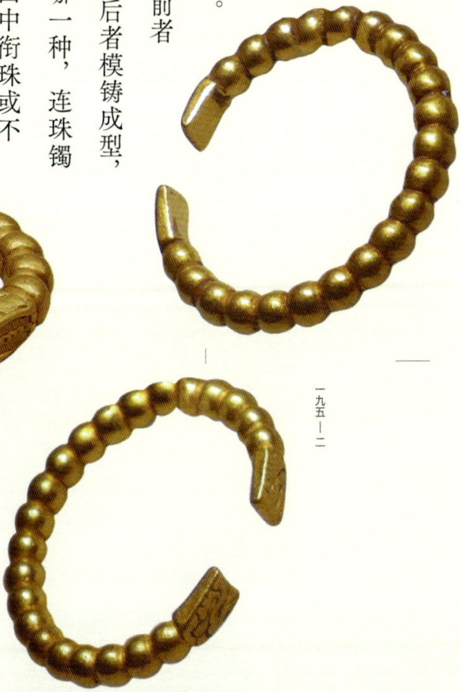

一九五—二

一九六

图一九五—一
银錾龙首连珠镯
安吉灵芝塔天宫出土

图一九五—二
金錾龙首连珠镯
安徽来安县相官公社宋墓出土

图一九六
金龙首连珠镯
苏州元张士诚母曹氏墓出土

❶《镇江出土金银器》，图一三七。

图一九七—一～二
金錾龙首连珠镯

图一九八—一～二
银龙首连珠镯

湖南临澧新合元代窖藏

一九七—一

一九七—二

一九八—一

一九八—二

厘米，重七十克〔图一九七—二〕。银镯均为实心，其中一副直径七点三厘米，重七十一克。而镯头龙首的制作，也颇有分别：或平面錾刻纹样，或铸为立体的形象，龙口或含珠，或不含珠〔图一九八〕。总之，窖藏中的九副金银镯子，差不多可以代表元代连珠镯的主要式样。不论嫁女之『三金』，其时金银头面也要备得钏镯才算是齐整的一副。元《百花亭》杂剧第三折贺怜怜云『这付金头面，钏镯俱全』，即含此意。

二 金戒指

与金钏并举的金錠，便是金戒指。宋元常以指錠亦即指镯为称。南宋商贾所作《百宝总珍集》卷五『蠲子』条云，『小者多嵌指錠间』。蠲，也作剌，红宝石之类。元乔吉〔越调·小桃红〕《指镯》『紫金铢细巧镯儿，悭称无名指，花信今春几番至』❶，所咏正是金指镯。『花信』云云，也可见指镯所系结的一份特别的欢喜。指镯多见于南宋，合口式之外，也同手镯一样，可以别作钳镯式和缠钏式，后者或称作缠指、缠子❷。前者即如湖州三天门宋墓出土的一枚，形制正如直径缩小了的钳镯〔图一八一—二〕。出自浙江建德大洋镇下王村宋墓的一件，与此式样相同。同墓所出又有金指镯一对，与前举钳镯的纹样风格和铭文均一致，其表同样是以浅凹线将装饰带三分，中间一层打作牡丹，上下打作山茶〔图一九九〕。此外尚有缠钏式一枚，只是已经松散开来。前举常州武进村前乡南宋墓出土金缠指，是形态完整的一件〔图一八〇—二〕，苏州元张士诚母曹氏墓出土一枚，式样与它几乎完全相同〔图二〇〇〕。

一九九

图一九九
金錾花卉纹指镯
浙江建德大洋镇下王村宋墓出土

二〇〇

图二〇〇
金缠指
苏州元张士诚母曹氏墓出土

❶《全元散曲》，页五九一。

❷名见洪武本《碎金》。明顾起元《客座赘语》卷四《女饰》考证首饰名称由来，曰『金玉追炼约于指间曰「戒指」，又以金丝绕而箍之曰「缠子」』。

图二〇一
银镶猫睛戒指
南京江宁南宋墓出土

图二〇二-一~二
金镶宝戒指与指环
出自南宋沉船南海一号

二〇一

中土样式的戒指，早期以指环为主，或金，或银，或玉，而指环做出镶宝之戒面的华丽样式，多非出自中土工匠之手。北宋朱彧《萍洲可谈》卷二记崇宁初年随父游宦所见，道『广州蕃坊，海外诸国人聚居』，『其人手指皆带宝石，嵌以金锡，视其贫富，谓之指环子，交阯人尤重之，一环直百金，最上者号猫儿眼睛，乃玉石也，光焰动灼，正如活者，究之无他异，不知佩袭之意如何』。可知镶宝石的戒指此际尚为新鲜物事。南京江宁南宋绍兴二十五年墓出土一枚银镶猫睛戒指〔图二〇一〕，是难得的一例，推测墓主人与秦桧家族有关❶。至宋末元初，戒指镶宝即所谓『窟嵌』才逐渐成为时尚。——《朴通事谚解·上》『一对窟嵌的金戒指儿』，注云：『窟嵌者，指环之背剜空为穴，用珠填穴为饰。』戒指镶宝兴盛于元，不过南宋已稍稍流行，前引《百宝总珍集》说到小颗的宝石宜于镶嵌指镯，南宋沉船南海I号中发现有金镶宝戒指与指环〔图二〇二〕，有的很可能来自东南亚，或所谓『交阯人』。湖州三天门宋墓出土金镶绿松石戒指〔图一八一-四〕，也是元代常见的样式。湖南临澧新合窖藏中的一枚金镶绿松石戒指，戒

❶《南京建中村南宋墓》，页一七一，《二〇〇四中国重要考古发现》，文物出版社二〇〇五年。

二〇二-一

二〇二-二

面直径一厘米，向内的一面錾刻一株灵芝草，石碗做出四个包脚，内里嵌一颗绿松石，外面周回焊金珠〔图二〇三〕。石家庄元史天泽家族墓出土两枚戒指，指箍均为可调式，其一戒面为金累丝花叶嵌绿松石〔图二〇四—一〕，其一以金镶宝制为葫芦样，不过上方石碗内嵌物已脱落，今仅存下方的一颗绿松石〔图二〇四—二〕。

二〇三

二〇四—一

二〇四—二

图二〇三
金镶绿松石戒指
湖南临澧新合元代窖藏

图二〇四—一
金累丝花叶镶绿松石戒指

图二〇四—二
金镶绿松石葫芦式戒指
石家庄元史天泽家族墓出土

图二〇五—一
山西晋城玉皇庙彩塑

图二〇五—二
宋宣祖后坐像
清宫南薰殿旧藏

二〇五—一

三 金帔坠

『三金』中的金帔坠，是霞帔底端的一个压脚❶。霞帔原是一项迭经变化的服饰，唐五代时，它与莲花冠、卷云冠同在一处而为仙衣道服。韩愈《华山女》『洗妆拭面著冠帔，白咽红颊长眉青』，便是冠帔合称，华山女，乃女道士❷。五代词人尹鹗『霞帔金丝薄，花冠玉叶危』，薛昭蕴『雾卷黄罗帔，云雕白玉冠』❸，所咏皆是。彼时所谓『帔』，以实论，当指帔帛，以虚论，则概指女乐、女冠之道服，其饰妍丽，其质轻薄，不过辞藻之下，实多存浪漫之想象，其实并无定制。入宋，唐五代时候的帔帛逐步改变性质，而演化为礼服中的霞帔，——山西晋城玉皇庙宋金彩塑中的捧印女侍肩覆红霞帔，可视作过渡期的一例❹〔图二〇五—一〕。为了它的不再轻飏，又用了金银帔坠作压脚。欧阳修等编《太常因革礼》卷二十五曰皇后常服『龙凤珠翠冠，霞帔』。南薰殿旧藏宋宣祖后坐像，其妆束正是如此，霞帔角下且系着坠子〔图二〇五—二〕。宣祖乃太祖和太宗之父，

二〇五—二

❶ 孙机《中国古舆服论丛·霞帔坠子》，页二九三，文物出版社二〇〇一年。

❷ 唐李公佐《南柯太守传》云大槐安国『有群女，或称华阳姑，或称青溪姑，或称上仙子，或称下仙子，若是者数辈，皆侍从数千，冠翠凤冠，衣金霞帔』，也是此类。

❸ 两词皆调寄《女冠子》。曾昭岷等《全唐五代词》，页五八〇、五〇一，中华书局一九九九年。

❹ 宋宫人有『红霞帔』『紫霞帔』。《宋史》卷二四三《后妃传·下》：『刘贵妃，临安人，入宫为红霞帔，迁才人，累迁婕妤、婉容。』『蔡贵妃，初入宫为红霞帔，封和义郡夫人，进婉容。』可知红霞帔为宫人之初级官阶。工匠为彩塑设计的服饰未知是否由此而来。

太祖称帝后追封，后杜氏。李心传《建炎以来朝野杂记》曰，『中宫常服，初疑与士大夫之家异，后见乾道邸报，临安府浙曹司所进成恭后御衣衣目，乃知与家人等耳』。下列其目，有所谓『真红罗大袖（真红罗生色领子），真红罗长裙，真红罗霞帔（药玉坠子）』等等，结末并感慨道：『尝记贾生言娼优被后服，不知至今犹然。』据此，霞帔和霞帔坠子也为一般士人家所有，而它作为命妇之特赐虽早纳入制度，即如高承《事物纪原》卷三『帔』条所云『霞帔非恩赐不得服，为妇人之命服』，但实际上并没有被严格遵从。

二〇六

图二〇六 鸾凤穿花纹金帔坠

南京幕府山宋墓出土

宋代帔坠以滴珠式造型为多，比如南京幕府山宋墓出土鸾凤穿花纹金帔坠〔图二〇六〕。它是用两枚金片打造为相同的纹样然后扣合在一起。图案上方一枝菊花，左边山茶，右边牡丹，花间对舞着俯仰顾盼的一鸾一凤。顶端打作花结用来佩系。帔坠纹饰以缠枝花卉〔图二〇七—二〕、龙牙蕙草〔图一八一—五〕、莲花、鸳鸯〔图二〇七—三〕，又或莲花鸳鸯合在一处的满池娇为常见。或打制，或打制与錾镂相结合，便是镂空作，如安徽宣城西郊窑场出土一枚双飞鱼纹金帔坠，时代为北宋〔图二〇八〕。飞鱼，是从摩竭变化而来。岳珂《愧郯录》卷六中说到的『牙鱼』，所谓『为物象螭，一角而两足，乌翼而鸱尾』，或指此类。出自江苏金坛城东杨贺巷七队夫妇合葬砖室墓的满池娇金帔坠一枚，下方一个莲花台上两个莲蓬座，座上一对交颈鸳鸯，嘴对嘴共衔一大朵花结。图案撑满了画面，细窄的边缘打出一溜比粟米还小的连珠纹，两片分离，纹饰相同，顶端无孔，花结的镂孔即可用作穿系，每片各重

二〇七—一

二〇七—二

二〇八

图二〇七—一 缠枝花卉纹金帔坠 浙江庆元胡纮墓出土

图二〇七—二 鸳鸯衔花结纹金帔坠 东阳湖溪镇罗青甲出土

图二〇八 双飞鱼纹金帔坠 安徽宣城西郊窑场出土

图二〇九
交颈鸳鸯金帔坠
金坛城东杨贺巷七队夫妇合葬砖室墓出土

图二一〇—一
银鎏金花卉纹帔坠

图二一〇—二
银鎏金双凤戏莲纹帔坠
福州南宋黄昇墓出土

二〇九

二一〇—一

二一〇—二

十五克〔图二〇九〕。福州南宋黄昇墓出土银鎏金滴珠式帔坠一枚也是以两片分制然后扣合，工艺则与前举南宋谭伯龙夫妇墓出土金凤首簪相同，即掐丝『白描』莲花为主的诸般花卉，其表粘焊细密规整的粟粒，鎏金银珠点作花心❶〔图二一〇—一〕。滴珠形之外，也有圆形，如出自黄昇墓的另一件银鎏金双凤戏莲纹帔坠，出土时它即以近缘处的细孔穿丝线系在霞帔底端❷〔图二一〇—二〕。

❶ 福建省博物馆《福州南宋黄昇墓》，页八〇，文物出版社一九八二年。按报告称作『银熏』，曰出土时位于主人胸口，『尖端穿孔，尚存丝线残迹，长七点二、宽五点五厘米』。

❷ 帔坠直径六点五厘米，两面装饰双凤纹，顶端边缘处有一个小孔，丝线从小孔穿出，然后系在霞帔上。《福州南宋黄昇墓》，页七九（称金佩饰）。

图二一二
银鎏金转官毬帔坠
江西德安南宋咸淳十年周氏墓出土

唐代即已流行的毬路纹宋元时代依然广泛用于艺术装饰，其单元图案之间的隔空正好凑成如同铜钱一样的方孔，今人因此常把它称作钱纹，其实直到明清它才从观念上演变为『古禄钱』或『连钱纹』，宋元时代却是另外的寓意，即用作象征官运，此应是从作为显宦特赐之服饰的毬路纹金带而来❶，同时也不妨引申为一般的吉祥祝福。把毬路纹中的一分子单独提取出来，再于上下左右略加妆点，便成『绣毬』。分别出自福州南宋端平二年墓和德安南宋咸淳十年墓的银鎏金帔坠，式样完全相同：帔坠滴珠形的边框里，上方竖一枚鎏金牌子，上饰『转官』二字，下方打作周回系着花结的鎏金『绣毬』，两面纹样一致❷（图二一二）；后例出土时系在霞帔底端❸。

纹样中的『绣毬』，时人名作『转官毬』，而花开团团的绣毬花当日也有此名。陈著《四月三日与家人小酌转官毬花因成八句略为花吐气也》：『红芳销歇后，天质最分明。剪衬青云薄，团成白雪轻。官途荣进取，时样妄推评。本色相看处，幽窗不

❶ 欧阳修《归田录》卷二云太宗时创为金銙之制以赐群臣，『方团毬路以赐两府』。

❷ 福州市文物管理局《福州文物集粹》，图八六（称『转官』镀金佩饰），福建人民出版社一九九九年。

❸ 周迪人等《德安南宋周氏墓》，图三一：二五，江西人民出版社一九九九年。按，霞帔即此报告所云『佩绶』，帔坠，则报告所云『香熏』：『佩绶一件，金褐色素罗制成，出土时置于死者胸前，一端平齐，一端斜尖，带端有一心形鎏金银香熏。长二百二十厘米，宽七点五厘米』（页一一）。

世情』[1]所谓『时样妄推评』，即转官毬其时被用作装饰纹样而寄寓荣华富贵之意，连带花也沾染俗情，诗人因此反其意而咏之。转官，指官员品阶的迁转，是与俸禄相关的官阶之提升，俗间因用作『仕途显达』之祈愿[2]。湖南衡阳西渡区何家皂北宋一号墓出土一件狮子戏毬『富』字绫残片，即径以『富』字点明纹样寓意[3]〔图二二二一一〕。湖南桂阳刘家岭宋壁画墓后室棺床地画，绘一个龙牙蕙草填充轮廓的叠胜，一个方胜里『颠鸾倒凤』，一个方胜里狮子戏毬[4]〔图二二二一二〕，婚姻所

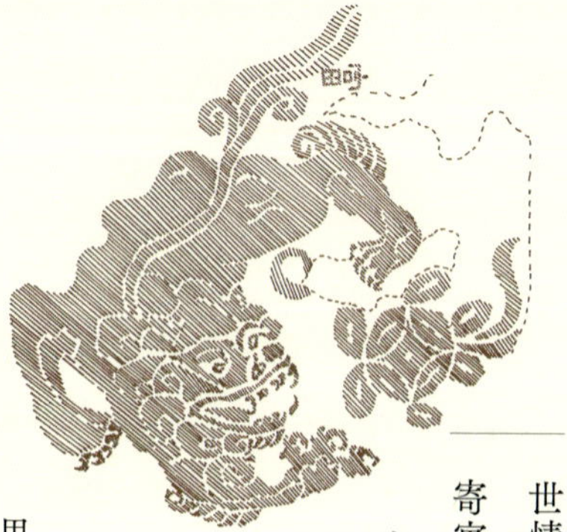

二二二一一

图二二二一一
狮子戏毬『富』字绫（摹本）
何家皂北宋墓

二二二一二

图二二二一二
湖南桂阳刘家岭宋代壁画墓后室地画（摹本）

[1]《全宋诗》，册六四，页四〇一七三。又南宋赵文有词调寄《凤凰台上忆吹箫》，题作『转官毬』，亦咏此花并道及转官而略同陈诗之意，词曰：『白玉磋成，香罗捻就，为谁特地团团。羡司花神女，有此清闲。疑是弓鞾蹴鞠，刚一踢、误挂花间。方信道，酴醾失色，玉蕊无颜。／凭阑。几回淡月，怪天上冰轮，移下尘寰。奈堪同玉手，难插云鬟。人道转官毬也，春去也，欲转何官。聊寄与，诗人案头，冰雪相看。』《全宋词》，册五，页三三二五。

[2]《新编事文类要启札青钱·续集》卷二《庆贺仕途简札》『贺人转官』列其程式曰：『显膺涣渥，峻陟华资，英誉流传，善类胥悦，第恐搢绅之交荐，不容州县之徒劳。』答式曰：『满岁为官，敢希近日自天锡宠，忽拜殊迁，靖循徼冒之由，端自榆扬之赐。』可见其意。

[3] 陈国安等《衡阳县何家皂北宋墓》，页七六，《文物》一九八四年第十二期。

[4] 湖南省文物考古研究所《桂阳刘家岭宋代壁画墓》，图版一〇九，文物出版社二〇一二年。

图二一三
银鎏金交颈鸳鸯纹帔坠
上海宝山月浦谭思通夫妇墓出土

图二一四—一
祥瑞图银帔坠
湖南临澧新合元代窖藏

二一三

冀望的好生活便尽皆凝聚在图案中。作为嫁娶必备的『三金』之一，帔坠纹样所表示的也正是这样的意思。出自上海宝山区月浦南塘南宋谭思通夫妇墓的一枚银鎏金帔坠❶〔图二一三〕，主体图案为满池娇，转官毬则安排在一对交颈鸳鸯之下，那么是有着仕途显达、夫妻好合的双重寓意了。

两宋圆形与滴珠形两种造型的帔坠都为元代所继承。出自湖南临澧新合元代窖藏的一枚祥瑞图银帔坠，式若做出子母口的圆盒，可开可合，盒边有环可系链，盒的两面图案一致。下为錾刻出水波纹的一方小池塘，水边小龟一，仙鹤一，池畔假山，山石边一丛竹，卧鹿一只在竹之左，一只回首顾盼立在竹之右。从竹上方一株松，松叶松果之间一对鸟，周环安排灵芝、桃花与莲花〔图二一四—一〕。帔坠直径六点二厘米，重二十七克。比较西安交通大学出土一枚宋代玉佩〔图二一四—二〕，又北京市文物研究所藏金代芭蕉竹石仙鹤纹铜镜❷，颇可见出诸器构图的一致，显示了宋金元时代工艺品图式在不同门类间的传播。

❶《上海考古精粹》，图三〇五。据同出的一方墓志，谭氏卒于端平元年（一二三四），其妻卒于嘉定十七年（一二二四）。

❷北京市文物研究所《北京出土文物》，图四〇八，北京燕山出版社二〇〇五年。

二一四—一

作为流行纹样的二龙戏珠也或施于金银帔坠，如长沙火把山元墓出土的一枚金帔坠〔图二一五〕。它虽然把这一图式安排为适合图案，不过并没有采用均衡对称的图案化方式，——比如伦敦斯宾克公司藏一件元代早期的对龙对凤两色绫[1]，它以双龙上下呼应的蟠卷之势完成整体造型，而以二龙细部处理的不同显示出对称中的不对称。中心的宝珠把火焰变形为卷草，与龙鬣、龙尾汇为舞动之韵。小小的空间里构图因素不多，却格外显得饱满有力。帔坠长九点五厘米，最宽处六点四厘米，重二十九克[2]。

二一四—二

二一五

图二一四—二
祥瑞图玉佩
西安交通大学出土

图二一五
双龙戏珠纹金帔坠
长沙火把山元墓出土

[1] 《织绣珍品》，页二七五。
[2] 王立华《长沙馆藏文物精华》，页九七，湖南美术出版社二〇〇七年。

第六节

项牌、佩饰与佩件

一 项牌

『项牌』之名，列在永乐本《碎金·服饰篇》『女服·北』条下，而在洪武本《碎金》却是称作『项钳』，应是缘自佩戴方式，即如钳镯一般，两端开口，然后钳合。项牌通常会曰『一副』，因为它的上下通常是要系坠成串的珠子、珊瑚之类，即所谓『璎珞』，又俗称为『珞索』或『络索儿』。元刘庭信〔正宫·端正好〕《金钱问卜》『穿一套藕丝衣云锦仙裳，带一付珠珞索玉项牌』[1]，所咏即是。虽然说的是『玉项牌』，易之以金银，也是一样的。

金银项牌实物发现不多。宁波天封塔地宫出土一件银鎏金童子花卉纹项牌[2]。江西星子县陆家山宋代银器窖藏中的银牡丹鸾凤纹项牌，弯月式造型，下缘打作五个如意云头，中间一大朵枝叶簇拥的牡丹，两侧鸾凤对飞，旁边分别打作菊花和栀子，两个尖角处又分别装饰孔雀羽。弯月两端的挂钩做成一对长颈下弯的

[1] 《全元散曲》，页一四三五。

[2] 林士民《浙江宁波天封塔地宫发掘简报》，页二〇（『项饰』），《文物》一九九一年第六期。

图二二六
银牡丹鸾凤纹项牌
江西星子县陆家山宋代银器窖藏

图二二七
二龙争宝杵金项牌
赤峰敖汉旗敖音勿苏朝阳沟出土

孔雀头，便正好与项牌两个尖角处的孔雀羽合作一幅图案。项牌正中的如意头出尖处设有小孔，侧边的两个如意头之端小孔内各系银索，银索下边原来必是各缀饰件的。右上角边缘处有『唐重三郎』款❶（图二二六）。四川阆中双龙镇宋墓出土一件金制品，乃三枚项牌系连在一起❷。赤峰敖汉旗敖音勿苏朝阳沟出土元代二龙争宝杵金项牌（图二二七），宽一点一至二点七厘米，两端相距十四厘米，端头略如卷筒，原插铜芯，铜芯已失。项牌的佩戴，

❶《中国金银玻璃珐琅器全集·金银器》第二卷，图二二四（图版说明作『银花鸟纹帽帘』）。

❷《中国金银玻璃珐琅器全集·金银器》第二卷，图二五一（图版说明作『金披风饰』）。

二二六

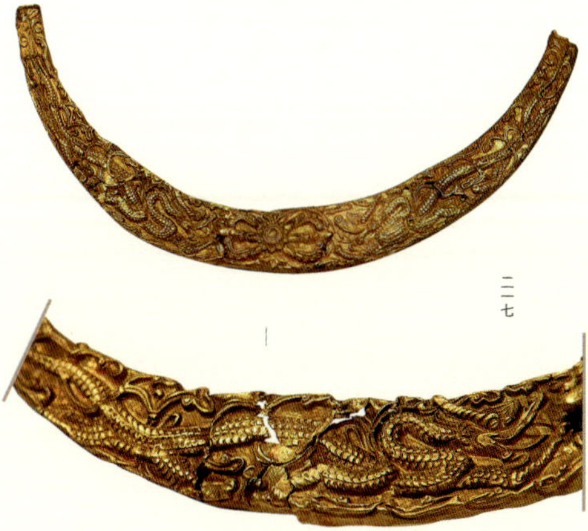

二二七

图二一八—一
金代彩绘陶塑
焦作市新李封村出土

图二一八—二
金穿玉人耳环
山东滕州韩桥村元李元墓出土

图二一九
金镶宝莲花项圈
银川市北塔湖出土

见于河南焦作市新李封村出土金代彩绘陶塑〔图二一八—一〕，又山东滕州韩桥村元李元墓出土一对金穿玉人耳环，半寸大小的玉人頞上竟也小小巧巧挂着一副金项牌〔图二一八—二〕。

出自银川市北塔湖的一件金镶宝项圈式样独特，为西夏物❶。项圈前面上下缘边打作连珠纹，中间一溜九个原当嵌宝的重台莲，莲座之间点缀朵花，莲座的一端立着一个迦陵频伽，手里捧的或是珠宝之类，惜已脱落〔图二一九〕。

❶ 内侧周长四十三厘米，成都金沙遗址博物馆等《金色记忆：中国出土十四世纪前金器特展》，页二八五（『迦陵频伽莲瓣连珠纹金项饰』），四川人民出版社二〇一九年。

二一八—一

二一八—二

二一九

前面提到出自南海Ⅰ号沉船的金钳镯有在两端合口处设置活销的做法，此在当日不很常见，而同出的金项链、金佩饰以及金坠件，式样也很有些特殊，发掘者认为这批金饰『风格华美，制作精良，且造型风格迥异于南宋金器』，这里『包含了海外风格（阿拉伯风格）、辽地风格、宋地风格等三种风格。总的看来，以海外风格（阿拉伯风格）为主，宋地风格为辅，辽地风格只是各（个）别因素，应只是贸易传播的结果』❶。项链样式在迄今发现的两宋实物中的确几无他例，然而项链的各个构件选取的却都是中土既有之物象，挂链之外，制作工艺也是宋代常见的几种。其中一件为金项链下方的坠饰，系缀于圆环的三根金链上拴了一对小石榴和一颗上覆桃叶的桃实。小石榴是用两枚金片分别打制，然后扣合成型，其表粘焊粟粒。桃子则以一枚金片为底衬，上面累丝卷草，中心嵌宝。此外一枚金环系连一个犀角，也是金片为底衬，犀角根部的装饰带里嵌宝三颗，角身饰卷草和朵花，做法即同于前举南宋谭伯龙夫妇墓与南宋黄昇墓出土金凤簪和银鎏金花卉纹帔坠，即在大边丝勾勒的轮廓内填嵌掐丝纹样，其表粘焊金粟粒，

❶ 国家文物局水下文化遗产保护中心等《南海Ⅰ号沉船考古报告之二：二〇一四至二〇一五年发掘》，页四六四，页五一五，文物出版社二〇一八年。按以下所述俱为笔者观摩所见。

图二三〇—一
金项链构件
出自南海1号沉船

花心做出石碗，但嵌物已失〔图二三〇—一〕。原初当有相同的另一枚犀角，由两个犀角的根部各结系挂链。结系挂链的设施，便是犀角背面根部一溜儿三个桥形鼻，挂链系缀此中，朝向可上也可下。朝上，自然是套在脖颈；朝下，便与坠饰一起垂在胸前。另一副保存完好的金项链与此式样近同，乃由一对犀角结系三根挂链。制作工艺也相似，只是组合为犀角和桃实的上下两片纹样是一

一

金项链构件之一及背面

二三〇—二

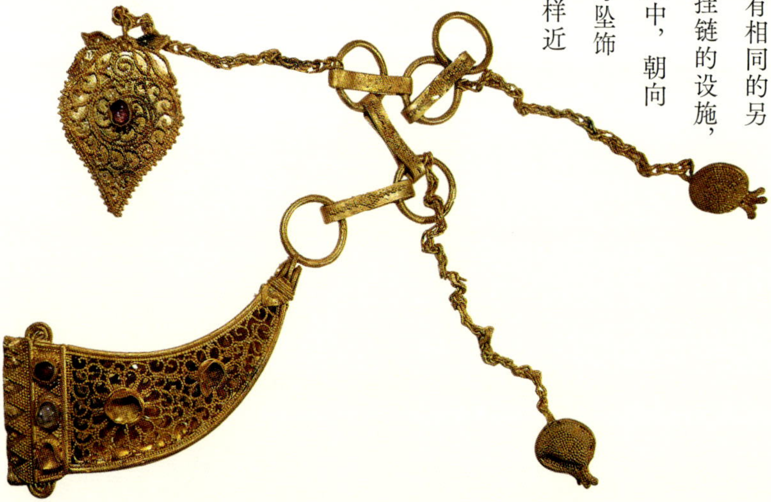

图二三〇—二
金项链
出自南海Ⅰ号沉船

图二三〇—三
金项链可能的佩戴方式之一

样的〔图二三〇—二〕。结系挂链的设置却是更为灵活：犀角背面一个贯穿四个桥形鼻的横梁，横梁两端卷作螺旋以为固定，而拉直一端的螺旋，横梁即可脱出，挂链便是以桥形鼻为间隔分别套在横梁上，这一设置不仅使挂链获得转换朝向的自由〔图二三〇—三〕，而且挂链的数量也可增可减，当然还可以随意更换❶。坠饰之一

❶ 或认为这一挂项链的佩戴方式是三挂金链垂在胸前，系坠垂在脖子后面（李岩《南海Ⅰ号里的镶嵌宝石黄金首饰》，《美成在久》二〇二〇年三月号），似未见先例，也不合常理。

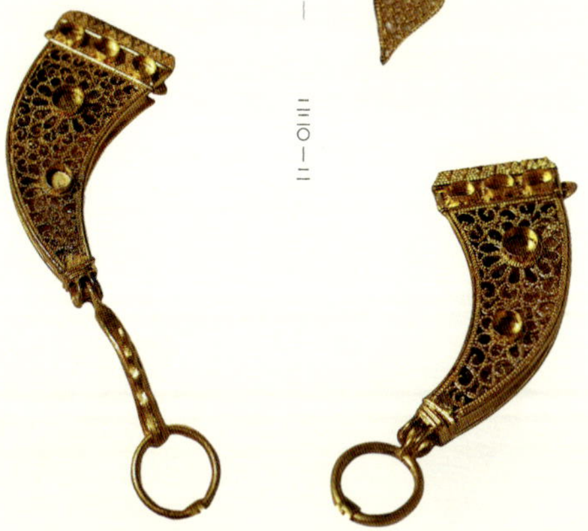

二三〇—二

三一〇三

图三三二—一
金包玄武岩护身符
意大利丘西出土

图三三二—二
金项链
采自《古代爪哇金器》

偏的一个长弯钩，当是用于项链的佩戴，这是三挂项链都有的装置。牙角式坠饰在从西到东的世界范围内使用似乎很普遍，时间跨度在千年以上，只是不同地区的使用者赋予它的含义并不相同。意大利丘西出土伊特鲁利亚时代的金包玄武岩护身符，即牙角式吊坠〔图三三二—一〕。古代爪哇金项链中也有造型近似的坠饰，或认为它与印度《戒日王传》中描述的虎爪项链相符[1]〔图三三二—二〕。二者时代与地域均相隔玄远，寓意也各不相同。南海I号沉船中金项链悬系的犀角，其含义应即当时流行的杂宝八种之一的犀角，石榴和桃子亦为其时造型领域中经常取用的物象，掐丝卷草更是流行的做法。从残存的嵌饰来看，宝石不求加工精细，镶嵌不求严丝合缝，也是中土工匠的习惯做法。至于项链的异域特质，一在于它的整体结构不是宋代样式，一在于挂链的制作不是本土工艺。有鉴于东南亚地区『是这些沉船的航行目的地、沉船船货的主要消费地』[2]，可以认为金项链的设计与制作，很可能有东南亚工匠的参与。

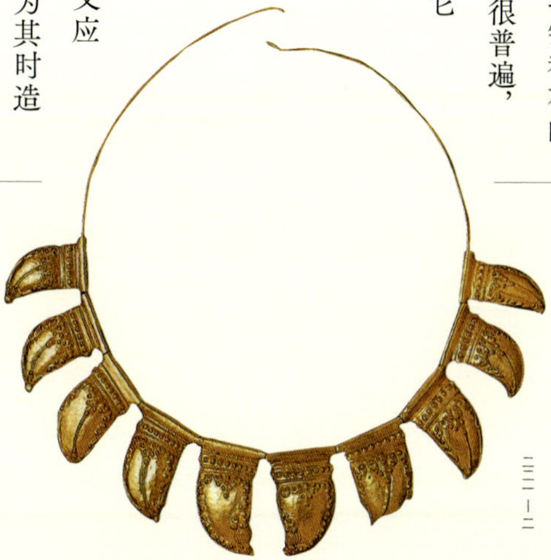

三三二—二

[1] 『一排嵌金弯曲的虎爪，似乎在宣告他与生俱来的勇武之光』（西瓦拉马穆尔蒂[Sivaramamurti C.], 1955, 58），项链时代在八世纪至十一世纪。约翰·迈克斯《古代爪哇金器》（英文版），页一〇六，新加坡 Ideation 出版社一九九〇年。

[2] 『「南海I号」沉船上大量的闽清义窑瓷器船货，表明福州港应当是「南海I号」

图二三三 化生儿金佩饰
浙江衢州南宋史绳祖墓出土

二三三

二 佩饰

佩饰之类，一向以玉为主，宋以降金银佩饰渐渐多起来。浙江衢州南宋史绳祖墓出土一件金佩饰，是肩上搭着一枝莲花的化生儿，长长的莲花梗从肩膀上落下来，穿过孩儿的手心，便成用于佩系的圆环〔图二三三〕。用于随葬的时候是放在一个银丝盒里〔第六章，图八八〕。

对蝶图案是风行于唐宋时代的一种装饰纹样，瓷器所见尤多，又或取此式制为佩饰。出自辽宁朝阳北塔天宫的一枚辽代玉对蝶，两只蝴蝶的尾部分别做出一个环孔，相对处蝶须间的小孔里穿系银丝，正是佩饰的形制[1]。对蝶纹样在宋代又有名曰孟家蝉[2]，虽然或与史事相连称它为谶语[3]，然而这一纹样却是盛行不衰，且使用颇为广泛。对蝶纹也曾用于为宋代士人所喜的砑花笺，蔡襄《致通理当世屯田尺牍》亦即『思咏帖』，使用的便是以此为图案的砑花笺。与辽代玉对蝶相似的银对蝶也成为风行的女子佩饰，浙江出土者即不止一例。而出自浙江大学北宋一号墓的银对蝶，是置于银

沉船的始发港，其途经泉州港，再满载德化窑、磁灶窑、罗东窑等的陶瓷器和其他货物后，扬帆出海前往东南亚一带』，『从菲律宾、印度尼西亚、新加坡、柬埔寨等地发现的中国宋代贸易陶瓷来看，这一地区正是这些沉船的航行目的地，沉船船货的主要消费地』。栗建安《再论『南海Ⅰ号』沉船的福建陶瓷》，页三六，载广东省博物馆等《大海道：南海Ⅰ号沉船与南宋海贸》，岭南美术出版社二〇一九年。

[1] 辽宁省文物考古研究所等《朝阳北塔：考古发掘与维修工程报告》，图版五三：一，文物出版社二〇〇七年。按此原为『七宝塔』上面的饰件。

[2] 宋潘汾有词一阕，即作《孟家蝉·蝶》，上半阕云『向卖花担上，落絮桥边，春思难禁。正暖日温风里，斗采遍香心。夜夜稳栖芳草，还处处、先辨春禽。满园林。梦觉南华，直到如今』（赵闻礼编《阳春白雪》卷一）。『向卖花担上』，语作双关，卖花担之『花』，原包括各种饰物，这里乃用来点明孟家蝉的用途。『梦觉南华』，则是用着《庄子》梦蝶之典以明形象。

[3] 北宋朱彧《萍洲可谈》卷一：『孟氏作后，京师衣饰画作双蝉，目为孟家蝉，识者谓蝉有「禅」意，久之后竟废。』

釦定窑白瓷粉盒里〔图二一二三〕，虽然很可能是偶然，却更像是在回应一个唐代的传说。段公路《北户录》卷三『鹤子草』条曰：鹤子草，蔓花也，『草蔓上春生双虫，常食其叶，土人收于奁粉间，饲之如养蚕法，虫老不食而蜕为蝶，蝶赤黄色，女子佩之如细鸟皮，号为媚蝶』。湖州龙溪乡三天门宋墓出土银对蝶长八点五厘米，宽七点五厘米，系上下两片扣合为一，即在分别打作成形的两片蝴蝶上端交错做出两对扁管，把一根轴杆穿入其中，然后将两端卷起以为蝴蝶须子，轴杆两边的两片蝴蝶于是可张可敛❶〔图二一二四—一〕。相似的银饰件也见于安徽南陵北宋墓〔图二一二四—二〕、四川德阳孝泉镇清真寺银器窖藏❷、安徽六安花石咀一号墓〔图二一二四—三〕，等等。所举诸例与三天门宋墓银对蝶形制相同。出自黄昇墓的一枚，单只蝴蝶体长四点七厘米，连接方法是两只蝴蝶分别做出贴着翅膀的长须，须子的两端卷曲成环，然后另以两枚小环将蝶须两端穿起，小环之上系链便可佩戴〔图二一二五〕。

二一二三

图二一二三 粉盒里的银对蝶 浙江大学北宋一号墓出土

图二一二四—一 银对蝶 湖州三天门宋墓出土

图二一二四—二 银对蝶 安徽南陵宋墓出土

图二一二四—三 银对蝶 安徽六安花石咀一号墓出土

图二一二五 银对蝶 福州南宋黄昇墓出土

❶《浙江湖州三天门宋墓》，页四三（称蝶形香囊）。

❷沈仲常《四川德阳出土的宋代银器简介》，页八，图四（称银饰），《文物》一九六一年第十一期。

三

三四一二

三四一三

三四一一

二二六—一

二二六—二

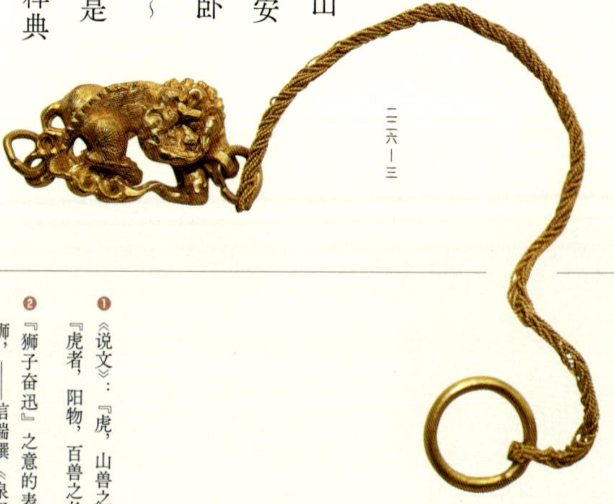

二二六—三

图二二六—一
银鎏金卧狮衔环佩
上海宝山月浦谭思通夫妇墓出土

图二二六—二
银卧狮佩
安徽六安花石咀二号墓出土

图二二六—三
金狮佩
浙江大学邵逸夫科学馆工地出土

宋元金银佩饰最常见的是狻猊。上海宝山月浦谭思通夫妇墓出土银鎏金卧狮衔环佩，安徽六安花石咀二号墓出土银卧狮佩，两件卧狮的额头正中均有一个『王』字（图二二六—一～二）。而中土向以虎为百兽之长[1]，狮为百兽王是佛经中的说法，佛经并以佛陀为人中狮子，释典中又有『狮子吼』『狮子奋迅』『狮子游戏三昧』诸说。因此卧狮为佩最初很可能是从佛经中取意[2]，不过从造型到寓意都逐渐把它中土化，比如狮子的形象由威猛变作驯良可爱，又或做成狮子戏毬的式样，而它与霞帔坠子上面的转官毬应是同样的寄意。杭州老和山浙江大学邵逸夫科学馆工地出土

[1] 《说文》：『虎，山兽之君。』《风俗通》：『虎者，阳物，百兽之长也。』

[2] 『狮子奋迅』之意的表现方法便是卧狮，——信瑞撰《泉涌寺不可弃法师传》曰，『秦里封王将象献于宋朝，敕使官人伴三人僧，号修多罗、毗尼僧，阿毗昙僧，而华竺异音，不得互语。时法师依悉昙，试以梵字，书师子奋迅三昧示之，彼虽有通解色，语互不通。事不获已，以水洒卧旁犬，时起奋迅，以述其情』（《大日本佛教全书》第一一五册五二七～五二八页，信瑞撰《泉涌寺不可弃法师传》）。

图二二六—四
金卧狮佩
江西安义宋李硕人墓出土

图二二七—一
银鎏金卧狮佩
株洲攸县桃水镇褚家桥元代窖藏

图二二七—二
银卧狮佩
湖南株洲攸县凉江乡元代窖藏

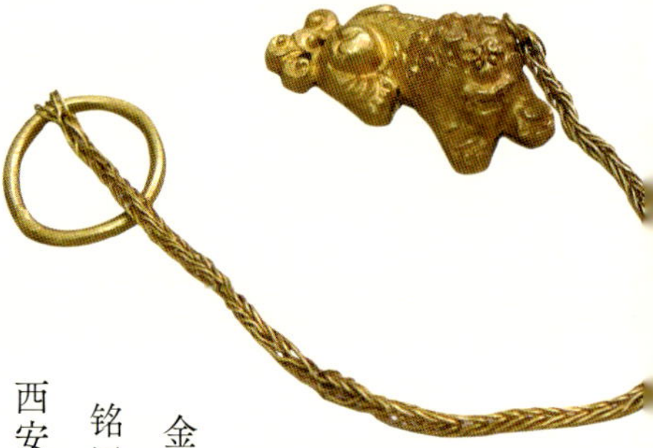

二二六—四

二二七—一

二二七—二

金卧狮佩脚下有云朵相托，底衬有铭曰『□五郎正』❶〔图二二六—三〕。江西安义石鼻南宋李硕人墓出土金卧狮佩在用作卧狮底衬的金片上装饰绣毬纹，也是取意于戏毬❷〔图二二六—四〕。

狮子佩件元代依然流行。『狻猊金落索，鸾凤玉丁东』，『红罗佩吐狮头玉，碧珥香衔凤口珠』❸，正是为人欣羡的妆束。金银卧狮佩件也为元代所继承，如湖南元代窖藏中的两件银狮佩，其一出自株洲攸县桃水镇，其一出自攸县凉江乡，后者为银狮戏毬〔图二二七—一～二〕。其造型与风俗，皆为两宋遗绪。

❶ 浙江省文物考古研究所《浙江考古精华》，页二二八，文物出版社一九九九年。

❷ 重十一克，《江西宋代纪年墓与纪年青白瓷》，页二四九（『带链金狮』）。

❸ 张可久〔越调·寨儿令〕《感旧》，《全元散曲》，页八七九（落索，在此指佩饰的系链，元陆仁《西湖竹枝词》『记得解侬金络索，系郎腰下玉连环』，可证。雷梦水等《中华竹枝词·三》，页一六六七，北京古籍出版社一九九七年）；徐再思〔双调·卖花声〕，同前，页一〇五九。

图二二八
穿心盒
南京市西天寺宋墓出土

图二二九
银荔枝盒
常州武进村前乡南宋一号墓出土

图二三〇
金盒
赤峰敖汉旗敖音勿苏朝阳沟出土

二二八

穿心盒（打开）

前面提到唐代出现一种中心有孔的圆环式小盒〔第三章，图九〇〕，这一类明代称作穿心盒的小物件或曰小事件自此便延续下来而不曾中断发展的线索。内蒙古巴林左旗白音敖包乡出土一枚辽代骨质粉盒，尺寸与样式都与前例相近❶。黑龙江省阿城金齐国王墓男性墓主人怀中有一方素绢汗巾，巾角用绿丝绦穿了一个菱角形的白玉坠，玉坠下边系一个圆环式小盒。又与此同式的一件系在腰间❷。南京市西天寺宋墓出土一枚穿心盒，系以可方便揭下来的金箔分别包在盒盖与盒底，上下扣合之后，露出一围灿灿金边〔图二二八〕。中心有孔，自可用于佩系。

常州武进村前乡南宋一号墓出土一枚银荔枝盒，长六点五、宽五点五厘米，荔枝是带着叶子和花朵依偎在枝头的一对，以两枚片材分别打制然后相扣为盒，上端有小孔可以佩系，下端做出一个扁环可以悬坠饰〔图二二九〕。赤峰敖汉旗敖音勿苏朝阳沟元代墓葬出土金盒一枚，直径六点五、高一点八厘米，盖面打作交杵，间以朵花，其外环以两道绳索纹勾边的连珠纹，金盒上下均有环，也是上可佩系，下可悬坠饰〔图二三〇〕。

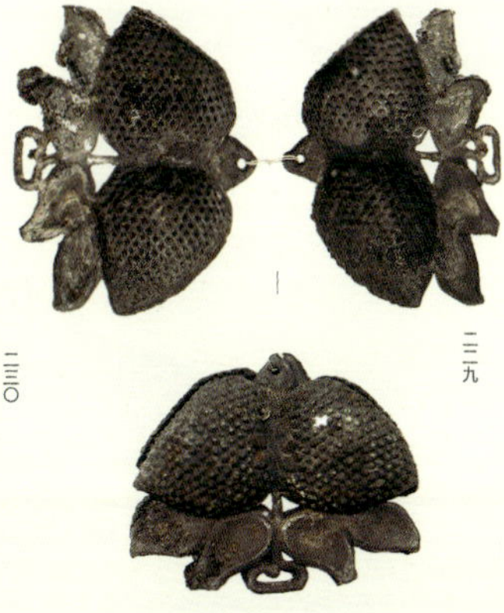

银荔枝盒（打开）

二二九

二三〇

❶ 又有内蒙古林西县刘家大院辽代墓地二号墓出土的一枚骨器残件，当是穿心盒残存之半面。见内蒙古文物考古研究所《内蒙古林西县刘家大院辽代墓地发掘简报》，页八五，图二三（即称作『圆形骨器』者），《考古》二〇一六年第二期。

❷ 赵评春等《金代丝织艺术：古代金锦与丝织专题考释》，图九九、一〇三，科学出版社二〇〇一年。

三　佩件

金银佩件的兴盛始于元代。几件小工具与若干小玩意儿各个以银链为系合为一副，上由一枚『事件压口』总束，便是所谓『事』或『事件』。此在唐代即已出现，如陕西扶风法门寺地宫出土的一副铜事件[1]，系链上的小工具计有镊子、交股剪、解锥、耳挖、剔牙杖、小匙、阳燧、针筒、水罐凡九事。长沙市郊五代墓也出土一件『铜五用器』，已残，系用同一轴心的五种用具组成，可辨者为锉和刀，器柄做成鱼形，通长八厘米[2]。辽陈国公主墓出土一副玉事件，系坠六事：小匙、解锥、小刀、锉刀、耳挖、剪子[3]。金代的例子，可以举出河北迁安市开发区金代墓葬中出土的一副：银环，银链，银事件，一大一小两把剪子，一柄银镊，一枚刻着花草纹的小盒，一个带提梁的荷叶盖罐，一个四瓣瓜棱的小银瓶。它原佩系在棺床上一位少年女性的胸前[4]。辽金以降此风不衰，一直流行到元明。原刊《老乞大》说到『零碎行货』中的『五事儿十副』[5]，即此类。出自元上都城南砧子山汉族居民丛葬地的事件银链上挂着小银盒、银盖罐、银玉壶春瓶，惟剪

[1] 韩生《法门寺文物图饰》，页三七一，文物出版社二〇〇九年。按其渊源可远溯至先秦时代的『事佩』。

[2] 湖南省博物馆《湖南长沙市郊五代墓清理简报》，图版一二：一二，《考古》一九六六年第三期。

[3] 出土时置于公主胸前。内蒙古自治区文物考古研究所等《辽陈国公主墓》，彩版二三（『玉佩』），文物出版社一九九三年。

[4] 唐山市文物管理处《河北省迁安市开发区金代墓葬发掘清理报告》，页二六，图七：一，《北方文物》二〇〇二年第四期。

[5] 郑光《〈原刊〈老乞大〉研究》，页一四四，外语教学与研究出版社二〇〇〇年。

图二三二
银事件
株洲攸县丫江桥元代窖藏

图二三三—一
银事件
大同市博物馆藏

图二三三—二
银事件
内蒙古博物院藏

刀和镊

子是铜制品[1]。株洲攸县丫江桥窖藏中的一副银事件〔图二三二〕，压口是一枚下覆的荷叶，银链下缀着五事：剪子，竹节柄镊子，荷包，粉盒，荷叶盖罐。荷包上面装饰丛菊瑞兔。与粉盒相类，荷叶盖罐在这里也是表现梳妆用具，它或用作盛油，又或盛刷鬓之水。分别收藏于大同市博物馆和内蒙古博物院的几副元代银事件〔图二三三—一~二〕，银链所缀物事也大致如此，只是前例所缀事件有残失。后例小小的玉壶春瓶颈部錾一周蕉叶，瓶腹一周花卉。粉盒錾茶花。

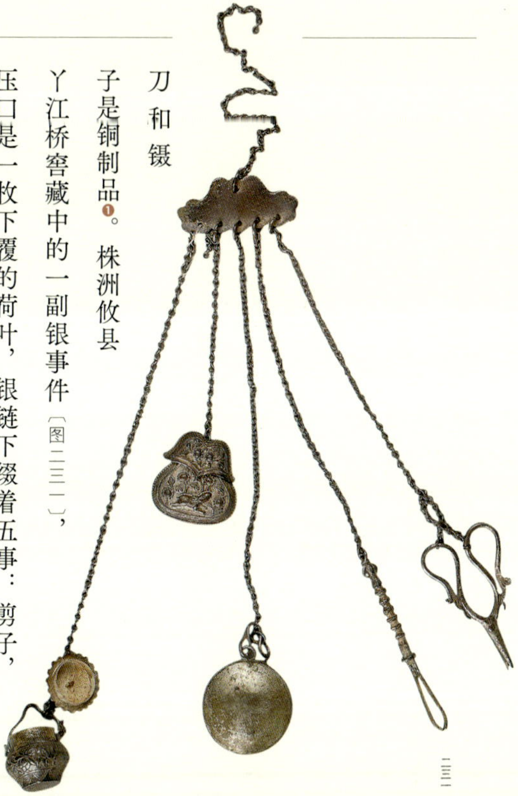

二三二

[1] 内蒙古文物考古研究所等《元上都城南砧子山南区墓葬发掘报告》，页六五九，图二一，《内蒙古文物考古文集》第一辑，中国大百科全书出版社一九九四年。

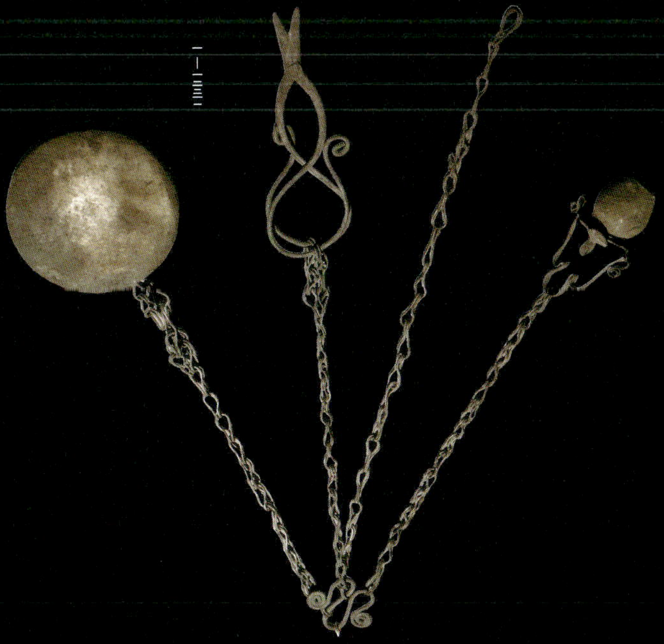

男子佩服的事件以刀、锥为主，南宋刻本《碎金·服饰篇》『男服』项下列着『篦刀，宝索』。元代金银事件常备的是解锥、篦刀与荷包。元曾瑞《羊诉冤》『头上角要锯做解锥』[1]；叶子奇《草木子》卷三下《杂制篇》说到北人之王公贵族皆佩『小篦刀』。腰间佩带荷包、解锥、小刀子的形象，见于内蒙古锡林郭勒盟正蓝旗羊群庙元代祭祀遗址出土的三个石人像[2]〔图二二三三〕。石像所佩小刀大约就是篦刀子。由这里显示出来的佩带方式，可知刀鞘之端是有环耳的。临澧新合元代窖藏中有银满池娇纹柄带鞘小刀一副，应与它同属一类，而湖南石门雁池乡元代银器窖藏一副银事件中的解锥，式样与元代石人像佩带的解锥便几乎完全相同〔图二二四一—一～二〕。它的早期式样，则已见于前举法门寺地宫出土的铜事件。

本书第五章曾说到篦刀子最初以河间所造为精，刀柄则为玉制。庄绰《鸡肋编》卷上：『河间善造篦刀子，以水精美玉为靶，钑镂如丝发。』玉之外，也用金银打制，又或镶嵌宝石。《百宝总珍集》卷四『猫睛』条说到猫睛成色稍逊者可用于『打嵌篦

图二二三三 石人像（局部）
锡林郭勒盟正蓝旗羊群庙元代祭祀遗址出土

[1] 《全元散曲》，页五二〇。

[2] 内蒙古文物考古研究所等《正蓝旗羊群庙元代祭祀遗址及墓葬》，页六一四～六一五，《内蒙古文物考古文集》第一辑。

图二三四—一
银满池娇纹柄带鞘小刀
湖南临澧新合元代窖藏

图二三四—二
银事件
湖南石门雁池乡元代银器窖藏

刀』。《朴通事谚解·上》有一段对话内容为打制各式刀、锥，问云：『快打刀子的匠人那里有？我打一副刀子。』答曰：『有名的张黑子打的好刀子，着他打不得？你打时怎么打？』曰：『……大刀子一把，小刀子一把，叉儿一个，锥儿一个，锯儿刀子一个，锯儿上鈒，个好花样儿，买将绦儿来带他。』新合窖藏中的银柄带鞘小刀便是这一类。刀的形制与陈国公主墓出土玉柄银刀十分相近，包括刀与柄的安装方式，即刀的末端打作细锥形嵌入柄的中心。刀鞘也是顶端有环，约三分之一处做一个环耳，刀入鞘时，刀柄入鞘约二分

二三四—一

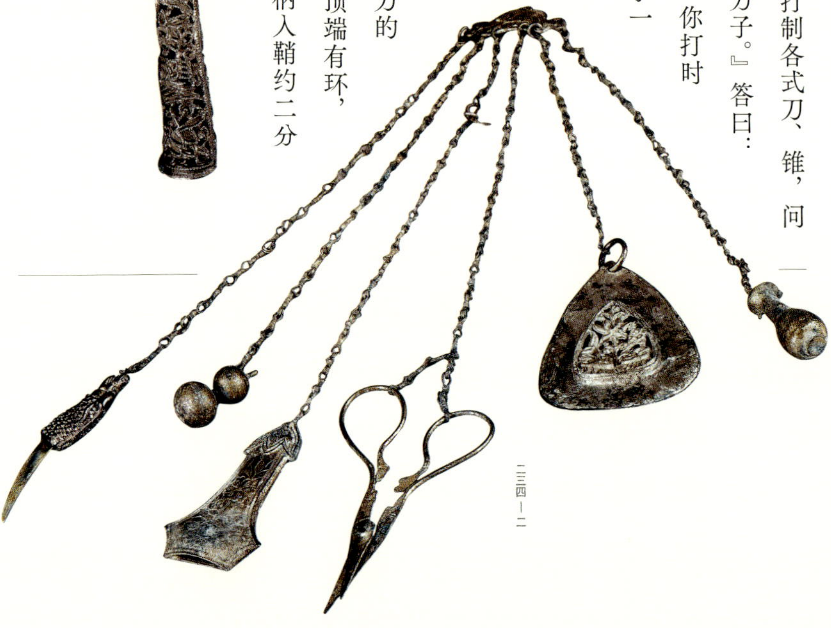

二三四—二

之一。柄与鞘遍饰满池娇纹。刀长十六点五厘米，入鞘后通长二十厘米，重二十六点七克。这时候宋代著名的河间工艺该是遍传南北，止如篦刀子与解锥的式样此际南北几无二致，而『鈒镂如丝发』的玉作工艺也移用于金银。

生活用具，则有剔指刀。内蒙古巴彦淖尔盟临河县高油房出土时属西夏的一件剔指刀[1]，刀系纯金制作，通长七点二厘米，柄为莲座托起的莲叶和莲花，莲花上面复又擎出两鳃相对、口衔莲叶与花的双鱼，顶端一枚慈姑叶，叶心有穿，一个用作佩系的小金环与穿相连〔图二三五〕。剔指刀的使用不分男女，辽宁朝阳市建平县一座辽墓里的甬道壁画即画着一幅契丹侍卫剔指图，——右手持一柄剔指刀，左手翘起小拇指，神情专注的一刻，被画工细心存真[2]〔图二三六〕。而这并不是孤例，同样的情景也见于内蒙古库伦旗六号辽墓的出行图[3]，那么它在生活中也该是常见的。

二三五

二三六

图二三五 剔指刀 巴彦淖尔盟临河县高油房出土

图二三六 剔指图 辽宁朝阳市建平县辽墓壁画

[1] 陆思贤等《内蒙古临河县高油房出土的西夏金器》，页六八（『金指剔』），《文物》一九八七年第十一期。

[2] 孙国龙《朝阳出土两座辽墓壁画管窥》，页三六，图一：六，《北方文物》二〇〇五年第四期。

[3] 这一画面后来收在《中国美术全集·绘画编·墓室壁画》卷（图一六四），图版说明云，『这是「出行」画面左起第二人，墓主人的形象。他身躯高大，髡发，长眉入鬓，耳饰金环』，『正面向墓室微倾身俯首，双手相对至胸前，眼睑下垂，神情颇显虔诚，大约在作出猎前的祈祷』（文物出版社一九八九年）。

第七节 巾环、帽顶及其他

一 巾环

所谓『巾环』，即头巾环子，宋代多为武人所用。它的流行大约是由北及南，由辽金而宋元。苏轼《谢陈季常惠一揞巾》：『夫子胸中万斛宽，此巾何事小团团。半升仅漉渊明酒，二寸才容子夏冠。好戴黄金双得胜，休教白苎一生酸。臂弓腰箭何时去，直上阴山取可汗。』诗作于元丰年间黄州团练使任上。『揞巾』之揞，在这里为覆意。『半升仅漉渊明酒』，用陶渊明葛巾漉酒事；『二寸才容子夏冠』，用西汉杜钦二寸小冠之典❶。『好戴黄金双得胜』，宋施元之注：『按世人巾裹，以黄金为大环，双系其带，谓之得胜环，疑用此事。』❷关于得胜环故事，岳珂《桯史》卷七有一则纪事，曰秦桧以绍兴十五年得赐宅第及银绢千万，『有诏就第赐燕，假以教坊优伶，宰执咸与。中席，优长诵致语，退，有参军者前，褒桧功德。一伶以荷叶交倚从之，诙语杂至，宾欢既洽，参军方

❶ 此典为宋人所习用，而小冠之上覆巾又正是两宋士人喜着的闲居之服。南宋许及之《病赤目从薛山甫借荷叶巾》句云『小冠预拟更名字，借与团圆藕叶纱』（《全宋诗》，册四六，页二八三八一），亦其例。

❷ 按关于巾环的具体用法及各种类型，见孙机《玉屏花与玉逍遥》，页八八，《文物》二〇〇六年第十期。

拱揖谢，将就倚，忽堕其幞头，乃总发为髻，如行伍之巾，后有大巾环，为双叠胜。伶指而问曰：「此何环？」曰：「二胜环。」遽以朴击其首曰：「尔但坐太师交倚，请取银绢例物，此环掉脑后可也。」一坐失色』。情节相似的记述又见南宋赵溍《养疴漫笔》，却是绍兴初杨存中制二胜玉帽环献高宗，旁有伶人云云[1]。《桯史》系之于秦桧，而于环的用法叙述详细。所谓『叠胜』，即两个菱形环相套叠。总发为髻，覆巾如行伍巾之式，然后把巾之两端分别穿入叠胜环的两边，环于是可以用作固定，一面又可以调节松紧。『好戴黄金双得胜，休教白苎一生酸。臂弓腰箭何时去，直上阴山取可汗』，是为武人妆束也。宋元小说对此更有传神的形容，如话本《红白蜘蛛》描写在东京开着金银铺和一所赁库的张员外出行时节『打扮得一似军官』，——『裹四方大万字头巾，带一双扑兽匾金环，着西川锦芏丝袍，系一条乾红大匾绦，挥一把玉靶压衣刀，穿一双鞯靴』。同篇又有东京破落户的一番妆束，道是『裹一顶蓝青头巾，带一对扑匾金环，着两上领白绫子衫，腰系乾红绒线绦，下着多耳麻鞋』。可知『军官』式的结束也为商

[1] 《说郛》宛委山堂本弓四十七。

二三七

图二三七
《杂剧图》（局部）
故宫博物院藏

图二三八
金竹节式环的佩戴
金齐国王墓出土

贾富户乃至一班市井浮浪子弟所喜。故宫博物院藏宋人《杂剧图》中女伶搬演的脚色扎缚乌巾，绘笔所及的一侧正有一枚巾环，且敷色为金〔图二三七〕。

目前所知，巾环早期实物的出土多见于金代墓葬。如北京丰台区金乌古伦窝伦墓出土一枚竹节式玉巾环❶，北京房山县金太祖陵出土一对竹节式金巾环❷。巾环的使用见于黑龙江阿城金齐国王完颜晏夫妇墓，墓葬出土了保存完好的头巾，其中之一为齐王妃物，内有铁丝编就的胎网，即《金史·舆服志》所谓『盛子』，盛子之外覆皂罗，它是用头巾稍后两侧的带子穿过一对竹节巾环而系结❸〔图二三八〕。《宋史》卷一五四《舆服六》说到宋人联合元兵夹攻金人于蔡州，所获『亡金宝物』若干，其一为『碾玉巾环』；叶子奇《草木子》卷下·杂制篇云『巾环』，『金服也』。又元好问《续夷坚志》卷一云，宣和方士烧水银为黄金，铸为钱，『汴梁下，钱归内府，海陵以赐幸臣，得者以为帽环』。海陵，即金海陵王

二三八

❶ 直径四点九厘米。北京市文物局《北京文物精粹大系·玉器卷》（称六瓣花形环），图一〇九，北京出版社二〇〇二年。

❷ 直径四厘米。《北京金代皇陵》，页七七，彩版一三：三（竹节状金环）。

❸ 首都博物馆等《白山·黑水·海东青：纪念金中都建都八百六十周年特展》，页二一九，文物出版社二〇一三年。按竹节式巾环应为当时的流行式样，发现不止一例，有金，也有玉。《百宝总珍集》卷一『玉插』条说到玉插有时不大好卖，或可改作『甘蔗肥头巾环子』，多有人要』。此『甘蔗肥头巾环子』，与竹节式应属同类。

二三九—一

二三九—二

完颜亮。此所谓『帽环』，便是巾环❶。方士烧水银为黄金固不可信，但金人得金钱而把它熔铸后制为巾环，应非虚构。

宋代金银制作的巾环发现不多，镇江市丹徒区上来村砖瓦厂北宋墓出土一对为金制，其一直径二点二厘米，重九点五克，另一枚与它相差无几❷〔图二三九—一〕。六安皖西博物馆基建工地出土宋代金巾环一对，尺寸也与之相近〔图二三九—二〕。临澧县柏枝乡南宋窖藏的两对为银制，每一对尺寸和重量都相同，其一直径三点四厘米，重五克，九个大连珠和每个大珠周边的小连珠均系打造而成〔图二四〇—一〕。另一对直径三点五厘米，重三克，以折枝菊花和折枝山茶分饰于银环两边，另外两边的花叶之侧各有一个小孔〔图二四〇—二〕。

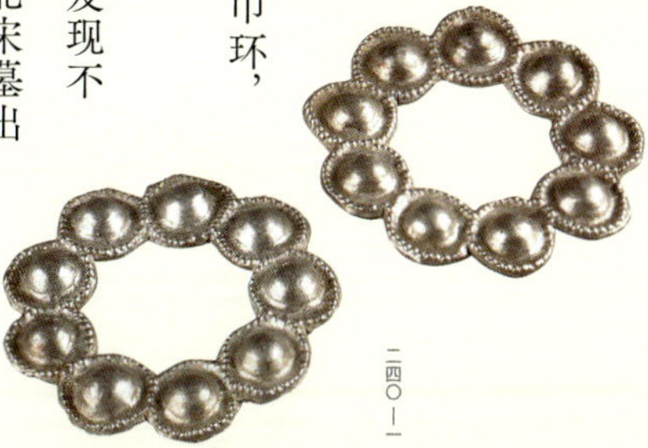
二四〇—一

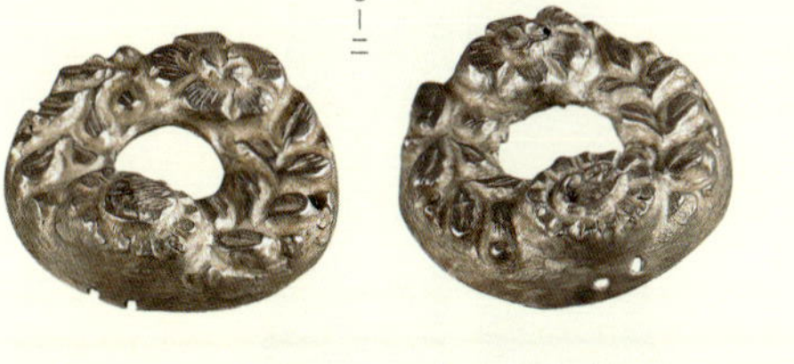
二四〇—二

图二三九—一
金巾环
镇江市丹徒区上来村北宋墓出土

图二三九—二
金巾环
六安皖西博物馆基建工地出土

图二四〇—一~二
银巾环
临澧县柏枝乡南宋窖藏

❶ 南宋刘过《简胡卫道》之二句有『褒衣博带休相笑，前戴头巾金帽环』，《龙洲集》，页七一，上海古籍出版社一九七八年。

❷《镇江出土金银器》，图一一〇。

图二四一
金扣镶白玉带
吉林省扶余县更新公社西山屯出土

中原男子久有发髻裹巾的传统，虽然不同阶层的人头巾式样各有不同，然而宋代以前均不施巾环，或者因为庶民之巾本来是简朴的妆束，士人之巾则是闲居之服，因此皆不必求奢华之饰。而辽、金的『头裹皂头巾』却是可以用于正式场合的服饰，其上用玉、用金加意妆点自在情理之中。

头巾环子为宋人习用之后，其实颇有所取舍，——第一，未如金人那样施于女子，这当然是宋、金女子服饰不同的缘故。第二，它在士人当中始终不很流行，或者也可以说，是很少使用的。

此外尚不能不说，宋元制作的金环用途不止一种，如果脱离了它所装饰的物件，往往不易判明。缚结头巾固为其常，但也不妨用于其他。吉林省扶余县更新公社西山屯出土一副金扣镶白玉带，一对竹节纹金环便是带上系结的佩件〔图二四一〕。

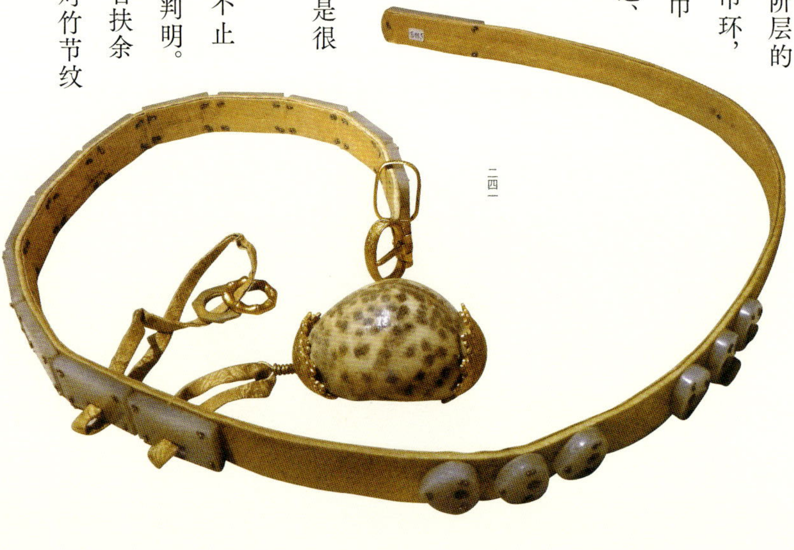
二四一

二 帽顶及其他

元代以前，中原传统法服中的男子首服，为冠，为巾；若戎装，则有胄，却没有『帽』这样一项，当然也就不存在『帽顶』。元代蒙古贵族戴各种笠帽，即《黑鞑事略》所谓『冬帽而夏笠』，顶以金镶珠宝玉石为饰，形成一代风气[1]。帽顶的各种式样，其时编纂的汉语识字读本《朴通事》和《老乞大》都曾提到。近年韩国发现的原刊《老乞大》对此形容最细，并且全用着当日的口语，道是『头上戴的帽子，好水獭毛毡儿，貂鼠皮簷儿，琥珀珠儿西番莲金顶子，这般一个帽子结裹二十锭钞』，『又有貂鼠簷儿皮帽，上头都有金顶子，又有红玛瑙珠儿』。临澧新合窖藏中一枚式如器盖的银饰件，膨起的部分打作一朵重瓣莲花，口沿一周做成宝妆莲瓣，莲瓣上面打作杂宝纹。顶端凿有两个小孔，周环莲瓣成合抱捧物状，饰件内里又有一对小系。顶径两厘米，高三点一厘米〔图二四二一—一〕，应即嵌宝帽顶的托座。乌兰察布市出土的一枚元代金帽顶，托座是覆莲花台上姿态不同的伎乐，帽顶四个合掌的金翅鸟，间以供养人，顶

二四二一—一

图二四二一—一
银宝妆莲花帽顶（失顶珠）
湖南临澧新合元代窖藏

[1] 元杨瑀《山居新语》卷三曰：『大德间，回回富商以红剌一块，重一两三钱，申之于官，估直十四万定，嵌于帽顶之上，累朝每于正旦与圣节大宴，则服用之，瑀尝拜观焉。』

图二四二—二
迦楼罗金帽顶
乌兰察布市出土

图二四三
金饰一组
赤峰敖汉旗敖音勿苏朝阳沟元墓出土

二四二—二

端金翅鸟四扇尾羽的聚合处是一个金珠。通高五点四、底径三点五厘米〔图二四二—二〕。帽顶在明代依然为皇室所用，且延续了不短的时间，此且留待下一章讨论。

赤峰敖汉旗敖音勿苏朝阳沟元墓出土金饰二十余件〔图二四三〕，据云『这是一套元代蒙古贵族佩戴的精美冠饰』，不过如此妆点的冠，似乎未见于元代图像。其中一对金饰上下以及一侧均有小环，用作『冠饰』，不知当如何安排。从金银工艺来看，它是累丝、打作、

二四三

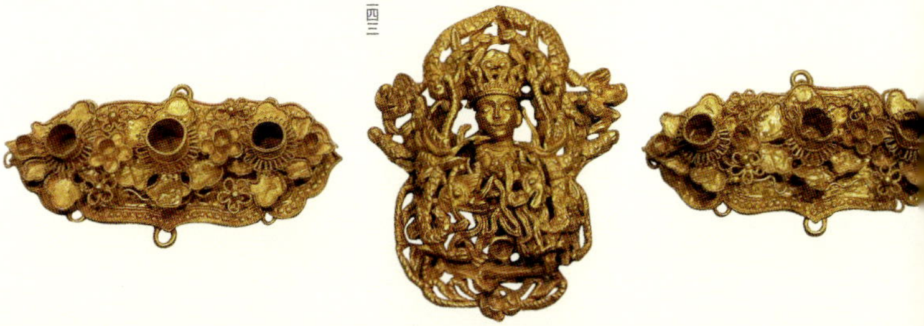

二四四—一

二四四—二

图二四四—一
金宝杵饰件
沈阳小北街金代墓葬出土

图二四四—二
金宝杵饰件
上海青浦区元任仁发家族墓地出土

图二四五—一
金累丝嵌宝饰件
洛阳邙山宋代壁画墓出土

图二四五—二
金累丝嵌宝饰件
沈阳小北街金代墓葬出土

镶嵌众工之聚合，宝杵和花结也是金元时期的流行纹样，如分别出自沈阳大东区小北街金代墓葬二号墓和上海青浦区元任仁发家族墓地的金宝杵饰件[1]〔图二四四—一～二〕。

金累丝花叶式饰件多见于金元时期的遗存，而宋代北方即已出现相近的样式。这一类饰件累丝多很精细，花心或花叶通常镶嵌绿松石。洛阳北邙山宋壁画墓出土的一枚，以金片衬底，花叶的三个出尖处各一朵累丝莲花，一对累丝菊花分别安排在左右相对处，此外满布缠枝卷草，花叶间镶嵌珠与绿松石〔图二四五—一〕，时代约当北宋晚期[2]。金代的实例，有前举沈阳小北街金墓二号墓出土的一枚〔图二四五—二〕，又大连甘井子区革镇堡村出土的几件〔图二四五—三～五〕。敖汉旗双井乡四棵树村出土金累丝嵌宝饰件一枚，长六点二、宽五点九厘米〔图二四六—一〕，为元代物。元代此类金饰的用途之一，是装饰女子的顾姑冠〔图二四六—二〕。宋孟珙《蒙鞑备录》『妇人』一节说顾姑冠，曰『长三尺许，用红青锦绣或珠金饰其上』。

二四五—一

二四五—二

[1] 前例见沈阳市文物考古研究所《沈阳市小北街金代墓葬发掘简报》，页五三，《考古》二〇〇六年第十一期，后例见上海博物馆《上海唐宋元墓》，页一六一，科学出版社二〇一四年。

[2] 出土于女性墓主人头骨顶部。洛阳市第二文物工作队《洛阳邙山宋代壁画墓》，页四五，《文物》一九九二年第十二期。推测墓葬下限不会晚于靖康年（页五一）。

图二四五—三 金累丝嵌宝饰件

图二四五—四～五 金累丝饰件
大连甘井子区革镇堡村出土

图二四六—一 累丝嵌宝金饰
敖汉旗双井乡四棵树村出土

图二四六—二 顾姑冠及冠饰
内蒙古博物院藏

二四五—三

二四五—四

二四五—五

二四六—一

顾姑冠冠饰

二四六—二

第八节

腰金、佩鱼

纳入舆服制度中的金饰，有腰金和佩鱼，即所谓『重金』，亦即金带上面更悬垂一副金鱼袋。金带之『金』，指带銙，——唐代带銙重玉，两宋带銙尚金。带銙依纹样不同而有各种名目，岳珂《愧郯录》卷十二『文武服带之制』一节即列举多种，如毬路、御仙花、荔枝、师蛮、海捷、宝藏，其下更缕述颁赐等级。此中以方团毬路为上，御仙花次之，宋初已是如此。第六章曾引欧阳修说，『太宗尝曰：「玉不离石，犀不离角，可贵者惟金也。」乃创为金銙之制以赐群臣，方团毬路以赐两府，御仙花以赐学士以上。今俗谓毬路为「笏头」，御仙花为「荔枝」，皆失其本号也』。所谓『两府』，即中书、枢密院，是北宋前期国家最高政务机构。由宋人笔下的御仙花带，可见金带之赐的一番荣耀，『围腰御仙花底，衬月中、金粟香浮』，『袍锦风流，御仙花带瑞虹绕』[1]。不过按照南宋人的说法，御仙花与荔枝非仅名称上的雅俗之异，

[1] 吴文英《声声慢·寿魏方泉》，文天祥《齐天乐·庆湖北漕知鄂州李楼峰》。

图二四七—一
荔枝纹银鎏金带具
江西遂川北宋郭知章墓出土

图二四七—二
荔枝纹银鎏金銙尾
重庆南川南宋石室墓出土

图二四七—三
御仙花纹金带具
安徽休宁南宋朱晞颜墓出土

而是纹样有别。吴曾《能改斋漫录》卷十三『赐服带』条云：『近年赐带者多，匠者务为新巧，遂以御仙花枝叶稍繁，改鈒荔枝，而叶极省。』由分别出自江西遂川北宋郭知章墓、重庆南川南宋石室墓与安徽休宁南宋朱晞颜墓的三副带具（图二四七—一～三），正可见出『叶极省』与『枝叶稍繁』之别。原来前者是果，后者是花，所谓『匠者务为新巧』，便是依照御仙花

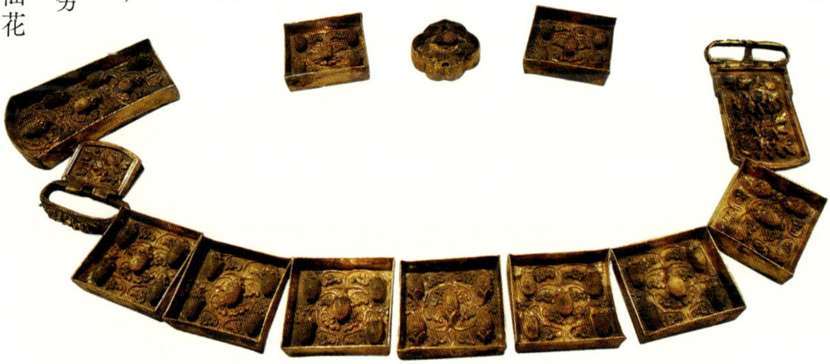
二四七—一

二四七—二

二四七—三

二四七—四

二四七—五

之形，而『改錣荔枝』。当然荔枝带銙也是一番做工，宋无名氏《满庭芳》一词咏荔枝便道『黄金带，奇巧工鑽』❶。苏州元吕师孟墓出土金带饰十枚，虽可视作御仙花，细看来，却是御仙花与荔枝的糅合，即花下微含荔枝果〔图二四七—四～五〕。腰系荔枝带的形象，见于元张柔墓前的石像生❷〔图二四八〕，又山西晋城玉皇庙中玉皇殿里的宋金彩塑❸。银川西夏八号陵出土一枚荔枝纹金牌饰宽二点一、长五厘米，背面两端各有一横穿❹〔图二四九〕，也当为带饰。

金带饰的制作曾留下一个带有传奇色彩的故事，见蔡絛《铁围山丛谈》卷六：『太宗时得巧匠，因亲督视于紫云楼下，造金

❶《全宋词》，册五，页三六七六。

❷ 张柔（一一九〇至一二六八），字德刚，易州定兴（今河北定兴河内村）人，原为金中都经略使苗道润部将，一二一八年降蒙，至元三年（一二六六）加光禄大夫，判行工部事，营建大都，至元四年进封蔡国公。卒葬满城县西北岗头村月明山下，与其子弘略、弘范墓形成墓群。是元初极有影响的汉人世侯之一，《元史》卷一四七有传。笔者所见石像生在满城汉墓的山坡下。

❸ 此系实地考察所见。

❹ 宁夏回族自治区博物馆《西夏八号陵发掘简报》，页六三，《文物》一九七八年第八期；中国国家博物馆《中华文明：〈古代中国陈列〉文物精萃》，页六四四，中国社会科学出版社二〇一〇年。按前者称带饰背面上下两端各有一横向穿，后者称带饰背面左右两端各有一横穿。

图二四七—四
金带銙

图二四七—五
金鉈尾
苏州元吕师孟墓出土

图二四八
元张柔墓前石像生

图二四九
荔枝纹金带饰
银川西夏八号陵出土

带，得三十条，匠者为之神耗而死。于是独以一赐曹武穆彬，其一太宗自御，其后随入熙陵，而曹氏所赐带，则莫知何往也。余二十八条，命贮之库，号镇库带焉。后人第徒传其名，而宗戚贵珰间一有服金带异花精致者，人往往辄指曰：「此紫云楼带。」其实非也，故吾迄不得一识之。自贮镇库带后垕历百十年所，及敌骑犯阙，太上皇帝狩丹阳，因尽挈镇库带以往，而一时从行者，有若童贯、伯氏诸臣，皆得赐紫云楼金带矣。事后甫平，太上皇言归宫阙，于是靖康皇帝复命追还之库。吾在万里外，独尝闻诸，然又不得一识也。中兴之十三祀，有来自海外，忽出紫云

二四八

石像生背面局部

二四九

图二五〇
金带具
哈尔滨阿城区半拉城子出土

图二五一
银带扣
济南长清崮山宋墓出土

图二五二
金带扣
苏州元吕师孟墓出土

楼带，止以四銙视吾。敌骑再入，适纷纭，所追还弗及者。其金紫磨也，光艳溢目，异常金。又其文作醉拂林状。拂林人皆笑起，长不及寸，眉目宛若生动，虽吴道子画所弗及。若其华纹，则有六七级，层层为之，镂篆之精，其微细之象，殆入于鬼神而不可名。』如此捐身以求的巧工，当日必是再难得到，『紫云楼带』遂成时人眼中纹样新异、制作精好的代名词。百多年来紫云楼带被朝廷视为珍物，乃至金兵围城仓皇出逃之际尚不忘『尽挈镇库带以往』，甚而至于钦宗将徽宗已经赐予臣下者『追还之库』。蔡絛本人也始终以不得一见为憾。最后终于亲睹当日不及追还入库而流出海外的四方，乃叹为『穷极巨宝』。虽然我们至今也未发现与之相应的实物，但金带纹样尚可推知。宋太宗时，去前朝未远，紫云楼带纹样之一的醉拂菻当是用着隋唐时期流行的粉本[1]，西安长安隋张綝夫妇墓出土陶骆驼，骆驼所负驼囊的图案为醉拂菻图，可为一例[2]。本书第三章举大昭寺藏吐蕃时期的银壶，也是一例。金带的纹样移植，看重的应该是艺术趣味，即所谓『异花精致』，而不是文化内涵。

[1] 《唐语林》卷二载张燕公（张说）以《端午三殿侍宴诗》而得『上亲解紫拂林带以赐焉』（原出《刘宾客嘉话录》）。

[2] 西安市文物保护考古研究院《西安长安隋张綝夫妇合葬墓发掘简报》，页三八，图一五，《文物》二〇一八年第一期。此外尚有其他实例，见葛承雍《『醉拂菻』：希腊酒神在中国——西安隋墓出土驼囊外来神话造型艺术研究》，同前。

金银带饰尚有不少未见文献记载的式样。哈尔滨阿城区半拉城子出土金带具一副十五件，为金代物，圆銙外环宝妆莲瓣，中挽花结〔图二五〇〕。出自济南长清崮山宋墓的一枚银带扣，是一幅打马毬图，雕栏一角和芭蕉湖石点景，毬场打作沙地，四骑士跃马趋毬，月杖争击〔图二五一〕。带扣的地子下凹很深，似即岳珂《愧郯录》卷十二列举金涂带式样九种中的『窪面』。元吕师孟夫妇墓出土金带扣与此造型相同，但带扣部分残失。图案为文王访贤，或称太公垂钓、渭水垂钓。坐在车子里的自然是文王，两个护卫身穿团花圆领袍，腰系带，持骨朵，水边蒲团上坐着手拿钓竿的姜太公〔图二五二〕。文王访贤是诗文中常用的典故，如关汉卿《尉迟恭单鞭夺槊》第一折〔混江龙〕『周文王重贤用虎臣，把一个姜太公请下钓鱼台』。赤峰敖汉旗克力代太吉合窑窖藏中的一枚银

二五〇

二五一

二五二

二五三—一

二五三—二

二五四

二五五

带饰（图二五三—一），云水交合的边框，内里为双龙戏牡丹，上方的龙龙身为花朵所掩，下方的一条龙龙首隐入花丛。最大径七厘米，最小径六厘米，背有桥形钮。一枚满池娇纹银带饰与它同出（图二五三—二）。又有出自敖汉旗新窝铺盛家窝铺的金翅鸟纹银带饰（图二五四）、四家子镇南大城窖藏的狮子戏毬纹银带饰（图二五五）。肃南中国裕固族博物馆藏一件金銙革带为元代物，二十枚月牙式带銙以如意云朵为饰，鉈尾和圆銙一枚都是如意云朵勾边，内里的镂空地子上打作龙纹。圆銙下方设环用以系缀物事（图二五六—一），北京龙潭湖元铁可墓出土金饰一组三件❶（图二五六—二），

图二五三—一
双龙戏牡丹纹银带饰

图二五三—二
满池娇纹银带饰
敖汉旗克力代太吉合窑窖藏

图二五四
金翅鸟纹银带饰
敖汉旗新窝铺盛家窝铺出土

图二五五
狮子戏毬纹银带饰
敖汉旗四家子镇南大城窖藏

图二五六—一
金銙革带
中国裕固族博物馆藏

❶ 三合如意云金饰长二点五厘米，龟云四合金饰通长六点三厘米，北京市文物研究所《元铁可父子墓和张弘纲墓》，页一〇三，《考古学报》一九八六年第一期。铁可，《元史》与《新元史》皆有传。

二五六—一

金鉈尾

二五六—二

图二五六—二
金带饰
北京龙潭湖元铁可墓出土

背面均有小小的金垫片和金铆钉，看形制应是带具，不过纹饰作龟云四合的一枚上端设活环，而通常的做法是下端置环，如上海博物馆藏一枚元龟吐云气玛瑙带饰〔图二五六—三〕。元周伯琦《诈马行》诗前之序云，『国家之制，乘舆北幸上京，岁以六月吉日。命宿卫大臣及近侍服所赐只孙，珠翠金宝，衣冠腰带』，诗所谓『犀毗万宝腰鞓红』，则即『衣冠腰带』之『腰带』，这里的『犀毗』，指带饰。今所见金银带饰，或者曾是诈马宴中的盛妆，或者是同一风气下的制作。

佩鱼通常是与服绯服紫并连，乃所谓『章服』，即服紫，佩金鱼袋；服绯，佩银鱼袋❶。因佩鱼之赐比较严格，故『重金』尤为热中者想望。江少虞《宋朝事实类苑》卷二十五《官职仪制》『赐金带』条：『国朝，翰林学士得服金带，朱衣吏一人前导。两府则朱衣吏两人，金笏头带佩金鱼，谓之重金。居两制久者，则曰：「眼前何日赤，腰下甚时黄？」处内廷久者，又曰：「眼赤何时两，腰金甚日重？」』

二五六—三

图二五六—三
元龟吐云气玛瑙带饰
上海博物馆藏

❶『凡服紫者饰以金，服绯者饰以银，庭赐紫者给金涂银者，赐绯者亦有特给者』。见《宋会要辑稿·舆服六》『鱼袋』一节，第四册，页二二九二，上海古籍出版社二〇一四年。

鱼袋原是从唐代的鱼符制度而来[1]，高承《事物纪原》卷四『章服』条：『唐车服志曰：高祖初入长安，罢隋竹使符，班银菟符，后改铜鱼，贵贱应召命，随身，盛以袋。三品已上饰以金，五品已上饰以银。开元时，中书令张嘉贞奏致仕官佩鱼终身，自是赏绯、紫者必以鱼，谓之章服。』同书卷三『鱼袋』条：『宋朝神宗熙宁末，亲王又赐玉鱼以副金带，金鱼以副玉带，以唐礼也。韩文公之诗曰「不知官高卑，玉带悬金鱼」是也。』南宋刻本《碎金·服饰篇》『男服』项下列有『宝带、金鱼』。不过宋代虽仍沿袭唐制，却是只存其形，而无其实，即鱼袋已经没有袋子，自然也没有原是装在袋子里的鱼符。程大昌《演繁露》卷十六『鱼袋』条考唐鱼符及鱼袋制度始末之后曰，『今之鱼袋虽沿唐制，但存形模，全无其用。今之用玉、金、银为鱼形附著其上者，特其饰耳。今用黑韦方直附身者，始是唐世所用以贮鱼符者』。而唐之鱼袋，袋中实有符契，乃用于合验以防诈伪，『本朝命令多用敕书，罕有用契，即所给鱼袋特存遗制以为品服之别耳。其饰鱼者，固为以文，而革韦之不复有契，但以木楦满充其中，人亦不复能明其何用何象也』。

[1] 关于唐代佩鱼的详细考证，见孙机《中国古舆服论丛·说『金紫』》，文物出版社二〇〇一年。

二五七—一

以此检视宋墓出土器具，可知出自浙江兰溪市灵洞乡宋墓的一枚拱形鱼纹金饰件[1]（图二五七—一），便是鱼袋上面的『饰鱼』，亦即程大昌所云两宋鱼袋制度的『用玉、金、银为鱼形附著其上者，特其饰耳』[2]。常州武进村前乡南宋墓一号墓出土与此形制相同的两枚涂金银饰件，器表同样是水波中的一对游鱼，自然也是鱼袋上面的『饰鱼』（图二五七—二～三）。同出又有『革带』，『长十九点二厘米，革面列银质鲤鱼，革带背面衬长方木片为托，木片一侧也列有两件银质鲤鱼』[3]。此『革带』，便是程大昌所言『今用黑韦方直附身』的鱼袋，恰是所谓『革韦之不复有契，但以木楦满充其中』。那么

二五七—二

二五七—三

图二五七—一
鱼袋之『饰鱼』
浙江兰溪市灵洞乡宋墓出土

图二五七—二～三
鱼袋之『饰鱼』
常州武进村前乡南宋墓一号墓出土

[1] 兰溪市博物馆《浙江兰溪市南宋墓》，图版八：三（此称作『金佩饰』），《考古》一九九一年第七期。

[2] 《西湖老人繁盛录》『诸行市』一节，列有『钉鱼带』，应即指此。

[3] 《江苏武进村前乡南宋墓清理纪要》（称银质鲤鱼纹革带），页二五六～二五七。按同墓出土尚有牙笏，又带銙及一枚涂金银带扣，带扣其表以及扣环的细窄之侧面均满錾毬路纹。关于墓主人，发掘简报推测是官至副相的毗陵公薛极的亲属，因为『这座墓葬虽然按时间排比，与薛极的卒年接近，但按随葬品的服制还难以推断这一墓葬便是薛极之墓』。其实一号墓出土的牙笏、毬路带扣与佩鱼即所谓『重金』，正与薛极的身分地位相符，只是皆为银质。或是同于福州茶园山宋端平二年墓的以木仿真，此则以银代之。

图二五八
木仿真鱼袋
福州茶园山南宋端平二年墓出土

图二五九
《春游晚归图》（局部）
故宫博物院藏

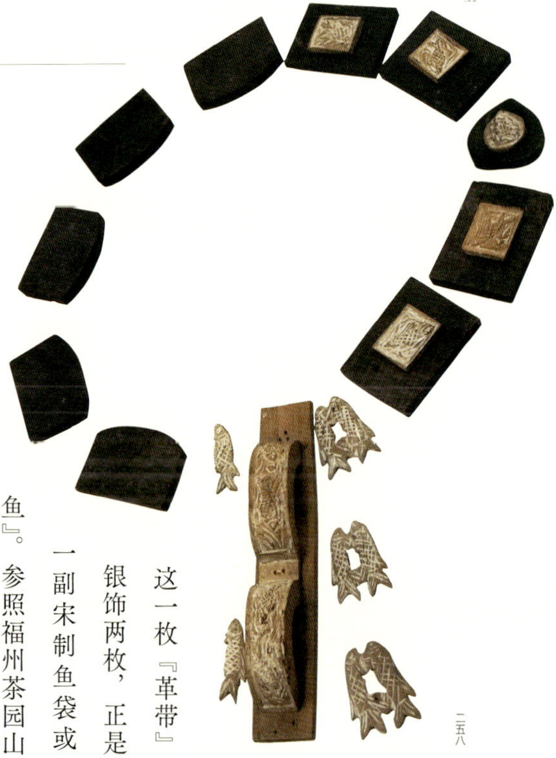

二五八

这一枚『革带』与鱼纹银饰两枚，正是完整的一副宋制鱼袋或曰『佩鱼』。参照福州茶园山宋端平二年墓出土木仿真带銙与鱼袋❶〔图二五八〕，其形制更可见得明白。故宫博物院藏《春游晚归图》中的骑乘者，一腰排方金銙下隐隐露出红鞓，腰间侧后且有纵向悬垂的一节，却是红鞓上凸起两枚拱形金饰，与前举出土实物一般无二〔图二五九〕，宋人词曰『宝带垂鱼金照地』（张先《偷声木兰花》），也正是这般情形。

❶ 福州市文物管理局《福州文物集粹》，图八五，福建人民出版社一九九九年。按銙之品类，为桃銙一，方銙四，团銙五，是笏头带的形制（廉萍说，文章待发表）。

二五九

第九节

节令时物

一　春幡

陆游《老学庵笔记》卷二：『靖康初，京师织帛及妇人首饰衣服，皆备四时。如节物则春幡、灯毬、竞渡、艾虎、云月之类，花则桃、杏、荷花、菊花、梅花皆并为一景，谓之一年景。靖康纪元果止一年，盖服妖也。』所谓『服妖』，不过是历来变乱之后一种无可奈何的『反思』，通常诿过于原本无辜的微物，其实所举诸物并不仅仅风行于靖康初，也不仅止于京师，却多是贯穿两宋。

春日系缀幡胜簪戴于首的风习，晚唐五代已经流行，入宋更盛，并且纳入礼制，朝廷颁赐贵胄百官的春幡通常出自文思院的制作，而以质地不同区别尊卑，见《宋会要辑稿·礼六二》『节赐』一节。北宋高承《事物纪原》卷八《岁时风俗部》『春幡』条云：立春之日，『今世或剪綵错缉为幡胜，虽朝廷之制，亦缕金银或缯绢为之，戴于首，亦因此相承设之。或于岁旦刻青缯为小幡样，重累凡十余，相连缀以簪之』。孟元老《东京梦华录》记正月里的风俗故事，曰『春日，宰执、亲王、百官，皆赐金银幡胜』❶。所述朝廷故事，于北宋人题咏中屡屡可见。如司马光《春帖子词·皇后阁》『宝胜金幡巧斗功，綵花蜡燕飏和风』；梅尧臣《王乐道太丞立春早朝》『近臣头上黄金胜，殿前拜赐东风应』；苏轼《和子由除夜元日省宿致斋三首》『朝回两袖天香满，头上银幡笑阿咸』❷，又孔武仲《立春日》诗，题下自注云『是年幡胜方赐馆中』❸，事都在靖康之前。南宋犹然。吴自牧《梦粱录》、周密《武林旧事》中的立春纪事，与《东京梦华录》大抵相同❹。陆游《立春》诗曰『采花枝上宝旛新』，《人日》则曰『春旛已陈迹』，句下自注：『前一日立春。』两诗均为绍熙五年春作于山阴❺，『宝旛』『春旛』，乃同一物事。杨万里《秀州嘉兴馆拜赐春幡胜》云『綵幡耐夏宜春字，宝胜连环曲水纹』❻，而李邴《小冲山·立春》『玉冷晓妆台，宜春金缕字，拂香腮』❼，却又是流光闪烁的佳人插戴。『宜春』『耐夏宜春』云云，均指幡胜所著吉语。朝廷颁赐百官，民间也自行制作。绢帛之类难于存留，今可见到的实物，多为发现于佛塔地

❶ 该书卷六『立春』一节云，立春日，开封、祥符两县，『府前左右，百姓卖小春牛，往往花装栏坐，上列百戏人物，春幡雪柳，各相献遗。春日，宰执亲王百官，皆赐金银幡胜。入贺讫，戴归私第』。

❷ 此诗系元祐三年正月作于汴京。张志烈等《苏轼全集校注》，册五，页三二六一，河北人民出版社二〇一〇年。

❸ 《全宋诗》，册一五，页一〇三二九。诗人又有《初赐幡胜戏和诸公二首》，其一句云『镂幡剪胜喜倾朝，不问纡蓝与珥貂。群玉参差排晚日，万花琐碎动春霄』。同前。

❹ 吴自牧《梦粱录》卷一《正月》『立春』一节，道其时『街市以花装栏，坐乘小春牛，及春幡春胜，各相献遗于贵家宅舍，示丰稔之兆。宰臣以下，皆赐金银幡胜，悬于幞头上，入朝称贺』。《武林旧事》卷二《立春》一节曰『是日赐百官春旛胜，宰执亲王以金，余以金裹银及罗帛为之，系文思院造进，各垂于幞头之左入谢』。

❺ 钱仲联《剑南诗稿校注》，册四，页一九八六、一九八九，上海古籍出版社一九八五年。

❻ 《全宋诗》，册四二，页二六四五一。

❼ 词调名《小冲山》实即《小重山》。此首又见毛滂《东堂词》。《全宋词》，册二，页九五〇。

宫的金银幡胜，原是善男信女的供养物。幡胜每著吉语，适与礼拜佛陀祈福消灾的愿心相同，大约是原因之一。江苏宜兴北宋法藏寺塔基出土镂花银春幡一枚，春幡中间一方用于装饰吉语的牌记，上覆倒垂的莲叶，下承仰莲座，吉语牌上打制『宜春耐夏』四个字。银幡背面墨书『符向二娘捨银番聖一首，乞保扶家眷平善』（图二六〇）。『番聖』，应即幡胜。杨万里所咏『綵幡耐夏宜春字』，仿佛此物。四川合江博物馆藏一方宋墓石刻，图案是端坐在椅子上的盛妆妇人：如意云肩下挂着项牌，腰系方胜纹锦带，头顶一只大凤，两侧各一弯卷云纹簪子，簪首缀幡（图二六一）。虽说不得刻划精微，但幡首下覆的倒垂莲叶以及幡脚的坠饰也都不曾忽略，特别还把簪首系幡的三股线索表现出来。『綵缕旛儿花枝小，凤钗上、轻轻斜袅』[1]，其时流行歌曲中的俊句可为此作赞。

『幡胜』之名，其实是个合成词，即春幡与胜，原是两项物

二六〇

图二六〇
春幡
江苏宜兴北宋法藏寺地宫出土

二六一

图二六一
宋墓石刻（局部）
合江博物馆藏

[1]《岁时广记》卷八引无名氏词句，收入《全宋词》，册五，页三六七二。

图二六二
金叠胜
湖北麻城北宋石室墓出土

图二六三—一
『宜春耐夏』银叠胜

图二六三—二
『长命富贵』银叠胜
江苏宜兴北宋法藏寺地宫出土

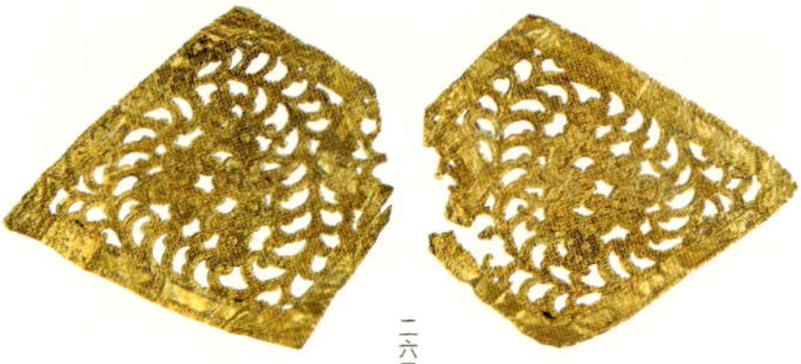

二六二

事。春幡造型如信幡，便是幅面为纵向的旗帜，旗上著字。胜的造型渊源则是织机构件，逐渐演变为菱形花样。而胜若用作悬坠，自须如幡一般上有提系，也要下有璎珞流苏之类方觉谐美，如此，便是幡胜，即如宜兴法藏寺塔基出土自铭『幡胜』的一件，在这里，幡与胜是合二为一了。但幡与胜分开来作为两个名词，依然还可以保持各自的独立。前引司马光《春帖子词》『宝胜金幡巧斗功』，又南宋史浩《喜迁莺·立春》『最好是，看彩幡金胜，钗头双结』，宝胜与金幡，彩幡与金胜，所云幡和胜自是二物。宋祁《春帖子词·皇后阁》『迎春宝胜插钗梁，拂钿裁金斗巧妆。上作「君王万年」字，要知长奉白云觞』，范成大《朝中措·丙午立春大雪，是岁十二月九日丑时立春》『已把「宜春」缕胜，更将「长命」题旛』❶，是春胜也或如春幡一般著吉语。湖北麻城北宋阎良佐夫妇墓出土一枚金叠胜❷〔图二六二〕，宜兴法藏寺塔基出土『宜春耐夏』与『长命富贵』镂花银胜各一枚〔图二六三—一～二〕，浙江衢州南宋史绳祖墓出土琉璃叠胜

❶《全宋诗》，册四，页二五七八；《全宋词》，册三，页一六一三。
❷王善才等《湖北麻城北宋石室墓清理简报》，图版五：七（『金饰片』），《考古》一九六五年第一期。

二六三—一

二六三—二

二六三—三

一对〔图二六三—三〕，前两例可称『金胜』，也可当得『宜春缕胜』，后一例则不妨冠以美称曰『宝胜』。至于『迎春宝胜插钗梁』的方式，前面举出合江宋墓石刻中妇人系幡于簪首，是其一。此外还可以用钩挑的办法。分别出自杭州临安杨岭宋墓与德清武康银子山的银镀金并头瓜果簪，簪子背后的簪脚上方都另外做出一个小钩，此钩并不具备插戴的功用，那么当是用于悬挑宝胜金幡❶〔图二六四〕。而银子山与银簪同出的正有两挂银镀金龟衔心字幡胜：两个填了四出花的同心方胜合成一个镂空三叠胜，口衔银环的一只小龟伏在叠胜中间，方胜底端一溜三个小

二六四

图二六三—三
琉璃叠胜
浙江衢州南宋史绳祖墓出土

图二六四
银镀金并头瓜果簪
杭州临安杨岭宋墓出土

❶ 此系在德清博物馆一同观摩实物时王宣艳提出的推论，很受启发，今遂采用。

图二六五
银镀金龟衔流苏心字幡胜
浙江德清银子山出土

环，下面系了同心结的一个心字缀在小环里，方胜两边的花结也各以小环垂缀流苏（图二六五）。从式样来说，它是幡与胜的合一。岳雸《浣溪沙·迎春日作》『胜子幡儿袅鬓云。钗头绝唱旧曾闻。江城喜见又班春』❶，与此景物差合，而幡胜正可以自新正戴到上元。胜的使用又似乎更为宽泛，亲王娶妃往还用礼中也有涂金银胜、罗画胜，数量以二十合、百合乃至二百合（盒）计，见《宋会要辑稿·礼五三》『亲王娶』一节。

总之，幡与胜可以在名称上合一，也可以在形式上合一，然而仍不妨分开来各自独立为二物，这几种样式均同时流行于两宋。《老学庵笔记》中列举的『春幡』，该是把这些都包括在内的。

二六五

❶《全宋词》，册三，页一七五〇。

图二六六
金蝴蝶
湖北麻城北宋阎良佐夫妇墓出土

二六六

二　闹蛾与灯毬

闹蛾与灯毬都是正月里的插戴，从元夕直到上元。周密《武林旧事》卷二『元夕』条云，『元夕节物，妇人皆戴珠翠、闹蛾、玉梅、雪柳、菩提叶、灯毬』。各地风俗也大略近似。范成大《上元纪吴中节物俳谐体三十二韵》句有『花蝶夜蛾迎』，『鹅毛剪雪英』，『花蝶』句下自注云：『大白蛾花，无贵贱悉戴之，亦以迎春物也。』『鹅毛』句下自注云：『剪鹅毛为雪花，与夜蛾并戴。』❶所谓『并戴』，乃戴于钗头。南宋施清臣《夜蛾儿》『碧服银须粉扑衣，又随雪柳趁灯辉。怕寒还恋南华梦，凝伫钗头未肯飞』❷，亦此。据范诗与其自注，又施诗咏夜蛾儿却又用着《庄子》梦蝶之典，知蝶与蛾在这里并没有严格的分别，则花蝶、夜蛾之类可统称作闹蛾。又不仅人日和立春，正月十五上元节也是如此插戴❸。金、玉、银、罗、鹅毛、纸，都是制作这类节物的材料。前举湖北麻城北宋阎良佐夫妇墓出土一枚金叠胜，同出尚有蝴蝶样的金饰片〔图二六六〕，简报认为它是帽子上的饰件❹，那么当为闹蛾之属。

正月十五的一大盛事是张灯，此际天子也每常『与民同

❶《全宋诗》，册四一，页二五九六九。

❷《全宋诗》，册六二，页三九〇二七。

❸朱弁《续骫骳说》『元宵词』条云，『都下元宵观游之盛，前人或于歌词中道之』，『又妇女首饰，至此一新，髻鬓篸插，如蛾、蝉、蜂、蝶、雪柳、玉梅、灯毬，袅袅满头，其名件甚多』，因引晁叔用《上林春慢》『素蛾绕钗，轻蝉扑鬓，垂垂柳丝梅朵』，曰『此词虽非绝唱，然句句皆是实事』。叔用，即晁冲之。元代此风依然。元张翥《一枝春·闹蛾》：『雾翅烟须，向云窗斗巧。宫罗轻剪，翩翩鬓影，侧映宝钗双燕。银丝蜡蒂，弄春色、一枝娇颤。谁网得、金玉飞钱，结成翠羞红怨。／灯街上元又见。闹春风簇定，冠儿争转。偷香傅粉，尚忆去年人面。妆楼误约，定何处，为花留恋。应化作，晓梦寻郎，采芳径远。』情词婉丽，而一枝赋笔敷色鲜明。

❹出土于棺床北部正中。《湖北麻城北宋石室墓清理简报》，图版五：七。按男主人阎良佐卒于大观四年，葬于政和三年。

乐』。蔡絛《铁围山丛谈》卷五：『宣和六年春正月甲子，实上元节。故事，天子御楼观灯。』都城如此，他处也各有其盛，而吴郡最有巧制。范成大《吴郡志》卷二云『上元影灯巧丽，它郡莫及。有万眼罗及琉璃球者，尤妙天下』。作者在《上元纪吴中节物俳谐体三十二韵》中也特别提到这两种样式的灯，道是『万窗花眼密，千隙玉虹明』，且于两句之下分别注云『琉璃毬灯每一隙映成一花，亦妙天下』，『万眼灯以碎罗红白相间砌成，工大妙天下，多至万眼』。与如此灯景相应，缩微的灯毬遂成此际簪戴于首的节物。周必大《立春帖子·皇后阁》『新年佳节喜相重，屈指元宵五日中。雪柳巧装金胜绿，灯毬斜映玉钗红』❶，既与雪柳、金胜对举，那么这里与玉钗相映的红灯毬当是插戴于首。《老学庵笔记》中列举的『灯毬』，便是指这一类。如前面所说，作为节令插戴的灯毬，元夕即已晃耀于首。金盈之《新编醉翁谈录》卷三《京城风俗记》曰：正月，『妇人又为灯毬、灯笼，大如枣栗，加珠翠之饰』。又有词曰：『灯毬儿小，闹蛾儿颤，又何须头面。』❷南宋侯寘《清平乐·咏橄

❶ 此作于南宋淳熙六年。《全宋诗》，册四三，页二六八一三。

❷ 陈元靓《岁时广记》卷十一引。

榄灯毬儿》：『缕金剪綵。茸绾同心带。整整云鬟宜簇戴。雪柳闹蛾难赛。／休夸结实炎州。且看指面纤柔。试问苦人滋味，何如插鬓风流。』❶依凭文字，可知这簇戴云鬟的小小灯毬儿，造型或圆如栗子，或长如枣儿、橄榄。定州北宋净众院塔基地宫出土一件金花银瓶，瓶腹绕一个另外打制如同提梁一般的游龙，瓶盖原有钮，但已残失，就在残失处挑出一根弯了几弯的银竿，银竿中腰弯出一个小环，环下悬缀一顶四周垂系银坠的伞盖，银竿顶端的小钩上一挂四个下垂银坠的小球〔图二六七—二〕。从银瓶的造型和功用来说，挑在瓶顶的银竿以及绕身的游龙应该都不是银瓶的原配，很可能是入藏塔基的时候凑在一起，而悬缀在银竿上的饰件也是两件物事。似可推定下垂银坠的一挂小球便是悬缀于簪钗的『灯毬』。可以和它互证的另一个实例，是山东济宁汶上县宝相寺塔地宫金棺银椁上的几挂银饰件。承托金棺银椁的须弥座栏板下面的一层叠涩包角处斜穿出两个小银环，银环

二六七—一

图二六七—一
银瓶上的灯毬
定州净众院塔基地宫出土

❶《全宋词》，册三，页一四三〇。

图二六七—二
金棺银椁系坠的银灯毬
济宁汶上县宝相寺塔地宫出土

图二六八—一
宋墓石刻（局部）
泸州博物馆藏

图二六八—二
繁峙下永兴村
宋金壁画墓壁画

下缀『螺丝』挽制的流苏花结，虽然八个花结残失了多一半，但前方尚有两个相对完整，其中之一大约算得完全：花结下方结出一个灯毬，灯毬底端系坠一个太平通宝❶〔图二六七—二〕。所谓『灯笼大如枣栗』，所谓『橄榄灯毬儿』，出自净众院塔地宫的银灯毬正是式样如栗，出自宝相寺塔地宫的银灯毬则即式样如枣和橄榄。宋代图像中也有相应的插戴，如泸州博物馆藏一方宋墓石刻，图案是抱持注碗的女侍，头戴团冠，冠子一侧插花枝，一侧插着云头钗，钗首悬挑一挂灯毬〔图二六八—一〕。山西繁峙下永兴村宋金壁画墓壁画中也有近乎相同的形象〔图二六八—二〕。

二六七—二

二六八—一

二六八—二

❶ 金棺银椁原置于石函内，石函外壁有铭文记其事，见第六章，页八〇二。

三　艾虎、钗符、香佩

『竞渡、艾虎』，是通贯南北两宋的端午节物。『艾虎钗头映翠翘』（王仲修《宫词》），『绿窗纤手，朱奁轻缕。争斗綵丝艾虎』（晁补之《消息·端午》），这是北宋人云端午故事。南宋刘克庄端午纪事也道『儿女纷纷夸结束，新样钗符艾虎』（《贺新凉》），又南宋赵长卿《减字木兰花》句云『欲问归期，来戴钗头艾虎儿』。宜兴北宋法藏寺塔基出土一枚『鎏金银卧虎纹佩饰』❶（图二六九—二），系用扣合在一起的两枚银片制成，一面镂作密叶环抱的一弯折枝牡丹，一面打作伏在山坡草丛间的一只虎，顶端穿了一个小环用于系缀，底部可以开合。高四点五厘米。这一枚佩饰，应即端午时候的『钗头艾虎儿』❷。刘克庄端午纪事所谓『新样钗符』，则是悬缀于金钗银钗的珠囊❸。德安南宋咸淳十年周氏墓发现的一件金钗，出土时插在墓主人发髻一侧，钗梁缀一个三厘米见方的罗制小袋，小袋外面是

图二六九—一
艾虎
江苏宜兴北宋法藏寺塔基地宫出土

二六九—一

❶ 许夕华等《法相光明：江苏宜兴法藏寺北宋地宫文物》，页一四九（『鎏金银卧虎纹佩饰』），中国书店二〇一五年。按佩饰今藏宜兴博物馆，承馆方惠允，得以亲睹实物，也因此知道它分量极轻，是所以悬坠于钗头也。

❷ 南宋赵长卿《减字木兰花》：『阳关唱彻。断尽离肠声哽咽。酒已三巡。今夜王孙是路人。／此情难说。莫负等闲风与月。欲问归期。来戴钗头艾虎儿。』

❸ 南宋崔敦诗作《淳熙七年端午帖子词》，为皇后阁所作六首之一云：『玉燕垂符小，珠囊结艾青。』

❹ 《德安南宋周氏墓》，图版六：三（称之为『步摇』）。

图二六九—二
钗符
江西德安南宋咸淳十年周氏墓出土

图二七〇
香佩
常州武进村前乡南宋墓五号墓出土

小珍珠做的网罩[4]〔图二六九—二〕。墓主人右手持桃枝，桃枝上边系着两个粽了。可知钗梁悬缀的便是所谓『珠囊』『钗符』，亦即端午时节佩带的节物。周密《武林旧事》卷三记端午故事，曰届时禁中分赐后妃诸阁、大珰近侍诸般节令物事，中有『软香、龙涎佩带』。『软香』，乃和合众香制成的各式佩香或曰香佩。常州武进村前乡南宋五号墓出土一枚香佩，两厘米厚，直径六厘米，外缘包镶四季花卉纹银边，银边一侧结一个小环，小环内贯一个大环以为佩戴[1]〔图二七〇〕，所谓『软香』，此可当之。

[1] 墓主人是一位女性。《江苏武进村前南宋墓清理纪要》，页二五七（『包银边香块佩饰』）。

二六九—二

二七〇

四 延寿带、百事吉结子及其他

第四章说到鸟衔绶带是唐代十分流行的纹样，至两宋，则已经不是时尚，不过『长寿带』却是延续下来，而名作延寿带，式样则更为细巧，即以同心结的基本样式为基础，四外分付更多的花结，——演变方式正如同以一朵花为中心而向周环辐射形成的宝相花，且取式不再拘于绶带。大英博物馆展陈一件大维德基金会藏青瓷盒，盖面四向各一个同心结，中间一枚花钱，上有『福寿延长』四个字。瓷盒时代约当北宋初[1]，盖面图案中的同心结与杭州临安吴越国康陵出土用作悬系玉胜的同心结造型一致[2]〔图二七一—一~二〕，特地刻划于花钱的『福寿延长』，便仿佛为此类式样的同心结释义和命名，即带名延寿，取意福祉绵长。北京崇文区磁器口金代石椁墓出土一枚白玉结，式样与以上两个实例完全相同[3]〔图二七一—三〕，这一时空远隔的传递，使我们认识到延寿带的纹样史从图式来看，是不曾间断的。

延寿带天下风行的一段『殊遇』，是在宋真宗时期，宋辽澶渊之盟过后，朝廷大举封禅之外，又效唐尊老君故事，尊九天司

[1] 展品说明定其时代为五代，不过有学者认为应是北宋初，笔者赞同后说。

[2] 关于康陵出土玉春胜的考证和定名，见扬之水《静志寺塔基出土吉语玉盒与宜春银幡源流考：兼论人日与立春节令物事之演变》，载《中国古代佛塔地宫文物国际学术研讨会论文集》，中国书店二〇一五年。

[3] 《北京文物精粹大系·玉器卷》，图一〇二。

命天尊为圣祖天尊大帝，将七月一日圣祖下降日定为先天节；十月二十四日圣祖降延恩殿日为降圣节❶。柳永《玉楼春》：『凤楼郁郁呈嘉瑞。降圣覃恩延四裔。醮台清夜洞天严，公讌凌晨箫鼓沸。／保生酒劝椒香腻。延寿带垂金缕细。几行鹓鹭望尧云，齐共南山呼万岁。』所咏即宋真宗迎『天书』事，『保生酒劝椒香腻』，

❶ 北宋高承《事物纪原》卷一『先天』条曰：『《宋朝会要》曰，大中祥符五年闰十月一日，诏以七月一日圣祖下降日为先天节。』又『降圣』条：『《唐会要》曰，会昌元年二月十五日诏：我圣祖降诞昌辰，宜改为降圣节。则降圣之号，唐武宗先以名节也。《宋朝会要》曰，大中祥符五年闰十月，诏以十月二十四日圣祖降延恩殿日为降圣节。盖用唐事者也。』南宋赵升《朝野类要》卷一『圣祖』条：『真宗皇帝尊九天司命天尊为圣祖天尊大帝，盖仿唐尊老君故事也。』

二七一—一

二七一—二

二七一—三

图二七一—一
『福寿延长』青瓷盒
大维德基金会藏

图二七一—二
玉饰件
杭州临安吴越国康陵出土

图二七一—三
白玉结
北京磁器口金石椁墓出土

『延寿带垂金缕细』，便是《宋会要》所云诏令天下『先天节、降圣节日，除休假、斋醮、断屠宰、禁刑罚一依定式，令天下以延寿带、续命缕、保生酒更相赠遗，著于令式』，而延寿带的式样也是出自九重，即所谓『以画本付有司，并榜坊市，令人模造』❶。真宗过世，仁宗即位，诏以『天书』随葬，『一国之君臣』尊『圣』而『如病狂』的闹剧也随之消歇❷。不过正像唐代盘龙镜中的长寿带以千秋节而成为吉祥纹样，先天节、降圣节的缕金制为延寿带、续命缕，也因为它的风行天下而成为两宋流行纹样。依照朝廷颁布画本天下模造的金缕延寿带究竟式样如何，虽未能确指，但以前举青瓷盒图案中的延寿带为参照，似乎不难推知。

到了南宋都城，以同心结为基础的花结又发展出新样，名曰百事吉结子。吴自牧《梦粱录》卷六记十二月行事，道临近岁旦的时候，『席铺百货，画门神桃符，迎春牌儿』，『医士亦馈屠苏袋，以五色线结成四金鱼同心结子或百事吉结子，并以诸品汤剂，送与主顾第宅，受之悬于额上，以辟邪气。街市扑买锡打春旙胜、百事吉斛儿，以备元旦悬于门首，为新岁吉兆』。『百事吉』，

❶《宋会要辑稿·礼五七》『先天节』条下曰，真宗大中祥符六年六月十一日，诏：『先天节、降圣节日，除休假、斋醮、断屠宰、禁刑罚一依定式，令天下以延寿带、续命缕、保生酒更相赠遗，著于令式。先是，内出带、缕样示宰臣等，言金银罗缯为之，饰以綵缯，涂金缀珠。复以画本付有司，并榜坊市，令人模造。王旦等曰：陛下制此美事，非惟昭示崇奉，盖欲福及万民也。』六年六月二十六日，『中书、亲王、节度使以先天节，并进金缕延寿带、金丝续命缕各一两。制知开封府、直馆阁、三司判官、文武百官及刺史已上并进金缕（银）延寿带、银丝续命缕各一副，以银合』。《宋会要辑稿》，册四，页二〇〇三。

❷《宋史》卷八《真宗纪》赞云：『及澶渊既盟，封禅事作，祥瑞沓臻，天书屡降，导迎奠安，一国君臣如病狂然』。

图二七二—一
千秋镜
宝鸡博物馆藏

图二七二—二
狮纹双鹊镜（局部）
故宫博物院藏

二七二—一

千秋镜局部

源出秦汉占卜家语，后世逐渐演变为吉语，且由此生出各种表达吉兆的祝颂方式。陈元靓《岁时广记》引北宋温革《琐碎录》：『京师人岁旦用盘盛柏一枝，柿、橘各一枝，就中擘破，众分食之，以为一岁百事吉之兆。』这是以几样物品的谐音再加上『行为艺术』，合作吉语。斛，宋元常用它代指壶瓶之类器具，如澡浴所用之浴斛，又插花之壶瓶，——辛弃疾《添字浣溪沙·用前韵谢傅岩叟瑞香之惠》『赤脚未安芳斛稳，蛾眉早把橘枝来』。《梦粱录》中的『斛儿』，当指尺寸较小的壶瓶。『百事吉斛儿』，也很有可能是壶瓶上扎束百事吉结子，如此方得悬于门首。至于『百事吉结子』，则明确说明是以五色线编结，而作为图式，它的前身当是唐代铜镜镜背图案中的『千秋』幡胜和『吉』字幡胜〔图二七二—一～二〕。都城岁末，医士以如此这般的吉物馈送主顾，原是因为它本来即为节令时物。周密《武林旧事》卷三《岁除》一节说道，『后妃诸阁，又各进岁轴儿及珠翠百事吉利市袋儿、小样金银器皿，并随年金钱一百二十文』。『珠翠百事吉利市袋儿』，此『百事吉』，或即『百事吉结子』的省称。『利

二七二—二

图二七三
金缕百事吉结子
杭州临安杨岭宋墓出土

市』，本义是商贸之盈利，宋人常用来指称诞育等节庆时使用的喜钱。苏轼《减字木兰花》『利市平分沾四坐』，便是李公铎生子，贺席上的场景，此『利市』，即金银喜钱。

作为相互馈赠的节令时物，百事吉结子与百事吉利市袋式样及制作材料当不止一种，或以五色线编结，或以珠翠，又或镂银仿样制成。镂银既仿五色线之编结，自要讲求精细，正如词人笔下的金缕延寿带，是所谓『延寿带垂金缕细』也。杭州临安杨岭宋墓出土类如幡胜的一对金饰❶，正是镂金如缕线〔图二七三〕。金饰也同幡胜一般下有幡脚，上端有环，由一枝鸟衔环的银簪悬挑，却不像幡胜那样每每在幡面上作吉语，而是通体做成一大一小两个相连的花结，大的一个带心结作一毬，毬表镂作簇六雪花，便是《营造法式》卷三十二列举门窗格扇花中的『簇六雪华』。用作悬挑的银簪脚有铭曰『柳巷内冀贵壹

❶《错彩镂金：浙江出土金银器》，页四七（图版说明作『银鎏金幡胜式簪』）。

图二七四—一
银鎏金佩饰（四金鱼百事吉结子）

图二七四—二~三
银鎏金佩饰

杭州临安杨岭宋墓出土

郎』。以唐代『吉』字幡胜为参照，曰此金饰为金缕百事吉结子之属，应该是不错的。与它同出的尚有三枚银鎏金佩饰，造型与滴珠式霞帔坠子相似，也是以两枚片材扣合成型，却是尺寸偏小❶（图二七四—一~三），且更为轻薄，其中一枚顶端微残，残高五厘米，宽三点七厘米，厚零点五厘米，上方是百事吉结子，垂带抱住下

❶ 《错彩镂金：浙江出土金银器》，页五四~五五（图版说明均作『银鎏金金钱形霞帔坠』）。按此三枚饰件通高都在五厘米左右，而两宋典型的滴珠式帔坠，通高一般在八到十厘米之间。

二七四—一

二七四—二

二七四—三

二七五

一

图二七五
银鎏金佩饰
浙江诸暨大侣郦村出土

面的一个花钱，钱肉四向均分为四个空间，两面纹样各不相同：一面镂作粼粼水波里的四尾鱼，一面是罗地上的四枝桃花。另外两枚造型相同，只是钱肉的纹样相异，其一两面都是栀子花，不过一面是水波纹的地子，一面是罗地，顶端花结里有一个细孔，原初必也穿缀小环。其一一面镂作一大朵四出花，每个花瓣里一朵小花，一面两边是相与顾盼的折枝桃花，上方月牙，下方三星，顶端的花结里穿了一个用于悬系的小环。它的纹样很容易教人想到『桃之夭夭』（《诗·周南·桃夭》）与『三星在户』（《诗·唐风·绸缪》），都是两姓好合的意思。又有诸暨大侣郦村宋墓出土的一枚银饰，百事吉结子下覆的花钱以细密的连珠纹勾出内郭和外郭，钱肉一面錾镂缠枝卷草为地子，其上打作『大泉五十』，一面镂作凤穿花（图二七五）。仍援前面举出的青瓷盒图案为比照，可见构图元素的延续，只是这里的花结与花钱合而为一，并且以錾镂工艺而使之轻盈倩巧。既取时称『利市』的喜钱作为装饰图案，则所谓『百事吉利市袋』，或者就是此类。而以四尾游鱼布置纹样的一枚，构图正与《梦粱录》中说到的四金鱼百事吉结子相仿。总之，这一组出自临安及临安周边的金缕饰、银缕饰，不论从图式的传承，还是据当时人的相关记载，都表明此为都城风尚之下式样不同的节令时物[1]。

既为吉祥纹样，百事吉结子的使用当然会很普遍[2]，第六章举出的安徽休宁南宋朱晞颜墓出土金六方盘盏一副，承盘盘内錾刻的花结，又福建泰宁窖藏银鎏金八方盘的盘心图案，应该都是当日流行的百事吉结子，而更以极尽盘旋回绕不见首尾之变化争奇斗胜〔第六章，图一四—一二、图七五〕。此外它还可以成为其他纹样的构图元素，比如嫁娶必备之『三金』中的金帔坠。前举金坛城东杨贺巷七队夫妇合葬砖室墓出土金帔坠，下方一个密叶捧出的莲花台，花台上一对交颈鸳鸯，合吻处一个花结〔图二〇九〕。这一朵花结也可视作百事吉结子的式样之一，用于象征两姓好合的双鱼、双鸳鸯，自然合适不过。

至于金银打造的双鱼，宋墓出土不止一例。福建邵武故县南宋金银器窖藏中有一枚银鎏金双鱼，长七点三厘米，是头尾相

[1] 又浦江白马镇高爿南宋窖藏中也有类同的一枚，花钱的一面上方是祥云托月，下方三星，另一面四向四朵银缕荷花。《错彩镂金：浙江出土金银器》，页四一（图版说明作『云托月镂空方孔钱霞帔坠』）。

[2] 《梦粱录》卷二十《嫁娶》一节列举迎亲日执色队伍所持之物有『百结』，大约近同于百事吉结子。

图二七六－一
银鎏金双鱼
福建邵武故县南宋金银器窖藏

图二七六－二
金双鱼
浙江仙居县宋墓出土

二七六－一

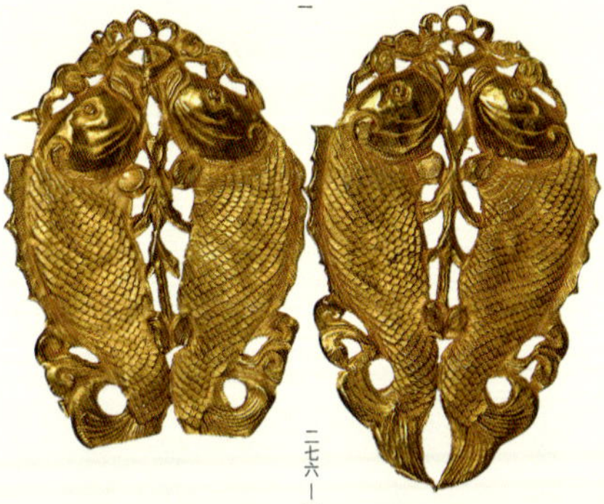

二七六－二

抵呼吸与共的一对鲤鱼，合吻处用作穿系的小圆环，更像是彼我相与嘘出的一个泡沫〔图二七六－一〕。浙江仙居县出土一枚金双鱼长六点五厘米，系以打制成形的两片扣合而成，造型与前例相近，却又在两鱼相对张口嘘气处涌起一枚花结或曰百事吉结子❶〔图二七六－二〕。以鱼身均有用作佩系的小环或孔洞，今人多视它为佩件。用作佩饰是可能的，但它却还另有故事。《梦粱录》卷二十《嫁

❶《错彩镂金：浙江出土金银器》，页一二七（图版说明作『双鱼金帔坠』）。

图二七七
鎏金银方胜
杭州临安杨岭宋墓出土

娶》一节说道，『既已插钗，则伐柯人通好，议定礼，往女家报定。若丰富之家，以珠翠首饰、金器、销金裙褶（一作褙），及段匹、茶饼，加以双羊牵送，以金瓶酒四罇或八罇，装以大花银方胜，红绿销金酒衣簇盖酒上，或以罗帛贴套花为酒衣，酒担以红綵缴之』。『女家接定礼合，于宅堂中备香烛酒果，告盟三界，然后请女亲家夫妇双全者开合。其女氏即于当日备回定礼物』；『更以空酒罇一双，投入清水，盛四金鱼，以筯一双、葱两株安于罇内，谓之回鱼筯。若富家官户，多用金银打造鱼、筯一双，并以彩帛造像生葱双株，挂于鱼水罇外答之』。出自临安杨岭宋墓的一枚鎏金银方胜，两个方胜交错相叠，错出的八个角里各镂一朵花结，中央的鎏金团窠内打作衔花的『颠鸾倒凤』❶（图二七七）。定礼用物中装入金瓶酒罇的『大花银方胜』，当类同此式。而『丰富之家』用金银打造金鱼一双挂在『鱼水罇』外，邵武窖藏和仙居宋墓出土的双鱼，大约就是这一类。湖北黄石河口镇凤凰山南宋吕氏墓出土一枚金帔坠，便好似把仙居宋墓出土的一对金鲤鱼组织到帔坠的图案里，而同心结下合欢的两股直垂到底端分作两

二七七

❶《错彩镂金：浙江出土金银器》，页五五（图版说明作『银鎏金双凤纹八角形霞帔坠』）。

二七八—一

向，却依然盘绕回环不分离（图二七八—一）。四川博物院藏一件南宋夹层银杯，一对杯耳做成双鱼，——造型适与邵武窖藏和仙居宋墓出土双鱼相同，内杯杯心錾刻百事吉结子（图二七八—二），也是以组合构图元素的方法，用当日人们熟知的纹样讲述生活故事。如同两晋南北朝时期的华胜，它既是人日的应令插戴，也是日常生活里的妆点，两宋时期的节令时物也是如此。

二七八—二

顺带再举一件物事，便是南京江浦张同之夫妇墓出土的金镶玉花钱一枚，花钱用作包镶的金皮镞镂毬路纹，直径五点八、厚零点四厘米（图二七九）。从纹样看，它应非压胜钱，而是宋人所云『包子』之一种。蔡絛《铁围山丛谈》卷四中说道，『祖宗故事，诞育皇子、公主，每侈其庆，则有浴儿包子并赉巨臣戚里。包子者，皆金银大小钱、金粟（别本作果）、涂金果、犀玉钱、犀玉方胜之属』。

二七九

图二七八—一
双鱼金帔坠
湖北黄石河口镇凤凰山南宋吕氏墓出土

图二七八—二
双鱼耳夹层银杯
四川博物院藏

图二七九
金镶玉花钱
南京江浦张同之夫妇墓出土

二八〇

图二八〇 银包边铜鎏金鞍饰
哈尔滨新香坊金墓出土

图二八一—一 金鞍饰
内蒙古锡林郭勒盟镶黄旗乌兰沟墓葬出土

第十节 马具

马具金饰，多见于宋金元文献，金鞍、金鞍辔、金鞍勒，常常与良马、名马一起，或是政权之间往来通好，互赠礼物，或是用作朝廷赏赐有功之臣。它也每在元代诈马宴上与盛妆丽服相互辉耀。元周伯琦《诈马行》『华鞍镂玉连钱骢』；杨允孚《滦京杂咏一百首》『韂缕黄金白马良』，『个个金鞍雉尾高』（句下自注：『千官以雉尾饰马入宴』）；贡师泰《上都诈马大燕五首》之一『织翠辔长攒孔雀，镂金鞍重嵌文犀』，所云俱是。不过考古发现的实物却不是很多。哈尔滨新香坊金墓出土银包边铜鎏金马鞍饰四件，为前后鞍桥和雁翅板一对（图二八〇）。元代工艺精湛的两例均发现于内蒙古锡林郭勒盟，其一出自镶黄旗乌兰沟墓葬（图二八一—一、二），其一出自苏尼特左旗恩格尔河墓葬。乌兰沟的墓主人是一位不到二十岁的年轻女性。

二八一—一

图二八一—二
金鞍饰复原

图二八二—一
银鎏金鞍饰·前鞍桥

图二八二—二
银鎏金鞍饰·后鞍桥
艾尔米塔什博物馆藏

图二八三
金鞍饰
内蒙古锡林郭勒盟苏尼特左旗恩格尔河墓葬出土

金鞍饰一副六件，质地为纯金，共重四百三十五点七克，保存状况很好，可以复其原貌❶（图二八一—二）。前鞍桥主纹是菱花式开光内花草间的一只奔鹿，光外满布折枝牡丹，重重边饰以缠丝纹与花瓣纹相间，前后各一对的雁翅板以及后鞍桥边饰也都如此。后鞍桥造型如弯月，主纹是龙牙蕙草。比较艾尔米塔什博物馆藏蒙元时期的两件银鎏金前后鞍桥，很可以见出构图方法与边饰的相似（图二八二—一～二）。出自恩格尔河的一副是镂空作。前鞍桥为二龙戏莲，当中一个四出花的开光，光内一朵莲花，二龙吐长舌，露利齿，舞爪相向。两道缠丝纹围作边框，内里妆点枝叶和花朵相间的缠枝瓜瓞，连珠纹缘边的石碗内有的内设小孔，原初或有嵌饰（图二八三）。宋孟珙《蒙韃备录》『军装器械』一节曰：成吉思汗『鞍马带上亦以黄金盘龙为饰，国王亦然』❷。

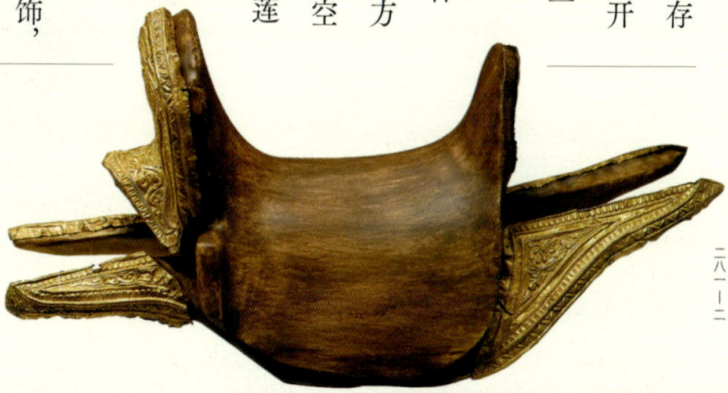
二八一—二

❶ 内蒙古博物馆等《镶黄旗乌兰沟出土一批蒙元时期金器》，页六〇五～六〇九，《内蒙古文物考古文集》第一辑。
❷ 《说郛》（涵芬楼本）卷五十四。

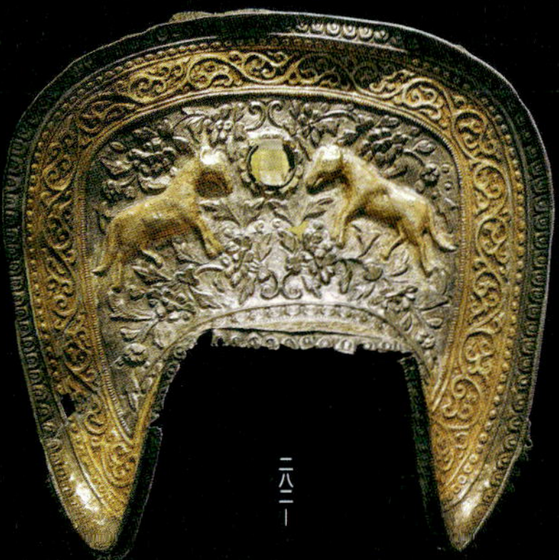

二八二—一

二八二—二

二八三

余论

皇室之外，命妇礼服组成部分中的首饰，按照《宋史·舆服志》中的规定则为下施两博鬓的花钗冠，随品级高低而花钗数目依次减等。不过今天发现的两宋金银首饰虽多为仕宦之家物，除前面提到贵州遵义杨价夫妇墓出土施以博鬓的金凤冠外，这一类花钗冠尚未见他例。以上举出的簪钗、梳篦、耳环、佩饰，其制作的精与粗、插戴之际的多与少，大约视财力与好尚而定，关乎礼制的成分似乎是不多的。

至于簪钗的插戴，宋元尚未如明代那样有一种大致固定的组合，即某种类型的簪钗一般插在某一位置，如挑心、掩鬓之类，如此组成头面一副。宋元时代所谓『头面一副』，意在首饰的基本样式在此齐备，却并不是同时簪戴的一组，因与明人说到的『头面一副』，意义并不完全相同。

元代女子妆束有南北之别。元无名氏散曲〔中吕·喜春来〕《四节》『冠儿褙子多风韵，包髻团衫也不村，画堂歌管两般春』[1]。又有一支曲子题作《双姬》，也道着南北不同，——『珍珠包髻翡翠花，一似现世的菩萨，绣袄儿齐腰撒跨，小名儿唤做茶茶』；『翠袖殷勤捧玉觞，浅斟低唱。便是个恼乱杀苏州小样，小名儿唤做当当』[2]。『冠儿褙子』，南也；『包髻团衫』『绣袄儿齐腰撒跨』，自是北地佳人。前者形象似仍近南宋，不妨以故宫藏南宋《瑶台步月图》为例；后者可细审山西洪洞广胜寺明应王殿北壁元代壁画中的女子[3]，正见得『珍珠包髻翡翠花』，是各样簪钗环包髻而戴也。不过具体到首饰的样式，南北之别似乎不大。永乐《碎金》『首饰·北』与『首饰·南』中的各项，从考古发现来看，其实是通行于南北。以湖南临澧新合元代窖藏中的首饰与河北石家庄元史天泽家族墓地出土的首饰相互对照，式样一致者，是占了多数的。第六章开篇提到用作妆銮佛像的金箔曾从西湖远输北方的人漠，元完泽《西湖竹枝词》也唱出与此相应的西湖风景，道是『游人来往多如蚁，半是南音半北音』[4]，南北往来之状，可见一般。时风下的佳人，自是『南梳北裹总相宜』也[5]。

如果说明清是吉祥图案发展成熟并且趋于程式化的时代，

[1] 《全元散曲》，页一七〇六。

[2] 〔双调·一锭银过大德乐〕，《全元散曲》，页一七七六。

[3] 柴泽俊等《洪洞广胜寺》，图二五四至二五六，文物出版社二〇〇六年。

[4] 完泽，字兰石，姓燕只吉歹，西夏人。《中华竹枝词》（三），页一六三一。

[5] 杨维桢《续香奁集·上头》：『新年拢鬟及笄期，云绾盘龙一把丝。掩镜问人人尽道，南梳北裹总相宜。』

那么宋元便可以说是它的孕育期。这时候金银首饰的图式安排常常借助于绘画，特别是精细的写实风格的院画，——或移植，或改造，或仅取其意，而在对两宋花卉翎毛、山水人物等题材不断借鉴的过程中，逐步提取并形成了吉祥图案的各种题材。不过以纹样中各个物事的谐音构成吉祥寓意的做法，宋元时代还没有普遍应用。并且此际的金银器纹样尚多在其中保存了绘画原有的田园意趣和文人雅尚，工艺与绘画尚未截然趋向两途，如明清时代的情景。

卷三终

扬之水

中国金银器

四

图书在版编目（CIP）数据

中国金银器：共五卷 / 扬之水著．— 北京：生活书店出版有限公司, 2022.8（2024.2 重印）
ISBN 978-7-80768-378-0

Ⅰ．①中… Ⅱ．①扬… Ⅲ．①金银器（考古）–研究–中国 Ⅳ．① K876.434

中国版本图书馆 CIP 数据核字 (2022) 第 068007 号

目次

卷四　繁华到底——明代

卷四

繁華到底

明代

第八章

明代器皿

明代是商业发达百工争胜的时代，尤以江南地区为著。明张瀚《松窗梦语》卷四《百工纪》云：『今天下财货聚于京师，而半产于东南，故百工技艺之人亦多出于东南，江左为夥，浙、直次之，闽、粤又次之。』王士性《广志绎》卷四《江南诸省》一节说道，『两浙东西以江为界，而风俗因之。浙西俗繁华，人性纤巧，雅文物，喜饰鞶帨。多巨室大豪，若家僮千百者，鲜衣怒马，非市井小民之利』。袁宏道与人书曰：『若夫山川之秀丽，人物之色泽，歌喉之宛转，海错之珍异，百巧之川凑，高士之云集，虽京都亦难之，今吴已饶之矣，洋洋乎固大国之风哉。』又论时尚曰，『古今好尚不同，薄技小器，皆得著名』，『士大夫宝玩欣赏，与诗画并重』，『其事皆始于吴中，猥子转相售受，以欺富人公子，动得重赀，浸淫至士大夫间，遂以成风。然其器实精良，他工不及，其得名不虚也』❶。这是来自士大夫一端的论议。明成化《新刊全相说唱张文贵传》道文贵寒食游春，『一路行程都莫昌（唱），来到溪州一座城。看见城中多富贵，奢华富贵罕曾闻。珍珠铺对金银铺，茶坊相对酒坊门。茶坊尽接三山客，酒

❶《锦帆集之三·尺牍·龚惟学先生》，万历二十四年在吴县作；《瓶花斋集之八·杂录·时尚》，作于万历二十六年至二十八年。钱伯城《袁宏道集笺校》，页二三九，页七三一，上海古籍出版社一九八一年。

店邀迎四海宾。东市接连西市去，南街歌唱北街听。官人马上心欢喜，尽是经商买卖人』❶。此为包公断案故事，但于都城景象的一番形容，总还是缘自说唱者的当代经验。如此风气之下，金银器的设计与制作，自有充分的文化资源，而更可争奇斗艳。

明代以前，金银器皿嵌宝并不多见，虽然据文献记载宫廷颇有此类❷。不过它在明代也依然是皇亲贵戚或显宦豪富之家方才置办得起，因此更加助长贪求的欲望，而宝石中国本土不产。明代前期，宫廷宝石主要得自郑和下西洋的沿岸采买，下西洋中止之后，异域朝贡提供的宝石难以满足需求，于是云南辖境一掸族土司地界内其时名作宝井的地方所产宝石进入明代统治者视野，遂在此大量收购，成为明代中后期宫廷宝石的主要来源❸。明代高档金银器特别是金银首饰嵌宝之风既始自宫廷❹，它的制作与使用也始终以宫廷和权贵之家为主。从考古发现的情况来看，也正是如此。金银器出土数量既多且精者自然首推北京定陵，墓主人为万历帝与孝靖、孝端二后，器具之等级高者又多属于万历帝❺。北京海淀区董四墓村明墓为嫔妃墓❻，北京右安门外万贵夫妇墓❼、

❶《明成化说唱词话丛刊》，第七册，上海书店出版社二〇一一年。

❷如《武林旧事》卷七云淳熙三年天申圣节，德寿宫里『铺放七宝金银器皿』；十月会庆圣节，太上皇赐孝宗『垒珠嵌宝器皿一千两』。

❸仇泰格《明代的宫廷与抹谷的宝石》，页七三，浙江省博物馆《金玉默守：湖北蕲春明荆藩王墓珍宝·专论》，中国书店二〇一六年。

❹顺便说到，明清时代宫廷所用红宝石，经现代检测，多为尖晶石（罗涵等《明万历孝靖皇后凤冠镶嵌宝石的种属判定》，页一五七，《故宫博物院院刊》二〇一八年第五期），二者视觉相似，古人自然难以区分。在不讨论宝石品质的时候，今不妨仍按照古人的认识，将红色的宝石称作红宝。

❺中国社会科学院考古研究所等《定陵》，页四二，文物出版社一九九〇年。本章所举实例的出土信息及器物尺寸均据此书，以下不再出注。

❻考古研究所通讯组《北京西郊董四墓村明墓发掘记：第一号墓》，《文物参考资料》一九五二年第二期；中国科学院考古研究所京郊发掘团通讯组《北京董四墓村明墓发掘续记：第二号墓》，同上。一号墓为天启帝的三个妃子，二号墓为万历帝的七个内嫔。

南苑韦子坑李伟夫妇墓[1]，墓主人均为皇亲贵戚。此外为藩王墓。明代在藩亲王前后共计二百六十六，两京加外藩，太子陵、亲王陵、世子陵总计三百余[2]。不过藩王墓历代不曾盗扰、今经科学发掘而原始信息及资料保存全面者却很少。出土金银器皿稍具规模者，为湖北钟祥郢靖王墓[3]、梁庄王墓[4]、蕲春荆藩王墓[5]。

明人所作登录刘瑾、朱宁、严嵩等人籍没资财的物名录，其中的金银器部分，差不多概括了明代金银器的主要样式，也大致反映出贵要之家金银器使用之一般。明田艺蘅《留青日札》卷二十五说酒器，记述银酒器中属于『鬼工』者，如龙卵壶、美人壶、莲子杯，均构思奇巧，虽然今无实物可见，但应该不是向壁虚造。如前所述，从目前掌握的实物资料来看，明代金银器皿的发现也以皇族贵戚为大宗，与考古发现中多出自民间制作的宋元金银器形成强烈反差。当然考古发现有太多的偶然性，不过明人的认识却恰好与此情况有几分相合。王鏊《震泽长语》卷下胪列刘瑾、朱宁家财籍没名目之后，将明代与宋略事对比，版图大小、岁入岁出、门荫制度之外，又道：『宋民间器物传至今者，皆极

---

[7] 北京市文物研究所《北京考古四十年》，页二〇四，北京燕山出版社一九九〇年。

[1] 张先得等《北京市郊明武清侯李伟夫妇墓清理简报》，《文物》一九七九年第四期。

[2] 刘毅《明代帝王陵墓制度研究》，页一七〇～一七一，人民出版社二〇〇六年。

[3] 郢靖王朱栋是朱元璋第二十四子，洪武二十四年封王，永乐六年之藩，永乐十二年（一四一四）病故。湖北省文物考古研究所等《郢靖王墓》，文物出版社二〇一六年。本章所举实例的出土信息及器物尺寸均据此书，以下不再出注。

[4] 梁庄王朱瞻垍为仁宗第九子，卒于正统六年（一四四一）。湖北省考古研究所《梁庄王墓》，文物出版社二〇〇七年。本章所举实例的出土信息及器物尺寸均据此书，以下不再出注。

[5] 就藩蕲州（今属蕲春）的荆王一系，自藩地由江西迁至蕲州后，传承凡十代。惜墓葬多经盗掘。出土金银器较多的为荆恭王墓，荆恭王卒于隆庆四年（一五七〇）。此外为郡王即都昌王朱载塎墓，墓主人卒于嘉靖时期。蕲春县文化局等《湖北蕲春荆王府》，湖北科学技术出版社二〇一四年。本章所举实例的出土信息及器物尺寸均据此书，以下不再出注。

精巧。今人卤莽特甚，非特古今之性殊也，盖亦坐贫故耳。观宋人《梦华录》《武林旧事》，民间如此之奢，虽南渡犹然。近岁民间无隔宿之储，官府无经年之积，此其故何也？人皆曰本朝藩府太多，武职太冗，是固然矣。又有一焉，而人莫之及：古称天下之财，不在官则在民，今民之膏血已竭，官之府库皆空，岂非皆归此辈乎？』

我们无法仅从今天能够看到的实物出发，来评述明与宋元实际上的异同。只能在实物资料大部缺失的前提之下，试言大略：宋元金银器皿造型与纹饰的设计构思多来自绘画小品，在绘画向着造型语汇的转换中，也以一锤一錾用心保存了不少笔情墨韵，以是而特有着清新活泼的意趣。明代于宋元多有继承，却以制作的规整使得造型趋于端重，装饰纹样则几乎全部演变为吉祥题材，不论花卉禽鸟还是人物故事。出自宫禁的作品更是以镶玉嵌宝妆点豪华，以此把金银器皿的制作推向一个高峰，——然而却不是艺术的海拔。

第一节

酒食器

明代金银器皿多为筵席用器。皇室用器之一般，可见礼书所举『供用器皿』中的金银器。如金器一项中的『壶瓶一对，酒注一对，盂子一对』，『盘盏二副』，『託里胡桃木碗四个』『託里胡桃木锺子二对』；『茶匙一双』『匙一双』『箸二双』。又银器一项中的『壶瓶二把，果合一对，汁瓶二把，茶瓶一对，汤鼓四个，按酒楪一十二个，果碟一十二个，菜碟一十二个』[1]。妆奁用物也大致如此，如明建文二年刻本《皇明典礼》『妆奁』项下所载录[2]。再看《江西省大志·陶书》列举景德镇烧造器皿的『御供』一项，中有『烧成桌器一千三百四十桌』，『每桌计二十七件，内案酒碟五，果碟五，菜碟五，碗五，盖碟三，茶锺、酒盏、楂斗、醋注各一』[3]。楂斗，同书他处亦作『柤斗』，应即通常所称之『渣斗』。除此二十七件一套之外，尚有每桌三十六件、六十一件者，桌器二十七件，是数量最少的一类组合。而把它与礼书所录皇室

---

[1] 《礼部志稿》卷二十《皇太子纳妃仪》，又《亲王婚礼·回门礼物》。《明会典》（万历重修本）卷六十八、卷六十九与此同。银器中的『菜碟』，《皇太子纳妃仪》中为『茶碟』。

[2] 今藏大连图书馆，收入《中华再造善本》，国家图书馆出版社二〇一四年。

[3] 明王宗沐纂修、陆万垓增修，万历二十五年刊本，成文出版社影印。

供用器皿中的金银器相对照，可见就种类来说是大致相同的。在皇族，此不过是平常膳食所用，那么也就是席间的基本用具。

金银酒器的使用明初尚有所限制，谈迁《枣林杂俎》智集『品官酒具』条曰：『一二品官酒器俱黄金，三品至五品银壶金盏，六品至九品俱银，余人用瓷、漆、木器。按：太祖起兵间，习于节俭，又深惩贪墨，而定品官器具，不为寒乞，则所谓彬彬郁郁也。』不过豪奢风起，制度即成空文。明成化说唱词话《新刊全相说唱张文贵传》中的筵席便极见排场：『父母留儿留不住，安排打扮小官人。便在厅前排筵会，十分管待广铺陈。东边挂起神仙画，西边挂起凤归林。黑漆卓子排定器，犀皮交椅两边分。金盏金台金托子，金匙金箸插金瓶。珍馐百味般般有，四时果子及时新。』[1]虽非纪实之作，却与实际情况相去不远。明何良俊《四友斋丛说》卷三十四记述道，『尝访嘉兴一友人，见其家设客，用银水火炉、金滴嗉，是日客有二十余人，每客皆金台盘一副，是双螭虎大金杯，每副约有十五六两。留宿斋中，次早用梅花银沙锣洗面』，『闻其家亦有金香炉，此其富可甲于江南，而

[1] 其后又言东京景象道『盏托尽是金银器，茶瓯卓器使金箱（厢）』，『打金银铺闹吟吟，碾米铺连珠翠铺』，也是来自作者的当代经验。

图一

银器一组

上海明朱恩家族墓出土

僭侈之极，几于不逊矣』。同卷所记作者姻亲东江先生顾清家用银器适为对比，即『止有银盃二十四只』，因慨叹：官至尚书，酒器止此，『可称清白之风』。而就一般情况来说，出自上海闵行区明南京吏部尚书朱恩家族墓的银器一组❶：酒注、高脚杯、双鱼盘各一，茶壶、茶锺、杏叶茶匙各一〔图一〕，当是仕宦之家最基本的几样馔席用器。

明代宴饮场面，多见于同时代的戏曲小说版画插图和寺观壁画，又宫廷绘画中的写实之作。故宫博物院藏《朱瞻基行乐图》在投壶场景中绘出皇帝的餐桌和餐具：果盘、菜碟，金碗四只、筯一副，金杏叶壶、金台盏以及攒盒〔图二-一〕，由此临时备下的酒食点心而可见宫廷用器之一斑。台北故宫博物院藏明人《入跸图》长卷，其中一段绘天子水路启程，旁有小舟随驾，舱中设食案，案旁一具香几，几设炉瓶三事：玳瑁香盒一，古鼎式香炉一，又一个哥窑瓶，里边插着香匙和香箸。食案上一对插着牡丹花的铜觚，两把杏叶执壶，其中之一为金镶宝。又台盏一副，

❶ 上海博物馆《申城寻踪：上海考古大展·城镇之路》，页一八〇，上海书画出版社二〇一四年。

图二一一
《朱瞻基行乐图》（局部）
故宫博物院藏

图二一二
《入跸图》（局部）
台北故宫博物院藏

盏为灵芝双耳。又一个满盛着桃子的大果盘，旁边一个朱漆盏托托着的金盖玉盏。其侧一个三足酒樽，樽里斜着一柄酒勺〔图二一二〕。两个场景中的各种器具，几乎都有实物可证。而寺观壁画的题材虽然或佛或道，或民间诸神，但

二一一

二一二

画工的依据总还是世间万象。如山西新绛稷益庙明代壁画中的一幅备宴图，图绘红漆桌上放着朱红大果盘，旁边三足炉一，玳瑁香盒一，桌边侍女一人捧酒注，一人持茶筅，另有一人手捧上扣纱罩、内置包子的一个大托盘❶（图二一—三）。此托盘便正如皇室供用器皿『漆器』一项中列出的『朱红戗金馒头肉盘四个』（其下注

图二一—三 山西新绛稷益庙壁画

❶ 品丰等《历代寺观壁画艺术·第一辑》，页三〇，重庆出版社二〇〇一年。

云：『红纱罩四』）。其他陈设与《入跸图》也颇有相似之处。

筵席中各种器皿的用法，在小说里多有细致的描写。且看《金瓶梅》中平常的一顿饭食，——该书第三十四回，『说未了，酒菜齐至。先放了四碟菜果，然后又放了四碟案鲜：红邓邓的泰州鸭蛋，曲湾湾王瓜拌辽东金虾，香喷喷油煠的烧骨，秃肥肥干蒸的劈晒鸡。第二道，又是四碗嗄饭：一瓯儿滤蒸的烧鸭，一瓯儿水晶膀蹄，一瓯儿白煠猪肉，一瓯儿炮炒的腰子。落后才是里外青花白地磁盘，盛着一盘红馥馥柳蒸的糟鲥鱼，馨香美味，入口而化，骨刺皆香。西门庆将小金菊花杯斟荷花酒，陪伯爵吃』。案鲜，也称案酒，为凉菜，用碟，即所谓『按酒楪』；嗄饭，即下饭，为热菜，用碗。所谓『菜果』，当是干鲜果品和时蔬小菜。如《醒世姻缘传》第五十回说到的『四碟剥果：一碟荔枝、一碟风干栗黄、一碟炒熟白果、一碟羊尾笋嵌桃仁』；『四碟小菜：一碟醋浸姜芽、一碟十香豆豉、一碟莴笋、一碟椿芽』。则前者所用为果碟，后者所用为菜碟。宴席中的金银器皿，也不外此类。

一 酒注

酒器自然是筵席用器中最为引人注目的一类。斟酒之器，为壶瓶、酒注。酒注，明代也称酒壶、执壶，或曰瓶。它既是通称，也可以泛指不太具备特征的一类，如北京海淀区董四墓村明墓出土的一件金执壶〔图三〕。载录抄没严嵩家产的《天水冰山录》中『纯金器皿』一项，有『金酒注壶七把』，大约与此相当。

比较有特点的酒注样式，是壶身瘦削，修颈，细流，钩柄，外撇的壶口有盖子，盖顶通常一个宝珠钮，钮下每有攀索与钩柄相系连，壶腹或打作一个杏叶式开光。明人依它的造型呼作金素、银素；素，也作嗉，鸡嗉也。前引《四友斋丛说》所云『金滴嗉』，又沈榜《宛署杂记》卷十五《经费下》记述乡试用物，所云『酒素二百把』、会试用『锡酒素』，均指这一类样式的执壶。《金瓶梅词话》中的『团靶勾头鸡膆壶』（第二十一回）、『团靶钩头鸡脖壶』（第四十九回），便是更为传神的名称。壶腹打作杏叶式开光的一类，也称杏叶壶。定陵出土的锡明器中有自名『锡

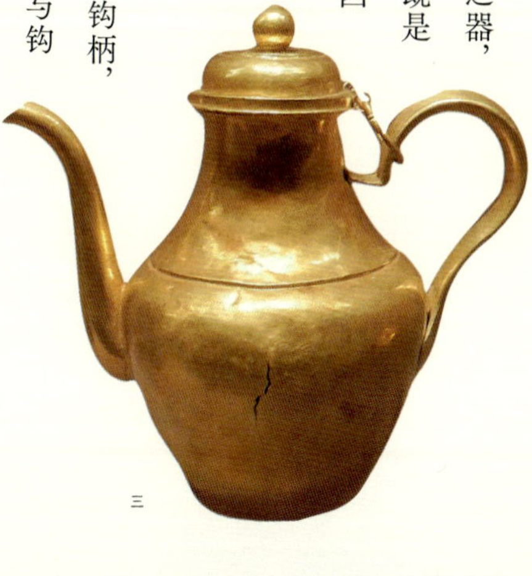

三

图三
金执壶
北京海淀区董四墓村明墓出土

杏叶茶壶』者，其腹部贴饰一枚杏叶以表示开光之取意，可为一证〔图四—一〕。《天水冰山录》中列有『金素杏叶壶一十一把』，『金飞鱼杏叶壶二把』，『金麒麟杏叶壶二把』，所谓『飞鱼杏叶』『麒麟杏叶』，便是在杏叶开光内装饰飞鱼或麒麟。飞鱼，形若龙而有翅有鳍，以礼制论则未有龙之尊。杏叶壶并不限于金银器，瓷器、珐琅器中都有不少，如出自陕西耀县的酱釉描金牡丹孔雀杏叶壶❶〔图四—二〕，如大英博物馆藏明代麒麟杏叶珐琅壶〔图四—三〕。

❶ 壶高三十厘米，国家文物局《中国文物精华大辞典·陶瓷卷》，图七八四，上海辞书出版社等一九九五年。

四—一

四—二

四—三

图四—一 锡杏叶茶壶
北京定陵出土

图四—二 酱釉描金牡丹孔雀杏叶壶
陕西铜川耀县寺沟出土

图四—三 珐琅麒麟杏叶壶
大英博物馆藏

湖北钟祥明梁庄王墓出土两把金杏叶壶，可视作明代的两种典型样式。其一壶颈短而壶腹圆，通高二十四点二、口径八点六厘米，重九百一十九克，器底铭曰『重贰拾肆两伍钱捌分』〔图五—一〕。《天水冰山录》里名作『墩子壶』的当是这一类。其一可曰金素，壶身造型如垂胆，壶颈和长流之间结一朵如意云，通高二十六点四、口径六点四厘米，重八百六十八点四克，壶底外壁铭曰『银作局洪熙元年正月内成造捌成伍色金贰拾叁两盖嘴攀索仝外焊壹分』〔图五—二〕。式样相近的金素也见于北京右安门外

五—一

五—二

图五—一 金杏叶壶（墩子壶）
图五—二 金素杏叶壶
湖北钟祥明梁庄王墓出土

明万贵墓〔图六—一〕，又北京定陵。不过这两件都没有壶嘴与壶颈之间的如意云朵。以上所举三座墓葬的实例，梁庄王墓时代为早，如果以瓷器作为参照，那么它的样式也最为标准。与金素相比，银素自然更为常见，如湖北蕲春蕲州镇雨湖村明都昌王朱载塎夫妇墓出土的一把〔图六—二〕。明代绘画的宴饮场面中多有杏叶壶的形象，如山西汾阳圣母庙壁画〔图七〕，如前举《朱瞻基行乐图》与《入跸图》，版画里则更多，可见这一样式的广泛流行。

六—一

六—二

七

图六—一
金素杏叶壶
北京右安门外明万贵墓出土

图六—二
银素杏叶壶
蕲春明都昌王朱载塎夫妇墓出土

图七
山西汾阳圣母庙明代壁画

金素杏叶狮顶壶壶盖

除了讲求造型之外，从《天水冰山录》载录的名称来看，金银酒壶的装饰手法和纹样也是万象纷纭，诸如王母、八仙、童子、云鹤、松竹梅、田瓜鹭鸶、莲子福寿、寿星竹节鹭鸶，又吹箫美人、舞袖美人、方朔献桃、洞宾吹笛，不一而足。又有田艺蘅《留青日札》卷二十五《酒器》一节列举的诸般巧工，如『美人壶』，『以银范美人形，发中入酒。傍立一凤，前擎荷叶一片，以银杯一枚置叶上，叶即少低，凤口中吐酒，杯满即止，不歉不溢。举杯则叶仍浮起，凤口曾无余滴，饮尽复置之，则复注如前。凡容酒十二杯，不烦人力，转输若神，不知起于何代也』。又『酒船』，『以金银为之，内藏风帆十幅，注酒满一分则一帆举，饮干一分则一帆落，真鬼工也』。只是与文献记述相对应的实物今天能够见到的不多。

湖北蕲春横车镇明荆恭王墓出土狮钮盖金杏叶壶一把〔图八〕，三个龙头分别安排在弯柄、曲流与壶身的三个连接处，或衔柄，或衔流，或

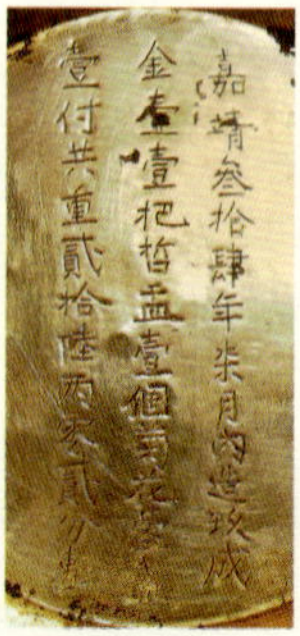

图八
金素杏叶狮顶壶
湖北蕲春横车镇明荆恭王墓出土

图九
银鎏金六棱花鸟壶
北京海淀八里庄明李伟夫妇墓出土

口抵壶颈，盖顶高踞一个昂首甩尾的小狮子，口衔花结，爪下按着一个玲珑毬。通高三十二厘米，重七百一十七点六克，外底铭曰『嘉靖叁拾肆年柒月内造玖成金壶壹把哲盂壹個菊花臺盞壹付共重貳拾陸兩零貳分整』。可知是出白宫禁，且有折盂及菊花台盏一副与它构成组合。盖钮巧制为狮子戏毬自然不同于通常的宝珠钮，《天水冰山录》登录财产品名因此要特别标出，如『金素狮顶壶』，这一件即可当之。

北京海淀八里庄明李伟夫妇墓出土一把银鎏金六棱壶〔图九〕，六个棱面分别錾刻山石花鸟，石边花枝或山茶，或月季，每一面山石花丛间的双鸟姿态各不同，总是敷染一派暄风暖景。壶颈中腰与弯柄相接处打一周两两相对的鎏金万字，上方六个空间各錾折枝花。弯流、曲柄和六角壶盖均起棱线，凡起棱线处均鎏金，盖顶錾一朵莲花，花心耸出的盖钮挂环系链与曲柄相连。通高二十三点四、口径五点九

九

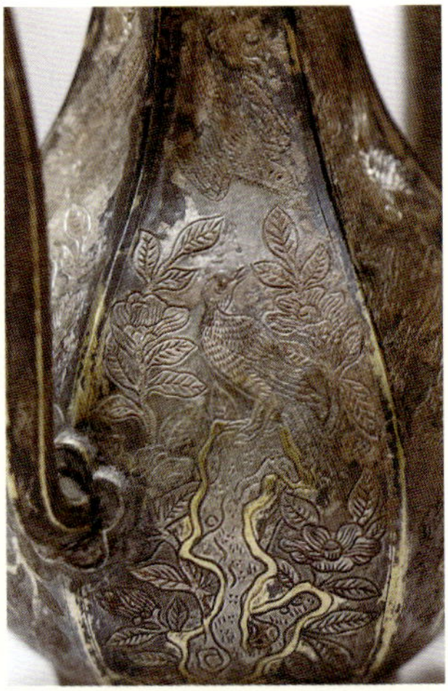

图一〇
金镶宝飞鱼纹执壶
北京永定门外南苑明万通墓出土

厘米。《天水冰山录》『银器』项下有『银六棱高壶』，或即此类。武清侯李伟是慈圣李太后之父，妻子王氏常常出入宫中，同墓出土尚有『慈宁宫』款的银盂和银盆，此且待后面举出。

开篇说到明代以前金银器皿嵌宝并不多见，而它在明代也非寻常之家可办。《二刻拍案惊奇》卷四《青楼市探人踪 红花场假鬼闹》曰张廪生在父亲死后欲独吞巨万家私，因向官府递了状子，然后向主事者杨巡道行贿，于是『将出三百两现银，嵌宝金壶一把，缕丝金首饰一副，精工巧丽，价值颇多，权当二百两，他日备银取赎』。孰料杨巡道不久便坏了官，张廪生舍不得那一把嵌宝金壶和一副金首饰，遂上门去讨，而在杨巡道，『只有那金壶与金首饰，是他心上得意的东西，时刻把玩的，已曾几度将出来夸耀亲戚过了』，如何舍得退还，由是引出一场血案。这一件推助情节发展的嵌宝金壶，价值可见。北京永定门外南苑明万通墓出土的金镶宝飞鱼纹执壶〔图一〇〕高十九点四、口径四点四厘米，重

一〇

三百六十五点四克。盖钮是莲苞捧出的一颗蓝宝石，盖钮下面一周红宝石，其侧圆环内贯攀索与壶柄相连。壶腹开光内錾飞鱼。流、柄和盖顶镶嵌的红蓝宝石共有二十一颗（部分脱落）。万通是宪宗宠妃万贵妃的弟弟，以贵妃之擅宠而得宫中赏赐颇多[1]，此器精丽华奂，也当是出自宫禁。

酒注自元代始已不再流行与温碗合为一副，虽然这时候的饮酒通常仍习惯热饮。器中酒冷，可随时烫热，明陆嘘云《世事通考·酒器类》因此特列有『既济炉』，其下注云：『即水火炉也。』《天水冰山录》『银器』项下载录大小不一式样不同的水火炉有十四座[2]。前举《四友斋丛说》云友人家宴客，『用银水火炉、金滴嗉』。特别点明质地，乃因普通不使用金银，而用途是一样的[3]。本书第六章说宋元酒器已提到明代水火炉的实例以及与水火炉配套使用的温酒之具，便是器如铫子而下有高筒足的一类银器，明代或称它为高脚壶、插壶。《天水冰山录》里列有『金素插壶六把』与『金高脚壶二把』，又『金高脚光壶六把』。这里插壶与高脚壶并列，大约二者式样有别，或者插壶是专用于水火炉

[1] 万通生于正统四年，卒于成化十八年。《明史》卷三〇〇《万贵传》『时贵妃方擅宠，贵子喜为指挥使，与弟通、达等并骄横。贵每见诸子屑越赐物，辄戒曰』云云。

[2] 即『银八仙庆寿大水火炉一座（重五百七十二两五钱），银狮驼鸳鸯宝瓶水火炉一座（重一百三十两），银大样方长水火炉二座（共重二百六十四两），银中样方长水火炉一座（重五十一两五钱），银大圆狮顶厢宝水火炉一座（重一百十八两），银中圆水火炉一座（重四十五两三钱），银小方水火炉二座（共重一百一十六两三钱），银小圆水火炉五座（共重七十两零二钱）』。

[3] 明代话本小说《蒋兴哥重会珍珠衫》云薛婆子备了酒食往三巧儿家作谢，摆上桌后，丫鬟『便吹起水火炉来，霎时酒暖』。

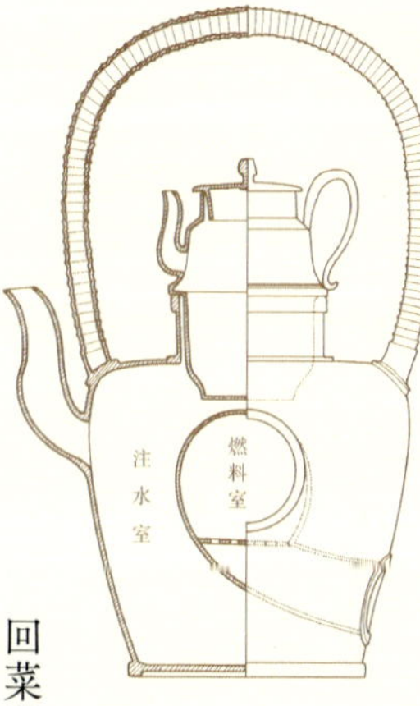

锡提梁壶内部结构线图

上加热的一种，类如四川崇州万家镇明代窖藏中坐在水火炉上的锡壶❶〔图一一〕。明万历四十八年凤阳刊本《御世仁风》卷二中的一幅为韩世忠故事，设在香林园的食桌中间放着攒盘，周回菜品数种，箸子四副，盘盏两副，另有两副分别拿在宾主手中，桌边小童手里捧着一个高脚壶〔图一二—一〕。虽写绘宋代故实，但酒器却是元明样式。它也出现在明人《货郎图》的扭子上〔图一二—二〕。万历四十四年苏州周氏刊本《吴歈萃雅》亨卷『万紫千红共把金樽倒』一幅，树下宴饮场面中有一具下端四足的长方器，器侧一个圆孔，器表两窍，左边一窍坐着一柄高脚壶❷〔图一三—一〕。崇祯聚锦堂刻本《西湖二集》插图『间道西湖载酒还，飞琼弱翠拥归鞍』一幅，绘游春小队西湖归来，末后四人，挟毡包者一，捧执壶者一，挑担者一：担子一头酒坛，一头春盛，又一人双手捧个两边有拉手的长方匣，匣表开两窍，其内分别坐着两个露出筒式高足的壶〔图一三—二〕。按照《天水冰

一一

图一一
锡提梁壶
四川崇州万家镇明代瓷器窖藏

❶ 成都文物考古研究所等《四川崇州万家镇明代窖藏》，页一七，图二四、二九：三，《文物》二〇一一年第七期。

❷ 马文大等《明清珍本版画资料丛刊·三》，页三四〇，学苑出版社二〇〇三年。

图一二—一
《御世仁风》插图（局部）
万历四十八年凤阳刊本

图一二—二
明人《货郎图》（局部）
台北故宫博物院藏

图一三—一
《吴歈萃雅》插图（局部）
万历四十四年苏州周氏刊本

图一三—二
《西湖二集》插图（局部）
崇祯聚锦堂刻本

一二—一

一二—二

一三—一

一三—二

图一四
银高脚壶
北京海淀区八里庄地区明杜茂墓出土

山录》中的名称，两幅图里的长方匣应即『中样方长水火炉』，那么炉上的酒壶便是插壶了❶。考古发现的这一类实物似乎不多。北京海淀区八里庄地区明杜茂墓出土一把银高脚壶，盖子好似倒扣的喇叭，盖钮下残存一截链环，扁圆腹下为筒式高足，高十九、口径四点三厘米〔图一四〕。出自北京定陵的一把金壶通高十六、口径四点一厘米，重二百六十八克，周身光素，盖顶宝珠钮上系金链与壶柄相连，原为孝靖后的陪葬品❷〔图一五—一〕。同出另一把金镶玉嵌宝高脚壶，为万历帝用物。盖顶莲苞嵌白玉，玉顶上一个石榴子石。盖和壶颈都是遍錾如意云，肩上一周七个石碗，存红宝石四、蓝宝石二。壶身两面分别镶嵌白玉龙，龙身一颗红宝，两粒小小的红宝点睛。弯流上一溜云气，是从下方大张的龙口里吹嘘而出。高脚上打制海水江崖龙赶珠，底端承盘口径八点三厘米，外壁四个开光，光内錾折枝牡丹。通高二十一点八、口径四点四、足径五点九厘米，重四百四十二克〔图一五—二〕。由前面举出的图像，可知这几件高脚壶都是适合用于

一四

❶ 清李斗《扬州画舫录》中记述的酒鑵，也是此类。该书卷十二曰江䴉生自制茶担名作『游山具』，置茶器的一端，『茶器围以铜，中置筒，实炭，下开风门，小颈环口修腹，俗名茶鑵。酒器如其制，而上覆以铜，四旁开窦，实以酒插，名曰酒鑵，俗呼为四眼井』。

❷ 北京市昌平区十三陵特区办事处《定陵出土文物图典·卷二》，图五（『金酒注』），北京美术摄影出版社二〇〇六年。

图一五—一
金高脚壶

图一五—二
金镶玉嵌宝高脚壶
北京定陵出土

图一六
雍正青花釉里红八仙温酒壶
清华大学艺术博物馆藏

水火炉的插壶。它的使用情景，由式样相近的清代瓷器可以得知大概，如清华大学艺术博物馆藏一件雍正时期的『养和堂制』青花釉里红八仙温酒壶〔图一六〕。全器通高十九厘米，整体造型取式于葫芦，葫芦的亚腰处却是可以拆分的：上半部是下有直筒式高足的酒壶亦即插壶，下半部则是一个水罐，下置热水，插壶坐入其中，便可温酒。日本静嘉堂文库美术馆藏品中有与此相同的一件。按照《扬州画舫录》中的叙事，容器中置茶，便是茶罐；置酒，便是酒罐。

一五—一

一五—二

一六

二 酒盏、酒盂、盘盏

与前朝相较，明代酒具最显著的不同是酒盏的尺寸和造型，一面是尺寸小了，一面是由宋元时代的大口浅腹而易为撇口深腹，当然这里的深和浅是就比例而言。明人编纂《增补易知杂字全书》中的『盏』图，是它的一般样式〔图一七—一〕，而同书下栏文字部分的『磁器酒器石器门』，又有合成一个词条的『锺盏』。其实明人称『盏』，称『杯』，称『瓯』，称『锺』，所指并不十分确定，《三才图会》中的『瓯』图，即有四种样式〔图一七—二〕，此『瓯』，也可以视作『锺』的雅称❶。从实际运用来看，锺的名称更为普遍，

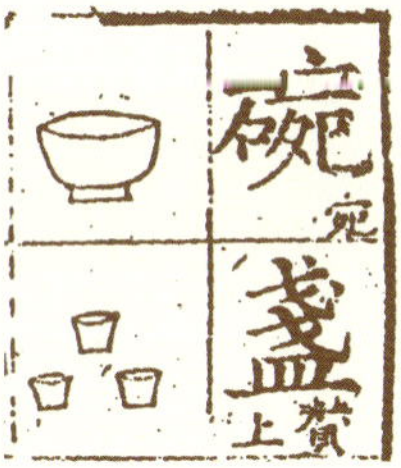

图一七—一 《杂字全书》中的碗和盏

图一七—二 《三才图会》中的瓯

❶ 方以智《通雅》卷三十四《器用·杂用诸器》『今谓茶锺曰瓯，古则曰瓻瓯』。

图一八
银锺
湖北蕲春刘娘井明荆端王次妃刘氏墓出土

图一九—一
银盘盏（一副）
北京石景山区雍王府出土

并且它在明代适用的范围很广，不仅饮酒之器可曰酒锺，吃茶之器也可曰茶锺——《朱氏舜水谈绮》卷下『器用』一项列有『锺』，释云：『茶锺，酒锺』❶。此外，锺的式样也并不一致：或大或小，或平底或高足，或无柄或有柄，概可称『锺』。湖北蕲春刘娘井明荆端王次妃刘氏墓出土一个灵芝柄嵌宝小银杯，平底无足，外底铭曰『银鍾壹個重壹兩肆錢捌分整』❷（图一八）。器以自铭，它似乎可以视作明代酒锺的标准样式，但如前所述，银锺的名称实际上并非此式所专用。而在《天水冰山录》里，饮器只有『盃』和『盂』，那么锺盏是包括在『盃』类的。

大致说来，锺盏的造型比较固定，变化多在于器耳，或单耳，或双耳，式样则日月❸（图一九—一）、

❶《朱氏舜水谈绮》，页三八三，华东师范大学出版社一九八八年。

❷小屯《刘娘井明墓的清理》，页五五，《文物参考资料》一九五八年第五期。本章所举此墓出土器物的尺寸、铭文均据此文，以下不再出注。

❸《天水冰山录》登录有『金双耳日月盃四个，共重五两六钱』，实例如北京石景山区雍王府出土的银日月双耳杯盘一副，盏高三点七厘米，重六十七点五克，承盘口径十八点七厘米，重二十五点五克。北京市文物局《北京文物精粹大系·金银器卷》，图二二一（『莲瓣纹银托，银盏』），北京出版社二〇〇四年。

图一九—二
金菊花双耳杯
南京动力学校韦牧墓出土

图一九—三
金杯一组
常熟环城路原色织四厂出土

图一九—四
小金把锺
北京朝阳区三里屯明墓出土

一九—二

灵芝、花卉（图一九—二）、桃枝、螭虎，如前引何良俊所说『双螭虎大金杯』。常熟环城路原色织四厂出土金杯八件，桃枝单耳金杯六，灵芝双耳金杯一，更有双螭虎大金杯一件鹤立鸡群（图一九—三）。见载于《天水冰山录》者，尚有寿字、双鱼、古老钱、葵花，又有『人耳』，此所谓『人』，当是伎乐、仙人或童子。北京朝阳区三里屯明墓出土一件小金锺，器侧一个平直的弯柄，或即《金瓶梅词话》中说到的『小金把锺』❶（图一九—四）。

宋元时期流行的台盏，即承盘盘心耸出一个高台，高台上承酒盏，到了明代已近乎隐退，虽然名称犹存。此际曰『盘盏』，曰『台盏』，或曰

一九—三

❶ 见该书第四十七回所谓『吃酒的各样菜蔬出来，小金把锺儿，银台盘儿，金镶象牙箸儿』。

一九—四

图二〇
《三才图会》中的盘盏

图二一
金台盏（一副）
蕲春明都昌王朱载塎夫妇墓出土

图二二
《重订赵氏孤儿记》
明世德堂刊本

二〇

『台盘一副』，其实所云皆为宋元称作『盘盏』的一类，《三才图会》中的盘盏图〔图二〇〕与明墓出土自铭『台盏』者式样几乎无别，即是明证。明代盘盏一副中的承盘，就造型而言，与元代式样相比变化不是很大，中心凸起的浅台多以莲瓣纹为饰，其风格趋于规整。湖北蕲春蕲州镇雨湖村明都昌王朱载塎夫妇墓出土金台盏一副〔图二一〕，金盏式样与前举刘娘井墓出土银锺相同，台盘中心一个覆莲座，盘口沿铭曰『嘉靖拾玖年贰月内造金臺盞壹副共重贰兩捌錢贰分整』。也有与《三才图会》盘盏图相类即盏为双耳者，都算作明代盘盏亦即台盏一副的一般样式。明代绘画筵席用器中的盘盏也多与此式一致，如前举《朱瞻基行乐图》《入跸图》和《御世仁风》，如明世德堂刊本《赵氏孤儿》中的插图〔图二二〕。

二一

二二

图二三
银福禄盘盏（一副）
湖北蕲春明都昌王朱载塎墓出土

二三

盘盏一副中的盏，除器耳之外，通常无多装饰，匠心便多用于承盘。湖北蕲春明都昌王朱载塎墓出土银福禄盘盏或曰台盏一副〔图二三〕，银盘直径十六厘米，银盏高三厘米，口径六点九厘米，共重一百九十四点四克。银盏以一朵灵芝云为单耳，盏心鱼子地上一个双钩的『禄』字。银盘内底打作蟠空拏云的五爪双龙，中心铺展一朵宝妆莲花，花心鱼子地上双钩一个『福』字。出自湖北蕲春明荆恭王墓的一件银鎏金桃枝台盘，直径十五点八厘米，重一百四十六点八克，盘内底老干一株中分为二成合抱之势，拢住盘心的一大朵莲花，莲花花心用于承杯盏，只是杯盏已失〔图二四—一〕。大英博物馆藏一件银台盘，中心凸起矮矮的覆莲座，座心錾一朵灵芝，周环鱼子地上錾刻四季花卉〔图二四—二〕。出自北京海淀区明杜茂墓的银鎏金加冠进禄葵口盘，也是承盏之盘而失盏❶〔图二四—三〕，《天水冰山录》『盃

❶ 盘高一厘米，口径十五点五厘米。北京市海淀区博物馆《海淀博物馆》，图四七（『錾花鸟人物盏托』），文物出版社二〇〇五年。

爵』类列有『金加官进禄盏』，所失之盏应即此类。银盘中心一个承盏的浅台，外缘装饰一周鎏金莲瓣。其外的空间便布置为鱼子地上的古语图。下方一带山石，月台上一个小童捧冠前行，身后相跟一只梅花鹿，以寓『加官进禄』。上方一朵祥云，一只喜鹊，云后露出桂树的枝叶，树梢处为日轮。左侧山腰平台上两人指日观景，便是『指日高升』。右侧为桂树老干，树下一丛灵芝，攀援桂树的猴子伸臂指向一只蜜蜂。自然又是『封侯』之意。北京

二四—一

二四—二

二四—三

图二四—一
银鎏金桃枝台盘
湖北蕲春明荆恭王墓出土

图二四—二
银花卉台盘
大英博物馆藏

图二四—三
银鎏金加冠进禄葵口台盘
北京海淀区明杜茂墓出土

银鎏金加冠进禄葵口台盘局部

右安门外明万贵墓出土海水瑞兽纹金承盘，高一点二、直径十八点二厘米，重二百五十一点七克。盘心耸起山峰环绕一个双钩的『寿』字，其外打作滚滚浪涛，寿字右边是海水中的鱼化龙，此外四只瑞兽或身生双翼，或头上独角，凌波奔行〔图二四—四〕。从盘心做出的圆台来看，它也是台盘，原初必有一只与它纹样相与呼应的金盏合作一副。

金银酒器中，与酒壶构成组合的还有酒盂，开篇所举皇室『供用器皿·金器』一项有『壶瓶一对，酒注一对，盂子一对』；《春明梦余录》卷十七『寝庙器用』条曰『每庙壶一，盂一』。《天水冰山录》『纯金器皿』中的第一项便是『壶盂』，名目如『金飞鱼壶四把，金盂四个』，『金八仙庆寿壶一把，金盂一个』，等等。《世事通考·酒器类》中也列有『酒盂』，而这是反映了社会生活一般情景的。

酒盂造型仍是来自传统，平底、无足是它的基本特征，以光素无纹者为多，尺寸则有大有小。《天水冰山录》登录有『大金酒盂十个，中金酒盂十个，小金酒盂一十一个，金酒盂三个』。

图二四—四
海水瑞兽纹金承盘
北京右安门外明万贵墓出土

图二五一一 金盂
南京中央门外康茂才墓出土

图二五一二 银盂
南京雨花区刘家村张赫墓出土

图二五一三 花口金盂
湖北蕲春明荆恭王墓出土

图二五一四 金圆须弥座盘盂（一副）
北京定陵出土

二五—一

二五—二

二五—三

南京中央门外康茂才墓出土金盂高二点五、口径七点七厘米〔图二五一一〕；南京雨花区刘家村张赫墓出土银盂高三点九、口径十二点三厘米〔图二五一二〕。出自湖北蕲春明荆恭王墓的金花口盂一，口径十二、高三厘米，重八十八点一克〔图二五一三〕。康茂才墓出土者或属『中金酒盂』，后两例或属『大金酒盂』。与宋元相同，明代金银酒盂通常也有承盘。重庆江北织布厂明玉珍墓出土金酒盂，高二点四、口径八厘米，盂底铭曰『連盤四兩七錢半』❶，则此盘盂一副乃同时打造，只是发现时已失其盘。北京定陵出土的金圆须弥座盘盂一副❷〔图二五一四〕，酒盂为寻常式样，下面却是一个十分讲究的承盘。盘面图案为二龙戏珠，盘心凸起的圆环上面另外焊接一个承座，承座好似三弯腿带托泥的一个小几，束腰以朵云

二五—四

❶《重庆中国三峡博物馆·重庆博物馆》，页二一一，文物出版社二〇〇五年。

❷盘盂通高六点七厘米，盂口径六点七厘米，承盘口径十四点一厘米，重一百六十克。北京市文物局《北京文物精粹大系·金银器卷》，图一一七（『錾云龙纹金盏、金托』），北京出版社二〇〇四年。

金錾八仙故事图八方盘局部

相环，束腰下面的牙子做成一周下覆的牡丹花瓣，于是足与足的空当之间同盘心圆环一起构成完整的壶门轮廓，成为须弥座式样。前引《朱瞻基行乐图》中亭阁外的方桌上放着三个盖罐，承托盖罐的亦为如此式样的三个须弥座。承座造型无疑来自同时代的香几。它的名称也见于《天水冰山录》，如『盘碗』类中的『金圆须弥座盘』『金方须弥座盘』。考古发现中的实物，似仅此一例。

北京右安门外明万贵墓出土金錾八仙故事图盘盂一副❶（图二六一—一～二），金盂为八方式，高二点九、口径七点八厘米，外壁八面各錾一个八仙中的人物：吕洞宾负剑，张果老负葫芦，蓝采和持拍板，韩湘子捧花篮，徐神翁吹笛，曹国舅肩后伸出一个笊篱，钟离权背后微露棕扇，铁拐李身侧探出铁拐。入葬年代为成化十一年，而随葬金银用器的制作时间当早于此年。墓主人之女是明宪宗宠妃万氏，金器出自宫廷赏赐也很有可能。八仙酒盂的人物安排可以与周宪王《新编瑶池会八仙庆寿》以及有内府演出本的《争玉版八仙过沧海》杂剧合看。后者第二折吕洞宾

图二六一—一
金錾八仙故事图酒盂

图二六一—二
金錾八仙故事图八方盘
北京右安门外明万贵墓出土

金錾八仙故事图酒盂局部

❶《北京文物精粹大系·金银器卷》，图五二（称作『錾人物纹八角金杯』）、图六五（称作『錾楼阁人物纹八角金盘』）。

二六一一

李铁拐·张果老·汉钟离

韩湘子·徐神翁·蓝采和

二六一二

唱一支〔滚绣毬〕——曹国舅将笊篱作锦舟，韩湘子把花篮作画舫，见李岳将铁拐在海中轻漾，俺师傅芭蕉扇岂比寻常，徐神翁撇铁笛在碧波，张果老漾葫芦渡海洋，贫道踏宝剑岂为虚诓，蓝采和脚踏着八扇云阳[1]。八仙酒盂錾刻的人物与《八仙庆寿》和《八仙过沧海》两部杂剧如此一致，应该不是巧合。周宪王《八仙庆寿》且借了韩湘子唱的一支〔南吕·牧羊关〕把仙人手中的道具一一赋予祥瑞的含义：李铁拐的一支拐是『拄乾坤万载千年』，『刚强如松柏坚』；徐神翁佩的葫芦『包藏着大地山河』，『满贮着灵丹药』；韩湘子提的篮儿是『提撕的福寿全』；吕洞宾的花『是个不老长生种』，『移种在蓬莱阆苑』。第四折结末又是吕洞宾唱的一支〔双调·水仙子〕，道是汉钟离遥献紫琼钩，张果老高擎千岁韭，蓝采和漫舞长衫袖，捧寿面是曹国舅，岳孔目这铁拐拄护得千秋，献牡丹的是韩湘子，进灵丹的是徐信守，『贫道庆寿呵，满捧着玉液金瓯』。曹国舅捧寿面是扣合他手中的一柄笊篱，韩湘子献牡丹则缘自他有令牡丹顷刻开花的神通。最终是『瑶池奉献仙桃寿，福禄顺尊星列宿，享富贵亿千春，乐荣华万年久』。

[1] 收入《孤本元明杂剧》（四），中国戏剧出版社一九五八年。

图二七—一
李白
《有象列仙全传》

二七—一

金盂内底心一人扶醉而坐。或以为此是太白醉酒❶，但如果器心人物为太白醉酒，则与外壁的装饰主题不甚贴合，并且它与明人塑造的李白形象也不很相符。明汪云鹏《有象列仙全传》卷六『李白』一则曰『醉堕江死』，『元和初，有人海上见白与一道士在高山上笑语，久之，与道士于碧雾中共跨赤虬而去』。这一段仙话原是从五代以来至宋元流行的李白骑鲸以寓游仙的传说演变而来，元曲中用到的李白典故即以『捉月沉江』为多，可以见出发展的线索❷。《列仙全传》同卷为故事所绘插图，便是一幅山巅云雾里的李白骑虬像〔图二七—二〕。

江苏淮安明王镇夫妇墓随葬书画中有徐良《太白骑鲸图》❸，《天水冰山录》『盃爵』类登录有『金素李白骑鲸大盃一个』。明末话本小说《鼓掌绝尘》第十三回说西湖边上有那博泥人儿的，泥人儿名目中有『李白骑鱼』。此外，李白在元明瓷器纹样中作为酒人形象

❶ 按前引《北京文物精粹大系·金银器卷》图版说明云：『金杯以范铸、焊接、錾花等工艺技法制作。杯为八方形，敞口折沿，向下渐收，平底。杯心为太白醉酒像，诗仙李白双眼平视前方，右手置胸前，左手扶一倒地的空酒坛，右腿支住右手，左腿横卧地上，外壁錾刻八仙人物。』

❷ 如汤式『谁承望捉月骑鲸再不来。酒。则被你断送了文章李太白』（〔黄钟〕《出队子·酒色财气四首》之一，隋树森《全元散曲》，页一六〇五，中华书局一九六四年）；又无名氏『沉醉也把明月水中捞』（〔越调〕《柳营曲·李白》），同前，页一七三四。

❸ 入葬年代为弘治十六年（一五〇三）。江苏省淮安县博物馆《淮安县明代王镇夫妇合葬墓清理简报》，图版叁：一，《文物》一九八七年第三期。按贯休诗《观李翰林真二首》句有『宜哉杜工部，不错道骑鲸』，诗人所见画图似即李白骑鲸（杜甫诗《送孔巢父谢病归游江东兼呈李白》『南寻禹穴见李白』，一作『若逢李白骑鲸鱼』）。

出现，也总是紧扣『玩月沉江』的题目❶。所谓『月映江心月在天』，似乎是『太白捉月图』中不可缺少的构图因素❷。

金盂外壁錾刻八仙，则器心人物也应内外呼应为仙人。与李白时代大抵相同而稍稍晚一点的还有一位著名的酒人，即张志和。他先仕后隐，很早即入编仙籍。一组极见旷达情怀的《渔父词》传之广远，以致与他一起唱和的颜真卿也成为神仙传中的人物❸。关于张志和的画图，米芾《画史》曾提到『唐画《张志和颜鲁公樵青图》』。樵青者，志和之婢也，为肃宗所赐。今此图不传，未知究竟如何。不过明《有象列仙全传》卷六有他的传记和图像。图绘万顷波涛中一叶坐席，席置酒坛和壶等酒具，张志和幞头，圆领袍，袍系革带与看带，手持高足杯，与云中舞鹤相对〔图二七一—二〕。明洪应明《月旦堂仙佛奇踪合刻》卷三《玄真子》中，也有一幅构图大体相同的画像，惟玄真子的身边多了

二七一—二

图二七一—二
张志和
《有象列仙全传》

❶ 如郭学雷《明代磁州窑瓷器》著录美国旧金山亚洲艺术馆藏一件白地黑花褐彩图罐（页六九，文物出版社二〇〇五年），罐腹一周三个开光，开光内的三个酒人分别是毕卓、陶渊明、李白，李白独坐江边，旁置酒盏与注壶，天边云朵捧出明月与江心之月相辉映。

❷ 金人蔡珪《太白捉月图》：『寒江觅得钓鱼船，月映江心月在天。世上不能容此老，画图常看水中仙。』薛瑞兆等《全金诗》，册一，页四六六，南开大学出版社一九九五年。

❸《云笈七签》卷一一三下『玄真子』云：『玄真子姓张名志和，会稽山阴人也。博学能文，进士擢第，善画，饮酒三斗不醉。守真养气，卧雪不寒，入水不濡。天下山水，皆所游览。鲁公颜真卿与之友善。真卿为湖州刺史，与门客会饮，乃唱和为渔父词。其首唱即志和之词，曰：「西塞山边白鸟飞，桃花流水鳜鱼肥。青箬笠，绿蓑衣，斜风细雨不须归。」真卿与陆鸿渐、徐士衡、李成矩共唱和二十五首，递相夸赏。而志和命丹青剪素，写景夹词，须臾成五本，花木禽鱼，山水景像，奇绝踪迹，今古无伦。而真卿与诸宾客传玩，叹伏不已。其后真卿东游平望驿，志和酒酣为水戏，铺席于水上，独坐饮酌啸咏。其席来去迟速如刺舟声，复有云鹤随覆其上。真卿亲宾参佐观者，莫不惊异。寻于水上揖手以谢真卿，上昇而去。今犹有宝传其画在人间者。』

一具钓竿〔图二七—三〕。两幅明代版画所绘都是玄真子在水戏中酒酣乘席仙去之际的奇幻。以版画与金盂内心的塑像相对看，可以见出形象的一致，而后者的一点巧思在于『留白』，即波涛的效果正要靠满斟于杯中的酒来表现，这一构思原也是来自传统工艺，如在杯心做出游于莲叶之上的小龟。当然版画的时代或晚于金盂，但所本的故事则是同源，——《有象列仙全传》作者序云，是编『共成五百八十一人，而有像则二百二十二人。何则？王母多齿，尚父无髭，非可拟议而想像者，宁用阙如，以俟博识云尔』。可见此书的『出像』取之有据，版画与金盂中的形象因此不妨互证。

金盘高零点九、直径十六点二厘米。纹样錾作一幅楼阁人物图。金盘所承为盂，因此承盘盘心不做出承足的浅台，即如第六章所举南宋张同之墓出土的一副银盘盂。盘内画面临水一座高阁，门前酒望高挑，楼上有人置酒对饮，有人登临远眺。楼脚一带通衢，

二七—三

图二七—三
张志和
《月旦堂仙佛奇踪合刻》

有人马络绎而行。水畔一株高柳，柳边现出一角石桥。酒楼顶端松枝掩映，松梢处涌出几朵流云，云间二人，上风处一人负剑，下风处一人捧篮。

与金盂外壁的八仙相呼应，金盘图案表现的人物故事应为马致远《吕洞宾三醉岳阳楼》，云朵上的两个人便是点明度脱主题，即第一折里吕洞宾在岳阳楼把自己提着的墨篮交付柳树精，约定三十年后度他成道。

度脱剧是元杂剧的流行题材之一，明代这一类剧目则常常搬演于寿筵。朱有燉《瑶池会八仙庆寿·序》云：『庆寿之词，于酒席中，伶人多以神仙传奇为寿，然甚有不宜用者，如韩湘子度韩退之，吕洞宾岳阳楼，蓝采和心猿意马等体，其中未必言词尽皆善也。故予制《蟠桃会》《八仙庆寿》传奇，以为庆寿佐樽之设，亦古人祝寿之意耳。』这里被认为的『不宜用者』，大约也正是当日经常搬演的几种。从纹饰来看，万贵墓出土的金錾八仙故事图盘盂一副为上寿的贺礼或庆寿宴席中用器应无疑义。而另一件不妨和它对看的明黑漆螺钿八方盒，适可作为这一图式之流

图二八
明黑漆螺钿八方盒
大阪市立美术馆藏

图二九
金匜
北京海淀区董四墓村明墓出土

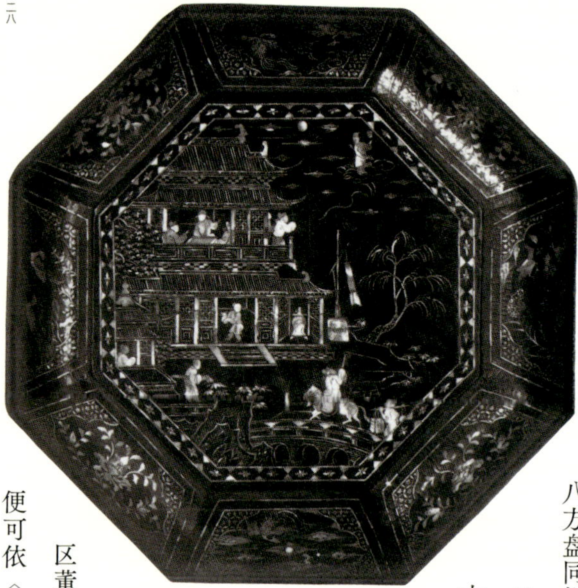
二八

行的一个旁证。漆盒今藏日本大阪市立美术馆，盖面图案与金八方盘的构图大体一致，石桥，垂柳，酒望，高阁，高阁上下内外的各色人物，基本要素都是相同的。惟天际一朵祥云中只有负剑持扇者一，而以负剑为标识，可知这里讲述的是与金八方盘同样的故事，不过略作变化而已❶（图二八）。

前面说到元代酒器组合有马盂，即上古礼器中用于盥洗的匜，于口流下面设置环柄而得携行之便，明代金银器中仍有匜，不过口流下方多不设环柄。《世事通考》中的《磁器类》下列有『匜』，注云：『音移，盛水之器也。』《天水冰山录》『爵盏』一项列有『金素匜盏』和『金素大匜盏』，那么当是把它作为酒器的。北京海淀区董四墓村明墓出土金匜光素无纹（图二九），便可依《大水冰山录》将它命之为金素大匜盏。

二九

❶ 东京国立博物馆《中国の螺鈿》，图九五，便利堂一九八一年。

三　高脚杯与镶金银木锺木碗

如前所述，锺有酒锺，也有茶锺，二者似乎没有严格的区分。《金瓶梅词话》第十六回道『银镶锺儿盛着南酒』；同书第十三回，『叫小丫鬟拿了一盏果仁泡茶来，银匙，雕漆茶锺』。惟下有高足者，称作高脚锺，总是用作饮酒的。上引书第十三回『银高脚葵花锺，每人一锺』。《天水冰山录》开列的『金高脚菊花盃一十二个』，也是这一类。浙江龙游县窖藏的一对晚明金高脚菊花锺便是实物之例❶〔图三〇〕，金锺高十、口径七点五厘米，器底锥点铭文『崇祯十三年仲春月余四六置吉旦』。金锺内心则分别双钩『行』『文』二字。

三〇

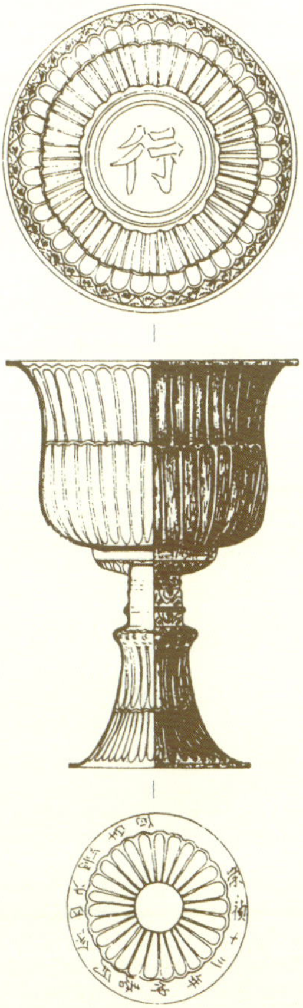

图三〇
金高脚菊花锺
浙江龙游县窖藏

❶ 朱土生《浙江龙游县窖藏明代金杯》，页九六，《文物》一九九三年第二期。

图三二—一
金镶花梨木碗之金里以及金底铭文
兰州市郊上西园明肃藩家族墓出土

图三二—二
剔犀银里碗
蕲春明永新王墓出土

图三二—三
剔犀银里碗
浙江省博物馆藏

三二—一

漆木锺碗而镶金镶银，大约只是为着考究。建文二年刻本《皇明典礼》『妆奁』一项的金器类中有『托里葫芦盏一对』，又『浑抹金银托里木器』一类，列有椀、托、茶锺、按酒碟、果楪、菜楪。前引《礼部志稿》皇室『供用器皿·金器』一项有『托里胡桃木碗四个』，『托里胡桃木锺子一对』。《醒世姻缘传》第一回曰晁秀才得了华亭知县的美缺，于是『买尺头，打银带，叫裁缝，镶茶盏，叫香匠作香，刻图书，钉幞头革带，做朝祭服，色色完备』。可知『镶茶盏』也是显示身分的排场之一。

漆木碗镶金银的做法宋代已经流行，实物如江苏张家港市杨舍镇戴港村宋墓出土的一件剔犀银里碗❶。分别出自北京定陵和兰州上西园明肃藩家族墓的金镶花梨木碗〔图三二—一〕，又湖北蕲春蕲州镇刘家咀明永新王墓出土以及浙江省博物馆藏剔犀银里碗〔图三二—二～三〕，在做法上与此几乎相同。定陵出土凡四件，形制相同，大小稍异，其中一件通高十点五、口

三二—三

三二—二

❶ 碗高六点八、口径十三点八厘米，同墓出土为一对，墓主人卒于北宋大观元年。陈晶《中国漆器全集·三国至元》，图一一九，福建美术出版社一九九八年。

径十八点九厘米，重三百三十克，木足外所嵌金底铭曰『大明萬曆庚申年銀作局製金廂花梨木椀一箇，托全』。肃藩家族墓出土者金里和底已经与碗分离，金里高四点五、口径十四厘米，金底铭口『嘉靖拾陸年四月十七日監造，內使武鎮，銀匠湯鎮，金重貳兩玖錢，除底在外』[1]。出自蕲春蕲州镇黄土岭明荆藩宗室墓的暗八仙寿字银镶木锺，高三点一、口径四点七厘米〔图三二〕，常州博物馆藏银镶木锺，通高四点五、口径五点三厘米[2]，便都是银镶锺儿，制作也与金镶木碗相同。总之，这一类器皿在工艺上并无特别之处，不过是以金银彰显豪华，却也因此成为小说用来构筑生活细节而不肯轻易放过的一笔。

三二—一

三二—二

图三二—一
暗八仙寿字银镶木锺之一

图三二—二
暗八仙寿字银镶木锺之二
湖北蕲春蕲州镇
黄土岭明荆藩宗室墓出土

[1] 林健《明代肃王研究》，页八六，甘肃人民出版社二〇〇五年。

[2] 《常州博物馆五十周年典藏丛书·漆木金银器》，页四四，文物出版社二〇〇八年。

四 劝杯

宴席中人手一只的酒锺尺寸固然是小，——在西人利玛窦看来，『他们的杯子并不比硬果壳盛的酒更多』[1]，但几巡过后，便常常会换取大锺，此锺每每式样别致，于是用它『劝饮』『传饮』，或口『侑酒』。再有，宴席初开，宾主礼敬，用作『把盏』的酒杯也总要别择美器。古玩自然最为珍罕，玉器则每在诸品之上，此外有镶嵌珠宝及制作精巧的金器。

作为席间的劝杯，金银桃杯和各种花式杯在宋元时代已经很流行，说见本书第六章。明代一面继承前代，一面发展为新的样式和风格。至于用法，则大致相同。如《金瓶梅词话》第四十九回曰西门庆伴着蔡御史在花下饮酒，『韩金钏拿大金桃杯满斟一杯，用纤手捧递上去，董娇儿在旁捧果』。又《梼杌闲评》第三十七回，『戏完换席行令，崔呈秀是令官，张体乾是照察。……恰值一杯酒轮到应星』，应星以有恙为辞，体乾不依，『应星道：「非好为推辞，因有小恙，故不敢饮，就是昨日在家母舅处，也未曾饮。」体乾道：「你拿这大帽子来压我，再罚一大杯。」拿

[1]《利玛窦中国札记》（何高济等译）第一卷第七章，页六八，中华书局一九八三年。

三三一一

图三三一一
金折枝花卉纹枝梗把杯
河南新蔡县城北门外出土

图三三一二
银梅花枝梗把杯
河南偃师市城关乡老城村出土

一只大梅花金卮杯斟满送来』。体乾不住寻事，末了惹得应星勃然大怒，『就把手中的梅花杯劈面打去，正中体乾的鼻梁，杯上的枝梗打了，陷在脸上』❶。应星，即傅应星，母舅便是魏忠贤。应星虽是魏的外甥，却很不满于魏的种种倒行逆施，此所以忿击魏党张体乾也。这里说到的『大梅花金卮杯』，便是席间用来劝酒的一只『大杯』。

河南新蔡县城北门外出土金折枝花卉纹枝梗把杯，杯身打作一树玉兰，一侧焊接枝梗为杯柄，高三点二、口径六点七厘米（图三三一一）。出自偃师市城关乡老城村的银梅花枝梗把杯，杯身乃梅花一朵，老干为柄，缀着骨朵的枝条宛曲花下为杯足。两例都是不同于宋元花式杯盏的明代样式，《梼杌闲评》中的所谓『大梅花金卮杯』，后者约略近之（图三三一二）。

北京永定门外南苑明万通墓出土金镶宝狮柄杯，高一点九、口径八点一厘米，重七十六点八克❷。柄是一个平置的金板，金板上打制系着彩结的绣毬，其上再焊接戏毬的小狮子，狮子脖颈下戴了一个绕出小环的带子，小环里原初或许会系铃。杯心嵌一

三三一二

❶《梼杌闲评》又名《明珠缘》，不题撰人，作者大约为明末人。书中所叙之事最晚者为崇祯三年。

❷《北京文物精粹大系·金银器卷》，图九一。

图三四—一
金镶宝狮柄杯
图三四—二
金镶宝桃杯
北京永定门外明万通墓出土

三四—一

三四—二

大颗红宝（图三四—一）。同出又有一件金镶宝桃杯，杯以老干做柄，柄上伸展出金枝金叶，金叶和杯心分别接焊石碗，内里镶嵌红蓝宝石（图三四—二）。杯高四点四、长六点八、宽五点二厘米，重八十二点五克[1]。《天水冰山录》列有『金嵌珠宝桃盃一十二个』，『金嵌宝桃盃八个』，也是这一类。金杯银杯镶嵌珠宝，原是分外奢华的做法，自非寻常酒器，或多用作席间的劝饮之具。

[1]《北京文物精粹大系·金银器卷》，图八九。

累丝作多用于首饰，器皿一类则不多见，大约因为如此做法费工费时不说，且须置内胆，自然增加用料。《天水冰山录》登录纯金器皿共三千一百八十五件，金厢珠宝器皿共三百六十七件，累丝作，只有『金嵌珠宝累丝葵花盘一个』。首都博物馆藏一件镶玉嵌宝金累丝八卦云龙杯，系北京房山区大韩继村多宝佛塔内采集，高十一点五、径八点一厘米，重一百八十克❶。内层一个光素的内胆，外杯累丝作卷草，卷草纹上贴焊打制成形的各种纹样。中腰四个开光，光内嵌白玉龙，上方开光之间的累丝卷草地子上分别嵌宝和贴焊鸾、凤、龙、鹤，下方三朵流云间嵌宝。以窄金条分隔的装饰带里贴焊八卦纹，近足的一周为杂宝，圈足和口沿各环以回纹〔图三五〕。以它的用材考究和工艺繁复，原初也当是席间劝酒的美器。

三五

图三五
镶玉嵌宝金累丝八卦云龙杯
北京房山区大韩继村多宝佛塔内采集

❶《北京文物精粹大系·金银器卷》，图一九八。

图三六—一
《裴度香山还带记》
明世德堂刊本

三六—一

五 爵杯

爵是先秦礼器中的酒器，在祭礼中用于敬神，在宴饮中用于敬客。《仪礼·乡饮酒礼》『主人坐取爵实之，宾之席前，西北面献宾』，郑注：『献，进也，进酒于宾。』《诗·大雅·行苇》『或献或酢，洗爵奠斝』，郑笺：『进酒于客曰献，客答之曰酢。』这里说的正是宴饮时的情景❶。敬神与敬客，爵的这两种用途后世一直沿用下来，直到明清。明代好古之风尤盛，《四友斋丛说》卷三十四曰：『近年以来，吾松士夫家所用酒器，唯清河、沛国最号精工，沛国以玉，清河以金。玉皆汉物，金必求良工仿古器仪式打造，极为精美，每一张燕，粲然眩目。』❷爵杯自然是『古器仪式』中最有代表性的一类。

用于敬酒，其用途便如前节所说是酒筵中的劝杯，如明世德堂刊本《裴度香山还带记》插图中的场景〔图三六—一〕。而饮酒行令的时候，爵又或用作罚觥，比如万历刻本《元

❶《考工记·梓人》曰『梓人为饮器，勺一升，爵一升，觚三升。献以爵而酬以觚，一献而三酬，则一豆矣』。进酒于客曰献。主人再先饮，劝宾饮，谓之酬。献、酢、酬，合称一献。《仪礼·乡饮酒礼》郑注：『酬，劝酒也。』酬又作醻，《诗·小雅·彤弓》郑笺：『饮酒之礼，主人献宾，宾酢主人，主人又饮而酌宾，谓之醻。醻犹厚也，劝也。』

❷其下并云『余意以为更得一二陶匏杂厕其间，少存古意，尤为尽善。然二者较之，终是玉胜』，总之是以古意为尚。清河，似指张之象。沛国，疑即朱大韶。下一则纪事说到作者曾将旧年所买古玉杯尽卖与朱文石家，文石公，便是朱大韶，亦即著名的《宣和玉盃记》里的故事主人之一。

曲洗·杜蕊娘智赏金线池》中的一幅插图。图中所绘桃柳之间的会饮，原是剧中颇为热闹的一折，即韩辅臣出钱安排酒果，暗中请得诸姐妹来劝杜蕊娘回心转意。饮酒行令之际，杜蕊娘约定『酒中不许题着韩辅臣三字，但道着的，将大觥来罚饮一大觥』。偏是她一开口，先就道着『韩辅臣』，姐妹们道：『姨姨，你可犯了令也，将酒来罚一大觥。』这里便绘着张嬷嬷、李妗妗、闵大嫂三人各持盘盏一副，惟杜蕊娘手中是一只爵盏，即所谓『罚觥』〔图三六—二〕。上海卢湾区明潘允徵夫妇墓出土一件银爵杯，便是如此样式❶〔图三七〕。

❶ 杯高五点三厘米，何继英《上海明墓》，页一〇五，彩版六〇：四，文物出版社二〇〇九年。

三六—二

图三六—二
《杜蕊娘智赏金线池》
万历刻本

三七

图三七
银爵杯
上海卢湾区明潘允徵夫妇墓出土

爵杯也常用来作为礼敬，而又以寿礼为常。《金瓶梅词话》第五十五回列举西门庆送给蔡太师的寿礼，中有『狮蛮玉带一围，金镶奇南香带一围，玉杯、犀杯各十对，赤金攒花爵杯八只，明珠十颗』。又话本小说《珍珠舶》卷二第三回曰金生做了侯官知县，『忽值都院寿辰，各县馈贺，俱有数百金礼物。金生检视箧内，止余俸银四两七钱。连忙唤进匠工，着令打造巧样爵杯二只，并将金扇四柄，亲自赍赴辕门』❶。湖南通道侗族自治县江口乡出土南明窖藏一件银爵杯，铭曰『丁亥仲夏祝弗翁党公祖寿治生胡尚益具』❷。公祖是对知府以上地方官的尊称。党公祖即党哲，弗翁其字也，明末靖州知州。胡尚益为靖州人，曾任明末四川岳池县知县，因对家乡长官以『治生』为谦词。那么此即南明隆武二年（一六四六）在外为宦者呈送家乡长官的一份寿礼❸。

北京定陵出土金镶宝爵杯盘一副，爵杯高十点三厘米，器身打作二龙戏珠，其侧一个云雷纹的把手，口沿接焊的一对爵柱及底部接焊的三足之端均为龙首衔珠。爵底外壁铭文一周：『萬曆年造足色金重五兩一錢七分。』承盘高一点二、口径十五

❶《珍珠舶》，署『鸳湖烟水散人著』，『鸳湖烟水散人』，即徐震，由明入清。清代依然此风。洪昇杂剧《四婵娟》第二折曰王羲之欲往卫夫人府中行拜师之礼，僮儿云：『这等兑一对镌名的杯儿，上面刻着「门生王羲之百拜，恭为卫老夫人晋爵」。』

❷怀化地区文物工作队等《湖南通道发现南明窖藏银器》，页八八，《文物》一九八四年第二期。

❸顺便说到谈迁《枣林杂俎》中的一则纪事，即《智集》『禁金银酒器』条：『癸未冬，禁金银酒器袪服。南都公宴列银爵，或欲撤之。总宪张藐山先生曰：第安之。非大臣，此器更谁用乎。』这里的银爵，当泛指银制的饮酒之具。

图三八—一 金镶宝爵杯盘（一副）
北京定陵出土
图三八—二 金爵杯
湖北钟祥明梁庄王墓出土

三八—一

点九厘米，盘内纹饰与爵杯一致，亦为二龙戏珠，盘心则是高高凸起的一个承座，承座的祥云杂宝地子上打作三个嵌宝花瓶，瓶里满插金枝、金叶和嵌宝的金花〔图三八—一〕。杯与盘总重五百三十一点五克。明梁庄王墓出土金爵一〔图三八—二〕、银爵一，原是并置于一个鎏金托盘。建文刻本《皇明典礼》『妆奁』一节的『金器』项下列有『双台盏一副』，那么这一组三件，或可名作双爵杯盘一副。金爵的三足为实心，足之一錾铭，曰『成色金四两叁钱伍分重』，『钱』字用的是宋代常见的俗体。银爵的流下左右二足各有铭，左足曰『外度金三分』，右足曰『银三两玖钱』。承盘打作海浪，盘心高耸两峰成为两个托柱，下边各有一龙在浪涛中绕山转腾。

三八—二

六 套杯

酒器中尚有一类名套杯，也称沓杯。方以智《通雅》卷三十三《器用·古器》考辽代酒器匹裂，乃以『沓杯』为释，曰『今之沓杯，俗曰套杯，或六或五，外大内小』。严嵩《恭纪恩赐诗》其十七《赐银套杯六小大各异以礼乐射御书数字别之》：『银质金书六字文，酌时随量浅深分。贵同玉瓒藏为宝，德比醇醪饮自醺。』『酌时随量』，即酒户大小之意，便是酒量小用套杯之小者，酒量大，则用大者。《天水冰山录》『银器』项下列有『银方套盃三副，共重四十四两六钱』，未知这一套是否也在其内。

所谓套杯，即若干件（比如十或十二）为一套，基础样式是造型相同、大小为次，摆开来，为数件；收束起，则套叠为一器，而杯口平齐。叶恭绰《遐庵小品》『明刘大夏银杯』条记述所收明制银酒杯一套，『凡十二具，皆方形。一、底镌「东山草堂」四字，内镌「兰亭修禊」四字并图，外镌「大明皇帝赐金」六字；二、底镌「淳村老樵」四字，内镌「西园雅集」四字并图；三、底镌「乾坤灯下景」五字，内镌「香山九老」四字并图；四、底镌「乐天知命轩」五字，内镌「柏梁诗宴」四字并图；五、底镌「茅亭花景」四字，内镌「赤壁泛舟」四字并图；六、底镌「望日楼」三字，内镌「洛社耆英」四字并图；七、底镌「越安居」三字，内镌「东山携妓」四字并图；八、底镌「愚溪子」三字，内镌「竹林七贤」四字并图；九、底镌「广雅堂」三字，内镌「浔阳三隐」四字并图；十、底镌「渔长」二字，内镌「商山四皓」四字并图；十一、底镌「杯隐」二字，内镌「青莲酒肆」四字并图；十二、底镌「情禅」二字，内镌「醉卧瓮下」四字并图。……按明刘大夏有东山草堂，李梦阳曾赋《送刘大司马归东山草堂歌》，中有句云「赐出倾朝皆动色，白金之铤红票记」。又《昭代纪略》云：「刘大夏被上眷，曾手白金一铤受之，曰小佐尔廉。」是刘氏确有赐白金事。是杯之属刘物，了无可疑也』❶。故宫博物院藏一组十二件人物故事图银套杯，系周怀民捐献，银杯由大而小，可以依次套叠，合置之后口沿平齐，如同一器。银杯外壁光素无纹，内壁线刻人物故事图，内底阴刻与画面相应的故事名目〔图三九〕。银杯的外壁题刻、外底所镌堂号以及内里的图画名

三九—一

图三九—一 人物故事图银套杯 故宫博物院藏

图三九—二
人物故事图银套杯之一外壁题刻

图三九—三
人物故事图银套杯之一内底心

图三九—四
人物故事图银套杯之一『东山携妓』图（局部）

三九—二

三九—三

目，与叶恭绰藏『明刘大夏银杯』几乎相同（个别字相异，或是彼书流传过程所致）。虽然这十二件银套杯未必是刘大夏物，不过借此故事而制作却不无可能。或考订套杯『醉卧瓮下』典出朱彝尊而判定套杯为清代制品[1]，殊不知『醉卧瓮下』乃著名的毕卓故事。套杯纹样的人物服饰和形象风格与明代版画一致，尤以『东山携妓』一幅最为鲜明，则为明人制作无疑。

三九—四

[1] 叶恭绰《遐庵清秘录·遐庵谈艺录》，页三八三，上海书画出版社二〇一九年。

[1] 张丽《定制的文雅与奇趣：银质刻人物故事图方斗式套杯赏析》，《紫禁城》二〇一五年第六期。

七 托盘

与酒盏构成固定组合的承盘之外，明代经常使用的尚有托盘，时称托子。托盘盘心不做出浅台，用途更为多样。建文刻本《皇明典礼》『妆奁』一节的『金器』类中列有『托盘一个』；《礼部志稿》皇室『供用器·金器类』中有『楞边胡桃木托子』，前者是金托盘，后者便是包金边的木托盘。不过就材质来说，托盘实以漆器为主，《三才图会·器用》中的托子图便是明代漆盘常见的几种纹样和造型〔图四〇〕，《世事通考·漆器类》列举的『漆盘』，即此属。它在明代漆器中也多有实物可寻，如故宫博物院藏明中期的一件剔红喜鹊登梅图盘❶。金托盘的造型和纹饰与漆器也大体相同，不过比较而言，金银器的数量要少得多。实例可以举出重庆长寿火神街窖藏中造型

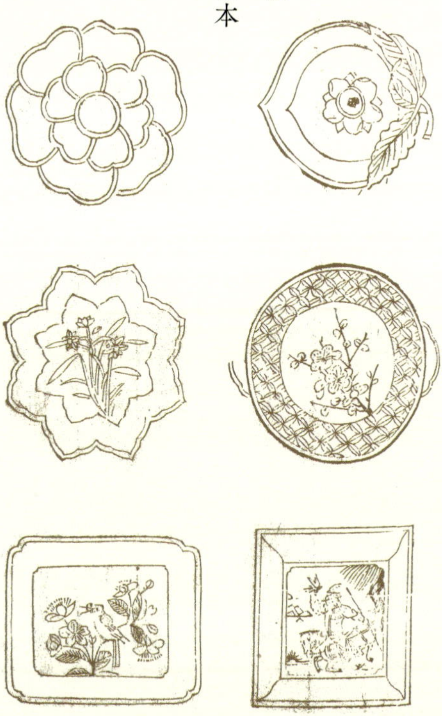

四〇

托子

图四〇
《三才图会》中的托子

❶ 夏更起《故宫博物院藏文物珍品大系·元明漆器》，图一〇七，上海科学技术出版社等二〇〇六年。

图四一一一
银鎏金喜鹊登梅图寿字托盘

图四一一二
银满池娇托盘
重庆长寿火神街窖藏

相同的银鎏金寿字盘四件，中有银鎏金喜鹊登梅图寿字托盘（图四一一一）、银满池娇托盘❶（图四一一二）。窖藏尚有银桃杯、银鎏金灵芝双耳杯、银八骏图盏，银祥云飞鹤纹鼎等❷，多是上寿的礼物。

四一一一

四一一二

❶ 银鎏金喜鹊登梅图寿字托盘长十二点五厘米，宽十二点二厘米；银满池娇托盘长径十二点二厘米。《重庆中国三峡博物馆·重庆博物馆》，页二一四～二一五。

❷ 窖藏为兵部尚书陈新甲之物。陈新甲崇祯十三年为兵部尚书，十五年以泄密和议事遭帝诛。《明史》卷二七五有传。杨伯达《中国金银玻璃珐琅器全集·金银器》第三卷，图二六六至二七三，河北美术出版社二〇〇四年。

莲塘鹭鸶是元代流行的装饰题材，也可以算作满池娇纹中的一种。银盘图案在装饰趣味中保持了传统纹样的构图活泼，虽不过二三莲叶，三五莲花，一枝并蒂莲蓬，却偃仰开阖各具风姿，竟仿佛翠盖遮天，花红映日，满池风动。贴着水边一对慈姑叶是这一图式的标志性元素，中间一只跷脚鹭鸶头顶飞起蓑羽，——或称此图案为『莲鹤纹』，所谓『鹤』，其实是白鹭，枕部披垂的两根长翎是其特征。陆玑《毛诗草木鸟兽虫鱼疏》曰白鹭『头上有毛十数枚，长尺余，毵毵然与众毛异』，唐刘象《鹭鸶》『洁白孤高生不同，顶丝清软冷摇风』，南宋徐照同题诗『一点白如雪，顶粘丝数茎』，皆为之传神，而那正是它恋爱与生殖时节的标识。空白处满布的鱼子纹一面如同池塘涟漪，一面也把图案衬托得鲜明。

与此性质相似的还有出自湖南通道侗族自治县江口乡的一处南明金银器窖藏，前已举出其中的一件银爵杯。以金银器为寿礼是明代普遍的社会风气，对薄有资产者来说，它要比古玩、玉器更易备办。

八　茶壶、茶匙

与前朝相同，一席馔器中少不得茶具。茶壶或有提梁，前举定陵出土明器中一件自铭『锡杏叶茶壶』者，为式样之一〔图四一一〕。有柄有流的一种，与酒注造型的大致区别在于前者矮壮，后者瘦高。山西汾阳圣母庙明代壁画中圣母出宫的行列里并行着捧了金酒壶和金茶壶的宫女〔图七〕，正可见出茶酒器的这一分别。出自北京定陵的一把银壶为孝靖皇后物，通高十三点八厘米，是矮壮的茶壶样式〔图四二〕。茶壶又或用古称叫它汤瓶。《金瓶梅词话》第二十回，『只见李瓶儿梳妆打扮』，『迎春抱着银汤瓶，绣春拿着茶盒，走来上房，与月娘众人递茶』。此银汤瓶即银茶壶。早期酒注与汤瓶的区别很小，而酒注原是从汤瓶中分化出来，本书第三章已经说到。其实在日常生活中，器具的使用本来是很灵活的，《遵生八笺》卷十一《燕闲清赏笺》『论古铜器具取用』一节提到，砚炉『右方置一茶壶，可茶可酒，以供长夜客谈』。

两宋时代茶汤多在酒后，明代则每每饮茶在先，且以果茶

四二

图四二
银茶壶
北京定陵出土

为常，因此总会配上一柄取果的茶匙。且看利玛窦眼中的一番情景：『客人就坐以后，宅中最有训练的仆人穿着一身拖到脚踝的袍子，摆好一张装饰华美的桌子，上面按出席人数放好杯碟，里面盛满我们已有机会提到过的叫作茶的那种饮料和一些小块的甜果，这算是一种点心，用一把银匙吃。』[1]

加添各种果料的茶，自有它的饮用方式与器具，本书第六章《茶匙》一节已略事申说，此在明代小说中也有不少描写。如《金瓶梅词话》第七回，西门庆与孟玉楼正说着话，『只见小丫鬟拿了三盏蜜饯金橙子泡茶，银镶雕漆茶锺，银杏叶茶匙。妇人起身，先取头一盏，用纤手抹去盏边水渍，递与西门庆』。同书第三十五回道夏提刑来访，『棋童儿云南玛瑙雕漆方盘拿了两盏茶来，银镶竹丝茶锺，金杏叶茶匙，木樨青荳泡茶』。在成书稍晚的《醒世姻缘传》中也有大致相同的情节，如第五十四回曰『童奶奶使玉儿送过两杯茶来，朱红小盘，细磁茶锺，乌银茶匙，羊尾笋夹核桃仁茶果』。可知红漆盘，银里茶锺，银茶匙，是很精致的一套奉茶待客之具，而小小一柄茶匙在小说中不仅不被忽略，且特

[1] 《利玛窦中国札记》（何高济等译）第一卷第七章，页六八，中华书局一九八三年。

别借了金、银质地的不同见出来客的身分不同。

茶匙的式样本不止一种，点茶时用作击拂的茶匙是其一，蔡襄《茶录》『茶匙』条：『茶匙要重，击拂有力，黄金为上，人间以银、铁为之，竹者轻，建茶不取。』镇江出土一件宋代柳叶式铜茶匙，应即此类❶。而饮加料茶的时候便又有用作取果的茶匙。高濂《遵生八笺》卷十四《饮馔服食笺·上》『茶具十六器』一项列有『撩云』，注曰：『竹茶匙也，用以取果。』所谓『取果』，这里可以理解为两用，即点茶时的取果和饮茶时的取果。前引小说中的红漆盘，银里茶锺，银茶匙，是此茶匙之用也。而由《西游记》中的几段描写可以见得更加清楚。第二十六回曰『那呆子出得门来，只见一个小童，拿了四把茶匙，方去寻锺取果看茶』。又第六十四回说道『两个黄衣女童，捧一个红漆丹盘，盘内有六个细磁茶盂，盂内设几品异果，横担着匙儿，提一把白铁嵌黄铜的茶壶，壶内香茶喷鼻』❷。明富春堂刊本《千金记》中的一幅插图绘那坐定吃茶的光景，正是一人手里一只茶锺，锺里一柄茶匙〔图四三—一〕。明万历刊本《东晋志传·羲之

❶ 郭丹英等《茶匙》，页四五，《收藏家》二〇〇九年第五期。按文中举出的茶匙式样很不少，遗憾的是把两类茶匙混为一谈。

❷ 又同书第七十三回曰师徒就坐，道士急唤仙童看茶。『当有两个小童即入里边，寻茶盘，洗茶盏，擦茶匙，办茶果。……茶罢，收锺。……道士吩咐七个蜘蛛精把毒药四分』，『却拿了十二个红枣儿，将枣掐破些儿，揌上一厘，分在四个茶锺内，又将两个黑枣儿做一个茶锺，着一个托盘安了』。

图四三—一
《千金记》
明富春堂刊本

决策于殷浩》插图中的两个童子一人提茶壶，一人捧茶盘，盘子里一对茶锺，里面各一柄茶匙❶〔图四三—二〕。

开篇举出上海闵行区明南京吏部尚书朱恩家族墓出土银器一组，中有杏叶茶匙一柄〔图一〕。明梁庄王墓出土金茶匙，通长十五点五厘米，重十一点八克。细长的匙柄做出一段竹节纹，匙叶轻薄形若一枚杏叶，叶心图案为团花，花心一朵小簇花镂空做，此乃金杏叶茶匙❷〔图四四—一〕。北京定陵出土银鎏金茶匙，匙叶图案造型为当时流行的工艺品纹样蝶赶菊，菊花的特征用花蕊来表现，而在花瓣之间镂出规整的五个细孔，匙柄依然是传统做法，即中腰偏上的位置装饰一段竹节纹，而柄端又做出一朵如意云头。通长十七点七厘米，重十二克❸〔图四四—二〕。

前引《江西省大志·陶书》供御瓷器中有醋注，同书『器皿估数』一节中所录醋注的尺寸，是『高四寸五分』。金银器中则有『金醋注壶』❹，皇室供用金银器皿中的汁瓶，当也是

四三—二

图四三—二
《东晋志传·羲之决策于殷浩》插图（局部）
明万历刊本

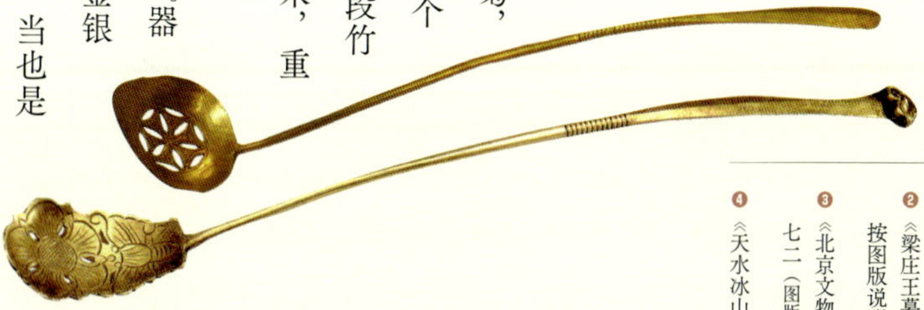
四四—一
四四—二

图四四—一
金杏叶茶匙
湖北钟祥明梁庄王墓出土

图四四—二
金茶匙
北京定陵出土

❶ 书名全称《新锲重订出像注释通俗演义东西晋志传题评》，《明清珍本版画资料丛刊·五》，页六四。
❷ 《梁庄王墓》，页三五，彩版二四：三。按图版说明作『金漏勺』。
❸ 《北京文物精粹大系·金银器卷》，图一七二（图版说明作『银鎏金花蝶纹勺』）。
❹ 《天水冰山录》登录有『金醋注壶二把』。

图四五
金汁瓶

图四六
金汤鼓
北京海淀区董四墓村明墓出土

四五

与此相类之器，如北京海淀区青龙桥董四墓村明嫔妃墓出土的一件金汁瓶。器底铭曰『银作局弘治元年六月内造汁瓶一把，盖、攀全，計八成色金二十两重』❶。金瓶造型类如玉壶春瓶，瓶盖的宝珠钮下垂缀一根链索与套在瓶颈的金箍相连〔图四五〕，它应该就是铭文所云『盖、攀全』。

同出还有金汤鼓一具，器高二十六点二、口径十五厘米，重九百克。外底铭曰：『银作局弘治元年六月内造湯皷一个，盖、替、環全，計八成色金二十五两重。』❷汤鼓两肩各设一个提环，口沿坐一个窄平沿的浅盆，盖顶焊接空心宝珠钮，钮里边预置一个金属球，启盖即作响〔图四六〕。作为宫禁用膳之器，且出自内造，如此设施，当是求巧之心为少，而以戒备成分为多。铭文所谓『替』，便是坐在口沿的浅盆。汤鼓也作汤鼞。王鏊《震泽长语》卷下，曰『正德中，籍没刘瑾货财』，有『金银汤鼞五百』；『嘉靖初，籍没朱宁货财』，有『金银汤鼞四百』。而在《世事通考》中，『汤

❶《北京文物精粹大系·金银器卷》将此瓶器底铭文系于金执壶下（图一〇二），今经查证，原当是此金瓶之铭。

❷《北京文物精粹大系·金银器卷》，图九七（『金汤敦』）。

金汤鼓铭文

四六

金汤鼓打开

四七—一

图四七—一
《博古叶子·一万贯》
顺治八年刊本

鼓』是列在『酒器类』里的，或是作为温器，——『汤』之古义为热水。高濂《遵生八笺》卷十四《饮馔服食笺》『臊子蛤蜊』条提到汤鼓子，曰『以蛤蜊先用水煮去壳，排在汤鼓子内，以臊子肉浇供』，可见汤鼓的用法之一。陈老莲绘制《博古叶子》中『一万贯』的一枚，为晋何曾食前方丈供具盛极之状，主人食案左侧即放着一具汤鼓，里面插着长柄勺，汤鼓上的蕉叶纹和双螭柄，自是为求古意❶〔图四七—一〕。在清前期版画里还可以看到汤鼓的使用，如清梁延年编《圣谕像解》『孚及畜犬』一幅，楹柱前的矮案一角放着一个有拉手的汤鼓，小童一手捧碗，一手持勺伸向汤鼓〔图四七—二〕。

馔席用器自然还要有果碟、菜碟、按酒碟，菜碗、汤碗，饭碗、匙筯以及用于丰富席面高置果品的看盘。看盘，即前举《裴度香山还

四七—二

图四七—二
《圣谕像解·孚及畜犬》
康熙二十年承宜堂刊本

❶ 作于清顺治八年（一六五一），黄子立刻，郑振铎《中国版画选》，荣宝斋一九五八年。

图四八
金镶宝花盘
北京永定门外南苑明万通墓出土

带记》插图中食案边上所设的一溜。北京永定门外南苑明万通墓出土一面金镶宝花盘，直径十六点三厘米，重近二百九十克，盘心的宝妆莲略略凸起，莲心錾花一朵，窄平沿錾一周缠枝卷草，卷草间嵌宝，以足花开烂漫之意〔图四八〕。从式样看，大约是用作果盘。梁庄王墓和定陵均出土金匙和金箸[1]〔图四九〕。银匙、银箸的例子则更多〔图五〇〕。北京海淀区北下关地区出土一副银箸，通长十九厘米，另有一个口沿设环的银套，可以随身携带〔图五一〕。

四八

[1] 后者金匙一把，金箸一副，均出土于随葬的器物箱里，匙柄铭曰『大明万历庚申年银作局制金匙一把重二两』，金箸铭曰『大明万历庚申年银作局制金箸一根重二两』。《定陵》，页一六〇。庚申为万历四十八年。

图四九—一
金匙

图四九—二
金箸
湖北钟祥明梁庄王墓出土

图四九—三
金匙与金箸
北京定陵出土

图五〇
银匙
南京中央门外明康茂才墓出土

图五一
银箸与银箸套
北京海淀区北下关地区出土

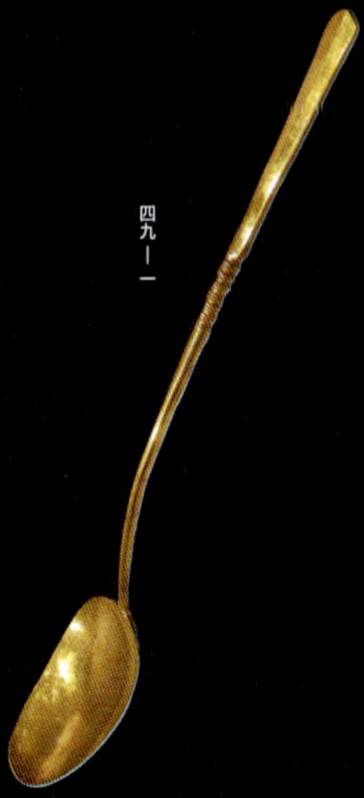
四九—一

四九—二

四九—三

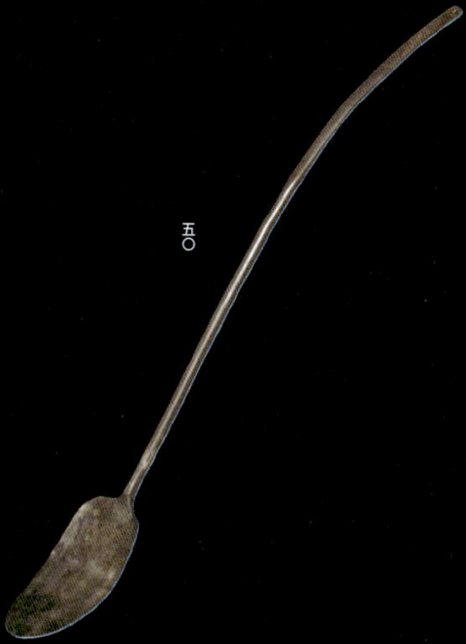
五〇

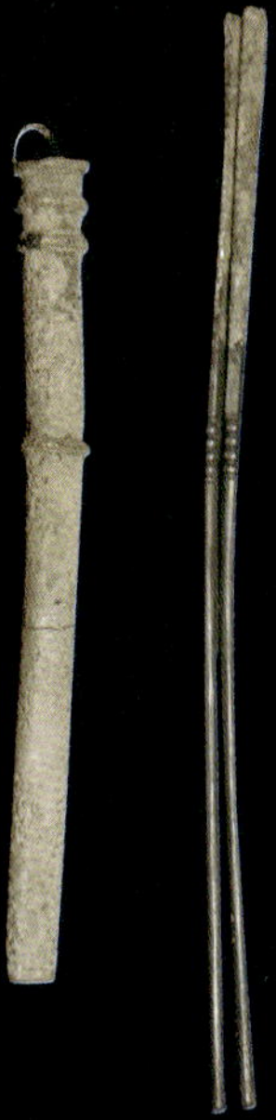
五一

图五二
带柄金罐
北京定陵出土

图五三—一
银葫芦
湖北蕲春刘娘井荆端王次妃墓出土

五二

第二节

日用杂器

日用杂器制以金银，非有力者不可备办，因每出于宫禁及贵胄显宦之家。定陵出土的带柄金罐两件，为万历帝用物，尺寸和形制基本相同，据铭文所标重量，两件分量相差仅一钱。金罐腹部浅錾双钩的『尚冠上用』四个字，底部双钩『大明萬曆年御用監造八成五色金重二十二兩四錢』。通高十八点四、口径九点三厘米，重八百九十五克〔图五二〕。两件金罐都有使用和磨损的痕迹，或推测它是药罐[1]。刘若愚《酌中志》卷十六内府衙门职掌『御药房』条：凡圣体违和，御医诊后，计药开方，具本，『御药房用金罐煎进之，罐口以「御药谨封」缄之』。

蕲春刘娘井荆端王次妃墓出土一个银葫芦瓶〔图五三—二〕，亚腰上套双环，环里穿一条银链与盖顶的宝珠钮系连。银盖内里尚有短短一小截残柄，原初也许是个取物的小勺。

五三—一

[1] 《定陵》，页一五三。

五三—二

五四

银壶铭文

图五三—二
金葫芦
明都昌王朱载塎夫妇墓出土

图五四
银壶
湖北蕲春刘娘井荆端王次妃墓出土

葫芦通常是用作药器，如前引周宪王《八仙庆寿》云徐神翁佩的葫芦『满贮着灵丹药』，仿真的金银葫芦或由此取意。南京明黔国公沐启元墓出土一枚小金葫芦，高五点四厘米，内存药物❶。出自明都昌王朱载塎夫妇墓的金葫芦高六点五厘米，大约是同样的用途〔图五三—二〕。刘娘井墓与银葫芦同出的一把银壶是不多见的式样，直颈与壶腹尺寸相近，盖钮上拴着一个银环，当日应有系链与壶柄相连，据壶底铭文，它乃称作小壶❷〔图五四〕。

❶ 南京市博物馆《江苏南京市明黔国公沐昌祚、沐睿墓》，页五〇，《考古》一九九九年第十期（后被订正为沐朝辅、沐启元墓）。药葫芦也多见于明代版画，如明万历二十五年闽书林郑氏云斋刊本《新锲纂集诸家全书大成断易天机》卜卦图中的『天地剥』，又万历四十三年《性命双修万神圭旨》中的『内外二药图』。

❷ 壶底铭曰：『嘉靖叁拾肆年拾贰月内造小壶壹把重拾陆两叁钱肆分整。』

图五五—一
银直颈瓶
湖北钟祥明梁庄王墓出土

图五五—二
南宋官窑粉青釉直颈瓶
元汪世显家族墓地四号墓出土

图五五—三
金直颈瓶
北京海淀区董四墓村明墓出土

出自梁庄王墓的一件银直颈瓶似乎也不是明代金银器中的流行样式〔图五五—一〕，但南宋瓷器中有相近的造型，如甘肃漳县元汪世显家族墓四号墓出土的南宋官窑粉青釉直颈瓶❶〔图五五—二〕。梁庄王墓银瓶高十三点七、口径五、底径八点三厘米，重二百九十点七克，系由三部分焊接而成，『上部一件小口的长直筒为器颈，上下两端口外各焊接一道凸箍。……出土时，颈与体相通并焊牢，而体与底则已脱焊分离』。瓶外底铭曰『梁府承奉司造银捌两壹钱重』❷，可知是出自藩府工匠。北京海淀区青龙桥董四墓村明墓出土尺寸、式样相仿的一件金瓶〔图五五—三〕，高十三、口径四点七、底径八点九厘米，遍身錾云凤，底有铭曰

五五—一

五五—二

五五—三

❶ 瓶高十五点五、底径八点八厘米。甘肃省文物局《甘肃文物菁华》，图一三三，文物出版社二〇〇六年。

❷《梁庄王墓》，页四三～四四。

图五五—四
陈洪绶《听琴图》（局部）
故宫博物院藏

图五六—一
金香匙、金香箸与金匙箸瓶
北京定陵出土

图五六—二
《十八学士图屏》（局部）
上海博物馆藏

五五—四

五六—一

『隨駕銀作局宣德玖年玖月內造捌成伍色金拾伍兩重外焊伍釐』❶，那么是宫廷制作。此系熹宗嫔妃墓，天启年间下葬，与金瓶的制作年代相距近二百年。在画家笔下，类似的瓶器或是用来插花，如陈洪绶《听琴图》〔图五五—四〕。

金银制作香具，明代似乎不很流行，『炉瓶三事』中的炉多取瓷器，如前引《入跸图》中的哥窑瓶。香匙、香箸和匙箸瓶用铜器，香盒常用漆器。定陵出土属之于万历帝的金匙箸瓶是明代不多的实例之一，瓶乃投壶的样式，长颈錾如意云，圆腹錾龙凤赶珠纹，瓶里插着金香箸和金香匙❷〔图五六—一〕。式样与上海博物馆藏明杜堇《十八学士图屏》琴事一幅中大理石面剔犀香几上的匙箸瓶完全相同〔图五六—二〕。

五六—二

❶《北京文物精粹大系·金银器卷》，图四八（『錾云凤纹金尊』）。
❷《北京文物精粹大系·金银器卷》，图一二六（『錾凤纹金瓶、金铲、金箸』）。

图五七—一
鎏金双凤纹银盂
图五七—二
鎏金双凤纹银盆
北京海淀区董四墓村明墓出土

五七—一

清洁用器，如本书第六章所述，宋代有唾盂、钵盂、沙锣一副，元代则水罐、银盆，明代大体沿用。建文刻本《皇明典礼·妆奁》一节『素银器』下列有『面盆、水罐、水盂各二个』。《春明梦余录》卷十一《武英殿》『卤簿』一项记丹陛仪仗，其中列有『宫女十二人：金水盆一，金水罐一，金香炉一，金香盒一，金唾壶一，金唾盂一』。与宋元相同，银盂、银盆既是仪仗中物，也是平日的生活用具。前引《四友斋丛说》所云留客斋中，『次早用梅花银沙锣洗面』，银沙锣，则即银盆。明代帝后、藩王、贵戚墓葬银盆与银漱盂共处的例子有不少，造型大体相同，多无装饰。除有铭文者外，漱盂与酒盂的形制似乎没有明显区别，而它同面盆是否有组合关系，如果失去出土信息，也只能从纹饰的一致来推定，比如北京海淀区青龙桥董四墓村明墓出土鎏金双凤纹银盂和银盆，两器纹样一致，铭文相同❶〔图五七—一～二〕。

梁庄土墓出土造型相同的金盆、银盆各一，金盂、银盂各一，则金盂与金盆、银盂与银盆当分别构成组合〔图五八—一～四〕。出自蕲春明都昌王朱载塔墓的银漱盂与银盆各一〔图五九—一～二〕，

❶ 外底均有铭曰『大明萬曆辛巳年銀作局造』。此系天启年间嫔妃墓。《北京文物精粹大系·金银器卷》，图一二三。

五七—二

图五八—一 金盂
图五八—二 金盆
图五八—三 银盂
图五八—四 银盆
湖北钟祥明梁庄王墓出土
图五九—一 银漱盂
图五九—二 银盆
湖北蕲春明都昌王朱载塎墓出土

五八—一

五八—二

五八—三

五八—四

五九—一

五九—二

图六〇—一
银盂
图六〇—二
银盆
贵州遵义高坪镇明墓出土

六〇—一

均有铭文。漱盂外底铭曰『成化二十三年八月内造花銀嗽口盂壹箇重伍兩玖錢伍分整』，銀盆外腹部上沿铭曰『成化二十三年八月内造花銀盆壹面重肆拾伍兩伍分整』。贵州遵义高坪镇出土银盂、银盆各一〔图六〇—一～二〕，二者纹样题材一致。银盂高四点七、口径十一点八厘米，重一百三十七点六克，内底錾鱼藻纹。银盆高七、口径三十七厘米，重一千一百六十克。内底是一幅莲塘小景：水藻、莲叶、莲花、莲蓬、慈姑叶，中间四尾绕花的游鱼。平折沿上八个开光，光内祥云簇拥的圆环里錾八卦纹。口沿后壁铭曰『辛卯年拾一月吉日任巳至造壽盆一口，重叁拾叁两正，提调雁天明，匠人匡何藩』。今或推定此辛卯为嘉靖十年[1]。武清侯李伟墓出土银盂、银盆各一，外底正中均錾『慈宁宫』三字，『宁』缺末笔。银盆外环一周铭作『大明

六〇—二

[1] 墓葬非经科学发掘，推定为播州杨氏土司家族，器物展陈于贵州省博物馆，尺寸及铭文承贵州省博物馆提供。

萬曆壬午年御用監造銀重十三兩九錢』（图六一—一），银盂铭曰『大明萬曆壬午年御用監造銀重四兩』（图六一—二）❶，可知是同时打制的一组。定陵出土金漱盂七件，三件出自万历棺，两件出自器物箱，孝端后与孝靖后棺内各出一件，形制基本相同。铭文自铭『漱盂』或『盂子』。器腹内外均在沙地上錾云间的二龙戏珠，孝端后的一件（图六二），器底铭曰『大明萬曆辛丑年銀作局制八成色礦金沙地雲龍漱盂一箇重十兩經管官蔡奉銀匠楊宗禮』❷。二龙戏珠纹金盆，出万历棺。平沿錾上下对称的两组二龙戏珠，龙尾

❶《北京文物精粹大系·金银器卷》，图一二四，图一一八。

❷其中一件（一〇五）高五点九、口径四点三厘米，重三百七十五点五克。《定陵》，页一五八。

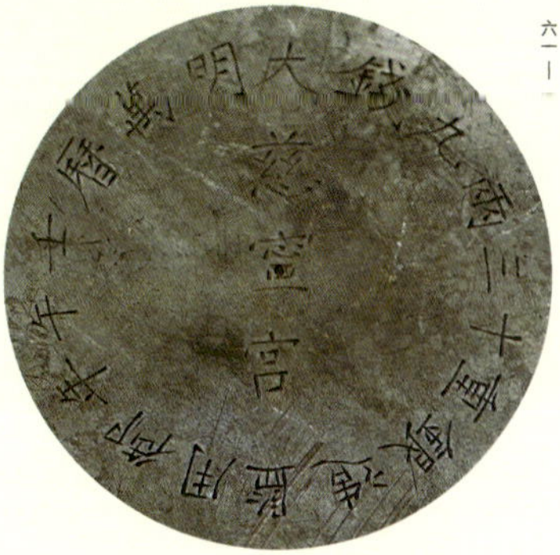
六一—一

六一—二

六二

图六一—一
银盆底部铭文

图六一—二
银盂底部铭文
北京海淀八里庄明李伟夫妇墓出土

图六二
二龙戏珠纹金盂
北京定陵出土

图六三
二龙戏珠纹金盆
北京定陵出土

相对的两处是海水江崖，盆内壁的两条龙却是首尾相对，盆心火焰纹中凸起一个半圆以象宝珠〔图六三〕。器底铭曰：『萬曆年造六成五色金重二十七兩三錢五分。』

六三

二龙戏珠纹金盆局部

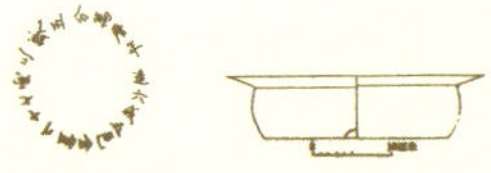

妆具，明代俗称拣妆，或作减妆。胭脂盒，粉盒，梳匣，抿匣，乃至印匣以及若干体己物事，悉可置于此器。明仇英《清明上河图》中一家小店铺前的招贴上写着『女工钢针梳具刷抿剪刀牙尺俱全』，此数物也正宜纳入拣妆。不过明代妆具以漆木器以及瓷器为多，金银制品发现很少，式样也不丰富。漆盒的使用比宋元更为广泛，或原因之一。湖北钟祥郢靖王墓出土一件金粉盒〔图六四〕，造型简单，略无装饰，器底铭曰『承奉司永樂九年十貳月内成造粉盒壹箇盖全九成色金伍两重』。定陵出土一件抿匣，系漆木为表，金为里，而表里俱无装饰，式样也很平常[1]。出自蕲春刘娘井荆端王次妃墓的银瓜鼠盒稍见意趣，瓜为器身，盖顶焊接一个瓜蒂上的小鼠为器钮〔图六五〕。造型原是取自当日的流行题材。银盒通高十点四、直径十四厘米，重近一百九十四克。式样别致

六四

六五

图六四
金粉盒
湖北钟祥郢靖王墓出土

图六五
银瓜鼠盒
湖北蕲春刘娘井荆端王次妃墓出土

[1] 《定陵出土文物图典》，图一二一。按此为万历帝用物。

图六六
童子持莲银盒
湖北蕲春明荆恭王墓出土

图六七
金镶宝盒
南京江宁将军山沐启元墓出土

者，有蕲春明荆恭王墓出土的一个童子持莲银盒〔图六六〕，器长六点五、厚七厘米，重十二点一克。造型取自装饰化的犀角，立墙一周卷云纹，盖面一个手擎莲花枝的小儿，边上飞着云朵、犀角和宝珠，上方有个合页用于启闭，盒里以三个银挡板分隔空间为四。出自南京江宁将军山沐启元墓的一枚金镶宝盒，不过掌心大小，造型如骰子，如灯毬〔第九章，图一九九—一〕，连同盒盖与盒底凡二十面，面面嵌宝〔图六七〕，是以宝见重了。

六六

六七

浙江临海明王士琦墓出土的几枚小盒[1]，是很有特色的一批，如银印匣〔图六八〕、银妆盒〔图六九〕、补衮图银盒、月仙图减银盒、银鎏金福寿字金锭式盒〔图七〇〕。妆盒盒表光素无纹，盒内里有一周窄窄的二层台，一枚做成古老钱式样的银片浮搁在上以为隔层，于是上下可以分放小件。它与补衮图盒、月宫图盒大约都是女子拣妆中物。

[1] 墓葬报道，最早见于《文物参考资料》一九五六年第十二期的一则简讯，以后有裘樟松等《王士琦世系生平及其墓葬器物》（《东方博物》第十一辑，浙江大学出版社二〇〇四年）。后者重点在于考证王士琦的世系与生平，对出土器物的样式、名称、工艺等未作详述。二〇〇七年春，承浙江省博物馆惠允并提供方便，得以仔细观摩，因写就《王士琦墓出土金银器的样式与工艺》一文，刊发于《东方博物》第二十八辑（二〇〇八年）。本卷所述均摘自此文，以下不再出注。

六八

六九

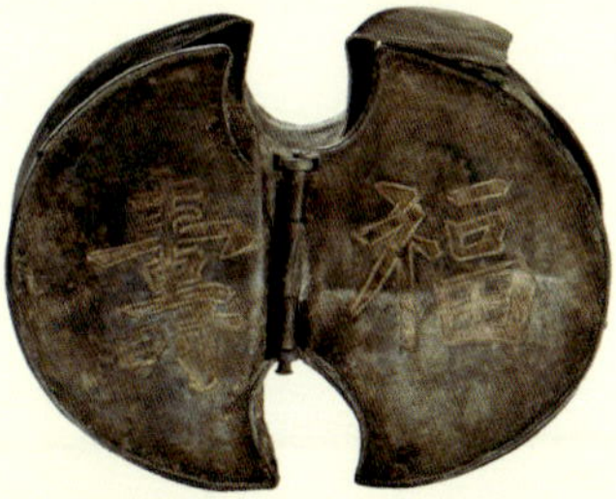

七〇

图六八 银印匣
图六九 银妆盒
图七〇 银鎏金福寿字金锭式盒
浙江临海明王士琦墓出土

图七一一一
补衮图银盒
浙江临海明王士琦墓出土

七一一一

补衮图银盒高三点三、口径五厘米，圆盒的边墙为麒麟送子图。背景是芭蕉山石、远山流云和北斗星，一小儿击鼓在前，一小儿相随持令旗，又有持钺小儿断后。中间是童子跨麒麟，前有小儿挽缰。盖面双钩圆光，内里錾刻一幅美人图：曲院一角敞轩一楹，粉墙内倚石栽竹，台阶之侧芳草几丛。轩内一女子穿针引线，凭桌补衣〔图七一一二〕。『补衮』题材常见于绘事。清王毓贤《绘事备考》卷六云宋尚衣夫人刘氏久掌内廷文翰，善画人物，所作有

补衮图银盒盖面

图七一一二
顾绣《补衮图》
故宫博物院藏

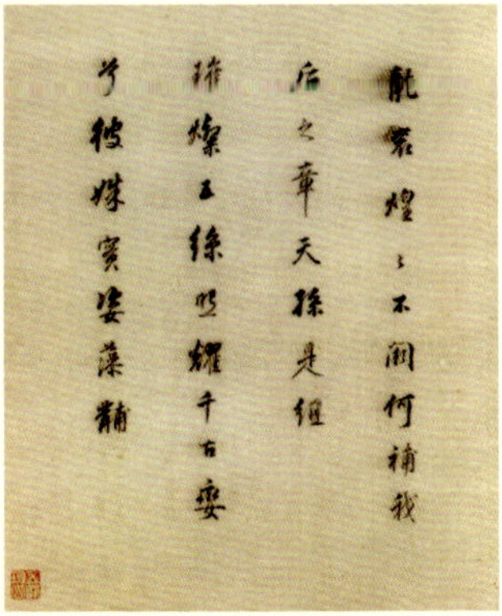

七一一二

《补衮图》。故宫博物院藏陈老莲《杂画册》中有自题『夔龙补衮图』一帧❶。明韩希孟绣宋元名迹册，《补衮图》为其一，绣品中女子的姿容意态与银盒图案差相仿佛，对页董其昌墨书诗赞曰：『龙衮煌煌，不阙何补。我后之章，天孙是组。璀璨五丝，照耀千古。娈兮彼姝，实姿（资）藻黼。』正是揭明图意❷（图七一一二）。『补衮』之典出自《诗·大雅·烝民》：『衮职有阙，维仲山甫补之。』可见这里的意思原是很庄重，而用为仕女画的题材，便可以把妇功的补衣切了『载道』之意，所谓『娈兮彼姝，实资藻黼』，乃是辅佐君王。图案既有如此含义，用来装饰女子妆具自然也最合宜。

❶ 又吴湖帆曾藏一幅《钟馗补衮图》（《青鹤》第一卷第六期，插页。原题作宋人画），画面左半为钟馗，右半为坐在山石桃树之畔补衮的女子。

❷ 上海博物馆《海上锦绣：顾绣珍品特集》，图一，上海古籍出版社二〇〇七年。按『我后之章』，『后』指君，上古时代天子和诸侯均可称『后』。

图七二
广寒宫图减银盒
浙江临海明王士琦墓出土

七二

另一件减银小铜盒长四点二、宽二点二厘米。盒盖为推拉式，因此只是一枚很薄的铜板。盖面錾出一个长方形的画框，画框里曲栏两合围出平台一角，左边是檐牙高啄的殿阁，当空高悬一轮满月，右边老桂一株，枝条低垂，下有玉兔，玉兔回望处亭亭一婵娟（图七二）。图案的制作工艺便是本书第一章和第五章里都已经提到的减银，即它是用錾子依画样錾出浅槽，然后在槽子里填嵌银丝，——盒盖图案银丝脱落处的刻槽今清晰可见。盖面纹样不妨呼之为『月仙图』或『广寒宫图』，它也是首饰中的流行题材，如《金瓶梅词话》第九十回，挑担子的来旺儿举出首饰纹样名目之一的『广寒宫』，如《三才图会》中的掩鬓图（第九章，图六八）。而借嫦娥与桂树的题目来说功名[1]，原是当日流行的一种设计构思。绘画中的例子也可作为此类题材的一种解读。明瞿佑《乐全续集·月仙画为王昱题》：『月宫舞罢白霓裳，玉兔相随到下方。知是桂枝新可折，故来分付探

[1] 如话本小说《珍珠船》卷二第二回道佳人秀玉赠金才子金生的一番光景：金生『回至庵内，取出那封银来，拆开一看，都是雪花细丝，又有素笺一方，上题绝句道：文章枉得十年名，犹为饥寒锢此身。月窟漫嫌天路杳，嫦娥应与桂花邻』。可见月宫、嫦娥这一组语汇通常使用中的含义。

花郎。』❶美国大都会博物馆藏一幅唐寅《折桂图》，图中女子右手持一册书卷，左手拈一枝桂花，右上方题诗曰：『广寒宫阙旧游时，鸾鹤天香卷绣旗。自是嫦娥爱才子，桂花折与最高枝。』

尚有形制颇为考究的唾盂，如北京定陵出土的金龙凤戏珠纹唾盂四件。此唾盂实为三件套，即把带折沿的小金盂坐在平底金罐的口沿，上覆一个莲苞式钮的金盖❷。同墓出土的锡明器中有自铭『锡唾盂』者，其小罐之下尚有一个高脚承盘❸。那么作为实用器皿，金唾盂也应是有承盘的。若以定陵为例，明代金银器皿还可以包括很多种类，如日常生活用具中的抿子盒、肥皂盒〔图七三〕、面盆，等等。不过此乃奢华之最，而制作工艺并无特殊之处。

七三

图七三
金肥皂盒
北京定陵出土

❶ 乔光辉《瞿佑全集校注》，页二五五，浙江古籍出版社二〇一〇年。

❷ 四件形制、大小基本相同，其中一件通高八点三厘米，共重一百九十点五克，《定陵》，页一五八；《定陵出土文物图典》，图六二、六三。按报告与图典均称之为『唾壶』，不过比照同墓出土自铭『唾盂』的锡明器，此以名作唾盂为是。

❸ 《定陵出土文物图典》，图四三八至四四一，图五五四。

第九章

明代饰品类型与样式

明代金银首饰的类型与样式，以全盛的面貌刷新了金银首饰设计、制作与使用的历史，此中当然也包含了对前代的继承和发展。王鏊《震泽长语》卷下记道：嘉靖初，籍没朱宁货财，中有『金首饰五百十一箱』。与此相同，《天水冰山录》所显示出来严府的财富聚敛，书画、织绣、金银及金银器皿、各种材质的珍奇雅玩之外，首饰也是重要的一项，绦钩、绦环、帽顶，头箍围髻、坠领坠胸、钏镯及杂样首饰等不计，金镶珠玉首饰凡二十三副，计二百八十四件，重四百四十八两五钱一分；金镶珠宝首饰一百五十九副，计一千八百零三件，重二千七百九十二两二钱六分；耳环耳坠共二百六十七双，共重一百四十九两八钱三分。万历籍没张居正家产，金首饰一项也赫然『七百四十八件，重九百九十九两』。更多的例子毋庸再举。

就已经公开发表的材料而言，明与宋元不同，宋元金银首饰今天能够见到的宫廷作品是很少的，明代则恰恰相反，即出自宫廷者占了很大的一部分。定陵所出不必论，其他如嫔妃、外戚墓，各地藩王及藩王家族墓，开国功臣墓，所出金银首饰实以宫样及追仿宫样者为主。此外的一个不同，是明代金银首饰多出自墓葬[1]，出自窖藏者不多。而金银首饰的发现以南方为多，这一点与宋元的情况相似。

考古发现中，出自明代王室属于女性的金银首饰，基本构成是金簪一对，金凤簪一对，金帔坠连钓圈一副。这原是聘礼的基本组成，因此金饰上面多有铭文，式样也很程式化，制作者主要是内官监和银作局，即所谓『内府制作』[2]。王世贞《凤洲杂编》卷五：洪武二十八年规定，『内官监掌成造婚礼奁、冠舄、伞扇、衾褥、帐幔、仪仗及内官、内使贴黄诸造作，并宫内器用、首饰与架阁文书诸事』。刘若愚《酌中志》卷十六《内府衙门职掌》『内官监』条曰其『所管十作』，『婚礼作』即其一。金银首饰的铭文也正与此相合。

皇室贵胄、缙绅巨富不论，即便中产之家甚至更下者，婚丧嫁娶也少不得金银头面一两副。至于首饰的样式与风格，则因为发髻有了一顶金丝编银丝编的鬏髻为支撑，簪首尺寸大一点便也无妨，于是簪钗类型和装饰手段可以更丰富，纹样布置可以更

[1] 平日习用者之外，女子以所珍爱的聘礼随葬，这在当时大约是很普遍的，而不论宫廷与民间。如《醒世恒言》第九卷《陈多寿生死夫妻》云，朱家欲退掉与陈家的婚约，因向女儿索要陈家聘礼即银钗二股，女儿却是不依，道：『生为陈家妇，死为陈家鬼，这银钗我要随身殉葬的，休想还他！』

[2] 关于内府金银器制作的详细考证，见张燕芬《明代内府金银器的制作机构与作品风貌》，文中并列有《明内府带铭金银器一览表》，《故宫博物院院刊》二〇一八年第三期。

复杂，元代簪钗装饰尚只是缩微的花鸟图、人物画，明代却可以妆成一个袖珍的舞台搬演连台本戏，更不必说紫蝶黄蜂、花须柳眼尽做成鬓边春色。当然这是以佳人的足不出户为代价，相望于『玉钗头上风』的唐代女子，是两个生活世界了。

与宋元相比，明代金银首饰显示出的一个最大变化，是以类型与样式的增多而在名称上有了细致的分别，大大小小的簪钗，均依插戴位置的不同，或纹饰、式样乃至长短之异而各有名称。如明《世事通考·首饰类》列出的若干名目：鬏髻，金丝髻，挑心，掩鬓，压发，围发，耳坠，坠领，等等[1]。——这里虽然不及质地，但对照存世实物，可知是以金银为主。明人因此常常言道『一副头面』。一副头面，少者十一二件，多者二十有余。中有大件，也有小件，有单件，也有成对，造型则各有不同，而装饰题材通常是一致的。如此大小相间、主次搭配、左右相谐、前后呼应的头面一副，自然很有设计感。换句话说，一副头面的图案构思，要义便在于同一题材之下，须使它有全景也有特写，合拢来可见密丽，分散开仍见精微，插戴起来亦圆融有序[2]。

[1] 该书全称为《新刻徽郡原板诸书直音世事通考》，明陆嘘云编，万历中谭城余云坡刊本。其版式为上下两栏，上栏为『诸书直音』，下栏即『世事通考』。前者系标注经典中的难字读音，后者与《碎金》相仿，而若干事物名称之下有简略的考释。本书所据为日人长泽规矩也编《明清俗语辞书集成》，上海古籍出版社一九八九年影印本。按此书所列首饰名称与《金瓶梅词话》中提到的颇多相合。而比较南宋与明初《碎金》的不同，可见首饰名称的丰富，大致始于明代初年。

[2] 头面簪戴本身竟也别成一项专门的技艺，以至于当日富贵大家女子欲盛妆出行，须雇专司其业的『插带婆』代为从事。明田艺蘅《留青日札》卷二十一『绣花娘·插带婆·瞎先生』条：『曰插带婆者，富贵大家妇女赴人筵席，金玉珠翠首饰甚多，自不能簪妆，则专雇此辈。颜色间杂，四面均匀，一首之大，几如合抱，即一插带，顷刻费银二三钱。』

明代首饰的纹样设计，第七章的讨论在此仍然适用，可以稍加补充的是，绘画依然是此际金银首饰设计构思的重要来源之一。前举《宋朝名画评》中的陶裔故事以为工艺与绘画相通的一个例证，此不妨举明代画家戴文进为例。毛先舒《戴文进传》：『先是，进锻工也，为人物花鸟，肖状精奇，直倍常工，进亦自得，以为人且宝贵传之。一日于市见镕金者，观之，即进所造，怃然自失。归语人曰：「吾瘁吾心力为此，岂徒得糈，意将托此不朽吾名耳。今人烁吾所造，亡所爱，此技不足为也，将安托吾指而后可？」人曰：「子巧托诸金，金饰能为俗习玩爱及儿妇人御耳，彼惟煌煌是耽，安知工苦。能徙智于缣素，斯必传矣。」进喜，遂学画，名高一时。』（《虞初新志》卷八）所谓『今人烁吾所造，亡所爱』，乃煎销旧物，制为新样，原是常情，仇英《清明上河图》即绘出专事倾销的铺子。锻工而能够成为卓有成就的画家，如陶裔，如戴文进，自然为数很少，但优秀的锻工必有绘画方面的造诣却是不错的。绘画在中国艺术史上一向被认为是视觉形象的最高表现形式，从绘画取材，包括取势、构图、造型等等，也便顺理成章。『谢赫六法』所谓气韵生动，骨法用笔，应物象形，随类赋彩，经营位置，传移模写，在金银首饰的设计中也不妨灵活运用。虽然其造型为形态、大小所限，制作为材料、工具所限，接通与绘画的联系自然也很受限制，但工匠对造型艺术的熟练把握，却可以使他扬长避短，寻找最宜于发挥己长的部分，而在图案化的空间里，随类赋形，经营位置，同样表现出『气韵生动』。实际上很多纹样设计构思的来源，都与绘画或同绘画关系更为直接的刺绣纹样有着密切的关系[1]。图式的选择，一般着眼于吉祥，喜庆，流传广远为人喜闻乐见。从这些实例中也可以看出，花果翎毛之外，人物及人物故事是明代金银首饰取材的重要一项。明代绘画虽然是以写意山水引领士大夫的审美趣向，但传统的人物故事画依然为一般民众所欣赏。这时候的神仙，则是扮演播送喜乐的祝寿脚色。脉望馆演出本《群仙朝圣》长生大帝云：『今因治世仁君，大行慈孝，感得上帝降垂天恩，风调雨顺，禾稼成熟，谷生双穗，麦秀二岐，人民甚是欢乐。恭遇圣皇寿诞，贫道欲令张紫阳同群仙，往下方与圣皇祝延圣寿去。』[2]其例也。

[1] 刺绣之先，须有画样，绣者习于绘事，自在情理之中。如新疆吐鲁番阿斯塔那第一八八号墓出土一方唐代《麹娘墓志》，志云麹娘『晨摇彩笔，鹤态生于绿笺；晚弄琼梭，鸳纹出于红缕』，『裂素图巧，飞梭阐功』（《新疆维吾尔自治区博物馆》，图七八，文物出版社一九九一年。麹娘出身原高昌王族）；如徐渭《四声猿·女状元辞凰得凤》第四出，周丞相道：『我那凤雏，可又因刺绣什么花样，也渐渐的学画得几笔水墨花草翎毛。』

[2] 《孤本元明杂剧》（四），中国戏剧出版社一九五八年。

此外，佛教艺术以及佛教人物中的妆束和器具，也是明代首饰取材的一个来源，佛字簪、摩尼宝亦即俗称之『火焰』、观音宝冠上的化佛，又八吉祥、佛手簪[1]、禅杖簪[2]，等等，初心自是取护佑之意，而每每式样细巧别致，神佛世界的世俗化为首饰设计开启思路，此中生长出来的装饰趣味也为清代所沿袭。

第一节 鬏髻与簪

一 鬏髻

鬏髻是女子戴在发髻上面的发罩[3]，因又有『发鼓』之名，俗称也作『壳儿』，见明佚名著《如梦录》『街市纪』[4]。发鼓的名字宋代已经出现，南宋张云翼编纂《碎金》，即把它列在《服饰篇》中的『梳洗』一项之下，写作『发骨』。发骨虽可算作冠之类，不过与冠相比又稍稍不同。因为两宋各种质地的冠子本身便为装饰，比如当日流行的团冠、角冠等等，发骨则适如其名，

[1] 如南京江宁殷巷出土的金佛手簪，南京市博物馆《明朝首饰冠服》，页一〇八，科学出版社二〇〇〇年；如浙江省博物馆藏金累丝佛手簪。

[2] 如湖南益阳出土的一枝，今藏益阳市博物馆。

[3] 孙机《中国古舆服论丛·明代的束发冠、鬏髻与头面》，页三〇九，文物出版社二〇〇一年。按鬏髻之定名，首见于此文。

[4] 该书称『布花壳儿』，其下清常茂徕注：『即妇人所戴小髻壳，汴中语若「苛」』。同篇又有『鬏髻布』，近人孔宪易注：『乃妇人之束发冠，用此布制成。富贵人家用金银丝编成。汴中四十年前仍存此物，外用黑色稀布，内实马尾，又名狄狄，假壳，女子成人后方戴。』

即功用在于把发髻撑起，以宜各式簪钗的插戴。明代的鬏髻只是罩发而并不覆首，尺寸因此不大，底部口径一般总在十厘米上下，略如一拳大小。

鬏髻要已婚女子方可戴得，明无名氏《山坡羊》三首之二所以曰『熬这顶鬏髻如同熬纱帽，想这纸婚书如同想官诰』❶。明冯惟敏杂剧《僧尼共犯》第四折明进与惠朗还俗后喜结连理，明进道『看你那头脑如何梳妆』，惠朗道『我买了三件儿：一顶酱盖似大鬏髻戴着，一绺黑鬒鬒长珊珊的头髮，挽着一方金花大手帕，连耳带腮紧紧的勒着』。后又唱道『挽上绺头髮，戴上顶鬏髻。好一个东西，改样的标致』。更俏皮的说法是《醒世姻缘传》第四十一回，狄希陈道：『我见人家女人因做勾当才戴鬏髻哩。』而一顶金冠又是见出身分的，《金瓶梅词话》第九十五回曰，玳安见过已是发达了的春梅，因回月娘说：『他住着五间正房，穿着锦裙绣袄，戴着金梁冠儿。』梁冠儿，即顶部起梁的鬏髻。鬏髻梁数不等，但并无品级的含义。

鬏髻通常是用金丝或银丝编就，它的里外又可以衬帛，覆

❶ 田守真《明散曲纪事》，页三四九，巴蜀书社一九九六年。

图一一一
《千金记》
图一一二
《双忠记》
明富春堂刊本

一一

纱，一面仍是装饰，一面用来适应不同场合的不同妆扮，比如平日覆皂纱，丧期覆白纱❶。明代所谓“头面”，并不包括鬏髻。《金瓶梅词话》第九十一回曰孟玉楼改嫁李衙内，是日县中备办各式礼物，中有“一副金丝冠儿，一副金头面，一条玛瑙带，一副玎珰七事，金镯银钏之类”。金丝冠儿，原是鬏髻，一副金头面，则另外列出。不过即便不施簪钗，一顶鬏髻罩在发髻之端，然后用一对或两对小簪子左右固定，也就是很体面的妆饰，明代戏曲版画中的老夫人也常如此妆扮，如明富春堂刊本《千金记》中的韩信母和《双忠记》中的张巡母〔图一一一～二〕。若年轻女子，则多半把它作为家常妆束。周亮工《闽小纪》卷四“鬏髻”条曰：“妇人戴鬏髻，天下同然，独福州兴化，既嫁仍如未嫁处子，绝不戴鬏髻，有则亦为簪首饰之具，见舅姑之后，即藏去矣。”这里说的是清初时候的情形，虽民风独特，鬏髻却依然是盛妆之际的“簪首饰之具”。而所谓“簪首饰之具”，便是各式簪钗或曰头面，皆周环鬏髻而插戴。

一二

❶《金瓶梅词话》第七十五回写吴月娘等人穿戴了出行，因尚在李瓶儿丧期，故“五个妇人会定了，都是白鬏髻，珠子箍儿，用翠蓝销金绫汗巾儿搭着，头上珠翠堆满”，“惟吴月娘戴着白绉纱金梁冠儿，海獭卧兔儿，珠子箍儿，胡珠环子”。作为孝服的白鬏髻，明富春堂刊本《商辂三元记》传奇的祭吊场面中，有清楚的形象。

背面

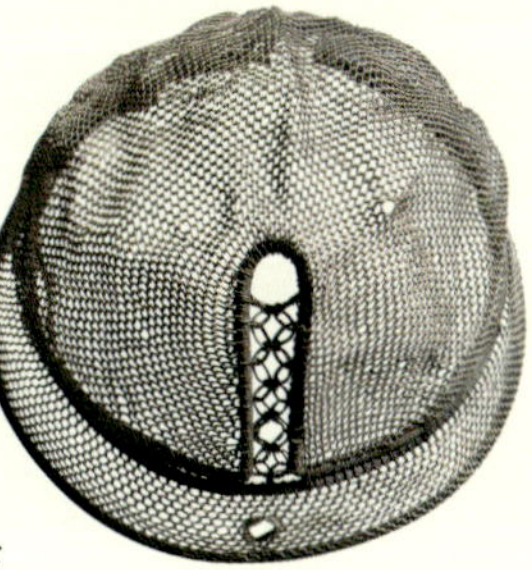

图二
金丝䯼髻
浙江安吉鄣吴景坞明吴麟夫妇墓出土

图三—一
金丝䯼髻
上海浦东新区陆深家族墓出土

金丝或银丝编制的䯼髻最常见，《世事通考·首饰类》列出的『金丝髻』，当是丝编䯼髻的总名。明人编纂《增补易知杂字全书·金银首饰靴鞋门》列有『牛鼻笼髻』，也是指这一类样式的䯼髻。因其外总要覆纱，故质地通常并不呈露。此外一类是用片材打制。讲究者，则更以珠宝镶嵌。《天水冰山录》『头箍围髻』一项，列有『金宝髻一顶』，『金髻三顶』，『金丝髻五顶』，正是如此三类。这是从材料说。以造型论，也可大略别作三种，即一为扁圆，一为高耸，再有便是牛角式。浙江安吉鄣吴景坞明吴麟夫妇墓出土金丝䯼髻，高五厘米，底径十点三厘米，其中一侧纵向编出一溜古禄钱，另一侧的圆孔内编一个『福』字❶（图二）。此可算作扁圆形。上海浦东新区陆深家族墓出土一顶金丝䯼髻，高十点五厘米❷（图三—一），细金丝编作一个耸出尖圆顶的网罩，两侧各有纵向编制的古禄钱，此可算作高耸式。上海闵行区马桥乡三友大队明墓出土蓝印花夹被图案中，有戴着此式䯼髻的佳人，即对弈图中画面左边的一

三—一

❶ 安吉县博物馆《安吉文物精华》，页一二一（金丝发罩），文物出版社二〇〇三年。

❷ 何继英《上海明墓》，彩版九一：四，文物出版社二〇〇九年。按本章援引上海明墓出土饰品，承上海博物馆惠允，均曾寓目，所述种种即为观摩所得，尺寸及出土信息依据此著。以下凡未采用此著图版的实例，不再一一出注。

图三—二

位❶〔图三—二〕。牛角式，可以无锡市郊区出土一顶金丝䯼髻为例〔图四—一〕。它与前件大略相同，只是顶部向后收分，略呈弯弧若牛角，此式因又有『假角儿』之称❷。无锡华复诚夫妇墓出土银丝䯼髻一顶，整体编作灯笼孔，一侧编作两溜古禄钱，另一侧的月洞孔内盘绕出一个『福』字，两侧下方各有两个孔洞用作插簪。通高九厘米，底径十一厘米❸〔图四—二〕。明嘉靖年间刻本《断易大成》插图绘出『女

图三—二
蓝印花布夹被图案
上海闵行区马桥乡明墓出土

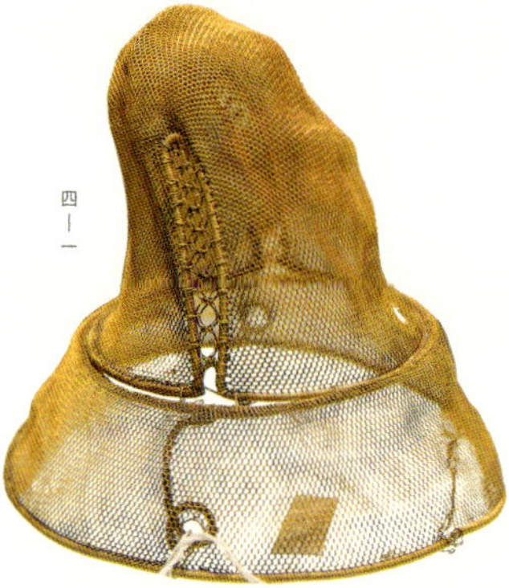

四—一

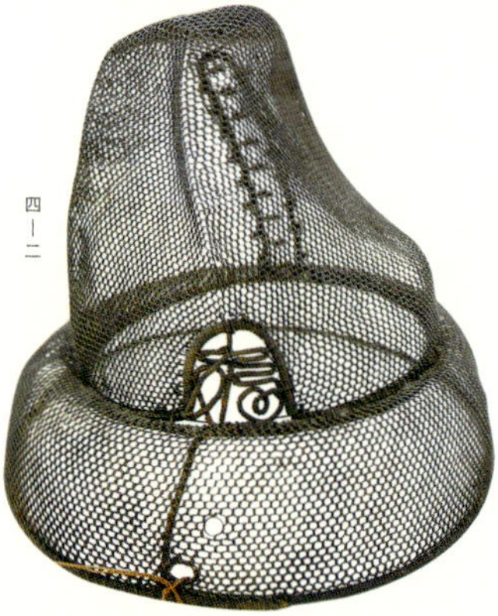

四—二

图四—一
金丝䯼髻
无锡市郊区出土

图四—二
银丝䯼髻
无锡华复诚夫妇墓出土

❶《上海明墓》，彩版一〇三：二。按页一五五介绍此图案曰『庭院内一对夫妇对弈，左边男主人背后站立一侍从』，非也。所谓『男主人』，实为佳人。

❷如明传奇《蕉帕记》第三出《下湖》：『你看提高处阿妈每好不标致，那一个不带假角儿的更妙也』。

❸无锡市博物馆《江苏无锡明华复诚夫妇墓发掘简报》，页一三九，图贰拾：三，《文物资料丛刊·二》，文物出版社一九七八年。简报述墓主人事迹云：『华复诚夫妇，《明史》无传。根据墓志记载：华复诚，别号元皋，生于明正德十三年，死于万历十六年，生前官至登仕佐郎、南京鸿胪寺鸣赞。』『妻曹氏，封孺人。生于正德十一年，死于万历三年。其父曹怀官至兵科给事中。』承无锡博物院惠允，得以亲睹实物，本章援引此墓出土物俱为观摩所得，尺寸及出土信息依据此文。以下不再出注。

在合边立』的图解〔图四—三〕，女子头上的一顶䯼髻，便如此式。朝鲜人崔溥作《漂海录》，说他在江南一带看到『首饰于宁波府以南，圆而长而大，其端中约华饰；以北，圆而锐如牛角然，或戴观音冠饰，以金玉照耀眼目，虽白发老妪皆垂耳环』。这是弘治年间事。从上下文意看来，『观音冠饰』，便是挑心。所谓『首饰』，当为䯼髻。『圆而锐如牛角』者，即前举之例。

以上几种造型也都可以制为梁冠。浙江临海明王士琦墓出土金丝福寿五梁冠一顶〔图五—一〕，金冠前低后高，大小约略如拳，重一百一十克有余。细金丝编作均匀的灯笼孔以成冠体，然后用圆条撑出冠顶的五梁、中腰和下缘的口沿。金冠迎面编一个立檐，其上系结粗金丝绕出来的『福』『寿』两个金字，一对细金条弯就的卷云纹系缀在金冠两侧。前后左右留出圆孔，花孔共五个，用来插簪。《三才图会·衣服》『内外命妇冠服』所绘『髻』图〔图五—二〕，正是如此一顶五梁冠，当然也就是时人俗称的䯼髻。《金瓶梅词话》第九十五回曰『春梅出来，戴了金梁冠儿，

图四—三

《断易大成》插图

「女在合边立」

金钗梳，凤钿』；《醒世姻缘传》第五十四回曰童七媳妇『戴着金线七梁鬏髻』；第七十一回，则又是『金线五梁冠子，青遍地锦箍儿』。所谓『金梁冠儿』『金线七梁鬏髻』和『金线五梁冠子』，都是指这一类细金丝编缀、其上再起冠梁的鬏髻。冠梁的数目

五—一

五—二

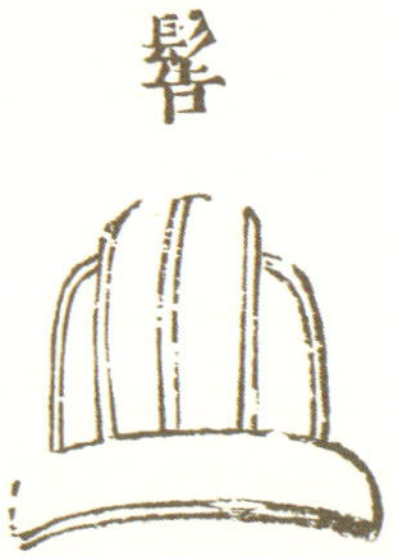

图五—一 金丝福寿五梁冠
浙江临海明王士琦墓出土

图五—二 《三才图会》中的髻

图五—三
金丝鬏髻
南通西郊钱𣡚墓出土

图五—四
金丝鬏髻
南京栖霞山二号墓出土

图六—一
杂宝纹金梁冠
南京中华门外邓府山佟卜年妻陈氏墓出土

图六—二
金梁冠
大同御河东路齐家坡沙厂出土

图六—三
金梁冠
大同四二五工地出土

五—三

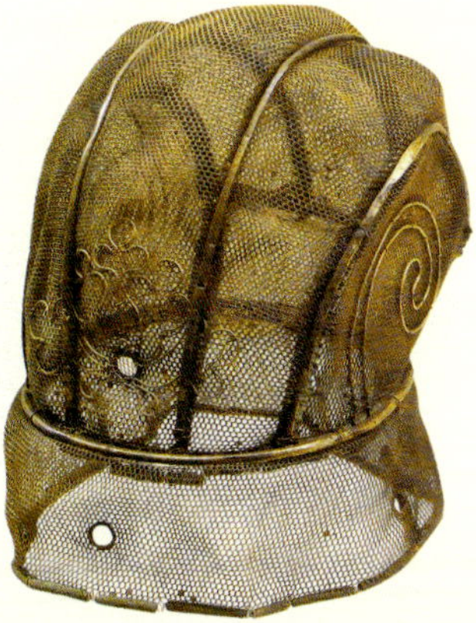

五—四

并无一定，南通西郊钱𣡚墓出土金丝鬏髻，便是四梁❶〔图五—三〕。梁冠当然也可以做得高耸，如南京栖霞山二号墓出土的一件❷〔图五—四〕。更不妨加意妆点，南京中华门外邓府山佟卜年妻陈氏墓出土金梁冠一顶，口圈和冠梁间遍饰杂宝与飞鸟❸〔图六—一〕。出自大同御河东路齐家坡沙厂的金梁冠，中起一梁把冠顶锥点纹地子上打制的二龙分在两边，口沿一周海水江崖，四向各有一个插簪的圆孔〔图六—二〕。大同四二五工地出土金梁冠则移用丝绸中的落花流水纹为装饰图案〔图六—三〕。

❶ 通高十一点五厘米，最大口径十二点五厘米，重五十四点二五克。钱𣡚字君望，嘉靖十一年进士，历抚州永平推官、浙江道御史等。《南通博物苑文物精华》，页二四（金丝发罩），文物出版社二〇〇五年。

❷ 冠高八点五厘米。南京博物院《金色江南：江苏古代金器》，页一四四（金丝发罩），江苏美术出版社二〇〇八年。

❸ 梁冠长径九点四厘米，短径九厘米。墓葬年代在顺治初年。南京市博物馆等《江苏南京市邓府山明佟卜年妻陈氏墓》，图版捌：四（『金包髻及金簪』），《考古》一九九九年第十期。

六—一

六—二

六—三

造型扁圆的无梁冠，也是一种类型，似流行于明代前期，如安徽凤阳县明严端玉墓出土的一顶金冠〔第十章，图一〇〕，严端玉系由元入明。南京江宁将军山明沐晟墓出土如意云纹金冠，系夫人程氏之物[1]，同出尚有一对金镶宝花头簪，用于插入金冠两侧的孔里与发髻固定〔图七一一〕。出自南京中华门外明蔡国公夫人墓的一件，与此式样近同〔图三九一二〕，墓葬年代为宣德八年，则两例的时代也一致。尚有同样造型横长式样却比较特殊的一类，如南京江宁将军山沐瓚夫妇墓出土金冠一顶[2]〔图七一二〕。金冠高十厘米，宽十二厘米，重一百七十三点一克。花瓣式金片各以连珠纹勾边，内里满錾如意云朵，由小而大层叠攒聚好似莲花冠，如同把张渥《九歌图》中湘君的发冠直接拈来作为粉

七一一

七一二

图七一一
金冠与金簪
南京江宁将军山沐晟墓出土

图七一二
金冠
南京江宁将军山沐瓚夫妇墓出土

[1] 金冠高五厘米，长十四、宽六点五厘米。沐晟为黔宁王沐英次子，卒于正统四年，追封定远王。程氏卒于宣德六年。南京市文物保管委员会《南京江宁县明沐晟墓清理简报》，《考古》一九六〇年第九期。

[2] 许长生等《东山撷芳：江宁博物馆暨东晋历史文化博物馆馆藏精粹》，页一八七，文物出版社二〇一三年。按图版说明未言出土信息，承南京市考古研究院相告，金冠出自沐英四世孙沐瓚夫妇合葬墓。

图七—三
张渥《九歌图》（局部）
上海博物馆藏

图七—四
金冠
昆明呈贡沐氏家族墓
沐详夫妇墓出土

七—三

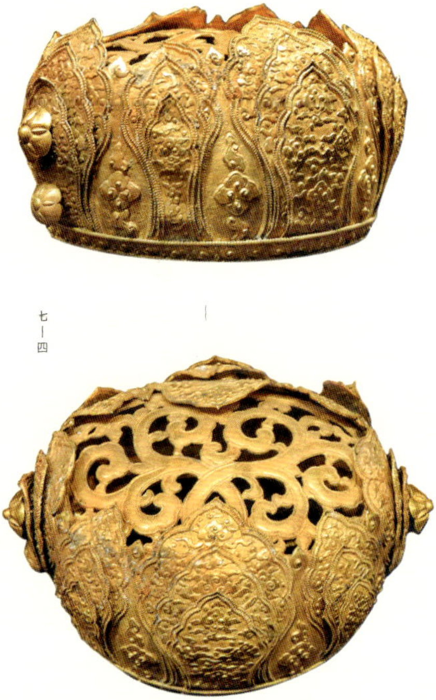
七—四

本（图七—三）。时代晚于此的沐氏家族墓仍有式样近同的金冠随葬❶（图七—四）。见载于《天水冰山录》的金宝髻，实例有江西南城县明益庄王朱厚烨夫妇墓所出属继妃万氏的一件，细金丝编绕金梁十一道，金梁之间满填卷草，冠顶中央横一条九颗宝石镶嵌的装饰

❶ 如分别出自云南呈贡王家营沐详夫妇墓和沐崧夫妇墓的金冠，云南省文物工作队《云南呈贡王家营明清墓清理报告》，图版陆：一、二，《考古》一九六五年第四期。

图八
金宝髻
江西南城县明益庄王墓出土

图九
金丝鬏髻
西安市碑林区出土

带，前后各用小金托布置五出花一朵，托里嵌珠嵌宝，红、蓝、黄宝石之外，尚有大小七颗猫睛，五颗点缀在前，一颗在后方，一颗在侧旁。金宝髻四面有檐，都是以金丝系结并固定，后檐另系一对变体犀角，却是可以活动即垂覆下来的。冠侧一对蘑菇头的金簪一左一右用以固髻，金簪脚上有铭曰『銀作局嘉靖二十六年十月造金五錢』〔图八〕。金冠依然是平常的尺寸，高也不过五厘米，却是以珠宝的挥洒和制作的规整见出华贵不同寻常。通高十点五厘米，直径七至十一厘米。

金丝、银丝编制的鬏髻作为时尚大约兴起于明中期，而迄今为止，明代遗存中的鬏髻多发现于南方，虽然如周亮工说『天下同然』，即南北方都很流行。前引记述开封景象的《如梦录》之《街市纪》中提到有『结壳儿、捏狄（鬏）髻』的营生，可知需要量不会少。西安市碑林区出土一顶金丝鬏髻❶〔图九〕，高四点七厘米，直径十二点七厘米，式样和尺寸与前举吴麟夫妇墓出土金丝鬏髻都很相近。这是发现于北方的不多见的实例。

金或银丝编就的鬏髻，各式金银簪子，花钿，耳环，为明

❶ 西安市文物保护考古所《西安文物精华·金银器》，图一八一（图版说明作『金网巾』），世界图书出版西安有限公司二〇一二年。

八

九

代女子盛妆的基本组成❶。又以鬏髻的出现，而使得金银首饰以一副头面为单位，形成了比较固定的组合关系。收入《明成化说唱词话丛刊》的《新刊全相说唱师官受妻刘都赛上元十五夜看灯传》，道刘都赛打扮齐整了去看灯，『盘龙髻黑如云金冠罩定，十条钗当面插尽是黄金』，『自风流金镮子耳半叮咛』，正是一副时世妆。

盛妆之一，便是发髻上挽一枝锥脚簪，上面罩一个鬏髻，正面当心簪一枝挑心，后插一件满冠，两边一对鬓钗和两三对短簪子，再配上一对耳环。盛妆之二，鬏髻依然，其端一枝顶簪，绕着鬏髻的口沿戴一个花钿，下边又是一围珠子箍，当面一枝挑心，两边押一对掩鬓。鬏髻两侧插戴三对花头顶银脚簪。常州武进王洛家族墓王洛之妻盛氏〔图一〇一—一、图二八—二〕与王昶继室徐氏之簪戴❷〔图一〇一—二〕，嘉兴王店李家坟李湘夫妇墓李湘之妻的插戴❸〔图一〇一—三〕，都可以为例。又前举无锡华复诚夫妇墓出土华妻曹氏的银丝鬏髻，出土时一枝银镶玉满冠插在鬏髻背面〔图一一一—一〕，

一〇一—一

图一〇一—一 鬏髻与头面的插戴（正面）（王洛妻盛氏）
常州武进王洛家族墓出土

❶《金瓶梅词话》第九十五回，云月娘把小玉许给玳安，因『替小玉张了一顶鬏髻，与了他几件金银首饰，四根金头银脚簪，环坠戒指之类，两套段绢颜色衣服』。『环』，指耳环；『坠』，指耳坠。

❷ 武进市博物馆《武进明代王洛家族墓》，页三一，《东南文化》一九九九年第二期。此家族墓为两座墓葬，即一号墓王洛暨夫人盛氏，盛氏附葬年代为嘉靖十九年。二号墓主为王洛之子王昶暨元配华氏、继室徐氏、妾杨氏，王昶入葬年代为嘉靖十七年，徐氏和杨氏的入葬年代约当嘉靖至万历年间。不过以式样来说，徐氏的簪戴与盛氏几乎相同，那么二人所使用的首饰，其时代应相去不远。按本章所述王洛家族墓地所出实物均为亲见所得，尺寸及出土信息依据此文。以下不再出注。

❸ 吴海红《嘉兴王店李家坟明墓清理报告》，彩插四：一（鎏金银发罩），《东南文化》二〇〇九年第二期。按此为李湘妻妾合葬墓，妾陈氏卒于万历十七年，李湘之妻卒于此前（页六〇）。承嘉兴博物馆惠允，得以亲睹实物，本章所述皆为观摩所得，尺寸及出土信息依据此文。以下不再出注。

图一〇—二
鬏髻与头面的插戴
（王昶妻徐氏）
常州武进王洛家族墓出土

图一〇—三
鬏髻与头面的插戴
（李湘之妻）
嘉兴李湘夫妇墓出土

原当一对的银镶玉掩鬓，以一枝随葬插在发髻上〔图一一—二〕，此外分别插在鬏髻和发髻的是一点油鎏金银簪一对〔图一一—三〕，玉叶金蝉啄针一对〔图一一—四〕，银镶宝梅花簪、金头莲瓣簪子各两对〔图一一—五～六〕，又有一件银鎏金翠云钿儿出土时戴在鬏髻正面下方〔图一一—七〕，也是大致齐全的明代女子金银头面一副。

一〇—二

一〇—三

图二一一 银镶玉满冠
图二一二 银镶玉掩鬓
图二一三 一点油鎏金银簪
图二一四 玉叶金蝉啄针
无锡明华复诚夫妇墓出土

二一三

二一一

二一二

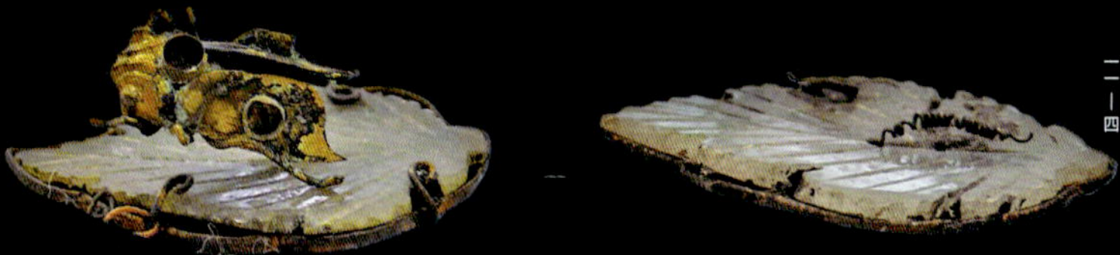

二一四

图二一五 金头莲瓣簪子

图二一六 银镶宝梅花簪

图二一七 银鎏金翠云钿儿

无锡明华复诚夫妇墓出土

二一六

二一五

二一七

二 各式簪钗

两汉以来用于挽发的折股钗，至于明代，以发髻罩鬏髻的缘故，已经用它不多，取而代之的是各种小簪子。簪子虽不大，簪首却也不乏妆点，且名称不一，式样不少。若大略区分，可按照簪脚的不同而别作两种类型：其一簪脚为尖锥式，其一簪脚为扁平式。前者，时或称作挑针、啄针、撇杖；后者，时有小插之称，不过也许更多的时候是以装饰纹样呼之。

（一）耳挖簪

小簪子中仍属传统的一种是金银耳挖，明代通俗类书《增补易知杂字全书·金银首饰靴鞋门》下，列着『耳爬』一事，即此物。耳挖簪的使用极为普遍，从庶民到皇亲贵戚，不论男女，几乎都是发髻上必有的插戴，当然质地、分量颇有分别。冯惟敏《海浮山堂词稿》卷三〔仙子步蟾宫〕《耳簪》所云『马蹄金造就耳鞭儿』，成色自然是好的。《金瓶梅词话》第十二回道西门庆家打秋风的常客应伯爵为凑份子钱，『向头上拔下一根闹银耳斡儿来，重一钱』，便是金银耳挖中的下等货色，闹银，杂质多也。出自

图一二一一
金耳挖
山东兖州谷村镇栗园出土

图一二一二
金耳挖簪
明益端王朱祐槟夫妇墓出土

一二一一

一二一二

山东兖州谷村镇栗园的金耳挖一枝〔图一二一一〕，锥形簪脚上方做出四棱，簪首与簪脚结合处的一节细瘦下来盘旋若累珠，可算略事妆点。江西南城明益端王朱祐槟夫妇墓出土一枝金耳挖长八厘米，重二点五克❶〔图一二一二〕，样式更为简单，但成色好，制作规整，与应伯爵重止一钱的闹银耳斡正是贵贱之别了。

（二）花头簪

簪首一个花头，下与尖锥式簪脚垂直相接，这一类花头簪在宋元已经很流行，明代的制作，却使它更为热闹。此际的花头簪通常是银作簪脚，簪顶一朵金花，如梅，菊，牡丹，莲花，时称『金头银簪子』『金裹头簪子』，或『金顶银脚簪』❷。簪首花

❶ 江西省博物馆等《江西明代藩王墓》，页六九，文物出版社二〇一〇年。本章所举江西藩王墓出土实物均为观摩所得，尺寸、重量、铭文和出土信息均据此报告，以下不再出注。

❷ 前两例见《金瓶梅词话》第八回、第十二回，后例见《天水冰山录》。

图一三 **仰覆莲花头银鎏金簪**

图一四 **金牡丹花头银脚簪** 上海卢湾区潘允徵夫妇墓出土

图一五 **金花头福寿银脚簪** 上海卢湾区潘允徵夫妇墓出土

图一六—一 **金裹头银脚簪** 杭州萧山区水漾坞明墓出土

图一六—二 **金裹头银脚簪** 江苏江阴青阳邹令人墓出土

头又或金镶玉，花上嵌珠嵌宝以为花蕊；更讲究一点，则金花托上嵌玉花，玉花心里嵌珠宝，《天水冰山录》『金簪』一项，列有金厢玉梅花簪，金宝顶桃花簪，金珠宝梅花簪，等等，即是这一类。出自上海卢湾区潘允徵夫妇墓的三对，是比较常见的几种样式。一对为仰覆莲花头银鎏金簪❶〔图一三〕，长十三点五厘米，簪首同簪脚的衔接，与前面举出的耳挖簪相似，便是一节累珠式的细颈。又金牡丹花头银脚簪一对，长十一厘米〔图一四〕；金花头福寿银脚簪一对，长十厘米，顶端分别用打作『福』『寿』的金箔从正面包向后边〔图一五〕。杭州萧山区水漾坞明墓出土金裹头银脚簪数枝〔图一六—一〕、江苏江阴青阳邹令人墓出土金裹头银脚簪三对❷〔图一六—二〕，簪首的花头造型如撑开一半的小伞，这是『金裹头』里最为流行的式样，此式也有通体俱为银制或金制者，

一三

一四

❶《上海明墓》，彩版六三：三（图版说明作『金莲花对簪』）；彩版六六：三（图版说明作『金福寿对簪』）；彩版六六：四（图版说明作『金梅花对簪』）。

❷簪长十三点一厘米，共重一百一十八点五克。同出墓志铭，盖面刻『太学生夏元贞妻邹令人墓』，可知墓主人姓邹，无锡泰伯邹智卿之女，生于成化甲辰年（一四八四），卒于正德辛巳年（一五二一）。唐汉章等《江阴长泾、青阳出土的明代金银饰》，页四七，《文物》二〇〇一年第五期。本章所举邹令人墓出土实物，尺寸与重量均据此文，以下不再出注。

一六—一

一五

一六—二

图一七—一
银花头簪之一

图一七—二
银花头簪之二
四川平武王玺家族墓出土

图一八—一
金花头簪
常熟市城郊三八村程氏墓出土

图一八—二
金花头簪
江苏溧阳县城西公社明墓出土

图一九—一～二
金花头簪
江苏江阴长泾明墓出土

如四川平武王玺家族墓几座墓葬出土的数枝银簪❶〔图一七—一～二〕，如常熟市城郊三八村程氏墓出土金花头簪两对〔图一八—一〕，江苏溧阳县城西公社明墓出土两两成对的八枝金簪❷〔图一八—二〕，后者尖锥式簪脚全部实心作，很有分量。出自江苏江阴长泾夏彝夫妇墓的三枝菊花头金簪，其中两枝为一对，另一枝簪脚半为镂空，簪顶扣一个菊花帽，尚略有宋元遗意❸〔图一九—一～二〕。浙江临海

一七—一

一七—二

一八—一

❶ 据墓地竖立的《龙阳郡节判王氏宗亲墓志》，此为明龙州宣抚司佥事王玺的家族墓地，共清理、发掘墓葬十九座。从入葬年代看，最早的是宣德六年（一四三一），最晚的为正德七年（一五一二），多有明确纪年，材料比较完整。四川省文管会等《四川平武明王玺家族墓》，页四〇，《文物》一九八九年第七期。本章所举王玺家族墓出土物，描述俱为观摩所得，尺寸与重量均据此文，以下不再一一出注。

❷ 镇江博物馆《镇江出土金银器》，图版一四〇，文物出版社二〇一二年。按本章援引著录于此书之器，承镇江博物馆惠允，均曾寓目，所述种种，即为所见。

❸ 长均为十一点九厘米。按夏彝生于正统二年（一四三七），卒于正德八年（一五一三），妻蒋氏，封宜人，亡在夏彝之先。唐汉章等《江阴长泾、青阳出土的明代金银饰》，页四七，《文物》二〇〇一年第五期。本章所述夏彝夫妇墓出土物尺寸与重量均据此文，以下不再一一出注。

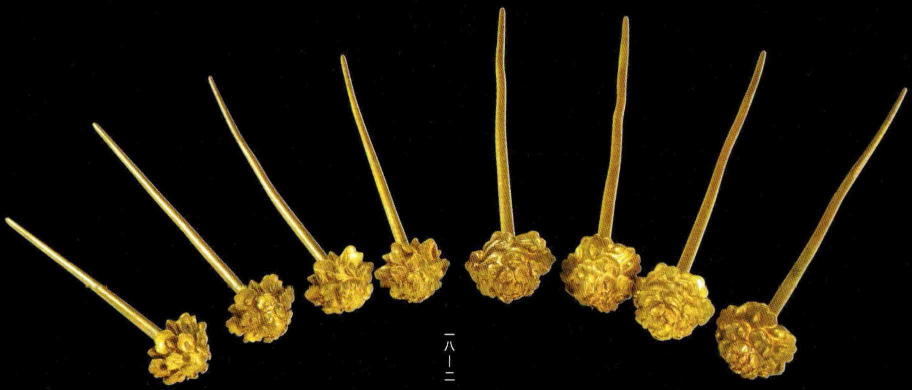

一八—二

一九—二

一九—一

明王士琦墓出土金累丝镶玉嵌宝牡丹花头银脚簪两对、金镶宝牡丹花头银脚簪一对，簪背做出的一节金管，原当别插一柄银簪脚〔图二〇—一~二〕。四川平武王玺家族墓十三号墓出土一对金镶宝花头簪是同样的做法，即金花头的背面做出一个圆管，内里插接银簪脚〔图二〇—三〕。出自湖北恩施猫儿堡的两枝花头簪子❶〔图二〇—四〕，簪首式样相同，簪脚尺寸稍稍有别：一枝十厘米，一枝九点二厘米，大约当初是两对。簪顶一朵金花花瓣两重，耸出的花心中间嵌宝，周环花蕊，似可把它认作桃花，背面簪脚顶端做成花萼，与花朵相连。湖北蕲春明都昌王朱载埨夫妇墓出土金镶宝花头簪一对，簪首打制的菊花造型如碗，两枝金簪花心分别嵌一大颗宝石，一蓝，一红。簪脚从菊花背面开设的孔洞插入❷〔图二一〕。

花头镶玉嵌珠宝，也有不同的式样与风格。细巧者，如上海嘉定区李新斋夫妇墓出土两对金花头银脚簪，簪顶花头分别为

二〇—一

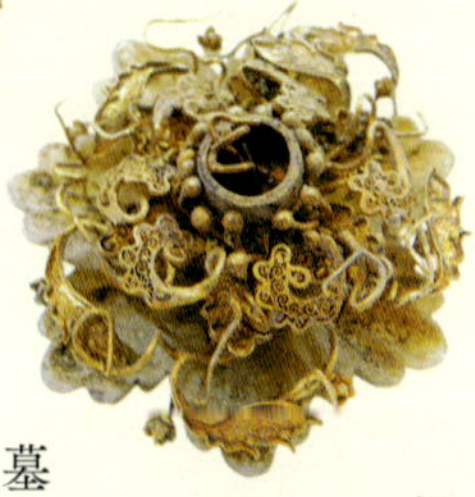

二〇—二

二〇—三

图二〇—一
金累丝镶玉嵌宝牡丹花头银脚簪（一对）

图二〇—二
金累丝镶玉嵌宝牡丹花头银脚簪（之一背面）
浙江临海明王士琦墓出土

图二〇—三
金镶宝花头簪
四川平武王玺家族墓出土

❶ 猫儿堡墓葬未经科学发掘，推测那里可能是一处土司家族墓地。这一组金饰曾刊发于《中国古代金银玻璃珐琅器全集·金银器·三》（图二一二，河北美术出版社二〇〇四年），图版说明称作『金凤冠（金饰件）』。器藏恩施土家族苗族自治州博物馆，本章所举之例，均经目验，因可确定并非『金凤冠』。

❷ 通长十二点五厘米，共重二十九克。蕲春县文物局等《湖北蕲春荆王府》，页一二五（双层菊瓣纹金簪），湖北科学技术出版社二〇一四年。承蕲春县博物馆、湖北省博物馆、湖北明代藩王博物馆惠允，得以观摩分藏三家的出土物，本章所述实例俱为亲见所得，出土信息及器物尺寸、重量均据此书，以下不再出注。

图二〇一四
金镶宝花头簪
湖北恩施猫儿堡出土

图二二
金镶宝花头簪
湖北蕲春明都昌王朱载塎夫妇墓出土

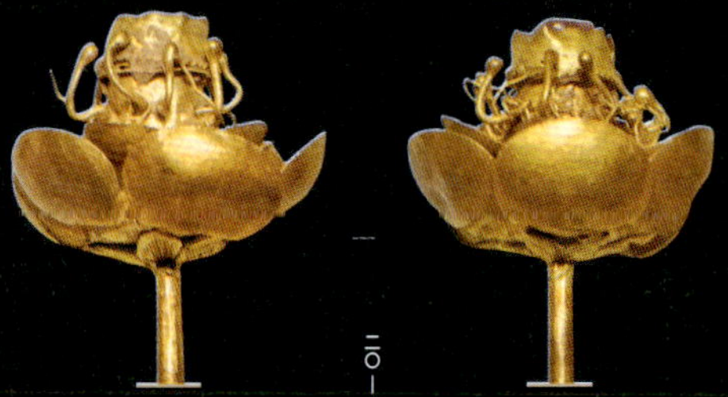

图二三—一
金花头银脚簪
上海嘉定区李新斋夫妇墓出土

图二三—二
银鎏金花头簪
上海卢湾区打浦桥顾君妻陆孺人墓出土

二三—一

牡丹和莲花，两重下覆的金花瓣在簪首膨起若灯笼，花心嵌一颗大珠，花瓣间点缀小颗宝石，通长均不及十六厘米❶〔图二三—一〕。上海卢湾区打浦桥顾君妻陆孺人墓出土一枝银鎏金簪❷〔图二三—二〕，通长十三点八厘米，簪首造型也是略如一个长圆的灯笼，而用七朵梅花、七朵菊花和竹叶围作轮廓，托底又是梅花一朵，顶端一大朵菊花，花心原当嵌珠或嵌宝。梅花七朵均为累丝作，即在边框围成的花瓣内填卷丝，纤细的竹叶也一一用小金条围作边框。一柄簪脚通到顶，围作簪首灯笼式造型的花卉背后皆有细茎焊接在簪脚。以镶玉而见清丽者，如分别出自上海浦东新区陆家嘴陆深家族墓、苏州王锡爵墓的金镶玉梅花头银脚簪〔图二三—一～二〕，两组做工大致相同。简素则有江苏江阴长泾明墓和嘉兴王店李家坟明李湘夫妇墓出土的两对〔图二四—一～二〕。

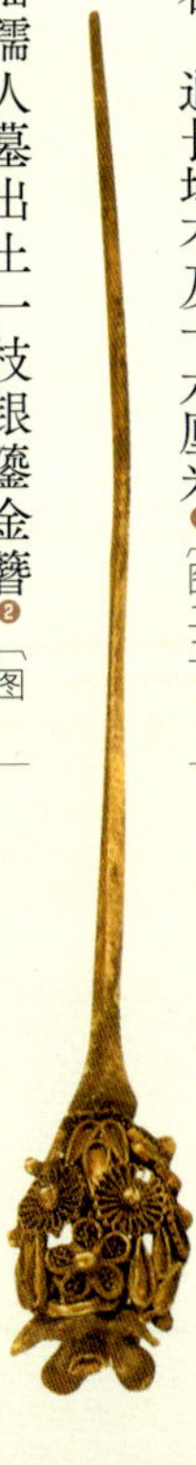
二三—二

❶《上海明墓》，彩版七〇：三（称作『金嵌宝石花朵对簪』）。承上海博物馆惠允，本章所举上海明墓出土实例，均曾寓目，器物描述皆为观摩所见。

❷《上海明墓》，彩版三〇：三（称作『银鎏金杂瓣花簪』）。

图二三—一 金镶玉梅花头银脚簪
上海陆深家族墓出土

图二三—二 金镶玉梅花头银脚簪
苏州明王锡爵墓出土

图二四—一 金镶玉花头簪
江苏江阴长泾明墓出土

图二四—二 金镶玉花头银脚簪
嘉兴王店李家坟李湘夫妇墓出土

二三—一

二三—二

二四—一

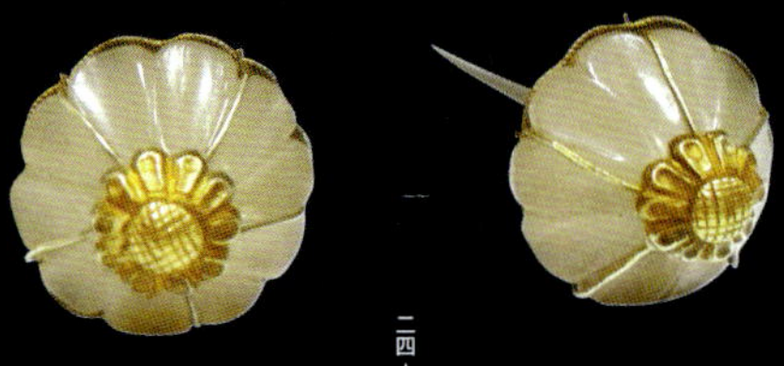
二四—二

出自南京太平门外徐俌夫人墓的一对金镶宝花头簪式样也很简净，蜀葵式花瓣，菊花式石碗，其中一枝花心却是嵌了一大颗猫睛，则简净中自有华贵❶（图二五—一）。出自河南浚县明王百禄墓的一枝金镶宝花头簪，簪首做出的小方台上托出一枚顶着花朵的瓜实，花心嵌宝❷（图二五—二）。

独秀一朵在簪顶的花头簪，制作一般不很精细，南京太平门外板仓徐达家族墓出土一对金累丝菊花头簪，通长十一点六厘米，簪首细颈上一个金累丝的委角小方台，台上一朵金丝掐的展蕊菊花❸（图二六），虽止纤秀的一枝，却有繁茂之盛韵，是小簪子中别具神采的一例。

二五—一

二五—二

图二五—一
金镶宝花头簪
南京太平门外徐俌夫人墓出土

图二五—二
金镶宝花头簪
河南浚县明王百禄墓出土

❶ 其一长十一点六厘米，其一长十一点八厘米。南京市文物保管委员会等《明徐达五世孙徐俌夫妇墓》，《文物》一九八二年第二期。徐俌生于景泰元年（一四五〇），卒于正德十二年（一五一七）。元配朱氏系太师成国庄简公之女，与继室王氏并封魏国夫人。朱氏与徐俌合葬，距合葬墓约一米处的一座小型砖室墓，推测为王氏墓。金簪为王氏物。本章所举徐俌夫妇墓出土物均为观摩所得，尺寸与出土信息依据此文，以下不再出注。

❷ 据《中国文物地图集·河南分册》（国家文物局主编），王百禄系王越（弘治年间兵部尚书，总制三边）之女，『墓室坐北朝南，石券内置木棺，发掘出墓志及大量珍贵文物』（页二二九），中国地图出版社一九九一年。本章所举此墓出土物，分别藏于河南博物院与鹤壁博物馆。『故淑庄孝女伯姐墓志铭』拓片今在河南博物院展陈，系王越撰写（『前太子太傅威宁伯王父王越世昌撰著』），曰『吾女伯姐讳百禄，断取《诗》「百禄是遒」之义，父母兄弟重爱之，故称伯姐而不名』。伯姐生于成化四年，卒于弘治六年。

❸ 南京市博物馆《明中山王徐达家族墓》，《文物》一九九三年第二期。徐达为明初开国功臣，《明史》有传。家族墓地位于南京太平门外板仓村，先后清理十一座，此篇简报所刊发者为其中九座。本章所举徐达家族墓出土实物皆为观摩所得，尺寸及出土信息均据此文，以下不再一一出注。

图二六
金累丝菊花头簪
南京太平门外徐达家族墓出土

图二七
明人容像（局部）
故宫博物院藏

盛妆之际，金裹头和花头簪总是成对簪戴，范濂《云间据目抄》卷二『记风俗』称它为『俏簪』，曰打扮起来，两边『插两三对』，《金瓶梅词话》第二回曰潘金莲『头上戴着黑油油头发鬏髻，口面上缉着皮金，一径里踅出香云一结，周围小簪儿齐插』。故宫博物院藏一幅明人容像亦即喜容❶（图二七），立在主人一旁的侍女巧尖额上勒着珠子箍，头顶挽高髻，环髻插了五七枝金花头簪，也是它的插戴方式之一。花头簪又常常用于插在

❶ 杨新《故宫博物院藏文物珍品大系·明清肖像画》，图三九，上海科学技术出版社等二〇〇八年。

二六

二七

图二八—一
花头簪与鬏髻的组合
上海徐汇区宛平南路明墓出土

图二八—二
花头簪与鬏髻的组合
（王洛妻盛氏）
常州武进王洛家族墓出土

二八—一

鬏髻两边留出的孔洞之内以固冠，上海徐汇区宛平南路明墓出土鎏金铜丝鬏髻上插一对金镶玉顶梅花簪，便是一例❶〔图二八—一〕。又或者只是插在鬏髻周环作为大头面的陪衬，江苏武进王洛家族墓地出土王洛之妻盛氏的六枝金花顶银脚簪，原即与金镶宝顶簪、金佛像挑心、金海水云龙纹满冠一起簪戴于鬏髻周围〔图二八—二〕。中国国家博物馆藏《秦锡章夫人像》也是鬏髻上面顶簪、挑心，两侧插了四对花头簪〔图二八—三〕。而贫寒之家，妇人头上挽了髻，也少不得花头簪子插上一两枝，如故宫博物院藏明人《煮茶图》所绘〔图二九〕。

二八—二

❶ 上海文物管理委员会《上海考古精粹》，图三五四（鎏金铜丝发罩），上海人民美术出版社二〇〇六年。

图二八—三
《秦锡章夫人像》（局部）
中国国家博物馆藏

图二九
《煮茶图》（局部）
故宫博物院藏

二八—三

二九

（三）啄针

小簪子中呼作『啄针』或『撇杖』的一类，似指簪首与簪脚垂直相接而簪脚略如尖锥且十分纤细者，而簪脚每每是银制，簪首纹样大约多来自南宋院画的写生小品，诸如蜜蜂、蜻蜓、蜘蛛、蚂蚱、螳螂、鸣蝉乃至鱼、虾、蟹、蛙，其时或统称为『草虫』。开篇引《戴文进传》说到他『为人物花鸟，肖状精奇，直倍常工』，可见『肖状精奇』是一项重要的评鉴标准。宋元时代流行的『象生』，依然为明代所用，这时候便多用于取样丰富的草虫簪。与一副头面中的其他品类相比，草虫簪子的构图元素相对简要，造型相对灵活，要在伶俐，轻盈，而别以肖形见出好来。

鸣蝉是草虫簪喜欢取用的象生。『在盛阳之仲夏兮，始游豫乎芳林；实澹泊而寡欲兮，独怡乐而长吟』（曹植《蝉赋》），古赋虽未必为工匠所知，但清荫中的蝉鸣却是人人熟悉的夏景。兰州上西园明彭泽墓出土一对银草虫啄针，簪首为蝉，其中一枝簪脚略残〔图三〇〕。前举无锡华复诚夫妇墓出土玉叶金蝉啄针一对，系以银片嵌的一枚玉叶为托，叶心用纤细的『螺丝』亦即细丝做成的弹簧斜挑出一只金蝉，三颗红石头分别嵌在金蝉的

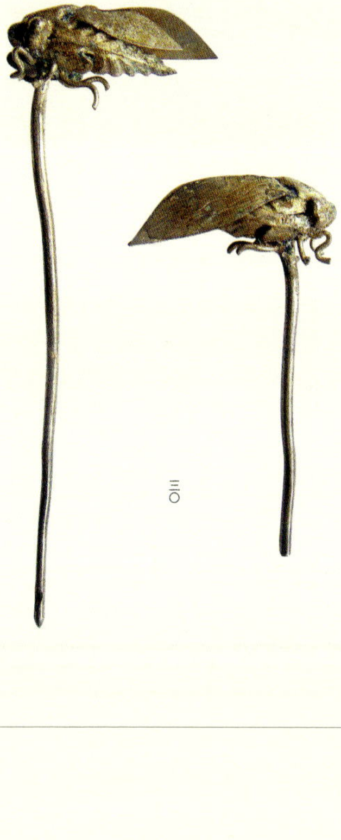

三〇

图三〇
银草虫啄针
兰州上西园明彭泽墓出土

图三一
金蝉玉叶簪
苏州五峰山张安晚家族墓出土

图三二
明郝杰夫人吴氏容像（局部）
蔚县博物馆藏

图三三
金草虫啄针（一对）
无锡鸿声前房桥明墓出土

三一

脊背和两个翅膀。背板嵌一个扁管，扁管里插一柄垂直后伸的细簪脚〔图一一一四〕。选材精良、做工精细者，为苏州五峰山张安晚家族墓十四号墓出土金蝉玉叶簪〔图三一〕。金蝉材质上佳（含金量百分之九十五），叶则和田羊脂玉，碾琢之薄几同于树叶以象轻阴，微微下凹的叶心托起『金声玉振』。『娇声娇语，恰似深闺女，三叠琴心音一缕，趂在绿阴深处』❶，宋人咏蝉之俊语大约会为明代的首饰设计传递灵感。蔚县博物馆藏明郝杰夫人吴氏容像，乃细心绘出插在鬓边的一对金叶玉蝉簪〔图三二〕，可见插戴之际，叶片是竖起来的。

三二

形态完好者，又有分别出自无锡鸿声前房桥明墓和上海卢湾区李惠利中学明墓的两对草虫簪。前例簪首金，簪脚银，一枚錾出脉理的窄金叶在轻风中微漾，叶心接焊一小截螺丝作的细金丝，其端缀一只象生娇颤的蜻蜓❷〔图三三〕。后例系以薄银片打造出虾

三三

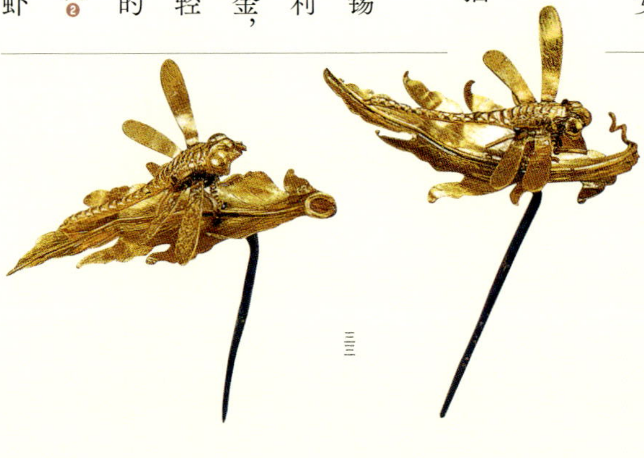

❶ 陈德武《清平乐·咏蝉》，唐圭璋《全宋词》，册五，页三四五九，中华书局一九六五年。
❷ 赵新时等《锡山藏珍》，图六九（花叶蜻蜓形金簪），南京出版社二〇〇一年。

三四

图三四

银鎏金草虫啄针（一对）

上海卢湾区李惠利中学明墓出土

三五

图三五

金鱼撇杖（一对）

无锡黄钺家族墓二号墓出土

头、虾尾，弯弯的虾壳，还有两侧的附肢，粗金丝做成一对钳子样的步足从虾头侧边伸出来在前面抱合若环，数根细金条在正面完成造型之后一总绕到后面结为一束，前面虾壳部分的边缘处余出一小段裹到后面，用扁管套起，既为齐整，也为固定之用，腹部以近乎垂直的角度焊接一枝银簪脚。簪首长三点八厘米，簪脚长七点三厘米〔图三四〕。同地墓葬尚出土一对簪首为螽斯的啄针，出土时即分别插戴于一顶银丝鬏髻的两侧〔图一二七—二〕。《诗》曰『螽斯羽，诜诜兮；宜尔子孙，振振兮』（《周南·螽斯》），是取它多子之兆。无锡明黄钺家族墓黄抃妻范氏之物中有银鎏金嵌宝鱼簪一对❶，细细的簪脚，簪首一尾游鱼，更以莲叶、浮萍、蒲棒、慈姑叶和一朵嵌宝的莲花合作莲塘小景〔图三五〕。明代小说中提到的金鱼撇杖❷，应该就是这一类。

草虫啄针的题材得自绘画，设计也有与绘画相关的构图来

❶ 无锡市博物馆《江苏无锡青山湾明黄钺家族墓》，《考古学集刊·三》，中国社会科学出版社一九八三年。据同出墓志，黄钺生于成化十年（一四七四），卒于正德十六年（一五二一）。墓园建于嘉靖二年（一五二三），入葬年代自此延续至万历四十年（一六一二）。本章所举之例，尺寸及出土信息依据此文，器物定名及描述，见扬之水《无锡博物院观摩散记》（《无锡文博论丛》第一辑），以下不再出注。

❷ 见《金瓶梅词话》第五十八回。

源。且看台北故宫博物院藏韩希孟绣花卉虫鱼册，其中草叶上面的螽斯和水藻里的虾，与前面举出的啄针造型几乎完全相同[1]。簪钗制作与女红的异曲同工，自然也表明二者的纹样设计有着相近的粉本。所谓『蚱蜢青青舴艋扶，草间消息未能无。尺绡何限春风意，约略滕王蛱蝶图』[2]〔图三六〕，两宋草虫写生意趣是连同图画一起为后世工艺品所借鉴的。

鬓边斜簪蔬果草虫纹样的小簪子，最见娇俏，宋元词曲中即有不少形容[3]。而掠鬓的草虫簪男子也或插戴。元武汉臣《玉壶春》杂剧有李素兰和李玉壶分别时互赠信物一节，——旦〔李素兰〕云『秀才若肯屈高就下，妾身愿与秀才做一程儿伴。妾身有随身的翠珠囊一枚，更有二十五轮香串一腕，与秀才权为信物』。正末〔李玉壶〕云『姐姐见赐之意，小生合当拜受。小生有掠鬓角的玉螳螂一枚，白罗春扇一把，送姐姐权且收留，亦为信物』[4]。明代则把它作为盛妆时整副头面中细巧的点缀。

图三六
赵昌（传）《写生蛱蝶图》（局部）
故宫博物院藏

三六

[1] 常沙娜《中国织绣服饰全集·刺绣卷》，图一六一，天津人民美术出版社二〇〇四年。

[2] 元冯子振题赵昌（传）《写生蛱蝶图》。

[3] 如南宋陈允平《浣溪沙》『双倚妆楼宝髻垂，佩环依约下瑶池，鬓边斜插碧蝉儿』。唐圭璋《全宋词》，册五，页三一三一，中华书局一九六五年。

[4] 臧晋叔《元曲选》，册二，页四七七，中华书局一九五八年。

（四）一点油金簪

这一类小簪子的用途大致有三，其一挽发，其一固冠，其一装饰。与此前的挽发用钗不同，明代不论男女，挽发几乎都是用簪。又因为发髻之上常常要戴冠或罩网巾，故用作挽发的簪子总是很短，通常在十厘米上下，一般不超过十三厘米❶。小簪子的制作或金银，或玉石，而不论哪一种质地，样式相对来说都比较简单。普遍使用的一种便是簪顶做成蘑菇头，下接锥形簪脚；又或在蘑菇头与簪脚之间接一段累珠般的细颈，时或称此为『一点油』，如江苏太仓明黄元会墓出土一点油鎏金银簪❷〔图三七—一〕，如浙江余杭塘栖超山明墓出土一点油金簪〔图三七—二〕。挽发之外，

图三七—一
一点油鎏金银簪
江苏太仓明黄元会墓出土

图三七—二
一点油金簪
浙江余杭塘栖超山明墓出土

❶ 如湖北广济县明张懋夫妇合葬墓出土的一枝银簪，长九厘米，出土时挽于男性墓主人发髻，其外罩网巾。王善才《张懋夫妇合葬墓》，图版一三，科学出版社二〇〇七年。按网巾，即报告称之为『睡帽』者。

❷ 苏州博物馆考古组等《苏州太仓县明黄元会夫妇合葬墓》，页二五一，《考古》一九八七年第三期。

图三七—三
一点油金头银脚刻诗簪
无锡明黄钺夫妇墓出土

此类小簪子又是最为平常的点缀，而不论男女。它有着最简单最基本的用途因而使用最多，乃至轻易不会除下，便仿佛与使用者最为亲近，且因此好像另有特别的意义，于是又常用为男女寄情的信物。若为聘礼，则或刻铭见意，明代小说也每每借此设置情节❶。无锡明黄钺夫妇墓出土小小一枝一点油金簪儿，为黄妻顾氏之物，通长九点三厘米，簪挺做成五棱，五棱中的一面錾一句『折梅逢驿使』，相对的一面錾着『寄与隴頭人』，『与』作简体字。另有一面更錾一枝梅花以足诗意（图三七—三）。铭文字极细小，刻纹又浅，惟『折梅』『寄与』『人』几个字尚勉强可认。但这首诗太有名——南朝刘宋时人陆凯《赠范晔》：『折梅逢驿使，寄与陇头人。岭南无所有，聊赠一枝春。』——见载于多种类书，如《岁华纪丽》《太平御览》《事类赋》《锦绣万花谷》等，于是认不真切的字也都可以省得其形。此诗本事见于《荆州记》，陆凯与范晔交善，自江南寄梅花一枝诣长安与晔，

三七—三

❶ 如《石点头》（天然痴叟撰，约成书于崇祯初年）卷十《王孺人离合团鱼梦》曰乔氏『头髻跌散，有一只金簪子掉将下来，乔氏急忙拾在手中。原来这只金簪是王从事初年行聘礼物，上有「王乔百年」四字，乔氏所以极其爱惜』。又《金瓶梅词话》第八回，潘金莲为西门庆做下上寿的物事，其中之一便是一根并头莲瓣簪儿，『簪儿上钑着五言四句诗一首云：「奴有并头莲，赠与君关髻。凡事同头上，切勿轻相弃。」』同在这一节叙事里，金莲嗔道西门庆久不露面，『一手向他头上把帽儿撮下来』，『一面向他头上拔下一根簪儿，拿在手里观看，却是一点油金簪儿，上面钑着两溜子字儿「金勒马嘶芳草地，玉楼人醉杏花天」，却是孟玉楼带来的』。

兼赠诗云云，后人借它字面意表达思念也可通用于男女。这一枝刻铭金簪珍重随葬，必因此物是主人生平所爱，只是究竟当年有何故事今已无从知晓。

此外一种是在蘑菇头上錾几条曲线而成旋花式，如南昌明宁康王女菊潭郡土墓出土的一对❶〔图三八〕。这两种样式的金银簪子为男女通用，出土实例可以举出江西婺源太白乡明汪鋐墓所出玉冠与金簪❷〔图三九—一〕，南京中华门外明蔡国公夫人墓出土如意云纹金冠与金簪❸〔图三九—二〕。前者为士人的燕居之服，后者可算作女子之盛饰。另外还有一个稍见特殊的样式，簪首也是圆头，但簪首与簪脚的相接处却是拱起一个小弯，正如《增补易知杂字全书》中『簪』字旁边的图示〔图四〇〕。除金银之外，琥珀、玛瑙和玉簪也常见如此做法。这一类弯颈式簪一般为男子所用❹。南京板仓职业病防治所明墓出土金

三八

图三八
旋花头金簪
南昌明宁康王女菊潭郡主墓出土

三九—一

图三九—一
玉冠与金簪
江西婺源太白乡明汪鋐墓出土

三九—二

图三九—二
金冠与金簪
南京中华门外明蔡国公夫人墓出土

❶ 墓葬年代为正德十年。

❷ 詹祥生《婺源博物馆藏品集粹》，图六二，文物出版社二〇〇七年。

❸ 南京市博物馆《南京小行明蔡国公夫人武氏墓》，《南京文物考古新发现》第二辑。蔡国公即徐忠，武氏为其侧室。

❹ 安徽灵璧县高楼公社窖藏中一枝玉螭虎簪造型即如《增补易知杂字全书》中的『簪』图，玉簪上面刻着『言念君子，温其如玉』（安徽省文物事业管理局《安徽馆藏珍宝》，图二三四，中华书局二〇〇八年）。句出《诗·秦风·小戎》，是妻子思念擐甲持兵之良人，以此铭簪，自见情意，则受赠者也必是须眉。

图四〇
《杂字全书》中的钗和簪

图四一—一
金錾螭虎纹簪（一对）
南京板仓职业病防治所明墓出土

图四一—二
金镶白玉簪

图四一—三
金玲珑螭虎簪
无锡明黄应明墓出土

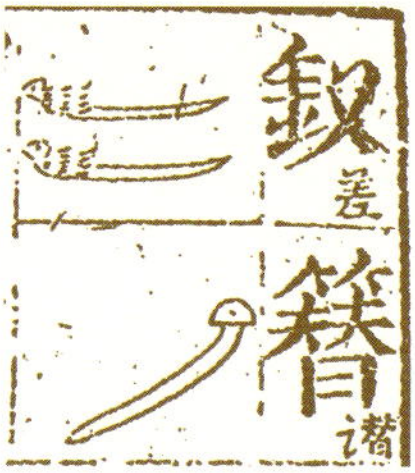

四〇

錾螭虎纹簪一对，簪长十一点七厘米，簪顶蘑菇头錾团螭纹，簪脚錾两螭相向❶〔图四一—一〕。出自无锡黄钺家族墓地黄应明墓的金镶白玉簪一枝，通长十一点七厘米〔图四一—二〕，虽式样简单，但材质上佳。同出又有金玲珑螭虎簪一枝，通长十二厘米。螭虎簪顶端原嵌宝石，出土时已失。簪首一对螭虎搅风动水，在雨雾中头尾相抵交缠成团，行将破浪飞去的一瞬带起一线烟水，丁是收束为一枝玲珑簪脚〔图四一—三〕。此类金

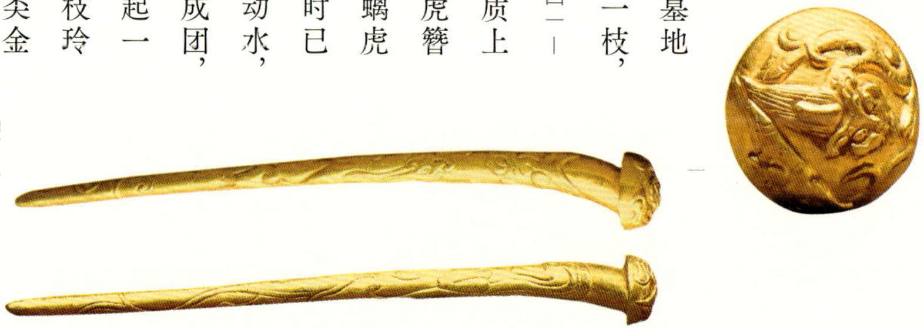
四一—一

四一—二

四一—三

❶ 该墓位于徐达墓和李文忠墓之间，推测墓主人很可能与徐达或李文忠的后代有关。《江苏南京市板仓村明墓的发掘》，页四四。

四二一—一

簪银簪可用作固冠，如江西南城县益藩罗川王族墓出土冠簪一组〔图四二一—一〕，如苏州明王锡爵墓出土玛瑙束发冠与银簪〔图四二一—二〕。如果用作挽发，金簪在轻纱方巾里也每每金光乍现。《续金瓶梅》第二十三回曰『翟员外打扮新服，摇摆出来，甚是鲜明。穿一套荔枝色漏地绉纱直裰，玉色线罗银红京绢的衬衣，头上乌纱方帻，漏出那赤金龙头簪儿』。

金银短簪可以是单独的一枝，也不妨成对，挽发之外，发髻上面一两枝小簪子也是几乎不可缺少的最为平常的装饰。但若同凤冠构成组合，便又不同一般，以至于郑重其事纳入典章制度。如明《礼部志稿》卷二十《皇太子纳妃仪》中作为纳征礼物的『珠翠燕居冠』，与之配套的『金簪一对』。江西南城县明益端王夫妇墓出土旋花头金簪一对，原是王妃彭氏之物，簪长十一点三厘米，两枝共重三十七点六克，簪脚铭文曰『银作局弘治六年十月内造金五分』〔图四三一—一〕。明益宣王夫妇合葬墓所出继妃孙

四二一—二

图四二一—一
银鎏金冠与银簪
江西南城县益藩罗川王族墓出土

图四二一—二
玛瑙束发冠与银簪
苏州明王锡爵墓出土

图四三—一 **旋花头金簪**（局部）
江西南城县明益端王夫妇墓出土

图四三—二 **旋花头金簪**（局部）
江西南城县明益宣王夫妇墓出土

图四三—三 **旋花头金簪**（局部）
兰州上西园明肃藩墓园出土

氏的一对旋花头金簪，簪脚铭作『银作局永樂贰拾贰年十月内造九成色金五錢重』〔图四三—二〕，也是此类。又兰州上西园明肃藩墓园出土式样相同的金簪一对，簪脚镌铭『银作局嘉靖四十年九月内造金重五分』❶〔图四三—三〕。可知出自内造的这一类金簪虽然并不引人注目，但此中却特别包含了与凤冠霞帔结合在一起的尊贵与荣耀。

四三—一
四三—二
四三—三

❶ 簪长十一厘米余，重近三十七克。兰州上西园，明代称作圃子湾，据墓志记载，圃子湾为明肃藩郡王及家族成员墓地。林健《明代兰州肃藩家族金银器》，页一一六，《湖南省博物馆馆刊》第三期，岳麓书社二〇〇六年。

四四

图四四 银鎏金镶宝花蝶小插（一对）
上海宝山区明朱守城夫妇墓出土

（五）小插

小插与啄针性质相同，是明代头面中属于配角的各种小簪子之一，簪脚多为扁平，也总是成对，相对于扮演主角的顶簪、挑心和满冠，小插的尺寸通常不大，纹样多是小巧的『象生』，造型因此往往活泼而别致。上海宝山区顾村镇明朱守城夫妇墓出土一对银鎏金花蝶小插[1]〔图四四〕，簪首是停在一束萱草上的嵌宝蝴蝶，蝶须上方却是一个心形的金托捧出一颗红宝，簪首下端对开两枝心内嵌宝的菊花。背后尚存安置簪脚的扁管。浙江临海明王士埼墓出土的数枝，设计构思似乎都是得自一片好水。其中金

[1]《上海明墓》，彩版八〇：六（图版说明作『银鎏金花枝发饰』）。

图四五
金累丝双鸳鸯小插（一对）

图四六
金累丝游舫小插
浙江临海明王士琦墓出土

四五

四六

累丝双鸳鸯小插一对〔图四五〕，长十三厘米，重六点五克。簪首用花丝掐出图案轮廓，即一枚荷叶布景，一朵荷花、两枚慈姑叶为托座，上承一对鸳鸯。复以卷草平填花叶，用码丝做成鸳鸯的羽翅，——其实止做得如剪影一般的一只，不过多填出鸳鸯的半面而显出"对"的效果。花叶托座的上面焊石碗，石碗内原当嵌宝。又一组为金累丝游舫小插三枝〔图四六〕，其中两枝为一对，另一

图四七
金镶宝荷叶小插
浙江临海明王士琦墓出土

枝失偶。小插的簪首用花丝掐作船形，再以小卷草平填作一叶扁舟，船尾做出乌篷，中间用四根金条撑出一个小卷棚，棚周以细金条仿丝帛做成披垂的沥水，卷棚下设圈椅，士子手持折叠扇巾服倚坐，船头艄公屈步躬身，长篙刺水。圈椅背面焊扁管，其中一枝内插一柄银簪脚，余两枝失脚。虽然无风无水，而荡舟中流湖天一色之境宛然。『明有奇巧人曰王叔远，能以径寸之木为宫室、器皿、人物以至鸟兽、木石，罔不因势象形，各具情态』，『嘻是以观，棘刺之端未必不可为母猴也』。此是明魏学洢为天启二年王叔远所制东坡游赤壁核舟而作的赞语。金簪的制作稍在其前，而都可视作同一风气下的巧工。又金镶宝荷叶小插凡三对〔图四七〕，其中两对失簪脚。簪首系用两枚金片作底衬，一枚剪作荷叶，一枚剪作荷花，系结荷花与叶的一根金丝由后至前穿过来擎出一茎花萼，七枚花瓣焊在周围组成一朵绽放的荷花。搓好的麻花丝掐作花边、叶边和叶脉接焊于图案，荷叶上方的几道麻花丝则是为了做出风翻荷叶的效果。金叶上面再焊石碗以嵌宝。

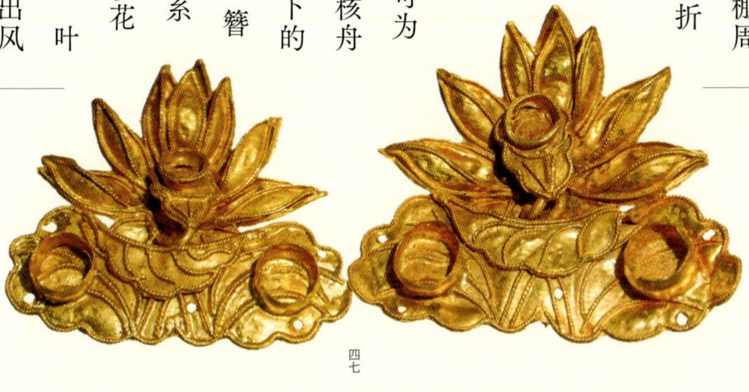
四七

图四八—一
银鎏金嵌宝玉鸳鸯小插（一对）
北京定陵出土

图四八—二
金蛙玛瑙荷叶银脚簪（一对）
常州和平新村明墓出土

图四八—三
镶珠宝金蛙小插（一对）
蕲春明荆恭王墓出土

图四八—四
金镶玉慈姑叶小插
上海闵行区马桥乡明墓出土

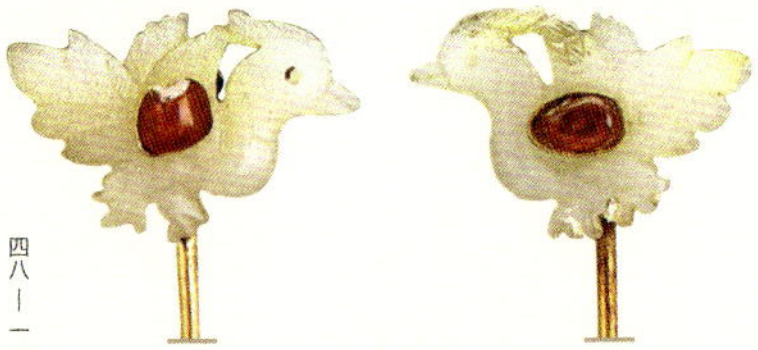
四八—一

水中景象是小插喜欢选用的装饰题材，北京定陵孝靖后的首饰中有银鎏金嵌宝玉鸳鸯小插一对❶〔图四八—一〕，构图很简单，却是以玉鸳鸯的神采和材质的粹美见胜，《天水冰山录》『金簪』一项录有『金玉鸳鸯小插〔二根〕』，严府中物很有可能是来自宫样。出自常州和平新村明墓的一对金蛙玛瑙荷叶银脚簪❷〔图四八—二〕，也是小插一类。莹润无点尘的玛瑙荷叶托起蛙鸣一两声，金色融入水气，自将富贵易为清新。湖北蕲春明荆恭王墓出土镶珠宝金蛙小插一对❸〔图四八—三〕，花叶嵌珍珠为清露，花叶上面的金蛙背嵌蓝宝，以珠宝布色而得鲜净之气韵。上海闵行区马桥乡三友大队明墓出土金镶玉慈姑叶小插一对❹〔图四八—四〕，慈姑叶原是满池娇纹的构图元素之一，金元时期它又独立出来成为流行纹样，至明代而余音袅袅不绝。

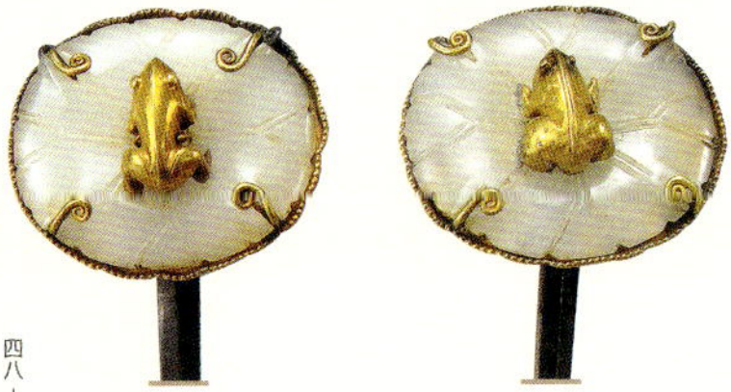
四八—二

草虫也或用于小插，如定陵孝靖后的

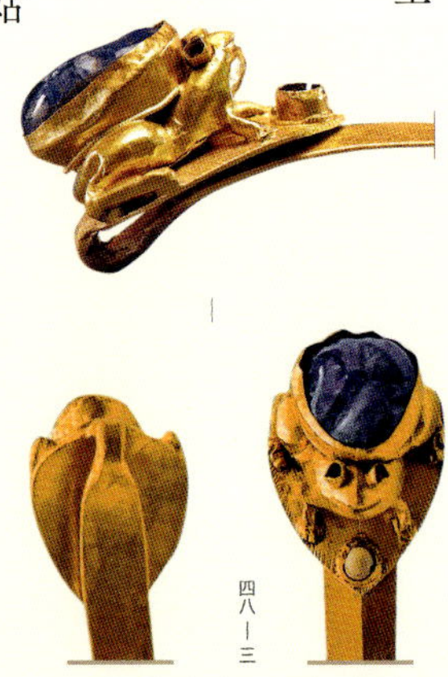
四八—三

四八—四

❶ 北京市昌平区十三陵特区办事处《定陵出土文物图典》，图九二，北京美术摄影出版社二〇〇六年。
❷ 簪通长十厘米，重二十五克。陈丽华《常州博物馆五十周年典藏丛书：漆木·金银器》，页五五，文物出版社二〇〇八年。
❸ 长十四点九厘米，一对共重四十九点五克。
❹ 通长十一厘米。《上海明墓》，彩版一〇一：三（『金嵌玉簪』）。

图四九
金镶宝蝉小插（一对）
北京定陵出土

图五〇
金镶宝蟢蛛小插
南京佟卜年妻陈氏墓出土

四九

金镶宝蝉小插一对❶〔图四九〕。金簪通长八点九厘米，重四点五克，它与前举苏州五峰山张安晚家族墓出土金蝉玉叶簪图式相同〔图三一〕，工巧却是远逊。出自南京中华门外邓府山佟卜年妻陈氏墓的金镶宝蟢蛛小插一枝，通长十点三厘米〔图五〇〕。蟢蛛即蜘蛛，亦即《诗·豳风·东山》中的蟏蛸，自古有喜子之称，为团圆之兆❷，汤显祖《紫箫记》第三十四出《巧合》云『香粉庭前，蟢蛛如愿，巧到人间远人相见』，小插以蟢蛛为簪首，自是取了『蜘蛛集而百事喜』的古说❸，且颇以『象生』见意趣，红蓝二色珠宝为之敷彩，

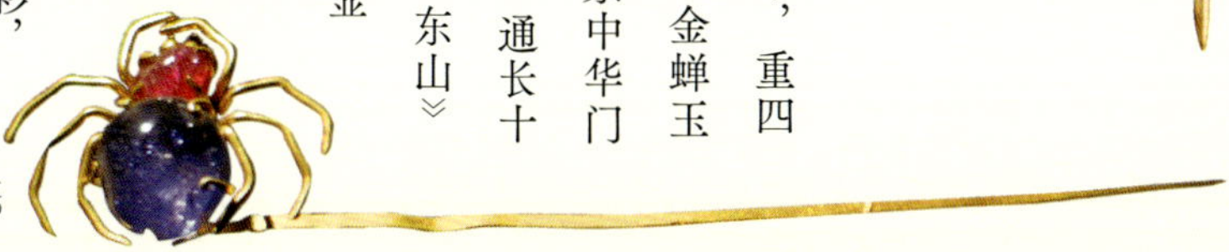
五〇

❶《定陵出土文物图典》，图九六（『镶宝金龟子金簪』）。

❷《尔雅·释虫》『蟏蛸』条郭璞注云：小蜘蛛『长脚者俗呼为喜子』，郝懿行《尔雅义疏》引陆玑《疏》云『此虫来著人衣，当有亲客至』。《刘子》卷三《鄙名第十七》曰『今野人昼见蟢子者，以为有喜乐之瑞』，『以其名利人也』。《刘子集校》（林其谈等集校），中华书局一九八五年。

❸《西京杂记》卷三引陆贾《新语》。又，蜘蛛擅结网，故它早在七夕乞巧节中扮演脚色，见南梁宗懔《荆楚岁时记》。李商隐《辛未七夕》『惟与蜘蛛乞巧丝』，宋之问《七夕》『留巧付蜘蛛』，所咏俱此。

图五一
金嵌宝螳螂捕蝉银脚簪（一对）
江阴青阳邹令人墓出土

图五二
金镶玉鹦鹉衔桃嵌宝簪（一对）
北京定陵出土

五一

更是烘托喜意。出自江阴青阳邹令人墓的金镶宝螳螂捕蝉银脚簪一对，则是小插中的『重量级』，就装饰题材而言，它也可以算作『豪华版』。螳螂古有『勇虫』之誉（《艺文类聚》卷九十七引《韩诗外传》），虽捕蝉故事隐然杀伐之气❶，但作为装饰纹样，设计者看重的大约在于此中的戏剧性因素，——『五六月蝉得美荫，奋翼而鸣，螗蜋超枝缘条，执翳自蔽，竦腰举刃，搏而取之』（罗愿《尔雅翼》卷二十五）。小插簪首螳螂在下，是『搏而取之』者也，蝉儿在上，是『奋翼而鸣』者也，二者遍身镶嵌红蓝宝石，背后的一柄银簪脚垂直后伸（图五一）。所谓『珠摇翠舞宝嵌金妆』，『绿云斜挑玉螳螂』❷，它也可以妆点出当日流行歌曲中的时尚美人。

尚有花鸟题材。定陵孝靖后的一对金镶玉嵌宝桃枝鹦鹉小插❸（图五二），通长十厘米，重四点八克，以绿玉鹦鹉的碾琢见精神。当日或称此纹样为鹦鹉摘桃❹。辽宁鞍山倪家台明崔鑑墓出土金

五二

❶ 见《太平御览》卷九四六《虫豸部三》引华峤《后汉书》。

❷ 海西广氏《雍熙乐府》卷四〔仙吕〕《混江龙》。

❸ 《定陵出土文物图典》，图八六（图版说明作『镶宝玉桃鸟鎏金银簪』，图像是倒置的）。

❹ 它原是明代流行的装饰纹样，《金瓶梅词话》第六十二回，潘金莲道李瓶儿『只爱穿那双大红遍地金鹦鹉摘桃白绫高底鞋儿』。阮大铖作传奇《双金榜》第十二出提到『翠翎小鸟，双双偷啄樱桃』，是为绣样；第二十五出又有『鹦鹉啄金桃』，是以杜诗为酒杯样式。侯方域有《鹦鹉啄金杯歌》咏成窑杯。

图五三
金镶宝桃小插（一对）
辽宁鞍山倪家台明崔鑑墓出土

五三

镶宝桃小插一对❶〔图五三〕，簪长十二厘米，下以桃枝桃叶和原当镶嵌各色宝石的累丝花朵为托座，上承一颗红玛瑙的桃子。此例造型与做工算不得新巧，但却以宝石和红玛瑙搭配出艳丽而颇添喜庆之色。

总之，各种小簪子是明代头面中式样丰富的一大类型，尺寸通常在十厘米上下，长者稍长，短者更短。它的设计理念当在簪首装饰以轻倩乖巧见美。

❶ 辽宁省博物馆文物队等《鞍山倪家台明崔源族墓的发掘》，页一七，图一〇（左，图版说明曰『金发簪』），《文物》一九七八年第十一期。按今藏辽宁省博物馆，展品说明曰『崔锴墓出土』，此从发掘简报。

（六）鬓钗

与此前簪钗并行的情况不同，明代的头面一副，簪几乎独领风骚。唐代女子讲求发髻式样的争新斗巧，簪钗的设计也同它处处呼应。两宋女子喜高冠，元代女子爱包髻，对天然美发的看重，已在渐次降低。明代女子用了鬏髻罩发，一头乌云早被覆盖式的插戴所掩，高髻的式样变化便不再时兴。从此簪钗差不多成为纯粹的装饰，而用于鬏髻上的插戴，自然以簪为便。在此之前簪因为只有一只脚，簪首装饰过多而增重便不容易插得牢，发髻罩了鬏髻则情形两样，簪首的装饰于是踵事增华，短短的簪脚竟可擎出比屋连甍的亭台楼阁〔第十章，图五三〕。此外，钗本来尚有的固发作用也多由鬏髻代替，那么与簪相比，钗的退居其次也就很自然了。

钗与簪的区别，明代以前是很清楚的，即两只脚呼作钗，一只脚呼作簪。到了明代，簪却渐成主流，钗的使用于是变得很少。此际所谓『头面』，实以簪为主，而明人称作『钗』者，往往是指装饰华丽、为女子所用的簪。明王圻等编《三才图会》『内外命妇冠服』一项绘出『钗』来，便是一只脚的簪，簪首是蓬然一束翠叶中的莲花和莲蓬〔图五四〕。明代通俗类书《增补易知杂字全书》『钗』字旁边的图示，是一对雀簪；『簪』字旁边的图示，是一枝蘑菇头的簪子❶〔图四〇〕。明熊寅几辑《尺牍双鱼》卷八《称呼》部分是把『簪』列在士人所用『书器』一项里，雅言『花簪一枝』；『钗』乃归入『珍宝』一项，雅言『金钗一副』❷。可见当时人对簪钗的一种分别。而果然是两只脚者，则或称作『古折簪子』，《型世言》第六回《完令节冰心独抱　全姑丑冷韵千秋》，曰汪涵宇去换了一两金子，『走到一个银店里去，要打两个钱半重的戒指儿、七钱一枝玉兰头古折簪子』。旧日通行的折股钗，此际已被视作『古』式。

明确了这样的变化，再来看明人关于钗的叙事，便可以理解他的所指。顾起元《客座赘语》卷四『女饰』条曰：『金玉珠石为华爵，长而列于鬓傍曰「钗」。』这里所述为南都情形，『华爵』之『华』，花也；『爵』者，雀也。而所谓『钗』，原是指

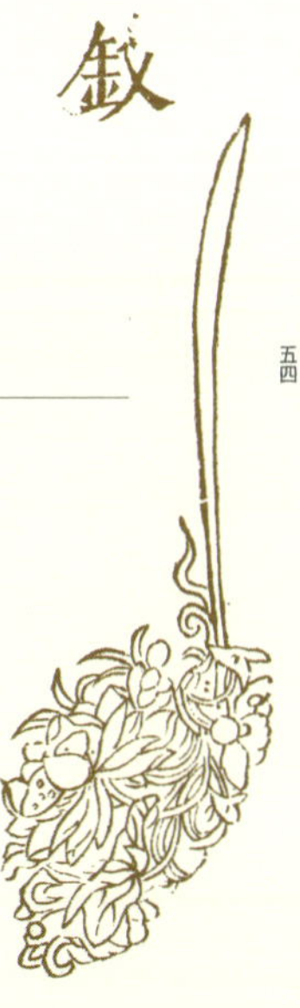

五四

图五四 《三才图会》中的钗

❶ 中国社会科学院历史研究所文化室《明代通俗日用类书集刊·一六》，页四六六，西南师范大学出版社等二〇一一年。

❷《明代通俗日用类书集刊·一六》，页五八九、页五九〇。这里的一副，指一对。又明代钗子常以『股』为量词，一对，称二股，如《喻世明言》第二卷《陈御史巧勘金钗钿》中的『金钗二股』。一枝，称一股，如《警世通言》第十一卷《苏知县罗衫再合》中的『拔下金钗一股』，又明叶宪祖《团花凤》杂剧『一股团花凤钗』。

图五五—一 明郝杰母杨氏夫人容像（局部）
蔚县博物馆藏
图五五—二 中山孺人汪氏容像（摹本）
图五五—三 倪仁吉绘吴氏先祖容像（局部）
义乌博物馆藏

一类造型修长的簪，其装饰部分与通贯下来的簪脚各约当簪之半。明代把两鬓与额角算在一起合称『四鬓』❶，鬓钗一对通常是分别倒插在两个额角，因此得名。如此妆束在明人画像中常常表现得很清楚，如蔚县博物馆藏明郝杰之母杨氏夫人容像，妇人头戴珠翠凤冠，冠下一对金镶珠宝鬓钗倒插〔图五五—一〕。前举秦锡章夫人像，又明人绘中山孺人汪氏容像❷〔图五五—二〕、明末吴之艺妻倪仁吉绘吴氏先祖容像❸，鬓钗的插戴都是如此。末一例画像中人头戴䯼髻，其端关一枝金顶簪，金坐佛挑心簪在当中，两旁花头簪子若干，口沿金钿两边各一枝梅花簪，金鬓钗一对倒押在左右❹〔图五五—三〕。

五五—一

五五—三

五五—二

❶《金瓶梅词话》第二十七回形容夏日里潘金莲、李瓶儿的一身家常妆束，『惟金莲不戴冠儿，拖着一窝丝杭州攒，翠云子网儿，露着四鬓，上粘着飞金，粉面额上贴着三个翠面花儿』。
❷ 其冠下尚有一对如意头及一枝金倒垂莲宝簪。石谷风《徽州容像艺术》，页一一，安徽美术出版社二〇〇一年。
❸ 吴高彬《义乌文物精粹》页二一〇，文物出版社二〇〇三年。
❹ 这一节专述鬓钗的始末源流及样式变化，行文与图例或称簪或称鬓钗，均指这一大类型，不拘泥于名称之统一。

鬓钗造型是从元代流行的如意簪发展而来，不过把簪首顶端下扣的一个或一对『耳挖』渐渐变作图案的一部分乃至一朵主花，且装饰之部加宽，整个做工也变得更为繁复。四川平武王玺家族墓出土的几枝金、银瓜头簪，都是簪首顶端反扣过来带着花叶的一枚瓜实〔图五八—一～二〕。另有一枝造型相同，簪首反扣部分却是拨弹阮咸的仙人，仙人发际做出巧尖额，头顶挽个扁髻，身覆云肩，跨着麒麟，背后衬着海浪和祥云〔图五六—三〕。江阴长泾九房巷明夏彝夫妇墓出土金镶宝瓜头簪与金瓜头簪各一枝，都是细窄的样

五六—一

五六—二

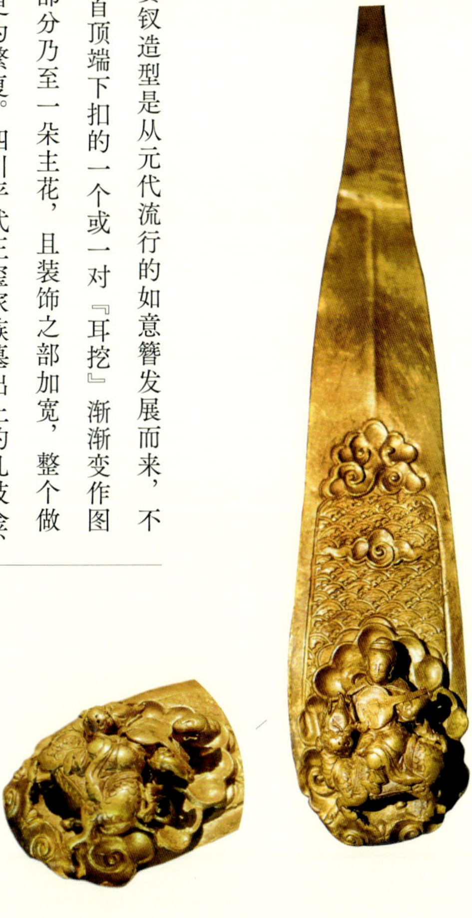
五六—三

图五六—一 金瓜头簪
图五六—二 银瓜头簪
图五六—三 海浪祥云伎乐金簪
四川平武王玺家族墓出土

图五六—四
金瓜头簪

图五六—五
金镶宝瓜头簪
江苏江阴长泾九房巷明夏彝夫妇墓出土

图五七—一
金累丝凤穿花鬓钗（局部）
南京太平门外徐俌夫人墓出土

图五七—二
金累丝凤穿花鬓钗
南京太平门外徐膺绪墓出土

五六—五

式[1]（图五六—四～五），略同于前举汪氏容像凤冠口沿下插戴的一对，金瓜头簪簪脚有铭曰『张八郎十分金造』，而錾工匠名姓是明代不太常见的。南京太平门外徐俌夫人墓出土金累丝凤穿花簪簪首顶端仍做出下扣的『耳挖』，『耳挖』之背却焊了一朵金累丝的牡丹花。金簪的装饰部分为一大一小两只穿花凤，大凤舞于花上，小凤隐于花下见首不见尾。金簪通长十八点四厘米，装饰之部长八厘米，最宽处一点五厘米（图五七—一）。题材与做工相同而时代更早的实例，有南京太平门外徐膺绪墓出土金累丝凤穿花簪一枝[2]（图五七—二）。出自

五七—二

五七—一

五六—四

[1] 据《江阴长泾、青阳出土的明代金银饰》，金镶宝瓜头簪（此称『如意金簪』）通长十四点三厘米，重二十二点八克；金瓜头簪通长十五点八厘米，重三十六点六克（页四三），并云镶宝的一件所嵌宝石已缺，不过二〇一六年秋两件金簪在无锡博物院举办『色·艺之美：江阴市博物馆藏金银器精品展』展出时，镶宝者已补宝石，本章用图即观展所摄。

[2] 长十五点五厘米。徐膺绪为徐达第三子，官中军都督府佥事，世袭指挥使。《明中山王徐达家族墓》，页六三。

广东普宁明墓的凤穿花金簪也是相似的构图，不过纹样系打造而成，图案的收束之部为一只小蜜蜂。同出尚有一件凤穿花金满冠，构图则如两枝鬓钗图案的合一而由纵向变作横向〔图五八—一～二〕。又明梁庄王墓出土一对金累丝镶宝牡丹花簪，虽未做出鸾凤蜂蝶，但累丝枝叶伸展披垂与花朵相间，也见出欣欣生意。簪长十五点三厘米，最宽处三厘米，重三十二点六克❶〔图五九〕。以上诸例，便都是顾起元说的花雀了。所谓『金玉珠石』，也有南京太平门外明徐俌夫人墓出土的一对，通长十七点三厘米〔图六〇—一〕，式样正如前举杨氏和汪氏容像中的插戴。这一种类型的簪，便都是明人眼中的钗或鬓钗。出自蕲春明都昌王朱载埨夫妇墓的金镶宝龙戏珠鬓钗，龙口里边设金托托一颗红宝为龙舌，龙睛原

❶ 湖北省文物考古研究所等《梁庄王墓》，彩版一三四（梯形金累丝镶宝石簪），文物出版社二〇〇七年。

五八—一

图五八—一
金凤穿花鬓钗
广东普宁明墓出土

图五八—二
凤穿花金满冠
广东普宁明墓出土

图五九
金累丝镶宝牡丹花鬓钗
湖北钟祥明梁庄王墓出土

图六〇—一
金镶宝鬓钗
南京太平门外明徐俌夫人墓出土

五八—二

六〇—一

五九

初也当嵌珠或嵌宝〔图六〇—二〕。杭州萧山区水漾坞明墓出土一对银鎏金攀莲童子鬓钗（其中一枝残损），当是依据造型来安排纹样〔图六〇—三〕。更为别致的是出自湖北恩施猫儿堡的一对：钗首一溜儿八朵花，每隔一朵，花心上坐一个童子，或拍手，或作奏乐状，顶端是花间飞出来的一只凤凰，凤口衔一挂金累丝坠，其中一枝的挂坠是上方一尾鱼，鱼下边一朵花，花瓣下方的链环里一个举手抬足的孩儿〔图六一〕。

六〇—二

六〇—三

一

图六〇—二
金镶宝龙戏珠鬓钗
蕲春明都昌王朱载塎夫妇墓出土

图六〇—三
银鎏金攀莲童子鬓钗（一对之一）
杭州萧山区水漾坞明墓出土

图六一
金凤穿花婴戏图鬓钗（一对）
湖北恩施猫儿堡出土

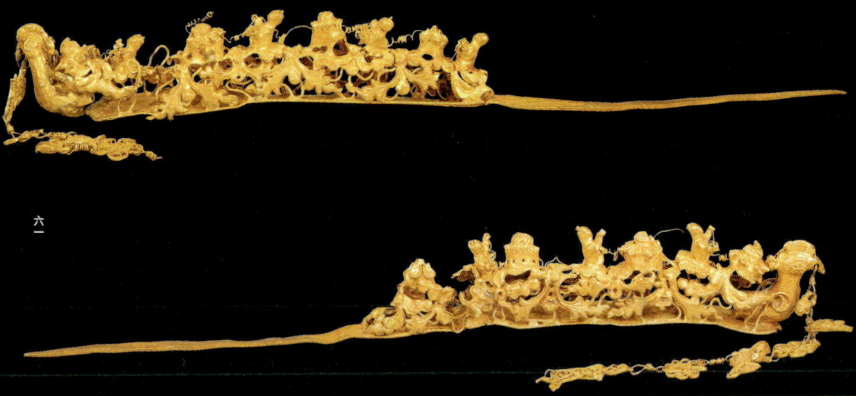

六一

金凤穿花婴戏图鬓钗挂坠

图六二一—一
金镶宝蝶赶花鬓钗（一对）
蕲春明荆端王次妃刘氏墓出土

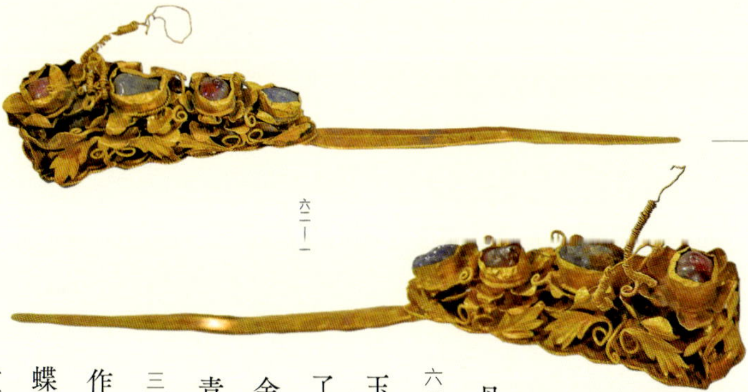

六二一—一

鸾凤穿花之外，每为啄针、小插取用的草虫，又明代流行纹样中的蜂蝶赶菊，也常常用作鬓钗的装饰纹样。湖北蕲春刘娘井明荆端王次妃刘氏墓出土金镶宝蝶赶花鬓钗一对，钗首以下方顾盼相牵的牡丹花叶由低向高捧出花朵和赶花蝶〔图六二一—一〕。常熟明温州知府陆润墓出土金镶玉蝶赶菊簪一枝❶〔图六二一—二〕，簪首玉花心里失了嵌物，推想该是一颗红宝或蓝宝，明代簪钗金玉珠宝的聚合，每每如是安排。又有江西南昌青云谱京山学校出土金镶宝蝶赶花簪一对〔图六二一—三〕，便好似与前例用着同一个画样，不过换了制作材料。簪首打作一朵牡丹和一只粉蝶，花心与蝶身各焊一个菊花托，然后分别嵌宝。背面焊接一柄扁平的簪脚，簪脚上端分作两歧做成托架。所失嵌物，应是红蓝宝石各一颗。『轻姿傅粉，学得偷

金镶宝蝶赶花鬓钗局部

❶ 通长十一点八厘米，重十四点三克。陆润生于正统元年（一四三六），卒于正德十三年（一五一八）。其妻生于正统三年（一四三八），卒于弘治十八年（一五〇五）。常利平等《常熟市虞山明温州知府陆润夫妇合葬墓发掘简报》，《东南文化》二〇〇一年第四期。

图六二—二
金镶玉蝶赶菊簪
常熟明温州知府陆润墓出土

图六二—三
金镶宝蝶赶花簪
南昌青云谱京山学校出土

图六三
金镶宝螳螂捕蝉簪
湖北蕲春明荆恭王墓出土

六二—三

六二—二

香俊』❶，蝶赶花的流行，大约始终带着传统的诗意。湖北蕲春横车镇明荆恭王墓出土金镶宝螳螂捕蝉簪一对❷〔图六三〕，簪首繁花密叶之上，鸣蝉在前，捕食者在后，是以重层结构和镶珠嵌宝展开情节完成纹样的叙事性。冯惟敏《海浮山堂词稿》卷三〔玉抱肚〕《赠牛月娥》『玉螳螂倒插乌云』，正是鬟钗的插戴方式。此外的传统纹样尚有教子升天。与蝶赶花相同，它也是宋代以来长期沿用的题材，玉器、瓷器、金银

六三

❶ 陈德武《清平乐·咏蝶》，《全宋词》，册五，页三四五九。
❷ 通长十四点五厘米，最宽处约两厘米。

器等都有制作。元明又借了纹样的构图顺势制为绦钩，如甘肃漳县徐家坪八号墓出土一柄玉绦钩，——白玉做成钩的形状，然后碾作一大一小两个螭虎，大螭在上勾颈下望，小螭在下跃跃将升，大小螭虎的额间均刻一个『王』❶〔图六四—一〕。兰州上西园明肃藩墓园一号墓出土一件金镶宝珠教子升天簪〔图六四—二〕，其造型取自绦钩自无疑义，并且如同绦钩一样把『随类赋形』运用得好，图案的设计教人从几个角度看去都成浮雕式的画面，又糅合了二龙戏珠的题材，在大小二螭之间做一个用火焰脚相抱的金托座，把最大的一颗红宝石嵌入其内以成摩尼宝，因显得分外夺目。簪背錾

六四—一

图六四—一
教子升天玉绦钩
甘肃漳县徐家坪八号墓出土

❶ 漳县文化馆《甘肃漳县元代汪世显家族墓葬·简报之二》，图版壹：二（『丝带和玉带钩』），《文物》一九八二年第二期。

图六四—二
金镶宝教子升天簪
兰州上西园明墓出土

图六四—三
金镶玉螭虎簪
上海浦东新区明陆深家族墓出土

六四—二

刻一溜儿灵芝纹。通长二十点五厘米，最宽处一点五厘米，重三十八点五克[1]。出自上海浦东新区陆深家族墓的一件金镶玉螭虎嵌宝银脚簪[2]（图六四—三），与它是同一母题，不过如同明代流行的金镶宝螭虎绦钩的做法而省略了『教子』。簪首两端各一朵花心嵌宝的小金花，中腰一个嵌宝的石碗，石碗边缘焊两根细丝，向后穿出底衬，底衬缘边打作粟粒纹，然后折过来托住中间的玉螭。

鬏髻的尺寸通常在十五厘米至十八厘米之间，簪首最宽处一般不超过三厘米，盛妆之下倒插于额角两边，即如图像所绘。至于尺寸与分量逾常且

六四—三

[1] 俄军《甘肃省博物馆文物精品图集》，页二八三（『镶玉宝石二龙戏珠金簪』），三秦出版社二〇〇六年。

[2] 通长十点四厘米。《上海明墓》，彩版四六：五。

装饰格外繁复者，虽然也是相似的造型，却未必同样的插戴方式。由故宫博物院藏明吴伟《武陵春图》〔图六五—一〕，又倪仁吉所绘吴氏先祖容像❶〔图六五—二〕，可见它也不妨云髻高插一枝。陕西高陵县院张村明张氏墓出土金镶宝花叶簪一枝，造型为扁条式的一弯，簪首部分一溜儿花朵般的簇簇花叶，叶心分别做出三个石碗，其中一个存红宝一粒，另有脱落的一粒蓝宝❷〔图六六〕，式样正同于容像所绘，自是宜于这样的插戴。出自江阴长泾九房巷明夏彝夫妇墓一枝做工精细的金累丝楼阁人物簪，以层叠接焊的工艺攒聚为立体的景观，重六十多克，不计簪脚，簪首装饰部分即长逾十厘米〔图六七〕，也要如此妆扮才好，簪首图案也显示着它的簪脚是向下的。

六五—一

六五—二

图六五—一
《武陵春图》（局部）
故宫博物院藏

图六五—二
倪仁吉绘吴氏先祖容像
义乌博物馆藏

图六六
金镶宝簪
陕西高陵县院
张村明代张氏墓出土

图六七
金累丝楼阁人物簪
江苏江阴长泾九房巷
明夏彝夫妇墓出土

❶《义乌文物精粹》，图二〇六。图左绘者说明云：『右图为谢媪，乃孚四府君之侧室也，生元至正辛酉六月十六日戌时，卒明正统己巳正月二十七日亥时。』

❷今存陕西省考古研究院，承研究院惠允，得以观摩实物。

六六

六七

（七）掩鬓

掩鬓是典型的明式簪钗，以簪戴于两鬓而得名。《客座赘语》卷四曰：『掩鬓或作云形，或作团花形，插于两鬓。』其称也列在明人编纂《世事通考·首饰类》，又《杂字大全》中的『钗』类❶。明建文刻本《皇明典礼》中『妆奁』一项中的『首饰冠服』列有『金掩鬓一对』，朱有墩《新编黑旋风仗义疏财》杂剧，李逵假扮货郎儿的担子上『也有那累丝做抹金掩鬓』。《三才图会》则画出它的造型和最常见的两种纹样，而名作『两博鬓』（图六八），当是求雅之故。

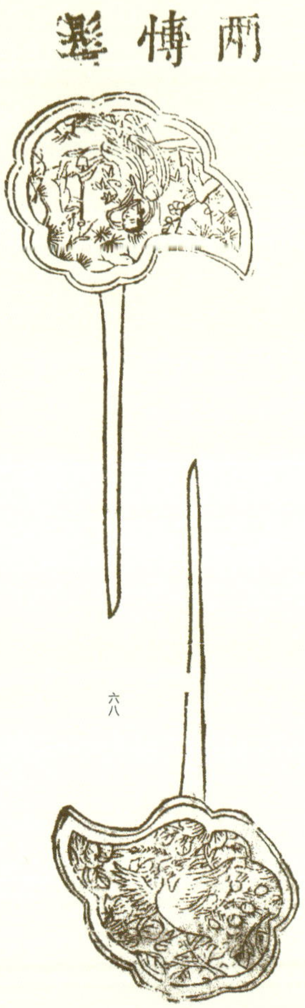

六八

图六八 《三才图会》中的掩鬓

❶ 全名《新刻增校切用正音乡谈杂字大全》，《明代通俗日用类书集刊·一五》，页二六三。

图六九—一
功德天女云中现
图六九—二
云朵上的佛足
与云朵上的麒麟
敦煌莫高窟第六一窟壁画（五代）
图六九—三
云朵上的飞天
敦煌莫高窟第三窟壁画（元）

如图像所示，掩鬓的通行样式是云朵式造型，云朵之上加饰各种吉祥纹样。佛教艺术中的形象，很可能是它设计构思的主要来源。云朵之上现瑞象或现奇迹，诸如天宫、佛塔、飞天、菩萨等等，此在敦煌唐代壁画中已是运用纯熟的叙事语汇，此后直到西夏和宋、元，它始终是经变画中为人熟悉的表现程式❶〔图六九—一～三〕。既成图式，自然方便移植。比较集中的

六九—一

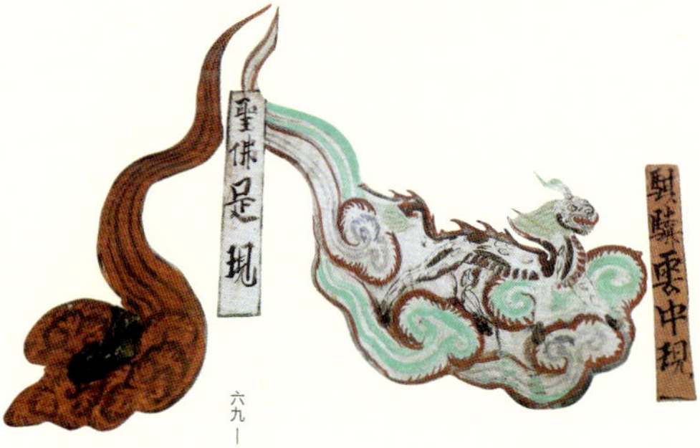

六九—二

六九—三

❶ 如敦煌莫高窟初唐第三三四窟北壁的祥云托塔，盛唐第三二〇窟北壁的祥云托菩萨、托殿阁，如五代第六一窟中云朵上的麒麟、佛头、功德天女，时属宋代的第七六窟东壁、元代第三窟南壁的祥云飞天，等等。

图七〇
福建莆田广化寺石塔浮雕

图七一
日月纹金掩鬓（一对）
江阴明夏彝夫妇墓出土

七〇

一组实例，是福建莆田建于南宋的广化寺石塔。石塔是八角五层仿木楼阁形制的一座建筑，每层檐下各出两重叠涩，每重叠涩各浮雕团凤、折枝花卉、迦陵频伽鸟，更有祥云托月，又托钟、塔、菩萨或供养天人〔图七〇〕。作为一种成熟的艺术造型，它在明代被赋予了祥瑞的寓意而从佛教艺术中独立出来。江阴长泾九房巷夏彝夫妇墓出土云托日、月金簪亦即掩鬓一对，簪首云月系打造而成，造型与广化寺石塔浮雕却很相似〔图七一〕。江西南城县明益端王朱祐槟夫妇墓出土属于彭妃的一对金镶宝掩鬓，九朵如意云拢作一大朵祥云，云朵中心嵌宝石，其一为红，其一为蓝，应

七一

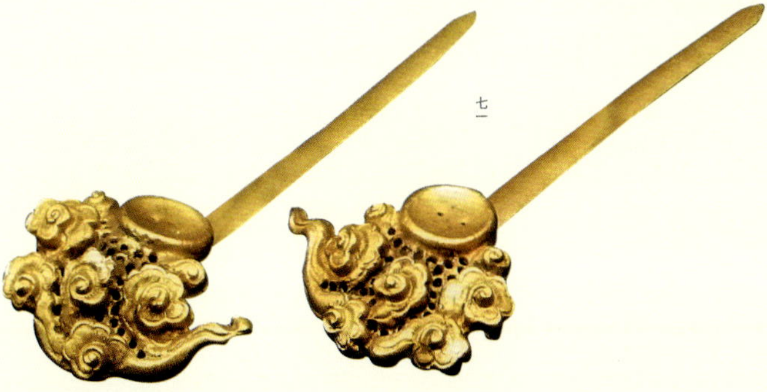

图七二
金镶宝日月纹掩鬓（一对）
江西南城县明益端王夫妇墓出土

图七三
金镶宝凤凰掩鬓（一对）
江西南城县明益宣王夫妇墓出土

七二

七三

是分别代表日和月❶〔图七二〕。不过从已经发表的资料来看，明代流行的掩鬓纹样并不是这一类，而是如《三才图会》所示，一为鸾凤，一为仙人。前者多见于藩王墓，如湖北钟祥梁庄王墓出土金累丝镶玉鸾鸟牡丹掩鬓一对，如江西南城县益宣王朱翊鈏夫妇墓继妃孙氏的一对金镶宝凤凰掩鬓❷〔图七三〕，又南昌青云谱老龙窝明墓出土双凤穿花金掩鬓一对、南昌石城辅国将军朱拱禄墓出

❶ 彭妃于嘉靖十八年入葬。
❷ 孙氏卒于万历十年。

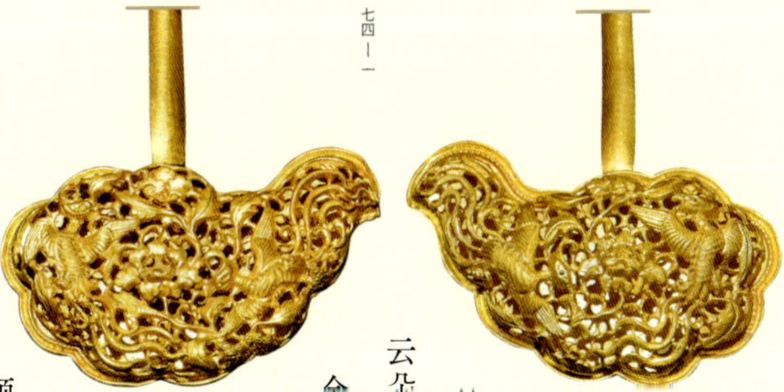

七四—一

土云霞双凤金掩鬓一对❶〔图七四—一~二〕。两对均为镂空作。仙人掩鬓则多为江南仕宦之家所用，——上海打浦桥明顾定芳夫妇墓出土一对玉雕仙人掩鬓，上海浦东新区陆深家族墓出土金镶玉仙人掩鬓一对，无锡大墙门出土跨鹤仙人金掩鬓一对。出自陆深家族墓的掩鬓金托造型为纵向的云朵，女仙一手持花枝，一手持拂尘，站在如意云头之上，细金条做成腰带，中心嵌一颗红宝，然后绕向身后，从底衬的小孔穿出。底衬有四对小孔，拂尘处、花枝处、云朵处各有从前面穿过来的金丝在后边系结。背面簪脚残断〔图七五—一〕。出自无锡的掩鬓长五点五厘米，宽四厘米，一朵祥云为底衬，云朵上面接焊跨鹤飞仙，仙子覆云肩，绕帔帛，颈戴项圈，手捧一个花盘，仙鹤引颈昂首若在云霄长鸣，向外伸展的翅膀打造为舞动之势，其上并细錾毛羽。花盘中心一对小孔，推知原当嵌宝以为仙果。两件簪首图案相同，惟造型与人物姿态相对〔图七五—二〕。掩鬓纹样的寓意，可以北京丰台区长辛店六一八厂一座明中期墓葬出土织金补子作为旁证。补子

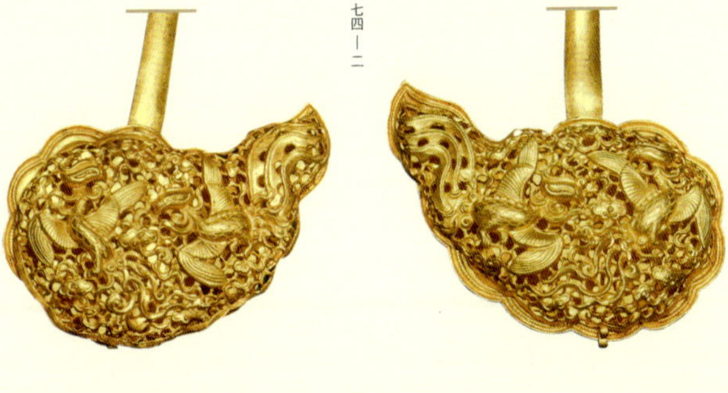

七四—二

图七四—一
双凤穿花金掩鬓（一对）
南昌青云谱老龙窝明墓出土

图七四—二
云霞双凤金掩鬓（一对）
南昌石城辅国将军朱拱禄墓出土

❶ 朱拱禄为宁藩石城王系镇国将军朱宸浮次子，卒于嘉靖三十三年（一五五四）。墓葬出土物系征集。按《江西明代藩王墓》称掩鬓质地为银鎏金，不过它在江西省博物馆举办的『饰代风华：江西省博物馆藏明代王妃首饰精品展』展陈时，说明作金掩鬓，观其实物，似以展览说明为是。

图七五—一
金镶玉仙人掩鬓（一对）
上海浦东新区明陆深家族墓出土

图七五—二
跨鹤仙人金掩鬓（一对）
无锡大墙门出土

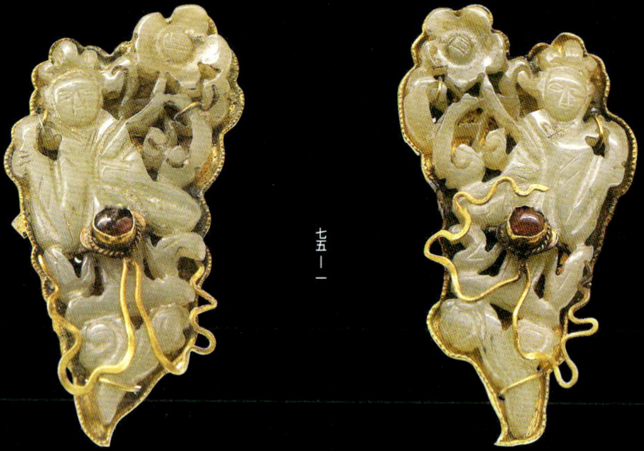

七五—一

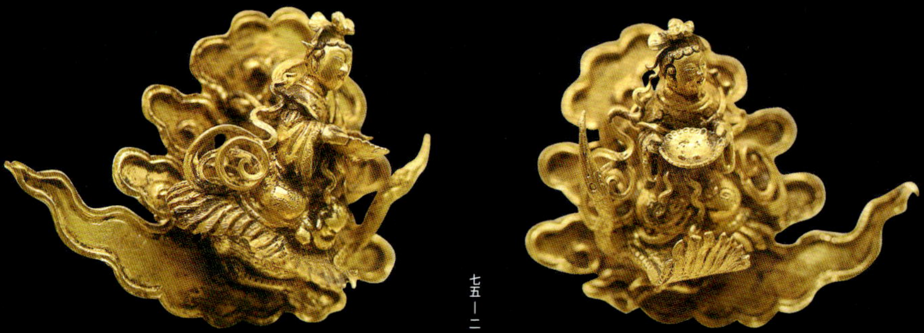

七五—二

的图案为寿山福海和祥云之间的一对鹿衔芝，中间的山石两畔点缀松竹梅，上方祥云簇拥着捧盘飞仙，盘里边放着犀角和珊瑚❶〔图七六〕，这里贺寿祝福的意思是很明确的。

掩鬓又或借了云朵的造型做成『火焰』亦即摩尼宝，如湖北蕲春明都昌王朱载塎夫妇墓出土的一对〔图七七〕。不过以此为题材的更多是挑心，且待后面分说。

此外还有云朵上的麒麟，如江西南昌县明辅国将军朱拱禄妻樊氏墓出土的一枝〔图七八—一〕，如无锡大墙门出土的一对〔图

七六

七七

图七六
织金鹿纹补子
北京长辛店六一八厂明墓出土

图七七
金镶摩尼宝花掩鬓（一对之一）
湖北蕲春明都昌王朱载塎夫妇墓出土

❶ 北京市文物局《北京文物精粹大系·织绣卷》，图一九，北京出版社二〇〇一年。

图七八—一
金麒麟掩鬓
明辅国将军朱拱禄妻樊氏墓出土

图七八—二
金麒麟掩鬓（一对）
无锡大墙门出土

图七九—一
金仙人掩鬓
南京太平门外板仓出土

图七九—二
童子戏莲金掩鬓
南京太平门外蒋王庙出土

七八—一

七八—二）。后一例，图案中麒麟的尾巴后面各有云托日和云托月。

前面说到明代首饰中传统的双股钗已不多见，掩鬓也多为一只簪脚，不过也偶见脚为双股者，如分别出自南京太平门外板仓和太平门外蒋王庙的两枝金掩鬓。依然都是云朵式造型，前例云朵上蔚然一片花丛，花中露出帔帛绕身的女仙，手里捧着一枚大荷叶；后例是莲塘小景中手擎莲花的童子。两枝掩鬓均做出一枚中心设孔的荷叶，叶心原初或当系珠❶（图七九—一～二）。

七八—二

七九—一

七九—二

❶ 前例通长十三点六厘米，后例通长十三点七厘米。南京市博物馆《明朝首饰冠服》，页一二一、一二二（图版说明均作『婴戏莲纹金钗』），科学出版社二〇〇〇年。

图八〇
明人绘贾氏容像（局部）
故宫博物院藏

图八一—一
云托日金片

图八一—二
云托月金片
苏州吴张士诚母曹氏墓出土

八〇

掩鬓的插戴位置适如其名，即前引《客座赘语》所云『掩鬓或作云形，或作团花形，插于两鬓』。嘉兴王店李家坟明李湘夫妇墓出土一件遍插簪钗的鬏髻，一左一右两枝掩鬓，插戴位置正见得清楚〔图一〇—三〕。故宫博物院藏明人绘贾氏容像，也明确表现出金镶宝鬓钗上方的一对掩鬓〔图八〇〕。

顺便还应提到另外一种以云月为造型的金银饰品，此属于道教系统，多用于墓葬。如苏州吴张士诚母曹氏墓出土云托日、月金片一对❶〔图八一—一～二〕，无锡元钱裕墓出土云托日、月银片一对〔图八二—一～二〕，后例『日』中锥点三足乌，『月』中锥点白兔捣药，而『月』下云朵脱失。南京中央门外张家洼汪兴祖墓出土一对金银饰，朵云托月为银，朵云托日为金，其上各有『日』『月』二字作为标识❷〔图八三—一〕；南京太平门外板仓徐俌墓出土云托日、月银饰一对，原置于木枕下，左日右月〔图八三—二〕。常熟陆家山陈察母墓出土云托日金饰，日中有一只三足乌〔图八三—二〕。这一类金银饰品乃用来象征太阴、太阳。《上清天关三图经》云『削阳罪于太阴，度阴气于太阳』；『首罪于太阴，修

八一—一

八一—二

❶ 苏州市文物保管委员会等《苏州吴张士诚母曹氏墓清理简报》，图版十：七，《考古》一九六五年第六期。

❷『日』字金饰高四点五厘米，『月』字银饰已残，大小和形制与它相同。汪兴祖生于元至元四年（一三三八），卒于明洪武四年（一三七一），为明代开国功臣。南京市博物馆《南京明汪兴祖墓清理简报》，页三三，《考古》一九七二年第四期。

图八二—一
云托日银片（残）
无锡元钱裕墓出土

图八二—二
云托月银片（残）
南京中央门外张家洼明汪兴祖墓出土

图八三—一
云托日金片
南京太平门外板仓徐俌墓出土

图八三—二
云托日月银饰
常熟陆家山陈察母墓出土

图八三—三
云托日金饰

八二—一

八二—二

八三—一

八三—二

八三—三

生于太阳』[1]。墓中置此，其意即在于『乞请太阳、太阴赦免死者生前所犯罪孽，削除北阴死籍，重获身形，早登仙录』[2]。

（八）花树与鬓边花

花树是聘礼中用到的名称，明《尺牍双鱼》卷七列『聘仪』程式，中有『金钗壹偶，金耳环双，金花几树，银花几树』[3]。明杨尔曾《韩湘子全传》第三回曰退之与窦氏为韩湘子备下聘礼，诸般物事中有『玉树玲珑』。此玉树，当也是花树一类，不过别嵌雕镂之玉。花树也宜于用作贺礼。《尺牍双鱼》卷八『贺仪』帖式中，『金花贰树』即列在可供选择的几事里面。『树』既是金花或银花的单位名称，也表明它的造型取式于花枝。在故宫藏两幅明人容像中可见花树的簪戴，画笔下的花树似乎都是点翠。既以喜庆用场为主，花树的设计，自要使它娇艳喜人方好，常州红卫出土金镶宝花树一对[4]〔图八四—一～二〕，便是如此式样。簪首长八点七厘米，高三点六厘米，重四十克。老干横枝做成图案的依托，中心一朵桃花最大，四外和枝梢分别点缀五朵小花，枝梢的一端是朝着中心而飞的蝴蝶，枝干的一端是一只翻飞的鸟儿，引

[1] 《道藏》，册三十三，页八〇八、八一二。

[2] 张勋燎等《中国道教考古·隋唐五代宋元墓葬出土神怪俑与道教》，页一七一六～一七二〇，线装书局二〇〇六年。此外，云月纹作为装饰图案，它的使用也见于泉州的古伊斯兰教墓碑，时代由元至明，见吴文良等《泉州宗教石刻》（增订本），科学出版社二〇〇五年。虽图式几乎相同，但内涵不同。

[3] 《明代通俗日用类书集刊·一五》，页五八〇。

[4] 《常州博物馆五十周年典藏丛书：漆木·金银器》，页六八～六九（图版说明作『嵌宝石花形金饰件』）。

图八四—一~二 金镶宝花树（一对）
常州市红卫出土

图八四—三 金累丝镶宝花树
苏州洞庭红光四队出土

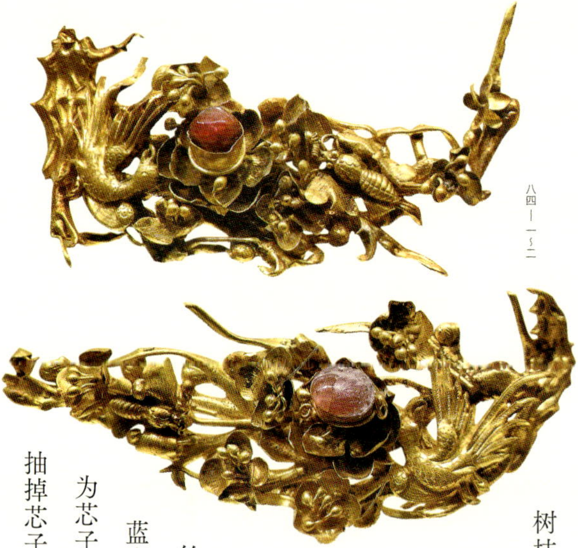

八四—一~二

颈张口，方在暄风暖景中娇啼。位居中心的花蕊嵌一颗宝石。桃枝背后接焊扁管以插簪脚。两件簪首纹样相同而方向相对。桃花，蝴蝶，相呼的飞鸟，选取的物象都含谐美之意，虽未必用于嫁娶，但若用于嫁娶，必是讨喜。出自苏州洞庭红光四队的金累丝镶宝花树，原初也当是一对，同样以老树枝干为骨架，金累丝镶宝的山茶和石榴簇拥一只啼鸟，两颗石榴一颗平填成形，一颗堆垒成型，经营出空间感〔图八四—三〕。湖北蕲春彭思镇都昌王妃袁氏墓出土金镶宝鸟雀登枝花树一对，为金叶金花宝石点蕊的熠耀一枝，枝头『螺丝』挑出的一只鸟雀背上一颗蓝宝。所谓『螺丝』，即以一根粗丝为芯子，在芯子上等距离缠绕细丝成螺丝状，抽掉芯子，细丝便盘旋轻颤如弹簧一般，则插

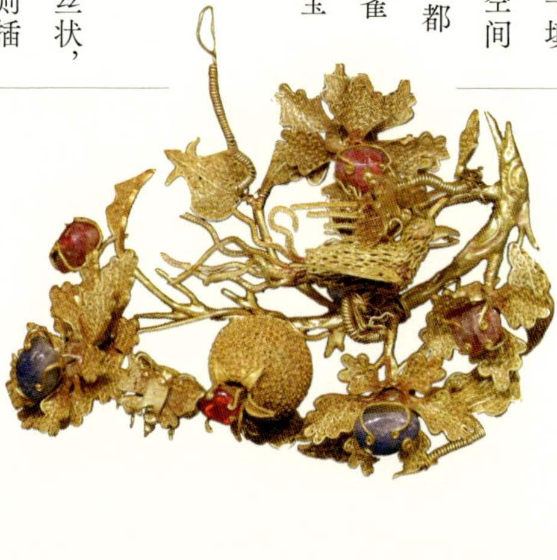

八四—三

戴花树之际，枝头小鸟便会随步翩然摇颤〔图八五〕。

鬓钗、掩鬓、花树之外，鬓边的簪戴明人常常提到的还有『边花』与『鬓花』与『鬓边花』。《天水冰山录》记有『金双蝶边花二根』；《韩湘子全传》第三回历数为韩湘子备下的聘礼，道『怎见得那礼的齐整处？扎结鬓花，都是犀珠宝石』；范濂《云间据日抄》曰『两边用捧鬓』，『旁加翠花一朵，大如手掌，装缀明珠数颗，谓之鬓边花；插两鬓边，又谓之飘枝花』；又《金瓶梅词话》第二十三回所谓『要了他两对鬓花人翠』，都是明光闪烁在鬓边的大头面。此属于灵活插戴的一类，大约称呼上也是很灵活的，并没有特别明确的所指❶。总是造型丁固定形式（如挑心、掩鬓）之外，尺寸又比通常的小簪子要大，人致多可以归在这一类。比如分别出自南京徐达家族墓〔图八六〕、江阴邹令人墓〔图八七〕、临海王士琦墓的几枝金簪〔图八八〕。

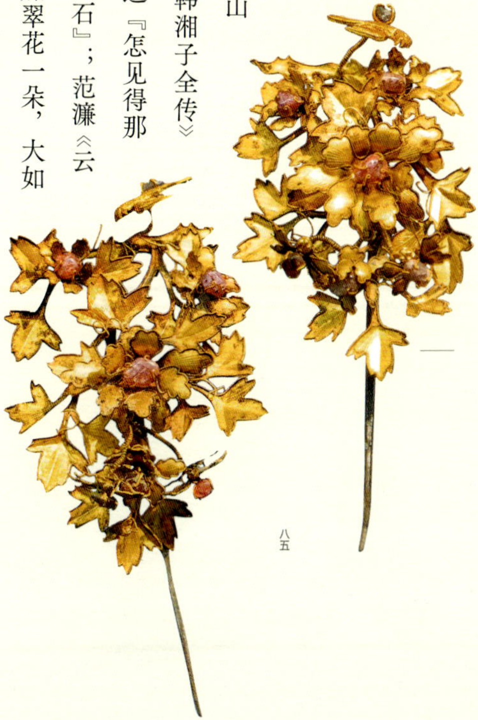

八五

图八五
金镶宝鸟雀登枝花树（一对）
湖北蕲春彭思镇都昌王妃袁氏墓出土

图八六
金累丝蝶赶花簪
南京太平门外徐达家族墓出土

图八七
金镶宝蝶赶花银脚簪（一对）
江苏江阴青阳邹令人墓出土

图八八
金累丝蜂蝶赶菊花篮簪（一对）
浙江临海明王士琦墓出土

❶ 明代头面虽然通常以若干件为一副，但各式簪钗本来也都是独立的首饰。《天水冰山录》中『首饰』一项的计量，皆为一副若干件，此外又别列『金簪』一项，而计之以『件』，也表明这种情形。

八七

八六

八八

第一例为金累丝蝶赶花簪，它的构图似乎借鉴于写生笔墨，斜出的一茎折枝牡丹，枝头一朵大花好似浅舒粉晕，侧枝的几朵小花仿佛带露将开，离披的枝叶间栖一只采花蝶。累丝做成的花叶和蝴蝶上面共焊着九个素托，原均当嵌宝，今只存得一颗。背面枝梗上焊一扁管，应是用作插簪脚。出自邹令人墓的金镶宝蝶赶花银脚簪为一对，簪首一丛折枝牡丹，花朵是用几重打制好的花瓣相叠攒焊而成。两根『螺丝』竖直焊接在蝴蝶翅膀的前端，成为高高翘起且行动即颤的长须。王士琦墓所出是一对金累丝蜂蝶赶菊花篮簪。簪首的制作，是先用素边丝掐出各个小件的轮廓：一朵灵芝，三茎菊花，蜂一，蝶一，又花盆之半，复以做成小卷草的花丝在轮廓里平填。薄金叶和细金条做成花枝、花叶和花篮的提梁，先是小件攒焊成形，继将金簪攒焊成型。菊花花心用『吸珠』法做出点点花蕊。金簪之钩花布叶运金丝如运笔，花丝纤若毫发而平填得工致精细，纹样的繁而不乱，一丝一缕皆清清爽爽，又特别见出攒焊的工夫。风吹花动，泻影留香，这一效果似乎惟此累丝作可及。至于出自兰州上西园彭泽夫妇墓[1]、河南浚县王

[1] 甘肃省文物管理委员会《兰州上西园明彭泽墓清理简报》，图版十六：三，《考古通讯》一九五七年第一期。

图八九—一
金镶宝蝶赶花簪
兰州上西园明彭泽夫妇墓出土

图八九—二
金镶宝蝶赶花簪
河南浚县王百禄墓出土

图八九—三
金累丝镶宝花朵簪
常州武进马杭东风出土

百禄墓的金镶宝蝶赶花簪，又武进马杭东风出土金累丝镶宝花朵簪〔图八九—一～三〕，却是特以珍宝镶嵌见重，于造型设计与制作工艺一端，似不必花费太多心思。此外又有金制、银制的『象生花』，也可归在鬓边花之类。它的造型很像是取自舆服制度中『九翟冠』上的一个部件，即冠体正面的『珠牡丹花』。此

八九—二

八九—一

八九—三

图九〇—一
金牡丹花簪一

图九〇—二
金牡丹花簪二
湖北钟祥明郢靖王墓出土

图九〇—三
银牡丹花簪一

图九〇—四
银牡丹花簪二
湖北钟祥明郢靖王墓出土

图九一—一
金牡丹花簪
南京中华门外俞通源墓出土

图九一—二
金牡丹花
南京江宁将军山沐朝辅墓出土

图九二
金牡丹花簪
山东兖州谷村镇栗园出土

式金花簪、银花簪几乎都出在等级很高的墓葬，如湖北钟祥明郢靖王墓❶〔图九〇—一～四〕、南京中华门外俞通源墓❷、南京江宁将军山沐朝辅墓❸〔图九一—一～二〕。金银花簪的制作方法皆为錾凿片材，叠置成形，攒焊为花。末一例牡丹花簪的叶茎是弹簧式的『螺丝』作，因有随步动摇之俏，似即礼书所云『飘枝』❹。范濂《云间据目抄》说到的『飘枝花』，大约仿此式而制。山东兖州谷村镇栗园出土金牡丹花簪式样与前举之例很相似，然而簪首却是结系仰覆莲座上、火焰背光前的坐佛，下方分别探出云托日和云托月。坐佛、日月以及四对花叶都是用『螺丝』接焊于簪挺〔图九二〕。

九〇—一

九〇—二

❶ 分别出自墓葬后室宝床东西郢靖王妃棺柩位置以及东、西配室殉葬侍女棺柩。湖北省文物考古研究所等《郢靖王墓》，页六九、八〇、八五、九四，文物出版社二〇一六年。

❷ 俞通源乃虢国公俞通海之弟，明开国功臣，墓葬年代为洪武二十二年（一三八九）。南京市博物馆《江苏南京市戚家山明墓发掘简报》，页二四，《考古》一九九九年第十期。

❸ 南京市博物馆《江苏南京市明黔国公沐昌祚、沐睿墓》，页四七，图五（『金帽花』），《考古》一九九九年第十期。按后被订正为沐朝辅、沐启元墓。

❹ 《明宫冠服仪仗图》『东宫妃冠服·礼服』记九翚四凤冠之式，云凤冠上的珠牡丹花『皆穰花飘枝』。

九〇—四

九〇—三

九一

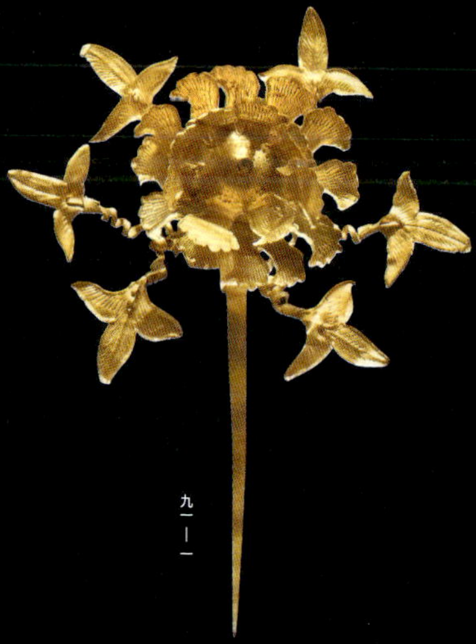
九一—一

九一—二

（九）挑心

『挑心』之称，列在明人编纂的《世事通考·首饰类》项下。它是插在鬏髻正面位置的一枝，每每自下而上用着挑的方式簪戴于当心，因此是全副插戴中最引人注目的一类，常常是同顶簪、掩鬓或满冠一起用来点醒一副头面的主题，装饰纹样每每取用释道题材，佛陀、观音，或是佛塔、摩尼之类的象征物，又西王母、南极老人、刘海、麻姑，等等，《金瓶梅词话》第七十五回提到『正面戴的仙子儿』，即是此类。总的来说，挑心基本造型是变化不大的，——它最初是取自莲花座上的坐佛图式，以后逐渐固定下来，而略呈三角之势的构图本来使它有着处于中心位置的稳定，不过以图案安排、工艺制作的不同而各臻其妙。

钗簪装饰佛像，元代似已流行。元伊世珍《嫏嬛记》卷下引《禅林实语》曰：『有女子卸冠者，奉观音大士甚肃，比丘尼往往劝其修净土，云当作观音观，观其法身，愈大愈妙。自此夜恒梦见之，然甚小，若妇人钗头玉佛状。一日其夫寄一玉观音，类梦中所见，自是奉之益笃。』所云『观音观』，乃《佛说观无量

图九三
金坐佛挑心
南京太平门外徐膺绪墓出土

图九四
金镶玉坐佛挑心
上海卢湾区李惠利中学明墓出土

图九五
金镶玉观音挑心
上海陆深家族墓出土

九三

寿经》中说到的『十六观』之一。把佛像作为簪头或钗头的装饰，大约同观音崇拜有关。观音头戴宝冠，宝冠上面置化佛，此中原有顶戴世尊、降伏外道之意，首饰的设计意匠，或即由此而来❶。南京太平门外板仓徐膺绪墓出土一枝金坐佛挑心，簪脚平直后伸，簪长五点八厘米，是时代较早的一例〔图九三〕。上海卢湾区李惠利中学明墓出土金镶玉坐佛挑心一枝，出土时即插在银丝鬏髻之前〔图九四〕，而与倪仁吉绘吴氏先祖容像的插戴完全相同〔图五五—三〕。不过正如崔溥所见，最为流行的要推『以金玉照耀眼目』的观音挑心。出自上海陆深家族墓的一枝金镶玉观音挑心〔图九五〕，簪首以金片打作出来的重台莲花为座，座上立着玉观音，观音背面衬一个寿字，实地儿的金梗子旋出卷着如意云头的璎珞和飞起的飘带，腰间是两片金叶儿作底，衬了金累丝的托儿，托儿上嵌一颗红宝石。向着身后绕过去的金丝带于背面扭结在一起以为固定。莲座两重系接焊，两边各一个金莲蓬。银簪脚在背面折作一个弯钩然后垂直后伸。湖北恩施猫儿堡出土金镶宝观音挑心一枝，莲花座

❶ 宋人的一则纪事也或许与它的起源稍有关联。《钱氏私志》言宋仁宗女庆寿公主所藏小金合中有玉佛儿十数枚，大者如钱，小者如指面，道是『仁宗皇帝每日头上戴一枚，大者幞头帽子里戴，小者冠子里戴，尝言：我无德，每日多少人呼万岁，教佛当之』。《说郛》卷四十五（涵芬楼本）。

九四

九五

上的观音头戴化佛宝冠，两鬓余发垂肩，左手挽念珠，右掌托莲蕾，旁边分别站着龙女和善财，莲瓣式火焰背屏上面是累丝嵌宝的三朵大花〔图九六〕。

挑心属于一副头面中的要件，每每制作精工，当然它首先要题材选择和造型设计见佳，而于熟见的题材翻出新式以成『时样』，便更须巧思。南京太平门外徐俌夫人墓出土金镶宝慈姑叶挑心〔图九七〕，即有着题材与造型恰相配合的设计用心，——传统纹样慈姑叶在此成为挑心的适合图案。左右各一颗蓝宝，上下各一颗红宝，中间嵌一颗黄宝亦即当日很是看重的『酒黄』[1]，『满池娇』中的一点翠色此际托起的是富贵繁华。流行纹样中的蝶赶花自然也可安排为挑心。湖北蕲春县蕲州镇荆王府墓出土一枝金镶宝蝶赶菊挑心，从菊缭绕簇拥出居于中心位置的主题图案，即一双蝴蝶飞向菊花，舞蝶两边却又是一对小小的象生蜜蜂含娇细语，图案化的造型因而别饶风致〔图九八〕。南京中华门外邓府山佟卜年妻陈氏墓出土一枚金

九六

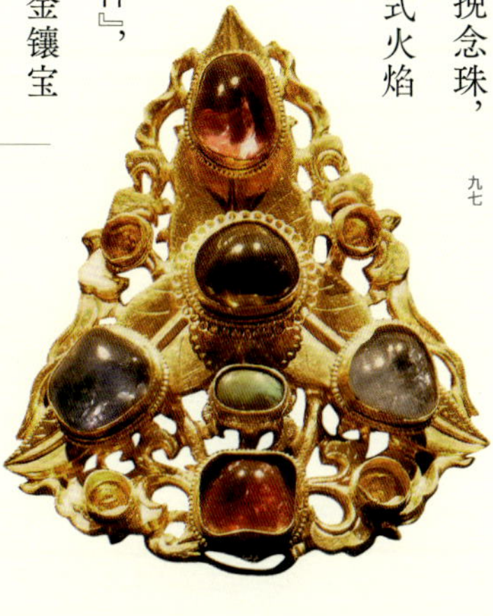
九七

图九六
金镶宝观音挑心
湖北恩施猫儿堡出土

图九七
金镶宝慈姑叶挑心
南京太平门外徐俌夫人墓出土

[1] 《型世言》第十二回《宝钗归仕女 奇药起忠臣》，曰余姥姥引领王指挥之妻逛灯市，归来后发现头上不见了一只金钗。余姥姥道：『好歹拿几两银子，老媳妇替你打一只一样的罢。』王妻道：『打便打得来，好金子不过五七换罢，内中有一粒鸦青，一粒石榴子，一粒酒黄，四五颗都是夜间起光的好宝石，是他家祖传的，那里寻来？』后又由王指挥口中说道：『这钗是我家祖传下来的，上边宝石值银数百。』

图九八
金镶宝蝶赶菊挑心
蕲春县蕲州镇荆王府墓出土

图九九
金镶琥珀二龙戏珠挑心
南京中华门外佟卜年妻陈氏墓出土

图一〇〇
金镶宝凤凰挑心
蕲春明都昌王朱载堉夫妇墓出土

镶琥珀二龙戏珠饰件❶〔图九九〕，高五点七厘米，一颗艳晶晶的琥珀被上下四朵祥云轻轻抱住，一对三爪金龙跃起在云间，龙首相抵，龙爪前伸呈抢珠之势，翻卷的双尾在合拢处擎起云端小小一粒红宝石。虽然金材不多，似由琥珀珠抢了风头，却是以设计之妙和打作之工使二者相得益彰，且各见精神。饰件背面残存一截用于插接簪脚的扁管，那么它原初当是一枝挑心。琥珀上方有一个穿孔，可以推知是由佩件改制而成。湖北蕲春明都昌王朱载堉夫妇墓出土金镶宝凤凰挑心，凤身、凤翼都是玲珑作，因此尽管遍身嵌宝却依然剔透，惜因挤压而变形〔图一〇〇〕。江阴青阳邹令人墓出土金镶宝凤凰挑心〔图

❶《江苏南京市邓府山明佟卜年妻陈氏墓》，图版捌：一（『金龙裹琥珀冠饰』）。承南京市博物总馆惠允，得以细审实物。

九八

九九

一〇〇

图一〇一—一
金嵌宝凤凰挑心
江阴青阳邹令人墓出土

图一〇一—二
金累丝镶宝凤凰挑心
南昌青云谱京山学校出土

一〇一—一

一〇一—一〕，南昌市青云谱京山学校出土金累丝镶宝凤凰挑心〔图一〇一—二〕，则是娇媚与秀逸各擅胜场的两例。前者簪首凤鸟羽扇一般的长尾平展开来，与直立的凤身成四十五度角。凤尾上面做出十一朵菊花，花心的石碗里分别镶嵌红蓝宝石。凤身和张开的一对翅膀上面同样妆点镶着红蓝宝石的菊花，最大的一颗蓝宝嵌在凤身上面。凤颈打了一个S形的弯，凤口微开，宝石点出鼓起来的一对大眼睛，带出俏皮的神情，头顶一个嵌了红宝的花叶式凤冠。一柄银簪脚竖在背面。后一例颇见累丝之精。挑心用边丝掐出凤身、凤翅、凤尾的主要轮廓，然后以掐成卷草纹和毬路纹的细金丝分填细部，总成为底衬，是为第一层。第二层，用掐

一〇一—二

图一〇二
顾绣八仙庆寿挂屏（局部）
台北故宫博物院藏

好的花丝先堆累，后攒焊，完成凤体的造型；凤头另外用金片打造，然后接焊。第三层，凤翅上做一对石碗为花心，内里各嵌一颗猫睛，石碗外环掐作两层菊花瓣；凤尾上做六个石碗，再用边丝掐出牡丹花瓣、花枝和花叶，轮廓里填卷草，石碗里嵌宝。最后在背面焊一个金片做成的扁管，扁管里原当插簪脚。两件挑心同看，正见得异曲同工之妙。打造自有金光闪耀之好，而累丝的表现力更臻于细微，比如凤尾的制作。比较台北故宫博物院藏一件顾绣八仙庆寿挂屏中仙人驾凤的画面❶〔图一〇二〕，更能深入到这一件挑心设计构思的来源，——在凤尾的制作工艺中，我们竟可以看到如同绣针一般的

一〇二

❶《中国织绣服饰全集·刺绣卷》，图一五〇。

一〇三一—一

表现效果。与这一枝挑心同出的尚有一对金镶宝凤凰掩鬓，那么原当为一副头面中的三个要件。《天水冰山录》有『金厢大凤珠宝首饰一副，计八件』，两枝凤凰挑心便都是如此首饰一副中的『金厢珠宝大凤』。

作为头面一副中的『照耀眼目』者，挑心通常用材讲究，制作追求华美富丽之效。南京江宁将军山沐斌夫人梅氏墓出土金镶宝『火焰』挑心❶〔图一〇三一—一〕，便是用金银珠宝泼洒出来的一幅荣华富贵图。挑心造型近似《明宫冠服仪仗图》中『九翟冠』正面的『宝珠一座』，便是一颗光焰四射的摩尼，——摩尼，意即宝珠，俗称或叠床架屋作摩尼宝。中心一大朵菊花，花心嵌红宝，周环两重摩尼叠绕。同出尚有金镶宝莲花顶簪一枝、金镶宝掩鬓一对、金镶宝双凤戏花满冠、金镶宝花小插各一枝〔图一〇三一—二～六〕，以是合成流光溢彩的头面一副，挑心在这里自是最为耀目炫睛。摩尼原也是独立的装饰纹样，

一〇三一—二

图一〇三一—一
金镶宝『火焰』挑心

图一〇三一—二
金镶宝莲花顶簪
南京江宁将军山沐斌夫人梅氏墓出土

图一〇三一—三
金镶宝掩鬓之一

图一〇三一—四
金镶宝掩鬓之二

图一〇三一—五
金镶宝双凤戏花满冠

图一〇三一—六
金镶宝花小插
南京江宁将军山沐斌夫人梅氏墓出土

❶ 据同出墓志，知墓主人为沐英家族第二代黔国公沐斌夫人梅妙灯，卒于成化十年（一四七四）。『发掘时，在墓主人头部残留有银质的片状物包裹在头发上，推测即为鬏髻，但大部已朽烂』。南京市博物馆等《南京江宁将军山明代沐斌夫人梅氏墓发掘简报》，页五四，《文物》二〇一四年第五期。本章所举此墓出土物，尺寸与出土信息均据《简报》，以下不再出注。

一〇三一六

一〇三一三

一〇三一四

一〇三一五

图一〇四—一
金镶宝『火焰』挑心
湖北蕲春刘娘井
明荆端王次妃刘氏墓出土

图一〇四—二
金镶宝『火焰』挑心
湖北蕲春蕲州镇
黄土岭荆藩宗室墓出土

此即《世事通考·首饰类》『簪环』一项所列举的『火焰』，亦即《金瓶梅词话》第九十回中说到的『猫眼钗头火焰蜡』，揣其式样，必是以一颗猫眼嵌作光焰中心的摩尼。湖北蕲春刘娘井明荆端王次妃刘氏墓、蕲州镇黄土岭荆藩宗室墓均出土金镶宝『火焰』挑心，虽题材相同，却表现方式各异〔图一〇四—一～二〕。定陵出土孝靖后的一枝金簪，簪首穿系一枚式如摩尼的绿玉，绿玉上面原当

一〇四—一

一〇四—二

图一〇五
金累丝『佛』字挑心
南京江宁殷巷沐晟墓出土

图一〇六—一
慈圣太后敕造水陆画

图一〇六—二
右玉宝宁寺明代水陆画

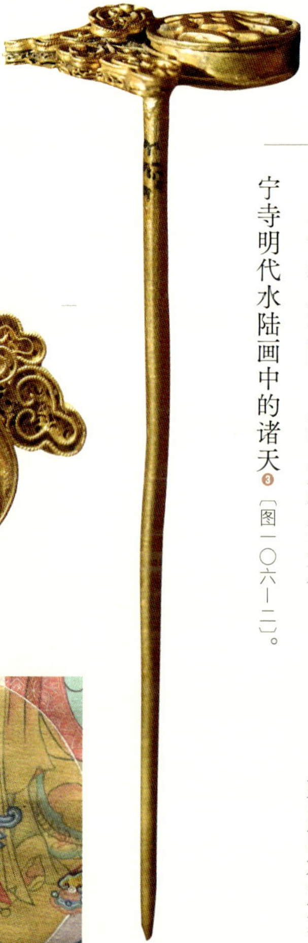

一〇五

有嵌物，或者即与同出的孝端后之金镶玉珠宝佛像簪相类[1]。此外还有南京江宁殷巷沐晟墓出土金累丝『佛』字挑心〔图一〇五〕。挑心造型与纹样的设计，原多取自释道艺术，此中遂渐渐酿出世俗与宗教相与相谐的审美趣味，——『火焰』与『佛』字也每见于佛教绘画中的人物妆束，如万历三十七年慈圣皇太后敕造水陆画中的常精进菩萨[2]、天曹六欲诸天仙〔图一〇六—一〕，如山西右玉宝宁寺明代水陆画中的诸天[3]〔图一〇六—二〕。

一〇六—一

一〇六—二

[1] 《定陵出土文物图典》，图六一。

[2] 北京市文物局《北京文物精粹大系·佛造像》（下），图九，北京出版社二〇〇四年，画上题记曰『大明万历己酉年慈圣皇太后绘造』（慈圣皇太后即万历生母李太后）。

[3] 山西省博物馆《宝宁寺明代水陆画》，图四四，文物出版社一九八八年。

（十）花钿〔附珠子箍、络索〕

挑心之下、鬏髻口沿处，通常有造型细窄略成抱合之势的一类首饰，名曰花钿、钿儿，又或金钿、金宝钿。它与自唐以来传统的金钿相承，但形制与用法都有了很大变化。依制，凤冠上面用金钿，《明史》卷六十六《舆服二》：永乐三年更定皇后常服，『冠用皁縠，附以翠博山』，『翠口圈一，金宝钿花九，饰以珠』。然而礼制之外，金钿也可以从凤冠中独立出来成为头面之一种。周宪王朱有燉《新编黑旋风仗义疏财》杂剧中，李山儿和燕青改扮作货郎儿，因唱一支曲子自赞担子上的货物，道是『也有那真珠冠翠朵云』，把此句理解为真珠冠和翠云钿儿，大概是不错的。《天水冰山录》『金厢珠宝九凤翠钿首饰一副』；《金瓶梅词话》第九十五回形容一副九凤钿银根儿的样式，说它『约四指宽，通掩过鬏髻来，金翠掩映，翡翠重叠，背面贴金，那九级钿，每个凤口内衔着一挂宝珠牌儿，十分奇巧』；又《续金瓶梅》第九回曰吴典史退堂，打开包袱内吴月娘的家事，中有『九凤穿花、翠衬珠垂多宝钿』，也都是此类。由式样相对简单的明代花钿尚可

图一〇七一一 **金牡丹花钿**
广东普宁明墓出土

图一〇七一二 **金镶宝花钿**
蕲春蕲州镇刘家咀永新王墓出土

一〇七一一

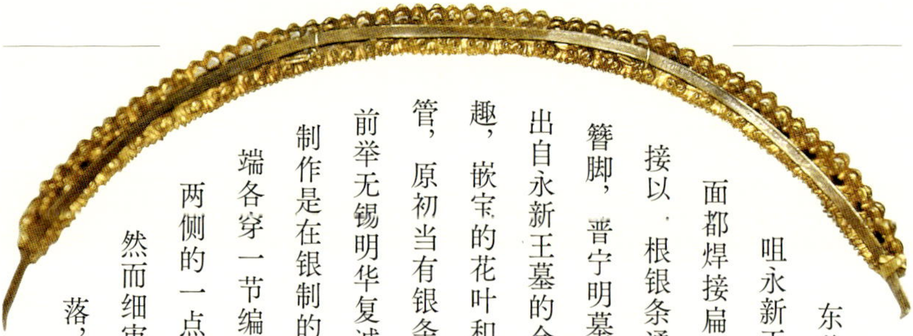

见出它与宋式花钿的承继关系，如出自广东普宁明墓的金花钿，如湖北蕲春蕲州镇刘家咀永新王墓出土金镶宝花钿〔图一〇七一一～二〕。两例背面都焊接扁管，前者更接近永嘉窖藏的花钿式簪，即直接以根银条通贯花钿，惟永嘉银簪是于银条当中垂直接焊簪脚，普宁明墓金钿却是银条两端做出弯钩，用以系结带子。出自永新王墓的金镶宝花钿打破了图案化的规整而略见写生意趣，嵌宝的花叶和花朵灿错婉曼于枝条，枝条背面接焊四个扁管，原初当有银条之类穿系。通长十七点五厘米，重二十九克。前举无锡明华复诚夫妇墓出土一件翠云钿儿〔图一一一七〕，它的制作是在银制的弯梁上用丝绳系结一溜十一个云朵，钿口两端各穿一节编作数股的丝绳，出土时丝绳就套在横贯发髻两侧的一点油银簪上。翠云钿儿鎏金很薄，银已成黑色，然而细审之下，云朵表面竟是铺翠的，翠毛虽大部脱落，不过由残留的部分仍可见出翠色幽蓝，做工精细。

一〇七一二

图一〇八－一
金镶宝花钿

图一〇八－二
满池娇纹金钿
江苏江阴青阳邹令人墓出土

图一〇九
金累丝镶宝花钿
上海奉贤区明宋蕙家族墓出土

图一一〇
金镶珠宝花钿
湖北蕲春荆恭王朱翊钜夫妇墓出土

一〇八－一

明代依然有簪脚式花钿。江阴青阳邹令人墓出土的两件，都是簪首金，簪脚银。其一为金镶宝，形制与出自永嘉窖藏者相类〔第七章，图三九〕，而簪首的各式花卉均在花心嵌宝，花朵间更点缀偃仰有致的小金叶〔图一〇八－一〕。其一是金片打制的满池娇，依然是弯弧式造型，两道连珠纹勾边，中央一大朵莲花花心顶出莲蓬，一对鸳鸯嬉游在两边，莲花莲叶布满此外的空间，末端各一只展翅的蝴蝶〔图一〇八－二〕。上海奉贤区广西道监察御史宋蕙家族墓出土金累丝镶宝花钿❶〔图一〇九〕。花钿出土时已变形，背面固定簪脚的窄金条脱落了半边，不过嵌宝花钿十七朵俱在，花朵旁侧且探出嵌宝的小花蕾，可以想见当初的美艳。荆恭王朱翊钜夫妇墓出土金镶珠宝花钿一件〔图一一〇〕，窄金条上花朵十一，镶珠嵌宝是方在绽放的重瓣花，中间一朵原是一枝簪子，由前向后插入金条的孔里用于花钿的插戴，或者为了

❶簪脚长十三点二厘米。《上海明墓》，彩版五二：三（左）。图版说明作『金嵌宝石环形簪』。

一〇八－二

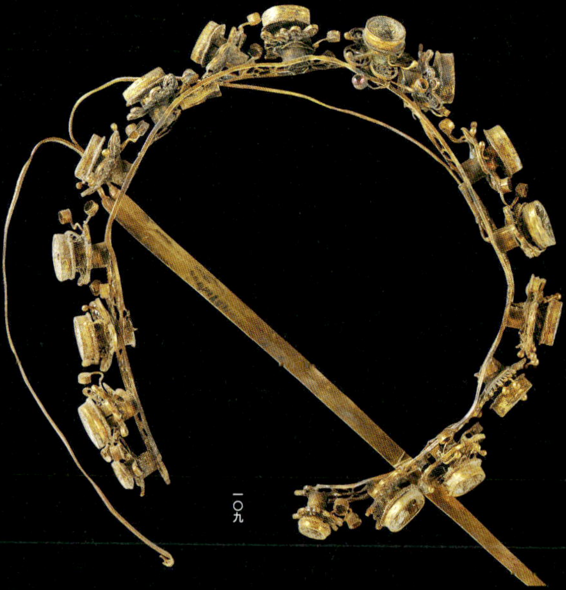

一〇九

一一〇

一一二

插戴更牢，金条两端又各设小环以为结系，方法便如华复诚墓出土的翠云钿儿。又有明都昌王朱载埨夫妇墓出土的一对，大约因为尺寸不小，分量不轻，每枝金花三朵连作一排，花心嵌宝，背设簪脚，暖艳之色映耀晃烂❶〔图一一一〕，可以算得明代花钿中的华丽之属。故宫博物院藏明人容像也多绘出它的插戴，即拢住珠凤翠云冠下，两侧再押一对金镶宝鬓钗❷〔图一一二〕。

花钿通常是细窄的一弯，若『金翠掩映，翡翠重叠』四指宽的一件，自要被称作『一分奇巧』。堂皇富丽更有江西南城县明益宣王夫妇墓出土金镶玉嵌宝群仙庆寿

图一一一
金镶宝花钿
蕲春明都昌王朱载埨夫妇墓出土

图一一二
明人容像（局部）
故宫博物院藏

一一一

❶ 其一通长十二点二厘米，重三十八克；其一通长十二厘米，重三十七克。

❷《故宫博物院藏文物珍品大系·明清肖像画》，图四三。

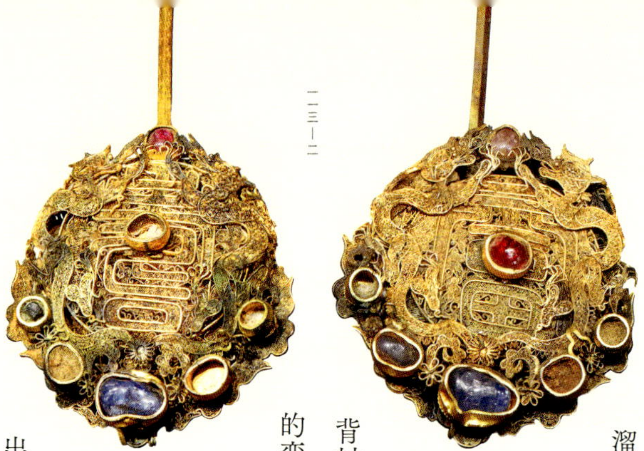

一一三—二

图一一三—一
金镶玉嵌宝群仙庆寿钿
图一一三—二
金累丝嵌宝双龙捧福寿掩鬓（一对）
江西南城县明益宣王夫妇墓出土

钿〔图一一三—一〕。此系孙妃之物，与它同出尚有金镶玉嵌宝王母骑青鸾挑心一枝〔第十章，图二九—一〕，金累丝嵌宝双龙捧福寿掩鬓一对〔图一一三—二〕，原初应是主题纹样一致的一副头面。金钿长二十一厘米，高四点五厘米，为双层的金制弯弧，上缘打作一溜朵云边，表层的每一朵云下各有一个嵌宝的小金龛，金龛里各立一个仙人，当心体量最大的是寿星扶杖，两边对称排着玉八仙：左侧何仙姑拈花枝，张果老两手分持简板和渔鼓，曹国舅执玉版，韩湘子吹笛；右侧铁拐李负葫芦，吕洞宾负剑，蓝采和捧花篮，汉钟离轻摇小扇。金钿背衬接焊四个扁管，中穿一根窄银条通贯整个金钿。银条两端的弯钩分别系着带子，那么它的佩系方式必与无锡市明华复诚夫妇墓所出者相同，即把这带子套在横贯鬏髻两侧银簪的簪头上。明顾起元《客座赘语》卷四『花钿戴于发鼓之下』，《金瓶梅词话》所谓『通掩过鬏髻来』，都是这样的意思。

这一类大型金钿的制作，似多以若干小件合为一副。出自浙江临海王士琦墓的金钿，今日所见便是九个分别制

一一三—一

图一一四
金累丝镶玉嵌宝群仙庆寿钿
浙江临海明王士琦墓出土

金累丝镶玉嵌宝群仙庆寿钿·韩湘子

金累丝镶玉嵌宝群仙庆寿钿·寿星

作的金镶玉小饰件，其中一件玉人与金托分离〔图一一四〕。玉的质地非属上乘，刻划也很粗略，勉强认得广额而扶杖者是寿星，持笛横吹者为韩湘子，头顶一对抓髻者自是汉钟离，张果老持渔鼓和简板，吕洞宾负剑，铁拐李捧葫芦，曹国舅持拍板，何仙姑拈花枝，还有一个是蓝采和。寿星之外，背衬松、竹、梅、桃者各二，两两成对；下则海浪为托以成『过海』之意。竹为衬景的一个是铁拐李，下方用金片打作三朵浪花托起的一只巨龟，这是永乐宫元代壁画八仙过海中徐神翁借用的脚力。底端做出石碗以嵌宝，惜嵌物已失。粗金丝制为几竿风竹接焊于海涛之背，竿上錾出竹节历历。竹叶有用花丝平填者，有以金片打造者，以累丝见虚，以打作见实，以表现竹叶的俯仰向背，参差相映。中间一根竹竿的背面中腰挽一根金丝，自后向前绕在玉仙人的腰间以为绦带。竹竿的下方包一截银扁管，管里插一柄银钩。松树、梅枝、桃树的背衬制作方法与此大致相同又各有变化。原应放在中间的是一件寿星，金片打作一枚葫芦为衬背，松枝布景，左鹤右鹿，

一一四

图一一五
金镶玉人（花钿构件）
上海宝山区明朱守城夫妇墓出土

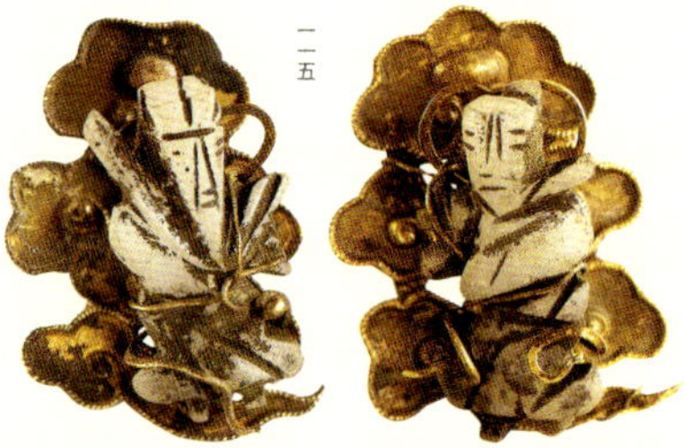

一一五

底端祥云，上出头光，点出全副金钿的主题。每个小件高在四至五厘米上下，九件合在一起，长二十三厘米左右。小件背后扁管里插银钩应是为着整副金钿的联络，其系连方式或即如明益宣王墓出土金钿的以银条相贯。两副金钿出自同一时代，式样、题材乃至尺寸大小都很一致，区别只在于背衬的纹样和制作工艺。

与两副金钿时代约略相当者，尚有上海宝山区明朱守城夫妇墓出土金镶玉人两枚[1]〔图一一五〕，也应是花钿上面的两个构件，尺寸比王士琦墓所出者更小，做工亦稍粗略。薄金片打作祥云为托，上面焊接细金丝，金丝起始部分做成『螺丝』，之后的部分先是弯作心字形，然后探出来绕作玉人身上的飘带和腰绦，同时为固定之用。因了『螺丝』的部分，玉人在托上便有着颤动的效果。作为底托的祥云背面各有竖直焊接的扁管，云朵之间又分别搭焊四枚条状薄片，当是为了牢靠。玉人当为八仙中的两个，俱以极简的线条大略勾出眉眼，下端碾制出双脚。其一嘴边横笛，其一手持渔鼓和简板。

[1] 其一高二点六厘米，其一高二点八厘米，《上海明墓》，彩版八〇：二。图版说明作『金嵌玉人对簪』。

又有江西南昌青云谱京山学校出土金累丝蜂蝶赶花钿〔图一一六〕，此原为主题一致的一副头面中的三件，金镶宝蝶赶花簪成对，前面已经举出〔图六二—三〕。花钿用九厘米长的窄金条做成一道弯梁，素边丝掐作牡丹、桃花、杏花和两对游蜂、一只粉蝶的轮廓。薄金片打作蜂蝶的躯干，花心、花瓣、翅膀平填细卷丝，然后分别攒焊，镶嵌为一个一个小件。七朵花用细金丝从花心穿过系缀于弯梁，再把做好的『螺丝』抽去芯线，一端系于蜂蝶，一端从花心或花瓣里穿过去然后系在梁背，蜂蝶便轻轻挑起在花朵上而姿态各有不同，粉蝶是正在采花的一刻，游蜂是敛翅将落而未落的瞬间。弯梁背面接焊扁管，今存两个，但原初似为两对。它的独特在于结合了传统步摇的做法而做工格外精细，用金银珠宝竟也填嵌出如此纤丽轻盈的翠色幽香。

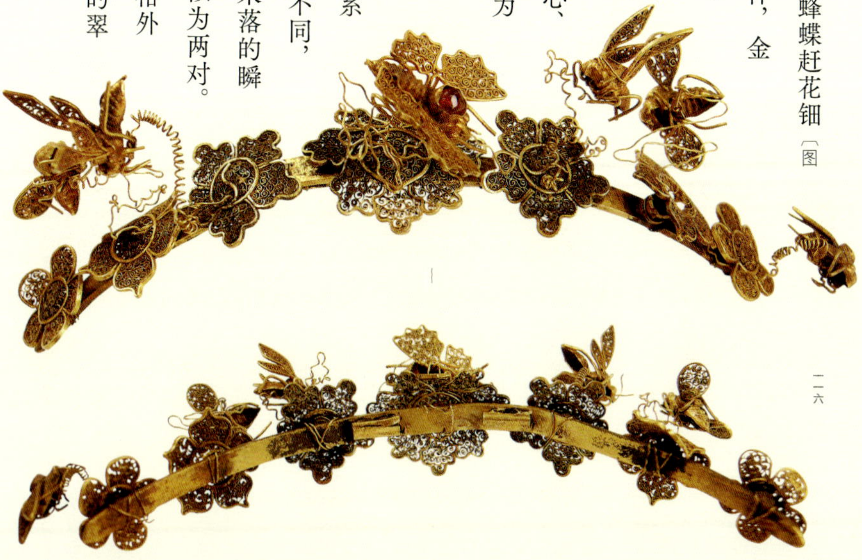

一

一一六

图一一六
金累丝蜂蝶赶花钿
南昌青云谱京山学校出土

图一一七
东宫妃冠服·礼服·皂罗额子
《明宫冠服仪仗图》

图一一八
珠子箍
北京定陵出土

一一七

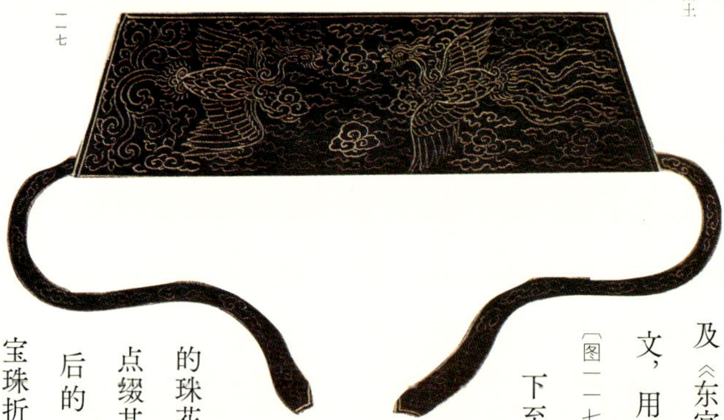

裹额之饰，亦即俗称『珠子箍儿』者❶，礼书中名之为『抹额』或『珠皂罗额子』，《明宫冠服仪仗图》把它分别列在《中宫冠服》及《东宫妃冠服》的『礼服』项下，前者述其式曰『描金龙文，用珠二十一颗』；后者则『描金凤文，用珠二十一颗』〔图一一七〕。不过此物却并不是皇后与东宫妃专属，上至皇室，下至命妇乃至富室女眷，使用的范围其实很广，并且不仅宽窄不一形制多样❷，饰物也并不仅限于『珠』，而多是金银珠宝相辉映。

珠子箍上面的金饰或用作花蕊，或用作宝石的托座。箍上的珠花常常是三大朵，金宝花便每为点缀其间的各式小件。定陵出土孝端后的一条珠子箍，上面缀着金累丝镶宝珠折枝西番莲七枚〔图一一八〕。以此为参照，可知出自蕲春蕲州镇明都昌王朱载塎夫妇

一一八

❶ 此类纺织品，当日称作『头箍』，《天水冰山录》有『金厢珠宝头箍七件〔连绢共重二十七两九钱八分〕』。俗又称『箍儿』，以箍儿多缀珠，故亦称『珠子箍儿』。《金瓶梅词话》第十一回，曰『西门庆许了金莲，要往庙上替他买珠子，要穿箍儿戴』；又第七十八回，云春梅『头上翠花云髻儿，羊皮金沿的珠子箍儿』。同书提到的尚有『紫销金箍儿』、『翠蓝绉纱羊皮金滚边的箍儿』。『紫』，是箍儿的颜色，『销金』，则是箍儿上的洒金装饰。

❷《天水冰山录》『珍珠冠头箍等项』列有『珍珠大头箍二十条，珍珠小头箍二十条』，所谓大小，似即宽窄之别。

墓十数枚大小不一的金镶宝花叶和一对蝴蝶，也当是缝缀于珠子箍的饰件，饰件均有数量不等的细孔❶〔图一一九〕。当然既以『珠』为名，珠花为饰自然最常

一一九—一

一一九—二

一一九—三

图一一九—一~三
珠子箍上的饰件
明都昌王朱载塎夫妇墓出土

❶ 今分别收藏于湖北省博物馆与蕲春县博物馆，承两馆惠允，得以观摩实物，因据所见如是判断。

图一二〇—一
明曹姜仲夫妇容像（局部）
青州博物馆藏

图一二〇—二
明郝杰夫人吴氏容像之二（局部）
蔚县博物馆藏

图一二〇—三
明鸿胪百泉归先生夫妇郁孺人二寿像（局部）
常熟市碑刻博物馆藏

见，明代容像所绘多是如此，如青州博物馆藏明曹姜仲夫妇容像〔图一二〇—一〕、蔚县博物馆藏明郝杰夫人吴氏容像之二〔图一二〇—二〕，又常熟市碑刻博物馆藏《明鸿胪百泉归先生夫妇郁孺人二寿像》，郁孺人翠云冠的口沿下也是一道珠子箍❶〔图一二〇—三〕。湖北蕲春蕲州镇九龙咀荆藩宗室墓出土一件与图像中的珠子箍式样相似，珠花大小三朵，金花大小五枚，小金花缀在珠花中心为花蕊，大金花依傍两边为点缀，中间一大朵珠花的下方各一尾浪花中跃起的鲤鱼，与它呼应处的珠花上方则是腾身于祥云中的飞龙，却是借了鱼化龙的故事，使得程式化的构图既见新巧也添助美意

❶ 刻成于明隆庆二年，原置常熟城北三元堂归祠，见常熟市碑刻博物馆《江南言子故里碑刻集·碑碣卷》，页五六，上海辞书出版社二〇一三年。

一二〇—一

一二〇—二

一二〇—三

〔图一二一〕。江西南城县明益庄王夫妇墓出土一枚弯月形金饰，长十五点五厘米，纹样打作二龙戏珠，当心的宝珠两边是『福寿康宁』，另有『寿比南山』和『福如东海』分别起伏在龙尾搅起的浪花里，缘边做出针孔二十余，当是用作缝合于头箍❶〔图一二二〕，此为王妃万氏之物。出自湖北恩施猫儿堡的双凤穿花金饰一枚，造型略如写意式的一脉远山，成对的小孔分布于上缘和下缘，应该也是头箍之饰〔图一二三〕。

装饰作用同花钿近似的饰物尚有一种名络索，或作落索❷。明成化《新刊全相说唱张文贵传》形容静山大王之女青连公主的一身妆扮，道是『青丝结出盘龙髻，两鬓梳来黑似云。双带凤头妆七宝，珍珠落索上头停。耳带八珠环一对，珠花朵朵称时新』。江西明益宣王夫妇墓出土一件系孙妃头面之一：金板做成一道弯弧是络索的梁，梁上錾出七朵折枝牡丹，两端有用作穿系带子的孔，下缘垂着宝石缀脚的十五串珍珠❸〔图一二四〕。

图一二二
珠子箍
湖北蕲春蕲州镇九龙咀荆藩宗室墓出土

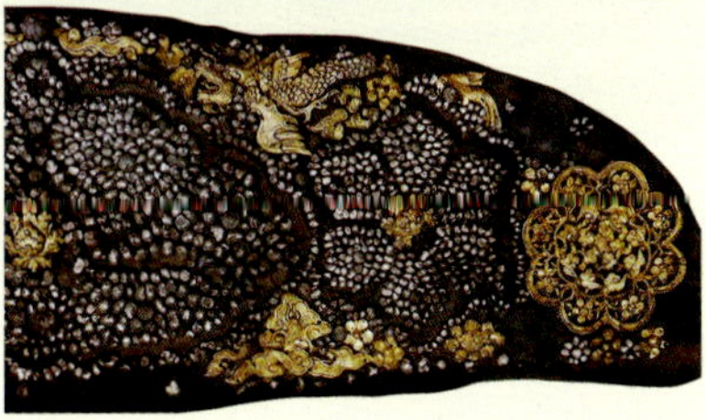

❶《江西明代藩王墓》，彩版三七：三，图版说明作『双龙戏珠鎏金银帽簷』。在首都博物馆举办『赣水流韵 辉耀千载：江西古代文物精品』展中，展品说明作『双龙戏珠金帽簷』。

❷络索在明代又称作『围发』『围髻』和『云髻』。《世事通考·首饰类》所列有『围发』；《天水冰山录》『头箍围髻』项下列有『金玉围髻一条』。

❸连珠宝共重六十六克，弧长十六点三厘米，宽一点四厘米，《江西明代藩王墓》，页一四一（名作『串珠金钿』）。按器物照片置于该书彩版一六：三，名作『金帽簷』，属之于宁康王女，误。

图一二二
双龙戏珠金饰
江西南城县
明益庄王夫妇墓出土

图一二三
双凤穿花金饰
湖北恩施猫儿堡出土

图一二四
金珠宝围髻
江西南城县明益宣王夫妇墓出土

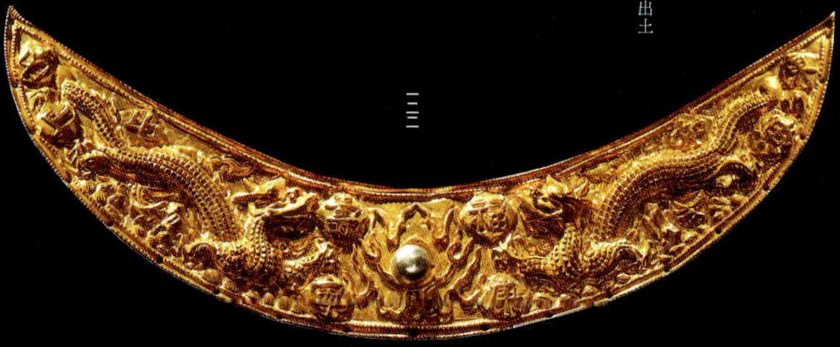
一二二

一二三

一二四

（十一）满冠

满冠是一副金银头面中的大件。基础造型为十几厘米的一道弯弧，上缘一溜尖拱，中心高，两边依次低下来，即如菩萨冠的当心部分，背设二三扁管以贯簪脚。满冠也称『分心』，不过仅见于《金瓶梅词话》❶。明王圻等编《三才图会》在『内外命妇冠服』一项绘出『满冠』图〔图一二五〕，其下释曰『若满冠，不过以首饰副满于冠上，故有是名耳』，意即以它的插戴而使罩发之冠簪钗充满。满冠多插戴于后，范濂《云间据目抄》卷二《风俗》一节曰隆庆初年，妇人头髻『两边用捧鬓，后用满冠倒插』。出自武进王洛家族墓的两件海水云龙戏珠纹满冠，出土时均簪戴于鬏髻之后〔图一〇一、图一二六〕，鬏髻正面则为佛像挑心。上海卢湾区李惠利中学明墓出土银丝髻两顶❷，其一口沿正面插一枝金坐佛挑心，背面一枝金镶宝穿花凤满冠；其一口沿正面勒一个杂宝花钿，背面一枝楼阁群仙金满冠〔图一二七—一～二〕。满冠也不妨前后各一，

一二五

图一二五
《三才图会》中的满冠图

一二六

图一二六
满冠的插戴（王洛妻盛氏）
武进王洛家族墓出土

❶ 此在《金瓶梅词话》中屡屡提及。如第十九回，曰潘金莲『头上银丝鬏髻，金厢玉蟾宫折桂分心，翠梅钿儿，云鬓簪着许多花翠』。又第七十五回，道月娘戴上冠儿，李娇儿替他勒钿儿，『耳边带着两个金丁香儿，正面关着一件金蟾蜍分心』。第二十回曰李瓶儿拿出一顶金丝鬏髻要西门庆替他打首饰，特别说明所要的样式是『正面戴金厢玉观音满池娇分心』。

❷ 《上海明墓》，彩版一一〇：一～四。按一、二两幅，将鬏髻的正面和背面颠倒错认。

图一二七—一 **金镶宝穿花凤满冠**

图一二七—二 **满冠的插戴**
上海卢湾区李惠利中学明墓出土

图一二八 **明人容像**（局部）
故宫博物院藏

平武王玺家族墓出土的实例，即略同于《金瓶梅词话》中说到的『前后分心，观音盘膝莲花座』❶。明代容像中可以见到满冠戴在鬏髻之前的形象❷〔图一二八〕，出土实物中也多有如此尺寸略矮且长的样式，如前面举出的南京江宁将军山沐斌夫人梅氏墓出土金镶宝满冠〔图一〇三—五〕，又分别出自广州番禺茅山岗二号墓的

一二七—一

一二七—二

一二八

❶ 如十五号墓的出土情况（《四川平武明王玺家族墓》，页八）。

❷ 《故宫博物院藏文物珍品大系·明清肖像画》，图四八。

图一二九—一
孔雀牡丹金满冠
广州番禺茅山岗二号墓出土

图一二九—二
金累丝楼阁人物满冠
江阴长泾夏彝夫妇墓出土

一二九—一

孔雀牡丹金满冠〔图一二九—一〕、江阴长泾夏彝夫妇墓的金累丝楼阁人物满冠〔图一二九—二〕。平武王玺家族墓六号墓出土的一枝❶，簪首以一带雕栏分隔上下，下方一溜镂空地子上镶宝（宝石均脱落），上方布置一幅寿星图，它的构图元素和人物布局与前面举出的浙江龙游出土宋代银鎏金寿星图簪〔第七章，图三八〕颇多相似，可见图式的延续。画面正中火焰背光前坐着长髯的扶杖寿星，右手一侧侍者捧桃，身后一只回首的小鹿，左手一侧侍女托盘盏，一只引颈仙鹤在后。雕栏前是负剑的吕洞宾、肩一柄笊篱的何仙姑❷、持拍板的蓝采和等献寿群仙〔图一二九—三〕。湖北恩施猫儿堡出土一枝双凤穿花金满冠〔图一二九—四〕，与前举同出的头箍金饰纹样相同而造型有异，背面接焊一排四个扁管，可知它的插戴方式与花钿是一样的。湖北钟祥明梁庄王墓出土金累丝镶宝嵌玉牡丹鸾鸟满冠一枝❸〔图一三〇—一〕，以累丝作的卷草纹为底衬，正面做

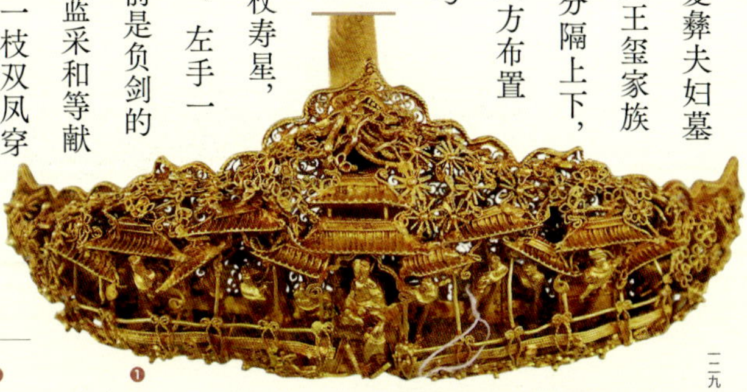

一二九—二

❶ 高八、长十一点二厘米，出自六号墓，墓主人朱氏，入葬年代为正德七年。简报称作『前钿』，即出土于墓主人额前。《四川平武明王玺家族墓》，页二七。

❷ 何仙姑持笊篱，在八仙持物尚未完全定型之际时或有之，如元范子安《陈季卿误上竹叶舟》第四折，吕洞宾唱『这一个貌娉婷笊篱手把』，陈季卿云『是何仙姑大仙』。蓝采和持大拍板亦其早期形象。

❸ 《梁庄王墓》，彩版一二六（『三角形金累丝镶宝石青玉镂空双鸾鸟牡丹簪』）。

图一二九—三
寿星图金满冠
四川平武王玺家族墓出土

图一二九—四
双凤穿花金满冠
湖北恩施猫儿堡出土

图一三〇—一
金累丝镶宝嵌玉牡丹鸾鸟满冠
明梁庄王墓出土

一二九—三

一二九—四

一三〇—一

出嵌玉的边框和抱爪，边框周回是累丝花叶和十八个石碗，内嵌红、蓝宝石与绿松石。边框里嵌一枚玲珑玉，——白玉碾作一幅牡丹鸾鸟图，一枝牡丹花开中间，鸾鸟一双回环左右，一只俯身昂首，一只转颈顾盼。长尾与花枝交相缠绕把空间填满。满冠之背以一根窄金条横贯为撑，中央垂直焊接一柄簪脚。通长十点六厘米，簪首高四厘米，宽十二点六厘米，重四十二点八克。与它合作一副的还有题材与制作工艺均相一致的一对掩鬓，造型为左右对称的云朵，中心边框内各嵌玲珑玉，不过是把满冠的牡丹鸾鸟图一分为二做成适合图案〔图一三〇—二〕。

一三〇—二

图一三〇—二
金累丝镶玉嵌宝牡丹鸾鸟纹掩鬓
明梁庄王墓出土

图一三一
金镶宝群芳吐艳顶簪
蕲春永新王墓出土

（十二）顶簪及其他

这里所谓『顶簪』，不是它固有的名称，而是指称它的插戴位置，即顶簪是用于自上而下插戴于鬏髻之端的一枝。叶梦珠《阅世编》卷八『内装』一节云『碗簪所以定冠髻，初尚极大，……后尚小』[1]，即此。『所以定冠髻』，是顶簪之要，则它当日或称碗簪[2]。有的顶簪簪首正面隆起很高，适如倒覆的小碗——下面所举，即有其例——大约因此得名。

顶簪通常选取立体造型，而多以蜂蝶赶花为装饰纹样。武进王洛家族墓出土分属王洛之妻盛氏和王昶之妻徐氏的两件鬏髻，其端都关一枝顶簪。盛氏的一枝是金镶宝花一大朵，算是平常样式。徐氏的一枝便是立体造型的蝶赶花，制分数层，一重花叶在下，上面是花朵和蝴蝶相间隆起的一个花台，其上捧出三重花瓣的一大朵牡丹〔图一〇一～一二〕。湖北蕲春蕲州镇王要村永新王墓出土一枝与此意匠相同，却是以群芳吐艳中飞起的蜻蜓与仙鹤更见娇逸〔图一三一〕，惜所嵌宝石悉数脱落。嘉兴王店

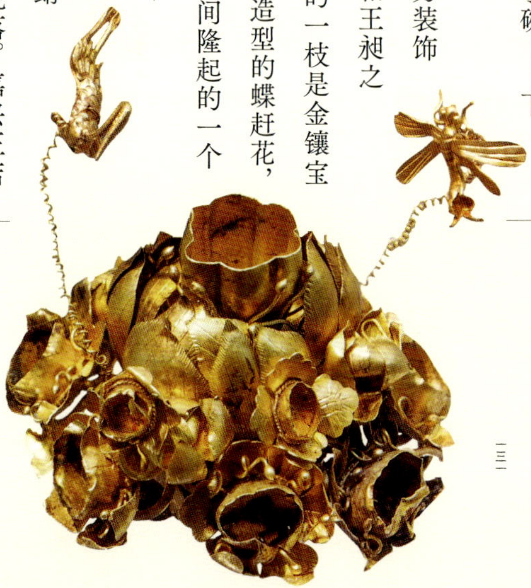

一三一

[1] 下文说道『或间用侧簪』，可见碗簪的位置不在旁侧。

[2] 《金瓶梅词话》第八十六回也提到『金碗簪子』。

李家坟李湘夫妇墓出土一件簪钗插满的银丝䯼髻，顶簪一枝是层层金镶宝花堆叠起向上收分的一个花山〔图一〇一三〕。镇江溧阳县城西公社明墓出土顶簪一枚失了簪脚❶〔图一三三一—一〕，簪首依然是立体造型，不过不取攒造的办法，而是用片材打作薄壳式的一个花台，下方以菊花瓣缘边，顶端坐一大朵牡丹，花叶下边落了一只赶花蝶。常熟虞山宝岩丁家明墓出土银鎏金蜂赶菊顶簪一枝，两重花瓣里以骨角类嵌作花心，一只蜜蜂容与其上〔图一三三一—二〕。常州丽华新村出土金镶宝菊花螳螂顶簪，一朵嵌宝菊花弯挑于簪顶，簪脚中腰錾刻花叶，上方一只螳螂背负红宝，伸臂攀花。这里的可爱在于为『斧虫』（出《尔雅》）写生做足了功夫，不仅螳螂镰刀式的前足包括足尖的钩刺刻画微至，且意态传神❷〔图一三三一—三〕。

独枝花朵也是顶簪常常取用的纹样，如分别出自常州市三里桥、江阴青阳邹令人墓的两枝〔图一三三二—一～二〕。此式顶簪簪脚

一三三一—一

一三三二—二

一三三二—一

图一三三一—一 蝴蝶牡丹花纹金饰 溧阳县城西公社明墓出土

图一三三一—二 银鎏金蜂赶菊顶簪 常熟宝岩丁家明墓出土

图一三三一—三 金镶宝菊花螳螂顶簪 常州丽华新村出土

图一三三二—一 金镶宝花顶簪 常州市三里桥出土

图一三三二—二 金镶宝牡丹花顶簪 江阴青阳邹令人墓出土

❶《镇江出土金银器》，图一三八。承镇江博物馆惠允，得以亲睹实物，从金簪首内里看去，有接焊簪脚的痕迹，并可知是弯柄式。

❷金簪通长十五厘米，重三十四点七克。《常州博物馆五十周年典藏丛书：漆木·金银器》，页六六。

图一三四—一
金镶宝顶簪
蕲春都昌王朱载塎夫妇墓出土

图一三四—二
金牡丹花顶簪
常州王家村明墓出土

一三四—一

与簪首的相接，往往或如弯钩，或如一柄小勺❶〔图一三四—一～二〕，也因此它会是斜向插戴，即如图像所绘〔图五五—三〕。蝶赶花本是宋元以来的传统题材，至于明代而蔚为大观。

头面插戴因为有鬏髻为支撑而不妨把簪首做得很大，顶簪稳稳踞于鬏髻之端，从独秀一枝到众香烂漫自然都可以从容安排。定陵出土的两枝更是以皇家独有之奢华铺展出满园春色。其中一枝通长二十五厘米，分量将及一百二十三克。簪首的整个儿图案分作花、蝶两部布置在伸展于下的构架上。花部托起两枚白玉碾就的一大一小两重菊瓣，两重花瓣之间一周红蓝宝石，顶端又一个素托，里面用一大颗红宝嵌作花心。蝶部以绿玉嵌红蓝宝的花朵和珍珠花蕾簇拥环抱，中间用片材卷作两个相叠的圆管，擎出蝶样轮廓的一个托座，上面一只掐丝填嵌做成的蝴蝶，蝶背嵌一大颗猫睛，高挑着的一对蝶须是螺丝作，顶端各穿一颗珍珠。与簪首垂直相接的一柄簪脚在将及顶部的地方分作两歧，一端与簪首底部的托架固定，一端在簪首与簪脚之间做出一个四朵祥云的小撑〔图一三五〕。

一三四—二

❶ 如常州王家村出土一枝金牡丹花顶簪，见《常州博物馆五十周年典藏丛书：漆木·金银器》，页五四。此承博物馆惠允观摩得见背后装置。

图一三五
银鎏金镶玉嵌宝蝶赶菊顶簪
北京定陵出土

围绕鬏髻插戴的一副头面，多有大致固定的造型，而仍有不少竟出新奇溢出程式之外者，无论样式抑或插戴方式。江西南城县益宣王夫妇墓出土继妃孙氏的数件，使灿然有殊色。比如金累丝镶宝对蝶簪三枝、金镶宝凤穿花银脚簪一对，又二龙戏珠金凤簪一枝。金累丝镶宝蝶赶花簪中有两枝为一对，单独的一枝造型为挑心一般的塔式，三枝纹样与做工大体相同。簪首以一枚镂空花托为底衬，上方一周金累丝嵌宝的花朵，群芳环绕的中心是一只飞向牡丹花的蝴蝶。三枝金簪连宝石共重一百九十克，簪首部分均长八点五厘米，成对的两枝，簪首最宽处五厘米，挑心式的一枝，簪首最宽处

一三五

图一三六
金累丝镶宝蝶赶花簪
江西南城县明益宣王夫妇墓出土

图一三七
明人容像（局部）
故宫博物院藏

六厘米〔图一三六〕。所谓『艳晶晶花簪八宝填』，被戏剧家拈入《牡丹亭》中的一枝，由此或可得见仿佛。如此式样的大头面，三枝配合插戴的情形，也适由故宫博物院藏明人容像绘出❶〔图一三七〕。容像有万历四十三年题赞，与首饰的年代大体相当。

金镶宝凤穿花银脚簪一对，簪首长七厘米，宽四厘米。头顶嵌宝花冠的金凤凰与花心嵌宝的牡丹均以攒作而成，凤凰好似挟着风势从花丛穿过，于是牵动花朵一串覆满了尾羽〔图一三八〕。二龙戏珠金凤簪一枝，簪首长九厘米，宽三点五厘米，下有底衬，上以宽金条围作花牙子边框，簪首之端一只平伸双翅的舞凤，口

一三六

一三七

❶《故宫博物馆藏文物珍品大系·明清肖像画》，图二二。

图一三八
金镶宝凤穿花银脚簪

图一三九
二龙戏珠金凤簪
江西南城县明益宣王夫妇墓出土

衔一串瑞草，回首顾望，身后带起一团祥云，云间一对戏珠的巨龙。组成图案的大小构件均系打制而成，连珍珠共重五十三克，簪脚长十五厘米〔图一三九〕。如此龙腾凤舞，自然有龙凤呈祥的含义，不过二龙戏珠也还别有意趣，且看《续金瓶梅》第六十一

一三八

一三九

回作者的一番演义，——『龙为纯阳，二龙即大《易》重乾之卦，以纯阳得配至阴，方为合体。因此这海中有了老蚌的珠，龙宫得知，即如谁家养了一个好女儿般，等到九年以后成了胎，或百年千年炼得阴满了，龙君定然要采夺他的』，『龙得珠光，如人饮醇酒，一醉而蛰，可益千年之寿。因此，龙女献珠，在佛法比个如意，在仙家比为还丹』。此固成书在清初，但传说的形成大约会更早。

《警世通言》第二十四卷《玉堂春落难逢夫》云，玉姐行至大街上，高声叫屈曰：『……我同你到刑部堂上讲讲，恁家里是公侯宰相，朝郎驸马，你那里的金银器皿？万物要平个理，一个行院人家，至轻至贱，那有什么大头面，戴往那里去坐席？……』这里所谓『大头面』，既包括十数件以至数十件一套的全副头面，也包括簪首出奇胜常的大型簪钗，此在当日自非寻常可办。

步摇也是簪的一种，第七章已经举出宋元步摇的例子。由两汉至宋元，步摇在演变过程中逐渐发展为固定的样式，而把摇颤的特色保留下来：通常簪首为一树四外伸展的花枝，然后以做成螺旋的细丝系缀花朵和蜂蝶凤鸟于枝条。浙江临海王士琦墓出土金累丝蝴蝶凤凰步摇〔图一四〇—一〕，是明代常见的装饰题材，不过稍残。同出金累丝镶珠蜻蜓残件一，大约也是步摇上面的构件〔图一四〇—二〕，蜻蜓的薄翼累丝作，头和身子打制而成，背上镶了一颗大珠，又有金丝从背部绕到腹下与螺丝相接，以取摇颤之效。出自山东兖州谷村镇栗园的银鎏金累丝镶宝花蝶步摇〔图一四一〕，枝头几朵高高探出花蕊的栀子花，小花花蕊缀珠，

图一四〇—一
金累丝蝴蝶凤凰步摇

图一四〇—二
金累丝蜻蜓（步摇残件）
浙江临海明王士琦墓出土

图一四一
银鎏金累丝镶宝花蝶步摇
山东兖州谷村镇栗园出土

一四〇—一

一四〇—二

一四一

一四二一—二

大花花蕊缀宝，下方还飞着一只采花蝶，花叶花朵和蝴蝶均累丝作，然后分别用螺丝系在簪首，再固定于银簪脚。

明代步摇一般不组织在一副头面之内，插戴似乎更为随意。而步摇之称此际多用于诗词歌赋，原是喜其名称古雅，与实的成分是不多的。

包镶梳脊是宋元金银梳背的形制之一，明代却是以此为主，其他形制便很少见。与其他金银首饰相比，明代金银梳背发现不多，镶玉嵌宝者则更少。这种情况当然与装饰习俗的变化密切相关，即明代女子以头戴䯼髻，并周环䯼髻插戴各式簪钗为时尚，那么梳子作为装饰自当退居其次。出自常州武进前黄医院工地明墓的一枚金梳背，装饰带的主要部分打作四季花卉，中央是牡丹一朵，旁侧分布菊花、莲花和桃花，两端各一只赶花蝶，依然是元代以来的传统样式〔图一四二一—一〕。常熟虞山王氏家族墓出土杂宝纹金梳背，当中金锭、珊瑚，两边银铤、犀角、方胜、宝珠、古禄钱等〔图一四二一—二〕。出自常熟王鲁家族墓的一枚婴戏图金梳背，

一四二一—一

图一四二一—一
蝶赶菊纹金梳背
常州武进前黄出土

图一四二一—二
杂宝纹金梳背
常熟虞山王氏家族墓出土

图一四二—三
婴戏图金梳背
常熟王鲁家族墓出土

图一四三—一
金镶宝梳背

图一四三—二
金镶宝包背木梳
无锡大墙门出土

图一四四
金镶玉嵌宝包背木梳
无锡县安镇出土

一四二—三

庭园里七个小儿，或持桨划船，或骑竹马，或登着绣墩攀枝折花。两件金梳背也都是包镶梳脊的形制〔图一四二—三〕。

不过梳子以金银包背为饰，毕竟是宋元以来的传统，明代金银首饰的设计与制作虽然对此没有特别的创造，但镶玉嵌宝，仍然以时尚的装饰方法使它不输风采，比如无锡大墙门出土金镶宝梳背与金镶宝包背木梳各一〔图一四三—一～二〕，又无锡县安镇出土金镶玉嵌宝包背木梳一枚〔图一四四〕。出自安镇的金镶玉嵌宝包背木梳中间以玉玲珑折枝枇杷为饰，两边点缀蓝宝石，金的部分却几乎不作装饰，金玉宝石搭配出来的这样一种冷色调，在明代金银首饰中并不多见。枇杷，古又名卢橘。『梦绕吴山却月廊，白梅卢橘觉犹香』，早是为人传诵的名句❶，这里的一番妆点取幽清而不取热烈，便略与此境相仿佛。

彼时金银梳背似乎是单独出售的，故宫博

一四三—一

一四三—二

一四四

❶ 苏轼《七年九月自广陵召还，复馆于浴室东堂。八年六月乞会稽，将去，汶公乞诗，乃复用前韵三首》之二，句下自注：『杭州梵天寺，有月廊数百间，寺中多白杨梅卢橘。』按此联收入南宋陈沂孙编《群芳备祖·后集》卷六，『却月廊』作『归月廊』，『白梅』作『杨梅』。

图一四五
明人《货郎图》（局部）
故宫博物院藏

物院藏明《货郎图》货郎担子所陈放的首饰中即有一溜四枚金梳背，并且都是用作包镶梳脊的这一种〔图一四五〕。

（十二）头面一副的插戴

各式簪子围绕鬏髻的插戴，在南方明代墓葬中发现不少实例，如前面已经屡屡举出的常州武进王洛家族墓地、上海卢湾区李惠利中学明墓、浙江嘉兴王店李家坟明李湘夫妇墓等等。李湘夫妇墓出土花簪插满的一顶银鎏金鬏髻，属李湘之妻，同出尚有一本大明嘉靖二十二年大统历，可以作为簪钗年代的参考。今所见这一副银鎏金镶宝簪的组成为前面一弯金钿，一枝挑心，两边掩鬓一对，啄针、小插三两对，上方一枝顶簪，背面一枝满冠，装饰主题为四季花卉〔图一〇一三〕。

『首饰一副』具见规模者，自然要推北京定陵出土两位皇后的簪钗。孝端后鬏髻上面的插戴很是齐整，依照题材与形制，可

一四五

以析作完整的两副，其一，金镶玉嵌宝万寿吉祥首饰一副一十二件〔第十章，图一〕；其一，金镶玉龙牡丹珠宝首饰一副一十二件。而同墓之孝靖后，便是那一位有幸诞育皇太子却不幸一生失宠的光宗生母，她生前仅封作皇贵妃，熹宗即位后方尊为皇太后，以是由天寿山迁葬定陵，因此虽然首饰数量近百，但却未如孝端后的规整。不过依其题材仍可分作几组，比如可以命作『金镶玉嵌宝蝶赶花首饰』的一组，包括银鎏金镶玉嵌宝蝶赶花顶簪一，银鎏金镶玉嵌宝蝶赶花挑心一，银鎏金镶玉嵌宝蝶赶花边簪一，金累丝镶宝珠蝶赶花簪、金镶宝蝴蝶簪各一，银鎏金镶玉嵌宝蝶赶花簪成对，又银鎏金镶玉嵌宝蝴蝶簪一枝。如果本应成对者均成对，那么这一副首饰也为十二件❶。

顶簪一枝前面已经举出〔图一三五〕。又有同样题材的挑心一枝，簪首系以底衬做出整个图案的轮廓，即挑心最常取用的滴珠式造型。底端是一个三足花盆，表面用素托嵌一颗蓝宝石。花盆向两边伸展出桃枝桃叶，枝条的两个终端分别用红宝石嵌出一颗桃子。枝叶间一双燕衔灵芝（燕失右边的一只）。白玉碾作一朵牡丹花，

❶ 此系结合《定陵》（中国社会科学院考古所等，文物出版社一九九〇年）与《定陵出土文物图典》而析出。《定陵》曰孝靖共九十四件，『从出土位置判断，大致可以分为两副，一副出于孝靖后棺内头部及其周围，其中一些无附饰的簪插在发髻上，一些较大并带有附饰的簪插在脑后所戴尖形棕帽上，但多数已散落在头部周围。这副当为孝靖后死时随葬的。另一副出于头顶西端一个棕制的帽子上，可能是迁祔定陵时随葬的』（页一九七）。此所谓『棕帽』，便是鬏髻。然而首饰的组合情况恐怕并不是这样分明，即分散在两处的首饰似乎是先后相混的。

中心的素托用红宝石嵌作花心。牡丹上方是铺展双翅的蝴蝶，由两对须子见出原是表现上下相叠的一双。一对须子用两根粗丝掐成，另一对是抽去芯线的螺丝，螺丝顶端再穿系两颗珍珠。蝴蝶的眼眶里又用细丝穿缀米珠。簪通长十二点七厘米，重三十二点五克〔图一四六—一〕。

一四六—一

银鎏金镶玉嵌宝蝶赶菊簪一枝，原来应是边簪即鬓边花一对，它以白玉为蝴蝶，红玉为菊花，通长十二厘米，重二十点五克〔图一四六—二〕。银鎏金镶玉嵌宝蝴蝶簪一对，长七点九厘米，重七点四克〔图一四六—三〕。又金累丝镶宝珠蝶赶花簪、金镶宝蝴蝶簪各一枝，——单独的两枝原初也当成对，前者通长八点四厘米，重六点二克；后者通长九点五厘米，重七点五克〔图一四六—四～五〕。

银鎏金镶玉嵌宝蝶赶桃花簪一枝，以素边丝掐作蝴蝶的轮廓，边墙上缘饰花丝边，轮廓里平填细卷丝，如此做成簪首图

一四六—二

图一四六—一 银鎏金镶玉嵌宝蝶赶桃花挑心

图一四六—二 银鎏金镶玉嵌宝蝶赶菊簪

北京定陵出土

图一四六—三
银鎏金镶玉嵌宝蝴蝶簪（一对）

图一四六—四
金累丝镶宝珠蝶赶花簪

图一四六—五
金镶宝蝴蝶簪

图一四六—六
银鎏金镶玉嵌宝蝶赶桃花簪

北京定陵出土

案的底衬。绿玉碾作一双蝶翼，用细丝穿系于底衬以为固定。蝶身嵌红宝石，蝶须缀珍珠。上方一对桃叶捧出白玉做的桃花，石碗一周焊花蕊，内里嵌一颗红宝石，下接一根锥形簪脚。通长十六厘米，重二十五点八克〔图一四六—六〕。

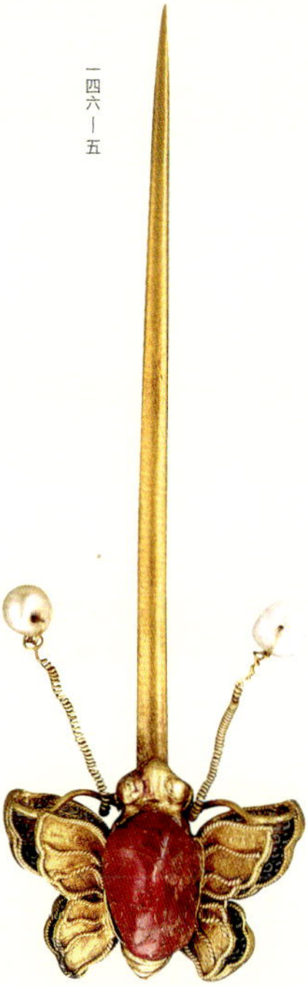
一四六—五

一四六—四

一四六—三

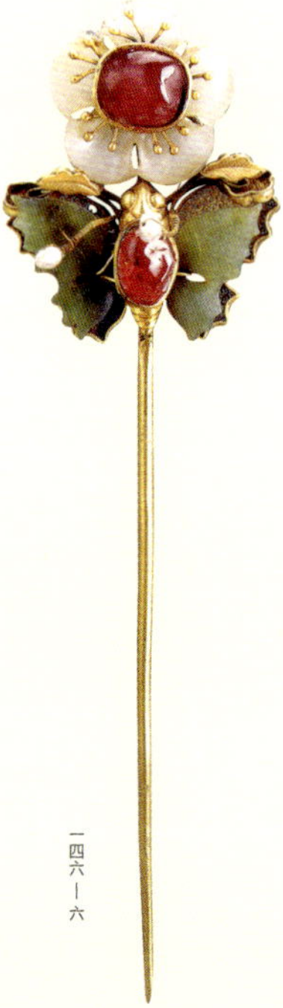
一四六—六

图一四七
金镶玉嵌宝牡丹孔雀挑心
北京丰台区明李文贵墓出土

以『蝶恋花』为主题，与采花蝶构成组合的有牡丹、桃花、菊花和梅花，它们或以材质的相异造就色彩与光泽的对比，或以造型与做工的不同形成相互之间的交错变化，总之，仿佛一支主题鲜明的大曲，每一个小节都要用不同的方式呈现以及复述大曲的主旋律，最终汇成一片喜盈盈的斑斓之色。一副首饰的设计制作，最要在这里见思智。以定陵为例，可知宫廷做法除工艺讲究之外，更有珠玉宝石的使用毫不吝惜，于昪珠光宝气闪耀于高低错落之间，传统的庭园小景以此而蔚成一派玉堂富贵。

宫廷样式有着它无与伦比的华贵与工致，但同时也缺乏个性，是很程式化的。不过正因为如此它有了标本的意义，这里保存了一个稳定的图式：图案的基本要素以及它的各种排列组合。比如北京丰台区明李文贵墓出土一枝金镶玉嵌宝牡丹孔雀挑心，与定陵这一副头面中的银鎏金镶玉嵌宝蝶赶花挑心相比，除因题材有异而细部处理稍作变化之外，图式几乎完全相同❶〔图一四七〕。它或是直接出自宫中，或是外间工匠的追仿，而均可谓之『宫样』。

一四七

❶ 北京市文物研究所《北京市丰台区明李文贵墓》，封二：二（金玉珠宝花簪），《文物》二〇〇八年第九期。李文贵系万历生母李太后之兄。按《天水冰山录》登录有『金厢玉孔雀牡丹首饰一副』。

第二节 凤冠、特髻、凤簪、帔坠及其他

一 凤冠、特髻

明代女子金银首饰，纳于礼仪制度的一类，一等的是凤冠霞帔。凤冠是以宋代为基础逐步演变而成。《宋史》卷四百六十三《外戚上·刘文裕传》曰太宗雍熙年间，裕『为右领军卫大将军，领端州团练使，封其母清河郡太夫人，赐翠冠霞帔』。《续资治通鉴长编》卷六十三，真宗景德三年，『赐翰林侍讲学士邢昺白金千两，又诏其妻乐氏对宫庭，赐宝冠霞帔』，且云：『故事，外命妇非诸亲者，惟中书、枢密院、节度使始有是赐，昺前侍讲东宫，至是，年七十余，前一日得对便殿，上与语久之，且叹当时僚属沦没殆尽，惟昺独在，故特示褒锡。』两则纪事中，与翠冠、宝冠并连的霞帔，是迭经变化的服饰，说见本书第七章。与霞帔合称的礼冠，如龙凤珠翠冠、翠冠、宝冠之类，宋宣祖后像中一见之外，至今没有发现实物。南宋考据学家程大

昌对冠帔合称中的『冠』竟也不甚了了，见《演繁露》卷十二『冠帔』条。凤冠作为一种成熟的固定样式，大约完成在明代，虽然凤冠霞帔礼制上的意义在民间早是深入人心，金元戏曲中即已把它作为表现程式❶。

明代等级最高者为金镶宝珠点翠龙凤冠，北京定陵出土孝靖后点翠镶宝十二龙九凤冠、三龙二凤冠与孝端后的九龙九凤冠〔图一四八〕、六龙三凤冠，即此。它的装饰工艺以点翠为主，翠凤金龙衔珠衔宝，累累若若，错彩交辉，用礼制所规定的种种象征表现出无上尊贵。不过珠翠凤冠以漆竹丝编框，保存不易，考古发现中保存完整的实物很少。而明代金银首饰设计与制作的主要成就，其实也并不在此。

一四八

图一四八
金镶宝珠点翠九龙九凤冠
北京定陵出土

❶ 如金刊《刘知远诸宫调》：『一量金凤香车，几疋宝鞍（骄）马，取夫人交显荣华，戴金冠霞帔身边挂。』又元杨显之《潇湘雨》杂剧第四折，云张翠鸾遇父得救，因欲惩治负心之夫与他那别娶之妇：『［正旦云］左右，与我快锁了者。［搽旦云］阿哟，我戴凤冠霞帔的夫人，是好锁的，待我来。（除凤冠科）解下了这金花八宝凤冠儿，（脱霞帔科）解下了这云霞五彩帔肩儿，都送与张家小姐妆台次，我甘心倒做了梅香听使。』

金镶宝珠点翠龙凤冠属于皇后冠服中的礼服，『凡受册、助祭、朝会诸大事服之』（《明集礼》卷三十九）。以下尚有各式凤冠，如皇妃礼服之九翚四凤冠，常服之鸾凤冠，又山松特髻或花钗凤冠，以地位递降而依次减等。不过地位高者之常服可以用作地位低者之礼服，比如皇后的常服用作皇妃的礼服，皇妃的常服用作九嫔及内命妇和品官命妇的礼服，如此等等，冠上装饰事件的安排则依身分高低而隆杀不等。特髻的使用也是如此，《明史》卷六十七《舆服三》『品官命妇冠服』一项对特髻之制有着详细的规定，也可见它是凤冠之属服用范围最广的一种。

特髻的名称出现于两宋。依朱熹所说，特髻是用假发盘起如冠的样了[1]。从文献记载来看，它最初大约起自宫廷[2]。明代沿用此称，改特髻为冠而不再是假发，但下阔上狭的尖耸造型不变。湖北蕲春刘娘井明墓出土金镶宝钿花鸾凤冠一件〔图一四九—二〕。金冠通高六点九厘米，口径九点九厘米，重近一百八十五克。粗金丝做成上小下大的攒尖式圆框，框架当心一只金累丝镶宝的大凤，其下贴口沿一溜五只金镶宝小凤在前，一溜金镶宝钿花在后，

[1] 《朱子语类》卷九十一：『古人戴冠，郭林宗时戴巾，温公幅巾是其类也。古人衣冠大率如今之道士。道士以冠为礼，不戴巾，妇人环髻，今之特髻是其意也，不戴冠。』

[2] 蔡絛《铁围山丛谈》卷一：『内官之贵者，则有曰「御侍」，曰「小殿直」，此率亲近供奉者也。御侍顶龙儿特髻，衣襜，小殿直皂软巾裹头，紫義襕窄衫，金束带，而作男子拜。』

又以大小不等的金钿花自第二行起依次推向上方，且节节收束，端处则以一簇宝钿花结成一朵而关顶。金冠尺寸不大，而刚好可以扣于高髻之端。与冠同出的尚有一对金累丝凤簪〔图一四九—二〕，它是凤冠必有的插戴，凤口每衔挑排。这一件金镶宝钿花鸾凤冠便是明代礼书中说到的特髻，是皇妃的常服之属，而为皇妃以下至品官命妇的礼服。墓主人乃荆端王次妃刘氏，为荆恭王本生祖母，追封荆庄王之本生母，卒于嘉靖三十九年[1]。

观此特髻，可知明代鬏髻就造型来说，与特髻是相同的，不过特髻上面的饰件须依礼而设，鬏髻之上各式簪钗的插戴，则不妨任选题材，唯美是务。

明代凤冠实例不多，保存完好者寥寥可数[2]，上世纪五十年代初，贵州遵义高坪镇明墓出土金累丝镶宝凤冠一，金镶宝凤冠一。此墓位于播州土司杨文与杨纲的墓葬之间，因据以推测金冠亦为杨氏家族物[3]。遗憾的是发现时遭哄抢，嗣后追回，已失原貌。近年经过修复，差可得其大概[4]〔图一五〇〕。以博鬓见出身分之外，插在冠体以组合为凤冠的诸般构件，既有与礼书规定的部

图一四九—一
金镶宝钿花鸾凤冠

图一四九—二
插于凤冠的凤簪
湖北蕲春刘娘井明墓出土

图一五〇
凤冠之一复原
贵州遵义高坪镇明墓出土

[1] 『刘娘井位于湖北圻春县圻州镇附近，相传墓主人刘氏（荆端王朱厚烇次妃）路经此地溺死于井中，因而得名。』出土墓志记载刘氏『嘉靖叁拾捌年肆月拾壹日奉敕封为荆端王次妃』。小屯《刘娘井明墓的清理》，页五五～五六，《文物参考资料》一九五八年第五期。

[2] 如明益宣王朱翊鈏夫妇合葬墓出土凤冠两顶，分属元妃李英姑和继室孙氏，《江西明代藩王墓》，彩版六四：一、二、三。

[3] 贵州省博物馆《遵义高坪『播州土司』杨文等四座墓葬发掘记》，页六五，《文物》一九七四年第一期。

[4] 付永海等《贵州省博物馆藏明代金凤冠》，《文物》二〇一七年第七期。

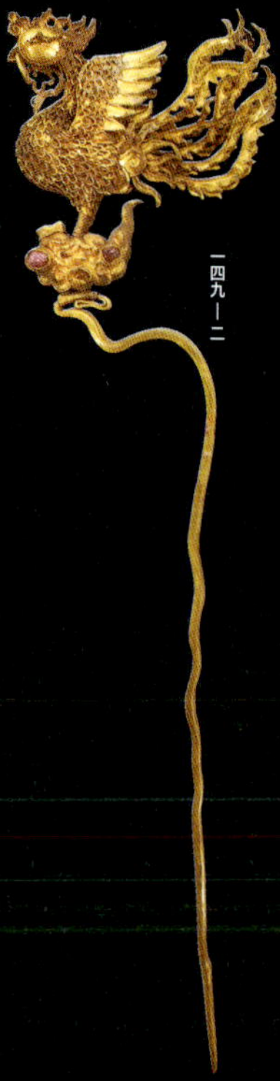

一四九—二

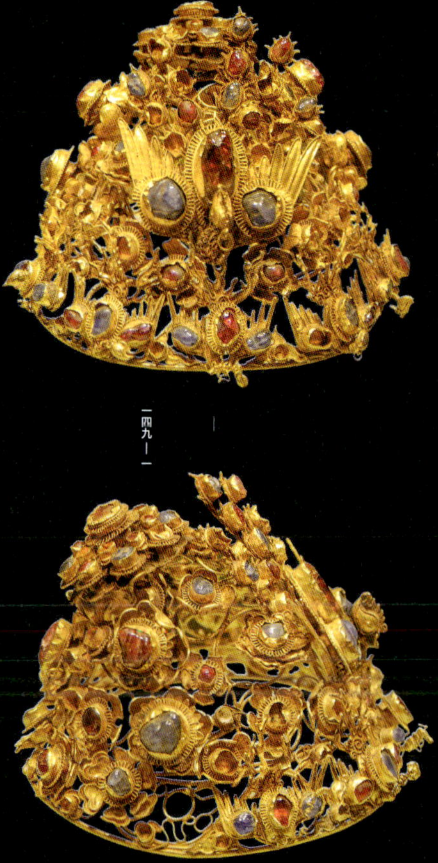

一四九—一

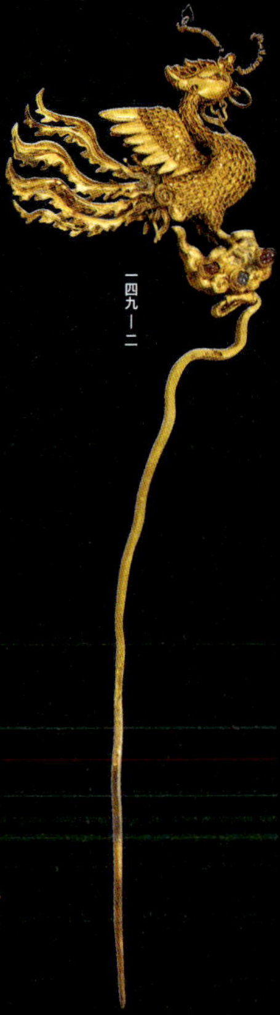

一四九—二

一五〇

件形制大致相当者，也有当日流行的各种簪式。口衔挑排的凤凰，自是凤簪的式样。冠顶承托盘龙的『顶云』，似即从九翟冠的『翠云顶』而来。金镶宝牡丹花，略同于九翟冠的『珠牡丹花』。或冠前或冠后，一枚上缘隆起一溜三个尖拱的金饰，无异于《三才图会》中的『满冠』，口沿的条形饰件，则即花钿（图一五一—一～七、图一五二—一～二）。构件背面多有簪挺，以插入打制而成的银鎏金梁冠上，梁冠之表焊接了若干扁管。两顶金冠上面的大小构件，

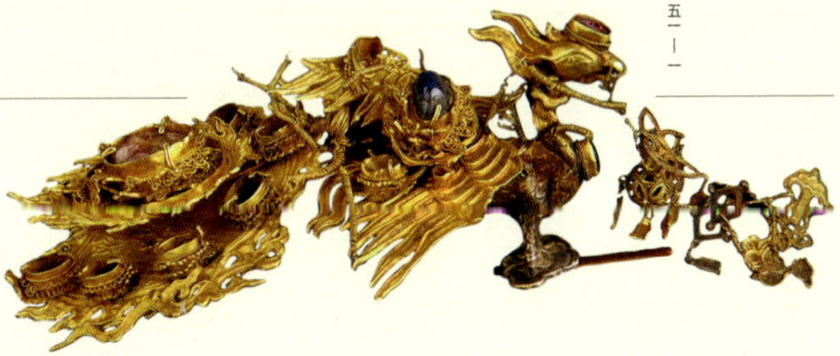

一五一—一

一五一—二

一五一—三

一五一—四

一五一—五

图一五一—一 口衔挑排的嵌宝金凤·凤冠之一构件

图一五一—二 金镶宝牡丹花·凤冠之一构件

图一五一—三 金镶宝顶云·凤冠之一构件

图一五一—四 金累丝镶宝花钿·凤冠之一构件

图一五一—五 金镶宝满冠·凤冠之一构件

贵州遵义高坪镇明墓出土

图一五一—六～七
金镶宝博鬓·凤冠之一构件

图一五二—一
累丝嵌宝金凤·凤冠之二构件

图一五二—二
口衔挑排的累丝嵌宝金凤·凤冠之二构件

贵州遵义高坪镇明墓出土

一五一—六

一五一—七

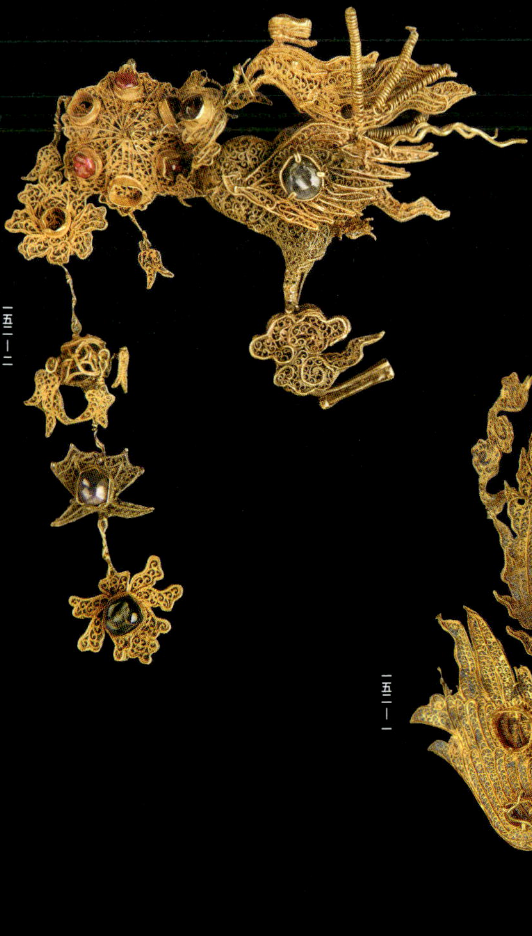

一五二—二

一五二—一

就制作工艺而言，其一以镞镂见长，其一以累丝争胜。金累丝五凤冠凤口所衔挑排尤其讨喜：顶端以一枚覆莲连一顶垂缀流苏的宝盖，下方一个金累丝镶宝的牡丹花连着金条结的绣毬样小灯笼，灯笼周环缀着双鱼之类的小坠，其下再串连起金累丝镶宝的犀角，末了又是一朵金累丝镶宝的倒垂莲。《天水冰山录》『杂样首饰』一项，列有『金凤八宝灯笼小珠串挑排六挂』，此挑排似之。这里可以见出工匠一面有对礼制的掌握，一面有对流行样式的熟悉，镞镂、錾刻、累丝、攒造，工艺之精湛，则与明代藩府等。

不过从插戴首饰的梁冠之一来看，它似非为凤冠而制，因为此物本来已是一件成品：冠顶打作两痕凹线表示冠梁，造型便近乎前举南京栖霞山二号墓出土金丝䯼髻〔图五一四〕，正面中间錾一个莲花座上的梵文字，两侧各有一个小孔外錾花瓣为饰，两个小孔自是为了左右插簪以与发髻固定，然而用于插簪的一个扁管焊在金冠的梵文字上破坏了图案〔图一五一—八〕，那么这个扁管很可能是后加，即这顶凤冠原是利用成品加工组装而成。

一五一—八

图一五一—八
银鎏金梁冠（局部）·凤冠之一
贵州遵义高坪镇明墓出土

二 凤簪、帔坠及其他

凤冠霞帔的基本组成，是凤冠一组，霞帔一组。——按照礼书，依等级不同而有凤冠和翟冠之别，这里姑且统称为凤冠。凤冠以及插在凤冠上的金凤簪一对，又一对用作固冠的金花头簪，如此为凤冠一组。霞帔是丝罗制品，依等级不同而织纹有别[1]，其底端有膨起如囊的金帔坠，帔坠系以两枚金片分别打制扣合而成，上端有孔，孔中穿金系，然后悬坠于金钩用作霞帔的压脚。此系与钩，当日合称为『钓圈』，见安徽歙县黄山仪表厂明墓出土金帔坠一副之铭文[2]。如此为霞帔一组。是『翚翟之冠，纹霞之帔，鸾书玉轴，崇极品式，可谓荣矣』[3]。凤簪帔坠均为礼仪用物，如果贵为皇族，那么这两组金银饰物通常是出自禁中，即由银作局成批制作，以备宫廷的各种礼典和册封赏赐之需。由簪脚或金钩上面镌刻的铭文，可知出土于各地明藩王夫妇合葬墓『内造』『内成造』的金簪、金凤簪、金帔坠，多是这种情况，如分别出自湖北钟祥梁庄王墓、江西南城县益端王墓和益庄王墓的三对金累丝凤簪。

[1] 明陆嘘云《世事通考·衣冠类》『霞帔』条下注云：『今代霞帔非恩赐不得服。』《明史》卷六十六《舆服二》『皇后常服』一项有『大衫霞帔：衫黄，霞帔深青，织金云霞龙文』；皇妃、皇嫔及内命妇礼服之霞帔，『俱云霞凤文』。

[2] 金钩内侧铭曰：『内官监造足色金計貳两重釣圈全。』安徽省文物事业管理局《安徽馆藏珍宝》，图二九八，中华书局二〇〇八年。

[3] 《明故夏阳县主墓志》，秦造垣《明故夏阳县主墓志考释》，页八九，《考古与文物》二〇〇九年第一期。

益端王墓出土金累丝凤簪簪脚铭文

梁庄王墓出土凤簪之一，通长二十三点五厘米，重九十五克；另一枝通长二十四厘米，重九十四点六克❶〔图一五三〕。它的制作，是先把搓好的花丝按照凤凰部位的不同而掐成不同的花式，复用边丝掐出翅膀、尾羽的形状与轮廓，继用各种小卷丝分别在轮廓内平填。凤身系堆垒成型，凤首则用两枚金片打造成形，然后扣合为一。最后将各个部件攒焊成型。这里累丝的运镊便如运笔，要须熟练的造型技艺以及平填、攒焊等诸般微细处的一丝不苟，方能成就它的玲珑工致和云托风举之翩然。凤簪造型虽然早有定式，但出自不同时期、不同工匠之手，仍可见出风神气韵的不同。然而益端王墓及益庄王墓出土两对金凤簪，与这一对却是如出一手，包括制作工艺和细节的处理。前者系益端王朱祐槟之妃彭氏物，墓葬

❶《梁庄王墓》，彩版一一八。

❶江西省文物工作队《江西南城明益宣王朱翊鈏夫妇合葬墓》，页二一；《文物》一九八二年第八期。《江西明代藩王墓》所录簪脚铭文脱一『典』字，而特别说明铭文三十三字，据此简报，实为三十四字。

一五三

图一五三
金累丝凤簪（一对）
湖北钟祥明梁庄王墓出土

图一五四—一
金累丝凤簪（一对）
江西南城县明益端王夫妇墓出土

图一五四—二
金累丝凤簪（一对之一）
江西南城县明益庄王夫妇墓出土

图一五五—一～二
金凤簪（一对）
江西南城县明益宣王夫妇墓出土

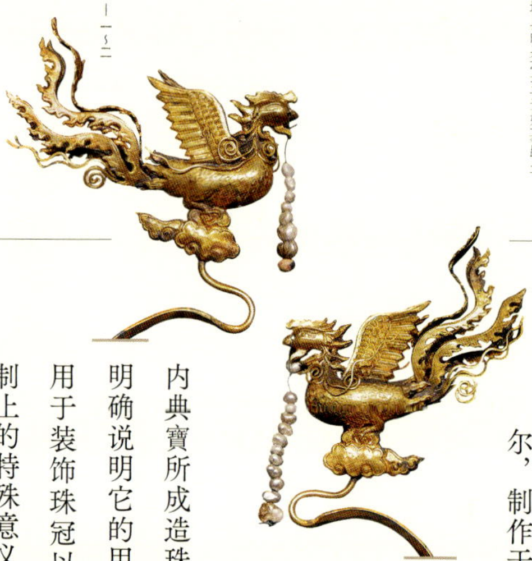
一五五—一～二

年代为嘉靖十八年〔图一五四—一〕；后者为益庄王朱厚烨之妃万氏物，入葬年代在万历十九年〔图一五四—二〕。彭氏金簪与万氏金簪簪脚铭文相同，均为『銀作局永樂貳拾貳年拾月内成造玖成色金貳兩外焊貳分』。梁庄王墓金凤簪未镌铭，不过三者之相似乃尔，制作于同时也是可能的。从凤簪簪脚的式样来看，可知这是用于插在凤冠之上，以使珠结或曰挑排高悬凤口。江西明益宣王朱翊鈏夫妇合葬墓出土金凤簪一对〔图一五五—一～二〕，簪脚式样与此相同，其上铭曰『大明萬曆庚辰五月吉旦益國内典寶所成造珠冠上金鳳每隻計重貳兩貳錢八分正』，乃明确说明它的用途，出土时也正是插在点翠珠冠的两侧❶。用于装饰珠冠以成凤冠一副，这一类金凤簪自然有着礼制上的特殊意义。

益庄王墓出土金累丝凤簪簪脚铭文

一五四—一

一五四—二

一五六

一五七

与凤冠配合插戴的金累丝凤簪一对之外，梁庄王墓出土又有云霞舞凤纹金帔坠一枚❶（图一五六），系连帔坠的金钩铭曰：『随驾银作局宣德柒年拾贰月内造柒成色金壹两玖钱。』梁庄王妃魏氏系南城兵马指挥魏亨之女，宣德八年七月册封为梁王妃。

金簪、金凤簪、金帔坠为凤冠霞帔中的金银饰物，而凤冠霞帔之荣耀即由金银饰物的镌铭来体现。前举益端王墓属于彭妃的『内成造』金凤簪一对之外，尚有同属于彭氏的旋花头金簪一对（图四三一一），簪脚铭曰『银作局弘治六年十月内造金五分』。自然也有云霞舞凤纹金帔坠一枚（图一五七）。如此金簪一对、金凤簪一对，帔坠一枚，便是凤冠霞帔金银饰物的基本构成。

❶《梁庄王墓》，彩版一四五。

图一五六
金帔坠
湖北钟祥明梁庄王墓出土

图一五七
金帔坠
江西南城县明益端王夫妇墓出土

出自宫禁的云霞舞凤纹金帔坠，造型与制作都已程式化：两枚片材扣合膨起如垂囊，纹样都是镂空作，偏着头的凤凰在如意云朵间振翅，长羽在下方划出随形的层层弧线[1]〔图一五八—一〕。即便并非出自时代与身分明确的墓葬，但由式样与工艺仍可见出不是民间所为，比如分别出自南京太平门板仓村动力学校明墓[2]、南昌市蒋巷安乐乡的两枚金帔坠〔图一五八—二～三〕。明代规格最高的霞帔坠子自属帝后，定陵出土金镶珠宝帔坠一枚，顶端下覆四枚金累丝镶宝的花萼，两面打作二龙戏珠，正面嵌珍珠一大颗，背面凸起的火珠则是打制而成，珠上一个小孔，帔坠钓钩稍稍偏下处有一个凸榫，正好可以扣入其间以为固定[3]〔图一五八—四〕。

一五八—一

一五八—二

图一五八—一
金帔坠
河南上蔡县顺阳王墓出土

图一五八—二
金帔坠
南京市板仓明墓出土

[1] 如出自河南上蔡顺阳王朱有烜墓的一枚金帔坠，当为王妃之物。朱有烜系周定王朱橚庶出第三子。

[2] 南京博物院《金色江南：江苏古代金器》，页一二八（图版说明作『金香囊』），江苏美术出版社二〇〇八年。

[3] 此件在《定陵》《定陵出土文物图典》以及《回望大明：走近万历朝》展览图录中均被称作『香熏』。

一五八—三

一五八—四

图一五八—三
金帔坠
南昌市蒋巷安乐乡出土

图一五八—四
金镶珠宝二龙戏珠帔坠
北京定陵出土

图一五九
金累丝凤簪（翟）
南京太平门外板仓徐俌夫人墓出土

与凤冠和翟冠相应，簪有凤、翟之别[1]，如南京太平门外板仓徐俌夫人墓出土金累丝凤簪，簪首实为翟〔图一五九〕。只是俗间大约概以『凤簪』为称，民间制作或未必以此区别为意。不过与前朝相比，明代凤簪究竟更多礼制上的含义，而不大作为平常插戴。帔坠纹饰也同样有凤、翟之不同，如南昌明宁康王女菊潭郡

一五九

[1] 柳彤《龙凤辨微：从首都博物馆藏金银器上的龙凤纹样看明代宫廷的等级规制》（下），页七四~七八，《收藏家》二〇一九年第六期。

一六〇—一

图一六〇—一
金帔坠
南昌明宁康王女菊潭郡主墓出土

图一六〇—二
金帔坠
兰州上西园明肃藩家族墓出土

图一六一—一
银鎏金镶玉嵌宝帔坠

图一六一—二
镶玉嵌宝木帔坠
上海卢湾区打浦桥明顾东川夫妇墓出土

图一六二—一
银鎏金帔坠

图一六二—二
银鎏金霞帔包脚
上海黄浦区明陈所蕴夫妇墓出土

主墓出土的一枚〔图一六〇—一〕。宫廷制作每每会留意分寸，如兰州上西园明肃藩家族墓出土银作局正德五年八月造金帔坠❶〔图一六〇—二〕。

宫廷制作之外的帔坠，似乎发现不多，就刊布的材料来看，主要集中在上海明墓，而式样是很随意的，常常不止一枚，且帔坠下方更有各式坠脚。卢湾区打浦桥明顾东川夫妇墓出土霞帔坠件数事，滴珠形与多角形的两枚镶玉嵌宝〔图一六一—一～二〕，分别缀于霞帔的中间和下部，另有银坠七小件系于底端。顾东川为太医院御医。上海黄浦区明南京太仆寺少卿陈所蕴夫妇墓出土霞帔坠饰两件，帔坠两枚〔图一六二—一〕，两件坠饰是霞帔包脚。包脚之一，底端三个小环，环下系坠三挂压脚：当中花朵捧出瓜实下边缀铎铃，两边是古禄钱、瓜果和铎铃，包脚打作凤戏牡丹〔图一六二—二〕。另一件包脚底端系了五个小环，中间三挂坠件已失，两端是上覆如意的犀角，如意两

菊泽郡主墓出土金帔坠侧视

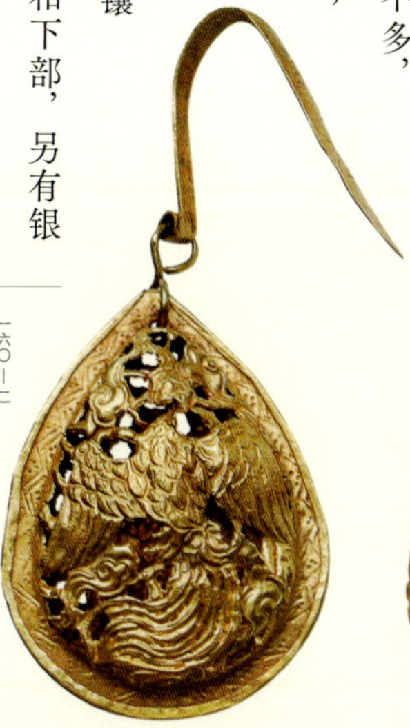

一六〇—二

❶ 铭曰『銀作局正德五年八月内造金一兩九錢』。林健《明代肃王研究》，页八九，甘肃人民出版社二〇〇五年。

一六一—一

一六一—二

一六二—一

一六二—二

一六二二—三

一六二二—四

边挂着铎铃。包脚纹样却是不很常见的三凤穿花，——下方小小的海水江崖，其上一大朵折枝牡丹，花侧对出莲花和慈姑叶，花边双凤造型一致，方向相对，上方一只舞凤俯身低首，长尾腾矫〔图一六二二—三〕。明代小说首饰纹样中的『孤鸾戏凤』❶，正可解得它的设计意匠。出自上海浦东新区陆深家族墓的银鎏金帔坠与坠件与之相类〔图一六二二—四〕。它也见于明代绘画，如屯溪博物馆藏汪氏容像❷，而诸暨博物馆藏陈洪绶四世祖夫人容像，所绘帔坠与坠件便像是以上两组实例的合成〔图一六二三〕。

图一六二二—三 **银鎏金霞帔包脚**
上海明陈所蕴夫妇墓出土

图一六二二—四 **银鎏金帔坠与坠件**
上海明陆深家族墓出土

图一六二三 **陈洪绶四世祖夫人容像**（局部）
诸暨博物馆藏

一六三

❶《金瓶梅词话》第九十回，来旺儿首饰担中物。

❷ 汪氏为武英殿办事、中书舍人游元润之妻，万历三十二年敕封孺人。储莉萍《屯溪博物馆馆藏珍品集》，图一四九，文物出版社二〇一五年。

图一六四—一 《三才图会》中的镮

图一六四—二 《杂字全书》中的镮

一六四—一

一六四—二

第三节 耳环与耳坠

一 耳环

耳环，明代俗称环或环子。耳环虽不算在头面一副之内❶，却也是平常穿戴以至聘礼中几乎不能少却的一项。装饰纹样多从宋元之旧，样式与风格则不同。

明代耳饰明确分作两类，一是耳环，一是耳坠。明王圻等编《三才图会》在『内外命妇冠服』一项画出『镮』的式样（图一六四—一），明代通俗类书《增补易知杂字全书》『镮』字旁边的图示，都可以代表明代耳环之一般（图一六四—二）。耳环用作簪戴的细弯钩，明人称作脚。明《礼部志稿》卷二十『皇太子纳妃仪』的纳征礼物中，有『金脚四珠环一双』『梅花环一双』，其下并注『金脚五钱重』，即此。似乎还可以说，耳环比耳坠更为正式。《明史》

❶ 元《朴通事谚解·上》曰一个官人娶娘子，彩礼中有『金厢宝石头面』，注云：『以金为斗拱而纳石于其中，缀着于女冠之上以为饰也。』头面因此不包括作为耳饰的耳环和耳坠。同书：『我再把一副头面，一个七宝金簪儿，一对耳坠儿，一对窟嵌的金戒指儿，这六件儿当的五十两银子。』可为一证。明代依然如此。明《礼部志稿》卷二十『皇帝纳后仪』中的纳吉纳征告期礼物列有『首饰一副』，耳环则另外举出。

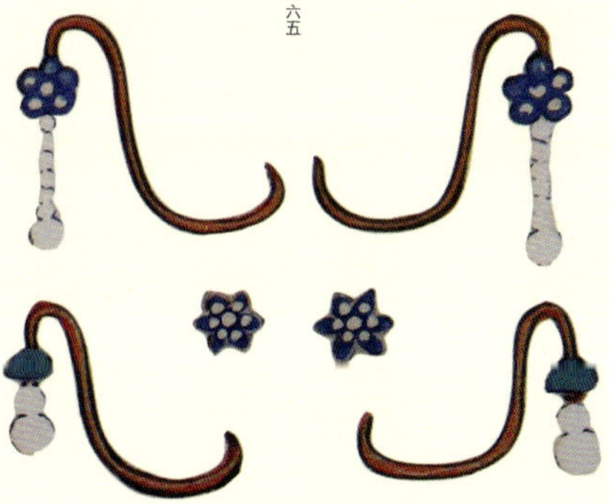

一六五

图一六五
親王妃·梅花環、四珠環
《明宫冠服仪仗图》

卷六十七《舆服三》所列品官命妇冠服，耳饰均为环；平常人家聘仪中的耳饰也是如此[1]。与礼服相配时，耳环簪戴起来弯脚必要从耳后挑出很长，此在明人画像中都表现得很清楚。

（一）八珠环子

礼服中的耳环，《明宫冠服仪仗图·亲王妃冠服》列出『梅花环、四珠环各一双』。此云『四珠』，乃耳环一副，耳环一只则二珠相叠如葫芦。《礼部志稿》卷二十『皇帝纳后仪』纳吉纳征告期礼物中有『四珠葫芦环一双』，同卷『皇太子纳妃仪』之纳征礼物列出『金脚四珠环一双』，前者描写样式，后者述及耳环脚的质地，二者形制无异。《明宫冠服仪仗图》中对应于『四珠环』的图式即一对葫芦式珠环〔图一六五〕，明太祖后画像中绘出的也是金脚四珠葫芦环一双〔图一六六—一〕。湖北钟祥明郢靖王墓出土的正是这样一对[2]〔图一六六—二〕。出自辽宁鞍山倪家台崔源家族墓的一对与此式样相同，只是其中一只残失一颗珠子[3]〔图一六六—三〕。

[1] 如前引《尺牍双鱼》卷七所列《聘仪程式之『金钗壹偶，金耳环双，金花几树，银花几树』。又《续金瓶梅》第四十一回举出那聘礼中的几样物事，道『一对小鑯丝竹箱，盛着金环一对，金掠，细巧金花鬏钗，手镯每样两对，十分齐整』。所谓『金环』，即金耳环。

[2] 《郢靖王墓》，页二〇九。耳环图，见彩版七〇：四、五（图版倒置，说明作『耳饰』）。

[3] 崔源族墓的形成时间起自明初，直到明代晚期，与整个明代相始终。崔源生于洪武二十五年（一三九二），卒于景泰元年（一四五〇），其先世仕元为安抚，后归顺明朝，家族便都在明辽东都司为官。辽宁省博物馆文物队等《鞍山倪家台明崔源族墓的发掘》，《文物》一九七八年第十一期。按金脚四珠环出自崔鑑墓（同出有『明右参将昭毅将军崔公墓志』），图版陆：五·下（『珍珠葫芦形金耳饰』）。本章所举崔源族墓出土物，尺寸与出土信息均据此文，以下不再出注。

图一六六—一
孝慈高皇后像（局部）
清宫旧藏

图一六六—二
金脚四珠环
湖北钟祥明郢靖王夫妇墓出土

图一六六—三
金脚四珠环
辽宁鞍山倪家台崔源家族墓出土

从考古发现来看，『金脚四珠环』相对少见，所谓『金丝穿八珠耳环』[1]，则多出于藩王及皇亲贵戚和重臣显宦墓，从明初一直贯穿到明代晚期。

一六六—一

一六六—二

一六六—三

[1]《明实录·神宗实录》卷四一七，万历三十四年正月甲申，『御用监上圣母册封册宝冠顶合用金宝数目』一项，有『金丝穿八珠耳环二双』。又本章前引《新刊全相说唱张文贵传》云青连公主『耳带八珠环一对』。

八珠环既纳入明代舆服制度，其制作自有『宫样』，明孝康敬皇后像、孝洁肃皇后像〔图一六七—一〕，都清楚画出形制规整的金镶宝八珠耳环，此外也见于品官命妇像，如《王琼恩荣次第图》❶〔图一六七—二〕，如南京刑部尚书顾璘之妻沈氏容像❷〔图一六七—三〕。

一六七—一

一六七—二

一六七—三

图一六七—一 明世宗孝洁肃皇后像（摹本）
清宫旧藏

图一六七—二 《王琼恩荣次第图》（局部）
中国国家博物馆藏

图一六七—三 顾璘之妻沈氏容像（局部）
南京市博物总馆藏

❶ 此为作品展陈时的标名。据李小波等《中国国家博物馆藏〈王琼事迹图册〉像主的再考察》（《中国国家博物馆馆刊》二〇二〇年第十二期），像主应为官至南京工部尚书的从兰。

❷ 画首有嘉靖二十三年五月十五日诰命。

图一六八—一 金镶宝八珠耳环
明梁庄王墓出土

图一六八—二 金镶宝八珠环子
北京右安门外明万贵墓出土

考古发现则多有与画像所绘式样相同的实例，如湖北钟祥明梁庄王墓〔图一六八—一〕、北京右安门外明万贵墓〔图一六八—二〕、江西南城县明益宣王夫妇墓〔图一六八—三〕、明益庄王夫妇墓、明益端王夫妇墓〔图一六八—四～五〕、兰州上西园明彭泽夫妇墓〔图一六八—六〕、又南京中华门外宋晟夫妇墓❶〔图一六八—七〕、鞍山倪家台崔源家族墓〔图一六八—八〕，等等，只是多有构件脱失。八珠环的制作并不复杂，不过是用一根金丝上下左右盘绕成形，其间在相应之处穿珠穿石，然后把预留出来的一段金丝穿入顶端作为收束的一颗绿松石，再盘绕于从绿松石中另外探出的一只耳环脚，于是二者固结为一，四珠中间再系结一个嵌宝的花朵抑或蝴蝶，又或分制为二，成上下一组的蝶赶花，耳环的制作便完成了。明益端王墓出土的一对顶端失绿松石，可以因此把耳环与耳环脚的连接看得更为清楚。它式样简洁，又很别致，珠宝镶嵌不多却点缀恰当而使金与碧相映成趣，并且与整个造型也是呼应的。

一六八—一

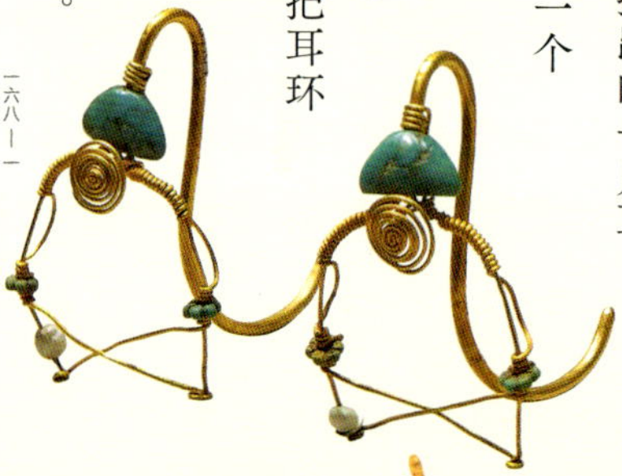

一六八—二

❶ 南京市文物保管委员会《南京中华门外明墓清理简报》，《考古》一九六二年第九期。宋晟生于元至正二年（一三四二），卒于明永乐五年（一四〇七）。永乐三年封西宁侯。妻叶氏生于元至正十六年（一三五六），卒于永乐十六年（一四一八）。

一六八—三

一六八—四

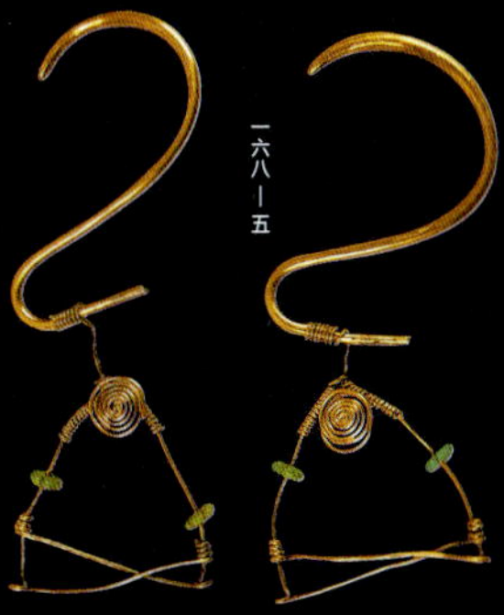

一六八—五

一六八—六

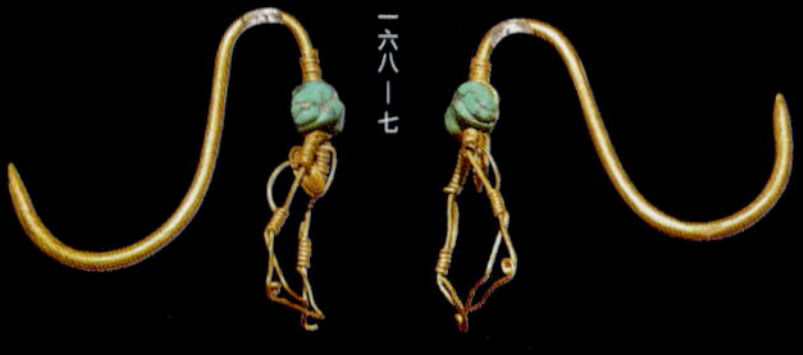

一六八—七

一六八—八

图一六八—三
金镶宝八珠耳环
明益宣王夫妇墓出土

图一六八—四
金镶宝八珠耳环
明益庄王夫妇墓出土

图一六八—五
金镶宝八珠耳环
明益端王夫妇墓出土

图一六八—六
金镶宝八珠耳环
兰州上西园明彭泽夫妇墓出土

图一六八—七
金脚八珠耳环
南京中华门外宋晟夫妇墓出土

图一六八—八
金镶宝八珠耳环
辽宁鞍山倪家台崔源家族墓出土

图一六九—一
金光葫芦耳环
南京江宁将军山出土

图一六九—二
金光葫芦耳环
南京中华门外铁心桥出土

（二）葫芦耳环

葫芦耳环是明代最为通行的样式，它由元代继承而来，就基本造型而言，变化不大，却是一面以添饰上盖和托座更显佳致，一面因为金细工艺的分外发达而制作更为精丽。顶覆金瓜叶，中间二珠相缀若葫芦，亚腰处是小金珠做成的圆环，下端又用金叶托底，此为明代葫芦耳环的基本样式，而以材质和制作工艺的不同，便尽可在此基础上竞出新巧。《天水冰山录》『耳环耳坠』一项，葫芦式耳环便列出多种，如金珠宝葫芦耳环，金光葫芦耳环，金摺丝葫芦耳环，金累丝葫芦耳环，金葫芦耳环，等等。一对金制的光素实心葫芦，即『金光葫芦耳环』，小巧细致已自可爱，若空心，则多把葫芦打作六瓣、八瓣、十瓣的瓜棱，又或是金累丝的透空花毬，两两相累，以为葫芦，玲珑之至。分别出自南京江宁将军山和南京中华门外铁心桥的两对，金光葫芦耳环也〔图一六九—一～二〕；出自兰州上西园明彭泽夫妇墓、南京太平门外板仓徐俌墓、广东番禺茅山岗二号墓、四川平武王玺家族墓、常熟虞山王氏家族墓者，为金瓜棱葫芦耳环〔图一七〇—一～五〕；

一六九—一

一六九—二

图一七〇—一
金瓜棱葫芦耳环
兰州上西园明彭泽夫妇墓出土

图一七〇—二
金瓜棱葫芦耳环
南京太平门外板仓徐俌墓出土

图一七〇—三
金瓜棱葫芦耳环
广东番禺茅山岗二号墓出土

图一七〇—四
金瓜棱葫芦耳环
四川平武王玺家族墓出土

图一七〇—五
金瓜棱葫芦耳环
常熟虞山王氏家族墓出土

一七〇—二

一七〇—一

一七〇—三

一七〇—五

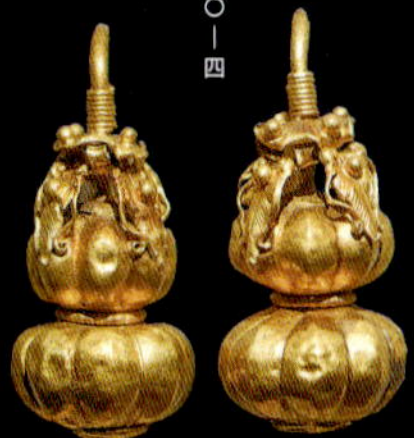
一七〇—四

图一七一—一
金累丝葫芦耳环
兴城钓鱼台镇線氏族墓出土

图一七一—二
金累丝葫芦耳环
江阴长泾九房巷明夏彝夫妇墓出土

图一七一—三
金累丝葫芦耳环
浙江余杭塘栖超山明墓出土

图一七一—四
金累丝葫芦耳环
无锡大墙门出土

图一七二—一
金累丝嵌宝葫芦耳环
甘肃省博物馆藏

辽宁兴城钓鱼台镇線氏族墓、江阴长泾九房巷明夏彝夫妇墓、浙江余杭塘栖超山明墓，又无锡大墙门出土者，则金累丝葫芦耳环〔图一七一—一～四〕；甘肃省博物馆藏一对、南通博物苑藏一对，便又是金累丝镶宝〔图一七二—一～二〕。此式耳环拆分来看，则即相叠的两个灯毬，顶覆花叶，遂成葫芦。灯毬以搓好的麻花丝累就，各个花心点焊粟珠，南通博物苑所藏一对则是花心镶宝。

一七一—二

一七一—一

一七一—三

一七二—一

一七一—四

图一七二—二
金累丝嵌宝葫芦耳环
南通博物苑藏

图一七三—一
金摺丝葫芦耳环
蕲春明都昌王朱载堉夫妇墓出土

图一七三—二
金摺丝葫芦耳环
南昌永和大队明戴贤墓出土

图一七三—三
金摺丝葫芦耳环
无锡大墙门出土

图一七四—一
金摺丝葫芦耳环（残）
湖北恩施猫儿堡出土

图一七四—二
金摺丝葫芦耳环（残）
荆门博物馆藏

图一七五—一
金摺丝葫芦耳环
南通博物苑藏

图一七五—二
金摺丝葫芦耳环
江西崇仁程瑞墓出土

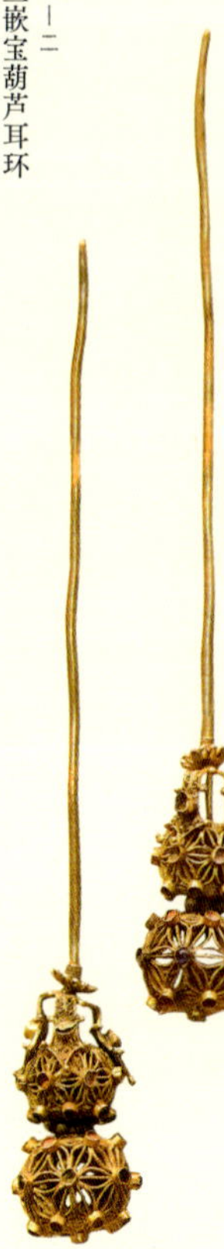
一七二—二

见载于《天水冰山录》的『金摺丝葫芦耳环』，可以举出湖北蕲春都昌王朱载堉夫妇墓、江西南昌永和大队明昭勇将军戴贤墓和无锡大墙门出土的三对〔图一七三—一~三〕，所谓『摺丝葫芦』，原是用极薄的片材打制成型，其表攒聚细丝。湖北恩施猫儿堡出土和荆门博物馆藏金摺丝葫芦耳环都失了下方的一个构件，不过由此可以清楚看出它的制作工艺〔图一七四—一~二〕。当然也还可以制作成型，然后錾出纹理，看起来亦如『摺丝』，南通博物苑藏一对即是也〔图一七五—一〕。而若用片材打制，重量便会轻得多，如江西崇仁程瑞墓出土一对金耳环〔图一七五—二〕。此式耳环的簪戴颇见于明代画像，如前面举出的明郝杰母杨氏

一七三—一

一七三—二

一七三—三

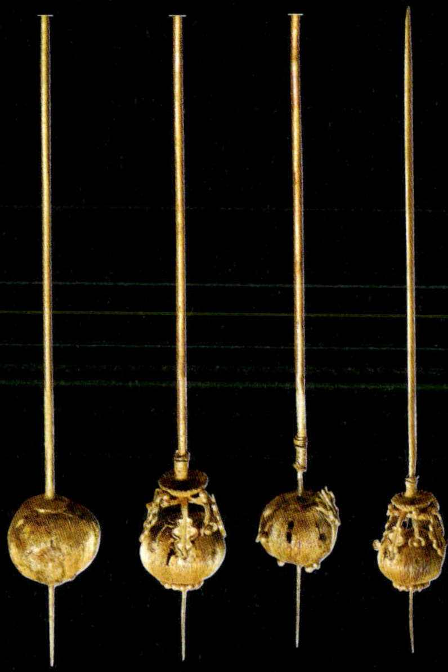

一七四—一

一七四—二

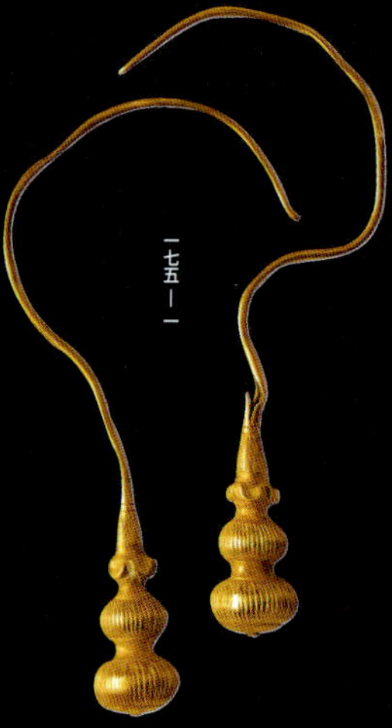

一七五—一

一七五—二

图一七六
明郝杰母杨氏夫人容像（局部）
蔚县博物馆藏

图一七七—一
金龙凤穿花葫芦耳环
山东兖州旧关村出土

一七六

夫人容像〔图五五—一、一七六〕。而在葫芦上施展镞镂工艺，也可见新巧，出自山东兖州旧关村的一对金耳环，葫芦之表镂空作龙凤穿花〔图一七七—二〕。陕西高陵县院张村明张氏墓出土金耳环一对，葫芦高约五厘米，比通行的样式大了不少，亚腰葫芦的上方两面镂作伸枝展叶的两大朵牡丹，亚腰的下方镂作两相呼应的一对飞凤，整个葫芦便成一幅凤穿牡丹图❶〔图一七七—二〕。所谓『环面凤翱翔』❷，原来并非小说家之虚语。环者，耳环也。

至于《天水冰山录》的『金珠宝葫芦耳环』，当为金镶玉、金镶宝玉、金镶水晶一类。明太祖孝慈高皇后画像中，与凤冠霞帔相配的便是一对金镶玉葫芦耳环❸〔图一六六—一〕。此式耳环的基本结构，由北京右安门外明万贵墓出土的一对耳环残件可以见得分明〔图

❶ 今存陕西省考古研究院，蒙研究院惠允，得以细审实物；照片承研究院提供。按拍摄照片时耳环内的泥土尚未完全清除，观摩所见，其纹饰是半镂空的。
❷ 见明杨尔曾《韩湘子全传》胪举聘礼中物。
❸ 林莉娜《南薰殿历代帝后图像》，页一〇七，台北故宫博物院二〇二一年。

一七七—一

图一七七—二
金凤穿花葫芦耳环
陕西高陵县院张村明代张氏墓出土

图一七八
金累丝镶宝葫芦耳环残件
北京右安门外明万贵墓出土

图一七九—一
金镶宝玉葫芦耳环
南京江宁将军山沐瓒夫人刘氏墓出土

图一七九—二
金镶宝玉葫芦耳环
上海李惠利中学明墓出土

一七八〕。南京江宁将军山沐瓒夫人刘氏墓、上海李惠利中学明墓出土金镶宝玉葫芦耳环，后者耳环的玉葫芦是两个碾作古禄钱纹的灯毬相叠，上覆金镶宝花叶〔图一七九—一～二〕。又有分别出自常熟明温州知府陆润墓、温州明邵厚夫妇墓、江苏无锡县安镇、山

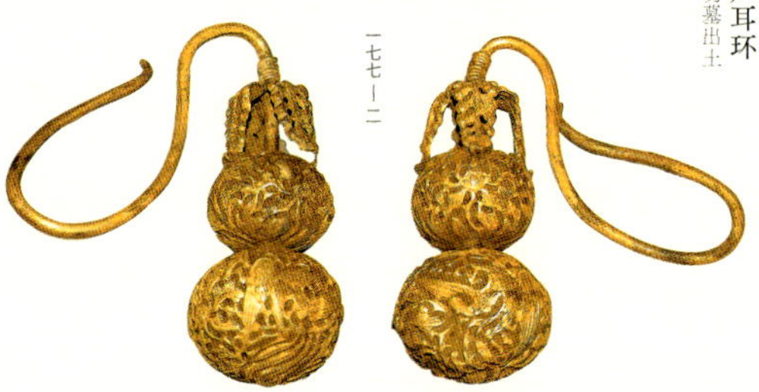
一七七—二

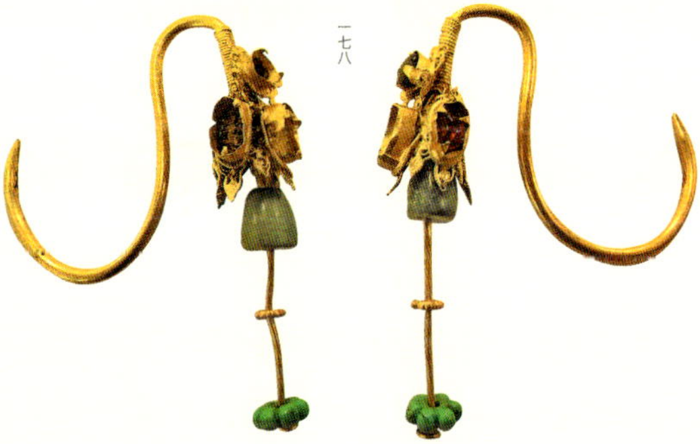
一七八

一七九—一

一七九—二

东兖州黄屯镇孙氏店村的金镶玉葫芦耳环〔图一八〇—一～四〕。登录于《天水冰山录》的『金圆水晶耳环』与『金方水晶耳环』，有贵州遵义高坪镇明墓和嘉兴王店李家坟李湘夫妇墓出土的实例〔图一八一—一～二〕。

葫芦耳环多与盛妆相配，前举明代画像固其例证，明代墓葬中的情况也是如此。如广东普宁明墓、浙江余杭塘栖超山明墓，与葫芦耳环同出的都是作为盛妆的一副头面[1]。

一八〇—一

一八〇—二

一八〇—三

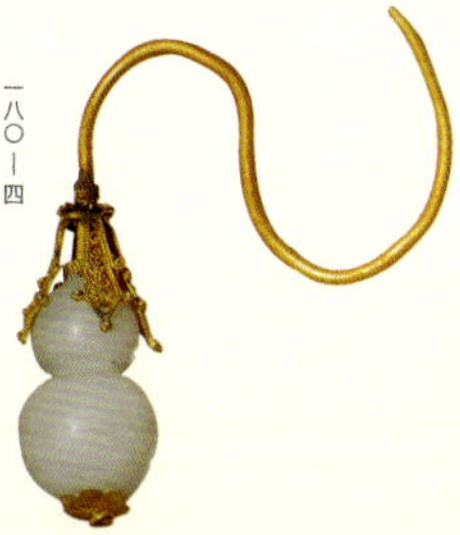
一八〇—四

一八一—一

一八一—二

图一八〇—一 **金镶玉葫芦耳环** 常熟明温州知府陆润墓出土

图一八〇—二 **金镶玉葫芦耳环** 温州明邵厚夫妇墓出土

图一八〇—三 **金镶玉葫芦耳环** 无锡县安镇出土

图一八〇—四 **金镶玉葫芦耳环** 兖州黄屯镇孙氏店村出土

图一八一—一 **金穿水晶葫芦耳环** 贵州遵义高坪明墓出土

图一八一—二 **金穿水晶葫芦耳环** 嘉兴明李湘夫妇墓出土

[1] 普宁明墓出土金饰凡十件，其中金王母寿字挑心一、金凤穿牡丹挑心一，金牡丹花钿一、金凤穿牡丹簪（鬓钗）一（当日应成对）、金瓜鼠簪一对，原当为头面一副（广东省博物馆藏，此为观摩实物所得）。浙江余杭塘栖超山明墓则有金簪一，银鎏金牡丹花钿一，银鎏金瀛洲学士图掩鬓一对，金马镫戒指一枚，并此金累丝葫芦耳环一对（今藏余杭江南水乡博物馆，观展所见）。

图一八二—一
金梅花耳环
明宁康王女菊潭郡主墓出土

图一八二—二
金镶宝梅花耳环
杭州萧山区水漾坞明墓出土

图一八二—三
金镶宝珠梅花耳环
兰州上西园明墓出土

一八二—二

一八二—一

（三）梅花耳环及其他

花卉也是明代耳环中的流行式样，如分别出自南昌市明宁康王女菊潭郡主墓的金梅花耳环〔图一八二—一〕、杭州萧山区水漾坞明墓的金镶宝梅花耳环〔图一八二—二〕、兰州上西园明墓的金镶宝珠梅花耳环〔图一八二—三〕。例一，耳环通长五厘米，梅花直径三厘米，一对共重十九克。耳环的花瓣与花心均有一对小孔，原初或当嵌珠。因为是梅花，便天生一段暗香浮动之标格。只是它虽无矜贵之气，当日却是郑重纳入舆服制度，便是皇妃、皇嫔、亲王妃、郡主妃礼服中的『梅花环』❶。上西园明墓为夫妇合葬墓，主人属肃藩家族，同出有金钓圈、金帔坠一副，钓钩内侧有『正德五年八月内造』款〔图一六〇—二〕。耳环正面看来是一个花叶盖下缀一朵梅花，而花叶盖的背衬则是一对犀角。式样

一八二—三

❶《礼部志稿》卷十八，《明史》卷六十六《舆服二》。

几乎完全相同的耳环即出现在明代皇后像中〔图一八二—四〕。它也被民间画工用于绘事，如山西汾阳圣母庙东壁壁画中随侍圣母出宫的宫廷女官，画工并且用了沥粉贴金的办法把质地刻画得真确[1]。

一八二—四

图一八二—四 明孝安后像（局部） 清宫旧藏

蜂蝶赶花是元代以来即很盛行的纹样，赶，赶趁也，花的选取，多为梅和菊。明代则不仅用于簪钗，也用于耳环和金银钮扣，明人容像中可见蝶赶梅金耳环的插戴[2]，明早期的制作尚存宋元遗风，如南京中华门外宋晟母墓出土金蜂赶花耳环一对，便是以片材打制纹样，然后向后翻折成型，复于底端拔丝打卷[3]〔图一八三〕。典型的明代式样或仍不乏前朝的活泼轻盈，不过讲究者此际更喜欢用嵌宝的方式使它以华美取胜，如定陵出土金累丝镶宝珠蝶赶梅耳环[4]，如江阴青阳明邹令人墓出土金镶宝蝶赶菊耳环、贵州遵义高坪镇明墓出土金累丝镶宝蝶

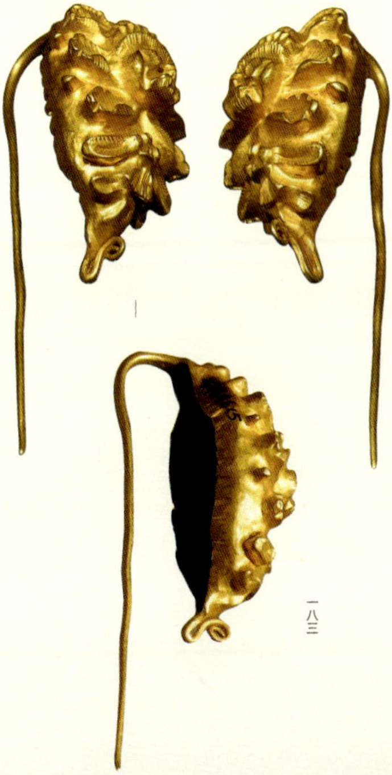

一八三

图一八三 金蜂赶花耳环 南京中华门外郎家山宋晟母墓出土

[1] 此为实地考察所见。

[2] 石谷风《徽州容像艺术》，页一二，安徽美术出版社二〇〇一年。

[3] 宋晟母自元入明，此墓与耳环同出的金瓜头簪、金竹节钗，均为典型的元代样式，耳环的制作也很有可能是出自元代工匠。

[4] 《定陵出土文物图典》，图一六五。

图一八四—一 金累丝镶珠宝蝶赶梅耳环 北京定陵出土

图一八四—二 金镶宝蝶赶菊耳环（一对） 江阴青阳邹令人墓出土

图一八四—三 金累丝镶宝蝶赶花耳环 贵州遵义高坪明墓出土

图一八五 金镶珠宝古老钱耳环 蕲春蕲州镇姚塆荆藩墓出土

赶花耳环❶（图一八四—一～三）。虽非巧构，而宝光熠耀，可以映颊，可助娉婷。又或以古禄钱或曰古老钱完成梅花造型而别成一式，如湖北蕲春蕲州镇姚塆荆藩墓出土的一件（图一八五）。耳环下方是五个古老钱组成的一朵梅花，花心做出石碗，原当嵌宝。从五个古老钱里穿出来的金丝又在上方与五个嵌宝的花朵合作一个珠宝花灯，顶端覆花盖，金丝上面穿系的珠子今尚存一颗。《天水冰山录》中列出的『金厢四珠宝古老钱耳环』，此式近之。

❶《中国金银珐琅器全集·三·金银器》，图二二四（称作『金累丝镶宝石发簪』）。

一八四—一

一八四—二

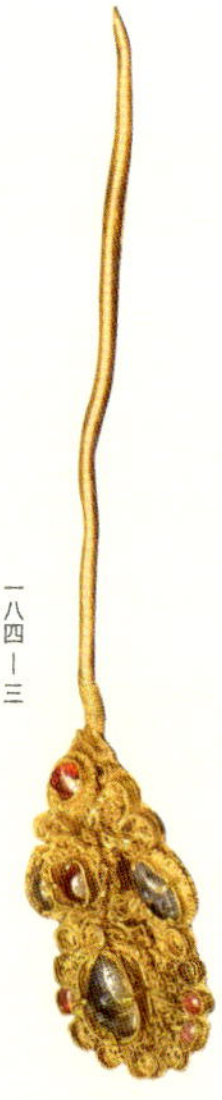

一八四—三

一八五

一八六—一

一八六—二

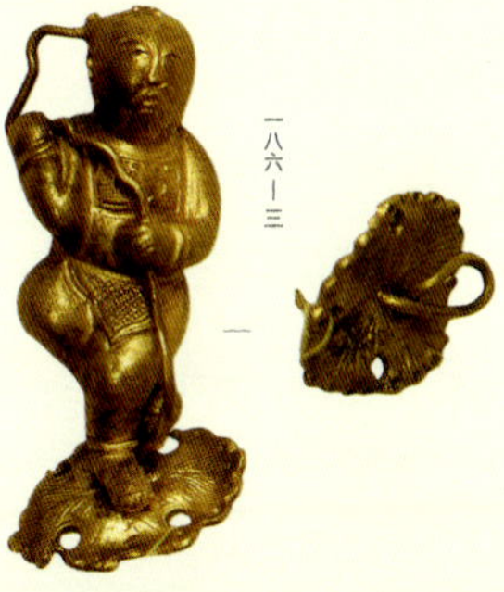
一八六—三

宋元流行的仙人、化生与莲花童子，同样为明代所用。吴中博物馆藏金镶玉化生童子耳环一对，金累丝莲花为托座，上面一个合掌的玉化生，造型尚存早期莲花化生的遗意〔图一八六—一〕。《天水冰山录》载有『金厢珠宝童子攀莲耳环，金厢玉人耳环』。前面所举有杭州水漾坞明墓出土银鎏金攀莲童子鬏钗一对〔图六〇—三〕。不过这时候的莲花童子似乎已与化生无关，而只是一种程式化的吉祥纹样。出自上海电视大学松江分校金器窖藏的一对金耳环，是很标准的攀莲童子造型：小儿颈戴项圈，腰系装饰排方的双铊尾革带，莲茎如藤，荷叶似帽，莲蕾低垂，眉眼神情尚存宋代磨喝乐遗风，笑脸吐露舌尖的细节尤觉可人❶〔图一八六—二〕。窖藏中的部分金饰元代风格比较明显，不过也有几件已经接近明代样式，这一对便是如此。四川平武苟家坪明土司墓和无锡大墙门出土以及吴中博物馆藏童子攀莲金耳环与此式样相同〔图一八六—三～五〕，然而意态远逊。无锡黄氏家族墓之黄抃妻范氏墓

图一八六—一
金镶玉化生童子耳环
吴中博物馆藏

图一八六—二
童子攀莲金耳环
上海电视大学松江分校金器窖藏

图一八六—三
童子攀莲金耳环
四川平武苟家坪明土司墓出土

❶ 何继英《上海市松江区发现的南宋窖藏金饰件》，页五〇（执荷童子金耳坠），《上海文博》二〇〇四年第一期。按窖藏的时代应非南宋。

图一八六—四
童子攀莲金耳环
无锡大墙门出土

图一八六—五
童子攀莲金耳环
吴中博物馆藏

图一八六—六
莲叶童子金耳环
无锡黄氏家族墓出土

出土莲叶童子金耳环一对❶，莲叶为托座，莲叶上面的童子梳着丫髻，手里捧的却是一枚古禄钱（图一八六—六）。可知莲花童子虽然前身是『化生』，但至此已蜕变为『招财进宝』的吉祥童子。

一八六—四

一八六—五

一八六—六

❶ 范氏生于弘治九年（一四九六），卒于嘉靖三十八年（一五五九），耳环当为生前所用之物。《江苏无锡青山湾明黄钺家族墓》，页二一六。

图一八七—一
金镶玉仙人耳环
无锡大墙门出土

图一八七—二
银鎏金仙人耳环
江苏太仓娄东太丰一队出土

图一八七—三
仙人骑鹿金耳环（一对）
无锡黄氏家族墓出土

一八七—一

无锡大墙门出土金镶玉人耳环一对（图一八七—一）。玉人足踏莲花、飘带萦身，是仙人的程式化造型。出自江苏太仓娄东太丰一队的银鎏金仙人耳环一对（失耳环脚），足踏莲花的仙人头戴装缀博鬓的花冠，身覆云肩，下方小孔插入绕身的帔帛，手中原当托物（图一八十—二）。无锡黄氏家族墓之黄钺妻顾氏墓出土仙人骑鹿金耳环一对，鹿的造型不很准确，却是以身上錾出斑点见出特征，仙人偏坐在上边，一手拈灵芝，一手托葫芦（图一八七—三）。

一八七—二

一八七—三

明代耳饰也沿用了宋元耳环中的紫茄，《天水冰山录》中有『金厢珠宝茄耳坠』。无锡博物院藏金镶水晶茄耳环一对〔图一八八—一〕。出自南京太平门外板仓徐備墓的一对金镶宝茄耳环，茄儿是一颗蓝宝嵌在金托上，顶端之蒂嵌着红宝。当日宝石的加工与金细工艺不能相比，一对茄儿只是恰好借得形似，蓝宝又偏得俏色，便带出了『象生』的意思〔图一八八—二〕。

一八八—一

一八八—二

图一八八—一
金镶水晶茄耳环
无锡博物院藏

图一八八—二
金镶宝茄耳环（一对）
南京太平门外板仓徐備墓出土

出自南京徐达家族墓七号墓的金耳环[1]，花丝做成四阿顶的两重楼阁，底层一面为屏风，其余三面做出可以开合的双扇门，周回有廊，下边的承托又正是楼阁之台。瓦垄、屏风、栏板、望柱，在在精细，顶端一朵金丝披垂的细瓣花提系起整座楼阁，于是精细中更见轻盈〔图一八九—一〕。若依《天水冰山录》之例，正该称它作『金摺丝楼阁耳环』。故宫博物院藏一幅明人容像，也绘出此式耳环的插戴[2]〔图一八九—二〕。

以吉祥字为装饰，喜庆的意思自然最为直接，《天水冰山录》中的『金累丝寿字耳环』和『金摺丝寿字耳环』，便是这一类。类似的实例有出自山西晋城泽州县陡坡村明张光奎墓的金镶玉寿字耳环一对〔图一九〇〕。

金银耳环式样最简单且尺寸最小的一种，时名丁香或丁香

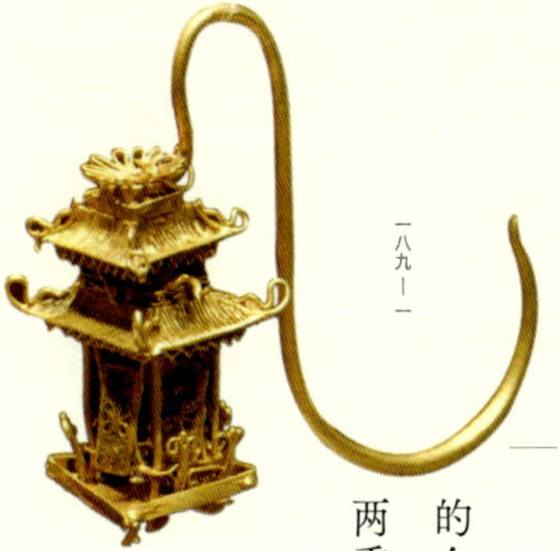
一八九—一

一八九—二

一九〇

图一八九—一
金摺丝楼阁耳环
南京徐达家族墓出土

图一八九—二
明人容像（局部）
故宫博物院藏

图一九〇
金镶玉寿字耳环
晋城泽州县陡坡村明张光奎墓出土

[1] 共出两件，一件残破（《明中山王徐达家族墓》，页七〇，按此称作『金耳坠』），那么当是一对。

[2] 《故宫博物院藏文物珍品大系·明清肖像画》，图三九。

儿。《醒世恒言》第八卷《乔太守乱点鸳鸯谱》中说道，耳上的环儿，『乃女子平常时所戴，爱轻巧的，也少不得戴对丁香儿，那极贫小户人家，没有金的银的，就是铜锡的，也要买对儿戴着』，即此。湖北蕲春蕲州镇刘家咀永新王墓、南京中华门外邓府山王克英夫人墓出土金耳环，便都是丁香一类〔图一九一—一～二〕。故宫博物院藏明钱穀作《董姬像》，画中人的耳饰，即此『丁香儿』，它与淡妆相配，很是素雅❶〔图一九一—三〕。丁香耳环也不妨嵌珠嵌玉，范濂《云间据目抄》卷二《风俗》一节所云女饰之一即『耳用珠嵌金玉丁香』。嘉兴王店李家坟李湘夫妇墓出土小小一对金耳环，花托内一颗明珠点嵌〔图一九一—四〕，便是珠嵌的金玉丁香了。

此外有一种耳环为明代晚出

一九一—一

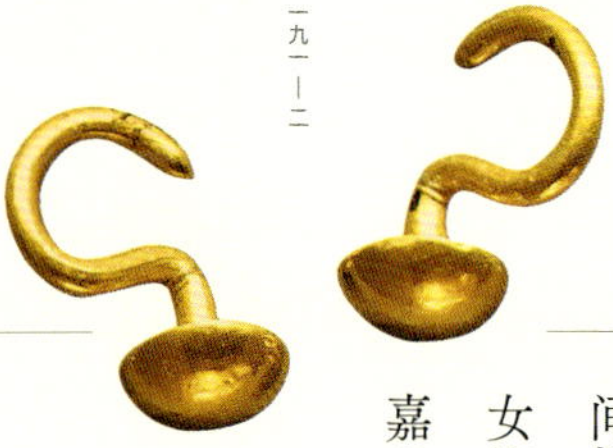
一九一—二

一九一—三

一九一—四

图一九一—一
金丁香耳环
蕲春蕲州镇刘家咀永新王墓出土

图一九一—二
金丁香耳环
南京王克英夫人墓出土

图一九一—三
《董姬像》（局部）
故宫博物院藏

图一九一—四
嵌珠金丁香耳环
嘉兴明李湘夫妇墓出土

❶又李渔《闲情偶寄》卷三《声容·首饰》：『饰耳之环，愈小愈佳，或珠一粒，或金银一点，此家常佩戴之物，俗名丁香，肖其形也。』按此指桃金娘科的丁香，作香料或入药，其近成熟的果实名为『鸡舌香』，花蕾别名丁香，『俗人以其似丁子，故为丁子香也』（《齐民要术》卷五《种红蓝花、栀子》）。

的样式，它很像是耳坠去掉了坠饰，而在环上别作装饰，如南昌市通用机械厂出土的一对金摩竭耳环〔图一九二〕。不过这类样式似乎到了清代方大为流行，彼时或称它为耳钳。

一九二

二　耳坠

同耳环相比，耳坠的不同在于装饰部分与用作插戴的脚是以悬坠的办法相连，即下缀可以摇荡的饰件，戴起来便会因微动而轻摇，自然更添一点妩媚的风致。

耳坠与耳环有不少题材是共用的，耳环有葫芦，耳坠亦然，比如镇江博物馆藏金葫芦耳坠一对〔图一九三〕。耳环有蝶赶花，耳坠则有湖北蕲春彭思镇都昌王朱祁鑑妃袁氏墓出土的一对：上方一个金累丝的华盖为提系，碾玉为蝶为花嵌在金累丝的花叶与蝶之间〔图一九四〕。耳坠也同样有仙人故事，比如南京徐达家族墓出土金镶宝毛女耳坠一对。耳坠用弯脚挑起一顶花盖，小金条攒出每一个花瓣的素边框，花瓣里焊金托，托

一九三

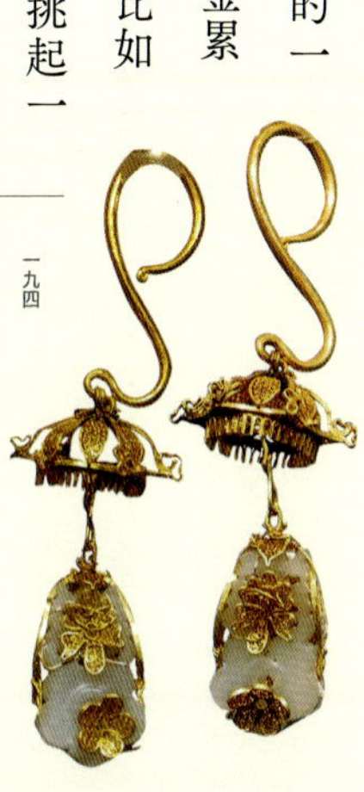

一九四

图一九二
金摩竭耳环
南昌市通用机械厂出土

图一九三
金葫芦耳坠
镇江博物馆藏

图一九四
金镶玉蝶赶梅耳坠（一对）
蕲春明都昌王
朱祁鑑妃袁氏墓出土

图一九五
毛女图金耳坠
南京板仓徐达家族墓出土

图一九六—一
金镶玉寿字耳坠
明益庄王夫妇墓出土

图一九六—二
金玉喜相逢耳坠
北京定陵出土

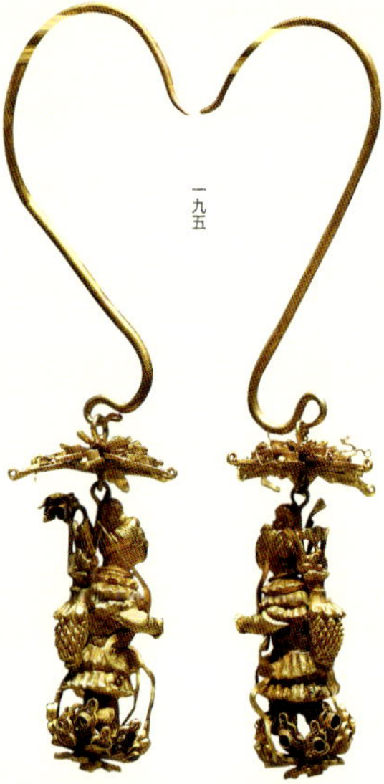

一九五

一九六—一

上原当嵌宝。底端一捧花丛，制作方法与花盖相同。花丛上面一个仙人，系用打造的办法做出来，头挽高髻，颈戴项圈，上覆草叶披，下系草叶裙，荷一柄药锄，背一个药篓，药篓里插着灵芝❶（图一九五）。

耳坠的式样，在《天水冰山录》中也列有多种，诸如金摺丝灯笼耳坠，金摺丝绣球（毬）珠盖耳坠，金摺丝珠串灯笼耳坠，金镶珠累丝灯笼耳坠，金玉寿字耳坠，等等，而几乎都有工艺和题材与它大致相应的明代实物可见。所谓『金玉寿字耳坠』，江西南城县明益庄王夫妇墓出土一对即同此式❷（图一九六—一），北京定陵则出土金玉喜字耳坠一对❸（图一九六—二）。不过这玉作的喜字下边尚衔着一只白玉的小蜜蜂，那么它又可以称作金

一九六—二

❶ 出自六号墓，《明中山王徐达家族墓》，图一六（『金耳坠』）；《明朝首饰冠服》，页一二八（『药神形金耳坠』）。关于题材的考证，见扬之水《人物故事图考二则》，《收藏家》二〇〇六年第一期。

❷《江西明代藩王墓》，彩版三八：二（『玉寿字金耳环』）。

❸《定陵出土文物图典》，图一七一（鎏金银环镶宝玉耳坠）。

一九七一一

一九七一二

图一九七一一 明綦明夫妇容像（局部）
故宫博物院藏

图一九七一二 灯笼耳环·明郝杰夫人吴氏容像之二（局部）
蔚县博物馆藏

玉喜相逢耳坠，『蜂』，乃用以谐『逢』。至于金灯笼耳坠，更是明代最为盛行的一类❶。又以耳坠的金灯笼多为累丝作，因又称『金玲珑坠了』❷。明人容像中，戴着金灯笼耳坠的便不止一例❸〔图一九七一一～二〕。考古发现的实物也正与图像所绘式样相类，如陕西凤翔范家寨刘家沟刘之勃墓出土金累丝灯笼耳坠❹〔图一九八一一〕，如南通博物苑藏金累丝镶宝灯笼耳坠〔图一九八一二〕。南京鼓楼区出土与四川彭州江口明末古战场遗址出水金灯笼耳坠都省减了一个灯毬〔图一九九一一～二〕，却是与明《宪宗元宵行乐图》中鳌山灯景、

❶《金瓶梅词话》第十五回，道『李桂姐出来，家常挽着一窝丝杭州攒，金累丝钗，翠梅花钿儿，珠子箍儿，金笼坠子』。第七十八回，『只见春梅进来，头上翠花云髻儿，羊皮金沿的珠子箍儿，蓝绫对衿袄儿，黄绵紬裙子，金灯笼坠子』。

❷《金瓶梅词话》第七十三回道春梅戴着的是『金玲珑坠子』，与第七十八回春梅的金灯笼坠子应是同一物。

❸前例见《故宫博物院藏文物珍品大系·明清肖像画》，图二五；后例今藏蔚县博物馆。

❹又有西安碑林区出土的一对，《西安文物精华·金银器》，图一八二。

图一九八—一 金累丝灯笼耳坠
陕西凤翔范家寨刘家沟刘之勃墓出土

图一九八—二 金累丝镶宝灯笼耳坠
南通博物苑藏

图一九九—一 金累丝灯笼耳坠
南京鼓楼区出土

图一九九—二 金累丝灯笼耳坠
四川彭州江口古战场遗址出水

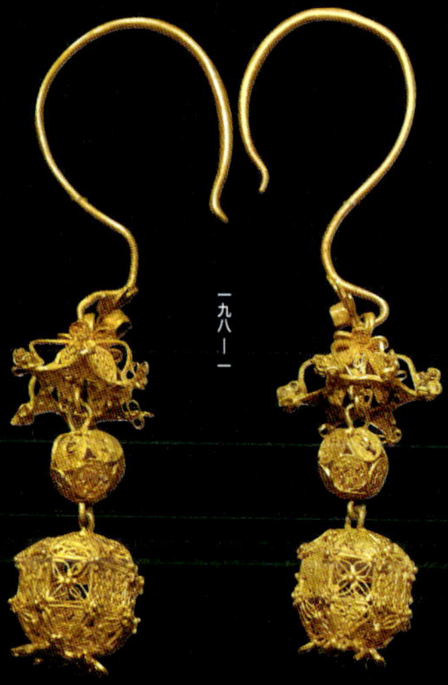
一九八—一

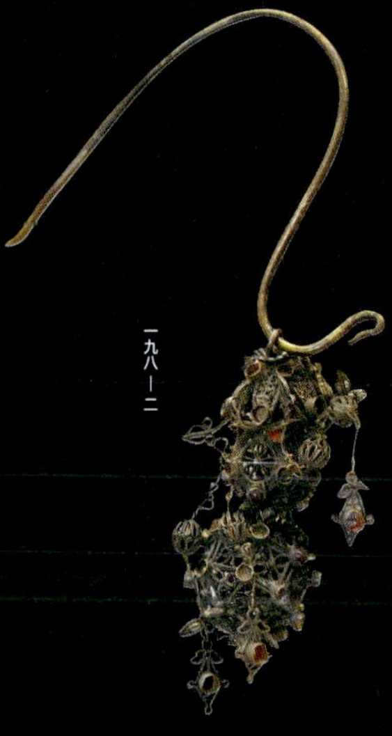
一九八—二

一九九—一

一九九—二

一九九—三

图一九九—三

《宪宗元宵行乐图》

（局部一、二）

中国国家博物馆藏

货郎担子等各个场景里的灯笼式样相同〔图一九九—三〕，明人或称此为『毬灯』。兰州上西园明肃藩郡王墓出土金累丝镶玉灯笼耳坠，则以金玉相谐而成就它的细巧❶〔图二〇〇〕。耳坠通长十点八厘米，重三十八克。装饰之部的上方一个五爪提系，提系顶端为圆环，五爪之端五个金累丝的云钩，钩坠五串金累丝事件儿，每

❶ 林健《明代肃王研究》，页九〇。该书记述道：『虽然此墓出土文物不多，却制作精致，其中一件金簪柄上还刻有「银作局」的款，应是王室成员之物。』同出有万历通宝钱币百余枚。

图二〇〇
金累丝镶玉灯笼耳坠
兰州上西园明肃藩郡王墓出土

二〇〇

串系着四事，即如意，金锭，古禄钱，铎铃。提系下边接焊一顶金累丝花朵式伞盖，其下缘用细金条做成披垂的沥水。伞盖之下又一个金累丝花叶盖，盖下穿缀两颗白玉珠，玉珠下面各有金累丝的花叶托。耳环脚的一端钩起提系顶端的圆环，然后于钩尖上焊一只小小的金累丝嵌宝飞凤，一面为了装饰，一面也为着固定之用。耳坠看起来似乎金多玉少，但因为金事件儿都是玲珑作，故金光仍不掩玉之素雅。虽然物象所取尽为吉祥喜庆，——比较故宫藏明代一件蓝缎桌帏[1]，

[1] 《中国织绣服饰全集·刺绣卷》，图一二〇。

又北京艺术博物馆藏明代遍地金或曰金遍地缂丝灯笼仕女袍料中一个与它图式相同的纹样[1]〔图二〇一—一~二〕，可见它本该是世俗的，喧闹的，却靠了设计和做工点化得脱俗超凡，成为一团静静的暖意。其时代为明代后期。

二〇一—一

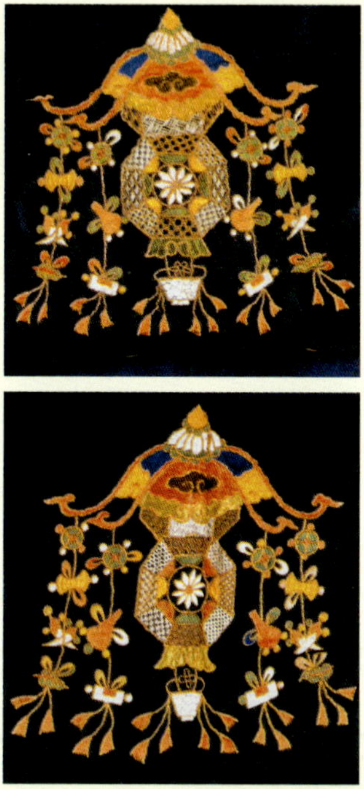

二〇一—二

图二〇一—一
明蓝缎桌帏（局部）
故宫博物院藏

图二〇一—二
遍地金缂丝灯笼仕女袍料（局部）
北京艺术博物馆藏

[1] 北京市文物局《北京文物精粹大系·织绣卷》，图一〇九，北京出版社二〇〇一年。

图二〇二

金鈒花钏与金八宝镯

湖北钟祥明梁庄王墓出土

第四节 手镯、戒指、钮扣

一 手镯

明《礼部志稿》卷二十述皇家婚礼制度，其中『纳征礼物』一项列出腕饰四种，即『金鈒花钏一双（二十两重），金光素钏一双（二十两重），金龙头连珠镯一双（一十四两重），金八宝镯一双（八两重，外宝石一十四块）』。这里差不多包括了明代腕饰的主要式样，湖北钟祥明梁庄王墓出土金鈒花钏一对、金累丝嵌宝镯一对〔图二〇二〕，即这里所列四项中的两项。金累丝嵌宝镯或曰金八宝镯，造型略呈椭圆，长径六点二厘米，短径五点七厘米，其一重一百二十七克，其一分量稍稍逾之。手镯内里一层光素无纹，其表以金累丝缠枝卷草为地子，上面八个金累丝菊花托内分别镶嵌红、蓝宝石和祖母绿。宝石之华贵自非寻常可得，累丝的工致也显示着宫廷特色。式样

二〇二

二〇三—一

图二〇三—一
金八宝镯
南京江宁将军山沐斌夫人梅氏墓出土

图二〇三—二
金八宝镯
南昌市明宁康王女菊潭郡主墓出土

图二〇四
金镶宝二龙戏珠镯
贵州遵义高坪镇明墓出土

图二〇五
金龙头连珠镯
江阴青阳明邹令人墓出土

图二〇六—一
水晶连珠镯
常州武进马杭东风出土

几乎完全相同的金八宝镯也见于南京江宁将军山沐斌夫人梅氏墓〔图二〇三—一〕、南昌市明宁康王女菊潭郡主墓〔图二〇三—二〕，等等，可见如此『宫样』，已成定制。出自贵州遵义高坪镇明墓的金镶宝二龙戏珠镯也是同样形制，只是纹饰不同〔图二〇四〕。这一类活销式开闭的手镯虽然唐代即已出现，如陕西咸阳市郊唐墓出土双龙戏珠金手镯❶，如西安市南郊何家村唐代窖藏中的金镶玉臂环〔第四章，图五四〕，但仍应该说，它在明代以前并未成为通行样式。

金光素钏和金钑花钏，便是宋元以来流行的缠钏，明代在式样上没有大的变化，不过镯头纹样宋元多用打造，明代则以錾刻亦即『钑花』为多。镯子，明代俗称镯头，又有『金压袖』之称❷，金银龙头连珠镯即样式之一，它盛行于元，而为明代所继承，实物即如江阴青阳明邹令人墓出土的一副〔图二〇五〕。惟出自常州武进马杭东风的一副水晶连珠金龙头镯，虽式样如常，但材质殊异，是不多见的一例〔图二〇六—一〕，明吴伟《铁笛图》

二〇三—二

❶《中国文物精华》，图九四，文物出版社一九九七年。

❷《金瓶梅词话》第二十回描述李瓶儿的一身盛妆，道是『腰里束着碧玉女带，腕下笼着金压袖，胸前项牌缨落，裙边环珮玎珰』云云。

二〇四

二〇五

二〇六—一

中的女子腕戴珠镯，而特别绘出透明的质地，可知是水晶镯子〔图二〇六—二〕。也有的只在镯头錾刻龙首，如分别出自湖北钟祥明郢靖王夫妇墓、南京江宁沐朝辅墓、贵州遵义高坪镇明墓的双龙首金镯〔图二〇七—一～三〕。湖北蕲春横车镇荆恭王墓出土金镶宝双龙首镯，镯头龙首相对，外环大小石碗交错，内里遍錾龙鳞，虽所嵌宝石多已失落，但以它的繁饰参差而依然光影腾辉〔图二〇七—四〕。吴中博物馆藏金镶玉连珠镯一对〔图二〇七—五〕，北京海淀区四季青公社田村大队出土金镶玉手镯一对〔图二〇七—六〕，前者的镶嵌方式颇见新异。此外如《三才图会》

二〇六—二

二〇七—一

二〇七—二

二〇七—三

二〇七—四

图二〇六—二 吴伟《铁笛图》（局部）
上海博物馆藏

图二〇七—一 双龙首金镯
湖北钟祥明郢靖王夫妇墓出土

图二〇七—二 双龙首金镯
南京江宁沐朝辅墓出土

图二〇七—三 双龙首金镯
贵州遵义高坪镇明墓出土

图二〇七—四 金镶宝双龙首镯
湖北蕲春横车镇荆恭王墓出土

中的钏图，也是明代镯子的流行式样〔图二〇八—一〕，实例有湖北蕲春县彭思镇都昌王朱祁鑑妃袁氏墓出土一副金二龙戏珠镯〔图二〇八—二〕。《三才图会》名之为『钏』，则是为了说明它的『古已有之』。

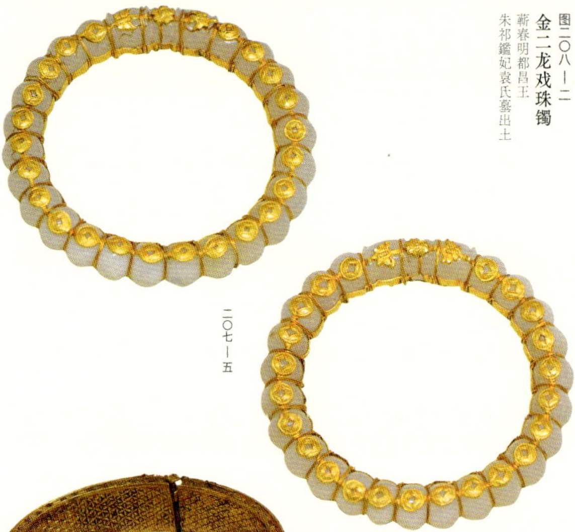

二〇七—五

二〇七—六

二〇八—二

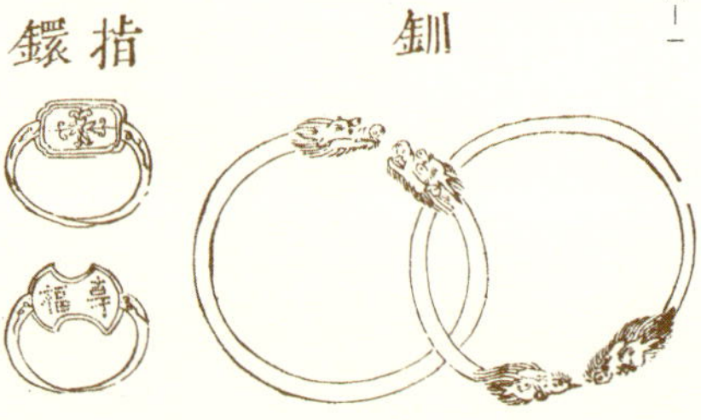

二〇八—一

图二〇七—五 金镶玉连珠镯 吴中博物馆藏

图二〇七—六 金镶玉手镯 北京海淀区四季青公社田村大队出土

图二〇八—一 《三才图会》中的钏与指环

图二〇八—二 金二龙戏珠镯 蕲春明都昌王朱祁鑑妃袁氏墓出土

图二〇九—一
金镶宝戒指与金镶绿松石戒指

图二〇九—二
金镶宝葫芦戒指
湖北钟祥梁庄王墓出土

图二〇九—三
金镶宝葫芦戒指
北京右安门外万贵墓出土

图二〇九—四
金镶宝戒指
南京江宁将军山沐瓒夫人刘氏墓出土

图二〇九—五
金镶宝龙首衔莲花戒指与金镶宝葫芦戒指
河南浚县王百禄墓出土

图二〇九—六
金镶宝葫芦戒指
金镶宝戒指
金镶绿松石戒指
辽宁鞍山倪家台崔源家族墓出土

图二〇九—七
金镶蓝宝石戒指
南京中华门外西善桥出土

二　戒指

女子戴戒指，风气的流行始于宋，南宋时，金戒指又与金钏、金帔坠一起成为彩礼中的『三金』。不过就式样来说，此际尚算不得丰富。自元以来，戒面嵌宝成为时尚，明代此风尤炽。与簪钗相同，戒指也多是成对打制。话本《闲云庵阮三偿冤债》中的一场男欢女爱，便是以一对『金镶宝石戒指儿』为信物几番推波助澜。嵌宝戒指通常式样比较简单，如湖北钟祥梁庄王墓、北京右安门外明万贵墓、南京江宁将军山沐瓒夫人刘氏墓、河南浚县王百禄墓、辽宁鞍山倪家台崔源家族墓出土金镶宝和金镶宝葫芦戒指〔图二〇九—一～六〕，出自崔源家族墓的一枚，葫芦下方嵌的是一颗猫睛。王百禄墓出土的一枚指环饰龙首，遂与戒面的一朵莲花合作龙首衔莲。出自南京中华门外西善桥者，戒面为菊花，花心嵌蓝宝〔图二〇九—七〕。分别出土于上海卢湾区明潘允徵夫妇墓与李惠利中学明墓的几枚金镶宝戒指[1]，式样也是十分相近的。

金银戒指的戒面又或装饰花鸟图案和吉祥文字。出自南京

[1] 《上海明墓》，彩版六六：六，彩版一一三：三。

二〇九—一

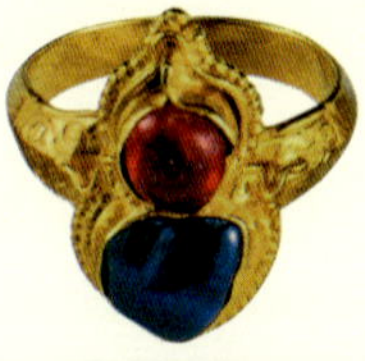
二〇九—二

二〇九—三

二〇九—四

二〇九—五

二〇九—六

二〇九—七

江宁谷里的金戒指，活口式，戒面錾灵芝〔图二一〇—一〕。南京中华门外西善桥出土一对活口式金戒指，戒面近方，其上錾刻莲花、鹭鸶、慈姑叶，正是传统纹样满池娇❶〔图二一〇—二〕。上海潘允徵夫妇墓出土金戒指一对，也为开口式，两个戒指的戒面均为一朵菊花，花心分别装饰『松』『柏』二字❷〔图二一一〕。出自江阴华士砂山明墓的两对，式样同于《三才图会》列举的指环〔图二〇八—二〕，戒面造型为金锭，其上分别饰以『福海』『寿山』『长乐』『长安』〔图二一二—一～四〕。

❶《明朝首饰冠服》，页一七〇（图版说明作『鹭鸶莲纹』）。

❷《上海明墓》，彩版六六：七。

二一〇—一

二一〇—二

二一一

二一二—一

二一二—二

二一二—三

二一二—四

图二一〇—一
灵芝纹金戒指
南京江宁谷里出土

图二一〇—二
莲塘纹金戒指（一对）
南京中华门外西善桥出土

图二一一
金戒指
上海潘允徵夫妇墓出土

图二一二—一
『福海』金戒指

图二一二—二
『寿山』金戒指

图二一二—三
『长安』金戒指

图二一二—四
『长乐』金戒指
江阴华士砂山明墓出土

图二二三—一
金转轴戒指
上海卢湾区李惠利中学明墓出土

图二二三—二
明刊本《元曲选·鲁大夫秋胡戏妻》插图
中国国家图书馆藏

二二三—一

上海卢湾区李惠利中学明墓出土一枚金戒指〔图二二三—一〕，戒面做成委角方形，边框与芯子分制而以活轴相连，芯子因此可以两面翻动。芯子的一面装饰一个『安』字，另一面打作一幅人物故事图❶。画面中一男一女，女子身后一株桑树，树荫下男牵女手，二人之间横置一物，状若金锭。由图中的几件标志物，可知此乃秋胡戏妻故事❷。唐有《秋胡变文》，元有《鲁大夫秋胡戏妻》杂剧与《秋胡戏妻》戏文，明代戏曲选本则间有戏文之选折。而『桑园会』的图案，东汉即已出现在四川彭山崖墓石棺，又陕西靖边县杨桥畔东汉墓壁画❸，元代以降则成为瓷器中常见的装饰题材❹。纹样延续的时间跨度虽然很大，但构图的变化却很小，并且始终以桑树、桑篮、饼金作为这一故事情节的标志物。直到明刊本《元曲选·鲁大夫秋胡戏妻》中的插图也依然如此〔图二二三—二〕。『僻桑园没一个

二二三—二

❶《上海考古精粹》，图三六〇（『翻面金戒指』），说明曰『另一面錾刻人物纹，两人在树下嬉戏』。

❷出典是刘向《列女传》中的《鲁秋洁妇》，——『洁妇者，鲁秋胡子妻也』，妇与秋胡婚后五日，秋胡即往陈国为官，五年后怀饼金而归。尚未及家，先见路旁一美妇人采桑。于是下车以言语挑之，以饼金诱之，却遭坚拒。及至归家，方知采桑者是妻。妻子遂忿而投河。

图二二四一一

图二二四一一
「忍」「耐」金转轴戒指
江苏太仓牌楼
万家队明王忬墓出土

人来，我有一锭黄金权做媒。……更解下腰间八宝厢金带，讨几个丫鬟使唤，到不受些清闲自在。打几对龙凤花钗，到不受满头儿光彩。欢一会，有何害』❶，——版画出自明人之手，明代仍在搬演的《秋胡戏妻》戏文中场景会是设计者更为切近的参考。在装饰纹样中，秋胡戏妻的寄意应在于女子的美丽和贞洁，即如《陌上桑》中的秦罗敷。此外，『秋胡戏』又是明代流行的一句歇后语，指妻❷。则戒指图案亦可寓意为『妻』。而另一面的一个『安』字，或可解作安其室家之意。金戒指的式样也很别致，此式已见于元人吟咏，张可久〔南吕·一枝花〕《牵挂》『一简书写就了情词。三般儿寄与娇姿。麝脐熏五花瓣翠羽香钿。猫眼嵌双转轴乌金戒指。獭髓调百和香紫蜡胭脂』❸。所谓『猫眼嵌双转轴乌金戒指』，自是说它可以两面翻转，而一面是嵌了猫眼的。

与此式样相同的一枚金戒指也发现于江苏太仓牌楼万家队明王忬墓，戒面做成一朵蜀葵，花心设活轴，一面焊『忍』字，一面焊『耐』字❹〔图二二四一一〕。王忬系王世贞之父，嘉靖二十年进士，官至兵部右侍郎、蓟辽总督，因为严嵩所不悦，又以世贞

❸ 陕西省考古研究院《壁上丹青：陕西出土壁画集》（上），页九七，科学出版社二〇〇九年。图版说明称此幅为『采摘果实』，按所谓『摘果实』的『老者』实为挽髻着裙的秋胡妻，其旁捧盘的男子则为『以饼金诱之』的秋胡。

❹ 倪亦斌《看图说瓷·最早的传世凤求凰写真》举有多例，见该书页五九～六四，中华书局二〇〇七年。

❶ 《风月锦囊·新增秋胡戏妻》，据孙崇涛等《风月锦囊笺校》，页七九～八〇，中华书局二〇〇〇年。按此《风月锦囊》今藏西班牙圣·劳伦佐皇家图书馆。

❷ 如《金瓶梅词话》第二十三回惠莲问西门庆：『你家第五的秋胡戏，你娶他来家多少时了？』

❸ 隋树森《全元散曲》，页九九五，中华书局一九六四年。

❹ 太仓博物馆《太仓文物精华》，页一八〇，文物出版社二〇〇七年。

图二一四—二
「忍」「耐」金戒指（一对）
南京雨花台区天隆寺七号茔园出土

图二一四—三
金戒指
湖北蕲春县蕲州镇荆王府墓出土

图二一四—四
「清风」「明月」金转轴戒指
南京博物院藏

失欢于严世蕃，后竟至被严氏父子构陷而死❶。这一枚戒指的纹样设计，便有些不同寻常。当然『百忍』本来也是为时人所欣赏的一种儒者风范❷，南京雨花台区天隆寺七号茔园出土一对金戒指，戒面分别以『忍』『耐』为饰（图二一四—二）。『忍』字铭却也不妨同『福』『寿』合为一组妆点戒面，如湖北蕲春县蕲州镇荆王府墓出土三枚金戒指（图二一四—三）。而以『清』『风』『明』『月』做成转轴戒面的图案（图二一四—四），便又是俗中求雅了。

二一四—二

二一四—四

二一四—三

❶《明史》卷二〇四《王忬传》。
❷ 如明吴敬编话本小说集《国色天香》所收各种杂录中，『士民藻鉴』类录陈白沙《忍字箴》，『名儒遗范』类录『百忍赞』。杂录系与小说分栏刊刻，所选内容自是为读者所喜者。

二一五—一

另有一类，戒面设计也见巧思。湖北宜昌兴山邓家坝二号墓出土伎乐童子金戒指一对，一个是盘膝而坐的童子吹箫，一个是吹觱篥（觱篥未做出来，只是吹的姿态），童子身子下边一个垫片，整个坐在戒面的嵌碗里，戒指的外圈套上去，小人儿在里面便可以晃来晃去如演奏一般，却又不会脱出〔图二一五—一〕。分别出自湖北蕲春都昌王朱祁鑑妃袁氏墓和杭州萧山区水漾坞明墓的金蛤蟆戒指与银鎏金蛤蟆戒指，都是相同的设计思路，——青蛙下方一枚垫片，花心中空的一朵牡丹或一朵莲花套上去，青蛙便可活动于花心而无脱落之虞〔图二一五—二～三〕。夏日池塘，青蛙入水清音可听，平常景致嵌入手饰，成就惹人联想的一点小趣味，自能博得闺中人一粲。

二一五—二

二一五—三

图二一五—一
伎乐童子金戒指（一对）
宜昌兴山邓家坝二号墓出土

图二一五—二
金蛤蟆戒指（一对）
蕲春明都昌王朱祁鑑妃袁氏墓出土

图二一五—三
银鎏金蛤蟆戒指
杭州萧山区水漾坞明墓出土

图二二六—一 辽包银铁马镫
辽宁省博物馆藏

图二二六—二 宝宁寺明代水陆画·兵戈盗贼诸孤魂众（局部）

图二二七—一 金马镫戒指
南京江宁将军山六号墓出土

图二二七—二 金马镫戒指
蕲春明都昌王朱祁鑑妃袁氏墓出土

图二二七—三 『忍耐』铭金马镫戒指
四川彭州江口古战场遗址出水

二二六—一

二二六—二

式若马镫的戒指为样式简单的一种，在明代最为常见。其称见《金瓶梅词话》第十五回，道『那潘金莲一径把白绫袄袖子搂着，显他遍地金掏袖儿，露出那十指春葱来，带着六个金马镫戒指儿』。以马镫实物以及图像中的式样为比照（图二二六—一～二），可知这一名称是很形象的。南京江宁将军山六号墓、湖北蕲春彭思镇都昌王朱祁鑑妃袁氏墓出土以及四川彭州江口明末古战场遗址出水的金戒指（图二二七—一～三），均为此式。南京中华门外邓

二二七—一

二二七—三

二二七—二

府山出土竹节纹金戒指一对〔图二一八—一〕。常熟明温州知府陆润墓出土金瓜戒指一对〔图二一八—二〕。前举镶宝戒指中有金镶宝葫芦，出自湖北恩施猫儿堡的金戒指戒面以三道麻花丝为托座，一道中横便是葫芦的亚腰，片材打制的金葫芦灿亮悦泽，虽不及嵌宝者华贵，但做工颇不俗〔图二一八—三〕。出自南京卡子门外丁墙村的一对金戒指〔图二一九〕，其一戒面鱼子地上布置的图案是山中担柴的樵夫和牛背上的牧童，其一为水边垂钓的渔父和屋檐下的读书人，是『渔樵耕读』的意思，已开启清代之风。手镯中的二龙戏

二一八—一

二一八—二

二一八—三

二一九

图二一八—一
竹节纹金戒指
南京中华门外邓府山出土

图二一八—二
金瓜戒指（一对）
明温州知府陆润墓出土

图二一八—三
金葫芦戒指
湖北恩施猫儿堡出土

图二一九
渔樵耕读金戒指
南京卡子门外丁墙村出土

二三〇

图二三〇
二龙戏珠金戒指
南京中华门外郎家山出土

二三一-一

图二三一-一
银鎏金婴戏纹戒指
上海明何文瑞家族墓出土

二三一-二

图二三一-二
金鸳鸯戒指

二三一-三

图二三一-三
金卧狮戒指
四川王玺家族墓出土

珠也或用于戒指，如南京中华门外郎家山出土的一枚〔图二三〇〕。戒面纹样独特者，又有上海闵行区吴泾镇明何文瑞家族墓出土一枚银鎏金婴戏纹戒指❶〔图二三一-一〕，戒面是一个右手支颐横卧的小儿，身披云肩，头顶一撮桃尖发，可视作唐路德延《孩儿诗》『花底困横眠』诗意图。整个儿戒指是空心的，包括连珠式指环。四川王玺家族墓出土金鸳鸯戒指和金卧狮戒指〔图二三一-二～三〕，又陕西高陵县院张村明代张氏墓出土金狮银戒指一枚，指环和戒面的石碗均为银制，银石碗内卧一个小小的金狮子❷。

❶《上海明墓》，彩版三九：五。

❷今存陕西考古研究院，此承研究院惠允观摩之所见。

三　钮扣

女子上衣使用金或金镶宝钮扣，这一习俗的盛行始于明代[1]，因为这时候女子穿的对襟袄子上边有了竖领，或曰立领，竖领前面便是一对钮扣。竖领和竖领钮扣的出现，标志着明代女子服饰的一大变化，从此绝少再如宋代女子一般，作为外衣的对襟衫袄微开或半开，可以露出粉颈、内衣乃至抹胸。

明代女子所穿对襟袄子的基本式样，即如《三才图会》中的『襖子』图，竖领上面的一对钮扣在这里也表现得很清楚〔图二二二〕。金银钮扣中，蝶赶菊、蜂赶菊，是最为流行的纹样。花心为扣，花瓣为钮，一对赶花蜂蝶做了两边的钮襻。《金瓶梅词话》第十四回形容潘金莲做生日那天的一身妆束，道她上身是『香色潞紬雁衔芦样对衿袄儿，白绫竖领，妆花眉子，溜金蜂赶菊钮扣儿』。金或鎏金蜂蝶赶花式钮扣在北京定陵以及右安门外明万贵墓〔图二二三〕，又南京、江西、湖北、四川、山东等地明墓都有出土，式样人体相同，不过纹饰的细部处理略有变化〔图二二四—一～五〕。

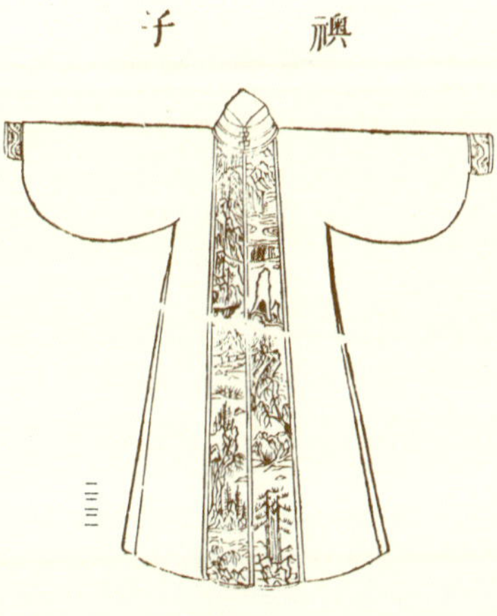

图二二二

[1] 明陆嘘云《世事通考·首饰类》一项所列有『钮扣』，这是此前所没有过的。旧日两襟之间多是以衣带或罗扣相连，如元张可久〔中吕·山坡羊〕《别怀》『衣松罗扣』（《全元散曲》，页九一一）。

图二二三

图二二二
《三才图会》中的襖子

图二二三
金镶宝蝶赶菊钮扣
北京右安门外明万贵墓出土

图二二四—一
蝶赶菊金钮扣
江西明益宣王夫妇墓出土

图二二四—二～三
金镶宝蝶赶花钮扣
江西明益端王夫妇墓出土

图二二四—四
金镶宝蝶赶花钮扣
蕲春明都昌王朱载塎夫妇墓出土

图二二四—五
蝶赶花金钮扣
山东兖州谷村镇栗园出土

二三四—一

二三四—二

二三四—三

二三四—五

二三四—四

基础形制之下，尚可以创出更多新式。通行的蜂蝶赶花式样之外，又有鸳鸯戏花❶〔图二二五—一〕、凤戏牡丹〔图二二五—二〕、狮子戏毬〔图二二五—三〕、童子戏花或戏莲〔图二二六—一～三〕。南京江宁将军山沐瓒墓出土金锭式钮扣〔图二二七—一〕，南京郊区出土金镶宝莲花钮扣〔图二二七—二〕，四川王玺家族墓出土如意云朵金钮扣、银双鱼钮扣〔图二二八—一～二〕。如意云朵又可以变化为四合如意，如北京海淀区董四墓村明墓出土的一对

二二五—一

二二五—二

二二五—三

二二六—一

二二六—二

二二六—三

图二二五—一 鸳鸯戏花金钮扣 上海黄浦区明孙氏孺人墓出土

图二二五—二 凤戏牡丹金钮扣 山东兖州谷村镇栗园出土

图二二五—三 金镶宝狮子戏毬钮扣（一对） 湖北蕲春横车镇荆恭王墓出土

图二二六—一 童子戏花金钮扣

图二二六—二 童子戏花银钮扣 南京太平门外徐俌夫人墓出土

图二二六—三 童子戏莲金钮扣 南京江宁殷巷出土

❶《上海明墓》，彩版一〇六：四（『金扣饰』）。

图二二七—一
金锭式钮扣（一对）
南京江宁将军山沐瓒墓出土

图二二七—二
金镶宝莲花钮扣
南京郊区出土

图二二八—一
如意云朵金钮扣

图二二八—二
银双鱼钮扣
四川王玺家族墓出土

图二二八—三
金镶宝四合如意钮扣
北京海淀区董四墓村明墓出土

图二二九
龟游荷叶金钮扣
上海卢湾区明潘允徵夫妇墓出土

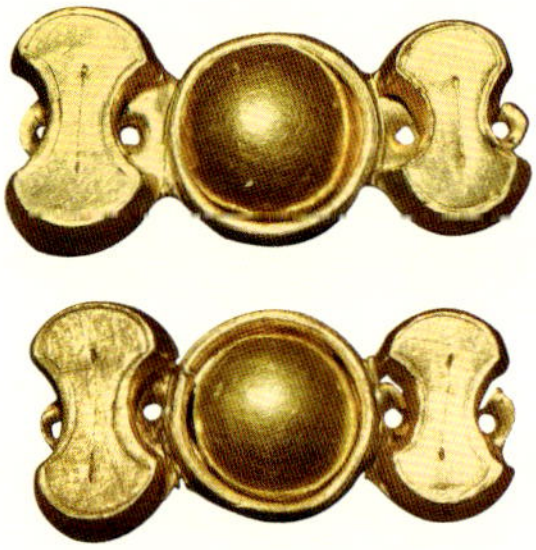
二二七—一

二二七—二

二二八—一

〔图二二八—二〕。宋元时代盛行的龟游莲叶，明代钮扣的设计也使它见出新意，如上海卢湾区明潘允徵夫妇墓出土一副金钮扣❶〔图二二九〕，它以一只小龟为扣，叶边微微内合的一枚莲叶为钮，一对被风吹卷的莲叶在两边做了钮襻。并不复杂的图案，然而见风又见水。钮襻不妨再纵向伸展一组，如明益庄王夫妇墓出土的两对，用作扣的花心嵌了一大颗绿松石，钮扣相合，

二二八—二

二二八—三

二二九

❶《上海明墓》，彩版五九：六，页一〇三称作『金扣饰，一副，龟形』。

便成交杵纹〔图二三〇〕。正如《金瓶梅词话》中的描写，这一类钮扣多是两两成对钉在对衿袄儿的竖领上面，如果外穿上罩或礼服，竖领也总是露出来的，即同明代皇后像及明人容像中的样子〔图二三一·一～二〕，钮扣一对自然是不容忽视的妆点。

二三〇

图二三〇 金镶绿松石交杵纹钮扣
明益庄王夫妇墓出土

二三一·一

图二三一·一 明人容像（局部）
故宫博物院藏

二三一·二

图二三一·二 明吴江周氏四代家堂像（局部）
南京博物院藏

第五节 佩饰

一 事件儿

明代最普通的一类佩饰，俗称『三事儿』，即耳挖、镊子、挑牙。不过所谓『三事儿』，通常只是泛称，其事可以比『三』多，也可以比『三』少，而每一事又不妨是单独的。《型世言》第五回《淫妇背夫遭诛 侠士蒙恩得宥》，曰耿埴『就将袖里一个银挑牙，连着筒儿把白绸汗巾包了，也打到妇人身边』；《金瓶梅词话》第二十八回称潘金莲『向袖中取出一方细撮穗白绫挑线莺莺烧夜香汗巾儿，上面连银三字（事）儿』；又同书第五十九回，说到爱月儿从西门庆的袖子里『掏出个紫绉纱汗巾儿，上拴着一副拣金挑牙儿』，皆是此类。这里的『拣金』，亦即减金。本书第一章举出的天水张家川马家塬出土银错铁车饰，是它的早期实例。铜铁活儿上填嵌金银，元明时代俗称减金，这里的减，乃鋄之俗写，是嵌的意思。若挑牙儿或装挑牙儿的小筒之类细巧物件，便

金事件儿·耳挖

多是在金材上刻槽填嵌银丝。总之，『三事儿』是家常带着的小用具，以链索为系，或连筒或不连筒，多半拴在汗巾角儿上，揣在衣裳袖子里，随身携带，男女皆然。江苏泰州明徐蕃夫妇墓男性墓主人补服左边的袖子里，有一方豆黄色的素绸汗巾，汗巾一角系一根银索，具端连着一枚银牙签①。金银『三事儿』的设计，首先当在于小巧、便携；其次，须使便携的方式新鲜而有趣。

挑牙、耳挖两事合为一副者最常见，上海卢湾区李惠利中学明墓、浦东新区陆深家族墓出土金事件，南通明顾养谦夫妇墓出土一副金镶宝事件，浙江临海明王士琦墓出土金事件连筒两副，都是如此。顾养谦夫妇墓出土金事件以金索穿系飞鱼柄的耳挖和挑牙，其上缀一个金镶宝玲珑毬，再以一个金镶宝荷叶盖为云题，由金索提系，金索顶端的小环用于佩带。惟所嵌宝石已无存〔图二三三二—一〕。陆深家族墓出土的一副，荷叶云

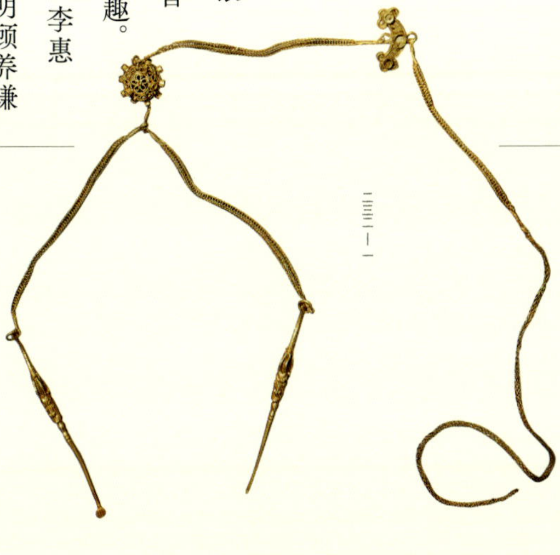

二三三二—一

图二三三二—一
金事件
南通明顾养谦夫妇墓出土

① 泰州市博物馆《江苏泰州市明代徐蕃夫妇墓清理简报》，页三，《文物》一九八六年第九期。

图二三三二—二
金事件
上海浦东新区陆深家族墓出土

图二三三三
金事件
上海卢湾区李惠利中学明墓出土

图二三三四—一
金三事

图二三三四—二
金玉葫芦
湖北钟祥明梁庄王墓出土

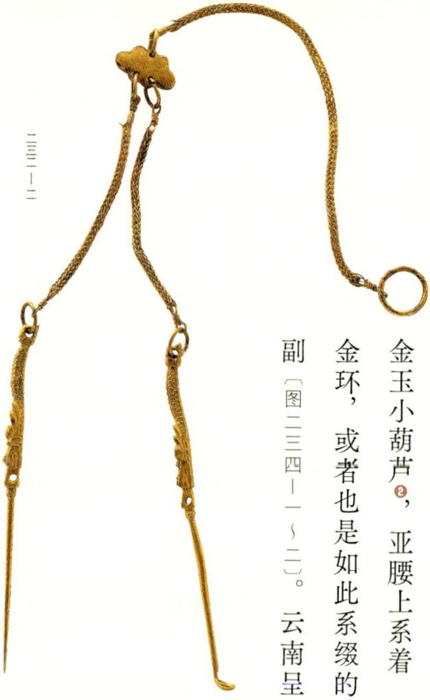
二三三二—二

题是用接焊的方法扣合而成，上面细錾叶脉，云题之下的两条金链分别系着金龙衔挑牙与金龙衔耳挖。龙身錾出规整的鳞片，龙尾分叉处成为小孔，与链环相衔〔图二三三二—二〕。李惠利中学明墓出土金事件，穿系耳挖和挑牙的环上又添饰一枚古禄钱，金链上更拴了一个小金葫芦❶〔图二三三三〕。明梁庄王墓与耳挖、挑牙、镊子金三事同出的一对金玉小葫芦❷，亚腰上系着金环，或者也是如此系缀的一副〔图二三三四—一～二〕。云南呈贡

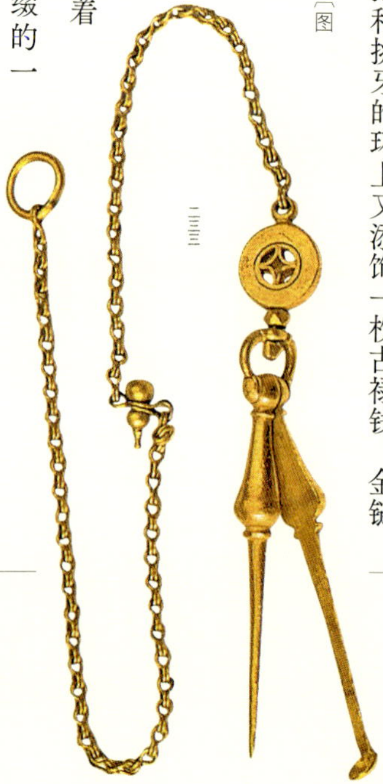
二三三三

二三四—一

二三四—二

❶《上海明墓》，彩版四八：一、二；彩版一二一：三。
❷《梁庄王墓》，彩版二〇四：二、三。按此为梁庄王物。

王家营沐崧夫妇墓出土金三事，金环下所系为四事，即挖耳、挑牙、镊子、剔指刀❶〔图二二三五〕。

小说中说到『连着筒儿』的金银事件，也有不少实例。浙江临海王士琦墓出土金事件连博古图减银筒〔图二二三六—一〕，以金链系着筒盖，内置耳挖、挑牙各一事，金筒上的香炉、花瓶、花盆，书函、砚台，折叠扇、芭蕉扇等先依样刻出浅槽，然后以银丝一一填嵌。盖面所饰竹木山石也是用着同样的方法。又金事件连捧桃侍女金筒一副，耳挖和挑牙用链子连在一起贯穿在一个做成捧桃仕女的小金筒里，用的时候拉出来，用毕装入，然后用一枚连枝带叶的小桃子塞住筒口，不仅造型设计颇具巧思，且女子的发式、插戴以及

二二三六—一

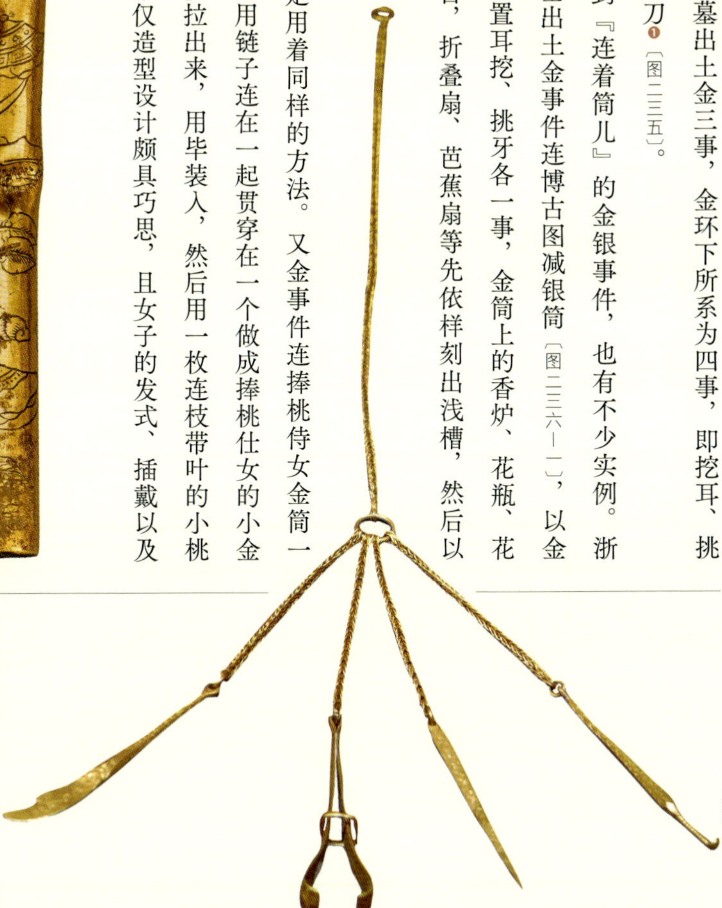

二二三五

图二二三五 **金事件** 云南呈贡王家营沐崧夫妇墓出土

图二二三六—一 **金事件连减银筒** 浙江临海明王士琦墓出土

❶ 出自沐崧妻徐氏墓，原置于墓主人胸前。《云南呈贡王家营明清墓清理报告》，页一八八。

图二三六—二
金事件连筒
浙江临海明王士琦墓出土

图二三七—一
银三事连筒
无锡明黄应明墓出土

二三六—二

平滑柔软见出身形的衫和裙，都以锤錾的工夫见出传神写照之妙〔图二三六—二〕。无锡黄钺家族墓之黄应明墓出土银三事连筒一副，三事以一枚倒垂莲叶作提系，下边的三个圆环里分别拴着耳挖、镊子和剔牙杖。银筒口部稍残，残长六点九厘米，径零点九厘米。筒身錾一幅山水图，中有长松一株，檐牙高啄的殿阁微现于苍翠间。蕉石上方，一人补服、腰带，方在整冠。面前绿竹之畔一只回首顾盼的梅花鹿，旁边跪一个捧盘童子，盘置冠帽〔图二三七—一〕。虽为山水人物，却是『图说』加官进禄。多于三事者，有南京江宁明沐启元墓出土金事件连筒一副，金链上系着挑

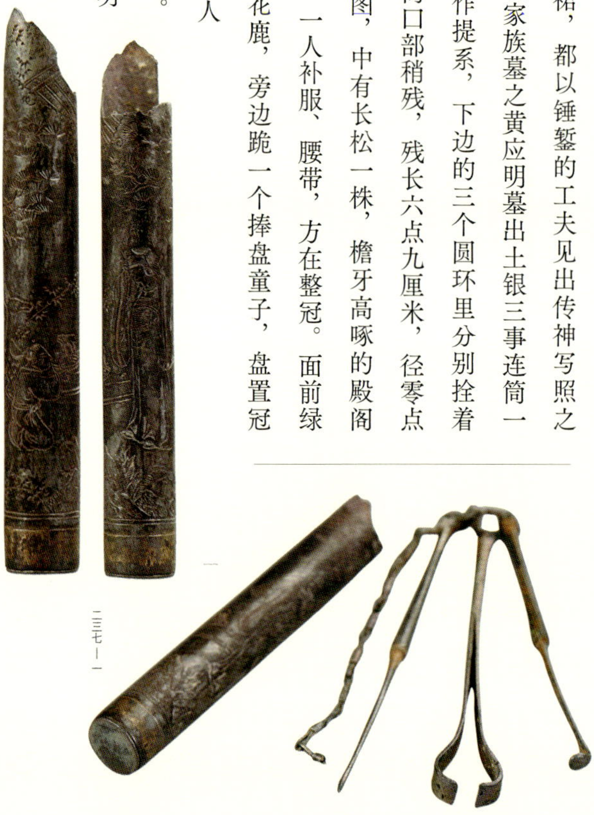

二三七—一

牙、耳挖、镊子、剔指刀，金筒上錾刻山水人物〔图二三七—二〕。

此外，可以拴在手巾角上随身携带的一个小事件，是本书已经两番提到的穿心盒。蕲春明荆恭王墓出土云龙纹金穿心盒〔图二三八—一〕，便是唐代即已出现的样式，而为辽、宋、金所沿用，明代更为流行。它也见于蕲春明都昌王朱载塝墓和蕲春明永新王朱厚熿墓〔图二三八—二～三〕，前者造型如算珠，后者如球，中心有孔可以穿系是一样的。扬州市郊西湖蜀岗村明代火金墓出土银錾牡丹双凤穿心盒，也是一例〔图二三八—四〕。穿心盒的尺寸，从来都是小小的，用于佩系，不拘男女，盒中置物，当是随人所好，或香茶，或其他。

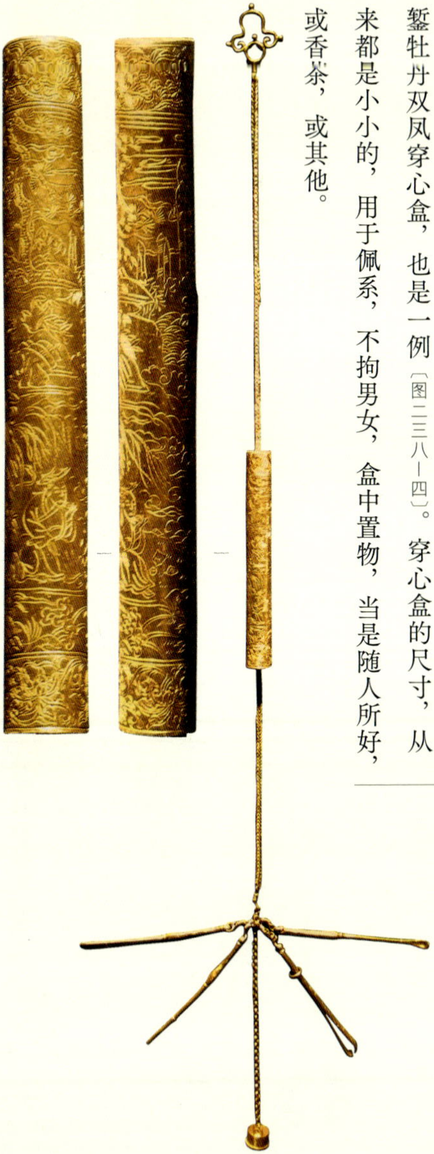

二三七—二

图二三七—二
金三事连筒
南京江宁明沐启元墓出土

图二三八—一
金穿心盒
湖北蕲春明荆恭王墓出土

图二三八—二
金穿心盒
蕲春明都昌王朱载塝墓出土

图二三八—三
金穿心盒
蕲春明永新王朱厚熿墓出土

图二三八—四
银錾牡丹双凤穿心盒
扬州市郊西湖蜀岗村明代火金墓出土

二三八—二

二三八—一

二三八—三

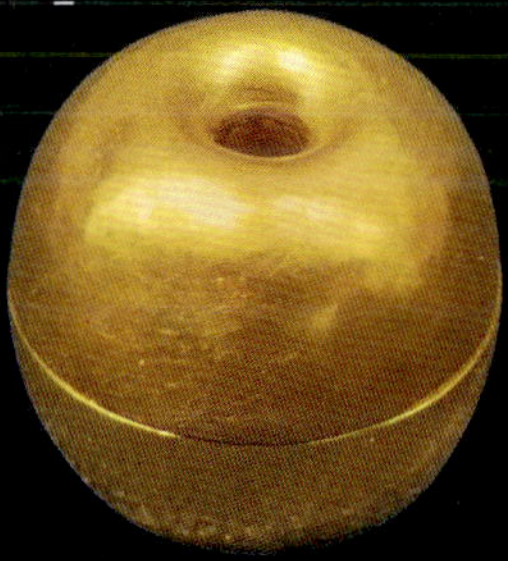

二三八—四

二 坠领

由卫生用具或小工具组合成的佩件，又发展出另外一种纯粹的装饰品，明代称作坠领或摞领[1]。『坠领』一事，列在《世事通考》『首饰类』下。顾起元《客座赘语》卷四：『以金、珠、玉杂治为百物形，上有山云题若花题，下长索贯诸器物，系而垂之，或在胸曰「坠领」，或系于裾之要曰「七事」。』所谓『山云题若花题』，意即坠领顶端总束金事件或玉事件的牌子，或饰卷云或饰花草。这一类装饰品辽代已经出现，如内蒙古奈曼旗辽陈国公主墓出土一副玉事件。元代之例，本书第六章已列举数事。北京右安门外明万贵墓出土金坠领，与出自湖南石门雁池乡元代银器窖藏的一副银事件几乎相同〔第七章，图二三四—二〕，至于工艺的精致，当然是明代特色。花题打作一枚下覆的荷叶，荷叶背上立一对衔花鸳鸯。荷叶下缘坠七根金链，分别系着锥、刀、剪，荷包与盒与瓶与罐。小罐上面一个錾出叶脉的荷叶盖，罐肩四个开光内錾荷花，下端一周仰莲纹，腹部錾折枝菊花。锥柄装饰龙首，荷包錾一对相向的舞鸾，中间一个金锭式扣结，上

[1] 如《金瓶梅词话》第七十八回道正月节里月娘『打扮的鲜鲜儿的』，『胸前带着金三事儿摞领儿』。

图二三九
金坠领
北京右安门外明万贵墓出土

覆一个錾着折枝牡丹的盖子。纹饰精细，制作规整〔图二三九〕。通长五十二厘米，重二百九十四点五克[1]。四川平武苟家坪明土司墓出土金事件七枚，大约原初也是一挂坠领，花题已失，所存七事为金錾四季花卉荷叶盖罐一、金錾四季花卉玉壶

金坠领·解锥

金坠领·荷包

金坠领·花题

[1] 北京市文物局《北京文物精粹大系·金银器卷》，图七三（錾花金饰件），北京出版社二〇〇四年。

春瓶一、金剪刀一、金錾花粉盒一、金錾凤穿花荷包一、金錾摩竭柄解锥一对。解锥残了一柄。錾花粉盒上下两面纹样不同，一面是莲塘鹭鸶，一面是山石孔雀。除了粉盒和解锥，诸事都只是象生亦即仿真的『百物形』〔图二四〇一一〕。又有出自河南上蔡明顺阳王妃墓出土的金荷包与玉壶春瓶各一，荷包乃镂空作，下

图二四〇一一

图二四〇一一
金荷叶盖罐
金玉壶春瓶
金剪刀
金粉盒
金荷包
解锥
四川平武苟家坪明土司墓出土

图二四〇—二
金玉壶春瓶
金荷包
河南上蔡明顺阳王妃墓出土

图二四一
金坠领
河南浚县王百禄墓出土

二四〇—二

方一对舞凤，盖子是灵芝祥云。玉壶春瓶錾一幅游春图。两事均有用于系缀的金链，当与前举万贵墓出土者相类，也是金坠领上面的事件儿〔图二四〇—二〕。河南浚县王百禄墓出土金坠领一挂，如意云朵为花题，下端五个小环里各拴着『百物形』：高鞠靴、带盖的玉壶春瓶、肩扛荷叶的孩儿、小葫芦和佛塔的宝顶〔图二四一〕。单独的一件物事，似也可以作为佩饰『系而垂之』，比如同出于王百禄墓的一挂上贯长索的錾花金盒〔图二四二—一〕。出自平武王玺家族墓的一挂与此相似，

二四一

金盒光素无纹，惟上方系链处装饰覆莲〔图二四二—二〕。《天水冰山录》中，与『坠领』并列者尚有『坠胸』，并且均以『挂』为量词，则二者之间或有短长之别。清初叶梦珠所作《阅世编》卷八云：『环珮，以金丝结成花珠，间以珠玉、宝石、钟铃，贯串成列，施于当胸，便服则在宫装之下，命服则在霞帔之间，俗名坠胸。』坠胸的佩系方式，清楚见于明末时候的容像，如丹麦国家博物馆藏一幅明人容像❶〔图二四三〕，一挂花题束起的金玲珑镶珠宝坠胸端端正正垂系于命服之上，正好与《阅世编》中的形容互为映发。

这一类金玉挂件与项圈、项链有着相似的装饰功能，但明代女子通常是衣领紧锁，它于是同立领上各种花色的金银钮扣一起妆点前胸，而显示出无所不在的装饰用心。

二四二—二

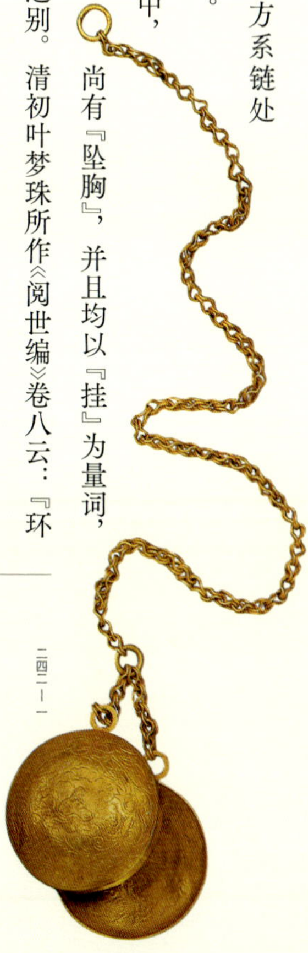
二四二—一

二四三

图二四二—一 錾花金盒 河南浚县王百禄墓出土

图二四二—二 金盒 四川平武王玺家族墓出土

图二四三 明人容像 丹麦国家博物馆藏

❶ 约翰·赫耳拜《中国祖先像：斯堪的纳维亚半岛各博物馆所藏晚明式祖像画》，图三一、三二，《斯德哥尔摩远东古物馆馆刊》卷七〇，一九九八年。

三 禁步与玎珰七事

佩垂在裙裾之上的饰件，明代主要有两类，一为玉佩，一为七事。玉佩地位最隆。它渊源于先秦时代的组玉佩，以高贵者须行步舒缓而见其尊，故最初的时候本是节步之意。后世玉佩的形制与佩系方式都有了不小的变化，惟其中所包括的礼制的含义依旧保留下来。《明宫冠服仪仗图·中宫冠服》『礼服』一项曰：『玉珮二，各用玉珩一，瑀一，琚二，冲牙一，璜二；瑀下有玉花，玉花下又垂二玉滴，瑑饰云龙文，描金。自珩而下系组五，贯以玉珠，行则冲牙二滴与二璜相触有声。上有金钩，有小绶五采以副之。』《明史·舆服志》所述与此相同。北京定陵以及各地藩王墓出土玉佩的形制，与礼书中的描述并相应的图示完全契合。

此外一种杂以珊瑚、水晶等珍宝制为各式象生的玉佩饰，名作禁步。《明实录·神宗实录》卷四百十七记万历三十四年正月甲申御用监上圣母册封册宝冠顶合用金宝数目，中有『金鈒云龙嵌宝石珍珠荷叶题头浆水玉禁步一副，计二挂，间珊瑚、碧甸子、金星石、紫线宝，黄红线穗头全』。圣母，即神宗生母慈圣皇太后。

二四四—一

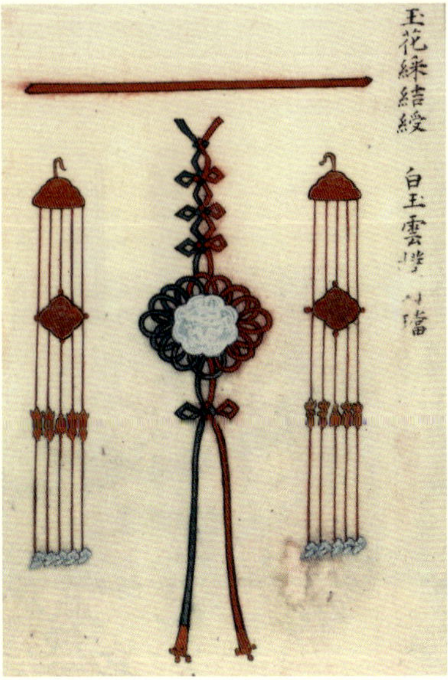

禁步也同样发现于定陵及各地藩王墓。

次于玉佩者，名『白玉云样玎珰』。它列在《明宫冠服仪仗图·中宫冠服》的『燕居冠服』下，曰：『白玉云样玎珰二：如珮制，每事上有金钩一，金如意云盖一件，两面鈒云龙文，下悬红组五，贯金方心云板一件，两面亦鈒云龙文，俱衬以红绮，下垂金长头花四件，中有小金钟一个，末缀白玉云朵五。』〔图二四四—一〕《礼部志稿》卷十八、《明史·舆服志》所述基本相同。以礼书中的图示为据，南京郊区出土的一枚金饰便是『金方心云板』❶〔图二四四—二〕，它以两枚片材分别镞镂对舞的双凤，然后两相扣合，上下左右各设圆环用以贯物，即如礼书图示。出自鞍山倪家台崔源家族墓之崔鑑墓的一挂金玉佩件则是白玉云样玎珰的变通式样，即上方的金如意云盖两面镂空为折枝花，下垂金长头花四，又一枚玉方心云板，云板所系坠件已失〔图二四四—三〕。

图二四四—一 中宫冠服·燕居冠服

图二四四—二 金方心云板 南京郊区出土

二四四—二

❶ 长九点五、宽七点三厘米，《明朝首饰冠服》，页一九八。

白玉云样玎珰于礼未如玉佩之隆，因此在宫廷戏剧的穿戴中也用于王公和仙官，如《钟离春智勇定齐》为齐公子规定的穿戴，即『簪缨公子冠，上衫袍，方心曲领，火裙，锦绶牌子，褡膊，玎珰，带，三髭髯，执圭』。稍变其式，『玎珰』便成礼制之外的所谓『七事』，或又叠称『玎珰七事』。前引《客座赘语》『以金、珠、玉杂治为百物形，上有山云题若花题，下长索贯诸器物，系而垂之，或在胸曰「坠领」，或系于裾之要曰「七事」』，可知七事的样式与坠领大抵相同，即在山云题的挂链下端系坠各种小用具或吉祥物之类的『百物形』，只是一饰于胸

二四四—三

图二四四—三
金玉佩件
辽宁鞍山倪家台崔源家族墓出土

金玎珰七事局部

图二四五—一 金镶宝玉玎珰七事 南京太平门外徐达家族墓出土

图二四五—二 金镶宝玎珰七事 湖北蕲春明荆端王次妃刘氏墓出土

图二四六—一~二 金玎珰七事 四川平武王玺家族墓出土

襟，一饰于裙裾。南京太平门外板仓徐达家族墓六号墓出土的一挂，顶端山云题以金累丝的花叶作底，一面嵌宝，一面嵌玉，下端金链上吊着各项玉事件：葫芦，灵芝，蝴蝶，方胜，金莲花上的玉童子，末端一个嵌宝嵌玉的花叶金坠〔图二四五—一〕，《天水冰山录》中登录的『金厢宝玉七事一挂』，便是这一类。蕲春刘娘井明荆端王次妃刘氏墓出土的一副长三十七厘米，顶端为下覆的一个荷叶花题，其下垂系三挂金链，中间一挂缀着金嵌宝花朵、金叠胜、衔花结的双鱼，两边对称系着象生葫芦、石榴、柿子和荔枝〔图二四五—二〕。压枝瑞果成此牵连婉曼的一串，金光明灭，自当随娇步而回漾。出自平武王玺家族墓的两副，其一通长二十八厘米，其一通长三十五厘米。前者以金珠做成提系，倒提着莲花上的一对鸳鸯，鸳鸯口里各衔一拄『玎珰』：覆莲下边缀着古老钱、铎铃、铃铛、金锭、莲花和鱼〔图二四六—一〕。后者是以一个灯笼为提系，灯笼四面缀着银铤、犀角和流苏，下端挂一对镂空作的波口金钟，金钟上方镂作一对仙鹤，中腰一道缠枝花卉，下方是古老钱〔图二四六—二〕。

二四五—一

二四五—二

二四六—一

二四六—二

玎珰七事的设计，也或从绘画中借取雅意，以丰富装饰趣味。出自蕲春荆恭王墓的一挂通长将及三十厘米，七事顶端花题和中间的金镶玉圆板分别做成四幅小品画，金累丝的装饰框里两面各成画幅。花题一面是金摺丝镶珠嵌玉折枝茶花，一面是金摺丝镶玉石榴黄鸟，每个石榴嘴边都点了金粟粒做成的几颗石榴籽。金链拴着的一对金玉折枝石榴分置于金镶玉圆板上下。圆板一面嵌着玲珑玉：草坡山石间一只口衔瑞草的凤凰，玉凤回首处是枝头的一只小鸟，下方一大朵玉牡丹。另一面的金累丝画框里一幅庭园人物小景：牡丹、松枝、竹林山石布景，松间竹畔的玉人头戴小冠支颐倚坐在山石边，浓荫里小鸟栖枝探身下望。底端三事是一对玉花高耸的金累丝花盆分缀两边，满插着金玉花枝的一个累丝花瓶垂系在中间。打造、编结、摺丝、累丝、镶嵌、攒聚，众工会集于玎珰一挂，虽然仍不外『以金、珠、玉杂治为百物形』，但『百物』的选用却见出设计用心。作为『玎珰』的盆花和瓶花与花鸟画、庭园图相互映照，裙边的饰物竟也『斐如郊如』〔图二四七〕。湖北恩施猫儿堡出土金玎珰七事一副，顶端（颇疑上方

图二四七
金镶玉玎珰七事
湖北蕲春横车镇荆恭王墓出土

二四七

缺物）是一小枚倒覆的莲叶，下以金链连一枚金累丝的倒覆莲叶，莲叶两边各垂一个小铃，下方缀一个镂空的牡丹双鸾，复以两组累丝莲叶和莲花系连一大一小两枚圆牌，大的是一幅游春图：远景一座楼阁，近景小桥流水和一树垂柳，桥上一行三人，中间一人骑马，前方一人荷伞，后边一人挑担。小圆牌是一幅庭园小景。下边又是莲叶和垂铃，又有小花、金锭和一个攀花小儿。圆牌

图二四八
金玎珰七事
湖北恩施猫儿堡出土

二四八

两边垂系的挂坠还有灯毬和童子〔图二四八〕。这一副的玎珰挂件选取诸多时样而多是累丝作，自然轻盈。行步之际，花袅风丝，带起一个生香世界，——或可设想，这正是设计者预期的效果。

金玎珰七事局部

第六节

网巾圈、帽顶及其他

一　网巾圈

网巾是明代男子首服中不可或缺的一项。长发以玉或金银短簪挽结丁顶，其上再罩网巾，此即最基本的妆束。网巾的制作多以马尾或线，也有绢布。谢肇淛《五杂组》卷十二《物部四》：『网巾以马鬃或线为之，功虽省而巾冠不可无矣。北地苦寒，亦有以绢布为网巾者，然无屋终不可见人。』此所谓『屋』，即覆于发髻之上的各类饰物，如巾，如冠。『无屋终不可见人』，是露髻见人为失礼也。

网巾、网巾带、网巾圈，在明代情歌中都是可作双关语的好材料，因此总被描写得亲切[1]。《三才图会》中的网巾图把网巾带、网巾口边的一对网巾圈以及带和圈与网巾的系结方式，都画得很清楚〔图二四九—一〕。这一种前高后低式，又被称作『虎坐网巾』[2]。

图二四九—一

《三才图会》中的网巾

[1] 《挂枝儿》卷八《咏部》有《网巾》和《网巾带》各一曲，前者曰：『网巾儿，好似我私情样。空聚头，难着肉，休要慌忙。有收有放，但愿常不断。抱头知意重，结发见情长。怕有破绽被人瞧也，帽儿全赖你遮藏俺。』后者曰：『巾带儿，我和你本是丝成就。到晚上不能勾共一头，遇侵晨又恐怕丢着脑背后。还将擎在手，须要挽住头。怎能勾结发成双也，天，教我坐着圈儿守。』又《山歌》卷六《咏物》中的《网巾圈》二首之一：『结识私情要像个网巾圈，日夜成双一线牵。两块玉合来原是一块玉，当面分开背后联。』

[2] 《世事通考·衣冠类》『虎坐网巾』条下注云：『今人取巧，特结前高后低如虎坐之像，名曰「虎坐网巾」。』

网巾圈的材质，或玉，或金，或银和银鎏金，明佚名著《如梦录》记开封故事曰，靠近周府东角楼处有结帽匠，俱是工正所人，『周府时常发出破网巾一二十顶洗补，上定金圈及羊脂玉、碧玉，玛瑙、紫金等圈，其宝无比』。周府，即周藩王府。《鼓掌绝尘》第十五回曰娄公子请下的一位清客名陈亥，一日书房里的衣袱被同住的做了手脚，于是急急写招子列举失物，这行囊里的几件体己物事中，有『金挖耳一只，羊脂玉簪子一只，碧玉圈二副』。此『碧玉圈二副』，应即网巾圈[1]。在平常人家，金银网巾圈也算是一项值钱的物事。《金瓶梅词话》第二十八回曰：『小铁棍儿在那里正顽着，见陈经济手里拿着一副银网巾圈儿，便问：姑父，你拿的甚么？与了我耍子儿罢。经济道：此是人家当的网巾圈儿，来赎，我寻出来与他。』《醒世姻缘传》第六十一回曰狄希陈请邓蒲风结坛行法，开出要用的物件，中有『新巾一顶，新网巾一顶并金圈』。小小一对网巾圈的要用与价值，由此均可曲折见意。

网巾圈体量甚小，因此不很引人注意，如果不是与网巾相

[1] 浙江桐乡濮院杨家桥明墓出土一对『玉环坠』（周伟民《桐乡濮院杨家桥明墓发掘简报》，页五五，图一七，《东方博物》第二十五辑），墓主人为河南按察使佥事杨青，『玉环坠』出在大木匣里的一个小木匣内，匣中有铜镜一枚，文书一件，大木匣中又有簪子、梳篦、刷帚等梳妆用具，以此推断，『玉环坠』应即白玉网巾圈或曰『白玉圈』一对。

图二四九—二

《南都繁会图·网巾发客》

中国国家博物馆藏

二四九—二

联，一般很难断定它的用途。湖北广济县明张懋夫妇合葬墓出土一对金网巾圈[1]，难得即在于它是同网巾结合在一起而原样著于主人之首。只是这一副完整的网巾在报告中被称作『睡帽』。报告曰，此睡帽『为黄色素缎，长十八厘米。帽的后面有一长六点五厘米的叉口，便于取戴。在距叉口七厘米的两边帽檐处各安一直径为零点八厘米的金质小圆环。帽檐收边一厘米，并有长三十六厘米的黄色丝带一对，以通过金质小圆环系结』[2]。它原是罩在男主人的发髻之外，内里的发髻上挽一枝银簪，簪长九厘米。网巾圈的用法，便正是情歌所谓『日夜成双一线牵』『当面分开背后联』。中国国家博物馆藏明《南都繁会图》长卷中绘有一家网巾店，店铺货柜上面放着网巾一顶，又主顾手拿一顶方在看货，于是依稀可见网巾有带下垂（图二四九—二）。山东淄博周村汇龙湖明代墓地一号墓出土一枚金环，直径零点八厘米，出土位置在墓主人耳边，

[1] 王善才《张懋夫妇合葬墓》，图五二，图版二四：一，科学出版社二〇〇七年。

[2] 《张懋夫妇合葬墓》，页一八。

环上且残存一小截织物❶〔图二五〇—一〕，此金环应该就是网巾圈。江苏太仓浮桥浮南大队出土一对『小金圈』❷〔图二五〇—二〕，从尺寸和样式来看，也可以认为是网巾圈一对❸。

二五〇—一

二五〇—二

二　帽顶

镶玉或镶宝的金银帽顶流行于元代，在传世元代帝王、太子像中即可见到不同样式的金镶宝帽顶。不过汉人从此风者似乎不多，倒是入明之后在皇室和权贵中稍稍流行，因此《明史·舆服志》里特别对帽顶的质地作出有关等级的规定❹。明人摹绘的《宣宗行乐图》《宪宗调禽图》《宪宗元宵行乐图》中，都可以见到帽端装饰金镶宝帽顶的形象❺〔图二五一、图二五二—一～二〕，帽顶式样与元代帝王像是一致的。大约明中期以后，元式笠、帽方逐渐消歇，因此明代晚期才有了关于元代玉帽顶的各种讨论，见《万历野获

图二五〇—一
金网巾圈
山东淄博周村
汇龙湖明代墓地一号墓出土

图二五〇—二
金网巾圈
太仓浮桥浮南大队出土

❶ 南开大学考古学与博物馆学系《山东淄博周村汇龙湖明代墓地发掘简报》，页三一，图八〇，《中国国家博物馆馆刊》二〇一五年第二期。按简报称作『金耳环』。

❷ 今藏太仓博物馆，此为参观所见，『小金圈』系展品说明。

❸ 又有贵州思南明张守宗夫妇墓出土一对金环，简报云『金环二件，直径一点三厘米，重二点九克』，未言出土位置，且未刊照片和线图（刘恩元《贵州思南明代张守宗夫妇墓清理简报》，页三二，《文物》一九八二年第八期），因只能推测此为网巾圈。

❹《明史》卷六十七《舆服三》，曰凡职官，一品、二品『帽顶、帽珠用玉』；三品至五品，『帽顶用金，帽珠除玉外，随所用』；六品至九品，『帽顶用银，帽珠玛瑙、水晶、香木』，『庶人帽，不得用顶，帽珠止许水晶、香木』。

❺ 此帽当名烟墩帽。严嵩诗记嘉靖帝赐物，其中一首题作《赐烟墩帽并金厢宝石帽顶一座》，诗曰：『赐来大帽号烟墩，云是唐王古制存。金顶宝装齐戴好，路人只拟是王孙。』

编》卷二十六。

湖北钟祥明梁庄王墓出土金镶蓝宝帽顶一，金镶淡黄色蓝宝帽顶一，金镶无色蓝宝帽顶一，金累丝镶宝帽顶一〔图二五三—一～四〕。金镶蓝宝帽顶，今存宝石七颗。金宝妆莲花为基座，每个花瓣镶一颗宝石，座顶一朵仰莲，花心为石碗，内嵌蓝宝一颗。金镶淡黄色蓝宝帽顶，宝石存七颗；金镶无色蓝宝帽顶，存宝石十颗。两件帽顶造型和做工都很相近，而珍罕之处皆在嵌于顶端淡青如月下白的一颗蓝宝。金累丝镶宝帽顶，今存宝石十八颗。

二五一

二五二—一

二五二—二

图二五一
《宣宗行乐图》（局部）
故宫博物院藏

图二五二—一
《宪宗元宵行乐图》（局部）

图二五二—二
《宪宗调禽图》（局部）
中国国家博物馆藏

图二五三—一
金镶蓝宝帽顶

图二五三—二
金镶淡黄色蓝宝帽顶
湖北钟祥明梁庄王墓出土

二五三—一

二五三—二

图二五三—三
金镶无色蓝宝帽顶
图二五三—四
金累丝镶宝帽顶
湖北钟祥明梁庄王墓出土

二五三—三

二五三—四

金累丝镶宝的覆莲座，上承一个莲花台，台基一周累丝镶宝的缠枝花卉，莲花台上花叶攒簇，捧起顶心的一朵主花，惜花心宝石脱落。

梁庄王朱瞻垍是明仁宗第九子，永乐二十二年册封为梁王，正统六年卒，生活的时代与郑和下西洋大略同时。五千多件随葬品中，珠宝玉器即占得三千五百余，中有红宝（一百七十三颗）、蓝宝（一百四十八颗）、祖母绿（五十颗）、猫眼，并且蓝宝中尚有少见的金色品种和将近二百克拉的无色蓝宝，——帽顶镶嵌的两颗即此，宝石产地均为东南亚和西亚。蓝宝明代称作鸦鹘石，又或作鸦忽石。甘肃张掖大佛寺出土一方明正统六年《重修万寿塔碑》，记述『塔基下原镇宝物』，中有『鸦鹘帽顶等物二件块』❶。

❶ 此系实地考察所见。

图二五四
银鎏金镶宝帽顶
北京海淀区董四墓村明墓出土

周宪王朱有燉作于宣德六年的《新编天香圃牡丹品》杂剧，剧中掌管园花教习乐艺的内臣上场后自道：『也是俺一生近贵，见了些香烟常傍衮龙衣，俺穿一套飞仙海马，系一条正透山犀，悬一把镔铁打刀儿鸂鶒木，戴一个缕金厢帽顶鸦忽石。』这是很标准的一身中贵之服，而特别提到缕金帽顶上镶嵌的是一颗鸦忽石[1]。

明代晚期的帽顶式样，北京海淀区董四墓村明墓出土一件银鎏金镶宝帽顶可以为例[2]（图二五四）。《金瓶梅词话》第九十回形容来旺儿担子上的各样首饰，有所谓『帽顶高嵌佛头青』，这一个『高』字，倒是很切实的描绘。

三 束发冠

束发冠是闲居之服，它出现在五代，流行始于宋代，明代男子的束发冠便是承接两宋而来[3]。宋人称它作『小冠』或『二寸冠』。陆游《新制小冠》：『浅醉微吟独倚阑，轻云淡月不多寒。悠然顾影成清啸，新制栟榈二寸冠』（《剑南诗稿》卷六十一）。栟榈，即棕榈。可知名

二五四

[1] 叶盛《水东日记》卷三『鸦鹘石』条说道『中贵有再遭营火者，珍珠皆灰化，玉器、窑器或裂或变浅黑色，惟诸色鸦鹘石愈精明』。

[2] 《北京文物精粹大系·金银器卷》，图二一五。

[3] 孙机《明代的束发冠、𩭹髻与头面》，页三〇三，《中国古舆服论丛·增订本》，文物出版社二〇〇一年。

称有二，冠却只是一个。不过『小冠』是用《汉书·杜钦传》之典，『二寸冠』则近乎纪实。宋浙尺长合今二十七点五厘米[1]，『二寸』原也是个约数，那么便在五六厘米之间。在宋人眼里，束发冠是一种古装，朱熹说：『古人衣冠大率如今之道士，道士以冠为礼，不戴巾』（《朱子语类》卷九十一）。宋人绘《折槛图》中的汉成帝因此是头戴小冠。既存古意，自被视作儒士风流，宋徽宗《听琴图》中的抚琴之士因此头著小冠以见潇散。明代士人也承此意。高启《赠治冠梁生乞作高子羔旧样》：『野人散发秋半稀，小冠宜著称短衣。清时无能耻恩泽，朝簪乍脱归田扉。进贤峨峨在头上，此物须当付卿相。闭门方欲诵《诗》《书》，烦君为制依我样』（《高青丘集》卷九）。子羔即孔门弟子高柴，子羔其字也。所谓『子羔旧样』，乃指古式而言，其实只是宋式。故宫博物院藏杜堇《题竹图》、高居翰景元斋藏明张路《弹琴图》、重庆市博物馆藏陈洪绶《晞发图》，所绘士人之冠庶几近之。而冠的质地通常为木，为角，为龟壳，为果壳如椰壳之类。

明代金银束发冠虽然有这样的远源和近缘，但易之以金银，

[1] 丘光明《中国历代度量衡考》，页九八，科学出版社一九九二年。

便偏离了士人的审美趣向，——金银已非风雅之意境，遑论嵌珠嵌宝。

与女子戴的金银鬏髻相比，明代男子所用束发冠尺寸要更小一些，大小多在『二寸』上下。束发冠上罩巾，又或加额子，总之是以不露发为常。《三才图会·衣服》卷有『束发冠』图（图二五五），下云：『此即古制。尝见三王画像多作此冠，名曰束发冠，亦以仅能撮一髻耳。』视束发冠为古制，自是承袭宋人的认识，此图冠前绘出金博山和簪笔，也是取『古制』之意，其实明代燕居所用束发冠无此二物。所谓『仅能撮一髻』，却是不错的。分别出自南京中华门外宋朝用墓与江宁将军山沐瓒墓的金束发冠尺寸相近，式样近同，都是打作五梁为装饰，两侧边框上方收束为卷云，下方各设一孔用于插簪，前者高四厘米，宽七点八厘米，后者高五点五厘米，宽八点七厘米（图二五六—一～二）。江宁将军山沐朝辅墓出土金束发冠即有一对碧玉簪

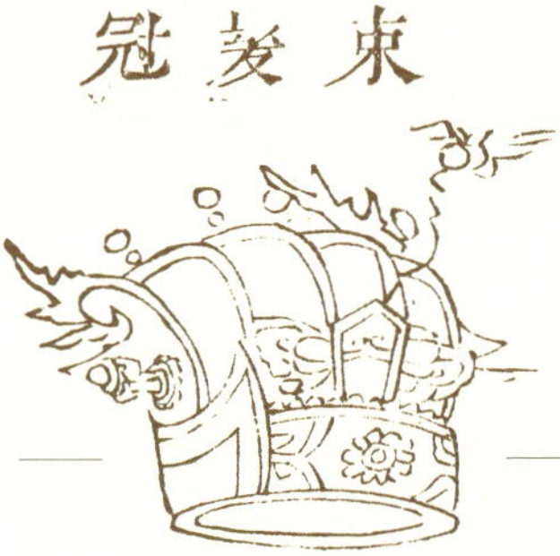

二五五

图二五五
《三才图会》中的束发冠

二五六—一

二五六—二

图二五六—一
金束发冠
南京中华门外宋朝用墓出土

图二五六—二
金束发冠
南京江宁将军山沐瓒墓出土

二五六—三

贯于两侧插孔〔图二五六—三〕。南京太平门外徐俌墓出土玛瑙束发冠，高三点七厘米，宽六点七厘米，两侧冠孔对插两枝一点油金簪〔图二五六—四〕，又前面所举苏州明王锡爵墓出土玛瑙束发冠与银簪〔图四二—二〕，也都是明代比较常见的样式。出自成都和平公社洞子口明墓的一顶金镶宝束发冠，五梁上焊托座以嵌宝，两侧做出贯簪的孔洞，冠高三点三厘米，宽四点五厘米，重二十五克〔图二五七〕。冠前浅刻『西方净土』四字，或是入葬时添刻，与湖北广济县明张懋夫妇合葬墓出土《法被图》中『归心净土』的用意大抵相同❶。

又有出自宫廷的一种金束发冠，特加奢而炫奇。刘若愚《酌中志》卷十九《内臣服佩纪略》：『束发冠，其制如戏子所戴者，用金累丝造，上嵌睛绿珠

二五六—四

二五七

图二五六—三
金束发冠与碧玉簪
南京江宁将军山沐朝辅墓出土

图二五六—四
玛瑙束发冠
南京太平门外明徐俌墓出土

图二五七
金镶宝束发冠
成都和平公社洞子口明墓出土

❶《张懋夫妇合葬墓》，彩版六。

石。每一座值数百金，或千余金、二千金者。四爪蟒龙在上蟠绕，下加额子一件，亦如戏子所戴，左右插长雉羽焉。凡遇出外游幸，先帝圣驾尚此冠，则自王体乾起，至煖殿牌子止，皆戴之。』明秦徵兰《天启宫词一百首》『宝冠随猎竞相夸，云拥双龙雉尾斜』，诗下纪其事云：『内臣所戴金丝束发冠，旧有此式，至当时而加奢矣。蟒龙蟠绕，下加翠额，插雉尾，前捧朱缨，傍缀宝玉。』二者所述为一事。台北故宫博物院藏明人绘《出警图》和《入跸图》中均有如此形象。《出警图》中，一身戎装缓辔而行的皇帝之前，两队骑马侍卫手执豹尾，头戴金冠，冠两侧有蟒龙蟠绕，冠顶插一对雉尾，中间一朵朱缨，冠下加翠额，与明人的描述适相吻合。图画所绘情景为明代后期❶。南京江宁沐启元墓出土一件尺寸极小的金镶宝束发冠，底径与高均为四厘米，两面錾刻海水祥云和坐蟒，冠顶有一方孔可插物，时代为晚明〔图二五八—二〕。又长沙市博物馆藏一件二龙戏珠束发金冠，通高二点九厘米，底径四点二厘米，系以六枚金片攒焊成型。正、背的两枚分别錾刻折枝花，正面一枚于花心接焊金片打制、上

二五八—一

图二五八—一
金镶宝束发冠
南京江宁殷巷沐启元墓出土

❶ 朱鸿《明人出警入跸图本事之研究》，《故宫学术季刊》第二十二卷第一期（二〇〇四年秋季）。该文认为：画中皇帝不是世宗是神宗，所绘为万历十一年闰二月，神宗率后妃至天寿山与西山春祭谒陵故事。又，明后期梅鼎祚《昆仑奴》杂剧第一折，任千牛之职亦即君王护卫的崔生上场妆束是『金束发冠，红袍』，见《盛明杂剧》册一（中国戏剧出版社一九五八年影印本）。

錾『日』字的摩尼亦即宝珠，两边为戏珠双龙，冠顶一枚打作九梁，左右及后面的各一枚向着三面出檐，两侧之孔贯一枝金簪❶（图二五八—二）。两例样式都很特殊，或均为依仿宫样而制。此类束发冠作为『时样』似也传到民间。《鼓掌绝尘》第十一回说那惯打秋风的夏方迓娄公子道：『我那沙村里有个郑玲珑，专造金银首饰，手段无比。凭他人物鸟兽，花卉酒器，活活动动，松松泛泛，绝妙超群。公子何不去寻他来，把那上等赤金，着他制造一顶时样的盘螭束发金冠，送去与那俞公子。』此书署金木散人编，约成书于崇祯初年。而束发冠发展至此，距两宋风流便实在不可以道里计了。

二五八—二

图二五八—二
二龙戏珠束发金冠
长沙市博物馆藏

❶ 今展陈于长沙市博物馆，展品说明云：此冠为长沙市征集，『据传早年出土于长沙县跳马涧，或与明藩王有关』。

四　带銙、绦钩与绦环

（一）带銙

带銙用于装饰大带。大带亦即革带，明代以玉为上，所谓『穿蟒腰玉』，此『玉』，便是玉带，准确说来，便是鞓表镶嵌玉銙的革带。金次于玉，银更在其下。《酌中志》卷十六《内府衙门职掌》『文书房』条记云：『姜淮者，年少有口，值殷太史士瞻教书，偶不在室，淮戴其纱帽，束其带，正在室中摇摆作势，殷猝至，淮不知带插横解法，殷不怿。淮曰：师父还系玉带哩，此银带何足贵。殷笑而释之。』

明代大带，通常连同鉈尾装銙二十方。以肘为界，前有十一。中间的三方，一大两小。小者即所谓『左辅右弼』，为一对，三方合称『三台』[1]。三台两边各为三方桃形銙，即所谓『南斗六星』。与之相接者为分设两边的又一对辅弼，此即面前之十一。与辅弼相接者为插向两侧的鉈尾一对，亦即系结之后，后垂的双鉈尾。肘后则是大小一致的七方，称作『北斗七星』[2]。叶梦珠《阅世编》卷八《冠服》述明朝腰带之制曰『腰带用革为质，外裹青

[1] 三台星本是太微垣东北部一星座，由六颗星组成，每两个靠近的星组成一台，也称一阶。三组三台、三阶，三台星又称为泰阶。三台星的三组星，平时中台稍稍高起而略成三角形，有时则连成一直线。它在道教神符中常常出现。张勋燎等《中国道教考古·四川平武明王玺家族墓出土部分道教文物的考察》，页一三〇五，线装书局二〇〇八年。

[2] 《朴通事谚解·上》以金带为题的一段对话，道是『那三台板儿做得好，南斗六星板儿做得忒圆了些，左辅右弼板儿和两个束儿欠端正些，后面北斗七星板儿做的好，那雀舌儿牢壮便好』。

图二五九—一
灵芝麒麟金带具
浙江临海王士琦墓出土

二五九—一

绫，上缀犀玉花青金银不等，正面方片一，两傍有小辅二条，左右又各列三圆片，此带之前面也。向后各有插尾，见于袖后，后面连缀七方片以足之，带宽而圆，束不著腰，圆领两胁各有细钮贯带于巾而悬之，取其严重整饬而已』，是讲得很清楚了。

大带的系结方式，婺源博物馆藏明汪鋐所用玉带❶，又定陵出土的玉带，均可为例。如定陵万历帝的一件，其带鞓在腰前的『三台』处分作两截，一端缝缀铜鎏金插销座，座的上下有方孔，中间有椭圆形孔；带鞓的另一端缝缀舌形簧。系带时，舌形簧插入插销座内，簧便自动弹开，于是卡牢。用手把插销座椭圆形孔内的簧片压下、推出，便可解开❷。前引《酌中志》所谓『带插横解法』，似即指此。

《天水冰山录》列有大带的各种名目，差不多可以代表明朝大带的主要品种和带銙的常见纹样。『玉带』一项，如『灵芝麒麟阔玉带』与『孔雀牡丹阔玉带』，出土实例中不乏纹样相同的金银带銙，如浙江临海王士琦墓出土灵芝麒麟金带具二十方（图二五九—一），苏州虎丘茶花大队居家桥出土麒麟杂宝银鎏金带具

❶《婺源博物馆藏品集粹》，图六〇。
❷《定陵》，页二〇七。

灵芝麒麟金带銙（三台）

图二五九—二
麒麟杂宝银鎏金带具
苏州虎丘茶花大队居家桥出土

图二五九—三
灵芝麒麟银带具
辽宁鞍山倪家台崔源家族墓出土

二五九—二

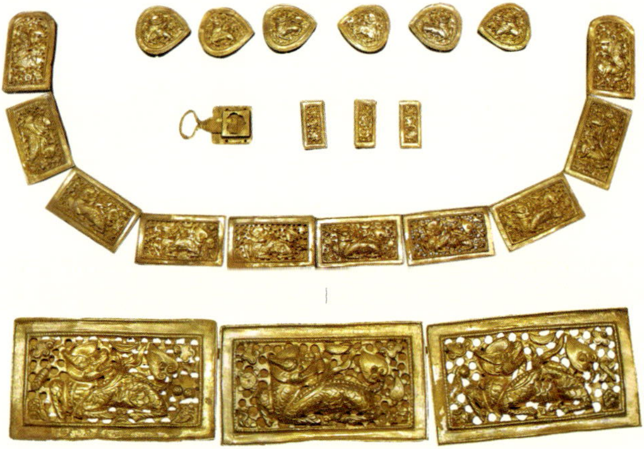

二十方〔图二五九—二〕，辽宁鞍山倪家台崔源家族墓出土灵芝麒麟银带具二十方〔图二五九—三〕，均为完整的一副。带銙之三台、双鉈尾、南斗六星、北斗七星虽然造型不一，但宽度相差不多，如此方好固定于革带。《天水冰山录》所举玉带有『阔』『窄』之别，便是指宽度。出自王士琦墓的金带具二十方，各式带具宽五点一至五点五厘米不等，当属阔式。浙江安吉鄣吴吴麟夫妇墓出土银镶宝牡丹孔雀纹带具一副二十方，宽三点四至三点八厘米不等❶〔图

二五九—三

❶ 带銙原初下衬木方，保持原状者今存三枚。器藏安吉县博物馆。

二六〇—一）。嘉兴王店李家坟李湘夫妇墓出土银鎏金祥云带具一副，带銙最宽者三点八厘米〔图二六〇—二〕，便都属于窄式。

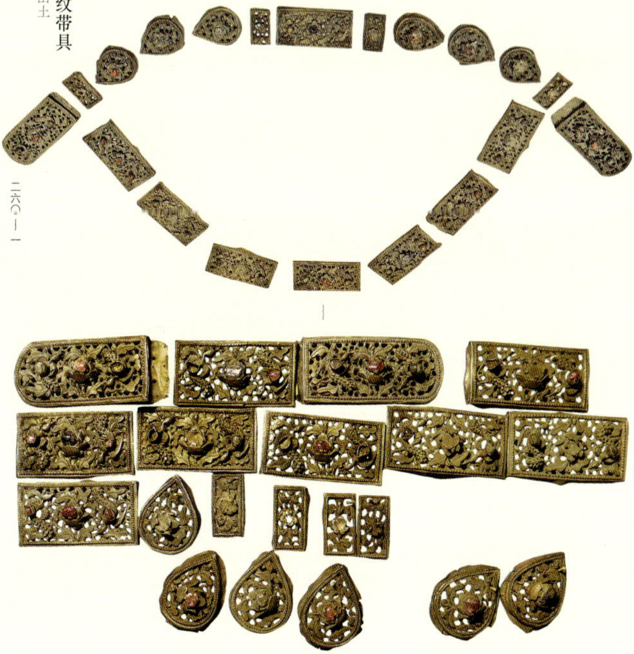

图二六〇—一
银镶宝牡丹孔雀纹带具
安吉部吴吴麟夫妇墓出土

图二六〇—二
银鎏金祥云带具
嘉兴王店李湘夫妇墓出土

图二六一
银行乐图带具
浙江余杭塘栖超山明石椁墓出土

银行乐图带銙局部

带銙以现实生活中的人物为表现内容者，似乎不多。浙江余杭塘栖超山明石椁墓出土银带具今存七方〔图二六一〕。中间一方大带銙和两旁各一的辅弼即所谓『三台』，乃是合在一起连做而成一幅画面。图以山石高树布景，树叶虽只三五成聚，却仿佛榛榛簇簇浓荫匝地之境。树石之侧，个小小的条案，主人凭案跷足而坐。一边有声伎持拍板，一边有清客拱手而坐似闻歌。两侧各一童子相向而行捧茶将至。此外六方，为桃形銙、辅弼、铊尾各一对，分别为携琴访友，徜徉山水以及与主图呼应的童子图、仙鹤图。从画面表现的情景来看，银带纹样似可名作『行乐图』。这是明代绘画中的常见题材，或描绘翰林清贵退食之后的从容游赏，或笔写士大夫退居林下的潇散悠游，它也多见于时人题咏❶。故宫博物院藏一幅露香园顾绣，题作『相国闲来何所乐，竹林深处独逍遥』❷，也正是行乐图之类。画面以彩线绣出小阜草坡，翠竹数竿，

图二六一

❶ 如杨荣《文敏集》卷十六《行乐图自赞》：『澹然以居，怡然自适。当玉署之燕闲，正金銮之退直。光风霁月，慕前哲之襟怀；翠竹碧梧，仰昔贤之标格。惟意态之雍容，乃斯图之仿佛。至于策励驽钝，勤劳夙夜，以感圣主之眷遇，乐盛世之治平者，抑岂丹青之所能窥测焉。』

❷ 上海博物馆《海上锦绣——顾绣珍品特集》，页一七五，上海古籍出版社二〇〇七年。

图二六二一一

金镶宝带銙

蕲春蕲州镇黄土岭荆藩宗室墓出土

图二六二一二

金镶宝菊花带銙

湖北蕲春横车镇荆恭王墓出土

图二六二一三

金累丝镶宝带具

湖北钟祥梁庄王墓出土

二六二一一

主人幅巾练裙朱衣，倚坐于树枝养和，旁设茶几，几设酒食，一童子在侧，手持酒壶。阜下曲水竹栏，溪流窄处一座小桥，两边芭蕉山石垂柳，两童子捧茶食方缓步相呼过桥。将银带銙的图案与诗歌及绣品同看，可见情形和意境都很相似❶。

《天水冰山录》所列『金厢各色带』中有嵌珠宝的闹妆带。闹妆也作闹装。《老乞大集览》『闹装』条释作『用金石杂宝装成为带者』❷。胡应麟《少室山房笔丛》卷二十一『闹装』条说道，『闹装带，余游燕日尝见于东市中，合众宝杂缀而成，故曰「闹装」』。湖北蕲春蕲州镇黄土岭荆藩宗室墓出土金镶宝带銙，便是闹装带上的一方〔图二六二一一〕。出自蕲春横车镇荆恭王墓的金镶宝菊花带銙，连珠纹边框内敷展镞镂成形的花朵和花叶，各色大小宝石嵌作花蕊〔图二六二一二〕。钟祥梁庄王墓出土金累丝镶宝带具二十四枚，带銙之表是图案化的卷草间以朵花，其上镶嵌各色宝石，器底满布卷草❸〔图二六二一三〕。两例也都是晖丽暖艳的『闹装』之属。而出自南京江宁将军山沐启元墓的金累丝嵌玉镶宝带具一副二十方，更是以嵌玉见出贵要之地位❹〔图二六二二〕。

❶ 据出土的墓志，墓主人乃『丁室吴孺人』，即丁之乔妻。之乔系丁养浩之子，字松坡，太学生，一生不曾入仕，自称『松坡小隐人』。子丁以彬，嘉靖二十五年进士。吴孺人墓原被盗，经追缴，出土器物收归余杭江南水乡博物馆（《浙江文物年鉴二〇〇三》）。银带銙从纹样看，似非女性所用，丁之乔不曾为官，通常无须著公服，此带似无所施用，其中究竟有何故事，尚未可知。

❷ 《朝鲜时代汉语教科书丛刊》（汪维辉编），第一册，页三二四，中华书局二〇〇五年。

❸ 带銙之外，尚有两枚金带扣，共重六百四十余克。《梁庄王墓》，页一六六。

❹ 朱元璋养子、黔宁王沐英家族『是明王朝除朱姓皇族之外最为显赫的家族，自沐英始，历沐春、沐晟、沐昂、沐斌、沐璘、沐瓒、沐琮、沐崑、沐绍勋、沐朝辅、沐朝弼、沐昌祚、沐叡、沐启元、沐天波，前后十二世、十六任族长，世受封爵』，『历任族长皆以显赫的身分出任云南总兵一职，世代为明王朝镇守西南边陲』。祁海宁《南京将军山：一个典型屯堡家族的最后家园》，页一〇一，见浙江博物馆《金玉默守：湖北蕲春明荆藩王墓珍宝·专论》，中国书店二〇一六年。

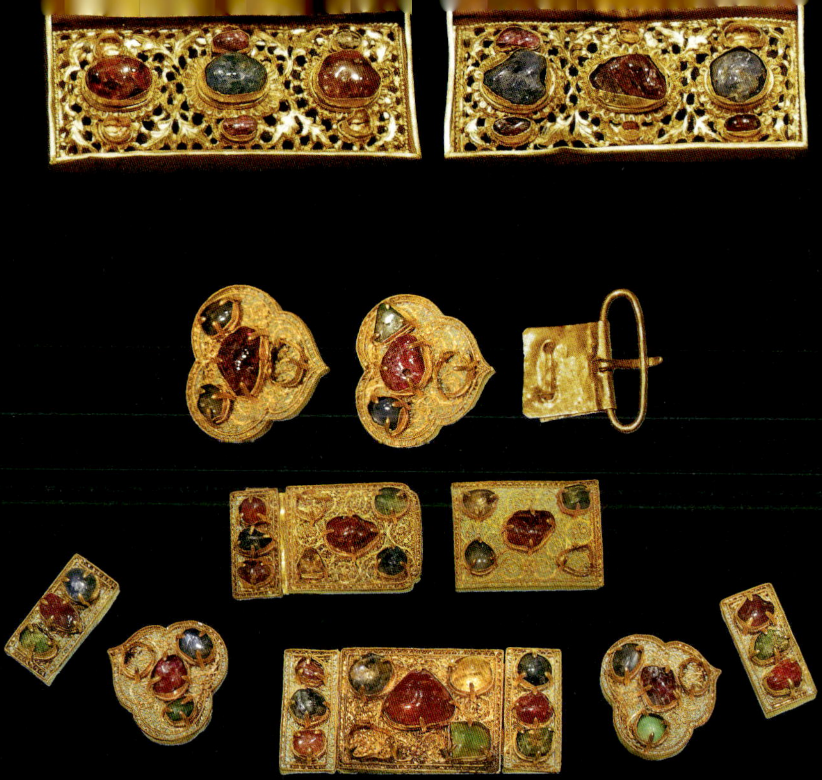

二六二—三

一六三

图二六三
金累丝嵌玉镶宝带具
南京江宁将军山沐启元墓出土

（二）绦钩与绦环

绦环和绦钩的流行肇始于宋[1]。道服在身，腰间必要系绦，讲究者便用绦环或绦钩括结此绦。不过所谓『道服』，却并非道士专用，它更广泛的用途是士人的闲居之服，因也称作『野服』[2]，是『在野』之『野』，乃与『朝服』相对而言。范仲淹《道服赞》前冠小序云，『平海书记许兄制道服，所以清其意而洁其身也』，因赞之曰『道家者流，衣裳楚楚。君子服之，逍遥是与』，云云[3]。又魏野《上知府赵侍郎二首》之一『公退无余事，逍遥只道装』[4]；王禹偁《道服》『楮冠布褐皂纱巾，曾忝西垣寓直人。此际暂披因假日，如今长着见闲身』[5]；陆游《新制道衣示衣工》『良工刀尺制黄絁，天遗家居乐圣时』[6]，所咏俱是。赵孟頫书《赤壁赋》卷所绘苏轼像可为宋人诗句作图解。

既曰『清其意而洁其身』，金银自然不宜，两宋绦环与绦钩因此多用玉[7]。元代以降，绦子的使用范围更为广泛，道服自然不离此绦，以至它又有『吕公绦』的别名，『吕公』，吕洞宾也。而道士之外也用于道姑[8]。此外，秀才、乡绅、管家、仕宦子弟

[1] 关于绦环的讨论，见孙机《中国古代的带具》，页二八四～二八七，《中国古舆服论丛·增订本》，文物出版社二〇〇一年。

[2] 贺铸《玉钩环歌》诗前小序曰，『诸王孙士泞澄源，以苍玉环螳螂钩见贶，助饰野服，因以珉玉盘、博山炉、成氏箭、建盏、龙茶五物并此歌为报』（《全宋诗》，册一九，页一二五〇八）。『以苍玉环螳螂钩见贶，助饰野服』，又歌中所云『素褛纁绡须此物』，正是表述得明白。

[3] 王连起《故宫博物院藏文物珍品大系·宋代书法》，图六，上海科学技术出版社等二〇〇一年。按图版说明云：『《道服赞卷》系范仲淹为同年好友的道服撰书的赞和序。宋代是中国历史上道教较为流行的时期，当时的文人士大夫大都喜欢与道士交往，衣着道服，成为一时风气。』却是对这一篇《道服赞》的误读。

[4] 《全宋诗》，册二，页八九六。

[5] 《全宋诗》，册二，页七二五。

[6] 《剑南诗稿》卷三九。

[7] 《西湖老人繁胜录》『七宝社』条列举各式『奇宝』，中有『玉绦环』；《夷坚志·补》卷二十一『凤翔道上石』一则说到赵颁之在京师时，『玉工来售绦环』。

[8] 元杂剧《秦修然竹坞听琴》中老道姑云『我丢了冠子，脱了布衫，解了环绦，我认了老相公，不强如出家』，即是一例。

少年郎，服道袍、直身、圆领，都可用一根绦子来系腰。明赵琦美《脉望馆钞校本古今杂剧·穿关》中颇有其例[1]，虽然列的是演剧行头，但人物穿戴却与当日的现实生活很贴近，因此很可以作为此际一般服饰的参考。《朴通事谚解·上》中的一段话也可为一证，即所谓一个舍人打扮的，『刺通袖膝襕罗贴里上，珊瑚钩子系腰』。其下注云：『钩子，用金、银、铜、铁、玉、角等物，刻成龟、龙、狮、虎之头，系之于绦之一端，人若带之，则又以绦之一端屈曲为环，纳于钩兽头之空以为固，使不解落，如绦环之制然。』此书注释的主要来源为崔世珍的《朴通事集览》，其时代约当十四世纪上半叶，那么所说正是明代情景。绦子的使用既然已非道服之专属，绦钩与绦环自然也不必讲求古雅，于是质地以金为时尚。绦钩如此系结的方法，在中国国家博物馆藏《宪宗调禽图》中可觑得真切〔图二六四〕。所云『以绦之一端屈曲为环，纳于钩兽头之空以为固』，与《宪宗调禽图》中的描绘丝毫不差，图中的绦钩为一柄金镶宝龙首绦钩。而明代遗存中，正不乏同一类型的实物，造型、纹饰和制作工艺也大体一致，如分别出自湖北蕲春蕲州镇荆

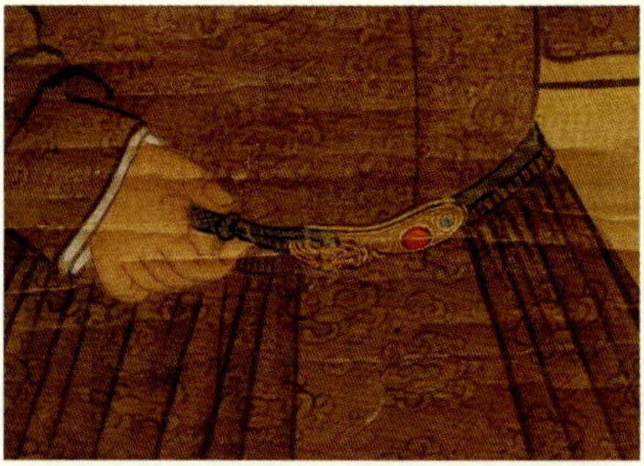
图二六四
《宪宗调禽图》（局部）
中国国家博物馆藏

[1] 比如《刘弘嫁婢》一出，《楔子》一折列出刘弘穿戴中的『钩子困带』。既曰『钩子』，则非绦钩莫属，那么是指用绦钩括结绦子。

图二六五—一
金镶宝龙首绦钩
湖北蕲春蕲州镇荆藩宗室墓出土

图二六五—二
金镶宝龙首绦钩
南京雨花台区天隆寺四号墓出土

图二六六
金镶宝斗牛绦钩
北京丰台区南苑明墓出土

藩宗室墓、南京雨花台区天隆寺四号墓的金镶宝龙首绦钩〔图二六五—一～二〕。绦钩造型仍仿古式『螳螂钩』，钩首打作龙头，龙额、龙睛、龙身嵌宝，后两例钩身且镞镂龙鳞。绦钩背面俱有圆钮以与绦子的另一端系连，由汪世显家族墓出土教子升天玉绦钩可以看得很清楚〔图六四—二〕。出自北京丰台区南苑明墓的一枚，龙角后弯，那么是斗牛〔图二六六〕。

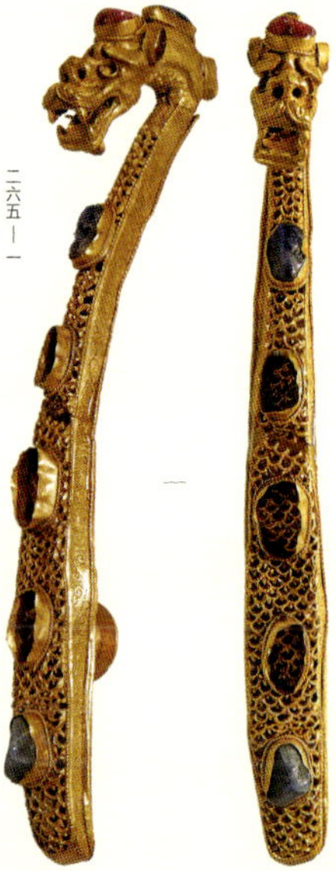

二六五—一

二六五—二

二六六

图二六七
《宪宗调禽图》（局部）
中国国家博物馆藏

既曰绦钩『如绦环之制然』，关于绦环则无须辞费。前引《宪宗调禽图》中的小童手持球杆，腰间系绦，扣结所用正是绦环的一般式样〔图二六七〕，山东邹县明鲁荒王朱檀墓❶、湖北钟祥明梁庄王墓、北京定陵均有实物出土❷〔图二六八—一～三〕。定陵出土金镶宝绦环式样就更多，且多可在《天水冰山录》中找见对应的名称，如『金厢三宝叠胜绦环』『金厢叠胜双层珠宝绦环』『金厢摺丝

二六八—一

二六八—二

二六八—三

图二六八—一
金镶宝绦环
山东邹县鲁荒王朱檀墓出土

图二六八—二
金镶宝绦环
湖北钟祥明梁庄王墓出土

图二六八—三
金镶宝绦环
北京定陵出土

❶ 鲁荒王朱檀为朱元璋第十子，生于洪武三年（一三七〇），卒于洪武二十二年。随葬品中，除了贯穿九旒冕的一对金簪之外，金银饰品仅此一件，且似乎尚未最后完成，——插入绦环主体的两翼，构件背面应装置扣鼻以与丝绦连接，如梁庄王墓出土者（《梁庄王墓》，彩版一八八），但这一枚绦环却没有，山东博物馆等《鲁荒王墓》，图版七四（『镶宝石带饰』），文物出版社二〇一四年。

❷ 《定陵出土文物图典》，图二二五（『镶宝石椭圆形金带饰』）。

二六九—一

二六九—二

二七〇

图二六九—一
金镶珠宝叠胜绦环

图二六九—二
金镶珠宝长样绦环
北京定陵出土

图二七〇
金镶宝双龙戏珠绦环
湖北蕲春横车镇荆恭王墓出土

珠宝长样绦环』〔图二六九—一～二〕。这种形制的绦环两侧无环而背有双钮，如此，绦子便是以两端分别结于背钮。蕲春荆恭王墓出土一枚金镶宝二龙戏珠绦环，边框中间三朵嵌宝莲花与两颗宝珠交错，下方两边点缀海水江崖，上方两边布置祥云瑞霭，上下两条金龙各向着宝珠攫拏腾闪。背面累丝连钱纹的地子上两侧各一个寿字钮❶〔图二七〇〕。严府中的『金累丝三龙捧珠宝绦环』『金厢二龙戏珠宝绦环』，大约不外此类❷。系绦之后背过身的样

❶ 长十二厘米，宽四点五厘米，重一百零四点九克。

❷ 严嵩诗咏嘉靖帝赐物，中有《赐花线绦并金厢宝石提系》与《赐金嵌宝石斗牛绦环》，则府中首饰当有不少是宫禁制作。

子，即如《宪宗元宵行乐图》所绘内侍形象〔图二七一—一〕。——这一组人物所服均为曳撒、绦环。《明宫冠服仪仗图》和《三才图会》中的绦环图也正是这一类，惟其上又添缀细窄之『闲绦』〔图二七一—二～三〕。

二七一—一

二七一—二

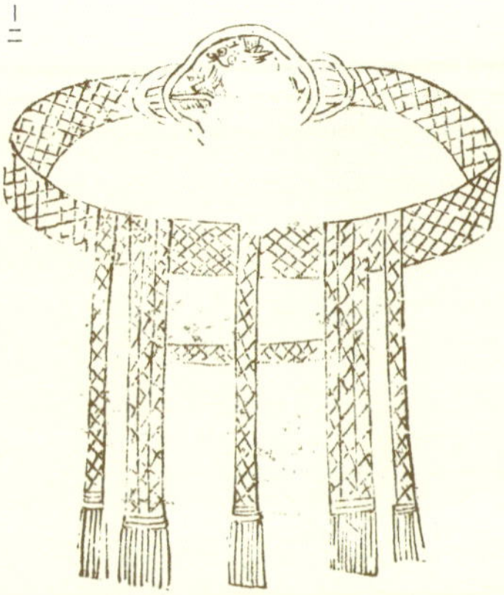

二七一—三

图二七一—一
《宪宗元宵行乐图》（局部）
中国国家博物馆藏

图二七一—二
《三才图会》中的绦环与绦

图二七一—三
《明宫冠服仪仗图》中的诸色阔丝匾绦大象牙雕花环

附

女性首饰主要品类个案举例

明代前期的主要样式，可以湖北钟祥明梁庄王墓出土的金银首饰为例。梁庄王宣德四年就藩安陆州（今钟祥），卒于正统六年。王妃魏氏景泰二年卒，与庄王合葬，亦即梁庄王墓系由单人葬改为双人葬。所出金银首饰主要有：金累丝凤簪一对，云霞舞凤纹金帔坠一枚，金镶宝八珠环一对，金鈒花钏与金八宝镯各一对；又耳挖簪一枝，金累丝镶宝花头簪一对，金镶宝花头簪一枝，金花头簪五枝（其中四枝成对），金累丝镶宝嵌玉牡丹鸾鸟满冠一枝，金累丝镶宝嵌玉牡丹鸾鸟纹掩鬓一对，金累丝镶宝掩鬓两对，金累丝镶宝牡丹花鬓钗一对，金累丝镶玉嵌宝瓜头簪两枝，金累丝镶宝花叶式簪一对，金镶宝戒指三枚，金钮扣两对，金事件一副〔插图一〕。凤簪、帔坠、八珠环、钏与镯以及三对小金花穿玉坠珠，均属制度中物，乃贯穿有明一代。这里的一对金累丝镶宝花叶式簪，造型尚见前朝遗意，如第七章所举湖南临澧新合元代窖藏中的金麒麟凤凰纹钗〔第七章，图九八〕。金累丝镶玉嵌宝瓜头簪，见出明式瓜头簪的造型已与元式簪不同〔第十章，图六八〕。

一组明中期的实例，为江苏江阴青阳邹令人墓出土数件金银头面，虽然从装饰题材看，未必是主题一致的一副，但却包括了明式簪钗的主要品种。墓主人邹氏为无锡邹智卿之女，生于成化二十年，卒于正德十六年。墓葬出土银丝鬏髻一顶，金银首饰计有：金镶宝凤凰挑心一，金镶宝花钿一，金镶宝蝶赶花银脚簪一对，仙子降五毒金掩鬓一对，金镶宝螳螂捕蝉小插一对，金裹头银脚簪九枝，满池娇纹金钿一，金镶宝牡丹花顶簪一。又金镶宝蝶赶菊耳环一对，金龙首连珠镯一对，金锭式纽扣一对〔插图二〕。

明代后期的一组实例，为浙江临海王士琦墓出土的一批。王士琦，字圭叔，浙江临海人，万历十一年进士，官至右副都御史、巡抚大同。万历四十六年奉调巡抚江南，途中感疾，卒于浑源。『没之日，竟无长物，旅衬萧然』。『讣闻，赐祭。遣官营其葬事』❶。葬临海县西石塘山。夫人邓氏，封淑人。墓前原建石坊、华表、翁仲和御碑亭。上世纪五十年代墓葬被乡民挖毁，取出的金银器等

❶ 清洪若皋等《临海县志》卷七。又卷十一，『王巡抚士琦墓，在县三十里石塘，赐祭葬』。

插图一

插图一—一　金累丝凤簪
插图一—二　金帔坠
插图一—三　金镶宝八珠耳环
插图一—四　金錽花钏与金八宝镯
插图一—五　金耳挖簪
插图一—六　金累丝镶宝花头簪
插图一—七　金梅花头簪
插图一—八　金牡丹花头簪
插图一—九　金镶宝花头簪
插图一—一〇　金累丝镶宝嵌玉牡丹鸾鸟满冠

一—八

一—六

一—九

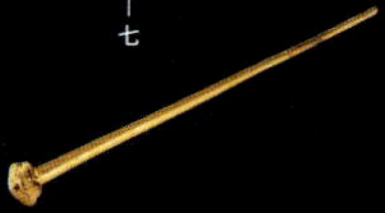

一—七

一—五

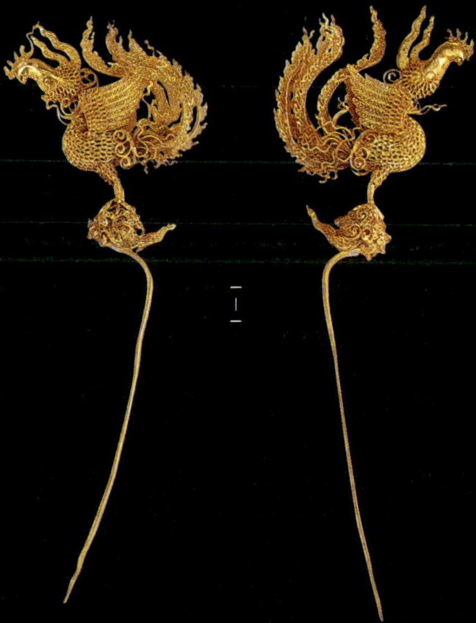

一—一

一—一〇

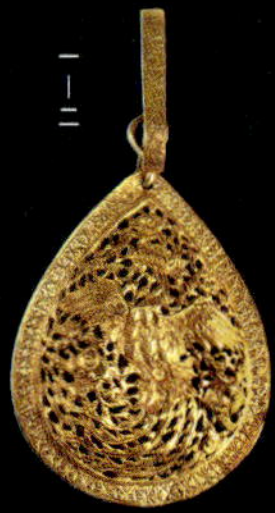

一—二

一—四

一—三

插图一—一一 金累丝镶玉嵌宝牡丹鸾鸟纹掩鬓
插图一—一二 金累丝镶宝掩鬓
插图一—一三 金累丝镶宝掩鬓
插图一—一四 金累丝镶宝牡丹花鬓钗
插图一—一五 金累丝镶玉嵌宝瓜头簪
插图一—一六 金累丝镶宝花叶簪
插图一—一七 金牡丹花簪
插图一—一八 金镶绿松石戒指
插图一—一九 金镶宝葫芦戒指
插图一—二 如意纹金钮扣
插图一—二一 金钮扣
插图一—二二 金事件

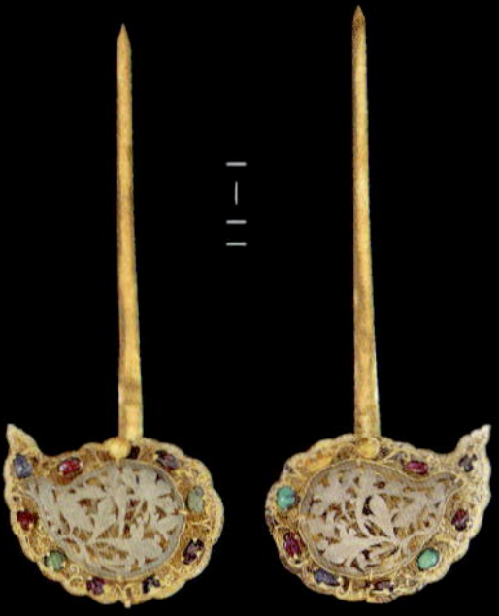
一—一一

一—一二

一—一三

一—一四

一—一五

一—一六

一—一七

一—一八

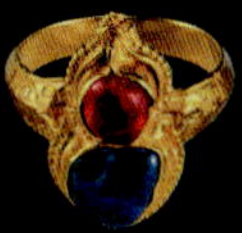
一—一九

一—二〇

一—二一

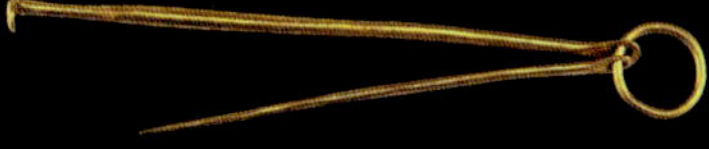
一—二二

插图二

插图二—一 银丝䯼髻
插图二—二 金嵌宝凤凰挑心
插图二—三 金镶宝花钿
插图二—四 金镶宝蝶赶花银脚簪
插图二—五 仙子降五寿金掩鬓
插图二—六 金嵌宝螳螂捕蝉银脚簪

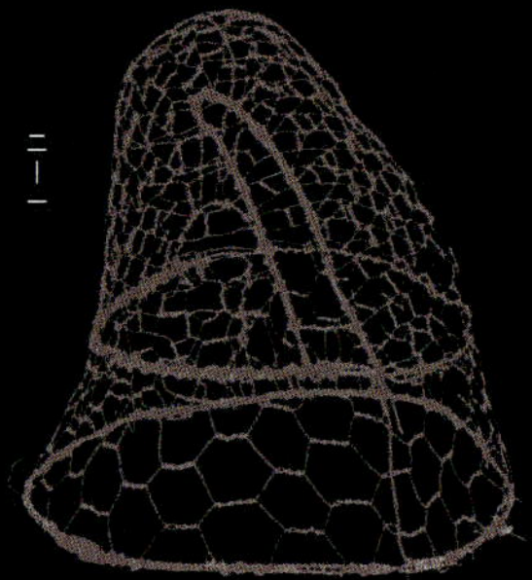
二—一

二—五：二

二—二

二—五：一

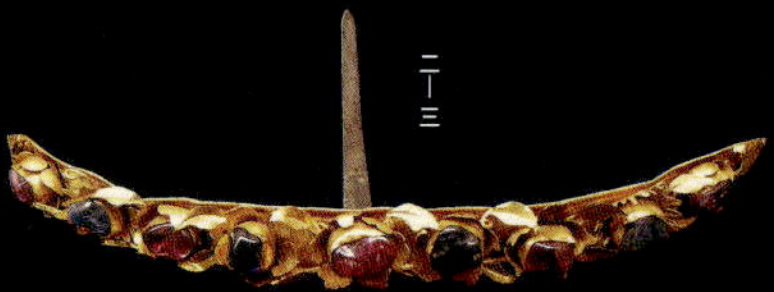
二—三

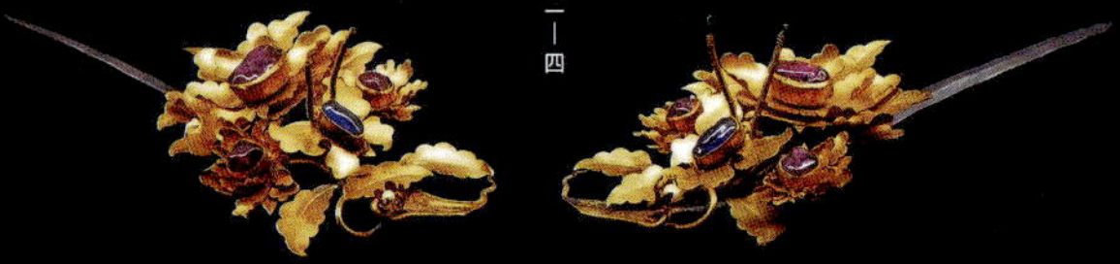
二—四

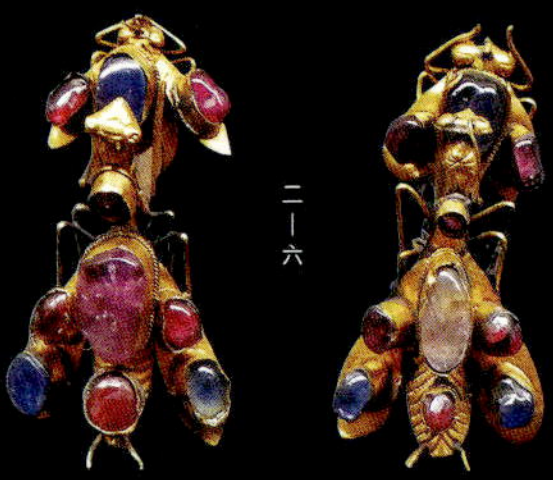
二—六

插图二—七　金裹头银脚簪
插图二—八　金裹头银脚簪
插图二—九　满池娇纹金钿
插图二—一　金镶宝牡丹花顶簪
插图二—一一　金镶宝蝶赶菊耳环
插图二—一二　金龙头连珠镯
插图二—一三　金锭式钮扣

二—七

二—八

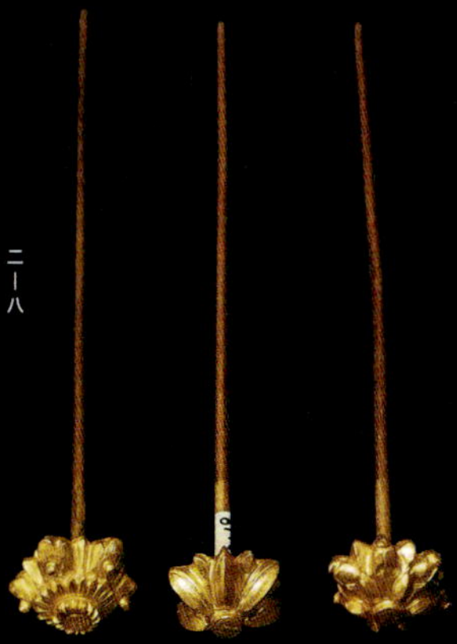

二—九

二—一〇

二—一一

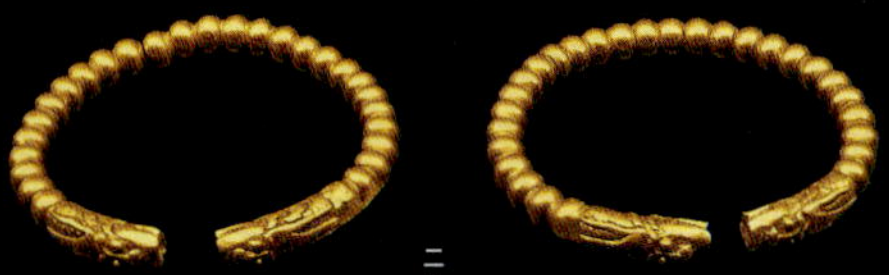

二—一二

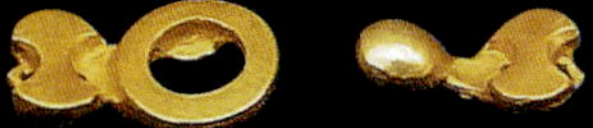

二—一三

物，后由文物部门收回，今藏浙江省博物馆。

王士琦墓出土金银器共一百余件，金带具一副二十枚，又金镶玉带具一件是王士琦物，余则以女子首饰为多，大略如下：金丝福寿五梁冠一顶，金累丝镶玉嵌宝群仙庆寿钿一副，金镶宝石榴花树一枝，金累丝蜂蝶赶菊花篮簪一对，金累丝镶玉嵌宝牡丹花顶银脚簪两对，金镶宝牡丹花顶银脚簪一对，金镶宝荷叶银脚簪三对，金累丝镶宝双鸳鸯小插两对，金累丝游舫小插三枝（其中两枝为一对），金累丝石榴啄针一对，金累丝石榴黄鸟啄针一对，金累丝石榴松鼠啄针一枝，金耳挖簪一枝，金镶宝莲花耳环一对，金累丝镶宝菊花仙鹤耳环一对，金累丝镶玉蝶赶梅耳环一件，金耳坠脚一件（坠物失），金累丝蝴蝶凤凰步摇一件，金累丝蜻蜓残件一，金镶宝花残件一，瑞兔图金戒指一对，灵芝纹金戒指一对。又制作精巧的金事件连筒两副〔插图三二〕。其中多件，前面都曾举出。

王士琦墓未经科学发掘，但墓主人身分明确，时代清楚，墓葬出土金银器尚大致保存完整，因可说是器类、纹饰都比较多样的一批重要标本。与它时代相当的有北京定陵及江西南城县明益宣王墓，所出金银器镶玉嵌宝，雍容典重，代表着明代后期的宫廷样式。王士琦墓出土金银器在题材、样式、工艺等方面与宫廷作品都很相近，并且也以嵌玉镶宝为点缀，不过远逊于『内造』的金碧辉煌，总体风格是纤丽秀逸，工致细巧。宋元时代使用最多也运用最为纯熟的打造工艺，这里依然沿用，不过已是打造为辅、花丝为主。打造工艺所使用的材料极轻薄，成品却有着浮雕乃至高浮雕的效果。花丝工艺的用材也极俭省，成品效果则是玲珑剔透，繁丽轻盈。王士琦墓出土的金累丝蜂蝶赶菊花篮簪，又金累丝游舫小插、金累丝石榴啄针，便都是工艺精湛的例子，由此很可以见出掐丝、平填、堆垒、攒焊的工夫，也显示着花丝工艺的全面成熟。本章曾比较分别出自益庄王墓和王士琦墓两副金钿的异同，就用材的讲究来说，后者自然不及前者，但金累丝衬景的制作却能使它别呈异彩。至于镶嵌工艺，明代虽已使用普遍，但宝石加工的技术却始终不很发达，因此嵌物极易脱落，出自『内造』者似乎稍好，此外则多于此项见拙，王士琦墓出土金银首饰的情况也是如此。

插图三

插图三－一　金丝福寿五梁冠
插图三－二　金累丝镶玉嵌宝群仙庆寿钿
插图三－三　金镶宝石榴花树
插图三－四　金累丝蜂蝶赶菊花篮簪
插图三－五　金镶玉嵌宝牡丹花顶银脚簪

三—一

三—三

三—二

三—四：二

三—四：一

三—五：二

三—五：一

插图三-六 金镶宝牡丹花顶银脚簪
插图三-七 金镶宝荷叶小插
插图三-八 金累丝双鸳鸯小插
插图三-九 金累丝游舫小插
插图三-一〇 金累丝石榴啄针
插图三-一一 金累丝石榴黄鸟啄针
插图三-一二 金累丝石榴松鼠啄针

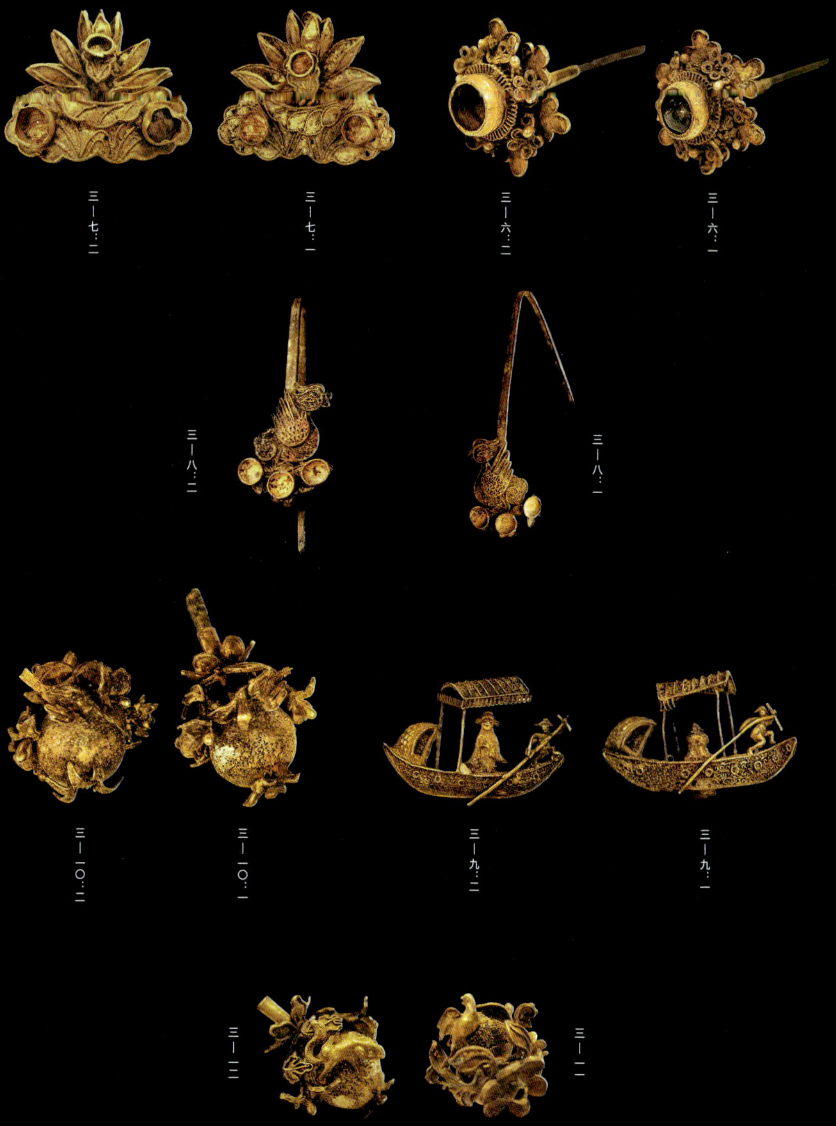

三-七：二　三-七：一　三-六：二　三-六：一

三-八：二　三-八：一

三-一〇：二　三-一〇：一　三-九：二　三-九：一

三-一三　三-一二

第十章

明代饰品题材举例

关于金银首饰的题材，大致可以说，宋元多选择清新活泼的自然景物，明代则更倾向于把花卉禽鸟组织为各种祥瑞图案。而以纹样中各个物事的谐音构成吉祥之意，也正是在明代才开始广为流行[1]。不过在金银首饰中，这一类尚不多见。为寿日婚嫁等吉庆喜事而制作的首饰，通常取用释道人物，或以制字、嵌字、錾铭的方法直接点明图意。花草翎毛之外，人物及人物故事也是明代金银首饰的意匠来源之一。前已提及，明代以士大夫的写意山水为主导，而近乎统领天下，但传统的人物故事画依然为一般民众所欣赏。谢肇淛《五杂组》卷七，『宦官妇人每见人画，辄问甚么故事，谈者往往笑之。不知自唐以前，名画未有无故事者』。这里所谓『宦官妇人』，似可泛指不具备士大夫欣赏趣味的民众。《西游记》第十四回曰悟空别了师父，径转东洋大海的龙宫，坐定之后，『见后壁上挂著一幅「圯桥进履」的画儿。行者道：「这是甚么景致？」龙王云云』，便是一个现成的例子。虽然这是为着铺展后面情节的一笔，却也是当日生活中一个很真实的细节。又《金瓶梅词话》第七十二回，曰西门庆至王招宣府中，为王三

[1] 如《西游记》第二十六回曰福、禄、寿三星驾起祥光，往五庄观而来，八戒跑进来，扯住福星，要讨果子吃。他去袖里乱摸，腰里乱吞，不住的揭他衣服搜检。三藏笑道：『那八戒是甚么规矩！』八戒道：『不是没规矩，此叫做「番番是福」。』三藏又叱令出去。那呆子踪出门，瞅着福星，眼不转睛的发狠。福星道：『夯货！我那里恼了你来，你这等恨我？』八戒道：『不是恨你，这叫「回头望福」。』那呆子出得门来，只见一个小童，拿了四把茶匙，方去寻锺取果看茶，被他一把夺过，跑上殿，拿着小磬儿用手乱敲乱打，两头玩耍。大仙道：『这个和尚，越发不尊重了！』八戒笑道：『不是不尊重，这叫做「四时吉庆」。』此虽是八戒的『打诨乱缠』，却也是时风的写照。

官邀至他的书院，但见『独独的一所书院，三间小轩』，『四壁挂四轴古画：轩辕问道，伏生坟典，丙吉问牛，宋京观史』。因此不仅簪钗，即便小小一对耳坠，甚至更为袖珍的戒指，也常常会取人物故事为饰〔第九章，图一九五、图二一三〕。此外，佛教艺术以及佛教人物中的妆束和器具也是明代首饰取材的一个来源。前一章讨论类型与样式，对此已多有涉及，这一章专从题材的角度，再举几组实例。

第一节 『万寿』

祝寿题材用作金银簪钗的装饰纹样，至明代而大为兴盛。出自宫廷的『万寿』字簪多是为帝后诞辰而制，届时也或赐予重臣或近臣。朝鲜使者赵宪《朝天日记》十四日乙卯纪事云，『圣节，钦赏大学士张居正金八宝三十两，膳九品，长春酒五瓶』；『讲官丁士美万寿字簪一对，银十五两』；『讲官范应期万寿字簪一对，银十两，金簪一根，银八宝四个』。此为万历二年作者出使明朝时事[1]。宫禁的此类制作，当日被视作『好样范』，很是惹人艳羡，《金瓶梅词话》即巧借此物写出一番世态人情。第十三回曰李瓶儿欲结好潘金莲，因托西门庆捎了一对寿字簪儿，『金莲接在手内观看，却是两根番纹低板、石青填地、金玲珑寿字簪儿，乃御前所制造，宫里出来的，甚是奇巧』。第十四回，瓶儿来为金莲做生日，『金莲艳抹浓妆，鬓嘴边撇着一根金寿字簪儿，从外摇摆将来』，月娘因问瓶儿道：『你与六姐这对寿字簪儿，是那里打造的？倒且是好样儿。到明日俺每人照样也配恁一对儿戴。』李瓶儿道：『大娘既要，奴还有几对，到明日每位娘都补奉上一对儿。此是过世老公公宫里御前作带出来的，外边那里有这样范。』末后果然每人送了一对。虽是小说家在讲故事，但用来安排情节的出自宫中之寿字簪儿，却是实有的物事，时代相近的实物，即有定陵出土金镶玉嵌宝玲珑寿字簪一对，而它尚只是一副万寿吉祥首饰中的小角色。

定陵二后，其一神宗孝端皇后王氏，万历六年册立为后，

[1] 《韩国汉文燕行文献选编》，第二册，页二九一，复旦大学出版社二〇一一年。

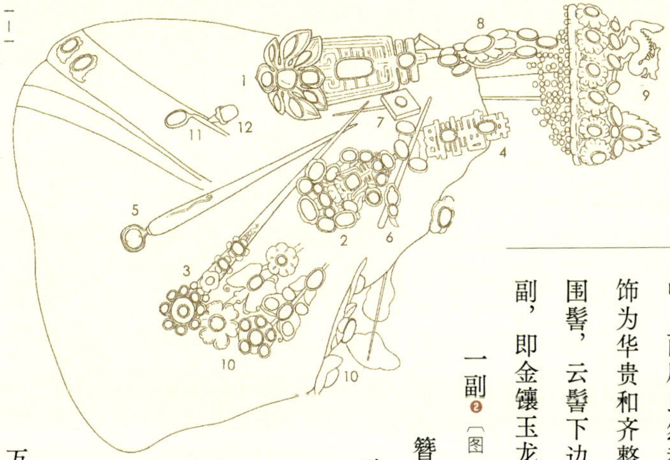

图一一一
首饰出土位置图

图一一二
金镶玉嵌宝寿字挑心
北京定陵出土

万历四十八年卒，先于神宗三个月，谥孝端，合葬定陵。其一孝靖王皇后，光宗生母，病故于万历三十九年，葬天寿山。定陵中，两后虽然都是满头珠翠，但比较起来，仍以孝端插戴的首饰为华贵和齐整。孝端后原戴着一顶鬏髻，其下为珠子璎珞的围髻，云髻下边是珠子箍。插戴的首饰则是主题纹样不同的两副，即金镶玉龙牡丹珠宝首饰一副❶，金镶玉嵌宝万寿吉祥首饰一副❷（图一一一）。后者，鬏髻当中的一枝金镶玉嵌宝寿字簪，便是挑心，乃一丛桃枝桃叶捧出嵌宝的一个玉玲珑大『寿』字，玉桃枝上边镶金托，托上嵌着红、蓝、绿各色宝石和三颗猫眼，下端猫眼制成一颗桃实，琢磨很是精细❸（图一一二）。鬏髻两侧，对簪着金镶玉嵌宝万寿掩鬓❹（图一一三），掩鬓的造型和纹样与挑心大抵相同，也是桃枝桃叶和桃实簇拥一个嵌宝玉寿字，小小一对金卍字缀在顶端桃实的下方以合万寿之意。此外为金镶玉嵌宝吉祥鬓钗一对，纹

❶ 这一副首饰的尝试组合，见扬之水《古诗文名物新证》，页一九九～二〇一，紫禁城出版社二〇〇四年。

❷ 此据《定陵》页二五所绘首饰出土位置图、页一九六～一九七分述首饰类型、页三〇五～三〇六孝端后首饰登记表综合而成（中国社会科学院考古所等《定陵》，文物出版社一九九〇年）。

❸《定陵》编号为一一二：五。通长十三点五厘米，重近九十九点五克。

❹ 编号一一二：八、三三。一一二：三三通长九点九厘米，重四十四点六克。

图一一三

饰为轮、螺、伞、盖❶〔图一一四〕。又一对金镶宝桃小插，簪脚上刻着云龙纹，簪首桃形的金托里嵌一颗红宝石❷〔图一一五〕。据《定陵》所绘出土位置，它是倒簪在鬓角。挑心两边的小簪子，则是一对金镶玉玲珑寿字嵌宝簪，簪首金托上一个绿玉制的寿字，寿字当心嵌一颗红宝石❸〔图一一六〕。又金镶玉卍卐成对嵌宝簪，簪首金托嵌一个绿玉字，字心镶嵌红宝石❹〔图一一七〕。鬏髻上面，一枝金镶玉嵌宝万寿顶簪，金累丝花叶衬底，上面做出嵌宝的金托，其上捧出白玉碾就的『万寿』两个字，字上镶嵌红蓝宝石❺〔图一一八〕。头面十二事，惟挑心和金镶玉寿字簪的背面刻着字，前者为『万历戊午年造』，后者为『大明万历年造』。此『戊午』，为万历四十六年。这里显示出来的正是一种宫廷样式，其特色之一在于纹样安排工整对称，制作工艺精细入微。如此一副头面的设计与制作，也像是文笔流转的一篇赋，辞藻华丽，用典贴切，中规中矩把题目敷演得丰满。以金玉珠宝镶嵌出来的奢华之色，更是无与伦比。

图一一三 金镶玉嵌宝万寿掩鬓（一对）

图一一四 金镶玉嵌珠宝吉祥鬏钗（一对）

图一一五 金镶宝桃小插（一对）

图一一六 金镶玉玲珑寿字嵌宝簪（一对）

图一一七 金镶玉嵌宝万字簪（一对）

图一一八 金镶玉嵌宝万寿顶簪

北京定陵出土

❶ 编号一一二：一二、三四。一一二：一二通长十八点六厘米，重二十五点四克。

❷ 编号一一二：一一、三〇。一一二：一一通长十五点三厘米，重十四点九克。

❸ 编号一一二：四二、四三。一一二：四二通长九点三厘米，重四点九克。

❹ 编号一一二：三、四。一一二：三通长八点一厘米，重十克。

❺ 《定陵》编号一一二：七。簪通长十二点五厘米，重十六克。

一一四

一一五

一一六

一一七

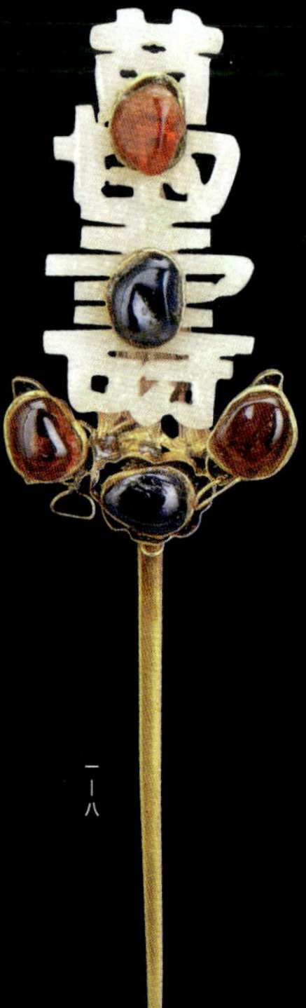

一一八

图二
金镶珠宝龙纹掩鬓（一对之一）
北京定陵出土

二

不过『万寿』作为装饰纹样，未必一定与祝寿相关，它在明代已成为一种普遍施用的吉祥图案，不妨处处点缀。如定陵出土孝靖后的金镶珠宝龙纹掩鬓一对❶，掩鬓下方一弯五个石碗，内嵌红蓝宝石和猫睛，其上金片打制的山崖在中间，一对万字符分置两边，与下面镶宝的一弯合作海水江崖，上方则即金累丝的出水龙，龙尾两侧珍珠是带起的海水，顶端金累丝万字托起一颗红宝〔图二〕。

民间制作，自然用不得『万寿』，寿字挑心却是数量不少，如上海黄浦区明孙氏孺人墓出土银鎏金累丝镶玉嵌宝寿字挑心❷〔图三—一〕，武进王洛家族墓出土一枝银点翠寿山挑心❸〔图三—二〕。

❶ 其一今藏明十三陵博物馆，其一今藏中国国家博物馆。这里所举图例为前者。

❷ 何继英《上海明墓》，彩版一〇五：六〔『银嵌玉寿字簪』〕，文物出版社二〇〇九年。

❸ 今藏武进博物馆。据发掘简报，可知它出自二号墓，为王昶元配华氏之物，当取意于寿比南山。武进市博物馆《武进明代王洛家族墓》，页三五，《东南文化》一九九九年第二期（文曰：『寿字饰一件，出于M2b，银质。』应即此物）。寿字为饰，亦用于婚嫁。《金瓶梅词话》第九十五回曰吴月娘给了如意儿『一套衣裳，四根簪子，一件银寿字儿，一件梳背儿，拣了个好日子，就与来兴儿完房，做了媳妇子』。

图三一一
银鎏金累丝
镶玉嵌宝寿字挑心
上海黄浦区明孙氏𦟷人墓出土

图三一二
银点翠寿山挑心
武进王洛家族墓出土

前件以累丝镶宝的丛菊托起玉寿字，字心穿系一根『螺丝』挑出引吭祝颂的一只仙鹤。后件底座是一脉南山，两峰之间一溜花朵，左边的山峰尚存几丝翠毛，原初必也翠色盈盈，令人宝爱。但民间样范终究比不得皇家气派，因此几对赏赐出宫的小簪子，便可称『御前作』，『外边那里有这样范』，而足以夸示于人，也因此可以派作收买人心的用场。

三一一

三一二

第一节 释道

一 藏密风格的装饰题材

（一）梵文[1]

释道题材用于金银首饰纹样，也是入明方盛，虽然辽代已稍用于妆点金冠，但究竟不曾蔚为风气。道教题材多取意于长生久视而每与『寿』字相联，一般是选择带有符号意义的形象，如南极老人、西王母、八仙，还有历代传说中的仙人。佛教题材的取用，其意多在于祈福、消灾免难，即所谓『修行』之种种。最常见的纹样是佛像，此外又或选取藏密中带有象征意义的梵文字。后者，却是始于元代宫廷。《元史》卷七十七《祭祀志》曰：『世祖至元七年，以帝师八思巴之言，于大明殿御座上置白伞盖一，顶用素段，泥金书梵字于其上，谓镇伏邪魔护安国刹。』释念常《佛祖历代通载》卷二十二曰：世祖时『帝大内皆以真言梵字为严饰，表行住坐卧不离舍佛法也』。张昱《辇下曲》『竹扛金铸百

[1] 此节梵文的识认，均承张保胜先生指教。

寻余，顶板高镌梵国书。禁得下方雷与电，声光不敢近皇居』[1]，所咏亦此。梵文字在汉地的传播，又同至元二十二年元世祖主持汉藏两系僧人编定《至元法宝勘同总录》的佛经译勘活动相关，它不仅在佛教目录史上具有重要意义，更对梵字在中土的流布产生不小的促进作用。此后，汉地流传的梵文字母大多以在西藏使用较广的蓝查体书写[2]，且大量进入艺术装饰领域，本书第六章已举出若干元代器皿之例。

所谓『真言』，即密咒，梵语称为陀罗尼，是总持、能持、能遮的意思，即能总摄忆持无量佛法而不忘失的念慧力。明代金银饰品对藏传佛教艺术表现因素的取用，即以真言字如唵、吽、纥哩、没哝以及种子字曼荼罗亦即法曼荼罗为多。梵文未必人人识得，因此很有一点神秘感，尤显得意味丰富，而辟邪祈福得获护佑的含义却又很明确，相对于具象的距离汉地传统颇远的『西天梵相』，抽象的『西天字』或曰『真言字』[3]，便更易为人接受。就造型来说，法曼荼罗的式样作为器物图案，很宜于安排，何况这种常见的莲花式造型对汉族地区来说也早是熟悉的。种子字，

[1] 顾嗣立《元诗选·初集》，页二〇六八，中华书局一九八七年。

[2] 周广荣《试论宋元时期的佛经译勘与梵字的传习》，页七〇、七一，《世界宗教研究》二〇〇四年第二期。

[3] 作为装饰纹样，元代称之为『西天字』，明代称之为『真言字』。如元《通制条格》卷二十八《杂令》：『大德九年八月初二日，宣政院奏：「街下织段子的匠人每，织着佛像并西天字段子货卖有。那般织着佛像并西天字的段子，卖与人穿着行呵，不宜的一般有。」奏呵，奉圣旨：「怎生那般织着卖有？说与省官人每，今后休教织造佛像西天字样的段子货卖者。钦此。」』明王宗沐《江西大志·陶书》举景德镇窑青花器皿纹样有所谓『宝相花捧真言字』『缠枝四季花真言字』，等等。

即用作代表某尊佛、菩萨、天王或象征佛教经义的梵文字。念诵梵咒和观想种子字都是密教的修行方法。不过就接受者来说，至少应该分作两个层次。其一是真正的宗教义理层面，它集中于知识精英，此不必论；其一是最为广泛的民间信仰的层次。而它不仅是三教混同，并且于佛教也是各宗杂糅。如同唐代寺院有俗讲，宋有勾栏瓦舍中的讲经，明有深入到日常生活中的宣卷，佛教深奥的义理便总是用着通俗化的形式传播于一般信众。在接受者，则是取其基本意思而予以浅近的理解，并在这一过程中更多注入现世的和世俗化的成分。《西游记》第十五回曰悟空与小龙苦斗，『小龙委实难搪，将身一幌，变作一条水蛇儿，钻入草科中去了。』猴王拿着棍赶上前来，拨草寻蛇，那里得些影响。急得他三尸神咋，七窍烟生，念了一声「唵」字咒语，即唤出当坊土地、本处山神，一齐来跪下道：山神、土地来见』。类似的情景，书中还有多处。这实在可以表明对『唵』字诸义的一种最通俗的理解和应用。梵文金银首饰的取材依据，也是植根于这种世俗化了的民间信仰的层面，它从教理、教义中提炼出若干有既定意义的

图四—一
金镶宝梵文挑心
常熟明温州知府陆润夫妇墓出土

图四—二
金梵文挑心
常州钟楼区永红街道霍家村出土

标志性的物象以代表佛学理念，而用来表达信仰者祈福的心愿❶，但又一方面，也不妨把它看作是从信仰层面生长出来的一种装饰趣味。

以梵文为装饰纹样的首饰，最多见的是挑心，如上海松江区华阳桥镇杨四山墓出土银鎏金梵文挑心❷，常熟市虞山明温州知府陆润夫妇墓出土金镶宝梵文挑心❸〔图四—一〕，常州钟楼区永红街道霍家村出土金梵文挑心❹〔图四—二〕，簪首装饰的梵文，皆为『唵』字。此外，武进前黄明夫妇合葬墓、武进横山群丰队分别出土银鎏金梵文挑心和金梵文挑心，簪首所饰梵文，亦为『唵』

四—一

四—二

❶ 当然此中所掺杂的理解，也包括把它视同符咒，其意义便好似本土道教符咒一般。如贵州思南明张守宗夫妇墓出土一方道教符箓砖，砖的右边一行为『身披北斗头戴三台』，左边一行为『寿山永远石朽人来』，道教符箓占据中间的主要位置，符箓之上，则是一个汉字『唵』（刘恩元《贵州思南明张守宗夫妇墓清理简报》，页三四，图一九，《文物》一九八二年第八期）。那么『唵』在这里的意义同道教符咒是一样的。

❷ 墓葬时代为明前期。《上海明墓》，彩版四：一（『银鎏金「唵」字簪』）。

❸ 常利平等《常熟市虞山明温州知府陆润夫妇合葬墓发掘简报》，《东南文化》二〇〇一年第四期。陆润生于正统元年，成化二年登进士第，正德十三年卒。妻马氏，生于正统三年，卒于弘治十八年。

❹ 陈丽华《常州博物馆五十周年典藏丛书：漆木·金银器》，页七〇（『梵文金簪』），文物出版社二〇〇八年。

字，只是均为反文❶〔图四—三～四〕。而最为富丽华奂的一副，是出自北京右安门外明万贵墓的金镶宝珠梵文挑心与金镶宝梵文满冠各一枝❷〔图五—一～二〕。满冠高四点九厘米，宽十一点五厘米，重八十四点五克。依然是固有的形若菩萨冠当心部分的尖拱式造型，一枚金片作底，周回用窄金条围出边墙以为装饰框。表层的装饰片下方打作一个莲花台，每个莲瓣上面做一个石碗，内里各嵌红蓝宝石和绿松石，两边打作缠枝西番莲。装饰片用焊接的办法与底片固定为一，底片上下又各焊一小截短金条向上弯出

四—三

四—四

图四—三
银鎏金梵文挑心
武进前黄明夫妇合葬墓出土

图四—四
金梵文挑心
武进横山群丰队出土

❶ 据前黄明墓所出墓志，墓主人为杨宗广与其妻胡氏，杨宗广卒于成化二十二年（一四八六），胡氏卒于正德十二年（一五一七），南京博物院《金色江南：江苏古代金器》，页一二二～一二三（图版说明作『寿字金饰』『寿字鎏金饰银发簪』），江苏美术出版社二〇〇八年。

❷ 北京市文物局《北京文物精粹大系·金银器卷》，图六九、九五，北京出版社二〇〇四年。

图五—一
金镶宝珠梵文挑心
图五—二
金镶宝梵文满冠
北京右安门外明万贵墓出土

五—一

五—二

若花蔓而与缠枝相勾连，却浑然不露痕迹。莲花台的上面装饰一个梵文字。背面安一柄垂直后伸的扁平簪脚。挑心的造型恰是满冠的中心部分，即莲花座上托起的一个梵文字，而通体镶嵌各色宝石和珍珠。高十二点五厘米，最宽处九点六厘米，重一百零二点六克。背面也是一柄垂直后伸的扁平簪脚。两枝金簪装饰的梵文，均为『吽』字。

六

图六
《宪宗元宵行乐图》（局部）
中国国家博物馆藏

梵文簪钗的制作，其风大约扇起于明成化时期的宫廷，宪宗对番僧的宠信当即原因之一。中国国家博物馆藏明《宪宗元宵行乐图》中描绘的嫔妃贵人，中有十三人特髻当心处插戴梵文挑心〔图六〕。万贵墓出土两枝金簪与画作的时代大体一致❶。而万贵的长女乃宪宗的宠妃万贵妃，金簪便也极可能是出自宫中。《明史》卷三百《外戚传》曰万贵『颇谨饬，每受赐，辄忧形于色』，可见来自宫禁的赏赐是很多的。

至于梵文簪钗的设计构思，来源之一当是寺院壁画及水陆画中的菩萨妆，正如各式佛像挑心的造型同于佛教艺术中观音所戴宝冠上面的化佛。山西朔州崇福寺弥陀殿东西两壁金代壁画中的胁侍菩萨❷〔图七—一〕，北京法海寺明代壁画中的文殊菩萨和飞天〔图七—二~三〕❸，山西右玉宝宁寺明代水陆画中的大威德菩萨❹〔图七—四〕，宝冠当心的装饰，俱为莲花座上托起的一个梵文字，法海寺文殊菩萨所饰为『唵』，飞天所饰为『吽』，可以认得很清楚。

❶ 万贵是明宪宗宠妃万贵妃之父，据墓葬出土《赠骠骑将军锦衣卫都指挥使万公墓志铭》，万贵生于洪武二十五年（一三九二），卒于成化十一年（一四七五）。妻子之卒先于万贵二十一年。郭存仁《明万贵墓清理简报》，《北京文物与考古》第三辑（一九九二年）。

❷ 柴泽俊《朔州崇福寺》，图二〇四，文物出版社一九九六年。

❸ 北京市法海寺文物保管所《法海寺壁画》，图二三、图二九，中国旅游出版社一九九三年。按壁画成于正统八年。

❹ 山西省博物馆《宝宁寺明代水陆画》，图五五，文物出版社一九八八年。按壁画成于天顺年间。

图七—一 山西朔州崇福寺金代壁画

图七—二 北京法海寺明代壁画·文殊菩萨

图七—三 北京法海寺明代壁画·飞天

图七—四 山西右玉宝宁寺明代水陆画

七—一

七—二

七—三

七—四

八—一

八—二

图八—一
十相自在图金簪
常州王家村出土

图八—二
金时轮金刚咒牌
明梁庄王墓出土

用作簪钗装饰纹样的又有十相自在图，如江苏常州王家村出土一枝金簪[1]〔图八—一〕。金簪通长十二厘米，最宽处五点八厘米，重三十一克。簪首为金，簪脚为银，由簪脚的安置方式可知这是一枝顶簪。作为簪首纹样的十相自在图，也称时轮金刚咒牌，明梁庄王墓即出土一枚金时轮金刚咒牌[2]〔图八—二〕，不过金簪首却是制成一幅反向的图案[3]。十相自在图原是藏传佛教金刚乘的重要标志，它常常作为寺庙和家宅正门的装饰，或绘或镌或雕，以求消灾辟邪、逢凶化吉的护佑之法力[4]。西藏扎囊县桑耶寺殿堂内的柱头装饰，上方为转枝牡丹捧出的『十相自在图』，下方是一朵海石榴和缠枝卷草托举的『双喜』字[5]。如此汉藏结合的方式，使得这一图式的含义更加明朗。金簪以它作为簪首纹样，所寓自然也是消灾辟邪的祈福之意。参考与金簪同出的其他金银饰品，可以推定其时代为明前期。

种子字用作装饰纹样，见于嘎乌式金银佩件，如分别出自南京江宁将军山沐昂妾邢氏墓[6]、将军山沐斌夫人梅氏墓[7]、常州和平新村明墓的三件[8]〔图九—一～三〕。末一例是一枚造型近方

[1]《常州博物馆五十周年典藏丛书：漆木·金银器》，页五七（『梵文金簪』）。

[2] 湖北省文物考古研究所等《梁庄王墓》，彩版一九四，文物出版社二〇〇七年。

[3] 智化寺殿堂栱眼壁彩画中有与此相同之例，马瑞田《中国古建彩画》，图一〇七，文物出版社一九九六年。

[4] 张保胜《永乐大钟梵字铭文考》，页一四六～一四七，北京大学出版社二〇〇六年。

[5] 刘励中《藏传佛教艺术》，页七六，三联书店香港分店等一九八七年。桑耶寺始创于八世纪后半叶，后屡经毁废，又屡经修复，此彩饰当系后绘。

[6] 南京市博物馆《南京将军山明代沐昂侧室邢氏墓及二发掘简报》，彩插三：一（『金盒』），《东南文化》二〇一三年第二期。沐昂为沐英之子，侧室邢妙仙生于洪武十六年（一三八三），卒于永乐二十二年（一四二四）。

[7] 南京市博物馆等《南京江宁将军山明代沐斌夫人梅氏墓发掘简报》，图二三至二五（『金带链香盒』），《文物》二〇一四年第五期。墓主人卒于成化十年。

[8]《常州博物馆五十周年典藏丛书：漆木·金银器》，页七四～七五（『「福寿」纹银方盒』）。

图九一一
嘎乌式金佩件
南京江宁将军山
沐昂侧室邢氏墓出土

图九一二
金镶宝嘎乌式佩件
南京江宁将军山
沐斌继室梅氏墓出土

图九一三
嘎乌式银佩件
常州市和平新村工地
明墓出土

的系链银匣，长八点三厘米，宽八点五厘米。银匣两面各饰不同的纹样。一面以连珠纹装饰为圆环，其外四角布置祥云，其内为一朵铺展开来式如曼荼罗的六瓣莲花，花心和花瓣内分别装饰一个梵文字。——这里姑且称此为甲面。另外一面纵横分作九个装饰框，中心方框为四角以祥云拥护的一个『寿』字，周围方框分别装饰法轮、海螺、幢、盖、花、瓶、双鱼、盘长八吉祥图案。——且称此为乙面。银匣的两边系链，中心是一个原可抽送的小银屉，银屉向外的一侧打作花卉纹，中央花心设一小环以为拉手。将军山出土的金匣与金镶宝匣，乙面构图与此大体相同。出自邢氏墓的一枚，当以装饰坐佛的一面为正面。

银匣与金匣甲面图案莲花心中的梵文，或被认作『福』字。其实这是金刚界曼荼罗中阿弥陀佛种子字，读作 hrīḥ，汉语音译又作纥哩、纥利、纥利俱等。六瓣莲花中的六个梵文则为六字真言，整个图案便是一个法曼荼罗或曰种子字曼荼罗。

阿弥陀佛又名无量寿佛、无量光佛，前者是梵名音译，无量寿、无量光，均为意译。在净土信仰中，阿弥陀佛是西方净土

图一〇
金冠
安徽凤阳县明严端玉墓出土

一〇

之主，在密教则是莲花部的部主，为大日如来的化身之一。而在西藏密宗寺院里，阿弥陀佛又是别作两种形象，即一为无量光佛，一为无量寿佛，前者是空间的意义，后者是时间的意义。不过对于一般民众来说，大约很少于此作哲学意义或宗教意义上的理解，而是直接倾注了世俗的愿望，因此『无量寿』的意思很可以为信仰者更添一重世俗的理解。在汉族地区净土信仰与密教的结合中，阿弥陀佛便不仅是信众往生净土的接引佛，且更有了福佑今生的大法力。金银器的梵文装饰，『纥哩』即为使用频率很高的一种，如宁夏灵武临河石坝村出土一对西夏时代的银舍利盒❶，如安徽凤阳县城西乡余庄村西明严端玉墓出土一顶金冠❷〔图一〇〕，金冠的阿弥陀佛种子字下又饰一行六字真言，不过整个装饰纹样仍是比较简单的。

至于银盒与金盒的形制，则同于藏传佛教饰品中的『嘎乌』。高濂《遵生八笺》卷八《起居安乐笺下》『念珠』条在列举念珠的各种式样时说到一件『梵王物』：『又见番僧携至佩经，或皮袋或漆匣，上有番篆花样文字四，方三寸，

❶ 中国国家博物馆等《大夏寻踪——西夏文物辑萃》，页一六一，中国社会科学出版社二〇〇四年。

❷ 据墓葬出土《京兆郡夫人严氏墓志》，严氏生于元统二年（一三三四），卒于永乐六年（一四〇八），为京兆郡侯韦德成之妻。安徽省文物考古研究所等《凤阳县余庄村明墓》，《文物研究》总第七辑（一九九一年）。

厚寸许，匣外两傍为耳，系绳佩服。余曾开匣视之，经文朱书，其细密精巧，中华不及，此真梵王物也。』此所谓『番僧』，应是来自雪域，『番篆花样文字』者，梵文也。所云佩匣藏语名作嘎乌，即匣的意思，原指供奉佛像的盒子。清项应莲《西昭竹枝词》『护身小窨挂胸前』，句下自注：『胸挂银窨，中贮护身小佛，人人如此』[1]，此『银窨』便是嘎乌之属。这一类用作放置佛经或佛像而系绳佩服的小匣，汉族地区所见不多，不过由明至清流行时间却不短，虽然范围并不大。查慎行《敬业堂诗集》卷四十一《藏经匣歌》所咏『藏经匣』也是此类。诗前小序曰：『匣漆皮为之，无缝，不可开。相传古罗汉写藏经锢其中。长三寸许，阔二寸许，厚不盈寸，正面画佛像一尊，背及四旁俱有梵书，西域喇嘛仅识其半，云此大西天字也，彼中奉为法宝。流入中国者七部。四部藏匣内，三部藏佛腹中。好事者启视，坏其一，今在人间者，尚有六部，此其一也。佩之水火盗贼不能伤，魍魉魑魅不能害云。』关于七部藏经的故事这里且不论，但藏经匣的『佩之水火盗贼不能伤，魍魉魑魅不能害』，却是历时悠久的传统信念。

[1] 王利器等《历代竹枝词》（二），页一二七七，陕西人民出版社二〇〇三年。

图一一
永乐大钟钟顶内壁铭文拓片

大致说来，一、带有藏密风格的明代金银饰品，原是从藏传佛教艺术中撷取造型和纹样的若干因素，然后与传统艺术结合起来并融汇为一。新的意象之于传统艺术，便只是内容的添加，而很少是改变。在此不断演化的过程中，梵文作为一种吉祥符号，如同汉化很深的中文词汇，也成为被赋予装饰趣味的艺术语汇，甚至很难使人记起它原初的深奥的含义。也如同此外的佛教艺术语汇，作为装饰纹样，人们仍是在传统的消灾、辟邪、祈福的意义上使用它，它源于宗教信仰，但却很大程度被世俗化。换句话说，在这里我们可以看到形而上的信仰（道），在用了形而下的方式（器）来表现它的时候所反映出的世俗心态。

二、这一类图样的传布似与永乐大钟的铸造有关。——流行于明代前半期的带有藏密风格的装饰纹样几乎都可以在永乐大钟图案中找到，如十相自在图、六字真言，如各种常见的种子字曼荼罗，此由钟顶内壁铭文即可见大概[1]〔图一一〕。大钟所铸汉梵释典经咒铭文二十三万，其中梵字五千余，经咒的安排，各式法曼荼罗的布置，均缜密有序，那么设计者不仅要精通佛教，且必

[1] 《永乐大钟梵字铭文考》，页一四五，又卷前彩版。

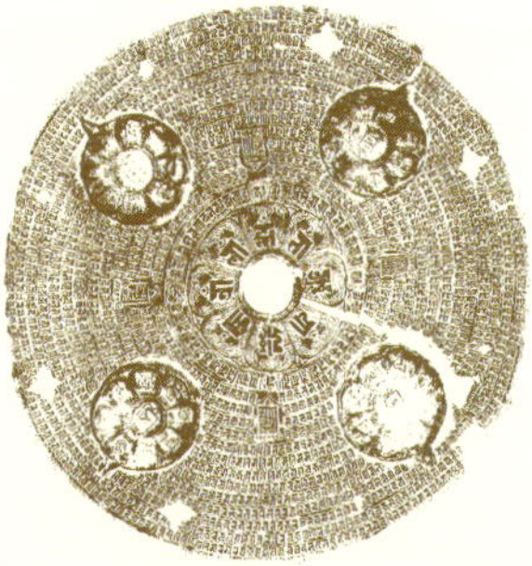

一二
时轮金刚咒

须深谙藏密，而如此繁复的一项皇家工程，动用的巧工良匠自不在少数。这样一批人，是很可能成为图式传播者的。

（二）藏密诸神像

大黑天神像金饰

作为密教护法神的大黑天神像，它在中土的流行始于元代，不过大黑天的多臂大忿怒相已完成于唐。慧琳《一切经音义》卷十『摩诃迦罗』条曰：『摩诃迦罗，梵语也，唐云大黑天神也。有大神力，寿无量千岁。八臂，身青黑云色。二手怀中横把一三戟叉，右第二手捉一青羖羊，左第二手捉一饿鬼头髻，右第三手把剑，左第三手执朅吒罔迦（梵语也，是一髑髅幢也），后二手各于肩上共张一白象皮如披势，以毒蛇贯穿髑髅以为璎珞，虎牙上出，作大忿怒形，雷电烟火以为威光。身形极大，足下有一地神女天，以两手承足者也。』奉祀它的意义，如唐良贲《仁王护国般若波罗蜜多经疏》卷下所云『大黑天神，斗战神也，若祀彼神，增其威德，举事皆胜，故飨祀也』。

元代流行的是萨迦派二臂大忿怒相的大黑天，时有『麻曷

图一二
永乐款铜镀金大黑天像
故宫博物院藏

葛剌』『马哈哥剌』等译名。麻曷葛剌像与元皇室的关系至为密切，这当然与被忽必烈先封为国师后封为帝师的萨迦派第五代师祖八思巴相关，而关于大黑天造像及其修持仪轨，元所承则来自西夏[1]。明代，萨迦派样式大黑天神像的流行远未如前朝，不过在宫廷仍有延续。如故宫博物院藏永乐年制铜镀金大黑天像一尊〔图一二〕。像高二十一厘米，座前刻铭曰『大明永乐年施』[2]。又清宫旧藏正统四年泥金写本《如来顶髻尊胜佛母现证仪》跋画之吉祥金刚大黑[3]。此画绘于明英宗时代，大黑天的图像完全依据莎南屹啰等译的藏文仪轨经《如来顶髻尊胜佛母现证仪》，

——『日轮上有仰卧尸，尸上复有能降一切诸怨魔众青色吽字，其字放光。善能断除一切怨魔。光回字中，变成吉祥金刚大黑。其身青黑色，一面二臂，身短肥大，矮相而立。右手钩镰，左手中持一切怨魔血满头器。二臂肘上而横擎一杆之杖，其内隐藏无数神兵。黄发上竖，三目圆赤，咬啮利牙，颦眉

一二

[1] 沈卫荣《西夏、蒙元时代的大黑天神崇拜与黑水城文献：以汉译龙树圣师造〈吉祥大黑八足赞〉为中心》，页一五六～一六二，《贤者新宴——藏学研究丛刊·五》，上海古籍出版社二〇〇七年。

[2] 故宫博物院《图像与风格：故宫藏传佛教造像》，图一八七，紫禁城出版社二〇〇二年。明代崇奉大黑天神的情形，见王尧《西藏文史探微集·摩诃葛剌(Mahākala)崇拜在北京》，页二五四～二五七，中国藏学出版社二〇〇五年。

[3] 石守谦等《大汗的世纪：蒙元时代的多元文化与艺术》，页一一二，台北故宫博物院二〇〇一年。

忿恨。冠五骷髅冠，项挂五十滴血人头。虎皮为裙，身严六种骨珠，璎珞蛇宝饰身』。

湖北钟祥明梁庄王墓出土两枚金大黑天神像❶〔图一三一一～二〕，它与《如来顶髻尊胜佛母现证仪》跋画之吉祥金刚大黑时代相同，图式也很一致，为一大一小两件。大者下为覆莲座，上起火焰式尖拱龛，高九点四厘米，底宽五点四厘米；小者为圆形，直径三点一厘米，背面錾梵文摩诃迦罗用普印咒。以大者为精。它的制作，系取用两片金材，一为底衬，一为上面的装饰片，然后扣合为一。其外缘一周多布小孔，当为穿缀而制，大约是用作冠饰。与跋画相比，虽笔触致密不能及，但就金器的打作之工而言，精细也几臻于极致。五骷髅冠，虎皮裙，『以毒蛇贯穿髑髅以为璎珞』，右手钩镰，左手嘎巴拉碗，臂肘横擎一杖，又『虎牙上出』，三目圆睁，乃至雷电烟火之威光，凡此种种，出之以锤錾，形象的刻画与细节表现的微至并不稍逊于画笔。这一枚金饰差不多是完全的『西天梵相』之『拿来』，能制作得如此传神，

一三一一

一三一二

图一三一一
大黑天神像一
图一三一二
大黑天神像二
湖北钟祥明梁庄王墓出土

❶《梁庄王墓》，页一八五～一八六，彩版一九一、一九二：一。

❶二〇一三年南京博物院举办的『金色中国：中国古代金器大展』及同名图录中，它被称为『金镶宝石仙人乘车簪』，笔者观展归来后撰写《金黄璀璨的底色：金银器主题展览学术断想》（《北京青年报》二〇一四年五月十六日）考证金簪名称，本章这一节即以此文为基础稍事增补。

第一当有精细的图样，此外当有对图式以及表现内容都很了解的工匠。而从公开发表的材料来看，目前尚无更多的例子。或可认为它是来自元廷的大黑天崇拜的一点余波，流行范围是很小的。

摩利支天像金挑心

湖北蕲春明都昌王朱载塎夫妇墓出土一枝金簪❶〔图一四〕，从形制来看，它是明代女子插戴于鬏髻亦即发罩正面中间的挑心，簪首以金镶宝莲座托起一驾金车，车舆上面复置一个莲花座，莲花座上的主尊三面八臂，宝冠上有大日如来，高举的两臂分持红蓝宝石，红以象日，蓝以象月，左边的面前一臂握金刚铃，旁侧一臂持弓，一臂持金刚橛；右边的面前一臂握宝剑，旁侧一臂持羽箭，一臂持长矛。九猪在前驾车，车轮两侧云朵上各一个手持法器的护卫天女。车舆背后另以金片为底衬，一枝与簪首垂直方向的金簪脚和底衬相接。簪首图案虽然是很少见的一例，不过造像特征十分显明，可知正是藏传佛

一四

图一四 金镶宝摩利支天像挑心
明都昌王朱载塎夫妇墓出土

教中的摩利支天。

摩利支天大约在南北朝时期入传中土，汉译《佛名经》作摩梨支，其后隋阇那崛多《佛本行集经》译为摩利支天，释之为阳炎。摩利支天具有大神通自在力，擅隐身，能为人消除障难、增进利益、护国护民、救兵戈及得财、诤论胜利等功德[1]。作为密教的摩利支天，图像的流行始自宋天息灾译《佛说大摩里支菩萨经》[2]。大足石刻北山佛湾第一三〇窟有宋摩利支天造像，三面八臂的摩利支天女所立莲花座下的高台便是车舆，两头大象在前方挽驾。泸州南宋报恩塔外壁龛窟内也有摩利支天像，塔系泸南安抚使冯楫建于绍兴十八年[3]。布达拉宫藏一尊铜镀金摩利支天像有『大明永乐年施』款[4]。辽宁省博物馆藏明代的一尊铜摩利支天像，坐在七猪挽驾的莲花座上，三面六臂，高举的两臂左为日，右为月，其上分别铸出『日』『月』铭文（图一五一一）。大约绘制于明天顺年间的山

图一五一一

铜摩利支天像

辽宁省博物馆藏

[1] 李翎《佛教与图像论稿续编·摩利支天信仰与图像》，页三四，文物出版社二〇一三年。按苏轼曾为其侄书『摩利支经』，后述其始末云『侄安节于元丰庚申六月大水中舟行下峡，常持此经，得脱险难。明年十二月至黄州，见轼，乞写此本持归蜀』（《跋所书摩利支经后》），当可算得一则『灵验记』。

[2] 刘永增《敦煌石窟摩利支天曼荼罗图像解说》，页一一，《敦煌研究》二〇一三年第五期。

[3] 两例均为实地考察所见。

[4] 深圳博物馆等《祥云托起珠穆朗玛峰：藏传佛教艺术精品》，页二七四，文物出版社二〇一七年。

图一五一二
宝宁寺水陆画
摩利支天像
山西博物院藏

一五一二

西右玉宝宁寺水陆画中有『行日月前救兵戈难摩利支天诸神众』一幅，画中立于两朵青莲上的摩利支天双头六臂，中间双手合十，右边一臂手持宝剑，一臂手持羽箭。左边一手持索，一手持弓。青莲左侧，猪是坐骑〔图一五一二〕。郑和七下西洋，曾捐资刻印数部佛经，《佛说摩利支天经》便是其中之一。今藏中国国家图书馆永乐元年郑和施印《佛说摩利支天菩萨经》[1]，经尾有姚广孝

[1] 郑和下西洋六百周年筹备领导小组等编《云帆万里照重洋：纪念郑和下西洋六百周年》，页二三，中国社会科学出版社二〇〇五年。

题记，其中说道：『佛说摩利支天经，藏内凡三译。唯宋朝天息灾所译者七卷，其中咒法仪轨甚多，仁宗亲制圣教序以冠其首，然而流通不广。以广流通者，唯此本乃唐不空所译，其言简而验，亦多应菩萨之愿力。』北京智化寺也藏有明正统二年四月初八日印施《佛说摩利支天陀罗尼经》❶〔图一五一—三〕。智化寺建于正统年间，原是明司礼太监王振的家庙，初建时由明英宗赐题。从构图来看，摩利支天金簪更接近于辽宁省博物馆藏明代铜摩利支天像。不空译《末利支提婆华鬘经》说道，『持五戒优婆塞，于头髻中盛著彼像』。『俗人头髻中著像』，皆可保平安，明代将摩利支天像制为女子首饰中的挑心，插戴于发髻当心处以冀护佑，正是合宜。然而摩利支天远未如用作挑心纹样的观音为人熟知，且明代崇奉此尊者相对来说以王公贵人为多，尤其是皇室❷，如果不是有一个相关的背景，恐

图一五一—三
《佛说摩利支天陀罗尼经》经首画
北京智化寺藏

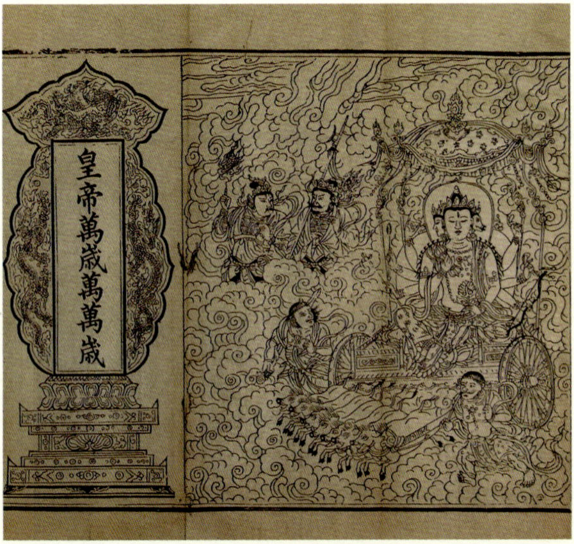

❶ 北京文博交流馆《智化寺藏元明清佛经版画赏析》，页一〇二，北京燕山出版社二〇〇七年。
❷ 陈玉女《明代的佛教与社会》，页四三，北京大学出版社二〇一一年。

怕并不容易做到如此符合仪轨造型准确而又美观。此墓的墓主人朱载堉系嘉靖中袭封，但随葬品的时代却可以远在其前，墓葬出土即有『正统九年』铭银里木碗，那么挑心制作的时间也当远比入葬时间为早，正如正统六年入葬的梁庄王墓随葬品中有永乐元年物，天启年间下葬的嫔妃墓中有宣德九年以及弘治元年、弘治六年制造的金器[1]。

从目前的发现来看，以梵文和藏密诸神像作为装饰图案的金银饰品，多集中在明代前半期，风气的兴起则源自宫廷。如前述，此与朝廷出于政事的考虑对番僧的尊崇相关，此外，前朝遗风犹存于彼时之宫廷，不能不说也是原因之一。而又因为它的影响力更多是来自宫禁[2]，明代中期以后，内廷风气转变，作为装饰纹样的梵文便不再成为时尚，以至于人们对藏密诸神的名称和寓意似已不甚了然[3]。明代后期的情况可以定陵为例。定陵出土的金银挑心也有三件以梵文种子字为饰，但其中两件的主尊却是汉地佛教信奉的鱼篮观音，并且种子字的制作多变得难以辨认〔图二〇一一～二〕，就风格与样式而言，与明初已经大不相同。

[1] 北京市文物局《北京文物精粹大系·金银器卷》，图四八、图一〇〇至一〇六，北京出版社二〇〇四年。

[2] 『明代前期吸收和鼓励藏传佛教内传的程度甚至超过了元朝。』沈卫荣《大元史与新清史：以元代和清代西藏和藏传佛教研究为中心》，页九，上海古籍出版社二〇一九年。

[3] 吴世昌《密宗塑像说略》，页一九三～一九四，《吴世昌全集》第二卷，河北教育出版社二〇〇三年。

一、观音及其他

第九章说到挑心纹样取用最多的是观音，『顶戴』观音固然有信仰的因素在内，不过唐宋以降，观音逐渐演化为本土的俗神，乃至颇与神仙相类，苏轼《雨中游天竺灵感观音院》句云『白衣仙人在高堂』，所谓『白衣仙人』，即白衣观音。普通民众的观音信仰更是逐渐脱离开佛经中的教义，而添加了越来越多着眼于现实人生的中土传说。宋洪迈《夷坚志》收录观音传说四十余，观音的神通即多在于与日常生活相关的治病、送子之类，南宋许棐咏摩睺罗的《泥孩儿》诗便道『双罩红纱厨，娇立瓶花底』的泥孩儿，令少妇『一玩一心喜，潜乞大士灵，生子愿如尔』。观音送子的形象自然最是贴近生活。而《法华经·普门品》中说到的观音菩萨三十三现，又似乎特为观音形象的塑造提供了想象的空间，因此出现了中土化的各式变形观音，其意义以及相关的传说也几乎与佛典无关，比如最为流行的送子观音和鱼篮观音。所谓『仁慈观熟，偏于此土有情』（明屠隆《补陀观音大士颂·叙》），而观音有情于此土，实有赖于此土为观音『重塑金身』。出自德化窑工匠之手的送子观音，即以造型与工艺之殊胜特教人喜爱。瓷塑每以波涛数叠带出清辉香雾、南海烟水，腾起的一股浪花上托起经卷，送子观音白衣一袭，衣痕如水，高髻上罩着观音兜，左足轻踏在小小一枚莲叶上，盘膝抱一个小儿，如见藏于福建博物院的一件〔图一六〕。可以说这是送子观音的一个基本图式，不同的材质也大略如此。德化窑观音凭着釉色的润洁而冰玉其质，用于簪钗，也多喜欢取用金镶玉的方式妍雅其形。兰州市白衣寺塔天宫出土一枝末代肃王朱识鋐之妻亦即王妃熊氏的金镶玉嵌珠宝送子观音挑心，金累丝的莲花台上伸展出镶珠嵌宝点烧蓝的莲蓬、花叶和慈姑叶，碾玉观音也是头罩观音兜，膝上一个小儿，衣裾

一六

图一六
德化窑送子观音
福建博物院藏

图一七一一
金镶宝送子观音挑心
图一七一二
银花钱
兰州白衣寺塔出土

一七一一

下方的三朵浪花见出渡海之意❶（图一七一一）。背面一柄银簪脚，铭曰『肃王妃熊氏施　伴讀姚進兼装』。熊氏系天启二年册封为妃，挑心是王妃施于白衣寺之物❷。同出一枚银花钱，其上铭作『崇禎伍年捌月初拾日　伴讀姚進施』（图一七一二），簪与花钱的施舍当为同时。

更有戏剧性的是马郎妇观音和鱼篮观音。观音菩萨三十三现中，二者原是各为一身，在中土的民间传说中才逐渐演变为一事。黄庭坚《戏答陈季常寄黄州山中连理松枝二首》之二：『老松连枝亦偶然，红紫事退独参天。金沙滩头锁子骨，不妨随俗暂婵娟。』宋任渊注：『《传灯录》：「僧问风穴：如何是佛？

❶ 甘肃省文物局《甘肃文物菁华》，图一七三，文物出版社二〇〇六年。按图版说明曰：观音『头戴纨巾，身着长衣，怀抱一小儿坐于鳌背上』，且将花钱铭文归于簪，经目验，知其非。

❷ 制作送子观音施舍寺院，应为当日风俗，丁耀亢《续金瓶梅》第三十七回中说道，那王爷娘娘『因兀术还没生世子，即时传了福清师徒三人进宫来，要舍寺雕白衣送子观音，与王爷求子的话』。作者为明末清初人。

一七一二

穴曰：金沙滩头马郎妇。」世言观音化身，未见所出。按《续玄怪录》：昔延州有妇人，颇有姿貌，少年子悉与之狎昵，数岁而殁，人共葬之道左。大历中有胡僧敬礼其墓，曰：斯乃大慈悲喜舍，世俗之欲无不徇焉。此即锁骨菩萨，顺缘已尽尔。众人开墓以视，其骨钩结皆如锁状，为起塔焉。马郎妇事大率类此。』❶《续玄怪录》的作者是唐人李复言，任注所引即『延州妇人』一则。任注成于北宋末年，既曰马郎妇『世言观音化身』，那么是北宋时期已经有了这样的传说。至南宋志磐《佛祖统纪》记马郎妇故事，又添加了以许嫁为约引导俗众诵经的情节，惟将马郎妇系于普贤❷。不过马郎妇与观音合作一身且成为绘画题材，大约不晚于宋❸。杨慎《词品》卷二『衲子填词』条引宋寿涯禅师《渔家傲·咏鱼篮观音》：『深愿弘慈无缝罅。乘时走入众生界。窈窕风姿都没赛。提鱼卖。堪笑马郎来纳败。／清冷露湿金襕坏。茜裙不把珠缨盖。特地掀来呈捏怪。牵人爱。还尽许多菩萨债。』所咏画图今虽无从得见，但根据词句的描写，可知在这一幅作品里马郎妇与鱼篮观音已是合二为一，成为一个『窈窕风姿』

❶〔宋〕任渊等《山谷诗集注》（黄宝华点校），页二二六，上海古籍出版社二〇〇八年。

❷《佛祖统纪》卷四十一：『马郎妇者，出陕右。初是，此地俗习骑射，蔑闻三宝之名。忽一少妇至，谓人曰：有人一夕通《普门品》者，则吾归之。明旦诵彻者二十辈。复授以《般若经》，旦通彻犹十人。乃更授《法华经》，约三日通彻，独马氏子得通，乃具礼迎之。妇至，以疾求止他房，客未散而妇死，须臾坏烂，遂葬之。数日，有紫衣老僧至葬所，以锡拨其尸，挑金锁骨，谓众曰：此普贤圣者，闵汝辈障重，故垂方便。』

❸世传有吴道子绘《鱼篮观音》，如明都穆《寓意编》、又汪砢玉《珊瑚网》卷四十七，但恐怕不很可靠。

且特地轻掀茜裙露出珠缨的卖鱼妇，而见藏于波士顿美术馆的一幅元代《鱼篮观音像》，形象正如词作所咏之图[1]。台北故宫博物院藏传赵孟頫《鱼篮大士像》，大士素衣、草履，左手提鱼篮，右手拈数珠。当然诵经也是一种表现形式，安徽博物院藏元景德镇窑青白釉观音，头戴七宝化佛冠，腰系草叶裙，手持经卷〔图一八—一〕，即是一例。这两类图式均为明代所袭用。明神宗之母慈圣皇太后所建慈寿寺中有鱼篮观音像碑一通[2]〔图一八—二〕，莲花池边的观音发髻绾作一窝丝，中横一柄竹节簪，一枚七宝珠梳插在迎面，右手提着以柳叶铺底的鱼篮，左手轻拈衣角，微微露出里面的七宝璎珞。碑刻年代为万历十五年，它与宋寿涯禅师所咏鱼篮观音画图已是相隔久远，然而构图元素却是一致，甚至包括『茜裙不把珠缨盖，特地掀来呈捏怪』的细节。台北故宫博物院藏万历时期宫廷画家吴彬笔下的一幅《鱼篮观音》，乃袈裟、绦带、草履，手奉经

一八—一

图一八—一
景德镇窑青白釉观音
安徽博物院藏

[1] 《忽必烈汗的世界：中国元代艺术》，页九一。

[2] 北京市文物局《北京文物精粹大系·石刻卷》，图一五六，北京出版社二〇〇四年。

图一八—二
北京慈寿寺
鱼篮观音像碑拓片

一八—二

卷，鱼篮提在一个随侍的僧衣小童亦即善财童子手里。其实构图元素也俱有所本。手奉经卷是元代即已形成的马郎妇图式，明代有搬演于内府者的无名氏《观音菩萨鱼篮记》杂剧，第四折观音度得张无尽功成行满，于是有善财童子上场跟随在身边[1]。那么画家选取的构图元素就不仅仅是丰满画面，而是添加了叙事感[2]。总之，不论雅俗，不论材质，各种不同来源的图像，都可以成为打制金银首饰的粉本。

[1] 无名氏《观音菩萨鱼篮记》，《孤本元明杂剧》（四），中国戏剧出版社一九五八年。

[2] 然而人物形象却没有世俗之甜美，凭着这样的画风，一种隐含的叙事感终究是与流俗拉开了距离。

以鱼篮观音为装饰图案的簪钗与送子观音相同，也多安排为挑心，设计构思正是借鉴于流传已久的图画以及同时代的其他工艺品。常熟宝严寺明墓出土一枝鱼篮观音金挑心，火焰背光为衬板，漫天祥云中走出遍身绫罗的女郎，高髻、云肩、飘带，绣履起处裙摆轻翻，左手一挂数珠，右手挽了已失篮身的一个篮柄❶〔图一九〕。北京定陵出土造型相同的银鎏金镶玉嵌宝鱼篮观音挑心两枝，均为孝靖皇后物❷〔图二〇—一～二〕，莲花台上立着宝冠、帔帛的碾玉观音，火焰背光两边制作的种子字并未忠实原形，在此更多是取装饰意味，而与纹样主题无关。玉工手下的观音嘴角上弯一副笑模样，更有巧处是观音手里做了一个活环，鱼篮的提梁从中穿过，鱼篮因可来回活动。

与前举肃王妃熊氏施舍于白衣寺塔送子观音挑心同出尚有金镶玉嵌珠宝鱼篮观音挑心一枝，它以金为托座，内嵌玉件。白

一九

图一九 鱼篮观音金挑心
常熟宝严寺明墓出土

二〇—一

图二〇—一 银鎏金镶玉嵌宝鱼篮观音挑心
北京定陵出土

❶ 今藏常熟博物馆，承馆方惠允，得以细审实物，因可确认。

❷ 北京市昌平区十三陵特区办事处《定陵出土文物图典》，图一五〇、一五二，北京美术摄影出版社二〇〇六年。

图二〇一二
银鎏金镶玉
嵌宝鱼篮观音挑心
北京定陵出土

图二〇一三
金镶玉
嵌珠宝鱼篮观音挑心
兰州白衣寺塔出土

玉碾作莲瓣式镂空背光，背光边缘镂雕卷草，金累丝做成莲台，莲台两边以莲茎、莲叶和宝石点蕊的五朵莲花伸展内合抱为托座，白玉观音却是高髻、衫裙、帔帛，手提鱼篮，纤腰微步翩然于莲台之上。簪首高六点五厘米，总重三十六克[1]〔图二〇一三〕。簪脚铭文与送了观音挑心相同。

二〇一二

二〇一三

[1] 《甘肃文物菁华》，图一七二。

图二二
金镶宝鱼篮观音挑心
明都昌王朱载埨夫妇墓出土

蕲春明都昌王朱载埨夫妇墓出土金镶宝鱼篮观音挑心一枝，又是别样风格❶〔图二二〕，它不以累丝逞细巧，莲花台上的几颗宝石也只是点缀，优胜之处尽在于以锤錾之工而如同绘画一般傅彩行笔，曲尽形神。金镶宝莲台上的观音外罩百花衫，下系卷草襕裙，腰间衣带嵌红宝，一窝丝发髻上对插着花头簪子，鬓云下面垂着璎珞耳环，左手牵起衣角，恰好似《观音菩萨鱼篮记》头折正旦扮观音提鱼篮上，自报家门道：『璎珞严身挂彩衣，玉环穿耳鬓云垂。风流一种无人识，篮内金鳞卖与谁。』身边添一个善财，大约是撷来杂剧中的情节。观音半拢的右手原也提了鱼篮，并且如同前举慈寿寺鱼篮观音像碑，竹篮用柳叶铺底，上面一尾鎏金鲤鱼，只是出土时鱼篮脱落❷。观音和善财都是用了片材分别打制成形，然后扣合若圆雕。翻转过来，背面竟也以打作之工造微入妙，而可见意态精神，特别是微微欠身合掌礼拜的善财。稍见特殊的是此件挑心尚有一个可以拆卸的背板，背板后面与观音背后相同，即均有安置簪脚的扁管，其内各存残断的簪脚。那么可能性之一，是插戴起来观音手里的鱼篮不很服帖，或者竟是脱落了，

❶ 高八点六厘米，重三十九克。南京博物院《金色中国：中国古代金器大展》，页二四五（图版说明作『金宝石善财童子簪』），译林出版社二〇一三年。承湖北省博物馆惠允，得以细审实物，以下叙述即为观摩所见。

❷ 鱼篮今藏蕲春县博物馆，承馆方惠允观摩实物，因得以确认。

三

图二二二

凤穿花观音金满冠

四川平武王玺家族墓出土

遂加添一个背板稳固构件。

此外尚有南海观音，而又包含了另外的故事。四川平武王玺家族墓出土一件南海观音金满冠❶，满冠下方中央是一双舞凤环抱的一大朵牡丹花，两边布着莲花、菊花和灵芝，上方火焰圆光的下缘打出几痕海浪，中间坐着头戴宝冠的观音，圆光旁侧的云朵上分别是合掌礼拜的善财与手捧宝珠的龙女。观音两侧腾起浪花成为一左一右两个小花台，观音左侧花台上面残缺，所失当是净瓶，右侧花台上立着一只鹦鹉〔图二二二〕。

观音造像中添加一只鹦鹉，大约宋元以降开始流行。江苏宜兴法藏寺北宋地宫出土一身以银片打制的观音坐像❷，束腰座上的观音左手持莲花，面前一带海浪，中间卷起浪峰，两边耸出山石，左侧山石一个净瓶，右侧山石一只鹦鹉，以此点明此为南海观音〔图二二三〕。到了明代，这样的表现方法已差不多成为定式。本书第三章说到，鹦鹉能言，教人觉得异于凡鸟，古来使有不少被有神异色彩的传说，如鹦鹉入水濡羽飞洒以灭

凤穿花观音金满冠局部

❶ 此件在发掘简报中没有描述也没有照片，在四川博物院展陈时亦未标明出土地点。根据简报所述出自十五号墓的一枝，推测它是出自六号墓的一枝。原文云『六、一五，图案相同』，虽然实际上并不同。四川省文管会等《四川平武明王玺家族墓》，页二六（称作『后钿』，即出土于头部后方），《文物》一九八九年第七期。

图二三
南海观音银像
江苏宜兴法藏寺北宋地宫出土

山中大火、张华与白鹦鹉，等等，多很可诵。佛经中也不少关于鹦鹉的纪事，比如《撰集百缘经》卷六《诸天来下供养品》中的鹦鹉大王供佛，《杂宝藏经》卷一中的鹦鹉孝行。不过明代总是同观音在一起的一只白鹦鹉，多半缘自其时盛传于民间的《莺哥孝义传》，《西游记》第十二回《玄奘秉诚建大会，观音显像化金蝉》道观音在法会现出真身，『面前又领一个飞东洋，游普世，感恩行孝，黄毛红嘴白鹦哥』，正是道得明白。上海嘉定明西安府同知宣昶家族墓出土成化年间北京永顺堂刻印说唱词话十二种[1]，

二三

[2] 通高十九厘米，背有铭文『符向大娘子舍佛一身乞保家眷』。许夕华《法相光明：江苏宜兴法藏寺北宋地宫文物》，页六三，中国书店二〇一五年。按图版说明作『银观音菩萨坐像』。

[1] 何继英《上海明墓》，页三三，文物出版社二〇〇九年。

图二四
观音满池娇金满冠
四川平武王玺家族墓出土

《新刊全相莺哥孝义传》便是其中之一。南海观音挑心的设计虽未必与《莺哥孝义传》有直接的关系，因为簪钗设计可资取用的纹样原有多种来源，不过进入俗文学的中土化的观音，大约比释典中的观音更为民众所熟知。同样题材又有出自王玺家族墓六号墓的一件金满冠，中间一围雕栏，下方一池娇花，火焰背光前的菩萨以神兽为坐骑，两边善财和龙女，旁侧分别立着鹦鹉和插了柳枝的一个净瓶〔图二四〕。龙女善财，柳枝净瓶，特别是一只鹦鹉，

图二五一一

金镶宝三大士满冠

明都昌王朱载塎夫妇墓出土

二五一一

表明尊像仍是南海观音，那么坐骑当表现的是金毛犼。

装饰领域的观音虽是从佛教艺术中生长出来，但宗教情感的成分是很少的[1]。用作挑心，似乎真正是『顶礼膜拜』，然而信仰与装饰的结合，固有祥瑞、护佑之企盼，不过对美的追求该是远过丁宗教修习的意义，此中渗透的仍是世俗情感。以佛教人物为装饰纹样的簪钗，其实多是如此。比如出自湖北蕲春明都昌王夫妇墓的两枝金簪[2]。

金簪之一，整个背衬镂作连钱纹，顶端做出三个扁管，扁管内分别插入弯向前方的三柄金镶宝华盖，正面下方一溜五个嵌宝的花朵托起三个莲花台，中间坐着观音，观音莲台两边的小小云朵之上一个是合掌礼拜的善财，一个是捧着盘中宝珠的龙女。文殊居观音之左，普贤居观音之右，普贤手拈一柄如意。三大士都是头戴宝冠，穿耳之珰低垂于肩，头光后面是一片翠蓝娇红宝石照眼的火焰身光〔图二五一一〕。

金簪之二与前件造型相同，纹饰与做工也大体一

[1] 崇祯本《金瓶梅》第七回插图绘着杨家客厅上挂一轴鱼篮观音（《金瓶梅词话》此节有『正面上供养着一轴水月观音、善财童子』，而崇祯本《金瓶梅》已删去这一句），同时出现在画面的却是观音像前薛嫂儿掀起孟玉楼的裙子，教西门庆目验三寸金莲。

[2] 两件金簪曾被称作『金镶宝五仙人火焰纹头饰』，见《金色中国：中国古代金器大展》，页三〇七～三〇九。器藏蕲春县博物馆，承馆方惠允观摩实物，因以所见所得为之定名。

图二五—二
金镶宝三教祖师满冠
明都昌王朱载堉夫妇墓出土

致，而五个人物全部换了脚色。中间一个是莲花座上的佛陀，肩下两侧各立着一个俗装侍者。佛陀右边的一身是下颔一部长髯的老者，双手展卷坐在扶手椅上，脚下踏床，佛陀左边的一身拱手而坐，模样与右边的一身相仿，却是以方心曲领之服见出分别〔图二五—二〕。可知这边的一位是孔子，那边的一位是老子，合在一处便是三教祖师。两枝金簪均失簪脚，不过以兰州肃王家族墓出土金累丝镶宝云凤牡丹满冠为比照❶〔图二八—一〕，可以推知背面原初当有类似的构件，簪脚则自扁管穿出，如无锡明华复诚夫妇墓出土满冠一枝的簪脚设置〔图二六—二〕。从形制来看，金簪为正面插戴的满冠，当然也不妨一前一后两枝同时簪戴。此外，都昌王夫妇墓尚出土金镶宝掩鬓一对〔第九章，

二五—二

❶ 林健《明代肃王研究》，页八六（『镶宝石金帽饰』），甘肃人民出版社二〇〇五年。

图二六—一
金累丝镶宝云凤牡丹满冠
兰州肃王家族墓出土
图二六—二
银镶玉满冠背面
无锡明华复诚夫妇墓出土

图七七〕，仍是掩鬓习用的云朵式造型，云朵上面是摩尼宝，适与金满冠的纹样彼此呼应，背衬是镂空的连钱纹，做工与风格也和两枝满冠相同，很可能是同时打制的头面一副中的四件。

三大士与三教祖师的组合，在明代造像中都很常见。山西

二六—一

金累丝镶宝云凤牡丹满冠背面局部

二六—二

朔州崇福寺观音殿系明代彩塑，观音居中，观音之左是文殊，观音之右为普贤。落成于明正统八年的北京西郊法海寺是由御用太监李童兴建，同年完成的壁画出自宫廷画士，大雄宝殿佛坛背屏绘观音、文殊、普贤[1]。金簪上面普贤手里的一枝如意与壁画中文殊手持的如意差不多是相同的样式。山西长治观音堂明间东壁上端亦即观音塑像的华盖上方，并列孔子、释迦牟尼、老子三身悬塑，是为三教祖师同尊[2]〔图二七〕。巴中石窟玉井观音岩明代造

二七

图二七 长治观音堂悬塑三教祖师

[1] 北京市法海寺文物保管所《法海寺壁画》，图七、图十七、图二十三，中国旅游出版社一九九三年。

[2] 长治观音堂创建于万历十年，彩塑的时代与之相当。

像第六龛雕造『夫子、老君、佛』，塑像已残，联语尚存，上联『三教作主宰』，下联『万代为宗师』，横额『道贯古今』[1]，意旨的然可见。三教混融原是明代思想潮流之一，且直接影响到艺术与文学。周宪王《新编搊搜判官乔断鬼》杂剧借着儒士徐行答小儿所问，把三教根由一一分说，末了道：『宋孝宗有云「以佛治心，以道治身，以儒治世」，此诚言也。孩儿，三教皆同，不可不敬。』徐渭《三教图赞》亦同声相应：『三公伊何，宣尼聃昙。谓其旨趣，辕北舟南。以予观之，如首脊尾。应时设教，圆通不泥。谁为绘此，三公一堂。大海成冰，一滴四方。』[2]此赞很可移用于都昌王府制作的金簪，而金簪的造型设计也当有取意于绘画和造像的成分。不过作为首饰纹样，『不可不敬』未必是重心，倒是更在寄意于『三公一堂』，共祐阜康。

神仙一类最常见的是西王母，如广东普宁明墓出土金西王母寿字挑心[3]，北京定陵出土银鎏金累丝镶宝王母挑心[4]，江西南城明益宣王夫妇合葬墓出土金镶玉嵌宝王母骑青鸾挑心，湖北恩施猫儿堡出土王母骑凤金挑心，四川平武王玺家族墓十五号

---

[1] 程崇勋《巴中石窟》，页四二二，文物出版社二〇〇九年。

[2] 《徐渭集》第二册，页五八三，中华书局一九八二年。

[3] 《广东出土五代至清文物》，图八三（说明作『帽饰，上端刻观音像』），广东省博物馆、香港中文大学文物馆一九八九年。今藏广东省博物馆，下文之叙述为观摩所得。南极老人金挑心，与此同。

[4] 此为孝靖后物。《定陵出土文物图典》，图一三八。

图二八—一
金镶宝王母寿字挑心
广东普宁明墓出土

图二八—二
银鎏金累丝镶宝王母挑心
北京定陵出土

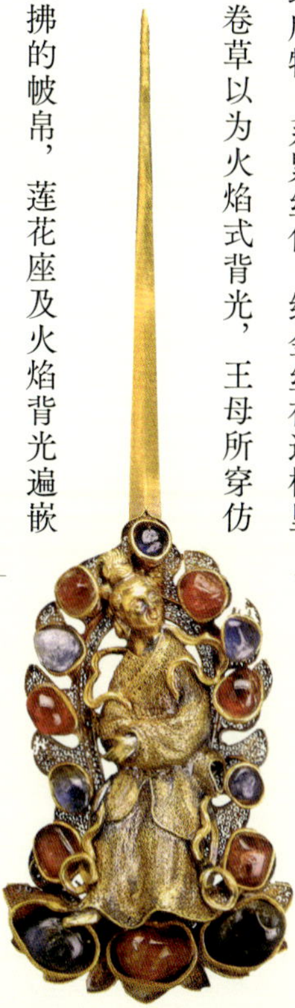

墓出土王母金满冠。普宁明墓挑心为下大上小的尖塔式造型，上端做出日轮，中心打出一个寿字用来衬底，而借了字形使笔画分别成为高座和高座上设置的脚踏。西王母戴冠插簪，赤足高坐。座下两侧即『寿』字的『口』『寸』，两边是一对云朵托起的小花台，花台上立着金童玉女。玉女双手捧香盒，金童颈戴项圈，双手合十。『寸』字的『点』部用细金丝穿系一枚金叶打制的花朵。挑心周缘是祥云缭绕中枝叶纷披的牡丹，花心做成石碗，内里嵌宝，不过多已脱落〔图二八—一〕。背面原当有簪脚，亦失。❶定陵出土的一枝为孝靖后物，系累丝作。细金丝在边框里平填作一个个规整匀实的小卷草以为火焰式背光，王母所穿仿若轻轪贴体之丝罗的衫和裙，是用拉泡丝的办法制成，窄金片打作绕身飘拂的帔帛，莲花座及火焰背光遍嵌红蓝宝石，挑心背后焊一柄扁平簪脚〔图二八—二〕。通长十四厘米，

❶此件以及图二八—二与图二九—三纹样的定名，是我很久以来的认识，主要基于人物服饰。但近期观展的思考，发现明代金银首饰中尊像的服饰往往不严格遵从造像仪轨，观音的形象塑造尤其如此。且看《西游记》第十二回里对观音的一番形容——『九霄华汉里，现出女真人。那菩萨，头上戴一顶金叶纽，翠花铺，放金光，生锐气的垂珠缨络，身上穿一领淡淡色，浅浅妆，盘金龙，飞彩凤的结素蓝袍，胸前挂一面对月明，舞清风，杂宝珠，攒翠玉的砌香环佩，腰间系一条冰蚕丝，织金边，登彩云，促瑶海的锦绣绒裙』，恰好似锦绣添花的一身时世妆。金银簪钗中的观音所服也往往不是菩萨装，却是由随侍的善财龙女点明人物所属。若西王母，则以骑鸾跨凤为特征。因此，这三件首饰的纹样当均为观音。——三印补记

图二九——一
金镶宝王母骑青鸾挑心
江西南城明益宣王夫妇墓出土

图二九——二
王母骑凤金挑心
湖北恩施猫儿堡出土

重三十克。累丝作每以细巧取胜，而与前例比较，可知用材是不多的。金镶宝王母骑青鸾挑心一枝系孙妃之物，通长十四厘米，重八十克。一只舒展双翼的鸾鸟系打制而成，翅膀和尾羽两侧分别焊接做成菊花形的石碗，内里嵌宝，薄金片围作头光，西王母凤冠云肩，一枝莲花在手，盘膝坐于鸾鸟之背，衣袖飘起仿佛天风鼓荡，正是驾鸾凌空而行〔图二九——一〕。与挑心同出的尚有金镶宝玉群仙庆寿钿〔第九章，图一一三——一〕，又一对金累丝镶宝双龙捧福寿簪〔第九章，图一一三——二〕，俱以福寿为主要装饰题材。《天水冰山录》有『金镶王母青鸾嵌宝首饰一副』，『计一十三件，共重一十三两四钱』，孙氏的一副，大抵与之相当，不过所存只是一副中的几件大头面。

二九——一

恩施猫儿堡出土王母骑凤金挑心，王母云肩、补子、帔帛，花冠下一对博鬓，手持一枝花，花上停了一只大蝴蝶，凤凰的尾羽如花朵丛聚的一扇屏风竖在后边〔图二九——二〕。背面一个扁管，应是纵插一柄簪脚，今簪脚

二九——二

无存。出自王玺家族墓的王母金满冠，莲花座上的王母花冠、云肩，花冠鬓边处的口沿一边一个很夸张的博鬓，两侧花台上立着金童玉女，下方是绽放牡丹与菊花的一片花海[1]〔图二九一三〕。

金银簪钗选取释道题材，多半是用着祝寿以及吉祥祝福的意思，而西王母信仰很早就是同追求长寿联系在一起。成书于汉代的道教经典《太平经》曰『乐莫乐乎长安市，使人寿若西王母』（《师策文》），而《淮南子》云『羿请不死之药于西王母』（《览冥训》）。曹操《陌上桑》：『驾虹霓，乘赤云，登彼九疑历玉门。济天汉，至昆仑，见西王母，谒东君。交赤松，及羡门，受要秘道爱精神』；『寿如南山不忘愆。』可知这信仰的重要基石是为着得获长生秘诀，以成不死之仙。唐诗中，西王母多是用来象征仙境，以驰骋游仙的幻想，或借题发挥以抒己志。在宋词里，这一题材原有的意义发生了蜕变，而逐渐成为为妇人祝寿最常取用的意象和拟喻。此番用语在明代便已完全程式化，如〔新水令一套〕《庆寿》中的〔得胜令〕『俺这里福海千旬盛，寿山万丈高。玉玎珰声飘，西王母亲来到。跨凤乘鹤，我则见舞飘

二九一三

[1] 此件在发掘简报中没有刊发照片，在四川博物院展陈时亦未标明出土地点。根据简报所述『一五：三形制与八：一相类，正中为一菩萨坐于莲台上，左右各一侍者，下有五朵莲花』，可知它是编号『一五：三』，即出自十五号墓的一枚（编号『八：一』者，即本章图二四观音满池娇金满冠）。《四川平武明王玺家族墓》，页二七（称作『前钿』，即出土于额前）。

图二九一三
王母金满冠
四川平武王玺家族墓出土

图三〇 长治观音堂悬塑西王母（局部）

飘下碧霄』[1]。又汪廷讷《长生记·祝寿新词》中的〔驻云飞〕一支，仙人唱道『福寿双全，五福之中寿最先，今朝青鸾现，王母蟠桃宴，嗏，宝鼎起祥烟，聚集群仙。沈醉花间，各把新词献，愿祝长生寿八千』[2]。创建于万历十年（一五八二）的长治观音堂，堂内梁柱悬塑也有驾云赴会的西王母，花冠、博鬓、帔帛，妆束与首饰纹样十分相近〔图三〇〕，——信手拈一例，即很可见出时代风气。不妨说，西王母在明代工艺品的纹样设计中几乎一例成为祝寿祈福的祥瑞，所谓仙境，已是富足、享乐、平安的同义语[3]。普宁明墓挑

三〇

[1] 《群音类选校笺》（李志远校笺），页一四〇二，中华书局二〇一八年。

[2] 《汪廷讷戏曲集》，页五七四，巴蜀书社二〇〇九年。

[3] 如李因《竹笑轩吟草三集·题画为姚江黄忠端太夫人寿二首》：『忠端名节重江东，长在光华复旦中。此日瑶池王母会，乘鸾应下紫微宫。』『彩衣可是芰荷裁，借隐高风寿母开。不惜淋漓供笔墨，忝随天女散花来。』按黄忠端太夫人，即黄宗羲母，此为李因求黄宗羲为己作传而献。

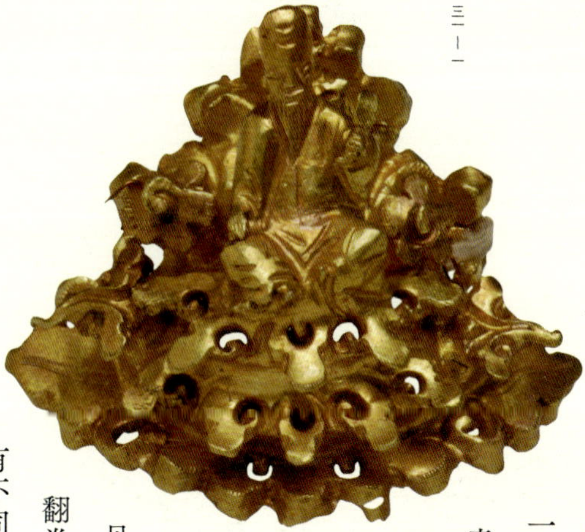
三一—一

心以底衬的寿字点明寓意，益宣王墓挑心以题材一致的一组首饰烘托挑心主题，都可以说是锦上添花。寓意吉祥，形式繁丽、华美，在微细处用足工夫，正是明代银首饰供求双方的共同追求。

西王母之外，尚有群仙，如同出于广东普宁明墓的南极老人金挑心〔图三一—一〕，南京江宁东山出土金镶宝刘海戏蟾挑心〔图三一—二〕，无锡大墙门出土金麻姑献寿挑心〔图三一—三〕。末一例最见功夫处在于以打作之工竟使人物形仪绰约如圆雕，翻卷的帔帛也仿若牵风随云。它的造型与一般挑心略有不同，不过平直后伸的簪脚显示着此为插在中心位置的挑心。同出尚有前面举出的仙人骑鹤金掩鬓一对〔第九章，图七五—二〕，三枝金簪正是主题一致的一副头面。

道教题材中不多见的一例，是北京市郊明武清侯李伟夫妇墓出土真武坐像金挑心。真武又名玄天上帝，系由北方之神玄武演变而来，早期形象为龟蛇一体，至宋代而被塑造成一个真

图三一—一
南极老人金挑心
广东普宁明墓出土

图三一—二
金镶宝刘海戏蟾挑心
南京江宁东山出土

图三一—三
金麻姑献寿挑心
无锡大墙门出土

三一二

三一三

图三二一一
明铜鎏金真武坐像
武当博物馆藏

图三二一二
真武坐像金挑心
北京市郊明武清侯李伟夫妇墓出土

实的人物，成为『被发黑衣，仗剑蹈龟蛇』的形象❶。明代真武信仰臻于极盛，主要推动力来自宫廷：建文元年（一三九九）燕王朱棣举兵『靖难』，传说曾得玄武下降相助，即位后，于武当山大兴宫观，以报神恩，加封玄武为『北极镇天真武玄天上帝』。武当博物馆藏明铜鎏金真武坐像一身，真武被发跣足，身穿铠甲，左手掐诀，右手持剑（剑佚），左前一个玄武是他的标志❷（图三二一一）。出自李伟夫妇墓的金真武坐像挑心❸（图三二一二），与这一身造像似同出一辙，更显露出不同于一般工匠的传神写照之造诣。虽是片材，却以打制精妙而若浮雕，不仅造型准确，细节丰满，且眉眼见精神，衣着有质感，纹饰錾刻犹如画笔。所谓『长不及寸，眉目宛若生动，虽吴道子画所弗及』，制作『紫云楼带』的北宋神工仿佛于此再现。挑心背面竖一个用来装置簪脚的扁管，簪脚已失。李伟是明神宗朱翊钧的外祖父，女儿即慈圣李太后。

三二一一

❶ 赵彦卫《云麓漫钞》卷九：『……后兴醴泉观，得龟蛇，道士以为真武现，绘其像为北方之神，被发黑衣，仗剑蹈龟蛇。』

❷《神游武当：道教千年文物特展》，页二一三，台北历史博物馆二〇一四年。

❸ 张先得等《北京市郊明武清侯李伟夫妇墓清理简报》，页五六，《文物》一九七九年第四期。

第三节

戏曲故事

朱棣为燕王时，燕邸曾聚集了一批由元入明的杂剧作家，如贾仲明、汤舜民。其后燕王成为永乐皇帝，对杂剧却是赏爱依然。汤舜民〔正宫·端正好〕散套《元日朝贺》一支中唱道『瑶池青鸟传音耗，说神仙飞下丹霄。一个个跨紫鸾，一个个骑黄鹤。齐歌齐笑，共王母宴蟠桃』[1]，正是元日朝贺之际搬演杂剧的情景。贾仲明有《宴瑶池王母蟠桃会》杂剧，筵间上演的很可能就是这一出[2]。而这种庆寿剧的宫廷演出几乎贯穿整个明代[3]。藩府也与宫廷同风，即祝寿必要演剧。周宪王作于宣德四年的《新编群仙庆寿蟠桃会》前有小序述其作意：『自昔以来，人遇诞生之日，多有以词曲庆贺者。筵会之中，以效祝寿之忱。今年值予初度，偶记旧日所制〔南吕宫〕一曲，因续成传奇一本，付之歌喉，以资宴乐之嘉庆耳。』[4]『今年值予初度』，是年作者五十初度也。明代藩王墓出土以仙人为装饰题材的簪钗，当与这一类戏剧人物

[1] 隋树森编《全元散曲》，页一四八六，中华书局一九八一年。

[2] 廖奔《中国戏曲发展史》第三卷，页一三，山西教育出版社二〇〇〇年。

[3] 脉望馆（明赵琦美书室名）钞校内府本，封面标曰『本朝教坊编演』的吉庆剧有《宝光殿》《献蟠桃》《庆长生》《贺元宵》《万国来朝》《八仙过海》《紫微宫》《长生会》《太平宴》《群仙祝寿》《庆千秋》《广成子》《黄眉翁》《群仙朝圣》《闹钟馗》等。

[4] 按脉望馆钞校内府本有《庆赏蟠桃会》，封面标曰『本朝教坊编演』，署『周王诚斋』，实为朱有燉《群仙庆寿蟠桃会》的改编本，前三折大略相同，第四折大异，似是照内府承应戏规格而改编（李修生等《古本戏曲剧目提要》，页一四五，文化艺术出版社一九九七年）。这里不妨再录一则明人笔下的奇闻异事，以见杂剧已是衰落的明代中晚期此剧却依然为大众所喜。钱希言《狯园》卷四《蟠桃会》：『嘉靖初年，有优伶十人，不知何处来，尝过楚之常德，寓邹溪市镇上，搬演歌舞，妙绝一时。市人竞相称赏，征逐聚观，遂无虚日矣。后忽告归，市人厚以金帛酬之，强留搬演。其夕至四鼓，重点《蟠桃庆寿》杂剧。群伶命市人置一大瓮于剧场中央，八人装为八仙，次第走入瓮中，曰：请了，众弟兄们，同下海赴蟠桃会去也。良久不出，止存司鼓

密切相关。若金银首饰成副，那么祝寿主题正不妨以杂剧形象，如《宴瑶池王母蟠桃会》之类为粉本做成造型不同的若干件，然后总成一幅喜庆图案，如同群仙庆寿剧的末折必有众仙同场祝寿的热闹。前面已经举出的若干实例，亦可如是看。

群仙中以『八仙』的名称最响亮，它的出现原是以庆寿为因，大约绘画与戏剧是同步的，出现的时间不晚于宋金，只是八个仙人名姓和作为人物标识的道具，经历了很长的演变过程才固定下来[1]。后世八仙组合中必有的何仙姑，此际尚在游离状态，要到嘉靖时期方始确定加入。不过不论八仙画抑或八仙剧，既用于祝寿，注重的自然是它的喜瑞色彩，因此手中持物与人物身世是否贴合实非要义——何况每位仙人的传说都有多种版本——倒是以手中持物见祥瑞最为打紧，也因此八仙的传播与演变过程中，手中物事的归属最是不确定，换句话说，是安排最为随意。山西侯马金墓出土八仙藻井砖雕是吕洞宾、张果老、钟离权、曹国舅、蓝采和、韩湘子、李铁拐、徐神翁〔图三三二〕。周宪王作于宣德七年的《新编瑶池会八仙庆寿》里，八仙名姓与此相同。本书所举

板者二人，故起而扬言曰：你们应是醉倒瑶池上，往而不返耶？须往视之。持其鼓板，亦走入瓮中不出。市人取瓮视之，空无所有，竟不知何往矣。』

[1] 赵景深《中国小说丛考·八仙传说》，页二二九～二五〇，齐鲁书社一九八〇年；《浦江清文录·八仙考》，页一～四六，人民文学出版社一九八九年。

图三三
八仙藻井砖雕
（吕洞宾·张果老·钟离权·曹国舅·蓝采和·韩湘子·李铁拐·徐神翁）
山西侯马金墓出土

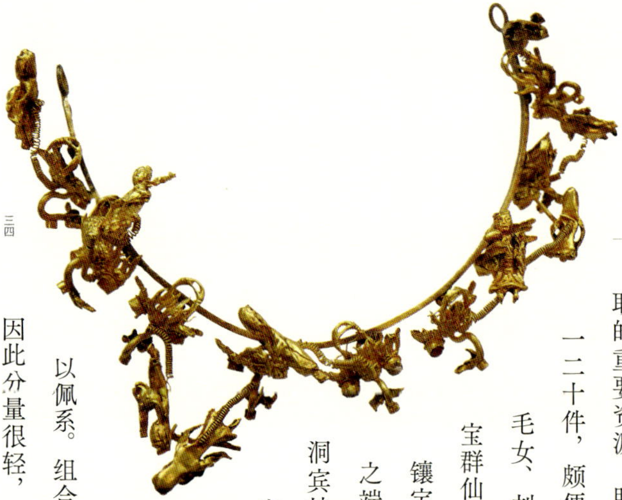

图三四
金镶珠宝群仙庆寿钿
蕲春荆恭王朱翊钜夫妇墓出土

明万贵夫妇墓出土的金八方酒盂，外壁每一面各錾一个仙人也是如此八位〔第八章，图二六—一〕。

杂剧搬演『瑶池奉献仙桃寿』的喜乐，自然是簪钗设计汲取的重要资源。明代的首饰或曰头面一副，通常是大大小小一二十件，颇便于会聚群仙，八仙之外，更有寿星、王母、毛女、刘海。蕲春荆恭王朱翊钜夫妇墓出土金镶珠宝群仙庆寿钿[1]〔图三四〕，细窄的一道弯梁上九只金镶宝仙鹤，个个仙鹤口衔灵芝，鹤背的『螺丝』之端站着手中持物的群仙：汉钟离持棕扇，吕洞宾持剑，曹国舅手拿笊篱[2]，刘海戏蟾，铁拐李一手持拐杖，一手捧葫芦，蓝采和持拍板，韩湘子一手提篮，一手捧花，张果老拿着芭蕉扇，徐神翁拿着渔鼓和简板。弯梁两端各做出一个圆环，原是为着穿上带子以佩系。组合为金钿纹样的所有部件都是用片材打制成形，因此分量很轻，部件的固结除了攒焊又有『螺丝』——如前

[1] 承湖北明代藩王博物馆惠允，得以亲抚实物，而确认诸仙手中持物并为之定名。

[2] 本书第九章所举王玺家族墓出土寿星图金满冠〔图二九-三〕，群仙中有持笊篱的何仙姑。曹国舅持笊篱，也有故事。元散曲〔双调·水仙子〕《曹国舅》：『玉堂金马一朝臣，翻作昆仑顶上人。腰间不挂黄金印，闲随着吕洞宾，林泉下养性修真。金牌腰中带，笊篱手内存，更不做国戚皇亲。』明脉望馆本《八仙庆寿》杂剧『穿关』所列曹国舅的装扮是『双髻头陀，云鹤道袍，不老叶，执袋，杂彩绦，金牌，笊篱』。

金镶珠宝群仙庆寿钿局部

刘海戏蟾

曹国舅

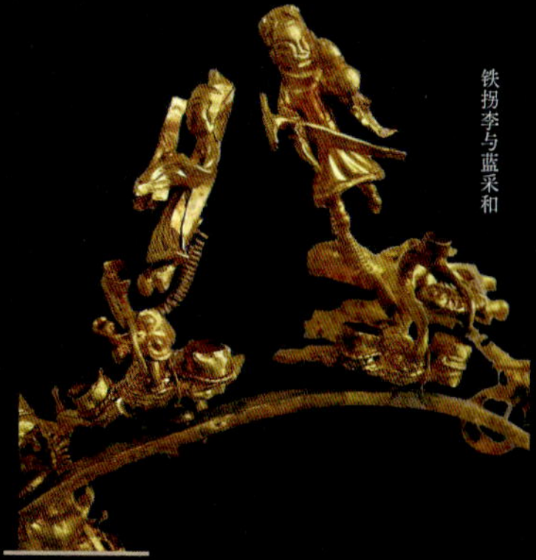

铁拐李与蓝采和

仙鹤

图三五—一 仙人乘鹤金簪（一对）
蕲春荆恭王朱翊鉅夫妇墓出土

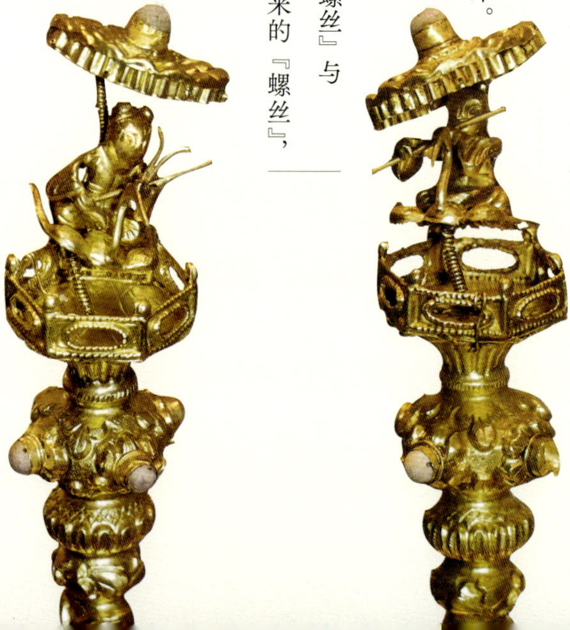

所述，粗丝一根为芯，在芯子上等距离缠绕细丝成螺丝状，抽掉芯子，细丝便盘旋动摇如弹簧一般，自然使它插戴起来随步而颤，正好似剧中的群仙『舞碧落青鸾队队，带红霞彩凤翩翩』（《新编群仙庆寿蟠桃会》）。金钿群仙中的刘海（又名刘海蟾）也见于内府演出本《群仙祝寿》杂剧，为下八洞神仙之一，祝寿的供献是『金钱一串、金蟾一个』[1]。金钿之外，同墓出土还有一对仙人乘鹤金簪，均长十四点七厘米。簪脚中腰一个口衔花球的龙头，花球上面一个菊花台，菊花心上又是一个金镶宝的大花球，其端托出一方六角露台，铺着斜方砖的露台中间以一根『螺丝』与仙鹤相连，驾鹤仙人的背上复接一根从扁管里穿出来的『螺丝』，

[1] 此剧有脉望馆钞校内府本（收入《孤本元明杂剧》（四）），封面标曰『本朝教坊编演』。又剧中一众精怪久候山神，山神迟来，虎精责问道：『你敢去东华门外买牛肉包儿吃去来，是也不是？』此插科打诨也正是凑着宫廷演出之趣。

图三五—二

金簪脚（一对之二）

蕲春荆恭王朱翊钜夫妇墓出土

三五—二

顶端撑出金镶宝的华盖。仙人头梳双髻，其一横笛凝神吹奏，其一左手持笏板，揽渔鼓在怀，右手拍击下方的鼓面〔图三五—二〕。同墓出土的另外一对金簪脚，形制与这一对十分相似，簪首纹样很可能也是仙人〔图三五—二〕。果然如此，那么几枝金簪当初必是与金钿合为群仙庆寿首饰一副。数件均为王妃胡氏物，妃卒于嘉靖四一三年。至于前举江西南城明益宣王夫妇墓出土金镶玉嵌宝群仙庆寿钿〔第九章，图一一三—一〕，八仙组合以及仙人的手中持物，已经是完成形态。孙妃卒于万历十年，万历三十一年与王合葬。

群仙庆寿剧中，毛女也是一位几乎不可缺少的脚色❶。周宪王作丁宣德七年的《新编瑶池会八仙庆寿》即专有一节为伊人画像。——李铁拐云：『贫道是宋朝之人，后学浅闻，未知上古，敢问这山中毛女，不知是何代之人？』吕洞宾唱道：『山中毛女

❶ 毛女故事最早见于《列仙传》，其卷下『毛女』条云：『毛女者，字玉姜，在华阴山中。猎师世世见之，形体生毛，自言秦始皇宫人也。秦坏，流亡入山避难。遇道士谷春，教食松叶，遂不饥寒，身轻如飞，百七十余年。所止岩中，有鼓琴声云。』在葛洪《抱朴子内篇》中，传说中的内容又有增益，自此之后，几个主要情节不仅成为后世小说的创作母题，且是绘画中不断出现的题材，而山西应县佛宫寺释迦塔出土辽代绘画中被称作『采芝图』或『神农采药图』的一幅，实即今所见时代最早的毛女图。详细讨论，见扬之水《终朝采蓝——古名物寻微》，页九七～一〇三，生活·读书·新知三联书店二〇〇八年。

图三六
毛女金簪
明都昌王朱载塎夫妇墓出土

为仙眷，想起那秦世事又千年，他餐松啖柏看经卷。』问曰：『怎生这般打扮？』答道：『采树叶身上穿，把药笼背后悬，将葛蔓腰间缠。闲向山边，种得芝田，戏银蟾，携白鹿，引玄猿，饥寻野果，渴饮清泉。』于是『引他去赴华筵，礼诸仙，瑶池庆会共忻然，看了他秀色清姿堪为金母侍，清歌妙舞宜在寿星前』。而『采树叶身上穿，把药笼背后悬』，也正是流传过程中逐渐固定下来的形象。《西游记》里，毛女被派作为牛魔王的山洞守门，却也面貌未改，——第五十九回，悟空到了芭蕉洞口叫门，『「呀」的一声洞门开了，里边走出一个毛儿女，手中提着花篮，肩上担着锄子，真个是一身蓝缕无妆饰，满面精神有道心』。毛女故事用作首饰纹样，也是妆扮如同戏曲小说，如前举南京太平门外板仓徐达家族墓出土金镶宝毛女图耳坠（第九章，图一九五）。蕲春明都昌王朱载塎夫妇墓出土一枝金簪（图三六），簪长十七厘米，簪脚与簪

首以龙头相接，龙身隐于海浪，浪尖上生出层层莲花，花心托起一个栏杆回护的六角台，台上擎出一个曲柄花叶伞，伞下是背负花篓的仙姑，身披草叶衣，腰系草叶裙，左手拿葫芦，右手托一颗珠。——『采树叶身上穿，把药笼背后悬』，不必说，簪首纹样正是瑶池庆会上的毛女。

祝寿以及喜庆时节搬演戏剧之外，王府平日宴集也多以演剧侑觞，除却必要有的吉庆戏，排场热闹或谐谑可供笑乐者，也当是常常上演的剧目。明郎瑛《七修类稿》卷五十《奇谑类》『不知画』条记一则逸事：『嘉靖初南京守备太监高隆，人有献名画者，高曰：「好，好。但上方多素绢，再添一个三战吕布最佳。」人传为笑。』这固然是一个不懂画的笑话，但此中却也传出另外的消息，即《三战吕布》杂剧以及题材相同的图画都是内臣熟悉的。今存元郑光祖《虎牢关三战吕布》杂剧为脉望馆钞校本，其后附有『穿关』亦即穿戴关目，而这一类多为内府演出本❶。此可为郎瑛的纪事添一个注脚。中国国家博物馆藏明《南都繁会图》长卷描绘明代后期南京城的繁荣景象，画中榜题『杂耍把戏』的

❶ 收入《孤本元明杂剧》（一）。按赵氏钞校剧本的时间在万历末年，而穿关的年代当早于赵氏转录的时期，很可能是嘉靖、隆庆或更早时候的宫廷艺人所制定。本章描述簪首纹样中的人物穿戴，即多依据杂剧所附穿关。

图三七
《南都繁会图》（局部）
中国国家博物馆藏

三七

傀儡戏便是当日民间盛行的『会』或曰『社会』❶，其中即有『三战吕布』〔图三七〕。三事如此相互映照，不仅见出宫廷风气，也可见民间风俗。湖北蕲春蕲州镇姚塆明荆藩墓出土一枝满冠，簪首

❶ 明末来集之所作杂剧《秋风三叠·冷眼》便以细写『社会』场景而寄慨。《明清孤本稀见戏曲汇刊》（黄仕忠编校），页二四五～二五三，广西师范大学出版社二〇一四年。

图三八—一
三英战吕布银鎏金满冠
蕲春蕲州镇姚塆明荆藩墓出土

纹样也正是三英战吕布〔图三八—一〕。杂剧情节原是本于《三国志平话》，全剧四折两楔子，三英战吕布的情节即放在第四折前面的楔子里。激战的一招一式由张飞的一支〔赏花时〕依次道来——『不是张飞夸大口』（吕布云：某仗方天戟，要夺取江山，量你到的那里也）；『则你那方天戟难敌丈八矛』（刘备蹿马儿上，云：三兄弟放心，看某与吕布交战者）；『大哥哥双股剑冷飕飕』（二人交战一合科，关羽蹿马儿上，云：家奴少走，吃吾一刀。战科）；『二哥哥三停刀可便在手』（吕布云：他三人十分英勇，某近不的他。拨回马逃命。走走走。刘备云：家奴走了也。张飞云：二位哥哥放心）；『我可直赶上吕温侯』。蹿马儿，在此专指跃马的表演程式。满冠的簪首纹样便如同这一场景的传摹：画面右方是头戴凤翅盔跃马挺矛战吕布的关羽，拨马逃命的吕布持戟反身，且战且走，左方头裹渗

三八—一

图三八—二
《新刊全相平话三国志》插图
元至治建安虞氏刻本

图三九
四马投唐金满冠
蕲春黄土岭村明荆藩墓出土

三九

青巾的张飞拍马向前，后面刘备手持双股剑驱马回转欲和两兄弟一同追战。对比元建安虞氏刻本《新刊全相平话三国志》中三英战吕布一节上栏所配插图❶〔图三八—二〕，可见二者布局相同，惟方向相反。又因为满冠特有之造型，遂把一座虎牢关安排在当心成为背景。而人物的穿戴与一招一式，又马辔头、马鞍鞯以及刘备坐骑待要转身向后的一瞬，乃至关羽颔下的一部浓髯，以锤錾打造出来的传神与生动，不输版画。簪首纹样设计一方面可以戏曲表演为依凭，一方面也当有图像——如高隆所熟悉者——为粉本。

蕲春黄土岭村明墓也是荆藩墓，出自该墓的一枝满冠，簪首纹样为四马投唐〔图三九〕。或曰『四马投唐取材《隋唐演义》，元代始编创成杂剧曲目，一般认为是演绎长安城下秦琼、程咬

❶ 郑振铎编著《中国古代木刻画选集》，第一册，人民美术出版社一九八五年。

三八—二

金、魏徵、徐懋功归顺大唐故事』❶，非也。褚人获《隋唐演义》作于清初。『四马投唐』亦非『秦琼、程咬金、魏徵、徐懋功归顺大唐』。无名氏《四马投唐》（全名《长安城四马投唐》），演隋末李密事，本事见于《资治通鉴·唐纪》及《新唐书·李密传》。『四马投唐』一语在剧中不止一次出现，首见便是头折结末李密的下场诗：『则今日俺四人投唐，走一遭去，金墉城镇守边疆，王世充定计借粮。申时计散了雄兵，罢罢罢，不得已四马投唐。』所谓『俺四人』，则即李密、王伯当、柳周臣、贾闰甫。此剧现存脉望馆钞校内府本❷。

鬌首纹样以一带雄峻的城墙布景，重檐歇山顶的主楼，正脊中间一个宝顶，两端做出吞脊的鸱尾，而下方重檐两端也各有鸱尾高翘。城墙与城门分别錾出砖纹与浮沤钉。画面左方两骑头戴凤翅盔，身穿铠甲，肩有覆膊，前面一人徒手控缰，后面一人挟弓，按照脉望馆钞校内府本所附『穿关』，柳周臣和贾闰甫的穿戴是凤翅盔。画面右方骑马在前者是头戴三山帽的李密，其后为王伯当。马后两个卒子头戴红碗子盔，李密马后的卒子擎出一

❶ 陈春《蕲春出土明代金首饰装饰题材举隅》，页三五四，《湖南博物馆馆刊》第十辑（二〇一三年）。又同页，曰『虎牢关前三英战吕布取材《三国演义》，是家喻户晓的经典故事』，亦未确。此际更有影响的是元刊《三国志平话》。

❷ 收入《孤本元明杂剧》（三）。

柄三簷伞，对面的一个执幡旗，旗面用锥点纹錾出『四马投唐』。画面左角一人面上罩了鬼头，当是出现在第三折的鬼力；右角一人背对观者，头梳丫髻，身负毡帽，应为同是出现在第三折的樵夫。城楼上两个头梳丫髻探身下望的童子，城门前立一人双手捧圭，或者表现的是李靖。王季烈《孤本元明杂剧提要》述此剧曰：『事亦略本《唐书》，而多增饰。关目过于繁杂，曲亦率直无俊语，惟排场热闹而已。』不过作为宫廷演剧，『排场热闹』正是最为合宜。正如《三战吕布》结末高唱『今日个中原清静昇平像，保山河臣宰贤良』，『端的是太平之世，愿圣寿永无疆』，此剧末尾也是一段可借以祖露忠诚的唱词：『常言道忠孝的享荣昌，叛逆的受灾殃，这的是断大义施纲纪，正人伦训典常。自古贤良，麒麟阁图仪像，史记内传扬，博一个清名万古香。』作为王府首饰，选取纹样之际必会有如此这般的运思，何况此类杂剧本来也是王府经常搬演的剧目。又有蕲州镇姚塆荆藩墓出土的一对掩鬓，其中一枝是『二乔读书』：小小一座楼阁为远景，近景是牡丹花从旁边的一架插屏，屏前两个绣墩，绣墩上坐着花

四〇

图四〇
二乔读书金掩鬓
蕲春蕲州镇姚塆明荆藩墓出土

冠云肩妆束相同的两个女子，略微矮一点的手持书卷，当是小乔，『二乔』两边各一个手捧奁盒的侍女（图四〇）。虽然『二乔读书』在此之前早已是绘画题材，如杨维桢《题二乔观书图》『乔家二女双芙蓉』，『乔家教女善诗书』；明代它常常悬挂在闺阁，如李昌祺《剪灯余话》卷五《贾云华还魂记》曰娉娉房间里，『东壁挂二乔并肩图』，而它也为工艺品装饰所取用，如常熟博物馆藏一枚『子冈』款明代玉牌（图四一）。不过这里也不妨依仿前例，检阅元无名氏《娶小乔》，——头折，净扮兴儿，道：『你不知，那一日家里小姐着我问大乔讨鞋样儿去，我到的大乔房里，他姊妹两个，正搭伏着肩膀看书哩。』❶

作为流行题材的『琴棋书画』，自然也是首饰设计欢喜取用的纹样，但要在程式之外别出机杼，熟悉中见生新，方可显出好来。蕲春蕲州镇黄土岭村荆藩墓出土一对掩鬓中的一枝，前

❶ 今存脉望馆钞校内府本，收入《孤本元明杂剧》（三）。

图四一
明『子冈』款玉牌拓片
常熟博物馆藏

图四二—一
金掩鬓（『琴棋书画』之『书』）
蕲春黄土岭村明荆藩墓出土

四一

景是一张三弯腿内翻马蹄的书案，关公渗青巾，三髭髯，服袍，系带，跷起一足，展卷读书。旁设一几，点着蜡烛。两边各一个头戴红碗子盔的侍从，一人捧盒，一人剔烛，随侍在关公身后边的两个小童，其中一个为主人手扶着青龙偃月刀〔图四二—一〕。如果逆推纹样设计的构思来源，那么可以检出《怒斩关平》杂剧第三折中的一个场景，——正末扮关云长，唱一支〔醉春风〕：『这些时稳收着三停刀，尘蒙了一副甲，则

四二—一

四二—二

四三

图四二—二
金掩鬓（『琴棋书画』之『琴』）
蕲春黄土岭村明荆藩墓出土

图四三
明黑漆螺钿
楼阁人物座屏（局部）
东京国立博物馆藏

我这腰悬宝剑不离匣，常则是插、插。我闲时节看一会春秋，讲一会左传，并无那半星儿牵挂。』❶掩鬓的纹样主题是『关公读春秋』，而又刚好切了『琴棋书画』四事中的『书』。与它合作一对的另一枝，布局相似，但换了器具〔图四二—二〕，从主人公的姿态和手势来看，当是抚琴，小童在一旁焚香，也与琴事相合❷〔图四三〕，只是脱落了原当焊接在面前的一具琴桌。

❶《孤本元明杂剧》（三）。

❷可与其他工艺品中的图案相对照，如东京国立博物馆藏明黑漆螺钿楼阁人物座屏中的抚琴图，《中国の螺鈿》（东京国立博物馆编集发行），页九一，便利堂一九八一年。

第四节

瀛洲学士图及其他

传统题材之外，掩鬓取用的纹样尚有瀛洲学士图，它也多见于仕宦之家，所谓『学士文章舒锦绣，夫人冠帔烂云霞』[1]，夫贵妻荣，自是题中应有之义。重庆江北大竹林明蹇义家族墓出土一枝金钗，钗首以朵云式边框勒作盈寸小幅布置图画。树抱藤牵中高高低低的亭台楼阁推成远景和中景，高阁上几人凭栏，右侧阙门处錾出大半个『寿』字。近景是一带栏杆相拥的小桥流水，主人骑马，一人持鞭在前而回望，仆从徒步，或负剑，或抱琴，或捧盒，对人马跨桥过水迤逦而行。络头鞍辔细如蚊脚，桥栏望柱，楼阁门窗，屋脊瓦垄，历历分明如界画。骑马者圆领袍背后的团花、腰间的带銙、手中所持马鞭、马鞍下障泥边缘的连珠纹、马鞦带，又桥下之清波、与桥相接之道路上面的斜方砖，等等，均以简笔传神。人物眉眼虽不作入细刻划，而衣冠风神俨然见出身分。钗的制作也别见细金工艺之精巧，——整个构图是用

[1] 宋王以宁《庆双椿·汪周佐夫妇五月六日同生》，唐圭璋《全宋词》，册二，页一〇六六，中华书局一九六五年。按此调实即『浣溪沙』，作者以此词祝寿而命之曰『庆双椿』。

三层叠焊的方法，即一枚金片做底衬，再取一枚极薄的金片打造、镞镂，以成远景和中景的亭台楼阁，复以一枚金片用同样的方法做成花木藤蔓、小桥流水和人马，末将三层依次叠起焊为一体，于是成为见出空间之纵深感的一幅立体画面，却以制作之工细而不见焊点。金钗之缘又是一道麻花丝为边墙，接焊于背的钗脚顶端掐出一个小卷探到钗表以稳定整体，这是元代以来即已形成特征的一种普遍做法。钗背錾七律一首，颂词四句，末署『岁在戊申仲冬吉日造』。七律题作『三学士诗』，诗曰：『冠世文章绝等伦，瀛洲学士盛时人。玉堂金马声名旧，明月清风气象新。阆苑朝回春满袖，宫壸（壶）醉后笔如神。平生自是承恩重，每赐金莲出禁宸。』❶〔图四四〕所谓『玉堂金马』『明月清风』，出欧阳修《会老堂致语》。宋王辟之《渑水燕谈录·高逸》：『初，欧阳文忠公与赵少师槩同在中书，尝约还政后再相会。及告老，赵自南京访

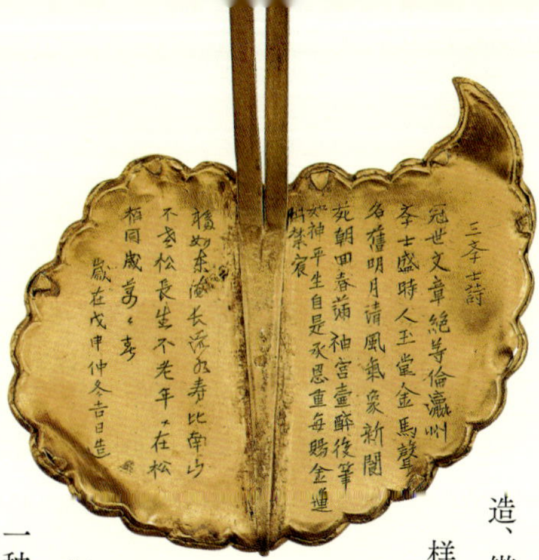

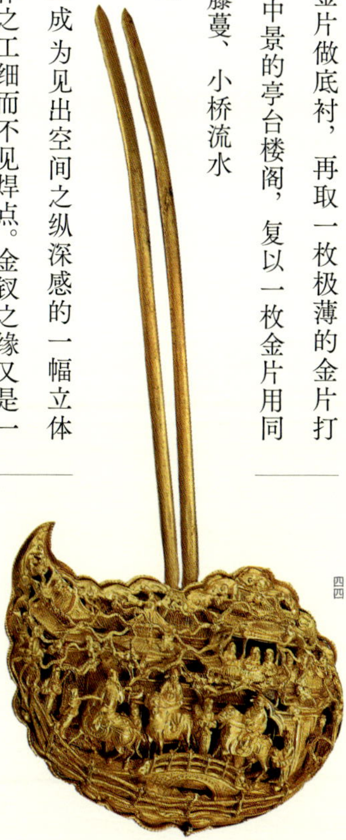

图四四
瀛洲学士图金掩鬓
重庆江北明蹇文家族墓出土

❶ 金钗连脚长十六点四厘米，钗首长六点五厘米，重五十二克。重庆市文物调查小组《重庆市发现汉宋明代墓葬》，《文物参考资料》一九五八年第八期。按今藏重庆中国三峡博物馆，承博物馆惠允，曾得以观摩此件，以上所述，即缘自亲见。又按：简报云此墓出土大小金玉器三百余件，中有『金丝编织的凤及花朵』，还有这一枚金钗，是均属女子头面，那么这一座大型明墓的墓主人极有可能是蹇义夫妇（蹇义事迹，见《明史》卷一四九。关于墓葬主人的考证，见扬之水《奢华之色：宋元明金银器研究》卷二，中华书局二〇一一年）。

图四五
瀛洲学士图金满冠
嘉兴博物馆藏

四五

文忠公于颍上，文忠公所居之西堂曰「会老」，仍赋诗以志一时盛事。时翰林吕学士公著方牧颍，职兼侍读及龙图，特置酒于堂宴二公。文忠公亲作口号，有「金马玉堂三学士，清风明月两闲人」之句，天下传之。』欧阳修、赵槩、吕公著，都是北宋名臣。这里的『南京』，指应天府（今河南商丘）。『职兼侍读及龙图』，即职兼翰林学士院侍读及龙图阁学士。所谓『天下传之』，乃是实情，用它作为装饰纹样的宋代瓷枕，便不止一件❶。嘉兴博物馆藏一件构图与金钗一致的金满冠，楼阁正中一方横匾，上题『玉堂』两个大字，正如同为金钗题诗作注（图四五）。诗之末句『每赐金莲出禁宸』，典出唐代令狐绹❷，此用以比喻帝王的特殊礼遇。由颂词『福如东海长流水，寿比南山不老松；长生不老年年在，松柏同岁万万春』，可知金钗是为寿诞而打制，钗首图案右侧阙门处錾出的大半个『寿』字，也已点醒主题。

❶ 如洛阳出土，又杭州南宋官窑博物馆藏宋代瓷枕，枕面开光内即阴刻此句（前者见高虎等《洛阳出土宋代珍珠地纹瓷枕》，页九五，图一二，《文物》二〇一二年第十一期，后者为参观所见）。

❷ 《新唐书》卷一六六《令狐绹传》曰绹为翰林承旨，『夜对禁中，烛尽，帝以乘舆、金莲华炬送还，院吏望见，以为天子来，及绹至，皆惊』。

作为金钗装饰纹样的图式原有传承，乃名作『瀛洲学士图』或『登瀛图』。出典是《新唐书》卷一百二《褚亮传》中提到的唐太宗在秦王府设学士，命阎立本图象，使亮为之赞，号『十八学士』，『天下所慕向，谓之登瀛洲』。阎所作图不传，而代有摹本，且演变出不同的几类图式。元明时代，《十八学士图》已是工艺品中的流行题材，从母题中分化出来的两类图式也趋于固定。其中的《瀛洲学士图》或曰《登瀛图》，构成要素为花木楼阁、小桥流水，楼阁二三士人凭眺，桥上二三士人骑行，仆从相随前后，如《中国の螺钿》著录今藏日本的一件元代黑漆螺钿楼阁人物图盒❶〔图四六〕，《天水冰山录》登录的『金瀛洲学士盘』，所指应该就是这一类图案。作为流行题材，《瀛洲学士图》其实已经泰半脱离它原有的历

四六

图四六
黑漆螺钿瀛洲学士图食盒

❶ 见该书图二二，东京国立博物馆一九八一年。

图四七
瀛洲学士图金掩鬓（一对）
余杭塘栖超山明墓出土

史叙事，而只是从史实中抽绎出吉祥寓意。戏剧的搬演更成为题材演变的关捩，——元无名氏杂剧《十八学士登瀛洲》从唐太宗与十八学士故事中拈出线索，编纂为庆寿喜剧，末了云太宗之爱才为钧天大帝所知，因派遣增福神、祝禄神，又西池王母等众仙同往人间，为太宗增福延寿。于是房玄龄招集十八学士行礼祭祀，共赞人宗圣明。可知金钗择此题材以寓庆寿之意，自有所本。钗背铭文所云『戊申』，为宣德三年。既有故事，又取意吉祥，当日必有不少制作。上海松江区华阳桥镇杨四山家族墓[1]、浙江余杭超山

四七

[1]《上海明墓》，彩版四：二（图版说明作『银鎏金云形楼阁人物对簪』）。

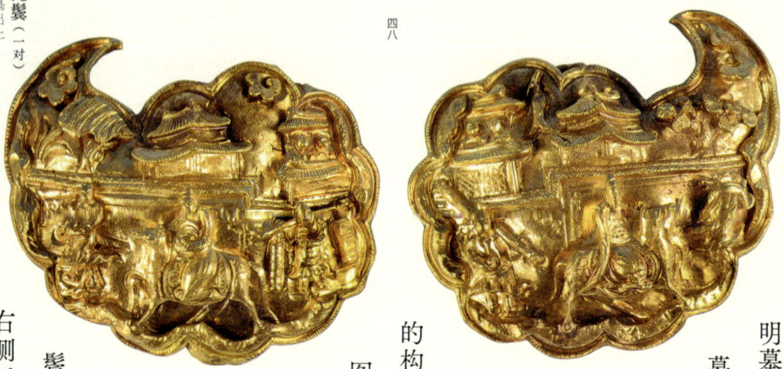

四八

图四八
瀛洲学士图金掩鬓（一对）
常熟明温州知府陆润墓出土

明墓〔图四七〕、常熟虞山明温州知府陆润夫妇合葬墓❶〔图四八〕、常熟宝严寺明墓〔图四九-一〕，均有瀛洲学士图金掩鬓成对，宝严寺明墓与掩鬓同出的还有题材一致的金满冠〔图四九-二〕。

与瀛洲学士图相似的图式，却也不妨敷演另外的故事。常熟市西门外明墓出土一对金掩鬓〔图五〇〕，便是纹样别致的一例。它的构图看去与其他掩鬓相同，即作为一对的两枝，图案方向相对而内容相同，然而细看来却是两个不同的画面。用于左侧插戴的一枝，以高高的宫墙为背景，墙内更有楼宇为远景，近景是一只仙鹤引导的一骑，仙鹤旁边一人手持金莲炬，骑者身后两人捧物鱼贯相随。不必说，这里用的是令狐绹故事，即前例掩鬓錾『三学士诗』之所谓『每赐金莲出禁宸』也。右侧插戴的一枝，也有围起在两座殿阁之外的一

❶ 常利平等《常熟市虞山明温州知府陆润夫妇合葬墓发掘简报》，《东南文化》二〇〇一年第四期（简报称作『人物楼阁金钿』）。

图四九—一
瀛洲学士图金掩鬓（一对）

图四九—二
瀛洲学士图金满冠
常熟宝严寺明墓出土

图五〇
金莲送归与相如题桥金掩鬓
常熟市西门外明墓出土

四九—一

四九—二

五〇

带宫墙，墙外一行，一人牵马，一人尾随，马前二人，前方高大者持笔，后边矮小者捧砚，下方近缘处做成一弯水波，画面右端一段桥栏杆，与桥栏相接的是一对交午柱，柱间牌匾书『昇仙』二字。显见得这里表现的是『相如题桥』。故事原出晋常璩《华阳国志·蜀志》，曰成都『城北十里有昇仙桥，有送客观，司马相如初入长安，题市门曰「不乘赤车驷马，不过汝下」也』。相如题桥是科举制度成熟之后亦即两宋以来直至明清最为常用的熟典，王实甫《西厢记》第五本第五折〔太平令〕『得意也当时题柱，止酬了今生夫妇』，白朴《裴俊卿墙头马上》第三折〔鸳鸯煞〕『唱道题柱胸襟，当垆的志节，也是前世前缘，今生今业』，都是信手可拈的例子。它也是戏曲家喜欢不断翻新的故事，元关汉卿和屈恭之均曾作过《昇仙桥相如题柱》杂剧，惜不传。明孙梅锡《琴心记》传奇敷演相如事迹，第二十出即为《誓志题桥》，曰相如往昇仙桥头问卜，继而在桥边小憩，书童青囊因以博取功名为劝，相如惊起道：『青囊，你忠言相劝，我怎不从。一待小姐病痊，决向前程进取。若今生不乘驷马高车，誓不过此桥。我且题柱为盟，

图五一—一
掬水月在手图金簪
武进前黄明墓出土

五一—一

借取笔砚来。』云云。掩鬓的图案设计，自不乏可以凭借的情景描写，何况宋金时代便已经有了流传颇广的图式❶。不过出自常熟的一对金掩鬓在两个画面上分别安排不同的故事，而又主题一致、构图相似，却是不多见的。这里也教人会得设计史中一个规律性的创作方法，即拈出一个图式，稍稍改易构图因素中的一两个情节特征，或更辅以题字，便完成了故事内容的转换。

第七章提到湖南株洲攸县丫江桥元代窖藏中的一枝金掬水月在手图银脚簪，明代仍有这一图式的延续，如常州武进前黄明墓出土的一枝金簪〔图五一—一〕。不仅簪首图案布局与元代金簪一致，并且细节的安排，如金盆和山石座，女子妆束和抬头望月的身姿，旁边捧巾的侍儿以及图案上方的点缀花朵，也俱与上海博物馆藏明人《金盆捞月图》相仿。它的延续，其实是与绘画以及同时代其他工艺品纹样的延续同步的。又有大英博物馆藏人物故事图银掩鬓一枝，簪首画面以山石掩映的小阁一楹为背景，栏杆前边的一角盆菊绽放，小鬟

❶ 如浙江义乌柳青乡游览亭村宋代窖藏中的人物故事银片，见吴高彬《义乌文物精粹》，文物出版社二〇〇三年（图案考证，见扬之水《终朝采蓝：古名物寻微》，页八九，生活·读书·新知三联书店二〇〇八年）；如河北磁县南来村西岗古墓出土金代磁州窑枕，郝良真等《磁州窑古瓷》，图一一七，陕西人民美术出版社二〇〇四年。

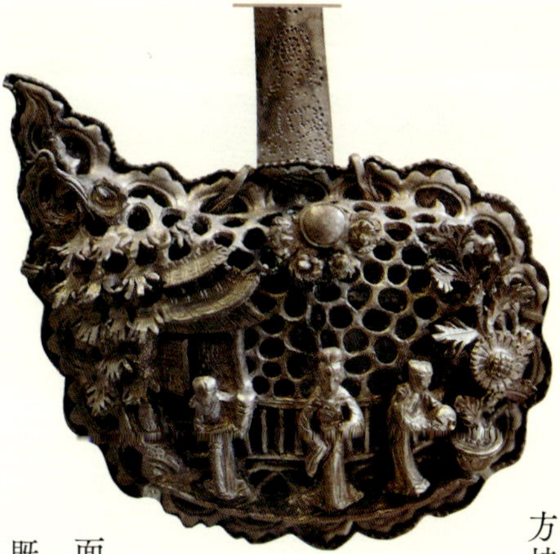

图五一—二
惜花春起早图银掩鬓
大英博物馆藏

方持瓶浇灌，另一侧小鬟捧奁，中间的一位自然是女主人〔图五一—二〕。从布局和构成元素来看，所取的图案应是每与『掬水月在手』等构成一组四幅的『惜花春起早』❶。掩鬓必是成对，此外有花钿和满冠，如此，当年以『弄花香满衣』『掬水月在手』『爱月夜眠迟』并此一枝而成头面一副，是很有可能的。

既成图式，便不妨如同诗歌用事一样安排于有叙事性的纹样中，或丰富情节，或添助新意。出自四川平武王玺家族墓的唐明皇游月宫金满冠一枝❷，与前举蹇义家族墓出土瀛洲学士图金掩鬓的制作方法相似，也是以内外两重的复式结构做成有纵深感的空间，殿阁隐约为背景，前景推出横贯图案的一带雕栏，中间又别是弧形的半弯，与上方结满花朵的桂枝合作圆月。栏边一人击拍板，一人耸肩抛袖而舞，两侧各一人提灯笼，月中一对侍者手擎打扇，下方左为头顶双髻的叶法善，右为手中

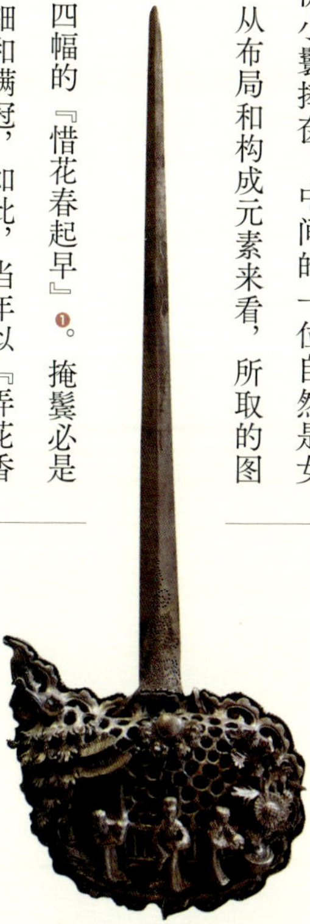

五一—二

❶ 关于这一组图案的形成与演变，见扬之水《掬水月在手：从诗歌到图画》，中国典籍与文化论丛第十一辑（二〇〇八年）。

❷ 宽十八点八厘米，重十一点六克。出自八号墓即王文渊夫妇墓，墓葬年代为正德七年。《四川平武明王玺家族墓》，页二六（归类为『后钿』，即出土位置在墓主人头部后方）。按此件之命名，承廉萍一语揭发题旨，遂恍然会得它的设计之妙。

图五二
唐明皇游月宫金满冠
四川平武王玺家族墓出土

持笏的唐明皇。击拍板者旁侧，一只捣药玉兔为整个图案点题。雕栏的一边是怀抱各种乐器以及捧盒的一众，另一边近端处一位妇人由女侍相拥而行，前面一人挟毡包，一人捧奁盒，二者中间是一个带拖泥三弯腿的小几，几上一盆，盆边女子侧身而立，双手伸向盆里，正是久成图式的『掬水月在手』〔图五二〕。如此自成一体又融入其间的小小单元，即如诗歌之用典而为整个场景平添趣味，也是设计者的一点幽默。不过与寋义家族墓金掩鬓的制作工细相比，它的人物造型是很粗率的，玉兔的头部也很敷衍。

唐明皇游月宫金满冠局部

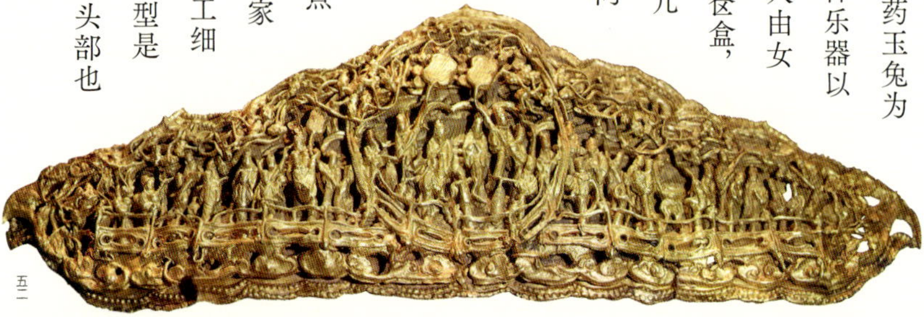
五二

唐明皇游月宫金满冠局部

第五节

四时行乐

如前所举，时常搬演于宴集的戏剧是藩府首饰设计的文化资源，此外，绘画、刺绣以及其他工艺品中的流行纹样，也都是首饰设计方便选取的图像资料。江西南城县明益庄王夫妇墓出土属之于继妃万氏的九枝金簪，是题材别致的一副[1]。它是宋元明绘画中楼阁图式的移植，而成功设计为一种新的视觉形式。此际以累丝工艺的格外发达，更能够在小小的簪首为仙人铺展歌舞欢笑于亭台楼阁的大场面。《天水冰山录》登录有『金厢楼阁群仙首饰』，『金楼台殿阁嵌大珍宝首饰』，『金厢累丝楼台人物首饰』，又『杂样首饰』一类中的『金累丝夜游人物』『金累丝美人游宴』等名目，都是当日人们对这一类首饰的命名。所谓『群仙』，所谓『美人』，本来各有故事，但聚拢在如此标目的首饰纹样中，便止须一个个穿梭于雕梁画栋，便可以完成图式所蕴含的吉祥祝福。九枝金簪主题一致，依插戴位置和名称不同而造型各不相同，

[1] 江西省文物管理委员会《江西南城明益庄王墓出土文物》，页四八～五一，《文物》一九五九年第一期。按万氏嘉靖二十六年三月初一册封为益庄王继妃，万历十八年卒，次年与王合葬。九枝金簪今藏中国国家博物馆（文物出版社二〇一〇年版《江西明代藩王墓》彩版三五至三六均为复制品，该书关于这几件金簪的描述也是依据复制品），承馆方惠允观摩，得以审视细节，以下叙述即为亲见所得。

即顶簪、挑心、满冠各一枝，鬓钗一对，掩鬓两对，累丝的透空朵花底衬纹样相同，制作工艺与纹饰风格也相同，当是同时打造。依仿《天水冰山录》中的命名，便是金累丝楼台人物首饰一副。

楼阁图式依然是传统的山字形排列，不过以造型之别而灵活变化。顶簪一枝，金累丝的镂空花板制成一座月台，月台以雕栏环抱，栏边藤蔓缭绕以成万树琪花芳菲绕阁之境。又有矮几上面的盆花舒枝展叶，漫步的仙鹤与鹿可见清幽。左边一座十字脊的重楼叠阁，正脊中间一个宝顶，博风板下是透空式山花。楼阁里一个宽衣大袖的捧盒女仙，肩上飞着帔帛，女侍低眉拱手立在门外栏边。右边一座攒尖顶的亭子，亭中一榻，榻上一人高卧，槛窗下边的女侍手捧花瓶。另有女侍二人肃立在亭子背面。瑶台下边一只因疾速飞旋而不见身形的凤凰，折腰反首，托起瑶台。追着凤凰的一朵流云定身在凤尾处，于是成为支撑簪脚的一个托架。扁平的簪脚与凤身相接复弯向云朵，然后垂直下伸，正是顶簪最常见的形制〔图五三—一〕。

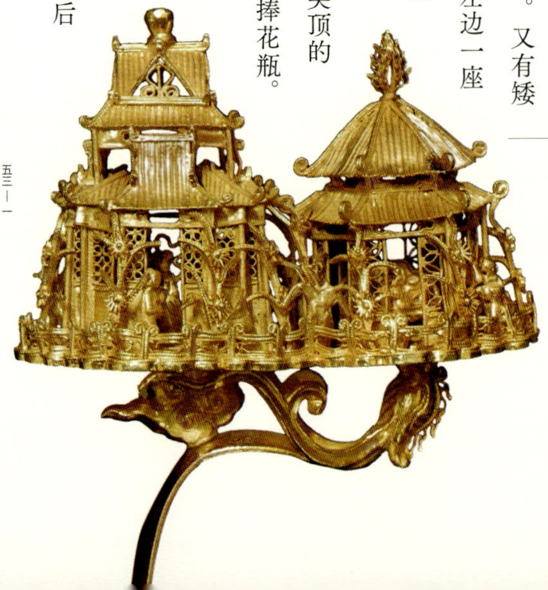

图五三—一
金累丝楼台人物顶簪
江西南城县明益庄王夫妇墓出土

五三—一

图五三—二
金累丝楼台人物（琴棋书画图）挑心

图五三—三
金累丝楼台人物（宴饮图）满冠

挑心一枝，金累丝的花叶与牵绕于上下的花蔓同累丝透空朵花的背板一起撑起楼台殿阁，下方五座比屋连甍，各个帘幔高卷，中间一楹一人对着棋局，旁边一人抚琴，一人展画。又有捧盒者一，捧盘者一，分别侍立在两侧。耸起于后方的高阁里坐了一对捧卷的读书人。显见得挑心纹样是取自当日流行的琴棋书画图，却又把也是流行题材的『二乔读书』移植过来。背面的一柄簪脚半直后伸〔图五三—二〕。

满冠的造型与纹样差不多是传统仙山楼阁图式的套用，不过以细节的处理使它成为一幅宴饮图。杰阁参差殿宇峥嵘，以象府第宏丽壮阔。近景是台基上面曲槛回护的一溜殿阁，前设三道高阶。开敞的殿堂里，主人捧圭端坐中间，两边各有侍者四人，除左右各一人手持打扇之外，其余各个捧物。主人左侧一方的奉侍者，第一人手捧注子，第二人奉食，右侧一方奉侍者，第一人手捧承盘，盘承爵杯。满冠背面横贯金梁一根，中间起棱的扁平簪脚固定于金梁，然后平直后伸〔图五三—三〕。

花叶形掩鬓一对。两枝造型一致，只是以叶尖外拂的方向不

金累丝楼台人物（宴饮图）满冠背面

五三一二

五三一三

同而别出插戴位置之左右。图案同样布置为雕栏曲回的画阁层楼，上方殿堂中间端坐者捧圭，持打扇者分立在左右两旁。下方厅堂帘幕高揭，而戴在右边的一枝，女主人在矮几上面的盆里洗手，前方女侍捧巾，后面女侍抱琴，尾随者捧盒。戴在左边的一枝，女主人右手持镜，左手簪花，前方女侍捧瓶，后面女侍拈花枝，又有一人捧物相随〔图五三—四～五〕。又云朵式掩鬓一对，表现内容与花叶式掩鬓大抵相同，其中一枝的临镜理妆是侍女之一在主人面前举一面圆镜，侍者之二在主人后侧捧镜台〔图五三—六～七〕。

鬟钗一对，构图与掩鬓相类，不过以造型细窄而稍事省减构图元素。上下殿堂均为居中端坐的捧圭者，下方的主人两旁也都各有侍者，只是主人右边的侍者持物不同，即一是捧钵盂，一是捧唾盂〔图五三—八〕。

「仙人好楼居」（《史记·封禅书》），是西汉或者更早即已产生的概念，以楼阁宫室象征美丽富足的无忧之境，这一基本寓意始终贯穿这一图式。明代簪钗也常常取它布置纹样，《天水冰山

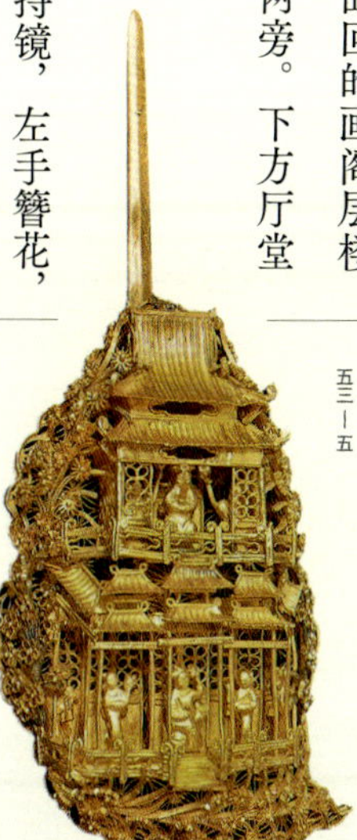

五三—五

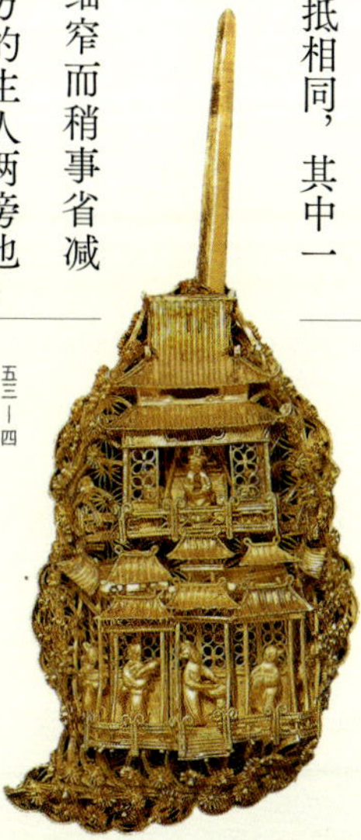

五三—四

图五三—四
金累丝楼台人物（盥洗图）掩鬓·右

图五三—五
金累丝楼台人物（簪花图）掩鬓·左

图五三—六
金累丝楼台人物（理妆图）掩鬓·右（局部）

图五三—七
金累丝楼台人物（理妆图）掩鬓·左（局部）

图五三—八
金累丝楼台人物鬟钗
江西南城县明益庄王夫妇墓出土

五三一六

五三一七

五三一八

录》所列『金厢楼阁群仙首饰一副』，『金厢寿星楼阁嵌宝首饰一副』，大抵此类。出自明代墓葬的实例也有不少〔图五四；第九章，图一二七—二〕。明益庄王墓出土的万妃金簪借用楼台群仙的构图，却是表现世间生活，当然这也是延续传统做法，即以旧有图式，讲述新的故事。至于框架里的细节设计，金簪有取意于王府日常生活实录的成分，大约也借鉴了不少当日流行的各种图像。如以古意比拟当下，绘制不止一人、传世不下十数件的《汉宫春晓图》。所谓『汉宫』，在这里便只是雍容华贵、富足安乐的日常生活之象征。一般是取长卷的形式，以庭园楼阁布景，以人物的各种活动组成不同的画面。辽宁省博物馆藏《汉宫春晓图》，纵三十三点八厘米，长五百六十二厘米，《石渠宝笈》著录为仇英，实为明代晚期之作。携琴游园，池亭对弈，展卷读书，又有捧着书画轴的侍女，以此把琴棋书画之意做足。此外，高阁里对镜理妆，园子里折花插发，山石绿茵间设席饮酒，时风之下的闺阁清雅，也莫不撷入画图〔图五五—一～六〕。万妃的金累丝楼台人物首饰一副九枝，合起来看，也正

五四

图五四
金仙人满冠
无锡博物院藏

类同于这样的长卷，而从周宪王散曲中信手拈来一支，即堪为题跋：『盈玉盎仙桃高捧，合瑶笙仙曲齐讴，展素羽仙鹤对舞，饮清泉仙鹿驯游。四般儿妆点的仙境清幽。』（〔北南吕·梁州〕《庆赏》）

图五五—一《汉宫春晓图》（折花·抱瓶·携琴）
图五五—二《汉宫春晓图》（池亭对弈）
图五五—三《汉宫春晓图》（展卷读书）
辽宁省博物馆藏

五五—一

五五—二

五五—三

五五—四

五五—五

五五—六

图五五—四《汉宫春晓图》（理妆）

图五五—五《汉宫春晓图》（对镜插花）

图五五—六《汉宫春晓图》（捧卷轴）

辽宁省博物馆藏

第六节

应节纹样及其他

一　绵羊引子

节日里为了辟邪、图吉利而簪戴各式饰物，是绵延很久的古老习俗。前面已举出不同时代的若干实例。明代金银簪钗的装饰题材中，也有这一类应节的时令纹样。《酌中志》卷十九《内臣服佩纪略》举出一种名曰铎针的簪子，『有镈，居官帽中央者是也』，『金银、珠翠、珊瑚皆可为之。年节则大吉葫芦，万年吉庆。元宵则灯笼，端午则天师，中秋则月兔。颁历则宝历万年，其制则八宝荔枝、卍字鲶鱼也。冬至则阳生，绵羊引子、梅花』。不过插戴尚只是应节物事之一，它同节日里的穿着原是一致，同书卷二十道正旦前后，宫眷内臣穿葫芦景补子及蟒衣；端午前后，穿五毒艾虎补子蟒衣；冬至，穿阳生补子蟒衣，又室中多画绵羊太子画贴。如此，绘画与织绣自是簪钗纹样的主要来源。定陵出土簪钗中有银鎏金镶玉喜庆万年嵌宝簪一对〔图五六—一〕，金镶宝珠葫芦

五六—一

图五六—一
银鎏金镶玉
喜庆万年嵌宝簪（一对）
北京定陵出土

五六—二

图五六—二
金镶宝珠葫芦簪（一对）

图五七
金镶紫晶月兔簪（一对）
北京定陵出土

图五八
仙子降五毒金掩鬓（一对）
江苏江阴青阳邹令人墓出土

图五九—一
金累丝嵌宝绵羊引子图簪
北京海淀区董四墓村明墓出土

簪一对〔图五六—二〕，而后例簪首式样与定陵所出绒线绣龙戏珠纹护膝上面的『大吉』葫芦完全相同❶。这些应该都是正月里的佩服。前举南京鼓楼区出土的一对金累丝灯笼耳坠〔第九章，图一九九—一〕，正宜于正月十五的妆扮，定陵出土又有金镶紫晶月兔簪一对❷〔图五七〕，那么是中秋簪戴。江苏江阴青阳邹令人墓出土仙子降五毒金掩鬓一对〔图五八〕，钗首的云朵上，仙子系了云肩和草叶裙，一手持着长柄斧，一手提篮，侧身翘脚骑在艾虎背，虎额上錾出一个大大的『王』字。仙子肩膀处一只蜈蚣，斧头下边一只蝎子。掩鬓的云朵上缘罩一株古松。应节的时令纹样，自是端午的插戴，纹样当取自五月里悬挂的辟邪图画❸。所谓『冬至则阳生，绵羊引子、梅花』，北京海淀区董四墓村明嫔妃墓出土金累丝镶宝绵羊引子图簪❹〔图五九—一〕，便是冬至的应令簪戴了。

簪首图案实为《九九阳春图》和《开泰图》中的一个画面。台北故宫博物院藏一幅宋代刺绣《开泰图》❺，满幅以松枝、梅花、

❶《定陵出土文物图典》，图一四三、一〇〇、四八一。

❷《定陵出土文物图典》，图一二九。按此为万历帝饰物。

❸刘若愚《酌中志》卷二十：五月初一起至十三日止，『宫眷内臣穿五毒艾虎补子蟒衣……门上悬挂吊屏，上画天师或仙子、仙女执剑降五毒故事』。中国国家博物馆藏明万历五彩张天师降五毒图盘与金钗构图也很相近。

❹《北京文物精粹大系·金银器卷》，图一八一至一八三（『嵌宝石人物纹金簪』）。

❺《中国织绣服饰全集·刺绣卷》，图七四。

五七

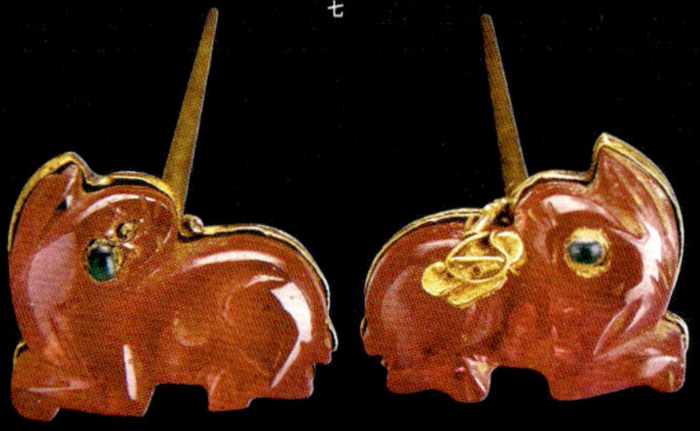

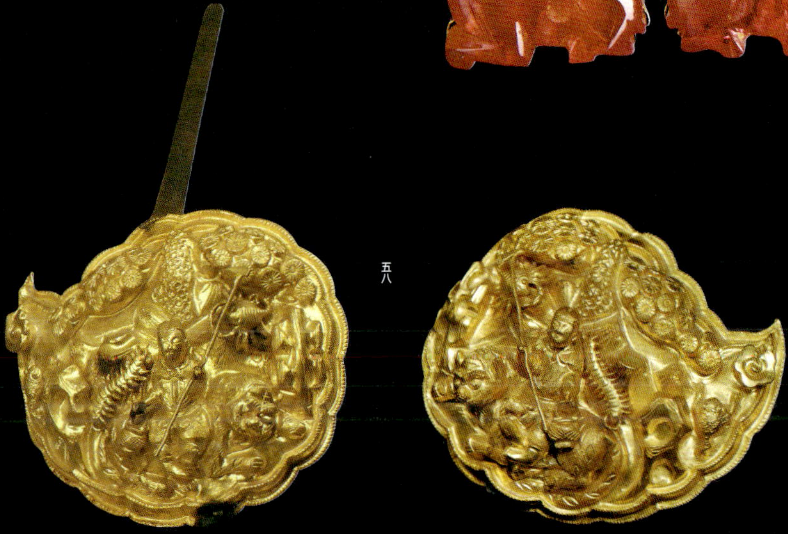

五八

五九—一

山茶布景，河水方开的曲岸边是三个童子和九只羊，占据中心位置的骑羊童子肩扛梅枝，枝头高挑一个鸟笼。这一组形象独立出来，便成为绵羊引子和梅花。伦敦私人收藏的一件明代童子骑羊妆花缎❶〔图五九—二〕，其单位纹样为上下两列相向而行的骑羊童子，童子肩荷枝梢挂着鸟笼的梅枝，其余空间点缀各色折枝梅花与茶花，间以珊瑚、银锭、古禄钱等杂宝。作为首饰纹样，绵羊引子图的设计，绘画与织绣中的图式应是最为直接的参照，金累丝镶宝绵羊引子图簪与妆花缎的图式相同自不消说，工艺设计上则把累丝、镶嵌和打作结合在一起，使之各得其宜又相得益彰。金累丝花叶遍镶珠宝固然见其华贵，不过中心图案以打造之工使得缩微画幅里人物神形兼备，才真正是见出金工的独特表现力。同出尚有与它图式一致的金镶宝钮扣一对❷〔图五九—三〕，当是同『阳生补子蟒衣』和金簪一起配合穿戴，一同凑起冬至节里的欢欣。

五九—二

图五九—二 明童子骑羊妆花缎（局部）
伦敦私人藏

五九—三

图五九—三 金镶宝绵羊引子图钮扣
北京海淀区熏四墓村明墓出土

❶ 赵丰《织绣珍品》，页二五九，艺纱堂／服饰工作队一九九九年。
❷ 《北京文物精粹大系·金银器卷》，图一八八（『嵌宝石人物纹金钮扣』）。

二　闹蛾

与宋元相承，明代正月里及春日间，依然插戴闹蛾。《金瓶梅词话》第七十八回曰正月元旦，玳安与王经在门首『磕瓜子儿，袖香桶儿，戴闹蛾儿』。明蒋之翘《天启宫词》句有『玉云侧掠轻移袖，怕着新蛾闹扫垂』，自注曰：『宫蛾春日咸头戴闹蛾，掠风撩草，须翅生动』[1]。作为吉祥题材的《货郎图》也为货郎儿的妆扮点缀闹蛾，如东京国立博物馆藏明人《货郎图》所绘〔图六〇〕。而做成蝴蝶『象生』的各式金银簪子，大约也是当日俗称的闹蛾一类，至少式样是由此而来。如河南浚县王百禄墓出土金镶宝蝴蝶簪一对〔图六一—一〕，上海黄浦区朱察卿家族墓出土金镶玉蝴蝶簪〔图六一—二〕、卢湾区李惠利中学明墓出土银鎏金镶宝蝴蝶啄针[2]〔图六二〕，又南通向阳公社战胜八队出土金镶宝累丝蝴蝶与金镶宝蝶银脚簪〔图六三—一〜二〕，湖北恩施猫儿堡出土金蝴蝶簪和金累丝蝴蝶簪各一对〔图六三—三〜四〕。出自猫儿堡的金累丝蝴蝶簪是以细窄的金条围作立墙，内里三道麻花丝勾出蝴蝶轮廓并层层缠出蝴蝶的身子，卷草纹填作翅膀，细金条弯作须子，头

[1]《明宫词》，页五〇，北京古籍出版社一九八七年。

[2] 前者失簪脚，簪首宽五点一厘米，后者簪长六点三厘米，簪首高三点一厘米。《上海明墓》，彩版四一：二（『金镶玉蝴蝶簪』），彩版一一五：一（『金蝶形簪』）。

图六〇　明人《货郎图》（局部）
东京国立博物馆藏

图六一—一
金镶宝蝴蝶簪首
河南浚县王百禄墓出土

图六一—二
金镶玉蝴蝶簪
上海黄浦区朱察卿家族墓出土

图六二
银鎏金镶宝蝴蝶啄针
上海卢湾区李惠利中学明墓出土

六一—一

六二

六一—二

图六三—一
金镶宝累丝蝴蝶簪

图六三—二
金镶宝累丝蝴蝶
南通向阳公社战胜八队出土

图六三—三
金累丝蝴蝶簪（一对）

图六三—四
金蝴蝶簪（一对）
湖北恩施猫儿堡出土

六三—一

六三—二

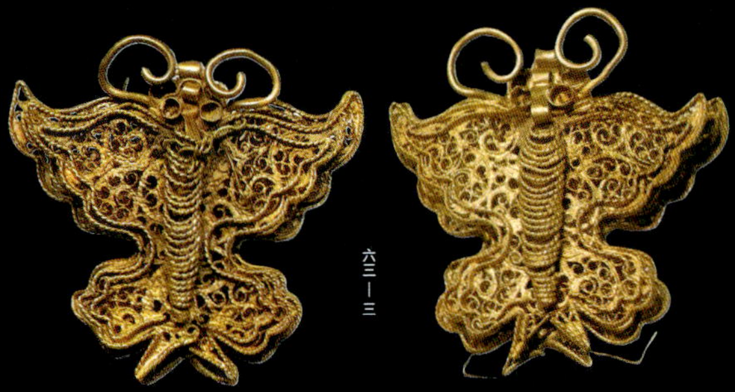
六三—三

六三—四

部两对石碗，原初当是嵌宝点睛。背后接焊一个扁管，可以推知当日是别插一枝银簪脚。金蝴蝶簪却是仅取片材而以打制完成造型和纹饰，背面也有用于插置簪脚的扁管。王百禄墓出土的两枝则以珠宝镶嵌夺人眼目，背后同样有扁管。『宫罗轻剪』『一枝娇颤』的闹蛾，虽变身为披金弄银、负宝戴玉，但依旧不妨以玉石之妍鬓边斗巧。出自李惠利中学明墓的啄针，簪首一只银鎏金的蝴蝶，蝶身小小，宝光闪耀，螺丝作的长须子高高探出，所谓『掠风撩草，须翅生动』，这一枝可完此赞。

金银蝴蝶又或用于品官梁冠之颜题的装饰，称作蝉。《续资治通鉴长编》卷二九九神宗元丰二年：『貂蝉笼巾七梁冠，天下乐晕锦绶，为第一等。蝉，旧以玳瑁为蝴蝶状，今请改为黄金附蝉。』《明太祖实录》卷二〇九『洪武二十四年六月四日己未』载文武官朝服，中有『侯冠七梁，加笼巾貂蝉，立笔四折四柱，香草四段，前后用金为蝉』。金蝉为蝴蝶样，在《明宫冠服仪仗图》的梁冠图中清楚绘出，华盛顿赛克勒美术馆藏明颍国公杨洪容像，笼冠下之七梁冠颜题处的饰物便正是金蝉〔图六四〕。实物则有分别

六四

图六四
明颍国公杨洪容像（局部）
华盛顿赛克勒美术馆藏

图六五—一
金蝶（蝉）
南京太平门外岗子村吴忠墓出土

图六五—二
金蝶（蝉）
南京中华门外郎家山宋晟墓出土

出自南京太平门外岗子村明吴忠墓和中华门外郎家山明宋晟墓的金蝶亦即金蝉两对[1]〔图六五—一～二〕。蝶身均有细孔，或是用于缝缀。吴忠乃明初将领海国公吴祯之子，袭靖海侯爵。宋晟之父为西宁侯宋朝用，晟以有功封西宁侯。

六五—一

六五—二

[1] 吴忠墓的入葬时间因墓志腐蚀无法辨认，但据《明史·吴祯传》『子忠嗣侯，二十三年追论祯胡惟庸党，爵除』，可知吴忠当卒于洪武二十三年（一三九〇）之后。金蝶出土于墓主人头部，长七点三厘米。南京市文物保管委员会《南京太平门外岗子村明墓》，页五七二，《考古》一九八三年第六期。宋晟卒于永乐五年（一四〇七）。金蝶长六点四厘米。南京市文物保管委员会《南京中华门外明墓清理简报》，《考古》一九六二年第九期。

图六六
凤衔方胜玉簪
兰州白衣寺塔天宫出土

三 春幡

以春幡缀于钗头的风习，大约起自晚唐五代。入宋，立春簪戴春幡也始终为岁首一景，如前面举出的唐宋实例。两宋词人笔下的『珠幡』[1]，更有明代实物遥相呼应。兰州市白衣寺塔天宫出土一枝明代玉簪和一对银簪，玉簪簪脚是一竿竹，其端一只口衔珠方胜的凤鸟，方胜下方系着珠子坠脚[2]〔图六六〕。银簪簪首悬缀珠挑牌，牌也都垂系长长的坠脚〔图六七：一～二〕。挑牌的花题正如幡首，其一上端以一枚下覆的荷叶为花题，下方系一个张扬的『春』字；其一花题下缀一对带叶的石榴，石榴下连珠花，两件珠挑坠脚亦如幡脚，『春』字便是点题之笔，可知这一对珠幡以及玉簪簪首垂缀的珠方胜或曰珠幡胜，都是立春的节令时物。『綵幡耐夏宜春字』，『钗头又报春消息』，宋人题咏春幡之句，在此依然延续生命。不妨再来看看明人演述的唐人故事：汤显祖《紫钗记》第三出题作『插钗新赏』，时在新春，内作玉工送来恰才琢就的一枝紫玉钗，郑夫人道：『浣纱，今日佳辰，便将西州

[1] 如赵崇霄《东风第一枝》『喜凤钗、才卸珠幡，早换巧梳插翠』，《全宋词》，册四，页二八五六。

[2] 长十四点五厘米，甘肃省文物局《甘肃文物菁华》，图七五（『明凤头玉簪』），文物出版社二〇〇六年。

图六七—一
悬珠幡银脚簪之一

图六七—二
悬珠幡银脚簪之二
兰州白衣寺塔天宫出土

锦剪成宜春小绣牌，挂此钗头，与小姐插戴。』继而浣纱取来妆镜，又道：『剪成花胜在此。』于是夫人『挂牌钗首』，霍小玉遂对镜插钗：『玉工奇妙，红莹水晶条。学鸟图花，点缀钗头金步摇。』此番情景，虽是想象中的唐人岁时行事，却不无剧作者当代生活之依据。赖此寓意明确的珠幡实物证诗证史，且照映时光之流中的一前一后，『岁华纪丽』，遂有可触可感之真切也。

六七—一

六七—二

四 瓜鼠

与其他题材相比，明代首饰取瓜果为纹样者不算多，前面曾举出了几个例子〔第九章，图五六〕。元式瓜头簪子的流行直到明前期，如南京中华门外郎家山宋晟母墓出土的一对[1]。不过宋晟卒于永乐五年，那么金簪的年代应该更早。常州王家村明墓出土一对金瓜头簪，其簪首造型仍如元式，即做成一枚瓜『象生』，但瓜身却不以瓜叶、瓜花和瓜瓞组织纹样，而只是打作一朵占据了主要空间的牡丹花，遂以旧式翻出新样〔第九章，图一三四—二〕。

明式瓜头簪的造型已与元式簪不同，它打破了圆或近圆的瓜形，而将瓜叶左右对称突出来与瓜相抱，但构图的基本要素没有太大变化。比如梁庄王墓出土的一长一短两枝金累丝镶玉嵌宝瓜头簪。金簪用搓好的花丝平填作满布卷草纹的底衬，即略如瓜形的主图和探出于两侧簇拥主图的花与叶。底衬上面做出嵌玉的装饰框，又装饰框以及花叶之上的菊花式托座亦即嵌宝的石碗，石碗内嵌入红、蓝宝石和绿宝石或绿松石。青玉碾作花叶相抱的一枚瓜实，——玉件构图与元式瓜头簪几乎相同。金累

[1] 南京市博物馆《明朝首饰冠服》，页八九（此称『牡丹花纹金簪』），科学出版社二〇〇〇年。

图六八
金累丝镶玉嵌宝瓜头簪
明梁庄王墓出土

图六九
金累丝瓜头簪
南京平板村三号墓出土

六八

丝的框里嵌入玲珑玉，背面再焊一柄金簪脚〔图六八〕。长的一枝通长十六厘米，重三十一点一克；稍短的一枝通长十三点三厘米，重三十点三克。从两枝金簪的样式来看，与元式簪的继承关系是明显的，不过以工艺不同、造型有异使得风格一变而为工巧密丽。又《南京博物院珍藏系列·金银器》著录一枝『桃形金插花』，系出自南京平板村三号墓❶。审其纹样，瓜棱、瓜叶都见得分明，乃是一枝金累丝瓜头簪，它与梁庄王墓金簪的式样其实很相近，惟远逊于彼之华贵与繁丽〔图六九〕。

明以前，以鼠入画者不多。《宣和画谱》卷十七著录宋徐崇嗣『《茄鼠图》一』，但作品似不传，未知图式究竟。瓜鼠题材的流行，大约要到明代❷。吉林省博物馆藏明初花鸟画家孙隆的一幅

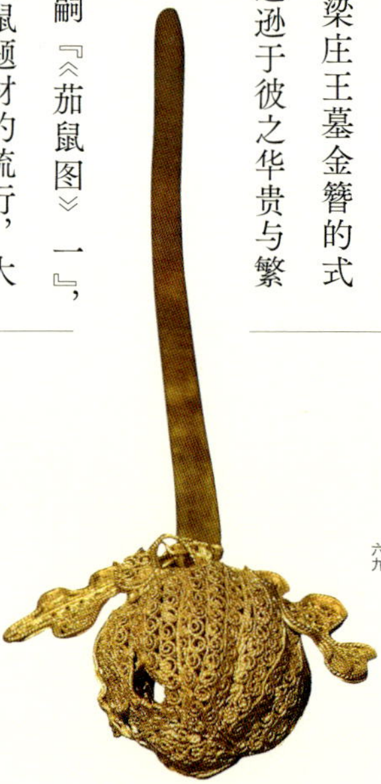
六九

❶ 徐湖平《南京博物院珍藏系列·金银器》，图二九，上海古籍出版社一九九九年。

❷ 朱彝尊《朱碧山鼠啮田瓜觥铭》『瓜蔓生，瓜蒂结，相鼠有齿瓜上啮』（《曝书亭集》卷六十一）。朱碧山为元代著名银匠，那么这时候已有以此为题材的酒器制作，只是这一做法尚未流行。

图七〇
孙隆《花鸟草虫图》（局部）
吉林省博物馆藏

七〇

《花鸟草虫图》长卷，中有瓜鼠草虫，虽为长卷中的一段，但以构图的完整，实在也可独立成幅。图绘于洒金笺，一根瓜秧串起瓜叶、瓜实，头顶着花朵的瓜瓞，又有飞舞着的双蝶，豆娘，田垄间的螽斯，更以满纸绿意中的一只小鼠添得机趣。此图用的是没骨法，敷色鲜润，细节刻画入微，特别见出观察与写实的功夫，作为画『眼』的小鼠则尤其有神〔图七〇〕。不过鼠的毛色不似家鼠，尾巴不似松鼠，如果把它看作写实之作的话，那么也许可以说这是以黄鼠为模写对象，虽然并不是真正意义上的写生。黄鼠系松鼠科，耳廓小，体细长，尾巴长短不超过体长之半，全身毛为草黄色，间杂褐黑色。头和眼都比家鼠大，因又有『大眼贼』之称。黄鼠模样与习性都很可爱，且有为人所珍重的故事[1]，则它的入画便很自然了。孙隆是明宣宗时的内廷画家，而宣宗也有

[1] 陆容《菽园杂记》卷四：『宣府、大同之墟产黄鼠，秋高时肥美，土人以为珍馔。守臣岁以贡献，及馈送朝贵，则下令军中捕之。』

图七一 磁州窑瓜鼠水盂
常州博物馆藏

图七二 金瓜鼠簪（局部）
上海电视大学松江分校金器窖藏

瓜鼠题材的画作，如故宫博物院藏一幅《鼠石图》，不过与鼠相配的是锦荔枝，亦即苦瓜。鼠与瓜果的结合，当是寓含丰年富足之意。

瓜鼠题材用作造型艺术，通常是以瓜为器型，鼠为器柄，如常州博物馆藏白地黑花褐彩瓜鼠水盂〔图七一〕，又许昌出土白地黑花褐彩鼠柄瓜壶残件❶。《天水冰山录》『杯爵』一项列出的名目有『金瓜鼠双耳杯一个』，它的造型大约也如此类。前举蕲春明刘娘井墓出土银瓜鼠盒便是瓜为盒身，鼠为盖钮〔第八章，图六五〕。用于金银首饰，则即传统瓜头簪的踵事增华，便如上海电视大学松江分校金器窖藏中的一枝❷。瓜叶之间的小鼠意态传神，且瓜叶一丛特有几枚镞镂出孔洞以象虫啮。粗金丝做成卷曲的瓜须，并用作簪首与簪脚的固定，这一方式与元式簪相似〔图七二〕。它是

七一

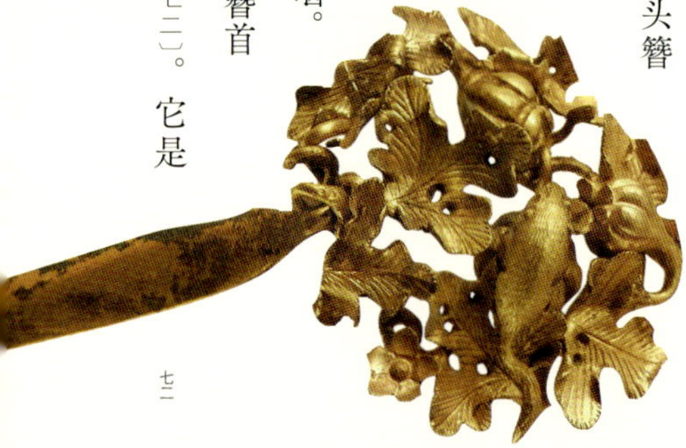
七二

❶ 郭学雷《明代磁州窑瓷器》，页七二，文物出版社二〇〇五年。按常州藏品又见《常州博物馆五十周年典藏丛书·瓷器》，页四七，文物出版社二〇〇八年；该书定其时代为元。

❷ 何继英《上海市松江区发现的南宋窖藏金饰件》，页四九（『松鼠石榴金簪』），《上海文博论丛》二〇〇四年第一期。按所谓『石榴』，其实是瓜瓞一对。『松鼠』似乎也以认作老鼠为宜。本书第九章已经提到，松江窖藏的金饰，我认为一部分元代风格比较明显，一部分已接近明代。

图七三
金瓜鼠簪
广东普宁明墓出土

七三

金瓜鼠簪中构图格外活泼的一例，特有『象生』之趣。又有出自广东普宁明墓金瓜鼠簪一对[1]，簪首以一枚金片打作甜瓜，顶覆瓜花和瓜叶，瓜棱錾锥点纹，两侧又各缀一个小瓜，一只小鼠伏在大瓜之上，一只蜜蜂落在大瓜之下，蜜蜂的翅膀上錾刻细线以见轻薄的质感，老鼠的身上和尾巴细施毛雕，且镞镂出眼眶，原初大约是嵌珠的（图七三）。簪脚两件俱失。以它的构图元素而论，几乎是孙隆瓜鼠草虫图的集合，不过依照簪首造型设计为适合图案，动静得宜，情节宛然，——宋人花鸟小品所喜欢的藏在细节里一点讨巧的小趣味，也安排在此中，而锤、錾的运用灵活，使

[1]《广东出土五代至清文物》，页一一一（此称『冠饰』）。

得它依然保存了写生意趣。

《宣和画谱》卷十五《花鸟叙论》曰：『花之于牡丹芍药，禽之于鸾凤孔翠，必使之富贵，而松竹梅菊，鸥鹭雁鹜，必见之幽闲，至于鹤之轩昂，鹰隼之击搏，杨柳梧桐之扶疏风流，乔松古柏之岁寒磊落，展张于图绘，有以兴起人之意者，率能夺造化而移精神，遐想若登临览物之有得也。』这是宋人对花鸟画之意义的一种认识。两宋时代的花果翎毛常见的是小幅作品，当日或多用于卧屏、团扇，装饰意味很强，而作者本身的寄意抒情并不多，所谓『夺造化而移精神，遐想若登临览物之有得』，注重也在于欣赏的方面。元明金银首饰的设计，对两宋花鸟草虫之作颇有借鉴，图式的取用是其大要，当然也很有精神相通之处。虽然到了明代，工艺品纹样特别强调的是喜乐、吉祥、祝福之意，但瓜和瓜鼠题材的金银簪子在造型设计与图样安排上仍能更多保持从花鸟画中带来的田园趣味，并且不断出新。作为一副头面的配角，这几枚『绿叶』便总能把『红花』衬托得鲜灵。

第十七节

余论

一　关于明代藩王

这一章举出的实例，多出自明代藩王墓，也可以说这一部分作品是明代金银首饰之精华的重要组成，因为属于帝后者目前除了定陵的发现我们尚不能知道更多。

明代藩王是一个独特的群体，虽有天潢贵胄之尊，却又是最为几乎每一位当朝天子所猜忌、所警惕的一群。按照明初朱元璋定下的制度，他们终身不得『高官』，但一生得享『厚禄』，虽然在明代中后期宗室人口愈为庞大之后，禄银供给已是远远不足。既有俸给之厚[1]，自然得享优游度岁之乐，而为了免除来自当朝的猜忌，也以隐于游艺、隐于富贵，即不问朝政安享尊荣最为全身之道。宋元以来蔚成风气的『琴棋书画』固然是贵盛之日消磨岁月的娱情方式，鲁荒王朱檀墓的随葬品中有天风海涛琴一张、围棋一副、宋元书画四卷、元刊本六种八十二册[2]，可见这

[1] 近日四川彭山张自忠『江口沉银』遗址发现『蜀世子宝』金印，原为蜀王府中物，含金量百分之九十五，虽印钮有缺损，仍重达十六斤，可以想象其他。

[2] 山东博物馆等《鲁荒王墓》，页一二四～一三〇，文物出版社二〇一四年。

位短寿藩王的生活之一面。琴棋书画所依托的背景，少不得是园林之胜。明张瀚《松窗梦语》卷二《西游纪》记述他在秦王府所见，曰：『泾、渭之中为陕西会城，即古长安，中有秦府，扁曰「天下第一藩封」。每谒秦王，殿中公宴毕，必私宴于书堂，得纵观台池鱼鸟之盛。』以下则细数种种布置。这是明代中期的北方。《徐霞客游记》卷二下《楚游日记》述桂阳靖江王府大势曰：『府在城之中，圆亘城半，朱垣碧瓦，新丽殊甚。前坊标曰「夹辅亲潢」，正门曰「端礼」。前峙二狮，其色纯白，云来自耒河内百里。』又有桂府所构桂花园、桃花源，等等[1]。这是明代后期的南方。同在江西尚有宁藩。宁藩一系中的朱权被迫隐遁之后，却是成为藩府生活的风雅典范[2]。陈田《明诗纪事·甲签》卷二『宁献王权』条采诗二首，其前小传曰：王『作《囊云诗》云：「蒸入琴书润，粘来几榻寒。小斋非岭上，弘景坐相看。」王每月令人往庐山之岭，囊云以归，结小屋曰云斋，障以帘幙，每日放云一囊，四壁氤氲，如在岩洞。余观周宪王有《送雪诗》。臞仙囊云，宪王送雪，此宗藩中佳话可属对也』。得与『囊云』合作佳话的『送雪』

[1]《徐霞客游记》（吴应寿整理），页一九九，页一九七，上海古籍出版社一九八二年。

[2] 钱谦益《列朝诗集小传·乾集下》『宁献王』条：『王讳权，高皇帝十六子，生而神姿朗秀，白皙美须髯。始能言，自称大明奇士。好学博古，诸书无所不窥，旁通释老，尤深于史。洪武二十四年册封，之国大宁，文皇帝践祚，改封南昌。恃靖难功，颇骄恣，多怨望不逊。晚年深自韬晦，所居宫庭，无丹彩之饰。覆殿瓴甋，不请琉璃。搆精庐一区，莳花艺竹，鼓琴著书其间。晚节益慕冲举，自号臞仙，建生圹缑岭之上，数往游焉。江右俗故质朴，俭于文藻，士人不乐声誉。王弘奖风流，增益标胜。』按此系摘编朱谋㙔《藩献记》卷二《宁藩》一节关于宁献王的纪事。

之宪工，更为明代藩王中最是才华卓绝者。明宗室朱谋㙔《藩献记》说他『好文辞，兼工书画，著《诚斋录》《乐府传奇》若干卷』，『所制乐府新声，大梁人至今歌舞之』[1]。所谓『今』，乃作者所处之晚明。钱谦益《列朝诗集小传·乾集下》『周宪王』条也道他『制《诚斋乐府传奇》若干种，音律谐美，流传内府，至今中原弦索多用之。李梦阳《汴中元宵》绝句云：中山孺子倚新妆，赵女燕姬总擅场。齐唱宪王新乐府，金梁桥外月如霜』。宁献王朱权与周宪王朱有燉，叔侄二人同龄，而都从事北曲创作并有北曲往述[2]，一南一北如此构筑的诗酒风流，可以说为明代藩王的精神生活与物质生活定下了基调，影响差不多从明代前期一直贯穿到明末。周宪王的杂剧创作影响尤巨，所谓『音律谐美，流传内府，至今中原弦索多用之』，『今』，当指明末，而『流传内府』一事尤可注意，因为至少嘉靖时期成书的《雍熙乐府》是大量收录周宪王之作的[3]。讨论明藩王墓出土金银首饰的纹样设计，这也正是一个不可忽略的文化背景。

遗憾的是明代藩王墓历代不曾盗扰、今经科学发掘而原始

---

1. 朱谋㙔《藩献记》，《北京图书馆古籍珍本丛刊》据明万历刻本影印，收入《史部·传记类》册十九，页七五二，书目文献出版社一九九八年。又《万历野获编》卷二十五『填词名手』：『本朝填词名手，如陈大声、沈青门之属，俱南北散套，不作传奇，惟周宪王所作杂剧最夥，其刻本名《诚斋乐府》，至今行世，虽警拔稍逊古人，而调入弦索，稳叶流丽，犹有金元风范。』
2. 廖立等《朱有燉杂剧集校注·前言》，页一二，黄山书社二〇一七年。
3. 赵景深《中国戏曲初考》，页四二一～四四，中州古籍书画社一九八三年。

信息及资料保存全面者，极少。今天能够看到的用于随葬的王府金银首饰，不过如同断简零编，实在难以构成完整的叙事。除有铭文者外，具体的制作年代多不易判定。若根据有限的资料勾勒一个粗略的轮廓，那么就女性簪钗来说，大致可以认为，明代前期样式较少，装饰题材的扩展以及品类的丰富，集中在嘉靖及嘉靖以后。名称样式与通行于民间者区别无多，但相比之下体量却可称巨。用材和做工自然也迥出于一般的民间制作。既可以不吝靡费用珠宝金银妆点出簪钗上的啼莺舞燕，花草呈祥，也可以用无所不至的精巧在方寸世界里『吹的箫管，挡的筝琶，做的杂剧本色儿诸般妙』（朱有燉〔北双调·重叠字雁儿落过得胜令〕《咏美色》）。至于簪钗的主人亦即藩王眷属，却是失语的一群，从《藩献记》记述的贞节故事——王卒，无子，妻妾每以自经的方式相殉——中[1]，看不到当事者的只言片语。绝大多数墓志铭，载录墓主人的贞孝节行之外，其他种种，所及甚微[2]。元张翥《满江红·钱舜举桃花折枝》句云『繁华梦，浑无迹。丹青笔，还留得。怅一枝长见，故园春色』，金簪无言，但至少抵得几幅折枝桃花，而可

[1] 明朝嫔妃殉葬，起于太祖崩后，虽然并不是朱元璋的遗诏，却竟然沿袭下来，直到英宗遗命革除殉葬制度，方才废止。

[2] 朱有燉《故宫人夏氏墓志铭》，是详细记述墓主人为人行事的难得之篇。其中说道夏氏云英『方外玄文，琴棋余事，缫织之工，音律小艺，无所不精』，并有《端清阁诗》一卷，著《女诫衍义》一部，作《法华经赞》七篇，固因『宫人生而聪慧，异于寻常』，但此诸般艺事，也或为王府女性平居生活之一般。

以它的艺术语汇呈露藩府女性的依稀光影以及生活中浮荡的一抹时代空气。

王府所在，很多时候是引领风尚的。《陶庵梦忆》卷六『菊海』：『兖州缙绅家风气袭王府，赏菊之日，其桌、其杌、其灯、其炉、其盘、其盒、其盆盎、其骰器、其杯盘大觥、其壶、其帏、其褥、其酒、其面食、其衣服花样，无不菊者。夜烧烛照之，蒸蒸烘染，较日色更浮出数层。席散，撤苇帘以受繁露。』此王府，为鲁王府，张岱的父亲曾为鲁王右长史，时鲁宪王在兖州。任职于王府之外，游于藩邸的士子才人也不在少数。江南地区虽然不设藩府，但王门珠履却不乏江南名士[1]。声色游艺，风气之传习，固不限于一时一地。王府金银首饰自然也每以夺目之色摇漾在四时花海管领风韵。尽管明代各个藩王享禄并不平衡，甚或常有禄米不给的困窘，未必总可以享受穷奢极欲的生活，然而『穷奢极欲』到底是那一时代——尤其是明中后期——缙绅富室的普遍追求。《陶庵梦忆》卷三《包涵所》记钱塘包应登归老后经营园亭以声色自娱，乃『穷奢极欲，老于西湖者二十年』，『著一毫寒俭

[1] 如钱希言《辽邸纪闻》所述（收入上海古籍出版社影印《说郛三种·说郛续》，又陈田《明诗纪事·甲签》卷二『辽庶人宪𤇍条』）。

不得，索性繁华到底』。此『繁华到底』一语，今用来点评藩王墓中随葬的金银首饰，也正好切题。

二 流行纹样与通俗文学的对应

明代金银首饰流行纹样与当日通俗文学的对应，前面已举出不少，这里再举三例以略申未尽之意。

一、明杨尔曾《韩湘子全传》第三回曰退之与窦氏为韩湘子备下聘礼，『怎见得那礼的齐整处？扎结鬏花，都是犀珠宝石，金花玉蕊响叮当；镶嵌钏钗，尽皆白珩赤瑕，碧玉鸦青光闪烁。簪头龙夭矫，环面凤翱翔。玉树玲珑，宝冠喷焰，金鱼吸浪，翠叶迎风』。

二、《金瓶梅词话》第九十回说『那来旺儿一面把担儿挑入里边院子里来，打开箱子，用匣儿托出几件首饰来，金银镶嵌不等，打造得十分奇巧。但见：孤雁衔芦，双鱼戏藻。牡丹巧嵌碎寒金，猫眼钗头火焰蜡。也有狮子滚绣球，骆驼献宝，满冠擎出广寒宫，掩鬓凿成桃源境。左右围发，利市相对荔枝丛。前后分心，

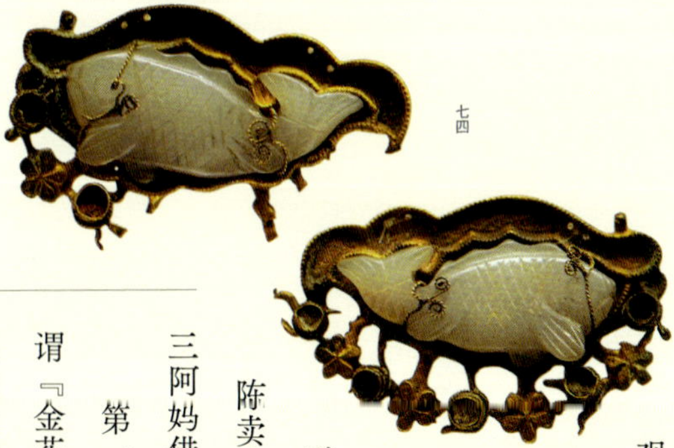

七四

图七四 金镶玉鱼戏藻饰件（一对）
上海浦东新区陆深家族墓出土

观音盘膝莲花座。也有寒雀争梅，也有孤鸾戏凤。正是绦环平安珇珊绿（当为祖母绿），帽顶高嵌佛头青』。

三、冯梦龙编纂之《山歌》卷九《烧香娘娘》：『（白）姐道娘呀，无奈何，头上嵌珠子天鹅绒云髻，要借介一个，芙蓉锦绫子包头借介一方。兰花头玉簪要借一只，丁香环子借介一双。徐管家娘子有一个金镶玉观音押鬓，陈卖肉新妇有两只摘金桃个凤凰。张大姐有个涂金蝴蝶，李三阿妈借子点翠个螳螂。』

第一则说聘仪，而这本来也是最显首饰之风光的时刻。所谓『金花玉蕊响叮当』，玎珰七事也（第九章，图二四五～二四八）。『簪头龙夭矫』，蕲春明都昌王朱载塎夫妇墓出土金镶宝龙戏珠鬏钗差可为例（同前，图六〇—二）。『环面凤翱翔』，见陕西高陵县院张村明张氏墓出土金凤穿花葫芦耳环一对（同前，图一七七）。第二则与故宫藏明人《货郎图》中首饰的花色品种互看，可见互有详略（同前，图一四五）。所言各种纹样，也多非虚语。『双鱼戏藻』，见上海浦东新区明陆深家族墓出土珠子箍上面的金镶玉饰件❶（图七四）。

❶《上海明墓》，彩版四七：四（『金镶玉鱼饰』）。

图七五
狮子滚绣毬金满冠
上海浦东新区陆深家族墓出土

『猫眼钗头火焰蜡』，即钗簪之首的造型为摩尼（第九章，图一〇三—一、图一〇四），此系玉石为底，其表穿系猫睛石。『狮子滚绣毬』，有上海浦东新区陆深家族墓出土金满冠❶（图七五）。『广寒宫』『桃源境』，各式飞仙及楼阁群仙即此类。『寒雀争梅』，上海宝山区顾村镇明朱守城夫妇墓出土银鎏金玉鹊登枝花树一对是其俦❷。『孤鸾戏凤』，见上海黄浦区明南京太仆寺少卿陈所蕴夫妇墓出土霞帔银饰（第九章，图一六二—三）。『绦环』『帽顶』云云，第九章也均有其例。第三则言出行时须有的穿戴。虽用了夸张的笔法，但与富贵人家相比，尚算不得奢华。比如其中的丁香环子，便是耳

七五

❶《上海明墓》，彩版四五：四（『金双狮滚绣球簪』）。
❷《上海明墓》，彩版八〇：四（『银鎏金梅花枝鸟发饰』）。

环中式样简单且用料不多的一种[1]（同前，图一九一）。押鬓，即鬓钗，亦即《韩湘子全传》中的『鬓花』。『两只摘金桃个凤凰』，上海浦东新区陆深家族后裔墓出土金镶宝凤凰摘果簪一对，正是此类[2]。点翠螳螂，则草虫簪之属，如上海朱守城夫妇墓出土的一对银鎏金草虫啄针[3]。总之，与今天所能见到的明代金银首饰相对照，这些看似眼花缭乱的描写，辞藻之外，其实夸饰的成分并不多，且几乎都能举出与之对应的实物。而『文』与『物』或『文』与『史』的碰合之下——准确说，是重新聚拢——所照亮的生活场景，竟是细节历历，伸手可及。

三　主顾与银匠

宫廷之外，明代首饰制作者与使用者的互动，在小说特别是出之以写实之笔的《金瓶梅词话》中可以看到一些生动的细节。先看一个销金点翠汗巾订制的例子，即《金瓶梅词话》第五十一回陈经济与李瓶儿、潘金莲的一番对话——经济道：『门外手帕巷，有名王家，专一发卖各色改样销金点翠手帕汗巾儿，随你要

[1] 刘瑞明《冯梦龙民歌集三种注解》释此『丁香环子』曰：『叮咚响的耳环。隐实示虚说为「丁香」。』（页五六二，中华书局二〇〇五年）误。

[2] 《上海明墓》，彩版九二：二（『金嵌宝石花鸟饰』）。『由叶片、石榴、花朵、凤鸟组成。高二点八厘米，宽三点五厘米』（页一三九）。

[3] 《上海明墓》，彩版八〇：一（『银鎏金螳螂对簪』）。

多少也有。你老人家要甚颜色，销甚花样，早说与我，明日一齐都替你带来了。』李瓶儿道：『我要一方老金黄销金点翠穿花凤汗巾。』『我还要一方银红绫江牙海水嵌八宝汗巾儿，又是一方闪色芝麻花销金汗巾儿。』至潘金莲，却是一口气说出汗巾花样一大串，偏显出口角伶俐：『我要娇滴滴紫葡萄颜色四川绫汗巾儿。上销金，间点翠，十样锦，同心结，方胜地儿，一个方胜儿里面一对儿喜相逢，两边栏子儿都是缨络出珠碎八宝儿。』这里说到的都是明代装饰领域里的流行纹样，不仅用于汗巾，也用于衫裙，多有出土实例。小说原是借此写出人物性情，我们却从中可见手帕巷王家掌握的装饰纹样很丰富，因可承接各种订制。

银匠与客户，也大率如此。《金瓶梅词话》第二十回：李瓶儿拿出一件金厢鸦青顶子，说是过世老公公的，起下来上等子秤，四钱八分重，遂教西门庆拿与银匠替他做一对坠子。又拿出一顶金丝鬏髻，重九两，道：『你替我拿到银匠家毁了，打一件金九凤垫根儿，每个凤嘴衔一挂珠儿，剩下的，再替我打一件，照依他大娘，正面戴金厢玉观音满池娇分心。』同书第九十五回，薛嫂儿向吴月娘说起春梅如今得周守备扶了正房，光景早是与昔日不同，『今日我还睡哩，大清早辰，又早使牢子叫了我两遍，教我快往宅里去。问我要两副大翠重云子钿儿，又要一副九凤钿银根儿，一个凤口里衔一串珠儿，下边坠着青红宝石、金牌儿，先与了我五两银子』。末后把春梅要的一副九凤钿银根儿取出给月娘看，『果然做的好样范，约四指宽，通掩过鬏髻来，金翠掩映，翡翠重叠，背面贴金，那九级钿，每个凤口内衔着一挂宝珠牌儿，十分奇巧』。以上便都类同于今天的订制，即银匠是依照客户的具体要求来完成制作，如此，首饰的设计是以客户为主导。

有信誉的银匠也会有若干相对固定的主顾。《警世通言》第二十四卷《玉堂春落难逢夫》中有一位仗义相助的工匠，小说交代他的出身道，『北京大街上有个高手王银匠，曾在王尚书处打过酒器』，王公子『在虔婆家打首饰物件，都用着他』。而这位银匠也颇有些修养，后面说到王银匠去午门外看榜，道王公子中了，旁边金哥说：『你看看的确，怕你识不得字。』王银匠说：『你说话好欺人，我读书读到《孟子》，难道这三个字也认不得，随你叫谁看。』

当然银匠也有不少可博得闺阁欢心的成品任人挑选。周宪王朱有燉作于宣德八年的《新编黑旋风仗义疏财》杂剧中，李山儿和燕青改扮作货郎儿，因唱一支曲子自赞担子上的货物，道是『也有那真珠冠翠朵云，也有那金镶成玳瑁梳』，『也有那累丝做抹金掩鬓』。如果这里尚缺少纹样描写的话，那么前节引述《金瓶梅词话》来旺儿担子上箱匣里的各色花翠，品类与纹样之丰富，不啻明代首饰的一个小型展销会。这些式样也都有出土实物可证，小说不过按照叙事的需要将之集中在一个花翠担子上。

《牡丹亭》第十出《惊梦》，杜丽娘唱道：『你道翠生生出落的裙衫儿茜，艳晶晶花簪八宝填，可知我一生儿爱好是天然。』这里的『好』，读作好坏的『好』。可以说，『翠生生裙衫儿茜，艳晶晶花簪八宝填』，便是美人所爱之『好』，如此之『好』，当然也是金银首饰设计与制作者的追求。用金银珠宝经营出来的奢华之色，丁是以它的最富展示性而高踞于时尚的侈丽之端。

卷四 终

中国金银器

图书在版编目（CIP）数据

中国金银器：共五卷 / 扬之水著 .— 北京：生活书店出版有限公司，2022.8（2024.2 重印）
ISBN 978-7-80768-378-0

Ⅰ.①中… Ⅱ.①扬… Ⅲ.①金银器（考古）—研究—中国 Ⅳ.① K876.434

中国版本图书馆 CIP 数据核字 (2022) 第 068007 号

扬之水

中国金银器

㈤

生活書店

目次

卷五 曲终变奏——清代

卷五

曲終變奏

清代

第十一章 清代器皿

清代工艺品制作的总体风格是富丽、繁缛，错采镂金，雕饰满眼，金银器的设计与制作也同样笼罩在这一风气之下。

讨论清代金银器皿，实物资料颇有局限性，今天我们看到这一时期的金银器遗存，绝大部分出自北京故宫、沈阳故宫、避暑山庄、南京博物院以及海峡对岸的清宫旧藏，因此很大程度上是讨论皇家金银器，虽然晚期有不少是宫廷委托银楼制作，但式样仍由宫里指定。由清宫造办处活计档可知，宫廷用器制作的诸般细务，均出『圣裁』。制作之先，或提交画稿，或送呈小样，举凡造型、纹样以及纹样的疏与密，尺寸的宽窄修短，乃至材质的施用调配包括珠子的大小多少、绦子的结法，等等，皆须秉承上意，工匠听命而已❶。耗金三千多两的金发塔，每件重四十多公斤、一套十六件的金编钟，式样相同的六十柄金累丝镶绿松石万年如意用于祝寿❷，都是『盛世』里的灿烂金光。天子一人擅威福之柄，极专制之尊，只有想不到，没有做不到。由此显示的与其说是皇家风尚，不如说是帝王意旨。

清宫旧藏主要集中在清中期的乾隆时期和晚清的同治、光

❶ 仅举一例。据《养心殿造办处史料辑览·第一辑》（朱家溍选编，紫禁城出版社二〇〇三年），雍正二年，『珐琅作·附大器作·镀金作』项下记道，『十二月十七日郎中保德持出七宝八宝样十三件、大银碗一件。传旨：照此样将大七宝八宝做二分，小七宝八宝做二分。其座子用银做，顶子用金做，上安番草边，中心圆光烧珐琅番草边，面上或嵌宝石，或烧珐琅片，尔等酌量做，其番草边做金的。再将葫芦缨络做二对，吊挂间花朵用松石、玛瑙、珊瑚、碧玉等做。再向银库查有小圆珍珠即用珍珠穿，若无珍珠或用玻璃珠，或用松石珠，尔等酌量穿，其腰花样有更改处改，上下玻璃光内字画拟画样呈览。钦此』。

❷ 孔艳菊《对珍宝的另一种解读：金累丝万年如意的修复与研究》（《紫禁城》二〇一八年第六期）。文章提到，『这套金累丝万年如意修复后在珍宝馆展陈时，将六十柄悬挂在一起，形成一个多层同心圆，就像一朵庞大的盛开的金色花朵，效果很是震撼』（页五九）。其实此物的制作本身已经『很是震撼』。

绪两朝。宫廷器具不论造型与纹样，都很程式化，不过以做工精细争胜。吉祥纹样成为这一时期装饰领域的主旋律，设计者似乎不必到民众喜闻乐见的诗词剧曲中寻求灵感，止须挖空心思以物象造意或曰『造句』，把福禄寿的祈愿敷演得丰满即可。龙与凤，祥云与万寿，八吉祥与西番莲，蝙蝠以及蝙蝠与团寿组合的『五福捧寿』、与古禄钱结合的『福在眼前』、与山海结合的『福山寿海』，遍施于造型不同、用途各异的器具，领唱几乎所有的作品。

这一章所述，便主要基于本人经眼的今归属于故宫博物院的清宫旧藏。

第一节

酒食器

宫廷金银酒器，主要用于筵席。鄂尔泰等《国朝宫史》卷十九《经费三》『筵宴例用』一项列举皇太后筵宴用器，有金瓶一、折盂一、执壶二、杓一、大锺二十四、盃盘十分、钢镀金大酒盃四十。皇帝筵宴用器：金瓶三、折盂三、执壶二、杓二、盃盘十分、大锺二十、碗二十、玉盏金盘二分、钢镀金大酒盃六十。

宫廷筵宴重在仪式，盘盏这时候是重要的道具，以此方好行礼如仪。盃盘一分，应即盃盘一副，便是承盘与酒杯，此际也常常称作台盏。玉盏金盘，则即玉酒盏、金承盘。与唐宋以来的做法相同，台盏主要用于敬酒。《红楼梦》第四十四回《变生不测凤姐泼醋　喜出望外平儿理妆》，道贾母张罗给凤姐做生日，命众人轮流敬酒，尤氏遂『命人拿了台盏斟了酒』，笑对凤姐云云。《儿女英雄传》第二十八回《画堂花烛顷刻生春　宝砚雕弓完成大礼》，道安公子娶亲之日，送亲太太褚大娘子进得门

图一—一
金錾花嵌珍珠杯盘（一副）
图一—二
金錾缠枝石榴杯盘（一副）
故宫博物院藏

一—一

来，『早见公子迎门跪着，手擎台盏在那里敬酒』（后文又提到『金盏银台』，当是一物）。宫中筵宴时台盏的使用，吴振棫《养吉斋丛录》卷十五记除夕保和殿筵宴，可为一例[1]。

清代杯盘一副的样式与明代这一类的典型器具相比，双耳依旧，整体造型变化不大，但不论器耳还是器身妆点都更为繁复。原系寿康宫旧藏的金錾花嵌珍珠杯盘一副，杯径七点一、盘径十八、通高七点三厘米，杯身是穿行在缠枝西番莲中的五爪行龙，两侧镂空长耳，下端一朵灵芝托出万寿二字，顶端莲花，珍珠为蕊。承盘盘心凸起承托金杯的台子坡面錾云龙纹，其外瑞云满地，宽沿錾缠枝西番莲，八颗珍珠分别点缀于瑞云和西番莲间[2]（图一—一）。又金錾缠枝石榴杯盘一副，杯与盘均以缠枝石榴为饰，金杯上下各錾一周回纹，两朵流云为双耳，顶端各以花萼托一颗金珠，内底心戳印『东陵交回』（图一—二）。它的造型和纹样，与清晚期的一份金珐琅盅图样完全相同[3]。『盅』是锺的俗写，酒盏、茶瓯，均可称锺。

清宫里的葫芦式执壶最可见出炫巧斗妍的繁缛风格。乾隆

[1] 略云：『殿上坐次既定，乐作。进爵大臣起，退至殿门外，去补服，仍悬数珠入殿，至御座下跪，掌仪司以台琖授进爵大臣，恭进御前，复退至御座下，上进酒，进爵大臣一叩起，至御前受台琖，下复跪，掌仪跪接而退。』

[2] 今展陈于寿康宫（尺寸据展品说明）。

[3] 此承徐文跃同道教示。

一—二

款银镀金錾花葫芦式执壶，一侧摩竭衔流，一侧龙首反身为曲柄，遍身枝叶繁密的缠枝莲，器盖仰覆莲花为座托起莲台上的宝珠钮，器底有『大清乾隆年制』楷书款〔图二一一〕。金錾花葫芦式执壶壶柄和流的做法与此相同，器盖以仰覆莲台托举莲苞钮，缠枝灵芝、回纹、如意云、龙牙蕙草，层叠交错满布器身，器底铭曰『四十六两六钱五分』〔图二一二〕。金錾云龙嵌宝葫芦式执壶同样是密不透风的装饰手法，圈足海水江崖，器身二龙戏珠，更以各色宝石攒错其中，摛华骋艳〔图二一三〕。乾隆时期的金胎嵌画

二一一

二一二

二一三

图二一一
银镀金錾花葫芦式执壶

图二一二
金錾花葫芦式执壶

图二一三
金錾云龙嵌宝葫芦式执壶

故宫博物院藏

图二—四
金胎嵌画珐琅执壶

图三
团龙纹葫芦式银执壶
故宫博物院藏

珐琅葫芦式执壶尤见侈丽，壶柄做成一弯倒置的如意，弯柄上方嵌珍珠，如意头上嵌珊瑚珠〔图二—四〕。一件团龙纹葫芦式银执壶稍见素朴，器身錾团龙，盖顶狮子钮，器身与流的连接处以一个伸颈啄流的凤头为弯梁〔图三〕。同治款金錾花执壶，八成金，造型与明代金素、银素相近，壶腹杏叶开光，光内錾一朵枝叶纷披的海石榴，长颈錾蕉叶纹，鼓腹的一侧伸出一个反首向上的龙头口衔曲流，另一侧是个如意式的弯柄。曲流以一弯灵芝与壶颈相连，壶柄则以龙头。壶盖錾缠枝花卉，盖顶是宝

二—四

三

妆莲花上的宝珠钮〔图四—一〕。另有光绪款的一件与此大体相同〔图四—二〕，器底铭曰『光绪七年原讨领二两平三等金重四十两六钱五分』。繁缛之外尚见新意，有清中期的一件金錾云龙纹执壶。壶高三十一点五厘米，整体造型略呈西亚风格，壶身纵向分隔的装饰带里分别錾云龙纹，向上层层收束的壶盖盖顶一个宝珠钮，盖身云龙则一变为横向。纹样虽然整齐划一，却依器型曲线而见出变化，喇叭式圈足錾海水行龙〔图五〕。

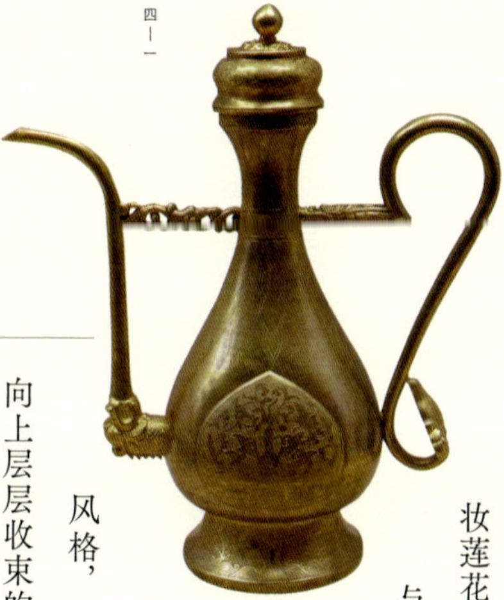

四—一

四—二

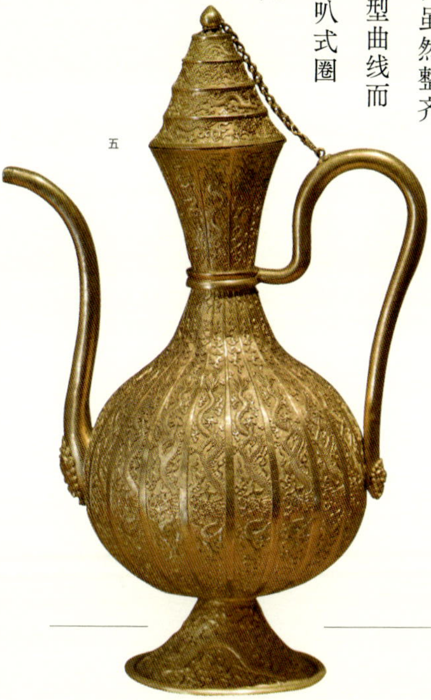

五

图四—一 同治款金錾花执壶

图四—二 光绪款金花执壶

图五 金錾云龙纹执壶 故宫博物院藏

御膳房里供帝后使用的金银餐具，以乾隆二十一年的一次统计为例，主要有牙靶松石钮金羹匙，松石钮金羹匙，牙靶松石钮金叉子，松石顶金镶牙箸；银西洋热水锅，有盖大小银热锅与无盖的大银饭罐，有盖银铫子，有盖银暖碗，银碗盖，银锺盖，银錾花碗盖，银匙，银羹匙，汉玉镶嵌紫檀银羹匙，汉玉镶嵌紫檀商丝银匙，汉玉镶嵌紫檀商丝银叉子，汉玉镶嵌紫檀商丝银箸，银镶里葫芦碗，银镶红彩漆椀❶。又据咸丰十一年（一八六二）十一月立的《御膳房库收存金银玉器皿册》，金银器之大要，有金火锅，随托盘火盖；紫檀商丝嵌玉金匙二件，内有透花一件；紫檀商丝碧玉金匙二件，内有透花一件；紫檀商丝嵌玉金筷一双；紫檀金银商丝嵌玉金叉子二件，又银西洋火锅、银火锅、银小火锅，银盘、银鏇，银镀金錾花碗盖、葵凤金碗盖、葵凤银碗盖，青水海兽金碗盖、青水海兽银碗盖，绿龙白竹金碗盖、绿龙白竹银碗盖，小汤盆金盖、小汤盆银盖，五福碟金盖、五福碟银盖，大紫龙碟金盖、大紫龙碟银盖，青瓷盘金盖、青瓷盘银盖，银膳杓、银漏杓、银膳锅，银铞子、银油壶、银醋壶，银面古子、银

❶ 中国第一历史档案馆藏《御膳房金银玉器底档》（乾隆二十一年十月立）：『乾隆二十一年十月内，乾清宫总管刘玉、潘凤，养心殿内总管刘沧州，圆明园总管李裕，奉旨察得御膳房金银玉器，于十一月初三日乾清宫总管刘玉等据折奏过，奉旨：知道了，钦此。御膳房现存：金羹匙一件，牙靶松石钮，共重一两三钱。金羹匙一件，松石钮，共重二两三钱。金叉子一把，牙靶松石钮，共重八钱。金镶牙箸一双，松石顶，共重七钱。……银錾花碗盖二件，重三两三钱一件，重三两二钱一件。……』徐海荣等《中国饮食史》（五），页四八六～四八八引，华夏出版社一九九九年。下引器具名目同出此。

汤古子。由此一早一晚的两组，可约略见出宫廷餐具之大概。各类碗盖、锺盖，其碗与锺，多为瓷器，青瓷盘金盖、青瓷盘银盖，则已经表述明确。汤古子当与明代相类，如前面举出的清代版画〔第八章，图四七—二〕。作为餐具的银西洋热水锅与银西洋火锅、有盖大小银热锅与银火锅和银小火锅，似乎都是锅炉合一之器，或只是叫法不同，正如『暖锅』与『火锅』，即北方多称火锅，南方多称暖锅。

顾禄《清嘉录》卷十二『暖锅』条：『年夜祀先分岁，筵中皆用冰盆，或八，或十二，或十六，中央则置以铜锡之锅，杂投食物于中，炉而烹之，谓之「暖锅」。谭大中《暖锅》诗云：「范金为器利群生，物理居然寓圣情。持满能平流不溢，虚中有窍火微明。嘘寒变燠盐梅济，取坎交离鼎鼐成。黍谷暄回人尽饱，万方方应与颂和羹。」』又引《墅谈》云：『暖饮食之具，谓之「仆憎」，杂投食物于一小釜中，炉而烹之，亦名「边炉」，亦名「暖锅」。团坐共食，不复置几案，甚便于冬日小集，而甚不便于仆者之窃食，宜仆者之憎也。』这里的『冰盆』，应指大盘。王稼句

《暖锅》一文中说道，『暖锅都用黄铜或紫铜制成，中烧木炭，也有用烧酒作燃料的，上有圆筒拔风，从《墅谈》「杂投食物于一小釜中」来看，早先的暖锅中间是不分格的，诸看混杂一起，约明末清初才始出现锅中分格的暖锅。清初曹庭栋《老老恒言》卷三说：「冬用暖锅，杂置食物为最便，世俗恒有之，但中间必分四五格，便诸物各得其味。或锡以碗，以铜架架起，下设小碟，盛烧酒燃火暖之。」又引袁学澜《吴郡岁华纪丽》卷十一所云「腊残冰沍，馔肴易寒，镕锡范制成锅，装铜作胆，投鱼肉珍错于内，炽火中心，炉而烹之，可佐酒谈，无羹寒之虑，谓之暖锅」[1]。同类形制的器具，北方称火锅[2]，比锅小者称火碗，火碗适合一人餐。清蒙古车王府藏子弟书《一入荣国府》第二回描绘凤姐之晨饭，将《红楼梦》原作的写意一变为工笔，好似晚清贵胄生活之写真，——『闻言吩咐说传饭，一霎时几个仆人捧进了饭盒，炕桌儿面前安排妥，摆下了牙箸银叉羹匙是细螺。盒盖儿高擎银火碗，小碟儿热炒馨香菜样儿多。皆是山珍与海味，正居中还设白银鹿肉锅。一色匀合茶米饭，器具精制世罕得』。

[1] 王稼句《姑苏食话》，页一八六，山东画报出版社二〇一四年。

[2] 清太素生作竹枝词《沈阳百咏》有曰：『耍青时序报南风，避暑人寻绿树丛。依自乘凉郎附热，午筵扇出火锅红。』句下自注：『俗谓消夏为耍青，六七月之间，城内铺户人家出郭为避暑之游，强半携带火锅、炽炭以佐野酌。』雷梦水等《中华竹枝词》（一），页六二二，北京古籍出版社一九九七年。

不论南方暖锅还是北方火锅，通常都是铜锡制品，清宫火锅、火碗，多为银制，但形制与铜锡制品无别。闽人郑方坤《煖锅诗》句云『江南锡为用，椎凿出顽矿。巧匠琢成模，制与豆登等。灿灿白如银，饰之苗山铤。彭亨足有容，那复分畦畛。圆盖一太极，幕首免露顶。帖妥鳌裙垂，不作凫鹤胫。右挈而左提，两耳弓束檠。中央洞无物，无乃象废井。阿奴策火攻，焰焰生杆秉』。故宫博物院藏『光绪』款银镀金寿字火锅的式样正与诗中所咏锡煖锅相同〔图六〕。又有银带盖火锅，银锅两侧各有一个提环，锅内以打作波曲的银板分为七个空间，俯看便是一朵蜀葵。下方炉盘是个镂空团寿字，炉架六足，镂空做成腾起在云朵上的龙。炉盖盖面三个菱花式开光，其一为龙凤呈祥，其一为仙人弈棋，其一是挑着葫芦的寿星，身边跟着仙鹤与鹿，开光外的空间分布杂宝和花卉组成的团花，盖顶宝妆莲花上一个

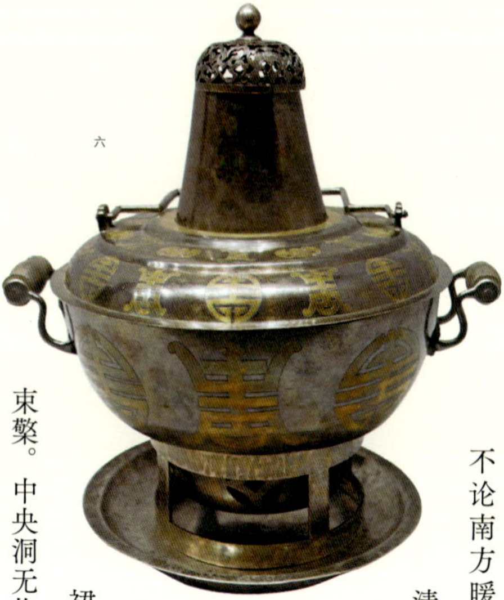

六

图六
光绪款银镀金寿字火锅
故宫博物院藏

图七
银带盖火锅
故宫博物院藏

七

莲苞钮〔图七〕。『甲子万年』元宝式银火锅，是造型一致大小不同的一组。如意式四足，足间支架的中央设一个内置燃料的元宝式碗，如意头上分别錾刻『吉祥如意』『年年如意』『万福如意』等，盖上圆光内錾『甲子万年』，盖钮也为元宝式，锅内置一个银屉〔图八〕。火碗的形制与火锅相似。故宫博物院与沈阳故宫博物院均藏有银镀金万寿字火碗，火碗上有宝珠钮的盖子，下有三个如意头的支架，支架下设圆托，托上是燃料装置〔图九〕。

八

九

金银匙箸加嵌饰，此前已有，如上海青浦区青龙镇遗址隆平寺塔地宫出土银鎏金嵌漆木柄双鱼纹匙，而清代更为流行，并且有所谓『三镶』，如前举御膳房所备金银器皿中的『紫檀商丝嵌玉金筷』。当然这主要是为了排场，而并不作为日用。《红楼梦》第四十回《史太君两宴大观园　金鸳鸯三宣牙牌令》道鸳鸯和凤姐商议好撮弄刘姥姥为众人取乐，特地给姥姥安排了非『请客摆大筵席』不用的『老年四楞象牙镶金的筷子』，末后才『照样换上一双乌木镶银的』。前引子弟书中说到加嵌饰的『牙箸银叉羹匙』，多有清代遗存，宫廷用器自然更为讲究，如金箸、金镶玉箸、金镶青玉嵌乌木箸〔图一〇一—一～三〕，

图八
『甲子万年』元宝式银火锅

图九
银镀金万寿字火碗
故宫博物院藏

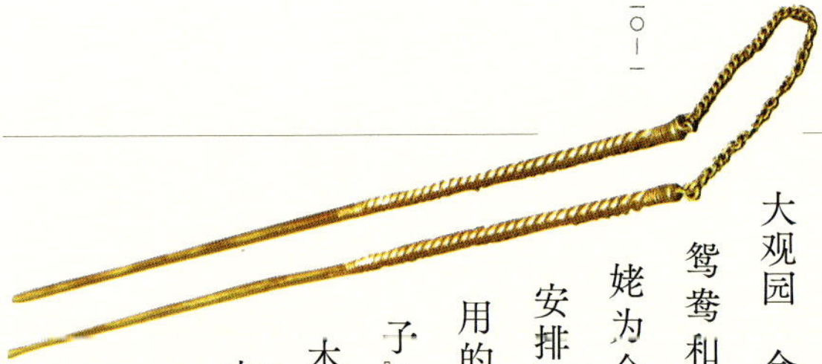

一〇一—一

图一〇一—一
金箸

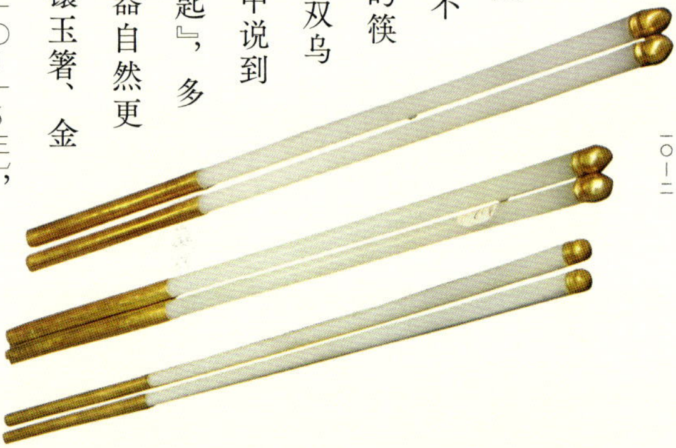

一〇一—二

图一〇一—二
金镶玉箸

一〇一—三

图一〇一—三
金镶青玉嵌乌木箸
故宫博物院藏

金镶木柄玉顶果叉〔图一一〕，龙首玉柄金勺、金镶木柄玉顶勺〔图一二—一～二〕。金镶青玉嵌乌木箸的乌木上又嵌着银丝，当与『紫檀商丝嵌玉金筷』是一类。稍见秀巧的例子，可举莲瓣式金匙，匙叶是一枚细錾脉理的莲瓣象生，柄端一朵顶着莲蓬的莲花，花朵上面连一个圆环〔图一二—三〕。

一一

一二—一

一二—二

一二—三

图一一 金镶木柄玉顶果叉

图一二—一 龙首玉柄金勺

图一二—二 金镶木柄玉顶勺

图一二—三 莲瓣式金匙

故宫博物院藏

图一三 银背壶

图一四—一 银提梁火壶

图一四—二 《岁朝图》（局部） 故宫博物院藏

清宫金银器中的金碗、金盘，银背壶〔图一三〕、银火壶〔图一四—一〕，也都是帝后的日用器具[1]。银火壶与第八章所举明代版画中的样式大体相同，清宫旧藏『十二美人图』以及郎世宁等《岁朝图》中绘出的银火壶乃清代实用器具的写照〔图一四—二〕。

一三

一四—一

一四—二

[1] 《国朝宫史》卷十七《经费一》『铺宫』一项列举皇太后所用，有玉盏金台一副，金执壶二，金盘十五，金碟六，金盌五，金茶瓯盖一，嵌松石金匙一，金匙二，金镶牙箸一双，银盘四十，银碟十，银碗十五，银茶瓯盖十，银匙十五，银镶牙箸十双，银茶壶三，银背壶十五，银铫四，银火壶二，银锅二，银罐二，银杓四。

图一五
同治款金双喜团寿纹碗

图一六
瑞云满地椭圆金盘
故宫博物院藏

金碗、金盘光素者不过以材质彰显等级，以双喜为饰的金碗是为皇帝大婚而制作〔图一五〕。瑞云满地椭圆金盘盘心和折沿遍錾如意及四合如意云，当是用作果盘❶〔图一六〕。扁壶乃酒器中的传统造型，乾隆时期的一件金扁壶两侧不设系，却是直颈两边各一个花叶式耳，类似瓷器中的抱月瓶，壶腹缠枝花叶与拐子龙交错相间，中间一大朵莲花绽放在一对夔龙龙首的下方，上方一束倒垂莲，直颈、方座以及壶身两侧錾回纹。壶高二十点八、厚五点一厘米〔图一七〕。

一五

一六

❶ 高一点三厘米，最大径十三点二厘米，九成金，重一百一十二克。徐启宪《故宫博物院藏文物珍品大系·宫廷珍宝》，页二四八（名作『金錾云纹椭圆盘』），上海科学技术出版社等二〇〇四年。

图一七
金双耳扁壶
故宫博物院藏

宫廷筵宴以礼仪为要，士大夫宴集，则雅尚情趣。第八章曾举银套杯一组，清代也多有制作。梁章钜《浪迹续谈》卷四『宫僚雅集杯』条记述他以不同的机缘先后见到『宫僚雅集』酒器十事，亦即沓杯十件为一套凡三套，基础样式是大小为次、造型相同、纹样风格一致的若干件，摆开即为数件，收束则套叠为杯口平齐的一具。同卷『小仓浪七友杯』条又记道，『余初意欲仿制宫僚杯，以孙雨人之言而止，而温州银工极欲献技，且言白质黑章，亦所优为』，因有小沧浪七友杯的设计与制作，——『宫僚杯系海棠样，兹改为六角沓杯，间用乌丝花草，仍以酒户之大小为序，各镌名于杯底』。酒户，便是酒量。所谓『小沧浪七友』，即作者为江苏巡抚时在抚署东偏池馆小沧浪的一次同庚七友之雅集，七人皆壬戌同岁生，当日曾绘图刻石。银杯既成，乃吟咏以记，所谓『一杯聊似鸿爪印，逭计后来传不传。但比康熙之间宫僚雅集器，煌煌名榜后起何必输前贤』，即志此一段诗酒风流。

宫廷之外，如果不是特殊的隆重场合，似乎很少用到金银酒器。前举套杯的制作也要有人或事之遇合，才有兴味。李渔《闲情偶寄》卷四《器玩部》『酒具』条曰：『酒具用金银，犹妆奁之用珠翠，皆不得已而为之，非宴集时所应有也。』不过若干巧制总还是宴集时讨人欢心的用器。清陈森《品花宝鉴》第三十五回提到怡园的酒席上几件新奇酒器，一是『桌上四隅放四把银壶，也不用人斟，酒壶自会斟出酒来，只要个杯子接著壶嘴。壶中有心，心里有个银桔槔，一条银索子一头在盖子里面搭住，贮满了酒，把盖子左旋，里面桔槔戽动，酒便从壶嘴里出来，斟满了把盖子右旋，就住了』。又有『两个不大不小镀金杯子，外面极细攒花，底下一个座子，如钟里轮盘一样，下有四个小车轮』，『及看座子里那轮盘中，有一个绝小的小针，好像指南针一样』，银杯里斟了酒，把针头对着谁，杯子就向着谁走过去。虽然此一番说话是小说家言，但未必纯属虚构，因为这在当日是可以制作的[1]。

茶具自来以瓷器为主，清代宫廷也是如此，制以金银，则或别出心裁。如银累丝仿竹编万字锦纹盖碗〔图一八〕。承托茶盏

[1] 顾禄《桐桥倚棹录》卷十记虎丘市廛所售玩器有自走洋人，『又有《童子拜观音》《嫦娥游月宫》《絮阁》《闹海》诸戏名，外饰方匣，中施沙斗，能使龙女击钵、善才折腰、玉兔捣药，工巧绝伦』。

图一八
银累丝仿竹编万字锦纹盖碗

图一九
光绪款银镀金茶船
故宫博物院藏

一八

的器具，清代的流行样式之一是茶船。光绪款银镀金茶船，中间承盏的部分做成一个团寿字，两边起翘做成一对镂空蝙蝠，遂成『双福捧寿』〔图一九〕。

奶茶是宫中饮食重要的一项，《养吉斋丛录》卷二十四『旧俗最尚奶茶。每日供御用乳牛及各主位应用乳牛，皆有定数，取乳交上茶房』。藏族习用的奶壶和制作与盛装酥油茶的多穆壶，也为清宫所用，式样与雪域制作者大体相同。乾隆年制银镀金奶壶，短颈一周八吉祥，攀援的龙头弯身为壶柄，昂首仰面势若喷水的摩竭，便是壶的流。盖顶宝妆莲瓣托起一个莲苞钮。盖面錾铭『大清乾隆

一九

图二〇一一
「大清乾隆年制」
银镀金奶壶
故宫博物院藏

图二〇一二
嵌宝石金茶壶
西藏博物馆藏

图二〇一三
银镶金茶壶
罗布林卡管理处藏

二〇一一

二〇一二

二〇一三

年制』〔图二〇一一〕。它与西藏博物馆藏嵌宝石金茶壶、罗布林卡管理处藏银镶金茶壶造型、纹饰和尺寸都很相似❶〔图二〇一二～三〕。西藏制作盛装酥油茶的容器，藏语称为董莫或多穆，多为木制长筒，外以几重金属圈箍定。金银制作的多穆壶也是长筒式器身，器身打作凸起的两个『节』，便是仿木器的金属箍。口为僧帽壶式，一侧有把手，一侧有流，上有盖子，遂成为壶。银錾龙凤纹多穆

❶ 嵌宝石金茶壶通高三十三厘米，银镶金茶壶通高三十六厘米，后例壶底铭刻藏文：『藏历土鼠年，从布达拉宫大御膳房分到的银质大盘因使用过久而磨损，为此，增加金银材料后格桑颇章前由雪堆白重新制作此件。其用材为八十三两银子，流、底、把、头用金三十两半。』首都博物馆等《天路文华》，页四八，页四九，科学出版社二〇一八年。

图二一一一
银錾龙凤纹多穆壶
故宫博物院藏

图二一一二
银多穆壶
西藏博物馆藏

壶是个柱状的把手，上下各有一个龙首衔链环，把手顶端又有一个链索与器盖相连〔图二一一一〕，形制与西藏博物馆藏一件银多穆壶几乎相同〔图二一一二〕。

二一一一

二一一二

第二节

礼仪用器·供器·摆件

《国朝宫史》卷十《典礼六》『仪卫』一项，皇太后、皇后仪驾中均有金提炉二、金香盒二、金洗一、金水盂一、金瓶二，是所谓『金八件』。皇太后『自提炉以下，并赤金质，錣龙凤、山水、珠火，饰珊瑚、青金、绿松等石，陈于八角盘，承以方几，并木质，朱髹，绘金龙凤』。减等则有铜镀金（图二二一—一～三）。《红楼梦》第十七回至第十八回《大观园试才题对额　荣国府归省庆元宵》写元春省亲的排场，仪仗中即有『销金提炉焚着御香』。这里『销金』，当指镀金。

礼乐用器的皇皇巨制是编钟[1]，故宫博物院今藏康熙和乾隆两朝制作的金属编钟大约不下十五套，但多为铜镀金，而康熙五十四年制作的一套十六件为合金编钟，乾隆五十五年制作的一套十六件为金编钟。前者，交龙钮，钟体三重纹饰，上方祥云，中间云海间的龙赶珠，下方八个乳钉，正面浪峰上铸律名，

[1] 孙召华《清宫编钟制作考》，页一六～三三，《故宫博物院院刊》二〇二〇年第四期。

二二一—一

图二二一—一
金錾八宝莲花双凤洗

图二二一—二
铜镀金錾云龙象足提炉

图二二一—三
铜镀金錾八宝双凤洗

故宫博物院藏

三一—二

三一—三

图二三—一~四 『康熙五十四年制』合金编钟

图二四—一 金双耳四足炉

图二四—二 金方烛台（一对）

故宫博物院藏

二三—一

整套编钟造型、尺寸都相同〔图二三〕。乾隆五十五年制作的金编钟就造型和纹饰而言，近乎是它的仿制，每件高二十七、口径二十点六厘米，共重四百二十三点二四三公斤[1]。

又有金银制作的供器，如以香炉一〔图二四—一〕、烛台二〔图二四—二〕、花瓶二为组合的五供。金双耳四足炉为佛前五供之一，高二十一点五厘米[2]。上为立耳，下为柱式足，口沿下方一周回纹，其下一周拐子龙，束腰是万字锦上的福和寿，腹部一个剑环式开光，光内为夔龙捧寿。

二三—二

[1]《故宫博物院藏文物珍品大系·宫廷珍宝》，图五。

[2]《故宫博物院藏文物珍品大系·宫廷珍宝》，图一九一。

二三一三

二三一四

二四一一

二四一二

如意清代使用最多，宫廷中专供颁赐、馈赠、典礼之用，又逢年过节王公大臣呈进如意，取兆吉祥❶，婚嫁吉礼中也少它不得，并且又是居室陈设以及手中持物。如意制作量大，式样也多，材质不同，尺寸各异，装饰方法不一。《国朝宫史》卷十八记乾隆十六年皇太后六十大庆，各地进奉寿礼中各种质地珍异、称谓吉祥的如意，即可见一斑。金錾蝙蝠捧福寿如意〔图二五一一〕，金累丝嵌宝如意〔图二五一二〕，又有如意之上再加祥云瑞霭『平安如意』和寿星的金如意〔图二五一三〕，一柄如意聚满了人间福祉。也有香薰形式的金錾花如意，一首一尾和中间的瓦子都有可以启闭的活盖，内空，用于贮香料〔图二五一四〕。又一件小小的金如意，如意柄的下方錾花

二五一一

图二五一一
金錾蝙蝠捧福寿如意
故宫博物院藏

图二五一二
金累丝嵌宝如意

图二五一三
金寿星如意

图二五一四
金镶珠宝如意式香薰
故宫博物院藏

❶《养吉斋丛录》卷二十五：『元旦、令节、万寿庆辰，王大臣等呈递如意（旧例各回赏如意一柄）。旧时本有等差，其后寝以繁多，几无限制。……』

二五一三

二五一二

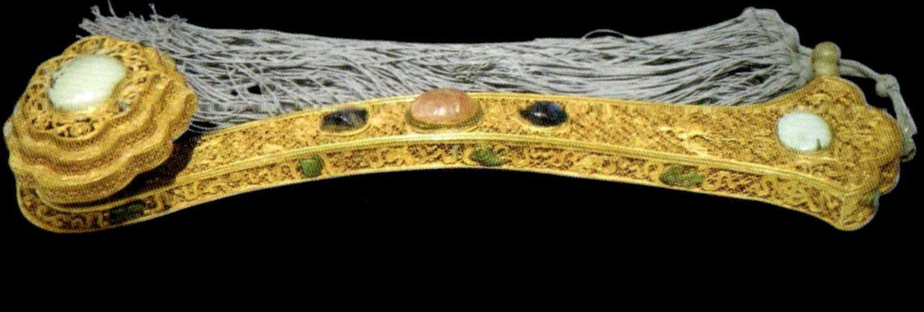

二五一四

叶，中腰一个卍字和一对象生瓜瓞，是瓜瓞绵绵的意思。它可以作为玩好收贮在盒子里，也不妨在喜庆场合里派用场〔图二六—一～二〕。《儿女英雄传》第二十七回《践前言助奁伸情谊　复故态怯嫁作娇痴》，道何玉凤上轿之前，送亲太太褚大娘子『便递给姑娘一个小金如意儿，一个小银锭儿，两手攥着，取左金右银必定如意之兆』。

二六—一

二六—二

图二六—一　小金如意

图二六—二　金嵌宝石葫芦式盒
故宫博物院藏

图二七—一
金鹤香薰（一对）
图二七—二
金镂空大吉葫芦香薰
故宫博物院藏

二七—一

香器也是陈设用具。清宫旧藏金鹤香薰通高九十五厘米，重十二点三公斤❶（图二七—一），一左一右为一对。鹤腹中空以贮香料，一对翅膀连做便成上覆的器盖，鹤爪下方有榫插入铅座，铅座四面做出起伏的山峦，呼应金鹤的昂首之势以足『鹤鸣九皋』之意，香气便自鹤嘴徐徐散发。金镂空大吉葫芦香薰，高四十二厘米，重二点三四公斤，遍身是镂空六角窗里的『喜』字和『寿』字，『喜』『寿』之间填作卍字符（图二七—二）。集万世喜

二七—二

❶《故宫博物院藏文物珍品大系·宫廷珍宝》，图一一。

图二七—三
金香亭
故宫博物院藏

图二八
穹庐式银香薰
内蒙古博物院藏

二七—三

吉于一器，可以说是清代金银器纹样设计始终不变的追求。又有同治时期的金角端、金香亭各一对，都是宝座两侧的陈设。香亭高一点二米，重逾三公斤，筒身镂作万字不到头，上饰蝙蝠和团寿〔图二七—三〕。内蒙古博物院藏一件银香薰系赤峰翁牛特右旗郡王府遗物，高七厘米，造型取式于蒙古包，穹庐为盖可以开启，顶部的天窗即用来散发香气❶〔图二八〕。

用作宫廷陈设的金银器尚有各式盆景和挂屏、花篮等，如金长方盆玉石珐琅桃鹿盆景、金长方盆玉石珐琅松鹤盆景、金錾花长方盆玉石梅花盆景〔图二九—一～三〕，只是这里唱主角的应该说是珠宝。银六方盆金桃树盆景与银六方盆金铁树盆景，以金材打制、攒焊为桃树和铁树，桃枝上点缀金镶珠宝花朵，复以『螺丝』挑出两对蝴蝶。铁树树尖上则是五只蝙蝠。银盆为纹饰相同的一对，六面各个錾刻人物故

❶ 杨伯达《中国金银玻璃珐琅器全集·金银器》第三卷，图三三〇，河北美术出版社二〇〇四年。按图版说明称此为『银穹庐式香盒』，然而从形制看，应为香薰。

二八

二九—一

二九—二

二九—三

图二九—一 金长方盆玉石珐琅桃鹿盆景

图二九—二 金长方盆玉石珐琅松鹤盆景

图二九—三 金錾花长方盆玉石梅花盆景

故宫博物院藏

二九一四

二九一五

银六方盆金铁树盆景·银盆（局部）（老子骑青牛）

银六方盆金铁树盆景·银盆（局部）（东方朔偷桃）

图二九—四
银六方盆金桃树盆景

图二九—五
银六方盆金铁树盆景
故宫博物院藏

图三〇
银累丝花篮

图三一
金累丝带座盘
故宫博物院藏

事，如东方朔偷桃、老子骑青牛等〔图二九—四～五〕。银累丝花篮一件是提梁壶的样式，不过有与它形制相同的一件附有黄签，墨书『乾隆九年十月初三日收银累丝花篮一件，重十两』❶，因可确定名称。花篮通体为镂空卷草，粗丝勾勒轮廓，细搓麻花丝平填，盖顶一个花苞钮，提梁上端设环以为悬挂。口径四点二、通高十四点七厘米〔图三〇〕。金累丝带座盘，托座仿家具的外翻马

三〇

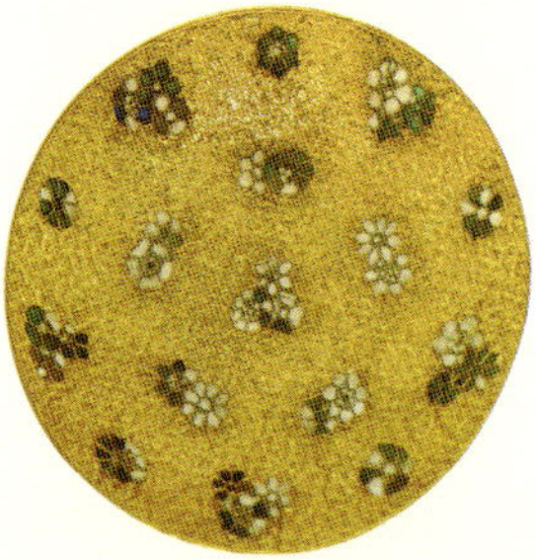

三一

❶《中国金银玻璃珐琅器全集·金银器》第三卷，图三一〇。

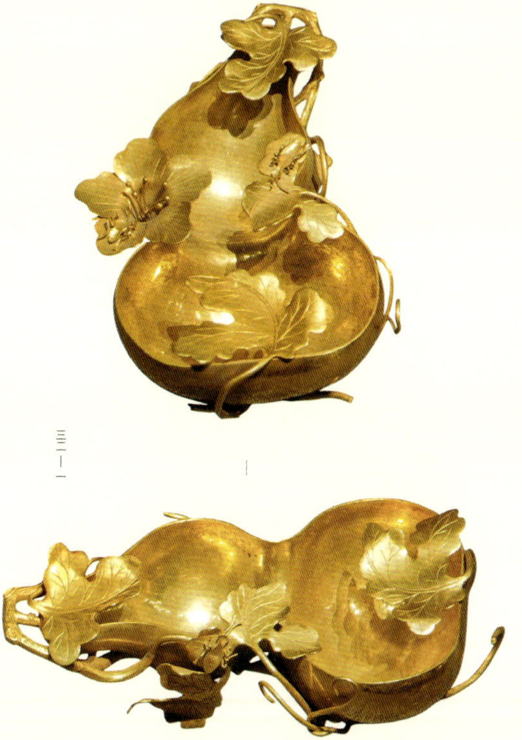

三二—一

三二—二

蹄六足带拖泥。盘径十五点七厘米，通体累丝作，遍施缠枝卷草，内外镶嵌绿松石与青金石朵花。它的工艺之精在于卷草之排布密而有致，虽细䔍若游丝，却纤毫可数，朵花疏落，如落轻纱（图三二）。一对金葫芦摆件是象生的做法，一个葫芦对剖为二，瓜

图三二—一 金葫芦摆件

图三二—二 『必定如意』金摆件

故宫博物院藏

图三三一—一
金累丝镶宝七珍·女宝（局部）
金累丝镶宝七珍·象宝
金累丝镶宝七珍·摩尼
故宫博物院藏

蔓绕身，瓜叶和瓜花搭在葫芦的剖面，花瓣和叶边上各一只草虫〔图三三一—一〕。小小一个元宝式金锭，上覆一枚镂空饰件：一柄如意、一茎折枝莲花，中间竖了一枝笔，那么便是一个从谐音取意的『必定如意』金摆件❶〔图三三一—二〕。怀柔以宗教，以维系边疆各民族的向心力，是清廷政治统御

❶《红楼梦》第四十二回《蘅芜君兰言解疑癖 潇湘子雅谑补余香》，道鸳鸯拿着给刘姥姥的荷包，抽了系子，『掏出两个笔锭如意的锞子来给他瞧』，道『留着年下给小孩子们罢』，便是此类了。

图三三一二
金累丝镶宝八宝·法螺
金累丝镶宝八宝·宝伞（局部）
故宫博物院藏

三三一二

法螺

宝伞局部

的重要手段之一，藏传佛教因此成为藏族、蒙古族、满族共同的信仰。清宫内廷广设佛堂，金银器中因有不少属于藏传佛教艺术，如象宝、兵宝、女宝、轮宝、男宝、摩尼、马宝，是为七珍〔图三三一一〕，法轮、法螺、宝伞、白盖、莲花、宝瓶、金鱼、盘肠，是为八宝〔图三三一二〕，又白螺、金刚杵、贲巴壶、嘎巴拉碗、坛城等法器和供奉物。作品或是出自造办处，或是来自各地供献。西藏所进，称作丹书克，也作丹舒克，是『藏语 brtan bzhugs 的译音，原是长寿永生，久住世间之意，是祝贺语，但在清宫却视之为贺礼，载之制书，成了每逢新正或国有庆典时西藏对清廷的固定贺仪』❶。

❶ 蔡玫芬《丹舒克：故宫藏传法器来源之一》，页一二，《（台北）故宫文物月刊》第十二卷第四期。

图三四
左旋白螺
故宫博物院藏

《养吉斋从录》卷十三：『新岁，理藩院奏西藏喇嘛进丹书克，番语谓吉祥物也。俗有七珍八宝之说，如白螺，亦是一种。』同书卷二十六：『乾隆间，大学士福康安剿台湾林爽文，赐以大利益吉祥右旋白螺。奉之渡海，灵验非常。嘉庆初，赵文楷、李鼎元出封琉球，亦命带往。后命赛冲阿渡洋剿蔡牵，复赐之。事讫，留藏闽督署。螺长五寸六分，腹圆，首尾各出二寸，由渐而削，纹四旋而及口。嵌宝石八，外袭纹锦五，重重一色，而以椟扃藏之。按高宗御制白螺赞，注云：每年藏中喇嘛于新正及万寿节进丹书，所陈供器有献右旋法螺者，以为奇宝而不多见。涉海者带于舟，则吉祥安稳，最为灵异。』此所云右旋白螺，今藏台北故宫博物院[1]。故宫博物院藏乾隆四十八年班禅额尔德尼进左旋白螺，所附黄签云

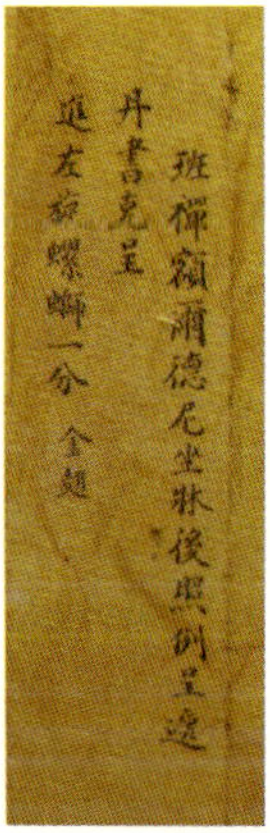

左旋白螺所附黄签

三四

[1] 蔡玫芬《定风珠：右旋螺》，页一〇八～一一〇，《（台北）故宫文物月刊》第一卷第二期。

图三五
金錾花镶宝右旋白螺
故宫博物院藏

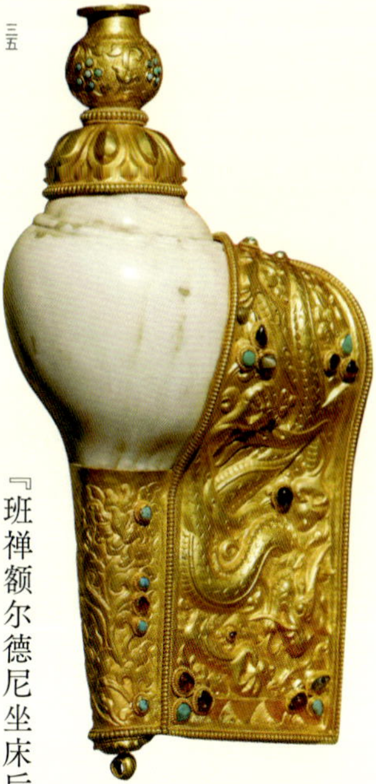

三五

『班禅额尔德尼坐床后照例呈递丹书克，呈进左旋螺蛳一分金翅』〔图三四〕。所谓『金翅』，即除白螺的上下分别包金之外，白螺的开口处更镶以向一侧张开的金饰，因称『镶翅法螺』。另一件金錾花镶宝右旋白螺，为乾隆五十年七世班禅进献❶，原装在木匣里，内贴红绫，盖里的说明文字曰『乾隆五十年三月初一日，班禅额尔德呢呼弼尔汉恭递丹书克时敬进右旋白螺，供奉之处增寿吉祥，说见《佛说大游戏经》』。白螺上方镶嵌的金饰是覆莲座上的吹口，其表打作缠枝花卉，花瓣嵌绿松石。白螺下方打作缠枝西番莲，末端一个圆箍式的小穿。金翅是一条戏水巨龙，各色宝石分布其间〔图三五〕。

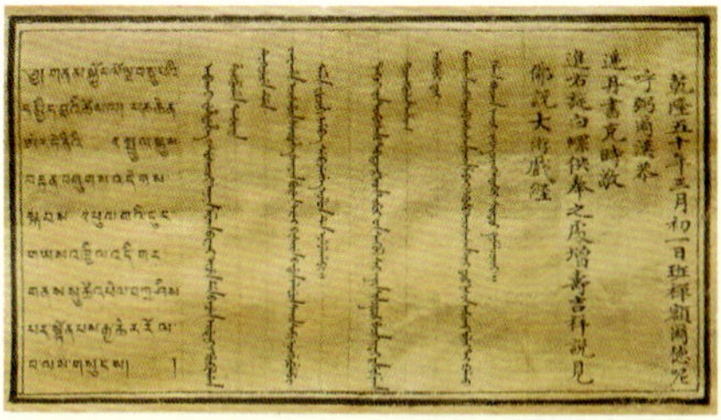

木匣盖里内贴

❶ 此为观展所见，展品说明云：『乾隆四十五年六世班禅在北京西黄寺圆寂，扎什伦布寺于次年访得候选灵童四人。经索本堪布扎萨克喇嘛及八世达赖喇嘛鉴别，确认后藏吉雄地方的孩子为六世班禅转世灵童，遂向乾隆帝上表奏明。十二月二十日，乾隆帝颁示敕谕以表承认。乾隆四十九年，七世班禅完成坐床及受近事戒仪式，次年正月乾隆帝遣驻藏大臣颁给班禅敕书、哈达等。班禅呈进内库长哈达等上表谢恩。』

图三六
金镶银里嘎巴拉碗

图三七
银镀金梵文贲巴壶
故宫博物院藏

三六

嘎巴拉碗为藏密仪式中的饮器，用于盛甘露水。『嘎巴拉』，是藏语颅骨的意思，以高僧颅骨制成的饮器被视为神圣的佛教用器❶。扎什伦布扎什吉彩作坊制作的金镶银里嘎巴拉碗，上有金碗盖，下承金托台座。三角形金托座的三隅各焊一个小骷髅头，金托壁面以及下重台座之表分别打作不同式样的火焰纹。台座底部刻藏、满、蒙古、汉四体文字的『大清乾隆年制』〔图三六〕。它是六世班禅于乾隆十五年十月二十七日于宁寿宫念经时进献，原藏宁寿宫。

奔巴壶或作贲巴壶、贲巴瓶，也称甘露瓶、藏草壶，为藏传佛教密宗修行仪式中灌顶器皿❷，形制略似辽宋净瓶，它在清宫也或用作陈设器。养心殿造办处制作的银镀金梵文贲巴壶，器腹垂蕤散舒，上面分布镀金西番莲托举的梵文字，一侧兽口衔流，长颈中腰一道连珠纹，上方覆莲耸出小口，下方高座好似倒扣的一大朵菊花。全器通高二十一点九厘米〔图三七〕。

三七

❶《丹舒克：故宫藏传法器来源之一》，页二五。

❷ 贲巴瓶的另一个特殊用途，是乾隆五十七年（一七九二），清军扫除廓尔喀侵略势力之后，鉴于当时西藏政局混乱，乾隆帝颁赐金贲巴瓶，用于抽签决定达赖喇嘛、班禅额尔德尼等大活佛转世灵童，以保证转世认定过程的公正与合理。

一种小型佛龛，与很早即已流行的檀龛性类大致相同。唐卢照邻有《相乐夫人檀龛赞并序》，所谓『敬造灵龛，奉图真相。青莲皓月，争华蚊睫之端；宝树天花，竞爽鸿毛之际。纳须弥于纤芥，尝谓徒言；置由旬于方丈，今过其实』云云，是体量小而图像精细为此类龛像特色❶。不过金属制品清代以前似乎不多。发现于北京阜成门内白塔寺塔顶的一件内奉金镶宝无量寿佛、满錾《尊胜咒》的铜鎏金小龛，是乾隆十八年修缮白塔寺时安放。故宫博物院藏金累丝佛龛一件，龛门以金丝密缠边框，麻花丝做成龛门尖拱处的一朵西番莲，下方一对卍字，龛门两侧一边是一对带叶的仙桃，一边是一只回首的鹿，其下又是两侧各一个寿字，龛门下方为柿子、如意和一对古禄钱〔图三八—一〕。另一件金累丝带座佛龛，背面银插门上錾汉、满、蒙、藏文题记：『乾隆三十一年九月初三日钦命阿嘉胡土克图认看供奉利益番造手持金刚。』〔图三八—二〕此外尚有与嘎乌相类的护身佛窝。金镶宝护身佛窝

三八—三

三八—二

三八—一

图三八—一 金累丝佛龛
图三八—二 金累丝带座佛龛
图三八—三 金镶宝护身佛窝
故宫博物院藏

图三九
金镶绿松石楼阁式龛
故宫博物院藏

三九

一件，高五点七、宽四点八、厚二点八厘米，造型取式于佛龛，盖面一朵镶宝莲花，花心里一个佛字，两侧有穿，以带环绕，顶端有环，用于系结〔图三八—三〕。大型佛龛有清宫旧藏金镶绿松石楼阁式龛，仰覆莲瓣须弥座，上设围栏，两层楼阁的佛龛正面开龛各三，龛门都是嵌珠边框，立墙满饰累丝卷草，绿松石嵌八宝点缀其表，屋脊中央一个莲花座上的金镶绿松石宝瓶，摩尼宝为盖钮。全器长逾半米，高六十五厘米，重近三十六公斤〔图三九〕。

❶ 苏州虎丘云岩寺塔发现的檀龛宝相，宽六点三厘米，连座高十九点三厘米，莲花座上是可以启闭的一个三连式佛龛，龛缘上下各有方便穿系的小孔以为佩带。苏州博物馆《苏州博物馆藏虎丘云岩寺塔、瑞光寺塔文物》，页五五，文物出版社二〇〇六年。

金镶绿松石楼阁式龛侧面（局部）

坛城又称曼荼罗、曼扎、满达，为梵文mandala音译，意译则即坛城，为正意；就其内涵意义而言，以轮围具足，或『聚集』（即诸佛、菩萨、圣者所居之处）为本意。而从图像学来说，便是将坛城一词用来专指一类以几何形状为画面结构，且每一画面有一放射中心的图

四〇—一

绘，亦即自外而内层层以圆形集中，再由中心层层以方形投射，如是形成井然有序的结构[1]，而每一结构要素，诸如护法火焰墙、金刚杵墙、八大寒林、莲花墙、内坛城，都各有不同的名称和微细表义。藏密曼荼罗艺术在藏传佛教绘画、建筑及宗教祭祀活动中被广泛采用，并形成不同的种类和模式。绘画一项即包括壁画、唐卡、板画、天花等各种形式。立体曼荼罗，则是以金银铜铁等金属或香泥、沙石、粉石为材料制成的三维立体空间——有的或如宫殿一般——的曼荼罗模型[2]。它的结构虽大体相同，但形态或繁或简差别很大〔图四〇—一～二〕。

图四〇—一
银鎏金嵌宝坛城
西藏博物馆藏

图四〇—二
金嵌绿松石坛城
故宫博物院藏

四〇—二

[1] 谈锡永《西藏密宗的坛城画：西藏绘画概说之三》，页一一六，《（台北）故宫文物月刊》第二卷第四期。

[2] 昂巴《藏传佛教密宗与曼荼罗艺术》，页一四五～一四六、页二一〇～二一五，甘肃人民出版社二〇〇九年。

坛城用于进献，则又包含了祈福的意思。原供奉于清宫养心殿的一座金镶珊瑚松石坛城，是五世达赖喇嘛阿旺罗桑嘉措于清顺治九年（一六五二）至十年晋京朝见时所献礼贡之一。彼时达赖喇嘛驿馆西黄寺，坛城因留在寺里供养。乾隆年间，章嘉胡土克图（当为三世乳毕多吉）接受『管理京师寺庙喇嘛扎萨克达喇嘛』的封授，从西黄寺内奏请移入内庭养心殿供养。盛放坛城的皮盒内贴白绫，上书汉、满、蒙、藏四体文字，便是记述此事：『利益金造曼达乃世祖皇帝时五辈达赖来京供于西黄寺，章嘉胡土克图以其吉祥万年，寰宇康宁，众生利益，故奏闻皇上，请于内庭供奉。』可知进献坛城，也包含对皇帝权威盛德的赞颂之意[1]。《国朝宫史》卷十八记乾隆十六年皇太后六十大庆，各地进奉的寿礼中即有『莲界环周镀金满达一件』，『瑜伽净宝铜镀金满达二件』，『毗耶净域银镀金坛城一座』。

从金银器制作的角度看，清代坛城中的精品，多是打制、錾刻、累丝、镶嵌等各项技艺的集中展示。南京博物院藏银镀金坛城与金坛城各一，均为清宫旧藏。前者高四十六厘米，基座以连

[1] 王尧《西藏文史探微集·从台北故宫博物院所藏几件藏传佛教文物介绍清廷治藏盛事》，页三四一～三四六，中国藏学出版社二〇〇五年。

珠纹间隔为三重装饰带，分别是宝妆莲瓣一周，梵文一周，又一周嵌宝花卉，上方边栏是一围山峦，当表示铁围山。中心内城为耸起的须弥山，重峦架殿，叠嶂营阁，两侧菩提树旁分别探出祥云托日月，外城错落布置七珍、八宝、天王、菩萨〔图四二〕。

图四一 银镀金坛城 南京博物院藏

四一

图四二一一
金累丝錾花镶绿松石坛城
南京博物院藏

另一件金錾花镶绿松石坛城则特以累丝之精见工夫。所用金丝细若毫发，却以攒造之整练与精细完成无数构件的造型和纹饰。圆坛上下连珠纹勾边，中间宝珠式装饰框内是金镶绿松石的八吉祥，间以绿松石点蕊的缠枝牡丹。城外四面牌楼式的四座门，下方为束莲柱，顶部中央是法轮，两边一对卧鹿，其侧如意金瓶里插着伞盖和宝幢。城体下部为经殿，四面设门，内坐大威德及众贤。城堞垛口之下垂一周兽面，兽面口衔缀着杂宝的璎珞表示庄严。城顶一座翘角飞檐上有宝顶的十字脊楼阁。通高二十厘米，重一点三公斤〔图四二一一〕。今藏故宫博物院的一座金累丝錾花镶绿松石坛城亦为清宫旧藏，同样以累丝见胜。圆坛的制作与前例同，上方外环八大寒林墙，内坛一座方城，四面台阶各覆累丝金刚杵，殿阁中间设门，内里供奉大威德及众贤。殿顶缘边插宝幢与伞盖，中央耸出四重相轮如塔刹，上置楼阁宝顶，楼阁檐角一对衔磬

四二一一

的龙首。通高三十五厘米，重十八公斤〔图四二一—二〕。

清代以前的金银塔多为信众施入佛塔地宫的舍利容器，通常体量不大。清宫制作的金银塔几乎都是供奉塔，形体高大，垂珠镶宝，侈丽逾前。原安放在寿康宫的一座金发塔，通高

四二一—二

图四二一—二
金累丝錾花镶绿松石坛城
故宫博物院藏

图四三
孝圣宪皇太后发塔
故宫博物院藏

一百四十七厘米，底座边长七十厘米，重十点七五公斤，是乾隆帝为供奉其母孝圣宪皇太后生前脱落的头发，由清宫造办处特制。乾隆四十二年（一七七七）皇太后卒于圆明园，乾隆帝为表孝忱，下诏铸造发塔，广储司所存黄金不敷用，临时熔化了宫中及圆明园等处的金盆、金匙、金箸、金珐琅鼻烟壶等金器，耗金凡三千余两。现存金塔中，体量高、分量重者，此可称最[1]。金塔须弥座的束腰中央是莲座上的交杵，两边各一个舞狮，塔身正面开佛龛，其外环绕口衔璎珞的兽面，相轮十三，满錾梵文，塔刹宝盖缘边周环珠宝璎珞和金飘带，刹顶以宝、玉、松石嵌作日、月和宝珠〔图四三〕。

四三

[1] 《故宫博物院藏文物珍品大系·宫廷珍宝》，图一七五。

宣统元年造慈禧发塔，当是委托银楼制作，虽然也是覆钵式塔，相轮却是十三层朵朵嵌珠的如意云，上方为珠子璎珞垂金铃的宝盖，刹顶摩尼宝珠下方是两侧飘着金带的磬。塔身一个镶珠嵌宝的火焰龛门，门两侧一对狮子。仰覆莲瓣的须弥座为塔基，座前是出水龙的御路，座上环绕狮子望柱的雕栏。龛门上方一块下倾的横匾，錾『孝钦太皇太后发塔』八个大字〔图四四〕。塔底铭曰『宣统元年二月二十四日泰兴楼造，九五成色金，京平一百四十两整』。

四四

图四四
孝钦太皇太后发塔
故宫博物院藏

南京博物院藏一座七级八角楼阁式金佛塔，通高四十三厘米，重一点七公斤。每层四个拱门，四个连钱纹镂花的窗，拱门里坐佛一身。第一层的门前有垂带式踏垛，两侧垂带栏杆，它与台基栏杆一样，都是瘿项镂空如意云，华板镂空莲花。每层塔顶各垂八条龙脊，龙口各衔一个风铃，铃上錾蕉叶和万字锦纹。塔刹是点翠仰覆莲刹座，刹顶是莲花上的一颗珊瑚宝珠，火焰点翠〔图四五〕。金佛塔原为清宫物，系一对。

四五

图四五
金佛塔
南京博物院藏

第三节

其他

清代金银器中，尚有若干特别用具，如『金瓯永固杯』[1]。吴振棫《养吉斋丛录》卷十三：『明窗（在养心殿）开笔之典，始于世宗，历圣皆踵行之。其制：每岁于元旦子刻御是处，案设金瓯一，中注屠苏；玉烛一，手引发光；用朱漆雕云龙盘一，中盛古铜八吉祥炉，古铜香盘二；握管薰于炉上，始濡染挥翰。……诸物用毕，手自料简，饬所司收藏。』所述大抵同于嘉庆十二年嘉庆帝《元旦试笔》诗『玉烛金瓯祖考贻，明窗试笔迓鸿禧』句下自注[2]。许晓东《返绝久非藉 沧桑全亦奇：记四件『金瓯永固』杯及其他》一文中说道，『据现已找到的档案、文献记载，乾隆年间制作了四件「金瓯永固」杯，分别是乾隆四年的一件，乾隆五年的两件，乾隆六十二年亦即嘉庆二年的一件』，『现知存世「金瓯永固」杯亦有四件，伦敦华莱士金杯、鎏金铜杯各一件，两岸故宫金杯各一件』[3]。乾隆四年一件的制作过程，清内务府

[1] 张世芸《『金瓯永固』杯》，《故宫博物院院刊》一九八〇年第二期。

[2] 见张世芸《『金瓯永固』杯》，页八一。

[3]《紫禁城》二〇一二年第十二期。

活计档有详细记载，『乾隆四年十一月二十八日七品首领萨木哈，催总白世秀来说，太监胡士杰交白玉异兽一件，白玉梅瓣托一件（随紫檀木座）。传旨：着将白玉异兽，白玉梅瓣托配做一蜡阡，上安法（珐）琅稳瓶，其名玉烛长调，再配一金杯，其名金欧（瓯）永固。蜡阡配象牙座，先画样呈览，准时再做。……』，『于本日七品首领萨木哈，催总白世秀将画得蜡阡纸样一张，金杯纸样一张持进，交太监胡士杰呈览。奉旨：照样准做，其金杯足子做象鼻足子，镶珠宝点翠。……金杯刻金欧（瓯）永固，俱刻乾隆年制之款』。一个月后依样完工进呈：镶嵌珠宝象鼻足金欧（瓯）永固一件，金重十六两八钱，红宝石四颗，珍珠四颗，蓝宝石四块，碟子二颗。乾隆遂要求『另行往细致里收拾』，又命金瓯永固照样再做二件，耳子夔龙头上各安大珠子一颗，两面每一面安珠子五颗，中间一颗安大些，花头要圆的，其余宝石仍旧安地杖填青[1]。可知从造型到纹样到名称乃至种种装饰细节，均出『圣意』，而此构思很大程度上借鉴了珐琅器的样式[2]。依内务府活计档所载，『乾隆六十二年十月二十六日御前大臣福面奉谕旨，乾

[1] 《养心殿造办处史料辑览·第二辑》（张荣选编），页一〇三～一〇四，故宫出版社二〇一二年。

[2] 如清宫旧藏明晚期掐丝珐琅龙凤纹菱花式炉。李久芳《故宫博物院藏文物珍品大系·金属胎珐琅器》，图七三，上海科技出版社等二〇〇一年。

图四六
金瓯永固杯
故宫博物院藏

清宫收贮「金瓯永固」业经伤损，着交造办处成造「金瓯永固」一件，上嵌安珠子宝石，应领内库九成金二十两、正珠大小十一颗、红宝石大小九块、蓝宝石十二块、碧牙瑶四块，俱各拨得蜡样并缮写摺片一并呈览』。今藏故宫博物院的金嵌珠宝金瓯永固杯，便是这一件。金杯高十二点五厘米，杯壁点翠地子上满錾莲花和缠枝花叶。口沿一周回纹，一面镌阳文『金瓯永固』，一面镌『乾隆年制』款。杯底三个长牙拄地、象鼻为撑的象首足〔图四六〕。它实为嘉庆二年清宫造办处制造，此时乾隆为太上皇帝，宫中仍用乾隆年号[1]。

又有用作摆件的金镶珠天球仪，乾隆时期清宫造办处制造[2]。人们制作天球仪，原是为了利用它来表述天球的各种坐标、天体的视运动以及求解一些实用的天文问题。这一件天球仪，形制与现在所用的天球仪已经很接近，只是作为皇宫里的陈设器，它非以实用为目的，而是把金碧闪耀、富丽堂皇作为设计追求。铜鎏金的四个兽头足驮起作为托座的掐丝珐琅圆盘，圆盘中心

四六

[1] 《故宫博物院藏文物珍品大系·宫廷珍宝》，页一四。
[2] 《故宫博物院藏文物珍品大系·宫廷珍宝》，图一三。

装着指南针，周环则是金胎打造雕镌的接天海浪，九条金龙卷起祥云从波涛中腾跃而上，擎出系连着子午圈和地平圈的金天球。天球中心贯轴，轴两端为天球的南北极。赤道、黄道，秋分点、春分点，经纬、三垣二十八宿，又三百星座和三千二百四十二颗星，均在天球上标示出来，重要的星座则用珍珠镶嵌〔图四七〕。全器通高八十二、球径三十厘米。

四七

图四七
清金镶珠天球仪
故宫博物院藏

图四八—一
金镶宝盖青玉桃式盒

图四八—二
银镀金元宝式盒

图四八—三
银松竹梅二龙戏珠长方匣

图四九—一
金镶宝五蝠盒
故宫博物院藏

图四九—二
金香盒
安徽芜湖化鱼山出土

四八—一

四八—二

四九—一

箱与匣与盒，是清代金银器中式样比较丰富的一类。如金镶宝盖青玉桃式盒〔图四八—一〕，银镀金元宝式盒〔图四八—二〕、银松竹梅二龙戏珠长方匣〔图四八—三〕。金镶宝五蝠盒一件，盖面珍珠地上镶嵌各色碧玺组成的朵云和五蝠，折沿一周万字锦地，下方用碧玺嵌出翠叶和花果，浅浅的盒身也饰以万字锦地。盒底有『宝华』和『足金』戳记〔图四九—一〕。安徽芜湖化鱼山出土一枚仿竹编的金盒，掌心大小，盖面錾『香盒』两个大字以标明用途〔图四九—二〕。江苏吴县毕沅墓出土金盒一枚则是个性化的制作，盖面镌『同心合』三字，盖里两行八

四八—三

四九—二

图四九—三
金『同心合』
江苏吴县毕沅墓出土

图五〇
金镶宝镂空花卉八方盒
故宫博物院藏

四九—三

五〇

字『状元毕沅』『夫人汪德』。内底为『结发恩深，同穴同衾；天长地久，生死同心』十六字。内置『结发』〔图四九—三〕❶。出自广州工匠的金镶宝镂空花卉八方盒❷，盒壁如同相连的八扇镂花窗，麻花丝围作内外两重边框，其间镶嵌翡翠、碧玺和红、蓝两色宝石。框内一弯折枝，花开满枝，花叶攒蔚。盖面中心翡翠为叶，碧玺雕为牡丹，外环金花金叶，周以各色宝石，金宝灿错，五彩炫映〔图五〇〕。

❶ 毕沅《灵岩山人诗集》卷二十三《哭先室汪夫人诗二十二首》句云『他生誓已镌金合』，即指此件。南波《江苏吴县清毕沅墓发掘简报》，页一四二，《文物资料丛刊·一》，文物出版社一九七七年。简报关于金盒的描述，是『纯金质，重六十二克』，未刊发照片。

❷ 高六点九厘米。《故宫博物院藏文物珍品大系·宫廷珍宝》，图一九三（名作『金雕花嵌宝石八角盒』）。

银累丝花卉纹盒与卷草纹盒工艺同前面举出的银累丝花篮相类，即以粗银条勾勒纹样轮廓，细搓麻花丝平填〔图五一—一～二〕。银累丝嵌烧蓝菱花式盒，是与珐琅工艺的结合。烧蓝也称银蓝或烧银蓝，即以银为胎，錾凿花纹后涂饰透明或半透明的珐琅釉，经烧制而成❶。银盒盖面累丝绣毬锦地上分布八枚折枝花，中心一朵宝相花，外以四只蝙蝠牵连为花环。盒盖折沿处一周宝妆莲瓣，下方及盒身立墙上纤苞浓朵，横见侧出的烧蓝纹样同盖面相互呼应。银累丝衬出烧蓝之灿亮，花叶利用釉色不同做出明暗效果犹如藻绘〔图五二〕。

五一—一

五一—二

内蒙古巴林右旗幸福之路苏木查干勿苏出土龙纹金箱，通高九厘米，长二十三、宽十二

五二

图五一—一
银累丝花卉纹盒
图五一—二
银累丝卷草纹盒
图五二
银累丝嵌烧蓝菱花式盒
故宫博物院藏

❶ 唐克美等《金银细金工艺和景泰蓝》，页二五六，大象出版社二〇〇四年。

图五二
龙纹金箱
内蒙古巴林右旗幸福之路苏木查干勿苏出土

点四厘米[1]。器为双层，内层银，外层金，铆接在一起，盖面菱花式开光内是海水祥云间的龙戏珠，前后左右四面都是剑环式开光，两侧为花鸟，前后为山石之畔的桃花和石榴。全器做出二十五个石碗，今存盖面的两颗猫睛和正面下方的一颗红宝〔图五二〕。

暖砚用于隆冬时节。清李光庭《乡言解颐》卷四《消寒十二事》中的第一事便是『煖砚』，略云『笔砚精良，人之乐也』；『当得意疾书之时，而水冻腹坚，石君面皱，能无兴阻。世之为煖砚者，店铺用铁砚，书大字者翻用瓦罐盖，谓之墨海，其下皆可贮火。昔在内阁时，有以锡匣砚空其下以贮热汤者』。宫廷以金银制作的这一消寒物事则又是一番风光。乾隆款银烧蓝暖砚匣高座下有八个如意足，中腰对插两个半圆形抽屉用于置墨锭，上方银屉并置两个砚池，银屉下方的空间内置炭火。盖面四角变形莲花串起一周八吉祥，中心一个圆光，海水江崖，祥云宝珠，烧蓝五爪正面龙，像是衮服上面团龙的移植。高座四

五三

[1] 石阳《文物载千秋：巴林右旗博物馆文物精品荟萃》，页一五八～一六一，内蒙古人民出版社二〇一二年。

面各是一对变形双凤，中心圆光为祥云环绕，圆光图案与盖面相同，只是两侧圆光是与抽屉相连〔图五四〕。底部中央錾『大清乾隆年制』款。

各种用途的箱盒之外，清宫金银器中尚有漱盂、面盆、肥皂盒、手炉、脚炉等日用品。瓜棱式金炉一对，炉上有一个活动提梁，炉盖镂空五蝠捧寿〔图五五〕。依《清俗纪闻》所绘，圆形为

五四

图五四
乾隆款银烧蓝暖砚匣

五五

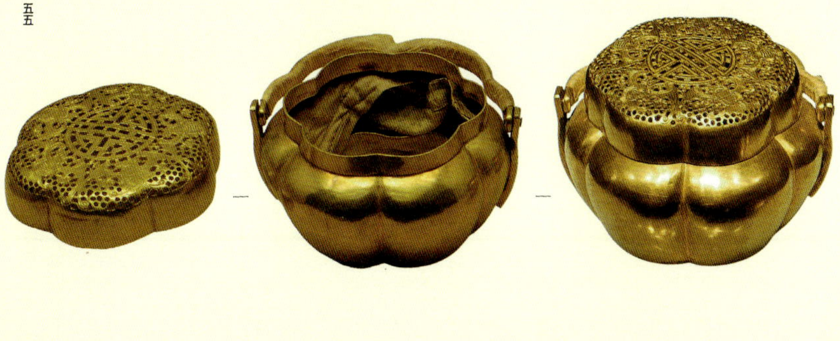

图五五
金瓜棱式脚炉（一对）
故宫博物院藏

脚炉❶，方形为手炉〔图五六—一~二〕。清宫旧藏『十二美人图』中美人手抚之炉正是方形。清宫图像尚有多例。又孙温绘《红楼梦》第六回刘姥姥一进大观园初见凤姐的情景，『凤姐也不接茶，也不抬头，只管拨手炉内的灰』，一具手炉也正同于《清俗纪闻》中的图示〔图五六—三〕。那么这一对金炉或是脚炉。

❶ 亦有他说。如徐珂《清稗类钞·物品类》分说手炉和脚炉，如清叶申芗《蓦山溪》分咏手炉与脚炉，均无此区别。

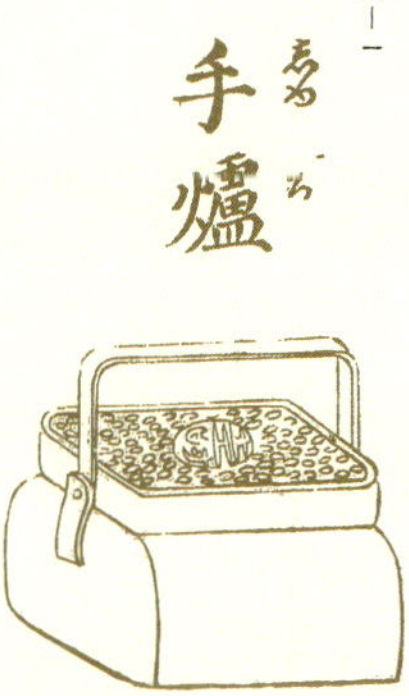

五六—一

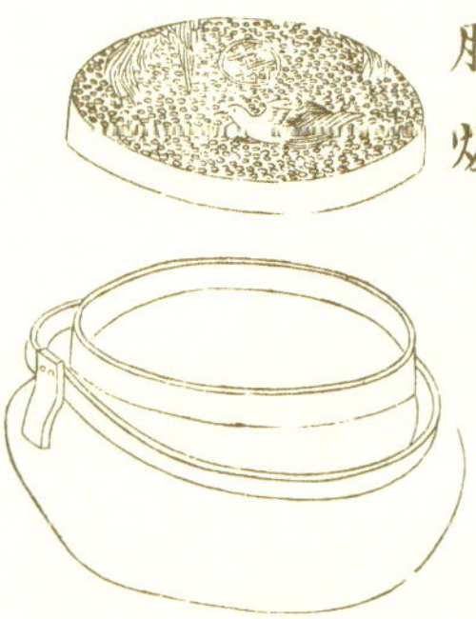

五六—二

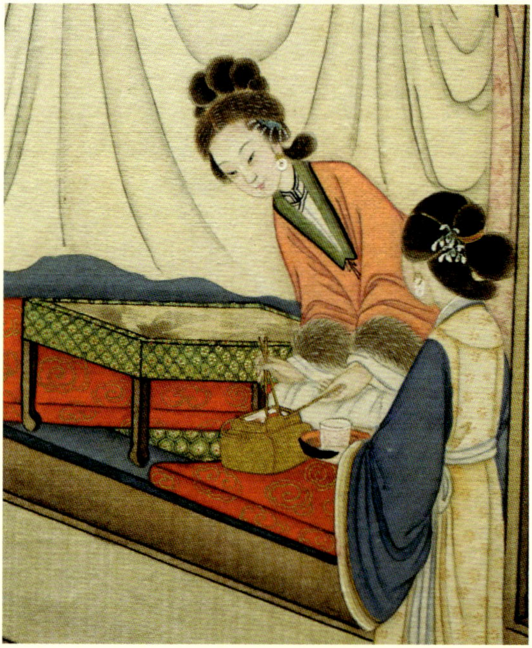

五六—三

图五六—一 《清俗纪闻》中的手炉图

图五六—二 《清俗纪闻》中的脚炉图

图五六—三 孙温绘《红楼梦》中的手炉
旅顺博物馆藏

以双喜为饰的器皿，大约多属皇帝大婚用物。如金錾团寿双喜字漱盂、银錾团寿双喜字折沿盆、银肥皂盒〔图五七—一～三〕。肥皂盒内层以镂空双喜字为底用于漏水，外层菱花口折沿的万字锦地上錾十只蝙蝠。

清宫金银器中有不少是来自广东，如前面举出的金镶宝镂

五七—一

五七—二

五七—三

图五七—一 金錾团寿双喜字漱盂
图五七—二 银錾团寿双喜字折沿盆
图五七—三 银折沿肥皂盒
故宫博物院藏

图五八—一
银奶壶
图五八—二
银奶壶
广东省博物馆藏

五八—一

空花卉八方盒。由中国第一历史档案馆整理出来的《宫中·杂项·进物单》和《宫中·进单》与《贡档》，可约略了解广东贡品之大概。如康熙六十一年十一月二十六日的一份《所子进单》开列贡物中的金银器即有镶玻璃镜银匣、菱花银匣、番花银匣、番花银茶盘、银茶壶等。据《进单》和《贡档》，可知乾隆时代广东工艺生产与进口洋货的花色品种更为丰富。『当时欧洲的绘画与工艺品均从广州卸船上岸，通过十三行商，在广州批发并转销京、扬等大城市。这首先促使广州匠师学习并掌握进口的欧洲工艺技术，由模仿到创造，形成新的专业，充实并丰富了本地传统工艺美术』[1]。清末民初广东工匠更利用自己的这一优势制作了大批外销银器。西洋造型，中国纹样，是外销银器的特色之一（图五八—一～二）。广东省博物馆藏一件银

五八—二

[1] 杨伯达《从清宫旧藏十八世纪广东贡品管窥广东工艺的特点与地位：为〈清代广东贡品展览〉而作》，页一九，故宫博物院等《清代广东贡品》，香港中文大学文物馆一九八七年。

提篮，式样是西方的，提梁上还挽了一个赫拉克勒斯结，但篮心却是中国的山水人物图，缘边的松竹梅以及水藻双鱼、莲塘小景，也都是中国传统纹样〔图五八—三〕。中国古代金银器史即结束在仍然焕发着创造力的这一抹亮色中。

图五八—三
银提篮
广东省博物馆藏

五八—三

第十二章

清代饰品

穿珠点翠是清代金银首饰的重要特色之一，虽然『翠』字很早即用于描摹首饰之样态，如金翠、翠羽、翠爵、翠翘、翠钗等等，魏晋南北朝诗歌中已是翠色一片，然而此际之『翠』毕竟何物，似难以实物作为确证。宋元时代，结珠铺翠作为一项工艺，渐成日常话题。南宋日用小百科《碎金》的《艺业篇》中『工匠』条下列有『垒珠』与『铺翠』。元代《新编事文类要启札青钱》卷九《艺术门》列有金银匠、珠翠匠，同卷《荐导术艺简札》『荐人装花』条列其程式曰：『某人结珠铺翠妙夺造化，乃巧匠也。大府必有工夫借易，遣听要束。』其答式曰：『寒舍恰欲装少首饰，乃蒙荐进花匠，遂即令整顿，真妙手也。感德居多。』铺翠的制作者称『珠翠匠』，其手艺是结珠铺翠，也称作『装花』。苏州元张士诚母曹氏墓出土金梁冠，是冠上铺翠之例〔第七章，图一一二〕。不过这时候铺翠的实物仍不多见。至于明代，与金银首饰结合在一起的『翠』字，方有了意义明确的主要一项，即点翠，如十二件成一副的『金厢玉点翠珠宝首饰』❶。最可观的珠宝点翠实物发现于北京定陵，便是属于神宗二后的珠翠龙凤冠〔第九章，图一四八〕。

❶ 见《天水冰山录》『金厢珠玉首饰』一项。

不过直到清代，金银首饰的点翠才成为主流，结珠铺翠的首饰，今天所能见到的多是清代物。

金银首饰的嵌宝之风兴盛于元代。明代宫廷首饰的制作，珠宝已是与金银平分秋色。至于清代，却是珠宝唱了主角，而用作陪衬的金银除却累丝便是点翠，于是色泽不再彰显，因此戒指、手镯之外，金材银材的使用，金为少，银镀金为多。明代使用的珠宝，所重者为祖母绿、猫精、绿松石、红宝、蓝宝、酒黄亦即黄宝石，复以少许珍珠为点缀。清代虽也以此为贵，但大量取用的更有翡翠、珊瑚、碧玺、蜜蜡、紫英石、茶晶、青金石，中期以后又有钻石[1]。彰显尊荣，则以大颗东珠。西洋工艺带来了珠宝加工技术的跃进，令珠宝的使用竟也如同金银，即用攒作的方法为花卉草虫造型，因把珠光宝气化作水灵灵的鲜润，以此成为清代首饰的主要特色。

以纹样中各个物事的谐音构成吉祥之意，至明方始广为流行。但在金银首饰中，还没有成为主流。吉庆题材占得首席，完成于清。这是明代基础上的发扬光大而在这一时期达到极致。其

[1] 养心殿造办处档案记乾隆三年事曰，『十一月二十八日催总邓八格将内庭交出珠子一百粒内，用二十四粒，红宝石十四块，用在八月十二日交出嵌金刚石团花簪三枝上讫』。见张荣《养心殿造办处史料辑览》（第二辑·乾隆朝），页八〇，故宫出版社二〇一二年。又何刚德《春明梦录》『京师十库，余均查过。内库户部三库之外，则有内务府六库。六库中，银库在弘义阁（太和殿有两厢：东曰体仁阁，西曰弘义阁。因弘字避讳，不设大学士，故人鲜知其名）。库藏最贵者为蓝宝石，约两指大，仅三斤；金刚钻，大如青果核者，两口袋。余则金玉珠宝，璀璨满目而已』（页一一三，北京出版社一九九五年）。何刚德，生于咸丰四年，卒于民国二十五年。

图一
缂丝宜春帖子岁朝图
辽宁省博物馆藏

实这也是弥漫于当日整个工艺美术领域的风气，宫廷为皇帝、皇太后举办万寿庆典，原是重要的催生剂。宋元金银首饰中的诗情画意，至此几乎完全演变为『善颂善祷』，蝙蝠、蝴蝶，瓜瓞、葫芦，花篮、花瓶，原属田园小景、山家清供的种种物象俱以谐音组合为美意，满苑春色于是尽笼罩于富贵荣华福寿绵长的祝颂中。由《国朝宫史》卷十八『皇太后大庆恭进』条所列首饰名称，可知其概❶。当然这是庆典所用，自然要讨口彩，不过看养心殿造办处档案所录首饰名称，也是大部如此❷。若干物事合在一起，以各物名称的谐音合成吉语，尤其是清宫首饰最常用到的设计意匠，且日久成式，便用了『看图说话』的办法，把妆匣世界也化作一个用珠光翠影经营出来的洞天福地。辽宁省博物馆藏一件清缂丝宜春帖子岁朝图〔图一〕，直可视作清代吉祥图案的集锦。缂丝上半部为宜春帖子，下半部是岁朝图，万字不到头为边框的古钱套垂额横在中间。下方中心黑漆描金的座子上一个景泰蓝双环耳大花瓶，左侧一个大竹篮，花瓶和竹篮里都插着松竹梅岁寒三友，瓶里的松枝上结着松果，枝头挂了一串彩幡，又有喜蛛缀在

❶ 清鄂尔泰等编纂《国朝宫史》卷十八《经费二》『恭进』一项，乾隆十六年，皇太后六十大庆，所进寿礼首饰类有：事事如意面簪成分，梅英彩胜面簪成分，景福长绵面簪成分；日永琴书簪成对，日月升恒万寿簪成对，仁风普扇簪成对；万年吉庆边簪成对，方壶集瑞边花成对，瑶池清供边花成对。又五福陈畴面簪成分，天开纯嘏面簪成分，壶天集庆面簪成分；宝掌拈花簪成对，西池献寿簪成对，万年嵩祝簪成对，天保磬宜簪成对，卿云拥福簪成对，绿雪含芽簪成对（此一组注云『漆器』）。

❷ 如雍正五年『累丝作』一项，呈览之簪样有『双圆福寿簪样、喜寿连连簪样、双凤双圆簪样、合欢双瑞簪样』，朱家溍《养心殿造办处史料辑览》第一辑，页一〇三，紫禁城出版社二〇〇三年。

局部

梅梢上。花瓶之侧横一柄甩出卐字流苏的如意，上方玻璃缸里养着金鱼。另一侧是张天师骑艾虎傍着钟馗。地上撒着菱角，立着炮仗。果盘里放了苹果和柿子。竹篮周环又有戟、磬、百索、艾虎、竹蛇。这里件件物事都可以用『看图说话』的方式以谐音读出吉祥寓意，清代簪钗的设计构思，便多是如此生发出来。

清宫旧藏后妃首饰，自然是清代首饰中的精华，不惟可见舆服制度，更可见出风格、好尚和制作工艺，中有出自外廷的民间制作者，也是当日的上佳之物。这一部分历史遗存，今分别收藏在北京故宫、沈阳故宫，以及海峡对岸。与此前不同，——今所见清代以前的金银首饰，几乎全部来自考古发现，这意味着以它历来不入收藏，而使得墓葬、窖藏之外，鲜有存世。清代金银首饰却是以传世品为主要，时代近，保存完好者多。清宫旧藏中尚有不少仍存记录其名称、材料及来源的黄签，更为识认提供了方便。

清代首饰之品类，可由女子嫁妆中物窥其大要，比如某女妆奁册中所列。其『奁目』一项中的首饰计有：珍珠宝冠极品，珍珠簪头成对，珍珠宝球成枝，珍珠宝花成朵，珍珠面簪成对，珍珠边花成对，珍珠翠被成围，珍珠宝凤成对，珍珠玉顶成对，金顶簪成枝，金扁方成对，金如意成枝，金便簪成枝，赤金耳钏成双，金耳钏成双，玉扁方成枝，洋镯成双，金镶藤镯成双，赤金记事成对，金戒指成吉，金戒川成双，珠花签成枝，金花签三对，玉戒指成对。[1]——其中所列有金扁方、玉扁方，可知嫁妆的主人为满族。

汉妆头面的品类，由嫁妆中的首饰也能得见其概。上海私人藏俞樾题署的一件『百福千祥总录』，应该也是一份『妆奁册』，其中的金银首饰一类列有：赤金纽丝手钏一对，赤金镶凤藤镯一对，赤金镶玳瑁镯一对，赤金元宝簪一枝，赤金荷花签一对，赤金耳挖一枝，赤金吉庆耳环一对，赤金牙挑全副，赤金戒指两对[2]。

至于平日所用及通常之称谓，清高静亭《正音撮要》卷三《首饰》所列数事，是其一般：金簪子，金凤冠，银簪子，银钳子，金钗，金钳子，扁簪，银耳挖，过肩挑，金挂繸（簪头繸），一丈青，金耳挖，金镯子，银镯子，项圈，金挠子，寿星，银挠子，

[1] 此系谢兴尧先生所赠。所列各项，别作『奁目』和『装目』两类，书于线装的一个红纸本，每一叶都用缠枝瓜瓞图上下缘边；大红封面上一幅描金的麒麟送子图，书口处题着『麟趾呈祥』；封二是描金寿星骑鹿图，扉页题『螽斯衍庆』。

[2] 收在包铭新《中国染织服饰史文献导读》，页二五三～二五四，东华大学出版社二〇〇六年。按作者称之为『俞家新置日用物品之清单』。

八仙，金镮子，百家锁，银镮子，戒箍子，指甲筒，珍珠凤冠，珍珠挑，宝石镮子[1]。此外又有范寅《越谚·服饰》之部所举诸般，略如花冠，凤冠，排钗，网钗，耳环，手镯，戒指，项锁，歪环，齐眉，搂耳朵，剔牙仗，横𦈡簪（大头簪）[2]。虽涉方言，但每一名称之下均有作者释义，因可知多为南北通用者。

第一节 特色首饰

一 钿子

满族女子平日梳旗头，吉庆盛典著礼服，与礼服相配的首饰名钿子[3]。出自清东陵的康熙帝温僖贵妃凤钿，上覆皂纱，钿顶一只金累丝凤凰，金累丝镶宝的桃花两树旖旎于旁侧，两弯灵芝布列在前方，钿口一溜五只探身向下的金累丝凤凰，凤口含珠〔图二〕。温僖贵妃卒于康熙三十三年

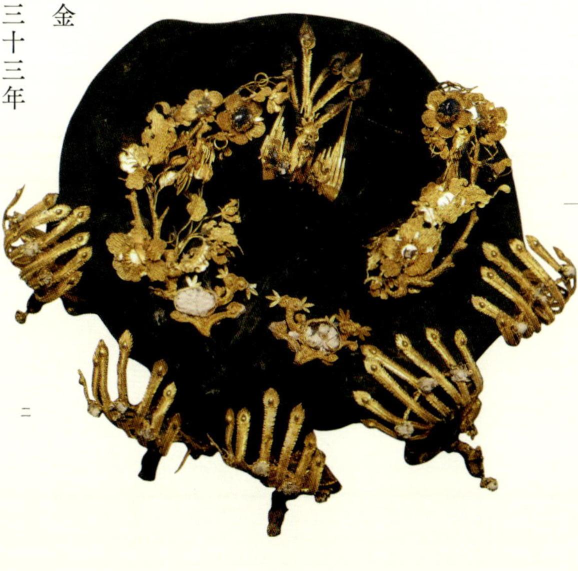

二

图二 康熙帝温僖贵妃凤钿 出自清东陵

[1] 《明清俗语辞书集成》（长泽规矩也编），页一四一四，上海古籍出版社一九八九年。

[2] 侯友兰等《〈越谚〉点注》，页二一二～二一七，人民出版社二〇〇六年。

[3] 夏仁虎《旧京琐记》卷五：『旗下妇装，梳发为平髻，曰一字头，又曰两把头。大装则戴珠翠为饰，名曰钿子。』

（一六九四）[1]，这一件凤钿可以算作清代早期样式，此后则在这一基础上不断增饰且完善其制。晚清福格《听雨丛谈》卷六『钿子』条曰：『八旗妇人彩服，有钿子之制，制同凤冠，以铁丝或籐为骨，以皂纱或线网冒之。前如凤冠，施七翟，周以珠旒，长及于眉。后如覆箕，上穹下广，垂及于肩，施五翟，各衔垂珠一排，每排三衡，每衡贯珠三串，杂以璜瑱之属，负垂于背，长尺有寸。左右博鬓，间以珠翠花叶，周以穿珠缨络，自额而后，迤逦联于后旒，补空处相度稀稠，以珠翠云朵杂花饰之，谓之凤钿。又有常服钿子，则珠翠满饰或半饰，不具珠旒，此与古妇人冠子之制相似也。』又崇彝《道咸以来朝野杂记》：『妇女著礼服袍褂时，头上所带者曰钿子。钿子分凤钿、满钿、半钿三种。其制以黑绒及缎条制成内胎，以银丝或铜丝支之外，缀点翠或穿珠之饰。凤钿之饰九块，满钿七块，半钿五块，皆用正面一块，钿尾一大块，此所同者。所分者，则正面之上，长圆饰或三或五或七也。凤钿除新妇宜用，其他皆用满钿，孀妇及年长妇人则用半钿。』钿子上面的装饰名钿花，又称作面簪，由装饰纹样主题一

[1] 温僖贵妃，钮祜禄氏，满洲镶黄旗人，康熙初年辅政四大臣之一遏必隆之女，孝昭仁皇后之妹，康熙二十年（一六八一）册封为贵妃。按此系清东陵被盗系列案追缴品，曾展陈于中国国家博物馆举办『众志成城，守护文明：全国打击文物犯罪成果展』。

三

图三
银镀金点翠嵌珠宝钿尾
故宫博物院藏

致的若干块合为一组。所谓『钿尾一大块』❶（图三），原是放在钿顶，钿子前高后低，戴上之后，钿顶便是斜向着后方。凤钿前面的一长条钿口每做成凤衔流苏，即所谓『珠旒』，又或曰『排子』，《清同治大婚典礼红档》卷四『妆奁册』列有『赤金累丝凤钿全分』，注云『随凤衔五挂排子成分大挑中挑三挑各成对』❷，即此。所谓『钿子之制，制同凤冠』，乃其要领，即它的制作也同凤冠一般，是由金银点翠镶珠宝制成的一个个小件组合为饰。故宫博物院藏一件五凤钿子，纸板制成的钿壳刻作编纹，其上铺翠，五只金累丝点翠珠宝凤缀在前面中央，金点翠九翟在其下，凤与翟口中各衔璎珞。钿尾一个金累丝点翠镶宝的大花篮，金累丝点翠的花叶、花朵和草虫分布在花篮两边。钿缘缀着六串璎珞，四挂挑牌。璎珞和挑牌均以珍珠贯穿❸，间以盘长、万字、蝙蝠、蝴蝶、金刚杵，底端是覆了点翠花叶的宝

❶ 如故宫藏银镀金嵌珠宝五凤钿尾，上有原初所系之黄签，一面墨书『银镀金五凤钿尾一块嵌红蓝宝石云玉四块少镶嵌假珠石共重五两四钱』，一面墨书『道光二十一年闰三月初七日收可交』。见徐启宪等《故宫博物院藏文物珍品大系·宫廷珍宝》，图六五，上海科学技术出版社等二〇〇四年。

❷ 转引自毛立平《清代嫁妆研究》，页一〇二，中国人民大学出版社二〇〇七年。

❸ 挑牌，也作挑排，或称排子。

石为坠角（图四—一）。璎珞珠旒，前垂后覆，一片翠色中宝耀金辉，自使佳人倍增娇妍，存世清代图像中适有传神写照，如华盛顿赛克勒博物馆所藏之幅❶（图四—二）。画中人乃多罗恭勤贝勒弘明（允禵五子）的嫡福晋完颜氏，侍郎罗察之女，生于康熙四十四年，卒于乾隆三十二年。画像下方的左右裱边分别书有满文和汉文，汉文作『岁次丁亥四月十九日孝子永忠敬谨供奉』。此丁亥即乾隆三十二年，亦即完颜氏逝世之年。画像中的完颜氏吉服上面挂

❶《纪念祖先：中国容像》（英文版），页一八，弗利尔美术馆、赛克勒美术馆以及斯坦福大学出版社联合出版，二〇〇一年。

四—一

四—二

图四—一 五凤钿子
故宫博物院藏

图四—二 完颜氏像（局部）
华盛顿赛克勒博物馆藏

图五
银镀金点翠嵌珠宝花篮钿子
故宫博物院藏

朝珠，佩彩帨，戴领约，前额勒着头箍，两耳金镶玉葫芦三钳环子，头上一顶金累丝点翠五凤钿子，凤口和钿子上系缀翠云题的珠子挑牌。所谓『自额而后，迤逦联于后旒』的穿珠璎珞，亦即各个成对的『大挑中挑三挑』，在此一一见得鲜明。

『不具珠旒』的钿子，则以钿花的制作彰显粹美。故宫博物院藏银镀金点翠嵌珠宝花篮钿子〔图五〕，密缠青丝线的铁丝编作钿壳，上结寿字、盘长和叠胜，钿花前面四枚，钿尾三枚。前方圆形的一枚，下缘是累丝点翠嵌宝的寿山，上缘一只翠蝙蝠，两侧为点翠嵌宝的花叶和花蕾，中心是缉米珠嵌宝的折枝花，旁边更探出一枝红宝石桃子。钿尾的主花是点翠嵌宝花篮。赛克勒博物馆藏清《一品夫人穆佳太夫人之神像》❶〔图

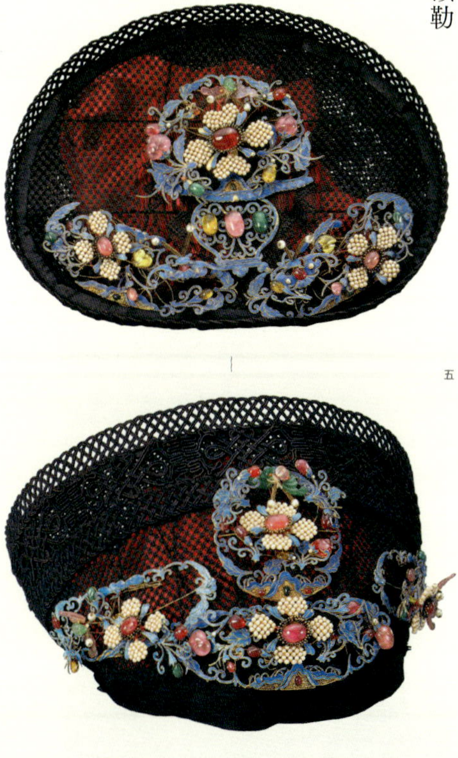
五

❶ 穆佳太夫人卒于一八九〇年。《纪念祖先：中国容像》，页一七〇（此承博物馆提供观摩之便并惠允拍照）。按像主外罩补服，补子为圆形，作者认为当非出自朝廷封赠，而是从夫君之捐官，其实未必。《清稗类钞·服饰类》『女补服』：『品官之补服，文武命妇受封者亦得用之，各从其夫或子之品以分等级。……补服惟亲郡王所用者为圆形，余皆方。光绪中叶，汉族命妇补服皆改方为圆矣。』

图六—一
《一品夫人穆佳太夫人之神像》（局部）
华盛顿赛克勒博物馆藏

图六—二
《祖先容像》（局部）
辽宁省博物馆藏

六—一〕，像主便戴着与此式样相类的钿子，耳边一对金玲珑四合如意耳钳。所谓『神像』，也称喜容、影像，又或简称影，《红楼梦》第五十三回除夕祭宗祠时的『悬供遗真影像』，即此❶。前引完颜氏容像，亦同。不过喜容的绘制，于穿戴多有夸饰的成分，未必与像主身分完全相符。

戴了钿子，也不妨钿子上再插簪钗与鲜花，清杨璞祉《都门竹枝词》『一条白绢颈边围，整朵鲜花钿上垂』❷，所咏即是。辽宁省博物馆藏清《祖先容像》，主人公穿吉服，挂朝珠，耳边三钳环子，头上一顶钿子，点翠的钿花之外，又别金禅杖簪和一大朵鲜花〔图六—二〕。

六—一

六—二

❶ 如《儒林外史》第二十回，匡超人的妻子病故，匡超人道：『他是个诰命夫人，到家请会画的替他追个像，把凤冠补服画起来，逢时遇节，供在家里，叫小女儿烧香，他的魂灵也欢喜。』详解见邓云乡《红楼识小录》，页一六一，山西人民出版社一九八四年。

❷ 王利器等《历代竹枝词》，册二，页一五八七，陕西人民出版社二〇〇三年。

新妇戴钿子，子弟书中的文字更形容得伶俐，——《鸳鸯扣》道那尚未过门的佳人『梳的是如意盘头不多戴花朵，半翅蜂儿蝴蝶斜簪在鬓角』，『探春花儿朵长耳挖上穿定，凤头的钳子珍珠坠都是金托』。待到新婚之日，则『盘头改换钿子是簇新』[1]。不过钿子虽然总是与礼服亦即『大装』相配，但平日里似乎也可戴得，子弟书《拿螃蟹》状写不懂如何吃蟹的一对旗人夫妇，道『这佳人把钿子摘下摔打了螃蟹去』[2]，虽是以夸张之语写尴尬情状，却可见戴钿子的场合未必要十分隆重。清王廷绍于乾隆六十年编订的俗曲总集《霓裳续谱》卷八录有〔数岔〕《小小的沙弥下山坡》一支，曲词唱道，『往前正走，遇见一个达婆，风流俊俏，一似嫦娥。乌云巧挽盘龙髻，双飞燕的钿子朝后坐。眼似秋水眉似月，粉脸桃腮，手帕围脖。樱桃小口腮含着笑，三镶烟袋口里衔着。藕河色的袍子抱落着地，满帮花鞋脚踏着』[3]。故宫博物院藏《康熙帝万寿图》下卷的一个画面绘出两簇佳人小队，汉妆一行在前，满妆一行在后，后者个个戴了钿子，或指顾前行，或转身共话，以此可以看到戴着钿子不同角度的姿容意态[4]〔图六—三〕，

六—三

图六—三
《康熙帝万寿图》（局部）
故宫博物院藏

[1] 《清蒙古车王府藏子弟书》，下册，页一四〇二、页一四〇八，国际文化出版公司一九九四年。
[2] 《清蒙古车王府藏子弟书》，上册，页五二五。
[3] 《明清民歌时调集》，下册，页四〇一，上海古籍出版社一九八七年。
[4] 金卫东《故宫博物院藏文物珍品大系·明清风俗画》，页二二九，上海科学技术出版社等二〇〇八年。

较端然而坐的容像，此自别饶风致，可与俗曲同观。

二　扁方，宝盖，扁簪

清代服饰有了满汉之别，而满妆与汉妆都有若干特色首饰，并每以传神之容色现身于小说戏剧曲艺。且看子弟书《逛二闸》中佳人出游前的一番妆扮：『傍妆台，从新梳洗多清雅，真正是大家气概别样风流。穿一件鸭蛋青洋绉厢领袖，更显得琼枝玉貌雅淡温柔。青丝巧挽簪别玉，翠凤斜插两把头。淡扫蛾眉微擦粉，轻匀莲脸趁星眸。穿一双雪青三厢福字履，扎满三篮小皮球。粉颈儿品蓝洋绉绣花手帕，金环儿玉耳轻排六个勾。全无半点尘俗气，打扮得花容月貌绝代风流。』❶『翠凤斜插两把头』，『金环儿玉耳轻排六个勾』，又一条围在粉颈的『品蓝洋绉绣花手帕』，正是满妆的主要特色。再看成书于嘉庆年间的小和山樵《红楼复梦》第三十三回形容金哥儿的一节，『光溜溜的头发，带着银扁簪，围着一圈的晚香玉，旁边插着一枝长耳挖，耳上戴着两个大坠子，长圆脸儿，水汪汪的两只俏眼，嘴皮儿上点着胭脂，身上穿着大

❶ 二闸，即通惠河的庆丰闸。《子弟书丛钞》（关德栋等编），页七五五，上海古籍出版社一九八四年。

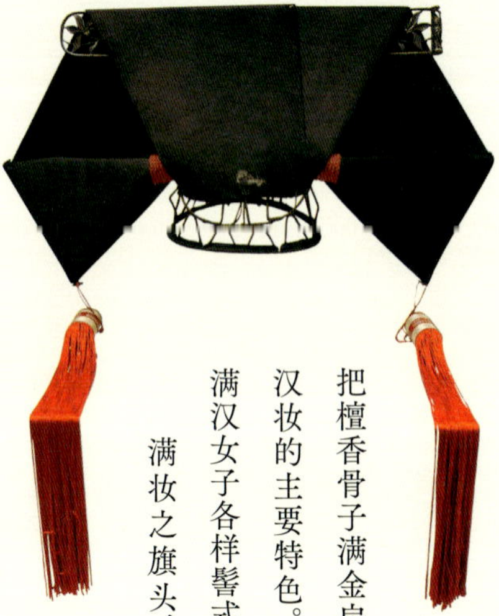

图七
大拉翅
辽宁省博物馆藏

红领儿的白纱衫子，银红纱裤，两点儿小脚，胸前挂着大红线离宫锭穗子的香串，手中拿把檀香骨子满金扇儿，手腕上戴着两双银响镯』。这里便又道出汉妆的主要特色。日人《北京风俗图谱》所绘，是清季常见的满汉女子各样髻式[1]。

满妆之旗头，晚清以前是『两把头』，即所谓『横髻』[2]，初始是用真发，渐次辅以假发。吴士鉴《清宫词》：『义髻盘云两道齐，珠光钗影护蝤蛴。城中何止高于尺，叉子平分燕尾低。』注云：『宫中梳髻，平分两把，谓之叉子头。垂于后者，谓之燕尾。』[3]义髻，即假发；蝤蛴，指脖颈。『叉子平分』于头顶，余发则梳作燕尾垂覆在脖颈。子弟书《军营报喜》中佳人的一番妆扮便正如一幅写真，——『理青丝头分两把梳如意，扎把绳儿配大红。发髻上蝴蝶排儿飘彩穗，又将双鬓两边翩。琵琶式鬓边斜带金挖耳，真俏丽一枝别顶玉簪横』[4]。至于晚清，则流行『大两把头』以及更为夸张的『大拉翅』〔图七〕。晚清松友梅所著《小额》形容

[1] 青木正儿等《北京风俗图谱》（张小钢译注），页一二二，东方出版社二〇一九年。

[2] 魏程搏《清宫词》：『宝髻横梳北满装。』注云：『宫妆皆横髻。』《清宫词》，页三四，北京古籍出版社一九八六年。又徐珂《清稗类钞·服饰类》『大内之服饰』条曰：『后、妃、主位以及宫眷之常衣，皆窄袖长袍，髻作横长式，可尺许，俗所谓「把儿头」者是也。』册一三，页六一四八，中华书局一九八六年。

[3] 《清宫词》，页一六，北京古籍出版社一九八六年。

[4] 《清蒙古车王府藏子弟书》，页一三一。

图八—一
金镂连钱富贵福寿吉祥扁方
故宫博物院藏

小文子儿的媳妇道，『虽然是仓花户的女儿、库兵的儿媳妇，打扮的倒还恭本，细条的身材，瓜子儿脸，重眉毛，大眼睛，擦着挺重的脂粉，疏（梳）着大两把儿头（句下自注：那时候还没兴膈翅儿呢）』[1]。清玉壶生《广甸竹枝词》：『假髻横梳两翅张，飘飏燕尾乌油光。牌楼休进人稠地，误撞真成坠马妆。』其下注云：『南人呼北人两把假头为牌楼，笑其既高且大也。』[2]此外又有架子头。子弟书《公子戏嬛》，道丫嬛素秋『穿着件旧绿羊皮花儿绉袄，套着件石青马褂儿素宫紬。围着条双丝顾绣的花儿帕，梳着个两瓣时兴的架子头。下边是小小红鞋素穗儿稳，上边是宽宽翠袖暗香儿浮』[3]。而不论『两把头』抑或『大拉翅』，所用均不离扁方。前者，头发在顶部平分两把，用扁方挽住；后者则将两把头改为青缎制作，真发乃梳成头座，然后用扁方把二者挽结在一起。

为宫廷制作的扁方多取用美材，如翡翠，如白玉，如沉香，又或玉石、玳瑁镶珠嵌宝。金则錾花镂空，复以玉石镶嵌（图八—二）。双蝠捧团寿，万字系飘带，便是『福寿万代』（图八—二）；连绵不断的瓜蔓中蝴蝶穿梭，又一只蝙蝠翩翩而至，便是『福寿

[1]《小额》，页六一～六二，世界图书公司北京公司二〇一一年。
[2] 雷梦水等《中华竹枝词》，册一，页三五〇，北京古籍出版社一九九七年。
[3]《清蒙古车王府藏子弟书》，上册，页五六七。

金镂连钱富贵福寿吉祥扁方局部

绵长』〔图八—三〕；飞舞的蝙蝠面前添了两枚古禄钱，则即『福在眼前』〔图八—四〕。不过挽起发来，扁方是隐在头把儿里边的，玉润金辉自也一并藏在深处。

清代汉族女子挽髻，并且多是挽在脑后，明代流行的鬏髻，此际已不多见。在小说戏曲中，出现最多的是盘龙髻。如广东木鱼《金锁鸳鸯珊瑚扇》中的《碧仙踏青》

八—二

八—三

八—四

金镂空福在眼前扁方局部

图八—二 金镶珠宝福寿万代扁方

图八—三 金镶玳瑁嵌珠福寿绵长扁方 故宫博物院藏

图八—四 金镂空福在眼前扁方 北京海淀区蓟门桥东出土

图九一一
点翠头饰（宝盖）
中国国家博物馆藏

一节，道碧仙『娇对镜，整容妆，手挽青丝发两行，先梳一个盘龙髻，时兴人唤牡丹妆』。弹词《天雨花》第十一回，曰孙国英扮了妇人来向左维明赔罪，却是『盘龙髻挽新时样，珠翠金钗两鬓分，包头札额眉弯月，白粉横搽脂点唇』。罩在盘龙髻上的首饰，名作宝盖。《儿女英雄传》第二十七回道十三妹出嫁时的光景，『当下张姑娘便遵着公婆的指示给他梳了个蟠龙宝髻，髻顶上带上朵云宝盖，髻尾后安上璎珞莲地』。中国国家博物馆藏一件点翠头饰，做成花开满枝密叶回护花朵膨起的一株牡丹，麻花丝勾边，金珠点蕊，通体铺翠，下垂珠子璎珞。背面向下弯曲的一柄簪脚套接在构架上的一个小扁管里〔图九一一〕。这一件罩盖式的点翠头饰，便属于罩在盘龙髻上的宝盖一类。常熟女画家叶祖巽绘仕女四条屏之一，是玉颜大半未露的一个背影，金点翠镶珠宝盖正扣在盘龙髻

九一一

九—二

九—三

上〔图九—二〕。晚清吴友如《海上百艳图》中的《媲美鹤林》一幅，绘笔下的一个美人也是特地以背影亮相，展露罩于发髻、下垂璎珞的宝盖〔图九—三〕。

有清代特色的最为普遍的一种首饰，为扁簪，通常横贯于发髻而露出两端，因此两头造型如梭，中腰细窄，以金银制品为多，每以錾刻或镂空的方法装饰纹样，如浙江安吉昆铜金银器窖藏中的金錾福寿扁簪❶、南通博物苑藏金镂花扁簪、北京市海淀区博物馆藏金镶宝扁簪〔图一〇—一～三〕。扁簪的使用，颇见于清代小说。《红楼复梦》第十九回曰，『梦玉拣直进去，见秋瑞小姐坐

图九—二
叶祖巽仕女屏（局部）
常熟博物馆藏

图九—三
《海上百艳图·媲美鹤林》（局部）

图一〇—一
金錾福寿扁簪
安吉昆铜金银器窖藏

图一〇—二
金镂花扁簪
南通博物苑藏

图一〇—三
金镶宝扁簪
北京市海淀区博物馆藏

❶ 周意群《昆铜清代金银器窖藏研究》，《中国文物报》二〇〇八年十月二十二日。

一〇—一

一〇—二

一〇—三

在台阶上洗衣服，穿着件细白布衫，月白夏布裙，青布小弓鞋，头上挽着云髻，插着一枝银扁簪』。又道梦玉一面笑着，一面走到李祥媳妇身边，『见他光着脖子，穿着件青滚口的白纱短衫，青纱裙子，宝蓝缎绣花厚底四寸弓鞋，一头漆黑乌云拖着燕尾，别着一枝金扁簪』。此外一种名曰如意簪或大头簪。安吉昆铜金银器窖藏中的金簪一枝，簪柄造型同于扁簪，而一端加饰如意式簪首，其上錾一只蝙蝠，簪柄錾刻牡丹和瓜瓞〔图二一一一〕。江苏吴县毕沅夫妇墓出土的一枝也是这一类〔图二一一二〕。《越谚》卷中《服饰》所列有『横𢄙簪』，释曰：『又名大头簪，此为妇首之要饰，金、银、玉皆有之。横𢄙于髻髢间，为头上大件，故有是名。又名如意簪、太平簪。』

宽扁式造型的簪子又有俗称『玉簪棒

二一一一

二一一二

图二一一一 金如意簪（大头簪） 安吉昆铜金银器窖藏

图二一一二 金镶宝如意簪 江苏吴县毕沅夫妇墓出土

儿』的一种[1]。故宫博物院藏一枝金镶珠宝簪，宽两厘米，长十三点五厘米，宝石嵌在金簪两端，簪首一个小鼠伏在一对珍珠之间〔图一二〕，宝石珍珠或象果或象瓜，总之不外物阜年丰之意。就造型而言，它也不妨视作簪棒儿一类，不过妆点分外华丽而已。

一二

图一二
金镶珠宝簪
故宫博物院藏

第二节 簪钗

一 耳挖簪

除了旗头用扁方，挽髻用扁簪这两个大的区别之外，满妆与汉妆所用首饰很多是相同的。传统的耳挖簪，此际成为金银簪钗中的一人类，宫廷、民间，满妆、汉妆，北方、南方，都普遍

[1] 如所谓『水淋淋的玉簪棒儿在鬓边别』（《霓裳续谱》卷六《风流大姐》〔平岔〕），《明清民歌时调集》，下册，页三〇九。

使用，或金，或玉，或简素，或繁丽，或娟倩婉美，或光彩陆离，式样与风格，丰富空前。

与前朝相比，清代耳挖簪尺寸偏长，因又俗名一丈青，函璞集英书屋《邗江竹枝词》『耳挖名为一丈青』❶，前引《正音撮要》列在首饰类中的『一丈青』，《红楼梦》第五十二回晴雯『向枕边取了一丈青』云云，都是此物。《品花宝鉴》第四十九回曰三姐『走到帘子边，那枝银挖耳插得本长，抓著帘子，落下地来』，也是一幅特写。尺寸长，自然扩展了装饰的空间，如出自清宫旧藏的金累丝龙衔珠耳挖簪❷〔图一三一一〕，银镀金累丝点翠龙赶珠耳挖簪❸〔图一三一二〕。前件长二十五点六厘米。后件累丝的龙身嵌假珠五颗，缉米珠的龙头上一对珊瑚枝为龙角，龙须拢着一大颗珍珠，珍珠下面是点翠的火焰脚，顶端探出一个耳挖勺。通长二十二厘米。

一三一一

一三一二

图一三一一
金累丝龙衔珠耳挖簪
故宫博物院藏

图一三一二
银镀金累丝点翠龙赶珠耳挖簪
台北故宫博物院藏

❶ 王利器等《历代竹枝词》，册二，页一七〇八，陕西人民出版社二〇〇三年。

❷ 故宫博物院《清代后妃首饰》，图一七三，紫禁城出版社等一九九二年。按此式或可称作『龙吸珠』，《养心殿造办处史料辑览》（第三辑·乾隆朝），乾隆十一年《画作》一项，录『七品首领萨木哈将画得二龙吸珠纸样一张持进』，辑录者在『吸』后加一括号作『戏』（页二四一，故宫出版社二〇一二年）。但很可能『吸』字并不误。

❸《清代服饰展览图录》，图一六三，台北故宫博物院一九八六年。

图一四一一
金镶珠翠福寿簪

图一四一二
银镀金点翠镶珠宝耳挖簪
故宫博物院藏

一四一一

一四一二

耳挖簪之端的耳挖勺既已不具实用功能，便可以借了它的造型翻出新样。故宫博物院藏金镶珠翠福寿簪一枝〔图一四一一〕，通长十七点五厘米，簪首两溜儿珠子边框，内嵌各色宝石并珍珠，碧玺蝙蝠抱在边框下方，上方是一捧翠叶托着的碧玺桃，顶端侧接一只翠蝙蝠的翅膀尖，蝙蝠向上的一翼膀尖打了一个卷，依然做成耳挖之势。虽纹样很简单，却是金珠宝石取用齐全，小小的一枝，竟也娇冶嫩碧，光艳溢目。

不论两把头还是盘龙髻，耳挖簪通常是斜斜高翘在一侧，前引《军营报喜》『琵琶式鬓边斜带金挖耳』即是也，耳挖簪的设计也或借势创为新样。故宫博物院藏银镀金点翠镶珠宝耳挖簪一枝〔图一四一二〕，通长二十一厘米，簪首以金点翠的细叶为边框，两面是米珠和珊瑚米珠围起的一串嵌宝花朵，珠宝灿然自不必说，却是以簪首弯了轻柔的两弯而特见俏媚。此外，松鼠葡萄〔图一五〕、蝙蝠〔图一六〕、蝶赶花〔图一七〕、仙人骑凤〔图一八〕，又或珊瑚米珠缉作红豆一簇〔图一九〕，点翠荷叶上卧一尾珍珠点嵌的金鱼，耳挖簪的纹样可以在百花园中信手摘取，长长短短，大大小小，嫩艳姝秀各呈其妍。

一五

一六

一七

一九

一八

图一五
松鼠葡萄银耳挖簪
苏州博物馆藏

图一六
金点翠灵芝蝙蝠耳挖簪

图一七
金珠翠宝蝶赶花耳挖簪
故宫博物院藏

图一八
银镀金点翠
珊瑚仙人骑凤耳挖簪

图一九
金镶珊瑚米珠耳挖簪
台北故宫博物院藏

耳挖簪又或簪脚做成两股、三股而为钗，如浙江省博物馆藏银镀金镶珠宝蝴蝶耳挖钗〔图二〇〕。中国国家博物馆藏银镀金折枝花与盆花耳挖钗三枝虽然没有点翠嵌宝，但依凭锤錾之工，却也花袅袅，叶盈盈〔图二一—一～三〕。银镀金盆菊耳挖钗一枝难得把一个长方框里的适合图案以简笔白描法做得回舞流风。

图二〇 银镀金镶珠宝蝴蝶耳挖钗 浙江省博物馆藏

图二一—一 银镀金折枝菊花耳挖钗

图二一—二 银镀金盆花耳挖钗

图二一—三 银镀金盆菊耳挖钗 中国国家博物馆藏

二 象生

象生，又或作像生，便是仿生。簪钗纹样仿肖草虫花鸟之形，原是两宋以来的传统做法，明代又发展出细巧的草虫簪，如蝴蝶、蜻蜓、蚱蜢、蝉、虾等等。清代簪钗以『象生』为多，蝴蝶、蜻蜓也是最常取用的一类，此外又添得蝙蝠以统领『百灵效瑞』的主旋律。许所望《福州竹枝词》『翠鸟嘤嘤拍水戏，剪裁花毳入罗帏。贴成压鬓双蝴蝶，绾住情丝莫乱飞』[1]，此一双压鬓蝴蝶，便是点翠蝴蝶簪。清金廷标《仕女簪花图》绘纤指拈簪对镜理妆的佳人，妆镜旁边一枝兰花，其侧即金镶宝蝴蝶簪一枝。清人词曰『妆台畔，慢把玉容重整』；『鬟影蝉轻，眉痕翠凝。天作就，爱花心性。一枝斜插，与乌云相并。添妩媚，信手簪来偏称』[2]，适如此情此景。

与明代流行的金镶玉金镶宝不同，清代更喜欢用米珠、珊瑚米珠又或金银点翠为草虫造型，即便宝石镶嵌，也采取了更为灵巧的制作方式。故宫博物院藏一枝金点翠镶宝珍珠蝴蝶簪，金点翠的边框里，点点米珠铺作透空的蝶翼，一对珍珠点眼，两颗

[1] 许所望，乾隆增生。《历代竹枝词》，册二，页一七一二。

[2] 顾太清《殢人娇·题扇头〈簪花美人〉》，金启孮等《顾太清集校笺》，页七一〇，中华书局二〇一二年。

红宝为身，嫣润媚秀，恰似迟日暖风中留驻花间的一只〔图二二二〕。《珍珠塔》为翠娥的妆扮传神，几番都不曾放过鬓边一枝蝴蝶簪，——第三回是『髩边只有蝶斜飞』；第七回则『金凤钗，玉蝴蝶，宝珠璀璨』；第十四回便又是『奇精小巧珠蝴蝶』，想必插戴在翠娥鬓边的也会是如此式样的一枝。又金累丝镶宝蜻蜓簪、银镀金点翠镶宝蜻蜓簪各一枝，造型相同，材质与做工各异，后者娇软之体遍身宝石，却因造型定格于回翔旋舞的一瞬，而仍见轻盈〔图二二三〕。金累丝点翠镶珠宝兰花蝈蝈簪一枝，金累丝为兰茎，兰

二二二

二二三—一

二二三—二

图二二二 金点翠镶宝珍珠蝴蝶簪
图二二三—一 银镀金点翠镶宝蜻蜓簪
图二二三—二 金累丝镶宝蜻蜓簪
故宫博物院藏

二四

二五—一

二五—二

叶葳蕤则用了金点翠，大一点的花骨朵是茶晶，小一点的花骨朵是猫睛，珊瑚、白玉为灵芝，蓝宝石的蝈蝈缀在叶梢〔图二四〕。一枝簪挺有『祥和』铭记的银镀金镶玉螃蟹簪，白玉荷叶托着红宝点睛的白玉蟹，周环芦叶、灵芝和慈姑叶，簪首之端横了两根芦苇，梢尖却又是金累丝的一对香蒲棒。簪原附黄签曰『银镀金厢玉螃蟹簪一枝，共重一两四钱，道光十四年五月十三日收，张和交』❶〔图二五—一〕。如以口彩命名，便可称作银镀金镶玉一甲传胪簪。北京海淀区车道沟出土的一枝与此构图元素近同，不过把芦叶换作荷叶，若依谐音，那么是寓意『和谐』〔图二五—二〕。

❶ 阮卫萍《清宫后妃首饰图典》，图六五，故宫出版社二〇二一年。

图二四
金累丝点翠镶珠宝兰花蝈蝈簪

图二五—一
银镀金镶玉螃蟹簪
故宫博物院藏

图二五—二
金累丝镶宝荷蟹簪
北京海淀区车道沟出土

图二六．金累丝镶宝荷蟹钗
北京海淀区巨山农场地区出土

图二七—一　金累丝镶宝虾簪

图二七—二　金累丝镶宝蜘蛛簪
北京海淀区上庄乡出土

二六

以金细工艺见胜者，则有北京海淀区巨山农场地区出土金累丝镶宝荷蟹钗一枝〔图二六〕。摇摆的荷叶，纷披的荷花瓣，累丝可以达到的精细与柔软，使池塘小景有了拂面而来的蘋花风。

虾，蜘蛛，也都是明代已有的簪钗纹样〔第九章，图三三、图五〇〕，此际则更见繁复〔图二七—一～二〕。当然清代最多的是蝙蝠，它虽然已是『福』字的代码，但用于簪钗造型，仍可归于『象生』一类。

二七—一

二七—二

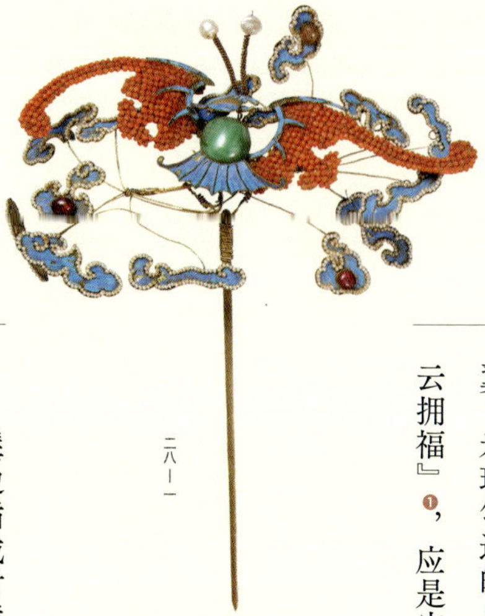

图二八一一 金点翠珊瑚珠蝙蝠簪

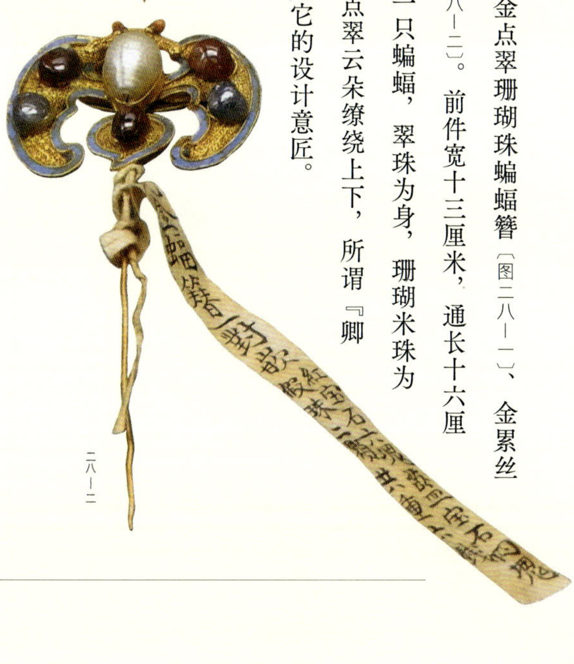

图二八一二 金累丝镶宝蝙蝠簪

故宫博物院藏

如故宫博物院藏金点翠珊瑚珠蝙蝠簪〔图二八一一〕、金累丝镶宝蝙蝠簪〔图二八一二〕。前件宽十三厘米，通长十六厘米，平展双翅的一只蝙蝠，翠珠为身，珊瑚米珠为翼，米珠勾边的点翠云朵缭绕上下，所谓『卿云拥福』[1]，应是它的设计意匠。

鬓边插戴时鲜花朵，又或以红绒、通草制为像生花，久已成风俗，清代依然盛行不衰。以人工摹天工亦即以别材制作鲜花，更见巧艺，自然为闺秀所爱。子弟书《家主戏嬛》道丫嬛的打扮是『如意儿头时下梳妆压燕尾，两半儿顶紧绕红绳扎发根。别青丝镀金钗子新兴的样，挨水鬓灯草花儿大朵儿新』[2]，可以想见

[1] 见前引《国朝宫史》卷十八乾隆十六年皇太后六十大庆所进寿礼首饰名目。

[2] 《清蒙古车王府藏子弟书》，页四九九。

图二九—一
银镀金碧玺草虫牡丹簪
故宫博物院藏

鬓边花朵衬托出来的冶逸丰神。满族女词人顾太清有《卖花声·像生花》一阕，词曰：『竹篦盛来，多少像生花卉。小年时、东风才至，街头偏卖，趁闹蛾天气。问封姨、此情知未？/谁家妙手，特把春光游戏。剪吴绫、点金帖翠。一声清唱，有绣帘揭处，早惊回、绿窗人睡。』其夫多罗贝勒奕绘有同题之作，调寄《五彩结同心》，颇道着像生花的售卖与制作，句云『崇文门外，金鱼池北，花儿市在中间。闻道花行客，居斯里万家婚好相联。南来通草成山积，某家染某色新鲜。某家有聪明小女，裁须叠瓣如仙』。如此巧手如仙工的技艺，也移植到了珠宝簪钗的制作。清宫旧藏中两枝来自坊间工匠的银镀金碧玺草虫牡丹簪，其一宽十一厘米，连簪挺长二十七厘米；其一宽十二厘米，连簪挺长二十五厘米，簪挺均錾『宝华足纹』❶（图二九—一～二）。从式样和尺寸

二九—一

❶《清宫后妃首饰图典》，图九一、九二。图版说明作『碧玺镶宝石花』。

图二九—二
银镀金碧玺草虫牡丹簪

图三〇
铜镀金点翠珊瑚丹桂簪
故宫博物院藏

来看，两枝簪子当是一对。它的造型和制作，一如像生花，只是把宝石、翠玉当作了红绒通草，以是攒聚为花叶鲜灵的一对红白牡丹。又一枝铜镀金点翠珊瑚丹桂簪❶〔图三〇〕，通长二十二厘米，点翠花叶结起花枝一束，珊瑚为花瓣，假珠为花蕊，每朵花的下边都是一根螺丝，这是步摇的做法，以取行路摇颤之婉娜。

淡雅则有春兰、秋菊和竹子。天津博物馆藏《闲敲棋子图》〔图三一—一〕、中国国家博物馆藏《倦绣图》，都绘出发髻之侧插戴一枝兰花簪的闺秀〔图三一—二〕。顾太清有诗咏兰花玉钗，且有插戴

二九—二

三〇

❶《清宫后妃首饰图典》，图九三（『珊瑚点翠嵌珠花』）。

图三一—一 《闲敲棋子图》（局部）
天津博物馆藏

图三一—二 《倦绣图》（局部）
中国国家博物馆藏

图三二—一 金兰花簪
北京市海淀区博物馆藏

图三二—二 银镀金蓝料珍珠菊花簪
故宫博物院藏

三一—一

三一—二

此钗的画像❶。北京市海淀区博物馆藏一枝金兰花簪，花开一朵，弯挑在簪头〔图三二—一〕，式样即同于《闲敲棋子图》和《倦绣图》所绘。故宫博物院藏银镀金蓝料珍珠菊花簪一枝❷〔图三二—二〕，蓝料做成一捧花叶，肖形珍珠为花瓣、为花蕾，银镀金的

三二—一

三二—二

❶《古春轩老人见寄兰花玉钗诗以致谢》：『白玉无瑕璞，良工制作钗。正堪青鬓压，深见老人怀。远道绵轻裹，幽香手细揩。感承千里寄，欲报费安排。』《顾太清集校笺》，页二一八。

❷《清宫后妃首饰图典》，图八九（『长珠花朵簪』）。

花蕊中镶嵌一颗蓝宝石，一朵黄碧玺的小花悄然逸出于大花之侧，是以冷艳之色而别见清婉。北京外国语大学院内出土金竹节簪一枝，簪首肖作竹节，簪脚便成竹枝，缘枝錾一溜偃仰欹侧的竹叶〔图三三—一〕。沈阳故宫博物院藏沈庆兰《麻姑献寿图》，麻姑高髻上即插着如此一枝〔图三三—二〕。

三　面簪，流苏

清宫簪钗的造型颇有来自钿子的直接影响，或者说，钿子上面的各式构件，如面花、结子，都可以制成单独的簪钗。清宫旧藏中的一枝『银镀金嵌珠宝花盆式簪』❶，所附黄签云：『银镀金盆花面簪一块，嵌饭块小正珠十颗，红宝石一块，假珠石，共重一两七钱，道光十一年十二月十四日收，睦答应交回』❷〔图三四—一〕。面簪高十点五、宽十厘米。银镀金累丝为花盆，点翠朵云和莲瓣缘边，盆里捧出莲花和莲叶，以点翠和累丝

三三—一

三三—二

❶《清宫后妃首饰图典》，图一七。

❷又清宫旧藏金梅花结子一件，所附黄签曰：『乾隆六十年十二月十四日收敬事房呈览钿上拆下金梅花结子一块，嵌碎小正珠五颗红宝石二块烧红石一块共重六钱。』蔡玫芬等《皇家风尚：清代宫廷与西方贵族珠宝》，页四六三，台北故宫博物院二〇一二年。

图三三—一
金竹节簪
北京外国语大学院内出土

图三三—二
沈庆兰
《麻姑献寿图》（局部）
沈阳故宫博物院藏

图三四—一 银镀金累丝点翠盆景簪

图三四—二 银镀金点翠宝石盆景簪

故宫博物院藏

的不同，见出风中莲叶的俯仰开阖。叶边上一对累丝与点翠合作的蛱蝶，大珠小珠缀为花叶间摇落的清露，中央一大颗红宝，做成清景中的一点娇艳。

又一枝盆花簪，直是一个缩微的桃树盆景。低低的盆儿，坐一个银镀金累丝嵌碧玺的花盆，盆植矮树一株，点翠桃叶簇拥着桃花满树。枝柯累丝，花朵嵌珠嵌宝〔图三四—二〕。两枝簪子的纹

三四—一

三四—二

样显然都是取材于摆件。《醒世姻缘传》第五回，道苏、刘二锦衣给王振送寿礼，『苏锦衣的一个羊脂玉盆，盆内一株苍古小桃树，树上开着十数朵花，通似鲜花无异，细看却是映红宝石妆的。刘锦衣的也是一样的玉盆，却是一株梅树，开的梅花却是指顶大胡珠妆的。王振看了，甚是欢喜，说道：「你两个可也能，那里钻钻的这门物儿来孝顺我哩。」随分付近侍道：「好生收着，拿罩儿罩住，休要暴上土。不久就是万岁爷的圣诞，进了万岁爷罢。」』。《醒世姻缘传》成书于明末清初，彼时这类珠宝制成的盆景似乎还是稀罕物，小说家笔下因有如此这般的形容，以后它却成为宫廷中常用的陈设，屏间几案的春光便也跃上簪头❶。

又如清宫旧藏中的一枝『银镀金嵌珠翠花蝶纹簪』〔图三五〕，宽二十一厘米，连簪挺长二十四厘米。银镀金的一根横杆为梁，

图三五
银镀金珠翠瓜果簪
故宫博物院藏

三五

❶ 由养心殿造办处档案，也可知宫中陈设盆景制作所用宝石之大略，如珊瑚珠、蜜蜡珠、金刚石、青金、玛瑙、西洋玻璃等等，乾隆批曰：『将怡贤亲王从前所进的古玩陈设上珠子、宝石拆下，镶嵌在现传做金盆景上。』见《养心殿造办处史料辑览》（第二辑·乾隆朝），页七九。

图三六—一 银镀金吉庆七珠流苏

图三六—二 银镀金点翠珊瑚喜字挑牌

故宫博物院藏

三六—一

梁上牵缠着须和蔓，蔓上结着翠佛手、翠豆荚，珊瑚制成的亚腰葫芦，又开着几朵缉米珠的大白花、碧玺做的小粉花。葫芦的亚腰上一个个都系着金点翠的飘帛，一只珊瑚翅、玉为身的蝙蝠罩在上方。真个是红娇翠稠，把一座珍宝搭建的豆棚瓜架支起在富贵乡里。

流苏，即珠串间以宝石的坠子，可单，可双，可以成排悬挑；或衔在凤嘴，或缀于钿口；称流苏，称挑牌，称璎珞，又前引《正音撮要》所谓『簪头繸』，都是此物。若依古称，便是步摇。故宫博物院藏银镀金吉庆七珠流苏、银镀金点翠珊瑚喜字挑牌（图三六—一～二），分别收藏于故宫博物院❶、山东博物馆的银镀金镶珠宝莲池璎珞，又故宫博物院藏金累丝九凤衔流苏钿口，都可以为例。故宫藏莲池璎珞是银镀金点翠的叶子铺地，上面卧着三人朵银镀金累丝莲花，中间一朵花心抱一颗烧红石，旁边

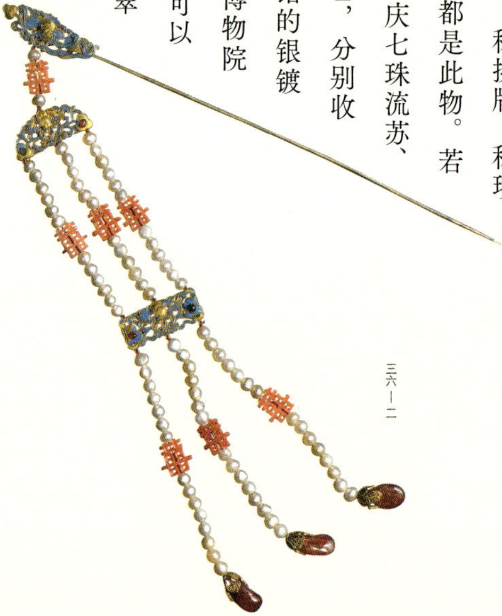

三六—二

❶《清代后妃首饰》，图二〇二（图版说明作『银镀金嵌珠结子』）。

图三七—一
银镀金镶珠宝莲池璎珞
故宫博物院藏

图三七—二
银镀金镶珠宝莲池璎珞
山东博物馆藏

三七—一

顶出一个小莲蓬，侧面的两朵花心嵌碧玺，下缘挂红宝石坠角的珍珠璎珞九串〔图三七—一〕。山东博物馆藏莲池璎珞，则是金点翠的西番莲托座，下边缀了七串珠宝璎珞，上边托起莲花、莲叶、慈姑叶和一对小鸭〔图三七—二〕。这一类样式的璎珞常常是戴在后方发髻的下边，即如陈枚《月曼清游图》二月荡秋千一幅所绘。金累丝九凤衔流苏钿口系以两根金条制为金梁，金累丝的九凤连缀其上做成拱形的一弯，九只金凤各个头顶珍珠，口衔流苏〔图三八〕。如果用作独立的妆饰，它与明代金钿的用法其实是相通的。中国国家博物馆藏一枝簪首是银镀金点翠的竹枝竹叶，

三七—二

图三八
金累丝九凤衔璎珞钿口
故宫博物院藏

图三九
银镀金点翠竹叶流苏（局部）
中国国家博物馆藏

三八

低垂的三枚竹叶叶尖上分别挂着小连环，环下各缀竹叶梅花，是流苏中式样别致的一种〔图三九〕。

三九

四〇—一

四〇—二

四〇—三

四 其他

（一）抱头莲

清代金银簪钗中，也有一类体量不大、造型简单的小簪子，其中一种名曰抱头莲，如『珠子抱头莲』『宝石抱头莲』❶，又或称作抱针钉儿，一般是尖锥式簪脚，簪首以仰覆莲瓣抱一颗大珠或一粒宝石。尺寸很小，纹样简质，而顶端的珠或宝必要选材不俗，因每以幽淡见俏媚。如赤峰市巴林右旗白音尔登苏木荣宪公主墓出土金累丝珍珠抱头莲〔图四〇—一〕，锦州市北郊清尹继善墓出土银镀金玉珠抱头莲〔图四〇—二〕，如故宫博物院藏银镀金点翠蓝宝抱头莲❷〔图四〇—三〕。后者通长十五点五厘米，两重银镀金

❶ 见《养心殿造办处史料辑览》（第二辑·乾隆朝），页一七三。

❷ 《清代后妃首饰》，图一五四（图版说明作『蓝宝石簪』）。

图四〇—一
金累丝珍珠抱头莲
巴林右旗白音尔登苏木荣宪公主墓出土

图四〇—二
银镀金玉珠抱头莲
锦州市北郊清尹继善墓出土

图四〇—三
银镀金点翠蓝宝抱头莲
故宫博物院藏

图四一
《春闺倦读图》（局部）
天津博物馆藏

点翠的莲瓣，居下的一重托一小颗珍珠，居上的一重抱了一大颗蓝宝。天津博物馆藏冷枚《春闺倦读图》中的女子，手上戴一对金镯子，头顶覆着黑包髻，一边插了一枝抱头莲，另一边是一枝金镶珍珠点翠花簪〔图四一〕。由耳边戴着的三钳环子，可知伊人当属满族[1]。当然若非富贵之家，宝石必不易得，货郎担上便还有『京造的玻璃珠的抱头莲』[2]。而讲究的玻璃制作，也很有宝石的效果[3]。

（二）气通

宋元时代的花筒簪有镂空的做法，或名曰『通簪』，不过清代流行的气通是簪脚镂空。前引《珍珠塔》第十四回描摹翠娥妆扮，是『顶上带一枝分水犀钗无价宝，碧玉镶成金气通。奇精小巧珠蝴蝶，螺蛳押髻甚玲珑。耳上珠环分左右，发插香兰赛绿茵』。又《天雨花》第十回，道『二爷见三女齐齐在，开言便乃叫儿身：我昨日在外书房内，有个友人荐一玉器客人来到，我兑换了四股玉钗，甚是精雅，与你四人插戴。便叫夫

[1] 清代汉族女子不著满妆，而满族女子或著汉妆。虽然明清绘画表现女子的服饰和簪戴每为程式化的『古装』，写实的成分并不多，但此图从器物到人物衣着多与时代相符，因可援为图证。而清宫造办处档案也还有制作『汉妆头面』的实录，如《养心殿造办处史料辑览》雍正七年『镶嵌作附累丝作』条：『太监刘希文传：着画汉妆头面内正凤傍凤大小挑牌等样』，『于三月二十日画得正凤傍凤一号至三号挑牌葫芦坠子等样，与太监刘希文看准』，『于五月初九做得汉妆头面二份，计金累丝正凤十枝、傍凤四枝，环子二副，大小挑牌九对』。朱家溍《养心殿造办处史料辑览》第一辑，页一七〇，紫禁城出版社二〇〇三年。

[2] 《霓裳续谱》卷八《贩货求财》〔数岔〕，《明清民歌时调集》，下册，页三九〇。

[3] 陈慧霞《皇家容颜：清代宫廷珠宝》，见《皇家风尚：清代宫廷与西方贵族珠宝》，页四一二。

人取出。三枝龙头钗子，一只气通。便把龙头簪付与三人，气通留夫人插戴』。《珍珠塔》所云『碧玉镶成金气通』，便是碧玉为簪首，插接于金镂空的簪脚。《天雨花》提到的气通，则是通体玉制。锦州市北郊清尹继善墓出土金累丝龙首气通簪、苏州博物馆藏金累丝龙首气通簪〔图四二—一～二〕，北京海淀区巨山农场地区出土金累丝凤凰气通簪和金累丝梅花气通簪各一枝，均以累丝之工巧见胜。衔珠凤凰矫首迎风，枝梢吐艳的梅树老干虬曲，富有画意的造型各以金工而逼肖〔图四三—一～二〕。故宫博物院藏『美人绢画十二张』，其中

四二—一

四二—二

四三—一

四三—二

图四二—一
金累丝龙首气通簪
锦州市北郊清尹继善墓出土

图四二—二
金累丝龙首气通簪
苏州博物馆藏

图四三—一
金累丝凤凰气通簪

图四三—二
金累丝梅花气通簪
北京海淀区巨山农场地区出土

烛边补衮和手拈十八子的美人挽发之簪都是一枝金气通，前者簪首为如意式，上嵌一颗红宝，后者簪首为竹节。

（三）宝掌拈花式

文康《儿女英雄传》第二十八回，舅太太说，『我这里给我们姑娘备了点儿的东西』。说着，便叫人搭过两个小方盘儿来，『一个里头放着两个小匣子，一匣是一枝仿着圣手摘篮的金簪子，那手里却拈的是一个小小金九连环；一匣是一双汗浸子玉蒲镯』。『圣手』，或又称作『宝掌』，如《国朝宫史》卷十八《经费二》『恭进』一项『皇太后大庆恭进』条所列『宝掌拈花簪成对』。总之是簪首做成轻拈美物的一只纤手，是这时候的流行样式。故宫博物院藏清代后妃首饰中有金镶珠翠圣手拈如意簪❶（图四四—一），

四四—一

图四四—一
金镶珠翠圣手拈如意簪
故宫博物院藏

❶《故宫博物院藏文物珍品大系·宫廷珍宝》，图一二三（图版说明作『金镶珠翠宝簪』）。

图四四—二
银镀金累丝点翠圣手摘灯笼簪
故宫博物院藏

图四五
银镀金翠手摘篮簪
沈阳故宫博物院藏

图四六
金锡杖九连环挑花篮簪
宁夏平吉堡清姚氏墓出土

又银镀金累丝点翠圣手摘灯笼簪❶〔图四四—二〕，前件金簪脚顶着腕上戴镯子的一只翠手，翠手拈一柄衔环的翠如意，环下垂系一串六颗珍珠，其端一个金镶祖母绿坠角。沈阳故宫博物院藏银镀金翠手摘篮簪，是翠手拈着花篮里的一把莲❷〔图四五〕。而宁夏平吉堡清姚氏墓出土一对金锡杖九连环挑花篮簪〔图四六〕，把那『摘篮』和『小小金九连环』的式样，也都表而出之。

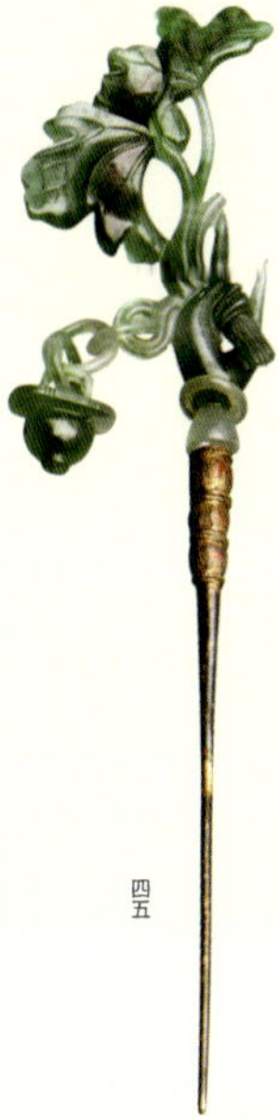
四五

四四—二

四六

❶《清代后妃首饰》，图二一三（图版说明作『银镀金灯笼流苏』）。

❷此为溥仪后妃用物。《皇家风尚：清代宫廷与西方贵族珠宝》，页二〇〇（图版说明作『雕翠玉手把花叶游环花篮步摇』）。

（四）鹦哥架

『鹦哥架』，又或作『莺哥架』，也是簪钗中别饶奇致的一种式样，如首都博物馆藏金累丝鸟笼簪〔图四七—一〕。簪首是一枝金累丝凤头挑竿，凤口衔环，环下缀一个鸟笼，笼顶上架了几竿竹，上面覆着祥云，笼里一对小小的鸟食罐，中间横杆上站一只鹦哥。艾尔米塔什博物馆藏有大致相同的一枝〔图四七—二〕。又有中国国家博物馆藏一件银镀金点翠鹦哥架，长二十三点

四七—一

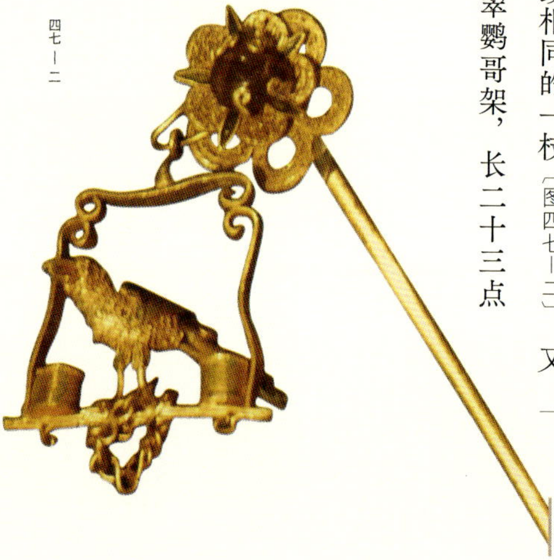

四七—二

图四七—一 金累丝鹦哥架 首都博物馆藏

图四七—二 金累丝镶宝鹦哥架 艾尔米塔什博物馆藏

五厘米，造型与前举两例相类，不同的是鸟架下方又缀了三挂金点翠的竹叶〔图四八〕。鸟架簪的设计构思或有来自绘画的启发，因为这是明代货郎图中常见的形象，比较东京国立博物馆藏明佚名《货郎图》中的鹦哥架〔图四九〕，即可会得此意。《霓裳续谱》卷四录有〔寄生草〕《清晨早起梳妆罢》一支，曲儿唱道：『清晨早起梳妆罢，梳上了油头，罩上了冰纱。又听得卖花的人儿转过了妆楼下。他吆喝灯草花儿了，卖翠花儿了，一分一厘不让价。叫了声丫鬟你与我买花，我要买栀子茉莉，还代（带）着江西腊，

四八

四九

图四八
银镀金点翠鹦哥架
中国国家博物馆藏

图四九
明佚名《货郎图》（局部）
东京国立博物馆藏

还要买翠蓝蝴蝶，一嘟噜葡萄，螂螂笼儿鬓边斜带（戴）的鹦哥架。』[1]嘉庆道光年间华广生编小曲总集《白雪遗音》也收录曲词内容大体一致的一支，题作《清晨早起》，末了一句是『还有那枝擅（颤）微微的一枝莺哥架』[2]。所谓『鬓边斜戴』，所谓『颤微微的一枝』，两支曲子中的『鹦哥架』，必是这一类鸟架簪，则它是清代颇为风行的式样。子弟书《调春戏姨》头回，道佳人的模样是『双把儿头红绳儿扎紧盘如意，歪抿着偏顶络穗儿搭拉在鬓角。耳垂儿边赤金钳子悬珠坠，鬓角儿旁珠挂儿一枝挂莺哥』[3]。

五〇

可知梳着两把头儿的满族女子，也以鬓边一枝挂莺哥妆扮得俏丽，清代绘画里正留下了如此倩影〔图五〇〕。顺便说到，这一式样也见于东瀛，如东京都江户东京博物馆藏鹌鹑笼耳挖式银钗一枝〔图五一〕，时代约当十八至十九世纪。

图五〇
清周西林仕女图册（局部）
安徽博物院藏

图五一
鹌鹑笼耳挖式银钗
东京都江户东京博物馆藏

五一

[1] 《明清民歌时调集》，下册，页一九四。

[2] 全曲作：『清晨早起梳妆罢，梳罢油头，罩上了乌纱。猛听的卖花人儿来妆楼下。他喊道灯草花儿翡翠花儿，一分一枝不让价。叫了声丫鬟，你与我买花。我要那栀子茉莉江西腊，俺还要迎风倒儿、催风篮儿，贴金乖乖，鹅翎蜻蜓翡翠蝴蝶，还有那枝擅微微的一枝莺哥架。』《白雪遗音》卷二，《明清民歌时调集》，下册，页六六一。

[3] 《清蒙古车王府藏子弟书》，页三四九。

（五）龙舟画舫

龙舟画舫取为首饰纹样，前已举出辽代龙舟耳环〔第五章，图八二〕、明代金累丝游舫小插〔第九章，图四六〕。清代造型多为龙舟，如北京市朝阳区出土金累丝龙舟簪〔图五二〕。这一设计构思当有来自同时代漆器、象牙雕刻的影响。比较波士顿美术馆藏清雕漆嵌玉龙舟〔图五三〕，可会得时风。

五二

图五二 金累丝龙舟簪 北京市朝阳区出土

五三

图五三 雕漆嵌玉龙舟 波士顿美术馆藏

图五四
冬朝冠冠顶
故宫博物院藏

（六）凤簪

传统的凤簪清代仍然流行，最高等级的朝冠冠顶饰凤与翟〔图五四〕。宫样凤簪的造型也多如凤冠或凤钿上面的构件。凤羽向后平展者，即所谓『正凤』，如辽宁喀左清丹巴多尔济墓出土的金累丝珠凤〔图五五—一〕。侧舒凤羽转颈回首者，便是『傍凤』[1]。赤峰市巴林右旗白音尔登苏木荣宪公主墓出土三对金累丝珠凤〔图五五—二〕，『正凤』

五四

冬朝冠冠顶局部

[1] 正凤、傍凤之称，见前引《养心殿造办处史料辑览》第一辑，页一七〇。

图五五—一
金累丝珠凤
辽宁喀左清丹巴多尔济墓出土

图五五—二
金累丝珠凤
巴林右旗白音尔登苏木
荣宪公主墓出土

五五—一

五五—二

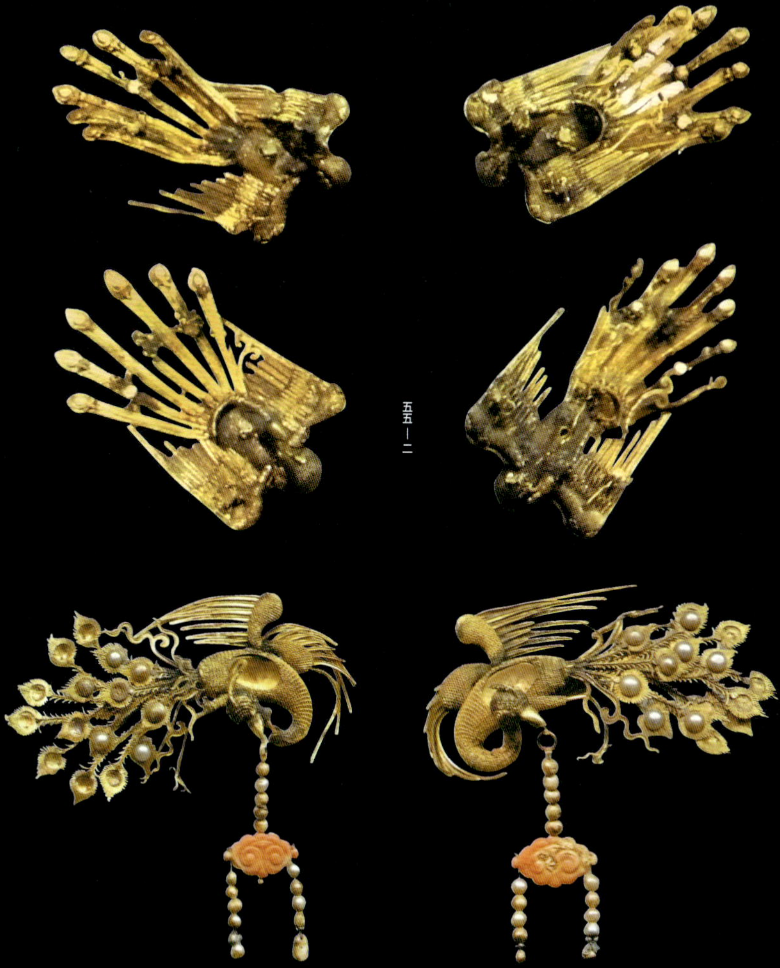

两对，『傍凤』一对，大约是冠或凤钿上面的饰件，如前面举出的温僖贵妃凤钿。而以此为式制为凤簪，也不妨单独插戴，如故宫博物院藏《胤禛行乐图》中所绘（图五六）。

清代凤簪造型与明代不同显而易见，点翠与攒珠也是此际特色（图五七—一）。缉米珠的大量使用，似以清代后期为盛。故宫博物院藏『银镀金嵌宝石串假珠凤纹簪』一枝，所附黄签墨书『银镀金厢嵌凤簪一支，同治元年三月三十日收』❶。簪首宽十二厘米，连簪挺长十四点五厘米，银镀金点翠的飞凤，头顶红宝，口含金珠，各色米珠调弄出尾羽的五光十色，更以缉米

❶《清宫后妃首饰图典》，图五九。

五六

五七—一

图五六
《胤禛行乐图》（局部）

图五七—一
金点翠凤簪
故宫博物院藏

图五七—二
银镀金点翠珠花凤簪
故宫博物院藏

图五七—三
珊瑚珠宝银凤簪
赤峰博物馆藏

五七—二

珠为花瓣的一大朵山茶送来一缕花信风〔图五七—二〕。赤峰博物馆藏一对口衔珠挂的珊瑚珠凤簪，珊瑚米珠为凤身，红红绿绿的翅膀和尾羽，一个个小构件却像是菜园里的豆荚和葱叶，浮彩艳发，愈见俏媚〔图五七—三〕。出自清宫旧藏的一枝银镀金点翠镶珠宝五凤簪，

翠竹一竿为簪梁，竹节竹叶间栖着累丝镶珠宝的五只凤凰，个个口里衔着璎珞珠挂〔图五八〕。又有中国国家博物馆藏点翠凤钗一对，两只口衔间缀一尾玉鱼珠结的凤凰相向旋身，尾羽金珠点蕊的一朵牡丹花，分作五歧的羽尖上带着五个鲜桃。凤钗一对也是飞向桃苑仙境，凤凰展开双翅抱合成

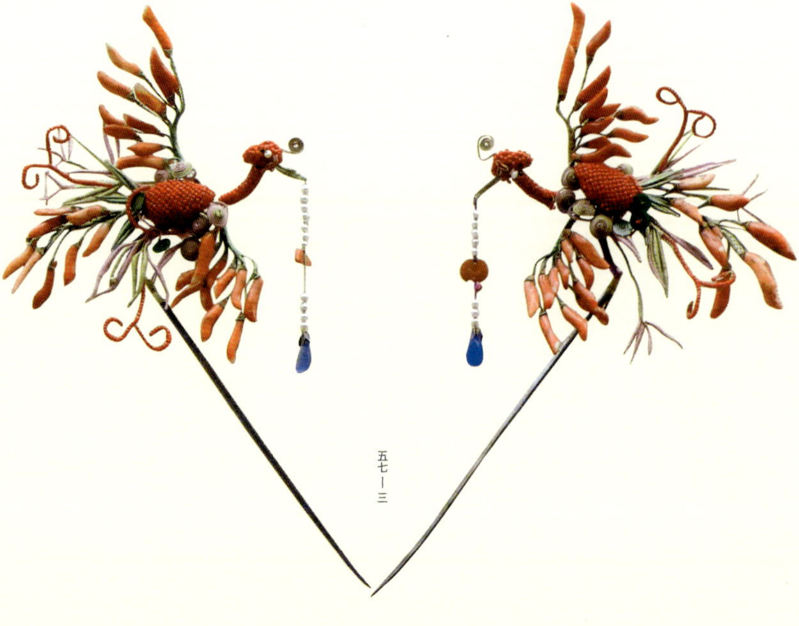

五七—三

图五八
银镀金镶珠宝五凤簪
故宫博物院藏

图五九
点翠嵌宝凤穿花钗（一对）
中国国家博物馆藏

五八

圆，头顶珍珠，翅膀下边珠串为托，铺展于前的宝花宝桃仿佛倚云含露，点点露珠便结作坠脚〔图五九〕。两件尺寸相同，均长十六点四厘米。清张令仪《燕台竹枝词》：『新更梳裹颇相宜，纱罩笼头二寸奇。八宝金钿当面著，珠挑凤结两边垂。』❶适为京城里插戴凤簪的时尚美人画像。

制作讲究的凤簪并非寻常插戴。《红楼梦》第七十三回曰迎春的乳母将一枝『攒珠累丝金凤』偷了去典当，迎春明知却懒问，屋里的丫头绣橘道它原是『预备八月十五日恐怕要戴呢』，『如今竟怕无着，明儿要都

五九

❶ 张令仪，字柔嘉，安徽桐城人，张英之女。王利器等《历代竹枝词》，册一，页五四五，陕西人民出版社二〇〇三年。

戴时，独咱们不戴，是何意思呢』。宁荣二府尚如此，一般人家情形可见。至于同书第三回凤姐儿初出场，『头上戴着金丝八宝攒珠髻，绾着朝阳五凤挂珠钗，项上带着赤金盘螭璎珞圈』，却正是要以此见出『这个人打扮与众姑娘不同，彩绣辉煌，恍若神妃仙子』。所谓『朝阳五凤挂珠钗』，前举银镀金点翠镶珠宝五凤簪一枝，在此正可助人想象作者的笔底波澜。

（七）吉语簪

前面说到，若干物事合在一起，以各物名称的谐音合成吉语，尤其是清宫首饰最常用到的设计意匠。前举金点翠珊瑚珠蝙蝠簪寓意『卿云拥福』〔图二八—一〕，即是一例。中国国家博物馆藏银镀金点翠嵌宝福寿绵长簪，长十点四厘米，拱桥式的边框仿若一架瓜棚，下边结着宝葫芦四，点翠珠宝葫芦二，自然是取了葫芦万代的意思；下方一只点翠珠宝蝙蝠，合了边框下端两边的珠桃、宝桃，于是成就『福寿绵长』之吉语〔图六〇—一〕。故宫博物院藏一枝银镀金镶珠宝簪，蓝宝石花瓶，绿松

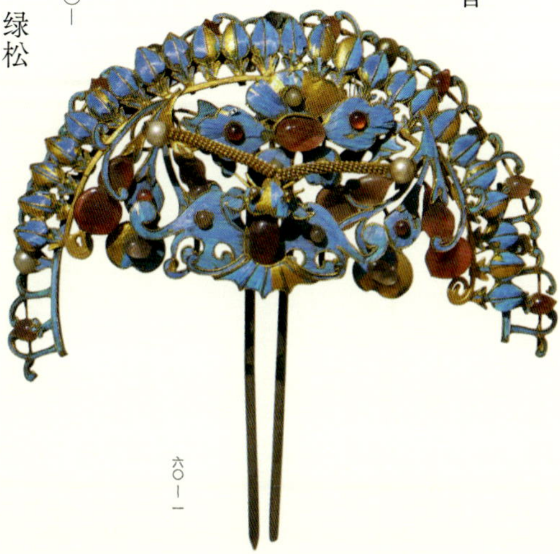

六〇—一

图六〇—一 银镀金点翠嵌宝福寿绵长簪 中国国家博物馆藏

图六〇—二
银镀金镶珠宝平安晋爵簪

图六〇—三
金累丝点翠花果簪（一对）
故宫博物院藏

六〇—二

石托座，瓶里插了珊瑚枝，四外绕着金累丝点翠的如意、灵芝、戟、柿子，又一个『安』字和一个嵌珍珠的卍字符。宝瓶旁边一个天生成孩儿模样的大珍珠，浅浅点出眉眼，便成一副偏着头的神情，一双手被『点珠成金』，腕上戴了金镯子，双手捧着金点翠桃式盘，托盘上放着金爵盏。这里精心制作的样样物事都可以依凭谐音搭配出吉祥寓意，比如万年平（瓶）安，平（瓶）升三级（戟），事事（柿）如意，金爵盏，自然又可以与晋爵的意思相偕〔图六〇—二〕。一对金累丝点翠花果簪也是如此。金累丝莲花、金点翠石榴、金累丝柿子、金点翠笙，各以珠宝镶嵌出美艳，石榴必是开百子，柿子每与如意相连，莲花与笙谐音连升，分开来是吉祥物，合起来是吉祥语〔图六〇—三〕。北京市海淀区博物馆藏一枝金累丝簪，簪首一

六〇—三

磬、一戟、一尾鲶鱼、一个系着飘带的卍字符，再加一个『有』字，便成吉庆有余万年〔图六〇—四〕。如此思路，尚可推出许多花样，却已近乎穿凿会巧了。

（八）双脚簪

金银首饰簪钗并用，并且各有名称，这一局面至明代而改变，说见本书第九章。清代依然如此，此际两股者，也每以簪为称，不过表述时或把『双脚』特地点出，如《快心编·三集》卷之六第十一回，曰喜儿『挽一窝黑油油老大的光髻儿，横插一根双脚如意头银簪，竖插一根象牙气通簪儿』[1]。『双脚如意头银簪』，也是清代双脚簪的通行样式，其式即如北京海淀区巨山农场地区出土岁寒三友金钗一枝〔图六一—一〕。金钗通长十六厘米，钗梁为

图六一—一
岁寒三友金钗
北京海淀区巨山农场地区出土

图六〇—四
金累丝吉庆有余簪
北京市海淀区博物馆藏

[1]《快心编》成书于顺治末或康熙间，署『天花才子编』。按喜儿原是主人家的娈童。

图六一—二
金累丝伏牛望月双脚簪
北京海淀区索家坟出土

竹节式如意头，装饰部分以两股竹节为边框，里边是金累丝的梅花、花蕾、竹叶，还有几朵松针。北京海淀区索家坟出土金累丝伏牛望月双脚簪一枝长十五点四厘米，重十六点九克❶〔图六一—二〕，簪首背面以金条勾出纹样轮廓，金累丝的祥云托日以及分别缀于细金条的月和牛都是另外做好，然后接焊于上。很显然，回首之牛原初是金条挑起在月边的。

❶ 北京市文物局《北京文物精粹大系·金银器卷》，图二九二，北京出版社二〇〇四年。

六一—二

挽发之外，簪钗多用于妆饰两鬓。北京通州草寺村出土一枝金镶玉蝶赶花簪〔图六二一—一〕，它的插戴，在天津杨柳青年画的《美人图》里可见仿佛❶〔图六二一—二〕。约作于十八世纪末叶的广州外销画《解线》一幅❷，女子鬓边一溜儿簪钗插满，——流苏、金如意、金点翠花朵〔图六二一—三〕。场景虽未必实录，而簪钗插戴应非虚笔。

❶ 王树村《中国年画史》卷前彩页，北京工艺美术史出版社二〇〇二年。

❷ 英国维多利亚阿伯特博物院、广州市文化局等《十八至十九世纪羊城风物：英国维多利亚阿伯特博物院藏广州外销画》，页一三八，上海古籍出版社二〇〇三年。

六二一—一

六二一—二

六二一—三

图六二一—一 金镶玉蝶赶花簪 北京通州草寺村出土

图六二一—二 杨柳青年画《美人图》

图六二一—三 广州外销画《解线》 英国维多利亚阿伯特博物院藏

六三

图六三
银镀金鲤鱼跃龙门凤冠
北京民俗博物馆藏

图六四—一
『奉天诰命』金朝冠
江苏吴县毕沅夫妇墓出土

（九）金凤冠

清代汉族女子仍戴凤冠，也同前朝一样只用于隆重的场合，民间大约惟婚礼一用〔图六三〕。命妇凤冠此际曰朝冠。江苏吴县毕沅夫妇墓出土『奉天诰命』金冠一顶，重六百一十六克有余，冠上缀着六个金字圆牌，分别为『奉』『天』『诰』『命』『朝』『冠』。朝冠冠口打作二龙戏珠，冠口背面焊接扁管，金条围作冠撑插入其中，复以片材錾凿为各个构件然后结束于金条，冠体遍布花叶，花叶丛中九只凤凰，中间的牡丹花心里一大颗碧玺〔图六四—一〕。毕沅乃乾隆二十五年状元，仕至湖广总督，其妻汪德卒于乾隆三十四年（一七六九），以毕沅封典，诰赠一品夫人[1]。稍早于此的例子有徐州丰县清李卫墓出土『奉天诰命』金朝冠[2]，高

[1] 南波《江苏吴县清毕沅墓发掘简报》，页一四五，《文物资料丛刊·一》，文物出版社一九七七年。

[2] 李卫生于康熙二十五年（一六八六），卒于乾隆三年（一七三八）。《丰县风物志》（政协丰县委员会文史委编，二〇〇五年十二月）云："李卫夫妇墓位于丰县大沙河镇，有乾隆御碑『太子少保兵部尚书兼都察院右副都御史直隶总督谥敏达公李卫』。一九七二年，『大沙河果园民兵挖掘李卫夫妇墓，在地面下三米处发现棺木三具』，其一『棺上有棺衣，书「皇清诰命一品夫人」，死者头戴凤冠，腰围玉带，插金簪一对，项带（戴）项链，手带（戴）金镯』。"

六四—一

十三厘米，重九百三十八克有余，同样金条为撑，冠体物象均为累丝作，冠口打作海水江崖，衬起金累丝二龙戏珠，上方一溜七只口衔璎珞的凤凰，冠顶牡丹花旁一人左手捧笏，右手托冠，一人右手捧笏，左手托爵，以寓加官进爵。四个金字牌上分别是『奉』『天』『诰』『命』（图六四—二）。

图六四—二
『奉天诰命』金朝冠
徐州丰县清李卫墓出土

六四—二

『奉天诰命』金朝冠·加官

『奉天诰命』金朝冠·进爵

图六五
金冠（过梁儿）
扬州邗江酒甸西来出土

喜庆之际的盛妆又有近似凤冠的『过梁儿』。前引《儿女英雄传》说盘龙髻上罩朵云宝盖，下文又道『髻面上盖上镶珠嵌宝过梁儿，两旁插上七星流苏，关上珍珠对挑，后是同心如意，前是富贵荣花，耳上两个硬红宝石坠子』。扬州邗江酒甸西来出土一件金冠，便正是『过梁儿』的式样，其上遍錾朵云，口圈的前后左右各有一个插簪的孔，一枝金累丝嵌珠宝的龙簪，一枝金累丝嵌珠宝的凤簪簪脚十字相交贯穿四孔，红宝石含在龙口、顶在龙头，颔下又是一颗大珠，金凤也同样装饰珠宝（图六五）。

六五

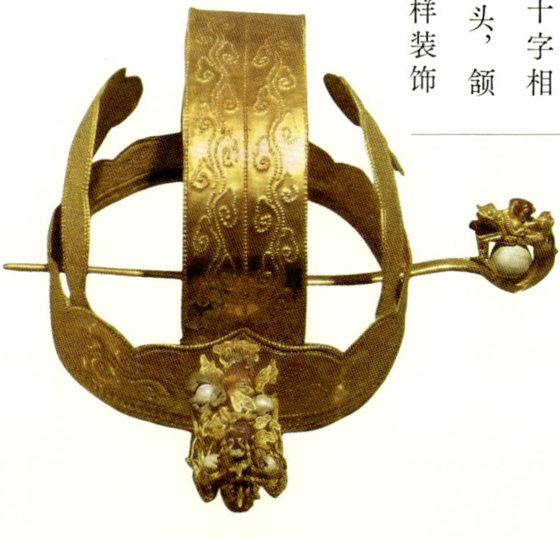

（十）帽顶

叶梦珠《阅世编》卷八说到清初帽顶制度实施始末，曰顺治六、七年间『始颁命服之制，冠加高顶，一品装以红玉，镶嵌东珠三颗；二品蓝玉，东珠一颗；三品红宝石，四品蓝宝石，五、六品水晶，皆用金镶，高低不等。七品金，八品以下银』。福格《听雨丛谈》卷二『帽顶』条曰，『帽顶之制，始于崇德元年二月』，『顺治元年，定诸王帽顶嵌东珠十颗，夏朝冠前金佛嵌东珠五颗，后金花嵌东珠四颗。二年，改上下坐各嵌东珠四颗，上下节各嵌东珠一颗，金佛嵌珠五颗，帽后金花嵌珠四颗』，以下依等递减。此皆朝冠之制。总之，等级之别要在东珠的大小多少和顶端所嵌之物。金托座则皇帝饰以龙〔图六六—一〕，臣用莲花或如意云〔图六六—二〕。出自清宫旧藏的金镶珠宝朝冠顶，高十四厘米，莲花座上四条累

六六—一

图六六—一《嘉庆帝画像》（局部）故宫博物院藏

六六—二

图六六—二《于成龙画像》（局部）华盛顿赛克勒博物馆藏

图六七
金镶珠宝朝冠顶

图六八
金嵌东珠龙形帽饰（帽后金花）
故宫博物院藏

图六九
金镶宝帽顶
北京右安门祖泽溥墓出土

图七〇
金镶宝帽顶
南京博物院藏

丝游龙，中央莲座一大颗东珠为节，上承四龙俯身下望，龙尾聚合，中以祥云上面嵌东珠的摩尼宝相间，其上又一个东珠为节，托起金累丝莲瓣上的红宝石〔图六七〕。清宫旧藏金嵌东珠龙形帽饰一件，应即福格所云『帽后金花』，也称舍林。椭圆式托座长六点八厘米，缘边打作一周莲瓣，上方海浪层叠，金龙回首衔珠〔图六八〕。北京右安门祖泽溥墓出土金镶宝帽顶，通高九点七厘米，重六十八点八克[1]。托座下方一周如意云，其上环以方胜和金锭，仰覆花叶的束腰座上一个嵌珠金花为节，顶端一大颗粉碧玺〔图六九〕。南京博物院藏金镶宝帽顶，托座下方为宝妆莲花，通高十点三厘米，重七十六克有余〔图七〇〕。分别出自北京海淀区大柳树北村和常熟林场东方红工区的两件金镶宝帽顶形制相类，与前

[1]《北京文物精粹大系·金银器卷》，图二五三。

六七

六九

七〇

六八

例一样都属于帽顶制度中的『金镶』，只是均失嵌物〔图七一—一～二〕。金帽顶，则宝妆莲座上托金珠，苏州博物馆藏一件是其例〔图七二〕。

七一—一

七一—二

七二

图七一—一
金镶宝帽顶
北京海淀区大柳树北村出土

图七一—二
金镶宝帽顶
常熟林场东方红工区出土

图七二
金帽顶
苏州博物馆藏

第三节 耳环与耳坠

清代耳饰，有耳环和耳坠，又有一种整体造型近圆而环脚不长，大半个圆环用于装饰者，名为耳钳，前引《正音撮要》所谓『银钳子』与『金钳子』，子弟书《调春戏姨》『赤金钳子悬珠坠』，都指的是它。其插戴，多见于清代容像〔图七三〕。故宫博物院藏金嵌珍珠盘长耳钳、银镀金点翠珊瑚米珠嵌珍珠盘长耳钳各一对〔图七四—一～二〕，北京宣武区椿树劳动服务公司出土银镀金龙口含珠耳钳❶〔图七五—一〕，济南历下区法院清墓出土金镶宝龙口吞钩耳钳〔图七五—二〕，都是此类，惟后例嵌

图七三 清人容像（局部） 吉林大学博物馆藏

图七四—一 金嵌珍珠盘长耳钳

图七四—二 银镀金点翠珊瑚米珠嵌珍珠盘长耳钳 故宫博物院藏

图七五—一 银镀金龙口含珠耳钳 北京宣武区椿树劳动服务公司出土

图七五—二 金镶宝龙口吞钩耳钳 济南历下区法院清墓出土

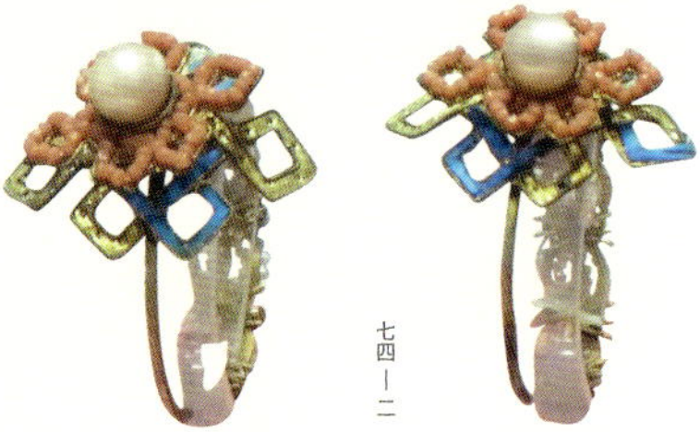

七四—二

七四—一

七五—二

七五—一

❶ 北京市文物研究所《北京出土文物》，图六四〇（『鎏金龙首耳坠』），北京燕山出版社二〇〇五年。

物已失。耳钳也或作耳饰的通称。满族女子通常一耳三钳，三钳，即戴三副耳饰，前引子弟书《逛二闸》所谓『金环儿，玉耳轻排六个勾』；又清尹湛纳希《泣红亭》第九回道龙玉问着女扮男装的卢君英『如果你是须眉男子，耳朵上为什么扎了六个耳朵眼儿』❶。故宫博物院藏清代后妃像于此都绘得清楚〔图七六〕。又叶梦珠《阅世编》卷八《内装》一节云『其满装耳环，则多用金圈连环贯耳，其数多寡不等，与汉服之环异』。不过叶氏所云是清初情景，以后『连环贯耳』成为通行样式，汉族女子便也作如此插戴❷。广州市博物馆藏一幅仕女图玻璃画，柳眉双弯的俏佳人耳边即挂一对翠连环圈〔图七七〕。

七六

七七

图七六
《崇庆皇太后八旬画像》
故宫博物院藏

图七七
仕女图玻璃画（局部）
广州市博物馆藏

❶ 《泣红亭》（曹都等译），页八九，内蒙古人民出版社一九八一年。

❷ 如《白雪遗音》卷四《玉蜻蜓·戏芳》曰婢女芳兰『金玉双圈在耳上悬』。见《明清民歌时调集》，下册，页八四一。又范寅《越谚》卷中《服饰》所列有『歪环』，曰：『此多玉为之，其环或三连，歪于耳环下。』

图七八
金累丝龙口衔珠耳环
巴林右旗白音尔登苏木荣宪公主墓出土

图七九
金累丝东珠耳环
故宫博物院藏

图八〇
金累丝耳坠
北京崇文区北京市鞋帽公司出土

元明或明以来流行的耳环与耳坠式样，如葫芦、灯笼等等，多为清代所沿用。赤峰市巴林右旗白音尔登苏木荣宪公主墓出土金累丝龙口衔珠耳环一对〔图七八〕，故宫博物院藏金累丝东珠耳环一副三对〔图七九〕，都与明代葫芦耳环式样大体相近。北京崇文区北京市鞋帽公司出土金累丝耳坠，一枚金累丝的风翻荷叶为云题，上面一对慈姑叶（今失其一），荷叶下方三个金环所缀之物失了几样构件❶〔图八〇〕，就所存者看，原初应是三个金镶珠的

七八

七九

八〇

❶《北京出土文物》，图六三四（图版说明作『花果金耳坠』）。

亚腰葫芦，式样正如台北故宫博物院藏银镀金点翠镶珠宝耳坠[1]。故宫博物院藏一对金累丝葫芦耳坠，小金花缀着的葫芦平面造型若剪纸，亚腰之上，做成连枝带叶的一个小葫芦，亚腰之下，则是葫芦藤上结着小葫芦一对〔图八一〕。

出自宁夏平吉堡姚氏墓的金累丝灯笼耳坠〔图八二－一〕，与兰州上西园明肃藩郡王墓出土金累丝镶玉灯笼耳坠〔第九章，图二〇〇〕造型颇为相似，不过彼之灯笼为玉，此则累丝作，因以秀巧而逞

八一

图八一
金累丝葫芦耳坠
故宫博物院藏

八二－一

图八二－一
金累丝灯笼耳坠
宁夏平吉堡姚氏墓出土

[1]《清代服饰展览图录》，图一八五。

风韵。河南鹤壁淇县关庄清孙振仍墓出土金累丝石榴耳坠是宋元已有的样式，这一对做工更接近明式〔图八二一二〕。北京市石景山区出土金累丝亭阁耳坠也是明代已有的样式〔第九章，图一八九一一〕，这一对更加造微入妙：仰覆莲瓣为托座的六角重檐亭阁，卷草纹雕栏，葫芦顶望柱，檐牙高啄处及莲座下端分别挂灯笼，灯笼下边垂着犀角坠〔图八二一三〕。苏州博物馆藏金累丝花篮耳坠，花叶宛折，一篮荣芬出之以累丝，也别有清丽之致〔图八二一四〕。这一类以巧工争胜的制作，或有来自明清，且尤盛于清的微雕艺术的影响。

八二一二

八二一三

八二一四

图八二一二
金累丝石榴耳坠
河南鹤壁淇县关庄清孙振仍墓出土

图八二一三
金累丝亭阁耳坠
北京市石景山区出土

图八二一四
金累丝花篮耳坠
苏州博物馆藏

第四节

手饰、项饰与佩饰

一 手镯、戒指、搬指、指套

宋元以来形成传统的二龙戏珠，也是清代金银手镯的流行样式，只是风格一变。《红楼梦》第四十九回，写湘云、平儿等人烤鹿肉吃，平儿也是个好玩的，『因而退去手上的镯子，三个人围着火，平儿便要先烧三块吃』；『吃毕，洗了一回手。平儿带镯子时，却少了一个，左右前后乱找了一番，踪迹全无』。直到第五十二回中方写出镯子的下落，原来是怡红院的坠儿偷了去。平儿道：『究竟这镯子能多少重，原是二奶奶说的，这叫做「虾须镯」，倒是这颗珠子还罢了。』邓云乡《红楼识小录》考证此所谓『虾须镯』，便是二龙抢珠的样式，『「虾须」是象形的说法，极言其细也。当年最细的竹帘子叫「虾米须帘」，对虾伸出的须又细又长，又有韧性，因以之形容精美的细东西』。稍加补充的话，可以说这里的『虾须』特指累丝之精细。平儿失的这一只虾

图八三—一
二龙抢珠金镯
故宫博物院藏

图八三—二
清《人物图》（局部）
弗利尔美术馆藏

八三—一

须镯，则即金累丝的双龙，龙首相对处含一颗可以活动的大珍珠❶。故宫博物院藏一对二龙抢珠金镯，正同其式，但不是累丝作。金镯内里有『义和』戳记，可知出自民间金店〔图八三—一〕。弗利尔美术馆藏清《人物图》，佳人玉腕所戴，也是如此一对〔图八三—二〕，虽然二龙刻画未精，却是大珠一颗于图中适可见得分明。更有一

八三—二

❶《红楼识小录》，页三六～三八，山西人民出版社一九八四年。

八四

八五—一

八五—二

图八四
九龙衔珠金镯（一对）

图八五—一
金镶伽南香
嵌金珠寿字镯（一对）
故宫博物院藏

图八五—二
金镶藤手镯（一对）
河北博物院藏

对九龙戏珠金镯子，也是清宫旧藏。一颗大珠已教人珍重，此以九龙衔九珠，华贵自是非同寻常〔图八四〕。金镯内里有戳记『聚华足金』❶，它的制作也是民间金店。

清代手镯又有一种流行做法是包镶，如金镶伽南〔图八五—一〕、金镶玳瑁，金镶藤〔图八五—二〕，等等。前节引述妆奁册中物，即有『金镶藤镯成双』❷。又前引《红楼复梦》曰金哥儿『手腕上戴着两双银响镯』，台北故宫博物院藏金累丝点翠嵌珠花响镯一

❶《清宫后妃首饰图典》，图一六一。

❷这种做法流行的时间很长，张爱玲《对照记》『出大陆的派司照』一节还提到『我唯一的金饰是五六岁的时候戴的一副包金小藤镯，有浅色纹路的棕色粗藤上镶着蟠龙蝙蝠』。

图八五—三
金镶珠翠镯
济南市博物馆藏

图八五—四
百子图金手镯
北京海淀区全总干校工地花园村出土

图八六
金累丝手镯
北京密云区董各庄清皇子墓出土

八五—三

八五—四

对，便是这一类❶。金镯中空，内置小珠，玉腕轻晃，则即清脆有声。济南市博物馆藏金镶珠翠镯一对为可调式〔图八五—三〕。清代盛行的百子图，也用于手镯纹饰〔图八五—四〕。金银手镯以累丝作不大常见，北京密云区董各庄清皇子墓出土金累丝手镯，是制作精细的一对。镯身上下缘边填巩丝，中间为花网，每朵花心都以金粟珠点蕊，四个镯头分别做出装饰框，各錾琴棋书画图❷〔图八六〕。以西风东渐之故，

八六

金累丝手镯镯头

❶《清代服饰展览图录》，图二三七。
❷《北京文物精粹大系·金银器卷》，图二三五。

手镯中又添得新式名曰『软镯』❶，如故宫博物院藏金镶珠翠软镯、东珠银扣软镯〔图八七—一～二〕，后者已是西洋样式。同治元年的二龙抢珠金镯一对，镯身做成编链式，或有着暗仿软镯的设计用心〔图八八〕。

八七—一

八七—二

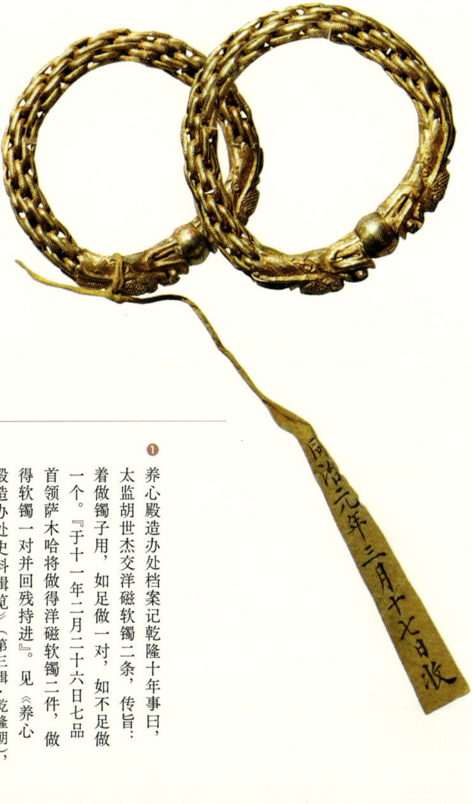

八八

图八七—一
金镶珠翠软镯
图八七—二
东珠银扣软镯
图八八
二龙抢珠金镯（一对）
故宫博物院藏

❶ 养心殿造办处档案记乾隆十年事曰，太监胡世杰交洋磁软镯二条，传旨：着做镯子用，如足做一对，如不足做一个。『于十一年二月二十六日七品首领萨木哈将做得洋磁软镯二件，做得软镯一对并回残持进』。见《养心殿造办处史料辑览》（第三辑·乾隆朝），页五六。

图八九—一
二龙抢珠金戒指

图八九—二
二龙抢珠金戒指
台北故宫博物院藏

图九〇—一
金錾牡丹花嵌珠戒指
故宫博物院藏

图九〇—二
金錾梅花戒指（一对）
首都博物馆藏

图九一—一
金喜字搬指
故宫博物院藏

图九一—二
沉香木镶金寿字搬指
中国人民大学院内出土

二龙抢珠式同样用于戒指[1]，如台北故宫博物院藏细节处理略有不同的几枚[2]〔图八九—一～二〕。戒面錾花也是清代常见的样式，如故宫博物院藏金錾牡丹花嵌珠戒指〔图九〇—一〕、首都博物馆藏金錾梅花戒指〔图九〇—二〕。手饰又有从射箭所用之韘演变而来的搬指〔图九一—一～二〕，通常是男子戴在拇指。

八九—一

八九—二

九〇—一

九〇—二

九一—一

九一—二

[1]《天雨花》第十九回，曰王礼乾将夜来与他幽会的丫环凤楼误会为德贞，因对左维明道：『小婿见她如此，其实薄之，故于临去时，赠一个金戒指与她，嘱她戒戒春心是有的。』维明道：『戒指是如何式样？』答道：『是一个双龙抢珠的式样。』『夫人与大小姐等，将众侍女戒指逐个看过，并无双龙式样，回复左公。左公便指着凤楼对左升妻道：你可搜她裙带上有甚物件。左升妻上前揭她衣服一看，见裙带上系一个小荷包，取出一个赤金戒指，呈上左公，正是双龙之式，当中拱一粒珍珠。』

[2]《清代服饰展览图录》，图三〇一至三〇三。

金银手饰中，最具清代特色的是指套，前引《正音撮要》所列『指甲筒』，即此。《清稗类钞·服饰类》『金指甲』条：『金指甲，妇女施之于指以为饰，欲其指之纤如春葱也。自大指外皆有之。有用银者，古时弹筝所用之银甲也。』此所谓『古时』，当指南北朝时期。《梁书》卷三十九《羊侃传》曰侃性豪侈，善音律，姬妾侍列，中有『弹筝人陆太喜，著鹿角爪长七寸』；又陈后主《听筝诗》句云『调弦系爪雁相连』❶。西安西郊李静训墓曾出土银指甲套。不过金银指套作为手饰而形成风气是在清代，短者五六厘米，长者十三四厘米，以镂空纹饰为常见，万字、福寿、盘长、古禄钱、巧连环、梅、兰、竹、菊，花样繁多，制作工巧〔图九二一—一~二〕。中国国家博物馆藏清金累丝嵌珠宝指甲套一对，各长十厘米，金累丝的连钱纹上嵌兰花，缉米珠为花瓣，各色宝石点蕊，兰叶点翠，是很典型的清代式样〔图九三〕。北京市海淀区博物馆藏一对银指套，套筒水波纹地子上打作水藻间嬉游的鱼、虾、蟹，

九二一—一

九二一—二

图九二一—一
盘长纹金指套
北京海淀区马神庙地区出土

图九二一—二
镂花古禄钱纹金指套
北京市海淀区博物馆藏

❶ 逯钦立《先秦汉魏晋南北朝诗》，下册，页二五二一，中华书局一九八三年。似乎还有更早的例子，北京承平十六年十二月十八日武宣王沮渠蒙逊夫人彭氏随葬衣物疏中列有『□□爪□抱一具□自副』，『故手爪□肆囊自副』，或即指套之属。吐鲁番地区文物保管所《吐鲁番北京武宣王沮渠蒙逊夫人彭氏墓》，页七七，《文物》一九九四年第九期。

图九三
金累丝镶珠宝兰花指套（一对）
中国国家博物馆藏

图九四
荷叶青蛙银指套
北京市海淀区博物馆藏

图九五
杨柳青年画
《弹琵琶仕女》（局部）
中国美术馆藏

近管口处贴焊一枚荷叶，荷叶上面一只似将跃身入水的青蛙，把夏日里的荷塘清景留驻一点在指尖上〔图九四〕。子弟书作者想象中的凤姐儿，便是戴了『赤金洋錾指甲套』❶。《品花宝鉴》第四十九回道赶车的周小三，其三姐『十指尖尖，套了银甲』。杨柳青年画《弹琵琶仕女》图中的美人则十指都戴着金甲〔图九五〕。

九四

九三

九五

❶ 韩小窗《一入荣国府》第二回，《子弟书丛钞》，页八二。

二 项饰

清代通行的项饰，大致有两种，即清高静亭《正音撮要》卷三『首饰』一项列举的『项圈』和『百家锁』，相应的实物，前者，有首都博物馆藏金累丝镶玉二龙戏珠项圈；后者，可以北京市海淀区大柳树地区出土如意卷云纹金锁为例〔图九六—一〕。百家锁又称长命锁、寄名锁，多为男女孩儿所佩，其时银铺里单有『孩儿什作』一项，『锁』即归在这一类❶。长命锁通常挂在项圈下面，如南京博物院藏银镀金点翠长命锁〔图九六—二〕，但也不妨系缀于

❶ 说见晚清待馀生《燕市积弊》，页一二，北京古籍出版社一九九五年。

九六—一

九六—二

图九六—一 如意卷云纹金锁 北京市海淀区大柳树地区出土

图九六—二 银镀金点翠长命锁 南京博物院藏

项链。故宫博物院藏孝全成皇后《璇宫春霭图》绘出项挂金锁的孩儿，一枚金锁便是垂在一挂金链下边，锁面上錾着『长命百岁』四个字（图九七）。《红楼梦》第八回宝玉缠着要看宝钗的金锁，于是宝钗『一面解了排扣，从里面大红袄上将那珠宝晶莹黄金灿烂的璎珞掏将出来』。所谓『里面大红袄』，是外面还穿着『蜜合色棉袄，玫瑰紫二色金银鼠比肩褂』，而这里的『黄金灿烂』，自然是指金锁，『珠宝晶莹』的璎珞，则即系缀金锁的项链。这时候的宝姐姐已非髫龄，项上沉甸甸的一挂金锁不离身，原是为着癞头和尚所赠，『叫天天带着』，而若把它招摇在外，便不合常情，此其一也。其二，金锁配宝玉，原要暗中相合，因此必要系缀于珠宝晶莹的璎珞深藏于内，而不宜系挂在项圈露形迹于外，此正小说细节处理之精微处，也因此可知，宝钗虽挂金锁，却并未佩戴项圈。

九七

图九七
孝全成皇后
《璇宫春霭图》（局部）
故宫博物院藏

图九八—一
金累丝镶玉二龙戏珠项圈
首都博物馆藏

首都博物馆藏金累丝镶玉二龙戏珠项圈❶〔图九八—一〕，形制与样式均类于清代舆服制度中的领约〔图九八—二〕。至于典型的项圈，两端相对处通常分得很开，又或做成一对螭首，下边垂吊坠，前节所引《康熙帝万寿图》左起第二人所戴即其大略〔图六—三〕。故宫宁寿宫花园玉粹轩明间西壁通景画于此更有工细之笔：一个未成年的女孩儿，耳边一对金镶一珠耳坠，手腕是金镯子，脖子上戴了金镶珠宝项圈，项圈相对处的两端各是一个头顶红宝的螭首，下缘一对小金环用珠串挂了一个金镶珠宝的吊坠〔图九九—一〕。《红楼梦》第三回宝玉初出场时的『项上金螭璎珞』，其式样即当与此仿佛。同一回，『一时回来，再看，已换了冠带』，『仍旧带着项圈、宝玉、寄名锁、护身符』❷，那么前番也是带着寄名锁的，一枚宝玉既然是用『一根五色丝绦』系着，则寄名锁便当挂在项圈上，即如同通景画中女孩儿项圈的系吊坠一般。又通景画中大理石围子的罗汉床上一个嬉戏的小儿，脖颈上挂一副金镶宝项牌，下垂璎珞和镶珠嵌宝的吊坠〔图九九—二〕。小儿戴着的项牌，尚是宋代以来的传统样式，故宫博物院藏姚

❶《北京文物精粹大系·金银器卷》图二六五。

❷这里的『项圈、宝玉、寄名锁、护身符』，除『宝玉』之外，其他儿事通常都是未成年的孩儿所佩。如《红楼梦》第十七回元春荣国府归省庆元宵一节，贾妃备下的各色礼物中，『宝钗、黛玉诸姊妹等，每人新书一部，宝砚一方，新样格式金银锞二对。宝玉亦同此。贾兰则是金银项圈二个，金银锞二对』。而此前特别说道『此时贾兰极幼，未达诸事，只不过随母依叔行礼』，可知他人皆无贾兰独有的『金银项圈二个』，是为了他年龄幼小的缘故。

图九八—二
金镶珠宝领约
出自清东陵

图九九—一
玉粹轩通景画（局部一）

图九九—二
玉粹轩通景画（局部二）
故宫博物院藏

九九—一

九九—二

九八—二

文瀚《钟祥衍庆图》中的两个童子也挂着式样相同的项牌，其中一个项牌下缘垂一串璎珞。这里顺便表出通景画中小儿帽子当中的一枚金寿星，前引《正音撮要》的『首饰』一项所列数事，中有『寿星』一事，它也是首饰楼中『孩儿什作』诸般物件的一种。由《红楼梦》中的一处细节可见其用，——第六十二回略述宝玉生日所得礼物，『凤姐儿是一个宫制四面和合荷包，里面装一个金寿星』。

与簪钗、耳环、手镯不同，项圈、项牌并非妇人必备之物。范寅《越谚》卷中『服饰』一项列有『项锁』，曰：『金银为圈，玉牌为锁，系项垂胸，新妇饰也。』出阁后便似乎是依个人喜好偶一佩之。前引《红楼梦》第三回凤姐儿出场时的一幅小像，『头上戴着金丝八宝攒珠髻，绾着朝阳五凤挂珠钗，项上带着赤金盘螭璎珞圈』，此番虚虚实实的描绘之下，该是藏着机锋的。

三　佩饰

（一）事件儿

清代佩饰远较前朝为多，末年尤著。极端者，即如《清稗

一〇〇—一

图一〇〇—一
金三事
西安市长安区郭杜镇新文村出土

类钞·服饰类》『一身佩二十余物』题下所记：『某尚书风仪绝美，妆饰亦趋时。每出，一腰带必缀以槟榔荷包、镜扇、四喜平金诸袋，一钮扣必缀以时表练条、红绿坠、剔牙签诸件，胸藏雪茄纸烟盒及墨水、铅铁各笔，象皮图书、帐簿、手套、金刚钻戒指、羊脂班指、汉玉风藤等镯。统计一身所佩，不下二十余种之多。』不过佩饰的质地多非金银。其中的『剔牙签』，亦即前引妆奁册之『牙挑』，算是比较寻常的一类，也是传统的金银事件，常配以小筒。子弟书《打十湖》头回道一个纨绔子弟的打扮是『小绢子掖腰相配牙签桶』[1]。当然也不妨只是以金银链为系。西安市长安区郭杜镇新文村出土金三事一副[2]，一只镂空的倒挂蝙蝠为云题，三根金链从蝙蝠的嘴边和两个翅膀尖上垂下来，下系耳挖、镊子和剔指〔图一〇〇—一〕。

[1] 北京市民族古籍整理出版规划小组辑校《满族说唱文学：子弟书珍本百种》，页三七七，民族出版社一九九九年。

[2] 西安市文物保护考古所《西安文物精华·金银器》，图二〇三（『金三需』），世界图书出版西安有限公司二〇一二年。

吴中博物馆藏一副金五事，云题是蝙蝠衔磬，磬的两端做成如意头，与蝙蝠旁边的柿子便合作『事事如意』，下缀五事今存其四：竹节柄耳挖一、竹节柄挑牙一、龙首小刀一，又一根金链上拴着翠坠一对〔图一〇〇—二〕。用于系缀剔牙签等诸般物事的『一钮扣』，通常为衣襟上的二钮。《儿女英雄传》第十五回形容邓九公新娶的姨奶奶好一番打扮，道是『胸坎儿上带着一挂茄楠香的十八罗汉香珠儿，又是一挂早桂香的香牌子，又是一挂紫金锭的葫芦儿，又是一挂肉桂香的手串儿，又是一个苏绣的香荷包，又是一挂川椒香荔枝，余外还用线络子络着一瓶儿东洋玫瑰油。这都是邓九公走遍各省给他带来的，这里头还加杂着一副镂金三色儿，一面檀香怀镜儿，都交代在那一个二纽儿上』。这里特别用了揶揄的口吻自不必说，一应琐碎却描写得真切，『都交代在那一个二纽儿上』，又正是交代得明白。金银钮扣原盛于明，是左右相搭的样式，一副两事，多用于女袄的立领，第九章已举出多例。入清，女装

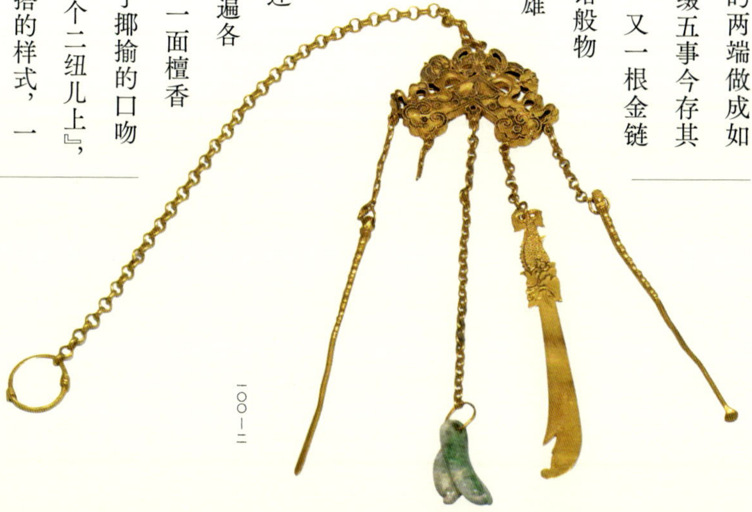

图一〇〇—二
金五事
吴中博物馆藏

图一〇一
镂空小团花金钮扣
北京海淀区巨山农场地区出土

一〇一

或仍存此遗风，如故宫博物院藏『美人绢画十二张』中美人的妆束。清代满族服饰则多以布帛为钮襻，钮扣便制成一丸圆球。北京海淀区巨山农场地区出土镂空小团花金钮扣四枚，是比较有代表性的样式〔图一〇一〕。用来系物的钮扣自然是这样一类。

（二）香囊

前引《儿女英雄传》所谓『苏绣的香荷包』，原也是清代流行的佩饰之一，此自为织绣，男子多系于腰带，女子则或佩系于外罩腋下的钮襻上，即如故宫藏《枚贵妃春贵人行乐图》所绘❶。盛放香料，为荷包的用途之一。《红楼梦》第四十三回曰茗烟对宝玉说道：『我见二爷时常小荷包有散香，何不找一找』，『一句提醒了宝玉，便回手向衣襟上拉出一个荷包来，摸了一摸，竟有两星

❶《清史图典》（十），页二七一。

沉速』；袭人的荷包里也盛着梅花香饼儿（第十九回）。至于香囊，则是古称，《古诗为焦仲卿妻作》已有『红罗复斗帐，四角垂香囊』之句。有实物可见的唐代香囊是内置平衡环的香毬，多是悬于卧中。明清时代之所谓『香囊』，虽名称依旧，所指却不同。它是随身的佩饰，织绣外，更有玉和金银，每以制作工细见长。金银者，通常是以累丝制为镂空的小扁匣，上下有环，系结丝绦。故宫博物院藏金累丝香囊一件，累丝地子上饰以点翠兰花，上下穿系的丝绦各以珊瑚珠和缉米珠为束（图一〇二一—一）。又一件瓜式造型，金累丝的锦地上以点翠勾出瓜棱，中心布置一幅博古图：铜觚，方鼎，玉连环和磬，铜觚里插着孔雀翎（图一〇二一—二）。北京密云董

一〇二一—一

一〇二一—二

图一〇二一—一 金累丝点翠兰花香囊
图一〇二一—二 金累丝博古图香囊
故宫博物院藏

图一〇三
扁壶式金香囊
北京密云冀各庄清皇子墓出土

各庄清皇子墓出土扁壶式金香囊一枚，高七点八、宽七点五厘米，重七十四克。造型取式于穿带式扁壶：下有足，上有细颈小口，器腹开光，两侧分设六个系，而这六个系并非用于穿带，因为下端足底与上方莲花盖钮中央各有小孔可贯穿系佩。按照这时的通常做法，下方会缀流苏，上方往往拴一颗珊瑚珠，果然如此，那么珠子便正好成为盖钮莲花的花心〔图一〇三〕。器内又或贮鲜花，故此类小匣也有花囊之名。

一〇三

一

扁壶式金香囊打开

一〇四一一

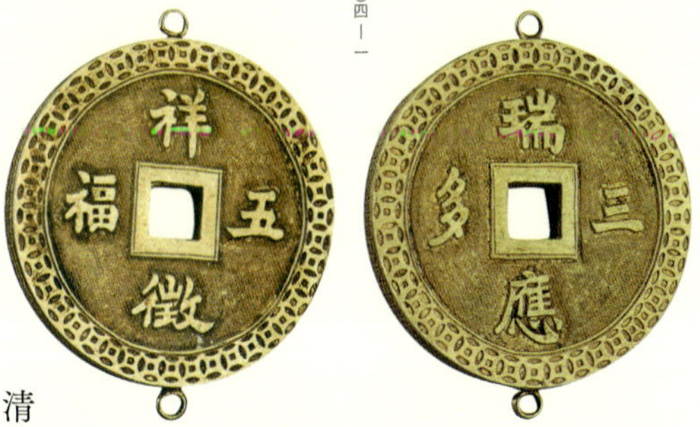

一〇四一二

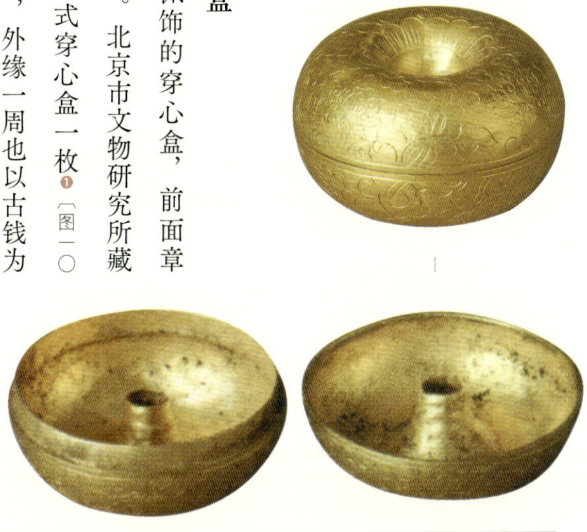

（三）穿心盒

作为佩饰的穿心盒，前面章节已几番涉及。北京市文物研究所藏清代银鎏金古钱式穿心盒一枚❶〔图一〇四一一〕，两面各为吉语，外缘一周也以古钱为饰，钱孔便正好成为『穿心』，上下各有圆环，那么它当如荷包与香囊，即圆环下缀流苏，上为佩系。首都博物馆藏一枚金穿心盒则与明代式样相同❷〔图一〇四一二〕，盒盖为子母口，穿孔处錾刻一周莲花瓣，周身遍錾缠枝西番莲，直径三点五厘米。它的佩系，当宜于中穿丝绦或汗巾罗帕。

图一〇四一一 银鎏金穿心盒 北京市文物研究所藏

图一〇四一二 金錾花穿心盒 首都博物馆藏

❶《北京出土文物》，图六四四（称作『祥徵五福、瑞应三多鎏金钱形圆坠盒』）。穿心盒在清代也或做成摆件，如清宫活计中配以红牙座的白玉穿心盒，见《养心殿造办处史料辑览》（第三辑·乾隆朝），页九一。

❷《北京文物精粹大系·金银器卷》，图二六八。图版说明作『錾莲花纹串铃式金圆盒』。

图一〇五一—一
沉香木镶金珠福寿字十八子
中国国家博物馆藏

（四）十八子

清代佩饰以玉石香木为多，金银每为陪衬。有清代特色的佩饰之一，为十八子，又称作手串、念珠，而念珠原是本名。它和朝珠都是清代服饰中的佩件，不过朝珠是纳入礼制的，自有等级分明的各种规定，轻易越不得规矩。十八子则不然，虽然从来源上说，二者本是同出一源；从式样上说，它是朝珠的俭省和缩略，一般也有佛头、佛头塔，背云、坠角，但它的佩带却可以不受约束，很是随意。

手串的制作以珠翠宝石以及果核香木为主，金银却要恰如其分点缀得好。中国国家博物馆藏沉香木镶金珠福寿字十八子一串，重五十四克，十八个沉香珠以及佛头都是嵌着金珠福字二，缉米珠寿字二，沉香木的背云是金丝、金珠、缉米珠嵌出的蝙蝠捧寿，燕尾须上一对蝙蝠如意云坠脚，也是用沉香木嵌着金丝与金珠〔图一〇五一—一〕。

图一〇五一二
伽南香嵌金寿字十八子
故宫博物院藏

故宫博物院藏伽楠木嵌金珠寿字十八子手串，则全以金珠在佛头和木珠上各嵌团寿字与长寿字，金丝嵌作花叶蝴蝶为背云，燕尾须上一对双鱼坠脚（图一〇五一二）。十八子既名手串，自然是作腕饰，《红楼梦》第十五回，『北静王又将腕上一串念珠卸下来，递与宝玉』，其例也。但它也可以在上端做出一个提系挂在胸前为佩件。张子秋《续都门竹枝词》『沉香手串当胸挂，翡翠珊瑚作佛头』❶，所云即此。张子秋是苏州人，竹枝词作于嘉庆年间。大襟的二钮儿上挂手串，在晚清图像上有不少例子，如清宫后妃的多幅写真。此际它又有多宝串之称，汉族女子也或悬于襟以为饰❷。

一〇五一二

❶ 王利器等《历代竹枝词》，册三，页二〇一七，陕西人民出版社二〇〇三年。又晚清松友梅著《小额》，道小额的一身妆扮是『汤绸大衫儿，夹纱坎肩，二钮儿上挂着伽蓝香的十八子儿』，亦此。

❷ 《清稗类钞·服饰类》『多宝串』条：『多宝串，以杂宝为之，贯以彩丝，妇女所用，悬于襟以为饰。』

（五）斋戒牌

斋戒牌的使用始于明代，乃于祭祀之前安放于斋戒之所。清承明制，而在雍正时期把斋戒牌改作祭祀人员佩在胸前、制作精致的物件，由造办处承做[1]。珐琅、象牙、琥珀、金累丝镶宝，牌子中间『斋戒』二字，一面汉文，一面满文〔图一〇六—一～二〕。

一〇六—一

一〇六—二

图一〇六—一
金累丝镶绿松石花叶拐子龙纹斋戒牌

图一〇六—二
金镶宝喜相逢纹斋戒牌
故宫博物院藏

[1] 许晓东《清代的斋戒牌》，页五五～五八，《收藏家》二〇一〇年第一期。

（六）带饰

革带在明际已无束腰之用，而只是标识等级的装饰品，金银带銙的制作自然十分讲究。入清，带制也随服饰而变，即又用于束腰，带用丝织，带板方圆四枚。入朝之际，系在补褂之内的朝带并不呈露，因此重要性降低，装饰手段便远不及明代的丰富。故宫博物院藏一副丝带，丝带上两枚金镶宝带饰带板与下方的衔环合作梅花一树，七朵大花珍珠为瓣，红宝点蕊，金地打作枝干和小花。两端用作系结的钩与扣也是同样的设计〔图一〇七〕。北京石景山区八大处出土云龙纹金带扣一，云龙纹衔环金带板一，带扣长八点九厘米，重一百五十七点五克，带板长六点六厘米，重一百零九点七克〔图一〇八—一～二〕[1]。带扣括结之处做成一个圆光，下方海水江崖之上一条出水龙，亦即程式化的正龙，龙口之下和四枚朵云原当嵌物。两边拱卫之龙冲波逐浪腾身相向，嵌物亦失。背面两侧各一个镂空古禄钱，实地錾缠枝石榴与缠枝西番莲，桥形扣鼻用于与带固结。带板衔环原为悬缀各样事件，诸如小刀、解锥、荷包、火镰之类，如华冠《周元理小像》〔图一〇九—一〕，

[1] 《北京文物精粹大系·金银器卷》，图二八一。按：造型与纹饰近同的金带具明代已出现，如常州武进都家塘明墓出土的一副，见《常州博物馆五十周年典藏丛书：漆木·金银器》（文物出版社二〇〇八年），页六二。

图一〇七
金镶珠宝带饰
故宫博物院藏

图一〇八—一
云龙纹金带扣

图一〇八—二
云龙纹衔环金带板
北京石景山区八大处出土

一〇七

一〇八—一

一〇八—二

图一〇九一一
《周元理小像》（局部）
南京博物院藏

图一〇九一二
《容若侍卫小相》（局部）
故宫博物院藏

一〇九一一

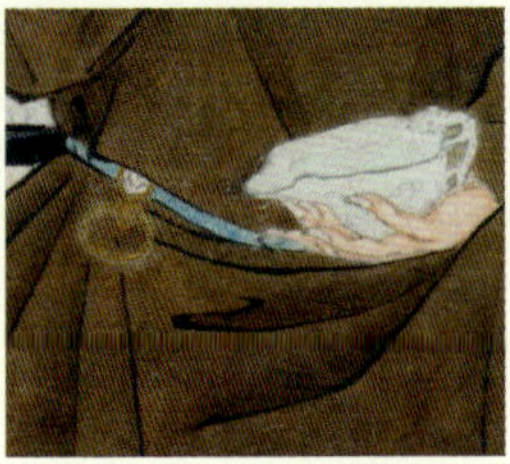

一〇九一二

而家居燕闲则不过装饰而已，如禹之鼎《容若侍卫小相》所绘〔图一〇九一二〕。

清代女装，包括首饰，均有满汉之别，最有满族特色的首饰不必说也是集中在宫廷。明列于典章制度的朝冠、金约、领约、朝珠、彩帨之外，日常所用者，为挽发的扁方，压鬓的簪钗，三钳耳环，系在衣襟上的十八子或曰香串。虽然满汉首饰在长期流行中多有相互间的影响，并且满族女子也常常为各类佩饰赋予汉文化中的传统意象[1]，不过满妆与汉妆究竟判然有别，终有清一代，都是如此。

[1] 如顾太清《南柯子·咏香串效唐人体》：『宝串垂襟软，温香著体柔，青丝贯取意绸缪。只要心心相应，总无愁。／步月难寻梦，临风怕倚楼，江皋玉佩为谁留。又惹一番牵挂，在心头。』金启孮等《顾太清集校笺》，页五七九。按校笺释『香串』曰：『内装香料的佩饰。』不确。

卷五终

附录一

群媛谱

一—一

一—二

一—一 荆门包山楚墓二号墓出土奁盖漆画

一—二 南昌西汉海昏侯墓出土玉饰 战国—西汉

二一一 长沙马王堆一号汉墓出土帛画

二一二 西安汉阳陵遗址出土彩绘陶塑

二一三 西安汉阳陵遗址出土彩绘陶塑

二一一

彩绘陶塑侧面

二一三

二一二

二一四 西安市北郊出土玉舞人

二一五 河南密县打虎亭汉墓石刻 摹本

二一四

二一五

三—一 甘肃张掖高台骆驼城苦水口二号墓出土彩绘砖 魏晋

三—二 南京博物院藏陶塑 东晋

三—二

三—一

三一三

三一四

三一三　南京市西善桥出土陶塑　南齐

三一四　常州浦前戚家村出土画像砖　南朝

三一五

三一六

三一五 西安市咸阳机场出土彩绘陶女乐 十六国时期

三一六 大同北魏司马金龙墓漆画屏风

三一七 敦煌莫高窟第二八五窟北壁供养人像 西魏

三一八

四—一 安阳隋张盛墓出土彩绘陶女乐

四—二 懿德太子墓出土石椁线刻画 摹本

四—三 唐薛儆墓石椁线刻画拓片

四—四 唐薛儆墓石椁线刻画拓片

四—二

四—一

四—三

四—四

四一五　唐武惠妃墓石椁线刻画　摹本

四一六　瑞典斯德哥尔摩国家人种学博物馆藏唐女自画像

四一七　簪花仕女图　局部

四一五

四—七

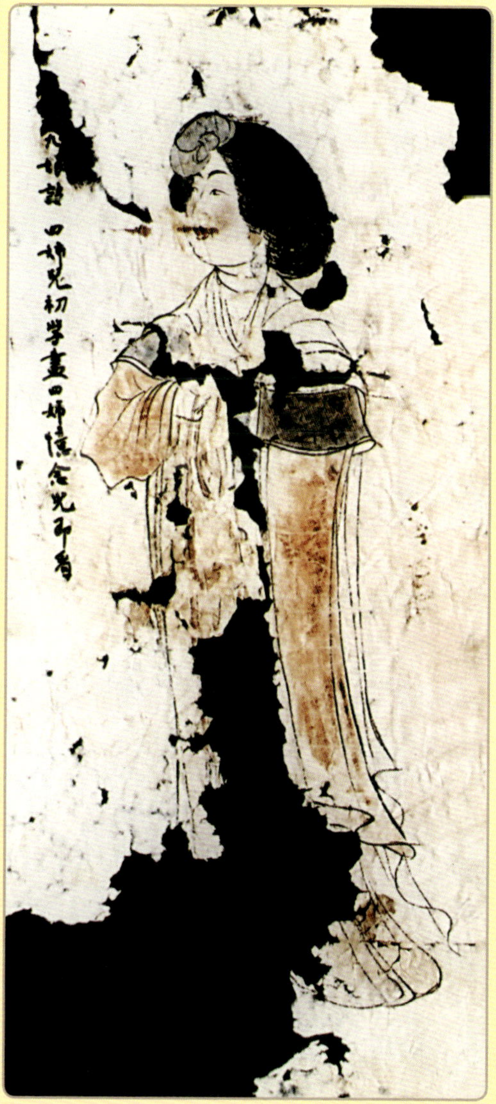

四—六

四—八

四一八 甘肃地区出土星相仕女图 五代

四一九 陕西彬县五代冯晖墓出土彩绘浮雕画像砖

四一九

五—一 赤峰市巴林右旗都希苏木友爱村出土木板画

五—二 内蒙古科尔沁旗宝山辽墓一号墓壁画

五—三 河北蔚县杨庄窠辽墓壁画

五—一

五—二

五—三

六一一 河南登封唐庄宋代壁画墓壁画

六一二 洛阳关林庙宋墓出土雕砖拓片

六一一

六一二

六—三 山西繁峙县下永兴村宋金壁画墓壁画

六—四 山西繁峙县南关村金代壁画墓壁画

六—三

六—四

六—五 山西晋城玉皇庙宋金彩塑

六—六 黑水城出土 阿弥陀佛显圣 局部 西夏

六—七 黑水城出土 普贤菩萨和供养人 局部 西夏

六—八 番骑图 局部

六—六

六—五

六一七

六一八

六—九 赤峰市元宝山沙子梁元墓壁画

六—一〇 山西洪洞广胜寺明应王殿元代壁画

六—一一 山西洪洞广胜寺明应王殿元代壁画

七—一 陈洪绶四世祖夫人容像　局部

七—二 宪宗元宵行乐图

六—九

六—一一

六—一〇

七—一

七—二

七一三 明宝宁寺明代水陆画 堕胎产亡 局部

七一四 吴伟 铁笛图 局部

七一三

七—四

七一五 河南济源明墓墓室壁画

七一六 杜堇 仕女图 局部

七一五

七一六

八一一

八一一 清完颜氏像
八一二 清孝贞后 璇闱日永图

八一二

八—三

八—四

八—三 清蒋重申夫人小像

八—四 春闺倦读图

八—五 闲敲棋子图

八一五

附录二

图片来源总览

导言

图一	郢爰	江苏盱眙南窑庄出土　南京博物院藏	自摄
图二—一	『周五郎记』金牌（宋）	湖北蕲春罗州城遗址窖藏　蕲春县博物馆藏	自摄
图二—二	『晋李四郎金』金牌（宋）	成都金牛区保和公社出土　成都博物馆藏	自摄
图二—三	『天水桥东』金叶子（宋）	杭州博物馆藏	自摄
图三	永乐十四年金锭	湖北钟祥明梁庄王墓出土　湖北省博物馆藏	自摄
图四	五岳真形图金厌胜钱	上海嘉定区明李先芳夫妇墓出土　上海博物馆藏	自摄
图五	『黔宁王遗记』金牌	南京江宁将军山明沐启元墓出土　南京市博物总馆藏	自摄
图六	契丹文『敕宜速』金牌（辽）	沈阳辽中茨榆坨公社出土　河北博物院藏	自摄
图七	金龙（宋）	苏州金庭镇林屋洞出土　苏州博物馆藏	自摄
图八	『永昌大元帅』金印	四川彭州江口古战场遗址出水　四川省文物考古研究院藏	自摄
图九	《金匠作坊》	意大利画家亚历山大·费	采自《七千年珠宝史》页二一
图一〇	金鱼（公元前十五世纪）	柏林博物馆藏	自摄
图一一—一	金簪（公元前七世纪中叶后期）		采自《伊特鲁利亚人的文明》页七三
图一一—二	金耳环（公元前七世纪末～前六世纪初）		采自《伊特鲁利亚人的文明》页一二五
图一二—一	羚羊纹金手镯	阿富汗席巴尔甘二号大月氏墓出土　阿富汗国家博物馆藏	自摄
图一二—二	金镶绿松石对马衔摇叶吊坠	阿富汗席巴尔甘三号大月氏墓出土　阿富汗国家博物馆藏	自摄
图一二—三	金镶绿松石扣饰	阿富汗席巴尔甘四号大月氏墓出土　阿富汗国家博物馆藏	自摄
图一二—四	金镶绿松石剑鞘	阿富汗席巴尔甘四号大月氏墓出土　阿富汗国家博物馆藏	自摄
图一三—一	金手镯	蒙古哈拉和林出土	采自《成吉思汗和他的遗产：蒙古人的世界帝国》页一八一
图一三—二	金手镯的铜坯	蒙古哈拉和林出土	采自《成吉思汗和他的遗产：蒙古人的世界帝国》页一八一
图一四—一	金累丝镶宝蝴蝶饰	山西灵丘曲回寺窖藏	大同市博物馆提供
图一四—二	金累丝镶宝幡胜	上海浦东区元任仁发家族墓地出土　中国国家博物馆藏	自摄
图一五—一	龙凤穿花鬓钗	湖北蕲春横车镇明荆恭王墓出土　蕲春县博物馆藏	自摄

图一五—二　金镶宝蝶赶花银脚簪　江苏江阴青阳邹令人墓出土　江阴博物馆藏　自摄

图一六　金镶宝莲花顶簪　南京江宁将军山明沐斌夫人梅氏墓出土　南京市博物总馆藏　自摄

图一七　金累丝楼阁人物簪　江苏江阴长泾九房巷明墓出土　江阴博物馆藏　自摄

图一八　金累丝葫芦耳环　辽宁兴城钓鱼台镇明綫氏族墓出土　葫芦岛市博物馆藏　自摄

图一九　牡丹双凤减金如意簪　江苏常熟练塘路北大队出土　常熟博物馆藏　自摄

图二〇　银点翠花簪　华盛顿赛克勒博物馆藏　自摄

图二一—一　中国外销画《钻珠》　采自《十九世纪中国市井风情——三百六十行》页三四

图二一—二　中国外销画《点翠花》　采自《十九世纪中国市井风情——三百六十行》页一五七

图二二　『金箔章家瓶』　采自《甘肃省博物馆文物精品图集》页二六五

第一章　先秦

图一　金耳饰　甘肃玉门火烧沟遗址出土　甘肃省文物考古研究所藏　自摄

图二　金耳饰　北京平谷刘家河商墓出土　首都博物馆提供

图三　金耳饰　北京延庆军都山春秋墓地出土　首都博物馆藏　自摄

图四—一　铜耳饰　新疆伊犁尼勒克县汤巴勒萨依墓地出土　新疆文物考古研究所藏　自摄

图四—二　铜耳饰　天津蓟州区张家园墓地出土　天津博物馆藏　自摄

图五　金耳饰　俄罗斯奥伦堡地区库布科塔墓地出土　俄罗斯国家历史博物馆藏　自摄

图六—一　金饰　甘肃玉门火烧沟遗址出土　甘肃省文物考古研究所藏　自摄

图六—二　银饰　甘肃玉门火烧沟遗址出土　甘肃省文物考古研究所藏　自摄

图七—一～二　金挂饰　青海海东市化隆县下半主洼出土　青海省文物考古研究所藏　自摄

图八　金饰　青海大通县上孙家寨卡约文化十四号墓出土　青海省文物考古研究所藏　自摄

图九—一　金贝　青海大通县上孙家寨卡约文化四五五号墓出土　青海省文物考古研究所藏　自摄

图九—二　金饰　青海大通县上孙家寨卡约文化四五五号墓出土　青海省文物考古研究所藏　自摄

图一〇—一　金饰　甘肃临潭陈旗磨沟齐家文化墓地出土　甘肃省文物考古研究所藏　自摄

图一〇—二　金饰　陕西澄城刘家洼遗址出土　陕西省考古研究院藏　自摄

图一一一一	金饰	北京平谷刘家河商墓出土　首都博物馆藏	自摄
图一一一二	金饰	天津蓟县张家园西周墓出土　天津博物馆藏	自摄
图一二	金穿绿松石耳饰	山西石楼县桃花者村出土　山西博物院藏	自摄
图一三	金耳环	山西洪洞双昌出土　山西省考古研究所藏	自摄
图一四一一	金耳饰	山西太谷白燕五号墓出土	山西省考古研究所提供
图一四一二	金耳饰	山西太谷白燕十三号墓出土　山西省考古研究所藏	自摄
图一五	金耳饰	陕西淳化县夕阳乡黑豆咀塬西周墓出土　陕西历史博物馆藏	自摄
图一六	金笄	北京平谷刘家河商墓出土　首都博物馆藏	自摄
图一七	金饰	山西保德县林遮峪出土　山西博物院藏	自摄
图一八	金饰	北京延庆军都山春秋墓地出土　首都博物馆藏	自摄
图一九一一	金饰	北京延庆军都山春秋墓地出土　首都博物馆藏	自摄
图一九一二	金贝	北京延庆军都山春秋墓地出土　首都博物馆藏	自摄
图二〇	金饰片	山西石楼县桃花者村出土　山西博物院藏	自摄
图二一	金饰片	江西靖安李洲坳东周墓出土　江西省博物馆藏	自摄
图二二一一~二	贴覆金箔的金属饰片	湖北宜昌当阳曹家岗五号楚墓出土　宜昌博物馆藏	自摄
图二三一一	鹰首式金韘	陕西韩城梁带村芮桓公墓出土　梁带村芮国遗址博物馆藏	自摄
图二三一二	金镶玉韘	陕西韩城梁带村芮桓公墓出土　梁带村芮国遗址博物馆藏	自摄
图二四	兽首拱形金饰	陕西韩城梁带村芮桓公墓出土　梁带村芮国遗址博物馆藏	自摄
图二五	金腕钏	陕西韩城梁带村芮桓公墓出土　梁带村芮国遗址博物馆藏	自摄
图二六	金牛首衔环	陕西韩城梁带村芮桓公墓出土　梁带村芮国遗址博物馆藏	自摄
图二七	兽面金饰	陕西韩城梁带村芮桓公墓出土　梁带村芮国遗址博物馆藏	自摄
图二八一一	镂空龙纹金饰	陕西韩城梁带村芮桓公墓出土　陕西省考古研究院藏	自摄
图二八一二	金泡	陕西韩城梁带村芮桓公墓出土　梁带村芮国遗址博物馆藏	自摄
图二九一一	金带饰	陕西韩城梁带村芮桓公墓出土　梁带村芮国遗址博物馆藏	自摄
图二九一二	龙纹金环	陕西韩城梁带村芮桓公墓出土　陕西省考古研究院藏	自摄
图二九一三	镂空龙纹金环	陕西韩城梁带村芮桓公墓出土　陕西省考古研究院藏	自摄

图二九—四	龙纹方金环	陕西韩城梁带村芮桓公墓出土　梁带村芮国遗址博物馆藏	自摄
图二九—五	方金环	陕西韩城梁带村芮桓公墓出土　梁带村芮国遗址博物馆藏	自摄
图三〇—一	金镂空剑鞘	陕西韩城梁带村芮桓公墓出土　梁带村芮国遗址博物馆藏	自摄
图三〇—二	玉剑	陕西韩城梁带村芮桓公墓出土　梁带村芮国遗址博物馆藏	自摄
图三一	金肩饰	陕西韩城梁带村芮桓公墓出土　梁带村芮国遗址博物馆藏	自摄
图三二	金披肩（复原）	威尔士莫尔德精灵山地区出土　大英博物馆藏	自摄
图三三	金带饰	河南三门峡虢国墓地虢季墓出土　河南博物院藏	自摄
图三四	金带饰	山西曲沃北赵村晋侯墓地八号墓出土　山西博物院藏	自摄
图三五—一	金牛首衔环	陕西澄城刘家洼遗址出土　陕西省考古研究院藏	自摄
图三五—二	金兽面衔环	陕西澄城刘家洼遗址出土　陕西省考古研究院藏	自摄
图三六—一	权杖金首	陕西澄城刘家洼遗址出土　陕西省考古研究院藏	自摄
图三六—二	金镈	陕西澄城刘家洼遗址出土　陕西省考古研究院藏	自摄
图三六—三	金虎	陕西澄城刘家洼遗址出土　陕西省考古研究院藏	自摄
图三七—一~二	鸷鸟形金饰片	陕西礼县大堡子山遗址出土　中国国家博物馆藏	自摄
图三八	金饰片	陕西礼县大堡子山遗址出土　甘肃省博物馆藏	自摄
图三九	金饰片	陕西礼县大堡子山遗址出土　甘肃省博物馆藏	自摄
图四〇	龙纹金饰	陕西凤翔雍城遗址出土　陕西历史博物馆藏	自摄
图四一—一	兽面金泡	陕西凤翔马家庄出土　陕西省考古研究院藏	自摄
图四一—二	异兽形金饰	陕西凤翔马家庄出土　凤翔县博物馆藏	自摄
图四二	兽面方泡	陕西宝鸡益门二号墓出土　宝鸡市考古研究所藏	自摄
图四三	水禽式金带钩	陕西宝鸡益门二号墓出土　宝鸡市考古研究所藏	自摄
图四四—一	金柄铁剑（局部）	陕西宝鸡益门二号墓出土　宝鸡市考古研究所藏	自摄
图四四—二	金柄铁剑	陕西宝鸡益门二号墓出土　宝鸡市考古研究所藏	自摄
图四五	金柄铜削	陕西凤翔上郭店村出土　凤翔县博物馆藏	自摄
图四六	金剑柄	大英博物馆藏	自摄
图四七	马家塬十四号墓随葬车（复原）	甘肃省文物考古研究所藏	自摄

图四八—一	金龙头（衡末饰）	河北平山战国中山国王墓车马坑出土　河北博物院展陈	自摄
图四八—二	金轭首	河北平山战国中山国王墓车马坑出土　河北博物院展陈	自摄
图四八—三	金轭脚	河北平山战国中山国王墓车马坑出土　河北博物院展陈	自摄
图四九—一	重鍺	河北平山战国中山国王墓出土　河北博物院展陈	自摄
图四九—二	重鍺出土位置		采自《礜墓：战国中山国国王之墓》图版六六
图五〇—一	⿰角皮⿰角西	湖北随州曾侯乙墓出土　湖北省博物馆藏	自摄
图五〇—二	狩猎宴乐图铜盖豆纹饰展开图（局部）		采自河北博物院陈列展板
图五〇—三	狩猎纹铜鉴（局部）	华盛顿弗利尔美术馆藏	自摄
图五一	贴金剑鞘蝉虎纹青铜剑	重庆涪陵小田溪战国墓群出土　重庆市文化遗产研究院藏	自摄
图五二—一	金柄铁剑	河北易县燕下都辛庄头三十号墓出土　河北博物院展陈	自摄
图五二—二	金柄铁剑之柄	河北易县燕下都辛庄头三十号墓出土　河北博物院展陈	自摄（复原示意采自河北博物院陈列展板）
图五二—三	巴泽雷克文化中的格里芬	巴泽雷克墓地出土　艾尔米塔什博物馆藏	自摄
图五三—一～二	熊搏对羊纹金饰	河北易县燕下都辛庄头三十号墓出土　河北博物院展陈	自摄
图五四	牛首对马纹金饰	河北易县燕下都辛庄头三十号墓出土　河北博物院展陈	自摄
图五五	武士头像金饰	河北易县燕下都辛庄头三十号墓出土　河北博物院展陈	自摄
图五六～五七	金饰	河北易县燕下都辛庄头三十号墓出土　河北博物院展陈	自摄
图五八	金耳环	宁夏固原杨郎乡出土　宁夏固原博物馆藏	自摄
图五九	金耳坠	内蒙古准格尔旗西沟畔战国墓出土　鄂尔多斯青铜器博物馆藏	自摄
图六〇	金耳环	新疆哈巴河东塔勒德墓地出土　新疆维吾尔自治区文物考古研究所藏	自摄
图六一	金镶珠宝耳坠	内蒙古杭锦旗阿鲁柴登战国墓出土　内蒙古博物院藏	自摄
图六二	金镶珠宝耳坠	河北易县燕下都辛庄头三十号墓出土　河北博物院展陈	自摄
图六三	金镶珠宝耳坠	甘肃天水张家川马家塬墓地十四号墓出土　甘肃省文物考古研究所藏	自摄
图六四	金镶珠宝耳坠	内蒙古鄂尔多斯碾房渠窖藏　鄂尔多斯青铜器博物馆藏	自摄
图六五	金镶珠宝耳坠	新疆阜康白杨河墓地出土　新疆维吾尔自治区文物考古研究所藏	自摄
图六六—一	金镶绿松石耳坠	山东临淄商王墓地一号墓出土	友人提供

图六六—二	金镶宝耳饰	新疆尼勒克吉林台墓地出土　新疆维吾尔自治区文物考古研究所藏	自摄
图六七	萨尔玛特女祭司墓出土金饰佩戴	哈萨克斯坦 Ostrov Krym 研究所复原	自摄
图六八—一	金镶宝戒指	新疆尼勒克吉林台水库墓地出土　新疆维吾尔自治区文物考古研究所藏	自摄
图六八—二	金耳环	新疆哈巴河东塔勒德墓地出土　新疆维吾尔自治区文物考古研究所藏	自摄
图六九—一	金项饰	甘肃天水张家川马家塬墓地十六号墓出土　甘肃省文物考古研究所藏	自摄
图六九—二	金臂钏	甘肃天水张家川马家塬墓地十六号墓出土　甘肃省文物考古研究所藏	自摄
图七〇—一	羊首纹金饰片	河北易县燕下都辛庄头三十号墓出土　河北博物院藏	自摄
图七〇—二	金饰片	河北易县燕下都辛庄头三十号墓出土　河北博物院藏	自摄
图七一—一	金箔狼	新疆哈巴河东塔勒德墓地出土　新疆维吾尔自治区文物考古研究所藏	自摄
图七一—二	金箔鹿	新疆哈巴河东塔勒德墓地出土　新疆维吾尔自治区文物考古研究所藏	自摄
图七一—三	金箔鹿头	新疆哈巴河东塔勒德墓地出土　新疆维吾尔自治区文物考古研究所藏	自摄
图七一—四	金箔野猪	新疆哈巴河东塔勒德墓地出土　新疆维吾尔自治区文物考古研究所藏	自摄
图七一—五	金箔雪豹	新疆哈巴河东塔勒德墓地出土　新疆维吾尔自治区文物考古研究所藏	自摄
图七二—一	虎纹金牌饰	乌鲁木齐阿拉沟墓地二十号墓出土　新疆维吾尔自治区文物考古研究所藏	自摄
图七二—二~三	对虎纹金饰	乌鲁木齐阿拉沟墓地二十号墓出土　新疆维吾尔自治区文物考古研究所藏	自摄
图七三	虎纹金饰	乌鲁木齐阿拉沟墓地二十号墓出土　新疆维吾尔自治区文物考古研究所藏	自摄
图七四—一	金项圈	内蒙古杭锦旗阿鲁柴登战国墓出土　内蒙古博物院藏	自摄
图七四—二	金珠	内蒙古杭锦旗阿鲁柴登战国墓出土　内蒙古博物院藏	自摄
图七五	金镶宝虎鸟纹牌饰	内蒙古杭锦旗阿鲁柴登战国墓出土　内蒙古博物院藏	自摄
图七六	金饰	内蒙古杭锦旗阿鲁柴登战国墓出土　内蒙古博物院藏	自摄
图七七—一	羊形金饰	内蒙古杭锦旗阿鲁柴登战国墓出土　内蒙古博物院藏	自摄
图七七—二	刺猬形金饰	内蒙古杭锦旗阿鲁柴登战国墓出土　内蒙古博物院藏	自摄
图七八	银虎头饰	内蒙古杭锦旗阿鲁柴登战国墓出土　内蒙古博物院藏	自摄
图七九	金饰	内蒙古杭锦旗阿鲁柴登战国墓出土　内蒙古博物院藏	自摄
图八〇	金饰	新疆吐鲁番交河故城沟西墓地一号墓出土　新疆维吾尔自治区博物馆藏	自摄
图八一	金鹰饰	内蒙古杭锦旗阿鲁柴登战国墓出土　内蒙古博物院藏	自摄

图八二	银项饰	内蒙古鄂尔多斯准格尔旗瓦尔土沟出土　内蒙古博物院藏	自摄
图八三	双龙首包金银带钩	洛阳涧西区中州路战国墓出土　洛阳博物馆藏	自摄
图八四	镶金凤银带钩	河北平山战国中山王墓出土　河北博物院展陈	自摄
图八五—一	银鎏金嵌玉带钩	西安未央区尤家庄出土　西安博物院藏	自摄
图八五—二	银鎏金嵌玉镶琉璃珠带钩	河南辉县战国墓出土　中国国家博物馆藏	自摄
图八六—一~二	金带钩	甘肃天水张家川马家塬墓地十四号墓出土　甘肃省文物考古研究所藏	自摄
图八七	金带钩	甘肃天水张家川马家塬墓地十六号墓出土　甘肃省文物考古研究所藏	自摄
图八八	嵌银贝金带钩	洛阳西工区战国晚期墓出土　洛阳博物馆藏	自摄
图八九—一	包金海贝	山西侯马出土　山西博物院藏	自摄
图八九—二	战国铜人（局部）	波士顿美术馆藏	自摄
图九〇—一	金鸭带钩	湖北宜昌当阳陈场砖瓦厂出土　宜昌博物馆藏	自摄
图九〇—二	水禽式金带钩	湖北随州曾侯乙墓出土　湖北省博物馆藏	自摄
图九一	豹噬野猪纹金带头	内蒙古杭锦旗阿鲁柴登战国墓出土　内蒙古博物院藏	自摄
图九二	四狼噬牛纹金带头	内蒙古杭锦旗阿鲁柴登战国墓出土　中国国家博物馆藏	自摄
图九三	虎豕搏噬纹金带头	内蒙古准格尔旗西沟畔出土　鄂尔多斯青铜器博物馆藏	自摄
图九四	金带头一副	河北易县燕下都辛庄头三十号墓出土　河北省文物研究所藏	自摄
图九五	包金卧羊金带鐍	内蒙古准格尔旗西沟畔出土　鄂尔多斯青铜器博物馆藏	自摄
图九六	虎噬兽纹金带鐍	内蒙古鄂尔多斯市碾房渠村窖藏　鄂尔多斯青铜器博物馆藏	自摄
图九七	虎噬鹿纹金带鐍	鄂尔多斯青铜器博物馆藏	自摄
图九八—一	金面罩	四川广汉三星堆遗址一号祭祀坑出土　四川广汉三星堆博物馆藏	自摄
图九八—二	戴金面具的青铜人像	四川广汉三星堆遗址二号祭祀坑出土　四川广汉三星堆博物馆藏	自摄
图九八—三	戴金面具的辫发青铜人像	四川广汉三星堆遗址二号祭祀坑出土　四川广汉三星堆博物馆藏	自摄
图九九	金面具	成都金沙遗址出土　成都金沙遗址博物馆藏	自摄
图一〇〇	金神面	成都金沙遗址出土　成都金沙遗址博物馆藏	自摄
图一〇一—一	牙璋式金箔	四川广汉三星堆遗址二号祭祀坑出土　四川广汉三星堆博物馆藏	自摄
图一〇一—二	金箔	四川广汉三星堆遗址二号祭祀坑出土　四川广汉三星堆博物馆藏	自摄

图一〇二	金箔虎	四川广汉三星堆遗址一号祭祀坑出土　四川广汉三星堆博物馆藏	自摄
图一〇三	金箔蛙	成都金沙遗址出土　成都金沙遗址博物馆藏	自摄
图一〇四	喇叭形金饰片	成都金沙遗址出土　成都金沙遗址博物馆藏	自摄
图一〇五	人鸟射鱼纹金杖饰	四川广汉三星堆一号祭祀坑出土　四川广汉三星堆博物馆藏	自摄（纹样采自四川广汉三星堆博物馆陈列展板）
图一〇六	人鸟射鱼纹金带	成都金沙遗址出土　成都金沙遗址博物馆藏	自摄
图一〇七—一	金璜	山西翼城西周霸国墓地六〇二二号墓出土　山西省考古研究所藏	自摄
图一〇七—二	『金柄形器』	山西翼城西周霸国墓地一〇一七号墓出土　山西省考古研究所藏	自摄
图一〇八—一	玉璧形金箔	湖北宜昌当阳曹家岗五号墓出土　宜昌博物馆藏	自摄
图一〇八—二	玉琥形金箔	湖北宜昌当阳赵巷十二号墓出土　宜昌博物馆藏	自摄
图一〇九	玉耳金鉶	浙江绍兴三〇六号战国墓出土　浙江省博物馆藏	自摄
图一一〇	银匜	传洛阳金村出土　中国国家博物馆藏	自摄
图一一一—一	金杯	湖北随州曾侯乙墓出土　湖北省博物馆藏	自摄
图一一一—二	金盏与镂空金匕	湖北随州曾侯乙墓出土　湖北省博物馆藏	自摄
图一一二—一~三	银匜	山东临淄商王墓地出土　齐文化博物院藏	自摄
图一一三—一	银勺	山东临淄商王墓地出土　齐文化博物院藏	自摄
图一一三—二	银匕	山东临淄商王墓地出土　齐文化博物院藏	自摄
图一一三—三	镂空银匕	山东临淄商王墓地出土　齐文化博物院藏	自摄
图一一四	金银错嵌铜构件	传洛阳金村出土　白鹤美术馆藏	自摄
图一一五—一	错金铜鉶	山西长治分水岭战国墓一二六号墓出土　中国国家博物馆藏	自摄
图一一五—二	错金银铜鼎	咸阳戚夫人冢出土　咸阳博物院藏	自摄
图一一六	错金银铜辕首	河南淮阳马鞍冢楚墓出土　河南博物院藏	自摄
图一一七—一	错银双翼神兽	河北平山战国中山王墓出土　河北博物院藏	自摄
图一一七—二	金银错虎噬鹿屏座	河北平山战国中山王墓出土　河北博物院藏	自摄
图一一七—三	错金银牛屏座	河北平山战国中山王墓出土　河北博物院藏	自摄
图一一七—四	错金银铜盖斗帽	河北平山战国中山王墓出土　河北博物院藏	自摄
图一一八—一	错金银镶绿松石带钩	甘肃天水张家川马家塬墓地出土　甘肃省文物考古研究所藏	自摄

图一一八—二　错金银嵌金玉铜带钩　河南新郑胡庄墓地出土　摄于『长渠缀珍：南水北调中线工程河南段文物保护成果展』

图一一八—三　错金银嵌金玉铁带钩　河南信阳长台关楚墓出土　中国国家博物馆藏　自摄

图一一九　金银错铁带钩　湖北江陵望山一号楚墓出土　湖北省博物馆藏　自摄

图一二〇—一　金银错铁车饰（车舆后门）　甘肃天水马家塬墓地十四号墓出土　甘肃省文物考古研究所藏　自摄

图一二〇—二　银错铁车饰　甘肃天水马家塬墓地一号墓出土　甘肃省文物考古研究所藏　自摄

图一二〇—三　金错铁车軎　甘肃天水马家塬墓地一号墓出土　甘肃省文物考古研究所藏　自摄

图一二一　金银错铁饰件　甘肃天水马家塬墓地出土　甘肃省文物考古研究所藏　自摄

图一二二　金银错铁矛　甘肃天水马家塬墓地十六号墓出土　甘肃省文物考古研究所藏　自摄

图一二三—一　金银合金虎形饰片　湖北枣阳曾国墓地一号墓出土　湖北省文物考古研究所藏　自摄

图一二三—二　金虎　陕西凤翔周原出土　西安博物院藏　自摄

图一二四　双虎咬斗纹银扣饰　内蒙古伊金霍洛旗石灰沟出土　鄂尔多斯青铜器博物馆藏　自摄

图一二五　三狼三驼纹金饰　河北易县燕下都辛庄头三十号墓出土　河北博物院展陈　自摄

图一二六—一　兽面金饰　甘肃天水张家川马家塬墓地出土　甘肃省文物考古研究所藏　自摄

图一二六—二　金镶绿松石兽面　陕西澄城刘家洼遗址出土　陕西省考古研究院藏　自摄

图一二七—一　车轮金饰　甘肃天水张家川马家塬墓地三号墓出土　甘肃省文物考古研究所藏　自摄

图一二七—二　车轮银饰　甘肃天水张家川马家塬墓地十六号墓出土　甘肃省文物考古研究所藏　自摄

图一二七—三　金饰　甘肃天水张家川马家塬墓地十六号墓出土　甘肃省文物考古研究所藏　自摄

图一二七—四　错银铁泡　甘肃天水张家川马家塬墓地一号墓出土　甘肃省文物考古研究所藏　自摄

图一二八　金镯　出自『阿姆河宝藏』　大英博物馆藏　自摄

图一二九　银胎金片镜背饰　俄罗斯库班地区出土（公元前六五〇～前六二〇年）　艾尔米塔什博物馆藏　自摄（纹样局部采自艾尔米塔什博物馆陈列展板）

图一三〇　金豹饰牌　克列尔梅斯基古墓出土（公元前六世纪早期）　艾尔米塔什博物馆藏　自摄

图一三一　金鹿盾徽　高加索北部出土（约公元前六〇〇年）　艾尔米塔什博物馆藏　自摄

图一三二　金梳子　第聂伯河地区出土（公元前五世纪）　艾尔米塔什博物馆藏　自摄

图一三三—一、一　木雕饰件　巴泽雷克古墓出土　艾尔米塔什博物馆藏　自摄

图一三三—三　饰件　巴泽雷克古墓出土　艾尔米塔什博物馆藏　自摄

图一三四　金鹿饰片　新疆尼勒克吉林台墓地出土　新疆维吾尔自治区考古研究所藏　自摄

图一三五—一	金神兽牌饰	宁夏固原三营乡出土　宁夏固原博物馆藏	自摄
图一三五—二	金神兽牌饰	宁夏固原原州区中河乡征集　宁夏固原博物馆藏	自摄
图一三六—一	格里芬噬虎金饰	甘肃礼县大堡子山遗址出土　甘肃省博物馆藏	自摄
图一三六—二	四鸟纹金饰片	甘肃礼县大堡子山遗址出土　甘肃省博物馆藏	自摄
图一三七	虎噬羊金饰片	甘肃清水县刘坪出土　甘肃省博物馆藏	自摄
图一三八	羊首鸟喙形金饰	河北易县燕下都辛庄头三十号墓出土　河北博物院展陈	自摄
图一三九—一	金虎饰	辽宁凌源三官甸子青铜短剑墓出土　辽宁省博物馆藏	自摄
图一三九—二	金鹿饰	辽宁凌源三官甸子青铜短剑墓出土　辽宁省博物馆藏	自摄
图一四〇	文身图案	巴泽雷克墓葬出土　艾尔米塔什博物馆藏	自摄
图一四一	金带饰	甘肃天水张家川马家塬十六号墓出土　甘肃省文物考古研究所藏	自摄
图一四二	蟠龙金带钩	陕西凤翔县上郭店村出土　凤翔县博物馆藏	自摄
图一四三—一	银虎	陕西神木纳林高兔匈奴墓出土　神木市博物馆藏	自摄
图一四三—二	银鹿	陕西神木纳林高兔匈奴墓出土　神木市博物馆藏	自摄
图一四三—三	金神兽	陕西神木纳林高兔匈奴墓出土　陕西历史博物馆藏	自摄
图一四四—一	双羊纹陶模具	西安北郊北康村战国铸铜工匠墓出土　陕西考古研究院藏	自摄
图一四四—二	神兽纹陶模具	西安北郊北康村战国铸铜工匠墓出土　陕西考古研究院藏	自摄

第二章　两汉魏晋南北朝

图一	裹蹄金	南昌西汉海昏侯墓出土　江西省博物馆藏	自摄
图二	麟趾金	南昌西汉海昏侯墓出土　江西省博物馆藏	自摄
图三—一	金饼	南昌西汉海昏侯墓出土　江西省博物馆藏	自摄
图三—二	金板	南昌西汉海昏侯墓出土　江西省博物馆藏	自摄
图四	错金银铜杠箍	美秀博物馆藏	友人提供
图五—一	错金银铜杠箍纹样展开图		采自《文物》一九七三年第六期
图五—二～一〇	错金银铜杠箍	河北定县第一二二号汉墓出土　河北文物考古研究所藏	自摄

图六	错金银铜当卢（局部）	南昌西汉海昏侯墓出土　江西省博物馆藏	自摄
图七	杠箍图案比较		采自《円筒形馬車金具に表された動物たち》
图八	金当卢	西安秦始皇帝陵园铜车马陪葬坑出土　秦始皇帝陵博物院藏	自摄
图九—一	铜鎏金狩猎纹当卢	河北满城汉墓窦绾墓出土　河北博物院藏	自摄
图九—二	错金银云气纹铜当卢	山东曲阜九龙山鲁王墓出土　山东博物馆藏	自摄
图九—三	嵌宝银马饰	山东曲阜九龙山鲁王墓出土　山东省文物考古研究所藏	自摄
图九—四~五	错金银铜当卢	南昌西汉海昏侯墓出土　江西省博物馆藏	自摄
图一〇—一	银马珂	南昌西汉海昏侯墓出土　江西省博物馆藏	自摄
图一〇—二	鎏金铜马珂	南昌西汉海昏侯墓出土　江西省博物馆藏	自摄
图一〇—三	孔雀纹鎏金铜马珂	云南晋宁石寨山七号墓出土　云南省博物馆藏	自摄
图一〇—四	鎏金铜马珂	武昌莲溪寺吴永安五年校尉彭卢墓出土　湖北省博物馆藏	自摄
图一一	铜鎏金镂空龙纹鞍桥包片	辽宁北票喇嘛洞墓地出土　辽宁省文物考古研究所藏	自摄
图一二—一	铜鎏金镂空凤纹鞍桥包片（前鞍桥）	辽宁北票章吉营子乡西沟村出土　朝阳博物馆藏	自摄
图一二—二	铜鎏金镂空凤纹鞍桥包片（后鞍桥）	辽宁北票章吉营子乡西沟村出土　朝阳博物馆藏	自摄
图一三	铜鎏金镂空龙凤纹箭箙饰	辽宁北票南八家乡喇嘛洞墓地出土　朝阳博物馆藏	自摄
图一四	铜鎏金寄生	辽宁北票喇嘛洞墓地出土　辽宁省文物考古研究所藏	自摄
图一五	金龠青铜戈、金镈	山东淄博市西汉齐王墓五号随葬坑出土　齐文化博物院藏	自摄
图一六—一	错金银弩机	西安未央区范家寨出土　西安博物院藏	自摄
图一六—二	错金银弩机	江苏泗阳大青墩西汉泗水国墓出土　南京博物院藏	自摄
图一七	金神兽刀环	山东青州西辛战国—西汉墓出土	采自《二〇〇四中国重要考古发现》页七八
图一八—一	铜鎏金当卢	山东章丘洛庄汉墓九号陪葬坑出土　济南考古馆藏	自摄
图一八—二	铜鎏金当卢	河南永城芒砀山保安山二号墓出土　河南博物院藏	自摄
图一八—三	铜鎏金当卢	河南永城梁孝王后墓出土　河南博物院藏	自摄
图一九	神兽纹漆盒	安徽巢湖市北山头一号墓出土	采自《巢湖汉墓》页一一三
图二〇—一~三	纯金节约	山东章丘洛庄汉墓九号陪葬坑出土　济南考古馆藏	自摄
图二一—一	小金罩（熊头）	山东章丘洛庄汉墓九号陪葬坑出土　济南考古馆藏	自摄

图二一—二	鎏金小铜罩（鸟喙兽首）	山东章丘洛庄汉墓九号陪葬坑出土　济南考古馆藏	自摄
图二二—一	银盘	广州西汉南越王墓出土　西汉南越王博物馆藏	自摄
图二二—二	银盆	河北获鹿县高庄村西汉墓出土	采自《中国文物精华·一九九二》图一二四
图二三	云气纹银盘	山东淄博临淄区大武乡西汉齐王墓陪葬坑出土　齐文化博物院藏	自摄
图二四	云气纹鎏金铜盆	青海湟中县鲁沙尔镇老幼堡村出土　河湟文化博物馆藏	自摄
图二五—一～二	银釦金银箔贴饰云气纹鸟兽纹漆奁	扬州西湖镇高南组西汉墓出土　扬州博物馆藏	自摄
图二五—三	鸟兽人物金箔	山西朔州朔唯陶瓷有限公司东汉墓出土　朔州博物馆藏	自摄
图二六	金釦蚌壳耳杯	青海西宁南滩砖瓦厂出土　青海省博物馆藏	自摄
图二七	银盒与药丸	广州西汉南越王墓出土　西汉南越王博物馆藏	自摄
图二八	银盒	山东淄博临淄区大武乡西汉齐王墓陪葬器物坑出土　齐文化博物院藏	自摄
图二九	银盒	江苏盱眙大云山江都王刘非墓出土　南京博物院藏	自摄
图三〇	银盒	安徽巢湖北山头一号墓出土　安徽博物院藏	自摄
图三一	银灌药器	河北满城汉墓出土　河北博物院藏	自摄
图三二	银壶	青海大通上孙家寨乙三号卢水胡墓出土　中国国家博物馆藏	自摄
图三三	银壶	新疆伊犁昭苏波马墓地出土　伊犁哈萨克自治州博物馆藏	自摄
图三四—一	徽章植物纹鎏金银碗	山西大同出土　大同市博物馆藏	自摄
图三四—二	人物动物纹银鎏金高足杯	山西大同出土　大同市博物馆藏	自摄
图三四—三	人物葡萄藤纹铜鎏金高足杯	山西大同出土　山西博物院藏	自摄
图三五	银八曲长杯	山西大同南郊出土　大同市博物馆藏	自摄
图三六	铜鎏金嵌宝高足杯	山西大同南郊出土　中国国家博物馆藏	自摄
图三七—一	狩猎纹鎏金银盘	山西大同封和突墓出土　大同市博物馆藏	自摄
图三七—二	希腊罗马神话纹金盘	大同市博物馆藏	自摄
图三八	东罗马酒神纹鎏金银盘	甘肃靖远县北滩乡出土　甘肃省博物馆藏	自摄
图三九	银鎏金胡瓶	宁夏固原南郊北周李贤夫妇墓出土　固原博物馆藏	自摄
图四〇—一	狮纹银盘	新疆焉耆县老城村出土　新疆巴音郭楞蒙古自治州博物馆藏	自摄
图四〇—二	七鸵纹银盘	新疆焉耆县老城村出土　新疆巴音郭楞蒙古自治州博物馆藏	自摄

图四一	波斯萨珊银碗	广东遂溪遂城镇边湾村出土　广东省博物馆藏	自摄
图四二—一	银耳杯	大同市博物馆藏	自摄
图四二—二	酒器	河北赞皇东魏李希宗夫妇墓出土	采自《河北考古重要发现：一九四九至二〇〇九》页二三九
图四三—一	错金银嵌宝熊虎镇	江苏盱眙大云山江都王刘非墓出土　南京博物院藏	自摄
图四三—二	错金银虎镇	江苏盱眙大云山江都王刘非墓出土　南京博物院藏	自摄
图四三—三	错金银豹镇	河北满城汉墓出土　河北博物院藏	自摄
图四四	鎏金走虎嵌海螺铜镇	陕西历史博物馆藏	自摄
图四五	八子铃	北京八宝山西晋华芳墓出土　首都博物馆藏	自摄
图四六—一	银镂雕龙纹铺首	河北满城汉墓出土　河北博物院藏	自摄
图四六—二	龙纹出廓璧	河北满城汉墓出土　河北博物院藏	自摄
图四七	银鎏金力士御神兽铺首	河北满城汉墓出土　河北博物院藏	自摄
图四八	金杈	江苏盱眙县南窑庄出土　南京博物院藏	自摄
图四九	鎏金嵌宝兽形砚盒	徐州市土山汉墓出土　南京博物院藏	自摄
图五〇	鎏金带盖小银鼎	南京仙鹤观东晋六号墓出土　南京市博物总馆藏	自摄
图五一—一	金辟邪	河北定州东汉中山穆王刘畅墓出土　定州博物馆藏	自摄
图五一—二	金天禄	河北定州东汉中山穆王刘畅墓出土　定州博物馆藏	自摄
图五一—三	金龙首	河北定州东汉中山穆王刘畅墓出土　定州博物馆藏	自摄
图五一—四	金羊	河北定州东汉中山穆王刘畅墓出土　定州博物馆藏	自摄
图五二—一	金胜	河北定州东汉中山穆王刘畅墓出土　定州博物馆藏	自摄
图五二—二	金幡	河北定州东汉中山穆王刘畅墓出土　定州博物馆藏	自摄
图五三—一	金钗	安徽马鞍山三国吴朱然墓出土　三国朱然家族墓地博物馆藏	自摄
图五三—二	金钗	湖北鄂城三国吴墓出土　鄂州市博物馆藏	自摄
图五三—三	银钗	湖北鄂城三国吴墓出土　鄂州市博物馆藏	自摄
图五四	金钗	南京江宁区江宁镇上湖窑场出土　江宁博物馆藏	自摄
图五五	银钗	北京通州土桥出土　首都博物馆藏	自摄
图五六—一、二	金钗	南京地区东晋墓出土　南京市博物总馆藏	自摄

图五七	金钗	北京顺义临河出土　首都博物馆藏	自摄
图五八	金钗	贵州平坝马场东晋南朝墓出土　贵州省博物馆藏	自摄
图五九	簪钗出土位置		采自《考古》一九七三年第六期
图六〇	银钗镊	湖北鄂城六朝墓出土　鄂州市博物馆藏	自摄
图六一—一	金同心鸟钗	苏州虎丘路新村土墩三国吴墓出土　苏州市考古研究所藏	自摄
图六一—二	金钗	辽宁朝阳北票喇嘛洞三燕墓地出土　辽宁省博物馆藏	自摄
图六二—一	金簪	南京仙鹤观东晋高崧夫妇墓出土　六朝博物馆藏	自摄
图六二—二	金簪	南京市象山东晋王建之夫妇墓出土	采自《六朝风采》图一四〇
图六二—三	金簪	南京象山七号东晋墓出土　南京市博物总馆藏	自摄
图六三—一	银龙簪簪首	山东邹城郭里镇西晋刘宝墓出土　邹城博物馆藏	自摄
图六三—二	金龙首簪	南京仙鹤观东晋六号墓出土	采自《六朝风采》图一四三
图六四—一	龙首银钗（局部）	镇江丹徒县华山村南朝墓出土	镇江博物馆提供
图六四—二	龙头银钗	镇江丹徒县高资公社南朝墓出土	镇江博物馆提供
图六五	三龙戏珠金钗	苏州虎丘路新村土墩三国吴墓出土　苏州市考古研究所藏	自摄
图六六—一	金龙簪	甘肃张掖高台地埂坡魏晋四号墓出土　高台博物馆藏	自摄
图六六—二	金钏	甘肃张掖高台地埂坡魏晋四号墓出土　高台博物馆藏	自摄
图六六—三	金花	甘肃张掖高台地埂坡魏晋四号墓出土　高台博物馆藏	自摄
图六七	帛画（局部）	长沙马王堆一号西汉墓出土　湖南省博物馆藏	自摄
图六八	步摇花	甘肃凉州红花村出土　甘肃省文物考古研究所藏	自摄
图六九	漆画屏风（局部）	山西大同北魏司马金龙墓出土　山西博物院藏	自摄
图七〇—一	金摇叶	南京光华门外赵士岗东晋墓十号墓出土　南京博物院藏	自摄
图七〇—二	金摇叶	南京郭家山东晋一号墓出土　南京市博物总馆藏	自摄
图七一	金花与摇叶	南京大学北园东晋墓出土　南京大学博物馆藏	自摄
图七二—一	金花	南京郭家山东晋一号墓出土　南京市博物总馆藏	自摄
图七二—二	金花	江苏镇江市畜牧场东晋隆安二年墓出土	镇江博物馆提供
图七二—三	金花与摇叶	杭州富阳区乌龟山东晋十号墓出土　杭州市文物考古研究所藏	自摄

图七三—一	金步摇冠	萨马尔泰女王墓出土	采自《霍赫拉奇墓葬：新切尔卡斯克藏品》
图七三—二	步摇冠复原		采自《霍赫拉奇墓葬：新切尔卡斯克藏品》
图七三—三	步摇冠饰物的插接		采自《霍赫拉奇墓葬：新切尔卡斯克藏品》
图七四—一	金步摇冠	阿富汗席巴尔甘六号大月氏墓出土　阿富汗国家博物馆藏	自摄
图七四—二	金步摇	阿富汗席巴尔甘四号大月氏墓出土　阿富汗国家博物馆藏	自摄
图七五—一～三	金摇叶饰	和田博物馆藏	自摄
图七五—四	金镶宝摇叶耳饰	和田博物馆藏	自摄
图七六	凤鸟形步摇冠饰	通辽科尔沁左翼后旗毛力吐嘎查出土　科尔沁博物馆藏	自摄
图七七—一	马头步摇	包头达茂旗西河子窖藏　内蒙古博物院藏	自摄
图七七—二	马头步摇	包头达茂旗西河子窖藏　中国国家博物馆藏	自摄
图七八—一	牛头步摇	包头达茂旗西河子窖藏　内蒙古博物院藏	自摄
图七八—二	牛头步摇	包头达茂旗西河子窖藏　中国国家博物馆藏	自摄
图七九—一	金步摇	辽宁朝阳十二台砖厂东晋墓出土　朝阳博物馆藏	自摄
图七九—二	金步摇	辽宁朝阳他拉皋镇西团山鲜卑墓出土　朝阳博物馆藏	自摄
图七九—三	金步摇	辽宁北票喇嘛洞七号墓出土　辽宁省博物馆藏	自摄
图七九—四	金步摇	辽宁北票房身村二号墓出土　辽宁省博物馆藏	自摄
图七九—五	金步摇	辽宁朝阳甜草沟二号墓出土　辽宁省文物考古研究所藏	自摄
图八〇—一	金步摇饰件	辽宁北票房身村东晋墓出土　朝阳博物馆藏	自摄
图八〇—二	『带形饰』	吉林集安禹山墓区太王陵出土	采自《集安出土高句丽文物集粹》页一〇四
图八〇—三	新罗时期的步摇冠	韩国庆州校洞出土	采自《国立庆州博物馆》页二九
图八一—一	金步摇冠架	辽宁北票西官营子北燕冯素弗墓出土　辽宁省博物馆藏	自摄
图八一—二	金蝉珰	辽宁北票西官营子北燕冯素弗墓出土　辽宁省博物馆藏	自摄
图八二	金步摇饰件	辽宁朝阳县十二台砖厂东晋墓出土　朝阳博物馆藏	自摄
图八三	玉胜	武氏祠画像石的祥瑞图	采自《金石索》
图八四—一	金叠胜	江苏邗江甘泉镇二号汉墓出土　南京博物院藏	自摄
图八四—二	金叠胜	南京雨花台区冯苇村后头山出土　南京市考古研究院藏	自摄

图八五	织机上的胜	江苏泗洪出土东汉画像石　南京博物院藏	自摄
图八六—一	西王母图局部	河南偃师高龙乡辛村西南汉墓出土　洛阳古代艺术博物馆藏	自摄
图八六—二	西王母画像石（拓片）	成都市新都区新龙乡出土　四川博物院藏	自摄
图八七—一	河南邓县南朝画像砖墓券门壁画（摹本）		采自《中国出土壁画全集·五》图九九
图八七—二	胜杖式金片	辽宁北票西关营子北燕冯素弗墓出土　辽宁省博物馆藏	自摄
图八七—三	兽面衔胜杖金饰	南京江宁上峰新区张府仓村出土　南京市博物总馆藏	自摄
图八八—一	金华胜	河南卫辉大司马墓地西晋墓出土	采自《文物》二〇〇九年第一期
图八八—二	金华胜	南京郭家山东晋一号墓出土　南京市博物总馆藏	自摄
图八九—一	柿蒂八凤纹铜镜（拓片局部）		采自《马鞍山文物聚珍》页六一
图八九—二	对凤衔胜金饰	南京仙鹤观东晋高崧墓出土　南京市博物总馆藏	自摄
图八九—三	对凤衔胜金饰	南京雨花台区冯苇村后头山出土　南京市考古研究院藏	自摄
图八九—四	对凤衔胜金饰	南京栖霞山甘家巷化肥厂工地二四号墓出土　南京博物院藏	自摄
图九〇—一	对凤衔胜金饰	镇江市阳彭山砖瓦厂东晋墓出土	镇江博物馆提供
图九〇—二	对凤衔胜金饰	镇江市李家大山六号东晋墓出土	镇江博物馆提供
图九〇—三	对凤衔胜金饰	杭州富阳区乌龟山东晋十号墓出土　杭州市文物考古研究所藏	自摄
图九一	双鱼衔胜金饰	江宁博物馆藏	自摄
图九二—一	铜错银镂空博茕	山东淄博临淄区大武乡西汉齐王墓陪葬坑出土　齐文化博物院藏	自摄
图九二—二	金珠	长沙五里牌东汉墓出土　湖南省博物馆藏	自摄
图九二—三	金珠	广西合浦九只岭出土　广西壮族自治区博物馆藏	自摄
图九二—四	水晶玛瑙金珠串	广州先烈路龙生岗汉墓出土　广州博物馆藏	自摄
图九二—五	水晶玛瑙金珠串	扬州西湖镇万科金色梦想工地出土　扬州市文物考古研究所藏	自摄
图九三	影塑（摹本）	洛阳永宁寺遗址出土	采自《北魏洛阳永宁寺》页五七
图九四	羊首纹金饰片及缨罩式金片	河北满城汉墓出土　河北博物院藏	自摄
图九五	金蝉珰	甘肃张掖高台地梗坡魏晋四号墓出土　高台博物馆藏	自摄
图九六—一	金蝉珰	南京大学北园东晋墓出土　南京大学博物馆藏	自摄
图九六—二	金蝉珰	南京仙鹤观东晋高悝夫妇墓出土　六朝博物馆藏	自摄

图九六—三	包金箔铜蝉珰	山东临沂洗砚池晋墓一号墓出土	自摄
图九七	金蝉珰	南京江宁上峰新区张府仓村出土　江宁博物馆藏	自摄
图九八	金蝉珰	北京顺义临河出土　首都博物馆藏	自摄
图九九	菩萨像（局部）	山东博兴县张官村出土　山东博物馆藏	自摄
图一〇〇	摇叶金珰	辽宁北票西官营子北燕冯素弗墓出土　辽宁省博物馆藏	自摄
图一〇一	对鸟纹金珰	江宁博物馆藏	自摄
图一〇二—一	羽人御龙金珰	南京大学北园东晋墓出土　南京大学博物馆藏	自摄
图一〇二—二	羽人御龙金珰	湖北鄂城东晋墓出土　鄂州市博物馆藏	自摄
图一〇二—三	羽人御龙金珰	苏州吴中区甪直镇张陵山张镇墓出土　南京博物院藏	自摄
图一〇二—四	『安乐绣文大宜子孙』锦（局部）	新疆民丰尼雅出土	采自《丝绸之路沙漠王子遗宝展》页三一
图一〇三—一	琉璃耳珰	辽宁辽阳汉墓出土　辽阳博物馆藏	自摄
图一〇三—二	玛瑙耳珰（东汉）	杭州萧山区菊花山四十三号墓出土　杭州市文物考古研究所藏	自摄
图一〇三—三	玛瑙耳珰（新莽）	杭州临安区潘山墓葬出土　杭州市文物考古研究所藏	自摄
图一〇四	东汉陶舞俑（局部）	成都六一一所东汉墓出土　成都博物馆藏	自摄
图一〇五	金耳珰	长沙五里牌东汉墓出土　湖南省博物馆藏	自摄
图一〇六	金纽丝穿玉石耳饰	辽宁西丰西岔沟墓地出土　辽宁省文物考古研究所藏	自摄
图一〇七	金摇叶耳坠	辽宁锦州义县保安寺出土　辽宁省博物馆藏	自摄
图一〇八	金摇叶耳坠	辽宁朝阳北票喇嘛洞墓地出土　辽宁省博物馆藏	自摄
图一〇九	金珠摇叶垂链耳坠	山西大同交通苑北魏墓群出土　大同博物馆藏	自摄
图一一〇	金镶宝耳饰	山西大同恒安街北魏墓出土　大同博物馆藏	自摄
图一一一—一	金嵌宝耳环	宁夏固原三营镇化平村北魏墓出土　固原博物馆藏	自摄
图一一一—二	金镶宝耳环	大同博物馆藏	自摄
图一一二	金镶珍珠耳环	西安未央区北周史君夫妇墓出土　西安市文物保护考古研究院藏	自摄
图一一三	陶俑	成都市郫县宋家林出土　四川博物院藏	自摄
图一一四—一	金指环	长沙仰天湖贺龙体育馆十一号晋墓出土　长沙市博物馆藏	自摄
图一一四—二	金指环	南京江宁上坊三国吴墓出土　南京市博物总馆藏	自摄

图二一五	金佛像戒指	南昌火车站东晋六号墓出土	采自《文物》二〇〇一年第二期
图二一六	金戒指	长沙第六中学出土　湖南省博物馆藏	自摄
图二一七	镶金刚石戒指	南京象山七号墓出土　南京市博物总馆藏	自摄
图二一八	金镶宝戒指	辽宁北票房身村二号墓出土　辽宁省博物馆藏	自摄
图二一九—一	立羊纹戒指	呼和浩特美岱北魏墓出土　内蒙古博物院藏	自摄
图二一九—二	卧羊纹戒指	呼和浩特讨速养乡出土　内蒙古博物院藏	自摄
图二二〇—一	金镶青金石戒指	宁夏固原北周李贤夫妇墓出土　固原博物馆藏	自摄
图二二〇—二	萨珊银鎏金壶（局部）	卢浮宫藏	自摄
图二二一—一	金钏	成都东风灌溉渠东汉墓出土　四川博物院藏	自摄
图二二一—二	金钏	辽宁辽阳玉皇庙出土　辽阳博物馆藏	自摄
图二二一—三	金钏	浙江绍兴漓渚出土　浙江省博物馆藏	自摄
图二二二—一	金钏	湖北鄂州市西山铁矿一〇五号墓出土　鄂州市博物馆藏	自摄
图二二二—二	金钏	南京梅家山出土　南京博物院藏	自摄
图二二二—三	金钏	南京江宁区江宁镇上湖窑场出土　江宁博物馆藏	自摄
图二二三—一	金钏	长沙市省邮电器材公司出土　长沙市博物馆藏	自摄
图二二三—二	金钏	长沙仰天湖贺龙体育场十一号墓出土　长沙市博物馆藏	自摄
图二二四	银钏	山西大同交通苑北魏墓群出土　大同博物馆藏	自摄
图二二五—一	金钏	南京雨花门大树城出土　南京市博物总馆藏	自摄
图二二五—二	银钏	贵州平坝马场南朝墓出土	贵州省博物馆提供
图二二六—一	金錾花项饰	辽宁朝阳柳城镇十二台砖厂出土　朝阳博物馆藏	自摄
图二二六—二	金錾花镶玉石项饰	辽宁北票房身村出土　辽宁省博物馆藏	自摄
图二二七—一	金项饰	内蒙古乌兰察布化德陈武沟墓地出土　内蒙古博物院藏	自摄
图二二七—二	金项饰	呼和浩特市土默特左旗毕克齐镇水磨沟出土　内蒙古文物考古研究所藏	自摄
图二二八	五兵佩	包头达茂旗西河子出土　内蒙古博物院藏	自摄
图二二九—一	『宜子孙』金佩件	合肥西郊乌龟墩汉墓出土　安徽博物院藏	自摄
图二二九—二	『宜子』金灶	江苏邗江甘泉镇二号汉墓出土　南京博物院藏	自摄

图一二九—三	『日利』金灶	西安市未央区卢家口村出土　西安市文物保护考古研究院藏	自摄
图一三〇	佩饰	扬州市郊西湖胡场西汉十四号墓出土　扬州博物馆藏	自摄
图一三一	金佩饰	湖北鄂州三国吴墓出土　鄂州市博物馆藏	自摄
图一三二	金佩饰	长沙仰天湖贺龙体育馆十一号晋墓出土　长沙市博物馆藏	自摄
图一三三—一~二	金佩饰	南京仙鹤观东晋高悝夫妇墓出土　南京市博物总馆藏	自摄
图一三四	金佩饰	南京郭家山东晋温峤墓出土　南京市博物总馆藏	自摄
图一三五	金虎形饰件	镇江市阳彭山砖瓦厂东晋墓出土	镇江博物馆提供
图一三六	金带钩	江苏涟水三里墩西汉墓出土　南京博物院藏	自摄
图一三七	玉龙金钩	广州南越王墓出土　西汉南越王博物馆藏	自摄
图一三八	银带钩	江苏盱眙大云山江都王刘非墓出土	采自《长毋相忘：读盱眙大云山江都王陵》页三四九
图一三九	西汉水禽形金钩	江苏徐州北洞山楚王墓出土　徐州博物馆藏	自摄
图一四〇—一	金带头	徐州狮子山西汉楚王墓出土　徐州博物馆藏	自摄
图一四〇—二	金扣嵌贝带复原示意图		采自《古彭遗珍》页二七七
图一四〇—三	鎏金银带头	东京国立博物馆藏	自摄
图一四一	金带头	江苏盱眙大云山江都王刘非墓出土　南京博物院藏	自摄
图一四二—一	鎏金镶玉玉贝带	江苏盱眙大云山江都王刘非墓出土　南京博物院藏	自摄
图一四二—二	鎏金镶玉玛瑙贝带	江苏盱眙大云山江都王刘非墓出土　南京博物院藏	自摄
图一四三—一	银带扣	云南晋宁石寨山七号墓出土　云南省博物馆藏	自摄
图一四三—二	金带扣	昆明官渡羊甫头采集	采自《云南文明之光：滇王国文物精品集》页一六九
图一四四	八龙金带扣	新疆焉耆博格达沁古城黑疙瘩墓地出土　新疆维吾尔自治区博物馆藏	自摄
图一四五	雕龙玉带扣	洛阳瀍河区汉墓出土　洛阳博物馆藏	自摄
图一四六	龙纹金带扣	安徽寿县寿春城汉墓出土	安徽省文物鉴定站提供
图一四七	龙纹金带扣	天水博物馆藏	自摄
图一四八	龙纹金带扣	朝鲜平壤石岩里九号乐浪墓出土	采自町田章《古代東アジアの装飾墓》卷前彩版三
图一四九—一	龙纹金带扣	湖南安乡黄山镇西晋刘弘墓出土　湖南省博物馆藏	自摄
图一四九—二	『庚午』玉带扣	上海博物馆藏	自摄

图一五〇　鎏金飞马纹带扣　内蒙古呼伦贝尔市扎赉诺尔鲜卑墓出土　内蒙古博物院藏　自摄

图一五一　铁芯包金嵌宝野猪纹带饰　呼和浩特和林格尔县三道营乡另皮窑出土　内蒙古博物院藏　自摄

图一五二　铁芯包金神兽纹带饰　呼和浩特土默特左旗讨合气出土　内蒙古博物院藏　自摄

图一五三　铜鎏金鞊鞢带带具（局部）　辽宁北票喇嘛洞二七五号墓出土　辽宁省博物馆藏　自摄

图一五四　铜鎏金鞊鞢带带具（局部）　辽宁北票喇嘛洞一九六号墓出土　辽宁省博物馆藏　自摄

图一五五　带具　日本京都府谷冢古坟出土　采自町田章《古代東アジアの装飾墓·古代带金具考》页五四

图一五六　铜鎏金鞊鞢带带具　山西大同交通苑北魏墓群出土　大同市博物馆藏　自摄

图一五七　双驼纹金牌饰　西安市北郊龙首村出土　陕西历史博物馆藏　自摄

图一五八　狼噬牛金牌饰　青海海北州祁连县出土　青海省博物馆藏　自摄

图一五九　金镶玛瑙绿松石牌饰　西安雁塔区马腾空十五号汉墓出土　陕西考古研究院藏　自摄

图一六〇—一　双鹿纹金牌饰　辽宁北票喇嘛洞鲜卑贵族墓地出土　辽宁省文物考古研究所藏　自摄

图一六〇—二　三鹿纹金牌饰　辽宁锦州义县保安寺石椁墓出土　辽宁省博物馆藏　自摄

图一六〇—三　三鹿纹金牌饰　锦州北郊董家沟出土　锦州博物馆藏　自摄

图一六〇—四　三鹿纹金牌饰　内蒙古乌兰察布市察右后旗井滩村出土　内蒙古博物院藏　自摄

图一六一　鹿纹陶范　辽宁朝阳柳城镇袁台子村遗址出土　辽宁省博物馆藏　自摄

图一六二　四兽纹金饰　内蒙古凉城县小坝子滩金银器窖藏　内蒙古博物院藏　自摄（铭文摄于内蒙古博物院展厅）

图一六三　四鸟纹金饰　内蒙古凉城县小坝子滩金银器窖藏　内蒙古博物院藏　自摄

图一六四　虎噬鹿金饰　内蒙古凉城县小坝子滩金银器窖藏　内蒙古博物院藏　自摄

图一六五　嵌宝小金熊　内蒙古凉城县小坝子滩金银器窖藏　内蒙古博物院藏　自摄

图一六六—一　瑞兽纹金饰牌　内蒙古通辽市科尔沁左翼中旗六家子墓出土　内蒙古博物院藏　自摄

图一六六—二　马纹金挂饰　内蒙古通辽市科尔沁左翼中旗六家子墓出土　内蒙古博物院藏　自摄

图一六七　人面纹金饰　内蒙古通辽市科尔沁左翼中旗腰里毛都苏木北哈拉图达嘎查出土　内蒙古博物院藏　自摄

图一六八—一　力士搏兽金饰　内蒙古通辽市科尔沁左翼中旗腰里毛都苏木北哈拉图达嘎查出土　内蒙古博物院藏　自摄

图一六八—二　金饰　阿富汗北部席巴尔甘大月氏墓出土　阿富汗国家博物馆藏　自摄

图一六八—三　金饰　希腊东南沿岸埃伊纳岛出土　大英博物馆藏　自摄

图一六九　『滇王之印』金印　云南晋宁石寨山六号墓出土　中国国家博物馆藏　自摄

图一七〇—一　剑鞘金饰　云南晋宁石寨山六号墓出土　云南省博物馆藏　自摄
图一七〇—二　剑鞘金饰　云南晋宁石寨山四号墓出土　云南省博物馆藏　自摄
图一七〇—三　剑鞘金饰　云南江川李家山出土　云南李家山青铜器博物馆藏　自摄
图一七一　青铜四牛鎏金骑士贮贝器（局部）　云南晋宁石寨山十号墓出土　云南省博物馆藏　自摄
图一七二　剑鞘金饰　云南晋宁石寨山六号墓出土　云南省博物馆藏　自摄
图一七三—一　剑鞘金饰　云南江川李家山出土　云南李家山青铜器博物馆藏　自摄
图一七三—二　持伞铜俑　云南晋宁石寨山出土　昆明市博物馆藏　自摄
图一七三—三　金腰带　云南江川李家山出土　云南李家山青铜器博物馆藏　自摄
图一七四　金饰片　云南江川李家山出土　云南李家山青铜器博物馆藏　自摄
图一七五—一　金簪　云南江川李家山出土　云南李家山青铜器博物馆藏　自摄
图一七五—二　金钏　云南江川李家山出土　云南李家山青铜器博物馆藏　自摄
图一七六　金臂甲　云南晋宁石寨山十三号墓出土　云南省博物馆藏　自摄
图一七七　金珠　云南晋宁石寨山十八号墓出土　云南省博物馆藏　自摄
图一七八　金面具　西藏阿里地区噶尔县故如甲木墓地出土　西藏阿里地区札达县文化局藏　自摄
图一七九　金面具　西藏阿里地区札达县曲踏墓地出土　西藏阿里地区噶尔县古如江寺藏　自摄
图一八〇　马纹金牌饰　西藏山南浪卡子查加沟古墓出土　西藏山南市博物馆藏　自摄
图一八一　金片饰和小金管　西藏山南浪卡子查加沟古墓出土　西藏山南市博物馆藏　自摄
图一八二　金镶绿松石耳环　新疆吐鲁番交河故城西一号墓地出土　新疆维吾尔自治区博物馆藏　自摄
图一八三　金镶宝戒指　新疆昭苏县夏台墓地出土　新疆维吾尔自治区博物馆藏　自摄
图一八四　金骆驼饰片　新疆吐鲁番交河故城沟北一号台地出土　新疆维吾尔自治区博物馆藏　自摄
图一八五　金鹰饰　新疆乌苏四棵树墓地出土　新疆维吾尔自治区文物考古研究所藏　自摄
图一八六　双兽纹金饰　新疆乌苏四棵树墓地出土　新疆维吾尔自治区文物考古研究所藏　自摄
图一八七　金牦牛饰件　新疆乌苏四棵树墓地出土　新疆维吾尔自治区文物考古研究所藏　自摄
图一八八—一　怪兽噬虎纹金牌饰　新疆吐鲁番交河故城沟北墓地出土　新疆维吾尔自治区文物考古研究所藏　自摄
图一八八—二　毯子绣边纹样　蒙古诺彦乌拉六号墓出土　艾尔米塔什博物馆藏　自摄
图一八九　金镶宝盖罐　新疆伊犁昭苏波马古墓出土　伊犁哈萨克自治州博物馆藏　自摄

第三章　隋唐五代器皿

图六—二	『高骈进』金花银酒海（内底心）	山西繁峙县金山铺乡上浪涧村窖藏　山西博物院藏	自摄
图六—三	越窑青瓷摩竭酒船	杭州吴山广场地铁建设工地出土　杭州市文物考古研究所藏	自摄
图七	金箧簏	席巴尔甘大月氏贵族墓地四号墓出土　阿富汗国家博物馆藏	自摄
图八—一	粟特银碗	弗利尔美术馆藏	自摄
图八—二	鹿纹银碗	西安沙坡村出土　中国国家博物馆藏	自摄
图八—三	金花银碗	白鹤美术馆藏	自摄
图九	银盐台的荷叶盖	陕西扶风法门寺地宫出土　法门寺博物馆藏	自摄
图一〇—一	鸳鸯莲瓣纹金碗（内底心）	西安南郊何家村窖藏　陕西历史博物馆藏	自摄
图一〇—二	卧鹿纹金花银盘（盘心）	内蒙古赤峰喀喇沁旗哈达沟窖藏　内蒙古博物院藏	自摄
图一〇—三	银金花大盆（局部）	陕西扶风法门寺地宫出土　法门寺博物馆藏	自摄
图一〇—四	莲花鸳鸯纹金花银碗（碗内壁）	长沙中南工业大学桃花岭唐墓出土　长沙市博物馆藏	自摄
图一〇—五	金花银碗（内底心）	大同市博物馆藏	自摄
图一一	狻猊纹银盘	赤峰敖汉旗李家营子出土　内蒙古博物院藏	自摄
图一二—一	金花银凤纹盘	西安南郊何家村窖藏　陕西历史博物馆藏	自摄
图一二—二	金花银熊纹盘	西安南郊何家村窖藏　陕西历史博物馆藏	自摄
图一二—三	金花银龟纹盘	西安南郊何家村窖藏　陕西历史博物馆藏	自摄
图一二—四	金花银狐狸纹盘	西安南郊何家村窖藏　陕西历史博物馆藏	自摄
图一二—五	金花银『万岁』纹盘	西安南郊何家村窖藏　陕西历史博物馆藏	自摄
图一三—一	『大魏兴和二年造』空心砖	太原晋阳古城出土	采自《考古的故事：山西『十二五』考古成果展》页一八三
图一三—二	『千秋』『万岁』彩绘模印砖	河南邓县学庄村南朝墓出土　中国国家博物馆藏	自摄
图一三—三	『万岁之鸟』画像砖	常州浦前戚家村南朝墓出土　常州博物馆藏	自摄
图一三—四	粟特胡瓶	艾尔米塔什博物馆藏	自摄
图一四—一	唐祥瑞生肖镜		采自《许之昌：许昌历史文化陈列》页二三五
图一四—二	四曲花口荷叶双鱼纹金花银酒船（内底心）	陕西耀县柳林背阴村出土　陕西历史博物馆藏	自摄
图一五—一	四曲花口金盘	印尼勿里洞黑石号沉船出水　新加坡亚洲艺术博物馆藏	自摄
图一五—二	金委角方盘	印尼勿里洞黑石号沉船出水　新加坡亚洲艺术博物馆藏	自摄

图一六—一	银鎏金香宝子（局部）	陕西扶风法门寺地宫出土 法门寺博物馆藏	自摄
图一六—二	银鎏金菱花口长盘	大英博物馆藏	自摄
图一七—一	毬路鸿雁纹金花银笼子（局部）	陕西扶风法门寺地宫出土 法门寺博物馆藏	自摄
图一七—二	捧真身菩萨（莲座下方局部）	陕西扶风法门寺地宫出土 法门寺博物馆藏	自摄
图一七—三	银鎏金伎乐图香宝子	陕西扶风法门寺地宫出土 法门寺博物馆藏	自摄
图一七—四	银金花茶罗子（局部）	陕西扶风法门寺地宫出土 法门寺博物馆藏	自摄
图一八—一	金花银大盘（盘心）	内蒙古赤峰喀喇沁旗哈达沟窖藏 内蒙古博物院藏	自摄
图一八—二	银鎏金大盆（盆心）	白鹤美术馆藏	自摄
图一九	『李勉奉进』双鲤纹金花银盘	西安西北工业大学基建工地出土 西安博物院藏	自摄
图二〇—一	银金花大盘口沿纹样	内蒙古赤峰喀喇沁旗哈达沟窖藏 内蒙古博物院藏	自摄
图二〇—二	『高骈进』金花银酒海（局部）	山西繁峙县金山铺乡上浪涧村窖藏 山西博物院藏	自摄
图二〇—三	金花银盖	陕西耀县柳林背阴村出土 陕西历史博物馆藏	自摄
图二一	金高足杯	西安隋李静训墓出土 中国国家博物馆藏	自摄
图二二	金花银碗	定州静志寺塔基地宫出土 定州博物馆藏	自摄
图二三—一	银胡瓶	河北宽城大野鸡峪出土 河北博物院藏	自摄
图二三—二	银高足杯	西安沙坡村出土 中国国家博物馆藏	自摄
图二三—三	银环柄单耳杯	西安沙坡村出土 中国国家博物馆藏	自摄
图二三—四	银胡瓶	内蒙古赤峰敖汉旗李家营子出土 内蒙古博物院藏	自摄
图二四	金花银海兽水波纹碗	西安南郊何家村窖藏 陕西历史博物馆藏	自摄〔纹样摄于『丝绸之路』展展厅（中国国家博物馆）〕
图二五	银鎏金仕女狩猎纹杯	西安南郊何家村窖藏 陕西历史博物馆藏	自摄
图二六	银鎏金仕女狩猎纹杯	西安未央区大明宫乡马旗寨出土 西安博物院藏	自摄
图二七	银金花大盆	陕西扶风法门寺地宫出土 法门寺博物馆藏	自摄
图二八	錾花金壶	陕西咸阳西北医疗器械厂工地出土 咸阳市博物馆藏	自摄
图二九	金花银摩羯戏珠纹四曲盆	内蒙古鄂尔多斯杭锦旗出土 鄂尔多斯青铜器博物馆藏	自摄
图三〇	银提梁酒樽及银酒勺	四川广元旺苍银器窖藏 旺苍县文管所藏	自摄
图三一—一	银鸬鹚勺	河南偃师杏园唐墓出土 中国社会科学院考古研究所藏	自摄

图三一—二	银鸬鹚勺	弗利尔美术馆藏	自摄
图三二	陕西长安县南里王村唐墓壁画		采自《中国美术全集·绘画编·一二·墓室壁画》图一二五
图三三	鎏金大银盆	白鹤美术馆藏	自摄
图三四	洛阳唐赵逸公墓出土壁画	洛阳古代艺术博物馆藏	自摄
图三五—一	『陈家茶店』执壶	长沙铜官窑遗址管理处藏	自摄
图三五—二	『此是饮瓶不得别用』执壶	长沙博物馆藏	自摄
图三六—一	『宣徽酒坊』款银酒注	西安市西郊鱼化寨出土　陕西历史博物馆藏	自摄
图三六—二	银酒注	四川广元旺苍银器窖藏　旺苍县文管所藏	自摄
图三六—三	银酒注（脱柄）	四川广元旺苍银器窖藏　旺苍县文管所藏	自摄
图三六—四	银酒注（失流）	四川广元旺苍银器窖藏　旺苍县文管所藏	自摄
图三六—五	银鎏金伎乐图酒注	四川广元旺苍银器窖藏　旺苍县文管所藏	自摄
图三七	金花银双鱼榼	内蒙古赤峰喀喇沁旗哈达沟窖藏　内蒙古博物院藏	自摄
图三八	金花银舞马衔杯纹壶	西安南郊何家村窖藏　陕西历史博物馆藏	自摄
图三九—一～二	『美酒』盏	长沙铜官窑博物馆藏	自摄
图四〇	『瑠璃茶椀柘子一副』	陕西扶风法门寺地宫出土　法门寺博物馆藏	自摄
图四一—一	金花银鸿雁纹四曲碗	陕西耀县柳林背阴村出土　陕西历史博物馆藏	自摄
图四一—二	『宣徽酒坊宇字号』鸿雁纹银碗	陕西耀县柳林背阴村出土　陕西历史博物馆藏	自摄
图四一—三	金花银团窠鸿雁纹四曲花口碗	四川广元旺苍银器窖藏　旺苍县文管所藏	自摄
图四一—四	金花银双鱼纹四曲花口碗	印尼勿里洞黑石号沉船出水　新加坡亚洲文明博物馆藏	自摄
图四二	金花银平底碗（盂）	西安南郊何家村窖藏　陕西历史博物馆藏	自摄
图四三—一	金花银小簇花纹盖碗（酒海）	西安南郊何家村窖藏　陕西历史博物馆藏	自摄
图四三—二	金花银折枝花纹盖碗（酒海）	西安南郊何家村窖藏　陕西历史博物馆藏	自摄
图四三—三	金花银宝相花纹盖碗（酒海）盖面	西安南郊何家村窖藏　陕西历史博物馆藏	自摄
图四四—一	金筐宝钿装金卮	西安南郊何家村窖藏　陕西历史博物馆藏	自摄
图四四—二	八伎乐金卮	西安南郊何家村窖藏　陕西历史博物馆藏	自摄
图四四—三	八伎乐鎏金银卮	西安南郊何家村窖藏　陕西历史博物馆藏	自摄

图四五—一	粟特银杯	弗利尔美术馆藏	自摄
图四五—二	缠枝花鸟银卮	弗利尔美术馆藏	自摄
图四六	金花银花鸟纹耳杯	西安南郊何家村窖藏	自摄
图四七	双鱼纹金盏银盘（盘盏一副）	河南伊川鸦岭唐齐国太夫人墓出土　河南博物院藏	自摄
图四八—一	金花银摩竭戏珠莲叶纹承盘	四川广元旺苍银器窖藏　旺苍县文管所藏	自摄
图四八—二	银鎏金莲花纹承盘	长沙中南工业大学桃花岭唐墓出土　长沙市博物馆藏	自摄
图四八—三	银鎏金莲花双鱼纹承盘	繁峙县金山铺乡上浪涧村窖藏　山西博物院藏	自摄
图四九—一	银长杯	赤峰敖汉旗李家营子出土　内蒙古博物院藏	自摄
图四九—二	金花银多曲长杯（酒船）	白鹤美术馆藏	自摄
图四九—三	银多曲长杯	维多利亚与阿尔伯特博物馆藏	自摄
图五〇—一	金摩竭纹四曲长杯	西安市太乙路出土　陕西历史博物馆藏	自摄
图五〇—二	四曲花口荷叶双鱼纹金花银酒船	陕西耀县柳林背阴村出土　陕西历史博物馆藏	自摄
图五〇—三	四曲花口双鱼戏珠金花银酒船	西安博物院藏	自摄
图五〇—四	四曲花口鸿雁游鱼纹荷叶式银鎏金酒船	河南三门峡市第二面粉厂出土　河南博物院藏	自摄
图五〇—五	四曲花口摩竭纹金花银酒船	呼和浩特和林格尔县出土　内蒙古博物院藏	自摄
图五〇—六	多曲花口摩竭戏珠纹银酒船	浙江长兴下莘桥窖藏　长兴博物馆藏	自摄
图五〇—七	鸿雁衔瑞纹金酒船	印尼勿里洞黑石号沉船出水　新加坡亚洲文明博物馆藏	自摄
图五〇—八	鸿雁衔瑞纹金花银酒船	印尼勿里洞黑石号沉船出水　新加坡亚洲文明博物馆藏	自摄
图五一—一~二	银酒船	四川广元旺苍银器窖藏　旺苍县文管所藏	自摄
图五一—三	银酒船	湖南麻阳旧县银器窖藏　麻阳博物馆藏	湖南省博物馆提供
图五二	银金花罍子	陕西扶风法门寺地宫出土	采自《法门寺考古发掘报告》彩版四八、四九
图五三	金花银双凤衔枝纹菱花盒	镇江丁卯桥窖藏　镇江博物馆藏	自摄
图五四—一	银金花五曲碟	陕西扶风法门寺地宫出土　法门寺博物馆藏	自摄
图五四—二	六出花口金花银碟	西安曲江池村出土　西安博物院藏	自摄
图五五—一	金花银狮纹六曲三足盘	西安东郊八府庄唐大明宫东苑遗址出土　中国国家博物馆藏	自摄
图五五—二	金花银鹿纹菱花口三足盘	河北宽城大野鸡峪村出土　河北博物院藏	自摄

图五六—一	金花银双凤戏珠纹菱花口长盘	镇江丁卯桥窖藏　镇江博物馆藏	自摄
图五六—二	金花银人物故事图菱花口长盘	西安博物院藏	自摄
图五六—三	菱花口素面长盘	四川广元旺苍银器窖藏　旺苍县文管所藏	自摄
图五七	唐昭陵房陵公主墓壁画（摹本）		采自张鸿修《中国唐墓壁画集》图五三
图五八—一	花口长柄银酒勺	浙江长兴下莘桥窖藏　长兴博物馆藏	自摄
图五八—二	摩竭戏珠纹银匙（局部）	浙江长兴下莘桥窖藏　长兴博物馆藏	自摄
图五八—三	双鱼纹银匙（局部）	浙江长兴下莘桥窖藏　长兴博物馆藏	自摄
图五九—一	银酒瓮	镇江丁卯桥窖藏　镇江博物馆藏	自摄
图五九—二	银摩竭纹五曲樽	镇江丁卯桥窖藏	镇江博物馆提供
图五九—三	银酒勺	镇江丁卯桥窖藏　镇江博物馆藏	自摄
图五九—四	银执壶	镇江丁卯桥窖藏	采自《镇江出土金银器》图九
图五九—五	银素面五曲碗	镇江丁卯桥窖藏　镇江博物馆藏	自摄
图五九—六	金花银鹦鹉衔枝纹五曲碗（酒海）	镇江丁卯桥窖藏　镇江博物馆藏	自摄
图五九—七	银素面四曲长盘	镇江丁卯桥窖藏　镇江博物馆藏	自摄
图五九—八	银五出花口碟	镇江丁卯桥窖藏　镇江博物馆藏	自摄
图五九—九	龙纹银盒残底	镇江丁卯桥窖藏	采自《唐代金银器》
图五九—一〇	鹦鹉纹银盒残底	镇江丁卯桥窖藏	采自《唐代金银器》
图五九—一一	银匙	镇江丁卯桥窖藏　镇江博物馆藏	自摄
图五九—一二	银茶托	镇江丁卯桥窖藏　镇江博物馆藏	自摄
图五九—一三	金花银炉	镇江丁卯桥窖藏	镇江博物馆提供
图五九—一四	金花银鹦鹉纹盒	镇江丁卯桥窖藏　镇江博物馆藏	自摄
图五九—一五	闹蛾纹银盒	镇江丁卯桥窖藏　镇江博物馆藏	自摄
图六〇—一	银鎏金龟负『论语玉烛』笼台	镇江丁卯桥窖藏	镇江博物馆提供
图六〇—二	银鎏金纛	镇江丁卯桥窖藏	镇江博物馆提供
图六〇—三	银鎏金令旗	镇江丁卯桥窖藏	镇江博物馆提供
图六〇—四	银鎏金令筹	镇江丁卯桥窖藏	镇江博物馆提供

图六〇—五	银素面盏（瓶盏）	镇江丁卯桥窖藏	镇江博物馆提供
图六一	银香炉	陕西扶风法门寺地宫出土　法门寺博物馆藏	自摄
图六二	银金花香炉	陕西扶风法门寺地宫出土　法门寺博物馆藏	自摄
图六三—一	银金花朵带环子五足炉	陕西扶风法门寺地宫出土　法门寺博物馆藏	自摄
图六三—二~三	银金花人物图香宝子	陕西扶风法门寺地宫出土　法门寺博物馆藏	自摄
图六四—一	『张宗礼进』银香炉	陕西扶风法门寺地宫出土　法门寺博物馆藏	自摄
图六四—二	『杨复恭』大银香炉	陕西扶风法门寺地宫出土　法门寺博物馆藏	自摄
图六五—一	银金花香龟	陕西扶风法门寺地宫出土　法门寺博物馆藏	自摄
图六五—二	银香龟	山西繁峙金山铺乡上浪涧村窖藏　山西博物院藏	自摄
图六五—三	『咸通十三年文思院造银白成手炉』	陕西扶风法门寺地宫出土　法门寺博物馆藏	自摄
图六六	银香匙	陕西扶风法门寺地宫出土　法门寺博物馆藏	自摄
图六七	银香案	陕西扶风法门寺地宫出土　法门寺博物馆藏	自摄
图六八—一	银金花大香囊	陕西扶风法门寺地宫出土　法门寺博物馆藏	自摄
图六八—二	银金花香囊	陕西扶风法门寺地宫出土　法门寺博物馆藏	自摄
图六九—一	狮纹金铛	西安南郊何家村窖藏　陕西历史博物馆藏	自摄
图六九—二	银铛	西安南郊何家村窖藏　陕西历史博物馆藏	自摄
图六九—三	狮纹银铛	大同市博物馆藏	自摄
图七〇	『暖药』金铫	西安南郊何家村窖藏　陕西历史博物馆藏	自摄
图七一—一	长柄银铫	洛阳伊川鸦岭乡唐齐国太夫人墓出土　河南博物院藏	自摄
图七一—二	银提梁釜	洛阳伊川鸦岭乡唐齐国太夫人墓出土　河南博物院藏	自摄
图七二	银铫（明器）	浙江临安晚唐水丘氏墓出土　杭州市临安区博物馆藏	自摄
图七三—一	文思院造银金花茶碾子	陕西扶风法门寺地宫出土　法门寺博物馆藏	自摄
图七三—二	银金花碾轮	陕西扶风法门寺地宫出土　法门寺博物馆藏	自摄
图七四	文思院造银金花茶罗子	陕西扶风法门寺地宫出土　法门寺博物馆藏	自摄
图七五	银盐台	陕西扶风法门寺地宫出土　法门寺博物馆藏	自摄
图七六	金银丝结条笼子	陕西扶风法门寺地宫出土　法门寺博物馆藏	自摄

图七七—一	『左策使宅茶库』银鎏金茶托	西安唐长安城平康坊遗址出土　中国国家博物馆藏	自摄
图七七—二	银茶托	四川广元旺苍银器窖藏　旺苍县文管所藏	自摄
图七八—一	银石榴罐	陕西扶风法门寺地宫出土　法门寺博物馆藏	自摄
图七八—二	银石榴罐	陕西扶风法门寺地宫出土　法门寺博物馆藏	自摄
图七八—三	银双耳锅	陕西扶风法门寺地宫出土　法门寺博物馆藏	自摄
图七八—四	银提梁锅	陕西扶风法门寺地宫出土　法门寺博物馆藏	自摄
图七九	银笊篱	西安北郊南余寨出土　中国国家博物馆藏	自摄
图八〇	银柳斗	四川广元旺苍银器窖藏　旺苍县文管所藏	自摄
图八一	金花银花鸟纹提梁罐	西安南郊何家村窖藏　陕西历史博物馆藏	自摄
图八二	三足小银罂	西安理工大学曲江校区唐李倕墓出土　陕西省考古研究院藏	自摄
图八三	银鎏金婴戏纹小瓶	镇江丁卯桥窖藏	镇江博物馆提供
图八四	银鎏金盖罐	杭州临安晚唐水丘氏墓出土　杭州市临安区博物馆藏	自摄
图八五—一	折枝花卉狮鹿纹银盒	洛阳东郊十里铺村东明小区出土　洛阳博物馆藏	自摄
图八五—二	金花银蜜蜂鸿雁纹蝶式盒	印尼勿里洞黑石号沉船出水　新加坡亚洲文明博物馆藏	自摄
图八五—三	金花银狮鹿纹剑环式盒	印尼勿里洞黑石号沉船出水　新加坡亚洲文明博物馆藏	自摄
图八五—四	金花银缠枝对鸟纹花叶式盒	印尼勿里洞黑石号沉船出水　新加坡亚洲文明博物馆藏	自摄
图八五—五	金花银鹦鹉衔枝纹蝶式盒	印尼勿里洞黑石号沉船出水　新加坡亚洲文明博物馆藏	自摄
图八五—六	银鎏金鸳鸯纹盒	西安市文物保护考古研究院藏	自摄
图八五—七	宝相花纹蛤蜊式银盒	河南博物院藏	自摄
图八五—八	金花银鸳鸯纹蛤蜊式盒	西安东郊国棉五厂六五号墓出土　陕西历史博物馆藏	自摄
图八五—九	金花银瓜形盒	弗利尔美术馆藏	自摄
图八五—一〇	银鎏金树下双猴纹盒	西安博物院藏	自摄
图八五—一一	银鎏金犀牛纹盒	白鹤美术馆藏	自摄
图八五—一二	花鸟鸳鸯纹银盒	印尼勿里洞黑石号沉船出水　新加坡亚洲文明博物馆藏	自摄
图八五—一三	龟背纹银盒	河南巩义天玺尚城出土　河南省巩义市文物考古研究所藏	自摄
图八六	菱花式金花银盒	西安出土　中国国家博物馆藏	自摄

图八七	金花银石榴花纹盒	西安南郊何家村窖藏　陕西历史博物馆藏	自摄
图八八	双狮纹金花银盒	陕西扶风法门寺地宫出土　法门寺博物馆藏	自摄
图八九	『万岁千秋』银鎏金铺首衔环盒	杭州雷峰塔地宫出土	浙江省博物馆提供
图九〇	金花银鸿雁纹穿心盒	白鹤美术馆藏	自摄
图九一	金盒	西安长安县天子峪国清寺塔基出土　陕西历史博物馆藏	自摄
图九二	银盝顶盒	西安南郊何家村窖藏　陕西历史博物馆藏	自摄（侧面图案与背面图案采自《花舞大唐春》页一九九）
图九三—一	鎏金银锁	西安南郊何家村窖藏　陕西历史博物馆藏	自摄
图九三—二	鎏金银锁	白鹤美术馆藏	自摄
图九四—一	金花银唾盂	西安灞桥区新筑乡枣园村出土　西安市博物院藏	自摄
图九四—二	金花银唾盂	杭州临安板桥出土　浙江省博物馆藏	自摄
图九五	金狮子	湖北郧县李泰墓出土　湖北省博物馆藏	自摄
图九六—一	隋鎏金錾花银塔	河北定州静志寺塔基地宫出土　定州博物馆藏	自摄
图九六—二	唐錾花刻字银塔	河北定州静志寺塔基地宫出土　定州博物馆藏	自摄
图九七—一	纯银阿育王塔	杭州雷峰塔天宫出土　浙江省博物馆藏	自摄
图九七—二	纯银阿育王塔内的金舍利瓶	杭州雷峰塔天宫出土　浙江省博物馆藏	自摄
图九八—一	六臂如意轮观音盝顶纯金宝函	陕西扶风法门寺地宫出土　法门寺博物馆藏	自摄
图九八—二	四天王盝顶银金花宝函	陕西扶风法门寺地宫出土　法门寺博物馆藏	自摄
图九九—一	『都管七个国』六出花口银盒	西安交通大学出土　西安博物院藏	自摄
图九九—二	『都管七个国』内置中盒	西安博物院藏	自摄
图九九—三	『都管七个国』内置小盒	西安博物院藏	友人提供
图一〇〇	金舍利盒	浙江东阳中兴寺塔出土　东阳博物馆藏	自摄
图一〇一—一	錾花带盖银舍利瓶	河北定州静志寺塔基地宫出土　定州博物馆藏	自摄
图一〇一—二	银瓶	西安慈门寺塔基地宫出土　中国国家博物馆藏	自摄
图一〇一—三	錾花金钵	西安慈门寺塔基地宫出土　中国国家博物馆藏	自摄
图一〇二—一	金棺	甘肃泾川贾家庄大云寺遗址出土　甘肃省博物馆藏	自摄
图一〇二—二	银椁	甘肃泾川贾家庄大云寺遗址出土　甘肃省博物馆藏	自摄

图一〇二—三	鎏金铜函	甘肃泾川贾家庄大云寺遗址出土　甘肃省博物馆藏	自摄
图一〇三—一	金棺	太原太山龙泉寺塔基地宫出土　太原市文物考古研究所藏	自摄
图一〇三—二	木胎银椁	太原太山龙泉寺塔基地宫出土　太原市文物考古研究所藏	自摄〔木胎银椁局部为考古所提供〕
图一〇三—三	木胎鎏金铜椁	太原太山龙泉寺塔基地宫出土　太原市文物考古研究所藏	自摄
图一〇三—四	鎏金铜饰木椁（局部）	太原太山龙泉寺塔基地宫出土　太原市文物考古研究所藏	自摄
图一〇四—一	金棺	陕西临潼庆山寺塔基地宫出土　临潼博物馆藏	自摄
图一〇四—二	银椁	陕西临潼庆山寺塔基地宫出土　临潼博物馆藏	自摄
图一〇五	银棺	河北定州静志寺塔基地宫出土　定州博物馆藏	自摄
图一〇六—一	长干寺舍利银椁	镇江甘露寺铁塔塔基出土	镇江博物馆提供
图一〇六—二	长干寺舍利金棺	镇江甘露寺铁塔塔基出土	镇江博物馆提供
图一〇六—三	禅众寺舍利银椁	镇江甘露寺铁塔塔基出土	镇江博物馆提供
图一〇七	铜、银、金舍利函	黑龙江宁安市渤海上京龙泉府遗址出土　黑龙江省博物馆藏	自摄
图一〇八	纯金佛造像	黑龙江宁安市渤海上京龙泉府遗址出土　黑龙江省博物馆藏	自摄
图一〇九—一	两股十二环金锡杖	陕西扶风法门寺地宫出土　法门寺博物馆藏	自摄
图一〇九—二	四股十二环铜鎏金锡杖	陕西临潼庆山寺塔基地宫出土　临潼博物馆藏	自摄
图一一〇	铜茎金莲花	陕西临潼庆山寺地宫出土　临潼博物馆藏	自摄
图一一一	鎏金银捧真身菩萨	陕西扶风法门寺地宫出土　法门寺博物馆藏	自摄
图一一二	武则天投龙金简	河南登封嵩山出土　河南博物院藏	自摄
图一一三	小金龙	西安南郊何家村窖藏　陕西历史博物馆藏	自摄
图一一四—一	金釦玉杯	西安隋李静训墓出土　中国国家博物馆藏	自摄
图一一四—二	银釦玛瑙盏	长沙中南工业大学桃花岭唐墓出土　长沙市博物馆藏	自摄
图一一四—三	金釦白瓷杯与酒台子	浙江临安唐水丘氏墓出土　杭州市临安区博物馆藏	自摄
图一一五	满池娇纹银饰片	杭州雷峰塔地宫出土　浙江省博物馆藏	自摄
图一一六	银平脱双鹿纹漆盒	西安市南郊曲江池乡出土　陕西历史博物馆藏	自摄
图一一七	鸿雁衔绶金饰片	西安东郊韩森寨出土　陕西历史博物馆藏	自摄
图一一八	银平脱漆盒残片	洛阳北郊唐颍川陈氏墓出土　洛阳博物馆藏	自摄

图一一九—一	金银平脱镜	西安东郊韩森寨出土　陕西历史博物馆藏	自摄
图一一九—二	银平脱花鸟狩猎纹镜	上海博物馆藏	自摄
图一二〇—一	瑞兽葡萄纹金背镜	西安灞桥区马家沟唐太州司马阎识微夫妇墓出土　西安市博物院藏	自摄
图一二〇—二	舞凤狮子纹鎏金银背镜	京都泉屋古物馆藏	自摄
图一二一	金花银壶（复制品）	拉萨大昭寺藏	首都博物馆提供
图一二二	金胡瓶	芝加哥普利兹克基金会藏	自摄
图一二三—一	嵌绿松石凤鸟雀纹金胡瓶	阿勒萨尼藏	自摄
图一二三—二	嵌绿松石孔雀纹金瓶	阿勒萨尼藏	自摄
图一二三—三	嵌绿松石兽面鸭纹金盘	阿勒萨尼藏	自摄
图一二三—四	嵌绿松石对鸭纹金带銙	青海都兰热水墓群出土	自摄
图一二四—一	金錾手杯	青海都兰热水墓群出土	自摄
图一二四—二	银鎏金嵌绿松石四曲花口錾手杯	青海乌兰泉沟吐蕃时期壁画墓出土	采自《中国文物报》二〇二〇年一月十七日
图一二五	银鎏金錾手杯	普利兹克藏	自摄
图一二六	环耳带盖金杯	甘肃肃南西水大长岭唐墓出土　中国裕固族博物馆藏	自摄
图一二七—一	银鎏金六龙纹夹层杯	甘肃肃南西水大长岭唐墓出土　中国裕固族博物馆藏	自摄
图一二七—二	金龙	西安灞桥区红旗乡郭家滩出土　西安博物院藏	自摄
图一二七—三	鎏金银豆	杭州临安晚唐水丘氏墓出土　杭州市临安区博物馆藏	自摄
图一二八	银鎏金马具	普利兹克藏	友人提供
图一二九—一	后鞍桥金饰片	青海都兰热水墓群出土	自摄
图一二九—二	雁翅板金饰片	青海都兰热水墓群出土	自摄
图一二九—三	金节约	青海都兰热水墓群出土	自摄
图一二九—四	金杏叶	青海都兰热水墓群出土	自摄
图一二九—五	金缨罩	青海都兰热水墓群出土	自摄
图一二九—六	金铃铛	青海都兰热水墓群出土	自摄
图一三〇	金鞘饰	青海都兰热水墓群出土	自摄
图一三一—一	金扣饰（局部）	阿富汗席巴尔甘大月氏墓地六号墓出土　阿富汗国家博物馆藏	自摄

图一三一—二	萨珊银碗碗心	大英博物馆藏	自摄
图一三二	三彩特里同像角杯	西安唐墓出土　西安市文物保护考古研究院藏	自摄
图一三三	银鎏金镂花饰片	青海都兰热水血渭一号大墓一号殉马坑出土　青海省考古研究所藏	自摄
图一三四	金凤凰	西安灞桥区红旗乡郭家滩出土　西安博物院藏	自摄
图一三五	镂空象纹金饰片	青海都兰热水墓群出土	自摄
图一三六—一	银鎏金凤鸟纹饰片	芝加哥普利兹克藏	自摄
图一三六—二~三	银鎏金迦陵频伽纹饰片	芝加哥普利兹克藏	自摄
图一三七—一~二	人像金饰片	青海藏医药博物馆藏	自摄
图一三八	人物纹金饰片	青海都兰热水墓群出土	自摄
图一三九	贴金锡盘（局部）	青海都兰热水墓群出土	自摄
图一四〇	骑射人金饰片	青海都兰热水墓群出土	自摄
图一四一	珍珠冕旒银鎏金冠	青海乌兰泉沟吐蕃时期壁画墓出土	采自《中国文物报》二〇二〇年一月十七日
图一四二—一	银瓶	芝加哥普利兹克藏	自摄
图一四二—二	银鎏金鸳鸯纹饰片	瑞士阿贝格基金会纺织品研究中心藏	自摄
图一四二—三	金饰片	甘肃省博物馆藏	自摄
图一四三—一	银鎏金孔雀纹饰片	瑞士阿贝格基金会纺织品研究中心藏	自摄
图一四三—二~四	银饰片	青海藏医药博物馆藏	自摄
图一四四—一	金带銙	甘肃省博物馆藏	自摄
图一四四—二	金饰片	甘肃省博物馆藏	自摄

第四章　隋唐五代饰品

图一—一	金钗	甘肃天水隋唐屏风石棺床墓出土　天水市博物馆藏	自摄
图一—二	金钗	湖北郧县唐李泰墓出土　湖北省博物馆藏	自摄
图二—一~二	银钗	镇江丁卯桥窖藏	镇江博物馆提供
图二—三	金钗	杭州临安晚唐水丘氏墓出土　杭州市临安区博物馆藏	自摄

图三一一	水晶钗梁	西安隋李静训墓出土　中国国家博物馆藏	自摄
图三一二	玉钗梁	河北定州静志寺塔基出土　定州博物馆藏	自摄
图三一三	银镶水晶、玛瑙钗（局部）	扬州蓝田大厦二期工地唐井出土　扬州博物馆藏	自摄
图四一一	钗的插戴	武汉东湖岳家嘴隋墓出土陶塑	采自《考古》一九八三年第九期页七九六
图四一二	敦煌莫高窟第九窟壁画（晚唐）		采自《敦煌壁画线描百图》图六八
图四一三	银钗	浙江长兴县下莘桥晚唐银器窖藏　长兴博物馆藏	自摄
图五一一	钿头钗子	湖北安陆唐吴王妃杨氏墓出土　安陆博物馆藏	自摄
图五一二	钿头钗子	河南偃师杏园唐墓出土	采自《偃师杏园唐墓》页六二
图六一一～三	钿头钗子	湖北安陆县唐吴王妃杨氏墓出土　安陆博物馆藏	自摄
图六一四	龙女	敦煌莫高窟三六窟五代壁画	采自《中国壁画全集·敦煌·九》图三四
图七一一～二	金镶绿松石钿花钗	河南宝丰小店唐墓出土	采自《文物》二〇二〇年第二期页一三
图八一一	银鎏金花钗钗首	扬州蓝田大厦二期工地唐井出土　扬州博物馆藏	自摄
图八一二	银花钗钗首	徐州博物馆藏	自摄
图八一三	银鎏金花钗	西安长安区紫薇花园墓地出土　陕西省考古研究院藏	自摄
图八一四～五	银鎏金花钗	浙江长兴下莘桥窖藏　长兴博物馆藏	自摄
图八一六	银鎏金花钗	陕西历史博物馆藏	自摄
图八一七	银花钗	河南巩义市天玺尚城出土　河南省巩义市文物考古研究所藏	自摄
图九一一	银鎏金并头花钗	陕西历史博物馆藏	自摄
图九一二	侍女木俑	扬州邗江蔡庄杨吴寻阳公主墓出土　扬州博物馆藏	自摄
图九一三	《簪花仕女图》（局部）	辽宁省博物馆藏	自摄
图一〇	银鎏金镶玉钗首	杭州临安吴越国康陵出土　杭州市临安区博物馆藏	自摄
图一一一一	唐武惠妃墓石椁线刻画		采自《文物》二〇一二年第五期页九三
图一一一二	金镶绿松石凤钗	河南宝丰小店唐墓出土	采自《文物》二〇二〇年第二期封面
图一二一一	唐永泰公主墓石椁线刻画（拓片）		采自《线条艺术的遗产：唐乾陵陪葬墓石椁线刻画》页一六九
图一二一二～三	银鎏金花钗	浙江长兴县下莘桥窖藏　长兴博物馆藏	自摄
图一三	银步摇钗首	河北定州静志寺塔基地宫出土　定州博物馆藏	自摄

图一四	银步摇	河北定州静志寺塔基地宫出土　定州博物馆藏	自摄
图一五	银穿琥珀双蝶钗	合肥西郊南唐墓出土　安徽博物院藏	自摄
图一六—一	银镶玉花叶步摇	合肥西郊南唐墓出土　安徽博物院藏	自摄
图一六—二	银花蝶步摇	合肥西郊南唐墓出土　安徽博物院藏	自摄
图一六—三	《簪花仕女图》（局部）	辽宁省博物馆藏	自摄
图一七—一	鱼衔朵云银钗钗首	浙江长兴县下莘桥窖藏　长兴博物馆藏	自摄
图一七—二	摩竭纹银钗	西安未央区三桥镇出土　西安博物院藏	自摄
图一八—一、三	银鎏金拨子式花钗	陕西鄠县出土　陕西历史博物馆藏	自摄
图一八—二、四	银鎏金拨子式花钗	陕西鄠县出土　中国国家博物馆藏	自摄
图一九—一	银鎏金花钗	白鹤美术馆藏	自摄
图一九—二	银鎏金花钗	西安市长安区紫薇花园墓地出土　陕西省考古研究院藏	自摄
图二〇—一	人胜残件（局部）		采自《正仓院展》
图二〇—二	金花银胜	河北定州静志寺塔基地宫出土　定州博物馆藏	自摄
图二一	春幡	河北定州静志寺塔基地宫出土　河北定州博物馆藏	自摄
图二二	步摇花	西安隋李静训墓出土	中国国家博物馆提供
图二三—一	唐李贤墓前室西壁壁画		采自《唐李贤墓壁画》图四〇
图二三—二	唐武惠妃墓石椁线刻画		采自《文物》二〇一二年第五期页九一
图二三—三	錾花银簪	江苏宜兴安坝唐墓出土	镇江博物馆提供
图二四	摩竭衔鱼银簪簪首	河北定州静志寺塔基地宫出土　定州博物馆藏	自摄
图二五—一	银鎏金并头花簪簪首	西安长安区紫薇花园墓地出土　陕西省考古研究院藏	自摄
图二五—二	银鎏金并头花簪	洛阳龙康小区唐墓出土　洛阳博物馆藏	自摄
图二五—三	银鎏金簪簪首	费城艺术博物馆藏	自摄
图二六	银鎏金寿带簪	洛阳龙康小区唐墓出土　洛阳博物馆藏	自摄
图二七	鹦鹉衔璎珞金花簪	湖北安陆唐吴王妃杨氏墓出土　安陆博物馆藏	自摄
图二八—一	银鎏金龟卧莲花簪	白鹤美术馆藏	自摄
图二八—二	银鎏金花雀簪	西安市灞桥区出土	采自《西安文物精华·金银器》图一一二

图四五—一	金镶宝璎珞耳坠	扬州市区三元路西首建设银行工地出土　扬州博物馆藏	自摄
图四五—二	金镶宝璎珞耳饰	扬州市区三元路西首建设银行工地出土	采自《大众考古》二〇一八年第十一期页二七
图四六—一	彩绘舞俑	陕西长武县唐墓出土　长武县博物馆藏	自摄
图四六—二	敦煌莫高窟第一〇八窟东壁壁画（五代）		采自《敦煌石窟全集·服饰画卷》图二二七
图四七—一	金镶珠宝项链	西安隋李静训墓出土　中国国家博物馆藏	自摄
图四七—二	银项链	浙江淳安朱塔唐代银器窖藏	浙江省博物馆提供
图四七—三	铜鎏金龙首银锁链	西安未央区西安中学出土　西安博物院藏	自摄
图四七—四	犍陀罗石雕思惟菩萨（二至三世纪）	艾尔米塔什博物馆藏	自摄
图四七—五	银项圈	浙江长兴下莘桥窖藏　长兴博物馆藏	自摄
图四八	金指环	合肥隋开皇三年墓出土　安徽博物院藏	自摄
图四九—一	金镶宝指环	扬州市区三元路西首建设银行工地出土	采自《大众考古》二〇一八年第十一期页二七
图四九—二	《炽盛光佛并五星神图》（局部）		采自《西域美术·英国博物馆斯坦因收集品·II》，图二七
图五〇—一	金臂钏	西安南郊何家村金银器窖藏　陕西历史博物馆藏	自摄
图五〇—二	银钏	镇江丁卯桥窖藏　镇江博物馆藏	自摄
图五一—一	缠枝牡丹纹金钏	四川绵竹出土　绵竹市文物保护管理所藏	自摄
图五一—二	朵花纹金钏	扬州邗江黄珏毕庄出土　扬州市博物馆藏	自摄
图五一—三	金钏	山西平鲁出土　山西博物院藏	自摄
图五一—四	长寿带花鸟纹金钏	印尼勿里洞黑石号沉船出水　新加坡亚洲文明博物馆藏	自摄
图五一—五	金钏残件	印尼勿里洞黑石号沉船出水	友人提供
图五一—六	《簪花仕女图》（局部）	辽宁省博物馆藏	自摄
图五二—一	金臂钏	四川广汉雒城镇树林路基建工地出土　广汉市文物管理所藏	自摄
图五二—二	十二生肖金臂钏	四川广汉雒城镇树林路基建工地出土　广汉市文物管理所藏	自摄
图五二—三	十二生肖金臂钏展开（局部）	德阳什邡血防站出土　什邡市博物馆藏	自摄
图五三—一	金镶宝珠手镯	西安隋李静训墓出土　中国国家博物馆藏	自摄
图五三—二	金镶玉臂环	西安南郊何家村窖藏　陕西历史博物馆藏	自摄
图五四—一	金筐宝钿佩	西安理工大学曲江校区唐李倕墓出土　陕西考古研究院藏	自摄

第五章　辽代

图九—一　金錾花折肩罐　内蒙古阿鲁科尔沁旗辽耶律羽之墓出土　内蒙古文物考古研究所藏　自摄

图九—二　金錾花折肩罐　内蒙古通辽市吐尔基山辽墓出土　内蒙古文物考古研究所藏　自摄

图九—三　片治肯特古城粟特壁画　艾尔米塔什博物馆藏　自摄

图一〇　金花银鹿纹鸡冠壶　内蒙古赤峰市郊城子公社出土　中国国家博物馆藏　自摄

图一一—一　银提梁壶　内蒙古赤峰大营子辽驸马赠卫国王墓出土　中国国家博物馆藏　自摄

图一一—二　内蒙古巴林左旗查干哈达苏木阿鲁召嘎查滴水湖辽墓壁画（摹本）　巴林左旗博物馆藏　自摄

图一二　摩竭戏珠纹银盘　辽宁凌源小喇嘛沟辽墓出土　凌源市博物馆藏　自摄

图一三　银鎏金錾耳杯　内蒙古赤峰阿鲁科尔沁旗扎嘎斯台苏木花根塔拉辽墓出土　赤峰市博物馆藏　自摄

图一四—一　环耳金杯　辽宁阜新市阜新县扎兰营子乡汪四营子村出土　锦州市博物馆藏　自摄

图一四—二　山西大同东风里辽墓壁画　大同市博物馆藏　自摄

图一四—三　内蒙古赤峰敖汉旗克力代乡喇嘛沟辽墓壁画　敖汉旗博物馆藏　自摄

图一五　『左相公』铭银酒樽　内蒙古阿鲁科尔沁旗辽耶律羽之墓出土　内蒙古文物考古研究所藏　自摄

图一六—一　金五曲圆口盏　内蒙古阿鲁科尔沁旗辽耶律羽之墓出土　内蒙古文物考古研究所藏　自摄

图一六—二　金五曲花口盏　内蒙古阿鲁科尔沁旗辽耶律羽之墓出土　内蒙古文物考古研究所藏　自摄

图一七—一～二　金花银酒海　内蒙古阿鲁科尔沁旗辽耶律羽之墓出土　内蒙古文物考古研究所藏　自摄

图一八　银鎏金菱花口果盒　内蒙古阿鲁科尔沁旗辽耶律羽之墓出土　内蒙古文物考古研究所藏　自摄

图一九—一　银鎏金双凤衔花纹果盘　内蒙古阿鲁科尔沁旗辽耶律羽之墓出土　内蒙古文物考古研究所藏　自摄

图一九—二　银鎏金缠枝卷草纹果盘　内蒙古阿鲁科尔沁旗辽耶律羽之墓出土　内蒙古文物考古研究所藏　自摄

图二〇—一～二　金花银唾盂　内蒙古阿鲁科尔沁旗辽耶律羽之墓出土　内蒙古文物考古研究所藏　自摄

图二一—一　内蒙古阿鲁科尔沁旗宝山一号辽墓壁画（摹本）　采自《内蒙古辽代壁画》页二七

图二一—二　金花银盖碗（酒海）　内蒙古通辽市吐尔基山辽墓出土　内蒙古文物考古研究所藏　自摄

图二二—一　金花银酒海　内蒙古赤峰克什克腾旗二八地一号墓出土　赤峰市博物馆藏　自摄

图二二—二　金花银酒海　内蒙古乌兰察布市丰镇永善庄出土　乌兰察布市博物馆藏　自摄

图二三—一～二　盘龙纹花口银碟　辽宁朝阳北塔天宫出土　朝阳北塔博物馆藏　自摄

图二三—三　素面花口银碟　河北易县大北城窖藏　易县博物馆藏　自摄

图二四—一　金花银摩竭戏珠纹长盘　内蒙古通辽市吐尔基山辽墓出土　内蒙古文物考古研究所藏　自摄

图二四—二	辽代木板画		采自《故宫博物院院刊》二〇一五年第三期
图二五—一	银荷叶长盘	河北易县大北城窖藏　易县博物馆藏	自摄
图二五—二	内蒙古赤峰敖汉旗四家子镇闫杖子村北羊山一号辽墓壁画	敖汉旗博物馆藏	自摄
图二六—一	银长盘	内蒙古巴林右旗白音汉苏木友爱村银器窖藏　巴林右旗博物馆藏	自摄
图二六—二	绿釉长盘	内蒙古赤峰出头朗乡西山根辽墓出土　赤峰市博物馆藏	自摄
图二七	银盏	内蒙古巴林左旗盘羊沟辽墓出土　赤峰市博物馆藏	自摄
图二八—一	花口银酒勺	内蒙古巴林左旗盘羊沟墓辽墓出土　赤峰市博物馆藏	自摄
图二八—二	花叶柄银匙	辽宁凌源小喇嘛沟辽墓出土　凌源市博物馆藏	自摄
图二八—三	竹节纹银箸	沈阳康平张家窑林场辽代墓群四号墓出土　沈阳故宫博物院藏	自摄
图二九—一	银盏托	内蒙古巴林左旗盘羊沟辽墓出土　赤峰市博物馆藏	自摄
图二九—二	银盏托	内蒙古赤峰大营子辽驸马赠卫国王墓出土　内蒙古博物院藏	自摄
图二九—三	银盏托	内蒙古奈曼旗辽陈国公主墓出土　内蒙古文物考古研究所藏	自摄
图三〇—一	银铫子	内蒙古巴林左旗盘羊沟辽墓出土　赤峰市博物馆藏	自摄
图三〇—二	银铫子	内蒙古赤峰大营子辽驸马赠卫国王墓出土　内蒙古博物院藏	自摄
图三一	金花银双鱼榼	内蒙古赤峰松山区城了乡洞山窖藏　赤峰市博物馆藏	自摄
图三二—一	内蒙古阿鲁科尔沁旗宝山一号辽墓壁画摹本		采自《内蒙古辽代壁画》页四〇
图三二—二	河北宣化辽墓五号墓壁画		采自《宣化辽墓——一九七四年至一九九三年考古发掘报告》彩版七四
图三二—三	宣化下八里II区辽壁画墓二号墓壁画		采自《宣化下八里II区辽壁画墓考古发掘报告》彩版六一：二
图三二—四	山西大同东风里辽墓壁画	大同市博物馆藏	自摄
图三三	木版画	赤峰市巴林右旗都希苏木友爱村墓葬出土	采自《文明之旅：中国北方草原古代文明揽胜》页一一四
图三四—一	银酒注	内蒙古巴林左旗盘羊沟辽墓出土　赤峰市博物馆藏	自摄
图三四—二	错金铜注子	巴林左旗博物馆藏	自摄
图三四—三	银酒注	河北易县大北城窖藏　易县博物馆藏	自摄
图三五—一~二	银花口盏	河北易县大北城窖藏　易县博物馆藏	自摄
图三六—一	银莲花盏	内蒙古巴林右旗白音汉苏木友爱村银器窖藏　巴林右旗博物馆藏	自摄
图三六—二	银莲瓣纹盏	内蒙古巴林右旗白音汉苏木友爱村银器窖藏　巴林右旗博物馆藏	自摄

图三六—三	银柳斗杯	内蒙古巴林右旗白音汉苏木友爱村银器窖藏　巴林右旗博物馆藏	自摄
图三六—四	银錾牡丹花纹八棱注子	内蒙古巴林右旗白音汉苏木友爱村银器窖藏　巴林右旗博物馆藏	自摄
图三七	金花银盘盏	赤峰市博物馆藏	自摄
图三八—一	银鎏金台盏	内蒙古巴林左旗盘羊沟墓出土　赤峰市博物馆藏	自摄
图三八—二	银鎏金杯盘	内蒙古巴林右旗洪格尔苏木哈鲁辽墓出土　巴林右旗博物馆藏	自摄
图三八—三	五出花口银酒台	沈阳康平张家窑林场辽代墓群四号墓出土　沈阳故宫博物院藏	自摄
图三八—四	五出花口银台盏	沈阳康平张家窑林场辽代墓群三号墓出土　沈阳故宫博物院藏	自摄
图三九—一	银鎏金酒台子	辽宁彰武朝阳沟二号辽墓出土　辽宁省文物考古研究所藏	自摄
图三九—二	越窑饮酒图酒注	北京西郊辽韩佚墓出土　首都博物馆藏	自摄
图四〇—一	五曲蟠龙纹银盒	内蒙古巴林左旗盘羊沟辽墓出土　赤峰市博物馆藏	自摄
图四〇—二～三	金花银盒	内蒙古通辽市吐尔基山辽墓出土　内蒙古文物考古研究所藏	自摄
图四一—一	蟠龙戏珠纹金花银奁盒	内蒙古奈曼旗辽陈国公主墓出土　内蒙古文物考古研究所藏	自摄
图四一—二	银盖罐	内蒙古奈曼旗辽陈国公主墓出土　内蒙古文物考古研究所藏	自摄
图四二—一	云龙纹绣巾（局部）	内蒙古巴林右旗辽庆州释迦佛舍利塔出土　巴林右旗博物馆藏	自摄
图四二—二	银鎏金蟠龙戏珠泡饰	辽宁凌源小喇嘛沟辽墓出土　凌源市博物馆藏	自摄
图四三	银鎏金嵌宝包镶漆奁匣及内底	内蒙古通辽市吐尔基山辽墓出土　内蒙古文物考古研究所藏	自摄
图四四	鸳鸯纹金盒	山西博物院藏	自摄
图四五—一	银平脱飞雁式漆盒	内蒙古通辽市吐尔基山辽墓出土　内蒙古文物考古研究所藏	自摄
图四五—二	银平脱花瓣式漆盒	内蒙古通辽市吐尔基山辽墓出土　内蒙古文物考古研究所藏	自摄
图四六—一	银釦玻璃盘	辽宁法库叶茂台七号墓出土　辽宁省博物馆藏	自摄
图四六—二	『官』字款金釦花口白瓷盘	内蒙古赤峰大营子辽驸马赠卫国王墓出土　内蒙古博物院藏	自摄
图四六—三	银釦影青瓷钵	内蒙古赤峰敖汉旗南塔乡白塔子一号墓出土　内蒙古史前文化博物馆藏	自摄
图四七—一	银釦青瓷注子	内蒙古多伦小王力沟萧贵妃墓出土　内蒙古文物考古研究所藏	自摄
图四七—二	鎏金银釦青瓷盏托	内蒙古多伦小王力沟萧贵妃墓出土　内蒙古文物考古研究所藏	自摄
图四七—三	青瓷器盖	内蒙古多伦小王力沟萧贵妃墓出土　内蒙古文物考古研究所藏	自摄
图四八—一	银提砚	内蒙古赤峰敖汉旗新地乡英风沟七号墓出土　敖汉旗博物馆藏	自摄

图六二　银鎏金伎乐图带具　内蒙古通辽市吐尔基山辽墓出土　内蒙古文物考古研究所藏　自摄

图六三　银鎏金独角兽纹带具　辽宁凌源小喇嘛沟辽墓出土　凌源市博物馆藏　自摄

图六四　银鎏金菩萨献香花带具　河北易县大北城窖藏　易县博物馆藏　自摄

图六五—一　錾花金香囊　内蒙古奈曼旗辽陈国公主墓出土　内蒙古文物考古研究所藏　自摄

图六五—二　银錾花针筒　内蒙古奈曼旗辽陈国公主墓出土　内蒙古文物考古研究所藏　自摄

图六五—三　沙洲水禽八曲金盒　内蒙古奈曼旗辽陈国公主墓出土　内蒙古文物考古研究所藏　自摄

图六六　璎珞花枝纹金盒　内蒙古巴林右旗和布特哈达辽墓出土　巴林右旗博物馆藏　自摄

图六七—一　海水龙纹金扞腰　内蒙古奈曼旗辽陈国公主墓出土　内蒙古文物考古研究所藏　自摄

图六七—二　银鎏金镶玉扞腰　内蒙古多伦县小王力沟萧氏墓出土　采自《考古》二〇一六年第十期

图六七—三　贴鎏金银箔嵌琥珀银扞腰（局部）　辽宁法库叶茂台辽墓出土　辽宁省博物馆藏　自摄

图六八—一　银鎏金龙纹扞腰　辽宁建平张家营子乡辽墓出土　辽宁省博物馆藏　自摄

图六八—二　银鎏金扞腰　辽宁凌源小喇嘛沟一号墓出土　凌源市博物馆藏　自摄

图六九—一　铜鎏金龙纹冠　辽宁建平县二十家子镇牛圈子村辽墓出土　建平县博物馆藏　自摄

图六九—二　玛瑙包金凤冠　辽宁建平县喀喇沁镇朱家窝铺辽墓出土　建平县博物馆藏　自摄

图七〇—一　银鎏金高翅凤冠（公主）　内蒙古奈曼旗辽陈国公主墓出土　内蒙古文物考古研究所藏　自摄

图七〇—二　银鎏金冠（驸马）　内蒙古奈曼旗辽陈国公主墓出土　内蒙古文物考古研究所藏　自摄

图七一—一　铜鎏金冠（女）　内蒙古赤峰阿鲁科尔沁旗扎斯台苏木吐古他拉辽墓出土　赤峰市博物馆藏　自摄

图七一—二　铜鎏金冠（男）　内蒙古赤峰阿鲁科尔沁旗扎斯台苏木吐古他拉辽墓出土　赤峰市博物馆藏　自摄

图七二—一　银鎏金冠（女）　辽宁凌源小喇嘛沟一号墓出土　凌源市博物馆藏　自摄

图七二—二　银鎏金冠（男）　辽宁凌源小喇嘛沟一号墓出土　凌源市博物馆藏　自摄

图七三　银鎏金对凤纹冠饰　辽宁凌源小喇嘛沟一号墓出土　凌源市博物馆藏　自摄

图七四　金面具　沈阳康平张家窑林场辽代墓群四号墓出土　沈阳故宫博物院藏　自摄

图七五　金耳环　内蒙古赤峰敖汉旗沙子沟墓葬出土　赤峰市博物馆藏　自摄

图七六—一　摩竭衔花金耳环　内蒙古通辽市吐尔基山辽墓出土　内蒙古文物考古研究所藏　自摄

图七六—二　摩竭衔花金耳环　内蒙古赤峰阿鲁科尔沁旗辽耶律羽之墓出土　内蒙古文物考古研究所藏　自摄

图七七—一　金摩竭耳环　内蒙古赤峰阿鲁科尔沁旗辽耶律羽之墓出土　内蒙古文物考古研究所藏　自摄

图七七—二	金摩竭耳环	内蒙古赤峰敖汉旗沙子沟墓葬出土　赤峰市博物馆藏	自摄
图七七—三	金摩竭耳环	辽宁建平朱碌科辽墓出土　辽宁省博物馆藏	自摄
图七七—四	金镶宝包嵌墨玉耳环	内蒙古通辽市吐尔基山辽墓出土　内蒙古文物考古研究所藏	自摄
图七八	金穿琥珀珍珠耳坠	内蒙古奈曼旗辽陈国公主墓出土	采自《契丹王朝：内蒙古辽代文物精华》页一三三
图七九—一	金凤衔瑞草耳环	辽宁建平张家营子辽墓出土　辽宁省博物馆藏	自摄
图七九—二	金蝶赶花耳环	辽宁朝阳北塔天宫出土　朝阳北塔博物馆藏	自摄
图八〇—一	迦陵频伽金耳环	内蒙古巴林右旗和布特哈达辽墓出土　巴林右旗博物馆藏	自摄
图八〇—二	敦煌西千佛洞第十六窟回鹘工妃供养像		敦煌研究院提供
图八一	金龙舟耳环	辽宁新民巴图营子辽墓　辽宁省博物馆藏	自摄
图八二	金穿玉摩竭戏珠纹耳环	河北易县大北城窖藏　易县博物馆藏	郑旭明摄
图八三	银穿玉伞盖耳环	河北易县大北城窖藏　易县博物馆藏	自摄
图八四	金葫芦花叶耳环	河北易县大北城窖藏　易县博物馆藏	郑旭明摄
图八五—一	金荔枝耳环	河北易县大北城窖藏　易县博物馆藏	郑旭明摄
图八五—二	双荷叶金耳环	河北易县大北城窖藏　易县博物馆藏	自摄
图八六	金包青金石慈姑叶式耳环	河北易县大北城窖藏　易县博物馆藏	郑旭明摄
图八七	缠枝花卉纹金钏	内蒙古奈曼旗辽陈国公主墓出土　内蒙古文物考古研究所藏	自摄
图八八—一	金花钏	辽宁建平朱碌科辽墓出土　辽宁省博物馆藏	自摄
图八八—二	金花钏	沈阳康平张家窑林场辽墓群三号墓出土　沈阳故宫博物院藏	自摄
图八九	双龙首錾花金钏	内蒙古阿鲁科尔沁旗辽耶律羽之墓出土　内蒙古文物考古研究所藏	自摄
图九〇	双龙首金钏	内蒙古奈曼旗辽陈国公主墓出土　内蒙古文物考古研究所藏	自摄
图九一	金戒指	内蒙古阿鲁科尔沁旗辽耶律羽之墓出土　内蒙古文物考古研究所藏	自摄
图九二	花凤纹金戒指	内蒙古巴林右旗哈鲁辽墓出土　巴林右旗博物馆藏	自摄
图九三	金镶水晶绿松石戒指	内蒙古通辽市吐尔基山辽墓出土　内蒙古文物考古研究所藏	自摄
图九四	河北蔚县杨庄窠辽壁画墓中的女主人　蔚县博物馆藏		自摄
图九五—一~二	金钗	河北易县大北城窖藏　易县博物馆藏	自摄
图九五—三	银钗	河北易县大北城窖藏　易县博物馆藏	自摄

图九六	金龙头簪	河北易县大北城窖藏　易县博物馆藏	自摄
图九七—一	银脚金凤簪	河北易县大北城窖藏　易县博物馆藏	自摄
图九七—二	银脚金凤钗	赤峰市博物馆藏	自摄
图九八	满池娇纹金梳子	河北易县大北城窖藏　易县博物馆藏	郑旭明摄
图九九	缠枝莲纹金梳子	河北易县大北城窖藏　易县博物馆藏	自摄
图一〇〇	毬路纹鎏金背银梳子	河北易县大北城窖藏　易县博物馆藏	自摄
图一〇一	银丝网衣	内蒙古奈曼旗辽陈国公主墓出土　内蒙古文物考古研究所藏	自摄
图一〇二—一	金花银枕	内蒙古奈曼旗辽陈国公主墓出土　内蒙古文物考古研究所藏	自摄
图一〇二—二	金花银靴（公主）	内蒙古奈曼旗辽陈国公主墓出土　内蒙古文物考古研究所藏	自摄
图一〇三—一	银鎏金面具（女）	辽宁凌源小喇嘛沟辽墓出土　凌源市博物馆藏	自摄
图一〇三—二	银鎏金面具（男）	辽宁凌源小喇嘛沟辽墓出土　凌源市博物馆藏	自摄
图一〇四—一	金面具（驸马）	内蒙古奈曼旗辽陈国公主墓出土　内蒙古文物考古研究所藏	自摄
图一〇四—二	金面具	沈阳康平张家窑林场辽代墓群四号墓出土　沈阳故宫博物院藏	自摄
图一〇五	银鎏金法舍利塔	内蒙古巴林右旗辽庆州白塔天宫出土　巴林右旗博物馆藏	自摄
图一〇六	银板陀罗尼咒局部	内蒙古巴林右旗辽庆州白塔天宫出土　巴林右旗博物馆藏	自摄
图一〇七	木胎银棺	辽宁朝阳北塔天宫出土　朝阳北塔博物馆藏	自摄
图一〇八—一	金舍利塔	辽宁朝阳北塔天宫出土　朝阳北塔博物馆藏	自摄
图一〇八—二	金盖玛瑙舍利罐	辽宁朝阳北塔天宫出土　朝阳北塔博物馆藏	自摄
图一〇九—一	经塔	辽宁朝阳北塔天宫出土　朝阳北塔博物馆藏	自摄
图一〇九—二	经塔第二重银筒	朝阳北塔博物馆藏	自摄
图一〇九—三	经塔第三重金筒	朝阳北塔博物馆藏	自摄
图一一〇—一	银鎏金六角塔	辽宁朝阳北塔天宫出土　朝阳北塔博物馆藏	自摄
图一一〇—二	银经卷（局部）	辽宁朝阳北塔天宫出土　朝阳北塔博物馆藏	自摄
图一一一—一	金塔	辽宁阜新红帽子辽塔地宫出土　辽宁省博物馆藏	自摄
图一一一—二	金链白玉竹节式盒	辽宁阜新红帽子辽塔地宫出土　辽宁省博物馆藏	自摄
图一一一—三	银塔	辽宁阜新红帽子辽塔地宫出土　辽宁省博物馆藏	自摄

图一二—一 银舍利塔 河北蔚县南安寺塔基地宫出土 蔚县博物馆藏 自摄

图一二—二 金舍利塔 河北蔚县南安寺塔基地宫出土 蔚县博物馆藏 自摄

图一三 银菩提树 辽宁朝阳北塔天宫出土 朝阳北塔博物馆藏 自摄

图一四—一~二 银罗汉像（击钹、击磬） 辽宁朝阳南塔附近出土 辽宁省博物馆藏 自摄

图一五 金法轮 辽宁朝阳北塔天宫出土 朝阳北塔博物馆藏 自摄

图一六 银板贴金的日 辽宁朝阳北塔天宫出土 朝阳北塔博物馆藏 自摄

图一七 银丝饰件 辽宁朝阳北塔天宫出土 朝阳北塔博物馆藏 自摄

第六章 两宋金元器皿

图一 某行铺招贴 发现于柏孜克里克千佛洞遗址 采自《新出吐鲁番文书及其研究》页二一九

图二—一 酒楼图 山西繁峙岩山寺壁画 自摄

图二—二 酒筵图（摹本） 大同市金代徐龟墓墓室西壁壁画 采自大同市博物馆陈列展板

图三—一 彩绘砖雕·食桌 甘肃天水出土 甘肃省文物考古研究所藏 自摄

图三—二 彩绘砖雕·奉注子 甘肃天水出土 甘肃省文物考古研究所藏 自摄

图三—三 彩绘砖雕·擎酒台 甘肃天水出土 甘肃省文物考古研究所藏 自摄

图三—四 彩绘砖雕·奉食 甘肃天水出土 甘肃省文物考古研究所藏 自摄

图三—五 彩绘砖雕·奉果盒 甘肃天水出土 甘肃省文物考古研究所藏 自摄

图三—六 彩绘砖雕·奉巾 甘肃天水出土 甘肃省文物考古研究所藏 自摄

图三—七 彩绘砖雕·拍板 甘肃天水出土 甘肃省文物考古研究所藏 自摄

图三—八 彩绘砖雕·击方响 甘肃天水出土 甘肃省文物考古研究所藏 自摄

图三—九 彩绘砖雕·击羯鼓 甘肃天水出土 甘肃省文物考古研究所藏 自摄

图四 《月下把杯图》 天津博物馆藏 自摄

图五—一 龙牙蕙草纹银长瓶 南京江浦南宋张同之墓出土 南京市博物总馆藏 自摄

图五—二 素面银长瓶 浙江衢州南宋史绳祖墓出土 衢州博物馆藏 自摄

图六—一 素面银长瓶（失盖） 四川德阳孝泉镇清真寺窖藏 四川博物院藏 自摄

图六—二	如意云头纹银长瓶	四川德阳孝泉镇清真寺窖藏　四川博物院藏	自摄
图七—一	素面银长瓶	四川彭州金银器窖藏　彭州市博物馆藏	自摄
图七—二	云鹤纹银长瓶	四川彭州金银器窖藏　彭州市博物馆藏	自摄
图七—三	三卷如意云头纹银长瓶	四川彭州金银器窖藏　彭州市博物馆藏	自摄
图八—一	金花银盆	福建邵武故县窖藏　邵武市博物馆藏	自摄
图八—二	银盆	江西星子县陆家山窖藏　江西省博物馆藏	自摄
图八—三	金花银盆	江苏溧阳平桥窖藏	镇江博物馆提供
图九—一	银注子	四川彭州金银器窖藏　彭州市博物馆藏	自摄
图九—二	泸县宋墓石刻	泸县博物馆藏	自摄
图一〇	银注子	四川德阳孝泉镇清真寺窖藏　四川博物院藏	自摄
图一一	银鎏金团窠对鸟纹注子	福州茶园山许峻墓出土　福建博物院藏	自摄
图一二—一	银台盏	德阳孝泉镇清真寺窖藏　四川博物院藏	自摄
图一二—二	银台盏	杭州临安原高虹中小学出土　杭州市临安区博物馆藏	自摄
图一三—一～二	银盘盏	浙江桐乡骑塘龙吟金家木桥窖藏　桐乡市博物馆藏	自摄
图一四—一～二	金盘盏	安徽休宁南宋朱晞颜墓出土　安徽博物院藏	自摄
图一五	『散盏』铭银花口盏	四川南江县玉泉乡欧家河窖藏	采自《中国金银玻璃珐琅器全集·金银器》第二卷图二四三
图一六—一	金屈卮	浙江兰溪市灵洞乡宋墓出土　兰溪市博物馆藏	自摄
图一六—二	『赏功大使』银卮	湖北黄石陈伯臻粮库基地窖藏　黄石博物馆藏	自摄
图一七	金盏	福建邵武故县窖藏　邵武市博物馆藏	自摄
图一八—一	金钔银酒盂	南京江浦南宋张同之墓出土　南京市博物总馆藏	自摄
图一八—二	银盘	南京江浦南宋张同之墓出土　南京市博物总馆藏	自摄
图一九	银鎏金摩竭式酒船	广西南丹县北宋银器窖藏	采自《广西文物珍品》图二四九
图二〇	金钔琉璃盏	浙江金华陶朱路村舒公墓出土　金华市博物馆藏	自摄
图二一	金钔玛瑙碗	安徽来安县宋墓出土　安徽博物院藏	自摄
图二二	银果菜碟	江阴夏港青山窑厂出土　江阴博物馆藏	自摄
图二三	银果菜碟	江苏溧阳平桥窖藏	镇江博物馆提供

图二四—一	银鎏金海兽纹委角方盘	江阴利港汤家丹出土　江阴博物馆藏	自摄
图二四—二	银海眼纹委角方盘	成都地区出土　成都博物馆藏	自摄
图二五—一	银鎏金双鱼戏珠纹漆木柄匙	上海青龙镇遗址隆平寺塔地宫出土　上海博物馆藏	自摄
图二五—二	银鎏金龙纹筯瓶	浙江东阳金交椅山宋墓出土　东阳市博物馆藏	自摄
图二五—三	金筯瓶及插在瓶里的匙筯	贵州遵义南宋播州土司杨价夫妇墓出土　贵州省文物考古研究所藏	自摄
图二六—一	银汤瓶	四川德阳孝泉镇清真寺窖藏　四川博物院藏	自摄
图二六—二	银铫子	四川德阳孝泉镇清真寺窖藏　四川博物院藏	自摄
图二六—三	银托盏	四川德阳孝泉镇清真寺窖藏　四川博物院藏	自摄
图二七	银鎏金梅梢月纹茶盏	福州茶园山许峻墓出土　福建博物院藏	自摄
图二八—一	银盏托	湖北黄石陈伯臻粮库基地窖藏　黄石市博物馆藏	自摄
图二八—二	银盏托	南宋播州土司杨价夫妇墓出土　贵州省文物考古研究所藏	自摄
图二九	银盂与银勺	四川德阳孝泉镇清真寺窖藏　四川博物院藏	自摄
图三〇	卖饮子	山西繁峙岩山寺壁画	自摄
图三一—一~三	银胆瓶	四川彭州金银器窖藏　彭州市博物馆藏	自摄
图三二	银胆瓶	湖南临澧柏枝乡南宋银器窖藏	湖南省博物馆提供
图三三	金菊花盏	四川彭州金银器窖藏　彭州市博物馆藏	自摄
图三四	银菊花盏	四川德阳孝泉镇清真寺窖藏　四川博物院藏	自摄
图三五	银鎏金菊花盘盏	福建邵武故县南宋金银器窖藏　邵武市博物馆藏	自摄
图三六	铜鎏金菊卮	陕西历史博物馆藏	自摄
图三七—一	银葵花盘	洛阳邙山宋代壁画墓出土	采自《文物》一九九二年第十二期图二七：一
图三七—二	《百花图·蜀葵》	吉林省博物院藏	自摄
图三八—一	银鎏金葵花盏	四川彭州金银器窖藏　彭州市博物馆藏	自摄
图三八—二	金葵花盏	安徽休宁南宋朱晞颜墓出土　安徽博物院藏	自摄
图三九—一~二	金葵花盏	江苏金坛水北卫东连出土　金坛市博物馆藏	自摄
图三九—三	金葵花盏	重庆南川区人民医院出土　重庆中国三峡博物馆藏	自摄
图四〇	银鎏金葵花盏	哈尔滨市新香坊金墓出土　黑龙江省博物馆藏	自摄

图四一—一	水仙花		自摄
图四一—二	银鎏金水仙花台盏	常州沪宁高速芳茂山服务区南宋墓出土	友人提供
图四一—三	银水仙花台盏	安徽六安花石咀一号墓出土　皖西博物馆藏	自摄
图四二	金水仙花台盏	遵义播州土司杨价夫妇墓出土	贵州省文物考古研究所提供
图四三—一	象生花式银鎏金盏·荷花	江苏溧阳平桥窖藏	镇江博物馆提供
图四三—二	象生花式银鎏金盏·千叶莲	江苏溧阳平桥窖藏	镇江博物馆提供
图四四	银鎏金荷花盏	江苏溧阳平桥窖藏	镇江博物馆提供
图四五—一	银鎏金荷塘纹盘盏	衢州博物馆藏	自摄
图四五—二	银酒台子	杭州临安原高虹中小学出土　杭州市临安区博物馆藏	自摄
图四六	鸾雀穿花银承盘	湖南临澧柏枝乡窖藏	湖南省博物馆提供
图四七—一~二	银鎏金梅梢月纹盘盏	福建邵武故县窖藏　邵武市博物馆藏	自摄
图四八	象生花式银鎏金盏·菱花	江苏溧阳平桥窖藏	镇江博物馆提供
图四九—一	金芙蓉花盏	四川洪雅县五星大队出土　四川博物院藏	自摄
图四九—二	银芙蓉花盘	四川彭州金银器窖藏　彭州市博物馆藏	自摄
图五〇	银芙蓉花盘盏	四川蓬安县南燕乡龙滩子村南宋窖藏	采自《中国金银玻璃珐琅器全集·金银器》第二卷，图二四二
图五一—一	象生花式银鎏金盏·栀子花	江苏溧阳平桥窖藏	镇江博物馆提供
图五一—二	象生花式银鎏金盏·葵花	江苏溧阳平桥窖藏	镇江博物馆提供
图五一—三	象生花式银鎏金盏·梅花	江苏溧阳平桥窖藏	镇江博物馆提供
图五二—一~二	银鎏金花式盏（牡丹·山茶）	福建邵武故县窖藏　邵武市博物馆藏	自摄
图五二—三~四	银鎏金花式盏（菊花·海棠）	福建邵武故县窖藏　邵武市博物馆藏	自摄
图五二—五~六	银鎏金花式盏（长春·蜀葵）	福建邵武故县窖藏　邵武市博物馆藏	自摄
图五二—七~八	银鎏金花式盏（栀子·桃花）	福建邵武故县窖藏　邵武市博物馆藏	自摄
图五三—一	花式银盏·海棠	杭州临安原高虹中小学出土　杭州市临安区博物馆藏	自摄
图五三—二	花式银盏·蜀葵	杭州临安原高虹中小学出土　杭州市临安区博物馆藏	自摄
图五三—三	花式银盏·黄蜀葵	杭州临安原高虹中小学出土　杭州市临安区博物馆藏	自摄
图五三—四	花式银盏·长春	杭州临安原高虹中小学出土　杭州市临安区博物馆藏	自摄

图五三—五	花式银盏·芙蓉	杭州临安原高虹中小学出土　杭州市临安区博物馆藏	自摄
图五三—六	花式银盏·一把莲	杭州临安原高虹中小学出土　杭州市临安区博物馆藏	自摄
图五四—一	银釦水晶蕉叶杯	南京北宋长干寺真身塔地宫出土　南京市博物总馆藏	自摄
图五四—二	银蕉叶杯	南京江浦南宋张同之墓出土　南京市博物总馆藏	自摄
图五五	银鎏金枝梗桃杯	江苏溧阳平桥窖藏	镇江博物馆提供
图五六	银鎏金枝梗瓜杯	福州茶园山许峻墓出土　福建博物院藏	自摄
图五七	金瓜杯	四川彭州金银器窖藏　彭州市博物馆藏	自摄
图五八—一	银鎏金果盘	江苏溧阳平桥窖藏	镇江博物馆提供
图五八—二	银鎏金果盘	福建泰宁窖藏	三明市博物馆提供
图五九—一	银錾牡丹花果菜碟	湖南临澧柏枝乡窖藏　湖南省博物馆藏	自摄
图五九—二	银錾芍药花果菜碟	湖南临澧柏枝乡窖藏　湖南省博物馆藏	自摄
图五九—三	银錾菊花果菜碟	湖南临澧柏枝乡窖藏　湖南省博物馆藏	自摄
图五九—四	银錾莲花果菜碟	湖南临澧柏枝乡窖藏　湖南省博物馆藏	自摄
图五九—五	银錾一把莲果菜碟	湖南临澧柏枝乡窖藏　湖南省博物馆藏	自摄
图五九—六	银錾山茶花果菜碟	湖南临澧柏枝乡窖藏　湖南省博物馆藏	自摄
图五九—七	银錾木芙蓉果菜碟	湖南临澧柏枝乡窖藏　湖南省博物馆藏	自摄
图五九—八	银錾木槿花果菜碟	湖南临澧柏枝乡窖藏　湖南省博物馆藏	自摄
图五九—九	银錾栀子花果菜碟	湖南临澧柏枝乡窖藏　湖南省博物馆藏	自摄
图五九—一〇	银錾菱花果菜碟	湖南临澧柏枝乡窖藏　湖南省博物馆藏	自摄
图六〇—一	银錾莲塘鸳鸯果菜碟	江西星子县陆家山窖藏	江西省博物馆提供
图六〇—二	银錾莲塘仙鹤果菜碟	江西星子县陆家山窖藏　江西省博物馆藏	自摄
图六〇—三	银錾练鹊聚八仙果菜碟	江西星子县陆家山窖藏　江西省博物馆藏	自摄
图六一—一	银果菜碟（蓼汀浴凫图）	四川绵阳魏城公社窖藏　绵阳博物馆藏	自摄
图六一—二	银果菜碟（柳溪春水图）	四川绵阳魏城公社窖藏　绵阳博物馆藏	自摄
图六一—三	银果菜碟（荷塘嬉禽图）	四川绵阳魏城公社窖藏　绵阳博物馆藏	自摄
图六二	龟游莲叶玉饰	北京市丰台区王佐乡乌古论窝论墓出土　首都博物馆藏	自摄

图六三	龟游莲叶玉饰	上海博物馆藏	自摄
图六四	龟游莲叶鱼藻纹银盘	江苏溧阳平桥窖藏	镇江博物馆提供
图六五—一	龟游莲叶纹银盏	杭州临安原高虹中小学出土　杭州市临安区博物馆藏	自摄
图六五—二	龟游莲叶纹银盏	四川彭州金银器窖藏　彭州市博物馆藏	自摄
图六六	银瓜棱盒	上海宝山南宋谭思通夫妇墓出土　上海博物馆藏	自摄
图六七	白玉教子升天杯		采自《中国玉器全集》第五卷图版一〇七
图六八	教子升天银盏	四川彭州金银器窖藏　彭州市博物馆藏	自摄
图六九—一	教子升天银杯盘	湖南临澧柏枝乡南宋金银器窖藏	湖南省博物馆提供
图六九—二	教子升天金杯盘	遵义播州土司杨价夫妇墓出土　贵州省文物考古研究所藏	自摄
图七〇—一	凤首盖钮注子一副·注子	四川彭州金银器窖藏　彭州市博物馆藏	自摄（线图为展厅陈列中的展板）
图七〇—二	凤首盖钮注子一副·温碗	四川彭州金银器窖藏　彭州市博物馆藏	自摄
图七一	团凤纹花式银盏	杭州临安原高虹中小学出土　杭州市临安区博物馆藏	自摄
图七二—一	『凤穴』银茶盏	四川德阳孝泉镇清真寺宋代窖藏　四川博物院藏	自摄
图七二—二	金托盏	内蒙古巴彦淖尔市临河区高油房西夏城址出土　内蒙古博物院藏	自摄
图七三	银鎏金仿古纹杯盘	江苏溧阳平桥窖藏	镇江博物馆提供
图七四	银鎏金四曲花口盘盏	江苏溧阳平桥窖藏	镇江博物馆提供
图七五	银鎏金八方盘盏	福建泰宁银器窖藏	三明市博物馆提供
图七六—一	仿古纹象钮银注子	四川彭州金银器窖藏　彭州市博物馆藏	自摄
图七六—二	仿古纹象钮银注子	遵义播州土司杨价夫妇墓出土	贵州省文物考古研究所提供
图七六—三	仿古式蝉纹银盏	江西星子县陆家山窖藏　江西省博物馆藏	自摄
图七七	八卦纹银夹层盏	浙江衢州南宋史绳祖墓出土　衢州博物馆藏	自摄
图七八	金花银台盏	浙江义乌柳青乡游览亭村窖藏　义乌市博物馆藏	自摄
图七九—一~五、七~八	盏心图案一至五、七至八	浙江义乌柳青乡游览亭村窖藏　义乌市博物馆藏	自摄
图七九—六	盏心图案六摹本		友人摹
图八〇	越窑青釉酒台子		采自《紫禁城》二〇〇六年第一期页三二
图八一	银鎏金魁星盘盏	邵武故县村南宋窖藏　邵武市博物馆藏	自摄

图八二	银魁星盘	江西新建县出土	江西省博物馆提供
图八三	婴戏图杯盘	安徽六安花石咀二号墓出土　皖西博物馆藏	自摄
图八四—一	《春游晚归图》(局部)		采自《中国绘画全集·五代宋辽金·五》，图九六
图八四—二	《竹林大士出山图》(局部)		采自《世貌风情：中国古代人物画精品集》页二五六
图八五	银鎏金双鱼盆	遵义播州土司杨价夫妇墓出土	贵州省文物考古研究所提供
图八六—一	河南荥阳槐西村宋墓壁画		采自《中国出土壁画全集·五》页一八四
图八六—二	《骷髅幻戏图》(局部)		采自《中国绘画全集·五代宋辽金·三》，图三五
图八七—一	银钵盂与银唾盂	浙江东阳金交椅山宋墓出土　东阳市博物馆藏	自摄
图八七—二	银钵盂与银唾盂	江西德安桃源山南宋墓出土　德安县博物馆藏	自摄
图八八	银丝盒	浙江衢州南宋史绳祖墓出土　衢州博物馆藏	自摄
图八九—一	银錾花粉盒	福州茶园山端平二年墓出土　福州市博物馆藏	自摄
图八九—二	银素面粉盒	福州茶园山端平二年墓出土　福州市博物馆藏	自摄
图八九—三	银荷叶盖罐	福州茶园山端平二年墓出土　福州市博物馆藏	自摄
图八九—四	菱花口银碟	福州茶园山端平二年墓出土　福州市博物馆藏	自摄
图九〇	青釉小碟	南京建筑工地出土	采自《南京文物精华·器物编》，页一三〇
图九一	菱花口银胭脂碟	江西德安南宋咸淳十年周氏墓出土　德安县博物馆藏	自摄
图九二—一	银荷叶盖罐(油缸)	湖州三天门南宋墓出土　湖州市博物馆藏	自摄
图九二—二	银盖罐(油缸)	安徽六安花石咀古墓一号墓出土　皖西博物馆藏	自摄
图九二—三	银荷叶盖柳斗罐(油缸)	苏州吴中篁村林场出土　苏州市吴中区博物馆藏	自摄
图九三—一	银粉盒	江西德安南宋咸淳十年周氏墓出土　德安县博物馆藏	自摄
图九三—二	银粉盒	江西德安南宋咸淳十年周氏墓出土　德安县博物馆藏	自摄
图九四—一	八出花口小银盒及盖面纹样	陕西蓝田吕氏家族墓园二十五号墓出土　陕西文物考古研究院藏	自摄
图九四—二	龙牙蕙草纹银盒	南宋张同之夫妇墓出土　南京市博物总馆藏	自摄
图九五	银奁	江西德安南宋咸淳十年周氏墓出土　德安县博物馆藏	自摄
图九六—一	银鎏金双凤戏牡丹纹奁匣	四川德阳孝泉镇清真寺窖藏　四川博物院藏	自摄
图九六—二	银鎏金双凤纹葵口奁盒	福州茶园山许峻墓出土　福建博物院藏	自摄

图九七—一	八棱錾花银奁	安徽六安花石咀古墓二号墓出土　皖西博物馆藏	自摄
图九七—二	錾花银盒（蛤粉桶）	安徽六安花石咀古墓二号墓出土　皖西博物馆藏	自摄
图九七—三	錾花银盒（蛤粉桶）	安徽六安花石咀古墓二号墓出土　皖西博物馆藏	自摄
图九七—四	银荷叶盖柳斗罐（油缸）	安徽六安花石咀古墓二号墓出土　皖西博物馆藏	自摄
图九七—五	錾花银盂	安徽六安花石咀古墓二号墓出土　皖西博物馆藏	自摄
图九七—六	錾花银罐与银胭脂碟	安徽六安花石咀古墓二号墓出土　皖西博物馆藏	自摄
图九八	银鎏金人物图奁盒	大英博物馆藏	自摄
图九九—一	银炉（莲花出香）	宁波天封塔地宫出土　宁波博物馆藏	自摄
图九九—二	银炉（莲花出香）	四川彭州金银器窖藏　彭州市博物馆藏	自摄
图一〇〇—一	银鎏金香囊	南京北宋长干寺塔地宫出土　南京市博物总馆藏	自摄
图一〇〇—二	银炉盖	四川德阳孝泉镇清真寺窖藏　四川博物院藏	自摄
图一〇〇—三	带座银香毬	宁波天封塔地宫出土　宁波博物馆藏	自摄
图一〇一—一	银香毬	四川彭州金银器窖藏　彭州博物馆藏	自摄
图一〇一—二	越窑青釉炉	浙江黄岩灵石寺塔出土　黄岩市博物馆藏	自摄
图一〇一—三	景德镇窑青白釉炉	陕西蓝田北宋吕氏家族墓地出土　陕西省考古研究院藏	自摄
图一〇二	银鎏金莲花鹊尾炉	南京北宋长干寺塔地宫出土	采自《文物》二〇一五年第五期封面
图一〇三	錾花银香盒	南京北宋长干寺塔地宫出土　南京市博物总馆藏	自摄
图一〇四	银鎏金团凤纹香盒	南京北宋长干寺塔地宫出土　南京市博物总馆藏	自摄
图一〇五	团凤纹银盒	定州静志寺塔地宫出土　定州博物馆藏	自摄
图一〇六	团凤纹银盒	定州静志寺塔地宫出土　定州博物馆藏	自摄
图一〇七	团凤纹银盒	定州静志寺塔地宫出土　定州博物馆藏	自摄
图一〇八	木贴金涅槃像	上海青龙镇隆平寺塔地宫出土　上海博物馆藏	自摄
图一〇九	金舍利瓶	山东兖州兴隆塔地宫出土　兖州博物馆藏	自摄
图一一〇	银鎏金罩金舍利瓶	浙江瑞安北宋慧光塔出土　浙江省博物馆藏	自摄
图一一一	金舍利瓶	浙江瑞安北宋慧光塔出土　瑞安市博物馆藏	自摄
图一一二—一	鎏金银请舍利筯	浙江瑞安北宋慧光塔出土　浙江省博物馆藏	自摄

图一一二—二	『千年万载』铭小银匙	巴林右旗辽庆州城遗址出土　巴林右旗博物馆藏	自摄
图一一二—三	鎏金银盂	南京长干寺遗址出土　南京市博物总馆藏	自摄
图一一三	錾花银匣	镇江甘露寺铁塔地宫出土　镇江博物馆藏	自摄
图一一四	银椁	山东济宁汶上县宝相寺塔地宫出土　中都博物馆藏	自摄
图一一五—一	银棺	河北定州静志寺塔基出土　定州博物馆藏	自摄
图一一五—二	金棺	河北定州静志寺塔基出土　定州博物馆藏	自摄
图一一五—三	金棺	河北定州静志寺塔基出土　定州博物馆藏	自摄
图一一五—四	金棺	河北定州静志寺塔基出土　定州博物馆藏	自摄
图一一六	鎏金银椁	南京长干寺遗址出土　南京市博物总馆藏	自摄
图一一七	金棺	南京长干寺遗址出土　南京市博物总馆藏	自摄
图一一八	银椁	河南邓州福胜寺塔出土　河南博物院藏	自摄
图一一九	金棺	河南邓州福胜寺塔出土　河南博物院藏	自摄
图一二〇—一～二	鎏金银棺	山东兖州兴隆塔地宫出土　兖州博物馆藏	自摄
图一二〇—三	鎏金银棺围栏残件	山东兖州兴隆塔地宫出土	肖贵田提供
图一二〇—四～九	鎏金银棺（涅槃图、前挡、团龙、三教会棋图、一佛二菩萨）	山东兖州兴隆塔地宫出土　兖州博物馆藏	自摄
图一二一	涅槃像	江苏句容崇明大圣寺塔出土　南京博物院藏	自摄
图一二二	金棺	江苏句容崇明大圣寺塔出土　南京博物院藏	自摄
图一二三	银椁	江苏句容崇明大圣寺墖出土　南京博物院藏	自摄
图一二四	铅贴金阿育王塔	上海青龙镇隆平寺塔地宫出土　上海博物馆藏	自摄
图一二五—一～七	七宝阿育王塔	南京长干寺遗址出土　南京市博物总馆藏	自摄
图一二六—一	银鎏金錾花舍利塔	定州静志寺塔基出土　定州博物馆藏	自摄
图一二六—二	银鎏金錾花舍利塔	定州静志寺塔基出土　定州博物馆藏	自摄
图一二六—三	银鎏金錾花舍利塔	定州净众寺塔基出土　定州博物馆藏	自摄
图一二七—一	银鎏金塔	浙江瑞安北宋慧光塔出土	浙江省博物馆提供
图一二七—二	银塔	宁波天封塔地宫出土　宁波博物馆藏	自摄
图一二八	『浑银地宫』	宁波天封塔地宫出土	宁波博物馆提供

图一二九	七宝阿育王塔铭文	南京长干寺遗址出土　南京市博物总馆藏	自摄
图一三〇—一	银牌记	宁波天封塔地宫出土　宁波博物馆藏	自摄
图一三〇—二	银牌记	安徽青阳南宋佛塔地宫出土　安徽博物院藏	自摄
图一三〇—三	金牌子	安徽青阳南宋佛塔地宫出土　安徽博物院藏	自摄
图一三一—一	银龙（衔『庄十二娘舍银一两』银牌）	宜兴法藏寺地宫出土　宜兴市博物馆藏	自摄
图一三一—二	银龙（衔『沈思明舍乞保男显僧』银牌）	宜兴法藏寺地宫出土　宜兴市博物馆藏	自摄
图一三二—一	金无量寿佛坐像	大理崇圣寺塔出土　云南省博物馆藏	自摄
图一三二—二	鎏金铜金刚杵	大理崇圣寺塔出土　云南省博物馆藏	自摄
图一三二—三	造像三尊	大理崇圣寺塔出土　云南省博物馆藏	自摄
图一三三	银背光金阿嵯耶观音	大理崇圣寺塔出土　云南省博物馆藏	自摄
图一三四	银鎏金镶珠金翅鸟	大理崇圣寺塔出土　云南省博物馆藏	自摄
图一三五—一	银鎏金菊花盏	安徽宁国县人民政府大院基建工地金银器窖藏　宁国市博物馆藏	自摄
图一三五—二	银鎏金芙蓉花盏	安徽宁国县人民政府大院基建工地金银器窖藏　宁国市博物馆藏	自摄
图一三六—一	《丛菊飞蝶图》	故宫博物院藏	自摄
图一三六—二	『廖卿』款金菊花盏	湖南临澧新合元代窖藏	湖南省博物馆提供
图一三六—三	银蜂赶菊纹菊花盏	湖南涟源桥头河镇石洞村元代窖藏	涟源市文物管理所提供
图一三七—一	银鎏金伎乐童子夹层盏	安徽宁国县人民政府大院基建工地金银器窖藏　宁国市博物馆藏	自摄
图一三七—二	银鎏金四季花卉夹层盏	南京市博物总馆藏	自摄
图一三八	缠枝桃纹金盘	北京月坛地区出土　北京市文物研究所藏	自摄
图一三九	银牡丹花盘	湖南衡南南涧村元代窖藏	衡阳市博物馆提供
图一四〇	银錾蝶赶菊纹盘	湖南澧县珍珠村元代窖藏	澧县博物馆提供
图一四一	『陈荣卿造』金菊花盘		株洲市博物馆提供
图一四二—一	银芙蓉花盘	湖南涟源桥头河镇石洞村元代窖藏	涟源市文物管理所提供
图一四二—二	银鎏金芙蓉花盘盏	无锡元钱裕墓出土　无锡博物院藏	自摄
图一四三	银鎏金莲塘纹盘	湖南澧县珍珠村元代窖藏	澧县博物馆提供
图一四四	四合如意式金盘盏	元吕师孟墓出土　南京博物院藏	自摄

图一四五	景德镇窑青白釉玉壶春瓶（局部）	北京龙潭湖元斡脱赤墓出土　首都博物馆藏	自摄
图一四六—一	蜂赶菊纹单耳银杯	湖南攸县丫江桥元代窖藏	株洲市博物馆提供
图一四六—二	宝妆莲花纹灵芝单耳银杯	湖南攸县丫江桥元代窖藏	株洲市博物馆提供
图一四七	银鎏金灵芝单耳菊花杯	株洲堂市乡元代窖藏	株洲市博物馆提供
图一四八	灵芝单耳银杯	赤峰敖汉旗新窝铺出土　敖汉旗博物馆藏	自摄
图一四九	『陈云飞造』银鎏金双鸾纹摩竭单耳杯	益阳八字哨元代窖藏	益阳市博物馆提供
图一五〇—一	金屈卮盘	合肥市小南门孔庙旧基元代窖藏　安徽博物院藏	自摄
图一五〇—二	银屈卮	合肥市小南门孔庙旧基元代窖藏　安徽博物院藏	自摄
图一五一—一	金盂	合肥市小南门孔庙旧基元代窖藏　安徽博物院藏	自摄
图一五一—二	银盂	合肥市小南门孔庙旧基元代窖藏　安徽博物院藏	自摄
图一五二—一	金花银盂	包头达茂旗出土　内蒙古文物考古研究所藏	自摄
图一五二—二	银盂	江苏江阴青阳南陈村出土　江阴博物馆藏	自摄
图一五三—一	玉枝梗桃杯	无锡元钱裕墓出土　无锡博物院藏	自摄
图一五三—二	玉枝梗瓜杯	西藏博物馆藏	自摄
图一五四—一	银枝梗瓜杯	湖南临澧新合元代窖藏	湖南省博物馆提供
图一五四—二	金瓜瓞单耳瓜杯	湖南临澧新合元代窖藏	湖南省博物馆提供
图一五五—一	银鎏金梵文绶带结单耳瓜杯	湖南益阳八字哨元代窖藏　上海博物馆藏	馆方提供
图一五五—二	银单耳瓜杯	内蒙古博物院藏	自摄
图一五六	龟游莲叶纹银盏	湖南临澧新合元代窖藏	湖南省博物馆提供
图一五七	金錾海石榴花高脚杯	北京西城区月坛地区出土　北京市文物研究所藏	自摄
图一五八—一	金錾折枝茶花高脚杯	内蒙古包头达茂旗明水村出土	采自《黄金·丝绸·青花瓷：马可·波罗时代的时尚艺术》页二一六
图一五八—二	金錾出水莲荷高脚杯	内蒙古锡林郭勒盟镶黄旗出土　内蒙古博物院藏	自摄
图一五九	银錾四季花卉纹高脚杯	湖南益阳八字哨元代窖藏	益阳市博物馆提供
图一六〇	『邓万四郎』款金高脚杯	无锡元钱裕墓出土　无锡博物院藏	自摄
图一六一	银鎏金仿古纹高足杯	湖南临澧新合元代窖藏	湖南省博物馆提供
图一六二	银仿古纹簋式夹层杯	湖南澧县珍珠村元代窖藏	澧县博物馆提供

图一六三—一	金宝妆莲瓣纹八方杯	湖南津市元代金银器窖藏	津市文物管理所提供
图一六三—二	金宝妆莲瓣纹八方杯（局部）	湖南津市元代金银器窖藏	津市文物管理所提供
图一六四	银船盘盏	湖南澧县澧南乡出土	澧县博物馆提供
图一六五—一	《莲舟仙渡图》（局部）	故宫博物院藏	
图一六五—二	太乙真人莲叶舟玉带銙	天津博物馆藏	自摄
图一六六	青釉仙人乘槎图执壶（柄残）	温州市山前街建筑工地出土	采自《东方博物》第三十五辑页二一
图一六七—一	朱碧山银槎杯		采自《中国历代艺术·工艺美术编》图二八七
图一六七—二	『朱碧山』款银槎杯	吴中博物馆藏	自摄
图一六八	银鎏金果盒	哈尔滨阿城区出土　金上京历史博物馆藏	自摄
图一六九—一	银鎏金果盒	江阴申港张家店元墓出土　江阴博物馆藏	自摄
图一六九—二	银果盒	合肥市小南门孔庙旧基元代窖藏　安徽博物院藏	自摄
图一七〇	银鎏金菱花式果盒	吕师孟夫妇墓出土　南京博物院藏	自摄
图一七一	錾花金盘	北京月坛地区出土　北京市文物研究所藏	自摄
图一七二—一	银錾缠枝海石榴花纹盘	湖南涟源桥头河镇石洞村元代窖藏	涟源市文物管理所提供
图一七二—二	银錾蓝桥遇仙记故事图果盘	湖南涟源桥头河镇石洞村元代窖藏	涟源市文物管理所提供
图一七三—一	唐明皇游月宫银盘	江苏金坛湖溪元代窖藏　镇江博物馆藏	自摄
图一七三—二	八仙祝寿图银盘	安徽宁国县人民政府大院基建工地金银器窖藏　宁国市博物馆藏	自摄
图一七四—一	银镂空莲花纹茶匙	株洲攸县凉江乡元代窖藏	株洲市博物馆提供
图一七四—二	银镂空莲花纹荷叶茶匙	湖南涟源桥头河镇石洞村元代窖藏	涟源市文物管理所提供
图一七五—一	银镂空莲花纹荷叶茶匙	福建邵武故县窖藏　邵武市博物馆藏	自摄
图一七五—二	银鎏金镂花茶匙	江苏金坛尧塘西榭村窖藏　金坛市博物馆藏	自摄
图一七六	陕西蒲城洞耳村元墓壁画		采自《考古与文物》二〇〇〇年第一期页二一
图一七七—一	山西阳泉东村元墓壁画	山西博物院藏	自摄
图一七七—二	山西屯留康庄工业园区元墓壁画	山西博物院藏	自摄
图一七八—一～二	山西洪洞水神庙壁画		自摄
图一七九	『庚辰藏萃仲誌』银玉壶春瓶	湖南涟源桥头河镇石洞村元代窖藏	涟源市文物管理所提供

图一八〇—一~二	银玉壶春瓶	合肥市小南门孔庙旧基元代窖藏　安徽博物院藏	自摄
图一八〇—三	银玉壶春瓶	鄂尔多斯准格尔旗黑岱沟出土　内蒙古博物院藏	自摄
图一八〇—四	银玉壶春瓶	宜昌当阳赵家湖出土　宜昌博物馆藏	自摄
图一八一—一	『庚辰年萃仲置』银马盂	湖南涟源市桥头河镇石洞村元代银器窖藏	涟源市文物管理所提供
图一八一—二	银马盂	合肥市小南门孔庙旧基元代窖藏　中国国家博物馆藏	自摄
图一八一—三	银马盂	无锡元钱裕墓出土　无锡博物院藏	自摄
图一八一—四	银马盂	内蒙古博物院藏	自摄
图一八二—一	陕西蒲城洞耳村元墓壁画		采自《考古与文物》二〇〇〇年第一期
图一八二—二	山西阳泉东村元墓壁画	山西博物院藏	自摄
图一八二—三	山西屯留康庄工业园区元墓壁画	山西博物院藏	自摄
图一八三—一	银马杓	湖南涟源桥头河镇石洞村元代窖藏	涟源市文物管理所提供
图一八三—二	银马杓	敖汉旗新丘元代银器窖藏　敖汉旗博物馆藏	自摄
图一八四—一	金马杓	艾尔米塔什博物馆藏	自摄
图一八四—二	银马杓	艾尔米塔什博物馆藏	自摄
图一八五	元代铜人	包头市征集　内蒙古博物院藏	自摄
图一八六	山西平定西关村金代壁画墓马厩图	山西博物院藏	自摄
图一八七	『青玉龙柄长方折角杯』		采自《中国玉器全集》第五卷图一〇九
图一八八—一	银鎏金盏	额尔齐斯河畔出土　艾尔米塔什博物馆藏	自摄
图一八八—二	金盏	内蒙古兴和县五股泉乡五甲地村出土　内蒙古博物院藏	自摄
图一八九	山西阳泉东村元墓壁画	山西博物院藏	自摄
图一九〇—一	银酒铫	无锡元钱裕墓出土　无锡博物院藏	自摄
图一九〇—二	银酒铫	新安海底沉船遗物	采自《新安沉船里的金属工艺》图九七
图一九一—一~二	银奁以及银奁内的妆具	元末张士诚母曹氏墓出土　苏州博物馆藏	自摄
图一九二	镜与镜架	元末张士诚母曹氏墓出土　苏州博物馆藏	自摄
图一九三	柿子形银盖罐	吕师孟夫妇墓出土　南京博物院藏	自摄
图一九四—一	银妆盘	株洲攸县凉江乡元代窖藏	株洲市博物馆提供

图一九四—二	银粉盒	株洲攸县凉江乡元代窖藏	株洲市博物馆提供
图一九五	银如意纹盒	益阳八字哨元代窖藏　上海博物馆藏	馆方提供
图一九六	法华经·普门品变相图局部（五代）		采自《西域美术·英国博物馆斯坦因收集品·II》图二二—五
图一九七—一	陶俑·提水罐	河南焦作元靳德茂墓出土　焦作市博物馆藏	自摄
图一九七—二	陶俑·提水盆	河南焦作元靳德茂墓出土　焦作市博物馆藏	自摄
图一九八—一	银盆（厮锣）	无锡元钱裕墓出土　无锡博物院藏	自摄
图一九八—二	银钵盂	无锡元钱裕墓出土　无锡博物院藏	自摄
图一九八—三	银唾盂	无锡元钱裕墓出土　无锡博物院藏	自摄
图一九九—一	双龙耳金碗	出自别尔哥萨莱古城遗址　艾尔米塔什博物馆藏	自摄
图一九九—二	银鎏金高足杯	出自斯维尔德洛夫州北部　艾尔米塔什博物馆藏	自摄
图一九九—三	银鎏金錾花高足杯	出自托波尔省额尔齐斯河　艾尔米塔什博物馆藏	自摄
图一九九—四	银高足杯	出自库班白河镇附近山岗　艾尔米塔什博物馆藏	自摄

第七章　两宋金元饰品

图一	一把莲砖雕（莲荷华）	山西晋城郝匠金墓出土　晋城博物馆藏	自摄
图二	飞仙	四川泸县石桥镇新屋嘴村二号墓墓室石刻　泸县博物馆藏	自摄
图三—一	玉飞仙	辽宁朝阳北塔天宫出土　朝阳博物馆藏	自摄
图三—二	金飞天	山西灵丘曲回寺遗址元代窖藏　大同市博物馆藏	馆方提供
图四—一	银钗	江西彭泽易氏夫人墓出土　江西省博物馆藏	自摄
图四—二	银钗	福建邵武故城南宋金银器窖藏　邵武市博物馆藏	自摄
图四—三	金折股钗	济南市卫巷遗址窖藏　济南考古馆藏	自摄
图五—一	金缠丝钗	江苏江阴夏港宋墓出土　江阴博物馆藏	自摄
图五—二	『马一郎记』金缠丝钗	湖北蕲春罗州城窖藏　蕲春县博物馆藏	自摄
图五—三	银竹节钗	福建邵武故城南宋金银器窖藏　邵武市博物馆藏	自摄
图六	金竹叶钗	江苏丹徒县码船山大队出土	镇江博物馆提供

图七	金钑花钗	江西安义石鼻南宋李硕人墓出土　江西省博物馆藏	自摄
图八	竹节钗与缠丝钗	四川彭州金银器窖藏	采自《四川彭州宋代金银器窖藏》页一二
图九—一	金竹节钗	湖南沅陵元黄氏夫妇墓出土	沅陵县博物馆提供
图九—二	金竹节钗	赤峰敖汉旗克力代太吉和窑出土　敖汉旗博物馆藏	自摄
图一〇—一	金竹节钗	苏州张士诚母曹氏墓出土　苏州博物馆藏	自摄
图一〇—二	银鎏金竹节钗	江苏江阴山观窖藏　江阴博物馆藏	自摄
图一一	金缠丝钗	湖南临澧新合元代金银器窖藏	湖南省博物馆提供
图一二—一	金竹节钗	湖南临澧新合元代金银器窖藏	湖南省博物馆提供
图一二—二	金竹节钗	湖北宜昌河溶赵家湖出土　宜昌博物馆藏	自摄
图一三—一	河南登封唐庄宋代壁画墓壁画		采自《二〇一一中国重要考古发现》页一五三
图一三—二	山西平阳曲沃苏村金墓砖雕		采自《平阳金墓砖雕》图一〇一
图一三—三	郑州登封王上村金墓壁画		采自《郑州宋金壁画墓》图二三〇
图一三—四	《冬日婴戏图》局部（摹本）	台北故宫博物院藏	
图一四	《新编对相四言》中的钗		采自上海书店出版社二〇一五年影印本
图一五—一	银鎏金并头花簪	江苏江阴山观窖藏　江阴博物馆藏	自摄
图一五—二	银鎏金并连花头簪	江苏江阴山观窖藏　江阴博物馆藏	自摄
图一五—三	银鎏金并连花头簪	江苏江阴山观窖藏　江阴博物馆藏	自摄
图一五—四	银鎏金花头桥梁式簪	江苏江阴山观窖藏　江阴博物馆藏	自摄
图一六	银并连花头簪	金坛尧塘南宋银器窖藏　金坛市博物馆藏	自摄
图一七—一	金花头桥梁簪	江阴博物馆藏	自摄
图一七—二	银花头桥梁簪	浙江长兴泗安镇银器窖藏　长兴博物馆藏	自摄
图一八—一	金花头桥梁簪	安徽宁国县人民政府大院基建工地金银器窖藏　宁国市博物馆藏	自摄
图一八—二	银鎏金花头桥梁钗	金坛尧塘西树村窖藏　金坛市博物馆藏	自摄
图一九—一	金桥梁式花头钗（残）	江西吉安县出土	江西省博物馆提供
图一九—二	金花头钗（局部）	德清博物馆藏	自摄
图二〇	金花筒簪	蕲春罗州城窖藏　蕲春市博物馆藏	自摄

图二一—一	金花筒钗	江西安义石鼻李硕人墓出土　江西省博物馆藏	自摄
图二一—二	金并头花筒钗	安徽芜湖小桃园出土　安徽博物院藏	自摄
图二二—一	金花筒钗	蕲春罗州城窖藏　蕲春市博物馆藏	自摄
图二二—二	金裹银花筒钗	德阳清真寺窖藏　四川博物院藏	自摄
图二三	银鎏金并头花筒簪	金坛昌源商城宋代窖藏　金坛市博物馆藏	自摄
图二四	金镂空花筒簪	南京幕府山宋墓出土　南京市博物总馆藏	自摄
图二五—一	金连二连三式花筒钗	湖南临湘陆城宋墓出土	湖南省博物馆提供
图二五—二	金连二连三式花筒钗	安徽芜湖小桃园出土　安徽博物院藏	自摄
图二五—三	金桥梁式花筒钗	南京太平门外王家湾宋墓出土　南京市博物总馆藏	自摄
图二六—一	银鎏金并连式竹叶钗	江西德安周氏墓出土　德安博物馆藏	自摄
图二六—二	金桥梁式竹叶钗	浙江东阳金交椅山宋墓出土　东阳市博物馆藏	自摄
图二六—三	金桥梁式竹节钗	湖南张家界元代金银器窖藏	张家界市文物处提供
图二七	银鎏金并头花筒簪	江苏江阴山观窖藏　江阴博物馆藏	自摄
图二八	银鎏金并头式楼阁簪	浙江永嘉银器窖藏	郑旭明摄
图二九—一	郑州登封高村宋墓壁画		采自《郑州宋金壁画墓》图一〇七
图二九—二	山西高平开化寺宋代壁画		自摄
图三〇—一	银花头顶挑针	浙江永嘉银器窖藏	郑旭明摄
图三〇—二	银鎏金花头挑针	江苏江阴山观窖藏　江阴博物馆藏	自摄
图三〇—三	银鎏金花头挑针	江苏江阴山观窖藏　江阴博物馆藏	自摄
图三一—一	银鎏金环耳瓜棱瓶顶锥脚簪	德安桃源山南宋周氏墓出土　德安博物馆藏	自摄
图三一—二	金环耳瓜棱瓶顶锥脚簪	湖南沅陵元黄氏墓出土	沅陵县博物馆提供
图三一—三	金环耳瓜棱瓶顶锥脚簪	湖北宜昌赵家湖出土　宜昌博物馆藏	自摄
图三一—四	银胆瓶顶锥脚簪	湖南临澧柏枝乡南宋窖藏	湖南省博物馆提供
图三二—一	银鎏金莲花鸳鸯顶锥脚簪	株洲堂市乡元代窖藏	株洲市博物馆提供
图三二—二	金瓜果纹顶锥脚簪	湖南华容县城关油厂元墓出土	华容县博物馆提供
图三三	拨子式金簪	四川彭州金银器窖藏　彭州市博物馆藏	自摄

图三四	金麒麟凤凰簪	南京幕府山宋墓出土	南京市博物总馆提供
图三五—一	银鎏金双凤戏牡丹簪	金坛昌源商城宋代窖藏　金坛市博物馆藏	自摄
图三五—二	银鎏金凤穿牡丹簪	杭州临安杨岭宋墓出土　杭州市临安区博物馆藏	自摄
图三六	银镂空缠枝牡丹簪簪首	金华博物馆藏	自摄
图三七—一	银蛟龙戏珠簪	浙江永嘉银器窖藏　永嘉县文物馆藏	郑旭明摄
图三七—二	银鎏金龙戏珠簪	安徽宁国县人民政府大院基建工地金银器窖藏　宁国市博物馆藏	自摄
图三七—三	银鎏金穿花戏珠龙簪	安徽宁国县人民政府大院基建工地金银器窖藏　宁国市博物馆藏	自摄
图三八	银鎏金寿星图簪	浙江龙游出土　龙游县博物馆藏	石超提供
图三九—一～二	银花钿簪	浙江永嘉银器窖藏　永嘉县文物馆藏	郑旭明摄
图三九—三	金花钿钗	湖北黄石河口镇凤凰山南宋吕氏墓出土　黄石市博物馆藏	自摄
图四〇	《搜山图》（局部）		采自《宋画全集》第一卷第六册图一〇二
图四一	金莲花簪	江阴夏港宋墓出土　江阴博物馆藏	自摄
图四二	心字金钗	安徽潜山县余井宋墓出土	潜山博物馆提供
图四三—一	菩萨手金簪	浙江东阳金交椅山宋墓出土	东阳市博物馆提供
图四三—二	拈花菩萨手金花钱	南京长干寺遗址出土　南京市博物总馆藏	自摄
图四四—一	包金玉簪	浙江龙游寺底袁宋墓出土　龙游县博物馆藏	自摄
图四四—二	金簪	浙江衢州南宋史绳祖墓出土　衢州市博物馆藏	自摄
图四五—一	金钳镯	浙江绍兴东湖镇梧桐村南宋墓出土　绍兴博物馆藏	自摄
图四五—二	银云月簪	浙江德清银子山出土　德清博物馆藏	自摄
图四五—三	银鎏金云月簪	浙江浦江白马镇高爿窖藏　浦江博物馆藏	自摄
图四六—一	《招凉仕女图》（局部）		采自《宋代书画册页名品特展》图四八（台北故宫博物院一九九五年）
图四六—二	郑州市登封王上村壁画墓壁画（摹本）		据《文物》一九九四年第十期封面
图四七—一	金凤簪首	江苏涟水妙通塔地宫出土	采自《文物》二〇〇八年第八期封面
图四七—二	金凤簪	上海宝山区月浦镇谭伯龙夫妇墓出土　上海博物馆藏	自摄
图四七—三	金凤首簪	上海宝山区月浦镇谭思通夫妇墓出土　上海博物馆藏	自摄
图四八—一	金凤钗	陕西临潼金代窖藏　临潼博物馆藏	自摄

图四八—二	金凤钗	济南市卫巷遗址宋金窖藏　济南考古馆藏	自摄
图四九—一	凤衔瓜果金钗	蕲春罗州城窖藏　蕲春县博物馆藏	自摄
图四九—二	宋墓石刻	合江博物馆藏	自摄
图五〇—一	银步摇	安徽南陵北宋墓出土　南陵县博物馆藏	自摄
图五〇—二	金步摇	湖南临湘陆城南宋一号墓出土	湖南省博物馆提供
图五一—一	银镶水晶步摇	江西永新北宋刘沆墓出土	江西省博物馆提供
图五一—二	金步摇	四川阆中市双龙镇宋墓出土	采自《中国金银玻璃珐琅器全集·金银器·二》图二五二
图五二—一	《明皇击球图》（局部）	辽宁省博物馆藏	自摄
图五二—二	登封城南庄宋墓壁画		采自《郑州宋金壁画墓》图一五七
图五二—三	《送子天王图》（局部）	大阪市立美术馆藏	采自《宋画全集》第七卷第二册图六〇
图五三	山西稷山马村金墓砖雕		采自《平阳金墓砖雕》图一一八
图五四—一	金裹头银脚簪	江阴夏港北宋孙四娘子墓出土　苏州博物馆藏	自摄
图五四—二	金簪	安徽南陵北宋墓出土　南陵县博物馆藏	自摄
图五四—三	金簪	江西鄱阳宋熊本妻墓出土　江西省博物馆藏	自摄
图五五—一	金裹头银脚簪	常州北环工地宋墓出土　常州博物馆藏	自摄
图五五—二	金裹头银脚簪	江苏江阴西郊文武大队出土　江阴博物馆藏	自摄
图五五—三	金簪首	镇江市南郊北宋黄氏墓出土	镇江博物馆提供
图五六	河南登封唐庄宋代壁画墓壁画		采自《二〇一一中国重要考古发现》页一五三
图五七—一	宋仁宗皇后像（局部）		采自《南薰殿历代帝后图像》（下）页四五（台北故宫博物院二〇一一年）
图五七—二	宋徽宗皇后像（局部）		采自《南薰殿历代帝后图像》（下）页四五（台北故宫博物院二〇一一年）
图五七—三	宋钦宗皇后像（局部）		采自《南薰殿历代帝后图像》（下）页四五（台北故宫博物院二〇一一年）
图五八	山西稷山县青龙寺腰殿元代壁画		自摄
图五九	金太祖陵皇后金丝冠撑（盛子）	北京房山区金陵遗址出土　北京市文物研究所藏	自摄
图六〇	金螭虎钗	株洲攸县丫江桥元代窖藏	株洲市博物馆提供
图六一	金螭虎钗	湖南澧县双龙乡花庙村出土	澧县博物馆提供
图六二	金螭虎钗	湖南临澧新合元代窖藏	湖南省博物馆提供

图六三	金螭虎钗	湖南临澧新合元代窖藏	湖南省博物馆提供
图六四	银摩羯衔花钗	湖南沅陵元黄氏墓出土	沅陵县博物馆提供
图六五—一	铜鎏金虎形带钩	山西朔州市开发北路西汉墓出土 山西博物院藏	自摄
图六五—二	螭虎穿花玉佩	西安东郊田家湾村出土 西安博物院藏	自摄
图六五—三	绿地螭虎穿云纹锦	黑龙江阿城金齐国王墓出土	采自《金代服饰——金齐国王墓出土服饰研究》彩版一三八
图六六—一	金螭虎钗	湖北宜昌当阳赵家湖出土 宜昌博物馆藏	自摄
图六六—二	金螭虎簪	上海电视大学松江分校金器窖藏 上海博物馆藏	自摄
图六七—一～二	金螭虎钗	赤峰敖汉旗克力代太吉和窑出土 敖汉旗博物馆藏	自摄
图六七—三	金螭虎钗	内蒙古博物院藏	自摄
图六七—四～五	金螭虎钗	大同博物馆藏	自摄
图六八	银鎏金瓜头簪	浙江浦江白马镇高爿窖藏 浦江博物馆藏	自摄
图六九—一	金并头荔枝簪首	湖南临澧合口镇出土	临澧县博物馆提供
图六九—二	银鎏金荔枝簪首	株洲攸县槚山乡止步前村出土	株洲市博物馆提供
图七〇	金并头荔枝簪	湖南临澧新合元代窖藏	湖南省博物馆提供
图七一	金并头荔枝簪	江苏江阴山观窖藏 江阴博物馆藏	自摄
图七二—一	金累丝并头荔枝桃实簪	石家庄史天泽家族墓出土 河北省文物研究所藏	自摄
图七二—二	金并头荔枝簪首	石家庄史天泽家族墓出土 河北省文物研究所藏	自摄
图七三—一～二	金瓜头簪	湖南临澧新合元代窖藏	湖南省博物馆提供
图七三—三	金瓜头簪	湖南石门县新铺乡出土	石门县博物馆提供
图七四	金瓜头簪	乌兰察布市察右前旗土城子出土 内蒙古博物院藏	自摄
图七五	金并头荔枝瓜实簪	湖南临澧新合元代窖藏	湖南省博物馆提供
图七六	银鎏金荔枝瓜实并头簪	株洲堂市乡元代窖藏	株洲市博物馆提供
图七七—一	瓜瓞纹镜	辽宁省博物馆藏	自摄
图七七—二	瓜瓞纹镜	辽宁省博物馆藏	自摄
图七八—一	金花朵纹如意簪	湖南临澧新合元代窖藏	湖南省博物馆提供
图七八—二	金瓜果如意簪	湖南临澧新合元代窖藏	湖南省博物馆提供

图七九	金瓜果如意簪	湖南津市涔澹农场青龙嘴窖藏	津市文物管理所提供
图八〇	金海水蛟龙纹如意簪	株洲攸县丫江桥元代窖藏	株洲市博物馆提供
图八一	金花果行龙纹如意簪	湖南临澧合口镇出土	临澧县博物馆提供
图八二	金累丝嵌绿松石簪	石家庄元史天泽家族墓出土　河北省文物研究所藏	自摄
图八三	金满池娇荷叶簪	湖南临澧新合元代窖藏	湖南省博物馆提供
图八四	银满池娇荷叶簪	湖南益阳八字哨元代窖藏	益阳市博物馆提供
图八五	金满池娇荷叶簪簪首	元刘黑马家族墓地出土	陕西省考古研究院提供
图八六	金穿玉荷叶簪	周家田元墓出土　武汉市博物馆藏	馆方提供
图八七	银鎏金满池娇纹簪簪首	湖南攸县桃水镇褚家桥元代窖藏	株洲市博物馆提供
图八八	金凤簪簪首	湖南临澧新合元代窖藏	湖南省博物馆提供
图八九	金摩竭托凤簪簪首	湖南临澧新合元代窖藏	湖南省博物馆提供
图九〇—一	金摩竭托玉凤簪	湖南沅陵元黄氏夫妇墓出土	沅陵县博物馆提供
图九〇—二	金穿玉凤簪簪首	石家庄元史天泽家族墓出土　河北省文物研究所藏	自摄
图九一—一	金凤簪残件	湖南常德桃源县文物管理所藏	常德博物馆提供
图九一—二	金凤钗	浙江桐庐百江镇罗山乐明村墓葬出土　桐庐县博物馆藏	自摄
图九二	银凤衔花结簪	湖南石门雁池乡元代窖藏	石门县博物馆提供
图九三—一	金凤钗	湖南临澧新合元代窖藏	湖南省博物馆提供
图九三—二	银鎏金凤簪首	湖南株洲堂市乡元代窖藏	株洲市博物馆提供
图九四	银平脱镜箱纹样（局部）		采自《正仓院展》（第六十四回）页二〇
图九五	金桃花山茶双鸾纹银脚簪	株洲攸县丫江桥元代窖藏	株洲市博物馆提供
图九六	元剔红山茶双鸟纹盘		采自《海外遗珍·漆器》图五五
图九七	团凤纹带柄镜（局部）	湖北鄂钢弹簧钢板厂出土　鄂州市博物馆藏	自摄
图九八	金麒麟凤凰纹簪	湖南临澧新合元代窖藏	湖南省博物馆提供
图九九—一	《明皇击毬图》（局部）	辽宁省博物馆藏	自摄
图九九—二	海水龙纹青花长瓶肩部开光	保定市永华南路小学出土　河北博物院藏	自摄
图一〇〇—一	金并头鸾鸟簪	湖南石门新铺乡出土	石门县博物馆提供

图一〇〇—二	金双凤簪	山西灵丘曲回寺遗址元代金器窖藏　大同市博物馆藏	自摄
图一〇一	庭园小景图金簪	湖南临澧新合元代窖藏	湖南省博物馆提供
图一〇二—一	辽代彩绘木板画	内蒙古林西县出土　林西县博物馆藏	自摄
图一〇二—二	三彩听琴图枕（局部）	河南济源市勋掌村出土　河南博物院藏	自摄
图一〇三	春游醉归图银钗	湖南涟源市桥头河镇石洞村元代窖藏	涟源市文物管理所提供
图一〇四	《花坞醉归图》（局部）	上海博物馆藏	馆方提供
图一〇五	榴枝对鸟图银簪	湖南攸县凉江乡元代窖藏	株洲市博物馆提供
图一〇六	绣羽鸣春图金簪	湖南张家界元代窖藏	张家界市文物处提供
图一〇七—一	《榴枝黄鸟图》（局部）		采自《宋画全集》第一卷第八册图二一四
图一〇七—二	《绣羽鸣春图》（局部）		采自《宋画全集》第一卷第八册图二〇六
图一〇八	金掬水月在手图银脚簪	株洲攸县丫江桥元代窖藏	株洲市博物馆提供
图一〇九—一	金步摇	株洲攸县丫江桥元代窖藏	株洲市博物馆提供
图一〇九—二	银步摇（局部）	湖南益阳八字哨元代窖藏	益阳市博物馆提供
图一一〇	錾花嵌宝金冠	元范文虎夫妇墓出土　安徽博物院藏	自摄
图一一一	银折枝四季花卉如意冠	湖南华容县城关油厂元墓出土	华容县博物馆提供
图一一二	铺翠金梁冠	元张士诚母曹氏墓出土　苏州博物馆藏	自摄
图一一三	赤峰市元宝山沙子梁元墓壁画	赤峰市博物馆藏	自摄
图一一四—一	鸳鸯戏莲纹金梳背	四川广汉雒城镇树林路基建工地出土　广汉市文物管理所藏	自摄
图一一四—二	双狮戏毬纹银梳	江西彭泽易氏夫人墓出土　江西省博物馆藏	自摄
图一一五	玉梳	南京江宁建中宋墓出土　南京市博物总馆藏	自摄
图一一六—一~二	银鎏金缠枝花卉纹梳背	江西永新县刘沆夫妇墓出土	江西省博物馆提供
图一一七—一	竹节纹金梳背	南昌市齐城岗宋墓出土	江西省博物馆提供
图一一七—二	金梳脊	镇江市回龙山宋墓出土	镇江博物馆提供
图一一七—三	金梳脊	丹徒县蒋乔宋墓出土	镇江博物馆提供
图一一八	银鎏金牡丹双凤纹梳背	株洲攸县凉江乡元代窖藏	株洲市博物馆提供
图一一九—一~二	金镂空毬路纹梳背	江西安义宋李硕人墓出土　江西省博物馆藏	自摄

图一三六—一	金累丝蝶赶菊耳环	洛阳邙山宋代壁画墓出土　洛阳博物馆藏	自摄
图一三六—二	蝶赶花金耳环	杭州临安杨岭宋墓出土　杭州市临安区博物馆藏	石超提供
图一三七	金石榴耳环	江西南城县齐城岗宋墓出土	江西省博物馆提供
图一三八—一	银鎏金紫茄式耳环	江西高安县宋墓出土	江西省博物馆提供
图一三八—二	金紫茄式耳环	湖州三天门南宋墓出土	浙江省博物馆提供
图一三九	金穿水晶瓜实耳环	湖州三天门南宋墓出土	浙江省博物馆提供
图一四〇	金叠胜耳环	湖州三天门南宋墓出土　湖州博物馆藏	自摄
图一四一	金蜂赶花耳环	蕲春罗州城遗址南宋窖藏　蕲春县博物馆藏	自摄
图一四二	宋人《杂剧图》（局部摹本）	故宫博物院藏	
图一四三—一	金荔枝耳环	常德桃源三阳港镇宋墓出土	湖南省博物馆提供
图一四三—二	金荔枝耳环	芜湖市黄家山一号墓出土　安徽博物院藏	自摄
图一四三—三	金荔枝耳环	浙江大学宋墓出土　杭州博物馆藏	自摄
图一四三—四	金荔枝耳环	蕲春罗州城遗址南宋窖藏　蕲春县博物馆藏	自摄
图一四四	《荔枝图》（局部）		上海博物馆提供
图一四五	金凤耳环	蕲春罗州城遗址南宋窖藏　蕲春县博物馆藏	自摄
图一四六	瓶莲鸳鸯金耳环	蕲春罗州城遗址南宋窖藏　蕲春县博物馆藏	自摄
图一四七	盆莲小景儿金耳环	蕲春罗州城遗址南宋窖藏　蕲春县博物馆藏	自摄
图一四八	金累丝瓶莲耳环	蕲春罗州城遗址南宋窖藏　蕲春县博物馆藏	自摄
图一四九	荷叶童子金耳环	镇江丹徒县蒋乔宋墓出土	镇江博物馆提供
图一五〇	伎乐童子金耳环	浙江龙游县高仙塘宋墓出土	郑嘉励提供
图一五一	仙人捧盘金耳环	金坛涑渎黄庄八组出土　金坛市博物馆藏	自摄
图一五二	捧盘女仙金耳环	济南卫巷遗址宋金窖藏　济南考古馆藏	自摄
图一五三—一	金伎乐耳环	内蒙古临河市高油坊出土　内蒙古博物院藏	自摄
图一五三—二	缂丝绿度母唐卡（局部）	黑水城出土　艾尔米塔什博物馆藏	自摄
图一五四	金耳饰	大理崇圣寺塔出土　云南省博物馆藏	自摄
图一五五	金心字耳环	安徽南陵北宋墓出土　南陵县博物馆藏	自摄

图一五六	金花叶耳环	黑龙江绥滨奥里米城故址征集	据《文物》一九七七年第四期页五八
图一五七—一	金菊花耳环	哈尔滨市新香坊金墓出土　黑龙江省博物馆藏	自摄
图一五七—二	金穿玉荷叶莲苞耳环	哈尔滨市新香坊金墓出土　黑龙江省博物馆藏	自摄
图一五八	金累丝镶珠慈姑叶式耳环	金齐国王墓出土	采自《金代服饰：金齐国王墓出土服饰研究》彩版一八〇
图一五九—一	金累丝镶宝耳环	山西灵丘曲回寺窖藏　大同市博物馆藏	自摄
图一五九—二	金蜂赶牡丹耳环	山西灵丘曲回寺窖藏	大同市博物馆提供
图一六〇	金累丝镶绿松石耳环	西安市长安区刘黑马家族墓出土　陕西考古博物院藏	自摄
图一六一	金累丝镶宝花叶式耳环	湖南临澧新合元代窖藏	湖南省博物馆提供
图一六二	金穿玉慈姑叶耳环	湖南沅陵元黄氏墓出土	沅陵县博物馆提供
图一六三—一	金镶绿松石耳环	湖南临澧新合元代窖藏	湖南省博物馆提供
图一六三—二	金镶绿松石耳环（残）	湖南临澧新合元代窖藏	湖南省博物馆提供
图一六三—三	银鎏金镶绿松石耳环	浙江海宁智标塔出土　海宁博物馆藏	自摄
图一六四—一	金累丝镶绿松石耳环	石家庄史天泽家族墓出土　河北省文物研究所藏	自摄
图一六四—二	金镶绿松石耳环	济南郎茂山路元代家族墓群出土　济南考古馆藏	自摄
图一六四—三	金镶绿松石耳环	出自山东菏泽元代沉船　菏泽市博物馆藏	自摄
图一六五—一	西夏供养人	榆林窟第二窟西壁南侧壁画	敦煌研究院提供
图一六五—二	赤峰市元宝山沙子梁元墓壁画	赤峰市博物馆藏	自摄
图一六六	银镶琉璃一珠耳环	上海松江区华阳镇明杨四山家族墓出土	采自《上海明墓》，彩版九：三
图一六七—一	《新编对相四言》中的鐶		采自上海书店出版社二〇一五年影印本
图一六七—二	金葫芦耳环	湖南临澧新合元代窖藏	湖南省博物馆提供
图一六七—三	银葫芦耳环	湖南株洲攸县凉江乡元代窖藏	株洲市博物馆提供
图一六八—一	金刚手菩萨（局部）	敦煌绢画	采自《西域美术·英国博物馆斯坦因收集品·I》图四八
图一六八—二	辽『杜家』铭璎珞纹绿釉净瓶（局部）	北京密云冶仙塔出土　首都博物馆藏	自摄
图一六九	银鎏金璎珞纹耳环	浦江白马镇高爿窖藏　浦江博物馆藏	自摄
图一七〇	金璎珞纹耳环	湖南临澧合口镇出土	临澧县博物馆提供
图一七一—一	金宝式耳环	安庆元范文虎夫妇墓出土　安徽博物院藏	自摄

图一七一—二	金宝	安庆元范文虎夫妇墓出土 安庆博物院藏	自摄
图一七二—一	璎珞纹金耳环	湖南临澧新合元代窖藏	湖南省博物馆提供
图一七二—二	金莲塘小景纹耳环（局部）	湖南临澧新合元代窖藏	湖南省博物馆提供
图一七二—三	金桃枝黄鸟纹耳环（局部）	湖南临澧新合元代窖藏	湖南省博物馆提供
图一七三	元露胎桃枝黄鸟盘	大维德基金会藏	自摄
图一七四—一	金累丝莲塘小景纹耳环	武汉周家田元墓出土 武汉市博物馆藏	自摄
图一七四—二	金累丝莲塘小景纹耳环	湖北宜昌赵家湖出土 宜昌博物馆藏	自摄
图一七五	板屋绘画（局部）	漳县汪世显家族墓出土 甘肃省博物馆藏	自摄
图一七六—一	金蝴蝶桃花荔枝图耳环	湖南临澧新合元代窖藏	湖南省博物馆提供
图一七六—二	金蝶赶菊桃花荔枝图耳环	湖南临澧新合元代窖藏	湖南省博物馆提供
图一七六—三	金累丝蝶赶花耳环（侧视）	湖南临澧新合元代窖藏	湖南省博物馆提供
图一七七—一	金灵芝瑞兔牌环	湖南临澧新合元代窖藏	湖南省博物馆提供
图一七七—二	银事件儿·荷包	株洲攸县丫江桥元代窖藏	株洲市博物馆提供
图一七七—三	刺绣罗衫纹样	元集宁路出土	采自《织绣珍品》页二二四
图一七八—一	三彩剔花牡丹孔雀纹枕	广东省博物馆藏	自摄
图一七八—二	花鸟妆花罗（局部）	达茂旗明水墓地出土	采自《织绣珍品》页一六二
图一七九—一	银鎏金牡丹山石孔雀图牌环	江西德安出土	江西省博物馆提供
图一七九—二	银牡丹孔雀牌环	湖南益阳八字哨元代窖藏	益阳市博物馆提供
图一七九—三	金牡丹山石孔雀图牌环		桃源文物管理处提供
图一七九—四	金穿玉山石孔雀耳环（局部）	湖南临澧新合元代窖藏	湖南省博物馆提供
图一八〇—一	金钳镯	常州武进村前乡南宋五号墓出土 常州博物馆藏	自摄
图一八〇—二	缠钏式金指镯	常州武进村前乡南宋五号墓出土 常州博物馆藏	自摄
图一八〇—三	银鎏金帔坠	常州武进村前乡南宋五号墓出土 常州博物馆藏	自摄
图一八一—一	金钳镯	浙江湖州三天门南宋墓出土 湖州博物馆藏	自摄
图一八一—二	金指镯	浙江湖州三天门南宋墓出土 湖州博物馆藏	自摄
图一八一—三	金錾花指镯	浙江湖州三天门南宋墓出土	浙江省博物馆提供

图一八一—四	金镶绿松石戒指	浙江湖州三天门南宋墓出土	浙江省博物馆提供
图一八一—五	龙牙蕙草纹金帔坠	浙江湖州三天门南宋墓出土　湖州博物馆藏	自摄
图一八二—一	金缠钏	江西安义李硕人墓出土	江西省博物馆提供
图一八二—二	银缠钏	湖南临澧新合元代窖藏	湖南省博物馆提供
图一八二—三	金缠钏	出自南宋沉船『南海Ⅰ号』　广东海上丝绸之路博物馆藏	自摄
图一八三—一	『白清甫造』银缠钏	杭州博物馆藏	自摄
图一八三—二	金缠钏	湖南沅陵元黄氏夫妇墓出土	沅陵县博物馆提供
图一八四	金钏	哈尔滨阿城区金上京会宁府遗址出土　黑龙江省博物馆藏	自摄
图一八五	银钳镯	江西彭泽易氏夫人墓出土	江西省博物馆提供
图一八六—一	银钳镯	湖南临澧柏枝乡南宋窖藏	湖南省博物馆提供
图一八六—二	金钳镯	安徽芜湖小桃园出土　安徽博物院藏	自摄
图一八七	银鎏金錾花钳镯	安吉灵芝塔天宫出土　安吉县博物馆藏	自摄
图一八八	金纽丝镯	江阴夏岗青山窑厂出土　江阴博物馆藏	自摄
图一八九	银錾金四季花卉纹钳镯	福建邵武故县南宋金银器窖藏　邵武市博物馆藏	自摄
图一九〇—一	四季花卉纹金钳镯	浙江建德大洋镇下王村宋墓出土	袁泉提供
图一九〇—二	龙牙蕙草纹金钳镯	浙江建德大洋镇下王村宋墓出土	袁泉提供
图一九一	龙牙蕙草纹金钳镯	东阳金交椅山宋墓出土　东阳市博物馆藏	自摄
图一九二	缠枝花卉纹金钳镯	蕲春罗州城遗址南宋窖藏　蕲春县博物馆藏	自摄
图一九三	四季花卉纹金钳镯	出自南宋沉船『南海Ⅰ号』　广东海上丝绸之路博物馆藏	自摄
图一九四	龙牙蕙草杂宝纹金钳镯	长沙火把山元墓出土　长沙市博物馆藏	自摄
图一九五—一	银錾龙首连珠镯	安吉灵芝塔天宫出土　安吉县博物馆	自摄
图一九五—二	金錾龙首连珠镯	安徽来安县相官公社宋墓出土　安徽博物院藏	自摄
图一九六	金龙首连珠镯	苏州元张士诚母曹氏墓出土　苏州博物馆藏	自摄
图一九七—一～二	金錾龙首连珠镯	湖南临澧新合元代窖藏	湖南省博物馆提供
图一九八—一～二	银龙首连珠镯	湖南临澧新合元代窖藏	湖南省博物馆提供
图一九九	金錾花卉纹指镯	浙江建德大洋镇下王村宋墓出土	袁泉提供

图二〇〇	金缠指	苏州元张士诚母曹氏墓出土　苏州博物馆藏	自摄
图二〇一	银镶猫睛戒指	南京江宁南宋墓出土　南京市博物总馆藏	自摄
图二〇二—一～二	金镶宝戒指与指环	出自南宋沉船『南海Ⅰ号』　广东海上丝绸之路博物馆藏	自摄
图二〇三	金镶绿松石戒指	湖南临澧新合元代窖藏	湖南省博物馆提供
图二〇四—一	金累丝花叶镶绿松石戒指	石家庄史天泽家族墓出土　河北省文物研究所藏	自摄
图二〇四—二	金镶绿松石葫芦式戒指	石家庄史天泽家族墓出土　河北省文物研究所藏	自摄
图二〇五—一	山西晋城玉皇庙彩塑		自摄
图二〇五—二	宋宣祖后坐像		采自《南薰殿历代帝后图像》（上）页五六
图二〇六	鸾凤穿花金帔坠	南京幕府山宋墓出土　南京市博物总馆藏	自摄
图二〇七—一	缠枝花卉纹金帔坠	浙江庆元胡纮墓出土	郑嘉励提供
图二〇七—二	龙牙蕙草纹金帔坠	湖州三天门南宋墓出土	浙江省博物馆提供
图二〇七—三	鸳鸯衔花结纹金帔坠	东阳湖溪镇罗青甲出土　东阳市博物馆藏	自摄
图二〇八	双飞鱼纹金帔坠	安徽宣城西郊窑场出土　安徽博物院藏	自摄
图二〇九	交颈鸳鸯金帔坠	金坛城东杨贺巷七队大妇合葬砖室墓出土　金坛市博物馆藏	自摄
图二一〇—一	银鎏金花卉纹帔坠	福州南宋黄昇墓出土　福建博物院藏	自摄
图二一〇—二	银鎏金双凤戏莲纹帔坠	福州南宋黄昇墓出土　福建博物院藏	自摄
图二一一	银鎏金转官毬帔坠	江西德安南宋咸淳十年周氏墓出土　德安县博物馆藏	自摄
图二一二—一	狮子戏毬『富』字绫（摹本）	衡阳县何家皂北宋墓出土	据《文物》一九八四年第十二期五：一（万芳摹绘）
图二一二—二	湖南桂阳刘家岭宋代壁画墓后室地画（摹本）		采自《桂阳刘家岭宋代壁画墓》图版一〇九
图二一三	银鎏金交颈鸳鸯纹帔坠	上海宝山区月浦谭思通夫妇墓出土　上海博物馆藏	自摄
图二一四—一	祥瑞图银帔坠	湖南临澧新合元代窖藏	湖南省博物馆提供
图二一四—二	祥瑞图玉佩	西安交通大学出土　西安市文物保护考古研究院藏	自摄
图二一五	双龙戏珠纹金帔坠	长沙火把山元墓出土　长沙市博物馆藏	自摄
图二一六	银牡丹鸾凤纹项牌	江西星子县陆家山宋代银器窖藏	江西省博物馆提供
图二一七	二龙争宝杵金项牌	赤峰敖汉旗敖音勿苏朝阳沟出土　敖汉旗博物馆藏	自摄
图二一八—一	金代彩绘陶塑	焦作市新李封村出土　河南博物院藏	自摄

图二一八—二	金穿玉人耳环	山东滕州韩桥村元李元墓出土　滕州博物馆藏	玉洁摄
图二一九	金镶宝莲花项圈	银川市北塔湖出土　银川市文物管理处藏	自摄（局部图采自《金色记忆》页二八五）
图二二〇—一	金项链构件	出自南宋沉船『南海Ⅰ号』　广东海上丝绸之路博物馆藏	自摄
图二二〇—二	金项链	出自南宋沉船『南海Ⅰ号』　广东海上丝绸之路博物馆藏	自摄
图二二一—一	金包玄武岩护身符	意大利丘西出土　大英博物馆藏	自摄
图二二一—二	金项链		采自《古代爪哇金器》
图二二二	化生儿金佩饰	浙江衢州南宋史绳祖墓出土　衢州市博物馆藏	自摄
图二二三	粉盒里的银对蝶	浙江大学北宋一号墓出土　杭州博物馆藏	自摄
图二二四—一	银对蝶	湖州龙溪乡三天门宋墓出土　湖州市博物馆藏	石超提供
图二二四—二	银对蝶	安徽南陵宋墓出土　南陵县博物馆藏	自摄
图二二四—三	银对蝶	安徽六安花石咀一号墓出土　皖西博物馆藏	自摄
图二二五	银对蝶	福州南宋黄昇墓出土　福建博物院藏	自摄
图二二六—一	银鎏金卧狮衔环佩	上海宝山月浦谭氏夫妇墓出土　上海博物馆藏	自摄
图二二六—二	银卧狮佩	安徽六安花石咀二号墓出土　皖西博物馆藏	自摄
图二二六—三	金狮佩	浙江大学邵逸夫科学馆工地出土	郑嘉励提供
图二二六—四	金卧狮佩	江西安义宋李硕人墓出土　江西省博物馆藏	自摄
图二二七—一	银鎏金卧狮佩	株洲攸县桃水镇绪家桥元代窖藏	株洲市博物馆提供
图二二七—二	银卧狮佩	湖南株洲攸县凉江乡元代窖藏	株洲市博物馆提供
图二二八	穿心盒	南京市西天寺宋墓出土　南京市考古研究院藏	自摄
图二二九	银荔枝盒	常州武进村前乡南宋一号墓出土　常州博物馆藏	自摄
图二三〇	金盒	赤峰敖汉旗敖音勿苏朝阳沟出土　敖汉旗博物馆藏	自摄
图二三一	银事件	株洲攸县丫江桥元代窖藏	株洲市博物馆提供
图二三二—一	银事件	大同市博物馆藏	自摄
图二三二—二	银事件	内蒙古博物院藏	自摄
图二三三	石人像（局部）	锡林郭勒盟正蓝旗羊群庙元代祭祀遗址出土	自摄
图二三四—一	银满池娇纹柄带鞘小刀	湖南临澧新合元代窖藏	湖南省博物馆提供

图二三四—二	银事件	湖南石门雁池乡元代银器窖藏	石门县博物馆提供
图二三五	剔指刀	巴彦淖尔盟临河县高油房出土　内蒙古博物院藏	自摄
图二三六	剔指图	辽宁朝阳市建平县辽墓壁画	采自《朝阳出土两座辽墓壁画管窥》页三六
图二三七	《杂剧图》（局部）	故宫博物院藏	自摄
图二三八	金竹节式环的佩戴	金齐国王墓出土	采自《白山·黑水·海东青》页二一九
图二三九—一	金巾环	镇江市丹徒区上来村北宋墓出土	镇江博物馆提供
图二三九—二	金巾环	六安皖西博物馆基建工地出土　皖西博物馆藏	自摄
图二四〇—一～二	银巾环	临澧县柏枝乡南宋窖藏	湖南省博物馆提供
图二四一	金扣镶白玉带	吉林省扶余县更新公社西山屯出土　吉林省博物馆藏	自摄
图二四二—一	银宝妆莲花帽顶（失顶珠）	湖南临澧新合元代窖藏	湖南省博物馆提供
图二四二—二	迦楼罗金帽顶	乌兰察布市出土　内蒙古博物院藏	自摄
图二四三	金饰一组	赤峰敖汉旗敖音勿苏朝阳沟元墓出土　敖汉旗博物馆藏	自摄
图二四四—一	金宝杵饰件	沈阳大东区小北街金代墓葬出土　沈阳市文物考古研究所藏	自摄
图二四四—二	金宝杵饰件	上海青浦区元任仁发家族墓地出土　中国国家博物馆藏	自摄
图二四五—一	金累丝嵌宝饰件	洛阳邙山宋代壁画墓出土　洛阳博物馆藏	自摄
图二四五—二	金累丝嵌宝饰件	沈阳小北街金代墓葬出土　沈阳市文物考古研究所藏	自摄
图二四五—三	金累丝嵌宝饰件	大连甘井子区革镇堡村出土　旅顺博物馆藏	自摄
图二四五—四～五	金累丝饰件	大连甘井子区革镇堡村出土　旅顺博物馆藏	自摄
图二四六—一	累丝嵌宝金饰	敖汉旗双井乡四棵树村出土　敖汉旗博物馆藏	自摄
图二四六—二	顾姑冠及冠饰	内蒙古博物院藏	自摄
图二四七—一	荔枝纹银鎏金带具	江西遂川北宋郭知章墓出土　江西省博物馆藏	自摄
图二四七—二	荔枝纹银鎏金鉈尾	重庆南川南宋石室墓出土　重庆中国三峡博物馆藏	自摄
图二四七—三	御仙花纹金带具	安徽休宁南宋朱晞颜墓出土　安徽博物院藏	自摄
图二四七—四	金带銙	苏州元吕师孟墓出土　南京博物院藏	自摄
图二四七—五	金鉈尾	苏州元吕师孟墓出土　南京博物院藏	自摄
图二四八	元张柔墓前石像生		自摄

图二四九	荔枝纹金带饰	银川西夏八号陵出土　宁夏博物馆藏	自摄
图二五〇	金带具	哈尔滨阿城区半拉城子出土　黑龙江省博物馆藏	自摄
图二五一	银带扣	济南长清崮山宋墓出土　济南考古馆藏	自摄
图二五二	金带扣	苏州元吕师孟墓出土　南京博物院藏	自摄
图二五三—一	双龙戏牡丹纹银带饰	赤峰敖汉旗克力代乡太吉合窑窖藏　敖汉旗博物馆藏	自摄
图二五三—二	满池娇纹银带饰	赤峰敖汉旗克力代乡太吉合窑窖藏　敖汉旗博物馆藏	自摄
图二五四	金翅鸟纹银带饰	敖汉旗新窝铺盛家窝铺出土　敖汉旗博物馆藏	自摄
图二五五	狮子戏毬纹银带饰	敖汉旗四家子镇南大城窖藏　敖汉旗博物馆藏	自摄
图二五六—一	金銙革带	中国裕固族博物馆藏	自摄
图二五六—二	金带饰	北京龙潭湖元铁可墓出土　首都博物馆藏	自摄
图二五六—三	元龟吐云气玛瑙带饰	上海博物馆藏	自摄
图二五七—一	鱼袋之『饰鱼』	浙江兰溪市灵洞乡宋墓出土　兰溪市博物馆藏	自摄
图二五七—二~三	鱼袋之『饰鱼』	常州武进村前乡南宋墓一号墓出土　常州博物馆藏	自摄
图二五八	木仿真鱼袋	福州茶园山南宋端平二年墓出土　福州市博物馆藏	自摄
图二五九	《春游晚归图》（局部）		采自《中国绘画全集·五代宋辽金·五》，图九六
图二六〇	春幡	江苏宜兴北宋法藏寺地宫出土　宜兴博物馆藏	自摄
图二六一	宋墓石刻（局部）	合江博物馆藏	自摄
图二六二	金叠胜	湖北麻城北宋石室墓出土	麻城博物馆提供
图二六三—一	『宜春耐夏』银叠胜	江苏宜兴北宋法藏寺地宫出土　宜兴博物馆藏	自摄
图二六三—二	『长命富贵』银叠胜	江苏宜兴北宋法藏寺地宫出土　宜兴博物馆藏	自摄
图二六三—三	琉璃叠胜	浙江衢州南宋史绳祖墓出土　衢州市博物馆藏	自摄
图二六四	银镀金并头瓜果簪	浙江临安杨岭宋墓出土　杭州市临安区博物馆藏	自摄
图二六五	银镀金龟衔流苏心字幡胜	浙江德清银子山出土　德清博物馆藏	自摄
图二六六	金蝴蝶	湖北麻城北宋阎良佐夫妇墓出土	麻城市博物馆提供
图二六七—一	银瓶上的灯毬	定州净众院塔基地宫出土　定州博物馆藏	自摄
图二六七—二	金棺银椁系坠的银灯毬	济宁汶上县宝相寺塔地宫出土　中都博物馆藏	自摄

图二六八—一　宋墓石刻（局部）　泸州博物馆藏　自摄
图二六八—二　繁峙下永兴村宋金壁画墓壁画　山西博物院藏　自摄
图二六九—一　艾虎　江苏宜兴北宋法藏寺塔基地宫出土　宜兴博物馆藏　自摄
图二六九—二　钗符　江西德安南宋咸淳十年周氏墓出土　德安县博物馆藏　自摄
图二七〇　香佩　常州武进村前乡南宋墓五号墓出土　常州博物馆藏　自摄
图二七一—一　『福寿延长』青瓷盒　大维德基金会藏　自摄
图二七一—二　玉饰件　杭州临安吴越国康陵出土　杭州市临安区博物馆藏　自摄
图二七一—三　白玉结　北京磁器口金石椁墓出土　采自《北京文物精粹大系·玉器卷》图一〇二
图二七二—一　千秋镜　宝鸡博物馆藏　自摄
图二七二—二　狮纹双鹊镜（局部）　采自郭玉海《故宫藏镜》页九三
图二七三　金缕百事吉结子　杭州临安杨岭宋墓出土　杭州市临安区博物馆藏　自摄
图二七四—一　银鎏金佩饰（四金鱼百事吉结子）　杭州临安杨岭宋墓出土　杭州市临安区博物馆藏　自摄
图二七四—二~三　银鎏金佩饰　杭州临安杨岭宋墓出土　杭州市临安区博物馆藏　自摄
图二七五　银鎏金佩饰　浙江诸暨大侣郦村出土　诸暨市博物馆藏　自摄
图二七六—一　银鎏金双鱼　福建邵武故县南宋金银器窖藏　邵武市博物馆藏　自摄
图二七六—二　金双鱼　浙江仙居县宋墓出土　自摄
图二七七　鎏金银方胜　杭州临安杨岭宋墓出土　杭州市临安区博物馆藏　自摄
图二七八—一　双鱼金帔坠　湖北黄石河口镇凤凰山南宋吕氏墓出土　黄石市博物馆藏　自摄
图二七八—二　双鱼耳夹层银杯　四川博物院藏　自摄
图二七九　金镶玉花钱　南京江浦张同之夫妇墓出土　南京市博物总馆藏　自摄
图二八〇　银包边铜鎏金鞍饰　哈尔滨新香坊金墓出土　黑龙江省博物馆藏　自摄
图二八一—一　金鞍饰　内蒙古锡林郭勒盟镶黄旗乌兰沟墓葬出土　内蒙古博物院藏　自摄
图二八一—二　金鞍饰复原　内蒙古博物院藏　自摄
图二八二—一~二　银鎏金鞍饰　艾尔米塔什博物馆藏　自摄
图二八三　金鞍饰　内蒙古锡林郭勒盟苏尼特左旗恩格尔河墓葬出土　内蒙古博物院藏　自摄

第八章　明代器皿

图一	银器一组	上海明朱恩家族墓出土	采自《申城寻踪：上海考古大展·城镇之路》页一八〇
图二—一	《朱瞻基行乐图》(局部)	故宫博物院藏	自摄
图二—二	《入跸图》(局部)		采自《南薰殿历代帝后图像》(下)页二三五
图二—三	山西新绛稷益庙壁画		采自《历代寺观壁画艺术·第一辑》页三〇
图三	金执壶	北京海淀区董四墓村明墓出土　首都博物馆藏	自摄
图四—一	锡杏叶茶壶	北京定陵出土　明十三陵博物馆藏	自摄
图四—二	酱釉描金牡丹孔雀杏叶壶	陕西铜川耀县寺沟出土　陕西历史博物馆藏	自摄
图四—三	珐琅麒麟杏叶壶	大英博物馆藏	自摄
图五—一	金杏叶壶(墩子壶)	湖北钟祥明梁庄王墓出土　湖北省博物馆藏	自摄
图五—二	金素杏叶壶	湖北钟祥明梁庄王墓出土　湖北省博物馆藏	自摄
图六—一	金素杏叶壶	北京右安门外明万贵墓出土　首都博物馆藏	自摄
图六—二	银素杏叶壶	湖北蕲春蕲州镇雨湖村明都昌王朱载塎夫妇墓出土　蕲春县博物馆藏	自摄
图七	山西汾阳圣母庙明代壁画		自摄
图八	金素杏叶狮顶壶	湖北蕲春横车镇明荆恭王墓出土　蕲春县博物馆藏	自摄
图九	银鎏金六棱花鸟壶	北京海淀八里庄明李伟夫妇墓出土　首都博物馆藏	自摄
图一〇	金镶宝飞鱼纹执壶	北京永定门外南苑明万通墓出土　首都博物馆藏	自摄
图一一	锡提梁壶	四川崇州万家镇明代瓷器窖藏	采自《文物》二〇一一年第七期图二四、二九：三
图一二—一	《御世仁风》插图(局部)		采自万历四十八年凤阳刊本
图一二—二	明人《货郎图》(局部)		采自《画琳琅货郎图》图三(台北故宫博物院二〇一一年)
图一三—一	《吴歈萃雅》插图(局部)		采自马文大等《明清珍本版画资料丛刊·三》页三四〇
图一三—二	《西湖二集》插图(局部)	崇祯聚锦堂刻本	中国国家图书馆提供
图一四	银高脚壶	北京海淀区八里庄地区明杜茂墓出土　北京市海淀区博物馆藏	自摄
图一五—一	金高脚壶	北京定陵出土	采自《定陵出土文物图典·卷二》图五
图一五—二	金镶玉嵌宝高脚壶	北京定陵出土　明十三陵博物馆藏	自摄

图一六	雍正青花釉里红八仙温酒壶	清华大学艺术博物馆藏	馆方提供
图一七—一	《增补易知杂字全书》中的碗和盏		采自《明代通俗日用类书集刊·十六》
图一七—二	《三才图会》中的瓯		采自明万历三十七年金阊宝翰楼刊本
图一八	银锺	湖北蕲春刘娘井明荆端王次妃刘氏墓出土　湖北省博物馆藏	自摄
图一九—一	银盘盏	北京石景山区雍王府出土　首都博物馆藏	自摄
图一九—二	金菊花双耳杯	南京动力学校韦牧墓出土　南京市博物总馆藏	自摄
图一九—三	金杯	常熟环城路原色织四厂出土	常熟博物馆提供
图一九—四	小金把锺	北京朝阳区三里屯明墓出土　首都博物馆藏	自摄
图二〇	《三才图会》中的盘盏		采自明万历三十七年金阊宝翰楼刊本
图二一	金台盏	湖北蕲春蕲州镇雨湖村明都昌王朱载埨夫妇墓出土　蕲春县博物馆藏	自摄
图二二	《重订赵氏孤儿记》	明世德堂刊本	采自《古本戏曲丛刊》
图二三—一~二	银福禄盘盏	湖北蕲春明都昌王朱载埨墓出土　蕲春县博物馆藏	自摄
图二四—一	银鎏金桃枝台盘	湖北蕲春横车镇明荆恭王墓出土　湖北明代藩王博物馆藏	自摄
图二四—二	银花卉台盘	大英博物馆藏	自摄
图二四—三	银鎏金加冠进禄葵口台盘	北京海淀区明杜茂墓出土　北京市海淀区博物馆藏	自摄
图二四—四	海水瑞兽纹金承盘	北京右安门外明万贵墓出土　首都博物馆藏	自摄
图二五—一	金盂	南京中央门外康茂才墓出土　南京市博物总馆藏	自摄
图二五—二	银盂	南京雨花区刘家村张赫墓出土　南京市考古研究院藏	自摄
图二五—三	花口金盂	湖北蕲春横车镇明荆恭王墓出土　湖北明代藩王博物馆藏	自摄
图二五—四	金圆须弥座盘盂	北京定陵出土	采自《北京文物精粹大系·金银器卷》图一一七
图二六—一	金錾八仙故事图酒盂	北京右安门外明万贵墓出土　首都博物馆藏	自摄
图二六—二	金錾八仙故事图八方盘	北京右安门外明万贵墓出土　首都博物馆藏	自摄
图二七—一	李白		采自《有象列仙全传》
图二七—二	张志和		采自《有象列仙全传》
图二七—三	张志和		采自《月旦堂仙佛奇踪合刻》
图二八	明黑漆螺钿八方盒		采自《中国の螺鈿》图九五

图二九	金匜	北京海淀区董四墓村明墓出土　首都博物馆藏	自摄
图三〇	金高脚菊花锺	浙江龙游县窖藏　衢州博物馆藏	自摄（线图采自《文物》一九九三年第二期）
图三一—一	金镶花梨木碗之金里以及金底铭文	兰州市郊上西园明肃藩家族墓出土　甘肃省博物馆藏	自摄
图三一—二	剔犀银里碗	湖北蕲春蕲州镇刘家咀明永新王墓出土　蕲春县博物馆藏	自摄
图三一—三	剔犀银里碗	浙江省博物馆藏	自摄
图三二—一~二	暗八仙寿字银镶木锺	湖北蕲春蕲州镇黄土岭明荆藩宗室墓出土　蕲春县博物馆藏	自摄
图三三—一	金折枝花卉纹枝梗把杯	河南新蔡县城北门外出土　河南博物院藏	自摄
图三三—二	银梅花枝梗把杯	河南偃师市城关乡老城村出土　河南博物院藏	自摄
图三四—一	金镶宝狮柄杯	北京永定门外南苑明墓出土　首都博物馆藏	自摄
图三四—二	金镶宝桃杯	北京永定门外明万通墓出土　首都博物馆藏	自摄
图三五	镶玉嵌宝金累丝八卦云龙杯	北京房山区大韩继村多宝佛塔内采集　首都博物馆藏	自摄
图三六—一	《裴度香山还带记》	明世德堂刊本	采自《古本戏曲丛刊》
图三六—二	《杜蕊娘智赏金线池》		万历刻本
图三七	银爵杯	上海卢湾区明潘允徵夫妇墓出土	采自《上海明墓》彩版六〇：四
图三八—一	金镶宝爵杯盘	北京定陵出土	采自《北京文物精粹大系·金银器卷》图一四六
图三八—二	金爵杯	湖北钟祥明梁庄王墓出土　湖北省博物馆藏	自摄
图三九—一~四	人物故事图银套杯	故宫博物院藏	自摄
图四〇	《三才图会》中的托子		采自明万历三十七年金阊宝翰楼刊本
图四一—一	银鎏金喜鹊登梅图寿字托盘	重庆长寿火神街窖藏　重庆中国三峡博物馆藏	自摄
图四一—二	银满池娇托盘	重庆长寿火神街窖藏　重庆中国三峡博物馆藏	自摄
图四二	银茶壶	北京定陵出土　明十三陵博物馆藏	自摄
图四三—一	《千金记》	明富春堂刊本	采自《古本戏曲丛刊》
图四三—二	《东晋志传·羲之决策于殷浩》插图（局部）	明万历刊本	采自《古本戏曲丛刊》
图四四—一	金杏叶茶匙	湖北钟祥明梁庄王墓出土　湖北省博物馆藏	自摄
图四四—二	金茶匙	北京定陵出土	采自《北京文物精粹大系·金银器卷》图一七二
图四五	金汁瓶	北京海淀区青龙桥董四墓村明墓出土　首都博物馆藏	自摄

图四六	金汤鼓	北京海淀区青龙桥董四墓村明墓出土　首都博物馆藏	自摄
图四七—一	《博古叶子·一万贯》	顺治八年刊本	采自郑振铎《中国版画选》
图四七—二	《圣谕像解·孚及畜犬》		采自康熙二十年承宣堂刊本
图四八	金镶宝花盘	北京永定门外南苑明万通墓出土　首都博物馆藏	自摄
图四九—一	金匙	湖北钟祥明梁庄王墓出土　湖北省博物馆藏	自摄
图四九—二	金箸	湖北钟祥明梁庄王墓出土　湖北省博物馆藏	自摄
图四九—三	金匙与金箸	北京定陵出土	自摄
图五〇	银匙	南京中央门外明康茂才墓出土	自摄
图五一	银箸与银箸套	北京海淀区北下关地区出土	自摄
图五二	带柄金罐	北京定陵出土　明十三陵博物馆藏	自摄
图五三—一	银葫芦	湖北蕲春刘娘井荆端王次妃墓出土　湖北省博物馆藏	自摄
图五三—二	金葫芦	明都昌王朱载塎夫妇墓出土　湖北省博物馆藏	自摄
图五四	银壶	湖北蕲春刘娘井荆端王次妃墓出土　湖北省博物馆藏	自摄
图五五—一	银直颈瓶	湖北钟祥明梁庄王墓出土　湖北省博物馆藏	自摄
图五五—二	南宋官窑粉青釉直颈瓶	甘肃漳县元汪世显家族墓地四号墓出土　甘肃省博物馆藏	自摄
图五五—三	金直颈瓶	北京海淀区青龙桥董四墓村明墓出土　首都博物馆藏	自摄
图五五—四	陈洪绶《听琴图》(局部)	故宫博物院藏	自摄
图五六—一	金香匙、金香箸与金匙箸瓶	北京定陵出土	自摄
图五六—二	《十八学士图屏》(局部)	上海博物馆藏	自摄
图五七—一	鎏金双凤纹银盂	北京海淀区青龙桥董四墓村明墓出土　首都博物馆藏	自摄
图五七—二	鎏金双凤纹银盆	北京海淀区青龙桥董四墓村明墓出土　首都博物馆藏	自摄
图五八—一	金盂	湖北钟祥明梁庄王墓出土　湖北省博物馆藏	自摄
图五八—二	金盆	湖北钟祥明梁庄王墓出土　湖北省博物馆藏	自摄
图五八—三	银盂	湖北钟祥明梁庄王墓出土　湖北省博物馆藏	自摄
图五八—四	银盆	湖北钟祥明梁庄王墓出土　湖北省博物馆藏	自摄
图五九—一	银漱盂	湖北蕲春明都昌王朱载塎墓出土　蕲春县博物馆藏	自摄

图五九—二	银盆	湖北蕲春明都昌王朱载塎墓出土　蕲春县博物馆藏	自摄
图六〇—一	银盂	贵州遵义高坪镇明墓出土　贵州省博物馆藏	自摄
图六〇—二	银盆	贵州遵义高坪镇明墓出土　贵州省博物馆藏	自摄
图六一—一	银盆底部铭文	北京海淀八里庄明李伟夫妇墓出土　首都博物馆藏	自摄
图六一—二	银盂底部铭文	北京海淀八里庄明李伟夫妇墓出土　首都博物馆藏	自摄
图六二	二龙戏珠纹金盂	北京定陵出土　明十三陵博物馆藏	自摄
图六三	二龙戏珠纹金盆	北京定陵出土　明十三陵博物馆藏	自摄
图六四	金粉盒	湖北钟祥郢靖王墓出土　钟祥市博物馆藏	自摄
图六五	银瓜鼠盒	湖北蕲春刘娘井荆端王次妃墓出土　湖北省博物馆藏	自摄
图六六	童子持莲银盒	湖北蕲春横车镇明荆恭王墓出土　湖北明代藩王博物馆藏	自摄
图六七	金镶宝盒	南京江宁将军山沐启元墓出土　南京市博物总馆藏	自摄
图六八	银印匣	浙江临海明王士琦墓出土　浙江省博物馆藏	自摄
图六九	银妆盒	浙江临海明王士琦墓出土　浙江省博物馆藏	郑旭明摄
图七〇	银鎏金福寿字金锭式盒	浙江临海明王士琦墓出土　浙江省博物馆藏	郑旭明摄
图七一—一	补衮图银盒	浙江临海明王士琦墓出土　浙江省博物馆藏	郑旭明摄
图七一—二	顾绣《补衮图》		采自《海上锦绣：顾绣珍品特集》图一
图七二	广寒宫图减银盒	浙江临海明王士琦墓出土　浙江省博物馆藏	郑旭明摄
图七三	金肥皂盒	北京定陵出土　明十三陵博物馆藏	自摄

第九章　明代饰品的类型与样式

图一—一	《千金记》	明富春堂刊本	采自《古本戏剧丛刊》
图一—二	《双忠记》	明富春堂刊本	采自《古本戏剧丛刊》
图二	银丝鬏髻	浙江安吉郭吴景坞明吴麟夫妇墓出土　安吉县博物馆藏	自摄
图三—一	金丝鬏髻	上海浦东新区陆深家族墓出土　上海博物馆藏	自摄
图三—二	蓝印花布夹被图案	上海闵行区马桥乡明墓出土	采自《上海明墓》彩版一〇三：二

图四—一	金丝鬏髻	无锡市郊区出土　无锡博物院藏	自摄
图四—二	银丝鬏髻	无锡华复诚夫妇墓出土　无锡博物院藏	自摄
图四—三	《断易大成》插图『女在合边立』		采自明嘉靖年间刻本《断易大成》插图
图五—一	金丝福寿五梁冠	浙江临海明王士琦墓出土　浙江省博物馆藏	自摄
图五—二	《三才图会》中的髻		采自明万历三十七年金阊宝翰楼刊本
图五—三	金丝鬏髻	江苏南通西郊钱皞墓出土　南通博物苑藏	自摄
图五—四	金丝鬏髻	南京栖霞山二号墓出土　南京博物院藏	自摄
图六—一	杂宝纹金梁冠	南京中华门外邓府山佟卜年妻陈氏墓出土　南京市博物总馆藏	自摄
图六—二	金梁冠	大同御河东路齐家坡沙厂出土　大同市博物馆藏	自摄
图六—三	金梁冠	大同四二五号工地出土　大同市博物馆藏	自摄
图七—一	金冠与金簪	南京江宁将军山沐晟墓出土　南京市博物总馆藏	自摄
图七—二	金冠	南京江宁将军山沐瓒夫妇墓出土　江宁博物馆藏	自摄
图七—三	张渥《九歌图》（局部）	上海博物馆藏	自摄
图七—四	金冠	昆明呈贡沐氏家族墓沐详夫妇墓出土　云南省博物馆藏	自摄
图八	金宝髻	江西南城县明益庄王墓出土　中国国家博物馆藏	自摄
图九	金丝鬏髻	西安市碑林区出土	采自《西安文物精华·金银器》图一八一
图一〇—一	鬏髻与头面的插戴（王洛妻盛氏）	常州武进王洛家族墓出土　常州市武进区博物馆藏	自摄
图一〇—二	鬏髻与头面的插戴（王昶妻徐氏）	常州武进王洛家族墓出土　常州市武进区博物馆藏	自摄
图一〇—三	鬏髻与头面的插戴（李湘之妻）	嘉兴王店李家坟明李湘夫妇墓出土　嘉兴博物馆藏	自摄
图一一—一	银镶玉满冠	无锡明华复诚夫妇墓出土　无锡博物院藏	自摄
图一一—二	银镶玉掩鬓	无锡明华复诚夫妇墓出土　无锡博物院藏	自摄
图一一—三	一点油鎏金银簪	无锡明华复诚夫妇墓出土　无锡博物院藏	自摄
图一一—四	玉叶金蝉啄针	无锡明华复诚夫妇墓出土　无锡博物院藏	自摄
图一一—五	金头莲瓣簪子	无锡明华复诚夫妇墓出土　无锡博物院藏	自摄
图一一—六	银镶宝梅花簪	无锡明华复诚夫妇墓出土　无锡博物院藏	自摄
图一一—七	银鎏金翠云钿儿	无锡明华复诚夫妇墓出土	无锡博物院提供

图一二—一	金耳挖	山东兖州谷村镇栗园出土　兖州博物馆藏	自摄
图一二—二	金耳挖簪	明益端王朱祐槟夫妇墓出土	江西省博物馆提供
图一三	仰覆莲花头银鎏金簪	上海卢湾区潘允徵夫妇墓出土	采自《上海明墓》彩版六三：三
图一四	金牡丹花头银脚簪	上海卢湾区潘允徵夫妇墓出土	采自《上海明墓》彩版六六：四
图一五	金花头福寿银脚簪	上海卢湾区潘允徵夫妇墓出土	采自《上海明墓》彩版六六：三
图一六—一	金裹头银脚簪	杭州萧山区水漾坞明墓出土　杭州市文物考古研究所藏	自摄
图一六—二	金裹头银脚簪	江苏江阴青阳邹令人墓出土　江阴博物馆藏	自摄
图一七—一～二	银花头簪	四川平武王玺家族墓出土　四川省文物考古研究院藏	自摄
图一八—一	金花头簪	常熟市城郊三八村程氏墓出土　常熟博物馆藏	自摄
图一八—二	金花头簪	江苏溧阳县城西公社明墓出土	镇江博物馆提供
图一九—一～二	金花头簪	江苏江阴长泾明墓出土　江阴博物馆藏	自摄
图二〇—一	金累丝镶玉嵌宝牡丹花头银脚簪	浙江临海明王士琦墓出土　浙江省博物馆藏	自摄
图二〇—二	金累丝镶玉嵌宝牡丹花头银脚簪背面	浙江临海明王士琦墓出土　浙江省博物馆藏	自摄
图二〇—三	金镶宝花头簪	四川平武王玺家族墓出土　四川省文物考古研究院藏	自摄
图二〇—四	金镶宝花头簪	湖北恩施猫儿堡出土　恩施土家族苗族自治州博物馆藏	自摄
图二一	金镶宝花头簪	湖北蕲春明都昌王朱载塎夫妇墓出土　蕲春县博物馆藏	自摄
图二二—一	金花头银脚簪	上海嘉定区李新斋夫妇墓出土	采自《上海明墓》彩版七〇：三
图二二—二	银鎏金花头簪	上海卢湾区打浦桥顾君妻陆孺人墓出土	采自《上海明墓》彩版三〇：三
图二三—一	金镶玉梅花头银脚簪	上海陆深家族墓出土　上海博物馆藏	自摄
图二三—二	金镶玉梅花头银脚簪	苏州明王锡爵墓出土　苏州博物馆藏	自摄
图二四—一	金镶玉花头簪	江苏江阴长泾明墓出土　江阴博物馆藏	自摄
图二四—二	金镶玉花头银脚簪	嘉兴王店李家坟李湘夫妇墓出土　嘉兴博物馆藏	自摄
图二五—一	金镶宝花头簪	南京太平门外徐俌夫人墓出土　南京市博物总馆藏	自摄
图二五—二	金镶宝花头簪	河南浚县明王百禄墓出土	鹤壁市博物馆提供
图二六	金累丝菊花头簪	南京太平门外徐达家族墓出土　南京市博物总馆藏	自摄
图二七	明人容像（局部）		采自《故宫博物院藏文物珍品大系·明清肖像画》图三九

图二八—一	花头簪与鬏髻的组合	上海徐汇区宛平南路明墓出土	采自《上海考古精粹》图三五四
图二八—二	花头簪与鬏髻的组合（王洛妻盛氏）	常州武进王洛家族墓出土　常州市武进区博物馆藏	自摄
图二八—三	《秦锡章夫人像》（局部）		中国国家博物馆提供
图二九	《煮茶图》（局部）		采自《故宫博物院藏文物珍品大系·明清风俗画》图一六
图三〇	银草虫啄针	兰州上西园明彭泽墓出土　甘肃省博物馆藏	自摄
图三一	金蝉玉叶簪	苏州五峰山张安晚家族墓出土　南京博物院藏	友人摄
图三二	明郝杰夫人吴氏容像（局部）	蔚县博物馆藏	自摄
图三三	金草虫啄针	无锡鸿声前房桥明墓出土	采自《锡山藏珍》图六九
图三四	银鎏金草虫啄针	上海卢湾区李惠利中学明墓出土　上海博物馆藏	自摄
图三五	金鱼撇杖	无锡黄钺家族墓二号墓出土　无锡博物院藏	自摄
图三六	赵昌（传）《写生蛱蝶图》（局部）	故宫博物院藏	自摄
图三七—一	一点油鎏金银簪	江苏太仓明黄元会墓出土　太仓博物馆藏	自摄
图三七—二	一点油金簪	浙江余杭塘栖超山明墓出土	余杭江南水乡博物馆提供
图三七—三	一点油金头银脚刻诗簪	无锡明黄钺夫妇墓出土　无锡博物院提供	自摄
图三八	旋花头金簪	南昌明宁康王女菊潭郡主墓出土　江西省博物馆藏	自摄
图三九—一	玉冠与金簪	江西婺源太白乡明汪鋐墓出土	采自《婺源博物馆藏品集粹》图六二
图三九—二	金冠与金簪	南京中华门外明蔡国公夫人墓出土　南京市博物总馆藏	自摄
图四〇	《增补易知杂字全书》中的钗和簪		采自《明代通俗日用类书集刊·十六》
图四一—一	金錾螭虎纹簪	南京板仓职业病防治所明墓出土　南京市博物总馆藏	自摄
图四一—二	金镶白玉簪	无锡明黄应明墓出土	无锡博物院提供
图四一—三	金玲珑螭虎簪	无锡明黄应明墓出土	无锡博物院提供
图四二—一	银鎏金冠与银簪	江西南城县益藩罗川王族墓出土	江西省博物馆提供
图四二—二	玛瑙束发冠与银簪	苏州明王锡爵墓出土　苏州博物馆藏	自摄
图四三—一	旋花头金簪（局部）	江西南城县明益端王夫妇墓出土　江西省博物馆藏	自摄
图四三—二	旋花头金簪（局部）	江西南城县明益宣王夫妇墓出土　江西省博物馆藏	自摄
图四三—三	旋花头金簪（局部）	兰州上西园明肃藩墓园出土　甘肃省博物馆藏	自摄

图四四	银鎏金镶宝花蝶小插	上海宝山区明朱守城夫妇墓出土	采自《上海明墓》彩版八〇：六
图四五	金累丝双鸳鸯小插	浙江临海明王士琦墓出土　浙江省博物馆藏	自摄
图四六	金累丝游舫小插	浙江临海明王士琦墓出土　浙江省博物馆藏	自摄
图四七	金镶宝荷叶小插	浙江临海明王士琦墓出土　浙江省博物馆藏	自摄
图四八—一	银鎏金嵌宝玉鸳鸯小插	北京定陵出土	采自《定陵文物图典》图九二
图四八—二	金蛙玛瑙荷叶银脚簪	常州和平新村明墓出土　常州博物馆藏	自摄
图四八—三	镶珠宝金蛙小插	湖北蕲春横车镇明荆恭王墓出土　湖北明代藩王博物馆藏	自摄（局部图蕲春县博物馆提供）
图四八—四	金镶玉慈姑叶小插	上海闵行区马桥乡明墓出土	采自《上海明墓》彩版一〇一：三
图四九	金镶宝蝉小插	北京定陵出土	采自《定陵文物图典》图九六
图五〇	金镶宝蟢蛛小插	南京中华门外邓府山佟卜年妻陈氏墓出土　南京市博物总馆藏	自摄
图五一	金嵌宝螳螂捕蝉银脚簪	江苏江阴青阳邹令人墓出土　江阴博物馆藏	自摄
图五二	金镶玉鹦鹉衔桃嵌宝簪	北京定陵出土	采自《定陵文物图典》图八六
图五三	金镶宝桃小插	辽宁鞍山倪家台明崔鉴墓出土　辽宁省博物馆藏	自摄
图五四	《三才图会》中的钗		采自明万历三十七年金阊宝翰楼刊本
图五五—一	明郝杰母杨氏夫人容像（局部）	蔚县博物馆藏	自摄
图五五—二	中山孺人汪氏容像（摹本）		据《徽州容像艺术》页一一
图五五—三	倪仁吉绘吴氏先祖容像（局部）		采自《义乌文物精粹》页二一〇
图五六—一	金瓜头簪	四川平武王玺家族墓出土　四川省文物考古研究院藏	自摄
图五六—二	银瓜头簪	四川平武王玺家族墓出土　四川省文物考古研究院藏	自摄
图五六—三	海浪祥云伎乐金簪	四川平武王玺家族墓出土　四川省文物考古研究院藏	自摄
图五六—四	金瓜头簪	江苏江阴长泾九房巷明夏彝夫妇墓出土　江阴博物馆藏	自摄
图五六—五	金镶宝瓜头簪	江苏江阴长泾九房巷明夏彝夫妇墓出土　江阴博物馆藏	自摄
图五七—一	金累丝凤穿花鬓钗（局部）	南京太平门外徐俌夫人墓出土　南京市博物总馆藏	自摄
图五七—二	金累丝凤穿花鬓钗	南京太平门外徐膺绪墓出土　南京市博物总馆藏	自摄
图五八—一	金凤穿花鬓钗	广东普宁明墓出土	广东省博物馆提供
图五八—二	凤穿花金满冠	广东普宁明墓出土	广东省博物馆提供

图五九	金累丝镶宝牡丹花鬓钗	湖北钟祥明梁庄王墓出土	湖北省博物馆提供
图六〇—一	金镶宝鬓钗	南京太平门外明徐俌夫人墓出土　南京市博物总馆藏	自摄
图六〇—二	金镶宝龙戏珠鬓钗	湖北蕲春蕲州镇雨湖村明都昌王朱载塎夫妇墓出土　蕲春县博物馆藏	自摄
图六〇—三	银鎏金攀莲童子鬓钗	杭州萧山区水漾坞明墓出土　杭州市文物考古研究所藏	自摄
图六一	金凤穿花婴戏图鬓钗	湖北恩施猫儿堡出土	恩施土家族苗族自治州博物馆提供（局部图自摄）
图六二—一	金镶宝蝶赶花鬓钗	湖北蕲春刘娘井明荆端王次妃刘氏墓出土　湖北省博物馆藏	自摄
图六二—二	金镶玉蝶赶菊簪	常熟明温州知府陆润墓出土　常熟博物馆藏	自摄
图六二—三	金镶宝蝶赶花簪	南昌青云谱京山学校出土	江西省博物馆提供
图六三	金镶宝螳螂捕蝉簪	湖北蕲春横车镇明荆恭王墓出土　蕲春县博物馆藏	自摄
图六四—一	教子升天玉绦钩	甘肃漳县徐家坪八号墓出土　甘肃省博物馆藏	自摄
图六四—二	金镶宝教子升天簪	兰州上西园明墓出土　甘肃省博物馆藏	友人摄
图六四—三	金镶玉螭虎簪	上海浦东新区明陆深家族墓出土	采自《上海明墓》彩版四六：五
图六五—一	《武陵春图》（局部）	故宫博物院藏	自摄
图六五—二	倪仁吉绘吴氏先祖容像		采自《义乌文物精粹》图二〇六
图六六	金镶宝簪	陕西高陵县院张村明代张氏墓出土	陕西省考古研究院提供
图六七	金累丝楼阁人物簪	江苏江阴长泾九房巷明夏彝夫妇墓出土　江阴博物馆藏	自摄
图六八	《三才图会》中的掩鬓		采自明万历三十七年金阊宝翰楼刊本
图六九—一	功德天女云中现	敦煌莫高窟第六一窟壁画（五代）	摄自敦煌壁画高清图片高校巡展
图六九—二	云朵上的佛足与云朵上的麒麟	敦煌莫高窟第六一窟壁画（五代）	摄自敦煌壁画高清图片高校巡展
图六九—三	云朵上的飞天	敦煌莫高窟第三窟壁画（元）	摄自敦煌壁画高清图片高校巡展
图七〇	福建莆田广化寺石塔浮雕		自摄
图七一	日月纹金掩鬓	江苏江阴长泾九房巷明夏彝夫妇墓出土　江阴博物馆藏	自摄
图七二	金镶宝日月纹掩鬓	江西南城县明益端王夫妇墓出土　江西省博物馆藏	自摄
图七三	金镶宝凤凰掩鬓	江西南城县明益宣王夫妇墓出土　江西省博物馆藏	自摄
图七四—一	双凤穿花金掩鬓	南昌青云谱老龙窝明墓出土　江西省博物馆藏	自摄
图七四—二	云霞双凤金掩鬓	南昌石城辅国将军朱拱禄墓出土　江西省博物馆藏	自摄

图七五—一	金镶玉仙人掩鬓	上海浦东新区明陆深家族墓出土　上海博物馆藏	自摄
图七五—二	跨鹤仙人金掩鬓	无锡大墙门出土　南京博物院藏	自摄
图七六	织金鹿纹补子	北京长辛店六一八厂明墓出土	采自《北京文物精粹大系·织绣卷》图一九
图七七	金镶摩尼宝花掩鬓	湖北蕲春明都昌王朱载塎夫妇墓出土　湖北省博物馆藏	自摄
图七八—一	金麒麟掩鬓	江西南昌县明辅国将军朱拱禄妻樊氏墓出土　江西省博物馆藏	自摄
图七八—二	金麒麟掩鬓	无锡大墙门出土　南京博物院藏	自摄
图七九—一	金仙人掩鬓	南京太平门外板仓出土　南京市博物总馆藏	自摄
图七九—二	童子戏莲金掩鬓	南京太平门外蒋王庙出土　南京市博物总馆藏	自摄
图八〇	明人绘贾氏容像（局部）		故宫博物院提供
图八一—一	云托日金片	苏州吴张士诚母曹氏墓出土　苏州博物馆藏	自摄
图八一—二	云托月金片	苏州吴张士诚母曹氏墓出土　苏州博物馆藏	自摄
图八二—一	云托日银片（残）	无锡元钱裕墓出土　无锡博物院藏	自摄
图八二—二	云托月银片（残）	无锡元钱裕墓出土　无锡博物院藏	自摄
图八三—一	云托日金片	南京中央门外张家洼明汪兴祖墓出土　南京市博物总馆藏	自摄
图八三—二	云托日月银饰	南京太平门外板仓徐俌墓出土　南京市博物总馆藏	自摄
图八三—三	云托日金饰	常熟陆家山陈察母墓出土　常熟博物馆藏	自摄
图八四—一～二	金镶宝花树	常州市红卫出土　常州博物馆藏	自摄
图八四—三	金累丝镶宝花树	苏州洞庭红光四队出土　苏州博物馆藏	自摄
图八五	金镶宝鸟雀登枝花树	湖北蕲春彭思镇明都昌王妃袁氏墓出土　蕲春县博物馆藏	自摄
图八六	金累丝蝶赶花簪	南京太平门外徐达家族墓出土　南京市博物总馆藏	自摄
图八七	金镶宝蝶赶花银脚簪	江苏江阴青阳邹令人墓出土　江阴博物馆藏	自摄
图八八	金累丝蜂蝶赶菊花篮簪	浙江临海明王士琦墓出土　浙江省博物馆藏	郑旭明摄
图八九—一	金镶宝蝶赶花簪	兰州上西园明彭泽夫妇墓出土　甘肃省博物馆藏	赵丰摄
图八九—二	金镶宝蝶赶花簪	河南浚县王百禄墓出土　河南博物院藏	自摄
图八九—三	金累丝镶宝花朵簪	常州武进马杭东风出土　常州市武进区博物馆藏	自摄
图九〇—一	金牡丹花簪	湖北钟祥明郢靖王墓出土　钟祥市博物馆藏	自摄

图九〇—二	金牡丹花簪	湖北钟祥明郢靖王墓出土　钟祥市博物馆藏	自摄
图九〇—三	银牡丹花簪	湖北钟祥明郢靖王墓出土　钟祥市博物馆藏	自摄
图九〇—四	银牡丹花簪	湖北钟祥明郢靖王墓出土　钟祥市博物馆藏	自摄
图九一—一	金牡丹花簪	南京中华门外俞通源墓出土　南京市博物总馆藏	自摄
图九一—二	金牡丹花	南京江宁将军山沐朝辅墓出土　南京市博物总馆藏	自摄
图九二	金牡丹花簪	山东兖州栗园出土　兖州博物馆藏	自摄
图九三	金坐佛挑心	南京太平门外徐膺绪墓出土　南京市博物总馆藏	自摄
图九四	金镶玉坐佛挑心	上海卢湾区李惠利中学明墓出土　上海博物馆藏	自摄
图九五	金镶玉观音挑心	上海陆深家族墓出土　上海博物馆藏	自摄
图九六	金镶宝观音挑心	湖北恩施猫儿堡出土　恩施土家族苗族自治州博物馆藏	自摄
图九七	金镶宝慈姑叶挑心	南京太平门外徐俌夫人墓出土　南京市博物总馆藏	自摄
图九八	金镶宝蝶赶菊挑心	湖北蕲春县蕲州镇荆王府墓出土　蕲春县博物馆藏	自摄
图九九	金镶琥珀二龙戏珠挑心	南京中华门外佟卜年妻陈氏墓出土　南京市博物总馆藏	自摄
图一〇〇	金镶宝凤凰挑心	湖北蕲春明都昌王朱载塎夫妇墓出土　蕲春县博物馆藏	自摄
图一〇一—一	金嵌宝凤凰挑心	江苏江阴青阳邹令人墓出土　江阴博物馆藏	自摄
图一〇一—二	金累丝镶宝凤凰挑心	南昌青云谱京山学校出土　江西省博物馆藏	自摄（背面图为馆方提供）
图一〇二	顾绣八仙庆寿挂屏（局部）		采自《中国织绣服饰全集·刺绣卷》图一五〇
图一〇三—一	金镶宝『火焰』挑心	南京江宁将军山沐斌夫人梅氏墓出土　南京市博物总馆藏	自摄
图一〇三—二	金镶宝莲花顶簪	南京江宁将军山沐斌夫人梅氏墓出土　南京市博物总馆藏	自摄
图一〇三—三	金镶宝掩鬓	南京江宁将军山沐斌夫人梅氏墓出土　南京市博物总馆藏	自摄
图一〇三—四	金镶宝掩鬓	南京江宁将军山沐斌夫人梅氏墓出土　南京市博物总馆藏	自摄
图一〇三—五	金镶宝双凤戏花满冠	南京江宁将军山沐斌夫人梅氏墓出土　南京市博物总馆藏	自摄
图一〇三—六	金镶宝花小插	南京江宁将军山沐斌夫人梅氏墓出土　南京市博物总馆藏	自摄
图一〇四—一	金镶宝『火焰』挑心	湖北蕲春刘娘井明荆端王次妃刘氏墓出土　湖北省博物馆藏	自摄
图一〇四—二	金镶宝『火焰』挑心	湖北蕲春蕲州镇黄土岭荆藩宗室墓出土　湖北省博物馆藏	自摄
图一〇五	金累丝『佛』字挑心	南京江宁殷巷沐晟墓出土　南京市博物总馆藏	自摄

图一〇六—一	天曹六欲诸天仙众	慈圣太后敕造水陆画　首都博物馆藏	自摄
图一〇六—二	无色界四空天诸天众	山西右玉宝宁寺明代水陆画	采自《宝宁寺明代水陆画》图四四
图一〇七—一	金牡丹花钿	广东普宁明墓出土	广东省博物馆提供
图一〇七—二	金镶宝花钿	蕲春蕲州镇刘家咀永新王墓出土　蕲春县博物馆藏	自摄
图一〇八—一	金镶宝花钿	江苏江阴青阳邹令人墓出土　江阴博物馆藏	自摄
图一〇八—二	满池娇纹金钿	江苏江阴青阳邹令人墓出土　江阴博物馆藏	自摄
图一〇九	金累丝镶宝花钿	上海奉贤区明宋蕙家族墓出土	采自《上海明墓》彩版五二：三
图一一〇	金镶珠宝花钿	湖北蕲春荆恭王朱翊钜夫妇墓出土　湖北明代藩王博物馆藏	自摄
图一一一	金镶宝花钿	湖北蕲春都昌王朱载堉夫妇墓出土　湖北省博物馆藏	自摄
图一一二	明人容像（局部）		采自《故宫博物院藏文物珍品大系·明清肖像画》图四三
图一一三—一	金镶玉嵌宝群仙庆寿钿	江西南城县明益宣王夫妇墓出土　江西省博物馆藏	自摄
图一一三—二	金累丝嵌宝双龙捧福寿掩鬓	江西南城县明益宣王夫妇墓出土　江西省博物馆藏	自摄
图一一四	金累丝镶玉嵌宝群仙庆寿钿	浙江临海明王士琦墓出土　浙江省博物馆藏	郑旭明摄
图一一五	金镶玉人（花钿构件）	上海宝山区明朱守城夫妇墓出土	采自《上海明墓》彩版八〇：二
图一一六	金累丝蜂蝶赶花钿	南昌青云谱京山学校出土	江西省博物馆提供
图一一七	东宫妃冠服·礼服·皁罗额子		采自《明宫冠服仪仗图》
图一一八	珠子箍	北京定陵出土　明十三陵博物馆藏	自摄
图一一九—一~四	珠子箍上的饰件	明都昌王朱载堉夫妇墓出土　蕲春县博物馆藏	自摄
图一一九—三	珠子箍上的饰件	明都昌王朱载堉夫妇墓出土　湖北省博物馆藏	自摄
图一二〇—一	明曹姜仲夫妇容像（局部）	青州博物馆藏	自摄
图一二〇—二	明郝杰夫人吴氏容像之二（局部）	蔚县博物馆藏	自摄
图一二〇—三	明鸿胪百泉归先生夫妇郁孺人二寿像（局部）	常熟市碑刻博物馆藏	自摄
图一二一	珠子箍	湖北蕲春蕲州镇九龙咀荆藩宗室墓出土　蕲春县博物馆藏	自摄
图一二二	双龙戏珠金饰	江西南城县明益庄王夫妇墓出土　江西省博物馆藏	自摄
图一二三	双凤穿花金饰	湖北恩施猫儿堡出土　恩施土家族苗族自治州博物馆藏	自摄
图一二四	金珠宝围髻	江西南城县明益宣王夫妇墓出土　江西省博物馆藏	自摄

图一二五	《三才图会》中的满冠图		采自明万历三十七年金阊宝翰楼刊本
图一二六	满冠的插戴（王洛妻盛氏）	武进王洛家族墓出土　常州市武进区博物馆藏	自摄
图一二七—一	金镶宝穿花凤满冠	上海卢湾区李惠利中学明墓出土　上海博物馆藏	自摄
图一二七—二	满冠的插戴	上海卢湾区李惠利中学明墓出土　上海博物馆藏	自摄
图一二八	明人容像（局部）		采自《故宫博物院藏文物珍品大系·明清肖像画》图四八
图一二九—一	孔雀牡丹金满冠	广州番禺茅山岗二号墓出土　广州市文物考古研究所藏	自摄
图一二九—二	金累丝楼阁人物满冠	江苏江阴长泾九房巷明夏彝夫妇墓出土　江阴博物馆藏	自摄
图一二九—三	寿星图金满冠	四川平武王玺家族墓出土　四川省文物考古研究院藏	自摄
图一二九—四	双凤穿花金满冠	湖北恩施猫儿堡出土　恩施土家族苗族自治州博物馆藏	自摄
图一三〇—一	金累丝镶宝嵌玉牡丹鸾鸟满冠	湖北钟祥明梁庄王墓出土	湖北省博物馆提供
图一三〇—二	金累丝镶玉嵌宝牡丹鸾鸟掩鬓	湖北钟祥明梁庄王墓出土	湖北省博物馆提供
图一三一	金镶宝群芳吐艳顶簪	湖北蕲春县蕲州镇王要村永新王墓出土　蕲春县博物馆藏	自摄
图一三二—一	蝴蝶牡丹花纹金饰	江苏溧阳县城西公社明墓出土	镇江博物馆提供
图一三二—二	银鎏金蜂赶菊顶簪	常熟宝岩丁家明墓出土　常熟博物馆藏	自摄
图一三二—三	金镶宝菊花螳螂顶簪	常州丽华新村出土　常州博物馆藏	自摄
图一三三—一	金镶宝花顶簪	常州市三里桥出土　常州博物馆藏	自摄
图一三三—二	金镶宝牡丹花顶簪	江苏江阴青阳邹令人墓出土　江阴博物馆藏	自摄
图一三四—一	金镶宝顶簪	湖北蕲春都昌王朱载埈夫妇墓出土　蕲春博物馆藏	自摄
图一三四—二	金牡丹花顶簪	常州王家村明墓出土　常州博物馆藏	自摄
图一三五	银鎏金镶玉嵌宝蝶赶菊顶簪	北京定陵出土　明十三陵博物馆藏	自摄
图一三六	金累丝镶宝蝶赶花簪	江西南城县明益宣王夫妇墓出土	江西省博物馆提供
图一三七	明人容像（局部）		采自《故宫博物院藏文物珍品大系·明清肖像画》图二一一
图一三八	金镶宝凤穿花银脚簪	江西南城县明益宣王夫妇墓出土	江西省博物馆提供
图一三九	二龙戏珠金凤簪	江西南城县明益宣王夫妇墓出土	江西省博物馆提供
图一四〇—一	金累丝蝴蝶凤凰步摇	浙江临海明王士琦墓出土	郑旭明摄
图一四〇—二	金累丝蜻蜓（步摇残件）	浙江临海明王士琦墓出土	郑旭明摄

图一四一	银鎏金累丝镶宝花蝶步摇	山东兖州栗园出土　兖州博物馆藏	自摄
图一四二—一	蝶赶菊纹金梳背	常州武进前黄医院工地明墓出土　常州市武进区博物馆藏	自摄
图一四二—二	杂宝纹金梳背	常熟虞山王氏家族墓出土　常熟博物馆藏	自摄
图一四二—三	婴戏图金梳背	常熟王鲁家族墓出土　常熟博物馆藏	自摄
图一四三—一	金镶宝梳背	无锡大墙门出土　南京博物院藏	自摄
图一四三—二	金镶宝包背木梳	无锡大墙门出土　南京博物院藏	自摄
图一四四	金镶玉嵌宝包背木梳	无锡县安镇出土　南京博物院藏	自摄
图一四五	明人《货郎图》(局部)		故宫博物院提供
图一四六—一	银鎏金镶玉嵌宝蝶赶桃花挑心		采自《定陵出土文物图典》图九四
图一四六—二	银鎏金镶玉嵌宝蝶赶菊簪		采自《定陵出土文物图典》图一一〇
图一四六—三	银鎏金镶玉嵌宝蝴蝶簪		采自《定陵出土文物图典》图七九
图一四六—四	金累丝镶宝珠蝶赶花簪		采自《定陵出土文物图典》图五〇
图一四六—五	金镶宝蝴蝶簪		采自《定陵出土文物图典》图五一
图一四六—六	银鎏金镶玉嵌宝蝶赶桃花簪		采自《定陵出土文物图典》图一一六
图一四七	金镶玉嵌宝牡丹孔雀挑心	北京丰台区明李文贵墓出土	采自《文物》二〇〇八年第九期封二：二
图一四八	金镶宝珠点翠九龙九凤冠	北京定陵出土　中国国家博物馆藏	自摄
图一四九—一	金镶宝钿花鸾凤冠	湖北蕲春刘娘井明墓出土　湖北省博物馆藏	自摄
图一四九—二	插于凤冠的凤簪	湖北蕲春刘娘井明墓出土　湖北省博物馆藏	自摄
图一五〇	凤冠之一复原	贵州遵义高坪镇明墓出土	张凡提供
图一五一—一~七	凤冠之一构件	贵州遵义高坪镇明墓出土	贵州省博物馆提供
图一五一—八	银鎏金梁冠(局部)·凤冠之一	贵州遵义高坪镇明墓出土　贵州省博物馆藏	自摄
图一五二—一	累丝嵌宝金凤·凤冠之二构件	贵州遵义高坪镇明墓出土	贵州省博物馆提供
图一五二—二	口衔挑排的累丝嵌宝金凤·凤冠之二构件	贵州遵义高坪镇明墓出土	贵州省博物馆提供
图一五三	金累丝凤簪	湖北钟祥明梁庄王墓出土	湖北省博物馆提供
图一五四—一	金累丝凤簪	江西南城县明益端王夫妇墓出土　江西省博物馆藏	自摄(簪脚铭文江西省博物馆提供)
图一五四—二	金累丝凤簪	江西南城县明益庄王夫妇墓出土　中国国家博物馆藏	自摄

图一五五—一~二	金凤簪	江西南城县明益宣王夫妇墓出土　江西省博物馆藏	自摄
图一五六	金帔坠	湖北钟祥明梁庄王墓出土　湖北省博物馆藏	自摄
图一五七	金帔坠	江西南城县明益端王夫妇墓出土	江西省博物馆提供
图一五八—一	金帔坠	河南上蔡县顺阳王墓出土　河南博物院藏	自摄
图一五八—二	金帔坠	南京市板仓明墓出土　南京博物院藏	自摄
图一五八—三	金帔坠	南昌市蒋巷安乐乡出土	江西省博物馆提供
图一五八—四	金镶珠宝二龙戏珠帔坠	北京定陵出土　明十二陵博物馆藏	自摄
图一五九	金累丝凤簪（翟）	南京太平门外板仓徐俌夫人墓出土　南京市博物总馆藏	自摄
图一六〇—一	金帔坠	南昌明宁康王女菊潭郡主墓出土　江西省博物馆藏	自摄
图一六〇—二	金帔坠	兰州上西园明肃藩家族墓出土　甘肃省博物馆藏	自摄
图一六一—一	银鎏金镶玉嵌宝帔坠	上海卢湾区打浦桥明顾东川夫妇墓出土　上海博物馆藏	自摄
图一六一—二	镶玉嵌宝木帔坠	上海卢湾区打浦桥明顾东川夫妇墓出土　上海博物馆藏	自摄
图一六二—一	银鎏金帔坠	上海黄浦区明陈所蕴夫妇墓出土　上海市历史博物馆藏	自摄
图一六二—二~三	银鎏金霞帔包脚	上海黄浦区明陈所蕴夫妇墓出土　上海市历史博物馆藏	自摄
图一六二—四	银鎏金帔坠与坠件	上海浦东新区陆深家族墓出土　上海博物馆藏	自摄
图一六三	陈洪绶四世祖夫人容像（局部）	诸暨博物馆藏	自摄
图一六四—一	《三才图会》中的镮		采自明万历三十七年金阊宝翰楼刊本
图一六四—二	《增补易知杂字全书》中的镮		采自《明代通俗日用类书集刊·十六》
图一六五	親王妃·梅花環、四珠環		采自《明宫冠服仪仗图》
图一六六—一	孝慈高皇后像（局部）		采自《南薰殿历代帝后图像》（下）页一〇七
图一六六—二	金脚四珠环	湖北钟祥明郢靖王夫妇墓出土　钟祥市博物馆藏	自摄
图一六六—三	金脚四珠环	辽宁鞍山倪家台崔源家族墓出土　鞍山市博物馆藏	自摄
图一六七—一	明世宗孝洁肃皇后像（摹本）		据清宫旧藏
图一六七—二	《王琼恩荣次第图》（局部）	中国国家博物馆藏	自摄
图一六七—三	顾璘之妻沈氏容像（局部）	南京市博物总馆藏	自摄
图一六八—一	金镶宝八珠耳环	湖北钟祥明梁庄王墓出土　湖北省博物馆藏	自摄

图一六八—二	金镶宝八珠环子	北京右安门外明万贵墓出土　首都博物馆藏	自摄
图一六八—三	金镶宝八珠耳环	江西南城县明益宣王夫妇墓出土　江西省博物馆藏	自摄
图一六八—四	金镶宝八珠耳环	江西南城县明益庄王夫妇墓出土	江西省博物馆提供
图一六八—五	金镶宝八珠耳环	江西南城县明益端王夫妇墓出土	江西省博物馆提供
图一六八—六	金镶宝八珠耳环	兰州上西园明彭泽夫妇墓出土　甘肃省博物馆藏	自摄
图一六八—七	金脚八珠耳环	南京中华门外宋晟夫妇墓出土　南京市博物总馆藏	自摄
图一六八—八	金镶宝八珠耳环	辽宁鞍山倪家台崔源家族墓出土　鞍山市博物馆藏	自摄
图一六九—一	金光葫芦耳环	南京江宁将军山出土　江宁博物馆藏	自摄
图一六九—二	金光葫芦耳环	南京中华门外铁心桥出土　南京市博物总馆藏	自摄
图一七〇—一	金瓜棱葫芦耳环	兰州上西园明彭泽夫妇墓出土　甘肃省博物馆藏	自摄
图一七〇—二	金瓜棱葫芦耳环	南京太平门外板仓徐俌墓出土　南京市博物总馆藏	自摄
图一七〇—三	金瓜棱葫芦耳环	广东番禺茅山岗二号墓出土　广州市文物考古研究所藏	自摄
图一七〇—四	金瓜棱葫芦耳环	四川平武王玺家族墓出土　四川省文物考古研究院藏	自摄
图一七〇—五	金瓜棱葫芦耳环	常熟虞山王氏家族墓出土　常熟博物馆藏	馆方提供
图一七一—一	金累丝葫芦耳环	辽宁兴城钓鱼台镇線氏族墓出土　葫芦岛博物馆藏	自摄
图一七一—二	金累丝葫芦耳环	江苏江阴长泾九房巷明夏彝夫妇墓出土　江阴博物馆藏	自摄
图一七一—三	金累丝葫芦耳环	浙江余杭塘栖超山明墓出土　余杭江南水乡博物馆藏	自摄
图一七一—四	金累丝葫芦耳环	无锡大墙门出土　南京博物院藏	自摄
图一七二—一	金累丝嵌宝葫芦耳环	甘肃省博物馆藏	自摄
图一七二—二	金累丝嵌宝葫芦耳环	南通博物苑藏	自摄
图一七三—一	金摺丝葫芦耳环	湖北蕲春明都昌王朱载埨夫妇墓出土　蕲春县博物馆藏	自摄
图一七三—二	金摺丝葫芦耳环	南昌永和大队明戴贤墓出土	江西省博物馆提供
图一七三—三	金摺丝葫芦耳环	无锡大墙门出土　南京博物院藏	自摄
图一七四—一	金摺丝葫芦耳环（残）	湖北恩施猫儿堡出土　恩施土家族苗族自治州博物馆藏	自摄
图一七四—二	金摺丝葫芦耳环（残）	荆门博物馆藏	自摄
图一七五—一	金摺丝葫芦耳环	南通博物苑藏	自摄

图一八六—五	童子攀莲金耳环	吴中博物馆藏	自摄
图一八六—六	莲叶童子金耳环	无锡黄氏家族墓出土　无锡博物院藏	自摄
图一八七—一	金镶玉仙人耳环	无锡市大墙门出土　南京博物院藏	自摄
图一八七—二	银鎏金仙人耳环	江苏太仓娄东太丰一队出土　太仓博物馆藏	自摄
图一八七—三	仙人骑鹿金耳环	无锡黄氏家族墓出土　无锡博物院藏	自摄
图一八八—一	金镶水晶茄耳环	无锡博物院藏	自摄
图一八八—二	金镶宝茄耳环	南京太平门外板仓徐俌墓出土　南京市博物总馆藏	自摄
图一八九—一	金摺丝楼阁耳环	南京徐达家族墓出土　南京市博物总馆藏	自摄
图一八九—二	明人容像（局部）		采自《故宫博物院藏文物珍品大系·明清肖像画》图三九
图一九〇	金镶玉寿字耳环	晋城泽州县陡坡村明张光奎墓出土　晋城博物馆藏	自摄
图一九一—一	金丁香耳环	蕲春蕲州镇刘家咀永新王墓出土　蕲春县博物馆藏	自摄
图一九一—二	金丁香耳环	南京中华门外邓府山王克英夫人墓出土　南京市博物总馆藏	自摄
图一九一—三	《董姬像》（局部）		采自《中国人物画·元明卷》图七九〇（广西美术出版社二〇〇〇年）
图一九一—四	嵌珠金丁香耳环	嘉兴王店李家坟明李湘夫妇墓出土　嘉兴博物馆藏	自摄
图一九二	金摩竭耳环	南昌市通用机械厂出土	江西省博物馆提供
图一九三	金葫芦耳坠		镇江博物馆提供
图一九四	金镶玉蝶赶梅耳坠	蕲春彭思镇明都昌王朱祁鑑妃袁氏墓出土　蕲春县博物馆藏	自摄
图一九五	毛女图金耳坠	南京板仓徐达家族墓出土　南京市博物总馆藏	自摄
图一九六—一	金镶玉寿字耳坠	明益庄王夫妇墓出土	江西省博物馆提供
图一九六—二	金玉喜相逢耳坠	北京定陵出土	采自《定陵出土文物图典》图一七一
图一九七—一	明綦明夫妇容像（局部）		采自《故宫博物院藏文物珍品大系·明清肖像画》图二五
图一九七—二	灯笼耳环·明郝杰夫人吴氏容像之二	蔚县博物馆藏	自摄
图一九八—一	金累丝灯笼耳坠	陕西凤翔范家寨刘家沟刘之勃墓出土	童宇提供
图一九八—二	金累丝镶宝灯笼耳坠	南通博物苑藏	自摄
图一九九—一	金累丝灯笼耳坠	南京鼓楼区出土　南京市博物总馆藏	自摄
图一九九—二	金累丝灯笼耳坠	四川彭州江口古战场遗址出水　四川省文物考古研究院藏	自摄

图一九九—三	《宪宗元宵行乐图》（局部）	中国国家博物馆藏	自摄
图二〇〇	金累丝镶玉灯笼耳坠	兰州上西园明肃藩郡王墓出土　甘肃省博物馆藏	赵丰摄
图二〇一—一	明蓝缎桌帷（局部）		采自《中国织绣服饰全集·刺绣卷》图一二〇
图二〇一—二	遍地金缂丝灯笼仕女袍料（局部）		采自《北京文物精粹大系·织绣卷》图一〇九
图二〇二	金钑花钏与金八宝镯	湖北钟祥明梁庄王墓出土　湖北省博物馆藏	自摄
图二〇三—一	金八宝镯	南京江宁将军山沐斌夫人梅氏墓出土　南京市博物总馆藏	自摄
图二〇三—二	金八宝镯	南昌市明宁康王女菊潭郡主墓出土	江西省博物馆提供
图二〇四	金镶宝二龙戏珠镯	贵州遵义高坪镇明墓出土　贵州省博物馆藏	自摄
图二〇五	金龙头连珠镯	江苏江阴青阳明邹令人墓出土　江阴博物馆藏	自摄
图二〇六—一	水晶连珠镯	常州武进马杭东风出土　常州市武进区博物馆藏	自摄
图二〇六—二	吴伟《铁笛图》（局部）	上海博物馆藏	自摄
图二〇七—一	双龙首金镯	湖北钟祥明郢靖王夫妇墓出土　钟祥市博物馆藏	自摄
图二〇七—二	双龙首金镯	南京江宁将军山沐朝辅墓出土　南京市博物总馆藏	自摄
图二〇七—三	双龙首金镯	贵州遵义高坪镇明墓出土　贵州省博物馆藏	自摄
图二〇七—四	金镶宝双龙首镯	湖北蕲春横车镇明荆恭王墓出土　湖北明代藩王博物馆藏	自摄
图二〇七—五	金镶玉连珠镯	吴中博物馆藏	自摄
图二〇七—六	金镶玉手镯	北京海淀区四季青公社田村大队出土　首都博物馆藏	自摄
图二〇八—一	《三才图会》中的钏与指环		采自明万历三十七年金阊宝翰楼刊本
图二〇八—二	金二龙戏珠镯	湖北蕲春彭思镇都昌王朱祁鑑妃袁氏墓出土　蕲春县博物馆藏	自摄
图二〇九—一	金镶宝戒指与金镶绿松石戒指	湖北钟祥梁庄王墓出土　湖北省博物馆藏	自摄
图二〇九—二	金镶宝葫芦戒指	湖北钟祥梁庄王墓出土　湖北省博物馆藏	自摄
图二〇九—三	金镶宝葫芦戒指	北京右安门外万贵墓出土　首都博物馆藏	自摄
图二〇九—四	金镶宝戒指	南京江宁将军山沐瓒夫人刘氏墓出土　南京市博物总馆藏	自摄
图二〇九—五	金镶宝龙首衔莲花戒指与金镶宝葫芦戒指	河南浚县千百禄墓出土	鹤壁市博物馆提供
图二〇九—六	金镶宝葫芦戒指、金镶宝戒指、金镶绿松石戒指	辽宁鞍山倪家台崔源家族墓出土　鞍山博物馆藏	自摄
图二〇九—七	金镶蓝宝石戒指	南京中华门外西善桥出土　南京市博物总馆藏	自摄

图二一〇—一	灵芝纹金戒指	南京江宁谷里出土　南京市博物总馆藏	自摄
图二一〇—二	莲塘纹金戒指	南京中华门外西善桥出土　南京市博物总馆藏	自摄
图二一一	金戒指	上海潘允徵夫妇墓出土　上海博物馆藏	自摄
图二一二—一~二	『福海』『寿山』金戒指	江苏江阴华士砂山明墓出土　江阴博物馆藏	自摄
图二一二—三~四	『长安』『长乐』金戒指	江苏江阴华士砂山明墓出土　江阴博物馆藏	自摄
图二一三—一	金转轴戒指	上海卢湾区李惠利中学明墓出土　上海博物馆藏	（两面之一自摄，两面之二采自《上海考古精粹》图三六〇）
图二一三—二	明刊本《元曲选·鲁大夫秋胡戏妻》插图	中国国家图书馆藏	
图二一四—一	『忍』『耐』金转轴戒指	江苏太仓牌楼万家队明王忬墓出土　太仓博物馆藏	自摄
图二一四—二	『忍』『耐』金戒指	南京雨花台区天隆寺七号茔园出土　南京市考古研究院藏	自摄
图二一四—三	金戒指	湖北蕲春县蕲州镇荆王府墓出土　蕲春博物馆藏	自摄
图二一四—四	『清风』『明月』金转轴戒指	南京博物院藏	自摄
图二一五—一	伎乐童子金戒指	湖北宜昌兴山邓家坝二号墓出土　宜昌博物馆藏	自摄
图二一五—二	金蛤蟆戒指	湖北蕲春都昌王朱祁鑑妃袁氏墓出土　蕲春县博物馆藏	自摄
图二一五—三	银鎏金蛤蟆戒指	杭州萧山区水漾坞明墓出土　杭州市文物考古研究所藏	自摄
图二一六—一	辽包银铁马镫	辽宁省博物馆藏	自摄
图二一六—二	宝宁寺明代水陆画·兵戈盗贼诸孤魂众（局部）	山西博物院藏	自摄
图二一七—一	金马镫戒指	南京江宁将军山六号墓出土　南京市博物总馆藏	自摄
图二一七—二	金马镫戒指	湖北蕲春彭思镇明都昌王朱祁鑑妃袁氏墓出土　蕲春县博物馆藏	自摄
图二一七—三	『忍耐』铭金马镫戒指	四川彭州江口古战场遗址出水　四川考古研究院藏	自摄
图二一八—一	竹节纹金戒指	南京中华门外邓府山出土　南京市博物总馆藏	自摄
图二一八—二	金瓜戒指	明温州知府陆润墓出土	常熟博物馆提供
图二一八—三	金葫芦戒指	湖北恩施猫儿堡出土	恩施土家族苗族自治州博物馆提供
图二一九	渔樵耕读金戒指	南京卡子门外丁墙村出土　南京市博物总馆藏	自摄
图二二〇	二龙戏珠金戒指	南京中华门外郎家山出土　南京博物院藏	自摄
图二二一—一	银鎏金婴戏纹戒指	上海闵行区吴泾镇明何文瑞家族墓出土	采自《上海明墓》彩版三九：五

图二二一—二	金鸳鸯戒指	四川王玺家族墓出土　四川考古研究院藏	自摄
图二二一—三	金卧狮戒指	四川王玺家族墓出土　四川考古研究院藏	自摄
图二二二	《三才图会》中的襖子		采自明万历三十七年金阊宝翰楼刊本
图二二三	金镶宝蝶赶菊钮扣	北京右安门外明万贵墓出土　首都博物馆藏	自摄
图二二四—一	蝶赶菊金钮扣	江西南城县明益宣王夫妇墓出土	江西省博物馆提供
图二二四—二~三	金镶宝蝶赶花钮扣	江西南城县明益端王夫妇墓出土	江西省博物馆提供
图二二四—四	金镶宝蝶赶花钮扣	湖北蕲春明都昌王朱载塎夫妇墓出土　蕲春县博物馆藏	自摄
图二二四—五	蝶赶花金钮扣	山东兖州谷村镇栗园出土　兖州博物馆藏	自摄
图二二五—一	鸳鸯戏花金钮扣	上海黄浦区明孙氏孺人墓出土	采自《上海明墓》彩版一〇六：四
图二二五—二	凤戏牡丹金钮扣	山东兖州谷村镇栗园出土　兖州博物馆藏	自摄
图二二五—三	金镶宝狮子戏毬钮扣	湖北蕲春横车镇明荆恭王墓出土　分藏湖北藩王墓博物馆与蕲春县博物馆	自摄
图二二六—一	童子戏花金钮扣	南京太平门外徐俌夫人墓出土　南京市博物总馆藏	自摄
图二二六—二	童子戏花银钮扣	南京太平门外徐俌夫人墓出土　南京市博物总馆藏	自摄
图二二六—三	童子戏莲金钮扣	南京江宁殷巷出土　南京市博物总馆藏	自摄
图二二七—一	金锭式钮扣	南京江宁将军山沐瓒墓出土　南京市博物总馆藏	自摄
图二二七—二	金镶宝莲花钮扣	南京郊区出土　南京市博物总馆藏	自摄
图二二八—一	如意云朵金钮扣	四川王玺家族墓出土　四川考古研究院藏	自摄
图二二八—二	银双鱼钮扣	四川王玺家族墓出土　四川考古研究院藏	自摄
图二二八—三	金镶宝四合如意钮扣	北京海淀区青龙桥董四墓村明墓出土　首都博物馆藏	自摄
图二二九	龟游荷叶金钮扣	上海卢湾区明潘允徵夫妇墓出土	采自《上海明墓》彩版五九：六
图二三〇	金镶绿松石交杵纹钮扣	江西明益庄王夫妇墓出土	江西省博物馆提供
图二三一—一	明人容像（局部）		采自《故宫博物院藏文物珍品大系·明清肖像画》图四三
图二三一—二	明吴江周氏四代家堂像（局部）	南京博物院藏	自摄
图二三二—一	金事件	江苏南通明顾养谦夫妇墓出土　南通博物苑藏	自摄
图二三二—二	金事件	上海浦东新区陆深家族墓出土　上海博物馆藏	自摄
图二三三	金事件	上海卢湾区李惠利中学明墓出土	采自《上海明墓》彩版一一一：三

图二三四—一	金三事	湖北钟祥明梁庄王墓出土　湖北省博物馆藏	自摄
图二三四—二	金玉葫芦	湖北钟祥明梁庄王墓出土　湖北省博物馆藏	自摄
图二三五	金事件	云南呈贡王家营沐崧夫妇墓出土　云南省博物馆藏	自摄
图二三六—一	金事件连减银筒	浙江临海明王士琦墓出土　浙江省博物馆藏	郑旭明摄
图二三六—二	金事件连筒	浙江临海明王士琦墓出土　浙江省博物馆藏	自摄
图二三七—一	银三事连筒	无锡明黄应明墓出土	无锡博物院提供
图二三七—二	金三事连筒	南京江宁明沐启元墓出土　南京市博物总馆藏	自摄
图二三八—一	金穿心盒	湖北蕲春横车镇明荆恭王墓出土　湖北明代藩王博物馆藏	自摄
图二三八—二	金穿心盒	蕲春明都昌王朱载塎墓出土　蕲春县博物馆藏	自摄
图二三八—三	金穿心盒	蕲春明永新王朱厚熿墓出土　蕲春县博物馆藏	自摄
图二三八—四	银錾牡丹双凤穿心盒	扬州市郊西湖蜀岗村明代火金墓出土　扬州博物馆藏	自摄
图二三九	金坠领	北京右安门外明万贵墓出土　首都博物馆藏	自摄
图二四〇—一	金荷叶盖罐、金玉壶春瓶、金剪刀、金粉盒、金荷包、解锥	四川平武苟家坪明土司墓出土　四川博物院藏	自摄
图二四〇—二	金荷包、金玉壶春瓶	河南上蔡明顺阳王妃墓出土　河南博物院藏	自摄
图二四一	金坠领	河南浚县王百禄墓出土	鹤壁市博物馆提供
图二四二—一	錾花金盒	河南浚县王百禄墓出土	鹤壁市博物馆提供
图二四二—二	金盒	四川平武王玺家族墓出土　四川考古研究院藏	自摄
图二四三	明人容像	采自《中国祖先像——斯堪的纳维亚半岛各博物馆所藏晚明式祖像画》图三一	
图二四四—一	中宫冠服·燕居冠服	采自《明宫冠服仪仗图》	
图二四四—二	金方心云板	南京郊区出土　南京市博物总馆藏	自摄
图二四四—三	金玉佩件	辽宁鞍山倪家台崔源家族墓出土　鞍山博物馆藏	自摄
图二四五—一	金镶宝玉玎珰七事	南京太平门外徐达家族墓出土　南京市博物总馆藏	自摄
图二四五—二	金镶宝玎珰七事	湖北蕲春明荆端王次妃刘氏墓出土　湖北省博物馆藏	自摄
图二四六—一~二	金玎珰七事	四川平武王玺家族墓出土　四川考古研究院藏	自摄
图二四七	金镶玉玎珰七事	湖北蕲春横车镇明荆恭王墓出土　湖北明代藩王博物馆藏	自摄
图二四八	金玎珰七事	湖北恩施猫儿堡出土　恩施土家族苗族自治州博物馆藏	自摄

图二四九—一	《三才图会》中的网巾		采自明万历三十七年金阊宝翰楼刊本
图二四九—二	《南都繁会图·网巾发客》	中国国家博物馆藏	自摄
图二五〇—一	金网巾圈	山东淄博周村汇龙湖明代墓地一号墓出土	采自《中国国家博物馆馆刊》二〇一五年第二期
图二五〇—二	金网巾圈	江苏太仓浮桥浮南大队出土　太仓博物馆藏	自摄
图二五一	《宣宗行乐图》(局部)	故宫博物院藏	自摄
图二五二—一	《宪宗元宵行乐图》(局部)	中国国家博物馆藏	自摄
图二五二—二	《宪宗调禽图》(局部)	中国国家博物馆藏	自摄
图二五三—一	金镶蓝宝帽顶	湖北钟祥明梁庄王墓出土　湖北省博物馆藏	自摄
图二五三—二	金镶淡黄色蓝宝帽顶	湖北钟祥明梁庄王墓出土　湖北省博物馆藏	自摄
图二五三—三	金镶无色蓝宝帽顶	湖北钟祥明梁庄王墓出土　湖北省博物馆藏	自摄
图二五三—四	金累丝镶宝帽顶	湖北钟祥明梁庄王墓出土　湖北省博物馆藏	自摄
图二五四	银鎏金镶宝帽顶	北京海淀区青龙桥董四墓村明墓出土	采自《北京文物精粹大系·金银器卷》图二一五
图二五五	《三才图会》中的束发冠		采自明万历三十七年金阊宝翰楼刊本
图二五六—一	金束发冠	南京中华门外宋朝用墓出土　南京市博物总馆藏	自摄
图二五六—二	金束发冠	南京江宁将军山沐瓒墓出土　南京市博物总馆藏	自摄
图二五六—三	金束发冠与碧玉簪	南京江宁将军山沐朝辅墓出土　南京市博物总馆藏	自摄
图二五六—四	玛瑙束发冠	南京太平门外明徐俌墓出土　南京市博物总馆藏	自摄
图二五七	金镶宝束发冠	成都和平公社洞子口明墓出土　成都博物馆藏	自摄
图二五八—一	金镶宝束发冠	南京江宁殷巷沐启元墓出土　南京市博物总馆藏	自摄
图二五八—二	二龙戏珠束发金冠	长沙市博物馆藏	自摄
图二五九—一	灵芝麒麟金带具	浙江临海明王士琦墓出土　浙江省博物馆藏	自摄
图二五九—二	麒麟杂宝银鎏金带具	苏州虎丘茶花大队居家桥出土　苏州博物馆藏	自摄
图二五九—三	灵芝麒麟银带具	辽宁鞍山倪家台崔源家族墓出土　鞍山博物馆藏	自摄
图二六〇—一	银镶宝牡丹孔雀纹带具	浙江安吉鄣吴吴麟夫妇墓出土　安吉县博物馆藏	自摄
图二六〇—二	银鎏金祥云带具	嘉兴王店李家坟李湘夫妇墓出土　嘉兴博物馆藏	自摄
图二六一	银行乐图带具	浙江余杭塘栖超山明石椁墓出土	余杭江南水乡博物馆提供

图二六二—一	金镶宝带銙	湖北蕲春蕲州镇黄土岭明荆藩宗室墓出土　蕲春县博物馆藏	自摄
图二六二—二	金镶宝菊花带銙	湖北蕲春横车镇明荆恭王墓出土　湖北明代藩王博物馆藏	自摄
图二六二—三	金累丝镶宝带具	湖北钟祥梁庄王墓出土　湖北省博物馆藏	自摄
图二六三	金累丝嵌玉镶宝带具	南京江宁将军山沐启元墓出土　南京市博物总馆藏	自摄
图二六四	《宪宗调禽图》（局部）	中国国家博物馆藏	自摄
图二六五—一	金镶宝龙首绦钩	湖北蕲春蕲州镇明荆藩宗室墓出土　蕲春县博物馆藏	自摄
图二六五—二	金镶宝龙首绦钩	南京雨花台区天隆寺四号墓出土　南京市考古研究院藏	自摄
图二六六	金镶宝斗牛绦钩	北京丰台区南苑明墓出土　首都博物馆藏	自摄
图二六七	《宪宗调禽图》（局部）	中国国家博物馆藏	自摄
图二六八—一	金镶宝绦环	山东邹县鲁荒王朱檀墓出土　山东博物馆藏	自摄
图二六八—二	金镶宝绦环	湖北钟祥明梁庄王墓出土　湖北省博物馆藏	自摄
图二六八—三	金镶宝绦环		采自《定陵出土文物图典》图二二五
图二六九—一	金镶珠宝叠胜绦环	北京定陵出土　明十三陵博物馆藏	自摄
图二六九—二	金镶珠宝长样绦环	北京定陵出土　明十三陵博物馆藏	自摄
图二七〇	金镶宝双龙戏珠绦环	湖北蕲春横车镇明荆恭王墓出土　湖北明代藩王博物馆藏	自摄
图二七一—一	《宪宗元宵行乐图》（局部）	中国国家博物馆藏	自摄
图二七一—二	《三才图会》中的绦环与绦		采自明万历三十七年金阊宝翰楼刊本
图二七一—三	《明宫冠服仪仗图》中的诸色阔丝匾绦大象牙雕花环		

第十章　明代饰品题材举例

图一—一	首饰出土位置图	综合《定陵》图示与记述而绘
图一—二	金镶玉嵌宝寿字挑心	采自《定陵出土文物图典》图一五六
图一—三	金镶玉嵌宝万寿掩鬓	采自《定陵出土文物图典》图一五八
图一—四	金镶玉嵌珠宝吉祥鬓钗	采自《定陵出土文物图典》图七三
图一—五	金镶宝桃小插	采自《定陵出土文物图典》图八一

图一—六	金镶玉玲珑寿字嵌宝簪		采自《定陵出土文物图典》图六七
图一—七	金镶玉嵌宝万字簪		采自《定陵出土文物图典》图六三
图一—八	金镶玉嵌宝万寿顶簪		采自《定陵出土文物图典》图八四
图二	金镶珠宝龙纹掩鬓	北京定陵出土 明十三陵博物馆藏	自摄
图三—一	银鎏金累丝镶玉嵌宝寿字挑心	上海黄浦区明孙氏孺人墓出土	采自《上海明墓》彩版一〇五：六
图三—二	银点翠寿山挑心	武进王洛家族墓出土 常州市武进区博物馆藏	自摄
图四—一	金镶宝梵文挑心	常熟明温州知府陆润夫妇墓出土 常熟博物馆藏	自摄
图四—二	金梵文挑心	常州钟楼区永红街道霍家村出土 常州博物馆藏	自摄
图四—三	银鎏金梵文挑心	武进前黄明夫妇合葬墓出土 常州市武进区博物馆藏	自摄
图四—四	金梵文挑心	武进横山群丰队出土 常州市武进区博物馆藏	自摄
图五—一	金镶宝珠梵文挑心	北京右安门外明万贵墓出土 首都博物馆藏	自摄
图五—二	金镶宝梵文满冠	北京右安门外明万贵墓出土 首都博物馆藏	自摄
图六	《宪宗元宵行乐图》（局部）	中国国家博物馆藏	自摄
图七—一	山西朔州崇福寺金代壁画		自摄
图七—二	北京法海寺明代壁画·文殊菩萨		采自《法海寺壁画》图二三
图七—三	北京法海寺明代壁画·飞天		采自《法海寺壁画》图二九
图七—四	山西右玉宝宁寺明代水陆画		采自《宝宁寺明代水陆画》图五五
图八—一	十相自在图金簪	常州王家村出土 常州博物馆藏	自摄
图八—二	金时轮金刚咒牌	湖北钟祥明梁庄王墓出土 湖北省博物馆藏	自摄
图九—一	嘎乌式金佩件	南京江宁将军山沐昂侧室邢氏墓出土 南京市博物总馆藏	自摄
图九—二	金镶宝嘎乌式佩件	南京江宁将军山沐斌继室梅氏墓出土 南京市博物总馆藏	自摄
图九—三	嘎乌式银佩件·甲面	常州市和平新村工地明墓出土 常州博物馆藏	自摄（嘎乌式银佩件·乙面采自《常州博物馆五十周年典藏丛书：漆木·金银器》页七五）
图一〇	金冠	安徽凤阳余庄村明严端玉墓出土 凤阳县文物管理所藏	自摄
图一一	永乐大钟钟顶内壁铭文拓片		采自《永乐大钟梵字铭文考》页一四五
图一二	永乐款铜镀金大黑天像	故宫博物院藏	自摄
图一三—一	大黑天神像	湖北钟祥明梁庄王墓出土	《梁庄王墓》彩版一九一

图一三—二	大黑天神像	湖北钟祥明梁庄王墓出土　湖北省博物馆藏	自摄
图一四	金镶宝摩利支天像挑心	明都昌王朱载塎夫妇墓出土　蕲春县博物馆藏	自摄
图一五—一	铜摩利支天像	辽宁省博物馆藏	自摄
图一五—二	摩利支天像	山西右玉宝宁寺明代水陆画　山西博物院藏	自摄
图一五—三	《佛说摩利支天陀罗尼经》经首画	智化寺藏	采自《智化寺藏元明清佛经版画赏析》页一〇二
图一六	德化窑送子观音	福建博物院藏	采自《琼姿玉骨》页七七
图一七—一	金镶宝送子观音挑心	兰州白衣寺塔出土　兰州市博物馆藏	自摄
图一七—二	『崇祯五年』银花钱	兰州白衣寺塔出土　兰州市博物馆藏	自摄
图一八—一	景德镇窑青白釉观音	安徽博物院藏	自摄
图一八—二	北京慈寿寺鱼篮观音像碑拓片		采自《北京文物精粹大系·石刻卷》图一五六
图一九	鱼篮观音金挑心	常熟宝严寺明墓出土　常熟博物馆藏	自摄
图二〇—一	银鎏金镶玉嵌宝鱼篮观音挑心	北京定陵出土	采自《定陵出土文物图典》图一五〇
图二〇—二	银鎏金镶玉嵌宝鱼篮观音挑心	北京定陵出土	采自《定陵出土文物图典》图一五二
图二〇—三	金镶玉嵌珠宝鱼篮观音挑心	兰州白衣寺塔出土　兰州市博物馆藏	自摄
图二一	金镶宝鱼篮观音挑心	湖北蕲春明都昌王朱载塎夫妇墓出土　湖北省博物馆藏	自摄（金镶宝鱼篮观音挑心之鱼篮　蕲春县博物馆藏　自摄）
图二二	凤穿花观音金满冠	四川平武王玺家族墓出土　四川省文物考古研究院藏	自摄
图二三	南海观音银像	江苏宜兴法藏寺北宋地宫出土　宜兴博物馆藏	自摄
图二四	观音满池娇金满冠	四川平武王玺家族墓出土　四川省文物考古研究院藏	自摄
图二五—一	金镶宝三大士满冠	明都昌王朱载塎夫妇墓出土　蕲春县博物馆藏	自摄
图二五—二	金镶宝三教祖师满冠	湖北蕲春明都昌王朱载塎夫妇墓出土　湖北省博物馆藏	自摄
图二六—一	金累丝镶宝云凤牡丹满冠	兰州肃王家族墓出土　甘肃省博物馆藏	自摄
图二六—二	银镶玉满冠背面	无锡明华复诚夫妇墓出土　无锡博物院藏	自摄
图二七	三教祖师	山西长治观音堂悬塑	自摄
图二八—一	金镶宝王母寿字挑心	广东普宁明墓出土	广东省博物馆提供
图二八—二	银鎏金累丝镶宝王母挑心		采自《定陵文物图典》图一三八
图二九—一	金镶宝王母骑青鸾挑心	江西南城县明益宣王夫妇墓出土　江西省博物馆藏	自摄

图二九—二	王母骑凤金挑心	湖北恩施猫儿堡出土　恩施土家族苗族自治州博物馆藏	自摄
图二九—三	王母金满冠	四川平武王玺家族墓出土　四川省文物考古研究院藏	自摄
图三〇	西王母	长治观音堂悬塑	自摄
图三一—一	南极老人金挑心	广东普宁明墓出土	广东省博物馆提供
图三一—二	金镶宝刘海戏蟾挑心	南京江宁东山出土　南京市博物总馆藏	自摄
图三一—三	金麻姑献寿挑心	无锡大墙门出土　南京博物院藏	自摄
图三二—一	明铜鎏金真武坐像	武当博物馆藏	采自《神游武当：道教千年文物特展》页二一三
图三二—二	真武坐像金挑心	北京市郊明武清侯李伟夫妇墓出土　首都博物馆藏	自摄
图三三	八仙藻井砖雕	山西侯马金墓出土　山西博物院藏	自摄
图三四	金镶珠宝群仙庆寿钿	蕲春荆恭王朱翊钜夫妇墓出土　湖北明代藩王博物馆藏	自摄
图三五—一	仙人乘鹤金簪	蕲春荆恭王朱翊钜夫妇墓出土　湖北明代藩王博物馆藏	自摄
图三五—二	金簪脚	蕲春荆恭王朱翊钜夫妇墓出土　湖北省博物馆藏	自摄
图三六	毛女金簪	湖北蕲春明都昌王朱载塎夫妇墓出土　蕲春县博物馆藏	自摄
图三七	《南都繁会图》（局部）	中国国家博物馆藏	自摄
图三八—一	三英战吕布银鎏金满冠	湖北蕲春蕲州镇姚塆明荆藩墓出土　蕲春县博物馆藏	自摄
图三八—二	《新刊全相平话三国志》插图	元至治建安虞氏刻本	采自元刊《三国志平话》
图三九	四马投唐金满冠	湖北蕲春黄土岭村明荆藩墓出土　蕲春县博物馆藏	自摄
图四〇	二乔读书金掩鬓	湖北蕲春蕲州镇姚塆明荆藩墓出土　蕲春县博物馆藏	自摄
图四一	明『子冈』款玉牌拓片	常熟博物馆藏	自摄
图四二—一	金掩鬓（『琴棋书画』之『书』）	湖北蕲春黄土岭村明荆藩墓出土　蕲春县博物馆藏	自摄
图四二—二	金掩鬓（『琴棋书画』之『琴』）	湖北蕲春黄土岭村明荆藩墓出土　蕲春县博物馆藏	自摄
图四三	明黑漆螺钿楼阁人物座屏（局部）	东京国立博物馆藏	采自《中国の螺鈿》页九一
图四四	瀛洲学士图金掩鬓	重庆江北明蹇义家族墓出土	重庆中国三峡博物馆提供
图四五	瀛洲学士图金满冠		嘉兴博物馆提供
图四六	黑漆螺钿瀛洲学士图食盒		采自《中国の螺鈿》图二二
图四七	瀛洲学士图金掩鬓	浙江余杭塘栖超山明墓出土　余杭江南水乡博物馆藏	自摄

图四八	瀛洲学士图金掩鬓	常熟明温州知府陆润墓出土　常熟博物馆藏	自摄
图四九—一	瀛洲学士图金掩鬓	常熟宝严寺明墓出土　常熟博物馆藏	自摄
图四九—二	瀛洲学士图金满冠	常熟宝严寺明墓出土　常熟博物馆藏	自摄
图五〇	金莲送归与相如题桥金掩鬓	常熟市西门外明墓出土	常熟博物馆提供
图五一—一	金玩月图簪	常州武进前黄明墓出土　常州市武进区博物馆藏	自摄
图五一—二	惜花春起早图银掩鬓	大英博物馆藏	自摄
图五二	唐明皇游月宫金满冠	四川平武王玺家族墓出土　四川省文物考古研究院藏	自摄
图五三—一	金累丝楼台人物顶簪	江西南城县明益庄王夫妇墓出土　中国国家博物馆藏	自摄
图五三—二	金累丝楼台人物（琴棋书画图）挑心	江西南城县明益庄王夫妇墓出土　中国国家博物馆藏	自摄
图五三—三	金累丝楼台人物（宴饮图）满冠	江西南城县明益庄王夫妇墓出土　中国国家博物馆藏	自摄
图五三—四	金累丝楼台人物（盥洗图）掩鬓·右	江西南城县明益庄王夫妇墓出土　中国国家博物馆藏	自摄
图五三—五	金累丝楼台人物（簪花图）掩鬓·左	江西南城县明益庄王夫妇墓出土　中国国家博物馆藏	自摄
图五三—六	金累丝楼台人物（理妆图）掩鬓·右	江西南城县明益庄王夫妇墓出土　中国国家博物馆藏	自摄
图五三—七	金累丝楼台人物（理妆图）掩鬓·左	江西南城县明益庄王夫妇墓出土　中国国家博物馆藏	自摄
图五三—八	金累丝楼台人物鬓钗	江西南城县明益庄王夫妇墓出土　中国国家博物馆藏	自摄
图五四	金仙人满冠	无锡博物院藏	自摄
图五五—一	《汉宫春晓图》（折花·抱瓶·携琴）	辽宁省博物馆藏	自摄
图五五—二	《汉宫春晓图》（池亭对弈）	辽宁省博物馆藏	自摄
图五五—三	《汉宫春晓图》（展卷读书）	辽宁省博物馆藏	自摄
图五五—四	《汉宫春晓图》（理妆）	辽宁省博物馆藏	自摄
图五五—五	《汉宫春晓图》（对镜插花）	辽宁省博物馆藏	自摄
图五五—六	《汉宫春晓图》（捧卷轴）	辽宁省博物馆藏	自摄
图五六—一	银鎏金镶玉喜庆万年嵌宝簪	北京定陵出土	采自《定陵出土文物图典》图一四三
图五六—二	金镶宝珠葫芦簪	北京定陵出土	采自《定陵出土文物图典》图一〇〇
图五七	金镶紫晶月兔簪	北京定陵出土	采自《定陵出土文物图典》图一二九
图五八	仙子降五毒金掩鬓	江苏江阴青阳邹令人墓出土　江阴博物馆藏	自摄

图五九—一	金累丝嵌宝绵羊引子图簪	北京海淀区青龙桥董四墓村明墓出土　首都博物馆藏	自摄
图五九—二	明童子骑羊妆花缎		采自《织绣珍品》页二五九
图五九—三	金镶宝绵羊引子图钮扣	北京海淀区青龙桥董四墓村明墓出土	采自《北京文物精粹大系·金银器卷》图一八八
图六〇	明人《货郎图》（局部）	东京国立博物馆藏	自摄
图六一—一	金镶宝蝴蝶簪首	河南浚县王百禄墓出土　河南博物院藏	自摄
图六一—二	金镶玉蝴蝶簪	上海黄浦区朱察卿家族墓出土　上海博物馆藏	自摄
图六二	银鎏金镶宝蝴蝶啄针	上海卢湾区李惠利中学明墓出土　上海博物馆藏	自摄
图六三—一	金镶宝累丝蝴蝶簪	江苏南通向阳公社战胜八队出土　南通博物苑藏	自摄
图六三—二	金镶宝蝶银脚簪	江苏南通向阳公社战胜八队出土　南通博物苑藏	自摄
图六三—三	金累丝蝴蝶簪	湖北恩施猫儿堡出土　恩施土家族苗族自治州博物馆藏	自摄
图六三—四	金蝴蝶簪	湖北恩施猫儿堡出土　恩施土家族苗族自治州博物馆藏	自摄
图六四	明颖国公杨洪容像（局部）	华盛顿赛克勒美术馆藏	自摄
图六五—一	金蝶（蝉）	南京太平门外岗子村吴忠墓出土　南京市博物总馆藏	自摄
图六五—二	金蝶（蝉）	南京中华门外宋晟墓出土　南京市博物总馆藏	自摄
图六六	凤衔方胜玉簪	兰州市博物馆藏	自摄
图六七—一～二	悬珠幡银脚簪	兰州市博物馆藏	自摄
图六八	金累丝镶玉嵌宝瓜头簪	湖北钟祥明梁庄王墓出土	湖北省博物馆提供
图六九	金累丝瓜头簪	南京平板村三号墓出土　南京博物院藏	自摄
图七〇	孙隆《花鸟草虫图》（局部）		采自《中国绘画全集·明·一》图一三六
图七一	磁州窑瓜鼠水盂	常州博物馆藏	自摄
图七二	金瓜鼠簪（局部）	上海电视大学松江分校金器窖藏　上海博物馆藏	自摄
图七三	金瓜鼠簪	广东普宁明墓出土	广东省博物馆提供
图七四	金镶玉鱼戏藻饰件	上海浦东新区陆深家族墓出土　上海博物馆藏	自摄
图七五	狮子滚绣毬金满冠	上海浦东新区陆深家族墓出土　上海博物馆藏	自摄

第十一章　清代器皿

图一一一	金錾花嵌珍珠杯盘	故宫博物院藏	自摄
图一一二	金錾缠枝石榴杯盘	故宫博物院藏	自摄
图二一一	银镀金錾花葫芦式执壶	故宫博物院藏	自摄
图二一二	金錾花葫芦式执壶	故宫博物院藏	自摄
图二一三	金錾云龙嵌宝葫芦式执壶	故宫博物院藏	自摄
图二一四	金胎嵌画珐琅执壶	故宫博物院藏	自摄
图三	团龙纹葫芦式银执壶	故宫博物院藏	自摄
图四一一	同治款金錾花执壶	故宫博物院藏	自摄
图四一二	光绪款金花执壶	故宫博物院藏	自摄
图五	金錾云龙纹执壶	故宫博物院藏	自摄
图六	光绪款银镀金寿字火锅	故宫博物院藏	自摄
图七	银带盖火锅	故宫博物院藏	自摄
图八	『甲子万年』元宝式银火锅	故宫博物院藏	自摄
图九	银镀金万寿字火碗	故宫博物院藏	自摄
图一〇一一	金箸	故宫博物院藏	自摄
图一〇一二	金镶玉箸	故宫博物院藏	自摄
图一〇一三	金镶青玉嵌乌木箸	故宫博物院藏	自摄
图一一	金镶木柄玉顶果叉	故宫博物院藏	自摄
图一二一一	龙首玉柄金勺	故宫博物院藏	自摄
图一二一二	金镶木柄玉顶勺	故宫博物院藏	自摄
图一二一三	莲瓣式金匙	故宫博物院藏	自摄
图一三	银背壶	故宫博物院藏	自摄
图一四一一	银提梁火壶	故宫博物院藏	自摄
图一四一二	《岁朝图》（局部）	故宫博物院藏	自摄

图一五	同治款金双喜团寿纹碗	故宫博物院藏	自摄
图一六	瑞云满地椭圆金盘	故宫博物院藏	自摄
图一七	金双耳扁壶	故宫博物院藏	自摄
图一八	银累丝仿竹编万字锦纹盖碗	故宫博物院藏	自摄
图一九	光绪款银镀金茶船	故宫博物院藏	自摄
图二〇—一	『大清乾隆年制』银镀金奶壶	故宫博物院藏	自摄
图二〇—二	嵌宝石金茶壶	西藏博物馆藏	自摄
图二〇—三	银镶金茶壶	罗布林卡管理处藏	自摄
图二一—一	银錾龙凤纹多穆壶	故宫博物院藏	自摄
图二一—二	银多穆壶	西藏博物馆藏	自摄
图二二—一	金錾八宝莲花双凤洗	故宫博物院藏	自摄
图二二—二	铜镀金錾云龙象足提炉	故宫博物院藏	自摄
图二二—三	铜镀金錾八宝双凤洗	故宫博物院藏	自摄
图二三—一~四	『康熙五十四年制』合金编钟	故宫博物院藏	自摄
图二四—一	金双耳四足炉	故宫博物院藏	自摄
图二四—二	金方烛台	故宫博物院藏	自摄
图二五—一	金錾蝙蝠捧福寿如意	故宫博物院藏	自摄
图二五—二	金累丝嵌宝如意	故宫博物院藏	自摄
图二五—三	金寿星如意	故宫博物院藏	自摄
图二五—四	金镶珠宝如意式香薰	故宫博物院藏	自摄
图二六—一	小金如意	故宫博物院藏	自摄
图二六—二	金嵌宝石葫芦式盒	故宫博物院藏	自摄
图二七—一	金鹤香薰	故宫博物院藏	自摄
图二七—二	金镂空大吉葫芦香薰	故宫博物院藏	自摄
图二七—三	金香亭	故宫博物院藏	自摄
图二八	穹庐式银香薰	内蒙古博物院藏	自摄

图四五	金佛塔	南京博物院藏	自摄
图四六	金瓯永固杯	故宫博物院藏	自摄
图四七	清金镶珠天球仪		采自《故宫博物院藏文物珍品大系·宫廷珍宝》图一三
图四八—一	金镶宝盖青玉桃式盒	故宫博物院藏	自摄
图四八—二	银镀金元宝式盒	故宫博物院藏	自摄
图四八—三	银松竹梅二龙戏珠长方匣	故宫博物院藏	自摄
图四九—一	金镶宝五蝠盒	故宫博物院藏	自摄
图四九—二	金香盒	安徽芜湖化鱼山出土　安徽博物院藏	自摄
图四九—三	金『同心合』	江苏吴县毕沅墓出土　南京博物院藏	自摄
图五〇	金镶宝镂空花卉八方盒	故宫博物院藏	自摄
图五一—一	银累丝花卉纹盒	故宫博物院藏	自摄
图五一—二	银累丝卷草纹盒	故宫博物院藏	自摄
图五二	银累丝嵌烧蓝菱花式盒	故宫博物院藏	自摄
图五三	龙纹金箱	内蒙古巴林右旗幸福之路苏木查干勿苏出土　巴林右旗博物馆藏	自摄
图五四	乾隆款银烧蓝暖砚匣	故宫博物院藏	自摄
图五五	金瓜棱式脚炉	故宫博物院藏	自摄
图五六—一	《清俗纪闻》中的手炉图		采自东都书林堂宽政十一年（一七九九）刊本
图五六—二	《清俗纪闻》中的脚炉图		采自东都书林堂宽政十一年（一七九九）刊本
图五六—三	孙温绘《红楼梦》中的手炉	旅顺博物馆藏	自摄
图五七—一	金錾团寿双喜字漱盂	故宫博物院藏	自摄
图五七—二	银錾团寿双喜字折沿盆	故宫博物院藏	自摄
图五七—三	银折沿肥皂盒	故宫博物院藏	自摄
图五八—一	银奶壶	广东省博物馆藏	自摄
图五八—二	银奶壶	广东省博物馆藏	自摄
图五八—三	银提篮	广东省博物馆藏	自摄

第十二章　清代饰品

图一	缂丝宜春帖子岁朝图	辽宁省博物馆藏	自摄
图二	康熙帝温僖贵妃凤钿	出自清东陵	自摄
图三	银镀金点翠嵌珠宝钿尾		采自《故宫博物院藏文物珍品大系·宫廷珍宝》图六五
图四—一	五凤钿子		采自《故宫博物院藏文物珍品大系·宫廷珍宝》图二
图四—二	完颜氏像（局部）	华盛顿赛克勒博物馆藏	自摄
图五	银镀金点翠嵌珠宝花篮钿子		采自《故宫博物院藏文物珍品大系·宫廷珍宝》图六九
图六—一	《一品夫人穆佳太夫人之神像》（局部）	华盛顿赛克勒博物馆藏	自摄
图六—二	《祖先容像》（局部）	辽宁省博物馆藏	自摄
图六—三	《康熙帝万寿图》（局部）		采自《故宫博物院藏文物珍品大系·明清风俗画》页二二九
图七	大拉翅	辽宁省博物馆藏	自摄
图八—一	金镂连钱富贵福寿吉祥扁方	故宫博物院藏	自摄
图八—二	金镶珠宝福寿万代扁方	故宫博物院藏	自摄
图八—三	金镶玳瑁嵌珠福寿绵长扁方	故宫博物院藏	自摄
图八—四	金镂空福在眼前扁方	北京海淀区蓟门桥东出土　北京市海淀区博物馆藏	自摄
图九—一	点翠头饰（宝盖）	中国国家博物馆藏	自摄
图九—二	叶祖巽仕女屏（局部）	常熟博物馆藏	自摄
图九—三	《海上百艳图·媲美鹤林》（局部）		采自《吴友如画宝》
图一〇—一	金錾福寿扁簪	安吉昆铜金银器窖藏	安吉县博物馆提供
图一〇—二	金镂花扁簪	南通博物苑藏	苑方提供
图一〇—三	金镶宝扁簪	北京市海淀区博物馆藏	自摄
图一一—一	金如意簪（大头簪）	安吉昆铜金银器窖藏	安吉县博物馆提供
图一一—二	金镶宝如意簪	江苏吴县毕沅夫妇墓出土　南京博物院藏	自摄
图一二	金镶珠宝簪	故宫博物院藏	自摄
图一三—一	金累丝龙衔珠耳挖簪		采自《清代后妃首饰》图一七三

图一三—二	银镀金累丝点翠龙赶珠耳挖簪		采自《清代服饰展览图录》图一六三
图一四—一	金镶珠翠福寿簪	故宫博物院藏	自摄
图一四—二	银镀金点翠镶珠宝耳挖簪		采自《清宫后妃首饰图典》图五一
图一五	松鼠葡萄银耳挖簪	苏州博物馆藏	自摄
图一六	金点翠灵芝蝙蝠耳挖簪	故宫博物院藏	自摄
图一七	金珠翠宝蝶赶花耳挖簪	故宫博物院藏	自摄
图一八	银镀金点翠珊瑚仙人骑凤耳挖簪		采自《清代服饰展览图录》图一七〇
图一九	金镶珊瑚米珠耳挖簪		采自《清代服饰展览图录》图一六五
图二〇	银镀金镶珠宝蝴蝶耳挖钗	浙江省博物馆藏	馆方提供
图二一—一	银镀金折枝菊花耳挖簪	中国国家博物馆藏	自摄
图二一—二	银镀金盆花耳挖钗	中国国家博物馆藏	自摄
图二一—三	银镀金盆菊耳挖钗	中国国家博物馆藏	馆方提供
图二二	金点翠镶宝珍珠蝴蝶簪	故宫博物院藏	自摄
图二三—一	银镀金点翠镶宝蜻蜓簪		采自《清宫后妃首饰图典》图六八
图二三—二	金累丝镶宝蜻蜓簪	故宫博物院藏	自摄
图二四	金累丝点翠镶珠宝兰花蝈蝈簪	故宫博物院藏	自摄
图二五—一	银镀金镶玉螃蟹簪		采自《清宫后妃首饰图典》图六五
图二五—二	金累丝镶宝荷蟹簪	北京海淀区车道沟出土 首都博物馆藏	自摄
图二六	金累丝镶宝荷蟹钗	北京海淀区巨山农场地区出土 北京市海淀区博物馆藏	自摄
图二七—一	金累丝镶宝虾簪	北京海淀区上庄乡出土 首都博物馆藏	自摄
图二七—二	金累丝镶宝蜘蛛簪	北京海淀区上庄乡出土 首都博物馆藏	自摄
图二八—一	金点翠珊瑚珠蝙蝠簪		采自《清宫后妃首饰图典》图七五
图二八—二	金累丝镶宝蝙蝠簪	故宫博物院藏	自摄
图二九—一	银镀金碧玺草虫牡丹簪		采自《清宫后妃首饰图典》图九一
图二九—二	银镀金碧玺草虫牡丹簪		采自《清宫后妃首饰图典》图九二
图三〇	铜镀金点翠珊瑚丹桂簪		采自《清宫后妃首饰图典》图九三

图三一—一	《闲敲棋子图》(局部)	天津博物馆藏	自摄
图三一—二	《倦绣图》(局部)	中国国家博物馆藏	自摄
图三二—一	金兰花簪	北京市海淀区博物馆藏	自摄
图三二—二	银镀金蓝料珍珠菊花簪		采自《清宫后妃首饰图典》图八九
图三三—一	金竹节簪	北京外国语大学院内出土　北京市海淀区博物馆藏	自摄
图三三—二	沈庆兰《麻姑献寿图》(局部)	沈阳故宫博物院藏	自摄
图三四—一	银镀金累丝点翠盆景簪		采自《清宫后妃首饰图典》图一七
图三四—二	银镀金点翠宝石盆景簪	故宫博物院藏	自摄
图三五	银镀金珠翠瓜果簪		采自《清宫后妃首饰图典》图八〇
图三六—一	银镀金吉庆七珠流苏		采自《清代后妃首饰》图二〇六
图三六—二	银镀金点翠珊瑚喜字挑牌		采自《清代后妃首饰》图二〇八
图三七—一	银镀金镶珠宝莲池璎珞	故宫博物院藏	自摄
图三七—二	银镀金镶珠宝莲池璎珞	山东博物馆藏	自摄
图三八	金累丝九凤衔璎珞钿口	故宫博物院藏	自摄
图三九	银镀金点翠竹叶流苏(局部)		中国国家博物馆提供
图四〇—一	金累丝珍珠抱头莲	巴林右旗白音尔登苏木荣宪公主墓出土	自摄
图四〇—二	银镀金玉珠抱头莲	锦州市北郊清尹继善墓出土　锦州市博物馆藏	自摄
图四〇—三	银镀金点翠蓝宝抱头莲	故宫博物院藏	自摄
图四一	《春闺倦读图》(局部)	天津博物馆藏	自摄
图四二—一	金累丝龙首气通簪	锦州市北郊清尹继善墓出土　锦州市博物馆藏	自摄
图四二—二	金累丝龙首气通簪	苏州博物馆藏	自摄
图四三—一	金累丝凤凰气通簪	北京海淀区巨山农场地区出土　北京市海淀区博物馆藏	自摄
图四三—二	金累丝梅花气通簪	北京海淀区巨山农场地区出土　北京市海淀区博物馆藏	自摄
图四四—一	金镶珠翠圣手拈如意簪		采自《故宫博物院藏文物珍品大系·宫廷珍宝》图一一三
图四四—二	银镀金累丝点翠圣手摘灯笼簪		采自《清宫后妃首饰图典》图一〇四
图四五	银镀金翠手摘篮簪		采自《皇家风尚：清代宫廷与西方贵族珠宝》页二〇〇

图四六	金锡杖九连环挑花篮簪	宁夏平吉堡清姚氏墓出土　宁夏回族自治区博物馆藏	自摄
图四七—一	金累丝鹦哥架	首都博物馆藏	自摄
图四七—二	金累丝镶宝鹦哥架	艾尔米塔什博物馆藏	自摄
图四八	银镀金点翠鹦哥架		中国国家博物馆提供
图四九	明佚名《货郎图》（局部）	东京国立博物馆藏	自摄
图五〇	周西林仕女图册（局部）	安徽博物院藏	馆方提供
图五一	鹌鹑笼耳挖式银钗	东京都江户东京博物馆藏	自摄
图五二	金累丝龙舟簪	北京市朝阳区出土　首都博物馆藏	自摄
图五三	雕漆嵌玉龙舟	波士顿美术馆藏	自摄
图五四	冬朝冠顶	故宫博物院藏	自摄
图五五—一	金累丝珠凤	辽宁喀左清丹巴多尔济墓出土　辽宁省博物馆藏	自摄
图五五—二	金累丝珠凤	巴林右旗白音尔登苏木荣宪公主墓出土　赤峰博物馆藏	自摄
图五六	《胤禛行乐图》（局部）	故宫博物院藏	
图五七—一	金点翠凤簪	故宫博物院藏	自摄
图五七—二	银镀金点翠珠花凤簪	故宫博物院藏	自摄
图五七—三	珊瑚珠宝银凤簪	赤峰博物馆藏	自摄
图五八	银镀金镶珠宝五凤簪		采自《故宫博物院藏文物珍品大系·宫廷珍宝》图一三二
图五九	点翠嵌宝凤穿花钗	中国国家博物馆藏	自摄
图六〇—一	银镀金点翠嵌宝福寿绵长簪	中国国家博物馆藏	自摄
图六〇—二	银镀金镶珠宝平安晋爵簪	故宫博物院藏	自摄
图六〇—三	金累丝点翠花果簪	故宫博物院藏	自摄
图六〇—四	金累丝吉庆有余簪	北京市海淀区博物馆藏	自摄
图六一—一	岁寒三友金钗	北京海淀区巨山农场地区出土　北京市海淀区博物馆藏	自摄
图六一—二	金累丝伏牛望月双脚簪	北京海淀区索家坟出土　首都博物馆藏	自摄
图六二—一	金镶玉蝶赶花簪	北京通州区草寺村出土　首都博物馆藏	自摄
图六二—二	杨柳青年画《美人图》		采自《中国年画史》卷前彩页

图六二—三	广州外销画《解线》	采自《十八至十九世纪羊城风物：英国维多利亚阿伯特博物院藏广州外销画》页一三八	
图六三	银镀金鲤鱼跃龙门凤冠	北京民俗博物馆藏	自摄
图六四—一	『奉天诰命』金朝冠	江苏吴县清毕沅夫妇墓出土　南京博物院藏	自摄
图六四—二	『奉天诰命』金朝冠	徐州丰县清李卫墓出土　南京博物院藏	自摄
图六五	金冠（过梁儿）	扬州邗江酒甸西来出土　扬州市博物馆藏	自摄
图六六—一	《嘉庆帝画像》（局部）	故宫博物院藏	自摄
图六六—二	《于成龙画像》（局部）	华盛顿赛克勒博物馆藏	自摄
图六七	金镶珠宝朝冠顶	故宫博物院藏	自摄
图六八	金嵌东珠龙形帽饰（帽后金花）	故宫博物院藏	自摄
图六九	金镶宝帽顶	北京右安门祖泽溥墓出土　首都博物馆藏	自摄
图七〇	金镶宝帽顶	南京博物院藏	自摄
图七一—一	金镶宝帽顶	北京海淀区大柳树北村出土　北京市海淀区博物馆藏	自摄
图七一—二	金镶宝帽顶	常熟林场东方红工区出土　常熟博物馆藏	自摄
图七二	金帽顶	苏州博物馆藏	自摄
图七三	清人容像（局部）	吉林大学博物馆藏	自摄
图七四—一	金嵌珍珠盘长耳钳	故宫博物院藏	自摄
图七四—二	银镀金点翠珊瑚米珠嵌珍珠盘长耳钳	故宫博物院藏	自摄
图七五—一	银镀金龙口含珠耳钳	北京宣武区椿树劳动服务公司出土	采自《北京出土文物》图六四〇
图七五—二	金镶宝龙口吞钩耳钳	济南历下区法院清墓出土　济南考古馆藏	自摄
图七六	《崇庆皇太后八旬画像》	故宫博物院藏	自摄
图七七	仕女图玻璃画（局部）	广州市博物馆藏	自摄
图七八	金累丝龙口衔珠耳环	巴林右旗白音尔登苏木荣宪公主墓出土　赤峰博物馆藏	自摄
图七九	金累丝东珠耳环	故宫博物院藏	自摄
图八〇	金累丝耳坠	北京崇文区北京市鞋帽公司出土	采自《北京出土文物》图六三四
图八一	金累丝葫芦耳坠	故宫博物院藏	自摄
图八二—一	金累丝灯笼耳坠	宁夏平吉堡姚氏墓出土　宁夏回族自治区博物馆藏	自摄

图八二—二	金累丝石榴耳坠	河南鹤壁淇县关庄清抃振仍墓出土	摄于郑州市博物馆『长渠缀珍』展
图八二—三	金累丝亭阁耳坠	北京市石景山区出土　首都博物馆藏	自摄
图八二—四	金累丝花篮耳坠	苏州博物馆藏	自摄
图八三—一	二龙抢珠金镯	故宫博物院藏	自摄
图八三—二	清《人物图》（局部）	弗利尔美术馆藏	自摄
图八四	九龙衔珠金镯	故宫博物院藏	自摄
图八五—一	金镶伽南香嵌金珠寿字镯	故宫博物院藏	自摄
图八五—二	金镶藤手镯	河北博物院藏	自摄
图八五—三	金镶珠翠镯	济南市博物馆藏	自摄
图八五—四	百子图金手镯	北京海淀区全总干校工地花园村出土　首都博物馆藏	自摄
图八六	金累丝手镯	北京密云区董各庄清皇子墓出土	采自《北京文物精粹大系·金银器卷》图二三五
图八七—一	金镶珠翠软镯		采自《清宫后妃首饰图典》图一七七
图八七—二	东珠银扣软镯		采自《清宫后妃首饰图典》图一七八
图八八	二龙抢珠金镯	故宫博物院藏	自摄
图八九—一	二龙抢珠金戒指		采自《清代服饰展览图录》图三〇二
图八九—二	二龙抢珠金戒指		采自《清代服饰展览图录》图三〇三
图九〇—一	金錾牡丹花嵌珠戒指	故宫博物院藏	自摄
图九〇—二	金錾梅花戒指	首都博物馆藏	自摄
图九一—一	金喜字搬指	故宫博物院藏	自摄
图九一—二	沉香木镶金寿字搬指	中国人民大学院内出土　北京市海淀区博物馆藏	自摄
图九二—一	盘长纹金指套	北京海淀区马神庙地区出土　北京市海淀区博物馆藏	自摄
图九二—二	镂花古禄钱纹金指套	北京市海淀区博物馆藏	自摄
图九三	金累丝镶珠宝兰花指套	中国国家博物馆藏	自摄
图九四	荷叶青蛙银指套	北京市海淀区博物馆藏	自摄
图九五	杨柳青年画《弹琵琶仕女》（局部）	中国美术馆藏	自摄
图九六—一	如意卷云纹金锁	北京市海淀区大柳树地区出土　北京市海淀区博物馆藏	自摄

图九六—二	银镀金点翠长命锁	南京博物院藏	自摄
图九七	孝全成皇后《璇宫春霭图》(局部)		故宫博物院提供
图九八—一	金累丝镶玉二龙戏珠项圈		采自《北京文物精粹大系·金银器卷》图二六五
图九八—二	金镶珠宝领约	出自清东陵	自摄
图九九—一~二	玉粹轩通景画(局部)	故宫博物院藏	自摄
图一〇〇—一	金三事	西安市长安区郭杜镇新文村出土	采自《西安文物精华·金银器》图二〇三
图一〇〇—二	金五事	吴中博物馆藏	自摄
图一〇一	镂空小团花金钮扣	北京海淀区巨山农场地区出土 北京市海淀区博物馆藏	自摄
图一〇二—一	金累丝点翠兰花香囊	故宫博物院藏	自摄
图一〇二—二	金累丝博古图香囊		采自《清宫后妃首饰图典》图二五六
图一〇三	扁壶式金香囊	北京密云董各庄清皇子墓出土 首都博物馆藏	自摄
图一〇四—一	银鎏金穿心盒		采自《北京出土文物》图六四四
图一〇四—二	金錾花穿心盒		采自《北京文物精粹大系·金银器卷》图二六八
图一〇五—一	沉香木镶金珠福寿字十八子		中国国家博物馆提供
图一〇五—二	伽南香嵌金寿字十八子	故宫博物院藏	自摄
图一〇六—一	金累丝镶绿松石花叶拐子龙纹斋戒牌	故宫博物院藏	自摄
图一〇六—二	金镶宝喜相逢纹斋戒牌	故宫博物院藏	自摄
图一〇七	金镶珠宝带饰	故宫博物院藏	自摄
图一〇八—一	云龙纹金带扣	北京石景山区八大处出土 首都博物馆藏	自摄
图一〇八—二	云龙纹衔环金带板	北京石景山区八大处出土	采自《北京文物精粹大系·金银器卷》图二八一
图一〇九—一	华冠《周元理小像》(局部)	南京博物院藏	自摄
图一〇九—二	禹之鼎《容若侍卫小相》(局部)		故宫博物院提供

附录一　群媛谱

图一—一	荆门包山楚墓二号墓出土奁盖漆画	湖北省博物馆藏	自摄

图一—二	南昌西汉海昏侯墓出土玉饰（战国—西汉）	江西省博物馆藏	自摄
图二—一	长沙马王堆一号汉墓出土帛画	湖南省博物馆藏	自摄
图二—二	西安汉阳陵遗址出土彩绘陶塑	汉景帝阳陵博物馆藏	自摄
图二—三	西安汉阳陵遗址出土彩绘陶塑	汉景帝阳陵博物馆藏	自摄
图二—四	西安市北郊出土玉舞人	陕西考古研究院藏	自摄
图二—五	河南密县打虎亭汉墓石刻（摹本）		采自《密县打虎亭汉墓》
图三—一	甘肃张掖高台骆驼城苦水口二号墓出土彩绘砖（魏晋）	高台博物馆藏	自摄
图三—二	南京博物院藏陶塑（东晋）		自摄
图三—三	南京市西善桥出土陶塑（南齐）	南京博物院藏	自摄
图三—四	常州浦前戚家村出土画像砖（南朝）	常州博物馆藏	自摄
图三—五	西安市咸阳机场出土彩绘陶女乐（十六国时期）	陕西省考古研究院藏	自摄
图三—六	大同北魏司马金龙墓出土漆画屏风	山西博物院藏	自摄
图三—七	敦煌莫高窟第二八五窟北壁供养人像（西魏）		自摄
图三—八	太原王家峰北齐徐显秀墓壁画	原址保存	自摄
图四—一	安阳隋张盛墓出土彩绘陶女乐	河南博物院藏	自摄
图四—二	懿德太子墓出土石椁线刻画（摹本）		采自《古迹新知：人文洗礼下的建筑遗产》
图四—三~四	唐薛儆墓石椁线刻画（拓片）	运城博物馆藏	自摄
图四—五	唐武惠妃墓石椁线刻画（摹本）		采自《文物》二〇一二年第五期
图四—六	瑞典斯德哥尔摩国家人种学博物馆藏唐女自画像		采自《文物》二〇〇三年第七期
图四—七	《簪花仕女图》（局部）	辽宁省博物馆藏	自摄
图四—八	甘肃地区出土星相仕女图（五代）	上海博物馆藏	自摄
图四—九	陕西彬县五代冯晖墓出土彩绘浮雕画像砖	彬县文物旅游管理处藏	自摄
图五—一	赤峰市巴林右旗都希苏木友爱村出土木板画		采自《契丹风韵：内蒙古辽代文物精品展》
图五—二	内蒙古科尔沁旗宝山辽墓一号墓壁画		采自《中国出土壁画全集·三·内蒙古》
图五—三	河北蔚县杨庄窠辽墓壁画	蔚县博物馆藏	自摄
图六—一	河南登封唐庄宋代壁画墓壁画		采自《二〇一一中国重要考古发现》

图六—二	洛阳关林庙宋墓出土雕砖拓片	洛阳古代艺术博物馆藏	自摄
图六—三	山西繁峙县下永兴村宋金壁画墓壁画	山西博物院藏	自摄
图六—四	山西繁峙县南关村金代壁画墓壁画	山西博物院藏	自摄
图六—五	山西晋城玉皇庙宋金彩塑		自摄
图六—六	黑水城出土《阿弥陀佛显圣》（局部）（西夏）	艾尔米塔什博物馆藏	自摄
图六—七	黑水城出土《普贤菩萨和供养人》（局部）（西夏）	艾尔米塔什博物馆藏	自摄
图六—八	《番骑图》（局部）（传五代胡瓌，实为元人）	故宫博物院藏	自摄
图六—九	赤峰市元宝山沙子梁元墓壁画	赤峰博物馆藏	自摄
图六—一〇～一一	山西洪洞广胜寺明应王殿元代壁画		自摄
图七—一	陈洪绶四世祖夫人容像（局部）	诸暨博物馆藏	自摄
图七—二	《宪宗元宵行乐图》	中国国家博物馆藏	自摄
图七—三	明宝宁寺明代水陆画《堕胎产亡》（局部）		山西博物院提供
图七—四	吴伟《铁笛图》（局部）	上海博物馆藏	自摄
图七—五	河南济源明墓墓室壁画	洛阳古代艺术博物馆藏	自摄
图七—六	杜堇《仕女图》（局部）	上海博物馆藏	自摄
图八—一	清完颜氏像	华盛顿赛克勒博物馆藏	自摄
图八—二	清孝贞后《璇闱日永图》		故宫博物院提供
图八—三	清蒋重申夫人小像	中国国家博物馆藏	自摄
图八—四	《春闺倦读图》	天津博物馆藏	自摄
图八—五	《闲敲棋子图》	天津博物馆藏	自摄
图八—六	杨柳青年画	中国美术馆藏	自摄

后叙

图一	金嵌绿松石带钩	徐州狮子山西汉楚王陵出土　徐州博物馆藏	自摄
图二	金步摇冠饰	辽宁朝阳十二台乡王子坟山十四号墓出土	采自《龙城春秋：三燕文化考古成果展》页一三一

图三	金嵌宝耳环	辽宁朝阳木营子西团山出土　朝阳博物馆藏	自摄
图四	银鎏金花枝鹦鹉步摇	山西永济西厢村出土　山西博物院藏	自摄
图五	银鎏金鸟啄蝴蝶花叶步摇	山西永济西厢村出土　山西博物院藏	自摄
图六	银鎏金镶玉钗首	山西永济西厢村出土　山西博物院藏	自摄

附录三

引用文献

外文之部按照中译排序。经部、史部之基本文献不列入

A

◉阿富汗：重新发现的珍宝——喀布尔国家博物馆藏品（*Afghanistan, les trésors retrouvéss, Collections du Musée national d'Afghanistan*）〔法国吉美博物馆二〇〇六年〕◉安徽馆藏珍宝〔安徽省文物事业管理局◎中华书局二〇〇八年〕◉安徽六安县花石咀古墓清理简报〔安徽六安县文物工作组◎考古一九八六年第十期〕◉安徽马鞍山东吴朱然墓发掘简报〔安徽省文物考古研究所◎文物一九八六年第三期〕◉安徽南陵铁拐宋墓发掘简报〔安徽省文物考古研究所等◎文物二〇一六年第十二期〕◉安徽寿县寿春镇计生服务站东汉墓遗物及相关问题〔许建强等◎东南文化二〇一四年第三期〕◉安徽舒城县三里村宋墓的清理〔舒城县文物管理所◎考古二〇〇五年第一期〕◉安吉文物精华〔安吉博物馆◎文物出版社二〇〇三年〕◉安陆王子山唐吴王妃杨氏墓〔孝感地区博物馆等◎文物一九八五年第二期〕◉安禄山服散考〔沈睿文◎上海古籍出版社二〇一五年〕◉安平东汉壁画墓〔河北省文物研究所◎文物出版社一九九〇年〕◉安庆市棋盘山发现的元墓介绍〔白冠西◎文物参考资料一九五七年第五期〕◉安阳小屯村北的两座殷代墓〔中国社会科学院考古研究所安阳工作队◎考古学报一九八一年第四期〕◉鞍山倪家台明崔源族墓的发掘〔辽宁省博物馆文物队等◎文物一九七八年第十一期〕◉敖汉旗李家营子出土的金银器〔敖汉旗文化馆◎考古一九七八年第二期〕◉敖汉旗英风沟七号辽墓出土银质文具考〔邵国田◎内蒙古文物考古二〇〇三年第二期〕◉敖汉文物精华〔邵

国田◎内蒙古文化出版社二〇〇四年〕

◉巴中石窟〔程崇勋◎文物出版社二〇〇九年〕◉白山·黑水·海东青：纪念金中都建都八百六十周年特展〔首都博物馆等◎文物出版社二〇一三年〕◉百宝总珍集〔玄览堂丛书三集〕◉宝宁寺明代水陆画〔山西省博物馆◎文物出版社一九八八年〕◉保德县新发现的殷代青铜器〔吴振录◎文物一九七二年第四期〕◉北京出土文物〔北京市文物研究所◎北京燕山出版社二〇〇五年〕◉北京董四墓村明墓发掘续记：第二号墓〔中国科学院考古研究所京郊发掘团通讯组◎文物参考资料一九五二年第二期〕◉北京风俗图谱〔青木正儿等（张小钢译注）◎东方出版社二〇一九年〕◉北京金代皇陵〔北京市文物研究所◎文物出版社二〇〇六年〕◉北京考古四十年〔北京市文物研究所◎北京燕山出版社一九九〇年〕◉北京南苑苇子坑明代墓葬清理简报〔北京市文物工作队◎文物一九六四年第十一期〕◉北京三百六十行〔齐如山◎中国戏剧出版社一九九一年〕◉北京市丰台区明李文贵墓〔北京市文物研究所◎文物二〇〇八年第九期〕◉北京市郊明武清侯李伟夫妇墓清理简报〔张先得等◎文物一九七九年第四期〕◉北京市平谷县发现商代墓葬〔北京市文物管理处◎文物一九七七年第十一期〕◉北京文物精粹大系·佛造像〔北京市文物局◎北京出版社二〇〇四年〕◉北京文物精粹大系·金银器卷〔北京市文物局◎北京出版社二〇〇四年〕◉北京文物精粹大系·石刻卷〔北京市文物局◎北京出版社二〇〇四年〕◉北京文物精粹大系·玉器卷〔北京市文物局◎北京出版社二〇〇二年〕◉

北京文物精粹大系·织绣卷［北京市文物局◎北京出版社二〇〇一年］◉北京西郊董四墓村明墓发掘记：第一号墓［考古研究所通讯组◎文物参考资料一九五二年第二期］◉北梦琐言［孙光宪◎上海古籍出版社一九八一年］◉北齐东安王娄睿墓［山西省考古研究所等◎文物出版社二〇〇六年］◉北宋佚名《景德四图·契丹使朝聘图》考释［尹承◎故宫博物院院刊二〇一五年第一期］◉北堂书钞［虞世南◎中国书店一九八九年影印本］◉北魏洛阳永宁寺［中国社会科学院考古研究所◎中国大百科全书出版社一九九六年］◉北燕冯素弗墓［辽宁省博物馆◎文物出版社二〇一五年］◉北周史君墓［西安市文物保护考古研究院◎文物出版社二〇一四年］◉本草图经［苏颂（尚志钧辑校）◎安徽科学技术出版社一九九四年］◉笔生花［邱心如◎中州古籍出版社一九八四年］◉碧鸡漫志［王灼◎中国古典戏曲论著集成◎中国戏剧出版社一九五九年］◉壁上丹青：陕西出土壁画集［陕西省考古研究所◎科学出版社二〇〇九年］◉布图木吉金带饰及其研究［丁学芸◎内蒙古文物考古文集第二辑◎中国大百科全书出版社一九九七年］◉步摇与慕容鲜卑［徐秉琨◎载北燕冯素弗墓◎文物出版社二〇一五年］

C

◉重返夏墟：社会记忆与经典的发生［李旻◎考古学报二〇一七年第三期］◉重见天日的遗宝［中秦雁◎载花舞大唐春（陕西历史博物馆等）◎文物出版社二〇〇三年］◉重庆中国三峡博物馆·重庆博物馆［文物出版社二〇〇五年］◉参天台五台山记［释成寻（白化文等校点）◎花山文艺出版社二〇〇八年］◉藏传佛教密宗与曼荼罗艺术［昂巴◎甘肃人民出版社二〇〇九年］◉曾侯乙墓［湖北省博物馆◎

文物出版社一九八九年〕◉曾侯乙墓弋射用器初探：关于曾侯乙墓出土金属弹簧与『案座纺锤形器』的考释〔谭白明◎文物一九九三年第六期〕◉茶匙〔郭丹英等◎收藏家二〇〇九年第五期〕◉察右后旗二道湾墓葬〔乌兰察布博物馆◎内蒙古文物考古文集第一辑◎中国大百科全书出版社一九九四年〕◉朝鲜时代汉语教科书丛刊〔汪维辉◎中华书局二〇〇五年〕◉朝阳出土两座辽墓壁画管窥〔孙国龙◎北方文物二〇〇五年第四期〕◉朝阳发现的三燕文化遗物及相关问题〔田立坤等◎文物一九九四年第十一期〕◉朝阳前燕奉车都尉墓〔田立坤◎文物一九九四年第十一期〕◉赤峰博物馆文物典藏〔刘冰◎远方出版社二〇〇七年〕◉赤峰发现的契丹鎏金银器〔项春松◎文物一九八五年第二期〕◉赤峰金银器〔于建设◎远方出版社二〇〇六年〕◉赤峰县大营子辽墓发掘报告〔前热河省博物馆筹备组◎考古学报一九五六年第三期〕◉出使蒙古记〔道森编，吕浦译◎中国社会科学出版社一九八三年〕◉楚系青铜器研究〔刘彬徽◎湖北教育出版社一九九五年〕◉磁州窑诗词〔王兴◎天津古籍出版社二〇〇四年〕◉从考古发现看唐代的金银『进奉』之风〔卢兆荫◎考古一九八三年第二期〕◉从清宫旧藏十八世纪广东贡品管窥广东工艺的特点与地位：为《清代广东贡品展览》而作〔杨伯达◎清代广东贡品（故宫博物院等）◎香港中文大学文物馆一九八七年〕◉从三星堆到金沙：来自古蜀王国的珍藏〔三星堆博物馆等◎保利艺术博物馆二〇〇八年〕◉翠盖〔孙机◎中国文物报二〇〇一年三月十八日〕◉错彩镂金：陕西珍藏中国古代金银器〔童宇等◎香港中文大学文物馆二〇一七年〕◉错彩镂金：浙江出土金银器〔石超◎浙江人民美术出版社二〇一六年〕◉草木子〔叶子奇◎中华书局一九五九年〕◉长毋相忘：读盱眙大云山江都王陵〔南京博物院◎译林出版社二〇一三年〕◉长治分水岭东周墓地〔山西省考古研究所等◎文物出版社二〇一〇年〕◉长治观音堂明代彩塑〔长治市博物馆◎文物出版社二〇一二年〕◉长沙馆藏文物精华〔王立华◎湖南美术出版社二〇〇七年〕◉长沙市中南工业大学桃花岭唐墓发掘简报〔长沙市博物馆◎湖南省博物馆馆刊第十一辑◎岳麓书社二〇一五年〕◉长沙马王堆一号汉墓〔湖南省博物馆等◎文物出版社一九七三年〕◉长沙窑〔长沙窑编辑委员会◎湖南美术出版社二〇〇四年〕◉长沙五里牌古墓葬清理简报〔湖南省博物馆◎文物一九六〇年第三期〕◉长兴下莘桥出土的唐代银器及相关问题〔毛波◎东方博物第四十四辑（二〇一二年）〕◉常熟市虞山明温州知府陆润夫妇合葬墓发掘简报〔常利平等◎东南文化二〇〇四年第一期〕◉常州博物馆五十周年典藏丛书：漆木·金银器〔陈丽华◎文物出版社二〇〇八年〕◉巢湖汉墓〔安徽省文物考古研究所等◎文物出版社二〇〇七年〕◉朝阳北塔：考古发掘与维修工程报告〔辽宁省文物考古研究所◎文物出版社二〇〇七年〕◉陈铎散曲〔上海古籍出版社一九八六年〕◉成吉思汗和他的遗产：蒙古人的世界帝国（*Dschingis Khan und seine Erben: Das Weltreich der Mongolen*）〔波恩◎二〇〇五年〕◉程氏续考古编〔程大昌◎辽宁教育出版社二〇〇〇年〕◉赤峰金银器〔于建设◎远方出版社二〇〇六年〕◉赤峰县大营子辽墓发掘报告〔前热河省博物馆筹备组◎考古学报一九五六年第三期〕◉传统錾刻工艺〔董凤钰◎中国文物报二〇〇三年十月二十四日〕◉重庆市发现汉宋明代墓葬〔重庆市文物调查小组◎文物参考资料一九五八年第八期〕◉春明梦录〔何

D

刚德◎北京出版社一九九五年〕◉春明梦余录〔孙承泽◎北京古籍出版社一九九二年〕◉磁州窑古瓷〔邯郸市博物馆◎陕西人民美术出版社二〇〇四年〕◉礨墓：战国中山国国王之墓〔河北省文物研究所◎文物出版社一九九六年〕

◉达茂旗出土的古代北方民族金饰件〔陆思贤等◎文物一九八四年第一期〕◉大汗的世纪：蒙元时代的多元文化与艺术〔石守谦等◎台北故宫博物院二〇〇一年〕◉大金吊伐录校补〔金少英校补◎中华书局二〇〇一年〕◉大金集礼〔上海古籍出版社影印四库全书本〕◉大理崇圣寺三塔主塔的实测和清理〔云南省文物工作队◎考古学报一九八一年第二期〕◉大理古代文化史〔徐嘉瑞◎云南人民出版社二〇〇五年〕◉大契丹国：辽代社会史研究〔岛田正郎（何天明译）◎内蒙古人民出版社二〇〇七年〕◉大唐王朝女性の美〔大阪市立美术馆◎中日新闻社二〇〇四年〕◉大同南郊北魏墓群发掘简报〔山西省考古研究所等◎文物一九九二年第八期〕◉大同市小站村花圪塔台北魏墓清理简报〔马玉基◎文物一九八三年第八期〕◉大夏寻踪：西夏文物辑萃〔中国国家博物馆等◎中国社会科学出版社二〇〇四年〕◉大正新修大藏经〔大正新修大藏经刊行会排印本〕◉丹青之间：美的修复与名画论坛〔刘芳如◎台北故宫博物院二〇一〇年〕◉丹舒克：故宫藏传法器来源之一〔蔡玫芬◎（台北）故宫文物月刊第十二卷第四期〕◉丹徒丁卯桥出土唐代银器试析〔陆九皋等◎文物一九八二年第十一期〕◉诞日称觞：明清社会的庆寿文化〔邱仲麟◎载生活与文化（蒲慕州主

编）◎中国大百科全书出版社二〇〇五年〕◉当阳曹家岗五号楚墓〔湖北省宜昌地区博物馆◎考古学报一九八八年第四期〕◉道出物外：中国北方草原丝绸之路〔香港大学美术博物馆二〇〇七年〕◉道咸以来朝野杂记〔崇彝◎北京古籍出版社一九八三年〕◉德安南宋周氏墓〔周迪人等◎江西人民出版社一九九九年〕◉登封王上壁画墓发掘简报〔郑州市文物工作队◎文物一九九四年第十期〕◉丁晋公谈录〔丁谓◎中华书局二〇一二年〕◉定风珠：右旋螺〔蔡玫芬◎（台北）故宫文物月刊第一卷第二期〕◉定陵〔中国社会科学院考古研究所等◎文物出版社一九九〇年〕◉定陵出土文物图典〔北京市昌平区十三陵特区办事处◎北京美术摄影出版社二〇〇六年〕◉定制的文雅与奇趣：银质刻人物故事图方斗式套杯赏析〔张丽◎紫禁城二〇一五年第六期〕◉定州文物藏珍〔河北省文物局◎岭南美术出版社二〇〇三年〕◉东京梦华录〔孟元老◎古典文学出版社一九五七年〕◉东山撷芳：江宁博物馆暨东晋历史文化博物馆馆藏精粹〔江宁博物馆等◎文物出版社二〇一三年〕◉东轩笔录〔魏泰◎中华书局一九八三年〕◉东阳金交椅山宋墓出土文物〔吕海萍◎东方博物第三十九辑（二〇一一年）〕◉東亞古文化論考〔原田淑人◎吉川弘文馆一九六二年〕◉东周与秦代文明〔李学勤◎文物出版社一九九一年〕◉东瀛珠光〔审美书院一九〇八年〕◉都管七个国六瓣银盒辩证〔梁晓强◎曲靖师范学院学报第二十九卷第五期（二〇一〇年九月）〕◉对珍宝的另一种解读：金累丝万年如意的修复与研究〔孔艳菊◎紫禁城二〇一八年第六期〕◉敦煌宝藏〔黄永武◎新文丰出版公司一九八六年〕◉敦煌壁画临本选集〔敦煌研究院等◎上海人民美术出版社一九八九年〕◉敦煌壁画线描百图〔敦煌研究

院◎上海古籍出版社二〇〇四年〕◉**敦煌边饰初步研究**〔林徽因◎载中国敦煌历代装饰图案（常沙娜）◎清华大学出版社二〇〇四年〕◉**敦煌变文集**〔王重民等◎人民文学出版社一九八四年〕◉**敦煌歌辞总编**〔任半塘◎上海古籍出版社一九八七年〕◉**敦煌晋墓**〔敦煌文物研究所考古组◎考古一九七四年第三期〕◉**敦煌莫高窟六世纪末至九世纪中叶的装饰图案**〔薄小莹◎载敦煌吐鲁番艺术丛书·敦煌图案◎新疆美术摄影出版社等一九九二年〕◉**敦煌诗集残卷辑考**〔徐俊◎中华书局二〇〇〇年〕◉**敦煌石窟摩利支天曼荼罗图像解说**〔刘永增◎敦煌研究二〇一三年第五期〕◉**敦煌石窟全集·服饰画卷**〔谭蝉雪◎商务印书馆（香港）有限公司二〇〇五年〕◉**敦煌石窟全集·民俗画卷**〔谭蝉雪◎商务印书馆（香港）有限公司一九九九年〕◉**敦煌文书什物历器物丛考**〔扬之水◎传统中国研究集刊第三辑◎上海人民出版社二〇〇七年〕

E

◉**鄂城六朝墓**〔南京大学历史系考古专业等◎科学出版社二〇〇七年〕◉**鄂尔多斯式青铜器**〔田广金、郭素新◎文物出版社一九八六年〕◉**儿女英雄传**〔文康◎北京十月文艺出版社一九九五年〕◉**尔雅翼**〔罗愿◎黄山书社一九九一年〕

F

◉**罚觥与劝盏**〔扬之水◎奢华之色：宋元明金银器研究◎中华书局二〇一〇年〕◉**法海寺壁画**〔北京市法海寺文物保管所◎中国旅游出版社一九九三年〕◉**法库叶茂台辽墓记略**〔辽宁省博物馆等◎文物

一九七五年第十二期〕◉法门寺考古发掘报告〔陕西省考古研究院等◎文物出版社二〇〇七年〕◉法门寺文物图饰〔韩生◎文物出版社二〇〇九年〕◉法相光明：江苏宜兴法藏寺北宋地宫文物〔许夕华等◎中国书店二〇一五年〕◉藩献记〔朱谋㙔◎北京图书馆古籍珍本丛刊◎书目文献出版社一九九八年影印本〕◉繁峙县发现唐代窖藏银器〔李有成◎文物季刊一九九六年第一期〕◉返绝久非藉沧桑全亦奇：记四件『金瓯永固』杯及其他〔许晓东◎紫禁城二〇一二年第十二期〕◉方以智全书·通雅〔上海古籍出版社一九八八年〕◉汾阳圣母庙壁画〔徐麟◎河北美术出版社二〇〇七年〕◉风月锦囊笺校〔孙崇涛等◎中华书局二〇〇〇年〕◉封邦建霸：山西翼城大河口墓地出土西周霸国文物珍品〔深圳博物馆等◎文物出版社二〇一六年〕◉凤翔马家庄一号建筑群遗址发掘简报〔陕西省雍城考古队◎文物一九八五年第二期〕◉凤阳县余庄村明墓〔安徽省文物考古研究所等◎文物研究总第七辑（一九九一年）〕◉佛教与图像论稿续编·摩利支天信仰与图像〔李翎◎文物出版社二〇一三年〕◉佛影灵奇：十六国至五代佛教金铜造像〔浙江省博物馆◎文物出版社二〇一八年〕◉福州茶园山南宋许峻墓〔福建省博物馆◎文物一九九五年第十期〕◉福州南宋黄昇墓〔福建省博物馆◎文物出版社一九八二年〕◉福州文物集粹〔福州市文物管理局◎福建人民出版社一九九九年〕◉阜新县红帽子乡辽塔地宫清理记〔赵振生◎阜新师专学报一九九二年第二期〕◉阜阳双古堆西汉汝阴侯墓发掘简报〔安徽省文物工作队◎文物一九七八年第八期〕◉傅干注坡词〔北京图书馆出版社二〇〇一年〕

G

◉甘肃靖远新出罗马鎏金银盘略考〔初师宾◎文物一九九〇年第五期〕◉甘肃马家塬战国墓马车的复原·兼谈族属问题〔赵吴成◎文物二〇一〇年第六期〕◉甘肃清水县刘坪近年发现的北方系青铜器及金饰片〔李晓青◎文物二〇〇三年第七期〕◉甘肃省博物馆文物精品图集〔俄军◎三秦出版社二〇〇六年〕◉甘肃省泾川县出土的唐代舍利石函〔甘肃省文物工作队◎文物一九六六年第三期〕◉甘肃肃南大长岭吐蕃墓葬的考古学观察〔仝涛◎考古二〇一八年第六期〕◉甘肃文物菁华〔甘肃省文物局◎文物出版社二〇〇六年〕◉甘肃玉门火烧沟四坝文化墓地发掘简报〔甘肃省文物考古研究所◎考古与文物二〇二一年第五期〕◉甘肃漳县元代汪世显家族墓葬·简报之二〔漳县文化馆◎文物一九八二年第二期〕◉赣水流韵 辉耀千载：江西古代文物精品〔江西省博物馆等◎文物出版社二〇一四年〕◉高丽史（标点校勘本）〔西南师范大学出版社等二〇一四年〕◉高青丘集〔上海古籍出版社一九八五年〕◉孤本元明杂剧〔中国戏剧出版社一九五八年〕◉孤竹寻音：农耕与草原的交汇〔李健民◎中国社会科学报二〇一八年三月二十日〕◉姑苏食话〔王稼句◎山东画报出版社二〇一四年〕◉古埃及〔海伦·斯特拉德威克（刘雪婷等译）◎上海科学技术文献出版社二〇〇八年〕◉古本戏曲剧目提要〔李修生等◎文化艺术出版社一九九七年〕◉古代東アジアの装飾墓〔町田章◎同朋舍一九八七年〕◉古代辽宁〔辽宁省博物馆◎文物出版社二〇一七年〕◉古代爪哇黄金（*Old Javanese Gold*）◉古代中国青铜器〔朱凤瀚◎南开大学出版社一九九五年〕◉古道西风：考古新发现所见中西文化交流〔林梅村◎生活·读书·新知三联书店二〇〇〇年〕◉古今岁时杂咏〔蒲积中

◎辽宁教育出版社一九九八年〕◉古今注〔崔豹◎辽宁教育出版社一九九八年〕◉古彭遗珍：徐州博物馆馆藏文物精选〔中国国家图书馆出版社二〇一一年〕◉古诗文名物新证〔扬之水◎紫禁城出版社二〇〇四年〕◉固原历史文物〔宁夏固原博物馆◎科学出版社二〇〇四年〕◉故宫博物院藏文物珍品大系·宫廷珍宝〔徐启宪等◎上海科学技术出版社等二〇〇四年〕◉故宫博物院藏文物珍品大系·金属胎珐琅器〔李久芳◎上海科学技术出版社等二〇〇一年〕◉故宫博物院藏文物珍品大系·明清风俗画〔金卫东等◎上海科学技术出版社等二〇〇八年〕◉故宫博物院藏文物珍品大系·明清肖像画〔杨新等◎上海科学技术出版社等二〇〇八年〕◉故宫博物院藏文物珍品大系·宋代书法〔王连起等◎上海科学技术出版社等二〇〇一年〕◉故宫博物院藏文物珍品大系·元明漆器〔夏更起等◎上海科学技术出版社等二〇〇六年〕◉故宫博物院藏中国古代窑址标本·河北卷〔故宫博物院古陶瓷研究中心◎紫禁城出版社二〇〇六年〕◉故宫藏镜〔郭玉海◎紫禁城出版社一九九六年〕◉故宫藏镜〔何林◎紫禁城出版社二〇〇八年〕◉故宫旧藏珍宝欣赏〔申仁◎上海科学技术出版社二〇〇〇年〕◉故宫退食录〔朱家溍◎北京出版社一九九九年〕◉顾太清集校笺〔金启孮等◎中华书局二〇一二年〕◉关于法门寺地宫金银器的若干问题〔卢兆荫◎考古一九九〇年第七期〕◉关于江阴北宋墓的墓主孙四娘子〔朱瑞熙◎文物一九八四年第九期〕◉关于陕西临潼出土的金代税银的几个问题〔赵康民◎文物一九七五年第八期〕◉关于棜、禁、案的定名〔扬之水◎中国历史文物二〇〇七年第四期〕◉关于朱碧山银槎的辨伪问题〔郑珉中◎故宫博物院院刊一九八四年第三期〕◉广东出土五代至清文物［广东省博物馆、香港中文大学文物馆一九八九年］◉广东省博物馆藏品选［文物出版社一九九九年］◉广东遂溪县发现南朝窖藏金银器［遂溪县博物馆◎考古一九八六年第三期］◉广东新语［屈大均◎中华书局一九八五年］◉广西文物珍品［韦壮凡等◎广西美术出版社二〇〇二年］◉广异记［戴孚◎中华书局一九九二年］◉广州皇帝岗唐木椁墓清理简报［广州市文物管理委员会◎考古一九五九年第十二期］◉广州西郊晋墓清理报导［麦英豪等◎文物参考资料一九五五年第三期］◉归田录［欧阳修◎中华书局一九八一年］◉贵州平坝县马场唐宋墓［贵州省博物馆◎考古一九八一年第二期］◉贵州省博物馆藏明代金凤冠［付永海等◎文物二〇一七年第七期］◉贵州思南明代张守宗夫妇墓清理简报［刘恩元◎文物一九八二年第八期］◉贵州遵义市新蒲播州杨氏土司墓地［贵州省文物考古研究所等◎考古二〇一五年第七期］◉贵州遵义新蒲杨氏土司墓群考古取得新收获：发现南宋播州『土司』杨价夫妇墓［周必素等◎中国文物报二〇一四年八月二十二日］◉桂阳刘家岭宋代壁画墓［湖南省文物考古研究所◎文物出版社二〇一三年］◉桂苑笔耕集校注［崔致远（党银平校注）◎中华书局二〇〇七年］◉国朝宫史［鄂尔泰等◎北京古籍出版社一九八七年］◉国立庆州博物馆［通川文化社二〇一〇年］

H

◉哈尔滨新香坊墓地出土的金代文物［黑龙江省博物馆◎北方文物二〇〇七年第三期］◉海淀博物馆［北京市海淀区博物馆◎文物出版社二〇〇五年］◉海昏侯墓『金板』小考［耿庆刚◎考古与文

物二〇一七年第三期〕◉海宁智标塔〔浙江省文物考古研究所等◎科学出版社二〇〇六年〕◉海上敦煌：
探秘『南海Ⅰ号』〔阳江日报社等◎南方日报出版社二〇一〇年〕◉海上锦绣：顾绣珍品特集〔上
海博物馆◎上海古籍出版社二〇〇七年〕◉海外藏中国历代名画〔海外藏中国历代名画编辑委员会◎湖
南美术出版社一九九八年〕◉海外遗珍·漆器〔台北故宫博物院一九八七年〕◉邯郸古代雕塑精粹
〔邯郸市文物研究所◎文物出版社二〇〇七年〕◉韩国汉文燕行文献选编〔复旦大学出版社二〇一一年〕
◉韩湘子全传〔杨尔曾◎上海古籍出版社一九九〇年〕◉汉代掐丝焊珠七龙纹金带扣〔刘复兴◎
文物春秋二〇一七年第六期〕◉汉代物质文化资料图说〔孙机◎上海古籍出版社二〇一一年〕◉汉代
瓠羊纹马珂与文化交流〔苏奎◎考古与文物二〇二〇年第二期〕◉汉广陵国漆器〔李则斌等◎文物
出版社二〇〇四年〕◉汉唐考古文论〔崔大庸◎山东大学出版社二〇〇九年〕◉合肥西郊南唐墓清
理简报〔石谷风◎文物参考资料一九五八年第三期〕◉河北磁县东魏茹茹公主墓发掘简报〔磁县文
化馆◎文物一九八四年第四期〕◉河北定县43号汉墓发掘简报〔定县博物馆◎文物一九七三年第十一
期〕◉河北获鹿高庄出土西汉常山国文物〔石家庄文物保管所等◎考古一九九四年第四期〕◉河北
考古重要发现：一九四九至二〇〇九〔河北省文物研究所◎科学出版社二〇〇九年〕◉河北迁安
县小山东庄西周时期墓葬〔唐山市文物管理处◎考古一九九七年第四期〕◉河北省迁安市开发区
金代墓葬发掘清理报告〔唐山市文物管理处等◎北方文物二〇〇二年第四期〕◉河北省石家庄地区
的考古新发现〔石家庄地区文物局文物普查组◎文物资料丛刊第一辑◎文物出版社一九七七年〕◉河北

涿州元代壁画墓〔河北省文物研究所等◎文物二〇〇四年第三期〕◉河南安阳刘家庄北地唐宋墓发掘报告〔中国社会科学院考古研究所安阳工作队◎考古学报二〇一五年第一期〕◉河南宝丰小店唐墓出土金饰的金珠工艺研究〔姚智辉◎文物二〇二〇年第二期〕◉河南宝丰小店唐墓发掘简报〔郑州大学历史学院等◎文物二〇二〇年第二期〕◉河南登封黑山沟北宋壁画墓〔郑州市文物考古研究所◎文物二〇〇一年第十期〕◉河南登封唐庄宋代壁画墓〔高赞岭◎二〇一一中国重要考古发现（国家文物局）◎文物出版社二〇一二年〕◉河南邓州市福胜寺塔地宫〔河南省古代建筑保护研究所等◎文物一九九一年第六期〕◉河南巩义市新华小区汉墓发掘简报〔郑州市文物考古研究所◎华夏考古二〇〇一年第四期〕◉河南淮阳马鞍冢楚墓发掘简报〔河南省文物研究所等◎文物一九八四年第十期〕◉河南焦作金墓发掘简报〔河南省博物馆等◎文物一九七九年第八期〕◉河南洛阳西工区纱厂路发现西汉大墓〔潘付生等◎中国文物报二〇二〇年二月十日〕◉河南南阳春秋楚彭射墓发掘简报〔南阳市文物考古研究所◎文物二〇一一年第三期〕◉河南卫辉大司马墓地晋墓（M18）发掘简报〔河南省文物局南水北调文物保护办公室等◎文物二〇〇九年第一期〕◉河南新蔡平夜君成墓的发掘〔河南省文物考古研究所等◎文物二〇〇二年第八期〕◉鹤林玉露〔罗大经◎中华书局一九八三年〕◉鹤山寿词考述〔张文利◎文学遗产二〇〇六年第五期〕◉黑龙江畔绥滨中兴古城和金代墓群〔黑龙江省文物考古工作队◎文物一九七七年第四期〕◉黑龙江省宁安县出土的舍利函〔宁安市文物管理所◎文物资料丛刊·二◎文物出版社一九七八年〕◉衡阳县何家皂北宋墓〔陈国安等◎文物一九八四年第十二期〕

◉红楼风俗谈〔邓云乡◎中华书局一九八七年〕
◉红楼复梦〔小和山樵◎春风文艺出版社一九八八年〕
◉红楼梦〔曹雪芹◎人民文学出版社一九八二年〕
◉红楼识小录〔邓云乡◎山西人民出版社一九八四年〕
◉洪洞广胜寺〔柴泽俊等◎文物出版社二〇〇六年〕
◉侯马白店铸铜遗址〔山西省考古研究所◎科学出版社二〇一二年〕
◉侯马陶范艺术概论〔李夏廷等◎载侯马陶范艺术（山西省考古研究所）◎美国普林斯顿大学出版社一九九六年〕
◉忽必烈汗的世界：中国元代艺术（*The World of Khubilai Khan: Chinese Art in the Yuan Dynasty*）
◉呼和浩特市附近出土的外国金银币〔内蒙古文物工作队等◎考古一九七五年第三期〕
◉湖北鄂城四座吴墓发掘报告〔鄂城县博物馆◎考古一九八二年第三期〕
◉湖北麻城北宋石室墓清理简报〔王善才等◎考古一九六五年第一期〕
◉湖北蕲春荆王府〔蕲春县文化局等◎湖北科学技术出版社二〇一四年〕
◉湖北蕲春县罗州城村发现宋代金首饰〔蕲春县李时珍墓文物保管所◎考古一九八七年第十一期〕
◉湖北郧县唐李徽、阎婉墓发掘简报〔湖北省博物馆等◎文物一九八七年第八期〕
◉湖北枣阳曹门湾曾国墓地一号墓出土金属器科技价值〔苏荣誉◎中国文物报二〇一五年三月三十一日〕
◉湖南安乡西晋刘弘墓〔安乡县博物馆◎文物一九九三年第十一期〕
◉湖南长沙市郊五代墓清理简报〔湖南省博物馆◎考古一九六六年第三期〕
◉湖南衡阳县道子坪东汉墓发掘简报〔湖南省博物馆◎文物一九八一年第十二期〕
◉湖南临湘陆城宋元墓清理简报〔湖南省博物馆◎考古一九八八年第一期〕
◉湖南麻阳县发现唐代窖藏银器〔怀化地区博物馆等◎文博一九九三年第一期〕
◉湖南宋元窖藏金银器丛考〔扬之水◎载湖南宋元窖藏金银器发现与研究◎文物出

版社二〇〇九年〕◉湖南宋元窖藏金银器发现与研究〔扬之水、陈建明◎文物出版社二〇〇九年〕◉湖南通道发现南明窖藏银器〔怀化地区文物工作队等◎文物一九八四年第二期〕◉湖州市博物馆藏品集〔湖州市博物馆◎西泠印社一九九九年〕◉花镜〔陈淏子◎中国农业出版社一九九五年〕◉花舞大唐春：何家村遗宝精粹〔陕西历史博物馆等◎文物出版社二〇〇三年〕◉华彩若英：中国古代缂丝刺绣精品集〔辽宁省博物馆◎辽宁人民出版社二〇〇九年〕◉华容县出土元代金银器〔刘美玉◎湖南省博物馆馆刊第四辑◎岳麓书社二〇〇七年〕◉华夏之路〔中国历史博物馆编◎朝华出版社一九九七年〕◉化德县陈武沟鲜卑墓地发掘简报〔内蒙古自治区文物考古研究所等◎草原文物二〇一四年第一期〕◉画史丛书〔于安澜编◎上海人民美术出版社一九六二年〕◉皇家风尚：清代宫廷与西方贵族珠宝〔蔡玫芬等◎台北故宫博物院二〇一二年〕◉皇家容颜：清代宫廷珠宝〔陈慧霞◎载皇家风尚：清代宫廷与西方贵族珠宝〕◉皇明典礼〔中华再造善本◎国家图书馆出版社二〇一四年〕◉黄陂县周家田元墓〔武汉市博物馆◎文物一九八九年第五期〕◉黄金草原：古代欧亚草原文化探微〔张文玲◎上海古籍出版社二〇一二年〕◉黄金·丝绸·青花瓷：马可·波罗时代的时尚艺术〔赵丰等◎艺纱堂/服饰工作队二〇〇五年〕◉黄金旺族：内蒙古博物院大辽文物展〔台北故宫博物院等◎时艺多媒体传播股份有限公司二〇一〇年〕◉淮安县明代王镇夫妇合葬墓清理简报〔江苏省淮安县博物馆◎文物一九八七午第三期〕◉徽州容像艺术〔石谷风◎安徽美术出版社二〇〇一年〕◉霍赫拉奇墓葬：新切尔卡斯克藏品（СОКРОВИЩА КУРГАНА ХОЛАЧНОВОЧЕРКАССКИЙ КЛАД）〔伊琳娜·彼得

罗芙娜·扎谢茨卡娅◎国立艾尔米塔什出版社二〇一一年〕

J

◉集安出土高句丽文物集粹〔吉林省文物考古研究所等◎科学出版社二〇一〇年〕◉几种有关金属工艺的传统技术方法〔温廷宽◎文物参考资料一九五八年第三期〕◉济南老城区卫巷遗址出土的宋代金银器窖藏〔济南市考古研究所◎中国国家博物馆馆刊二〇一六年第六期〕◉纪念祖先：中国容像（*Worshiping the Ancestors: Chinese Commemorative Portraits*）〔弗利尔美术馆、赛克勒美术馆以及斯坦福大学出版社联合出版（二〇〇一年）〕◉技术史〔查尔斯·辛格等（王前等译）◎上海科技教育出版社二〇〇四年〕◉嘉兴王店李家坟明墓清理报告〔吴海红◎东南文化二〇〇九年第二期〕◉笺注倭名类聚抄〔狩谷棭斋◎全国书房一九四三年〕◉剑南诗稿校注〔钱仲联校注◎上海古籍出版社一九八五年〕◉江陵望山沙塚楚墓〔湖北省文物考古研究所◎文物出版社一九九六年〕◉江南言子故里碑刻集·碑碣卷〔常熟市碑刻博物馆◎上海辞书出版社二〇一三年〕◉江浦黄悦岭南宋张同之夫妇墓〔南京市博物馆◎文物一九七三年第四期〕◉江苏丹徒丁卯桥出土唐代银器窖藏〔丹徒县文教局等◎文物一九八二年第十一期〕◉江苏邗江甘泉二号汉墓〔南京博物院◎文物一九八一年第十一期〕◉江苏江阴夏港宋墓清理简报〔高振卫等◎文物二〇〇一年第六期〕◉江苏江阴长泾镇宋墓〔刁文伟等◎文物二〇〇四年第八期〕◉江苏金坛元代青花云龙罐窖藏〔肖梦龙◎文物一九八〇年第一期〕◉江苏涟水妙通塔宋代地宫〔淮安市博物馆等◎文物二〇〇八年第八期〕◉江苏涟水三里墩西汉墓〔南京博物院◎考古一九七三年第二期〕◉江苏南京市板仓村明墓的发掘〔南京市博物馆◎考古一九九九年第十期〕◉江苏南京市邓府山明佟卜年妻陈氏墓〔南京市博物馆◎考古一九九九年第十期〕◉江苏南京市明黔国公沐昌祚、沐睿墓〔南京市博物馆◎考古一九九九年第十期〕◉江苏南京市戚家山明墓发掘简报〔南京市博物馆◎考古一九九九年第十期〕◉江苏南京仙鹤观东晋墓〔南京市博物馆◎文物二〇〇一年第三期〕◉江苏泰州市明代徐蕃夫妇墓清理简报〔泰州市博物馆◎文物一九八六年第九期〕◉江苏无锡明华复诚夫妇墓发掘简报〔无锡市博物馆◎文物资料丛刊·二◎文物出版社一九七八年〕◉江苏无锡青山湾明黄钺家族墓〔无锡市博物馆◎考古学集刊·三◎中国社会科学出版社一九八三年〕◉江苏吴县清毕沅墓发掘简报〔南波◎文物资料丛刊·一◎文物出版社一九七七年〕◉江苏吴县元墓清理简报〔江苏省文物管理委员会◎文物一九五九年第十一期〕◉江苏武进村前南宋墓清理纪要〔陈晶等◎考古一九八六年第三期〕◉江苏盱眙南窑庄楚汉文物窖藏〔姚迁◎文物一九八二年第十一期〕◉江苏扬州市曹庄M2隋炀帝萧后冠实验室考古简报〔杨军昌等◎考古二〇一七年第十一期〕◉江苏镇江甘露寺铁塔塔基发掘记〔江苏省文物工作队等◎考古一九六一年第六期〕◉江苏镇江唐墓〔镇江市博物馆◎考古一九八五年第二期〕◉江苏镇江五洲山宋墓发掘简报〔镇江博物馆◎文物二〇一五年第五期〕◉江西波阳宋墓〔余家栋◎考古一九七七年第四期〕◉江西发现几座北宋纪年墓〔彭适凡等◎文物一九八〇年第五期〕◉江西明代藩王墓〔江西省博物馆等◎文物出版社二〇一〇年〕◉江西南城明益王朱祐槟墓发掘报告〔江西省博物馆◎文物一九七三年第三期〕◉江西南城明益宣王朱翊鈏夫妇合葬墓〔江西省文物工作队◎文物一九八二年第八期〕◉江西南城明益庄王墓出土文物〔江西省文物管理委员会◎文物一九五九年第一期〕◉江西萍乡宋代窖藏金银器初探〔罗娜等◎南方文物二〇一九年第四期〕◉江西宋代纪年墓与纪年青白瓷〔江西省博物馆◎文物出版社二〇一六年〕◉江西永新北宋刘沆墓发掘报告〔江西省文物管理委员会◎考古一九六四年第十一期〕◉江阴北宋『瑞昌县君』孙四娘子墓〔苏州博物馆等◎文物一九八二年第十二期〕◉江阴文物精华〔江阴博物馆◎文物出版社二〇〇九年〕◉江阴长泾、青阳出土的明代金银饰〔唐汉章等◎文物二〇〇一年第五期〕◉蕉帕记〔单本◎六十种曲◎中华书局一九五八年〕◉戒庵老人漫笔〔李诩◎中华书局一九八二年〕◉金代服饰：金齐国王墓出土服饰研究〔赵评春等◎文物出版社一九九八年〕◉金珰曜駿騻：看战国至汉羊纹金饰的一个新视角〔左骏◎大众考古二〇一九年第十期〕◉金黄璀璨的底色：金银器主题展览学术断想〔扬之水◎北京青年报二〇一四年五月十六日〕◉金辉玉德：西安博物院藏金银玉器精萃〔西安博物院◎文物出版社二〇一三年〕◉『金瓯永固』杯〔张世芸◎故宫博物院院刊一九八〇年第二期〕◉金瓶梅词话〔兰陵笑笑生◎人民文学出版社一九八五年〕◉金瓶梅续书三种〔齐鲁书社一九八八年〕◉金色记忆：中国出土十四世纪前金器特展〔成都金沙遗址博物馆等◎四川人民出版社二〇一九年〕◉金色江南：江苏古代金器〔南京博物院◎江苏美术出版社二〇〇八年〕◉金色中国：中国古代金器大展〔南京博物院◎译林出版社二〇一三年〕◉金石索〔冯玉鹏等◎书目文献出版社一九九六年影印本〕◉金属面具、金属网络与祖州石室〔陈永志◎载契丹王朝：内蒙古辽代文物精华（中国历史博物馆等）◎中国藏学出版社二〇〇二年〕◉金坛南宋周瑀墓〔镇江市博物馆等◎考古学报一九七七年第一期〕◉金银器与唐代进奉之风〔韩保全◎载唐代金银器（镇江市博物馆等）◎文物出版社一九八五年〕◉金银铜器的传统修复技术〔赵振茂◎故宫博物院院刊一九九四年第三期〕◉金银细金工艺和景泰蓝〔唐克美等◎大象出版社二〇〇四年〕◉金帐汗国的珍宝（*СОКРОВИЩА ЗОЛОТОЙ ОРДЫ*）〔圣彼得堡，斯拉夫出版社二〇〇一年〕◉金子：一部社会史〔苏珊·拉·尼斯（汪瑞译）◎北京大学出版社二〇一六年〕◉锦州北魏墓清理简报〔刘谦◎考古一九九〇年第五期〕◉晋西商代青铜器〔韩炳华◎科学出版社二〇一七年〕◉京华瑰宝　异域生辉〔龙霄飞◎收藏家二〇〇〇年第三期〕◉荆楚岁时记〔宗懔◎沔阳卢氏慎始基斋影印汉魏丛书本〕◉静志寺塔基出土吉语玉盒与宜春银幡源流考：兼论人日与立春节令物事之演变〔扬之水◎载中国古代佛塔地宫文物国际学术研讨会论文集◎中国书店二〇一五年〕◉旧京琐记〔夏仁虎◎北京古籍出版社一九八六年〕◉掬水月在手：从诗歌到图画〔扬之水◎中国典籍与文化论丛第十一辑（二〇〇八年）〕

◉倦游杂录〔张师正◎上海古籍出版社一九九三年〕

K

◉喀左和尚沟墓地〔辽宁省文物考古研究所等◎辽海文物学刊一九八九年第二期〕◉看图说瓷〔倪亦斌◎中华书局二〇〇七年〕◉考古发掘见证古代草原丝绸之路：伊和淖尔墓群考古发掘纪实〔内蒙古自治区文物考古研究所◎中国文物报二〇一五年六月十二日〕◉考古发现与西藏文明史·第一

L

卷〔霍巍等◎科学出版社二〇一五年〕◉考古发现与早期道教研究〔刘昭瑞◎文物出版社二〇〇七年〕◉科技考古论丛〔王振铎◎文物出版社一九八九年〕◉科右中旗代钦塔拉辽墓清理简报〔兴安盟文物工作站◎内蒙古文物考古文集第二辑◎中国大百科全书出版社一九九七年〕◉科左后旗毛力吐发现鲜卑金凤鸟冠饰〔赵雅新◎文物一九九九年第七期〕◉客座赘语〔顾起元◎中华书局一九八七年〕◉快心编〔天花才子◎人民文学出版社一九九二年〕◉狯园〔钱希言◎文物出版社二〇一四年〕◉愧郯录〔岳珂◎中华书局二〇一六年〕◉昆铜清代金银器窖藏研究〔周意群◎中国文物报二〇〇八年十月二十二日〕◉兰州上西园明彭泽墓清理简报〔甘肃省文物管理委员会◎考古通讯一九五七年第一期〕◉兰州市上西园明墓清理简报〔甘肃省博物馆◎考古一九六〇年第三期〕◉蓝田吕氏家族墓园〔陕西考古研究院等◎文物出版社二〇一八年〕◉琅琊王：从东晋到北魏〔南京博物院◎译林出版社二〇一八年〕◉浪迹丛谈·续谈·三谈〔梁章钜◎中华书局一九八一年〕◉老学庵笔记〔陆游◎中华书局一九七九年〕◉雷峰塔遗址〔浙江省文物考古研究所◎文物出版社二〇〇五年〕◉雷峰遗珍〔浙江省文物研究所◎文物出版社二〇〇二年〕◉礼部志稿〔俞汝楫等◎上海古籍出版社影印四库全书本〕◉礼县大堡子山遗址的发现与发掘〔王辉◎载秦韵：大堡子山出土文物精粹◎文物出版社二〇一五年〕◉历代寺观壁画艺术·第一辑〔品丰等◎重庆出版社二〇〇一年〕◉历代竹枝词〔王利器等◎陕西人民出版社二〇〇三年〕◉利玛窦中国札记〔何高济等译◎中华书局一九八三年〕◉连环与编结：中国古代贵金属制链

法［童宇◎美术史研究集刊第四十五期］◉练形神治 莹质良工：上海博物馆藏铜镜精品［陈燮君等主编◎上海书画出版社二〇〇五年］◉梁带村芮国墓地的基本认识［张天恩等◎载金玉华年：陕西韩城出土周代芮国文物珍品（陕西省考古研究院等）◎上海书画出版社二〇一二年］◉梁思成全集第七卷［中国建筑工业出版社二〇〇一年］◉梁庄王墓［湖北省文物考古研究所等◎文物出版社二〇〇七年］◉两宋茶事［扬之水◎人民美术出版社二〇一五年］◉辽陈国公主墓［内蒙古自治区文物考古研究所◎文物出版社一九九三年］◉辽代绘画［孙机◎载契丹王朝：内蒙古辽代文物精华◎中国藏学出版社二〇〇二年］◉辽代金银器［朱天舒◎文物出版社一九九八年］◉辽代太平年间金银器錾文考释［韩伟◎（台北）故宫文物月刊第十一卷第九期、第十期］◉辽国驸马赠卫国王墓志铭考证［金毓黻◎考古学报一九五六年第三期］◉辽宁北票仓粮窖鲜卑墓［孙国平等◎文物一九九四年第十一期］◉辽宁北票房身村晋墓发掘简报［陈大为◎考古一九六〇年第一期］◉辽宁北票喇嘛洞墓地一九九八年发掘报告［辽宁省文物考古研究所等◎考古学报二〇〇四年第二期］◉辽宁朝阳前窗户村辽墓［靳枫毅◎文物一九八〇年第十二期］◉辽宁朝阳田草沟晋墓［朝阳市博物馆◎文物一九九七年第十一期］◉辽宁朝阳袁台子北燕墓［璞石◎文物一九九四年第十一期］◉辽宁大连市营城子汉墓群2003M76的发掘［人连市文物考古研究所等◎考古二〇一九年第十期］◉辽宁凌源县三官甸青铜短剑墓［辽宁省博物馆◎考古一九八五年第二期］◉辽宁沈阳康平张家窑林场辽墓群［林栋等◎二〇一七中国重要考古发现（国家文物局）◎文物出版社二〇一八年］◉辽宁昭盟喀喇沁旗发现唐代鎏金银器［喀喇沁旗文化馆◎考古一九七七年第五期〕◉辽上京文物撷英〔唐彩兰◎远方出版社二〇〇五年〕◉辽史丛考〔傅乐焕◎中华书局一九八四年〕◉辽耶律羽之墓发掘简报〔内蒙古文物考古研究所◎文物一九九六年第一期〕◉临沂洗砚池晋墓〔山东省文物考古研究所等◎文物出版社二〇一六年〕◉临淄商王墓地〔临淄市博物馆◎齐鲁书社一九九七年〕◉凌源小喇嘛沟辽墓〔辽宁省文物考古研究所◎文物出版社二〇一五年〕◉刘家店子春秋墓琐考〔罗勋章◎文物一九八四年第九期〕◉刘娘井明墓的清理〔小屯◎文物参考资料一九五八年第五期〕◉刘禹锡集笺证〔瞿蜕园◎上海古籍出版社一九八九年〕◉刘子集校〔林其锬等集校◎中华书局一九八五年〕◉留青日札〔田艺蘅◎上海古籍出版社一九九二年〕◉流眄洛川：洛阳曹魏大墓出土石楬〔史家珍等◎上海书画出版社二〇二一年〕◉六朝风采〔南京市博物馆◎文物出版社二〇〇四年〕◉龙凤辨微：从首都博物馆藏金银器上的龙凤纹样看明代宫廷的等级规制（下）〔柳彤◎收藏家二〇一九年第六期〕◉龙洲集〔刘过◎上海古籍出版社一九七八年〕◉泸县宋墓〔四川省文物考古研究所等◎文物出版社二〇〇四年〕◉鲁荒王墓〔山东博物馆等◎文物出版社二〇一四年〕◉论甘肃礼县出土的秦金箔饰片〔韩伟◎文物一九九五年第六期〕◉论孙位《高逸图》的故实及其与顾恺之画风的关系〔承名世◎文物一九六五年第八期〕◉洛阳北郊唐颍川陈氏墓发掘简报〔洛阳市文物工作队◎文物一九九九年第二期〕◉洛阳曹魏大墓出土石牌铭文分类考释〔李零◎博物院二〇一九年第五期〕◉洛阳出土宋代珍珠地纹瓷枕〔高虎等◎文物二〇一二年第十一期〕◉洛阳龙康小区唐墓（C7M2151）发掘简报〔洛阳市文物工作队◎文物二〇〇七年第四期〕

M

◉洛阳邙山宋代壁画墓［洛阳市第二文物工作队◎文物一九九二年第十二期］◉洛阳伽蓝记校注［范祥雍校注◎上海古籍出版社一九五八年］◉洛阳市西工区CIM3943战国墓［洛阳市文物工作队◎文物一九九九年第八期］◉吕师孟夫妇墓出土金银器细读［扬之水◎南方文物二〇一四年第二期］◉略谈大同南郊出土的几件银器和铜器［孙培良◎文物一九七七年第九期］

◉马鞍山文物聚珍［马鞍山市文物管理所等◎文物出版社二〇〇六年］◉马家塬墓地金属制品技术研究：兼论战国时期西北地区文化交流［黄维等◎北京大学出版社二〇一三年］◉马家塬战国墓地综述［王辉◎载西戎遗珍：马家塬战国墓地出土文物（甘肃省文物考古研究所）◎文物出版社二〇一四年］◉『马头盘』的形状、功用及其东传日本：从敦煌到日本［高启安◎载转型期的敦煌语言文学：纪念周绍良先生仙逝三周年学术研讨会论文集◎甘肃人民出版社二〇一〇年］◉满城汉墓发掘报告［中国社会科学院考古研究所◎文物出版社一九八〇年］◉满族说唱文学：子弟书珍本百种［北京市民族古籍整理出版规划小组◎民族出版社一九九九年］◉漫夜黎明 金颜永昼：沈阳康平辽代契丹贵族墓出土黄金面具的前世今生［林栋◎中国文物报二〇一九年六月二十一日］◉美好中华：近二十年考古成果展［首都博物馆◎文物出版社二〇一七年］◉美术考古与古代文明［刘敦愿◎人民美术出版社二〇〇七年］◉萌芽·成长·融合：东周时期北方青铜文化臻萃［秦始皇帝陵博物馆◎三秦出版社二〇一二年］◉梦粱录［吴自牧◎古典文学出版社一九五七年］◉梦溪笔谈［沈括◎中华书局二〇一五年］

◉密宗塑像说略〔吴世昌全集第二卷◎河北教育出版社二〇〇三年〕◉渑水燕谈录〔王闢之◎中华书局一九八一年〕◉闽小记〔周亮工◎上海古籍出版社一九八五年〕◉名物丛考四则：提砚·罗双双·笏囊·金笼放鸽〔廉萍◎东方博物第七十九辑〕◉明兵部尚书赵炳然夫妇合葬墓〔四川省博物馆◎文物一九八二年第二期〕◉明朝首饰冠服〔南京市博物馆◎科学出版社二〇〇〇年〕◉明成化说唱词话丛刊〔上海书店出版社二〇一一年影印本〕◉明代磁州窑瓷器〔郭学雷◎文物出版社二〇〇五年〕◉明代的佛教与社会〔陈玉女◎北京大学出版社二〇一一年〕◉明代的宫廷与抹谷的宝石〔仇泰格◎载金玉默守：湖北蕲春明荆藩王墓珍宝·专论（浙江省博物馆）◎中国书店二〇一六年〕◉明宫冠服仪仗图〔北京燕山出版社二〇一五年〕◉明代兰州肃藩家族金银器〔林健◎湖南省博物馆馆刊第三期◎岳麓书社二〇〇六年〕◉明代内府金银器的制作机构与作品风貌〔张燕芬◎故宫博物院院刊二〇一八年第三期〕◉明代肃王研究〔林健◎甘肃人民出版社二〇〇五年〕◉明代通俗日用类书集刊·十六〔中国社会科学院历史研究所文化室◎西南师范大学出版社等二〇一一年〕◉明代通俗日用类书集刊·十五〔中国社会科学院历史研究所文化室◎西南师范大学出版社等二〇一一年〕◉明代帝王陵墓制度研究〔刘毅◎人民出版社二〇〇六年〕◉明宫词〔北京古籍出版社一九八七年〕◉明故夏阳县主墓志考释〔秦造垣◎考古与文物二〇〇九年第一期〕◉明末清初雕犀角人物乘槎的时代意涵〔陈慧霞◎（台北）故宫学术季刊第二十五卷第二期〕◉明清孤本稀见戏曲汇刊〔黄仕忠编校◎广西师范大学出版社二〇一四年〕◉明清民歌时调集〔上海古籍出版社一九八七年〕◉明清俗语辞书集成〔长泽规矩也

◎上海古籍出版社一九八九年〕◉明清珍本版画资料丛刊〔马文大等◎学苑出版社二〇〇三年〕◉明人出警入跸图本事之研究〔朱鸿◎故宫学术季刊第二十二卷第一期（二〇〇四年秋季）〕◉明散曲纪事〔田守真◎巴蜀书社一九九六年〕◉明万贵墓清理简报〔郭存仁◎北京文物与考古第三辑（一九九二年）〕◉明万历孝靖皇后凤冠镶嵌宝石的种属判定〔罗涵等◎故宫博物院院刊二〇一八年第五期〕◉明徐达五世孙徐俌夫妇墓〔南京市文物保管委员会◎文物一九八二年第二期〕◉明中山王徐达家族墓〔南京市博物馆◎文物一九九三年第二期〕◉冥报记〔唐临◎尊经阁影印日本侯爵前田家藏本一九三七年〕

N

◉《那先比丘经》所见『大秦』及其它〔余太山◎欧亚学刊第九辑◎中华书局二〇〇九年〕◉南ロシア騎馬民族の遺宝展〔古代东方博物馆等◎朝日新闻社一九九一年〕◉南部新书〔钱易◎辽宁教育出版社二〇〇〇年〕◉南昌火车站东晋墓葬群发掘简报〔江西省文物考古研究所等◎文物二〇〇一年第二期〕◉南村辍耕录〔陶宗仪◎中华书局一九五九年〕◉南海Ⅰ号沉船考古报告之二：二〇一四至二〇一五年发掘〔国家文物局水下文化遗产保护中心等◎文物出版社二〇一八年〕◉南海Ⅰ号里的镶嵌宝石黄金首饰〔李岩◎美成在久二〇二〇年三月号〕◉南京博物院珍藏系列·金银器〔徐湖平◎上海古籍出版社一九九九年〕◉南京大报恩寺遗址塔基与地宫发掘简报〔南京市考古研究所◎文物二〇一五年第五期〕◉南京大学北园东晋墓〔南京大学历史系考古组◎文物一九七三年第四期〕◉南京建中村南宋墓〔二〇〇四中国重要考古发现（国家文物局）◎文物出版社二〇〇五年〕◉

南京将军山明代沐昂侧室邢氏墓及M21发掘简报〔南京市博物馆等◎东南文化二〇一三年第二期〕◉南京江宁将军山明代沐斌夫人梅氏墓发掘简报〔南京市博物馆◎文物二〇一四年第五期〕◉南京江宁县明沐晟墓清理简报〔南京市文物保管委员会◎考古一九六〇年第九期〕◉南京将军山：一个典型屯堡家族的最后家园〔祁海宁◎载金玉默守：湖北蕲春明荆藩王墓珍宝·专论（浙江省博物馆）◎中国书店二〇一六年〕◉南京明汪兴祖墓清理简报〔南京市博物馆◎考古一九七二年第四期〕◉南京幕府山宋墓清理简报〔南京市博物馆◎文物一九八二年第三期〕◉南京太平门外岗子村明墓〔南京市文物保管委员会◎考古一九八三年第六期〕◉南京太平门外王家湾发现北宋墓〔金琦◎考古一九六一年第二期〕◉南京文物精华·器物编〔南京市文化局等◎上海人民美术出版社二〇〇〇年〕◉南京仙鹤观东晋墓出土文物的初步认识〔王志高等◎文物二〇〇一年第三期〕◉南京象山八号、九号、十号墓发掘简报〔南京市博物馆◎文物二〇〇〇年第七期〕◉南京象山五号、六号、七号墓清理简报〔南京市博物馆◎文物一九七二年第十一期〕◉南京小行明蔡国公夫人武氏墓〔南京市博物馆◎南京文物考古新发现第二辑〕◉南京中华门外明墓清理简报〔南京市文物保管委员会◎考古一九六二年第九期〕◉南土遗珍：商代盘龙城文物集萃〔湖北省博物馆等◎湖北教育出版社二〇一六年〕◉南望：辽前期政治史〔林鹄◎生活·读书·新知三联书店二〇一八年〕◉南诏大理的塔藏文物〔邱宣充◎载南诏大理国文物（云南省文物管理委员会）◎文物出版社一九九二年〕◉内蒙古巴林右旗庆州白塔发现辽代佛教文物〔德新◎文物一九九四年第十二期〕◉内蒙古巴林左旗盘

O

羊沟辽代墓葬〔赤峰市博物馆等◎考古二〇一六年第三期〕

◉内蒙古赤峰宝山辽壁画墓『寄锦图』考〔吴玉贵◎文物二〇〇一年第二期〕

◉内蒙古赤峰宝山辽壁画墓『颂经图』略考〔吴玉贵◎文物一九九九年第二期〕

◉内蒙古出土文物概述〔李逸友◎载内蒙古出土文物选集◎文物出版社一九六三年〕

◉内蒙古出土文物选集〔内蒙古自治区文物工作队◎文物出版社一九六三年〕

◉内蒙古多伦县小王力沟辽代墓葬〔内蒙古文物考古研究所等◎考古二〇一六年第十期〕

◉内蒙古科左中旗六家子鲜卑墓群〔张柏忠◎考古一九八九年第五期〕

◉内蒙古凉城县小坝子滩金银器窖藏〔张景明◎文物二〇〇二年第八期〕

◉内蒙古辽代壁画〔孙建华◎文物出版社二〇〇九年〕

◉内蒙古林西县刘家大院辽代墓地发掘简报〔内蒙古考古研究所◎考古二〇一六年第二期〕

◉内蒙古通辽市吐尔基山辽代墓葬〔内蒙古文物考古研究所◎考古二〇〇四年第七期〕

◉内蒙古扎赉诺尔古墓群调查记〔郑隆◎文物一九六一年第九期〕

◉内蒙昭盟赤峰三眼井元代壁画墓〔项春松等◎文物一九八二年第一期〕

◉内蒙昭乌达盟巴林右旗发现辽代银器窖藏〔巴右文等◎文物一九八〇年第五期〕

◉涅槃和弥勒的图像学〔宫治昭◎文物出版社二〇〇九年〕

◉宁夏固原北周李贤夫妇墓发掘简报〔宁夏回族自治区博物馆等◎文物一九八五年第十一期〕

◉宁夏固原唐史道德墓清理简报〔宁夏固原博物馆◎文物一九八五年第十一期〕

◉欧亚草原东部的金属之路：丝绸之路与匈奴联盟的孕育过程〔杨建华等◎上海古籍出版社

二〇一七年〕◉欧亚衢地：贵霜王朝的信仰与艺术〔上海博物馆◎上海书画出版社二〇一七年〕◉欧亚视野内的喜马拉雅黄金面具〔仝涛等◎考古二〇一五年第二期〕

P

◉彭州文物撷珍〔彭州市博物馆◎四川人民出版社二〇一四年〕◉品花宝鉴〔陈森◎上海古籍出版社一九九〇年〕◉平天下：秦的统一〔秦始皇帝陵博物院◎西北大学出版社二〇一九年〕◉平阳金墓砖雕〔山西省考古所◎山西人民出版社一九九九年〕◉萍洲可谈〔朱彧◎上海古籍出版社一九八九年〕◉蒲松龄佚著《七言杂文》手抄本〔刘心健等◎文物一九八三年第八期〕◉朴通事谚解〔京城帝国大学法文学部影印奎章阁丛书本一九四三年〕◉浦江清文录〔人民文学出版社一九八九年〕

Q

◉七千年珠宝史（*7000 Years of Jewellery*）◉齐东野语〔周密◎中华书局一九八三年〕◉泣红亭〔尹湛纳希（曹都等译）◎内蒙古人民出版社一九八一年〕◉契丹风韵：内蒙古辽代文物珍品展〔深圳博物馆等◎文物出版社二〇一一年〕◉契丹国志〔叶隆礼◎中华书局二〇一四年〕◉契丹社会经济史稿〔陈述◎三联书店一九七八年〕◉契丹王朝：内蒙古辽代文物精华〔中国历史博物馆等◎中国藏学出版社二〇〇二年〕◉器服物佩好无疆：东西文明交汇的阿富汗国家宝藏〔清华大学艺术博物馆◎上海书画出版社二〇一九年〕◉千金记〔沈采◎古本戏曲丛刊初集影印万历富春堂刊本〕◉千年古港：上海青龙镇遗址考古精粹〔上海博物馆◎上海书画出版社二〇一七年〕◉千日间的现场

记录：二〇〇八年至二〇一一年的发掘调查成果（천일간의 현장기록：2008-2011 발굴조사성과）〔釜山博物馆◎釜山博物馆二〇一一年〕◉前蜀王建墓发掘报告〔冯汉骥◎文物出版社一九六四年〕◉乔吉集〔山西人民出版社一九八八年〕◉秦汉青铜器概论〔俞伟超◎载中国美术分类全集·中国青铜器全集·12·秦汉◎文物出版社一九九八年〕◉秦墓遗珍：宝鸡益门二号春秋墓〔宝鸡市考古研究所◎科学出版社二〇一六年〕◉秦雍城动物纹瓦当主题研究〔耿庆刚◎考古与文物二〇一九年第五期〕◉秦韵：大堡子山出土文物精粹〔国家文物局◎文物出版社二〇一五年〕◉青藏高原首次发现吐蕃时期壁画墓〔中国社会科学院考古研究所等◎中国文物报二〇二〇年一月十七日〕◉青海卡约文化出土的金器〔王国道等◎故宫博物院院刊二〇〇三年第五期〕◉青海西宁市发现一座北朝墓〔卢耀光等◎考古一九八九年第六期〕◉青州龙兴寺佛教造像艺术〔青州市博物馆◎山东美术出版社一九九九年〕◉清稗类钞（第十三册）〔徐珂◎中华书局一九八六年〕◉清波杂志校注〔刘永翔校注◎中华书局一九九四年〕◉清代的斋戒牌〔许晓东◎收藏家二〇一〇年第一期〕◉清代服饰展览图录〔台北故宫博物院一九八六年〕◉清代宫廷绘画〔故宫博物院◎文物出版社二〇〇一年〕◉清代后妃首饰〔故宫博物院◎紫禁城出版社等一九九二年〕◉清代嫁妆研究〔毛立平◎中国人民大学出版社二〇〇七年〕◉清宫编钟制作考〔孙召华◎故宫博物院院刊二〇二〇年第四期〕◉清宫词〔北京古籍出版社一九八六年〕◉清宫后妃图典〔阮卫萍◎故宫出版社二〇一二年〕◉清蒙古车王府藏子弟书〔北京市民族古籍整理出版规划小组◎国际文化出版公司一九九四年〕◉清史图典〔故宫博物院◎紫禁城出

版社二〇〇二年〕◉琼姿玉骨〔浙江省博物馆◎文物出版社二〇一四年〕◉瞿佑全集校注〔乔光辉◎浙江古籍出版社二〇一〇年〕◉衢州文物精品〔衢州市博物馆◎西泠印社一九九九年〕◉曲回寺金银器考释〔李白军◎文物世界二〇〇四年第四期〕◉全芳备祖〔陈景沂◎农业出版社一九八二年影印本〕◉全金诗〔薛瑞兆等◎南开大学出版社一九九五年〕◉全金元词〔唐圭璋◎中华书局一九七九年〕◉全辽金文〔阎凤梧等◎山西古籍出版社二〇〇二年〕◉全宋词〔唐圭璋◎中华书局一九六五年〕◉全宋诗〔北京大学古文献研究所◎北京大学出版社一九九一年至一九九八年〕◉全唐诗〔中华书局一九六〇年〕◉全唐诗补编〔陈尚君◎中华书局一九九二年〕◉全五代诗〔李调元◎巴蜀书社一九九二年〕◉全元散曲〔隋树森◎中华书局一九六四年〕◉泉州宗教石刻（增订本）〔吴文良等◎科学出版社二〇〇五年〕◉鹊尾炉源流考〔林梅村等◎文物二〇一七年第十期〕◉群音类选校笺〔李志远校笺◎中华书局二〇一八年〕

R

◉人胜·剪綵花·春幡〔扬之水◎南方文物二〇一二年第三期〕◉人物故事图考二则〔扬之水◎收藏家二〇〇六年第一期〕◉如梦录〔河南省立图书馆一九二一年〕◉儒林外史〔吴敬梓◎人民文学出版社一九七七年〕

S

◉三才图会〔王圻等◎明万历三十七年金阊宝翰楼刊本〕◉三门峡虢国墓〔河南省文物考古研究所等◎文物出版社一九九九年〕◉三门峡文物精粹〔三门峡市文物考古研究所◎北京燕山出版社二〇〇四年〕

◉三星堆祭祀坑〔四川省文物考古研究所◎文物出版社一九九九年〕◉三燕文物精粹〔辽宁省文物考古研究所◎辽宁人民出版社二〇〇二年〕◉三子钗与九子铃〔孙机◎文物丛谈◎文物出版社一九九一年〕◉山东长清县宋代真相院释迦舍利塔地宫〔济南市文化局文物处等◎考古一九九一年第三期〕◉山东地区两汉文明展〔山东博物馆二〇一六年〕◉山东菏泽元代沉船〔二〇一〇中国重要考古发现（国家文物局）◎文物出版社二〇一一年〕◉山东栖霞慕家店宋墓〔栖霞县文化馆◎文物资料丛刊·十◎文物出版社一九八七年〕◉山东青州西辛战国墓发掘简报〔山东省文物考古研究所◎文物二〇一四年第九期〕◉山东兖州兴隆塔地宫出土佛舍利葬具雕刻图像分析与解读〔刘建华◎载兖州佛教历史文化研讨会论文集◎科学出版社二〇一一年〕◉山东沂水刘家店子春秋墓发掘简报〔山东省文物考古研究所等◎文物一九八四年第九期〕◉山东淄博周村汇龙湖明代墓地发掘简报〔南开大学考古学与博物馆学系◎中国国家博物馆馆刊二〇一五年第二期〕◉山海经校注〔袁珂◎上海古籍出版社一九八〇年〕◉山居新语〔杨瑀◎中华书局二〇〇六年〕◉山纹考：说环带纹、波纹、波曲纹、波浪纹应正名为山纹〔李零◎中国国家博物馆馆刊二〇一九年第一期〕◉山西大同恒安街北魏墓（11DHAM13）发掘简报〔大同市考古研究所◎文物二〇一五年第一期〕◉山西大同市金代徐龟墓〔大同市博物馆◎考古二〇〇四年第九期〕◉山西洪洞县发现商代遗物〔朱华◎文物一九八九年第十二期〕◉山西吕梁县石楼镇又发现铜器〔谢青山等◎文物一九六〇年第七期〕◉山西寺观壁画〔柴泽俊◎文物出版社一九九七年〕◉山宗·水源·路之冲：一带一路中的青海〔首都博物馆等◎文物出版社二〇一九年〕◉珊瑚网〔汪砢玉◎成都古籍书店一九八五年〕◉陕西长安县南里王村与咸阳飞机场出土大量隋唐珍贵文物〔贠安志◎考古与文物一九九三年第六期〕◉陕西澄城刘家洼芮国遗址〔种建荣等◎二〇一八中国重要考古发现（国家文物局）◎文物出版社二〇一九年〕◉陕西澄城刘家洼遗址考古取得重要收获〔种建荣◎中国文物报二〇一九年一月二十五日〕◉陕西淳化县出土商周青铜器〔淳化县文化馆◎考古与文物一九八六年第五期〕◉陕西韩城梁带村遗址M27发掘简报〔陕西省考古研究院等◎考古与文物二〇〇七年第六期〕◉陕西历史博物馆新入藏文物精萃〔陕西历史博物馆◎三秦出版社二〇一一年〕◉陕西历史博物馆珍藏金银器〔申秦雁◎陕西人民美术出版社二〇〇三年〕◉陕西蒲城洞耳村元代壁画墓〔陕西省考古研究所◎考古与文物二〇〇〇年第一期〕◉陕西清涧县又发现商代青铜器〔高雪◎考古一九八四年第八期〕◉陕西神木县出土匈奴文物〔戴应新等◎文物一九八三年第十二期〕◉陕西新出土唐墓壁画〔陕西省考古研究所等◎重庆出版社一九九八年〕◉善自约束：古代带钩与带扣〔王仁湘◎上海古籍出版社二〇一二年〕◉商辂三元记〔无名氏◎古本戏曲丛刊初集影印万历富春堂刊本〕◉上海出土唐宋元明清玉器〔上海市文物管理委员会◎上海人民出版社二〇〇一年〕◉上海考古精粹〔上海文物管理委员会◎上海人民美术出版社二〇〇六年〕◉上海明墓〔何继英◎文物出版社二〇〇九年〕◉上海市松江区发现的南宋窖藏金饰件〔何继英◎上海文博论丛二〇〇四年第一期〕◉上海唐宋元墓〔何继英◎科学出版社二〇一四年〕◉上孙家寨汉晋墓〔青海省文物考古研究所◎文物出版社一九九三年〕◉邵武故县发现一批宋

代银器〔干振镛等◎福建文博一九八二年第一期〕◉绍兴306号战国墓发掘简报〔浙江省文物管理委员会等◎文物一九八四年第一期〕◉申城寻踪：上海考古大展·城镇之路〔上海博物馆◎上海书画出版社二〇一四年〕◉神秘的王国：对三星堆文明的初步理解和解释〔孙华等◎巴蜀书社二〇〇三年〕◉神游武当：道教千年文物特展〔台北历史博物馆二〇一四年〕◉沈阳市小北街金代墓葬发掘简报〔沈阳市文物考古研究所◎考古二〇〇六年第十一期〕◉盛世文化表象：盛唐时期『子女画』之出现及其美术史意义之解读〔白适铭◎载艺术史研究第九辑◎中山大学出版社二〇〇七年〕◉十八孤品〔王健华◎紫禁城二〇〇六年第一期〕◉十八至十九世纪羊城风物：英国维多利亚阿伯特博物院藏广州外销画〔英国维多利亚阿伯特博物院等◎上海古籍出版社二〇〇三年〕◉十九世纪中国市井风情——三百六十行〔黄时鉴等◎上海古籍出版社一九九九年〕◉石点头〔天然痴叟◎江苏古籍出版社一九九四年〕◉石家庄后太保村史氏家族墓发掘报告〔河北省文物研究所◎载河北省考古文集◎东方出版社一九九八年〕◉世貌风情：中国古代人物画精品集〔上海博物馆等◎上海古籍出版社二〇〇八年〕◉世事通考（新刻徽郡原板诸书直音世事通考）据明清俗语辞书集成〔上海古籍出版社一九八九年影印本〕◉世说新语笺疏〔余嘉锡◎中华书局一九八三年〕◉事类赋注〔吴淑◎中华书局一九八九年〕◉事林广记〔陈元靓◎中华书局影印本一九六三年〕◉事物纪原〔高承◎中华书局一九八九年〕◉试论宝鸡益门二号墓短剑及有关问题〔陈平◎载秦墓遗珍：宝鸡益门二号春秋墓◎科学出版社二〇一六年〕◉试论宋元时期的佛经译勘与梵字的传习〔周广荣◎世界宗教研究

二〇〇四年第二期〕◉试论唐代南方金银工艺的兴起〔刘建国◎载唐代金银器（镇江市博物馆等）◎文物出版社一九八五年〕◉试论郧县唐李泰家族墓地〔全锦云◎江汉考古一九八六年第三期〕◉试谈『竹林七贤及荣启期』砖印壁画问题〔南京博物院◎文物一九八〇年第二期〕◉试析长沙博物馆拟征集的几件南宋银器的艺术风格〔郑波◎载湖南省博物馆馆刊第十四辑◎岳麓书社二〇一八年〕◉萩园杂记〔陆容◎中华书局一九八五年〕◉双鬓凤娴莲花：蕲春罗州城遗址南宋金器窖藏观摩记〔扬之水◎南方文物二〇一五年第二期〕◉水东日记〔叶盛◎中华书局一九八〇年〕◉说郛三种〔陶宗仪等◎上海古籍出版社影印本一九八八年〕◉说颊和额带〔丁乙◎考古一九八四年第十期〕◉朔州崇福寺〔柴泽俊◎文物出版社一九九六年〕◉朔州崇福寺藏品精选〔朔州崇福寺文物保管所◎文物出版社二〇〇九年〕◉丝绸之路〔国家文物局◎文物出版社二〇一四年〕◉丝绸之路的遗宝（シルクロードの遺宝）〔东京国立博物馆等◎日本经济新闻社一九八五年〕◉丝绸之路沙漠王子遗宝展〔浙江省文化厅等◎中国丝绸博物馆二〇〇〇年〕◉丝绸之路上的文化交流：吐蕃时期艺术珍品展〔敦煌研究院二〇一九年〕◉四川崇州万家镇明代窖藏〔成都文物考古研究所等◎文物二〇一一年第七期〕◉四川德阳出土的宋代银器简介〔沈仲常◎文物一九六一年第十一期〕◉四川涪陵地区小田溪战国土坑墓清理简报〔四川省博物馆等◎文物一九七四年第五期〕◉四川彭州宋代金银器窖藏〔成都市文物考古研究所等◎科学出版社二〇〇三年〕◉四川平武明王玺家族墓〔四川省文管会等◎文物一九八九年第七期〕◉四川平武明王玺家族墓出土部分道教文物的考察〔张勋燎等◎

载中国道教考古◎线装书局二〇〇六年〕◉四时花信，展尽黄金缕：两宋金银器类型、名称与造型、纹饰的诗意解读〔扬之水◎载中兴纪胜：南宋风物观止学术研讨会论文集◎中国书店二〇一七年〕◉四友斋丛说〔何良俊◎中华书局一九五九年〕◉松窗梦语〔张瀚◎中华书局一九八五年〕◉松花江下游奥里米古城及其周围的金代墓群〔黑龙江省文物考古工作队◎文物一九七七年第四期〕◉宋代财政和文献考论〔李伟国◎上海古籍出版社二〇〇七年〕◉宋代朝贡体系研究〔黄纯艳◎商务印书馆二〇一四年〕◉宋代出土文物中『寿星图』的辨识〔廉萍◎中国国家博物馆馆刊二〇二〇年第八期〕◉宋代佛舍利崇奉看兖州兴隆寺舍利的出土〔杨曾文◎载兖州佛教历史文化研讨会论文集◎科学出版社二〇一一年〕◉宋代瓯窑青瓷的新发现与研究〔伍显军◎东方博物第三十五辑◎浙江大学出版社二〇一〇年〕◉宋代文学传播探原〔王兆鹏◎武汉大学出版社二〇一三年〕◉宋代物价研究〔程民生◎人民出版社二〇〇八年〕◉宋代耀州窑址〔陕西省考古研究所等◎文物出版社一九八九年〕◉宋画全集第六卷〔浙江大学中国古代书画研究中心◎浙江大学出版社二〇〇八年〕◉宋画全集第七卷〔浙江大学中国古代书画研究中心◎浙江大学出版社二〇〇八年〕◉宋画全集第一卷〔浙江大学中国古代书画研究中心◎浙江大学出版社二〇〇八年〕◉宋会要辑稿〔刘琳等校点◎上海古籍出版社二〇一四年〕◉宋氏家规部〔宋诩◎书目文献出版社影印明刻本〕◉宋韵：四川窖藏文物辑粹〔中国国家博物馆等◎中国社会科学出版社二〇〇六年〕◉苏轼全集校注〔张志烈等◎河北人民出版社二〇一〇年〕◉苏轼撰书《齐州长清县真相院释迦舍利塔铭并引》刻石〔韩明祥◎文物一九八三年第六期〕◉苏州博物馆藏出土文物〔苏州博物馆◎文物出版社二〇〇九年〕◉苏州博物馆藏虎丘云岩寺塔、瑞光寺塔文物〔苏州博物馆◎文物出版社二〇〇六年〕◉苏州太仓县明黄元会夫妇合葬墓〔苏州博物馆考古组等◎考古一九八七年第三期〕◉苏州吴张士诚母曹氏墓清理简报〔苏州市文物保管委员会等◎考古一九六五年第六期〕◉肃南西水大长岭唐墓清理简报〔施爱民◎陇右文博二〇〇四年第一期〕◉绥滨县奥里米辽金墓葬抢救性发掘〔方明达等◎北方文物一九九九年第二期〕◉隋代初建、晚唐改造、北宋沿用的定州静志寺塔地宫〔黎毓馨◎载心放俗外：定州静志、净众佛塔地宫文物◎中国书店二〇一四年〕◉隋李静训墓出土金项链、金手镯的产地问题〔熊存瑞◎文物一九七八年第十期〕◉隋墓出土的陶『千秋万岁』及其他〔王去非◎考古一九七九年第三期〕◉隋唐五代工艺美术史〔尚刚◎人民美术出版社二〇〇五年〕◉隋唐五代宋元墓葬出土神怪俑与道教〔张勋燎等◎载中国道教考古◎线装书局二〇〇六年〕◉碎金〔国立北平故宫博物院文献馆影印本一九三五年〕◉碎金（重编详备碎金）〔天理大学出版社影印本一九八一年〕◉碎金（应用碎金）〔百爵斋丛刊本〕◉孙毓棠学术论文集〔中华书局一九九五年〕

T

◉太仓文物精华〔太仓博物馆◎文物出版社二〇〇七年〕◉太常因革礼〔欧阳修等◎商务印书馆丛书集成本〕◉太平广记〔李昉等◎中华书局一九六一年〕◉太平御览〔李昉等◎中华书局影印本一九六〇年〕◉太原晋阳古城太山龙泉寺唐塔基遗址发掘〔龙真等◎二〇〇八中国重要考古发现（国家文物

局〕◎文物出版社二〇〇九年〕◉太原小井峪宋墓第二次发掘记〔代尊德◎考古一九六三年第五期〕◉汤显祖集〔上海人民出版社一九七三年〕◉唐传奇笺证〔周绍良◎人民文学出版社二〇〇〇年〕◉唐代拂林丛说〔林英◎中华书局二〇〇六年〕◉唐代金银器〔陆九皋◎文物出版社一九八五年〕◉唐代金银器研究〔齐东方◎中国社会科学出版社一九九九年〕◉唐代九姓胡与突厥文化〔蔡鸿生◎中华书局一九九八年〕◉唐代薛儆墓发掘报告〔山西省考古研究所◎科学出版社二〇〇〇年〕◉唐金乡县主墓〔西安市文物保护考古所等◎文物出版社二〇〇二年〕◉唐李倕墓发掘简报〔陕西省考古研究院◎考古与文物二〇一五年第六期〕◉唐李贤墓壁画〔陕西省博物馆等◎文物出版社一九七四年〕◉唐李宪墓发掘报告〔陕西省考古研究所◎科学出版社二〇〇五年〕◉唐诗纪事校笺〔王仲镛◎巴蜀书社一九八九年〕◉唐宋时期的香具与佛事〔董淑燕◎载香远益清：唐宋香具览粹◎中国书店二〇一五年〕◉唐宋文学文献研究丛稿〔汤华泉◎安徽大学出版社二〇〇八年〕◉唐新城长公主墓发掘报告〔陕西省考古研究所等◎科学出版社二〇〇四年〕◉唐长安城郊隋唐墓〔中国社会科学院考古研究所◎文物出版社一九八〇年〕◉唐贞顺皇后敬陵石椁〔程旭◎文物二〇一二年第五期〕◉陶庵梦忆〔张岱◎上海古籍出版社一九八二年〕◉陶瓷手记：陶瓷史思索和操作的轨迹〔谢明良◎石头出版股份有限公司二〇〇八年〕◉梼杌闲评〔轶名◎人民文学出版社一九八三年〕◉滕固艺术文集〔上海人民美术出版社二〇〇三年〕◉天津蓟县张家园遗址第三次发掘〔天津市历史博物馆考古部◎考古一九九三年第四期〕◉天路文华：西

W

藏历史文化展〔首都博物馆等◎科学出版社二〇一八年〕◉天马—曲村遗址北赵晋侯墓地第二次发掘〔北京大学考古系等◎文物一九九四年第一期〕◉天人诞生图研究：东亚佛教美术史论文集〔吉村怜◎中国文联出版社二〇〇二年〕◉天山·古道·东西风：新疆丝绸之路文物特辑〔中国历史博物馆等◎中国社会科学出版社二〇〇二年〕◉天水冰山录〔见中国历史资料研究丛书·明武宗外纪◎上海书店一九八二年〕◉天水市发现隋唐屏风石棺床墓〔天水市博物馆◎考古一九九二年第一期〕◉天心光明：东阳市中兴寺塔出土文物〔东阳市博物馆◎文物出版社二〇一九年〕◉铁围山丛谈〔蔡絛◎中华书局一九八三年〕◉听雨丛谈〔福格◎中华书局一九八四年〕◉通典〔杜佑◎中华书局一九八八年〕◉通制条格〔浙江古籍出版社一九八六年〕◉潼关税村隋代壁画墓〔陕西省考古研究院◎文物出版社二〇一三年〕◉桐桥倚棹录〔顾禄◎中华书局二〇〇八年〕◉桐乡濮院杨家桥明墓发掘简报〔周伟民◎东方博物第二十五辑（二〇〇七年）〕◉突厥汗国与欧亚文化交流的考古学研究〔陈凌◎上海古籍出版社二〇一三年〕◉突厥语大词典〔麻赫默德·喀什噶里（何锐等译）◎民族出版社二〇〇二年〕◉图像与风格：故宫藏传佛教造像〔故宫博物院◎紫禁城出版社二〇〇二年〕◉吐蕃系统金银器研究〔霍巍◎考古学报二〇〇九年第一期〕◉吐鲁番北凉武宣王沮渠蒙逊夫人彭氏墓〔吐鲁番地区文物保管所◎文物一九九四年第九期〕◉屯溪博物馆藏珍品集〔储莉萍◎文物出版社二〇一五年〕

◉晚唐钱宽夫妇墓〔浙江省文物考古研究所等◎文物出版社二〇一二年〕◉宛署杂记〔沈榜◎北京古

籍出版社一九八三年〕◉皖西博物馆文物撷珍〔皖西博物馆◎文物出版社二〇一三年〕◉万历野获编〔沈德符◎中华书局一九五九年〕◉万物〔雷德侯（张总等译）◎生活·读书·新知三联书店二〇〇五年〕◉汪廷讷戏曲集〔巴蜀书社二〇〇九年〕◉王士琦墓出土金银首饰的样式与工艺〔扬之水◎东方博物第二十八辑（二〇〇八年）〕◉王士琦世系生平及其墓葬器物〔裘樟松等◎东方博物第十一辑（二〇〇四年）〕◉王尧藏学文集第一卷〔中国藏学出版社二〇一二年〕◉韦应物集校注〔陶敏等◎上海古籍出版社一九九八年〕◉纬略〔高似孙◎上海古籍出版社影印四库全书本〕◉文明的交互：丝绸之路上的古代动物交流（西北篇）〔周运中◎南方文物二〇一八年第一期〕◉文明之旅：中国北方草原古代文明揽胜〔内蒙古博物院二〇〇九年〕◉文物载千秋：巴林右旗博物馆文物精品荟萃〔石阳◎内蒙古人民出版社二〇一二年〕◉无产阶级文化大革命期间出土文物展览简介〔文物一九七二年第一期〕◉吴船录〔范成大笔记六种◎中华书局二〇〇二年〕◉吴越胜览：唐宋之间的东南乐园〔黎毓馨等◎中国书店二〇一一年〕◉五代宋金元人边疆行记十三种疏证稿〔贾敬颜◎中华书局二〇〇四年〕◉五代王处直墓〔河北省文物研究所等◎文物出版社一九九八年〕◉五代吴越国康陵〔杭州市文物考古研究所等◎文物出版社二〇一四年〕◉五杂组〔谢肇淛◎辽宁教育出版社二〇〇一年〕◉武昌莲溪寺东吴墓清理简报〔湖北省文物管理委员会◎考古一九五九年第四期〕◉武汉市东湖岳家嘴隋墓发掘简报〔武汉市文物管理处◎考古一九八三年第九期〕◉武进明代王洛家族墓〔武进市博物馆◎东南文化一九九九年第二期〕◉武林旧事〔周密◎古典文学出版社一九五七年〕◉物理小

X

识〔方以智◎光绪十年刊本〕◉婺源博物馆藏品集粹〔詹祥生◎文物出版社二〇〇七年〕◉西安北郊尤家庄二十号战国墓发掘简报〔西安市文物保护考古所◎文物二〇〇四年第一期〕◉西安北郊战国铸铜工匠墓〔陕西省考古研究所◎文物二〇〇三年第九期〕◉西安长安区郭杜镇清理的三座宋代李唐王朝后裔家族墓〔西安市文物保护考古所◎文物二〇〇八年第六期〕◉西安长安隋张綝夫妇合葬墓发掘简报〔西安市文物保护考古研究院◎文物二〇一八年第一期〕◉西安韩森寨元代壁画墓〔西安市文物保护考古所◎文物出版社二〇〇四年〕◉西安马家沟唐太州司马阎识微夫妇墓发掘简报〔西安市文物保护考古研究院◎文物二〇一四年第十期〕◉西安南郊唐代窖藏里的医药文物〔耿鉴庭◎文物一九七二年第六期〕◉西安市东南郊沙坡村出土一批唐代银器〔西安市文物管理委员会◎文物一九六四年第六期〕◉西安文物精华·金银器〔西安市文物保护考古所◎世界图书出版公司二〇一二年〕◉西安新出土的汉代金牌饰〔王育龙等◎收藏家二〇〇一年第十一期〕◉西沟畔匈奴墓〔伊克昭盟文物工作站◎文物一九八〇年第七期〕◉西汉废帝海昏侯刘贺墓出土马蹄金麟趾金花丝纹样的制作工艺研究〔杨一一等◎南方文物二〇一八年第二期〕◉西汉南越王墓〔广州市文物管理委员会等◎文物出版社一九九一年〕◉西汉齐王墓随葬器物坑〔山东省淄博市博物馆◎考古学报一九八五年第二期〕◉西湖老人繁胜录〔西湖老人◎古典文学出版社一九五七年〕◉西戎遗珍：马家塬战国墓地出土文

物〔甘肃省文物考古研究所◎文物出版社二〇一四年〕◉西夏八号陵发掘简报〔宁夏回族自治区博物馆◎文物一九七八年第八期〕◉西夏、蒙元时代的大黑天神崇拜与黑水城文献：以汉译龙树圣师造《吉祥大黑八足赞》为中心〔沈卫荣◎贤者新宴——藏学研究丛刊·五◎上海古籍出版社二〇〇七年〕◉西游记〔吴承恩◎人民文学出版社一九八〇年〕◉西域美术·大英博物馆斯坦因收集品·II》（西域美術：大英博物館藏スタイン・コレクション・II）〔韦陀◎讲谈社一九八二年〕◉西域美术·吉美博物馆藏伯希和收集品·II（西域美術：ギメ美術館ペリオコレクション・II）〔秋山光和◎讲谈社一九九四年〕◉西藏博物馆藏元明清玉器精品〔文物出版社二〇〇五年〕◉西藏考古工作四十年〔夏格旺堆等◎中国藏学二〇〇五年第三期〕◉西藏考古综述〔童恩正◎文物一九八五年第九期〕◉西藏浪卡子县查加沟古墓葬的清理〔西藏自治区山南地区文物局◎考古二〇〇　年第六期〕◉西藏密宗的坛城画：西藏绘画概说之三〔谈锡永◎（台北）故宫文物月刊第二卷第四期〕◉西藏通史·吐蕃卷〔张云等◎中国藏学出版社二〇一六年〕◉西藏文管会藏吐蕃时期鎏金铜钵〔更堆◎文物一九八五年第十一期〕◉西藏文史探微集〔王尧◎中国藏学出版社二〇〇五年〕◉西藏拉萨大昭寺藏鎏金银壶再探讨〔周扬◎考古与文物二〇二〇年第二期〕◉西周至汉晋时期中国外来珠饰研究〔赵德云◎科学出版社二〇一八年〕◉希腊金器（*ГРЕЧЕСКОЕ ЗОЛОТО*）〔圣彼得堡斯拉维亚股份公司一九九五年〕◉析津志辑佚〔北京图书馆善本组◎北京古籍出版社一九八三年〕◉淅川下寺春秋楚墓〔河南省文物研究所等◎文物出版社一九九一年〕◉锡山藏珍

[赵新时等◎南京出版社二〇〇一年] ◉ **遐庵清秘录·遐庵谈艺录** [叶恭绰◎上海书画出版社二〇一九年] ◉ **先秦汉魏晋南北朝诗** [逯钦立◎中华书局一九八三年] ◉ **闲情偶寄** [李渔全集◎浙江古籍出版社一九九一年] ◉ **线条艺术的遗产：唐乾陵陪葬墓石椁线刻画** [樊英峰等◎文物出版社二〇一三年] ◉ **镶黄旗乌兰沟出土一批蒙元时期金器** [内蒙古博物馆等◎内蒙古文物考古文集第一辑◎中国大百科出版社一九九四年] ◉ **祥云托起珠穆朗玛峰：藏传佛教艺术精品** [深圳博物馆等◎文物出版社二〇一七年] ◉ **小额** [松友梅◎世界图书出版公司北京公司二〇一一年] ◉ **心放俗外：定州静志、净众佛塔地宫文物** [浙江省博物馆等◎中国书店二〇一四年] ◉ **新安沉船里的金属工艺（신안선속의 금속공예）** [文化财厅◎国立海洋遗物展示馆特别展二〇〇七年] ◉ **新编对相四言** [上海书店出版社二〇一五年影印] ◉ **新编居家必用事类全集** [书目文献出版社影印朝鲜刻本] ◉ **新编事文类聚启札青钱** [古典研究会影印德山毛利家藏本一九六一年] ◉ **新出吐鲁番文书及其研究** [柳洪亮◎新疆人民出版社一九九七年] ◉ **新出战国金银器铭文研究（三题）** [黄盛璋◎古文字研究第十二辑◎中华书局一九八五年] ◉ **新辑搜神记** [李剑国辑◎中华书局二〇〇七年] ◉ **新疆阿拉沟竖穴木椁墓发掘简报** [新疆社会科学院考古研究所◎文物一九八一年第一期] ◉ **新疆出土文物** [新疆维吾尔自治区博物馆◎文物出版社一九七五年] ◉ **新疆阜康白杨河流域发现大型墓群** [新疆阜康白杨河考古队◎中国文物报二〇一七年七月二十四日] ◉ **新疆哈巴河东塔勒德墓地初步研究** [于建军等◎文物二〇一三年第三期] ◉ **新疆哈巴河东塔勒德墓地发掘简报** [新疆文物考古研究所◎文物二〇一三年第三期] ◉ **新**

疆历史文明集粹〔岳峰◎新疆美术出版社二〇〇九年〕◉新疆沙湾宁家河水库墓地发掘简报〔新疆文物考古研究所◎文物二〇二〇年第四期〕◉新疆吐鲁番阿斯塔那北区墓葬发掘简报〔新疆维吾尔自治区博物馆◎文物一九六〇年第六期〕◉新疆吐鲁番市胜金店墓地发掘简报〔吐鲁番学研究院◎考古二〇一三年第二期〕◉新疆温泉县阿敦乔鲁遗址与墓地〔中国社会科学院考古研究所等◎考古二〇一三年第七期〕◉新疆维吾尔自治区博物馆〔文物出版社一九九一年〕◉新疆尉犁县营盘墓地一九九五年发掘简报〔新疆文物考古研究所◎文物二〇〇二年第六期〕◉新疆伊犁昭苏县古墓葬出土金银器等珍贵文物〔安英新◎文物一九九九年第九期〕◉信阳楚墓〔河南省文物研究所◎文物出版社一九八六年〕◉型世言〔陆人龙◎中华书局一九九三年〕◉醒世姻缘传〔西周生◎齐鲁书社一九九三年〕◉匈奴文化与诺彦乌拉巨冢〔С.И.鲁金科（孙危等译）◎中华书局二〇一二年〕◉『匈奴西岔沟文化』古墓群的发现〔孙守道◎文物一九六〇年第八、九期合刊〕◉髹饰录解说：中国传统漆工艺研究（增订本）〔王世襄◎文物出版社一九八三年〕◉徐渭集〔中华书局一九八三年〕◉徐霞客游记〔上海古籍出版社一九八二年〕◉徐州北洞山西汉楚王墓〔徐州博物馆等◎文物出版社二〇〇三年〕◉徐州北洞山西汉楚王墓墓主应为夷王刘郢客〔葛明宇等◎中国文物报二〇〇四年十一月十九日〕◉许之昌：许昌历史文化陈列〔许昌博物馆◎中州古籍出版社二〇一七年〕◉续夷坚志〔元好问◎中华书局一九八六年〕◉宣化辽墓：一九七四年至一九九三年考古发掘报告〔河北省文物研究所◎文物出版社二〇〇一年〕◉宣化下八里II区辽壁画墓考古发掘报告〔张家口市宣

化区文物保管所◎文物出版社二〇〇八年〕
◉乐府诗集〔郭茂倩◎中华书局一九七九年〕
◉焉耆国都、焉耆都督府治所与焉耆镇城：博格达沁古城调查〔韩翔◎文物一九八二年第四期〕
◉兖州兴隆寺沿革及相关问题〔肖贵田等◎文物二〇〇九年第十一期〕
◉兖州兴隆塔北宋地宫发掘简报〔山东省博物馆等◎文物二〇〇九年第十一期〕
◉偃师杏园唐墓〔中国社会科学院考古研究所◎科学出版社二〇〇一年〕
◉演繁露〔程大昌◎上海古籍出版社影印四库全书本〕
◉燕市积弊〔待馀生◎北京古籍出版社一九九五年〕
◉燕下都〔河北省文物研究所◎文物出版社一九九六年〕
◉燕翼诒谋录〔王楙◎中华书局一九八一年〕
◉扬州城与海上丝绸之路〔汪勃◎大众考古二〇一八年第十一期〕
◉扬州发现一批唐代金首饰〔徐良玉等◎文物一九八六年第五期〕
◉扬州画舫录〔李斗◎江苏广陵古籍刻印社一九八四年〕
◉阳春白雪〔赵闻礼◎上海古籍出版社一九九三年〕
◉杨万里集笺校〔辛更儒笺校◎中华书局二〇〇七年〕
◉杨维桢集〔浙江古籍出版社一九九四年〕
◉仰观集：古文物的欣赏与鉴别〔孙机◎文物出版社二〇一二年〕
◉养吉斋丛录〔吴振棫◎北京古籍出版社一九八三年〕
◉养心殿造办处史料辑览·第二辑〔张荣◎故宫出版社二〇一二年〕
◉养心殿造办处史料辑览·第三辑〔张荣◎故宫出版社二〇一二年〕
◉养心殿造办处史料辑览·第一辑〔朱家溍◎紫禁城出版社二〇〇三年〕
◉叶适集〔中华书局一九八三年〕
◉伊本·白图泰游记〔马金鹏译◎宁夏人民出版社一九八五年〕
◉伊川鸦岭唐齐国太夫人墓〔洛阳市第二文物工作队◎文物

一九九五年第十一期〕◉伊特鲁利亚人的文明〔上海博物馆编◎上海人民美术出版社二〇〇三年〕◉宜昌博物馆藏楚墓青铜饰片金箔的科学研究〔中国国家博物馆等◎中国文物报二〇一七年十一月十日〕◉夷坚志〔洪迈◎中华书局一九八一年〕◉弋射考〔丛文俊◎载青果集：吉林大学考古专业成立二十周年考古论文集◎知识出版社一九九三年〕◉义乌文物精粹〔吴高彬◎文物出版社二〇〇三年〕◉益门村金、玉器纹饰研究〔李学勤◎文物一九九三年第十期〕◉银鎏金荆台隐士盘故事小考〔童宇◎收藏家二〇一七年第十二期〕◉英藏敦煌社会历史文献释录〔郝春文◎社会科学文献出版社二〇一〇年〕◉营造法式〔李诫◎商务印书馆一九三三年〕◉郢靖王墓〔湖北省文物考古研究所等◎文物出版社二〇一六年〕◉永乐大钟梵字铭文考〔张保胜◎北京大学出版社二〇〇六年〕◉酉阳杂组〔段成式◎中华书局一九八一年〕◉右玉文物精华〔吴承山◎内蒙古人民出版社二〇一六年〕◉余杭小横山东晋南朝墓〔杭州市文物考古研究所等◎文物出版社二〇一三年〕◉虞世南诗文集〔胡洪军等辑注◎浙江古籍出版社二〇一二年〕◉榆树老河深〔吉林省文物考古研究所◎文物出版社一九八七年〕◉与天久长：周秦汉唐文化与艺术〔清华大学艺术博物馆等◎上海书画出版社二〇一九年〕◉玉屏花与玉逍遥〔孙机◎文物二〇〇六年第十期〕◉玉台新咏〔徐陵◎文学古籍刊行社一九五五年〕◉元代刘黑马家族墓发掘报告〔陕西省考古研究院◎文物出版社二〇一八年〕◉元曲纪事〔王文才◎人民文学出版社一九八五年〕◉元曲选〔臧晋叔◎中华书局一九五八年〕◉元曲选外编〔隋树森◎中华书局一九五九年〕◉元上都〔魏坚◎中国大百科全书出版社二〇〇八年〕◉元上都城南砧子山南区墓葬〔内蒙古文物考古研

Z

究所等◎内蒙古文物考古文集第一辑◎中国大百科全书出版社一九九四年〕◉元诗纪事〔陈衍◎上海古籍出版社一九八七年〕◉元诗选·癸集〔顾嗣立◎中华书局二〇〇一年〕◉元铁可父子墓和张弘纲墓〔北京市文物研究所◎考古学报一九八六年第一期〕◉円筒形馬車金具に表された動物たち〔美秀博物館一九九九年〕◉沅陵县双桥元代夫妇合葬墓〔熊传新◎中国考古学年鉴·一九八六◎文物出版社一九八八年〕◉袁宏道集笺校〔钱伯城◎上海古籍出版社一九八一年〕◉原州古墓集成〔宁夏回族自治区固原博物馆等◎文物出版社一九九九年〕◉阅世编〔叶梦珠◎上海古籍出版社一九八一年〕◉《越谚》点校〔侯友兰等◎人民出版社二〇〇六年〕◉云帆万里照重洋：纪念郑和下西洋六百周年〔郑和下西洋六百周年筹备领导小组等◎中国社会科学出版社二〇〇五年〕◉云居寺贞石录〔云居寺文物管理处◎北京燕山出版社二〇〇八年〕◉云麓漫钞〔赵云卫◎中华书局一九九六年〕◉云南呈贡王家营明清墓清理报告〔云南省文物工作队◎考古一九六五年第四期〕◉云南文明之光：滇王国文物精品集〔中国国家博物馆等◎中国社会科学出版社二〇〇三年〕◉云南冶金史〔张增祺◎云南美术出版社二〇〇〇年〕◉云烟过眼录〔周密◎辽宁教育出版社二〇〇〇年〕◉再论『南海I号』沉船的福建陶瓷〔栗建安◎载大海道：南海一号沉船与南宋海贸（广东省博物馆等）◎岭南美术出版社二〇一九年〕◉藏传佛教艺术〔刘励中◎三联书店香港分店等一九八七年〕◉枣林杂俎〔谈迁◎中华书局二〇〇六年〕◉张凤翼戏曲集〔中华书局一九九四年〕◉张懋夫妇合葬墓

〔王善才◎科学出版社二〇〇七年〕◉张孝祥集编年校注〔辛更儒校注◎中华书局二〇一六年〕◉彰武朝阳沟辽代墓地〔李宇峰等◎辽宁考古文集（辽宁省文物考古研究所）◎辽宁民族出版社二〇〇三年〕◉昭陵唐墓壁画〔昭陵博物馆◎文物出版社二〇〇六年〕◉浙江长兴县发现一批唐代银器〔夏星南◎文物一九八二年第十一期〕◉浙江湖州菁山宋墓〔湖州市博物馆◎东南文化二〇〇七年第四期〕◉浙江湖州三天门宋墓〔湖州市博物馆◎东南文化二〇〇〇年第九期〕◉浙江建德市大洋镇下王村宋墓发掘简报〔北京大学中国考古学研究中心等◎考古与文物二〇〇八年第四期〕◉浙江考古精华〔浙江省文物考古研究所◎文物出版社一九九九年〕◉浙江兰溪南宋墓〔兰溪市博物馆◎考古一九九一年第七期〕◉浙江宁波天封塔地宫发掘报告〔林士民◎文物一九九一年第六期〕◉浙江衢州市南宋墓出土器物〔衢州市文管会◎考古一九八三年第十一期〕◉浙江瑞安北宋慧光塔出土文物〔浙江省博物馆◎文物一九七三年第一期〕◉浙江绍兴市桐梧村南宋墓葬〔蒋明明◎考古二〇〇六年第四期〕◉浙江省博物馆典藏大系·东土佛光〔浙江古籍出版社二〇〇八年〕◉浙江永嘉发现宋代窖藏银器〔金柏东等◎文物一九八四年第五期〕◉真诰〔陶弘景◎中华书局二〇一一年〕◉真诰校注〔吉川忠夫等（朱越利译）◎中国社会科学出版社二〇〇六年〕◉震泽先生别集〔中华书局二〇一四年〕◉镇江出土金银器〔镇江博物馆◎文物出版社二〇一二年〕◉镇江东晋墓〔刘建国◎文物资料丛刊·八◎文物出版社一九八三年〕◉正仓院考古记〔傅芸子◎文求堂一九四一年〕◉正仓院展·第六十四回〔奈良博物馆二〇一二年〕◉正仓院展·第五十回〔奈良博物馆一九九八年〕◉正倉院の故郷——中国

の金・銀・ガヲス一展〔大阪市立博物馆等一九九二年〕◉正倉院宝物・三・北倉（Ⅲ）〔宫内厅◎每日新闻社一九九五年〕◉正蓝旗羊群庙元代祭祀遗址及墓葬〔内蒙古文物考古研究所等◎载内蒙古考古文集第一辑◎中国大百科全书出版社一九九四年〕◉正续一切经音义〔释慧琳等◎上海古籍出版社影印本一九八六年〕◉证类本草〔唐慎微◎华夏出版社一九九三年〕◉郑州地区的古代遗存介绍〔安金槐◎文物参考资料一九五七年第八期〕◉郑州商代城遗址发掘报告〔河南省博物馆等◎文物资料丛刊第一辑◎文物出版社一九七七年〕◉郑州宋金壁画墓〔郑州市文物考古研究所◎科学出版社二〇〇五年〕◉织绣珍品〔赵丰◎艺纱堂/服饰工作队一九九九年〕◉至正直记〔孔齐◎上海古籍出版社一九八七年〕◉智化寺藏元明清佛经版画赏析〔北京文博交流馆◎北京燕山出版社二〇〇七年〕◉中国の螺鈿〔东京国立博物馆◎便利堂一九八一年〕◉中国版画史图录〔周芜◎上海人民美术出版社一九八八年〕◉中国北方草原古代金银器〔张景明◎文物出版社二〇〇五年〕◉中国北方长城地带游牧文化带的形成过程〔林澐◎燕京学报新十四期（二〇〇三年）〕◉中国壁画全集・敦煌・九〔辽宁美术出版社一九九〇年〕◉中国出土壁画全集〔徐光冀等◎科学出版社二〇一二年〕◉中国出土古希腊罗马器物辨析〔李静杰◎艺术设计研究二〇一九年第四期〕◉中国古本戏曲插图选〔周芜◎天津人民美术出版社一九八五年〕◉中国古兵器论丛（增订本）〔杨泓◎文物出版社一九八五年〕◉中国古代金属技术：铜和铁造就的文明〔华觉明◎大象出版社一九九九年〕◉中国古代金属冶铸文明新探〔陈建立◎科学出版社二〇〇四年〕◉中国古代矿业开发史〔夏湘蓉等◎明文书局一九八九年〕◉中国古

代木刻画选集〔郑振铎◎人民美术出版社一九八五年〕◉中国古代漆器〔王世襄◎文物出版社一九八七年〕◉中国古代丝绸设计素材图系·汉唐卷〔王乐◎浙江大学出版社二〇一八年〕◉中国古建彩画〔马瑞田◎文物出版社一九九六年〕◉中国古青铜器选〔文物出版社一九七六年〕◉中国古舆服论丛·增订本〔孙机◎文物出版社二〇〇一年〕◉中国国宝展〔东京国立博物馆◎朝日新闻社二〇〇四年〕◉中国国家博物馆馆藏文物研究丛书·瓦当卷〔上海古籍出版社二〇一九年〕◉中国货币史〔彭信威◎上海人民出版社二〇〇七年〕◉中国金银玻璃珐琅器全集·金银器〔杨伯达◎河北美术出版社二〇〇四年〕◉中国京剧衣箱〔刘月美◎上海辞书出版社二〇〇二年〕◉中国境内出土带铭文的波斯和中亚银器〔林梅村◎文物一九九七年第九期〕◉中国科学技术史·化学卷〔赵匡华等◎科学出版社一九九八年〕◉中国历代度量衡考〔丘光明◎科学出版社一九九二年〕◉中国历代艺术·工艺美术编〔李中岳等◎文物出版社一九九四年〕◉中国美术分类全集·中国绘画全集〔中国古代书画鉴定组◎浙江人民美术出版社等一九九九年〕◉中国美术分类全集·中国墓室壁画全集〔中国墓室壁画全集编辑委员会◎河北教育出版社二〇一一年〕◉中国美术分类全集·中国玉器全集〔中国玉器全集编辑委员会◎河北美术出版社一九九三年〕◉中国美术分类全集·中国织绣服饰全集·刺绣卷〔中国织绣服饰全集编辑委员会◎天津人民美术出版社二〇〇四年〕◉中国美术分类全集·中国织绣服饰全集·织染卷〔中国织绣服饰全集编辑委员会◎天津人民美术出版社二〇〇四年〕◉中国年画史〔王树村◎北京工艺美术史出版社二〇〇二年〕◉中国漆器全集·三国至元〔陈晶◎福建美术出版社一九九八年〕

◉中国舍利瘗埋制度研究［冉万里◎文物出版社二〇一三年］◉中国圣火［孙机◎辽宁教育出版社一九九六年］◉中国石窟·永靖炳灵寺［甘肃省文物工作队等◎文物出版社一九八九年］◉中国首饰［柳淑兰◎轻工业出版社一九八九年］◉中国丝绸设计（精选版）［赵丰◎浙江大学出版社二〇二〇年］◉中国唐墓壁画集［张鸿修◎岭南美术出版社一九九五年］◉中国文物地图集·河南分册［国家文物局◎中国地图出版社一九九一年］◉中国文物精华大辞典·陶瓷卷［国家文物局◎上海辞书出版社等一九九五年］◉中国文物精华·一九九二［文物出版社一九九二年］◉中国文物精华·一九九七［文物出版社一九九七年］◉中国戏曲初考［赵景深◎中州古籍书画社一九八三年］◉中国戏曲发展史［廖奔◎山西教育出版社二〇〇〇年］◉中国小说丛考［赵景深◎齐鲁书社一九八〇年］◉中国饮食史·五［徐海荣等◎华夏出版社一九九九年］◉中国玉器通史·三国两晋南北朝卷［左骏等◎海天出版社二〇一四年］◉中国早期黄金制品的考古学研究［安志敏等◎考古学报二〇〇八年第三期］◉中国祖先像：斯堪的纳维亚半岛各博物馆所藏晚明式祖像画（*Chinese Ancestral Portraits:Some Late Ming and Ming Style Ancestral Paintings in Scandinavian Museums.*）［约翰·赫耳拜◎斯德哥尔摩远东古物馆馆刊卷七十］◉中华古今注［马缟◎辽宁教育出版社一九九八年］◉中华文明：《古代中国陈列》文物精萃［中国国家博物馆◎中国社会科学出版社二〇一〇年］◉中华竹枝词［雷梦水等◎北京古籍出版社一九九七年］◉中原制造：关于北方动物纹金属牌饰［罗丰◎文物二〇一〇年第三期］◉终朝采蓝：古名物寻微［扬之水◎生活·读书·新知三联书店二〇〇八年］◉朱碧山龙槎记［郑珉

中◎故宫博物院院刊一九六〇年第一期〕◉朱氏舜水谈绮〔华东师范大学出版社一九八八年〕◉朱有燉集〔齐鲁书社二〇一四年〕◉朱有燉杂剧集校注〔廖立等◎黄山书社二〇一七年〕◉朱子语类〔黎靖德编◎中华书局一九八六年〕◉诸宫调两种〔凌景埏等校注◎齐鲁书社一九八八年〕◉诸暨桃花岭南宋纪年墓研究〔宋美英◎东方博物第三十三辑（二〇〇九年）〕◉竹笑轩吟草〔李因◎辽宁教育出版社二〇〇三年〕◉子弟书丛钞〔关德栋等◎上海古籍出版社一九八四年〕◉遵义高坪『播州土司』杨文等四座墓葬发掘记〔贵州省博物馆◎文物一九七四年第一期〕◉『醉拂林』：希腊酒神在中国——西安隋墓出土驼囊外来神话造型艺术研究〔葛承雍◎文物二〇一八年第一期〕

后叙

图一
金嵌绿松石带钩
徐州狮子山西汉楚王陵出土

图二
金步摇冠饰
辽宁朝阳十二台乡王子坟山十四号墓出土

一

一

书稿完成于二〇二〇年四月底，五月初交付设计师排版。此后搜集资料的工作却并没有停止，因为各地博物馆举办的展览中仍不断出现此前未曾经眼的实例。而在排版已经就绪的情况下，实在难以添加更多内容，因在这里略举一二。

一、第一和第二章均曾举出水禽式带钩，出自徐州狮子山西汉楚王陵的一枚金嵌绿松石带钩亦取水禽之势，却是把水禽的身子易作龙头，张口吐舌，长舌后弯成为钩，所存绿松石两粒点眼，一对嵌角，又一大颗嵌在头顶〔图一〕。此可视作造型设计推陈出新的一例。

二、第二章举出北燕文成帝冯跋长弟冯素弗墓出土一件金步摇冠饰，今知有早于它的一件形态更为完整，即出自辽宁朝阳十二台乡王子坟山十四号墓的金步摇冠饰，高二十点五厘米，三根冠撑的细孔满缀摇叶，为十六国前燕时物〔图二〕。又，第二章言及北魏的两件金嵌宝耳环是以密集型的镶宝追求奢丽，这里补

二

图三
金嵌宝耳环
辽宁朝阳木营子西团山出土

图四
银鎏金花枝鹦鹉步摇
山西永济西厢村出土

三

充一件更早的实例，即辽宁朝阳木营子西团山出土十六国前燕的一枚〔图三〕。

三、第四章谈到唐代步摇的式样之一，是把细银丝或细铜丝做成螺旋式的枝条亦即『螺丝』，然后于顶端缚花叶、缀珠玉或系连各样物事，插戴之际，行则摇颤。所举有分别出自定州静志寺塔基地宫和合肥西郊南唐墓的银步摇。这里再补充出自山西永济西厢村的银鎏金步摇两枝。步摇之一，钗脚顶端张开如草芽一般的两歧，中含一股麻花丝，是为钗首枝干，从芽苞探出头来的枝干复分两歧，然后各以一根银丝做成伸向两侧的『螺丝』枝条，另外的两根银丝伸展向上，编作方胜和蝴蝶，更于上方分作两根『螺丝』，顶端结作花叶，四根『螺丝』分别挑出四只鹦鹉〔图四〕。步摇之二，钗脚之端的做法如前例，钗首枝干同样是用麻花丝编结，但麻花丝中却又

四

分出更多的单丝，结作花苞，结作花叶，结作飞鸟和蝴蝶〔图五〕。鸟啄蝴蝶的造型很可以教人想到王建诗句『紫冠彩彩褐羽斑，衔得蜻蜓飞过屋』（《戴胜词》），而正仓院藏银平脱漆胡瓶上也正有近似的纹饰。时风之下，匠心与诗心大约是相通的。

四、出土于山西永济西厢村的尚有一枚银鎏金镶玉钗首，花叶式玉片，其表浅刻众叶相拥的一枝垂头花，下方托起玉叶的一弯银鎏金花枝镂空作，下缘花枝上有七个小孔，小孔内缀环，今存五枚〔图六〕。由此式样可以推知原初小环内当有坠饰，那么它是步摇一枝。而第七章所举造型与此相类的宋代步摇，正是渊源有自。

另有不少已知的考古发现未纳入此编，原因主要有三：（一）尚无机缘亲睹实物，不能把握细节者；（二）自以为对它的造型来源以及名称与用途未能认知者；（三）虽有幸经眼，且以为颇

五

六

图五
银鎏金鸟啄蝴蝶花叶步摇

图六
银鎏金镶玉钗首
山西永济西厢村出土

有可以深入讨论者，但正式的考古报告尚未出版，不宜率先发表意见。此外之其他种种，一并有待后日增补了。

本书的写作计划中，原有作为附录的『对照集』一项，内容包括两大类：（一）关于中外交流，本书涉及很少，因拟在这里以图像的形式列出实地考察所见可资对比的材料；（二）我重点关注的造型与纹样之产生、演变以及不同材质间相互借鉴的问题，拟在这里以图像的形式列出所经眼的可资对比的材料。然而梳理过程中，发现图量庞大，实非附录可容，斟酌再三，决意割舍。今后若有精力，或可别成一编。

金银器研究原是伴随考古学而生，因此是一个开放性的课题，层出不穷的考古发现，必会带来新的认知。本书各章以及全书之末，都尽量采用开放式结尾，即意在表明研究尚远未结束。

二

自二〇〇三年发表《明代头面》至于今，我关注并讨论金银器将及二十年，其间发表若干专题文章，如《湖南宋元窖藏金银器丛考》《王士琦墓出土金银器的样式与工艺》《『繁华到底』：明藩王墓出土金银首饰丛考》《四时花信展尽黄金缕：两宋金银器类型、名称与造型、纹饰的诗意解读》《双鬟风娴莲花：蕲春罗州城遗址南宋金器窖藏观摩记》《『小杭州』里的繁华光影：永嘉窖藏银器观摩记》《元吕师孟夫妇墓出土金银器细读》《无锡博物院观摩记》等等，并出版《奢华之色：宋元明金银器研究》与《中国古代金银首饰》两部书。主要的工作是定名，器物描述则构成主干。这些著述面世之后，我对器物的定名多被认可，解读器物的文字也很快被『公有化』，成为展览以及图录中的器物说明，乃至不加注明进入他人的著作。自家的一得之见能够被大家承认并且化身百十直接进入公众视野，自然令人欣慰。在这一部酝酿多年的署名著作里，诸多早被『公有化』的文字也都纳入其内，因此在这里不能不特别申明这一类文字的著作权，也不免将本书《导言》里的话再重复一回，即书中的器物描述，俱为亲见所得，字字句句，皆如金银匠一般曾经『铁锤儿不住敲』。杜诗『欲语羞雷同』，更是下笔之际每常有的心态。愿以此与同好共勉。

三

写作之初，书名定为『中国古代金银器』，交稿时，出版社曾建议去掉『古代』，加添一个『史』字。先是同意，后思忖再三，以为此书实在不是『史』的写法，勉强看作『史』，也是纪传体，即为器物立传，以『器』见史，那么索性删除这个『史』字，而使书名与内容更加相符。

如同所有的作者，一部书稿完成会有如释重负的感觉，这一部尤其如此，因为它是我此生最费心力的一部书。二十多年前遇安师即曾有过想法，当日老师觉得难，我便更觉得难。迈开第一步的契机，是十五年前在萧湘先生的介绍之下与湖南省博物馆的合作，自此开始漫长的跋涉，时至今日，算是告一段落。

第一章的写作得到老友李旻教授的无私帮助，贡献了很多想法，第一节便直接采用了他的意见。完稿后又承赐序，《世说新语》所谓『刘尹知我，胜我自知』，可借来以志感念。浙江省博物馆历史部主任黎毓馨是二十年来的学术知己，赐示考古信息，提供观摩机会，多次各地考察调研的行程中切磋交流，种种受益，无遑细数。辽宁省博物馆副馆长刘宁也是始终热心相助的老朋友，屡屡惠赐相关资料之外，辽宁省内的数次参观考察，多承帮忙联络。

书稿完成之后，承廉萍博士帮助检索文献，提供线索，斟酌论据，补阙拾遗，使此书避免了不少疏失。致力于服饰研究的徐文跃君亦诤友之一，质疑指缪之外，且常常惠示相关信息。书中部分章节的文字推敲，文友江弱水君曾提出中肯的意见。外文资料的阅读与援引，承王楠（英、法文）、徐坚（德文）、姜训禄（俄文）、顾幼静（韩文）诸位同道相助。

老伴李志仁十年来几乎寸步不离同赴各地，并兢兢业业拍照，本书大部图片来自他的摄影。近年又与我们的老朋友王效仁结作三人考察团，天津、河北、河南、山西、山东、内蒙古、辽宁，驱车数万里几度往返，搜集相关的图像资料，两位老同志均满怀热情，不计花销，不惮辛劳。

与设计师李猛的合作，至今刚好二十年。十年前《中国古代金银首饰》的成功设计，使我早早以此书相约并郑重托付，且寄予厚望。然而图片之多，超乎以往，排版过程中我又不断修订增补，诸般繁难，可以想见。目前呈现出来的效果，若能得到读者认可，那么鲜花应该献给这一位敬业的设计师。

感谢出版社的着意安排，责任编辑苏毅，成为以此书为媒结识的新朋友，她在核对引文、统一体例方面过人的职业敏感并超乎寻常的认真、细致、耐心以及不辞劳苦的工作精神，教我始而惊讶，继而叹服，对她为此付出的心血更是由衷感念。

写作此书，我为自己制定的原则是，收入书中的实物，都要尽一切可能目验，这一目标所以能够基本实现，除了不惜费用四处奔波看展之外，尚在于文博界和考古界的众多师友们鼎力相助。因此——

特别感谢：提供观摩之便的文物考古机构（机构称谓如有变化，以馆方实际为准）

中国国家博物馆　首都博物馆　中国社会科学院考古研究所　国家文物局水下文化遗产保护中心　清华大学艺术博物馆　天津博物馆　河北省文物研究所　定州市博物馆　易县博物馆　山西博物院　太原市文物考古研究所　内蒙古文物考古研究所　辽宁省博物馆　陕西省考古研究院　甘肃省博物馆　青海省文物考古研究所　青海藏医药博物馆　中国裕固族博物馆　济南市考古研究所　兖州博物馆　菏泽市博物馆　南京市博物总馆　常州博物馆　江阴博物馆　镇江博物馆　无锡博物院　金坛博物馆　宜兴博物馆　南通博物苑　苏州博物馆　上海博物馆　浙江省博物馆　杭州市临安区博物馆　诸暨博物馆　长兴博物馆　德清博物馆　东阳博物馆　柯桥博物馆　海宁博物馆　安吉博物馆　金华博物馆　嘉兴博物馆　永嘉文化馆　江西省博物馆　德安博物馆　邵武市博物馆　贵州省博物馆　贵州省文物考

古研究所　安徽省博物院　潜山县博物馆　南陵县博物馆　湖北省博物馆　武汉市博物馆　湖北明代藩王博物馆　宜昌博物馆　钟祥市博物馆　安陆博物馆　蕲春县博物馆　恩施土家族苗族自治州博物馆　荆门博物馆　四川博物院　四川省文物考古研究院　广元市博物馆　重庆中国三峡博物馆　湖南省博物馆　常德博物馆　沅陵博物馆　株洲博物馆　益阳博物馆　衡阳市博物馆　津市文物管理所　澧县博物馆　张家界市文物处　涟源市文物管理所　桃源文物管理处　广东省博物馆　大和文华馆　白鹤美术馆　卢浮宫博物馆　大都会博物馆

特别感谢：提供各种帮助的师友

盛为人　陈星灿　仝　涛　李　力　张建萍　冯　好　裴雅静
杜鹏飞　谈晟广　戴　茜　马燕如　张　凡　付永海　梁　爽
李　凯　钱　玲　黄　信　曹臣明　张庆捷　杭　侃　刘玉伟
王　俊　王爱国　杨林中　肖贵田　杨　波　陈永志　盖之庸

张建林　李举纲　蔡林海　多吉扎西　秦　蓁　白　宁
祁海宁　马　涛　左　骏　徐佩佩　林　健　范金燕　李前桥
翁雪花　盛诗澜　蔡卫东　严晓星　金　艳　蒋　晖　汤苏婴
赵　丰　郑嘉励　石　超　周　暘　张惠敏　周意群　周凤平
蒋卫东　李　军　张　耕　李　駒　胡玉洁　蔡路武　梁　柱
江　东　杜朝晖　段涛涛　霍　巍　张丽华　蒲泯宏　刘丽华
梁冠男　胡　丹　周广明　孙　键　栗建安　陈淑琤　李　飞
梁太鹤　简小娅　泷朝子　田林启　赵　冰　刘九洲　孙志新
玛丽亚·孟什科娃

几句赘言

一、关于『身分』一词的用法。《辞源》『身分』条义项之一曰：『人在社会上的地位、资历等统称身分。《宋书·王僧达传》求徐州启：「固宜退省身分，识恩之厚，不知报答，当在何期。」北齐颜之推《颜氏家训·省事》：「吾自南及北，未尝一言与时人论身分也。」』『分』的义项之一，是为职分、名分。而今所通行的『身份』一词，于古无征，且字义不通（『份』读作fèn时，为数量词）。本书内容完全不涉今天的『身份证』时代，自然应该使用正确的『身分』，而不取错误的『身份』。

二、从名物考索的角度解读古代金银器，是本书的写作宗旨，因此为古器物定名，成为首要工作，它需要运用各种语言材料：雅言、俗语、铭刻等等，而且需要尽量保存它的使用场景或曰『生态环境』，在这种情况下，若干特殊字词，便不按照某种规范一律径改为简化字、通行字。

三、史学家说，『上世纪文字改革的流弊，已十分明显，不在于简化笔划字形，而是很不适当地归并文字』（王曾瑜，见《文史知识》二〇一八年第三期）。翻译家说，『我主张一部厚厚的作品要有几个少见的词汇，给读者知识上的补充，看到这个词，读者会查查字典，增加一些词汇量。每个人都用过的词，读者会一晃而过，不会注意。古文里面有的字死掉了，但是你用起来就活了』（郑克鲁，见《文汇报》二〇一八年四月十五日）。前者言史学著作的写作，后者讲翻译作品的文字经营，道理是相通的。天才除外，就一般人而言，欲求文字之好，必要字斟句酌，优劣或者说语感便每每止在一句一字，而中国文字的丰富与字之含义的丰富，为这种字斟句酌提供了足够的储备以及充分的选择余地。然而这种『很不适当地归并文字』，使旧有的储备并经营文字的空间都大大缩小，一字一词原可以生出的厚味变薄了，《现汉》之独尊，更使之为甚。我以为，今被出版机构奉为圭臬的《现代汉语词典》，实际上只适用于大众化的报刊和普通读物，而绝不可统领天下所有的出版物，特别是专业书籍。此外，《现代汉语词典》规范当代语言，规范当代用字，但不可规范作者的写作风格。感谢出版社的理解和尊重，同意了我的以上主张。

辛丑阳月十七

全卷终